1 MONTH OF
FREE
READING

at
www.ForgottenBooks.com

By purchasing this book you are eligible for one month membership to ForgottenBooks.com, giving you unlimited access to our entire collection of over 1,000,000 titles via our web site and mobile apps.

To claim your free month visit:

www.forgottenbooks.com/free732131

ISBN 978-0-265-50037-8
PIBN 10732131

This book is a reproduction of an important historical work. Forgotten Books uses
state-of-the-art technology to digitally reconstruct the work, preserving the original format
whilst repairing imperfections present in the aged copy. In rare cases, an imperfection in
the original, such as a blemish or missing page, may be replicated in our edition. We do,
however, repair the vast majority of imperfections successfully; any imperfections that
remain are intentionally left to preserve the state of such historical works.

LE MAGASIN

UNIVERSEL.

TOME DEUXIÈME.

(1834 - 1835.)

PARIS.

AU BUREAU CENTRAL, RUE DE SEINE SAINT-GERMAIN, 9,
ET CHEZ TOUS LES LIBRAIRES DE FRANCE ET DE L'ÉTRANGER.

PRIX: { Broché. . . . 3 f. 50 c.
{ Cartonné. . . 7 »

LE MAGASIN

UNIVERSEL.

TOME DEUXIÈME.

CONDITIONS DE LA SOUSCRIPTION AU MAGASIN UNIVERSEL.

Troisième Année.

Livraisons envoyées une fois par mois avec table alphabétique des matières, et une couverture imprimée tous les mois. (4 et 5 livraisons par cahier.)

PARIS.		DÉPARTEMENS.	
Pour un demi-volume ou 26 livraisons.	2 fr. 60 c.	Pour un demi-volume ou 26 livraisons.	5 fr. 80 c.
Pour un volume ou 52 livraisons.	5 20	Pour un volume ou 52 livraisons.	7 50

Livraisons timbrées envoyées séparément tous les jeudis. (Une livraison par semaine.)

PARIS.		DÉPARTEMENS.	
Pour 26 livraisons.	5 fr. 60 c.	Pour 26 livraisons.	4 fr. 80 c.
Pour 52 livraisons.	7 20	Pour 52 livraisons.	9 20

Prix des deux premières années.	Broché chaque volume . . 5 fr. 50 c. Franco par la poste, . . . 7 fr. 70 c. Cartonné à l'anglaise, . . 7 fr.	Chaque année peut s'acheter séparément.

N. B. L'administration des postes ne se charge pas des volumes cartonnés.

906638

A NOS LECTEURS.

Au moment d'entrer dans notre troisième année, nous éprouvons le besoin de remercier le Public du favorable accueil qu'il a constamment fait à notre publication. Si nous ne consultions que le chiffre toujours croissant de notre abonnement, nous pourrions peut-être nous flatter d'avoir répondu à l'attente de nos lecteurs, mais nous sommes loin de nous faire illusion sur le mérite de notre œuvre.

Sans doute, parmi les articles que nous avons donnés sur les chroniques de notre pays, sur les sciences physiques, l'histoire naturelle, l'hygiène, les voyages, les mœurs des divers peuples, etc., nos abonnés auront trouvé plus d'un fait curieux et dont l'exposition n'était dénuée ni de clarté, ni d'élégance; sans doute aussi, parmi la foule des gravures qui accompagnent la plupart de nos articles, et qui peuvent soutenir la comparaison avec celles des autres publications à deux sols, il en est beaucoup qui offrent de l'intérêt, soit par la nature même du sujet, soit par la manière dont le burin de l'artiste les a rendues; mais plusieurs d'entre elles sont de beaucoup au-dessous de celles que nous donnerons désormais. Nous avouerons même que nous n'ignorions pas cette infériorité avant de les confier à la presse, et cependant nous n'avons pu les rejeter.

Nous craindrons d'autant moins de nous expliquer franchement sur ce sujet avec nos lecteurs que nous les considérons comme associés avec nous pour le succès de notre œuvre.

Ces gravures, nous les tenions des premiers Directeurs du Magasin universel qui avaient été les chercher en Angleterre; et les sacrifier, c'eût été imposer à notre entreprise une dépense trop lourde, dépense qui eût, non pas compromis son existence, mais nui à son développement; car, malgré l'état de prospérité auquel il est parvenu, le Magasin universel ne vit que par ses abonnés et n'est pas, comme la plupart des entreprises de la librairie, soutenu par des spéculateurs.

Le Magasin universel est, en effet, un livre de conscience. Rédigé dans un esprit de foi et d'amour de l'humanité, il est destiné à répandre, avec le goût du vrai et du beau, les notions utiles de sciences, d'hygiène, d'histoire, de technologie, que le progrès des siècles a rendus nécessaires à toutes les personnes qui s'élèvent au-dessus des derniers rangs de la société.

Telle a été l'honorable mission qu'ont voulu remplir les fondateurs du Magasin universel. L'intérêt des familles a été leur suprême loi; ils ont voulu leur offrir un livre composé avec assez de discernement pour qu'on pût le mettre de confiance dans les mains des enfans eux-mêmes, et fait avec assez de goût et de science pour qu'il offrît à tous ses lecteurs, et jeunes et vieux, plaisir et utilité tout à la fois. Tel est aussi le but des Éditeurs qui tiendront désormais la place des premiers Directeurs du Magasin universel. L'atteindront-ils? c'est là ce qui leur est permis d'espérer quand ils contemplent, d'un côté, les ressources matérielles qui sont à leur disposition, de l'autre les artistes habiles, les savans et les gens de lettres dont ils se sont assuré le concours.

MAGASIN UNIVERSEL.

N° 1. 2 Octobre 1834

PRIX :
DEUX SOUS.

PUBLIÉ SOUS LA DIRECTION D'UNE SOCIÉTÉ DE SAVANS ET D'ARTISTES.

DUGUESCLIN. — BATAILLE DE COCHEREL.

(Duguesclin chargeant les Anglais à la bataille de Cocherel.)

Nous empruntons aux *Mémoires sur l'Histoire de France* les détails que l'on va lire sur la bataille de Cocherel :

Les valets et les enfans perdus des deux camps en vinrent les premiers aux mains, et s'acharnèrent les uns sur les autres avec tant de rage et de furie que le sang en coulait de toute part. Cependant les goujats français eurent de l'avantage sur ceux des anglais, ce qui fut un heureux augure pour Bertrand, qui se flatta de la victoire, voyant de si beaux préliminaires. Après que les enfans perdus se furent séparés, il y eut un chevalier anglais qui se détacha de son escadron pour demander à faire le coup de lance contre celui des Français qui serait assez brave pour vouloir entrer en lice avec lui; Roulant Dubois se présenta pour lui prêter collet sous le bon plaisir de Bertrand : le Français eut encore l'avantage sur l'Anglais, car non-seulement il perça les armes et la cuirasse de celui-ci, mais le coup ayant porté bien avant dans la chair, le chevalier anglais fut renversé de son cheval à la vue des deux camps, ce qui fut une grande confusion pour ceux de son parti, qui, de tous ces sinistres évènemens, ne devaient rien présumer que de fatal pour eux.

Cependant le captal de Buc voulant toujours faire bonne mine, s'avisa, pour braver les Français, de faire apporter sa table, au milieu du pré, toute chargée de viande et de vin, comme voulant se moquer de Bertrand qui jeûnait depuis long-temps avec ses troupes. Les archers et les arbalétriers commencèrent la journée par une grêle de flèches, qu'ils se tirèrent les uns les autres, mais qui ne firent pas grand effet des deux côtés. Il en fallut venir aux approches :

les gendarmes se mêlèrent et combattirent à grands coups de haches et d'épées; l'action fut fort meurtrière de part et d'autre; Gnesclin s'y fesait distinguer par les Anglais qui tombaient à ses pieds et qu'il couchait par terre, partout où il paraissait. Ce foudre de guerre éclaircissait les rangs des ennemis par le fracas qu'il y fesait; il fut fort bien secondé du vicomte de Jeaumont, de messire Jaudoin, d'Eunequin et de Thibaut du Pont, qui se signalèrent beaucoup dans cette bataille.

Les exploits de Thibaut Dupont méritent surtout une mention particulière : ce chevalier tenait à deux mains une épée, et frappait sur les ennemis comme un forcené. Son épée se rompit; mais un breton, son serviteur, qui était auprès de lui, lui ayant donné une hache grande, pesante et dure, il en donna un si furieux coup à un chevalier anglais, qu'il lui coupa et abattit la tête *jus*. Dugueselin animait les siens par son exemple et par ses discours, en criant : « *Or, avant mes* « *amis, la journée est à nous; pour dieu, souvenez-vous* « *que nous avons un nouveau roi de France; qu'au-* « *jourd'hui sa couronne soit honorée par nous.* »

Les Anglais, aussi de leur côté, disputèrent long-temps le champ de bataille, et tuèrent beaucoup de chevaliers français d'une illustre naissance. L'on dit que le baron de Mareuil, qui tenait pour les Anglais, tout fier de ce petit succès, criait à tue tête : *Ou êtes-vous, Dugueselin?* comme pour l'affronter, et lui faire sentir que les choses prenaient un autre train qu'il ne s'était imaginé; mais Bertrand, pour lui faire rentrer ces paroles dans la bouche, et le punir de sa

1.

témérité, revint sur lui tout en colère, et lui déchargea sur la téte un coup si violent qu'il l'abattit à ses pieds, et Guesclin l'allait achever s'il n'eût été promptement relevé par les siens, qui coururent à lui pour le secourir. La mêlée recommença pour lors avec plus de chaleur, mais les Anglais succombèrent à la fin, quelques efforts que fissent le captal de Buc et le baron de Mareuil pour leur inspirer du courage et leur faire reprendre leurs rangs; et, comme l'avait dit Guesclin, on pût donner au nouveau Roi, Charles V, pour son joyeux avènement, la nouvelle d'une victoire complète. Le fameux captal de Buc y fut fait prisonnier.

REPAS TURC.

Il y a ordinairement dans chaque maison turque un peu aisée, trois tables séparées, savoir : celle du chef de la famille, qui prend habituellement son repas seul; la table des enfans qui, par respect pour leur père, ne mangent point avec lui; et celle de la femme, qui vit isolée dans son appartement. Quand il y a plusieurs femmes, chacune a son couvert particulier, et toutes ces tables ne peuvent recevoir plus de quatre ou cinq personnes.

Le turc divise sa nourriture en deux repas, et l'homme puissant, qui vit dans la noblesse, y ajoute, dès le matin, un léger goûter. Comme tous sont dans l'habitude de se lever dès l'aurore, celui-ci, nonchalamment étendu dans l'angle d'un sopha, après son court namaz, ou prière, frappe dans ses mains pour appeler l'esclave qui lui apporte sa pipe. Il savoure à longs traits la fumée du tabac, qu'il brûle avec des parcelles d'aloès, et reste sans parler, absorbé dans une profonde nullité; on l'arrache à cet état pour lui présenter une légère infusion de café moka bouillant, dans lequel le marc porphyrisé reste suspendu, et il le boit en aspirant doucement sur le bord de la tasse.....; les jambes croisées, sur lesquelles il est assis, lui refusent presque leur secours; il invoque les bras de deux domestiques pour se soulever.............. Il dit comme l'asiatique son voisin : ne rien faire est bien doux; mais, mourir pour se reposer, c'est le bonheur suprême.

La matinée de l'homme opulent s'écoule de cette manière, ou en roulant machinalement son *tchespi*(1). Vers le milieu du jour, on apporte le dîné. La plus grande simplicité règne dans le service; on ne voit sur la table ni nappe, ni fourchettes, ni assiettes, ni couteaux; une salière, des cuillères de bois, d'écaille ou de cuivre, et une grande serviette d'une seule pièce, qui fait le tour de la salle forment l'appareil.

On distribue le pain coupé par bouchées, et on garnit le plateau de cinq ou six plats de salades d'olives, de cornichons, de céleri, de végétaux confits au vinaigre, et de confitures liquides. On apporte ensuite les sauces et les divers ragoûts, et le repas se termine par le pilaw. En aucune circonstance on ne fait usage de dessert; les différentes saisons tiennent lieu de hors-d'œuvres, et chacun mange à son gré pendant le dîner. Quinze minutes suffisent pour se rassasier, et le repas est un travail pour l'indolent, qui semble l'avoir fait en cédant à la nécessité plutôt que par plaisir.

Les boissons, dont on ne fait usage qu'après avoir mangé, sont l'eau et le scherbet, qu'on présente à la ronde dans un verre de cristal, qui est commun à tous les convives; le vin proscrit en apparence, ne se boit que dans les tavernes. Ce n'est pas qu'on ne fasse mention, dans l'histoire turque, de plusieurs sultans qui ont donné l'exemple public de cette violation du Koran; mais, depuis les édits sévères de Mourad IV, ses successeurs ont au moins sauvé les apparences. Il n'y a que les derviches ou moines, les soldats, les marins, une partie de la bourgeoisie et du bas peuple qui donnent le scandale de l'ivrognerie.

L'après-midi, le turc riche passe son temps dans un

(1) Sorte de chapelet.

kiosk bien aéré. Celui qui habite les rives du Bosphore aime que sa vue plane sur les sites agréables de l'Asie, où reposent ses pères. Il contemple cette terre, comme celle qui doit un jour servir d'asile aux musulmans, lorsqu'une nation d'hommes blancs les auront chassés d'Europe. Il s'énivre d'odeurs, des vapeurs de la pipe, et se rafraîchit avec le scherbet parfumé de musc, que ses esclaves lui versent. Eloigné ensuite de toute société, il appelle ses femmes; et, sans déposer rien de sa gravité, il leur commande de danser en sa présence !

Le souper qui est servi sur les tables, au coucher du soleil, est composé avec plus de soin que le dîner, mais il se passe avec autant de célérité. La pipe termine la journée, dont le cercle monotone n'admet presque jamais de variété, ni de ces accessoires qui font le plaisir de la vie, par la nouveauté.

POMPÉI (1) ET HERCULANUM.

Il y a plus de dix huit cents ans, deux villes d'Italie furent à demi renversées par un tremblement de terre, Pompei et Herculanum, et enfouies dans les cendres du Vésuve. En 1748, un hasard ayant fait trouver, à trente pieds sous terre, des colonnes et des statues, on commença des fouilles dont le résultat fut la découverte des deux villes souterraines. Depuis cette époque, les travaux ont été abandonnés et repris à différentes époques. Murat, pendant la courte durée de son règne, y employa une légion de soldats, et fit plus, en peu de temps, que tous les princes qui avaient, avant lui, occupé le trône de Naples.

La ville de Pompéi est maintenant révélée à la vue; non plus cachée sous une vente de cendres et de vignes, et imparfaitement découverte, mais éclairée par ce même soleil qui brillait sur elle, un moment avant le mouvement convulsif qui porta la destruction dans ses murs. Parmi tous les grands monumens de l'antiquité, on ne voit rien de comparable à cet exemple d'architecture domestique, du bien être intérieur, de l'existence civile des anciens. La ville de Pompéi, après environ dix huit cents ans d'inhumation, est ouverte et déblayée, et on y entre comme dans toute autre ville de l'Italie.

On entre à Pompéi par une longue avenue pavée, bordée, des deux côtés, de tombes très-serrées; ses rues sont des passages étroits; si étroits, qu'aucune voiture moderne ne pourrait y passer, quoi qu'elles portent les marques de roues; elles sont bordées par des façades de petits bâtimens très-simples, exactement semblables aux maisons italiennes du moyen-âge. Quand on a passé la porte qui donne sur la rue, on voit une petite cour (le moderne *cortile* de Florence et de Rome); elle est entourée par une rangée d'édifices divisés en petites chambres séparées, généralement moins grandes que les cellules d'un couvent. Les murs de ces petits cabinets sont très-souvent peints à fresques, et les oiseaux, les quadrupèdes, les fleurs, y sont par fois très-bien exécutés. Le pavé des plus grandes et des plus belles maisons est en mosaïque de plusieurs couleurs; mais, à l'exception du bâtiment remarquable, appelé maison de Salluste, nous n'avons vu, dans aucune, des chambres assez grandes pour contenir un lit anglais. On voit presque toujours, au milieu de la cour, une fontaine de marbre ou une citerne. Plusieurs des maisons ont des boutiques sur la rue, dont l'enseigne est taillée dans la pierre au-dessus de la porte; dans une boutique de laitage, le comptoir et les places des terrines étaient restées; une boutique d'apothicaire était autrefois désignée par ses contenus, qui ont été transportés au musée, et un lieu de rafraichissement public nous fut montré et désigné par l'un des gardes, sous le nom de café. La conséquence qu'on doit tirer de la petitesse et de l'incommodité des maisons particulières, c'est que les

(1) Le prochain numéro contiendra un article spécial sur le Vésuve et sur l'éruption actuelle.

anciens, ainsi que les habitans de Rome et de Naples, vivaient beaucoup hors de chez eux, et que le Forum, le Temple et le Cirque, les dispensaient d'avoir un logis agréable. L'existence des Italiens de nos jours se compose également du cours, de l'église et de l'opéra.

Les lieux publics de Pompeï forment un contraste frappant avec la petitesse et la simplicité des édifices privés ; plusieurs monumens de la première classe, quoique dilapidés et privés de leur toit, donnent une idée parfaite de leur état et de leur arrangement primitif. Dans le temple d'Isis, le sacrifice semble venir de s'achever à l'instant même.

Si l'autel n'est pas taché du sang des victimes, si les instrumens du sacrifice ne sont pas encore épars sur ses marches, si les dieux ne remplissent plus leurs niches, si le candelabre et la lampe ne brillent plus sur les superbes colonnes doriques, ce changement n'est point l'ouvrage du temps ; le temps les avait laissés comme ils ont été trouvés, scellés hermétiquement et parfaitement conservés ; même les prêtres étaient à côté de l'autel en habits pontificaux ; mais les meubles de la maison magistrale, les ustensiles sacrés des temples, même les pavés du Forum, ont été enlevés de cette grande et parfaite relique, que le temps et la nature avaient léguée à la postérité. Si l'on eût laissé une seule maison meublée, un seul temple fourni de ses accessoires, une illusion qui aurait valu mille réalités eût été conservée ; l'imagination aurait pu se transporter à des siècles qui ont passé comme ceux qui précédaient le déluge, et l'on aurait pu effectivement occuper le siège sur lequel Pline s'était reposé, ou se regarder dans ce miroir qui avait réfléchi les visages des dames de Pompeï.

Les enthousiastes des arts et de l'antiquité, ont peu d'occasions d'éprouver des sensations plus agréables que celles que produit après une visite à Pompeï, l'entrée du Musée Borbonico, de cette suite de pièces spécialement consacrées aux reliques des cités, englouties par le Vésuve.

Cette collection présente des séries d'objets dans lesquels l'histoire est enseignée par des formes matérielles, et le degré précis de civilisation auquel les anciens étaient parvenus, indiqué avec bien plus de précision par les détails de leur cuisine, de leur salle de festin et de leur toilette, que par les lettres familières de Cicéron et de Pline, et par toutes les ruines et tous les gravois de Rome ; là, rien ne manque à la suite des renseignemens laissés à la postérité, excepté la génération qui jouissait de ces objets élégans et utiles ; une convulsion de la nature, telle que celle dont les malheureux habitans de Pompeï et d'Herculanum ont été victimes, pouvait seule préserver des souvenirs, aussi complets, de leurs mœurs et de leurs habitudes, à travers les dix huit cents ans qui les séparent de nous.

La première pièce de la galerie contient des ustensiles qui paraissent avoir appartenu à des maisons bien montées ; la batterie de cuisine française ne semble pas avoir ajouté une casserole à ce magasin gastronomique de l'antiquité. Depuis l'élégante saucière de l'amphitryon parisien, jusqu'à la vaste turbotière de l'alderman anglais, tous les articles culinaires se retrouvent dans ces débris des cuisines de Pompeï. La destination spéciale de ces vaisseaux est évidente, et leur travail laisse bien loin en arrière les efforts du luxe moderne ; les passoires, les tamis, les marmites, les chaudrons, les poêles, sont presque tous en bronze et en métal fin ; plusieurs paraissent avoir été argentés en dedans, et les anses avaient des formes si parfaites, que chacune d'elles pouvait fournir, à des hommes de goût, la matière d'une dissertation ; à la cuisine, succèdent les ustensiles du buffet, les couteaux, les fourchettes, les cuillères, etc. ; l'urne qui contenait l'eau, et dans laquelle une place était ménagée pour la chauffer, était d'une beauté inexprimable, et aurait pu embellir la table à thé la plus recherchée ; un poêle, véritable anticipation des découvertes de Rumfort, combine la grâce de la forme avec l'économie, et sa construction

est infiniment supérieure au brasier italien moderne ; il était probablement placé comme ce dernier, au milieu de la pièce ; la sonnette de la maison est non-seulement d'un travail exquis, mais le son en est clair et argentin ; les balances sont précieusement travaillées, et les poids sont des bustes très-beaux ; plusieurs plats de bronze, argentés, parfaitement modelés, avec des anses qui s'adaptent à des ustensiles avec lesquels on pouvait les tirer à soi ou les éloigner, prouvaient l'heureuse organisation d'un peuple qui, jusque dans les détails les plus minutieux de la vie, cherchait à satisfaire sa vive et brillante imagination.

La chambre adjacente offrait des objets encore plus somptueux et plus ingénieux, tirés des plus beaux appartemens privés ou des temples. Ceux qui se distinguent, entre les autres, sont des lampes, dont les formes et les ornemens varient à l'infini, quelques-unes, ainsi que d'autres jouets, devaient appartenir à la chambre de poupée d'une jeune Pompéienne ; la plupart étaient suspendues par des chaînes délicatement travaillées ; d'autres étaient posées sur leurs bases ou accompagnées de branches ; plusieurs étaient placées sur de beaux trépieds, comme quand elles éclairaient un vestibule ou une chambre à coucher, et l'un et l'autre étaient si délicats et si petits, qu'une belle dame française aurait pu, après avoir cacheté un billet doux à la flamme de la lampe, mettre la lampe et le trépied dans son ridicule ; le plus grand nombre des trépieds est fait pour tenir très-peu de place, la plupart sont portatifs ; les vases de bronze et d'albâtre sont dans une quantité prodigieuse, et rien, dans les inventions modernes, ne peut les égaler, soit pour la forme, soit pour les ornemens ; des sièges du plus beau bronze se démontent comme des chaises de jardins ; les tables à écrire pouvaient également convenir à un Pline ou à une Aspasie.

Viennent ensuite les preuves de la dissipation et de la vanité des anciens : les dés, les billets pour les théâtres, dont quelques-uns sans doute avaient appartenu à la beauté à la mode, des boîtes de toilette dignes du trousseau d'une fiancée royale de notre temps, de petits miroirs portatifs en métal poli, des poinçons, des bracelets, des peignes de toutes les dimensions et de toutes les formes, les uns d'une matière précieuse travaillés pour les tresses des beautés patriciennes, d'autres, en corne et plus grands, destinés à relever les boucles négligées des plébéiennes.

Le nombre des vases appelés, indistinctement et vulgairement étrusques, est immense ; plusieurs en terre très-fine, qui présentent de beaux groupes sur leur surface polie, paraissent avoir été la porcelaine de l'antiquité, et d'après les coupes faites de la même matière, on serait tenté d'adopter l'opinion du Cicerone de Pompeï, et de supposer que les dames romaines prenaient le café dans leurs villas, sur les côtes de Portici et de Pausilippe. Une élégante petite couche de bronze donne une idée parfaite du lit domestique des anciens, et l'on conçoit qu'il appartenait à leurs petites chambres ; il diffère peu de ce qu'on appelle canapé grec dans l'ameublement moderne.

Une collection de vases et de figures égyptiennes qui étaient les antiquités des anciens, donne l'idée du cabinet de leurs antiquaires, et terminé convenablement la collection la plus intéressante et la plus curieuse de l'univers.

LE PUTOIS.

Le putois, de la famille des martes, est ainsi que la fouine, le fléau de toutes les basses-cours. C'est un animal mince, cylindrique, alongé, bas sur jambes, dont le cou est presque aussi gros que la tête. Il est doué d'une incroyable souplesse, et d'une rapidité plus incroyable encore. Son pelage dont on fait des fourrures, peu ordinaire à cause de leur mauvaise odeur, est blanc ou roussâtre sur la tête, le dos, les flancs, et noir sur les autres parties.

Il s'introduit par les ouvertures les plus étroites, montant aux arbres à l'aide de ses ongles acérés, marchant sur l'extrémité de ses doigts ; c'est plutôt le sang que la chair qu'il recherche. Quand par mille ruses il a pénétré dans la demeure de ses victimes, , il est rare qu'il en échappe une

(Le Putois.)

seule ; il les égorge toutes impitoyablement, suce leur cervelle et leur sang, dévore les œufs. Il n'est pas moins redoutable pour les lapins, les lièvres et les oiseaux qui , tels que la grive et la bécasse, font leurs nids dans les broussailles. Un seul suffit pour détruire une garenne, et son existence est presque un bienfait dans les endroits où les lapins sont trop nombreux. Dès qu'il aperçoit un lièvre, il fond sur lui avec la vitesse qui lui est propre, s'attache à son cou, lui perce la panse de ses dents aigues, et malgré sa fuite, ne l'abandonne qu'après s'être repu de son sang. On le dit aussi très friand de miel ; il chasse les abeilles de leurs ruches et s'empare du fruit de leurs travaux.

Son existence est solitaire, et pour ses expéditions il préfère la nuit au jour ; il est commun dans toute l'Europe, dans l'Asie et l'Amérique septentrionale. Il établit tantôt son habitation dans les greniers , et la partie la plus reculée des granges, tantôt sur le bord de l'eau, et la lisière des forêts ; la voix du putois est sourde , il ne la fait entendre que dans le combat, et c'est alors qu'il répand une odeur infecte qui lui a valu son nom de *putois*. Les pièges sont assez inutiles contre ces animaux. Mais en revanche, nous avons eu occasion de voir plusieurs fois que le cadavre d'un des leurs suspendu en holocauste, à l'entrée des basses-cours, les en éloignait aussitôt (1).

LE BOULEAU.

On compte environ vingt espèces de Bouleaux , dont près de la moitié sont originaires de l'Amérique septentrionale ;

(1) Nous empruntons à un voyageur le récit suivant :

—Dans un voyage que je fis de Louisville à Henderson dans le Kentucky, j'eus le plaisir d'avoir pour compagnon de route M. Thownley, ministre anglais. Un jour nous rencontrâmes un putois connu par les naturalistes, sous le nom de *méphitis américana.* — Ah! le superbe écureuil s'écria M. Thownley, et il se hâta de descendre de cheval, pour s'en emparer ; mais à peine fut-il près de lui , que le prétendu écureuil lui lâcha ce liquide odorant, que la nature lui a donné pour sa défense. Puis il s'échappa en renouvelant ses émissions de distance en distance.

L'odeur dont le putois, car c'en était un, avait imprégné M. Thownley, était tellement infecte, que moi et mon cheval nous ne pûmes soutenir son approche, et que lui même eut grand peine à dompter sa monture.

Lorsque nous arrivâmes à l'auberge, ce ne fut qu'un cri d'horreur et nous ne trouvâmes qu'un pauvre nègre qui voulut bien nous servir. Plus tard je rencontrai mon compagnon à Milan ; il m'assura que le méphitisme de ses vêtemens n'avait jamais pu disparaître, que le chaud ou le froid le faisait ressortir d'une manière épouvantable, et que ne pouvant plus s'en servir, il en avait fait cadeau à un moine Italien.

les autres croissent en Europe ou en Asie. Le plus remarquable de tous est le Bouleau blanc que l'on trouve dans toute l'Europe ; son tronc est couvert d'une écorce qui s'enlève par feuillets blancs et nacrés, ses rameaux sont grêles et pendans à la manière du saule pleureur, et ses feuilles, un peu visqueuses, sont dentées à leur pourtour.

Cet arbre est d'une grande utilité ; il croit dans les terrains les plus maigres, les plus sablonneux , et là où peu d'autres arbres pourraient végéter ; son bois blanc, tendre, léger , sert pour le chauffage des fours , et de ses jeunes rameaux on fait des balais ; il est surtout précieux aux habitans du nord de l'Europe et de l'Asie ; il est le seul en effet qu'on rencontre dans les montagnes et les plaines glacées de la Laponie, du Groënland et du Kamtschatka ; son écorce, inaltérable par la pluie, se transforme en toitures, en sandales et en brodequins ; on l'emploie aussi, dans les bains russes, en manière d'éponge , pour frotter et savonner le corps des baigneurs ; l'écorce intérieure qui, pendant le mouvement de la sève, est à la fois tendre et sucrée, sert de nourriture aux Kamstchadales, et cette sève , que l'on retire par des trous pratiqués dans la tige de l'arbre, donne une liqueur fermentée que les Russes , les Suédois et les autres peuples du nord , consomment en abondance. Le Bouleau noir de l'Amérique septentrionale a une écorce mince , légère et résistante, dont les sauvages font des pirogues qu'ils peuvent transporter sur leurs épaules.

(Le Bouleau.)

LES PRÉCIEUSES RIDICULES.

Lorsque Molière fit jouer sa comédie des *Précieuses Ridicules* (en 1659), l'épidémie du bel esprit avait infesté la France; toutes les femmes du monde voulaient juger la prose et les vers, donner le ton aux auteurs, et faire les réputations; on confondait et la langue parlée, et la langue écrite, et le langage des poètes , et le discours familier. La conversation perdit bientôt son ton naturel, et c'est à grand peine si les gens simples et vrais pouvaient comprendre les esprits à la mode ; de là ce déluge de romans sans fin, de portraits de fantaisie , et d'autres frivolités dont la France fut inondée à cette époque ; les précieuses s'envoyaient visiter par un rondeau ou une énigme , et c'est par là que commençaient toutes les conversations.

L'amour, dans tout ce qu'il a d'exagéré, de manière, fut le thème favori de tous ces faiseurs d'œuvres musquées; et des ouvrages, tels que le *Royaume de Tendre*, qui seraient aujourd'hui universellement conspués, obtinrent alors le plus grand succès.

(Les Précieuses Ridicules.)

On appelait alors le bonnet de nuit, le *Complice innocent du mensonge*; le chapelet, une *Chaîne spirituelle*; l'eau, *le miroir céleste*; les filoux, les *Braves incommodes*; un sourire dédaigneux était un *Bouillon d'orgueil*; et l'action de tuer plusieurs personnes, un *Meurtre épais*.

On aurait tort de croire cependant que toutes les *précieuses* fussent aussi ridicules que celles que Molière a mises en scène. Le beau parler, les grâces de l'esprit, la politesse des manières, furent toujours admirées dans les femmes qui méritaient de donner le ton. Mesdames de Lafayette, de Sévigné, Deshoulières, de Longueville, de L'Enclos, étaient des précieuses de bon ton, et comme disaient alors les gens de goût, de *vraies précieuses*. La critique de Molière ne tombait que sur les femmes que leur affectation outrée et leur pédantisme rendaient insupportables, sur ces petites protectrices d'ouvrages nouveaux, qui croyaient du bon ton de parler un langage énigmatique, langage inconnu au vulgaire, et pensaient pouvoir donner des lois à ce que notre littérature comptait de plus habiles écrivains.

Le succès des *Précieuses ridicules* fut immense; il y eut, dès le début, une telle affluence de monde, que les comédiens augmentèrent de moitié le prix des places; on ne payait alors que dix sols au parterre. Un vieillard s'écria au milieu d'une scène : *Bravo Molière, voila la bonne comédie!* L'ouvrage eut autant de succès au théâtre de la cour qu'à celui de Paris, et Molière qui, jusqu'alors avait travaillé sur les modèles de Plaute et de Térence, chercha les sujets de ses drames dans l'observation du monde. La comédie des *Précieuses Ridicules* est la première pièce en un acte et en prose qu'ait donnée cet auteur.

PAUVRES EN ANGLETERRE.

En Angleterre, la misère apparaît sous un autre aspect, mais avec des accessoires qui la rendent plus accablante pour ceux qui la souffrent, plus affligeante pour ceux qui l'observent, que dans toute autre partie de l'Europe. Soumis à un ordre méthodique, les secours sont plus lents à passer, de la main qui les distribue, dans celle qui s'ouvre pour les

recevoir. Dans beaucoup de paroisses, ils sont l'objet d'une étrange spéculation. Au moyen d'une somme beaucoup plus forte que celle qui suffirait à une charité intelligente, un entrepreneur se charge, sinon de pourvoir aux besoins, au moins d'arrêter les plaintes des indigens. Peu importe qu'ils soient soulagés, pourvu qu'ils se taisent! C'est le parti qu'ils sont obligés de prendre, sous peine de trouver dans le spéculateur, entre les mains duquel l'amélioration de leur sort est tombée au rabais; un redoublement de rigueur et de dureté; que ne compenserait pas l'intervention du magistrat auquel leurs réclamations s'adresseraient.

Dans les lieux où les secours s'administrent sans l'intermédiaire d'un entrepreneur, ils sont réduits en qualité et en efficacité par les prélévemens que les distributeurs n'ont pas honte de se réserver en forme d'émolumens; et par le vice de leur répartition; la paresse y trouve sa part comme l'activité, le simple malaise comme la pauvreté. On compte les individus dont se compose la famille, et on jette de l'argent, sans s'inquiéter si parmi eux il n'en est pas qui peuvent pourvoir à leur subsistance et à celle de leurs parens. Ce n'est pas une honte pour un artisan de faire inscrire le nom de son père infirme sur la liste des habitans secourus par la paroisse, lorsqu'il pourrait le nourrir. Aussi ces listes sont-elles dans une proportion presque double de celles qui existent ailleurs.

En France, une cotisation de 1 franc 50 centimes par individu, non participant aux secours, suffirait au soulagement des indigens. En Angleterre, cette cotisation devrait s'élever à plus de douze francs. Et cependant le sort des pauvres dans le pays où l'on donne le moins, n'est pas aussi malheureux que celui de la même classe dans le pays où l'on donne le plus. La misère même s'y révèle d'une manière moins pénible, parce qu'elle a une livrée qui lui est propre, et qu'en général cette livrée soignée, entretenue avec intelligence par les personnes qui la distribuent, ne présente rien de rebutant. En Angleterre, au contraire, la misère court les rues et les chemins en haillons de soie. Les déchirures d'un shall des Indes laissent apercevoir la dégoûtante nudité qu'il était destiné à couvrir; et l'hermine qui ornait une pelisse élégante, est traînée dans la boue des trottoirs par une malheureuse créature sans bas, sans souliers, soutenant d'un bras décharné un enfant suspendu à un sein flétri, et de l'autre présentant un paquet d'allumettes qu'elle est censée offrir en échange d'une aumône : moyen employé pour éluder la lettre des lois qui interdisent la mendicité, en se plaçant sous la protection de celles qui favorisent le commerce. Ce contraste entre les habits qui ont appartenu à l'opulence, et la profession qui indique le dernier degré de l'abaissement et du malheur, fait naître d'affligeantes pensées.

La misère est rendue plus accablante encore par les privations qu'entraîne le prix excessif de certains objets qui, dans d'autres pays se rapprochent davantage des facultés les plus restreintes. Le pauvre est dans l'impossibilité de se procurer de la viande, de la bierre, du charbon; heureux six fois plus qu'il obtient par son travail, si les secours destinés à suppléer à l'insuffisance de ce salaire, lui donnent les moyens d'acheter du pain pour lui, et des pommes de terre pour sa famille! Pour les commodités de logemens, pour ce que l'on pourrait appeler le *confortable de la misère*, on ne le trouve nulle part, pas plus dans la cabane de l'ouvrier de campagne, que dans les caves et les greniers des villes, où des familles qui n'ont aucun rapport entre elles, viennent, pour une nuit, mettre en commun leur dénuement, leurs larmes, et plus probablement leur haine, leurs imprécations, et leurs menaces contre les classes plus heureuses.

Quelquefois l'excès de la misère porte une famille à aller chercher dans une autre paroisse, des moyens d'industrie ou d'existence que lui refuse celle où elle souffre. Elle en est repoussée; il lui est défendu de s'y établir, ne fut-ce que pour un jour. On ne lui accorde pas même le temps nécessaires pour un indispensable repos. Il faut qu'elle aille reprendre ses privations auxquelles elle a voulu se soustraire. Il faut qu'elle revienne là où elle a enduré tant de maux, subir le reste de cette condamnation, qu'en créant ses membres, et les réunissant, la Providence semble avoir choisi contre elle. Ainsi l'Angleterre libre et riche du XIXe siècle, a, comme, l'Angleterre féodale et pauvre du moyen-âge, son esclavage, sa glèbe et ses serfs. Elle les fixe sur le sol, leur laissant à peine la perspective incertaine d'un tardif affranchissement.

La taxe payée en Angleterre pour les pauvres excède la somme énorme de deux cents millions de France. Comme elle ne frappe que sur les propriétaires fonciers, elle devient pour cette classe d'hommes une charge accablante; et cependant on ne cherche pas à l'alléger, en donnant à son produit une meilleure direction et un emploi plus économique et plus rationel.

Les secours distribués aux pauvres, ne compriment cependant pas la mendicité d'une manière absolue. Elle se fait moins remarquer que dans les autres pays de l'Europe; mais elle existe partout et pour tous les âges. Sur les grandes routes, dans les campagnes, comme dans les rues de Londres, on rencontre des gens souvent très valides qui cherchent à exciter la pitié pour le spectacle de leur misère ou de leurs infirmités, ou par leur chant monotone et criard, ou par le soin de balayer les intervalles qui séparent les trottoirs; et qui tous exploitent l'importunité comme le genre d'industrie le plus facile et celui qui leur rapporte le plus.

Les pauvres des campagnes trouvent, dans les travaux des routes, l'emploi le plus ordinaire de leurs bras. Leur position serait rendue moins pénible, si l'on consentait à leur délivrer, pour être cultivées, quelques unes de ces nombreuses portions de terre incultes que possèdent les paroisses, et qui dans leur état actuel sont sans valeur et sans utilité.

Ce qui ne saurait être contesté, c'est qu'en Angleterre une somme très considérable affectée au soulagement des pauvres, et à l'extinction de la mendicité, ne produit pas l'effet que l'on s'en était promis; tandis qu'en France avec une moindre dépense, et un mode de secours moins méthodique, on fait plus et mieux.

DU THÉATRE CHINOIS.

Le drame chinois ne se borne pas à une seule action, il embrasse la vie entière du héros depuis le berceau jusqu'à sa mort. C'est une sorte de biographie dialoguée, divisée en plus ou moins de parties. Chaque partie est précédée d'un prologue, et tout acteur a soin, la première fois qu'il se présente au public, de décliner le nom qu'il porte dans la pièce, et le caractère qu'il doit représenter. Un acteur remplit souvent plusieurs rôles dans la même pièce, chose peu faite pour entretenir l'illusion. Dans les mouvemens passionnés, l'acteur cesse de déclamer, et exprime ses sentimens par le chant. Un orchestre fort bruyant accompagne ces morceaux lyriques qui sont écrits en vers, et la tragédie chinoise acquiert par là quelque ressemblance avec notre opéra.

Il n'y a de théâtres réguliers que dans la capitale et dans quelques villes considérables de l'empire. Les comédiens voyagent de contrée en contrée et gagnent leur vie à jouer aux fêtes et aux banquets. Quand la société est prête à se mettre à table, trois ou quatre comédiens richement vêtus entrent dans la salle. Après quatre saluts des plus humbles, l'un d'entr'eux remet au plus distingué des convives, un livre où sont écrits en lettres d'or, les titres de cinquante ou soixante pièces qui forment le répertoire de la troupe. Ce livre fait le tour de la société, et le chef du banquet désigne enfin la pièce qui a été choisie.

La représentation a lieu dans la salle même du repas. Les acteurs occupent l'espace compris entre les tables ordinairement disposées sur deux rangs.

Aux grandes fêtes et aux processions publiques on élève des théâtres dans les rues, et l'on donne alors des représentations scéniques du matin au soir.

Un auteur chinois qui jouit d'une certaine réputation n'écrit point pour le théâtre. L'empereur Jnuséhden défendit sévèrement aux mandarins de fréquenter le spectacle. Cette défense a été renouvelée récemment, et l'officier manschou qui veut aller au théâtre doit auparavant ôter de son bonnet les petits grelots en couleur qui sont la marque distinctive de son rang :

Les journaux chinois recueillent avec empressement, tous les traits qui peuvent honorer les mœurs, le caractère de la nation, mais un journaliste s'exposerait à des peines sévères s'il osait donner la description d'une représentation dramatique, ou faire la moindre allusion à l'accueil d'une pièce nouvelle.

CAGLIOSTRO.

Le comte Alexandre Cagliostro, célèbre thaumaturge, dont le véritable nom était Joseph Balsamo, naquit à Palerme, le 8 juin 1743, de parens qui vivaient dans l'indigence. Voué de très bonne heure à l'état ecclésiastique, il fut placé au séminaire de Saint-Roch, à Palerme, d'où il s'évada. Cagliostro se sentait appelé à une autre carrière et à une autre destinée. Il avait alors treize ans. Ses tuteurs, car il n'avait plus de père, le confièrent aux soins du directeur des frères de la Miséricorde, qui l'emmenèrent, non sans difficulté, au leur monastère de Cartagirone. Là, il fut mis sous la conduite d'un apothicaire qui lui enseigna le peu qu'il savait lui-même de physique et de chimie, et c'est probablement à cette circonstance de sa vie que Cagliostro fut redevable de son goût pour l'étude des sciences naturelles, et de la connaissance d'une partie des moyens occultes avec lesquels il fascina les yeux de ses contemporains. La première jeunesse de cet homme singulier fut extrêmement orageuse. L'ardeur de son caractère le portait aisément à tous les écarts et à tous les excès; et, avant de devenir un aventurier illustre, il ne fut qu'un vagabond vulgaire. Chassé pour ses déportemens du monastère de Cartagirone, il retourna à Palerme où, pendant quelque temps, il cultiva le dessin. Sa turbulence et ses démêlés avec les magistrats du pays auxquels il ne craignait pas de s'attaquer, enfin des vols dont il se rendit coupable, le signalèrent comme un mauvais sujet achevé. Mais en même temps d'entre ses aventures révélaient en lui un extraordinaire talent pour l'intrigue, et l'art précoce de faire servir les passions et les faiblesses des hommes à ses desseins. Escroc, faussaire et débauché, plein d'esprit, telle est la renommée qu'il s'était faite avant d'avoir atteint ses vingt-cinq ans. Contraint de chercher un nouveau théâtre, après avoir trompé, par ses fripponneries, son pays natal, ce fut encore par une fripponnerie qu'il se procura le moyen de voyager. Il persuada à un orfèvre nommé Morano, que ses relations avec les puissances invisibles lui avaient fait connaître l'existence d'un trésor considérable, dont il abandonnerait la moitié à Morano si celui-ci voulait faire les avances nécessaires pour l'accomplissement de certaines cérémonies : l'orfèvre livra son argent, et Cagliostro disparut. C'est à cette époque de sa vie que commencèrent les mystérieux pèlerinages de Cagliostro. Accompagné d'un savant, autre personnage d'origine inconnue, nommé Alhotas, il visita la Grèce, les pyramides d'Égypte et une partie de l'Asie connue, pour attacher à son nom le prestige des choses orientales et lointaines. Mais ce nom était lui-même un problème, et Joseph Balsamo en avait changé dix fois dans le cours de ses voyages, lorsqu'à son retour de la Turquie, où il avait pendant assez long-temps joué le rôle de médecin, il se présenta au grand maître de l'ordre de Malte sous le nom et le titre de comte de Cagliostro. De Malte, le hardi jongléur se rendit en Italie, muni des recommandations du grand-maître. Il rencontra à Venise une femme que le calcul, plus encore que l'amour, lui fit attacher à son sort. C'était la belle Lorenza Féliciana, qui avait sur le visage tous les charmes, et dans le sang tout le feu des personnes de son pays. La vivacité d'esprit, l'adresse et la grâce des manières de Lorenza devaient puissamment seconder les plans de son mari, qui n'avait spéculé en Orient que sur la grossière ignorance des hommes, mais qui, en venant exercer ses talens en Europe, devait spéculer tout à la fois sur leur crédulité et sur leur corruption. Après avoir parcouru la Russie, la Pologne et l'Allemagne, après avoir visité, dans le Holstein, ce comte de Saint-Germain si fameux par les merveilleuses histoires débitées sur son compte, Cagliostro et sa femme se trouvaient à Strasbourg en 1780. Il avait eu l'art de se faire précéder dans cette ville par le bruit de ses aventures, de sa grande opulence prétendue et de ses miracles. Deux ou trois cures qu'il entreprit, et dont il se tira avec bonheur, portèrent à son comble l'enthousiasme du public en sa faveur. Il est inconcevable jusqu'à quel point ce moderne Apollonius trouva de partisans. On croyait voir se réaliser sous sa main les prodiges que l'amour du merveilleux attribua dans tous les temps à des êtres privilégiés de Dieu ou en communication avec les esprits. Quand Lorenza, secondant les artifices de son époux, parlait de son fils, le capitaine, depuis longtemps au service de Hollande, la fraîcheur et la beauté de la première jeunesse qui démentaient en elle cette vieille maternité, servaient seulement à confirmer l'idée où l'on était que ce couple extraordinaire possédait d'étonnans secrets. Les femmes n'hésitaient déjà plus à croire que l'heureuse compagne de Cagliostro portait la fontaine de Jouvence dans sa poche. Mais la justice veut que l'on remarque qu'à travers cette suite incroyable d'intrigues de déceptions réprouvées par la morale et de fantasmagories ridicules, Cagliostro et sa femme se signalèrent par des actes de bienfaisance et de générosité qui auraient honoré les plus nobles caractères. On le vit parcourir les hôpitaux, panser lui-même les pauvres et leur fournir des médicamens. Cette conduite lui valut de puissans protecteurs, et à la suite d'une affaire fâcheuse qui lui fut suscitée dans la ville de Strasbourg, le ministère français crut devoir employer sa haute entremise en faveur du noble étranger. Cagliostro se rendit ensuite à Paris, où il s'était fait annoncer comme le fondateur de la franc-maçonnerie égyptienne; mais ce qui le mit surtout à la mode, ce fut la fantasmagorie dont les procédés et les effets étaient encore inconnus. Il y eut, et en grand nombre, des gens assez crédules pour se persuader qu'il avait en effet le pouvoir d'évoquer les esprits et de faire parler les ombres. Cependant telle était la composition de ces nocturnes assemblées consacrées aux évocations, que l'on était fondé à croire que les vivans y jouaient un rôle bien plus actif que les morts. En 1785, époque de son second voyage à Paris, Cagliostro s'y trouvait en relation avec les personnages les plus considérables de l'époque. Lié avec le cardinal de Rohan, il se vit impliqué dans la fameuse affaire du collier, et bien que gravement compromis par les aveux de la comtesse de La Motte, ayant refusé de prendre la fuite, il fut embastillé en 1785. Il se justifia par un mémoire d'avoir participé au vol du collier, nomma les banquiers de diverses places de l'Europe des mains desquels il avait, à différentes époques, retiré des sommes considérables, toutefois sans s'expliquer sur la source première de ces richesses. Cagliostro sortit de la Bastille, mais il fut exilé; alors il passa en Angleterre, d'où sa mauvaise étoile le ramena à Rome au bout de deux ans. Par les ordres du pape, l'infortuné prestidigitateur fut arrêté et enfermé dans le château Saint-Ange, condamné à mort comme franc-maçon; puis, en vertu d'une commutation de peine, transféré dans le château Saint-Léon pour y subir une prison perpétuelle, il ne revit plus la lumière du soleil. Coupable d'une plus excusable et plus naturelle magie,

sa femme ne fut pas épargnée, elle finit ses jours dans un couvent. On peut sans doute, en toute sûreté de conscience, affirmer que Cagliostro fut un imposteur; mais recueillit-on dix fois plus de détails sur son compte que nous n'avons pu en présenter, il resterait toujours sur son caractère l'empreinte de la plus extraordinaire singularité, et sur plusieurs circonstances de sa vie le voile du plus profond mystère.

Quelques traits sur le sort des habitans des grandes villes.

On se ferait difficilement de loin une idée exacte de l'ignorance et de l'indifférence où les habitans des grandes villes sont pour leurs monumens. La vie entière se passe pour le plus grand nombre d'entr'eux sans les connaître. Ils se disent qu'ils auront toujours le temps de les voir, et ils se contentent ainsi de l'espérance. Une cause toujours existante explique cette ignorance volontaire, c'est la distance qui les sépare de leurs monumens. Cet espace à franchir est une trop grande épreuve pour pouvoir la tenter.

Cette cause a une influence funeste sur les relations de société et d'amitié. Le degré de leur intimité est presque toujours en raison inverse de la distance. Ces distances dans Paris sont devenues hors de proportion avec les facultés de l'homme et avec la mesure journalière de temps que départ le soleil. Aussi tout est là une affaire, parce que, pour les choses les plus simples, il faut aller sur tous les points de l'horizon pendant des heures entières, et souvent en vain. Aussi résulte-t-il de cette disposition des lieux que pour les relations la distance c'est l'oubli.

Les Parisiens ne connaissent pas même les tableaux de la nature. Enfermés sans cesse dans ces longs rangs de murs qui forment les rues, ils ignorent le spectacle majestueux du lever et du coucher du soleil, les mouvemens variés d'une atmosphère nuageuse. Les aimables sentimens, les hautes pensées qui naissent dans les belles campagnes, sur le penchant des coteaux ombragés de chênes séculaires, ou sur les sommets éthérés des montagnes, manquent à ces hommes prisonniers dans un dédale de rues boueuses et enfumées.

Ces traits peuvent s'appliquer à la peinture de la population de presque toutes les capitales. Partout dans ces immenses agglomérations, les hommes, comme effrayés de la multitude qui les environne ou irrités des obstacles multipliés qu'ils éprouvent dans leur carrière, se replient sur eux-mêmes comme le limaçon dans sa coquille et vivent d'égoïsme. Alors, ils placent leur bonheur dans les plaisirs factices, vivent isolés de la nature, ignorent les jouissances paisibles de l'âme et la volupté profonde de la méditation. Un vaste tourbillon les entraîne dès l'enfance et leur vie tout entière se dissipe et s'achève, sans qu'ils aient eu un instant le sentiment intime de leur existence

CALAIS.

Le joli port de Calais aujourd'hui si fréquenté des étrangers et peuplé d'environ neuf mille âmes, n'était qu'un village au XIIIe siècle. Philippe de France, comte de Boulogne, frappé de l'état de dénuement et d'impuissance de cette place, importante d'ailleurs par sa position, et voulant la mettre à l'abri d'un coup de main de la part des Anglais, avec lesquels on était alors continuellement en guerre, la fit entourer de fortifications considérables. Ces moyens de défense, ne l'empêchèrent pourtant pas d'être prise en 1347; mais ce fut par la famine plutôt que par la force des armes, que le roi d'Angleterre, Édouard III parvint à s'en rendre maître. Il eut à lutter, pendant un siège de treize mois, contre l'habileté et le courage héroïque de Jean de Vienne, amiral de France, qui se couvrit de gloire dans cette guerre contre les Anglais.

Le célèbre chroniqueur Froissard, rapporte que Calais n'échappa au courroux du vainqueur, irrité par une résistance aussi opiniâtre, que par le dévouement patriotique de six de ses habitans les plus notables. Voici comment, sur son témoignage, ce fait est rapporté par la plupart des historiens. Le roi d'Angleterre voulait que les Calaisiens, qui demandaient à capituler, se rendissent à discrétion ; mais vaincu par les sollicitations de ses chevaliers, il promit d'épargner la ville, pourvu que six bourgeois vinssent, la corde au cou, et les pieds nus, lui apporter les clefs de la place, et payer de leur sang le salut de leur patrie. Eustache de Saint-Pierre se dévoua le premier ; cinq autres généreux citoyens imitèrent son exemple, et ils se rendirent tous ensemble au camp d'Edouard. Déjà leur supplice s'apprêtait, lorsque la reine d'Angleterre se jeta aux pieds de son époux et parvint à force de larmes et de prières à fléchir sa colère et à obtenir leur grâce.

Plusieurs écrivains modernes, entr'autres Voltaire et Hume ont élevé quelques doutes sur le dévouement d'Eustache de saint Pierre ; et dans ces derniers temps, les recherches laborieuses de Bréquigny, paraissent donner un démenti formel au récit de Froissard. Eustache ne nous est plus représenté aujourd'hui que comme un homme au moins pusillanime, qui s'opposa de toute son influence à une dernière tentative pour défendre la ville. Il se présenta en effet devant Edouard ; mais on ne peut se refuser de croire à ses intelligences avec ce prince, qui le délégua, comme surveillant de ses intérêts, auprès des Calaisiens restés fidèles à la France. » Eustache, dit l'auteur que nous venons de citer, mourut en 1371. Des lettres du 29 juillet de la même année nous apprennent que les biens, qu'il avait à Calais, furent confisqués par le roi d'Angleterre, parce que ses héritiers étaient demeurés attachés à leur maître légitime. Edouard, en les dépouillant, rendit à leur nom tout l'éclat, que ces mêmes biens, reçus par Eustache pour prix de sa trahison, avaient pu lui enlever, » Toutefois, l'an-

(Vue de la Place d'armes de Calais.)

cienne tradition est encore généralement accréditée, puisqu'en 1819, le buste d'Eustache de saint Pierre, par Cortot, a été donné à la ville de Calais, en mémoire de son prétendu dévouement.(1)

Les Anglais gardèrent Calais pendant plus de deux cents ans ; et ce ne fut qu'en 1558, que le duc de Guise leur reprit cette ville. A la fin du XVIᵉ siècle, assiégée par l'archiduc Albert d'Autriche, cette ville retomba de nouveau au pouvoir de l'étranger ; mais à la paix suivante, elle fut définitivement rendue à la France.

Calais est actuellement, une place de guerre de première classe. Sa situation sur la Manche, et à la jonction de plusieurs canaux, en fait le centre d'un commerce actif. Les rues sont en général larges, bien alignées, et bordées d'élégantes habitations, bâties en briques. Les remparts, plantés d'arbres, offrent de jolies promenades. Le port est commode, quoique petit et peu profond ; mais il a l'incon-

vénient de s'encombrer de sables. Deux môles, de cinq cents toises environ de longueur, en forment et en protègent l'entrée. D'une des jetées, fréquentée par les promeneurs qui viennent y contempler le spectacle imposant de l'Océan, on distingue, quand le temps est clair, les côtes de l'Angleterre et le château de Douvres, qu'une distance de sept lieues sépare de Calais.

Parmi les monumens les plus curieux de la ville, on admire sur la placé d'armes et près de l'hotel-de-ville, la tour de l'horloge ou beffroi, construction remarquable et élégante d'architecture gothique.

Calais doit à sa proximité de l'Angleterre, sa grande activité. A chaque instant, ce sont des paquebots qui partent ou qui arrivent, et l'on dirait que la moitié de la population se renouvelle du jour au lendemain. Aussi est-il peu de villes qui présentent un tableau plus varié et plus attachant.

(1) Le récit de Froissard a fourni à du Belloy le sujet de sa tragédie intitulée ; le siège de Calais.

Les Bureaux d'Abonnement et de Vente sont : Quai des Augustins, n° 41.

Paris. — Imprimerie du Magasin Universel, Cosson, rue Saint-Germain-des-Prés, n° 9.

L'ALHAMBRA. — GRENADE. — LES MAURES EN ESPAGNE.

(L'Alhambra. — Vue de la Cour des Lions.)

Il brilla peu de temps sur la scène du monde, ce peuple guerrier et industrieux, fanatique et tolérant, qui civilisa l'Europe, en sortant lui-même de la barbarie, et qui se replongea dans les ténèbres, sitôt qu'il eut répandu la lumière. Le désert de l'Afrique, sa première patrie, devint son dernier asile: les fils de Boabdil allèrent rejoindre les descendans d'Ismaël; mais dans ce passage rapide, ils laissèrent au monde des souvenirs et des monumens, qui captivent encore notre admiration.

L'Alhambra est une des plus brillantes traces du séjour des Maures en Espagne. Ce somptueux édifice, qui remplissait la double destination de palais et de forteresse, est situé sur le sommet du côteau escarpé qui domine la ville de Grenade, semblable à l'Acropolis d'Athènes et au château de Sagonte. Les murs suivent exactement le contour du plateau, et leur épaisseur comme leur situation devait faire de ce lieu un asile inaccessible. Mais si l'aspect extérieur de ces tours présente l'image de la guerre, l'intérieur offre tout ce que le plaisir, l'art, et l'industrie peuvent réunir de plus agréable et de plus parfait. On se croit transporté au pays des Fées, ou dans ces belles retraites décrites par les poètes orientaux. Que de richesses et en même temps que d'élégance dans cette architecture fantastique! Quelle profusion d'ornemens, quelle finesse de dessins, quelle légèreté, quelle souplesse jusques dans les moindres détails!

Ce qui ajoute encore à l'effet magique de cet admirable monument, c'est la solitude qui règne sous ses voûtes, c'est le silence poétique qui a succédé aux fêtes brillantes, c'est la mélancolie rêveuse qu'inspirent ces ruines, en un mot c'est le contraste de tant de gloire et de tant d'abjection. Et puis, comment ne pas être ému, quand, à chaque pas, on voit les ravages du temps et des hommes? Ici c'est une muraille qui s'écroule, là un portique qui s'affaisse, plus loin une colonne, qui ne peut plus soutenir une arcade chancelante. L'herbe croît au milieu de ces galeries magnifiques: elle ronge ces pavés de marbre, ces murailles si délicatement sculptées. Et l'Espagne contemple froidement le spectacle de ces dévastations, et elle ne songe pas à

défendre l'Alhambra contre toutes ces attaques! Espérons pourtant que le jour viendra bientôt, où sortant de son apathie, elle apprendra enfin à connaître les trésors qu'elle possède, et saura trouver les moyens de les conserver aux arts et aux sciences.

On monte par une pente irrégulière jusqu'à la porte de l'Alhambra, construite en fer-à-cheval ou plein-cintre outrepassé, comme tous les arceaux moresques. Après avoir passé cette porte, on arrive à deux cours oblongues, là cour des Bains et la cour des Lions (*Quarto de los Leones*). Cette dernière surtout est remarquable par sa magnificence. Elle est entourée d'un péristyle de colonnes légères, et ornée, sur deux faces, d'un avant-corps, ou sorte de portique, semblable au portail saillant de quelques églises gothiques, et enrichi de superbes sculptures. Au milieu de la cour, est la fontaine des Lions, en marbre noir, d'où coulait autrefois une eau limpide et abondante, qui, reçue dans des canaux, portait la fraîcheur dans plusieurs appartemens. Cette fontaine a été évidemment construite à l'imitation de la piscine de Salomon; ce qui aura sans doute autorisé l'architecte arabe à s'écarter de la loi de Mahomet, qui défend de représenter des êtres vivans.

C'est près de la cour des Lions, que sont distribués au rez de chaussée, tous les appartemens du palais, les uns, destinés à la représentation et ayant vue sur la campagne, les autres plus frais, plus retirés, n'ayant que de faibles ouvertures sur les portiques intérieurs.

Parmi ces appartemens, qui tous sont célèbres dans l'histoire des Arabes, il en est un surtout où l'on ne peut s'arrêter, sans être vivement ému au souvenir de l'évènement terrible, dont il fut le théâtre : c'est la salle où le féroce Boabdil fit massacrer les Abencerrages. Elle a conservé le nom de cette tribu vaillante, et est contiguë à la cour des Lions.

L'Alhambra fut bâti par Abu-Abdalla-Ben-Nasser, plus connu sous le nom d'Elgaleb-Billah (ou vainqueur par la faveur de Dieu), prince renommé par sa valeur, sa droiture et sa bonté. Il régna à Grenade, depuis l'an 1251 jusqu'en 1575, et consacra à cet ouvrage une partie de ses trésors. Ses successeurs embellirent successivement ce superbe édifice, qui leur servit de résidence jusqu'à la chute de leur empire. Depuis la conquête de Grenade par les Espagnols, l'Alhambra subit plusieurs changemens notables. Séduit par la beauté de la situation, et peut-être encore plus par l'idée de surpasser la magnificence des souverains arabes, Charles-Quint fit élever un palais sur les ruines de quelques parties de cette forteresse. Mais un édifice moderne figure mal au milieu de ces débris séculaires, qui intéressent bien plus que tous ces monumens élevés par l'orgueil des conquérans heureux.

On ne saurait parler de l'Alhambra sans dire quelques mots de Grenade et du séjour qu'y firent les Arabes. (Dans un autre numéro nous reviendrons sur l'histoire des Maures d'Espagne, et nous examinerons, sous un point de vue plus général, l'influence qu'ils ont exercée sur ce pays.)

L'origine de Grenade est environnée d'une obscurité difficile à éclaircir. Tout ce qu'on a dit pour prouver que sa fondation était l'œuvre des Phéniciens ou des Hébreux est dénué de fondement comme de vraisemblance. Les seuls documens authentiques qui restent aujourd'hui ne permettent pas de faire remonter son origine au-delà de la domination des Maures. Les nombreux et magnifiques monumens qu'ils y ont laissés, et qui en font encore de nos jours le plus bel ornement, le caractère essentiellement arabe des plus anciennes constructions de la ville, donnent à cette opinion le poids de la vérité, et les conjectures les plus probables s'accordent à fixer l'établissement de Grenade au Xe siècle, où elle fit partie des états des rois de Cordoue.

Trois siècles après, elle devint la capitale de toute la partie de l'Andalousie qui resta aux Maures, après la prise de Cordoue par Ferdinand II, roi de Castille et de León, et la mort d'Aben-Hut. Ce fut un homme tiré de la charrue, Mahomet-Aben-Alhamar, qui éleva cette nouvelle capitale à l'état de force et de prospérité, qui en firent d'abord le centre des grandeurs et des plaisirs, puis le refuge et le dernier boulevard de la puissance moresque.

Pendant une période de deux cent cinquante-six ans, non moins glorieuse qu'honorable pour les possesseurs de cet empire, les arts, les sciences et la civilisation fleurirent parmi eux. La férocité des fils d'Omar avait fait place à la courtoisie, à la générosité, à tous les sentimens chevaleresques des guerriers de l'Occident, et Grenade devint un séjour non moins renommé par la galanterie de ses souverains que délicieux par toutes les recherches du luxe le plus raffiné. Une multitude de pièces authentiques, de chroniques, de cartels, de romances, attestent cette teinte générale de l'esprit et des mœurs du temps.

Cette noble conduite des rois maures, ce système glorieux d'administration, qui les avaient rendus dignes de leurs succès et de l'amour des peuples, dura jusqu'à la fin du XVe siècle. Ce fut alors que la dynastie régnante à Grenade, ayant donné des signes de cette faiblesse, qui précède la chute des souverains, toutes les forces de l'Espagne, concentrées par l'union de Ferdinand et d'Isabelle, poursuivirent jusque dans cette capitale toute la population arabe, chassée successivement des autres places qu'elle occupait en Andalousie. Le moment était d'autant plus favorable pour frapper le coup décisif, que des dissentions intestines divisaient ceux qui auraient dû réunir toutes leurs forces pour soutenir la cause commune. Sans ces divisions déplorables, nul doute que les Maures n'eussent réussi à repousser l'agression, puisque, malgré cet état de choses si désavantageux, ils surent défendre, pendant un siège de plus d'un an, le dernier rempart de leur puissance. Ils déployèrent, en cette circonstance, le courage le plus héroïque, et toutes les ressources de l'art militaire, de l'enthousiasme national, et même du fanatisme religieux. Enfin, il fallut céder Grenade aux armes victorieuses des Espagnols. Bannis ou dispersés, ceux qui échappèrent à la mort, remportèrent dans les montagnes des Alpuxarras et dans les sables

brûlans de l'Afrique, les regrets d'une patrie adoptive, embellie et fertilisée par leurs mains. Ces regrets furent si vifs qu'ils se sont transmis jusqu'à ce jour de génération en génération, et que les Maures n'oublient pas Grenade, les vendredis, dans leurs prières du soir, demandant au ciel de s'y voir rétablis.

Il ne faut, en effet, qu'avoir parcouru cette grande ville, pour comprendre les regrets de ceux qui l'occupaient aux beaux jours de sa prospérité. Air pur, sites enchanteurs, climat délicieux, tout ce qui séduit les sens ou l'imagination, se réunit pour en rendre le séjour aussi agréable que salutaire. Bâtie sur deux collines, et dans le vallon qui les sépare, arrosée par deux rivières, le Darro et le Genil, voisine de la Sierra Nevada, qui l'abrite au nord et à l'est, dominant une plaine riante et fertile, si célèbre sous le nom de Véga de Grenade, on chercherait en vain une position plus belle et plus avantageuse sous tous les rapports. Là proximité des campagnes et l'abondance des eaux y tempèrent l'ardeur du ciel, et entretiennent sur le sol une verdure éternelle.

Malgré tant d'avantages, on ne peut se dissimuler la décadence de cette belle cité. L'Alhambra n'est pas le seul monument que la négligence des Espagnols laisse dépérir : de tous côtés on voit tomber quelques somptueux édifices, nobles reliques des temps passés. Quelques constructions modernes assez remarquables, se mêlent, il est vrai, sans trop de désavantage, à celles que le temps a dégradées; mais elles ne peuvent dédommager Grenade des pertes énormes qu'elle a faites.

ESPAGNE.

PHYSIONOMIE DES TROUPES.

Les traits caractéristiques qui distinguent le Français de l'Espagnol sont plus saillans, plus tranchés peut-être encore dans les mœurs et les habitudes militaires des soldats de ces deux nations. Et d'abord parlons du *cigaro*. On a dit bien souvent, sans le répéter assez peut-être, quel rôle immense jouait le cigare dans l'existence espagnole. C'est une partie intégrante du bien-être civil et militaire; pas de conversation qu'il ne précède, pas de rapports, de liaisons qu'il ne facilite, pas de souffrances qu'il n'aide à supporter. Aussi à la promenade (*al paseo*) tout comme en sentinelle perdue, à la guerre, vous retrouvez le soldat espagnol savourant avec recueillement et bonheur ses bouffées de tabac, et psalmodiant ses chansons nationales.

Que lui importent ensuite la faim, la soif et les intempéries de l'air? Il fume, et il fredonne; c'est assez.

Après le cigare, l'objet le plus essentiel sans contredit pour le soldat de ce pays, est cet instrument, qu'on rencontre dans les corps de garde et les bivouacs, comme dans les boutiques de barbiers : la guitare! Ce n'est, le plus souvent, qu'une mandoline détestable dont l'existence remonte au troubadour Geoffroi Rudel, mais n'importe. S'il est placé sous les ordres d'un officier, rigide observateur des convenances militaires, le soldat trouve encore le secret d'éluder la défense et de faire voyager l'instrument favori; sans qu'on sache comment elle y est arrivée, la guitare reparaît aux haltes, aux exercices, et autour des musiciens se forme le cercle des chanteurs. Les chefs se montrent-ils moins ennemis de cette harmonie nationale, aussitôt la guitare reprend sa place d'honneur : mise en travers et en évidence, sur le sac d'un soldat, elle voyage avec la compagnie. Dans les corps de garde, vous l'apercevez toujours à côté du ratelier d'armes. C'est elle qui préside aux concerts de nuit, aux *Sequedillas*, *Manchegas*, *Polos y tiranas*, etc., sérénades improvisées, empreintes d'une origine et d'un charme tout moresque, et qui, dans les belles soirées d'été, attirent la *senora* sous la tente du balcon. De là vient que le voisinage d'un corps de garde qui en France ne séduit personne, est quelquefois recherché en Espagne. Mais le jour a lui; jetez les yeux sur cette caserne, sur ce même corps de garde, tout est rentré dans le calme et le silence. Ici des cours désertes; là des officiers et des soldats décolletés, dormant étendus à l'ombre.

Sans doute il vous est arrivé de voir les soldats français à l'exercice, pendant l'intervalle de repos qui sépare les deux prises d'armes? Chacun rit, s'ébat ou s'escrime; En Espagne, au contraire, l'instant où l'on fait rompre les rangs n'ajoute ni au bruit ni au mouvement du tableau. La foule bourgeoise envahit le terrain de manœuvres; les *cigaritos* s'allument silencieusement après un simple échange de signes, et bientôt l'on est confondu, femmes, enfans, moines, bourgeois et militaires.

Et qu'on ne vienne pas alléguer, en excuse de cette nonchalance, la chaleur du climat. Nous avons vu nos soldats exposés à une température aussi brûlante, et certes ils n'avaient rien perdu de leur caractère ni de leur bruyante gaité. Non, il y a dans ces bataillons espagnols, un je ne sais quoi qui trahit un manque d'habitude et comme de souplesse militaire. Leur aspect national a disparu; et s'il nous était donné de rendre ici une impression, intraduisible peut-être par des mots, nous dirions que ces soldats produisent moins l'effet de conscrits, que de bourgeois jouant gravement au soldat.

Ces observations critiques portent bien plus sur la forme que sur le fond. Le mérite d'une armée ne consiste pas, nous le savons, dans l'élégance de ses soldats; et néanmoins il est encore plusieurs singularités que nous croyons devoir signaler. Nous mettons en première ligne l'insupportable monotonie de la marche des tambours. Remarquez que *marché* est ici écrit au singulier, attendu qu'il n'en existe en effet qu'une seule pour toutes les circonstances et dans toute l'étendue de la monarchie espagnole. C'est une batterie qui ne ressemble pas mal à celle qui s'exécute à nos convois funèbres; seulement la mesure en est plus ou moins précipitée, selon que le pas est ordinaire ou accéléré. Cette marche, m'a-t-on dit, est si ancienne, si nationale, que l'on n'a point osé y toucher. Félicitons les Espagnols de faire du patriotisme à propos d'un roulement de tambour; mais toujours est-il que les oreilles profanes des étrangers en sont long-temps poursuivies.

A propos de tambours, ajoutons un mot sur les tambours majors: ils sont placés, ainsi que les nôtres, à la tête des régimens; mais que sont les grâces et les balancemens affectés de ceux-ci, à côté des tambours majors espagnols dont les contorsions, disons le mot, les gambades dépassent tout ce que l'imagination peut se figurer? Les hommes choisis pour ce rôle mimique ne sont pas d'ailleurs d'une taille plus élevée que les autres.

Il faut remarquer qu'en revanche les musiques des régimens espagnols sont incontestablement meilleures que les tres. Le choix des airs, le plus souvent tristes et langoureux, manque bien un peu de vivacité militaire; mais l'harmonie en est pure et l'exécution bien sentie. Avec quels délices on retrouve là, dans une mélodie accentuée, les beaux *cantabile* de Rossini et les symphonies d'Haydn! Paris revient bientôt à la mémoire, ou s'oublie......; lorsque tout à coup ces malheureux tambours reprennent, le charme est détruit!

On sait qu'à partir du grade de chef de bataillon les épaulettes disparaissent. Les galons sur la manche et la canne deviennent les seules marques distinctives du grade des officiers supérieurs et des généraux. La canne que portent en bandoulière les officiers supérieurs n'indique chez eux que le grade honoraire dont ils ont les insignes.

L'une des choses qui surprennent le plus les Français qui assistent aux exercices et aux manœuvres en Espagne, c'est le laisser-aller des officiers et des soldats.

Figurez-vous un chef de bataillon, par exemple, fumant son *cigarito* en même temps qu'il commande l'exercice;

l'Andalouse sémillante, le moine franciscain avec son grand chapeau à la Basile, se promenant tout auprès de la troupe, adressant, l'une un gracieux sourire sous son éventail, l'autre un salut clérical à tel ou tel officier sous les armes.

En outre, presque jamais de baïonnette au bout du fusil, même lorsqu'on commande le pas de charge la baïonnette croisée; des jalonneurs se portant avec une extrême nonchalance pour tracer les lignes. Nous craindrions de fatiguer nos lecteurs s'il nous fallait rapporter ici tout ce qu'il y a de mol abandon, de camaraderie dans ces manœuvres. Nous pouvons à ce sujet raconter un fait dont un voyageur a été témoin dans une petite guerre exécutée aux environs de Madrid, à l'occasion des fêtes du couronnement de l'infante. Un bataillon se repliant, se formait en colonne d'attaque; un capitaine s'arrêter avec sa compagnie précisément à la place de bataille d'une autre, de sorte que cette dernière survenant, notre officier s'aperçoit de sa bévue: *seguid me muchachos* (suivez-moi, enfans), s'écrie-t-il, en s'adressant à son peloton; et les voilà courant à travers les divisions qui se forment successivement, renversant, bousculant les autres soldats. C'était une véritable mêlée. Quant au chef de bataille, au lieu de chercher à faire cesser la confusion par un commandement calme et sévère, il s'était pris d'un fou-rire à la vue de ce désordre..... Il était hors d'état de commander. Hâtons-nous de dire que ce sont là dès exceptions, et que de pareilles scènes ne sauraient se renouveler souvent.

Les uniformes des officiers de la garde sont d'une coupe élégante et légère; on y remarque en général une tendance plus ou moins heureuse à imiter les tournures françaises; mais dans toutes les importations de ce genre, il est rare que le goût national ne vienne se glisser. Ainsi l'usage, on pourrait presque dire le bon ton, parmi les officiers espagnols, n'est pas de porter les épaulettes carrément sur les épaules, comme on le voit en France. Ils les rejettent en arrière, à la façon des voltigeurs de Louis XIV. Autre chose encore; nous voulons parler d'une manière fatale de porter les collets d'habits, dont la hauteur par derrière est tellement exagérée, que l'on dirait une lutte établie à qui sera le plus ridicule; assurément il n'est pas un homme, fût-il même un Antinoüs, qui ne parut gêné et voûté en étant habillé de la sorte. Cette disposition a de plus l'inconvénient inévitable de la malpropreté, ainsi que le dénotent d'ailleurs, sans y remédier, ces doubles collets dont tous les habits sont revêtus.

Quant au caractère de l'armée espagnole, on peut dire qu'individuellement le soldat de cette nation est brave. Si chez lui on ne retrouve ni l'impétuosité des Français, ni cette fermeté de réaction des Anglais, il est bien plus sobre et plus patient que les soldats de ces deux nations. Possédant toutes les qualités qui constituent le guerrier, il est dur aux fatigues et susceptible d'un grand élan, lorsqu'il est conduit par des officiers qui ont mérité sa confiance; mais orgueilleux, fanfaron, même dans les revers les plus humilians, et rarement généreux dans la victoire.

LE VÉSUVE.

Une foule de curieux, accourus de tous les points du globe, s'étaient donné rendez-vous à Naples, pour assister au magnifique spectacle d'une éruption du Vésuve, que des signes certains avaient annoncée. Ce phénomène a eu lieu à deux reprises différentes; d'abord dans le mois de juillet, et enfin dans les derniers jours d'août. La première éruption a été peu remarquable, mais la seconde est une des plus violentes et des plus belles qu'on ait jamais vues.

D'abord le nouveau cône disparut derrière un nuage épais de fumée noire; puis, trois heures après, une secousse eut lieu, et pendant la nuit se succédèrent des éjections de sables enflammés, de pierres et de scories. Alors la lave s'écoula par deux ouvertures, mais elle ne parcourut que six à sept pieds par minute.

Peu après, deux nouvelles bouches s'ouvrirent, annoncées par de violentes détonations; une immense colonne de fumée noire et épaisse s'élança dans les airs, un effroyable torrent de lave, divisé en plusieurs courans, envahit un espace immense de terrain, engloutit plusieurs villages, et couvrit de cendres tout le pays environnant. Le courant principal avait un tiers de lieue de largeur et une profondeur de quinze pieds; il parcourut plus d'une lieue en longueur.

Même avant d'être attaqués par la lave, les arbres se desséchaient, les feuilles se raccornissaient avec un frémissement sonore, les branches s'incendiaient avec une blanche et vive lumière, tandis que les troncs étaient à peine réduits en cendres vers le milieu.

La mer était dans une épouvantable agitation, et cependant la sécurité de l'air n'était pas troublée. Pendant plusieurs nuits on voyait s'élever du mont Vésuve comme un pin gigantesque, dont les racines ressemblaient à du corail et dont le tronc était couleur de bronze; le reste de l'arbre, éclairé par la lune qui se trouvait au-dessus, avait tout l'éclat de l'argent. Des ruisseaux de feu serpentaient au pied de cet arbre colossal et augmentaient l'effet pittoresque de cette scène vraiment admirable.

Après les détails que nous venons de donner sur la dernière éruption, on ne lira pas sans intérêt une description succincte du mont Vésuve.

On monte au cratère par une pente assez douce, au milieu de champs cultivés et de beaux vignobles traversés, de loin en loin, par des courans de laves plus ou moins anciens, noirs, raboteux et stériles. A une certaine hauteur, on trouve une maison habitée par trois ermites qui fournissent aux voyageurs un frugal repas. Trois ormeaux à l'épais feuillage se trouvent dans ce lieu; ce sont les derniers arbres que l'on rencontre sur le mont. Plus haut, la pente devient très-rapide, et des courans de lave refroidie la sillonnent en tous sens. Les ânes qui servent de montures mettent beaucoup d'adresse pour éviter les mauvais pas; dans les endroits les plus rapides, il leur faut tout à la fois porter les voyageurs et traîner les conducteurs qui s'attachent à leur queue.

Le cône, dont le pied est composé de cendres ou plutôt d'une sorte de sable volcanique, forme un angle tellement prononcé, qu'on ne peut guère y gravir qu'en se servant de ses pieds et de ses mains. Après une heure de marche, on arrive à un endroit où la chaleur du sol se fait sentir; des vapeurs brûlantes sortent d'un grand nombre de petites crevasses, dont les parois sont couvertes d'efflorescences de soufre. En approchant l'oreille, on entend un bruit semblable à celui d'un liquide en ébullition, et si on y plonge du bois ou du papier, ils s'enflamment promptement: quelques pas plus haut, on trouve le bord du cratère même.

Ce cratère est un vaste entonnoir de quatre ou cinq cents pieds de profondeur, dont la pente est couverte de cendres graveleuses, et dont le fond présente tantôt une surface solide, semblable à celle du reste du Cône, tantôt une fournaise d'où s'échappent de temps à autre des flammes et des éclairs à travers des nuages, alors même que le volcan n'est pas en éruption.

Le tour du cratère a une demi-lieue de circonférence et son bord a peu de largeur. De là, l'œil domine la mer et une grande partie du royaume de Naples. Le voyageur aperçoit sous ses pieds les villes et les villages bâtis sur les ruines des cités antiques que le volcan a ensevelies, et il ne peut se défendre d'un sentiment de frayeur en songeant au sort qui menace ces modernes demeures. Des signes précurseurs annoncent, il est vrai, aux habitans les éruptions du Vésuve; des commotions intérieures font trembler la terre et sont accompagnées de bruits sourds; les puits tarissent et les animaux sont frappés d'épouvante. Aussi le Napolitain se contente-t-il de placer des sentinelles pendant la nuit, et dort-il, sans crainte d'être surpris par l'éruption. Les mai-

sons les plus exposées sont estimées au même prix, à peu près, que toutes les autres.

Ce qui attire les Napolitains dans ces lieux, tant de fois désolés, c'est l'extrême fertilité du sol qui donne trois récoltes dans une seule année. Les fruits y sont délicieux. La vigne y produit ce vin célèbre connu sous le nom de *Lacryma-Christi*. Une population nombreuse se presse sur la base du Vésuve. Partagée en petites propriétés de trois à quatre arpens, cette terre pourrait nourrir trois fois autant d'habitans. Les produits de la culture ne sont pas au reste les seules richesses que procure le Vésuve. La lave de ce volcan se transforme en pavés, en murailles, et même en élégans joyaux que le commerce transporte au loin.

CHASSEURS A CHEVAL.

1793.

La création des régimens de chasseurs à cheval ne remonte guère au-delà d'un demi-siècle. Il paraît surprenant que jusqu'en 1745, la France n'ait point eu de troupes légères régulièrement constituées. Nous lisons en effet qu'à cette époque seulement, fut organisée une compagnie de cent hommes, sous la dénomination de *chasseurs de Fischer*. Ils étaient à pied, et ce ne fut que quelques années après, lorsque ce corps fut porté au grand complet de six cents soldats, qu'on lui adjoignit deux cents hommes de cavalerie légère. Ce mélange de deux armes, jusqu'alors distinctes, fit donner à ces régimens les dénominations successives de *dragons-chasseurs*, de *volontaires*, de *légions* et de *chasseurs*. Tantôt à pied, tantôt à cheval, les bataillons ou des escadrons de chasseurs furent alternativement réunis aux hussards de *Berchiny*, de *Chamborant*, enfin aux vingt-quatre régimens de dragons alors existans. Mais toutes ces institutions, qui faisaient sentir le besoin de corps réguliers de troupes légères, étaient trop défectueuses pour être maintenues. On y renonça bientôt, et, en 1779, six régimens de chasseurs reçurent une organisation et des numéros particuliers à leur arme. Ils eurent des couleurs distinctives, et déjà on remarquait le cor de chasse sur leurs boutons. Telle est l'origine toute récente des régimens de chasseurs à cheval, qui devaient bientôt rivaliser par leur bravoure et leur importance avec les anciens corps de cavalerie de vieille institution.

Ils étaient à peine organisés, que leur brillante conduite dans la guerre de l'indépendance de l'Amérique leur assura un rang distingué parmi nos troupes. Ce fut leur baptême de gloire, et le commencement d'une série de beaux faits d'armes que nos annales militaires ont enregistrés.

Au commencement de la révolution de 1793 on comptait douze régimens de cette arme; c'étaient les chasseurs d'*Alsace*, de *Franche-Comté*, de *Languedoc*, de *Champagne*, etc., des noms des provinces auxquelles ils appartenaient. Plus tard on y joignit les deux régimens de *chasseurs normands* et de *chasseurs bretons-bourguignons*.

Lors de la formation de la garde consulaire, on fit entrer dans sa composition un régiment de cette arme. La compagnie des guides, qui avait suivi Napoléon dans ses campagnes d'Italie et d'Egypte, devint le noyau de ce nouveau corps. On sait la réputation de cette garde, connue plus tard sous le nom de garde impériale, et dans laquelle les chasseurs à cheval tinrent un rang si distingué pendant les guerres du consulat et de l'empire. A cette dernière époque, en 1811, il y eut jusqu'à vingt-neuf régimens de chasseurs à cheval, sans y comprendre celui de la garde impériale. L'uniforme des chasseurs de la garde était extrêmement brillant. Ils portaient le kolbac, le dolman à la manière des hussards, auxquels ils avaient emprunté également le pantalon collant et la botte à la russe.

La restauration, imitatrice des institutions de l'ancien régime, par une ordonnance de 1815, créa vingt-quatre régimens de chasseurs à cheval, auxquels elle donna, aussi bien qu'aux quatre-vingt-trois légions à pied, les noms des départemens où ces corps avaient été levés. Ainsi, il y eut les chasseurs des *Ardennes*, de la *Somme*, de l'*Orne*, de la *Charente*, etc.

Ils perdirent ces dénominations en 1819, et ils reçurent celles de 1er, 2e, 3e, etc. régimens de chasseurs à cheval. En 1826, on remarqua le 1er régiment de cette arme qui avait pris le nom de *chasseurs de Nemours*.

Depuis la révolution de juillet on réduisit à quatorze le nombre de ces régimens; cinq d'entre eux ayant été incorporés à une arme de nouvelle formation, celle des lanciers. Leur uniforme est ainsi composé aujourd'hui : — schako garance avec un plumet noir et flottant; habit vert; pantalon garance par-dessus la botte; bufleterie blanche et épaulettes à frange garance. Les armes des soldats sont le sabre, la carabine et un *seul pistolet*.

L'institution des chasseurs, dont le service est celui de la cavalerie légère, ne se retrouve que chez quelques puissances de l'Europe; et il est à remarquer que ce sont presque toutes des puissances de second ordre. Ainsi, la Russie, l'Autri-

1812.

che, la Prusse, l'Angleterre, la Bavière n'ont point de régimens de cette arme, tandis qu'on en compte huit en Espa-

1830.

gne, deux en Belgique, un en Suède, un dans le royaume des Deux-Siciles, etc.

DESTRUCTION DES JANISSAIRES
PAR LE SULTAN MAHMOUD.

Le sultan actuel ressemble, sous plusieurs rapports, à Pierre-le-Grand : c'est la même détermination dans les choses entreprises, la même énergie dans l'exécution, et la même sévérité dans l'accomplissement de ses arrêts. Comme Pierre-le-Grand, il n'a pu souffrir l'arrogance de sa garde prétorienne. Pierre se délivra de ses strélitz, et Mahmoud a brisé le joug que lui imposaient les janissaires. Depuis longtemps, le gouvernement formait le projet d'introduire la discipline européenne dans l'armée turque; Sélim, prédécesseur de Mahmoud, avait tenté de le mettre à exécution; mais le temps n'était pas venu; il périt victime de la rage des janissaires

Le sultan Mahmoud parvint à se concilier une partie des officiers de ce corps privilégié; il gagna les uns avec de l'argent et des promesses; il effraya les autres par des menaces. Il obtint qu'ils fourniraient cent cinquante hommes par régiment, et des officiers égyptiens, qui étaient déjà au fait de la tactique européenne, furent envoyés pour dresser et discipliner ces nouvelles troupes. En peu de temps, elles firent de si rapides progrès, que le sultan donna l'ordre de les réunir pour une revue générale sur la grande place de l'*Etmeidan*, qui était réservée aux janissaires, et où se faisaient à ce corps les distributions de vivres. Les manœuvres avaient commencé en présence des ulémas, des ministres et de tous les premiers dignitaires de l'empire, lorsque plusieurs janissaires se plaignirent qu'on leur fît exécuter les manœuvres des Russes. Un officier égyptien eut l'imprudence de frapper au visage l'un des mécontens; ce fut le signal de la révolte : les troupes se dispersèrent dans les rues, volant et insultant tous ceux qu'elles rencontraient. Le mécontentement paraissait si général, que la police ne prit aucun moyen pour mettre un frein à leur fureur. L'aga des janissaires s'était surtout attiré leur courroux par le soin qu'il avait mis à favoriser le nouveau plan de discipline. Une partie des révoltés envahirent sa maison pour l'assassiner, mais il avait eu le temps de fuir; ils immolèrent à sa place son kiaga ou lieutenant, brisèrent tout ce qu'ils purent trouver dans la maison, et, dans leur rage, ils se portèrent au dernier excès que puissent commettre des musulmans : ils enfoncèrent les portes de son harem, et insultèrent ses femmes. Le palais de la Porte, qu'avait abandonné le gouvernement, fut entouré par les révoltés, auxquels s'était jointe la populace. Cette multitude effrénée offrait l'aspect le plus dégoûtant; les janissaires avaient foulé aux pieds leur uniforme, et le reste de leurs vêtemens était déchiré. Ils commencèrent par démolir le palais, qu'ils pillèrent, emportant tout ce qui leur parut avoir quelque valeur. Ils détruisirent aussi les archives; dont ils supposaient qu'on avait tiré leur nouvelle organisation.

Les janissaires déployèrent dans cette occasion un esprit de résolution qu'ils n'avaient jamais manifesté que dans les circonstances extrêmes. « Etant venu à la ville, dit un voyageur, la première chose qui frappa mes regards, ce fut un homme extraordinairement gros; ayant une veste de cuir avec des ornemens d'étain, et agitant un fouet fait avec des lanières de cuir. Il était suivi de deux hommes aussi bizarrement accoutrés, et qui portaient, suspendue à un bâton, une grande chaudière de cuivre. Ils parcouraient les principales rues avec un air d'autorité, et chacun s'empressait de se ranger pour leur laisser un libre passage. J'appris que c'était la marmite d'un corps de janissaires pour laquelle on conservait toujours le plus grand respect. » En effet, la soupe était un caractère si distinctif de cette troupe, que leur colonel s'appelait Tchor-Badgé ou distributeur de soupe. Leur marmite était leur étendard, et lorsqu'ils la sortaient de leur caserne, c'était le signe d'un projet désespéré. Les marmites des différens corps furent donc portées à l'Etmeidam, renversées au milieu de la place, et, dans un court espace de temps, vingt mille hommes armés furent rassemblés dans ce lieu.

Le sultan convoqua un conseil nombreux, auquel il proposa de sortir l'étendard du Prophète. Son avis fut adopté. On ne se sert de cette relique sacrée, qui, dit-on, est faite avec un vêtement de Mahomet, que dans les occasions les plus solennelles; il y avait cinquante ans qu'on ne l'avait vue à Constantinople. On la prit au trésor impérial et on la porta à la mosquée du sultan Achmet. Les ulemas et les softas marchaient devant, et le sultan, accompagné de sa cour, suivait par derrière, récitant le coran. Ce fut un grand acte de politique de la part de Mahmoud; car il mit en jeu par ce moyen, les préjugés et le fanatisme de toute la nation. Aussitôt que le peuple fut instruit de cet évènement, des milliers d'hommes accoururent se ranger sous l'étendard, en donnant des marques du plus vif enthousiasme. Le muphti planta le sandjack-sheriff sur la chaire de la magnifique mosquée d'Achmet, et le sultan prononça l'anathème contre ceux qui refuseraient de s'y rallier.

Quatre officiers supérieurs, envoyés vers les janissaires pour les faire rentrer dans le devoir, furent massacrés au milieu de l'Etméidam, et les révoltés demandèrent qu'on leur livrât les ministres pour les égorger à leur tour. Le sultan demanda alors au sheik-islan un *fetva* qui l'autorisât à exterminer ses sujets rebelles et fit marcher contre eux l'aga pacha, à la tête de soixante mille hommes, sur lesquels il pouvait compter. Cernés de toutes parts dans l'Etméidam, où ils étaient rassemblés confusément, ils ne purent résister; le carnage fut terrible; il en resta la moitié sur la place; les autres purent à peine se réfugier dans leurs kislas, ou casernes. Après leur refus de se rendre à quelque condition que ce fût, l'aga fit mettre le feu aux kislas. On peut juger quelle fut alors leur situation: ceux qui échappaient au feu, périssaient par le fer. Cependant leur désespoir fut fatal à l'aga pacha, qui perdit un nombre considérable d'hommes, eut quatre chevaux tués sous lui, et reçut plusieurs blessures. Enfin, la résistance cessa. La flamme s'apaisa, et le soleil du lendemain vint éclairer un tableau épouvantable: des ruines incendiées, éteintes dans le sang, et des monceaux de corps ensevelis sous la cendre fumante.

Pendant les deux jours qui suivirent, les portes de Constantinople restèrent fermées, à l'exception d'une seule, par où purent entrer les fidèles musulmans de la campagne, qui vinrent en foule, guidés par l'esmaum ou prêtre de la paroisse, pour voir le sandjack-sheriff. Ceux des Janissaires qui avaient pu échapper au carnage de l'Etméidam, furent immolés sans quartier; de sorte que les rues comme les casernes étaient jonchées de morts. Pendant tout ce temps, aucun chrétien ne put entrer dans Constantinople, sous quelque prétexte que ce fût; et, quoique Péra ne soit séparé de la ville que par un canal, il y régna la plus parfaite tranquillité. Chacun vaqua sans interruption à ses occupations journalières; et peut-être n'y aurait-on rien su de ce qui se passait à Constantinople, si ce n'eût été par la vue des flammes et le bruit du canon.

L'exposition du Sandjack-sheriff attira beaucoup de monde à Constantinople: c'était pour les musulmans une chose aussi rare que sainte, et beaucoup d'entre eux regardaient cette visite comme un pélérinage au tombeau du prophète.

Le lendemain, le sultan anathématisa publiquement tout le corps des janissaires, et défendit que leur nom fût jamais prononcé. Le soir même, les *fellas* proclamèrent partout que la tranquillité était rétablie.

On n'est pas d'accord sur le nombre des janissaires qui ont péri dans cette journée. Outre ceux qui trouvèrent la mort à l'Etméidam, dans les casernes et dans les rues, une grande quantité furent étranglés dans les maisons où ils s'étaient réfugiés. On croit qu'il n'est pas échappé à la mort un seul membre de ce corps immense; tous les officiers, à l'exception de quelques-uns d'un haut rang qui prirent parti pour le sultan, périrent les armes à la main. On pense généralement qu'il en a été exterminé vingt mille. Des adrubas et autres voitures furent employées pendant plusieurs jours à transporter les corps morts, qu'on jeta dans le port et dans le Bosphore. On les voyait flotter sur la mer de Marmara: souvent même les vents les jetaient sur le rivage.

La surface des eaux était couverte de ces débris, qui entravaient la marche des bâtimens, et l'on a pu répéter avec vérité ce qu'un poète a dit du vaisseau de Xerxès que les corps de ses soldats empêchaient d'avancer.

COUTUMES DU MOYEN AGE.

LES COMBATS JUDICIAIRES.

Ce fut sous le règne de Louis VII que s'établit la coutume des combats judiciaires, jurisprudence barbare, qui mettait au rang des preuves les plus certaines et les plus propres à éclairer la conscience des juges, l'agilité du corps et la force musculaire des plaideurs. Lorsque la solution d'un procès offrait quelques difficultés, pour savoir de quel côté était le bon droit, on faisait battre les parties, et le vainqueur avait raison. Ainsi les jugemens étaient uniquement basés sur l'axiôme de notre immortel fabuliste

La raison du plus fort est toujours la meilleure

On donnait à cette plaidoirie brutale le nom de *champ-clos*, de *duel* ou *combat judiciaire*, de *gage de bataille*, et même de *jugement de Dieu*.

Né dans les forêts de la Germanie, cet usage, aussi ridicule que féroce, fut, à la fin du ve siècle, introduit par les Bourguignons dans la partie orientale de la Gaule. Une loi de Gondebaud, roi de cette contrée (501), le mit en vigueur. Vainement Avitus, évêque de Vienne, et dans la suite Agobard, évêque de Lyon, dignes ministres d'une religion de paix et de concorde, s'élevèrent-ils avec force contre ces prétendus jugemens de Dieu. Vers la fin de la deuxième race, cet usage pénétra dans le reste de la Gaule et y fut généralement établi dans le commencement de la troisième, c'est-à-dire sous Louis le-Jeune, ainsi que nous l'avons dit plus haut.

Dans le principe, ce n'étaient que les hommes d'armes qui vidaient ainsi leurs querelles; mais bientôt toutes les classes de la société furent soumises à cette procédure. Les vieillards, les femmes, les riches bénéficiers, trop faibles ou craignant pour leur personne, prenaient des champions à gage. Ceux-ci, pour quelque argent, consentaient à courir le risque d'être assommés, et même s'ils étaient vaincus, de perdre une main, un pied, ou bien d'être pendus; car c'était là le sort réservé aux avoués ou champions ; ce qui fut introduit, dit-on, pour empêcher qu'ils ne se laissassent gagner et vaincre par l'adversaire, et pour qu'ils eussent le plus grand intérêt à bien défendre leur partie.

Telle était la barbarie de ces temps d'ignorance; que le combat était ordonné même dans les procès d'un mince intérêt. Ainsi, on trouve, à la date de 1168, une ordonnance qui défend d'autoriser le duel pour une contestation au-dessous de cinq sous : ce qui suppose qu'auparavant on pouvait se battre pour une plus faible somme.

Saint Louis tenta de déraciner cette vieille coutume, et ordonna que la preuve par témoins serait substituée aux combats judiciaires ; mais son ordonnance, observée seulement dans les domaines royaux, resta sans effet partout ailleurs. Les barons refusèrent de s'y soumettre dans leurs seigneuries, parce qu'elle les privait d'un bénéfice considérable. En effet, lorsqu'il y avait gages de bataille, l'amende du vaincu roturier était pour eux de 60 sous, et celle du vaincu gentilhomme de 60 livres.

Philippe-le-Bel essaya aussi de détruire un abus si révoltant ; mais ne pouvant y parvenir, il tâcha du moins d'en régler l'usage, et ses ordonnances rendirent les combats beaucoup plus rares. Ce n'est que vers la fin du XIVe siècle qu'ils cessèrent tout à fait

Voici quelques détails que donne Montesquieu, dans l'*Esprit des Lois*, sur les règles établies dans l'exercice de cette étrange jurisprudence.

On ne pouvait demander le combat que pour soi, ou pour quelqu'un de son lignage, ou pour son seigneur-lige. Lorsqu'il y avait plusieurs accusateurs, il fallait qu'ils s'accordassent pour que l'affaire fût poursuivie par un seul ; et s'ils ne pouvaient en convenir, celui devant lequel se faisait le plaid, nommait un d'entre eux qui poursuivait la querelle. Quand un gentilhomme appelait un vilain, il devait se présenter à pied avec l'écu et le bâton; et s'il venait à cheval et avec les armes d'un gentilhomme, on lui ôtait son cheval et ses armes; il restait en chemise et était obligé de combattre en cet état contre le vilain. Avant le combat, la justice faisait publier trois bans : par l'un, il était ordonné aux parens des parties de se retirer ; par l'autre, on avertissait le peuple de garder le silence; par le troisième, il était défendu de donner du secours à une des parties, sous de fortes peines, et même sous celle de mort, si par ce secours un des combattans avait été vaincu. Les gens de justice gardaient le parc, et dans le cas où l'une des parties aurait parlé de paix, ils avaient grande attention à l'état où elles se trouvaient toutes les deux dans ce moment, pour qu'elles fussent remises dans la même situation, si la paix ne se faisait pas. Quand les gages étaient reçus pour crime ou pour faux jugement, la paix ne pouvait se faire sans le consentement du seigneur.

Lorsque, dans un crime capital, le combat se faisait par champions, on mettait les parties en lieu d'où elles ne pouvaient voir le champ de bataille, et chacune d'elles était ceinte de la corde qui devait servir à son supplice, si son champion était vaincu.

On ne se battait pas dans toute espèce de cause. Si le fait était notoire, par exemple, si un homme avait été assassiné en plein marché, on n'accordait ni la preuve par témoins, ni la preuve par le combat; le juge prononçait sur la publicité. Quand un accusé de meurtre avait été absous par un parent du mort, de l'action intentée contre lui, un autre parent ne pouvait demander le combat. Si celui dont les parens voulaient venger la mort, venait à reparaître, il n'était plus question de combat. Il en était de même si, par une absence notoire, le fait de l'assassinat se trouvait impossible. Si un homme, qui avait été tué, avait, avant de mourir, disculpé celui qui était accusé, et qu'il eût nommé un autre meurtrier, on ne procédait pas au combat; mais s'il n'avait nommé personne, on ne regardait sa déclaration que comme un pardon de sa mort : on continuait les poursuites, et même, entre gentilshommes, on pouvait faire la guerre.

Quand un homme, appelé en champ-clos pour un crime, montrait visiblement que c'était l'appelant même qui l'avait commis, il n'y avait plus de gages de bataille : car il n'y aurait point eu de coupable qui n'eût préféré un combat douteux à une punition certaine.

Beaumanoir dit qu'un homme qui voyait qu'un témoin allait déposer contre lui, pouvait éluder sa déposition en disant aux juges que son adversaire produisait un témoin faux et calomnieux; et si le témoin voulait soutenir la querelle, il donnait les gages de bataille. Si ce témoin était vaincu, la partie, qui l'avait produit, perdait son procès. Le témoin pouvait quelquefois se dispenser de combattre; mais pour cela il fallait qu'il dit à sa partie, avant de déposer : « Je ne me bée pas à combattre pour votre querelle, « ni à entrer au plet au mien; mais se vous me voulez « défendre, volontiers dirai la vérité. » La partie se trouvait alors obligée de combattre pour le témoin.

La nature de la décision par le combat, étant de terminer l'affaire pour toujours, et n'étant pas compatible avec un nouveau jugement, l'appel, tel qu'il est établi par les lois canoniques, c'est-à-dire à un tribunal supérieur, était inconnu en France. Mais on pouvait prendre ses juges à partie, et *fausser la cour*, comme on le disait à cette époque; on combattait alors contre eux, et il fallait les vaincre tous, pour prouver que le jugement, qu'ils avaient rendu, était faux et mauvais. Si la partie était vaincue, elle payait une amende, lorsqu'il ne s'agissait que d'une affaire ordinaire; mais lorsque l'affaire était capitale, elle était punie de mort.

Telles étaient les principales règles établies pour les combats judiciaires : dans un prochain numéro nous donnerons à nos lecteurs quelques exemples de ces sortes de combats.

LA MAISON DE VOLTAIRE
A FERNEY.

On ne saurait visiter sans éprouver la plus vive émotion le séjour de cet homme extraordinaire qui donna son nom au XVIIIe siècle, et qui le remplit tout entier par son âge et ses immortels écrits. C'est à Ferney que, fatigué des cours, rassasié d'éloges, il vint passer les vingt dernières années de sa vie. A la place du misérable hameau qu'il y avait trouvé, s'éleva bientôt, par ses soins, une jolie petite ville, peuplée d'ouvriers habiles, de commerçans industrieux. Un théâtre qu'il y établit, et où il jouait parfois lui-même, des bals brillans, auxquels ses courtes apparitions donnaient plus d'attrait encore, enfin des divertissemens de tous genres, firent de ce lieu le point de réunion de tout ce que le pays de Genève comptait de plus distingué. L'affluence des étrangers, savans, beaux-esprits, prélats, grands-seigneurs et princes même, répandit à Ferney l'abondance et la prospérité.

Le château appartient aujourd'hui à la famille de M. de Budé, qui jadis l'avait vendu à Voltaire. Elle s'est empressée de le racheter après sa mort, et elle permet aux étrangers de visiter ces lieux illustrés par l'auteur de Zaïre. Sa chambre est encore telle qu'au temps où il l'habitait; rien n'est changé : son lit, sa table, ses fauteuils, ses tableaux, chaque chose est à sa place. En face de la cheminée, on voit le petit monument, de forme pyramidale, que la marquise de Villette, dont Voltaire parle si souvent sous le nom de *belle et bonne*, avait érigé pour renfermer le cœur de son père adoptif. On y lit cette inscription, qui subsiste encore, bien que le cœur de Voltaire n'y soit pas :

Son esprit est partout, mais son cœur est ici.

(La Chambre de Voltaire à Ferney.)

Au-dessus se trouve cette autre inscription :

Mes manes sont consolés, puisque mon cœur est au milieu de vous.

On remarque aussi dans la même chambre un grand nombre de portraits, entre autres ceux de Catherine II du grand Frédéric, de Corneille, de Racine, de Milton, de Newton, de Leibnitz, du duc de Choiseul, de d'Alembert, de Franklin, de Diderot ; mais ce qui attire surtout l'attention, ce sont les rideaux hachés et déchirés que l'on voit suspendus au-dessus du lit. C'est le fanatisme des visiteurs qui les a mis dans cet état : chacun a voulu en emporter un

morceau comme une précieuse relique, et il est inutile de dire que la cupidité du cicerone spécule sur ces déprédations continuelles, et supplée avec adresse à l'étoffe, quand elle vient à manquer.

Voltaire avait ordonné que son bureau et un placard ne seraient ouverts que cinquante ans après sa mort. Que contenaient-ils ? Quelques personnes pensent qu'on devait y trouver des manuscrits sur plusieurs familles contemporaines, et d'autres des prédictions sur la marche probable des événemens politiques. Ces deux meubles avaient été déposés dans un petit monument, élevé dans le parc à la mémoire de Voltaire. Des brigands y pénétrèrent au mois de novembre 1819 ; ils y commirent des dégats, et les papiers disparurent ; on n'a pu découvrir les auteurs du crime, et l'on en est réduit à des conjectures sur un sujet aussi intéressant.

Le reste de l'appartement ne présente que peu d'intérêt, si ce n'est le salon, où l'on a conservé quelques vieux meubles, et ce tableau allégorique dans lequel le poète, peu modeste, avait fait représenter son apothéose et son triomphe sur ses ennemis terrassés. Les autres pièces ont été dénaturées, et l'on cire les souliers dans le cabinet de travail de Voltaire.

On voit encore chez le jardinier du parc quelques objets qui ont servi à Voltaire, et parmi lesquels figure un petit cahier de sept à huit feuillets, renfermant les cachets des individus qui lui écrivaient. Au-dessous de chaque cachet, est écrit, de sa main, le nom de la personne, accompagné d'une épithète, telle que celles-ci : homme d'esprit, imbécile, fou de la cour, etc. Ce cahier lui servait à reconnaître, sans les décacheter, les lettres qu'il ne voulait pas recevoir.

Auprès du château, se trouve la chapelle érigée par le philosophe de Ferney, et sur laquelle il fit placer cette orgueilleuse inscription : Deo erexit Voltaire. Elle servit long-temps de paroisse à la ville ; mais, depuis quelques années, elle a été abandonnée pour une église nouvelle.

Les Bureaux d'Abonnement et de Vente sont : Quai des Augustins, 4 t.

INAUGURATION DE LA STATUE DE CORNEILLE, A ROUEN.

NOTICE BIOGRAPHIQUE SUR M. DAVID, STATUAIRE.

(Statue de Corneille.)

Nous ne saurions choisir un à-propos plus heureux, pour offrir à nos lecteurs un dessin exact de la statue du grand Corneille, exécutée par le célèbre statuaire David, puisque c'est dans trois jours qu'elle doit être inaugurée à Rouen, patrie du père de la tragédie française. Elle est en bronze, et a été fondue en quatre parties, par Honoré Gonon; la fonte s'est faite à *cire perdue*, ce qui rend inutile le travail du ciseleur, et conserve identiquement la forme du modèle. La figure a douze pieds d'élévation; le piedestal, qui est de granit et de marbre blanc, en a un peu plus; de sorte que l'ensemble du monument doit avoir de vingt-six à vingt-sept pieds. Le poids du bronze est d'environ cinq mille kilogrammes.

C'est sur le terre-plain du pont d'Orléans, que cette statue doit être placée. Regardée de son point de vue naturel, c'est-à-dire du milieu du pont, elle se dessinera entièrement sur le ciel, et produira ainsi l'effet le plus agréable. Le roi, qui a souscrit à ce beau monument, en a posé la première pierre, lors de son dernier voyage au mois de septembre 1833. La direction des travaux a été confiée d'abord à M. Alavoine, et ensuite à M. Grégoire, architectes, tous deux membres de la société libre d'émulation de Rouen, au zèle de laquelle on doit l'érection de la statue. Les descendans de la famille de Corneille, ont été invités à assister à la cérémonie.

Un exemplaire des œuvres de ce grand poète, et une médaille exécutée par M. Dépaulis, seront déposés dans le corps de la statue.

David est né à Angers, en 1798; il montra de bonne heure un goût très-vif pour les beaux-arts, et particulièrement pour la sculpture. Après avoir étudié le dessin dans sa ville natale, il vint à Paris sans y apporter aucun moyen d'existence; long-temps il vécut dans une position difficile, mais ayant eu le bonheur de plaire au célèbre peintre David, qui l'admit gratuitement dans son atelier, il fut recommandé aux administrateurs d'Angers, qui lui firent une pension de 500 fr. sur les fonds de la commune. La demande présentée en sa faveur avait été apostillée par tous les membres de la quatrième classe de l'Institut.

David obtint en 1811 le prix de la tête d'expression, et le premier prix de sculpture. Il se rendit ensuite en Italie, fréquenta assidument l'atelier de Canova, et étudia avec enthousiasme les chefs-d'œuvre de cette terre classique des arts. En 1816, il alla visiter en Angleterre le célèbre Flaxman et la collection de lord Elgin, qui a dépouillé la Grèce d'un grand nombre de beaux marbres. C'est pendant ce séjour en Angleterre, qu'une société de souscripteurs lui proposa d'exécuter une colonne en bas-reliefs, en mémoire de notre défaite de Waterloo; David refusa avec une noble fierté, et cependant il était alors dans une sorte d'embarras pécuniaire. En 1825, il fut nommé membre de la légion-d'honneur; l'Institut, le 5 août 1826, l'admit dans son sein, et quatre mois après on lui confia une place de professeur à l'École royale des Beaux-Arts. Les travaux de David sont nombreux et d'un grand mérite; nous citerons entr'autres : la statue de Fénélon, que l'on a élevée à Cambrai; celle du général vendéen Bonchamps; celles du général Foy et du maréchal Gouvion Saint-Cyr, que l'on voit au cimetière du Père-la-Chaise; la statue de Cuvier, qui orne la place de Montbelliard; le buste de Paganini; la Sainte-Cécile de l'église de Saint-Roch; la Jeune Fille Grecque qu'on a vue à une récente exposition; un OEil-de-Bœuf orné de deux belles figures, au Louvre; enfin les médaillons qui reproduisent avec un rare bonheur les traits d'un grand nombre d'illustrations modernes, et parmi lesquels on doit distinguer celui de Manuel. Nous ajouterons à cette liste, le Philoppémen qui doit bientôt orner les Tuileries.

David s'occupe présentement de l'immense bas-relief qui ornera le fronton du Panthéon; on ne pouvait mieux choisir pour l'exécution de cette œuvre, qui demande non-seulement un génie mâle et vigoureux, mais encore une certaine sympathie pour les idées libérales.

LES CROISADES. Suite. (1)

Les croisades ont exercé une influence très remarquable non-seulement sur le moral des nations chrétiennes, sur le gouvernement ecclésiastique et civil, mais sur le commerce et l'industrie. Elles ont, non pas déterminé, mais hâté la grande révolution qui s'est faite dans l'Europe.

Les guerres sacrées donnèrent plus d'étendue et d'activité au commerce que faisaient avec le levant plusieurs ports de mer de l'Italie et de la France. Marseille obtint des rois de Jérusalem l'exemption de tous impots, de tous péages, et dans chaque ville maritime un quartier où les Français eurent leurs libertés, leurs lois et leurs magistrats. Les Marseillais donnèrent à leur marine tel accroissement que dans l'année 1190, ils purent transporter à la Terre-Sainte, toute l'armée anglaise de Richard Cœur-de-Lion.

Les croisades développèrent les ressources de l'industrie. Il est hors de doute que l'Asie et l'Europe trouvèrent de nouveaux débouchés; que l'augmentation de travail accrut l'aisance générale, le bien être de la vie privée, et contribua à l'adoucissement des mœurs. Mais à cet égard nous avons peu de renseignemens précis, et ce que nous pouvons nous recueillir dans les historiens, quelques particularités. La fabrication des étoffes de soie passa de la Grèce en Sicile

(1) Voyez page 413, 1er volume.

et de là en Italie. L'usage du lichen rocella (oreille) du safran, de l'indigo et de l'alun, substances précieuses pour la teinture, s'introduisit ou devint plus commun. Tyr possédait des verreries fameuses qui servirent de modèles à celles de Venise. On apprit des Arabes à mieux travailler les métaux, à fixer l'émail sur leur surface, à monter les pierreries avec plus de goût et peut être à polir le diamant. On voit par ces légers détails que les croisades multiplièrent surtout les manufactures de luxe. Aux XIIe et XIIIe siècles, la magnificence orientale, brilla sur les vêtemens, dans les armures et dans les équipages.

Sous le rapport scientifique et littéraire, les croisades n'ont produit que de faibles avantages. Les rudes guerriers de l'occident n'étaient point capables d'une noble culture. Ils allaient en Orient pour conquérir et non pour s'éclairer. C'est en vain qu'ils firent un long séjour dans l'empire grec où le génie de l'antiquité jetait encore quelques étincelles. Les préjugés nationaux, la différence de langue et de religion mirent des obstacles insurmontables à la communication des idées.

La quatrième croisade, (celle qui se termina par la prise de Constantinople), causa aux lettres et aux arts un irréparable dommage. L'incendie de cette ville anéantit un grand nombre d'ouvrages précieux, de marbres et de bronzes animés, par la main de Lysippe, de Phidias, de Praxitèle.

Comme l'observation de la nature était tout à fait négligée, les sciences naturelles ne firent aucun progrès ou s'égarèrent. Les mathématiques ne furent pas moins négligées. Les croisés parcoururent, il est vrai, des pays peu fréquentés, des voyageurs pénétrèrent dans des régions jusqu'alors ignorées de l'Europe moderne; mais faute de connaissances en géométrie et en astronomie, ils n'eurent que des idées confuses et inexactes sur les limites de ces diverses contrées, sur la vraie situation des lieux, sur le gisement des côtes, et ils accréditèrent un grand nombre d'erreurs géographiques.

L'agriculture et le jardinage d'Europe s'enrichirent de plusieurs végétaux utiles ou d'agrément; la canne à sucre fut transplantée de Syrie en Sicile, et delà portée à Madère d'où elle passa plus tard dans le Nouveau-Monde.

La navigation et l'architecture navale reçurent quelques perfectionnemens. On donna de meilleures proportions aux diverses parties du navire. Au lieu d'un seul mat, on en dressa plusieurs; on apprit à mieux disposer les voiles et à faire route avec un vent presque contraire.

L'architecture civile prit une face nouvelle. Parmi les croisés, il y avait des architectes, des charpentiers, des ouvriers de toute espèce, qui, de retour dans leur patrie, imitèrent l'architecture syrienne, arabesque ou sarrasine, à laquelle on a donné sans raison le nom de gothique.

Les croisades inspirèrent les historiens et les poètes. Auparavant, on n'avait que des chroniqueurs; les moines compilaient des annales froides et indigestes. Les expéditions saintes éveillèrent le talent, par la nouveauté, la grandeur et l'intérêt des sujets; elles furent décrites, tantôt avec énergie tantôt avec une aimable naïveté. Les sires de Ville-Hardouin, et de Joinville donnèrent leurs relations en français vulgaire. C'était pour la première fois que l'histoire moderne parlait aux peuples dans leur langue; elle avait à raconter des faits populaires, dont on s'entretenait dans les cabanes, aussi bien que dans les cloîtres et dans les palais.

Les troupes ou plutôt les masses indisciplinées que nos rois conduisaient en Terre-Sainte, ne se composaient que d'hommes sans instruction militaire, marchant avec confusion et combattant sans ordre comme sans tactique. Lorsque la première de ces expéditions, se mit en marche, elle était divisée en trois corps principaux, et en deux corps de réserve. La formation définitive du premier, eut lieu en Souabe : Il était de cent mille hommes, dont douze mille de cavalerie; le second, organisé en Provence, se trouvait sous les ordres de Godefroy de Bouillon, et se composait de quatre-vingt mille hommes, dont dix mille de cavalerie ; le troisième comptait seulement trente mille hommes. La force des deux corps de réserve, consistait en deux cent cinquante mille fantassins et cavaliers. Ainsi le total de cette armée, dont l'Europe attendait des prodiges, comprenait un effectif de quatre vingt mille combattans. Mais cette force mal dirigée, sans vivres et mal administrée, ne pouvait aller loin. Ces formidables colonnes s'acheminèrent lentement vers la Hongrie et la Bulgarie. Une partie de ces troupes ayant commis de graves désordres dans ces deux pays, les habitans se réunirent pour attaquer *l'armée sainte*, la vainquirent et en firent un grand carnage. Le principal corps commandé par Godefroy de Bouillon, ne connut et ne souffrit aucune injure, et parvint sous les murs de Constantinople ; il était composé à cette époque de cent soixante-cinq mille hommes d'infanterie, et quinze mille de cavalerie. Cette armée aborda aux rives Africaines en 1096, mais elle y éprouva une suite de défaites. Une seconde armée fut envoyée au secours de la première, et mit à la voile en 1099. Elle était composée de Français, d'Allemands et d'Italiens, et comptait environ trois cent mille combattans. Après quelques succès assez brillans, mais sans aucun avantage réel, elle fut en partie détruite.

Louis-le-Jeune partit avec deux-cent mille hommes pour la conquête de la Terre-Sainte, après s'être joint à l'empereur Conrad. Ce fut alors qu'on imagina, pour éviter toute confusion et prévenir les malheurs précédens, de donner une espèce d'uniformité à l'habillement des troupes. Il fut décidé qu'elles porteraient une croix d'étoffe sur la poitrine ou sur l'épaule. Chaque nation eut sa couleur particulière. Cette croix était rouge pour les Français ; noire pour les Allemands ; pour les Anglais blanche ; pour les Italiens jaune ; pour les Flamands verte. C'est ce signe qui leur fit donner le nom de Croisés. Les chevaliers étaient armés d'un casque et d'un bouclier, d'une masse d'armes ou d'une lance. Les serfs s'armaient de toute espèce d'instrumens et et d'armes tranchantes : ils portaient quelquefois la lance ; un casque rond et léger, sans aucune espèce de garniture, défendait leur tête des coups de l'ennemi. (Voyez la gravure qui accompagne le premier article, Ier vol. page 415.)

La troisième expédition, si funeste aux armes de Philippe-Auguste, fut entreprise et exécutée en 1190. Richard roi d'angleterre, et l'empereur Frédéric-Barberousse se croisèrent avec le roi de France. L'armée expéditionnaire comptait quatre cent cinquante mille combattans, dont cent vingt mille Français, quatre-vingt mille Anglais, cent cinquante mille Allemands, et soixante mille Italiens. La quatrième croisade, dont on ne connaît pas la force, sortit du golfe de Venise en 1202, sous la conduite de Boniface, marquis de Montfort.

En 1248, Louis IX s'embarqua à Aigues-Mortes, pour aller soumettre les infidèles de la Palestine. Après quelques succès, la fortune l'abandonna ; il fut vaincu par les Sarrasins à Charmasac, et conduit, captif, à Massoure. Il acheta sa liberté et revint escorté des faibles débris de son armée, décimée par les combats, les supplices et les prisons.

Nous avons fait connaître, à l'occasion de la mort de Saint-Louis (page 565) le triste résultat de la seconde expédition, entreprise par ce prince en 1270. Cette croisade fut la dernière. Le nombre des troupes employées par Louis IX, dans ces deux voyages d'outre-mer, s'élevait à soixante ou quatre-vint mille hommes, dont vingt à vingt-cinq mille de cavalerie.

LE CLERGÉ GREC.

On sait que les Grecs suivent la foi chrétienne sans admettre la prééminence du successeur de Saint-Pierre. Toléré, avoué même par les capitulations des empereurs musulmans, qui révèrent Jésus sous le nom d'Issa, comme le prophète dont doit un jour procéder au jugement universel, leur culte fleurirait peut-être encore, si ses ministres (les papas), pour la plupart ignorans et grossiers,

ne se déshonoraient journellement par une conduite constamment en opposition avec les principes qu'ils prêchent publiquement.

Les ministres de la religion grecque peuvent être divisés en réguliers et en séculiers ; les patriarches, les évêques tirés de la classe des caloyers ou religieux cloîtrés, sont voués au célibat. C'est dans cet ordre que l'on trouve aujourd'hui les seuls hommes un peu instruits dans les matières théologiques.

Ces caloyers, destinés à être un jour patriarches et évêques, font ordinairement leurs premières études dans les monastères du mont Athos. La plupart d'entr'eux appartiennent aux familles les plus distinguées de la Grèce.

Ils apprennent dans ces monastères, et surtout dans celui de Pathmos, à connaître les Pères de l'Église ; ils pourraient même y lire Bossuet et les meilleurs théologiens français, dont ils possèdent des traductions ; mais avec leur esprit subtil, ces caloyers du mont Athos hérissent de distinctions et de chicanes les articles les moins contestables de la croyance des chrétiens. Il semble qu'ils aient reporté les sophismes de l'école, les querelles de la dialectique dans la patrie d'Aristote.

Si l'on trouve encore quelques monastères d'hommes en Morée, il n'existe plus dans cette province qu'un petit nombre de couvens de religieuses. Ils occupaient autrefois les sites les plus rians de la province ; mais les Albanais, dans les dernières guerres, les incendièrent après avoir égorgé ou vendu celles qui les habitaient. Quelques-uns de ces couvens se relevèrent depuis ; on y vit accourir des femmes malheureuses douées d'une imagination ardente, que le besoin d'aimer portait à se jeter dans les retraites consolantes de la religion. Peu de jeunes femmes, encore moins de jeunes filles, peuplent ces demeures silencieuses.

Les évêques sont la surveillance de tous les couvens de leur diocèse. Ils rappellent, par la simplicité de leurs mœurs et par celle de leurs demeures, les évêques de la primitive église. Le luxe né loin environne que dans les cérémonies du culte. On les voit bien souvent, voyager, au milieu de leur diocèse, à pied, ou quelquefois montés sur un âne, portant le bâton pastoral, symbole de la douceur de leurs fonctions et de la puissance qui leur est accordée. Occupés non-seulement de consoler le peuple, mais encore de le protéger par tous les moyens qui sont en eux, ils interviennent comme médiateurs dans les discussions. Par l'influence de leur rang, indépendamment des moyens de persuasion que leur donne une éducation soignée, ils concilient journellement les intérêts les plus opposés ; mais dès qu'il s'élève, pour la démarcation de leur diocèse, quelque contestation avec les évêques voisins, l'homme se montre alors ; ils sortent de ce caractère paisible qui leur attirait les respects, oublient leur dignité, et se livrent à des éclats les plus scandaleux.

Une des fonctions les plus pénibles que les évêques aient à remplir dans la Grèce, c'est de maintenir l'ordre et la discipline parmi le clergé inférieur, parmi ces papas ignorans et fanatiques dont le plus grand nombre déshonore leur ministère par des mœurs peu régulières.

Ces ministres, ou espèce de curés, qui communiquent intimement avec les fidèles, sont ou mariés ou célibataires. Le papa qui a contracté mariage avant l'ordination, peut continuer de vivre avec sa femme. Il résulte de cette loi, que la plupart de ceux qui se destinent à l'état ecclésiastique, se marient avant d'entrer dans les ordres ; ils choisissent en conséquence, autant que possible, une femme robuste, qui promette une longue suite d'années ; car si elle vient à mourir, ils ne peuvent contracter d'autres liens.

Ces papas, par leur saleté et leur grossièreté, sont vraiment un objet dégoûtant ; ils ne sortent jamais sans avoir leur étole dans la poche, pour faire quelque acte de leur ministère, chose dont on les requiert assez fréquemment. Presque tous ceux que j'ai connus, dit un voyageur français étaient fourbes, avides, méchans, adonnés au vice, à la rapine, et ils détestaient tous les chrétiens étrangers à leur communion, dont ils ne parlaient qu'avec dédain, ou en faisant des imprécations. Aussi ce rebut de la société, ces vils papas, ne tiennent-ils pas tellement à leur état, qu'ils ne le quittent au gré de leur intérêt ; j'en ai vu d'assez bas pour se faire domestiques, ou pour danser dans les lieux publics. D'autres, aussi dégradés, mais plus coupables, ne rougissent pas de se mêler aux bandes de brigands qui infestent la Romélie, ou qui se mettent à la tête des expéditions maritimes des forbans du cap Ténare et de l'Épire. Aussi, rarement prenait-on une barque de pirates, ou une bande de brigands, sans y trouver un aumônier, que les Turcs avaient grand soin de faire empaler en tête des voleurs, auxquels ils ne fesaient jamais grâce.

La spéculation des brigands et des papas est toute naturelle, d'après l'idée que ces misérables se font de la religion, dont ils profanent les cérémonies les plus saintes. Ils vendent l'absolution des crimes aux hommes parmi lesquels ils se trouvent, sauf à se pourvoir auprès d'autres papas, qu'ils trouveront toujours accessibles pour de l'argent.

FRANCE. — LILLEBONNE.
LE CHATEAU D'HARCOURT. — LA TOUR DE GUILLAUME.

(Vue de la Tour de Guillaume.)

La ville de Lillebonne, située dans le département de la Seine-Inférieure, et qui n'est autre que l'antique *Juliobona*, capitale du pays des Calètes, dut jouir sous les Romains, d'une assez grande importance, si l'on en juge par les nombreux vestiges de chaussées, d'amphithéâtres, de souterrains, de tombeaux, d'urnes sépulcrales, qui sont parvenus jusqu'à nous. Mais elle s'éclipse durant l'invasion des barbares, et à l'exception de quelques mots de la chronique de saint Wandrille, qui indique qu'on alla chercher à Lillebonne vers le milieu du VIIIe siècle, dans les débris des temples payens, les pierres propres à la construction des voûtes et de la façade de l'église Saint-Michel, on ne trouve plus de traces de l'existence de cette ville jusqu'à la domination des Normands qui, attirés par la beauté de sa situation, y édifièrent des châteaux dont celui d'Harcourt fait partie. Le temps et les révolutions successives ont fait subir des changemens à ce vieux manoir ; le style de chaque époque s'est emparé de lui tour à tour et a rendu son origine presque méconnaissable.

Son enceinte vide ne présente plus qu'une cour immense dans laquelle on pénètre par une ouverture coupée, en forme de guichet. Une nappe de verdure foncée qui couvre ces débris, leur prête un aspect solennel et imposant. A gauche de la porte d'entrée s'élève la tour de Guillaume que l'on appelle aussi tour de Lillebonne, et que représente notre gravure. Elle est séparée du corps d'habitation par un pont levis de trente-trois pieds, jeté sur un fossé très profond. Son diamètre de cinquante-deux pieds, est partagé de la manière la plus égale entre le plein et le vide ; les murs ont treize pieds d'épaisseur. Les fenêtres à pointes aigues, les arêtes des voûtes, chargées de culs de lampes élégans, révèlent déjà cet âge de perfectionnement, ou si l'on veut d'ingénieuse imitation, dans lequel l'originalité des conceptions romantiques de l'architecture intermédiaire commençait à reconnaître et à subir l'influence d'une architecture plus classique. On parvient à son sommet avec un peu de difficulté parmi des décombres que le temps accumule tous les jours, et de ce point élevé la vue embrasse une des vues les plus délicieuses de la Normandie ; mais ce château est surtout célèbre par ses anciens et intéressans souvenirs. Son histoire se trouve en quelque sorte liée à celle de Guillaume-le-Conquérant ; nous allons donc esquisser rapidement les principaux évènemens de la vie de ce prince.

Guillaume-le-Conquérant était fils naturel de Robert-le-Diable, duc de Normandie ; il naquit à Falaise en 1027, et fut, à l'âge de 18 ans, investi de l'administration des états de son père, lors du départ de celui-ci pour la Terre-Sainte. Son premier soin fut de rechercher l'alliance de Henri Ier, roi de France, et, avec l'aide de ce prince, à qui le duc Robert avait lui-même rendu d'importans services, il pût comprimer la rebellion que les seigneurs de Normandie avaient fomentée contre lui. Après avoir remporté sur eux une victoire complète, l'an 1047, à Val-aux-Dunes, entre Caen et Argentan, il étouffa dès leur naissance plusieurs autres, tentatives, et rétablit le calme dans ses états. Ayant plus tard terminé à son avantage quelques différens avec les ducs du Maine et d'Anjou, et même avec le roi de France, il se crut assez fort pour entreprendre la conquête de l'Angleterre. C'est principalement à cette expédition que Guillaume doit sa célébrité. Ses droits au trône d'Angleterre ne reposaient que sur un prétendu testament d'Édouard-le-Confesseur; mais, fort de la sanction donnée par le Saint-Siège à son entreprise, il attira sous ses drapeaux une foule d'aventuriers, et se disposa à faire une descente en Angleterre. Ce fut dans le château de Lillebonne qu'il fit tous ses préparatifs, et qu'il assembla ses barons pour délibérer avec eux sur l'exécution de son audacieux projet. Au mois de septembre 1066, la flotte de Guillaume se réunit à Saint-Valery. L'expédition ne sembla pas s'annoncer sous de favorables auspices : pendant plusieurs jours les vents furent contraires, et retinrent au port les troupes normandes. Les soldats étaient découragés, et on les entendait dire : « Bien fou est l'homme qui prétend s'emparer de la terre d'autrui; Dieu s'offense de pareils desseins, et il le montre en nous refusant le bon vent. » Cependant les vents changèrent, et la flotte mit à la voile; quat e cents gros navires et plus d'un millier de bateaux de transport s'éloignèrent de la rive au même signal. Le vaisseau de Guillaume voguait en tête, portant, au haut de son mât, la bannière, envoyée par le pape, et une croix sur son pavillon. Ses voiles étaient de diverses couleurs, et l'on y

avait peint en plusieurs endroits les trois lions, enseigne de Normandie; à la proue était sculptée une figure d'enfant, portant un arc tendu, avec la flèche prête à partir.

On débarqua, sans éprouver de résistance, à Pevensey, près de Hastings. On raconte que le duc de Normandie, en mettant pied à terre, fit un faux pas et tomba : alors un murmure confus s'éleva parmi ses hommes d'armes, et des voix s'écrièrent : « Dieu nous garde! c'est un mauvais signe. » Mais Guillaume, se relevant, dit aussitôt : « Qu'avez-vous? Pourquoi vous étonner ! J'ai saisi cette terre avec mes mains, et par la splendeur de Dieu, elle est à nous! » Cette vive répartie arrêta subitement l'effet du mauvais présage.

Harold, roi des Saxons, ne tarda pas à venir à la rencontre des Normands; les deux armées prirent position en face l'une de l'autre, et commencèrent le combat. L'attaque fut vive, et les Normands furent d'abord repoussés; on avait fait courir dans leurs rangs le bruit que Guillaume avait été tué, et cette nouvelle leur avait fait prendre la fuite; mais le duc de Normandie se jeta au devant des fuyards, les menaçant et les frappant de sa lance, et parvint à les ramener au combat. Les Saxons, qui les poursuivaient en désordre, commencèrent alors à faiblir et à lâcher pied, et la victoire, après avoir été long-temps incertaine et courageusement disputée, resta enfin aux Normands. Guillaume eût son cheval tué sous lui; le roi Harold (1) et ses deux frères tombèrent morts, au pied de leur étendard, qui fut arraché et remplacé par la bannière envoyée de Rome. Bien long-temps après ce fatal combat,

(Flotte de Guillaume.)

la superstition patriotique des Anglais crut voir encore des traces de sang frais, sur le terrain où il avait eu lieu; elles se montraient, disait-on, sur les hauteurs au nord-ouest de Hastings, quand une peu de pluie avait humecté le sol.

Guillaume, que cette seule bataille rendit maître de l'Angleterre, fit élever au même endroit un couvent sous l'invocation de la Sainte-Trinité et de Saint-Martin, patron des guerriers de la Gaule. Ce couvent fut appelé, en langue normande, l'*Abbaye de la bataille*. Des moines du grand couvent de Marmoutier, près de Tours, vinrent s'y fixer, et prièrent pour les âmes de ceux qui avaient perdu la vie à Hastings.

Une administration pleine de sagesse gagna d'abord à Guillaume l'affection de ses nouveaux sujets; mais la sévérité de ses ministres la lui fit perdre bientôt. Que'ques troubles éclatèrent, et le conquérant en profita pour ôter les emplois à tous les Anglais, proscrire les nobles, con-

(1) On sait que la mort d'Harold a fourni à l'un de nos plus grands peintres, M. Horace Vernet, le sujet d'un magnifique tableau, que l'on admira, il y a quelques années, à l'expositio . du Louvre. Il représentait Édith (la belle au cou de cygne), accompagnée de plusieurs moines, et cherchant parmi les morts, le corps de son royal amant.

fisquer leurs biens, et rétablir des impôts odieux. Il désarma les rebelles par la force et par la ruse, et les épouvanta par la dévastation du Northumberland. Malgré cette tyrannie insupportable, malgré les conspirations nouvelles que plus tard elle provoqua, Guillaume conserva l'intégralité de sa puissance, sur la Normandie et la Grande-Bretagne, jusqu'à sa mort, arrivée en 1087.

MÉNAGERIE ANGLAISE

Une industrie fort lucrative dans la Grande-Bretagne, est celle qui consiste à promener des animaux rares, dans les foires et les lieux de réunions publiques. Plusieurs propriétaires de ménageries ont déjà fait dans ce pays, une brillante fortune, mais aucun d'eux n'a possédé une aussi belle collection que celle qu'exploite actuellement M. Wombwell. Chaque année, cette ménagerie s'enrichit de quelques nouveaux individus, et la suite des charriots destinés au transport de toutes ces bêtes, ressemble assez aux bagages d'un nombreux corps d'armée.

Comme M. Wombwell, se trouve toujours en voyage, un énorme fourgon est disposé de manière à contenir une cuisine, un salon, des lits, et tout ce qui est nécessaire à son ménage et à sa nombreuse suite.

La ménagerie de M. Wombwell compte en ce moment dix lions et cinq éléphans; c'est plus qu'on n'en trouverait dans toute la France. Elle contient en outre une telle quantité d'autres animaux curieux qu'il lui serait facile d'approvisionner les foires de toute l'Europe. Et cependant toutes les fois que des animaux rares arrivent de l'Inde, M. Wombwell en fait l'acquisition avec un si grand laisser-aller que souvent il s'est vu hors d'état de payer les péages de la route (1). Il est arrivé souvent à M. Wombwell, de payer jusqu'à 400 francs de péages dans un jour.

Sa musique qui est fort belle lui coûte près de 25,000 fr. par an, et les dépenses journalières de l'établissement s'élèvent à plus de 900 francs; par conséquent plus de 300,000 francs par an. M. Wombwel nous dit que s'il ne devait pas se déplacer si fréquemment, il trouverait de grandes économies à faire lui-même l'état de boucher; il n'aurait qu'à se défaire des morceaux les plus grossiers du bœuf et du mouton. Une tête de mouton est un très bon repas pour l'hyène qui est si vorace. M. Wombwell, ne trouverait pas moins d'avantages à détruire lui-même son pain et à brasser sa bière et son ale, qu'à tuer pour son compte.

La ménagerie de M. Wombwell, lors de la station qu'il fit dernièrement dans les environs de Londres, a été visitée dans l'espace de quatre jours par plus de soixante mille personnes.

Dans les dernières années, M. Wombwell a obtenu plusieurs portées d'animaux sauvages; deux fois les tigres dévorèrent leurs petits; mais depuis qu'on a éloigné les mâles, et qu'on a placé une espèce de berceau dans les cages, les tigresses sont devenues d'excellentes nourrices, et les petits sont bien venus. La lionne reste avec ses petits douze semaines; la tigresse seize, ainsi que la femelle du léopard et de la panthère. La valeur des animaux sauvages varie comme autre chose, suivant l'abondance et les demandes : les tigres se sont vendus jusqu'à 300 livres (7,500 f.) mais quelques fois ils ne content que 100 livres; une belle panthère se vend ordinairement 100 livres sterling; la hyène, 30 à 40 livres sterling. Le prix des zèbres s'élève de 130 à 200 livres sterling. Les espèces rares de singes se vendent

(1) En Angleterre on a établi sur les routes, à certaines distances, des barrières appelées Gates ou Toll Bars, où les voitures paient un péage. Cet impôt fixé par le Parlement, suivant les localités, est la véritable cause du luxe des routes en Angleterre. Le revenu de ces péages est si considérable, que dans plusieurs provinces on en prélève une partie pour l'affecter à d'autres dépenses. Une distance de trois ou quatre lieues sépare ordinairement ces barrières.

extrêmement cher, ainsi que les lamas et les gnus. Il est impossible de fixer le prix des lions et des éléphans.

La portée ordinaire de la lionne est de deux petits; mais une vieille lionne de M. Wombwell, a donné deux fois quatre petits; cependant à chaque fois la lionne se contentait d'allaiter deux d'entr'eux, et négligeait les autres; ceux-ci ont été donnés à une superbe chienne d'arrêt qui les a allaités, et on a pu les élever.

La mortalité, les maladies et les accidens font subir des pertes notables aux propriétaires de ménageries. Dernièrement une superbe autruche, de la valeur de 200 livres sterl., engagea malheureusement son bec dans les barreaux de sa cage, et dans les efforts qu'elle fit pour se dégager, elle se rompit le cou, et mourut. Les singes sont en Angleterre d'une santé extrêmement délicate; ils s'enrhument on ne peut plus facilement, et quand ils ont commencé à tousser, ils présentent tous les symptômes qu'on remarque chez les personnes qui souffrent de la poitrine, et ne tardent pas à mourir. La nourriture ordinaire des singes se compose de pain et de lait, ou de feuilles de laitue et de petits oignons dont ils sont très friands. M. Wombwell, estime qu'il a perdu près de 500,000 francs par les maladies qui ont affligé ses animaux sauvages et ses oiseaux.

Les zèbres, suivant M. Wombwell peuvent devenir dociles comme le cheval; cependant l'individu de cette espèce qu'il possède est très méchant; car nul de ses gardiens, qui ont tous coutume d'entrer, et de se promener sans crainte dans les cages des lions, des tigres et des panthères, n'oserait pénétrer dans la sienne. Une fois par an, le zèbre est attaché à de fortes cordes, et tiré hors de sa cage, afin de couper la corne de ses sabots. Il ne faut pas moins de vingt hommes pour le tenir immobile.

M. Wombwell possède les plus grands boas qu'on ait amenés en Europe; il les nourrit de lapins; plus d'une fois il les a fait jeuner pendant plusieurs semaines. Une chose essentielle dans les soins qu'on leur donne, c'est de régler la température de l'endroit où on les tient renfermés. On les enveloppe dans des couvertures de laine, et on les met dans une boîte de bois bien fermée, qu'on place dans un vase de cuivre plein d'eau chaude. L'eau doit être renouvelée matin et soir; si le temps est humide, et surtout si le froid est intense, on doit avoir soin de la changer plus souvent.

Le plus bel éléphant de cette ménagerie, Chuney, qui a maintenant dix pieds de hauteur, exécute mille tours, à l'aide de sa trompe à la fois si délicate et si puissante qu'elle peut ramasser une épingle, et déchirer le tronc noueux d'un chêne. Ce monstrueux mammifère ne consomme pas moins d'un quintal et demi de foin par jour, sans parler d'une énorme quantité d'herbes, de feuilles et de racines; il boit un seau d'eau à chaque coup, et il lui faut journellement soixante-dix pintes d'eau environ. En hiver on lui donne vingt-cinq pintes d'ale forte, toutes les vingt-quatre heures; mais en été sa boisson est étendue d'eau. L'ale ainsi mélangée est très salutaire pour les éléphants; mais Chuney s'embarasse peu des lois de la tempérance, et si son maître le lui permettait, il serait capable de vider chaque nuit un baril de bière. On prétend que les éléphants grandissent jusqu'à l'âge de cinquante ans, et M. Wombwel est de cette opinion. Chuney fut prit lors de la guerre des Birmans, et coûta à son propriétaire actuel, plus de 25,000 francs.

ASPECT DE LA SUÈDE. — MOEURS DES SUÉDOIS.

La Suède jouit actuellement d'un degré de prospérité qu'on ne pouvait guerre attendre de la nature âpre et rude de son sol qui ne se compose que de vastes blocs de granit, couverts d'une légère couche de terre végétale, et entrecoupés de mers intérieures ou de grands lacs. Ce pays triste, à peu près oublié de l'Europe, s'élève, quant au bien être, au-dessus de nos contrées méridionales. C'est à l'état moral de sa population plutôt qu'à son commerce et à son industrie, qu'il faut attribuer cette somme de bonheur que tous les voyageurs modernes ont trouvée en Suède. L'industrie manufacturière y donne peu de produits, le mouvement commercial y est faible, mais le ressort moral n'y est pas brisé, mais il y a encore là, croyance, confiance, hospitalité. Le peuple s'est perfectionné sans se corrompre, il ne se laisse pas séduire par ces insatiables et immenses désirs, par cette soif de liberté fausse et mensongère, par ce besoin d'ambition et d'honneurs, par ces folles et décevantes théories, qui promettent, aux autres nations, un bonheur impossible, et les dégoûtent de leur situation.

C'est chose charmante pour le voyageur que la politesse des classes inférieures en Suède, politesse qui n'ôte rien ni à l'énergie du caractère, ni à la force des décisions, ni à l'indépendance morale. Quand revient le printemps des régions boréales, lorsque ce gazon d'un vert violet; le gazon fin et délie du nord, tapisse les coteaux et les prairies de la Suède, le voyageur voit accourir à chaque barrière, dans les routes couvertes de sable fin qu'il parcourt, une foule de petits enfants aux cheveux blonds, au teint rose, qui lui ouvrent la barrière en riant, et qui, en recevant leur petite gratification, témoignent leur reconnaissance par les mots les plus doux et les plus gracieux. Comparez donc ces petits enfans aux enfans difformes, décrépis, insolens et blasés, qui peuplent les rues de nos grandes villes; une empreinte de vice et de débauche héréditaire marque les fronts flétris de ces derniers, ils sont vieux sans avoir été enfans, on les retrouve devant les tribunaux, dans les troubles populaires, partout, dès qu'il y a violence, vol ou émeute.

Ces contrées qui sont restées champêtres, tout en se civilisant, sont charmantes et réalisent les fictions idylliques des poètes. Dans toutes les auberges et toutes les chaumières, le plafond est composé de planches de sapin odorant; on y mêle des fleurs, et cet usage, consacré par le tems, ne s'est pas même éteint dans les villes. Des maisons bien bâties, presque toutes peintes, tenues avec une régularité et une propreté parfaites, flattent l'œil du voyageur; il est vrai que de fréquens incendies font acheter un peu cher cet avantage. A l'intérieur, il y a communément peu de luxe, mais un certain air de fraicheur qui approche de la coquetterie. Par une singulière habitude dont on ignore l'origine, les lits suédois sont extrêmement étroits; ce ne sont guère que des canapés, ou, si l'on veut, des boîtes, qui n'offrent que l'espace précisément nécessaire au dormeur.

Le contraste règne en Suède; les routes tracées à travers tous les accidens du terrain, toujours sablées avec soin, toujours entretenues comme des allées de jardins anglais, découvrent, dans leurs sinuosités, des tableaux qui changent sans cesse; partout des surprises agréables: ici, des masses de roc qui surplombent et qui donnent au paysage l'aspect d'une création de Salvator Rosa; plus loin, une vallée qui s'entrouvre, et à travers laquelle l'œil, pénétrant au loin, découvre une vaste étendue couverte d'un tapis de gazon velouté; ici, une arcade de feuilles vertes et de branches serrées qui vous plongent dans de profondes ténèbres. Vous avancez en gravissant une montagne dont l'escarpement sablonneux vous reporte au midi de l'Europe; puis vous retombez dans quelques vallons ombreux et mélancoliques, au fond desquels repose la nappe verdoyante d'un lac entouré d'une végétation septentrionale et éclairé de cette lumière argentée que répand le soleil du nord. Ainsi, les régions mêmes que l'on pourrait croire déshéritées par la nature, ont aussi leur beauté, leur éclat et leur charme.

Souvent de petites maisonnettes fort élégantes sont entassées les unes sur les autres comme les cellules d'une ruche; une barrière de couleur rouge ou verte environne ce groupe ou cette île, dont la situation et les édifices, rapprochés comme les fruits d'une grappe, offrent au voyageur un aspect singulier. Dans quelques contrées de la Suède, on peint les maisons en rouge; dans d'autres on a soin de les poser au sommet des rochers. Entrez dans ces cabanes,

vous y trouverez toujours une grande recherche de propreté, mais aucun luxe: un vieillard aux longs cheveux blancs et à la mine vénérable, fumant une longue pipe qui exhale des nuages odoriférans, et des petits enfans, les plus jolis du monde, qui vous prennent la main et vous la baisent dès que vous entrez. Un des signes distinctifs de ces peuples du nord, c'est le calme parfait des habitudes et des mœurs: Si c'est un dimanche, vous voyez la route couverte d'hommes vêtus de grandes rédingotes bleues avec du linge très blanc et accompagnés de leurs femmes, qui vont à l'église; rien de violent, rien d'étourdi dans les gestes et les manières des uns et des autres; leur gravité semble leur imprimer un cachet d'élégance et de distinction; rien en effet ne se rapproche plus des bonnes maisons que l'air posé, calme et naturel. La même tranquillité règne, dans les tavernes; deux cents paysans s'assemblent quelquefois, sans qu'il soit possible que les passans devinent leur présence, et sans que le moindre tumulte ait lieu. Si par hasard ils s'énivrent, c'est toujours avec la même solennité; admirables dans l'art de boire, les Suédois s'en acquittent avec la majesté de sénateurs qui délibèrent sur les destins d'un état. Vous les voyez debout, la cruche de bière à la main, se livrant à une ivresse grave, sérieuse, et qui ressemble beaucoup plus à un travail qu'à un amusement. Comme ils n'aiment pas à perdre leur équilibre, et surtout cette apparence de raison sévère hors de laquelle ils n'imaginent pas de dignité possible, quand ils se sentent tout-à-fait énivrés, ils se réunissent par groupes, se soutenant les uns les autres, buvant toujours, et opposant aux progrès de leur délire bachique la masse conjurée de leur poids et de leur corps.

L'excellent entretien des routes rend les voyages faciles et peu dispendieux; de jolis petits chevaux d'une race particulière, pleins de feu et d'une forme élégante, vous emportent avec la rapidité de l'éclair, franchissent les montagnes les plus escarpées, et souvent descendent sans qu'il faille enrayer. Rarement le fouet les touche; un dialecte particulier aux conducteurs suédois, et qui consiste dans une espèce de claquement des lèvres, suivi d'un bruissement semblable à celui de la lettre r, suffit pour les lancer au galop. Les plus petits de ces animaux, que l'on nomme hélandais, parce qu'ils sont originaires de l'île d'Héland, n'ont pas plus de quatre pieds de haut; ils ressemblent plutôt à des chiens ayant forme de cheval qu'à des coursiers ordinaires. On voit souvent de charmantes calèches d'enfant traînées par ces petits chevaux de Lilliput, qui, presque tous ont le poil alezan foncé.

(Traduction de la *Revue Britannique.*)

LA HYÈNE.

Une foule de fables ridicules ont été débitées au sujet des hyènes; elles ont leur origine dans deux circonstances organiques; la première consiste en ce que les membres postérieurs vus sur un animal vivant et comparés aux antérieurs, paraissent d'une extrême brièveté; non pas qu'ils le soient réellement, mais parce que l'animal en tient toujours les diverses parties dans un tel état de flexion telle que l'axe de son corps est très-oblique sur le sol. De là résulte pour lui une allure tout-à-fait bizarre, et qui a fait dire que l'hyène boite, surtout quand elle commence à marcher. Il est encore à remarquer que le métacarpe, toujours plus court que le métatarse, chez les carnassiers, ne lui cède chez la hyène (de même encore que chez le protèle) en rien pour la longueur.

L'autre fait, c'est l'existence d'une poche glanduleuse placée au-dessous de l'anus, qui contient une humeur onctueuse, et qui existe chez les mâles comme chez les femelles. L'histoire de la hyène n'était pour les anciens qu'un tissu de fables. Le vulgaire pense, Pline rapporte Pline, que les hyènes sont hermaphrodites, qu'elles changent de sexe tous les ans; qu'elles ne peuvent tourner la tête sans tourner le corps, qu'elles savent imiter la voix humaine, même appeler les hommes par leur nom, que les chiens deviennent muets par le seul effet de leur ombre. Quoi qu'il en soit, ce n'est que très-tard que les modernes ont reconnu la véritable hyène des anciens.

(La Hyène.)

Les hyènes sont, en général, des animaux nocturnes, comme l'examen de leurs organes des sens l'explique parfaitement. Elles préfèrent à tout la viande déjà ramollie par un commencement de putréfaction, sans doute à cause de la forme de leurs dents assez épaisses et assez tranchantes pour leur permettre même de se nourrir aussi de substances végétales, telles que du pain ou des racines. Elles attaquent cependant quelquefois les animaux, et l'homme lui-même; mais seulement quand les charognes leur manquent. Ordinairement, pour satisfaire à leurs goûts immondes, elles pénètrent la nuit dans les cimetières, fouillent les tombeaux et déterrent les cadavres. Dans les contrées chaudes qu'elles habitent, et où la chaleur rend le travail si pénible, et les miasmes putrides si dangereux, l'homme a su mettre à profit leur voracité, et se reposer sur elles de soins rebutans: les immondices, les charognes, sont laissées le soir dans les rues des villes; les hyènes pénètrent la nuit dans leur enceinte, et s'en repaissent avidement. Ces animaux sont renommés par leur férocité: cependant Pennant, Buffon, Cuvier, Barrow, rapportent des exemples de hyènes apprivoisées.

Barrow assure qu'il est des pays où l'on emploie la hyène pour la chasse, et qu'elle ne le cède au chien, ni pour l'intelligence, ni pour la fidélité. Celle qui a vécu à la ménagerie du Muséum, s'échappa lors de son arrivée à Lorient, courut quelque temps dans les champs sans faire de mal à personne, et se laissa bientôt reprendre sans résistance. Elle a vécu seize ans à Paris, et a toujours été très-douce, excepté dans les dernières années de sa vie, où, sans doute par l'effet des infirmités de la vieillesse, elle devint plus farouche.

Un homme qui s'est rendu fameux par le talent dont il a fait preuve pour l'éducation des animaux, M. Martin, montre, dans les représentations publiques, qu'il donne chaque jour, une hyène parfaitement apprivoisée. Non-seulement il l'a habituée à obéir à tous ses commandemens, mais il lui fait rendre les morceaux de chair saignante que l'animal a reçus pour son repas, et qu'il tient déjà entre ses dents.

L'expédition chargée d'aller chercher, dans la Haute-Égypte, l'obélisque de Luxor, qu'on doit élever sur la place de la Concorde, à Paris, a trouvé, dans plusieurs villages de cette contrée, des hyènes apprivoisées qui circulaient dans les rues sans causer aux habitans aucune frayeur. Le chirurgien attaché à cette expédition, rapporte dans la narration qu'il a publiée au sujet de ce voyage, qu'une hyène domestique, lui ayant été donnée en présent par le chef d'un village, il fut impossible de contraindre cette bête à quitter les lieux où elle avait vécu.

Les habitans ne trouvèrent rien de mieux à faire que de la mettre à mort pour remplir les ordres de leur chef, qui les avait chargés de la conduire à bord du navire français.

Les hyènes *peintes* ont les habitudes des chiens sauvages: Elles vivent en troupes nombreuses, chassent en plein jour et avec une sorte d'ensemble et d'accord, s'approchant ainsi quelquefois jusqu'auprès des villes. Un voyageur très-digne de foi, qui a vu vivant un individu de cette espèce, nous a assuré qu'il tenait dans un état habituel de flexion, non pas seulement, comme les Hyènes, le membre postérieur, mais aussi, ce qu'on n'a encore observé chez aucun autre animal, le membre antérieur.

Il n'existe point d'hyènes au Nouveau-Monde; l'animal auquel on a donné ce nom, le loup rouge du Mexique, est une espèce du genre chien.

LA DIONÉE.

La Dionée est remarquable par la grande irritabilité de ses feuilles. A peine un insecte est il venu se poser sur elles, qu'elles se referment aussitôt, croisent les cils épineux dont elles sont bordées, et par ce moyen, le retiennent prisonnier, ou même le font mourir. Tant que l'insecte se débat, la feuille reste constamment fermée, et on la déchirerait plutôt que de la forcer à s'ouvrir; mais lorsque l'insecte est mort, ou du moins a cessé de se mouvoir, la feuille s'ouvre d'elle-même. L'un de nos plus savans naturalistes, M. Bosc, s'est assuré que la dionée perdait cette propriété en automne, c'est-à-dire à l'époque où la fructification est entièrement terminée. Du reste cette irritabilité de la dionée se manifeste dès qu'un objet quelconque a touché ses feuilles.

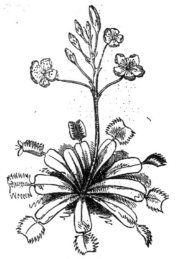

(La Dionée.)

C'est dans les lieux humides de la Caroline, aux environs de Wilmington, dans un espace qui n'a pas trois lieues quarrées, qu'on a trouvé la dionée; elle y est si abondante qu'on ne saurait faire un pas sans la fouler aux pieds; il paraît qu'on ne l'a rencontrée nulle part ailleurs. On a souvent importé des pieds de dionée en Europe.

Les Bureaux d'Abonnement et de Vente sont transférés rue de Seine Saint-Germain, n° 9.

Paris. — Imprimerie du Magasin Universel, Cosson, rue St-Germain-des-Prés, n° 9.

ABBEVILLE.

(Vue de l'Eglise de Saint-Vulfran.)

Abbeville est, après Amiens, la ville la plus commerçante du département de la Somme. La fabrication des draps fins que M. Van-Robais y établit en 1665, est pour cette ville la source d'un grand revenu : l'industrie de ses habitans s'exerce aussi avec succès sur le travail des serges, des tapis de pied, des velours d'Utrecht, des damas, des toiles de différentes sortes, et d'une foule d'autres articles d'une consommation journalière. Tout à côté sont les *Escarbotins*, renommés pour la fabrication de leurs serrures, dont il se fait un grand débit en France. On récolte dans les environs d'Abbeville des grains de toutes espèces, des graines grasses dont on extrait l'huile destinée à l'éclairage des lins, des chanvres, des laines. Située à quatre lieues de la mer, elle peut, grace au reflux qui remonte jusque dans son enceinte, transporter facilement ses productions au loin. La Somme se partage à Abbeville en deux bras; plusieurs autres petites rivières contribuent au mouvement de son industrie, en donnant l'impulsion à un grand nombre de fabriques ou de moulins. Les vents de mer qui y règnent ajoutent à la salubrité de l'air. Parmi les hommes illustres auxquels Abbeville a donné le jour, on doit compter le cardinal Jean Alegrin, patriarche de Constantinople, le poète Millevoie, Pongerville, auteur d'une traduction de Lucrèce, quatre géographes célèbres; Pierre Duval, Philippe Briet et les deux Samson. C'est aussi dans les environs d'Abbeville qu'est né le célèbre compositeur Lesueur.

Abbeville a été fortifiée par Hugues Capet, en 980.

L'église principale d'Abbeville est celle de Saint-Vulfran. Le portail de cet édifice est orné de deux hautes tours carrées qui sont d'un fort bel effet. Le roi de France, en sa qualité de comte de Ponthieu; nommait jadis à tous les canonicats du chapitre de cette église paroissiale.

§. II. — MILAN (1).

Il est presque impossible à un étranger d'étudier de près les mœurs des Milanais, parce qu'ils reçoivent peu et vivent fort retirés. On ne voit, à Milan, ni fêtes, ni bals, ni réunions de toute espèce comme dans les autres capitales; on y vit en famille et sans représentation d'intérieur. Aussi, dit-on que les mœurs y sont en général pures et patriarcales. Le théâtre est à peu près le seul lieu de réunion. La plupart des familles aisées ont leur loge à l'année, et y reçoivent leurs amis, leurs connaissances. On cause, on se promène d'une loge à l'autre, et, comme ordinairement les mêmes opéras se jouent une quarantaine de fois de suite, on s'occupe peu du spectacle, et à l'exception des morceaux de chant les plus remarquables, on n'écoute guère le reste. Cette habitude de recevoir au théâtre, si nuisible à l'esprit de société, est indestructible dans toute l'Italie. Chaque femme règne dans sa loge, et, comme César, elle préférera toujours la première place dans ce petit empire, à la seconde dans un salon.

Le lecteur s'étonnera peut-être que le parterre puisse souffrir le bruit incommode de tous ces colloques particuliers. Mais, à Milan, le parterre n'est pas comme chez nous. Il ne vocifère pas à chaque instant les cris : *A la porte!* et ne se bat pas à coups de poings avec ceux qui distraient son attention. Il est poli, doux et patient. Jamais de sifflets ni de cris inconvenans, même dans les petits théâtres; et d'ailleurs, il est en partie composé de femmes de la bourgeoisie.

Il faut remarquer aussi qu'il y a une grande différence entre les dernières classes du peuple d'Italie et celles de Paris. Je n'en veux pour exemple que l'ivrognerie, vice grossier, passion dégoûtante, dont nous observons journellement, parmi notre populace, les ignobles effets, et qui est pour ainsi dire inconnue en Italie.

C'est donc à tort qu'on s'est plu à répéter à tout propos, que l'Italien est un peuple abâtardi et démoralisé. S'il a des défauts, il les rachète en partie par de bonnes qualités, et nul doute qu'en propageant les lumières parmi les masses, en s'occupant de développer les intelligences par une éducation publique sagement dirigée, on ne puisse un jour obtenir de lui les meilleurs résultats. C'est ce que semble avoir parfaitement compris l'empereur d'Autriche. Il n'est pas sans s'apercevoir (ainsi que nous l'avons fait remarquer dans notre précédent article) que la législation autrichienne est peu en harmonie avec le caractère italien; mais il espère que l'instruction, en adoucissant les mœurs, détruira cette incompatibilité apparente. Nous citerons de lui à ce sujet une parole fort belle. Invité à établir pour la Lombardie une jurisprudence exceptionnelle, il s'y refusa, disant que la civilisation devait un jour rendre là son code bon, comme en Autriche; qu'il ne s'agissait que de l'y répandre : « Quand le peuple saura lire, ajouta-t-il, il ne tuera plus. » Et, il faut le dire à l'éloge de ce monarque, l'instruction primaire a excité toute sa sollicitude. Le travail des écoles part du cabinet de l'empereur, qui examine lui-même les divers rapports d'inspection.

Ces écoles, calquées sur le modèle de cel'es que Marie-Thérèse fonda en Autriche, sont établies depuis une dizaine d'années dans le royaume lombardo-vénitien; le mot *Scuola* s'y lit au-dessous des armes de l'empereur jusque dans les villages; et chaque commune, même la plus petite, doit avoir son école, ou contribuer à l'entretien de celle où ses enfans vont apprendre à lire, lorsqu'elle n'en a point : cas du reste infiniment rare.

La destinée de Milan a toujours été, depuis les temps les plus reculés, de changer souvent de maîtres, et naturellement les mœurs de ces différens souverains ont influé sur celles de ses habitans. Ainsi les Espagnols leur ont laissé un certain ton de *grandezza* qui se fait particulièrement remarquer chez la noblesse; les Français, pendant leur séjour dans ce pays, les ont rendus plus sociables et moins

cérémonieux; et enfin, les Autrichiens leur ont transmis cette bonhomie et cette affabilité qui les caractérisent. Tel est le mélange de qualités diverses dont se compose le caractère milanais.

Quant aux usages du pays, ils n'offrent rien de particulier : ce sont à peu près ceux des autres capitales de l'Europe. Toutes les grandes villes se ressemblent, et ce n'est pas là qu'il faut chercher des types originaux.

On suit, à Milan, les mêmes modes qu'en France; seulement les femmes de toutes les classes sont presque toujours coiffées en cheveux, même à la promenade ou dans les rues; quelquefois aussi elles jettent sur leur tête un voile de tulle noir qui leur sied à ravir. Dans l'été, elles portent d'ordinaire des robes à manches courtes, et cette mode gracieuse donne aux femmes dont la mise est la plus simple un air aussi distingué que celui de nos élégantes.

Il nous reste à dire quelques mots de l'industrie et du commerce de Milan.

La situation de cette ville en faisait, même autrefois, l'entrepôt général de toute l'Italie, et tous les arts y étaient cultivés avec succès. Une des branches les plus importantes de son commerce était alors la fabrication des armes. Nous voyons dans Brantôme que les meilleurs fusils se tiraient de Milan dans le xve siècle. Strozzi et d'Andelau, colonels généraux de l'infanterie, réformèrent l'arquebuserie de France avec les armes du Milanais, que l'on regardait comme bien supérieures à celles de Metz et d'Abbeville. Cette fabrication est tombée actuellement. Quant au commerce d'entrepôt, après avoir été quelque temps interrompu à cause de la concurrence de Gênes et de Venise, il a repris toute son activité, surtout depuis l'établissement des magnifiques routes du Saint-Gothard et du Simplon. Mais le principal commerce consiste aujourd'hui dans les soieries; et comme celles de Lyon, de Londres, etc., sont prohibées dans la Lombardie, les fabriques de Milan jouissent d'un monopole qui fait la richesse de cette ville.

CONSERVATION DES TÊTES HUMAINES
CHEZ LES SAUVAGES DE LA NOUVELLE-ZÉLANDE.

Il est parfaitement démontré aujourd'hui que les naturels des archipels des Hébrides, des Marquises, de la Nouvelle-Zélande, et d'une quantité d'autres îles de la Polynésie, sont cannibales. Cependant on a remarqué que les Nouveaux-Zélandais avaient seuls la coutume de conserver les têtes de leurs ennemis comme des trophées de la victoire et comme des objets de leur mépris. On retrouve cette coutume parmi quelques tribus d'Afrique.

« Les premiers objets qui frappèrent notre attention, dit à ce sujet le capitaine Tuckey, dans le récit de sa visite à la rivière Zaïre, furent quatre crânes humains suspendus à un arbre. On nous dit que ces crânes appartenaient à des chefs ennemis, faits prisonniers dans le dernier combat. Ces victimes, ajoute le capitaine Tuckey, nous parurent avoir reçu le coup de grace avant que la tête eût été séparée du corps. » Les naturels de la Nouvelle-Zélande conservent quelquefois aussi les têtes de leurs amis; mais c'est dans l'intention de payer à la mémoire des morts un tribut de respect et d'admiration, de montrer ces restes vénérés aux parens et aux amis absens au moment de la mort, et de pouvoir, à certaines époques de l'année, célébrer, en l'honneur du défunt, des cérémonies funéraires.

Non-seulement le mode de préparation, usité par les naturels de la Nouvelle-Zélande, prévient la décomposition avec le plus grand succès, mais encore les traits du visage demeurent dans un état parfait de conservation. Quand la tête a été séparée du corps, on brise avec un bâton ou une pierre la partie supérieure du crâne; on vide entièrement la cervelle, et on lave la cavité du crâne à diverses fois, jusqu'à ce qu'elle soit bien nettoyée. On plonge alors la tête dans de l'eau bouillante pendant quelques minutes; ce qui fait disparaître tout l'épiderme. On a soin, pendant cette opération, de ne point toucher à la chevelure ; car elle tomberait aussitôt. Quand cette chevelure est refroidie, elle demeure fixée à la tête avec plus de force qu'auparavant. De petites planchettes sont placées des deux côtés du nez, afin de lui conserver sa forme naturelle ; un autre petit morceau de bois est posé sur le nez pour empêcher qu'il ne se déforme, et l'on a soin de bourrer les narines avec des tampons de lin. On arrache les yeux, si ce sont ceux d'un chef, et on les mange ; mais on les jette dans tout autre cas. On coud la bouche et les paupières pour qu'elles conservent leur forme.

On a d'avance creusé dans la terre une espèce de four qu'on remplit de pierres que rougit bientôt le feu. Ce four, qui est fermé de tous côtés, n'a qu'une ouverture pratiquée au sommet, et à laquelle la partie supérieure de la tête s'adapte parfaitement. Les pierres sont arrosées d'eau aussi souvent que cela est jugé nécessaire. Il en résulte un nuage de vapeur et de fumée, qu'augmentent encore des feuilles imbibées d'eau et qu'on a introduites dans le four. La vapeur et la fumée pénètrent ainsi dans l'intérieur de la tête, dont la base est placée, comme nous l'avons dit, à l'ouverture du four.

Pour entretenir la chaleur et la fumée, on a soin de renouveler souvent l'eau et les pierres. Le naturel qui est chargé de cette préparation, doit veiller à ce qu'il ne se forme point de rides sur le visage, et il passe souvent la main sur la peau, afin de prévenir toute altération dans les traits. Ce procédé exige de vingt-quatre à trente heures. Quand la tête a été exposée au feu et à la fumée le temps nécessaire, on la retire du four, on la fixe sur un bâton et on l'expose au soleil. On a continué d'oindre fréquemment ces têtes avec de l'huile ; cette dernière opération n'est pas jugée indispensable ; mais on l'emploie pour donner aux têtes une plus brillante apparence.

L'adoption de cette méthode, aussi simple qu'efficace, mettrait à même de faire de bien précieuses collections de toutes les races d'hommes qui existent sur la surface du globe.

Les naturels montrent ces têtes avec orgueil dans leurs danses guerrières ; et quand ils vont au combat, ils les étalent aux yeux de leurs ennemis, qui les menacent du même sort. Les vainqueurs les apportent à leurs femmes et à leurs enfans, et les offrent à leurs idoles, en témoignage de reconnoissance pour la victoire qu'ils ont remportée.

Les têtes des chefs qui sont conservées par la méthode que nous venons de décrire, ne sont jamais vendues par leurs familles, pour qui elles sont des objets de respect et de vénération ; on ne cède aux étrangers que celles des ennemis. Voici comment s'exprime à ce sujet un voyageur anglais qui visita les îles de la Nouvelle-Zélande en 1820 :

« Je fis emplette, à la rivière Tamise, d'une tête de sauvage conservée ; et ce qui est très-rare, je pus, en cette occasion, avoir connaissance du nom, de la dignité et de l'âge de l'individu à qui elle avait appartenu. Ces détails me furent fournis par celui qui l'avait tué. Cet individu était âgé de dix-huit ans environ ; il était tatoué depuis peu, et bien moins que les chefs de tribus ne le sont ordinairement. Il passait pour un guerrier fort distingué pour son âge ; il était d'un caractère hardi et entreprenant ; le premier au combat, c'était toujours lui qui immolait le premier homme : fait d'armes qui chez les sauvages est beaucoup admiré. Dans un engagement, ce chef blessé à l'abdomen par un autre guerrier célèbre, tomba, et avait de pouvoir se relever, il fut achevé par un coup de tomahawk asséné sur le crâne. En examinant ce crâne avec attention, il est aisé, dit notre voyageur, de voir la cicatrice, qui est de quelque étendue. »

Aux détails que nous avons donnés (page 15) sur le séjour de Voltaire à Ferney, nous ajouterons une anecdote peu connue.

Un jour d'été, en 1765, plusieurs étrangers de distinction étaient réunis dans le salon du château. On devisait, en attendant le dîner, et tout naturellement on s'entretenait de Voltaire, qui, en ce moment, n'était pas présent. Lord M... soutenait qu'un esprit aussi supérieur ne pouvait être accessible à cette bonté habituelle, qu'il désignait sous le nom de faiblesse humaine. M. de Gouxe, procureur du roi auprès de la cour des monnaies de Paris, et l'un des plus riches financiers de l'époque, soutenait, au contraire, que plus un homme s'élève par son génie au-dessus de l'humanité, plus il tend à s'en rapprocher par une bonté véritable, dernière preuve d'un esprit supérieur. Un pari assez considérable est proposé et accepté, et l'on convient de tenter une épreuve tout-à-fait imprévue. Les dernières paroles venaient d'être prononcées lorsque Voltaire entra dans le salon : à peine les premières politesses avaient été échangées, que M. de Gouxe, qui se trouvait à l'une des fenêtres du côté de Genève, s'écrie avec une surprise parfaitement feinte : « C'est lui..., non. je me trompe... ce ne peut être « lui. » — « Et qui donc ? dit lord M... » — « Rousseau « qui entre dans la cour. » — « Rousseau ! s'écrie Voltaire... « il oserait ! Qu'on le chasse ! Non, » reprend-il aussitôt d'un ton de voix visiblement ému, « non, qu'on l'accueille, « il doit être bien malheureux, puisqu'il vient ici chercher « un asile. » A ces mots, Voltaire s'avançait vers la porte du salon, lorsque des regards échangés lui apprirent qu'on venait de le soumettre à une pénible épreuve.

Maintenant donc que le lecteur impartial prononce, qu'il dise en conscience si l'auteur de vingt chefs-d'œuvres, si l'écrivain le plus fécond et le plus élégant de son siècle, si le poète le plus brillant et le plus gracieux de cette époque, n'était pas également inspiré par son cœur, lorsqu'il adopta la petite-nièce du grand Corneille, lorsqu'il défendit la famille Calas et les Sirven, et lorsqu'il décida l'affranchissement des serfs du Jura.

LE JAPON.
CROYANCES RELIGIEUSES.

Le même système religieux règne dans toutes les îles du Japon ; mais il se divise en une multitude de sectes qui se tolèrent réciproquement avec beaucoup d'indulgence ; il subsiste même entre elles une sorte d'union et d'harmonie. Chaque secte a ses temples et ses idoles, qui sont en très grand nombre et hideuses pour la plupart. Il y a des dieux pour toutes les professions, à peu près comme chez les Grecs et les Romains. Au milieu de ce fatras d'absurdités et de superstitions, les Japonais ont encore conservé une idée, bien confuse à la vérité, de l'Être-Suprême. Ils ont essayé de le représenter d'une manière imposante ou au moins gigantesque dans deux de leurs temples. Dans l'un, ils ont placé une statue de bois si colossale, que le creux de sa main pourrait contenir six hommes assis à la mode du pays : ses épaules ont cinq brasses de large. L'autre idole, au dire d'un voyageur, est environnée de trente-trois mille trois cent trente-trois dieux inférieurs, pour indiquer, sans doute, la multitude de ses attributs et de ses pouvoirs.

Les prêtres japonais ne font pas d'office et ne chantent aucun hymne. Les portes du temple restent ouvertes toute la journée ; les dévots peuvent y entrer à toute heure pour y faire leurs prières ou bien déposer leurs aumônes. L'accès n'en est défendu à aucun étranger.

Quoique l'on ne reconnaisse point de secte dominante, il y en a deux infiniment plus répandues que les autres, celle de Sinto et de Boudsdo ; le culte du premier est originaire du pays, et le plus ancien ; mais il a maintenant peu de partisans. Le second a été apporté du continent de l'Asie ; sa nouveauté lui a donné une grande vogue.

La religion de Sinto était très simple avant que l'on y introduisit une foule de pratiques et de cérémonies étrangères. Cependant elle reconnaît encore aujourd'hui un être suprême qui a fixé son séjour au plus haut des cieux. Ils ne lui rendent aucun culte ; ils le croient trop au-dessus d'eux pour avoir besoin de leurs hommages et de leurs adorations. Ils s'adressent à une multitude de dieux inférieurs qu'ils disent être chargés de présider à la terre, à l'eau, à l'air, etc., et de la volonté desquels dépend le sort des mortels. Ils n'ont que des idées bien vagues et bien incertaines de l'immortalité de l'ame, des récompenses et des châtimens qui l'attendent après la destruction de son enveloppe mortelle. Ils présument cependant que les ames des gens de bien ont un séjour particulier dans le ciel ; que celles des méchans errent de tous côtés en punition de leurs crimes.

Les Japonais ne mangent pas de viande ; ils ont de la répugnance à verser le sang, s'abstiennent du lait, qu'ils regardent comme du sang blanc, et évitent l'attouchement d'un cadavre. En violant un de ces trois points de discipline, on se rend impur pour un temps plus ou moins long. Ils se figurent que les ames des renards deviennent des démons. Cette singulière croyance tient probablement à ce que ces animaux sont très dangereux et commettent de grands dégâts. Une princesse japonaise, ayant prétendu qu'elle était possédée du démon, on tua tous les chiens de la ville, pour effrayer, disait-on, le renard enfermé dans son ventre.

Au milieu du temple est ordinairement placé un grand miroir de métal fondu et poli, pour indiquer aux hommes que les dieux découvrent les souillures cachées de leur cœur, aussi distinctement qu'eux-mêmes aperçoivent dans ce miroir les taches de leur visage. Les Japonais qui entrent dans le temple se placent devant le miroir, baissent la tête respectueusement jusqu'à terre, se tournent de nouveau devant le miroir, font leur prière et présentent quelque don. Après ces cérémonies ils sonnent une petite cloche pendue dans le temple et se retirent.

Depuis l'introduction de la secte de Boudsdo au Japon, celle de Sinto a admis différens dogmes et pratiques qui lui étaient absolument étrangers. Malgré ces innovations, c'est encore la moins déraisonnable de toutes ; les autres adorent des singes et une infinité d'autres animaux.

La religion chrétienne s'introduisit au Japon peu de temps après que les Portugais eurent fait la découverte de ce pays. L'arrivée des premiers jésuites dans la province de Bungo remonte à l'année 1549 ; ils se répandirent dans tout le royaume guidés par les renseignemens que leur donna un jeune Japonais, qui vint exprès se faire baptiser à Goa. Ce néophyte indiqua aussi aux Portugais tous les avantages qu'ils trouveraient à venir commercer dans sa patrie. Ceux-ci avaient alors la liberté de trafiquer, de prêcher dans les Indes, et même partout où bon leur semblait. L'entreprise réussit au-delà de leurs espérances, surtout pour le spirituel. Plusieurs princes japonais embrassèrent le christianisme. Des Portugais épousèrent des femmes du pays

(Idoles japonaises.)

et s'établirent. Enfin, les missionnaires acquirent une telle importance, qu'ils envoyèrent une ambassade de Japonais au pape Grégoire XIII, avec de riches présens. Ces succès, et les immenses richesses que leur procurait le commerce, enflèrent tellement l'orgueil des Portugais, qu'ils ne tardèrent pas à se rendre odieux à leurs hôtes. Des ordres rigoureux pour exterminer tous les chrétiens furent promulgués et exécutés avec tant d'activité que dans le cours de l'année suivante il y eut plus de vingt mille personnes mises à mort. En 1597, les persécutions recommencèrent avec plus de violence que jamais. Toute espèce de prédication fut sévèrement interdite, et la plus grande partie du clergé chassée du Japon. Le gouvernement ordonna que tous les chrétiens qui ne voudraient pas abjurer seraient chassés ou mis à mort. Cette persécution dura quarante années sans se ralentir, et ne finit qu'après l'anéantissement complet du christianisme au Japon et la destruction du commerce des Portugais dans cette contrée. Trente-sept mille chrétiens, réduits au désespoir, s'étaient réfugiés dans la forteresse de Simmabasa; après y avoir été assiégés et forcés, ils furent tous massacrés en un seul jour.

POISSONS VOLANS.

L'aile de l'oiseau et la nageoire du poisson diffèrent l'une de l'autre bien moins qu'on ne le croirait au premier coup d'œil; et voilà pourquoi, depuis les anciens naturalistes grecs jusqu'à nous, le nom d'aile a été si souvent donné à cette nageoire. L'une et l'autre présentent une surface assez grande, relativement au volume du corps, et l'animal peut selon ses besoins accroître ou diminuer cette surface, en étendant sa nageoire ou son aile avec force, ou en les resserrant en plusieurs plis. La nageoire ainsi que l'aile se prête à ces différens déploiemens ou à ces diverses contractions, parce qu'elles sont composées l'une et l'autre d'une substance membraneuse molle et souple. La surface qu'elles présentent toutes deux résiste et agit avec précision, et frappe avec force, car chez l'une et l'autre cette surface est soutenue par de petits cylindres réguliers ou irréguliers, solides, durs et presqu'inflexibles; dans l'aile elle est fortifiée par des plumes; dans la nageoire elle est quelquefois consolidée par des écailles dont la substance est de la même nature que celle des plumes de l'oiseau.

On pourrait dire que les oiseaux nagent dans l'air et que les poissons volent dans l'eau.

Ainsi que les Pégases, les Scorpènes, les Dactyloptères et les Trigles, l'Exocet volant, *Exocetus exiliens*, jouit de la faculté de s'élever à d'assez grandes distances au-dessus de la surface des eaux; ce privilège que lui accorde la nature démontre hautement ce que nous avons développé tout à l'heure, c'est-à-dire que *voler* est *nager* dans l'air, et que *nager* est *voler* au sein des eaux.

Rien n'est plus beau que de voir surgir au-dessus des flots ces corps brillans dont l'éclat argentin resplendit sur presque toute leur surface; ces poissons dont le sommet de la tête réfléchit les plus belles teintes de l'azur, et dont la poitrine et la queue sont colorées du bleu le plus foncé; leur crystallin, qu'on aperçoit au travers de la prunelle, est d'un bleu noirâtre pendant la vie de l'animal. Cette parure brillante compte parmi les causes de tourmens et de perte qui poursuivent l'exocet pendant toute sa vie, car elle ne sert qu'à le faire découvrir de plus loin par des ennemis contre lesquels il a été laissé sans défense. C'est, en effet, de tous les habitans de la mer, le plus inquiété, le plus agité, et le plus poursuivi par les scambres et les coryphènes. S'il abandonne, pour leur échapper, l'élément dans lequel il est né, s'il s'élève dans l'atmosphère, s'il décrit une courbe plus ou moins prolongée, il trouve, en retombant dans la mer, un nouvel ennemi dont la dent meurtrière le déchire et le dévore. Pendant la durée de son court trajet, il devient la proie des frégates et de ces autres oiseaux que leur vol puissant a fait nommer grands-voiliers, et qui, pouvant seuls résister aux grands mouvemens de l'atmosphère, bravent les orages, surmontent les autans déchaînés, peuvent voler long-temps au-dessus de l'Océan, se précipiter avec rapidité sur leur proie, l'enlever au plus haut des airs, et nager à d'immenses distances de la rive. Si l'exocet veut chercher sa sûreté sur le pont des vaisseaux, les passagers ou les matelots lui donnent la mort pour se nourrir de sa chair, qui est grasse et d'un excellent goût.

ALI-MÉHÉMET, VICE-ROI D'ÉGYPTE.

Ali-Pacha (Mehemet ou Mohamed), vice-roi d'Égypte, est le prince de tout l'Orient, et peut-être du monde entier, le plus habile dans l'art de gouverner, si on ne le juge que par les succès qu'il a obtenus. Il s'est élevé au-dessus de cette foule de pachas qui pèsent depuis tant de siècles sur le sol oriental, parce qu'il a eu l'audace de commander à la fortune en se débarrassant de tous ceux qui pouvaient l'arrêter dans sa marche. Ses vues politiques et administratives sont profondes; mais Bonaparte, pendant la courte durée de son séjour en Égypte, avait ébauché tout ce qu'Ali exécuta depuis; il avait préparé les peuples aux changemens qui devaient les rendre heureux. Né de parens obscurs, en 1769, à la Cavale, ville et port de mer de la Romélie, Ali-Mehemet était encore en bas âge lorsqu'il perdit son père; il trouva un asile dans la maison du gouverneur de la Cavale, qui, charmé de ses heureuses dispositions, se plut à l'élever comme son fils. Ali-Mohammed sortait à peine de l'enfance lorsqu'il donna à son protecteur une grande preuve de sagacité et de courage. Les habitans d'un village voisin refusaient de payer le tribut d'usage, et le gouverneur manquait de moyens pour les y contraindre : Ali se présente, et ne demande que quelques hommes armés pour réduire les rebelles. Il part pour ce village, entre dans la mosquée, demande les quatre principaux habitans, à qui il feint d'avoir à communiquer une affaire importante, les emmène chargés de chaînes, menace de les mettre à mort si on veut les lui enlever, et arrive avec eux à la Cavale. L'arriéré de l'impôt fut bientôt acquitté. Cette affaire, conduite avec autant d'adresse que de vigueur, valut un emploi au jeune Ali, et la main d'une jeune veuve très riche, parente du gouverneur; il se trouva alors à la tête d'une grande fortune, et mit tous ses soins à l'augmenter encore : il se livra au commerce du tabac, l'un des plus lucratifs de ces contrées, et acquit des richesses auxquelles il dut un surcroît de considération; ce qui ne l'empêchait pas de prendre les armes toutes les fois que l'occasion s'en présentait. Ce fut contre les Français, en Égypte, qu'il fit sa première campagne. Le gouverneur de la Cavale avait armé et équipé un corps particulier dont il avait donné le commandement à son fils, en lui adjoignant pour conseil Ali-Mohammed. Le premier, bientôt rebuté des fatigues de la guerre, quitta l'armée, et laissa le commandement de sa troupe à Mohammed. Celui-ci ne tarda pas à se faire remarquer par plusieurs actions d'éclat et fut élevé par le capitan-pacha à un poste supérieur. Il entrevit dès-lors le rang auquel il pouvait prétendre, et ne négligea rien pour y arriver. Il chercha surtout à s'attacher les soldats albanais, et servit, à leur tête, les projets de la Porte pour l'anéantissement des Mameloucks. La grande réputation qu'il se fit par les succès continuels qu'il obtint sur eux, excita la jalousie et même la haine des pachas ses supérieurs. Ceux-ci démêlèrent bientôt les vues ambitieuses de leur subordonné, et le desservirent auprès du grand-seigneur, qui lui intima l'ordre de quitter l'Égypte, en le nommant pacha de Salonique, Ali, déconcerté, mit tout en œuvre pour empêcher le triomphe de ses ennemis; le peuple, les militaires, les ulémas, soulevés secrètement par lui, s'opposèrent ouvertement à son départ, et portèrent leurs réclamations jusqu'au pied du trône. La réponse se faisant attendre, le peuple et les cheycks, impatiens, déposèrent le pacha d'Égypte, et le remplacèrent par Ali, qui, trop rusé pour se rendre à une nomination illégale, attendit le firman du grand-seigneur, qui arriva enfin, et le confirma dans la place éminente de gouverneur d'Égypte, avec la dignité de pacha à trois queues. Les circonstances n'étaient pas favorables; les soldats, sans paie depuis long-temps, étaient en pleine insurrection; les Mameloucks, ayant à leur tête Elfy Bey, soudoyé par l'Angleterre, faisaient la guerre au pacha légitime, et avaient remporté sur lui quelques avantages. Les Anglais portaient Elfy Bey au gouvernement d'Égypte, et faisaient agir à Constantinople tous les ressorts de la politique en sa faveur. Ces démarches, et surtout la promesse de quinze cents bourses dont l'Angleterre garantissait le versement, décidèrent le grand-seigneur à envoyer une armée en Égypte pour en déloger Ali-Pacha, et y établir les changemens nécessaires. Ces troupes, au nombre de trois mille hommes, débarquèrent à Alexandrie; un capidjy, dépêché sur-le-champ à Mohammed, lui intima l'ordre de se rendre sans délai à Alexandrie, pour de là être transporté à Salonique en qualité de pacha. Ali sentit le piège, et différa d'obéir sous les prétextes les plus plausibles; mais il eut soin de faire prévenir sous main ses principaux officiers de l'ordre qu'il venait de recevoir, en leur annonçant qu'il était prêt à s'y soumettre; ce n'était qu'une ruse de sa part; il savait que la mort l'attendait à Alexandrie. Tous ses officiers accourent à l'instant, et lui protestent qu'ils ne consentiront jamais à son départ. L'adroit pacha profite de cet enthousiasme, leur fait une courte, mais véhémente allocution, et leur demande de jurer sur le coran, livre sacré pour eux, qu'ils ne l'abandonneront pas, qu'ils mourront, s'il le faut, pour la cause qu'ils défendent. Le serment fut prêté à l'instant même; ils ajoutèrent au serment une cérémonie simple, mais antique, qui forme pour les Albanais un lien indissoluble qu'ils n'osent rompre sans infamie, c'est de passer l'un après l'autre sur un sabre nu, tenu aux deux bouts par les deux plus anciens. Une nouvelle

requête fut présentée au divan, auprès duquel l'ambassadeur français agissait aussi d'une manière énergique; elle ne fit pas un grand effet : Ali-Mohammed n'eut raison que lorsqu'il eut envoyé à Constantinople deux mille bourses que lui avaient fournies ses amis en se cotisant chacun selon ses moyens. Alors seulement arriva le firman du grand-seigneur, qui confirmait pour la seconde fois Ali dans le pachalick d'Égypte. Un ennemi redoutable vint l'attaquer au sein de sa capitale : les Anglais avaient déclaré la guerre à la Porte et étaient accourus en toute hâte, avec vingt-trois vaisseaux et six mille hommes de troupes de terre, se précipiter sur l'Égypte; mais leurs succès, fastueusement annoncés, se bornèrent à la prise d'Alexandrie, où ils ne purent se maintenir; ils furent ensuite complètement battus dans divers engagemens, la plupart de leurs généraux ayant été tués ou faits prisonniers, et enfin obligés de s'humilier devant leurs vainqueurs pour obtenir la permission de se retirer. Ali, enflé de cette victoire, tourne aussitôt ses armes contre les Mameloucks. Ces derniers, après la perte de plusieurs chefs accrédités, alternativement vainqueurs et vaincus, acceptèrent la paix aux conditions qu'ils proposèrent, et qui leur furent garanties; c'était qu'il leur serait permis de retourner au Caire, et d'y jouir des débris de leur ancienne fortune. Ils s'étaient rendus trop redoutables pour ne pas porter ombrage au despote de l'Égypte; leur destruction fut résolue. Il imagina donc que les Mameloucks fomentaient de nouveaux troubles pour renverser le gouvernement, et, au moment où il les comblait d'honneurs et des témoignages d'amitié les plus signalés, au milieu d'une cérémonie solennelle, où Toussoum, son fils, chargé de la guerre des Wahabites, allait être revêtu des insignes du commandement, il les fit massacrer de la manière la plus perfide et la plus barbare; de quatre cent soixante-dix Mameloucks qui faisaient partie de ce cortège devenu pour eux une marche funèbre, aucun n'échappa au carnage; l'extermination fut générale dans les provinces; soixante-dix-huit d'entre eux, qui avaient été amenés au vieux Caire, furent également tués pendant la nuit.

(La suite à un prochain numéro.)

MŒURS DU PEUPLE ANGLAIS (1).

L'ivrognerie abandonne tous les jours les classes supérieures de l'Angleterre. Il est aujourd'hui de très mauvais ton de se griser jusqu'à rouler sous la table, et quoiqu'il ne soit pas encore fort rare de rencontrer dans les rues de Londres des hommes et des femmes bien mis, à la mine enluminée et à la démarche chancelante, on peut cependant assurer de ces personnes, les femmes surtout, n'appartiennent pas à ce qu'on appelle la classe respectable. Ce n'est pas cependant que les bonnes matrones sur le retour, que les vieilles filles d'une certaine aisance, et appartenant à de bonnes familles des classes moyennes, de marchands retirés, ne se permettent assez souvent, le soir surtout, le régal de gin et d'eau chaude; mais cela se passe à l'intérieur, après le souper, et si la raison se trouble tant soit peu, on n'a pas de témoins importuns, les enfans sont au lit, et l'on a toujours assez de force pour monter se coucher. Le lendemain on a mal à la tête, mais le climat est si mauvais, qu'il n'y a rien là qui doive surprendre, et l'on n'hésite pas à détourner les yeux et à faire la grimace toutes les fois qu'on se trouve en compagnie d'hommes qui se livrent au même passe-temps. Péché caché est à moitié remis.

Mais à mesure que l'ivrognerie abandonne les classes supérieures, elle se propage avec une effrayante rapidité dans les classes pauvres; elle semble croître en raison inverse de l'aisance, et, d'effet qu'elle est, elle ne tardera pas à devenir la cause du décroissement de la prospérité. Un petit coup de gin pour un estomac délabré est un cordial qui

(1) Voyez page 411, 1er volume.

charme la faim, et remédie temporairement au délabrement, et comme l'effet en est prompt, on a plus tôt fait d'y avoir recours que d'acheter un morceau de pain; les maux d'estomac redoublent par l'usage de cette boisson, il faut bien que le remède soit plus fréquemment employé, et l'on ne tarde pas à tout sacrifier pour se procurer ce poison. Le gin a une qualité qui lui est propre, il est narcotique; les mères en donnent une cuillerée aux jeunes enfans que la douleur empêche de dormir; il n'est donc pas étonnant que le goût en soit aussi général.

Ce goût tend à se répandre bien plus encore depuis l'établissement de ces immenses et magnifiques palais qu'on appelle gin-temples, et dans lesquels on débite, pour un ou deux sous, du gin à chacun des quatre-vingts ou cent individus de tout âge, de tout sexe, et couverts de haillons, qui viennent s'asseoir sur les bancs qui tapissent ses murailles.

Le spéculateur place en général ces temples dans les quartiers habités par les pauvres, de sorte que leur somptuosité ressort encore plus indécemment au milieu de la misère qui les entoure.

Un comptoir en acajou, dans le fond d'une vaste salle éclairée par l'éclat de mille becs de gaz, des frises dorées et sculptées avec soin, des glaces d'une grande dimension, tous les détails de la somptuosité anglaise, lourde, massive, mais riche, sont déployés dans ces gouffres pour attirer les malheureuses victimes qui, les pieds nus, la poitrine à peine couverte par des haillons, restes des habits des riches, viennent achever d'y ruiner leur santé. A Londres, comme nous l'avons dit dans un précédent article, jamais un pauvre n'endosse une veste dont l'étoffe ou la forme convienne à sa condition; ce sont les défroques des riches qui les couvrent, et l'étranger, en arrivant, est frappé d'étonnement à la vue de pauvresses qui lui demandent l'aumône, couvertes d'une vieille robe de satin à falbalas et d'un chapeau de velours à fleurs ou à plumes.

Les gin-temples, contre lesquels il faut regretter que le gouvernement ne puisse rien, ont provoqué la naissance des sociétés de tempérance, et bien que ceux qui se sont emparés de cette idée soient en général des philantropes de profession, c'est-à-dire des gens qui parlent beaucoup et ne font guère, il y a lieu d'espérer que les bons citoyens s'en mêleront et remédieront au mal.

Un comité d'ivrognerie s'est établi sous les auspices de la législature, et peut-être obtiendra-t-on un acte contre les gin-temples. Parmi les documens qui ont été présentés à ce comité, celui-ci mérite d'être rapporté. Il s'agissait d'une vieille femme tombée dans la misère par l'usage du gin.

« Cette femme, qui est veuve aujourd'hui, dit le témoin, est la tante de l'une de nos plus célèbres chanteurs. C'est une buveuse de gin incorrigible. Elle est mère de quatre fils et de deux filles, tous transportés à Botany-Bay. Après avoir vendu tout ce qu'elle possédait pour se procurer sa liqueur favorite, elle eut recours à l'expédient le plus extraordinaire : la nature, qui l'avait assez bien dotée, lui avait, avec l'âge, retiré tous ses dons, à l'exception des dents les plus blanches et les mieux faites qu'il soit possible d'imaginer; Elle les vendit au dentiste les unes après les autres... A mesure que sa passion augmentait, le dentiste spéculait sur son appétit et diminuait le prix qu'il avait d'abord donné. Il lui reste aujourd'hui deux dents; la dernière qu'elle a vendue lui a été payée 8 sous.

« Après son extraction cependant, elle pensa que c'était trop souffrir pour si peu; elle alla trouver un médecin, et lui proposa de lui vendre son corps par anticipation. Le médecin y consentit; il lui offrit même de lui donner une certaine somme par jour sous le prix de son corps, à la condition qu'elle prendrait une certaine dose de médicine par semaine, pour en essayer les effets. La buveuse hésita; mais, craignant que la médecine n'eût pour objet de la tuer plus vite, elle se décida à refuser. »

Il y a un grand enseignement dans cet exemple. L'Angleterre s'y dévoile tout entière : la vieille femme, le den-

tiste, le médecin sont des types qu'on ne saurait trop examiner.

HOCHE.

Le seul nom de Hoche rappelle un des plus beaux caractères qui aient honoré la profession des armes; et un des plus grands talens qui l'aient illustrée. Les grands hommes, q'ordinaire ne sont pas exempts de grandes fautes, et l'on serait même tenté de croire, en lisant l'histoire de leur vie, que c'est là une condition nécessaire de leur supériorité. La vie de Hoche cependant fut pure comme sa gloire : jeté, dès l'âge le plus tendre, au milieu des dissensions civiles, dans un temps où les principes même les plus ordinaires d'humanité étaient indignement travestis, et sacrifiés à l'ambition, à la popularité, à l'intérêt, il sut conserver l'indépendance et la loyauté de ses opinions, servant sa patrie avec amour et dévonement, sans songer jamais à se rendre l'apôtre d'aucun système, d'aucune théorie.

Notre dessein n'est pas de raconter en détail chacun des exploits de ce grand capitaine : ses hauts faits militaires sont bien connus; et d'ailleurs sa trop courte carrière est tellement remplie d'actions glorieuses, que nous ne pourrions les rapporter toutes sans sortir des limites qui nous sont imposées; nous ne voulons qu'esquisser les particularités les plus saillantes de sa biographie, où chacun de nous pourra puiser de belles et utiles leçons de courage, de vertu et de patriotisme.

Il naquit à Montreuil (Seine-et-Oise), le 24 février 1768. La pauvreté de ses parens l'obligea de bonne heure à s'occuper lui-même des moyens de pourvoir à son existence. Il n'était qu'un enfant lorsqu'il fut reçu aide-surnuméraire dans les écuries royales. Devenu orphelin, il profita des secours qui lui furent offerts par une de ses tantes, fruitière à Versailles, pour faire emplette de quelques livres, avec lesquels il fit lui-même sa première éducation, et dès-lors commencèrent à se développer les grandes facultés intellectuelles dont il était doué. Consacrant le jour à ses pénibles et abjectes occupations, il employait les nuits à étudier. A dix-sept ans, dégoûté d'un service qui était si peu en harmonie avec l'élévation de ses sentimens, il embrassa l'état militaire, fut admis dans les gardes-françaises, et ne tarda pas à fixer sur lui les regards de ses chefs par la régularité de ses mœurs, son application à la lecture et sa prodigieuse activité: aussi fut-il promu, en 1784, au grade de sergent; quelques années après (1792), il passa officier, et fut pourvu d'une lieutenance au régiment de Rouergue. Au siége de Thionville, il fut à même la célèbre de Nerwinde, il donna des preuves éclatantes de sa capacité et de sa bravoure. Appelé à Paris, peu de temps après, il exposa au comité de salut public un plan de campagne si heureusement conçu, que l'illustre Carnot ne put s'empêcher de s'écrier : « Voilà un officier subalterne d'un bi n grand mérite. » Le comité tout entier se joignit à Carnot pour admirer tant de savoir dans un jeune homme, et se hâta de le placer dans un poste digne de lui. Revêtu d'abord du titre d'adjudant-général, Hoche reçut ensuite le commandement de Dunkerque, qu'il défendit brillamment contre les Anglais: puis il fut nommé général de brigade, et bientôt après général de division (1793). Ainsi, dans l'espace de huit années, le sergent des gardes-françaises s'était élevé par son seul mérite aux premières dignités militaires.

Ici commence pour lui une série de succès et d'exploits dont la jalousie lui disputa la gloire, et qui furent interrompus par la persécution. Enlevé à l'armée de la Moselle, dont il avait le commandement en chef, il fut jeté dans les prisons de Paris, d'où il ne sortit que le 9 thermidor. C'est alors qu'il fut envoyé dans la Bretagne contre les Vendéens, et qu'il s'attacha à détruire la guerre civile, moins par les armes que par les voies conciliatrices, ne consentant à vaincre ses ennemis qu'après avoir tout tenté pour les faire ren-

trer, sans effusion de sang, dans le sein de la grande famille française. Il parvint à faire succéder l'empire des
lois à l'état de guerre qui avait désolé ces contrées, et montra tant de ménagement et de respect pour les droits de la
conscience religieuse, que l'esprit insurrectionnel s'éteignit
assez rapidement sur les deux rives de la Loire. Un si grand
service rendu à la république méritait une récompense;
le 16 juillet 1796, un message du Directoire ayant annoncé
au conseil la pacification de la Vendée, les représentans de
la nation proclamèrent solennellement par un décret que
Hoche et son armée avaient bien mérité de la patrie. Deux
tentatives d'assassinat faillirent arrêter ce général au milieu
de ses triomphes : une fois on essaya contre lui l'effet du
poison, et peu après, il fut assailli, au sortir du théâtre de
Rennes, par un individu qui lui tira un coup de pistolet dont
heureusement il ne fut point atteint.

Cependant le cabinet de Saint-James redoublait d'activité pour entretenir la guerre civile en France. Le libérateur de l'Ouest conçut alors le hardi projet d'une descente
en Irlande : il se rendit aussitôt à Brest, y fit ses prépara-

tifs, et s'embarqua dans ce port à la fin de 1796. Tout jusque-là semblait avoir favorisé son audacieux projet; mais, à
peine lancé en pleine mer, les élémens se déclarèrent contre
lui, et sauvèrent l'Angleterre des embarras que cette entreprise devait lui susciter. Sa flotte ayant été dispersée par
un ouragan terrible, il fut obligé de revenir en France;
heureux d'échapper, grâce aux habiles manœuvres de son
pilote, à la vigilance des croiseurs anglais.

À son retour, il fut nommé général en chef de l'armée de
Sambre-et-Meuse, à la tête de laquelle il ouvrit la campagne
de 1797, en passant le Rhin à Neuwied; en présence et sous
le canon de l'ennemi, Heureux cette fois de cueillir des lauriers qui n'étaient pas teints du sang français, il put se livrer entièrement au génie des batailles, et marcher sans regrets de victoires en victoires. L'armistice conclu par Bonaparte avec le prince Charles vint l'arrêter tout à coup au
milieu de ses brillans succès et de sa marche triomphale sur
le territoire allemand. On lui offrit alors le ministère de la
guerre, qu'il refusa; mais il reçut le commandement d'un
corps d'armée, placé aux environs de Paris, et destiné à

(Tombeau du général Hoche.)

déjouer les intrigues que le parti de Clichy entretenait
contre le Directoire. Les dénonciations calomnieuses de
ses ennemis ne tardèrent pas à lui faire perdre ce commandement, qui fut confié à Augereau. blessé de cette
disgrace, demanda des juges pour leur rendre un compte
solennel de sa conduite, et ne put les obtenir. Dégoûté alors
du séjour de Paris, il retourna dans les camps; mais le
terme de sa glorieuse carrière approchait : il tomba subitement malade dans les premiers jours de septembre 1797,
et mourut le 15 de ce mois, au milieu des plus cruelles
douleurs, et en s'écriant : « Suis-je donc frappé de la robe
empoisonnée de Nessus? » Il était âgé de vingt-neuf ans.
Des honneurs funèbres furent rendus à la mémoire de
Hoche, tant à l'armée que dans l'intérieur de la République. Les étrangers mêlèrent même leurs larmes à celles
des Français, et un poète illustre, Chénier, célébra dans
de nobles vers la gloire du héros enlevé si jeune à sa
patrie.

Le dessin qui accompagne cet article représente le
tombeau de Hoche, sur les bords du Rhin.

ÉPHÉMÉRIDES.

1er et 3 octobre 1789. — Les gardes du corps du roi à Versailles, réunis à un banquet, jurent de se dévouer à la défense
de la famille royale.

1er octobre 1791. — L'assemblée constituante proclame La déclaration des droits de l'homme et des citoyens en France. —
Mort du grand Corneille. (Voyez page 19.)

2 octobre 1700. — Testament de Charles II en faveur d'un petit-
fils de Louis XIV.

3 octobre 1468. — Louis XI est arrêté à Péronne par le duc de
Bourgogne au moment où parvient la nouvelle de la révolte des
Liégeois, excités par les agens du roi de France.

3 octobre 1569. — Bataille de Montcontour gagnée par les
catholiques sur les huguenots, commandés par l'amiral de
Coligny.

3 octobre 1611. — Mort du duc de Mayenne.

4 octobre 1776. — Le congrès des États-Unis proclame l'acte de
fédération perpétuelle des États-Unis, malgré les défaites successives qu'il éprouvé ses troupes de l'Union et l'abattement
dans lequel est tombé le peuple.

4 octobre 1815. — Mort d'Oberskampf, fondateur de la manu-
facture de toiles peintes de Jouy et de la filature d'Essone.
Avant lui, nous ne connaissions que les toiles peintes de la
Perse et de l'Inde que nous vendaient les Anglais.

5 octobre. — Fête de Cérès à Athènes.

5 octobre 859. — Concile général de Constantinople.

5 octobre 1795 (13 vendémiaire). — Attaque de la Convention
française par les sections de Paris; Bonaparte, chargé par Bar-
ras du soin de protéger la Convention, fait mitrailler les sections sur les marches de Saint-Roch, dans la rue Saint-Honoré
et sur les quais.

Les Bureaux d'Abonnement et de Vente sont transférés rue de
Seine-Saint-Germain, 9.

ALEXANDRE-LE-GRAND. — SON TOMBEAU.

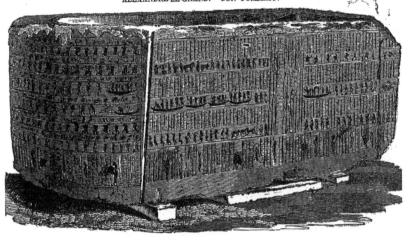

Tombeau d'Alexandre.

Vingt et un siècles se sont écoulés depuis la mort d'A-lexandre-le-Grand ; pendant cet espace de temps, il n'a pas cessé un instant de fixer l'attention de la postérité ; son nom n'est inconnu à aucun homme ; plus de cent écrivains ont raconté, jugé, apprécié ses actions. Cette préoccupation de tous les siècles, à son égard, suffirait pour constater sa supériorité ; le génie seul jouit d'un pareil privilége. Per-sonne n'a mieux apprécié, n'a mieux résumé les résultats immenses du règne de ce prince, qui porta la civilisation grecque au-delà de l'Indus, que M. Poirson, dont les re-cherches savantes ont jeté une si vive lumière sur des pé-riodes entières de l'histoire ancienne restées ignorées jusque-là. Tous les historiens d'Alexandre ne lui ont cependant point payé le même tribut d'admiration ; quelques-uns bien loin de le mettre au rang des dieux, ont voulu que la fortune eût tout fait pour lui, tandis que les autres ont avancé qu'il avait tout fait pour sa fortune ; au reste, les grands esprits, depuis César jusqu'à Condé, Bossuet, Montesquieu, frappés de la hauteur de ses idées et de ses combinaisons, se sont réunis pour lui rendre justice. Il fonda en dix ans un empire aussi vaste que celui que les Romains élevèrent en dix siècles ; mais sa conquête fut juste, elle délivra la Grèce des dangers et des humiliations que lui prodiguaient les rois de Perse depuis deux cents ans. De plus, il la rendit salutaire aux vaincus, dont il amé-liora le sort, et chez lesquels il fonda plus de villes que les autres conquérans n'en ont détruit. Son administration passe les vulgaires éloges. Elève d'Aristote, le génie le plus universel de l'antiquité, il comprit toutes les idées que l'Orient, mis à la disposition du philosophe de Stagyre, lui avait données, et il employa sa toute puissance à les exé-cuter. On ne doit donc pas s'étonner de l'intérêt qu'ins-pire tout ce qui se rapporte à cet homme extraordinaire ; on sait que d'après sa dernière volonté, on devait porter son corps dans le temple de Jupiter Ammon, mais Ptolémée s'en empara, et le fit inhumer à Alexandrie, dans un cer-cueil d'or. Le monument dont nous donnons la description, et que l'on prétend être le tombeau d'Alexandre, a soulevé une discussion fort intéressante en Angleterre, où il a été transporté d'Alexandrie par le docteur Edward Daniel

TOME II. octobre 1834.

Clarke. Ce monument indiqué dans les relations de plusieurs voyageurs des siècles passés, comme étant devenu l'objet d'une vénération religieuse de la part des Musulmans, fut examiné avec soin par Denon, lors de l'expédition française en Egypte ; mais ce savant ne parle pas de la tradition qui en fait le tombeau d'Alexandre : « Près de ces bains, dit-il, est une des principales mosquées, l'ancienne église de Saint-Athanase ; cet édifice, dont les ruines sont magnifiques, donne une idée de la négligence des Turcs pour les objets dont ils sont le plus jaloux ; avant notre arrivée, ils ne per-mettaient à aucun chrétien d'en approcher, et ils y avaient placé une garde plutôt que de réparer les portes qui, dans l'état où nous les trouvâmes, ne pouvaient tourner sur leurs gonds. Au milieu de la cour de cette mosquée, un petit temple octogone contenait un sarcophage des anciens

(Médaille d'Alexandre.)   5.

Egyptiens, d'une incomparable beauté, tant par sa nature que par le nombre prodigieux d'hiéroglyphes dont il était couvert intérieurement et extérieurement. Ce sarcophage qui pourrait produire des volumes de dissertations, doit être considéré comme l'un des plus beaux morceaux de l'antiquité, et nous désirerions vivement qu'il vînt enrichir l'un de nos musées ; mon enthousiasme fut partagé par Dolomieux quand nous découvrîmes ensemble ce précieux monument. »

Lors de l'entrée des Anglais dans Alexandrie, le docteur Clarke rechercha avec soin tout ce qui pouvait faire connaître sa destination primitive, et en comparant les renseignemens qu'il avait obtenus et ses propres observations au récit de Diodore, il demeura convaincu que ce devait être le tombeau d'Alexandre ; les argumens qu'il a réunis dans un opuscule publié sous le titre de : *Testimonies respecting the tomb of Alexander*, laissent peu de doute à cet égard ; un examen approfondi des hiéroglyphes serait cependant nécessaire pour fixer définitivement l'opinion. Ce sarcophage est d'un seul bloc, il a dix pieds trois pouces et demi de long sur cinq pieds trois pouces et demi de large, et trois pieds dix pouces de haut · l'épaisseur des côtés est de dix pouces.

Il existe aussi en Angleterre une médaille qui, dans l'origine, appartenait à Lysimaque, et qui, après avoir excité de savantes controverses, est maintenant reconnue universellement pour être la représentation d'Alexandre ; la déification du conquérant, comme fils de Jupiter Ammon, s'y trouve indiquée par l'inscription grecque qui y est jointe. Le dessin placé au bas de la page précédente peut donner une idée de cette médaille et de ses dimensions.

Alexandre avait les traits réguliers, le teint beau et vermeil, le nez aquilin, les yeux grands et pleins de feu, les cheveux blonds et bouclés, la tête haute, mais un peu penchée vers l'épaule gauche, la taille moyenne et dégagée, le corps bien proportionné et fortifié par un exercice continuel.

Son portrait est connu grâce à l'hermès sur lequel est son nom, et qu'on a trouvé dans une fouille près de Tivoli ; cet hermès a fait reconnaître la figure du héros macédonien dans un camée, et sur plusieurs médailles d'après lesquelles a été gravé le portrait de la collection de M. Landon.

BATAILLE DE CASTIGLIONE.

Aujourd'hui que vingt années ont refroidi l'enthousiasme guerrier de l'empire, aujourd'hui que les idées de paix et d'union ont remplacé les haines insensées qui divisaient les peuples, qui de nous cependant ne se sent encore ému au souvenir des brillantes campagnes d'Italie, au récit de ces hauts faits, qui rendent éternelle la gloire de l'armée française et de son général, et pour lesquels les batailles d'Annibal peuvent seules fournir des objets de comparaison ? Les moindres circonstances de ce célèbre épisode de notre histoire, portent avec elles le plus puissant intérêt, et éveillent dans nos cœurs une sympathie irrésistible. C'est à peine si l'on ose ajouter foi aux faits les plus avérés, tant ils tiennent du prodige, tant ils semblent au-dessus des forces humaines.

Mais parmi tous ces glorieux évènemens, il n'en est peut-être pas de plus mémorables que la bataille de Castiglione et les combats qui la précédèrent.

Les bruits les plus alarmans circulaient alors en France sur le sort de l'armée d'Italie ; on savait que le général des Autrichiens, Wurmser, avait reçu de nombreux renforts : on savait qu'il voulait en profiter pour débloquer Mantoue ; qu'il s'était déjà emparé de Salo et de Brescia ; et qu'une de ses colonnes avait contraint l'armée française d'évacuer Vérone. L'inquiétude était grande ; mais la confiance dans les talens de Bonaparte l'était encore d'avantage, et elle ne fut point trompée. Dans ces circonstances difficiles, pressé par une armée nombreuse que des avantages devaient enhardir, ce général sentit qu'il fallait adopter un plan vaste, afin,

non-seulement, d'arrêter les progrès de l'ennemi, mais encore d'anéantir ses forces. Les Autrichiens, en descendant du Tyrol par Brescia et l'Adige, le mettaient au milieu de leur armée ; mais si les troupes républicaines étaient trop faibles pour faire face aux deux divisions, elles pouvaient battre chacune d'elles séparément. Pour y réussir, il fallait, dans vingt-quatre heures, lever le siège de Mantoue, repasser sur le champ le Mincio, et ne pas donner à l'ennemi le temps d'envelopper l'armée française ; Bonaparte n'hésite pas un seul instant.

Le 12 thermidor, an IV, toutes les divisions se mettent en marche ; le 13, le général Soret bat les Autrichiens à Salo, leur prend deux drapeaux, deux pièces de canon et deux cents prisonniers, pendant que le général Dallemagne, chargé d'attaquer Lonado, met 600 hommes hors de combat, et fait six cents prisonniers. Le 14, Augereau s'empare de Brescia.

Le 15, l'armée est rassemblée, et se porte en avant. L'ennemi fait marcher un corps considérable à Castiglione, occupé par une demi-brigade française, qui le reploye, par la faute de son chef, et abandonne cette position importante. Le général Soret est forcé de quitter Salo : le général Guieux reçoit l'ordre de le reprendre. Pendant ce temps, on apprend que toute l'armée de Wurmser passe le Mincio pour venir attaquer les Français.

Le 16, à la pointe du jour, on se trouve en présence ; Augereau attaque les ennemis, fait 2,000 prisonniers, tue 300 hommes, et enlève 18 pièces de canon. La division Masséna les rencontre à Lonado : au commencement de l'action, elle perd trois pièces d'artillerie, et le général Pigeon est fait prisonnier ; mais Bonaparte et Berthier arrivent, le combat recommence, le général Pigeon est repris, l'ennemi prend la fuite, Masséna le poursuit, lui prend sept pièces de canon, trois généraux, deux mille prisonniers, et taille en pièces cinq à six cents hommes. En même temps une autre colonne attaque Salo, et s'empare de 180 chevaux d'artillerie, de 100 hulans, et de 1,800 prisonniers.

Le 17, un parlementaire vient dire à Bonaparte, que la gauche de son armée est cernée, et que les Français sont sommés de se rendre. Bonaparte répond : « Allez dire à votre général que s'il a voulu insulter l'armée française, je suis ici ; que c'est lui-même qui est prisonnier ; que la division qu'il commande est une des colonnes que nos troupes ont coupée à Salo ; que si, dans huit minutes, il n'a pas mis bas les armes, qui a fait tirer un seul coup de fusil, je fais tout fusiller. Débandez les yeux à Monsieur, ajoute-t-il, voyez le général Bonaparte, son état-major et la brave armée républicaine ; dites à votre général qu'il peut faire une bonne prise ; allez. » On redemande à parlementer ; le chef de la colonne ennemie veut obtenir une honorable capitulation : « Non, dit Bonaparte, vous êtes prisonniers de guerre. » Berthier reçoit l'ordre de faire avancer les grenadiers, l'artillerie légère, et d'attaquer. Aussitôt le général ennemi s'écrie : Nous sommes tous rendus. Trois bataillons autrichiens de 4,000 hommes, 20 hulans, 4 pièces de canon, 5 drapeaux, sont livrés aux Français, et sont mis en route pour leurs dépôts.

Le lendemain, 18 thermidor, Bonaparte est à Castiglione de Stivère, en présence de l'autre division de Wurmser, forte de 25,000 hommes. A six heures du matin, il fait un mouvement rétrograde, pour attirer l'ennemi, qui se laisse tourner par la colonne du général Serrurier. L'action s'engage : sur tous les points les Français sont victorieux, et l'ennemi perd deux mille hommes, tant tués que prisonniers, dix huit pièces de canon et 120 caissons.

Cette campagne se termina en cinq jours ; l'armée était depuis huit jours à cheval ; Bonaparte n'avait pas dormi depuis le 11 thermidor, et le 18, il ne s'était pas encore débotté.

Lorsque les nouvelles de ces étonnans succès parvinrent à Paris, l'enthousiasme fut universel, et un décret unanime du corps législatif déclara que l'armée d'Italie n'avait cessé de bien mériter de la patrie. Un orateur du conseil des cinq-cents, qui regrettait de ne pouvoir lui donner un témoignage plus éclatant de la reconnaissance nationale, disait à cette occasion : « Nous sommes condamnés à nous servir de formules usées; mais il est beau de les avoir usées par la victoire. »

BAINS CHEZ LES ANCIENS.

L'heureuse influence des bains sur la santé et le bien-être qu'ils procurent, ont été appréciés dans tous les temps et dans tous les pays. L'histoire nous apprend l'emploi fréquent qu'en faisaient autrefois les Egyptiens, les Grecs et les Romains, et de nos jours, les Russes, les Finlandais, les Norwégiens et les autres peuples du nord, ont pour les bains un goût tout aussi prononcé que les Turcs, les Egyptiens modernes, les Persans et les Indous, qui vivent sous un ciel ardent.

Les fondateurs de quelques sectes ont fait de l'usage des bains une pratique religieuse, parce qu'ils ont compris l'importance de ces ablutions pour la salubrité publique. Partout où les classes pauvres ont pu recourir à peu de frais à ce simple traitement, on a vu diminuer rapidement la gravité et la fréquence de ces hideuses maladies de la peau, jadis si communes, non-seulement dans les pays chauds, mais encore dans les régions tempérées que nous habitons.

On retrouve l'usage des bains chez tous les peuples de l'antiquité ; c'est ainsi que dans Homère nous voyons Télémaque conduit dans des bains d'une extrême propreté, et ensuite parfumé par les plus belles esclaves du palais.

Ce fut aux Grecs que les Romains empruntèrent non-seulement l'usage des bains, mais encore la forme et la destination des pièces qui les composaient. Sous César, les bains étaient tellement en usage, qu'on en trouvait dans toutes les maisons des particuliers aisés. Les Romains se baignaient ordinairement depuis midi jusqu'au soir; il fut défendu par un édit de se baigner après le repas.

La forme de l'habillement des Grecs et des Romains, ainsi que la chaleur des climats qu'ils habitaient, leur imposèrent la nécessité de se baigner fréquemment; mais le luxe et la mollesse multiplièrent dans la suite les bains chez ces derniers, à tel point que sous les empereurs, ils y passaient presque la journée entière. C'est alors que s'élevèrent ces immenses monumens, connus sous le nom de thermes, et dans l'érection desquels chaque empereur voulut déployer sa magnificence en faisant sa cour au peuple; nous ne traiterons, dans ce premier article, que des bains privés.

L'appartement des bains se pratiquait dans la partie la plus reculée de la maison; il se composait d'une petite cour entourée de portiques sur trois de ses faces; sur la quatrième était un bassin servant à prendre le bain froid en commun; ce bassin, appelé baptisterium, quelquefois assez grand pour pouvoir y nager, était couvert d'un toit supporté par des colonnes en saillie.

On trouvait plus loin un autre bain froid; c'était une pièce fermée, au milieu de laquelle était une vaste cuve qui pouvait contenir plusieurs personnes à la fois. A proximité de ces bains, était le vestiaire, dans lequel des esclaves, après avoir déshabillé les baigneurs, pliaient leurs vêtemens et les serraient dans des cases ou armoires disposées à cet effet.

Venait ensuite le bain chaud; on y trouvait ordinairement plusieurs bains baignoires; mais la principale, dans laquelle on descendait par des dégrés de marbre, était placée auprès d'un hémycicle garni de deux rangs de gradins. Cette disposition s'appelait l'école, parce que ceux qui s'y asseyaient pour assister au bain, sans y prendre part, s'y livraient à des entretiens philosophiques avec les baigneurs. Cette pièce était éclairée par en haut; ces entretiens avaient lieu dans le bain froid comme dans le bain chaud.

Plus loin était l'étuve, pièce ordinairement circulaire, entourée de trois rangs de gradins en marbre, au centre de laquelle était un bassin d'eau bouillante, d'où sortait un nuage épais de vapeur qui remplissait la salle et s'échappait par une ouverture pratiquée au sommet de la voute.

On se plaçait en entrant, sur le premier gradin, puis sur le second, et enfin sur le troisième pour s'accoutumer par dégrés à la température de ce dernier, qui, en raison de sa situation, éprouvait une chaleur plus élevée que les autres. Indépendamment de cette vapeur, le pavé, les gradins, les revêtemens de la salle, et même les corridors adjacens, étaient chauffés par des fourneaux souterrains.

A ce genre d'étuves, on en substitua plus tard un autre, au centre de laquelle était un grand poêle chauffé par un fourneau; il en sortait un courant d'air chaud dont on modérait à volonté la force, au moyen d'une soupape en bronze de la forme d'un bouclier, qui s'adaptait à la partie supérieure du poêle, et qu'on élevait ou descendait à l'aide d'une chaine.

En sortant de l'étuve on entrait dans le bain chaud pour s'accoutumer insensiblement à l'air extérieur; là, des esclaves grattaient légèrement la peau des baigneurs avec des spatules d'ivoire, d'une forme propre à suivre les contours des muscles et de toutes les parties du corps, pour en extraire la sueur; on les essuyait ensuite avec des étoffes de lin ou de coton, et on les couvrait d'un manteau de laine fine à long poil; venaient ensuite les épileurs, chargés aussi de couper les ongles, et enfin des esclaves qui oignaient la peau d'huiles et d'essences parfumées.

En général les bains des anciens étaient revêtus de marbres ou de stucs décorés de peintures élégantes et analogues à leur destination; tels que la naissance de Vénus, les jeux des Tritons et des Nayades, des poissons de toute espèce qui semblaient nager dans les eaux. Le pavé de chacune d'elles, et même celui de la cour, était en mosaïque variée de forme et de couleur, et de la plus grande recherche. On a trouvé, dans les ruines de ces bains, un grand nombre de statues, de lampes de bronze, de vases d'argent et de terre cuite dorée, de la plus grande élégance.

ENGOULEVENT.

La famille des fissirostres à laquelle appartient cet oiseau, réunit tous les passereaux qui ont le bec court, large, aplati horizontalement, légèrement crochu, sans échancrure, et profondément fendu ; l'ouverture de leur bouche est très-large, et ils engloutissent aisément les insectes qu'ils poursuivent au vol ; car ils sont exclusivement insectivores, éminemment voyageurs, et émigrent dans les zones tempérées.

Tous les engoulevens se ressemblent par leur plumage et par leurs habitudes. Ils ne sortent que vers le soir, de manière qu'on peut les appeler des oiseaux crépusculaires; la nature de leurs plumes soyeuses et les couleurs tendres qu'ils présentent, leur donnent la plus grande analogie, quant à l'enveloppe extérieure, avec les phalènes ou papillons du soir. Leurs yeux sont grands. Leur bec, garni de fortes moustaches, encore plus fendu qu'aux hirondelles, peut engloutir les plus gros insectes, qu'il retient au moyen d'une salive gluante, et porte sur sa base les narines en forme de petits tubes; leurs ailes sont longues, leurs pieds courts, à tarses emplumés; le pouce peut se diriger en avant.

Ces oiseaux vivent isolés, ne volent que pendant le crépuscule ou dans les belles nuits, poursuivent les phalènes et autres insectes nocturnes, et déposent à terre et sans art un petit nombre d'œufs. Quand ils volent, l'air qui s'engouffre dans leur large bec, y produit un bourdonnement particulier. On a dit qu'ils tètent les chèvres; mais il n'en est rien, et ce qui a donné lieu à cette opinion populaire, c'est qu'ils fréquentent les parcs des chèvres et des moutons pour s'emparer des insectes qui y sont attirés en grand nombre. La seule espèce d'engoulevent qui existe en Europe, est longue de dix pouces et demi, ayant vingt-deux pouces d'envergure, d'un gris brun, ondulé et moucheté de brun noirâtre, avec une bande blanchâtre allant du bec à la nuque. Cet oiseau arrive chez nous au printemps, niche dans les bruyères, et va chercher des climats plus chauds au moment de l'année où sa nourriture devient moins abondante. Le mâle diffère de la femelle par une tache blanche, ovale, placée sur le côté intérieur des trois premières pennes de l'aile, et par une autre qui est au bout des deux pennes les plus extérieures de la queue.

(L'Engoulevent.)

Le vol de l'engoulevent, qui est bas et incertain lorsqu'on le fait lever en plein jour, est vif et soutenu après le coucher du soleil; mais il présente toujours des irrégularités, qui sont indispensables à cet oiseau, pour la poursuite de sa proie. C'est ainsi qu'on le voit quelquefois s'abattre avec impétuosité, se relever brusquement, et faire long-temps, et sans interruption, le tour d'un arbre où des insectes se sont réfugiés. Cet exercice semblerait devoir fournir aux chasseurs des moyens aisés d'atteindre ces oiseaux, mais loin de là, les engoulevens disparaissent au moindre bruit, et comme pendant le jour leur couleur empêche de les distinguer du feuillage qui les enveloppe et les protège, il faut les faire sortir, à grand bruit, des taillis où ils se blotissent, et les tirer au vol.

LA MER MORTE.

Dans le récit qu'il vient de publier de son Voyage en Orient, M. Michaud décrit en ces termes l'aspect et la nature extraordinaire de cet immense lac dans lequel se jette le Jourdain et que nous connaissons sous le nom de Mer Morte :

« Nous visitâmes la mer Morte, qui est à trois quarts de lieue à l'ouest de l'embouchure du Jourdain; il était sept heures du matin : une brise légère soufflait alors, la surface du lac en était ridée, et ses ondes battaient paisiblement la rive. La mer n'exhale ni vapeur ni fumée, l'air est pur autour d'elle, les flots sont aussi brillans, aussi azurés que ceux de l'Archipel et de l'Hellespont. Ce qu'on a dit de l'amertume et du mauvais goût de ses eaux est parfaitement exact; j'en ai goûté dans le creux de ma main, et j'en ai eu le cœur malade pendant un quart-d'heure. Une blanche bordure de sel entoure le lac, et se mêle à un bitume rougeâtre déposé par les eaux; j'ai vu sur la rive de petits coquillages et des cailloux comme on en voit sur les rivages de nos mers. Nos savans naturalistes se demandent encore s'il existe des poissons dans la mer Morte; ils sont en général maigres et petits. Le vieux Cheik, qui m'accompagnait, et deux de nos cavaliers arabes, m'ont dit qu'ayant voulu un jour en manger, ils leur trouvèrent un goût si

empesté qu'ils furent obligés de les jeter. J'aurais bien voulu me baigner dans la mer Morte, pour résoudre par moi-même la question de savoir si l'eau est assez pesante pour soutenir le corps de l'homme; je craignais le retour de la fièvre, et je n'ai point osé entrer dans le lac; mais l'un des voyageurs anglais qui nous avaient suivi, à fait devant moi cette expérience : il s'est étendu sur l'eau, cherchant à s'enfoncer, et j'ai vu son corps flotter à la surface comme un tronc d'arbre. Vespasien, si l'on en croit Josephe, fit la même expérience; il lança dans la mer Morte plusieurs esclaves, les pieds et les mains liés, et pas un n'alla au fond. Le voyageur Pococke plongea dans le lac, et ne put parvenir à s'enfoncer; d'autres voyageurs se sont aussi assurés du phénomène : on trouve dans quelques endroits du lac, des ulves aux lanières longues et déliées, comme dans nos lacs et nos étangs d'Europe. Je n'ai point vu la caille d'Arabie dont parlent quelques voyageurs, la même, dit-on, qui nourrit les Hébreux dans le désert.

Je ne crois pas qu'il existe, dans tout l'univers, des lieux plus capables de frapper l'imagination que la mer Morte et les lieux d'alentour; cette vallée dont la face a été flétrie et dévorée, est comme remplie encore de la grande et sublime terreur d'une époque de destruction. Cette mer est véritablement une mer morte; car elle ne jette à la terre aucun bruit, elle est immobile et muette comme un sépulcre; on dirait un de ces lacs funèbres que la mythologie des anciens avait placés dans le royaume des morts. Lorsque, sous le souffle de la tempête, la mer de Sodome par fois est ébranlée, son mugissement sourd ressemble à de longs cris étouffés, vous diriez les sanglots et les gémissemens des nations englouties dans l'abîme, la voix suppliante de Gomorrhe et de ses sœurs. Si j'avais quelques étincelles de ce génie qui dicta l'épopée *Des Martyrs*, ou celui qui a inspiré les *Méditations poétiques*, j'aurais pu reproduire de grandes et de terribles peintures; mais toutes mes paroles me semblent vaines en présence du lac où dorment et les peuples et les cités, sur ce sol livide où le vent de la colère a passé, devant ces montagnes brunes et dépouillées qui semblent garder encore l'empreinte de la foudre. »

LE JAGUAR.

Cet animal long-temps confondu avec la panthère et le léopard, n'en a bien été distingué que dans la Ménagerie du Muséum d'histoire naturelle de Paris. Le hasard l'avait fait placer à côté d'une panthère, et l'on fut si frappé de la différence de la voix de ces deux animaux à peu près de même taille, qu'on dût conclure qu'ils n'étaient pas de la même espèce, et par un examen plus attentif, on les distingua complètement l'un et l'autre.

Le jaguar appartient à l'ordre des carnassiers, à la famille des carnivores; cette famille comprend les mammifères les plus carnassiers, ceux dont l'appétit sanguinaire est en harmonie avec la force des organes qui doivent lui servir d'instrument. Chez les carnivores, en effet, chaque mâchoire est armée de deux dents canines grosses, longues et écartées, entre lesquelles sont six incisives; la seconde incisive de la mâchoire inférieure a sa racine un peu plus rentrée que les autres. Les dents molaires sont tranchantes ou mêlées seulement de tubercules mousses et non hérissés de pointes coniques. Les habitudes carnassières de ces animaux sont liées à la forme plus ou moins tranchante des dents, et l'on peut juger de l'aptitude qu'ils ont à se nourrir exclusivement de chair, par la disposition plus ou moins tuberculeuse de leurs dents molaires qui servent à les faire distinguer. A cet appareil de mastication si redoutable, la plupart des carnivores joignent des pattes armées d'ongles plus ou moins crochus et qui, chez quelques-uns, sont rétractiles. Tels sont les traits les plus saillans de l'organisation de ces animaux que leur naturel ardent pousse à tous les genres de luttes, et dont la vie presque toute entière se consume dans les combats qu'ils engagent ou qu'ils ont à soutenir.

Toutefois, la nature n'a pas doué tous les animaux carni-vores d'un égal degré de force et d'énergie : à ceux-ci elle a accordé largement l'audace et la violence ; pour d'autres, elle a trouvé un dédommagement à leur faiblesse relative dans l'instinct adroit et rusé dont elle leur a prodigué les ressources : aussi l'absence ou la présence de certains organes, le développement excessif ou modéré de certains caractères ont-ils contraint les naturalistes à former des groupes secondaires dans la famille des carnivores et à les répartir en trois tribus.

L'une de ces tribus, les *digitigrades*, est celle où doit être rangé le jaguar qui appartient au genre chat, l'un des genres de cette tribu ; il acquiert une taille qui approche de celle du lion, sa longueur est d'environ quatre pieds, sa hauteur de deux pieds et demi, sa queue à trente pouces. Son pelage est d'un fauve jaunâtre sur toutes les parties supérieures du corps; le dessous du cou, le tour de la gueule, le ventre, l'intérieur de la cuisse et des jambes sont d'un beau blanc. Ses taches sont noires, pleines, en forme de rond avec un ou plusieurs points au milieu; sa voix ressemble à une sorte d'aboiement rauque, et lorsqu'il menace, il souffle à peu près comme le chat domestique. Cet animal a les mœurs de tous les autres chats; lorsqu'il n'est pas poussé par une faim violente, il est d'une défiance extrême, et n'attaque sa proie que par surprise, et surtout la nuit. Sa force est prodigieuse ; les voyageurs prétendent qu'il peut emporter un cheval et traverser à la nage, avec cette proie, une rivière large et profonde. Il habite les lieux couverts et les grandes forêts de l'Amérique, il se cache dans les cavernes, et n'est pas effrayé par le feu; car plus d'une fois les Indiens qu'environnaient de grands brasiers ont été attaqués par lui. Il se nourrit de toute espèce de gibier, et s'avance dans l'eau pour attraper le poisson, qu'il aime beaucoup. Les Espagnols et les Indiens chassent le jaguar avec des lacets, qu'ils lancent si adroitement en courant à toute bride, qu'à cent pas ils l'enlacent et le mettent hors d'état de se défendre. Ils le chassent aussi avec des meutes nombreuses ; alors l'animal monte quelquefois aux arbres pour se soustraire à leur poursuite, et s'élance sur le chasseur. Les Indiens sont assez hardis pour attaquer le jaguar corps à corps; le bras enveloppé de peau de mouton, ils évitent la première atteinte de ses morsures, et au moment où il s'élance, ils lui enfoncent leur arme dans la poitrine.

(Le Jaguar.)

Les peaux de jaguar sont assez recherchées ; long-temps elles ont fait l'objet d'un commerce très-considérable, mais le nombre de ces animaux a diminué, et l'on n'en tue que rarement.

SÉNÉGAL.

SUPERSTITIONS DES NÈGRES DE SAINT-LOUIS ET DE GORÉE. — GRIGRIS. — MARABOUTS.

La religion des nègres du Sénégal est un mélange d'idolâtrie et de mahométisme : mais les objets de leur culte diffèrent plus ou moins de peuple à peuple. Leurs prêtres forment une caste extrêmement respectée; ils sont les dépositaires de la science et des livres sacrés. Cette classe d'hommes à seule le privilége de ne pas travailler à la terre; les lévites qu'ils initient dans la reconnaissance de leurs mystères vont de case en case ramasser le *couscous* nécessaire à l'existence de leurs maîtres; ce casuel n'est jamais contesté. Pour être marabout, il faut être fils de marabout et savoir, bien ou mal, lire et écrire l'arabe. Un bouquet de barbe au menton, un air toujours grave, l'assiduité à la prière matin et soir, au soleil levant et au soleil couchant, sont les signes distinctifs du prêtre. Le marabout n'a qu'une femme et ne boit jamais de liqueurs fermentées. Pour prix de cette régularité, il a reçu du prophète le privilége de lire dans l'avenir, de faire trouver les objets volés, de jeter sur une ou plusieurs personnes des sorts qui les font périr misérablement, à moins qu'elles ne se rachètent par des présens ou ne se mettent sous les auspices d'un autre marabout plus puissant et qui daigne les protéger. Mais ce qui fait la principale industrie du marabout, c'est la confection des *grigris*, espèces de réliques plus ou moins efficaces, suivant le degré de sainteté de celui qui les vend. La forme de ces réliques varie selon le génie ou le caprice de l'artiste; il y en a pour tous les maux et pour tous les actes de la vie. Le chasseur est à l'abri du boa et du tigre avec son *grigri* qu'il porte suspendu à son cou ; le guerrier peut défier le poignard et les flèches; le pêcheur n'a rien à craindre du requin ni du crocodile, grâce à ces amulettes; les sorciers ne peuvent rien sur la femme protégée par le *grigri*, et ses enfans grandissent et prospèrent en dépit des maléfices de ses voisines.

La crédulité de ces pauvres nègres est telle qu'on en a vu s'exposer, de gaîté de cœur, aux plus grands dangers, pour éprouver la vertu de leurs grigris. Il y avait à Saint-Louis une vingtaine de religieuses au service des hôpitaux ; la supérieure des religieuses qui soignaient les malades en voyait journellement au magasin général deux nègres pour aller chercher le vin et le sucre nécessaires à l'établissement : la livraison de ces objets se faisait sur le vu du bon signe par la supérieure ; les nègres chargés de prendre les denrées ne pouvaient comprendre comment on leur donnait tant de choses pour un petit morceau de papier, qui sûrement était un grigri puisqu'il opérait tant de merveilles. Le dévoûment des pauvres religieuses pour le service des malades et le respect que tous les Européens avaient pour elles recommandaient encore à l'admiration des nègres les grigris de la supérieure. Tous les petits morceaux de papier qu'elle jetait ou qu'on pouvait lui surprendre étaient à l'instant renfermés dans des bourses de cuir qu'ils suspendaient à leurs cous. Ces grigris ne leur ouvraient pas à la vérité les portes du magasin général; mais quand ils allaient à la grande terre pour faire du bois, ils étaient sûrs de rapporter une bonne et belle provision.

Le séjour des Européens sous un soleil brûlant et leur contact avec les nègres finissent peu à peu par les dégrader, au point de les rendre esclaves des mêmes préjugés. J'ai vu entre autres deux négocians de Bordeaux qui, après trente ans de séjour en Afrique, avaient fini par adopter les grigris des marabouts du pays. J'ai fait la même remarque presque sur tous les mulâtres de Saint-Louis et de Gorée ; quoique élevés dans la religion catholique, dont ils suivent la pratique extérieure, la plupart des négocians consultent les marabouts avant de jeter un navire à la mer, et cachent sous leur chemise, avec le soin que commande le respect humain, les grigris qui décorent la poitrine de leurs esclaves. Un Français, maire de Gorée, nourrissait dans sa cave un serpent qui était l'ame de son grand-père; il n'aurait mangé, pour rien au monde, du poisson certains jours de l'année, attendu que les nègres de Dacar avaient remarqué que les poissons pris à ces époques étaient les génies de leurs ancêtres. Le maire de Saint-Louis, autre mulâtre, était tout au moins aussi superstitieux; et cependant ce n'était pas un homme ordinaire; on en jugera par le trait suivant :

Un marabout de Saint-Louis fut convaincu de vol et condamné par la police de la ville à être fouetté sur la place publique : grande désolation dans tout le pays : fouetter un marabout! jamais un pareil scandale n'avait affligé les enfans du prophète. Un soulèvement épouvantable allait avoir lieu, lorsque le maire, revêtu des insignes de l'autorité, parut dans l'assemblée des marabouts, où il fut résolu qu'on se rendrait en députation chez le commandant, pour lui demander la grâce du condamné. Au jour indiqué, deux ou trois cents nègres, conduits par leurs prêtres, se rendent au domicile du maire, leur protecteur naturel et chargé de porter la parole. Celui-ci met son écharpe et marche à la tête de la députation. Quelques réflexions pénibles l'agitaient en chemin. Le gouverneur ne sera-t-il pas offensé de sa démarche ? Cette grande cohue, qui se grossissait en route, n'a-t-elle pas plutôt l'air d'un attroupement que d'une modeste députation ? et enfin les 5,000 francs qu'il reçoit du gouvernement ne sont-ils pas compromis par cet acte de condescendance ? Pendant qu'il était préoccupé de ces réflexions, un trait de génie vint tirer le maire de tant de dangers. Arrivé à la porte du palais, il fit faire un cercle autour de lui et harangua son escorte dans les termes suivans : « Enfans du prophète, valez-vous plus que vos pères ? Répondez ! — Non, non ! s'écrie-t-on de toutes parts. — Eh bien ! vos pères étaient fouettés, pourquoi ne le seriez-vous pas? La cause d'un homme qui a dégradé son ministère mérite-t-elle une faveur que n'ont pas exigée vos pères dans une semblable occasion ? Croyez-moi, retirons-nous, et laissons fouetter le marabout. Le prophète est plus puissant que nous auprès du commandant, ne lui enlevons pas la gloire de le délivrer, s'il le juge convenable. » Cette allocution calma la foule irritée, qui se dispersa; et la sentence fut exécutée.   *La suite à un prochain numéro.*

MŒURS DES SUÉDOIS. (Suite.)

Nous avons donné, dans un précédent numéro (1), sur les mœurs du peuple suédois, un premier article emprunté à la *Revue Britannique,* recueil mensuel où l'on trouve non seulement des extraits et des analyses faites avec talent des publications les plus remarquables de l'Angleterre, mais encore des articles originaux d'un haut intérêt. Nous communiquerons aujourd'hui à nos lecteurs, avec l'autorisation du directeur de cette Revue, un second extrait de la Notice si exacte et si pleine de faits qu'il a donnée sur le même sujet.

La contrée la plus curieuse à observer de toute la Suède, c'est la Dalécarlie, pays sauvage où peu de voyageurs pénètrent, et que les Suédois eux-mêmes connaissent mal. Un caractère franc, hardi, énergique, une force athlétique, un grand respect pour la loi et le magistrat, respect qui n'est mêlé d'aucune servilité, distinguent le Dalécarlien. Lorsqu'un gouverneur passe, tous les habitans des villages qui connaissent les endroits qu'il doit traverser la nuit, ont soin d'éclairer sa route avec des torches allumées; cependant leur esprit d'indépendance est extrême. Ils sont industrieux, et la plupart des villages de la Dalécarlie possèdent quelque genre d'industrie qui est propre à chacun d'eux. Ainsi les paysans de Mora et Dornocs, fabriquent de jolies pendules; ceux d'Hémora sont célèbres pour leurs ustensiles de fer; ceux d'Elfdal exportent d'excellens peignes à tisser. Quoiqu'une population trop abondante occupe un espace de

(1) Voyez page 22.

terrain aride, qui souvent se refuse à donner les produits nécessaires, l'économie laborieuse de ce peuple et sa frugalité le soutiennent au milieu des rigueurs du climat. Aucun paysan. Dalécarlien n'a recours au cordonnier, au tailleur ou au maçon; chacun fabrique de ses mains tout ce qui lui est nécessaire, et, cependant, quand la saison est mauvaise, quand arrivent les jours de disette, le paysan est obligé de pétrir et de broyer l'écorce d'arbre à laquelle il mêle un peu de farine, et qui compose son pain. On cite des traits charmans d'hospitalité qui n'appartiennent qu'aux peuples primitifs. Un Dalécarlien qui sort de sa cabane pour aller aux champs, pose, sur une tablette placée en dehors de la porte, la clef de son garde-manger, afin que le voyageur puisse, pendant l'absence du maître, trouver les alimens qui lui sont nécessaires.

Ce peuple singulier se distingue par une physionomie spéciale, par un costume brillant et bizarre qui n'a pas changé depuis cinq siècles, et par un attachement aux vieilles mœurs qui ne se retrouve dans aucun pays d'Europe; il parle encore le vieux scandinave, la langue des Russes. Il y a beaucoup de paroisses où les mœurs primitives se sont conservées dans toute leur pureté : ainsi, dans le village de Mora, les jeunes gens et les jeunes filles, se rassemblent deux fois par semaine dans une grange, sans que les parens assistent à ces soirées; des morceaux de sapin résineux éclairent le salon rustique; les jeunes filles tricotent et tissent pendant que les jeunes gens causent, et la réunion se prolonge très-avant dans la nuit. On assure que les ménages dalécarliens sont excellens, et que cette liberté des mœurs en protège la pureté.

En 1715, les habitans d'une des parties les plus sauvages et les plus stériles de la Dalécarlie, de la paroisse d'Elfdal, ont découvert une source, non de richesse, mais d'aisance; les pauvres gens que leurs nuits froides, leur sol pauvre, leurs rochers sans terres végétales exposaient si souvent à la famine, et qui dépouillaient leurs arbres de leur écorce pour nourrir leurs femmes et leurs enfans, ont enfin trouvé une mine de porphyre dont les produits magnifiques sont exportés dans toute l'Europe, et mériteraient d'obtenir une circulation plus étendue. Les laiteries, les pharmacies, les fabriques d'horloges et de pendules devraient employer plus fréquemment cette matière dont la dureté résiste aux liqueurs les plus corrosives, tandis que le marbre se laisse entamer, non seulement par le vinaigre, mais par le lait. Les pilons des pharmaciens, leurs mortiers, les dessus de tables et de cheminées, gagneraient beaucoup à ce que l'on fit usage de cette pierre si brillante à l'œil, si belle par son poli et ses vives arêtes, si forte contre l'action du temps.

Les crimes contre la vie des hommes sont presque inconnus en Suède, et la vue d'une paire de pistolets, instrumens que presque tous les voyageurs d'Europe regarderaient comme indispensables, porterait la terreur dans un village. Cependant le Suédois est naturellement brave, il est poli quoique rustique, il s'étonne beaucoup des manières anglaises, qui, depuis environ cinquante ans, se sont empreintes, comme on sait, de morgue, de froideur et de dureté. Un voyageur anglais qui entre dans un lieu public sans se découvrir, est regardé comme une espèce d'animal farouche qui n'est point fait pour la société. La lenteur naturelle des Suédois s'accomode très-bien de cette grave politesse et de ce sang-froid qui ne les quitte jamais. La douceur des jurons et des malédictions en usage parmi le peuple, contraste étrangement avec l'énergie et l'impureté des malédictions dont les autres peuples sont prodigues. A mesure que l'on avance vers le midi, l'impiété, la colère, le cynisme, marquent ces expressions d'un sceau de violence et de fureur souvent révoltant; un Anglais appelle le feu du ciel sur vos yeux, sur vos jambes, sur votre corps, sur votre âme; un Italien vous interpelle en termes de débauche mêlés d'impiété. Le plus gros juron qu'un Suédois puisse prononcer, c'est *tusandjeflar* (mille diables). Des mœurs paisibles, un grand amour de la vie de famille, peu de fêtes bruyantes, peu de galanterie, des rapports sociaux qui n'ont ni cette activité, cet éclat, cette étourderie de l'ancienne France ; hi cette ostentation, cette étiquette pompeuse, et cette vaniteuse prétention de l'Angleterre ; tels sont les signes spéciaux d'une civilisation très-paisible, et qui, si elle n'est pas agitée par le génie dramatique des passions, offre du moins beaucoup de chances pour le bien-être et le bonheur.

Les femmes, dès leur jeunesse, sont employées comme facteurs de postes, commissionnaires ; postillons, garçons de cafés, garçons de bains. Vous arrivez à minuit à un relais : une jeune personne blonde, de la plus jolie figure, très-légèrement vêtue, et qui a rattaché son jupon à la hâte, vient se placer à vos côtés dans la voiture, prend les rênes, dirige les chevaux, et s'enfonce avec vous dans les forêts les plus solitaires.

Une grande réserve, et une douceur constante, caractérisent les dames de la bourgeoisie et des classes supérieures ; de toutes les femmes du nord, ce sont celles qui possèdent le plus d'attraits et de grâces. Sveltes et légères, elles n'ont rien de ces formes massives et épaisses, que l'on trouve souvent dans les contrées septentrionales, leur taille est mince, leur chevelure magnifique et blonde ; leur teint éclatant, et leur tournure d'une élégance qui rappelle celle des polonaises ; ajoutons que les femmes du peuple sont en général plus jolies encore que les dames et les bourgeoises.

L'art gastronomique, sans avoir atteint en Suède une haute perfection, y est du moins très-honoré, comme dans la plupart des pays du nord ; avant de se mettre à table, on va chercher sur un petit buffet, couvert de nappes blanches, un petit repas préparatoire composé de hors-d'œuvres, d'anchois, de radis, de caviar ; préface toujours accompagnée de quelques verres de cognac et de rhum. Le dîner est disposé d'une manière qui semblera fort originale aux étrangers : le potage, qui se compose tout simplement d'eau chaude dans laquelle la viande a bouilli, paraît non au commencement, mais au milieu du festin ; on y voit nager des feuilles de fenouil et du raisin de Corinthe ; ensuite défile une longue liste de mets qui vous sont accommodes au sucre ; on met du sucre dans le potage, dans la bière, dans la salade ; on lemêle au poivre, au vinaigre, aux sauces les plus épicées ; enfin l'Européen méridional, qui voit au milieu de la table le sucrier en permanence et dans lequel on puise continuellement, regrette, je vous assure, de tout son cœur, les dîners de Paris et de Londres.

La vie des Suédois semble partagée en stations gastronomiques. A votre réveil, vous trouvez sur votre lit une petite table qui supporte du café, du beurre et du pain ; à onze heures, on déjeûne avec des tartines de beurre, du jambon, du poisson salé et de l'eau-de-vie ; on dîne à deux heures ; à quatre heures, on sert du café ; à six heures, vient le goûter, espèce de collation légère ; enfin, à neuf heures, on soupe, et presque toujours le mets principal de ce dernier repas est un mélange de lait, de bière et de sirop, qui ne ressemble à rien de ce qui se mange ou se boit dans nos contrées. L'habitude des toasts s'est conservée en Suède dans sa simplicité patriarcale ; toutes les fois qu'un convié boit à votre santé, il est absolument nécessaire que vous vidiez votre coupe jusqu'au fond. Aussi comme disait le jeune Hamlet : « Supposez que vingt convives renouvellent la même politesse, à moins d'être très-exercé à cet usage, vous vous trouverez très-embarrassé, d'autant plus que les verres des Suédois sont larges et profonds. » Souvent, dans les classes bourgeoises, on pratique l'ancienne coutume, qui ordonne à chaque convive de baiser la main à la dame placée près de lui.

ÉPHÉMÉRIDES.

* Faits et événements remarquables du 6 au 31 octobre.

5 et 6 octobre 1789. — Massacre des gardes-du-corps à Ver-

sailles par les bandes venues de Paris ; retour du roi et de la famille royale ramenés par le peuple dans la capitale.

7 octobre 1765. — Premier congrès national à New-York, déclaration des droits des Américains. — 1826. Traité d'Ackermann par lequel la Russie force la Porte à reconnaître les privilèges de la Valachie et la Moldavie, et l'existence civile et religieuse des Serviens.

8 octobre 451. — Le concile général réuni à Calcédoine, condamne deux évêques qui soutenaient qu'il n'y a en Jésus-Christ qu'une seule nature. — 1804. Un nègre échappé à l'esclavage lors de la révolte de Saint-Domingue ; Dessalines, est proclamé empereur d'Haïti.

9 octobre 1793. — La ville de Lyon, que les excès de la révolution avaient soulevée contre la convention, forcée de se rendre par la famine, est livrée à la commission composée de Couthon, Fouché, et Collot d'Herbois. On sait quelle férocité déployèrent ces triumvirs dans l'accomplissement de leur mission. — 1795. Joseph-le-Bon, d'ignoble et sanglante mémoire, le bourreau des habitans d'Arras, tombe à son tour sous la hâche de la révolution.

— 1799. Bonaparte, à son retour d'Egypte, débarque à Fréjus. — 1818. Le congrès d'Aix-la-Chapelle arrête que les armées alliées évacueront le territoire Français.

10 octobre 1785. — Les Prussiens s'emparent de la Hollande ; le stathouderat triomphe de la république.

13 octobre 1641. — Les catholiques irlandais, soulevés pour la défense de leurs libertés religieuses et civiles, massacrent un grand nombre de protestans. — 1815. Murat, ex roi d'Italie, après avoir abandonné follement son trône, opère une descente sur la côte de la Calabre, est saisi et fusillé.

14 octobre 1066. — Bataille d'Hastings (voyez page 21). — 1806. Bataille d'Iéna qui soumit la Prusse à Napoléon.

16 octobre 1793. — Exécution de la reine Marie-Antoinette.

17 octobre 1805. — Les Autrichiens, entassés dans Ulm, se rendent à l'empereur ; cet anéantissement de leur armée prépara le succès de la bataille d'Austerlitz.

15 octobre 1815. — Napoléon débarque à Sainte-Hélène.

19 oct. 1813. — La France perd à Leipsick le sceptre de l'Europe.

20 octobre 480 av. J.-C. — Les Perses sont vaincus par les Athéniens dans la baie de Salamine. — 1827. Bataille de Navarin.

26 octobre 1830. — Bombardement d'Anvers.

27 octobre 1553. — Calvin fait brûler, à Genève, Michel Servet, comme hérétique.

31 octobre 1787. — Création de l'école normale.

LE RHINWALD.

Le pays des Grisons est une des parties de la Suisse que le voyageur parcourt avec le plus d'intérêt. La nature y déploie d'aussi grands et d'aussi sublimes spectacles que dans l'Oberland Bernois, et l'on y trouve une solitude majestueuse et sauvage, que ne présente pas cette dernière contrée, sillonnée en tous sens par une foule de touristes fashionables et d'oisifs de tous les pays. De plus, les Grisons ont conservé une partie de leur originalité primitive, et l'étude de leurs mœurs, simples et douces, offre, à l'observateur, le plus puissant attrait. L'historien trouve aussi chez eux de quoi satisfaire ses goûts de science et de recherches ; car il y a peu de pays où l'on rencontre un aussi grand nombre de châteaux, de donjons et de ruines du moyen-âge, monumens curieux auxquels se rattachent une foule de traditions, de légendes et de chroniques intéressantes.

Le canton des Grisons est fort étendu et fort peuplé : il ne renferme pas moins de soixante-quinze mille habitans, dont les deux tiers environ professent le culte réformé, et le reste le culte catholique. Les Grisons sont loin d'imiter la tolérance religieuse de quelques cantons de la Suisse, où l'on voit souvent les catholiques et les protestans célébrer tour-à-tour, dans le même temple, les mystères de leur foi.

La population, presque entière, se livre aux soins de l'éducation des bestiaux ; l'autre partie s'occupe du commerce de commission, qui ne laisse pas d'avoir une certaine importance, car ce canton est traversé par un des plus anciens passages des Alpes, servant de communication entre l'Allemagne et l'Italie.

Parmi les belles vallées de ce pays, celle du Rhinwald se fait surtout admirer par ses sites pittoresques. Elle est entourée de tous côtés par de hautes montagnes, dont quelques-unes élèvent leurs cimes, couronnées de neige, à onze mille pieds au-dessus du niveau de la mer. Ces montagnes sont couvertes d'énormes glaciers, et la vallée est exposée à d'affreuses avalanches.

On sait que les chûtes de neige, connues sous le nom de *lavanges* ou d'*avalanches*, offrent un des phénomènes les plus terribles, et en même temps les plus extraordinaires de la nature dans les Alpes. Pendant le cours de l'hyver, d'énormes masses de neige s'amassent et s'avancent au-delà des parois de rochers, de manière à surplomber au-dessus du sol; aux mois d'avril et de mai, quand le soleil a pris un peu de force, et qu'il survient un dégel subit, ces masses se brisent et s'écroulent par l'effet de la pesanteur, entraînant avec elles des quartiers de pierre, des arbres et des terres, et ensevelissant, sous leurs ruines, des maisons et des villages. C'est au printemps que ces sortes d'avalanches ont le plus souvent lieu, et qu'elles rendent si dangereux le passage des Hautes-Alpes. Comme le moindre son est capable de déterminer une avalanche, il faut, dans quelques contrées périlleuses, ôter toutes les clochettes des chevaux, partir dès le grand matin, avant que le soleil ait amolli les neiges, et marcher vite et dans le plus profond silence. On peut aussi prendre la précaution de tirer un coup de pistolet avant de traverser les endroits les plus dangereux; car l'ébranlement de l'air, causé par ce bruit, entraîne la chûte des masses les plus disposées à s'écrouler, et le passage n'offre plus ensuite aucun péril.

Les avalanches d'été ne sont à craindre ni pour les hommes ni pour les bestiaux, parce qu'elles ne tombent que sur les parties élevées des montagnes, sans descendre dans

(Vue de la vallée du Rhinwald, en Suisse.)

les vallées. On croirait voir une rivière d'argent, entourée d'une nuée de neige extrêmement subtile, se précipiter du haut des rochers; la masse augmente de gradins en gradins, elle roule avec un bruit semblable à celui du tonnerre, et qui se prolonge, à la faveur des échos, au milieu du silence sublime des Alpes. Malgré les ravages que les avalanches ont tant de fois causés dans la vallée du Rhinwald; malgré les nouveaux malheurs dont elle est sans cesse menacée, on est étonné de voir souvent des habitations situées précisément dans les endroits les plus périlleux. C'est ce qui prouve que la présence continuelle d'un grand danger en diminue et en détruit même la crainte.

Au fond de la vallée, au milieu des horribles rochers de l'Avicula et du Piz-Val-Rhein, se trouve le glacier du Rhinwald, qui donne naissance au Rhin postérieur : ce fleuve, qui n'est encore qu'un torrent, en sort sous une voûte immense de glace transparente et azurée. Après avoir quitté la gorge profonde qui lui sert de berceau, il reçoit, dans ses ondes, un grand nombre de ruisseaux, avant d'arriver à Splügen; de là il parcourt le ravin de Rofflen, s'engouffre dans les abîmes de la Via-Mala, s'enrichit encore, dans la vallée de Domleschg, du tribut de plusieurs rivières, et se réunit enfin à Reichenau, avec le Rhin antérieur. De Reichenau au lac de Constance, il tombe encore dans le Rhin une trentaine de torrens.

L'hyver dure neuf mois dans la vallée du Rhinwald; à la fin de juin, l'herbe ne fait que poindre, et avant le commencement du mois de septembre, il faut que les foins soient rentrés.

Ce pays est habité par les descendans des Allemands de la colonie de Souabe, que l'empereur Frédéric Ier envoya sur la fin du XIe siècle, pour s'assurer à jamais du passage du Splügen.

Les Bureaux d'Abonnement et de Vente sont transférés rue de Seine Saint-Germain, n° 9.

LES BOUTIQUES DES BARBIERS A ALGER.

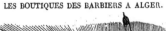

Nous avons donné à nos lecteurs la description des mosquées et des cafés d'Alger, et nous y avons joint deux dessins faits sur les lieux par l'un de nos plus habiles artistes ; M. Lessore. Il nous reste à leur faire connaître d'autres lieux de réunion, que les Maures semblent affectionner particulièrement, et que l'on trouve en grand nombre dans la ville : nous voulons parler des boutiques de barbiers.

Les autres boutiques des marchands sont on ne peut plus mesquines, non-seulement à Alger, mais dans toutes les villes de la Barbarie ; ce ne sont, à proprement parler, que des niches pratiquées dans les murs extérieurs des maisons. Elles ont de sept à neuf pieds de largeur sur trois pieds de profondeur environ ; et quand le marchand y est accroupi au milieu des objets de son commerce, il n'y reste presque plus de place. Les boutiques des barbiers occupent une bien plus grande étendue ; elles ont jusqu'à vingt pieds de long sur neuf à dix pieds de large, et réunissent ordinairement un assez grand nombre de Maures.

Dans l'intérieur de ces boutiques, règnent, tout autour, des banquettes en planches, où l'on voit gravement assis les amateurs qui attendent que leur tour soit venu, et les flâneurs que le désir d'apprendre des nouvelles appelle dans ce lieu de conversation.

Les barbiers d'Alger jouissent du privilége que conservent encore un grand nombre de leurs confrères d'Europe, celui de répandre les petites anecdotes du jour et les événemens politiques, qu'ils habillent toujours à leur manière. Permis à ces vivantes chroniques de débiter, à défaut de nouvelles positives, des faits extraordinaires empruntés à leur imagination. Tout est bon pour la galerie qui les écoute dans un religieux silence, et accorde au docte frater presque autant de confiance qu'aux imans de la mosquée.

Ce débit non interrompu de nouvelles est animé par le jeu du barbier : toujours en mouvement, soit qu'il peigne une barbe avec grace, soit qu'il montre sa dextérité à raser une tête, soit enfin qu'il se promène en gesticulant dans sa boutique, en attendant les pratiques, il joue à lui seul, devant ses habitués, un spectacle qui absorbe toute leur attention.

Les boutiques des barbiers sont ordinairement tenues

avec propreté. Sur les murs sont accrochés les instrumens du métier, le plat à barbe, les rasoirs, les cafetières, dans lesquelles l'eau doit être amenée à un état de douce chaleur, etc. Quelques tableaux, faits par les artistes du lieu, ornent aussi les murailles ; ce sont pour la plupart de grossières représentations des combats soutenus par des corsaires algériens, et dans lesquels, bien entendu, le peintre accorde toujours l'avantage à ces derniers.

Chez les barbiers ont été tramés à plusieurs reprises des complots qui avaient pour objet le massacre général des Français ; et c'est de ces foyers de conspiration que partaient ces avis donnés au Bey de Titeri avant que nos soldats l'eussent fait prisonnier.

COUTUMES DU MOYEN-AGE.
§ II. — LES COMBATS JUDICIAIRES (1).

Nous avons dit, dans notre premier article, que les combats judiciaires ne paraissent avoir été d'usage général en France que sous Louis-le-Jeune : ce qui n'empêche pas qu'on ne trouve antérieurement à ce prince quelques exemples de ce genre barbare de procédure. Nous en citerons un assez remarquable, que nous fournit l'histoire de ces temps reculés. Sous Louis-le-Bègue, la comtesse de Gastinois fut accusée d'avoir empoisonné son mari ; les indices contre elle étaient si forts, et Gontran, son accusateur, cousin-germain de ce mari, passait pour un guerrier si redoutable, qu'elle se voyait abandonnée de tous ses parens et amis, lorsqu'un jeune inconnu, âgé de dix-sept ans et nommé Ingelger, se présenta pour soutenir qu'elle était innocente. Les juges ayant ordonné le champ-clos, il tua Gontran, et la comtesse, de l'avis et du consentement de ses barons et vassaux, le fit son héritier. L'archevêque de Tours lui donna sa nièce en mariage, avec les châteaux d'Amboise, de Buzençay et de Châtillon. Ingelger fut la tige des comtes d'Anjou qui montèrent sur le trône d'Angleterre. Ce fait nous semble curieux, surtout en ce qu'il caractérise parfaitement l'esprit aventureux de nos ancêtres

(Voyez page 14.)

G

dans ces temps de chevalerie, où la moindre circonstance heureuse offrait les moyens d'acquérir une brillante réputation, et même de faire fortune en un instant.

Vers la fin du x° siècle, on fit décider, par le combat judiciaire, un point de droit qui alors était vivement controversé. Il s'agissait de savoir si, en matière de succession, la représentation pouvait avoir lieu en ligne directe. *Deux braves* furent chargés de défendre en champ-clos, l'un l'affirmative, l'autre la négative: celui qui combattait pour la représentation, ayant eu l'avantage, il fut ordonné qu'à l'avenir elle aurait lieu, c'est-à-dire que le petit-fils succéderait aux biens de ses aïeul ou aïeule, concurremment avec ses oncles et tantes, et de la même manière que ses père et mère eussent eux-mêmes succédé.

Sous le règne de Louis VII, les religieux de Ste. Geneviève offrirent de prouver par le duel que les habitans d'un petit village auprès de Paris étaient *hommes de corps de* leur abbaye. Sous le même règne, les religieux de Saint-Germain-des-Prés, ayant demandé le combat pour prouver qu'Étienne de Maci avait eu tort d'emprisonner un de leurs serfs, les deux champions combattirent long-temps avec un égal avantage; *mais enfin, à l'aide de Dieu*, dit l'historien, *le champion de l'abbaye emporta l'œil de son adversaire, et l'obligea de confesser qu'il était vaincu.*

Quoique ces prétendus *jugemens de Dieu* fussent fondés sur cette présomption, que le Ciel ne pouvait accorder la victoire qu'à l'innocence (comme s'il était donné aux hommes de pénétrer les desseins secrets de la Providence); on peut citer une foule de faits qui prouvent que l'issue du combat ne favorisa pas toujours le bon droit. Aussi, combien d'infortunés furent punis pour des crimes dont ils n'étaient pas coupables? Combien de criminels parvinrent à se soustraire aux justes châtimens qui leur étaient dus? En voici un exemple bien frappant, rapporté par tous les historiens, et dont on ne peut par conséquent contester l'authenticité.

L'an 1586, Jacques Legris, chevalier au service du duc d'Alençon, était accusé, devant la cour du parlement, de violences et d'outrages commis envers la dame de Carrouges : la cour ne trouvant pas les preuves suffisantes, ordonna qu'un combat à outrance aurait lieu, en présence de cette dame, entre son mari et l'accusé, et que, si le sieur de Carrouges était vaincu, sa femme, comme accusatrice, subirait la peine réservée aux calomniateurs.

Au jour fixé pour le combat, les lices furent dressées à Paris, auprès de Saint-Martin-des-Champs. La dame de Carrouges y fut conduite, dans un char de deuil, couverte de vêtemens noirs. Son mari s'approcha d'elle, et lui dit : « Dame, par votre fournaise et sur votre querelle, je vais « aventurer ma vie et combattre Jacques Legris. Vous « savez si ma cause est juste et loyale. » — « Monseigneur, « dit la dame, il est ainsi; et vous combattez tout sûrement, « car la cause est bonne. » Carrouges embrassa son épouse, se signa, et quoiqu'il fût alors tourmenté par la fièvre, il se disposa au combat. Les deux champions luttèrent d'abord à cheval avec un égal avantage ; puis ils mirent pied à terre, et, s'étant avancés l'un contre l'autre, ils engagèrent ensemble une attaque des plus vives. Legris porta à son adversaire un violent coup d'épée, qui lui fit à la cuisse une grave blessure. On se figure aisément quelles durent être, en cet instant fatal, les transes cruelles de la dame de Carrouges ; car si Legris était vainqueur, son mari était attaché à la potence, et elle était condamnée au feu. Le combat cependant continua avec acharnement ; mais l'infortuné Legris ayant eu le malheur de faire un faux pas, Carrouges en profita pour se précipiter sur la fièvre, il se terrasser. Vainement il s'efforça de lui faire avouer son crime : il ne put lui arracher que des protestations d'innocence. Usant alors de toute la rigueur de sa victoire, il lui passa son épée au travers du corps.

Telle fut l'issue de ce combat, qui ne laissa aucun doute sur la culpabilité du vaincu. Le corps de ce malheureux fut abandonné au bourreau, qui le pendit, selon l'usage, et le

jeta ensuite à la voirie. Carrouges fut comblé de faveurs et devint chambellan du roi : de plus, le parlement, par un arrêt du 9 février 1587, lui adjugea une somme de 6,000 livres sur les biens de son adversaire.

Quelques années s'étaient écoulées; l'opinion publique était bien fixée sur cet évènement, et la famille de Legris avait perdu à la fois la fortune et l'honneur. Enfin le véritable auteur du crime fut découvert : c'était un écuyer qui avait quelque ressemblance avec Legris. Carrouges apprit cette nouvelle pendant qu'il était en Afrique, et on ne le revit plus. Quant à sa femme, en proie au désespoir et décidée à racheter cette pénitence son imprudente accusation, elle entra dans un couvent et se fit religieuse.

Ce combat ne contribua pas peu à montrer combien une pareille jurisprudence était absurde, et ce fut à-peu-près vers cette époque (ainsi que nous l'avons dit au § 1er), que cessa en France la coutume des duels judiciaires.

En Angleterre, cet abus a subsisté beaucoup plus longtemps. En 1571, un combat judiciaire fut ordonné sous l'inspection des juges du tribunal des plaids communs; mais il n'eut pas lieu, parce que la reine Élisabeth, interposant son autorité dans cette affaire, ordonna aux parties de terminer à l'amiable leurs différens. Cependant, afin que leur honneur fût intact, la lice fut fixée et ouverte, et l'on observa avec beaucoup de cérémonie toutes les formalités préliminaires d'un combat. En 1631, un duel judiciaire fut pareillement ordonné, sous l'autorité du grand connétable et du grand maréchal d'Angleterre, entre Donald lord Réa et David Ramsay; mais cette querelle se termina, comme l'autre, sans effusion de sang, grâce à la médiation de Charles Ier.

Au moyen-âge, il existait encore d'autres moyens de rendre la justice, non moins ridicules que les combats : c'étaient les épreuves judiciaires, qu'on appelait de même *jugemens de Dieu*. Il nous reste à en dire quelques mots.

L'épreuve, ou le jugement de Dieu par *l'eau froide*, consistait à jeter celui qui était accusé d'un crime, dans une grande et profonde cuve, pleine d'eau, après lui avoir lié la main droite au pied gauche et la main gauche au pied droit : s'il enfonçait, il était déclaré innocent; s'il surnageait, c'était une preuve que l'eau, qu'on avait eu la précaution de bénir, le rejetait de son sein, étant trop pure pour y recevoir un coupable.

Celui que l'on condamnait à l'épreuve par le feu, était obligé de porter pendant quelques instans une barre de fer rouge, pesant environ trois livres. Cette épreuve se faisait aussi en mettant la main dans un gantelet de fer sortant d'une fournaise, ou bien en la plongeant dans un vase plein d'eau bouillante, pour y prendre un anneau béni : on enveloppait ensuite la main du patient avec un linge, sur lequel le juge et la partie adverse apposaient leurs sceaux. Au bout de trois jours, l'appareil était levé, et s'il n'apparaissait pas de marque de brûlure, l'accusé était renvoyé absous (1).

(1) L'épreuve par le feu était en usage aussi chez les païens : Dans l'*Antigone* de Sophocle, des gardes offrent de prouver leur innocence en maniant le fer chaud, et en marchant à travers les flammes. Du reste il paraît qu'on connaissait le moyen de se préserver des brûlures, car Strabon parle des prêtresses de Diane, qui marchaient sans se brûler, sur des charbons ardens ; et saint Épiphane rapporte que des prêtres d'Égypte se frottaient le visage avec certaines drogues, et le plongeaient ensuite dans des chaudières d'eau bouillante, sans paraître ressentir la moindre douleur. Nos charlatans modernes ne sont pas moins adroits que ceux de l'antiquité. Madame de Sévigné cite, dans une de ses lettres, un homme qui se versait sur la langue de la cire d'Espagne enflammée; et Sainte-Foix dit que de son temps on a vu, dans les provinces, un homme qui se frottait les mains avec du plomb fondu. Il n'est personne de nous qui n'ait assisté au moins une fois à quelque scène semblable de charlatanisme. Tout le monde se rappelle *l'homme incombustible*, qui se montrait, il y a quelques années, à Paris, et qui malgré l'épithète attachée à son nom, fut rôti dans un four, par la maladresse de son compère.

Quand deux hommes s'accusaient mutuellement, on les soumettait quelquefois à l'épreuve de la croix, ce qui se faisait ainsi. On les plaçait vis-à-vis l'un de l'autre, et chacun d'eux devait étendre les bras horizontalement. Celui qui, fatigué le premier, laissait retomber ses bras, perdait son procès.

En Allemagne, l'épreuve par le cercueil fut long-temps en usage. Lorsqu'un assassin, malgré les informations, restait inconnu, on dépouillait entièrement le corps de l'assassiné, on le mettait sur un cercueil, et tous ceux qui étaient soupçonnés d'avoir en part à l'assassinat, étaient obligés de le toucher. Si l'on remarquait quelque mouvement, quelque changement dans les yeux, la bouche, les mains ou les pieds, ou bien si la plaie venait à saigner, celui qui le touchait au même instant était regardé comme le vrai coupable.

Pour terminer la série de toutes ces extravagances et faire diversion aux horreurs que ces temps d'ignorance nous rappellent, nous citerons un usage analogue, mais fort plaisant, que les voyageurs attribuent aux Siamois. Pour connaître de quel côté est le bon droit dans les affaires civiles ou criminelles, ils se servent de pilules purgatives; qu'ils font avaler aux deux parties; celle qui les garde le plus long-temps dans son estomac, obtient gain de cause.

DE LA MANIÈRE DE VOYAGER EN ESPAGNE.

Les voitures dont on se sert en Espagne sont de quatre espèces; les volantes ou calechines, les calechas, et les coches de culleras, toutes assez incommodes, mais, en général, fort solides, et enfin les diligences établies récemment sur quelques routes. Les volantes ou calechines sont de petits cabriolets portés sur deux roues, fermés sur le devant par des rideaux de cuir, avec un siége à deux places, mais un peu serrées; ils sont traînés par une mule ou par un cheval, et conduits par un volantero ou conducteur qui va tantôt à pied, à côté de sa bête, tantôt s'asseoit sur une des barres du brancard.

Ces voitures sont suspendues par des courroies extrêmement courtes et raides, de sorte qu'elles suivent tous les mouvemens des roues et du brancard, et qu'on y est durement et continuellement secoué; elles sont ouvertes à tous les vents; les cuirs destinés à les fermer ne joignent jamais; on y est exposé au vent, à la pluie, au soleil, à la poussière.

Les calechas sont également des espèces de cabriolets, de la même forme et de la même construction que les volantes, avec lesquelles on les confond presque toujours, mais elles sont plus larges et plus profondes.

Les coches de culleras sont des carrosses à quatre places, construits avec plus de solidité que d'élégance, assez bien fermés, mieux suspendus, où l'on est à son aise et beaucoup plus commodément; ils sont attelés de six mules, rangées de deux en deux, et attachées entre elles et au timon par de simples cordes, qui sont assez longues pour laisser une distance considérable d'une mule à l'autre; c'est ce qu'on appelle un tiro. Ces voitures sont conduites par deux conducteurs, dont le chef s'appelle mayoral, et l'autre zagal ou mozo; le premier en est comme le cocher, et le dernier le postillon; aucun d'eux ne monte jamais à cheval. Elles portent des charges très considérables sur le derrière et sur le devant.

L'allure des coches de culleras est assez singulière, amusante même, et quelquefois effrayante, mais toujours sans danger.

On ne peut voir tranquillement des mules sans frein, sans guides, retenues seulement par des traits d'une longueur étonnante, qui leur permettent de s'éloigner, de se rapprocher, d'erer à l'aventure, parcourir des routes souvent tortueuses, inégales, raboteuses, quelquefois escarpées, quelquefois encore peu frayées; on les croit à tout moment prêtes à renverser la voiture, à l'entraîner sur des montées scabreuses; à la jeter dans des précipices pro-

fonds; mais on est bientôt rassuré par la vigilance, par l'adresse active et prompte des conducteurs, par la docilité des animaux qui la tirent; ceux-ci n'ont d'autre frein, d'autre guide, d'autre éperon que la voix de ceux-là; ils la connaissent, ils en comprennent les diverses inflexions et l'intention qui les dirige; ils y obéissent avec une promptitude étonnante : un cri du mayoral suffit pour les contenir et les diriger; sa voix les anime, les presse; accélère ou ralentit leur course, les fait tourner à droite et à gauche, les éloigne ou les rapproche, les arrête sur-le-champ. Une mule s'écarte-t-elle, accélère-t-elle ou ralentit-elle sa course, le mayoral l'appelle par son nom, qui est ordinairement celui d'un grade militaire; la générala, la capitana, la commissaria; il lui indique dans son langage ce qu'elle doit faire; le docile animal l'entend, le comprend, lui obéit. Il les anime aussi et les redresse quelquefois en jetant sur celles qui s'écartent des petits cailloux; qui, sans les blesser, leur donnent un avertissement qu'elles comprennent. Le mayoral ou conducteur et le zagal sont en sentinelle sur le devant du brancard, qui leur sert de siége; à la moindre apparence de danger, le zagal s'élance avec une activité incroyable, il marche à côté des mules, il les suit à la course; il les anime de la voix; il s'attache aux traits qui les contiennent, et qu'il dirige quelquefois, s'il peut y avoir du danger, surtout dans les endroits difficiles; il se met à leur tête, il se place entre les deux premières mules, il les conduit avec intelligence; il retourne ensuite à son poste jusqu'à ce qu'un nouveau danger l'oblige à recommencer la même manœuvre.

On voyage aussi en Espagne avec sa voiture; mais alors il en coûte ordinairement le double au moins, le triple quelquefois.

Si l'on ne veut prendre ni la poste ni des voitures de louage, on peut aller à cheval (a caballo), comme disent les Espagnols, même quand ils vont sur des mulets; alors on loue un mulet avec son conducteur (mozo de espuellas, c'est-à-dire garçon d'éperons), et l'on fait la journée ordinaire de huit à neuf lieues assez promptement, attendu que les conducteurs, qui, en même temps, font l'office de domestiques, sont ordinairement de très bons piétons. Le conducteur dont nous parlons est ordinairement un compagnon de voyage fidèle et serviable, qui connaît parfaitement les routes pour les avoir parcourues bien des fois; c'est lui qui se charge d'arranger le plus petit son maître, et qui, par ses relations dans les auberges, et la connaissance qu'il a des prix, réduit les comptes à un taux juste et raisonnable. Rien n'est plus agréable que de parcourir ainsi à cheval cette belle terre d'Espagne; toutes les routes sont embaumées de l'odeur des plantes aromatiques; l'aspect du pays varie sans cesse au milieu des montagnes que l'on traverse, et d'où l'on découvre tantôt une vue étendue, tantôt un site sauvage et pittoresque.

On ne s'aperçoit d'aucun mauvais chemin à cheval, et en s'écartant de la route, on trouve différentes occasions à acheter en chemin, principalement du gibier. On couche la plupart du temps sur des paillasses, mais on les recouvre avec les couvertures de laine que l'on porte sur la selle de son cheval, et l'on s'enveloppe dans son manteau; une fois l'habitude prise, on dort aussi bien de la sorte que dans le meilleur lit, et on est prêt à partir au point du jour pour respirer l'air excellent du matin. On passe à la toilette du moment de la chaleur, au lieu où l'on s'arrête pour dîner, et l'on achève sa nuit par une heure de sieste, après le dîner, avant de se remettre en route le soir. Cette vie errante et libre dans un pays où la nature est belle, et où les monumens sont curieux, a plus de charmes qu'on ne pense.

Les personnes à qui toutes ces manières sembleraient encore trop coûteuses, peuvent voyager avec des charretiers (arrieros); ceux-ci ont ou des mulets seulement ou des voitures.

Cette dernière manière de voyager est celle qui convient à des minéralogistes et à des botanistes. D'abord les journées sont courtes et lentes, et puis les arriéros passent par les plus hautes montagnes, où les savans peuvent faire le plus de recherches. On a encore l'avantage de voyager souvent en grande compagnie : il n'est pas rare de voir aller ensemble jusqu'à trente mulets; on peut donc, si l'on veut, rester en arrière sans danger de s'égarer. D'ailleurs, cette manière n'a rien d'humiliant; c'est celle des ecclésiastiques, des négocians et des hommes comme il faut de tous les états.

La manière de voyager sur des *boricos* ou sur des ânes est excessivement incommode; un bât grossier et chancelant, souvent un animal rétif, sans bride ni frein, conduit avec une gaule, et qui, à chaque coup qu'on lui donne, fait des ruades, des gambades de côté et d'autre, et vous occupe sans cesse de lui; voilà ce dont il faut s'accommoder. Voyager seul et à pied en Espagne, ce serait s'exposer à beaucoup d'inconvéniens. Aussi rencontre-t-on peu de voyageurs à pied dans ce pays, excepté dans l'intervalle de deux villages très proches l'un de l'autre; des pèlerins, des soldats, des moines, des mendians, en un mot, tous ceux qui ailleurs voyagent à pied, vont ici presque toujours en compagnie d'un arriero ou de quelque voiture. Un piéton qui arriverait seul courrait risque de ne pas être reçu dans les auberges. Si vous ajoutez à cela les grandes distances entre les différentes villes, et le peu de sûreté des routes, inconvénient qui n'est pas exagéré, on croira sans peine que les voyages à pied ne sont pas, en Espagne, aussi praticables ni aussi communs qu'en France ou en Allemagne.

LES HARENGS,

LEURS CARACTÈRES EXTÉRIEURS, ET LEUR PRÉPARATION.

Le hareng est une de ces productions naturelles dont l'emploi décide de la destinée des empires. La graine du caféyer, la feuille du thé, les épices de la zone torride, le ver qui file la soie, ont moins influé sur les richesses des nations, que le hareng de l'Océan atlantique. Le luxe ou le caprice demande les premiers : le besoin réclame le hareng. Le Batave en a porté la pêche au plus haut degré. Ce peuple, qui avait été forcé de créer un asile pour sa liberté, n'aurait trouvé que de faibles ressources sur son territoire factice: mais la mer lui a ouvert ses trésors; elle est devenue pour lui un champ fertile, où des myriades de harengs ont présenté à son activité courageuse une moisson abondante et assurée. Il a, chaque année, fait partir des flottes nombreuses pour aller la cueillir. Il a vu dans la pêche du hareng la plus importante des expéditions maritimes; il l'a surnommée *la grande pêche*; il l'a regardée comme ses *mines d'or*.

Le Hareng.)

On sait que le hareng a la tête petite; l'œil grand; l'ouverture de la bouche courte; la langue pointue et garnie de dents déliées; le dos épais; la ligne latérale à peine visible; la partie supérieure noirâtre; l'opuscule distingué par une tache rouge ou violette; les côtés argentins; les nageoires grises.

Son ouverture branchiale est très-grande; il n'est donc pas surprenant qu'il ne puisse pas la fermer facilement quand il est hors de l'eau, et qu'il périsse bientôt par une suite du desséchement de ses branchies.

Il a une caudale très-haute et très-longue; il a reçu par conséquent une large rame; et voilà pourquoi il nage avec force et vitesse.

Sa chair est imprégnée d'une sorte de graisse qui lui donne un goût très agréable, et qui la rend aussi plus propre à répandre dans l'ombre une lueur phosphorique. La nourriture à laquelle il doit ces qualités, consiste communément en œufs de poisson, en petits crabes et en vers. Les habitans des rivages de la Norwége ont souvent trouvé ses intestins remplis de vers rouges, qu'ils nomment *roëaat*. Cette sorte d'aliment contenu dans le canal intestinal des harengs, fait qu'ils se corrompent beaucoup plus vite, si l'on tarde à les saler après les avoir péchés: aussi, lorsqu'on croit que ces poissons ont avalé de ces vers rouges, les laisse-t-on dans l'eau jusqu'à ce qu'ils aient achevé de les digérer.

Ces poissons ne forment pour tant de peuples une branche immense de commerce, que depuis le temps où l'on a employé, pour les préserver de la corruption, les différentes préparations que l'on a successivement inventées et perfectionnées. Avant la fin du quatorzième siècle, époque à laquelle Guillaume Beukelzoon, ce pêcheur célèbre de Biervliet dans la Flandre, trouva l'art de saler les harengs, ces animaux devaient être et étaient en effet moins recherchés.

On prépare les harengs de différentes manières, dont les détails varient un peu, suivant les contrées où on les emploie, et dont les résultats sont plus ou moins agréables au goût et avantageux au commerce, selon la nature de ces détails, comme aussi selon les soins, l'attention et l'expérience des préparateurs.

On sale en pleine mer les harengs que l'on trouve les plus gras et que l'on croit les plus succulens. On les nomme *harengs nouveaux* ou *harengs verts*, lorsqu'ils sont le produit de la pêche du printemps ou de l'été; et *harengs pecs* ou *pekels* lorsqu'ils ont été pris pendant l'automne ou l'hiver. Communément ils sont fermes, de bon goût, très sains, surtout ceux du printemps : on les mange sans les faire cuire, et sans en relever la saveur par aucun assaisonnement. En Islande et en Groenland on se contente, pour faire sécher les harengs, de les exposer à l'air, et de les étendre sur des rochers. Dans d'autres contrées, on les fume ou *saure* de deux manières : premièrement, en les salant très-peu, en ne les exposant à la fumée que pendant peu de temps, et en ne leur donnant ainsi qu'une couleur dorée; et secondement, en les salant beaucoup plus, en les mettant pendant un jour dans une saumure épaisse, en les enfilant par la tête à de menues branches qu'on appelle *aines*, en les suspendant dans des espèces de cheminées que l'on nomme *roussables*, en faisant au-dessous de ces animaux un feu de bois qu'on ménage de manière qu'il donne beaucoup de fumée et peu de flamme, en les laissant long-temps dans la *roussable*, en changeant ainsi leur couleur en une teinte très-foncée, et en les mettant ensuite dans des tonnes ou dans de la paille.

Comme on choisit ordinairement des harengs très-gras pour ce *saurage*, on les voit, au milieu de l'opération, répandre une lumière phosphorique très-brillante, pendant que la substance huileuse dont ils sont pénétrés s'échappe, tombe en gouttes lumineuses, et imite une pluie de feu.

Enfin, la préparation qui procure particulièrement au commerce d'immenses bénéfices, est celle qui fait donner le nom de *harengs blancs* aux harengs pour lesquels on l'a employée.

Dès que les harengs, dont on veut faire des *harengs blancs*, sont hors de la mer, on les ouvre, on en ôte les intestins, on les met dans une saumure assez chargée pour que ces poissons y surnagent; on les en tire au bout de quinze ou dix-huit heures; on les met dans des tonnes; ou les transporte à terre; on les place par lits dans les *caques* ou tonnes qui doivent les conserver, et on sépare ces lits par des couches de sel.

La gravure qui accompagne cet article représente une famille de pêcheurs occupée à la préparation des harengs dans un bâtiment spécialement destiné à cet usage. — Ap

(Préparation des harengs.)

portés dans des hottes ,et déposés en tas sur le sol, ces poissons sont jetés dans une auge où ils s'imprègnent de saumure; puis ils sont disposés en longues piles, en les plaçant par tranches horizontales séparées par des couches de sel. Et enfin ils sont pressés dans les tonnes au moyen de leviers chargés de poids.

On a soin de choisir du bois de chêne pour les tonnes ou caques, et de bien en réunir toutes les parties, de peur que la saumure ne se perde et que les harengs ne se gâtent.

Cependant Block assure que les Norwégiens se servent de bois de sapin pour faire ces tonnes, et que le goût communiqué par ce bois aux harengs fait rechercher davantage ces poissons dans certaines parties de la Pologne.

Lorsque la pêche des harengs a été très-abondante en Suède, et que le prix de ces poissons y baisse, on en extrait de l'huile dont le volume s'élève ordinairement au vingt-deux ou vingt-troisième de celui des individus qui l'ont fournie. On retire cette huile, en faisant bouillir les harengs dans de grandes chaudières; on la purifie avec soin; on s'en sert pour les lampes; et le résidu de l'opération est un des engrais les plus propres à augmenter la fertilité des terres.

(La suite à un prochain numéro.)

ORIGINE
DES MUNICIPALITÉS OU COMMUNES ET DES ASSEMBLÉES NATIONALES EN FRANCE.

Après la soumission des Gaules, de la Bretagne et de la Péninsule hispanique, Rome organisa d'une manière uniforme le gouvernement des provinces occidentales de l'empire. Les grands proconsulats d'Espagne et des Gaules étaient divisés en cités, *civitates*, qui se composaient non-seulement de la ville, chef-lieu, où siégeait l'autorité municipale, et qui donnait son nom au district, mais encore des cantons, *pagi*, qui en dépendaient. A chaque cité était at-

taché un commissaire impérial sous le titre de comte, *comes*, obéissant au proconsul de la province entière, qui lui-même recevait les ordres du préfet du prétoire, fonctionnaire chargé de recevoir les tributs des provinces romaines, et de transmettre aux proconsuls les prescriptions du gouvernement central. Ainsi constituées, les cités formaient de véritables petits états, dont chacun avait son gouvernement propre, indépendant, quoique soumis à une sorte de surveillance, et distinct de celui des autres, quoique semblable dans la forme. Le gouvernement de la cité était confié à un sénat dont les places étaient héréditaires, et à une assemblée municipale nommée *curie*, dont les places étaient données à l'élection. Les citoyens (*cives*), c'est-à-dire les habitans libres de la cité, formaient trois ordres ou catégories : 1° les patriciens ou membres des familles sénatoriales; 2° les bourgeois ou propriétaires de biens-fonds ou d'immeubles dans le territoire qui dépendait de la cité; ils étaient partagés en *décuries*, et, sous le nom de *curiales*, élisaient dans les assemblées publiques leurs *décurions* ou officiers municipaux; 3° les artisans ou citoyens exerçant une profession manuelle ou mercantile. Ce troisième *ordre* portait la dénomination de *collegia opificum*, parce que chaque état formait une corporation (*collegium*). Le sénat et la curie gouvernaient ensemble la cité; mais les décurions seuls avaient le droit d'exécuter les réglemens municipaux; ces officiers étaient chargés en outre du recouvrement des impôts, de la levée des troupes, et, en général, de toutes les affaires de la cité.

Rome ne s'était réservé sur les provinces de l'empire qu'une espèce de suzeraineté, dont les droits se résumaient dans la perception du cens ou tribut de vassalité : le cens se composait de deux sortes d'impôts, l'impôt de *jugération* ou territorial, qui frappait toute espèce de propriété, et l'impôt personnel ou *capitation*, qui pesait sur tous les individus. A ces contributions, ajoutez les douanes, les péages, et quelques corvées ordonnées pour le service de l'empire, comme les transports de denrées ou de troupes. C'étaient là les seules obligations auxquelles les cités fussent assujéties envers Rome; elles étaient du reste indépendantes, et se gouvernaient librement dans leur intérieur : elles avaient leurs revenus particuliers, provenant soit des octrois qu'elles s'imposaient avec l'autorisation de l'empereur, soit du produit des propriétés communales. Elles avaient aussi des milices réglées et permanentes. Quelquefois les cités s'assemblaient en états généraux où leurs députés délibéreraient sur les intérêts communs du pays; Adrien, en l'an 123, prit ce moyen de les consulter. Un de leurs droits les plus importans, et dont elles firent souvent usage, était celui de citer à Rome les gouverneurs qui se rendaient coupables d'exactions. Le sénat, devant qui l'affaire était portée, jugeait le proconsul mis en accusation.

Ce fut cette municipalité, d'origine toute romaine, qui servit de modèle aux *communes* espagnoles ou françaises qui se constituèrent plus tard, bien long-temps après la chute de l'empire romain; seulement les communes espagnoles sont encore et ont toujours été la représentation fidèle et complète de ce type primitif, tandis qu'il n'en est pas de même des municipalités françaises , qui surgirent d'abord, comme on sait, sous Louis VI, et se développèrent d'une manière si puissante sous Philippe-Auguste et Louis XI. En Espagne, on trouve encore, en effet, des membres de la commune siégeant par droit d'hérédité, comme ceux de l'ancien sénat, des membres siégeant par droit d'élection, comme ceux de l'ancienne curie; des procureurs syndics, qui remplacent les commissaires impériaux; et , pour compléter la similitude, au-dessus de ces municipalités, des capitaines généraux, qui sont de véritables proconsuls.

Voici maintenant quelle fut l'origine des assemblées nationales.

Quand les peuplades barbares qui envahirent plus tard l'empire romain, avaient résolu quelque expédition ou conquête, elles choisissaient un chef de l'entreprise, duc (*dux*), lequel choisissait à son tour des lieutenans (*comites* , comtes), guerriers d'élite, qui poussaient jusqu'au fanatisme le dévouement à sa personne; et ces hommes d'action se laissaient diriger par la prudence des vieillards (*seniores*, seigneurs, *senor*, *signor*.) Lorsque ces barbares s'établirent à main armée dans des pays conquis, le chef élu se trouva, par le fait de l'émigration générale, chef du peuple entier conquérant et conquis, et son autorité temporaire, se prolongeant par la durée de l'expédition, dégénéra en une puissance viagère. Ses lieutenans, auxquels il put donner des provinces en récompense de leurs services, devinrent les grands vassaux de sa couronne, et se créèrent des arrière-vassaux par la division de leurs fiefs. Enfin, le conseil des vieillards, qui jusque-là s'était borné, faute d'attributions plus importantes, à décider les affaires publiques ou à calmer les querelles privées, devint, par suite de la conquête, le conseil d'état du prince et l'assemblée législative de la nation nouvelle.

Les Francs, maîtres des Gaules, eurent leurs *champs-de-mars* sous la première race, leurs *champs-de-mai* sous la seconde, qui furent les uns et les autres des assemblées nationales, où se résolvaient les questions d'intérêt public, où se discutaient et se rendaient les lois. Ces assemblées n'eurent pas du reste l'importance des assemblées analogues qu'introduisit en Espagne la conquête des Goths. Les premières ne se réunissaient qu'à une certaine époque de l'année, les autres en toute saison, comme en toute circonstance; les unes étaient des forums en plein air, où l'on votait par acclamation et sans discussion; les autres , au contraire, un sénat, où l'on discutait les questions avec maturité. Nous devons même remarquer que les unes n'ont laissé guère que d'incomplètes traditions, tandis que les autres ont mis au jour un corps de droit public qui a régi l'Espagne pendant plusieurs siècles.

FRANCE.

MAISONS CENTRALES DE DÉTENTION.

Il y a en France dix-neuf maisons centrales de détention; trois d'entre elles se trouvent sur le territoire de l'ancienne Normandie, à Beaulieu, près de Caen; à Gaillon , arrondissement de Louviers; et au Mont-Saint-Michel; dans le voisinage d'Avranches.

La maison de Beaulieu fut fondée en 1160 ou 1161 par Henri II, duc de Normandie, pour recevoir les malades attaqués de la lèpre : de là le nom de *maladrerie*, qu'elle conserve encore. A l'époque de la révolution de 1789, elle servait à enfermer des condamnés; des personnes détenues en vertu de lettres de cachet, celles qui étaient arrêtées pour vagabondage, et les aliénés des deux sexes.

La maison centrale de Gaillon, instituée par décret du 5 janvier 1812, occupe l'ancien château des archevêques de Rouen, situé sur les bords de la Seine.

Quant à la maison du Mont-Saint-Michel, c'était une abbaye fondée, au commencement du VIIIe siècle, sur le sommet aplati d'un rocher, qui a environ trois quarts de lieue de circuit, et qui s'élève au milieu d'une vaste plage sablonneuse, que la mer dans son flux couvre entièrement. Le château fort servait autrefois de prison d'état.

Toutes les maisons centrales sont administrées suivant le même système, sauf quelques modifications nécessitées par les localités. Ce qui dans ces maisons doit surtout intéresser les amis de l'humanité, c'est le *régime pénitentiaire*, au moyen duquel on peut espérer de corriger les individus que la société outragée a repoussés de son sein, et qui, pour la plupart, sont destinés à y rentrer après un intervalle plus ou moins long. Tous les observateurs éclairés qui ont visité la maison de Beaulieu, ont admiré l'ordre et la propreté qui y règnent; et ils ont pu se faire une idée du régime auquel sont soumis les détenus.

Depuis notre première révolution, un grand nombre de publicistes, de philantropes, et le gouvernement lui-même ont été animés du désir d'opérer la réforme matérielle des prisons, et d'établir en France un système pénitentiaire.

C'est par un décret de l'empereur, daté de Bayonne, lors de son entrée en Espagne, que les maisons centrales furent instituées; et c'est de cette époque que commence la réforme des prisons.

La maison centrale de Melun, qui, à une certaine époque, avait fait le plus de progrès dans son organisation matérielle et morale, étant placée près de Paris, fut visitée par un grand nombre de curieux de la capitale et de philantropes de tous les pays. Les idées de perfectionnement qu'ils s'étaient faites sur le régime pénitentiaire, ne se trouvant pas entièrement réalisées ce qu'ils voyaient, ils ne tinrent aucun compte des améliorations déjà introduites, et , au lieu d'en indiquer de nouvelles et d'aider par de sages conseils à perfectionner le système, ils attaquèrent et l'entravèrent dans sa marche.

Pour faire ressortir l'injustice et l'exagération de ces critiques sur le régime des maisons centrales, il suffira d'en citer une seule. A la botte de paille, seul coucher qui existât dans les prisons, on a substitué un lit à fond sanglé, un matelas contenant treize livres de laine, une paire de draps, une couverture et un couvre-pieds; mais, comme ce lit n'était qu'un peu plus large que les cadres des officiers de marine, et que les draps étaient cousus jusqu'à la poitrine, de prétendus philantropes l'ont comparé à un cercueil dans lequel on enterrait des détenus tout vivans, après les avoir mis toutefois dans un sac ou linceul.

Un rapide aperçu de l'une des maisons centrales de France, celle de Beaulieu, fera juger à nos lecteurs des autres améliorations introduites dans notre système pénitentiaire. Cette maison est située dans une position des plus salubres, à moins d'un quart de lieue de l'octroi de la ville de Caen, sur le bord de la route de Bayeux.

Une moitié des bâtimens de cette prison est destinée

aux ateliers, et l'autre aux dortoirs ; les rez-de-chaussée servent de réfectoires. Ainsi les prisonniers n'habitent pas la nuit les mêmes corps de bâtimens qu'ils ont occupés le jour ; ils trouvent le soir et le matin des salles bien aérées, où règne la plus grande propreté, et qui sont exemptes de toute mauvaise odeur.

Un bâtiment placé entre le quartier des hommes et celui des femmes, contient trente-six cellules isolées, divisées chacune en deux petites pièces l'une pour le coucher, et l'autre pour le travail. Ces cellules, sans fers, sans instrumens de torture, sont le seul moyen de punition qui soit mis en usage. Les détenus qui troublent l'ordre ou qui refusent de travailler, y sont renfermés pendant un temps plus ou moins long, suivant la gravité de leur faute. Les hommes endurcis, que rien n'a pu réduire, et dont l'exemple serait dangereux, y sont placés dans un isolement absolu, à l'exception cependant des heures des repas, qu'ils prennent avec les autres prisonniers.

A leur entrée dans la maison, on visite les condamnés pour s'assurer s'ils ne sont point atteints de maladies contagieuses. On leur fait prendre un bain ; si les hommes ont les cheveux trop longs ou malpropres, on les leur coupe, et on leur fait prendre l'uniforme de l'établissement, qui est en étoffe de laine pour l'hiver, et en coutil pour l'été. S'ils ont une profession, et qu'elle fasse partie des industries de la maison, on la leur laisse exercer ; s'ils n'en ont pas, on leur accorde, autant que possible, la liberté d'en choisir une, dont ils font l'apprentissage.

Il est rare que les prisonniers, quelque récalcitrans qu'ils soient, ne se conforment pas, dès les premiers jours de leur arrivée dans la maison, à l'ordre qu'ils y trouvent établi. La plus courte instruction leur suffit, et la conduite des autres prisonniers leur sert d'exemple. Ils savent qu'ils doivent être propres, décens, soumis et laborieux, et qu'à ces conditions ils seront traités avec douceur.

L'habillement est parfaitement entretenu. La nourriture, sans être abondante, suffit pour l'entretien d'un bon état de santé.

Les prisonniers, ayant droit aux deux tiers de leur salaire, dont l'un est mis en réserve pour l'époque de leur sortie, peuvent, avec celui qui leur est remis chaque semaine, se procurer un supplément de nourriture, qu'ils paient d'après un tarif renouvelé tous les huit jours. Mais, quand ils n'auraient pas cette ressource, leurs forces n'en seraient pas diminuées.

Il n'est vendu à la cantine aucune liqueur spiritueuse, ni aucun mets propre à exciter la gourmandise, et à donner des goûts qui ne peuvent être que dangereux pour des hommes destinés à vivre du fruit de leur travail. Chaque détenu ne peut acheter qu'un litre de cidre par jour, et à l'heure du dîner seulement.

Les médecins font régulièrement une visite tous les jours, et davantage si le besoin l'exige. Le traitement des malades est, sous tous les rapports, le même que dans les hôpitaux les mieux tenus.

Après le lever et avant le coucher, les prisonniers prennent une demi-heure de récréation ; ils ont en outre une heure de repos à chaque repas.

En entrant dans les ateliers, les détenus se mettent à leur travail ; et, dès ce moment, toute conversation cesse. Ce silence n'est pas absolu : arrive-t-il qu'un détenu ait besoin du secours de son maître ou d'un de ses camarades, il a la permission de le réclamer ; de là résulte nécessairement un échange de quelques mots. Cette faculté qui leur est accordée, sans occasioner du bruit ou du désordre, entretient chez eux des rapports de bienveillance et d'égards réciproques, qui adoucissent leurs mœurs. Dans les dortoirs, on n'entend plus un mot après la prière du soir ; c'est le moment du repos et du sommeil, après une longue journée de travail.

Pour soustraire, autant que possible, les prisonniers à la mauvaise influence de leurs conversations, on a créé, dans les préaux, de petits jardins qu'ils cultivent avec beaucoup de soin, d'intelligence et d'intérêt : ces jardins sont couverts de fleurs pendant la belle saison. Rien n'est plus remarquable que le respect que les détenus portent réciproquement à ces petites propriétés : pas une fleur n'a encore été dérobée.

C'est à l'heure de ces promenades, de ces momens consacrés au repos, que l'on peut distinguer les trois classes de prisonniers qui peuplent les maisons de détention. Ils se recherchent presque toujours entre eux ; et voici comment on peut les classer : 1° les hommes profondément dépravés, qui se sont endurcis dans le crime, qui en font métier, et qui n'ont d'autre pensée que celle d'en commettre de nouveaux. Le nombre n'en est que trop grand à cause de leur dépravation ; mais il excède rarement quinze sur mille, et il est souvent au-dessous : ceux-là sont incorrigibles. 2° Ceux à qui une mauvaise éducation a fait contracter, dès l'enfance, sous les yeux de leurs parens, et peut-être par leur influence, l'habitude du vol et de la paresse : ils ne sont ni méchans ni cruels, ils ne commettraient pas de grands crimes ; mais ils ne peuvent plus s'accoutumer à une vie laborieuse et sage. Cette classe est nombreuse, et présente peu de conversions. La troisième classe se compose des hommes que de mauvaises compagnies, des circonstances fortuites, le besoin, des malheurs imprévus, ont entraînés dans le crime : dans les maisons de détention, ils deviennent laborieux, et dans la société ils prennent souvent place à côté des ouvriers les plus estimés.

Un avantage immense, sous le rapport financier, résultera bientôt du travail des prisonniers. Si nous ne pouvons pas, comme aux Etats-Unis, où le prix de la main-d'œuvre sont quatre fois plus élevés qu'en France, couvrir les dépenses de nos maisons centrales par le travail journalier des prisonniers, nous avons du moins un moyen d'amortissement qui nous donnera un peu plus tard les mêmes résultats. Le tiers du produit de la main-d'œuvre, qui est mis en réserve pour être versé aux prisonniers le jour de leur libération, n'est pas déposé dans les caisses de ces établissemens. On ne conserve, sur les rentrées de chaque mois, que ce qui est nécessaire pour payer les masses de réserve des prisonniers qui sortent dans le courant du mois suivant ; le reste est placé sur l'Etat, en achat d'inscriptions de rente 5 p. 0/0. Ce plan, qui a été adopté en 1819, a eu des résultats extraordinaires. Les dix-neuf maisons centrales, réparties sur divers points de la France, ont alors placé entre elles 425,000 fr., et les placemens s'élèvent aujourd'hui à plus de 5,000,000. On conçoit, d'après cette progression, comment nous arriverons à un capital dont le revenu suffira pour couvrir toutes les dépenses.

—

LE CHATEAU DE SAINT-GERMAIN.

L'existence du château vieux de Saint-Germain, dont nous donnons ici la gravure, ne remonte pas au-delà de l'année 1525. — C'est vers cette époque que François I er, auquel on doit déjà l'édification des maisons royales de Fontainebleau et de Chambord, entreprit de reconstruire le château de Saint-Germain, qui depuis est demeuré tel à peu près que nous le voyons aujourd'hui. Nous ne nous occuperons point, par conséquent, de l'espèce de château-fort qui, sous les rois précédens, avait existé à la place de celui-ci ; nous dirons seulement que cette position, unique par son avantage, ayant de tout temps attiré l'attention des maîtres de la contrée, il est fait mention, dès le II e siècle, dans les chroniques, d'un château royal de Saint-Germain.

Plusieurs auteurs ont pompeusement raconté les noces de François I er avec Madame Claude, lesquels furent célébrées au château de Saint-Germain, et le goût prononcé de ce prince pour cette habitation royale.

Ce fut pour Diane de Poitiers, que la beauté du paysage et la pureté de l'air de Saint-Germain avaient séduite, que

François Ier tira le château de ses ruines. Par une bizarre-rie, que la galanterie de l'époque peut seule faire compren-dre, il fit donner à cette construction la forme d'un *D* gothique. Pour qu'il ne manquât rien aux agrémens de cette résidence, François Ier y joignit un parc de 416 ar-pens, enclos de murs, et dans lequel on enferma des cerfs, des daims, des sangliers, amenés en grand nombre de la forêt de Fontainebleau.

Il n'est personne qui n'ait entendu parler du fameux duel qui eut lieu, sous Henri II, entre Jarnac et De la Chataigneraie. Ce fut dans le parc et sous les murs du châ-teau de Saint-Germain que se vida cette célèbre querelle. Frappé d'un coup imprévu par son adversaire, Lachatai-gneraye succomba aux suites de sa blessure, Henri II fut si profondément affecté de la mort de son favori, qu'il jura

de ne plus permettre de combats en champ-clos. Ses succes-seurs imitèrent son exemple, et il n'est resté de cette odieuse coutume que le dicton populaire de *coup de Jarnac*, pour désigner une ruse, un retour imprévu de la part d'un ennemi.

Au commencement de la ligue, en 1574, Charles IX et sa mère Catherine de Médicis, effrayés par les troubles qui agitaient Paris, vinrent se réfugier à Saint-Germain. L'assemblée des notables, convoquée en 1585 par Henri III, pour la réformation des abus, se tint également à Saint-Germain.

Henri IV, ainsi que son prédécesseur, aima fort le séjour de Saint-Germain; et c'est sous son règne que l'on vit s'élever, à côté de l'ancien château, une seconde habitation royale qui prit le nom de *Château-Neuf*, et qui n'était

(Le Château de Saint-Germain.)

séparé de l'ancien que par un espace de 200 toises. Ce châ-teau devint la demeure habituelle de Gabrielle d'Estrées. Un des pavillons de ce bâtiment s'appela même *Pavillon de Gabrielle.*

Louis XIV naquit au Château-Neuf. C'est sous son règne que les habitations royales de Saint-Germain et leurs dé-pendances acquièrent, par des embellissemens successifs, le plus haut degré de splendeur. Le Nôtre y dessina cette magnifique terrasse commencée par Henri IV, et qui n'a peut-être rien de comparable en Europe, ainsi que ce vaste parterre, devenu aujourd'hui un tapis de verdure, ombragé par de belles et grandes allées d'arbres. Les agrandisse-mens ne se bornèrent pas là. A l'ancien château furent ajoutés les cinq gros pavillons dont il est flanqué, parce que toutes ces vastes demeures ne pouvaient encore suffire à la cour du monarque le plus fastueux de l'Europe. Plus de six millions et demi furent employés à ces travaux; mais ce n'était là qu'une bagatelle, en comparaison du milliard qu'on devait engloutir à Versailles !

Le Château-Vieux de Saint-Germain vit se développer l'affection du grand roi pour Madame de Lavallière.

A Madame de Lavallière succéda Jacques II. Deux fois précipité du trône, ce roi d'Angleterre vint terminer à Saint-Germain ses infortunes et sa vie. Son tombeau est conservé dans l'église de la ville, et il est peu d'Anglais

qui, en arrivant à Paris, n'aillent saluer les dépouilles mor-telles du dernier des Stuarts. — Jacques II est le dernier personnage historique qui ait habité le château de Saint-Germain, et avec ces hôtes couronnés a disparu toute l'im-portance de cette maison royale. — Les deux édifices ont souffert de cet abandon.—Le Château-Neuf avait déjà cessé d'exister avant 93 (1), et si l'ancien a résisté aux ravages du temps et des révolutions, on le doit à l'étonnante solidité de sa construction, qui seule a arrêté la main des niveleurs. Il est, comme on l'a dit, d'une forme pentagone irrégu-lière, et entouré de fossés profonds, que l'on traverse au moyen de deux ponts-levis. Sa hauteur moyenne est de 90 pieds à partir de sa base dans le fossé. Le côté sous lequel on le voit dans la gravure, est la façade qui regarde l'ave-nue des Loges (2).

(1) Madame la duchesse de Duras, l'auteur d'*Ourika*, acheta en 1828 et fit réparer un petit pavillon du Château-Neuf, où Louis XIV avait reçu le jour.

(2) Maison succursale de celle de Saint-Denis, et destinée à l'éducation des filles des membres de la Légion-d'Honneur.

Les Bureaux d'Abonnement et de Vente sont transférés rue de Seine-Saint-Germain, 9.

Paris. — Imprimerie de H. Fournier, rue de Seine, 14.

LE DANTE.

La *Divine comédie* du Dante est depuis cinq siècles l'objet des études des hommes qui s'occupent de littérature. C'est un monument original qui n'a été imité par personne; on a souvent copié les tragédies de Shakspeare, mais on n'a jamais fait une épopée sur le modèle de celle du Dante.

C'est que, comme l'*Iliade*, l'ouvrage du Dante reproduit les caractères des grands poèmes primitifs; il est encyclopédique; il embrasse toute l'histoire, toute la théologie, toutes les idées du temps où il a paru; c'est une époque de renouvellement comme dans l'âge d'Homère; on sait peu de chose et l'on sent beaucoup; à l'apparition mystique de l'influence religieuse et des légendes, se joint la force guerrière; seulement le mélange de la civilisation ancienne avec la grossièreté et la barbarie du treizième siècle, ces illuminations de l'antiquité combinées avec les rêves anticipés d'un état social à venir, donnent aux tableaux du poète une physionomie particulière et d'un singulier effet.

Depuis la chute de l'empire romain et l'invasion des barbares, à peine quelques lueurs vacillantes voltigeaient-elles encore au milieu des ruines confuses de la société; depuis que, selon l'expression de Machiavel, les hommes avaient quitté les grands noms de César et d'Auguste pour ceux de Pierre et de Jean, il semblait que le

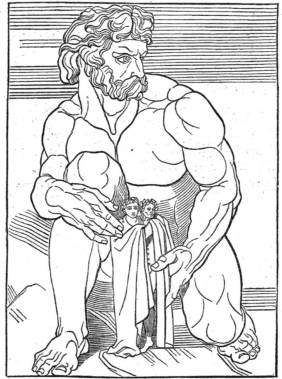

(Le géant Anthée.)

monde était déchu. Les cent villes de l'Italie, en guerre perpétuelle, étaient ravagées par les proscriptions qui faisaient de ce brillant jardin de l'Europe la terre la plus opprimée et la plus anarchique; d'un côté, l'empire soutenu par le parti Gibelin, c'est-à-dire par l'aristocratie des cités, n'avait pu anéantir le parti Guelfe, ou démocratique, dont les souverains pontifes s'étaient faits les représentans; d'un autre côté, la querelle des Guelfes et des Gibelins avait changé d'objet, et ce n'était plus autre chose qu'une lutte entre les nobles et les plébéiens.

Au milieu de ce conflit apparaît un homme de génie, doué d'un esprit puissant, d'une âme ardente et mélancolique; cet homme, c'est le Dante. Pendant trente ans, Guelfe exalté, il se fait peuple; mais les ambitions, les rivalités divisent son parti; la noble cause qu'il défend dégénère en guerres civiles, l'Italie épuise ses forces sur elle-même; il ne voit de salut pour sa patrie que dans cette unité que Machiavel lui souhaitait, même au prix d'un Borgia; exilé de Florence, où il a reçu le jour, il se fait Gibelin par vengeance; mais par son génie il plane au-dessus des Guelfes et des Gibelins; en lui se montre une pensée haute et sublime sur l'alliance des deux puissances si long-temps rivales. Pour empêcher que tant de courage et d'énergie se consume dans de misérables débats, il lève les yeux vers cette antique image de Rome, dont il ne reste plus que les ruines du Capitole; mais les papes ont avili la tiare, le Dante regarde plus loin, et souhaite un maître à l'Italie.

L'orgueil d'un descendant du peuple romain peut seul expliquer un tel vœu chez ce caractère indépendant, qui n'a même pu supporter la liberté d'une république; il ne méconnaît pas ce qu'il peut y avoir de salutaire dans la puissance pontificale; il veut en faire le type de la justice morale, mais sans soumettre le sceptre à l'encensoir; il veut réaliser l'union de la force et de la sagesse; idée qui de nos jours a tant occupé M. de Maistre, il veut rendre le pouvoir impuissant contre la religion, et la religion puissante pour consacrer le pouvoir, mais non pour le détruire. Ce lien d'unité pour l'Italie fait toute la politique de la *Divine comédie*; lorsque l'auteur fait voyager Virgile dans l'enfer, à travers les cercles concentriques dont il a décrit la structure, lorsqu'il montre la taille gigantesque de Lucifer, comme une immense échelle qui sert à en gravir les degrés, parmi ces bizarres inventions, il donne à Lucifer trois têtes, dont l'une dévore Judas Iscariote, et les deux autres, Cassius et Brutus, Brutus qu'il punit sans l'avilir et qu'il représente comme un stoïque inflexible. Ces deux derniers sont révoltés contre l'empire qu'il représente sous la forme d'un aigle étranger, tandis que le premier est révolté contre Dieu. C'est ainsi que l'idée de la nécessité du pouvoir impérial domine partout.

Ce poème en cent chant, où figurent Saint-Thomas, Saint-Bonaventure et une foule de docteurs, où l'on rencontre tant de dissertations théologiques, était un instrument destiné à populariser des pensées politiques et morales, parce que ces noms, ces questions étaient alors ce qui plaisait le plus à l'esprit humain; c'étaient les symboles de la sagesse. Pour relever l'empire, le poète ne recule pas devant l'humiliation de ses ennemis, il se fait fréquemment d'une liberté qui étonne dans un écrivain du moyen-âge; tout en rêvant pour le passé la suprématie pontificale, il ouvre une fournaise ardente où il ose jeter plus d'un souverain pontife en lançant des malédictions sur les vices, la simonie, la cupidité, la luxure.

Indépendamment des allégories sous lesquelles il reproduit la physionomie naïve, était énergique de son temps, ce poème a aussi un caractère nécessairement scientifique; c'est d'un amas d'études, de souvenirs empruntés à la théologie, au droit, à l'histoire, que le Dante s'élance pur et nouveau comme Homère. Quand il écarte toute cette enveloppe étrangère, son imagination invente comme on inventait aux premiers jours du monde; ses images vous saisissent; il a la voix jeune et argentine du poète; toujours simple, toujours vrai, c'est là son éternelle gloire. Il n'y a après lui que Milton qui, du milieu des clameurs scolastiques et d'une vie orageuse, ait retrouvé un ciel et un horizon inaccessibles. Un des plus admirables passages de Milton dans son *Paradis*, c'est celui où il reparaît lui-même, où il parle de ses maux, de sa cécité; cette beauté revient toujours et naturellement dans le poème du Dante; contemplateur de ce monde invisible dont il est l'historien, il reparaît sans

cesse; il vous entretient de sa gloire et de ses espérances. La présence de l'auteur dans toutes les parties de sa *Divine comédie*, contribue à y faire naître un genre particulier de beautés. Dès le premier chant, il rencontre Virgile, qu'il prend pour guide et pour patron; il arrive dans le vestibule de l'enfer où les ames des grands poètes anciens sont arrêtées, et après avoir compté Homère, Virgile, Horace, Ovide, Lucain, il s'écrie : *Et moi, je me trouvais le sixième parmi ces grands poètes!*

Flaxman a traduit merveilleusement la pensée du Dante; tous ses dessins sont empreints d'un sentiment exquis; et dans le grandiose qui n'admire cette figure du géant Anthée, lorsqu'il prend dans ses bras et le Dante et Virgile pour les déposer dans le neuvième cercle (chant xxxi).

> Ma lievamente al fondo che divora
> Lucifero con guida, ci posò.

Il serait trop long de rappeler les épisodes dont l'ouvrage étincelle; tout le monde connaît ceux de Françoise de Rimini et d'Ugolin; on ne peut lire sans émotion ceux de *Farinata degli Uberti*, de l'infortuné *Pier delle Vigne*, de *Brunetto Latini*, de *Vanni Fucci*, de *Manfredi*, *Sordello*, *Forese*, etc., etc.; MM. Villemain et Fauriel en ont plusieurs fois fait le sujet de leurs éloquentes leçons à la Sorbonne. On a souvent accusé le Dante d'avoir imité Virgile, mais ce qui fournit à peine vingt vers à celui-ci, fournit un poème entier au poète italien; que d'imagination dans le *Paradis*, le *Purgatoire* et l'*Enfer!* Que de tableaux admirables dans cette progression des supplices et des tortures, cette série d'épreuves par lesquelles l'ame s'épure, et enfin dans la succession des béatitudes qui lui sont promises! Quelle surprise doit produire la fécondité d'un pareil génie! personne ne lui disputera le titre qu'il a reçu de *Père des poètes.*

Dante ne jouit point de sa gloire; après une vie remplie de traverses et de longues douleurs, il mourut dans l'exil le 14 septembre 1321, chez Guido Novello de Ravennes, et ce ne fut qu'un siècle après que sa patrie redemanda ses cendres; mais inutilement.

(*La suite à un prochain numéro.*)

RUSSIE.

MŒURS DES OSTIAKS.

Les Ostiaks de l'Obi sont des premières nations de la Sibérie qu'aient découverte les Russes. Leur nombre a diminué depuis qu'ils ont été conquis; la petite vérole et d'autres maladies qui leur étaient anciennement inconnues, ont fait de grands ravages parmi eux, et cependant ils forment encore une nation nombreuse. La plupart des Ostiaks sont d'une taille médiocre, paraissent peu robustes, et se font surtout remarquer par une jambe maigre et effilée; ils ont presque tous la figure désagréable et le teint pâle; aucun trait ne les caractérise, leur chevelure communément rougeâtre ou d'un blond doré, les rend encore plus laids, et principalement les hommes qui la laissent flotter sans ordre autour de la tête.

Les Ostiaks sont simples, craintifs et remplis de préjugés; ils ont le cœur assez bon. Leur vie est pénible et nullement agréable; quoiqu'adonnés au travail dès l'enfance, ils sont très portés à l'oisiveté, lorsque leurs besoins ne les excitent point à travailler, et surtout les hommes. Ils sont très malpropres, et même dégoutans dans leur ménage; l'habillement des hommes et des femmes n'a presque rien de commun avec celui des autres nations. Il consiste principalement en peaux d'animaux préparées pour eux-mêmes; les riches sont les seuls qui aient des chemises; les autres portent leur habit de peau sur la chair. L'habillement des hommes est une fourrure de dessous, étroite et à manches, appelée *mavliza*, qui va à peine à la moitié des reins, avec une ouverture vers le haut pour passer la tête; elle est fermée par devant et par derrière; près du trou où l'on passe la tête, est un capuchon rond qui sert de bonnet; cette fourrure et le capuchon sont bordés de peaux de chiens; ils la mettent quelquefois en été pendant les chaleurs, mais ils quittent alors leur gilet. En hiver ils portent une autre fourrure beaucoup plus ample et plus longue, à laquelle pend aussi un capuchon qu'ils mettent sur la tête par dessus l'autre; celle-ci s'appelle gous; elle est faite de peaux de gros rennes à longs poils; aussi ne dépouillent-ils ces peaux qu'en hiver. Ceux qui donnent dans le luxe, font pour l'été un mavliza de petits morceaux de draps de différentes couleurs cousus ensemble, sans doublure, et chamarré de peaux de chiens blancs ou de queux de renards du nord. Ceux qui habitent les rives de l'Obi, portent un manteau de peaux de loutres, qui leur sert de nourriture dans les momens de disette; ils le font cuire dans un chaudron et le mangent. Les culottes que les hommes portent habituellement, joignent bien sur la cuisse, mais elles ne descendent pas jusqu'aux genoux. Les femmes ostiakes ont sur la peau des robes de chambres de fourrures, ouvertes par-devant, qui ne sont pas très-amples, mais assez cependant pour que l'un des côtés puisse être rabattu sur l'autre; elles les fixent avec de petites courroies. C'est là leur unique habillement, et quoi qu'elles ne portent pas de ceinture, on ne voit jamais aucune partie de leur corps à nu; elles n'ont ni caleçons, ni même de bas en été, mais elles portent en hiver des bas de peau corroyée.

Toutes les femmes et les filles mettent un voile sur leur tête, aussitôt qu'un étranger et même un parent entre dans leur yourte; elles n'ont le visage découvert que devant leur mère. Ce costume est maintenu par une pudeur naturelle aux femmes et aux filles ostiakes; lorsqu'une personne quelconque pénètre dans leur demeure, elles en sortent aussitôt, ou se cachent dans un coin. Le principal ornement des femmes, est d'avoir le dos des mains, l'avant-bras, et le devant de la jambe tatoués. Les hommes ne s'incrustent sur le poignet que le signe par lequel ils sont désignés dans les livres où l'on enregistre les tributaires; ce signe sert aussi de signature chez les peuples de la Sibérie, qui ne savent point écrire. Dans les maladies, les hommes se font incruster toutes sortes de figures sur les épaules et les autres parties du corps, et ils attribuent autant de vertu à ce remède que les Européens à l'application des ventouses.

Plusieurs familles habitent une même cabane; aussi pratique-t-on le long des murs autant de séparations qu'il y a de familles; on voit dès lors qu'il ne peut régner aucun ordre dans l'intérieur de ces ménages. Les Ostiaks étant aussi gênés, les femmes qui ont des petits enfans, suspendent les berceaux ou les mettent devant leurs loges; lorsqu'ils sont un peu grands, ils couchent sur un tas de foin étendu par terre et couvert de peaux de rennes. Les chiens de bonne race, et surtout les chiennes qui ont des petits, couchent sous les bancs qui servent de couchettes; les chiens communs, c'est-à-dire ceux qu'on attèle à leurs traîneaux, couchent en dehors de la cabane, et n'y entrent pour manger que lorsque la famille se propose de voyager. On entretient un feu au milieu de la yourte; il est commun à tous ceux qui l'habitent, chacun y va faire la cuisine quand bon lui semble. Les Ostiaks n'ont pas d'heure réglée pour leurs repas, la faim seule les y décide. Le feu de la communauté sert aussi à faire griller les débris des poissons qu'ils donnent à leurs chiens; ce grillage continuel remplit tellement le toit de leurs cabanes d'une suie grasse, qu'elle y pend par flocons. On sèche aussi, près de ce feu, le poisson superflu qu'on prend en hiver; cette préparation doit occasioner une grande malpropreté. On se fera facilement une idée de la puanteur, des vapeurs fétides et de l'humidité qui règnent dans leurs yourtes, lorsque l'on saura que les hommes, les femmes, les enfans et les chiens y satisfont à certaines exigences et que rarement on a soin d'enlever les ordures. Rien n'est aussi dégoûtant que la manière de vivre de ce peuple; ils ne se lavent jamais les mains; à peine les femmes en ôtent-elles une partie de la crasse, lorsqu'elles ouvrent

les poissons ou qu'elles les retirent du chaudron; elles n'ont pour essuie-mains que leur fourrure; elles ne lavent jamais la vaisselle, quoiqu'elle serve aux hommes et aux animaux; leur chevelure est remplie de vermine. Quelques Ostiaks riches ont cependant pris tant de goût pour la propreté, qu'ils composent eux-mêmes un savon pour se laver, ne pouvant en tirer que très-difficilement de la Russie. Celui qu'ils emploient est plus propre à enlever la crasse collée sur la peau, parce qu'il est plus mordant. Leur malpropreté vient principalement de ce que les femmes sont surchargées d'ouvrage; les hommes les regardent comme leurs esclaves. Les femmes montent et démontent des cabanes, préparent le manger, ont soin des habillemens des hommes, et sont entièrement chargées du ménage; elles nettoient et viennent de la chasse et de la pêche. Ceux-ci ne font que chasser, pêcher, et préparer les instrumens qui leur sont nécessaires pour ces deux objets. Les peaux préparées par les femmes ostiakes ne se gâtent jamais à l'humidité.

Pendant l'été ils se donnent rarement la peine de faire bouillir ou griller le poisson; ils préfèrent le manger cru, sortant de l'eau; ils le coupent par bandes, l'humectent avec le sang qui sort abondamment des piqûres qu'ils lui font dans la queue; ils mordent dans ces bandes de chair, en coupant adroitement la bouchée avec leur couteau près de la lèvre inférieure. La bouche et les habits des Ostiaks infectent constamment l'été; ils sentent plus mauvais que les marchés où l'on vend de la marée. En hiver, ils mangent de préférence le poisson cru lorsqu'il est gelé, en grattant peu à peu la chair qui est dessus les arêtes. Des gens beaucoup plus instruits qu'eux, assurent que le poisson gelé est un excellent préservatif contre le scorbut.

En hiver, les Ostiaks pénètrent fort avant dans les landes et les forêts désertes; ils se servent de raquettes pour marcher sur la neige; lorsqu'ils tuent de grosses bêtes, ils les écorchent et les enterrent dans la neige, en marquant la place, afin de venir les enlever avec des rennes ou des chiens. Ils mangent les ours, les renards, les écureuils et même la charogne; le tabac est une grande ressource pour les Ostiaks dans ces chasses d'hiver, puisqu'ils sont exposés au froid le plus violent, à toutes les incommodités, et quelquefois à la faim; ils en fument, mais ils préfèrent le prendre en poudre; comme ils ne le trouvent jamais assez mordant, ils le mêlent à de la cendre d'agaric, ou excroissances fougueuses qui croissent dans les fentes des bouleaux ou des trembles; cette cendre est très-alkaline. Après s'être bien rempli les narines de ce tabac, ils les bouchent avec des copeaux d'écorce de saule. Le montant de cette poudre se trouvent ainsi concentré, leur occasione sur tout le visage une espèce d'inflammation, qui les garantit du froid, et il leur gèle très-rarement quelque partie de la figure. Les oiseaux de passage leur fournissent, au printemps, une autre occupation et une nouvelle nourriture. Les Ostiaks jouissent d'une très bonne santé, quoi qu'ils ne se nourrissent que de mauvais alimens, et que l'eau soit leur unique boisson; ils se procurent quelquefois un peu d'eau-de-vie des Russes.

Ils ne connaissent pas les remèdes; ils ont recours à l'application des ventouses contre les douleurs des jointures, les enflures et les inflammations, maladies auxquelles ils sont très-sujets, ou bien font brûler sur la partie affectée un morceau d'agaric de bouleau, de la même manière que les Chinois et les Japonais le pratiquent au moyen du moxa; ils prétendent que l'application doit se faire sur le lieu même du mal, si on veut en ressentir l'effet: Ils prennent un charbon bien allumé qu'ils approchent de la partie souffrante, et le changent de place jusqu'à ce qu'ils en trouvent une où le malade ne sente pas tout de suite l'action du feu; ils appliquent à cette place le vrai caustique, qu'ils laissent agir. Le malade doit souffrir cette opération jusqu'à ce que la peau soit brûlée et percée.

—

LES HARENGS. — LEURS MIGRATIONS.
(Suite).

On a cru pendant long-temps que les harengs se retiraient périodiquement dans les régions du cercle polaire; qu'ils y cherchaient annuellement, sous les glaces des mers hyperboréennes, un asile contre leurs ennemis, un abri contre les rigueurs de l'hiver; que, n'y trouvant pas une nourriture proportionnée à leur nombre prodigieux, ils envoyaient, au commencement de chaque printemps, des colonies nombreuses vers des rivages plus méridionaux de l'Europe ou de l'Amérique. On a tracé la route de ces légions errantes. On a cru voir ces immenses tribus se diviser en deux troupes, dont les innombrables détachemens couvraient au loin la surface des mers, ou en traversaient les couches supérieures. L'une de ces grandes colonnes se pressait autour des côtes de l'Islande, et se répandant audessus du banc fameux de Terre-Neuve, allait remplir les golfes et les baies du continent américain; l'autre, suivant des directions orientales, descendait le long de la Norwége, pénétrait dans la Baltique, ou, faisant le tour des Orcades, s'avançait entre l'Écosse et l'Irlande, cinglait vers le midi de cette dernière île, s'étendait à l'orient de la Grande-Bretagne, parvenait jusque vers l'Espagne, et occupait tous les rivages de France, de la Batavie et de l'Allemagne, qu'arrose l'Océan. Après s'être offerts pendant long-temps, dans tous ces parages, aux filets des pêcheurs, les harengs voyageurs revenaient sur leur route, disparaissaient, et allaient regagner leurs retraites boréales et profondes.

Pendant long-temps, bien loin de révoquer en doute ces merveilleuses migrations, on s'est efforcé d'en expliquer l'étendue, la constance et le retour régulier : mais on a prouvé, par un rapprochement très exact des faits incontestables, qu'il était impossible d'admettre cette navigation annuelle et extraordinaire. Pour continuer d'y croire, il faudrait rejeter les observations les plus sûres d'après lesquelles il est hors de doute, qu'il s'écoule souvent plusieurs années sans qu'on voie des harengs sur plusieurs des rivages principaux indiqués comme les endroits les plus remarquables de la route de ces poissons; qu'auprès de beaucoup d'autres prétendues stations de ces animaux, on en pêche pendant toute l'année une très grande quantité; que la grosseur de ces osseux varie souvent, selon la qualité des eaux qu'ils fréquentent, et sans aucun rapport avec la saison, avec leur éloignement de leur asile septentrional, ou avec la longueur de l'espace qu'ils auraient dû parcourir depuis leur sortie de leur habitation polaire; et enfin qu'aucun signe certain n'a jamais indiqué leur rentrée régulière sous les voûtes de glaces des très hautes latitudes.

Chaque année cependant les voit arriver vers les îles et les régions continentales de l'Amérique et de l'Europe qui leur conviennent le mieux, ou vers les rivages septentrionaux de l'Asie. Toutes les fois qu'ils ont besoin de chercher une nourriture nouvelle, et surtout lorsqu'ils doivent se débarrasser de leur laite ou de leurs œufs, ils abandonnent les fonds de mer, soit dans le printemps, soit dans l'été, soit dans l'automne, et s'approchent des embouchures des fleuves et des rivages propres à leur frai.

Mais, à quelque époque que les poissons dont nous écrivons l'histoire quittent leur séjour d'hiver, ils paraissent en troupes que des mâles isolés précèdent de quelques jours, et dans lesquelles il y a ordinairement plus de mâles que de femelles. Lorsqu'ensuite le frai commence, ils frottent leur ventre contre les rochers ou le sable, s'agitent, impriment des mouvemens rapides à leurs nageoires, se mettent tantôt sur un côté et tantôt sur un autre, aspirent l'eau avec force et la rejettent avec vivacité.

Les légions qu'ils composent dans ces temps remarquables, où ils se livrent à ces opérations fatigantes, mais commandées par un besoin impérieux, couvrent une grande surface, et cependant elles offrent une image d'ordre. Les plus grands, les plus forts ou les plus hardis, se placent dans les premiers rangs, que l'on a comparés à une sorte d'avantgarde. Et que l'on ne croie pas qu'il ne faille compter que par milliers les individus renfermés dans ces rangées si longues et si pressées. Combien de ces animaux meurent victimes des cétacés, des squales, d'autres grands poissons, des différens oiseaux d'eau! Et néanmoins combien de millions périssent dans les baies, où ils s'étouffent et s'écrasent, en se précipitant, se pressant et s'entassant mutuellement contre les bas-fonds et les rivages! Combien tombent dans les filets des pêcheurs! Il est tellé petite anse de la Norwége où plus de vingt millions de ces poissons ont été le produit d'une seule pêche : il est peu d'années où l'on ne prenne, dans ce pays, plus de quatre cents millions de ces clupées. Bloch a calculé que les habitans des environs de Gothembourg en Suède s'emparaient chaque année de plus de sept cents millions de ces osseux. Et que sont tous ces millions d'individus à côté de tous les harengs qu'amènent dans leurs bâtimens les pêcheurs de Holstein, de Mecklembourg, de la Poméranie, de la France, de l'Irlande, de l'Écosse, de l'Angleterre, des Etats-Unis, du Kamtschatka, et principalement ceux de Hollande, qui, au lieu de les attendre sur leurs côtes, s'avancent au-devant d'eux et vont à leur rencontre en pleine mer, montés sur de grandes et véritables flottes?

(La suite à un prochain numéro.)

LES MIQUELETS ET LES GUÉRILLAS.

Au commencement de la guerre de 1689, entre la France et l'Espagne, on créa dans le Roussillon, cent compagnies de *fusiliers* dits de *montagne*, pour les opposer aux *miquelets* chargés de défendre l'entrée des gorges de la Catalogne. Les milices du Roussillon, qui s'étaient acquises une haute réputation de bravoure, et qui réunissaient à cet avantage une connaissance parfaite du terrain, convenaient en effet mieux que d'autres troupes à ce genre de guerre. Ces com-

(Fusilier de montagne.)

pagnies avaient pour chef un gentilhomme du pays, choisi parmi les plus entreprenans et les plus capables de les diriger. Il avait le titre et l'autorité d'un colonel. Dans l'origine les compagnies étaient formées d'un capitaine, d'un lieutenant, d'un brigadier, d'un sous-brigadier, d'un cornet et de vingt-cinq hommes. Leur habillement se composait d'une veste rouge, passée dans un haut-de-chausse, comme les matelots; d'un juste au corps, à l'antique, de couleur grise, à paremens et à doublure bleus, et d'un bonnet (barette) de laine de même couleur que les paremens et la doublure : ils avaient ordinairement les jambes nues et portaient des souliers de cordes (spardilles). Leur armement consistait en deux pistolets suspendus à la gauche de la ceinture, une épée (dague), et un petit fusil (escopette). Les miquelets du Roussillon , excellens tireurs , manquaient rarement leurs coups ; ils étaient aussi fort habiles à la course et passaient pour résister facilement aux fatigues et aux privations. L'instrument dit cornet n'était autre qu'une grosse coquille ou limaçon de mer, percée au bas bout , et qui servait, comme le tambour, dans les marches, dans les combats ou à rallier les tirailleurs dispersés dans les gorges, dans les défilés et au sommet des montagnes.

Les miquelets ne servaient pas seulement comme partisans : on les employait aussi à couvrir la marche des colonnes, à flanquer les ailes de l'armée, à assurer le passage de l'artillerie et des convois de bagages ou de vivres. Ils protégeaient également les fourrageurs et servaient d'escorte aux courriers.

Ces troupes négligées et mal soldées, se dispersèrent presque en totalité après la paix de Riswich (1697) et il n'en est presque plus question depuis cette époque jusqu'en 1744. A cette dernière date (2 février), le ministre d'Argenson créa un nouveau corps d'infanterie sous le nom de fusiliers de montagne. Celui-ci composé de deux bataillons de six cents hommes chacun, fut reformé en 1763 : il était réduit à sept cent vingt hommes depuis 1747.

Les *chasseurs des montagnes* et les *chasseurs-bon-tireurs*, créés au commencement de nos guerres de la révolution, le furent à l'imitation des corps dont il vient d'être parlé. En 1808, lorsque Napoléon se préparait à porter ses armes en Espagne pour imposer à ses peuples un prince de sa famille, il institua aussi un corps de miquelets français, qui rendit de très grands services pendant toute la durée de cette guerre. Ces derniers eurent, à-peu-près, l'uniforme de l'infanterie légère , approprié au genre de guerre et à la nature du terrain sur lequel ils devaient être exercés.

Avant nous l'Espagne a eu ses miquelets, comme nous l'avons indiqué au commencement de cet article. Leur manière de combattre et de vivre, était nécessairement la même que celle des miquelets français. Quand cette nation eut à défendre son territoire contre l'invasion des armées impériales , il s'y forma de tous côtés des corps peu nombreux de partisans, qui firent beaucoup de mal à nos troupes, et auxquels, vu leur peu d'importance, les Espagnols donnèrent le nom de *guérillas*.

Loin d'adopter les manœuvres françaises pour les mouvemens en masse et les charges à la baïonnette, les Espagnols avaient sagement jugé que si les guérillas ne pouvaient arrêter d'abord l'impétuosité des Français , elles parviendraient un jour, peut-être , à les dégoûter des victoires qui finissaient par leur coûter plus qu'à l'ennemi vaincu. Il n'était guère de province qui n'eût un chef à la tête d'une bande formidable. Abandonnés à eux-mêmes, les plus hardis et les plus entreprenans de ces chefs s'élevaient au commandement, ou par des actions d'éclat, ou par l'influence qu'ils parvenaient à exercer sur leurs compagnons d'armes, quelque en fût d'ailleurs le motif. Livrés à leurs seules inclinations, maîtres de choisir le champ de bataille et le genre d'attaque et de résistance , le service militaire le plus convenable à leurs forces et à leurs habitudes était celui qu'ils adoptaient.

Parmi ces chefs, il en était beaucoup qui n'étaient connus que par leurs noms de guerre, et par des actes de cruauté dont les soldats français s'étonnèrent long-temps avant que de chercher à s'en venger. Connaissant les ressources que leur offraient les habitans et celles qu'ils pouvaient, au besoin, tirer des localités d'un pays montagneux ; informés à temps de l'apparition des Français et de leur nombre, ces partisans se séparaient et se réunissaient à un rendez-vous fixé, aux commandemens de leurs chefs respectifs ; assurés de la foi inviolable de leurs compatriotes , constamment protégés par des intelligences que la surveillance la plus exacte, de la part des Français, et les menaces les plus sévères , ne pouvaient rompre, ils restaient souvent cachés des jours entiers aux portes mêmes d'une ville occupée par les Français, attendaient patiemment le moment où ils seraient supérieurs en forces, et enlevaient l'objet de leurs recherches sans qu'on eût le temps de prévenir ni d'arrêter leur attaque. Rien n'était à l'abri de leur activité et de leur audace, et malheur à qui tombait vivant entre leurs mains; ainsi,

(Miquelet français, 1808.)

agissant à part et en petits corps, les guérillas ne cessaient d'inquiéter les armées françaises, les forçaient à doubler leur service, et à se tenir perpétuellement sur leurs gardes. Bien même qu'une telle guerre ne pût donner immédiatement de grands résultats, elle aurait dû être entretenue très soigneusement dans toute la Péninsule , en raison de l'extrême faiblesse des forces régulières espagnoles; mais l'amour de la patrie, qui dirigeait les Espagnols dans leurs efforts , n'était point tellement exclusif, qu'il ne laissât quelque empire à des passions moins désintéressées et moins nobles.

La réputation de quelques chefs de guérillas avait éveillé la jalousie du gouvernement, pour le maintien duquel ils se battaient ; soupçonneux parce qu'il était faible, ce gouvernement craignait qu'ils ne devinssent indépendans. Hors d'état de s'assurer d'eux par des récompenses pécuniaires, et de les arrêter quand il le jugeait convenable, il voulut au moins donner à leur ambition une direction dont il resterait maître. En conséquence, pour conserver, autant que possible, son autorité sur eux, il récompensa adroitement leurs efforts par un rang militaire , les soumettant ainsi aux généraux de l'armée régulière ; des uniformes riches et brillans , un état-major personnel, et d'autres accessoires inutiles, furent ajoutés à leurs titres ; le sentiment de leur importance s'accrut, et ils augmentèrent l'appareil de leurs forces dans un degré correspondant. Les principales bandes de guérillas furent bientôt composées d'artillerie , d'infanterie et de cavalerie , et du moment qu'elles eurent échangé leur activité contre de l'importance , elles devinrent une mauvaise espèce de troupes régulières. Les talens de Mina et de Longa seuls s'accrurent ; ils commandèrent des armées de six à huit-mille hommes avec l'habileté de tacticiens consommés. Favorisés par la configuration du terrain , et par les connaissances locales qu'ils avaient d'un pays aussi accidenté, ces chefs firent quelquefois, pendant des mois entiers, pour tromper la poursuite de plusieurs corps français considérables, des manœuvres que n'auraient peut-être pas désavouées les généraux les plus célèbres. A ces exceptions près, et elles étaient rares, la force des guérillas s'éteignit graduellement par le fait même de l'intervention du gouvernement espagnol, dont la politique méticuleuse porta un coup mortel à l'institution de ces corps francs; ils auraient probablement cessé d'exister au bout de quelques campagnes, si la guerre de la péninsule eût été prolongée plus long-temps.

SÉNÉGAL.

SUPERSTITIONS DES NÈGRES DE SAINT-LOUIS ET DE GORÉE, GRIGRIS, MARABOUTS.

(Suite) (1)

Les marabouts, par leurs rapports avec le prophète, exercent un empire absolu sur les Africains, et il faut convenir que les moyens qu'ils mettent en usage sont bien propres à entretenir chez ces peuples barbares une sorte de vénération mêlée de terreur. On a vu à Gorée le père, la mère et les enfans, sur lesquels un sort avait été jeté, périr successivement sans qu'on pût découvrir les traces de ce crime. Initiés dans la connaissance des simples dont on extrait le poison le plus subtil, il leur est facile de porter la mort dans toutes les familles, et de justifier par l'évènement leur puissance et leur crédit auprès du prophète qui frappe à la prière de son ministre.

« J'occupais à Saint-Louis, dit M. Baradère , ancien préfet apostolique au Sénégal , un logement dans la maison d'un Piémontais , possesseur de plusieurs esclaves et d'une nombreuse famille. La femme de cet Européen était plus mahométane que catholique ; quant à lui, il n'avait aucune foi dans les mystères de Mahomet : néanmoins son intérêt exigeait qu'il eût des égards pour le marabout du quartier qui venait souvent le voir ; et Boucalin (c'est le nom du propriétaire) se plaisait souvent à le mettre aux prises avec moi. C'était un homme d'esprit fort agréable ; je parlerai plus tard de mes conversations avec lui. Un jour , je fus réveillé par les cris aigus que poussait une négresse employée dans l'intérieur de la maison , et que Boucalin assommait à coups de poing, parce qu'une de ses filles avait perdu six grains d'or de son collier ; la malheureuse Iola était innocente , c'était une mulâtresse nommée *Jeanne-Marie* qui avait extrait du collier les grains égarés. Voulant faire un exemple du coupable, Boucalin fit appeler son voisin le marabout qui lui promet de découvrir le voleur. Il vint m'inviter à assister aux mystères de cette découverte ; « quand j'aurai opéré , me dit-il malignement , *tu me diras si tu peux en faire autant chez les blancs.* » Je n'eus garde de manquer à une cérémonie qui fut fixée pour le lendemain.

A l'heure indiquée , le prêtre maure et deux de ses confrères étaient dans la cour de la maison , où se trouvaient réunis en cercle , et assis par terre , tous les nègres de Boucalin au nombre d'environ quarante. Le marabout se mit à exhorter le voleur à se dénoncer lui-même. Voyant que son éloquence était perdue , il se recueillit un moment dans une case , d'où il sortit revêtu d'une tunique blanche et suivi de ses deux acolytes qui portaient sur leurs épaules une grande perche. Ce bois , béni par le pontife et promené sur tous les nègres assis par terre , avait la vertu de s'arrêter sur le coupable indépendamment de la volonté de ceux qui le portaient.

Le marabout arriva donc processionnellement au milieu de ces pauvres nègres : il ordonna de promener le bois sacré sur cette troupe effarée : après deux tours inutiles, on commençait à rire de ses singeries, lorsque ses acolytes , en pirouettant sur eux-mêmes, sont entraînés par le bois sacré et tombent sur la malheureuse Jeanne-Marie que les autres négresses faillirent écharper. Le triomphe du marabout fut complet. Les grains d'or furent rendus et Jeanne-Marie fut attachée à une échelle étendue par terre et reçut cinquante coups de fouet au lieu de cent d'abord ordonnés : il nous fut impossible d'obtenir de Boucalin une plus forte remise. La peine même n'était pas infamante ; mais la moindre plainte eût deshonoré la coupable ; elle reçut donc , sans pousser un cri , les cinquante coups ; mais quand on l'eut détachée , on s'aperçut qu'elle avait la bouche ensanglantée et qu'une de ses dents était restée dans un des barreaux de l'échelle. On conçoit combien de pareilles victoires exer-

(1) *Voyage*, page 37.

cent d'influence sur une population brute et naturellement fanatique.

Quelques jours après , le marabout vint me voir et m'apporta un grigri qu'il tenait de son père et qui avait , disait-il , une très-grande vertu contre la fièvre ; j'acceptai son grigri tout en lui disant que je comptais beaucoup plus sur une *poudre rouge* que je lui montrai que sur son grigri. Il fut tout étonné de voir que j'avais deviné juste sur l'affaire du vol, et n'osa beaucoup insister. A propos de son grigri, il m'assura qu'étant très-jeune il avait suivi son père dans un pélerinage qu'il allait faire fort loin en passant par Portandic. A trois ou quatre jours de marche de Portandic, ils arrivèrent sur le soir à un village bien pauvre , car le.s l n'était que du sable , couvert dans certains endroits par des bouquets d'herbe que les chèvres broutaient ; or, ces chèvres étaient toute la ressource de cette peuplade. Avant d'entrer dans le village , ils aperçurent un grand feu vers lequel ils se dirigèrent ; mais quel fut leur étonnement , lorsqu'ils aperçurent sur ce brasier les membres d'un homme qu'on faisait rôtir. Ils apprirent que c'était un vieillard qu'on allait manger. Quand le repas fut prêt, on leur offrit une jambe ; mais ils la refusèrent , ce qui étonna beaucoup ces sauvages qui leur assurèrent que c'était *une viande comme une autre*. Malgré ces témoignages d'hospitalité, nos deux pèlerins n'étaient pas parfaitement rassurés, surtout le fils que le caractère de marabout ne protégeait pas encore contre l'appétit de ces sauvages, et , dès qu'ils purent s'esquiver , ils renoncèrent à leur voyage , et revinrent à grandes journées dans leur pays. C'était, me dit-il , pour que je fusse à l'abri des maladies pendant la route, que mon père me donna ce grigri. Il me faisait donc un cadeau précieux que je payai généreusement, et que je garde avec soin.

Dans les calamités publiques les marabouts sont consultés et leurs avis toujours suivis. En 1820 , la sécheresse fut extrême; à Dacar , la récolte du mil allait infailliblement manquer , lorsque le chef de l'état convoqua les marabouts qui décidèrent consciencieusement que les poules et les porcs étaient la cause de cette sécheresse ; et , sur le champ , tous les porcs et toutes les volailles de la république furent mis à mort. On achetait à Gorée un porc pour deux sous. Ce massacre hâta, dit-on , les pluies : la récolte fut également mauvaise ; mais sans cette mesure elle eût entièrement manqué. »

Si les marabouts sont sur la terre les représentans du prophète et méritent les hommages des peuples et les produits de la terre qu'ils ne remuent jamais, les Griots sont, en Afrique , le rebut de la société : gens maudits , indignes de toutes fonctions, et destinés après leur mort aux peines de l'enfer. Ils sont, parmi les Africains, ce qu'ont été , parmi nous, les Bohémiens, les Juifs et les comédiens. Leur indignité ne leur attire pas cependant les rigueurs de l'intolérance , et leurs compatriotes , qui savent qu'ils ne doivent point jouir de la béatitude céleste après leur mort, trouvent bon qu'ils jouissent de tous les plaisirs qu'ils peuvent se procurer pendant la vie : il leur est permis de boire du vin , de changer de femme , de voler , pourvu qu'ils le fassent avec adresse, etc. A leur tour ils se dévouent aux amusemens du public et des princes ; ce sont eux qui organisent les fêtes , battent le *tam-tam* , chantent les louanges du prince et des grands, et exécutent toutes les farces qui leur tiennent lieu des concerts de Rossini et des dramas de Victor Hugo. Cette classe d'hommes vit d'aumônes qu'on ne leur refuse jamais. A leur mort commence pour eux la proscription : leurs cadavres sont jetés dans le creux d'un baobab où les vautours et les bêtes féroces se les disputent.

HABITATIONS TURQUES.

Lorsque vous parcourrez la Turquie , ne vous attendez pas à y jouir, comme en Occident, de l'aspect d'une belle façade; vous n'y verrez pas une seule maison , qui justifie au dehors l'idée que vous vous êtes faite du luxe oriental. Jamais un homme opulent, qui vit sous la loi du prophète, fût-il élevé à la dignité de grand-visir, n'a décoré l'extérieur du palais qu'il habite, et jamais à Constantinople aucun architecte n'a songé à déployer les ressources de son art pour embellir l'extérieur de la demeure d'un simple particulier.

« Au nom de Dieu clément et miséricordieux, dit le Coran, que le serviteur fidèle ne recherche pas l'élévation, la grandeur, la beauté de l'édifice, ni les richesses de l'architecture, ni les ornemens de la peinture et de la sculpture. Les productions des beaux arts ne sont réservés qu'aux temples, aux mosquées, aux hôpitaux et aux monumens publics. Croyans, vous ne bâtirez vos habitations avec du ciment et de la pierre, que jusqu'au premier étage; que le dedans comme le dehors soit d'une extrême simplicité; qu'on n'y voie ni ciselure, ni dorure; qu'on n'y étale point d'ouvrage créé par le pinceau; que tout ornement en soit banni. »

Le précepte peut être bon; mais Dieu sait, et les riches mahométans savent aussi, s'il n'a pas reçu d'infraction.

Voulez-vous avoir une idée complète de la maison d'un mahométan, figurez-vous à l'extérieur un pan de muraille absolument nu; çà et là, semées au hasard, quelques petites fenêtres grillées, comme on en voit, dans les pays catholiques, aux couvens des femmes; et puis au-dessus de la porte un shah-nishiu lugubre, espèce de balcon entièrement recouvert de treillages en fer. Ne cherchez pas un signe distinctif qui puisse au besoin vous faire reconnaître la maison que vous examinez; vous ne verrez sur la porte ni armoiries, ni inscriptions, pas même de numéro; le rez de chaussée est bâti en pierre et en brique; mais par respect pour le Coran, le haut de la maison, depuis le premier étage, est en bois, ce qui explique les nombreux incendies dont les villes turques sont si souvent le théâtre. Le plus léger accident, un fourneau renversé, l'étincelle qui s'échappe d'une pipe, suffisent pour réduire tout un quartier de Constantinople en cendres. Quoi qu'il en soit, malgré le prophète et le Coran, l'intérieur de l'habitation d'une personne aisée ne répond pas à la simplicité de la façade, ni à la sombre structure de la porte d'entrée. L'homme riche, qui dans l'Occident ne craint point d'étaler son opulence, se cache au contraire en Turquie, quand il veut jouir de ses trésors; pour ne pas éveiller l'œil jaloux du despote qui gouverne, il se soustrait à ses yeux, et élève un mur impénétrable.

La cour intérieure est vaste, spacieuse et pavée en marbre très recherché. Si le temps est beau, on la couvre en entier de tapis précieux; tout au tour, règnent des terrasses, des parterres émaillés de fleurs, et de magnifiques galeries soutenues par d'élégantes colonnelles. Chaque arceau, chaque travée est enrichie d'arabesques capricieux; au milieu de l'enceinte, s'élève, sur des piliers de marbre, la fontaine qui fournit de l'eau pour les ablutions; quelques arbres hauts et touffus ombragent de leurs larges feuilles. Plus que partout ailleurs, l'eau en Turquie est une des choses les plus indispensables aux habitans; car il faut de l'eau pour se laver avant et après la prière; il faut de l'eau pour se purifier des péchés que l'on vient de commettre; il faut enfin de l'eau pour boire, puisque la loi défend les liqueurs fermentées; aussi les gens riches multiplient-ils les fontaines et les jets d'eau; ils ne croiraient pas avoir embelli leur maison de campagne, si, à côté de chaque kioske, ils n'élevaient une fontaine dont les eaux se perdent ensuite dans les carrés du jardin. Il n'y a pas, en Turquie, une seule maison aisée où l'on ne trouve une fontaine; l'enfant de Mahomet, quel qu'il soit, a droit de s'y laver; refuser de l'eau à un croyant, ce serait encourir toute la sévérité des lois.

Le rez-de-chaussée n'est ordinairement occupé que par les esclaves, les domestiques et les officiers de la maison. Un grand escalier de bois conduit au divan-khane; vous voici dans un long corridor qui mène aux appartemens des hommes, et qui se prolonge sur trois côtés de la cour. À chaque angle s'élèvent des kioskes richement décorés, couverts

d'arabesques, de guirlandes, de fruits, de fleurs, de paysages. C'est dans ces élégans pavillons qu'attendent, la pipe à la bouche, les officiers de service ou les personnes qui demandent audience; le corps de bâtiment est divisé en deux parties: l'une sert au maître; à ses enfans, aux domestiques, aux étrangers qui viennent le voir; c'est le salem-lit; l'autre destinée aux femmes, et accessible à lui seul, prison consacrée par la religion à l'esclavage de ses compagnes, c'est le harem : dans le salem-lit, les appartemens sont spacieux, mais peu élevés; vous n'y trouvez d'autres meubles que des sofas et des tapis. Les murailles n'y sont peintes que d'une seule couleur; sur le haut de la porte est gravé en lettres d'or un passage du Coran, et tout au tour des noms sacrés de Dieu et du prophète.

De belles tapisseries, des tableaux précieux, des gravures rares, n'ornent jamais la demeure d'un osmanli; dans les appartemens vous n'apercevez pas une seule chaise, et les glaces y sont très peu prodiguées; mais aussi partout vous retrouvez le long et monotone divan qui sert à des usages si divers : le divan vous prête son appui pendant le repas, il soutient votre tête pesante et paresseuse, lorsque, couché sur le tapis, vous vous laissez aller à un doux repos, et la nuit c'est encore le divan qui vous sert de lit; alors on l'entoure de franges, on le pare des étoffes les plus précieuses, on le revêt des plus riches tapis. C'est dans la salle du divan qu'on déploie les rideaux les plus somptueux, que l'on décore les fenêtres avec le plus de soin, que l'on obtient l'obscurité la plus profonde ou le jour le plus éclatant; c'est là qu'en été on ménage les courans d'air les plus agréables, le frais le plus délicieux. « Les lambris, dit un voyageur, jouent aussi un grand rôle dans la demeure des osmanlis; ils en ornent leurs plus beaux appartemens. J'ai vu des lambris qui avaient coûté des sommes considérables; ils étaient d'une richesse, d'une délicatesse de travail que rien ne peut égaler. J'en ai vu un, entre autres, d'une exécution si parfaite qu'il représentait, en mosaïque, et avec tout le fini du pinceau le plus exercé, des arabesques et des dessins d'un goût exquis. Je ne sais si nos artistes les plus habiles arriveront jamais à ce degré de perfection; je doute que jamais un Européen parvienne à combiner avec autant de bonheur, les diverses couleurs dont on peint en Turquie les corbeilles de fleurs et les bouquets.

Je ne parlerai pas des riches tapis dont on fait en Orient un si grand usage; on les connaît assez en Europe, et ce serait peine inutile que d'en donner une description. Les Turcs en général font très peu de cas de ceux que l'on fabrique à Smyrne, dans l'Asie-Mineure, à Salonique, quoiqu'ils soient très recherchés en Europe, et aux États-Unis. Ils préfèrent les tapis de Perse, de Syrie et d'Égyte, qu'ils trouvent d'une qualité supérieure et mieux travaillés.

Tels sont les principaux traits qui peuvent donner une idée des maisons particulières, dans les contrées musulmanes, où tout le monde est obligé de bâtir de la même manière. Là le Grec, l'Arménien et le Juif sont soumis sous ce rapport à la loi du prophète; le chrétien bâtit sa maison selon la règle du Coran, car on lui ferait pas grace de l'amende s'il s'avisait de la transgresser. Le minav-aga, à qui est confiée la surveillance des constructions à Constantinople, est un homme pieux et sévère qui n'entend point raillerie; aussi je ne conseillerai jamais à un Européen établi en Turquie de se mettre en opposition avec la loi bizarre de Mahomet, et surtout avec son fils bienaimé l'intendant des architectes de la capitale et de tout l'empire. »

LES FÊTES DES JUIFS.

Il est intéressant de connaître les fêtes consacrées des anciens Hébreux, fêtes qu'on trouve mentionnées si fréquemment dans la Bible. La nation juive dispersée sur la terre, conservant toutes ses croyances, fidèle à ses pratiques dans l'attente d'un messie, présente encore aujourd'hui un spectacle digne d'attention.

(La fête des trompettes.)

Nous allons donner quelques détails sur les quatre fêtes annuelles des Juifs : trois de ces fêtes n'étaient célébrées que par le peuple de Dieu ; la quatrième, ou *fête des trompettes*, reproduite dans la gravure placée en tête de cet article, et considérée comme l'anniversaire de la création du monde, n'était pas particulière aux hébreux ; elle était dans l'origine observée avec quelques circonstances solennelles par tous ceux qui craignaient le Seigneur.

Le septième mois qui répond à notre mois de septembre, était originairement le premier de l'année en souvenir de la création, et on continua de le regarder comme le premier de l'*année civile*. Mais après la merveilleuse sortie d'Egypte, le septième mois, (*Abib*) forma une nouvelle ère dans l'histoire des Israélites. Le seigneur dit à Moyse et à Aaron : « ce mois-ci sera le commencement des mois ; ce « sera le premier des mois de l'année ; observez le mois « d'abih (le mois des grains), en célébrant la pâque en « l'honneur du Seigneur votre Dieu ; parce que c'est le « mois où le Seigneur votre Dieu vous a fait sortir de « l'Égypte pendant la nuit. »

Le docteur Gill remarque à propos du passage que nous avons cité, que ce jour étant celui de la nouvelle année, cette cérémonie semblait avoir été établie pour exprimer la reconnaissance des heureux évènemens de l'année expirée ; et comme à cette époque tous les fruits de la terre sont recueillis, non seulement l'orge et le blé, mais l'huile et le vin, on appelait les bénédictions divines sur les productions de la saison suivante. D'un autre côté, les Juifs croient que ce jour est celui de la création, et le son des trompettes est pour eux un emblème des voix célestes. « Lorsque les astres du matin louaient le Seigneur tous « ensemble, et que les enfans de Dieu, les anges, étaient « transportés de joie ». On peut croire enfin que c'était un avertissement pour les Juifs de se préparer au jour de l'expiation qui tombait le 10, et à la fête des tabernacles qui arrivait le 15 de ce septième mois. Les Juifs observaient cette fête dans de pieux exercices ; les trompettes retentissaient dans les synagogues, ils fesaient un joyeux repas, et se livraient le reste du jour à des pratiques religieuses.

La pâque. Cette fête dont nous avons déjà parlé fut instituée en mémoire de la délivrance des Hébreux. Moyse appela tous les enfans d'Israël, et leur dit : « Allez prendre « un agneau dans chaque famille, et immolez-le, car c'est « la pâque (c'est-à-dire le passage) du Seigneur ; trempez « un bouquet d'hysope dans le sang que vous aurez mis sur « le seuil de votre porte, et vous en ferez une aspersion sur « le haut de la porte, et sur les deux poteaux ; que nul de « vous ne sorte hors de sa maison jusqu'au matin ; car le « Seigneur passera en frappant de mort tous les premiers « nés des Egyptiens, et quand il verra ce sang sur le haut « de vos portes, il ne permettra pas à l'ange exterminateur « d'entrer dans vos maisons, ni de vous frapper. Vous « garderez cette coutume qui doit être inviolable pour vous « et pour vos enfans, et quand vos enfans vous diront quel « est ce culte religieux, vous leur direz : c'est la victime du « passage du Seigneur lorsqu'il épargne les maisons des enfans « d'Israël dans l'Égypte, frappant de mort les Egyptiens. »

La fête des semaines. Cette fête était observée sept semaines ou cinquante jours après la pâque ; elle est appelée quelquefois *pentecôte* dans le Nouveau-Testament, d'un mot grec qui signifie cinquantième. Elle fut établie en souvenir de la loi de Dieu, donnée sur le mont Sinaï cinquante jours après la délivrance des Israélites. La pentecôte était aussi nommée la *fête de la moisson*, parce qu'elle tombe à la fin de la récolte des blés ; on offrait au Seigneur, pour un sacrifice, deux pains de prémices, de deux dixièmes de pure farine, avec du levain, et on lui rendait de solennelles actions de graces.

La fête des tabernacles. Cette fête était célébrée par les Israélites, pendant sept jours, lorsqu'ils avaient retiré de l'aire et du pressoir, les fruits de leurs champs ; ils admettaient à leurs festins de réjouissances, le lévite, l'étranger, la veuve, l'orphelin, et appelaient la bénédiction de Dieu sur leurs travaux. En souvenir du séjour de leurs ancêtres dans le désert, où ils avaient habité sous des tentes, ils élevaient des espèces de cabanes au moyen de branches d'arbres, et ils y demeuraient pendant les sept jours que durait la fête. Toute la nation devait se rendre à Jérusalem pour y adorer le tabernacle de Jehovah.

Les Bureaux d'Abonnement et de Vente sont transférés rue de Seine-Saint-Germain, 9.

LYON.

(Vue de l'Eglise Saint-Nizier.)

C'est en examinant Lyon et le pays environnant du haut de la tour Pitra , qu'on peut se faire une idée de la grandeur de cette ville et de son influence sur le pays tout entier.

Le sommet du Mont-Blanc qu'on découvre sur la gauche, les glaciers de la Savoie qui se dressent à l'horizon attirent en vain les regards ; l'œil abandonne bientôt cette perspective lointaine et nébuleuse, pour s'arrêter sur le magnifique spectacle qui se déroule aux pieds de l'observateur ; il y a plaisir à suivre le cours de ces fleuves majestueux qui viennent, à droite et à gauche, étreindre Lyon la superbe, et qui, après l'avoir baignée de leurs eaux, après avoir été dans ses murs leur abondant tribut de productions diverses, se réunissent au sortir de la ville, et fuient dans une vallée sans bornes, tout droit vers le soleil du Midi. Vous pouvez suivre long-temps des yeux les deux fleuves encore distincts après leur réunion. La Saône semble quitter à regret ces bords enchanteurs, et les nombreuses maisons de plaisance, et les îles couvertes de verdure qu'elle baigne en passant. Elle chemine lentement ; elle paraît immobile à côté de son impétueux compagnon , qui l'entraîne dans sa course rapide vers les champs de la Provence.

Si vous baissez encore les yeux, il vous semblera que ces ponts hardis et nombreux, ces ponts qui joignent quatre îles en une seule , sont à vos pieds. Les quais immenses qui bordent la Saône et le Rhône, les nombreux monu-

mens dont on domine le faîte , l'hôpital dont le dôme s'élève avec majesté , et ces bateaux à vapeur qui s'éloignent avec la vitesse de l'oiseau, et cette population qui se presse dans ces rues pavées des cailloux roulés du Rhône, et ces maisons si élevées qu'elles semblent se joindre par le sommet pour intercepter les rayons du soleil ; tout cela forme un des panoramas les plus riches et les plus animés que l'on puisse concevoir.

La partie la plus éloignée des hauteurs qui bordent les faubourgs de la rive droite de la Saône, a été autrefois occupée par les armées de la Convention.

Ces beaux peupliers qui s'élèvent majestueusement le long de cette langue de terre qui termine la ville au confluent des deux rivières, montrent encore les blessures que leur ont faites les boulets républicains.

La partie de ces hauteurs qui avoisine la ville, et le faubourg Saint-Jean qui les joint à la Saône, ont encore été le théâtre de luttes aussi sanglantes et aussi déplorables ; car Lyon semble destinée aux guerres civiles. C'est là , près de l'archevêché, presque en face du pont qui mène à Bellecour, qu'a commencé la guerre des mutuellistes ; c'est là que la résistance a été si longue, si opiniâtre ; c'est là qu'a commencé aussi le système de destruction des habitations dont un jour plus tard la ville elle-même devait être victime. L'église représentée dans la gravure qui accompagne cette notice a aussi été témoin de scènes désastreuses : quelques insurgés s'y étaient enfermés lors des derniers évènemens; cet asile de paix a vu le trépas sanglant de ces victimes de nos dissensions politiques.

Dans une lettre adressée à un de nos amis, un voyageur étranger décrivait en ces termes l'aspect de Lyon pendant les évènemens de l'hiver de 1831.

« L'impression que je ressentis en pénétrant dans cette ville si fameuse ne s'effacera jamais de ma mémoire. C'était en 1831, en hiver, après l'arrivée à Paris de la nouvelle terrible, imprévue, extraordinaire, d'une population qui venait de chasser de ses murs l'armée du souverain dont, quelques mois auparavant, elle avait célébré la fête avec l'ivresse de l'enthousiasme. Je pensais trouver sur la route, campée autour de la ville, la cernant par un cordon formidable, l'armée qui l'avait évacuée; mais le grand mouvement de troupes qui depuis Moulins se faisait remarquer, l'encombrement qui dans toutes les villes et sur tous les chemins avait retardé notre voyage, cessaient tout à coup aux approches de Lyon. Là tout était morne et silencieux : le faubourg était désert; à peine une lanterne isolée jetait-elle une faible clarté sur nous. Notre voiture fut arrêtée aux portes de la ville. Ce n'était pas, comme je l'avais pensé, un poste royal qui venait inspecter nos passeports : nous étions arrivés à la grille, et là l'autorité royale était méconnue; une sentinelle isolée, en chapeau rond, en veste courte, sans sabre et sans giberne, semblable en tout aux insurgés de juillet, se promenait en silence. L'employé de l'octroi fit son inspection avec soin, comme si la ville eût été dans son état habituel. Les soldats-ouvriers semblaient ne pas même s'apercevoir de notre passage. Nous eûmes bientôt franchi la barrière, et la ville se développa successivement à nos yeux.

J'ai lu souvent les chroniques du moyen-âge; j'ai tressailli au récit de ces guerres des rois contre les villes, de la résistance souvent si opiniâtre de ces cités nouvellement affranchies, qui avaient arrêté devant leurs murs des armées disciplinées, et les avaient vaincues dans leurs rues. Nancy, Beauvais, une autre Lyon, se pressaient à ma mémoire : et bien, rien, rien au monde, ne me frappa plus que l'aspect de Lyon pendant cette nuit obscure; c'était la réalisation complète, exacte, des récits des chroniqueurs. De temps en temps, un factionnaire à demi armé nous regardait passer en silence, à travers ces étroites ruelles dont les sinuosités prudentes rappellent les temps de l'arquebuse et les précautions des bourgeois contre les gens d'armes. A Lyon, les barricades ne sont pas pour le peuple une nécessité première ; les *tournans* des rues les rendent inutiles.

C'était le surlendemain seulement que les troupes, sur l'invitation des habitans, devaient faire leur rentrée en ville. On attendait l'arrivée du maréchal Soult et du prince royal pour cette espèce de prise de possession.

J'eus donc encore le temps de contempler, tout un grand jour, l'aspect d'une ville conquise par ses propres enfans. Déjà la victoire leur était à charge; ils avaient abandonné les postes principaux. Les métiers battaient dans tous les quartiers. Le soir, ces hautes maisons, bâties aux moindres frais possibles, et louées, bien cher hélas! en détail à la population ouvrière, étaient éclairées à chaque fenêtre. Dans chaque chambre, une modeste lampe, de la forme la plus simple, une mèche brûlant dans un vase plein d'huile, éclairait le travail du canut, travail si délicat, si minutieux par les soins de propreté qu'il exige, et qui cependant est souvent exécuté par de pauvres êtres, salis par la misère, transis par le froid, affaiblis par l'abstinence : on pourrait penser que les facultés morales sont anéanties. Il n'en est rien cependant : l'ouvrier lyonnais, assis tout le jour devant un travail qui bientôt pour lui est tout habitude, a tout le loisir d'occuper son esprit par les tristes pensées que fait naître sa malheureuse condition.

Je me dirigeai vers la Croix-Rousse, ce quartier-général de la fabrique. En gravissant ces collines escarpées, ces rues toutes couronnées de rampes inaccessibles, je n'étais plus surpris des succès des ouvriers; il faut s'étonner même

de la victoire que depuis les soldats ont obtenue : il n'y a que des soldats français qui puissent surmonter de telles difficultés. Pourquoi faut-il que tant de courage, soit déployé dans des luttes qui ne laissent au cœur de tous que d'amers souvenirs !

La rue principale de la Croix-Rousse, la Grande-Côte, semble abandonnée aux classes les moins aisées. L'aspect de cette rampe longue et pénible a quelque chose qui rappelle le supplice de Sysiphe. Les malheureux qui la gravissent, chargés de leurs provisions du jour, du pain, des légumes, du charbon, nécessités de leurs petits ménages, doivent être accablés de fatigue à la fin de leur course journalière. Autrefois, l'exemption de l'octroi devait compenser leur pénible tâche du matin; mais à présent la Croix-Rousse est soumise à l'octroi comme tout le reste de la ville.

Quand on a jeté un coup d'œil attentif sur cette ville de travailleurs, si bien placée pour ses opérations industrielles, on ne s'étonne plus des quarante-cinq mille métiers qui parfois, mais parfois seulement, battent dans ces nombreuses demeures. On comprend que, dans cette immense fabrique, quatre-vingt-dix mille personnes, sur cent cinquante mille habitans, soient occupées à la fabrication des tissus de soie. »

Lyon touche au nord et au midi de la France à la fois. Elle tient par ses habitudes de l'une et de l'autre contrée; elle reçoit les productions de toutes deux Lyon devient être prospère, car elle contribue pour une forte part à la prospérité générale : elle exporte en effet à elle seule pour 125 millions de produits par an.

(La suite à un prochain numéro.)

LOIS FONDAMENTALES DU PORTUGAL

FAITES DANS LA PREMIÈRE CONVOCATION DES ÉTATS GÉNÉRAUX A LAMEGO, EN 1145 (1).

Au nom de la Très-Sainte-Trinité, Trinité inséparable, moi Alphonse, fils du comte Henri et de la reine Thérèse, petit-fils du grand Alphonse, empereur des Espagnes, depuis peu, par la miséricorde de Dieu, élevé à la dignité royale.

Puisque Dieu nous a accordé le repos, et qu'il nous a fait triompher des Maures, nos ennemis, voulant profiter de ce temps de calme, nous avons convoqué ceux dont voici les noms et les qualités : l'archevêque de Braga, les évêques de Visem, de Porto, Coïmbre et Lamego, etc.

Laurent de Venegas, portant la parole pour le roi, en qualité de son procureur-général, en présence du roi, mais sans aucune marque royale, et du clergé séculier et régulier assemblé dans l'église de Sainte-Marie d'Almançave, lève et dit :

Le roi Alphonse que vous avez élu dans le camp d'Ourique, vous a convoqués ici pour vous exhiber les brefs du pape, et vous demander si vous voulez qu'il soit roi. Tous répondirent : *Nous voulons qu'il soit roi.* — Commandera-t-il roi ? Sa royauté finira-t-elle avec lui, ou ses enfans pourront-ils lui succéder ? Tous répondirent : *Il régnera tant qu'il vivra, et après lui ses enfans.* — Si vous le voulez ainsi, continua Venegas, donnez lui les marques de la royauté; et tous répondirent : *Donnons lui les marques de la royauté, au nom du Seigneur.* Pour lors, l'archevêque de Braga prit des mains de l'abbé de Lorbano une couronne d'or, enrichie de perles, et donnée à ce monastère par

(1) L'importance des évènemens qui se sont accomplis ces derniers temps en Portugal sera sans doute accueillie avec intérêt par les lecteurs du *Magasin Universel*, le récit de ce qui se passèrent dans la première assemblée où les Portugais affranchis du joug des Maures, jetèrent les bases de leur constitution et donnèrent la couronne au chef qui les avait conduits à la victoire.

des Goths, et la mit sur la tête du roi, qui tenait son épée nue à la main, la même qu'il avait portée à la guerre. En cet état, Alphonse dit à haute voix : *Béni soit Dieu, qui m'a toujours assisté, quand je vous ai délivrés de vos ennemis avec cette épée que je porte pour votre défense. Je suis donc votre roi, et puisque je suis tel, faisons des lois qui établissent la tranquillité dans notre royaume. Nous voulons bien*, reprirent les peuples, *faites telles lois qu'il vous plaira, nous sommes à vos ordres, nous et nos familles.*

Et les lois pour la succession au trône furent telles qu'elles ont exprimées dans les articles suivans :

Que le roi Alphonse vive pendant longues années, et qu'il règne sur nous. S'il a des enfans mâles, qu'ils soient nos rois, sans qu'il soit nécessaire de faire une autre élection : le fils succédera au père, puis le petit-fils, et ainsi à perpétuité dans leur descendance.

Si le fils aîné du roi meurt pendant la vie de son père, le second fils, après la mort du roi son père, sera notre roi ; puis le troisième succédera au second, et ainsi des années fils du roi.

Si le roi meurt sans enfans mâles, le frère du roi, s'il en a un, sera notre roi, mais pendant sa vie seulement ; car, après sa mort, le fils de ce dernier roi ne sera pas notre roi, à moins que les évêques et les États ne l'élisent.

Le roi demande, dit Laurent de Venegas, *si vous voulez que les filles entrent dans la succession de la couronne ; je souhaite que sur cela on fasse une loi.* Après une longue contestation, les évêques et seigneurs arrêtèrent que si filles du seigneur roi régneraient, mais en cette manière :

Si le roi n'a point d'enfant mâle, et qu'il ait une fille, elle sera reine après la mort du roi, pourvu qu'elle se marie avec un seigneur portugais ; mais ce seigneur ne portera le nom de roi que lorsqu'il aura un enfant mâle de la reine qu'il aura épousée. Quand il sera dans la compagnie de la reine, il marchera à sa main gauche, et ne mettra point sur sa tête la couronne royale.

Que cette loi soit toujours observée, continua Alphonse, que la fille aînée du roi n'ait point d'autre mari qu'un seigneur portugais, afin que les princes étrangers ne demandent point les maîtres du royaume. Si la fille du roi épousait un prince ou un seigneur étranger, elle ne serait point reconnue pour reine, parce que nous ne voulons point et nos peuples soient obligés d'obéir à un roi qui ne serait pas né Portugais, puisque ce sont nos compatriotes qui, sans le secours d'autrui, mais par leur valeur et aux dépens de leur sang, nous ont fait roi. Telles sont les lois qui regardent la succession à la couronne de Portugal ; et les peuples y applaudirent, en disant qu'elles étaient bonnes et justes, et ajoutèrent qu'ils n'en voulaient point d'autres ni pour eux ni pour leurs descendans.

Et Laurent de Venegas s'étant levé, proposa aux peuples, au nom du roi, de faire des lois touchant la noblesse et la justice. Ils répondirent qu'ils y consentaient, pourvu qu'elles fussent conformes aux lois divines. Ce sont celles qui suivent :

Tous ceux qui sont du sang royal, ainsi que leurs descendans, seront reconnus princes. Les Portugais qui auront combattu pour la personne du roi, pour son fils, pour son gendre, ou pour la défense de l'étendard royal, seront nobles, les descendans des Maures, des Juifs ou des Infidèles exceptés. Si un Portugais, fait prisonnier par les barbares, meurt en captivité sans avoir renoncé à la sainteté de son baptême, ses enfans seront nobles. Celui qui aura tué un roi ennemi ou son fils, ou qui aura pris leur étendard royal, sera reconnu pour noble.

Si un noble est assez lâche pour fuir dans le temps qu'il devra combattre ; s'il a frappé une femme de sa lance ou de son épée ; s'il n'a point exposé sa vie pour la liberté de la personne du roi ou du prince son fils, et pour la défense de l'étendard royal ; s'il est convaincu de parjure ; s'il est allé servir chez les Maures ; s'il a volé, blasphémé, ou enfin attenté à la personne du roi, cet homme noble sera dégradé de tout caractère ainsi que sa postérité.

Les lois concernant la justice ayant été pareillement établies, Laurent de Venegas se leva encore, et dit aux peuples : « Voulez-vous que le seigneur roi aille aux assemblées du roi de Léon, qu'il paye le tribut, soit à lui, soit à quelque autre personne étrangère, et comme par le pape, qui l'a fait roi ? » Chacun se leva en tirant l'épée, et dit à haute voix : « *Nous sommes libres, notre roi l'est comme nous. Nous devons notre liberté à notre courage, et si le roi consentait à faire quelque chose de semblable, il serait indigne de vivre, et, quoique roi, il ne régnerait point sur nous.* » A ces paroles, le seigneur roi, ayant la couronne sur la tête et l'épée nue à la main, se leva et dit aux peuples : « *Vous savez les risques que j'ai courus, et les dangers auxquels je me suis exposé pour vous procurer cette liberté dont vous jouissez ; je vous prends à témoin, aussi bien que cette épée que je porte pour votre salut et pour votre défense : si quelque roi consentait à commettre une telle infamie, qu'il meure ; et si c'est mon fils ou mon petit-fils, qu'il soit privé de la couronne.* » Et tous s'écrièrent en agitant leurs épées : « *C'est bien dit : ils mourront, et le roi est assez lâche pour se soumettre à une autre puissance, qu'il cesse de régner.* » Et le roi reprit : « *Ainsi soit-il.* »

L'ADANSONIA DIGITATA.

La belle plante dont nous ne donnons ici que quelques feuilles et une fleur, est la plus volumineuse de toutes celles que le célèbre Adanson a décrites dans son voyage du Sénégal. Le tronc de l'arbre qui porte l'adansonia digitata n'est pas très haut, mais il devient si gros qu'il n'est pas rare d'en rencontrer qui ont soixante et quinze ou quatre-vingts pieds de circonférence. Il est couronné d'un grand nombre de branches fort grosses, longues de cinquante à soixante pieds, dont les plus basses s'étendent et touchent quelquefois la terre, de manière que l'arbre, dont le tronc est ainsi masqué, ne paraît de loin qu'une masse de verdure de soixante ou quatre-vingts pieds de haut, sur cent cinquante pieds de diamètre. De l'aisselle de deux ou trois feuilles inférieures de chaque branche, il sort une fleur solitaire, pendante à un pédoncule cylindrique une fois plus long que les feuilles, accompagné de deux ou trois écailles qui tombent vers le temps de l'épanouissement de l'Adansonia. Cette fleur est proportionnée à la grosseur de l'arbre ; elle a, lorsqu'elle est épanouie, quatre pouces de longueur sur six pouces de large.

Aux branches de cet arbre répondent à peu près autant de racines, presque aussi grosses, mais beaucoup plus longues. La racine du centre forme un pivot qui, semblable à un fuseau, pique verticalement à une grande profondeur, pendant que celles des côtés s'étendent horizontalement, et tracent près de la superficie du terrain ; on a observé que les racines d'un individu âgé seulement de dix ou douze ans, et d'une circonférence de soixante-dix-sept pieds, avaient une étendue de cent et dix pieds. L'accroissement de cet arbre, très rapide dans les premières années, diminue ensuite considérablement ; sa durée étonne l'imagination ; on le nomme pour cette raison arbre de mille ans. Adanson, à qui nous devons une histoire très étendue de ce végétal, a prétendu que parmi ceux qu'il avait observés au Sénégal, plusieurs étaient âgés de six mille ans ; et c'est ce qui a fait dire à Humboldt que cet arbre est le plus ancien monument organique de notre planète. Le fruit, lorsqu'il est gâté, et son écorce ligneuse, servent aux nègres à faire un excellent savon, en tirant la lessive de ses cendres et en la faisant bouillir avec de l'huile de palmier qui commence à rancir. Le bois est blanchâtre, léger, et tellement tendre, qu'en Abyssinie les abeilles y forment un trou pour y déposer leur miel, qui est considéré comme le meilleur de ces contrées. Il paraît que le bois n'est employé ni pour les arts ni pour l'industrie ; les nègres font encore un usage bien singulier du tronc de ces arbres ; ils agrandissent les cavités de ceux qui sont attaqués de la carie ; ils y pratiquent des espèces de chambres où ils suspendent les cadavres de ceux auxquels ils refusent les honneurs de la sépulture, et ils en ferment l'entrée avec une planche. Ces cadavres s'y dessèchent parfaitement, et y deviennent de véritables momies sans aucune autre préparation ; le plus grand nombre de ces corps, ainsi desséchés, sont ceux des *griots*, ou poètes musiciens qui président aux fêtes et aux danses, à la cour des rois nègres, *voy.* page 54. Cette espèce de supériorité de talens les fait respecter des autres nègres, qui les regardent comme des sorciers ou des démons ; mais

(Adansonia digitata.)

à leur mort ce respect se change en horreur ; les nègres croient que si on enterrait ces corps, ou si on les jetait dans les eaux, ils attireraient la malédiction sur leur pays ; c'est pourquoi ils les cachent dans les troncs des Baobabs.

DILIGENCES ESPAGNOLES.

(Suite.) (1)

Depuis 1820, des capitalistes ont en l'heureuse et lucrative idée de former une compagnie royale des diligences. Les routes que desservent ces voitures sont celles de Perpignan à Madrid, en passant par Barcelone et Valence ; de Bayonne à Madrid, par Vittoria et Burgos ; et de Madrid à Séville. Enfin, depuis deux ans, un bateau à vapeur reçoit les voyageurs qui veulent descendre à Cadix par le Guadalquivir, ou remonter ce fleuve jusqu'à Cordoue.

Rien de plus commode ni de mieux approprié au climat que ces diligences de la compagnie royale. Des espèces de ventilateurs, des persiennes adaptées aux portières, enfin des ouvertures pratiquées dans les cloisons qui partagent les compartimens de la voiture, garantissent les voyageurs

(1) Voyez, page 43.

de la poussière et de la chaleur tout à la fois. Assis à l'aise, et au milieu d'un demi-jour que laissent arriver les jalousies, on voyage aussi agréablement que possible, par une chaleur de trente degrés, et emporté par huit ou dix mules qui vont comme le vent. On ne rencontre pas à beaucoup près les mêmes commodités dans les diligences de France.—Tout comme dans les *coches de culleras*, le mayoral est assis sur le siège, tenant les rênes, qu'il n'abandonne jamais ; à côté de lui se tient le zagal. Celui-ci, pour peu qu'une mule ralentisse son allure, s'élance comme un trait, et, la frappant du bâton noueux de son fouet, accélère le pas de la pauvre bête. L'attelage entier reprend une nouvelle ardeur à ce bruit bien connu qu'accompagne ordinairement un redoublement de reproches à la *capitana*, à la *coronella*, etc. C'est là, d'ailleurs, une criaillerie qui ne cesse pas pendant toute la route.—Ce qu'on va dire donnera une idée de la rapidité des diligences espagnoles : un ordre de police défend encore aujourd'hui de voyager la nuit, et cela, disent les affiches municipales, pour la commodité et pour la sûreté des voyageurs (*por la seguridad de usted*). Des *escopeteros* ou gardiens, payés par les entrepreneurs de la compagnie royale, escortent leurs diligences. Ils sont quatre ou six, selon les pays ou les époques ; toujours perchés sur l'impériale, ils voyagent armés de poignards, de pistolets et de tromblons. On s'arrête au coucher du soleil, et on repart vers trois ou quatre heures du matin. Néanmoins, au bout de vingt-quatre heures, on a fait autant de chemin qu'une diligence française qui aurait roulé jour et nuit pendant tout ce temps. Ainsi de Lyon à Paris l'on compte cent vingt lieues environ, que nos voitures publiques parcourent ordinairement en trois jours et trois nuits, tandis que les diligences espagnoles vont en trois jours de Madrid à Bayonne ; or, ces deux villes sont éloignées de cent lieues et on a couché deux fois en route. Il est vrai que les routes d'Espagne, bien qu'elles n'exigent pas la moitié des travaux qu'occasione l'entretien des nôtres, sont, en général plus fermes et plus unies. Cette différence tient à la rareté des pluies et à la moindre activité du charroi. Il faut au faire entrer en considération le prix élevé des places dans les diligences espagnoles ; il en coûte de cent dix à cent quinze francs pour faire cent lieues ; notez que dans ce prix ne sont pas compris les frais d'auberges. Ces auberges dont l'administration a calculé les distances sur les routes reçoivent les voyageurs moyennant une rétribution de quarante-deux sous pour le déjeuner, et du double pour le diner et la couchée.—Ces *ventas*, ces grandes hôtelleries isolées, qui ont conservé dans leur pureté originelle les mœurs de la vieille Espagne, rappellent par leur aspect les scènes si bien décrites dans *Don Quichotte* : sous le hangard qui règne tout autour de la cour, dorment pêle-mêle les voyageurs mendians qui reçoivent l'hospitalité, les muletiers les bestiaux avec leurs gardiens. Au milieu de la cour, bien avant dans la nuit, le mayoral, avec les *escopeteros* et quelquefois avec l'hôtelier, fument et boivent gravement autour d'une table. Réunis dans leur chambre, et nombre de six et même davantage, les voyageurs reposent au premier étage, jusqu'à ce que la voix matinale du conducteur vienne les éveiller en criant : *Al roche, al coche!* A la voiture, à la voiture ! Il faut alors se lever et repartir.

ACARUS DE LA GALE.

Dans l'étude de l'histoire naturelle on rencontre souvent des objets qui, après avoir fixé quelque temps l'attention générale, sont ensuite tombés dans l'oubli, ou du moins qui n'ont plus prêté qu'à de rares observations, soit parce que les observateurs se sont lassés de pousser plus loin leurs recherches, soit parce qu'ils ont pensé n'y plus rien découvrir. C'est ce qui est arrivé pour l'*acarus* de la gale, dont l'existence a été signalée, depuis près de trois siècle, par des observateurs dignes de foi, et qui depuis a été tou à tour reconnu et décrit, après avoir été mis en doute et enfin nié positivement.

Les anciens ont connu quelques *acarus* ou *cirons*, ainsi nommés par eux, à cause de leur petitesse presque atomistique, ou parce qu'ils se creusent des espèces de galeries dans la substance dont ils se nourrissent. En effet, Aristote a dit qu'il s'engendre, dans la cire ou dans le vieux fromage, un animal, le plus petit de tous, auquel on donne le nom

d'*acarus*; mais il ne paraît pas qu'il ait connu l'animalcule parasite de l'espèce humaine, dont la présence indique la gale, quoiqu'il ait probablement connu cette maladie.

C'est dans un auteur arabe du 12e siècle que se trouvent les indices de cette découverte. On lit, en effet, dans un ouvrage intitulé: *Taisir Elmedaouar*, par un médecin arabe, nommé *Aboumeroand-Abdel Maleck* : « Il y a une « chose connue sous le nom de *soab*, qui labonre le corps

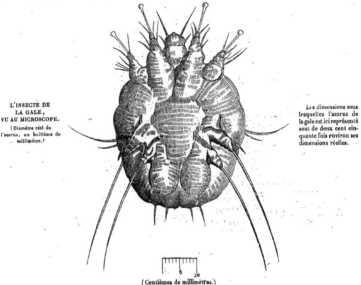

L'INSECTE DE LA GALE, VU AU MICROSCOPE.
(Diamètre réel de l'acarus, un huitième de millimètre.)

Les dimensions sous lesquelles l'acarus de la gale est ici représenté sont de deux cent cinquante fois environ ses dimensions réelles.

(Centièmes de millimètres.)

« à l'extérieur ; elle existe dans la peau, et lorsque celle-ci « s'accroche en quelque endroit, il en sort un animal ex- « trêmement petit, et qui échappe presque aux sens ; » description à laquelle il ajoute un système de traitement qui consiste en onctions avec de l'huile d'amandes amères et avec une décoction de feuilles de persicaire.

Cependant, malgré ce passage du médecin arabe, la découverte de l'acarus fit peu de progrès en Occident; en 1557 seulement, Scaliger en parle d'une manière positive. « Les Padouaves nomment l'acarus *pedicelli*, les Turiniens « *scirones*, les Gascons *brigant*. Il est si petit qu'on peut « à peine l'apercevoir. Il se loge sous l'épiderme ; en sorte « qu'il brûle par les sillons qu'il se creuse. Extrait avec une « aiguille et placé sur l'ongle, il se met peu à peu en mou- « vement, surtout s'il est exposé aux rayons du soleil. En « l'écrasant entre deux ongles, on entend un petit bruit, « et on en fait sortir une matière aqueuse. »

Le dictionnaire de la Crusca, publié pour la première fois en 1612, donne déjà une définition de cet acarus au mot *pedicello*, très petit ver qui se forme sous la peau des galeux et dont la morsure cause une énorme démangeaison.

La lecture de cette définition engagea le docteur Bononio à vérifier le fait. Il découvrit en effet l'insecte et en donna la première figure.

Cependant, il faut l'avoner, ce que l'on savait de l'histoire de l'*acarus scabiei* était dû aux travaux des Italiens ou des Allemands, et les Français n'y avaient eu, pour ainsi dire, aucune part, lorsqu'en 1812, M. Galès, phar-

macien en chef de l'hôpital Saint-Louis, hôpital où tous les galeux de Paris et des environs sont traités, eut l'idée de profiter de cet avantage pour éclaircir et confirmer les faits admis par les pathologistes étrangers. Ses observations et ses expériences, consignées dans une thèse inaugurale soutenue à la Faculté de médecine à Paris, avaient été suivies par un grand nombre de médecins et de naturalistes. Tous avaient pu voir le ciron de la gale. M. Galès avait montré, de plus, par une expérience faite sur lui-même et répétée devant les commissaires nommés par le conseil général des hospices, qu'un acarus, placé convenablement sur la peau d'un homme sain, détermine l'éruption des pustules psoriques, ce que ne fait nullement l'*acarus* de la farine.

Les figures de l'*acarus scabiei* fournies par M. Galès furent regardées comme incontestables jusqu'au moment où M. Raspail, en 1829, prouva que ces figures, au lieu de représenter le ciron de la gale, n'étaient que la représentation de celui du fromage.

Dès lors les doutes sur l'existence de l'*acarus* reprirent le dessus, et par un excès blamable, on contesta tous ces faits et les expériences de M. Galès, comme si elles étaient une conséquence rigoureuse de l'inexactitude de ses figures, et comme si l'Europe savante n'avait pas prononcé depuis long-temps sur ce sujet. On fut ainsi tenté d'admettre avec M. Raspail que l'animal parasite de la pustule de la gale chez l'homme ne s'y trouve pas toujours, et bien plus, qu'on ne l'y rencontre qu'accidentellement.

MM. Galeoti, Chiorugi, à Florence, et MM. Biett, Lugol,

Mousonville, Rayn, Asselin, Henri, Pelletier, en France, après des tentatives infructueuses, déclarèrent que ce malencontreux insecte n'existait pas. M. Biett cependant, ébranlé par l'autorité des savans qui l'avaient vu, demanda de nouvelles expériences, tandis qu'au contraire, M. Lugol défia tous les entomologistes de le trouver, et offrit un prix de 300 fr. à celui qui le lui ferait voir.

La question en était là, lorsqu'en 1851, Olymi, le jardinier d'Alfort, et deux élèves de cet établissement, adressèrent à M. Raspail des débris de la gale du cheval, qui grouillaient à la vue simple. C'étaient des insectes bien vivans qu'il se hâta d'observer au microscope et de dessiner avec soin. Il est inutile de faire observer que ces insectes n'avaient pas le moindre rapport de ressemblance avec les figures de M. Galès, aux yeux d'un homme exercé à l'étude des corps microscopiques. M. Raspail en publia la description, en annonçant que l'on retrouverait sûrement un jour l'insecte des pustules de la gale humaine.

Ses prévisions se sont toutes vérifiées, et l'on ne peut encore s'expliquer comment elles ont tant tardé à l'être; car, entre autres auteurs, Casal nous a laissé une espèce d'itinéraire de l'insecte, qui aurait dû mettre les médecins sur les traces de cet animal. En effet, a dit cet auteur qui l'avait bien des fois observé dans les Asturies, « l'insecte s'engendre sous l'épiderme; on l'appelle, et à juste titre, le laboureur, car il laboure la peau entre le derme et l'épiderme; il avance à la manière des lapins, et laisse derrière lui son terrier en forme d'un sillon, qui est très visible à un œil ordinaire, lorsqu'il est éclairé par une lumière assez vive. Dans les pays des Asturies, il n'est pas rare de trouver des personnes qui savent extraire ces animalcules avec la plus grande habileté à la pointe d'une aiguille; elles les placent sur un verre poli, où on les voit courir. »

Ce que Casal a rapporté des Asturies, on l'observe de la même manière dans toutes les provinces méridionales de l'Europe, et les bonnes femmes n'ont pas besoin d'avoir recours à la mystification de M. Galès, pour montrer aux curieux l'insecte qui dévore la peau de leurs nourrissons.

M. Renucci, élève en médecine, natif de la Corse, et qui avait eu de si fréquentes occasions de remarquer dans cette province de la France ce que Casal avait observé dans les Asturies, M. Renucci apprit avec étonnement, en assistant aux cours de la capitale, que l'existence de l'acarus de la gale donnait lieu à une polémique aussi animée. Il se mit à examiner les galeux de la capitale, et par les procédés usités dans son pays, il s'assura que cet insecte se trouvait à Paris comme en Corse. Ses indications ont été si positives, que chaque médecin peut aujourd'hui extraire cet acarus avec la même dextérité que les habitans des Asturies, de Corse et de Naples; car, au bout du sillon dont a parlé Casal, M. Renucci a fait remarquer un point blanc qui, lorsqu'on le rencontre, indique infailliblement la présence de l'acarus; on n'a alors qu'à plonger au-dessous de ce point l'extrémité d'une épingle, à soulever l'épiderme, pour emporter l'insecte en dehors, tout vivant et non mutilé. Le point d'un i peut donner une idée de la grosseur de cet insecte, qui a un peu moins d'un huitième de millimètre d'étendue. Le grossissement sous lequel il est représenté dans la figure de cet article est de plus de deux cent cinquante fois son diamètre. L'acarus est blanc, opalin, arrondi, bosselé, demi-transparent; la partie supérieure du dos est couverte de sillons transversaux et de petites élévations en forme de verrues; les bosselures de cette partie ressemblent assez à celles que présenterait une vessie distendue et enfoncée en quelques points par des brides; la partie inférieure présente les sillons transversaux déjà indiqués, mais on n'y voit point les petites élévations du dos; elle présente, entre l'insertion des quatres pattes antérieures, trois lignes roussâtres qui correspondent à des enfoncemens, et qui, vues sur l'insecte mort, paraissent être des tendons destinés à mouvoir les pattes; de semblables lignes se font remarquer aux pattes postérieures, elles ont une même couleur et pa-

raissent destinées aux mêmes fonctions. Le reste du corps est transparent, si ce n'est au centre et vers la partie antérieure, où l'on voit une tache brune qui n'a pas été figurée sur la planche, et semblerait être l'estomac; cette tache s'est présentée sur plus de douze individus que nous avons examinés au microscope. La tête est courte et de couleur rouge rouille, ainsi que les pattes; en avant, sont deux antennes courtes et semblables aux poils qui existent sur d'autres parties du corps; la bouche paraît être verticale, comme celle de l'acarus du fromage; les yeux sont à peine indiqués sur les côtés de la tête; les pattes antérieures, au nombre de quatre, sont fortes et puissantes, puis prolongées par un filet mince qui paraît plier sous le poids de l'acarus : l'extrémité de ce filet est terminée par une petite ventouse en forme de pelotte, et réunie avec le filet au moyen d'une articulation. Nous avons constaté ce fait sur des individus morts, chez lesquels ce petit tarse faisait un angle droit avec la jambe. Les pattes postérieures sont moins fortes que les pattes antérieures; elles sont terminées par de longs poils qui égalent quelquefois la longueur du corps de l'insecte; elles ne sont point comme les antérieures terminées par la petite ventouse dont nous avons parlé, et que M. Raspail a trouvée à ces pattes postérieures chez le sarcopte du cheval. Dans l'état ordinaire, l'acarus les traîne derrière lui, et elles ne lui servent point à marcher, mais elles paraissent avoir pour fonctions de servir à élever la partie postérieure de l'animal lorsqu'il veut pénétrer dans un tissu, et elles lui permettent ainsi de plonger avec la tête et d'agir avec les pattes antérieures; nous avons vu des acarus répéter souvent cette manœuvre sur des plaques de verre entre lesquelles nous les avons conservés quatre jours vivans.

Il y a dans l'organisation de cet insecte un fait fort remarquable, c'est que, destiné à vivre sous l'épiderme, où il se fraie un chemin, il présente une organisation analogue à celle de la taupe. Ses extrémités antérieures sont puissantes et développées, tandis que les postérieures sont presque à l'état rudimentaire. Il serait curieux de vérifier si le sarcopte du cheval qui a des pattes postérieures pourvues de ventouses, quoique moins fortes que les pattes antérieures, est situé plus souvent dans la vésicule que sous l'épiderme; cette différence de mœurs serait tout-à-fait en rapport avec l'organisation des deux insectes, et servirait pour ainsi dire à l'expliquer.

LE DANTE.

(Suite.) (1)

Né à Florence au mois de mai 1265, de la famille des Alighierri, ce poète avait reçu le nom de Durante, qu'on changea par abréviation en celui de Dante. On ajoutait alors beaucoup de foi à l'astrologie judiciaire; Brunetto Latini, poète et philosophe qui passait pour un savant astrologue, prédit que cet enfant s'élèverait un jour au plus haut degré, et, chargé du soin de son éducation par sa mère Bella, il ne négligea rien pour développer ses heureuses dispositions. Dante perdit son père de bonne heure; à neuf ans, il vit pour la première fois une jeune fille du même âge, Béatrix ou Béatrice Portinari; il reçut dès lors des impressions qui purent bien s'affaiblir dans la suite, mais qui ne s'effacèrent jamais; ce fut pour Béatrice qu'il composa ses premiers vers; il a écrit dans l'un de ses ouvrages en prose, la Vita nuova, l'histoire de leurs innocentes amours, et lui a élevé un monument plus célèbre dans son grand poème qui est en quelque sorte plein de son souvenir. Il ne borna pas ses études à la poésie et à la littérature; la philosophie de Platon et celle d'Aristote, l'histoire, la théologie, l'occupèrent tour-à-tour; il savait parfaitement le latin, le provençal, et même un peu le grec, ce qui était alors très rare. Il cultiva aussi la musique et le dessin; on le voit jusqu'à

(1) Voyez page 49.

vingt-cinq ans se livrer sans relâche à des exercíces de l'esprit. Plusieurs de ses essais poétiques en l'honneur de Béatrix, eurent du succès; mais il était temps qu'il prît une détermination pour son avenir ; il flotta entre des partis très divers, et songea même à se faire moine; il porta, dit-on, l'habit de Saint-François; mais ces idées ne durèrent pas, car c'est à la guerre, à la bataille célèbre de Campaldino, en 1589, qu'il paraît pour la première fois comme citoyen de Florence. Il servait dans la cavalerie, et contribua au succès de la journée qui anéantit les dernières espérances des Gibelins. Dante avait épousé les passions avec toute l'ardeur de son caractère; il combattit encore l'année suivante dans une autre expédition contre les Pisans, et se trouva au siège et à la prise du château de Caprona; mais ses talens l'appelaient plus particulièrement aux ambassades ou aux missions politiques; il en remplit jusqu'à quatorze.

En 1290, une grande douleur l'attendait à Florence ; Beatrix mourut dans la vingt-sixième année de son âge, mariée depuis quelque temps à un personnage de la noble famille des Bardi. Des mois se passèrent avant qu'il pût essayer d'exhaler ses regrets dans des vers sur sa tombe ; il la célébra, la pleura, la divinisa dans maint Canzone ; il écrivit une lettre latine adressée aux rois et aux princes de la terre, pour leur peindre la désolation où la mort de Béatrix venait de laisser Florence et le monde entier. Nous ne nous arrêterons pas à l'opinion récemment émise, d'après laquelle Béatrix ne serait qu'une personnification de la puissance impériale que Dante appelait de tous ses vœux; elle a été combattue et réfutée avec une grâce exquise, par l'auteur de la Vie intime, M. Antoine de Latour.

Le vif chagrin que notre poète avait ressenti de la perte de son amie, ne l'empêcha pas de se marier en 1291; il épousa Gemma Donati dont il eut plusieurs enfans , et avec laquelle il ne vécut pas long-temps, en bonne intelligence; elle finit par le quitter , et ce fut sans retour. Cette division jeta Dante dans le parti des Blancs, et fut la source de tous ses malheurs.

Les Gibelins avaient été expulsés de Florence, et les Guelfes tout-puissants se partagèrent bientôt en deux factions, la faction des Noirs qui, appuyés par le souverain pontife, voulaient appeler Charles d'Anjou dans leur ville, et la faction des Blancs qui s'y opposaient violemment. Les Donati étant du premier parti, Dante embrassa le second; nommé Prieur en 1300, il ne put réprimer les discordes civiles, et lorsque Charles eut passé les Alpes, il fut désigné comme chef de l'ambassade envoyée au pape Boniface VIII; c'est alors qu'il tint le propos si fier et si connu : Si je vais, qui reste? si je reste, qui va? Pendant qu'il était à Rome, Charles, après avoir reçu le titre de pacier de la Toscane, entra à Florence le 1er novembre 1301, et malgré des promesses solennelles, prétextant une feinte conspiration, il livrait les Blancs aux vengeances de leurs adversaires. Les Blancs frappés d'épouvante, se mirent à fuir de tous côtés ; quand ils furent partis, Charles les fit citer devant lui, et condamner comme rebelles, pour n'avoir pas comparu. Leurs biens furent confisqués, leurs palais démolis; ceux qui eurent le courage de se présenter ne furent pas mieux traités; la plupart furent bannis, leurs biens confisqués ou dévastés. Le nombre des proscrits fut de plus de six cents, sans compter les enfans et les femmes; le gouvernement de Florence y gagna des sommes immenses; Charles de Valois eut pour sa part vingt-cinq mille florins d'or , et ce fut ainsi qu'il termina sa mission de pacier en Toscane.

Dante toujours à Rome ne pouvait manquer d'être persécuté; il fut condamné, par une première sentence, à l'exil et à la confiscation de ses biens, et par une seconde à être brûlé vif lui et tous ses adhérens; ces sentences exisaient, écrites en latin barbare. Il alla donc se joindre aux autres bannis; ils firent cause commune avec leurs anciens ennemis les Gibelins, et les Blancs-Gibelins cherchèrent vainement en 1304 à rentrer par la force à Florence. Dante ne fit plus

que changer fréquemment d'asile, trouvant partout d'abord un bon accueil, et fatigant bientôt ses hôtes , soit par la hauteur et l'âpreté de son caractère, que le malheur aigrissait , soit par son malheur même... « Je réserve ma plus grande pitié, écrivait-il , pour ceux qui, se consumant dans l'exil , ne revoient leur patrie qu'en songe. » L'arrivée du nouvel empereur, Henri de Luxembourg, en Italie, lui donna quelques espérances que la mort inopinée de ce prince fit évanouir. Ce fut , dit-on , vers ce temps là qu'il vint à Paris et qu'il y fréquenta l'Université; il retourna ensuite en Italie, à l'âge de cinquante-six ans, après une courte maladie, et fut enterré dans l'église des Frères Mineurs de Saint-François, sous une simple tombe de marbre sans inscription. Ce ne fut qu'en 1483 que Bernard Bembo lui fit élever un monument digne de lui. Ravenne ne voulut jamais consentir à rendre à sa patrie les restes de ce grand homme.

Voici le portrait que nous en a laissé Boccace :

Dante était de taille moyenne et légèrement voûté ; sa démarche était noble et grave, son air bienveillant et doux; il avait le nez aquilin , les yeux grands , la figure longue , et la lèvre inférieure un peu avancée; il avait le teint très brun, la barbe et les cheveux noirs , épais et crépus.

Sa physionomie était celle d'un homme mélancolique et pensif ; naturellement rêveur et taciturne, il ne parlait guère à moins d'être interrogé , et souvent absorbé comme il l'était dans ses réflexions , il n'entendait pas toujours les questions qui lui étaient faites. Il aimait passionnément tous les beaux arts; doué d'une belle voix, il chantait agréablement, c'était sa manière favorite d'épancher les émotions de son ame, surtout quand elles étaient douces et heureuses.

GUILLAUME TELL.

L'histoire de Guillaume Tell est sans doute assez connue de tous nos lecteurs pour que nous devions nous abstenir de la produire dans notre recueil. Un auteur dont les œuvres se retrouvent dans tous les coins de la France, Florian, a fait de cette histoire un roman qui est loin d'être sans intérêt. Lemierre a fait sur cette légende une tragédie jouée pour la première fois en 1766, et qui, malgré ses défauts, est restée au théâtre; et enfin, le grand Schiller, l'un des régénérateurs du théâtre allemand, a fait paraître sur le même sujet un drame éminemment remarquable. La couleur républicaine de cette œuvre dramatique valut à Schiller un brevet de citoyen français, que lui décerna la Convention. Cette terrible assemblée avait même reçu de Schiller , lors du procès de Louis XVI, un mémoire en faveur de cet infortuné monarque. Lorsque le brevet fut expédié en Allemagne , pas un seul des conventionnels qui l'avaient signé n'avait survécu; chose remarquable , ils avaient tous péri de mort violente. La musique et le drame ont aussi payé leur tribut à la gloire de Guillaume Tell. Le divin Rossini a fait la musique d'un opéra qui porte le nom du libérateur de la Suisse, et que les amateurs vont toujours entendre avec empressement à l'Académie royale de musique ; et dans ces derniers temps , le théâtre Nautique a donné, sous le même titre , un ballet dont l'attrait est rehaussé par de magnifiques décorations.

La réalité de l'existence et des hauts faits de Guillaume Tell n'est pas admise par tous les historiens. On retrouve, en effet, la même légende dans une histoire des rois et héros saxons, écrite au XIIe siècle par un Danois, Saxo-Grammaticus. Dans ce recueil curieux de traditions populaires, de chants nationaux et de documens sur les peuples du nord, qui ont les premiers adopté une sorte de gouvernement constitutionnel , nous trouvons, sous un nom différent, un autre Guillaume Tell, dont la biographie semble avoir servi de modèle à celle que les Suisses donnent de leur héros, ou qui du moins a été copiée littéralement sur cette lé-

gende. Guillaume Tell, suivant les chroniques suisses, aurait vécu dans le XIVe siècle, tandis que l'ouvrage de *Saxo
Grammaticus* remonte au douzième; mais la plupart des
historiens français et allemands pensent que cette histoire
de Guillaume Tell a été insérée après coup dans l'ouvrage
danois.

Quoi qu'il en soit, il n'est pas permis en Suisse de mettre en doute le généreux dévouement et les hauts faits du
vengeur de ce pays. L'insurrection des trois cantons d'Uri,
de Schwitz et d'Underwald, qui les premiers ont secoué le
joug oppresseur de l'Autriche, et l'établissement de leur république fédérative, sont chez eux inséparables des noms

(Monument élevé à Guillaume Tell dans son canton.)

de Gessler et de Tell. Le refus de ce dernier de rendre hommage au chapeau du gouverneur planté sur une pique au
milieu de la place d'Altorf, son emprisonnement dans le
château fort de Kusnacht, le passage du lac, la tempête
qui force Gessler à confier la conduite de sa barque à
Guillaume Tell, l'évasion de ce dernier, la mort de Gessler frappé au cœur d'une flèche lancée par le héros suisse,
et jusqu'à la scène peu vraisemblable dans laquelle Guillaume Tell, pour recouvrer sa liberté, est forcé d'abattre
une pomme placée sur la tête de son fils, ce sont là autant
d'articles de foi pour les bons habitans des Waldstœtten.

Chaque année, quand revient cette fête des carabiniers
suisses, qui entretient parmi leurs chasseurs une émulation
utile à la défense de leur territoire, le souvenir de Guillaume Tell est rappelé avec amour et vénération. Faux ou
vrais, la Suisse fera bien de respecter et de conserver ces
récits merveilleux qui enflamment l'imagination de ses enfans, et les excitent à se dévouer pour l'indépendance de leur
pays.

ÉPHÉMÉRIDES.

Le mois de novembre doit son nom au rang qu'il occupait
dans l'année romaine, telle que l'avait, dit-on, conçue Romulus;
ce rang était le neuvième (*novem*), les changemens introduits
plus tard dans la division de l'année, placèrent ce mois à la
dixième place, puis à la onzième, qu'il a toujours conservé depuis.
Une seule fois il changea de nom chez les Romains, ce fut sous
l'empereur Commode dont les courtisans substituèrent au nom
de *november* celui d'*ex-superatorius* (triomphant).

Les chrétiens ont placé dans les premiers jours de novembre,
deux de leurs principales fêtes, la Toussaint, et la fête des morts.
— L'origine de la première de ces deux fêtes remonte au VIIe siècle. L'empereur Phocas ayant permis au pape Boniface IV, de
consacrer au culte chrétien le célèbre temple appelé le *Panthéon*,
ce pape en fit une église qu'il dédia à la Vierge, et à *tous les
martyrs* de la foi. La fête de tous les saints fut dès-lors instituée,

et plus tard, le pape Grégoire IV ordonna qu'elle serait observée
dans toute la chrétienté, le premier jour de novembre.

Les anciens avaient donné le nom de *Sagittaire* à la constellation du zodiaque à laquelle correspondait alors le mois de novembre. La figure que l'on représente dans les sphères à la place
de cette constellation, a, comme les centaures, une tête et un
buste d'homme, terminé par un corps de cheval. Ce centaure est
orné d'un arc, et tire une flèche.

1er *novembre* 644. — Assassinat d'Omar Ier, second successeur
de Mahomet. On raconte qu'Omar fut converti subitement à l'is-
lamisme par la lecture de quelques passages du Coran dont il
avait vu un exemplaire dans les mains de sa sœur. Parent de
Mahomet il se montra l'un de ses plus zélés sectateurs, et l'une
de ses filles devint une des femmes de ce faux prophète. Omar
fut successivement chancelier d'Abou-Keir, le premier kalife après
Mahomet, puis kalife lui-même. Omar s'étant emparé de plusieurs villes de la Syrie, Jérusalem se rendit à ce prince. Il
entra suivi d'une escorte peu nombreuse, fit ses prières sur les
marches de l'église de la Résurrection et ordonna la construction
d'une mosquée sur les ruines de l'ancien temple de Salomon.
Devenu maître de l'Égypte, Omar fit rouvrir le canal qu'*Adrien*
avait fait creuser du Nil à la mer Rouge, pour faciliter l'arri-
vage des blés en Égypte par l'Arabie. — Vers le même temps
Omar s'empara de la Perse. Un esclave persan auquel il avait
refusé une diminution de tribut, le perça de son poignard dans
une mosquée. Ce kalife exerçait l'état de corroyeur pour obéir au
Coran qui ordonne de vivre du travail de ses mains. Il ne se
nourrissait, dit-on, que de pain d'orge et d'eau.

1er *novembre* 1700. — Charles II, roi d'Espagne, meurt un
mois après avoir signé le testament dans lequel il avait désigné,
comme successeur au trône, Philippe d'Anjou, petit-fils de
Louis XIV. (Nous ne faisons qu'indiquer ici un événement qui a
exercé une si grande influence sur l'état de l'Europe, et que nous
ne saurions renfermer dans le cadre étroit de nos éphémérides).

Les Bureaux d'Abonnement et de Vente sont transférés rue de
Seine-Saint-Germain, 6.

Paris. — Imprimerie de H. Fournier, rue de Seine, 14.

TOURS.

(Vue de Saint-Gatien.)

Déjà nous avons présenté à nos lecteurs des articles spéciaux sur quelques-unes des villes de France; aujourd'hui nous appellerons leurs regards sur le chef-lieu du département d'Indre-et-Loire. Située dans une plaine magnifique, entre la Loire et le Cher, entourée de champs fertiles et de jardins délicieux, Tours attire dans ses murs un grand nombre d'Anglais, et d'autres étrangers. La douceur de son climat, l'agrément de son site, le bas prix, l'abondance et la bonne qualité des productions de la terre, contribuent beaucoup à y entretenir l'affluence des visiteurs; mais les mœurs douces et aimables des habitans de Tours sont aussi pour quelque chose dans cet accroissement de population.

L'importance de Tours est de vieille date. Dès 1470 elle vit la réunion des états généraux de France, qui s'y assemblèrent de nouveau en 1484 et en 1506. Ce fut dans les environs de Tours que les Sarrasins furent mis en déroute par Charles Martel. Tours a donné le jour à plusieurs célébrités littéraires et industrielles, parmi lesquelles nous citerons Destouches, l'auteur comique; L. Leroy, l'un des horlogers du XVIIᵉ siècle qui aient fait faire le plus

de progrès à leur art; Béranger, et enfin l'un de nos plus savans géographes vivans, M. Eyriès. Les lecteurs des Annales des voyages reconnaîtront la plume de ce spirituel écrivain dans les lignes que l'on va lire sur l'état actuel, et les antiquités de la ville de Tours.

Quand la grande route, venant de Paris et de Chartres, traversait le faubourg St.-Symphorien, elle suivait sur la Loire un vieux pont, qui n'était pas l'œuvre des Romains, mais d'Eudes, dit le Champenois, comte de Touraine, qui le fit bâtir en 1030 ou 1031. Il était étroit, sinueux et mal pavé. Les arches en étaient d'inégale largeur; de distance en distance, des angles ou des demi-lunes s'ouvraient pour faciliter le passage de deux voitures qui se rencontraient. Il y avait à peu près au milieu, c'est-à-dire à l'endroit où un îlot, dit St.-Jacques, le coupait en deux, de misérables maisons bien vieilles, bien délabrées, où se vendaient aux paysans, aux voituriers, des graines, de la poterie, des étoffes communes, et aussi l'Almanach de Liége, *la civilité puérile et honnête*, et quelques recueils de prières imprimés sur papier gris, avec de détestables images en bois, seule librairie à l'usage des passans, et qui faisait alors partie obligée, comme encore à présent dans nos provinces les plus reculées, d'un petit fonds d'épiceries.

L'aspect de ces constructions irrégulières, amassées sur le pont, était triste et repoussant. Et cependant, à moins qu'on ne traversât la Loire dans une tour, il n'y avait pas d'autre route pour arriver au chemin de Château-Renault, de Vendôme, ou sur la chaussée de Blois et d'Anjou.

De ces constructions si solides, formées d'une agrégation de petites pierres liées avec du ciment rouge, et dont les pilotis sont devenus noirs comme l'ébène, on ne voit plus surgir que trois arceaux, espèce de squelettes décharnés, qui se soutiennent encore, mole sud, contre les glaces et les grosses eaux, non loin de ces quatorze belles arches si larges, si uniformes, qui composent le nouveau pont. L'avenue qui en est le prolongement, avec l'avenue de Grammont, ou la route d'Espagne d'un côté, et de l'autre côté, la tranchée qui conduit dans le Maine ou dans le Vendômois, forment une magnifique enfilade et un vaste coup d'œil : celui qui ne suit que cette ligne prend une idée peut-être trop favorable de la ville de Tours, dont toutes les rues n'ont pas cette élégance et cette régularité.

Je reviens aux vieux ponts. Sans doute les anciens ont vu la porte massive et chargée de fer, avec la herse aux dents aiguës, et aussi la petite figure de la Vierge, enluminée de rouge et de bleu, posée au-dessus de cette porte, dans une niche sculptée. Je n'en ai point de souvenirs. Mais j'ai vu quelquefois le château qui en était tout près, monument historique remarquable seulement par sa masse et son antiquité, dont on voudrait faire remonter (voyez un peu les vanités humaines!) l'origine à Turnus. Commencé par un seigneur et terminé par un autre, réparé et augmenté par un troisième, il avait de grosses et de petites tours; il fut pris et repris, comme tous les châteaux du monde; il reçut des comtes, des ducs et des rois, une foule d'hôtes joyeux, puissans; puis ses murs épais, percés de petites fenêtres, hérissées de barreaux de fer dentelés qui se croisaient, entourés de fossés, remplis d'une eau verte et croupissante, servirent à renfermer des prisonniers d'état, de grandes victimes de la politique ou de la religion. Mais toutefois, le château de Tours, bâti sur la rive gauche du fleuve, ne pouvait lutter en beauté avec les grandes constructions de Blois, d'Amboise et de Saumur, si éminemment pittoresques. Les bords de la Loire sont si riches dans ce genre, que Tours, sous ce rapport, n'a pas la prétention de soutenir le parallèle avec ses voisins. Mais comme « les histoires des prisonniers sont plus intéressantes, « parce que la perte de la liberté est le plus grand et le « plus ancien des malheurs, » laissez-moi vous parler un peu longuement du fils de Henri de Guise, dit le Balafré, qui s'esquiva avec beaucoup de bonheur de ce terrible donjon.

Depuis plus de trois ans, ce jeune prince était confié à la garde du seigneur de Rouvray et de Jean d'O, capitaine de cent hommes de la garde du roi. Il était surveillé nuit et jour avec une telle sévérité, que pas un de ses domestiques ne couchait dans sa chambre. Mais le 15 août, après avoir donné avis de son projet d'évasion à ses serviteurs fidèles, chargés de lui amener des chevaux au lieu désigné, il descendit à la chapelle, il y fit ses prières, et avant de monter à la grosse tour qui lui servait de prison, il s'entretint familièrement, selon sa coutume, avec ses gardes, leur proposant un défi à qui monterait le plus tôt à cloche-pied l'escalier de la tour. On lui laissa monter par respect les premières marches, il profita de la politesse, prit sa course, escalada rapidement l'escalier, s'empara d'une porte de sûreté qu'on avait fait faire exprès pour lui. Il la ferma aux verroux, la mit entre lui et ses gardes, ordonnant à ses gens de ne l'ouvrir à personne, quelque menace qu'on pût leur faire. Ayant pris dans sa chambre une corde que la blanchisseuse avait glissée dans son linge, il l'attacha à un bâton placé entre ses jambes, et passant par la fenêtre, ses domestiques le descendirent. Mais des gardes l'aperçurent,

tirèrent des fenêtres du château sur lui, ce qui fit que ses gens effrayés laissèrent aller la corde tout à coup; le duc de Guise tomba de quinze pieds environ. Sa chute ne l'empêcha pas de se relever, et, sans songer à ramasser son chapeau, il s'enfuit le long des murs de la ville, parce que la Loire qui les baignait était alors fort basse. Ainsi, malgré les clameurs d'une vieille femme qui ne cessait de crier : le Guisard se sauve ! il parvint jusqu'au faubourg de Notre-Dame-de-la-Riche, où il s'empara d'un cheval tout bâté d'un boulanger qui le menait boire. Plus loin un obstacle imprévu se présenta : un soldat, qui avait été au service de la Ligue, et ancien sergent de l'élection de Tours, lequel était fort bien monté, aborda le prince en lui commandant de descendre. L'échappé voyant que c'était un soldat de la garnison, lui dit qu'il se rendait et consentait à rentrer dans la prison du château. Le soldat étonné lui demanda son nom. Lorsque le prince se fut fait connaître, le sergent descendit de cheval, baisa respectueusement ses genoux, et lui offrit sa monture qui était bien meilleure et bien plus commodément harnachée. Alors, prenant le galop, il se dirigea vers le lieu qu'il avait indiqué à ses serviteurs ; et ceux-ci le voyant venir à cheval et nu-tête, se mirent à fuir jusqu'à ce que l'un d'eux, s'étant retourné, le reconnut à ses vêtemens.

L'ancien hôtel-de-ville, que Charles VII et Louis XII ont visité plus d'une fois, qui vit nos pères proclamer Henri IV, et délibérer avec anxiété pendant les troubles de la Ligue et de la Fronde ; l'ancien hôtel-de-ville où les mesures de rigueur et de clémence étaient prises tour à tour, soit que la peste décimât la population, soit que la famine mît le poignard aux mains des mères échevelées ; l'hôtel-de-ville avec ses sculptures gothiques et ses grandes salles, a disparu depuis peu de temps avant que tant d'institutions bonnes et mauvaises, et tant d'édifices précieux pour les arts et l'histoire, fussent renversés par la révolution de 1789.

Ce monument, qui n'était plus en harmonie avec les mœurs actuelles, et qui se trouvait placé dans une rue resserrée, ne devait pas subsister plus long-temps. Le lieu des séances de l'administration municipale, ainsi que le palais de justice, fut transféré sur une belle place demi-circulaire, en face du pont nouvellement construit dans une situation charmante, sur la rive de la Loire, et vis-à-vis les coteaux si rians qui la bordent.

L'édifice était convenable, élégant même à l'extérieur; mais ce qui me charmait le plus, c'était de voir incrustée dans les parois du grand escalier une longue file d'écussons en pierre, ceux des maires et échevins de la cité. Je ne reconnais pas de plus belle noblesse que celle que donnent des services gratuits, modestes, obscurs, rendus à ses concitoyens pendant un long espace de temps. Celui qui maintient l'ordre et la paix dans une ville, quelquefois au péril de ses jours ; celui qui nourrit le peuple dans les temps de disette; celui-là, certes, à l'époque de la raison où nous sommes arrivés, mérite bien le droit de laisser à sa famille les signes honorables de son illustration. Ces témoignages muets et innocens de l'estime contemporaine, ces archives de famille, ont péri dans le déluge universel de 89.

Parlons de St.-Gatien. C'est une église bien vieille ; ses tours ne sont pas sans élégance, et certain roi (Henri IV), pour faire sa cour aux Tourangeaux, disait qu'il fallait à ces tours un étui. L'éloge était pompeux. Ses abords et ses alentours sont peut-être peu en harmonie avec ce grand édifice : son intérieur, ses vitraux, mutilés et mal réparés, ne peuvent lutter sans doute avec ceux des églises de Chartres, de Rouen, de Paris, de Strasbourg ; on a fait tomber les arcs-boutans qui soutenaient cette basilique, et on a retouché et dégradé les figures dont les portiques étaient ornés. Toutefois la cathédrale de St.-Gatien est encore un des plus curieux monumens qui nous restent de l'architecture qu'on appelle vulgairement gothique.

La ville de Tours est une de celles qui, en France, ont retiré le plus d'avantages de la découverte ou du perfectionnement des puits artésiens. Placée entre deux fleuves, elle jouissait en outre de quelques fontaines, mais qui tarissaient quelquefois pendant les jours de sécheresse. Aujourd'hui aux deux extrémités de la ville, dans son centre, et sur d'autres points encore, des eaux abondantes excèdent les nécessités les plus multipliées.

Les maisons à toits pointus et saillans, avec des poutres sculptées, et ornées de figures grotesques; les maisons dont la façade, moitié en bois, moitié en tuiles, offrait de longues et tristes lignes d'ardoises transversales, finissent par disparaître; les blocs réguliers de pierre blanche, si susceptibles de prendre toutes les formes, servent aujourd'hui aux nouvelles constructions; les rues s'alignent et sont parées avec plus de soin; des balcons élégans, de grands carreaux et des persiennes donnent aux édifices ordinaires un aspect plus riant.

Tours, comme les autres villes de France, a vu tomber les flèches aiguës, les hautes tours rondes et carrées qui surgissaient du milieu des maisons uniformes et se dessinaient avec élégance le long du fleuve; mais la Loire n'a pas cessé de baigner ses murs, mais la rue spacieuse qui la traverse, la fraîche ceinture d'arbres qui l'entoure, mais l'élégance de ses habitations, la douceur du langage, et des mœurs, devenues plus faciles encore par le séjour des Anglais et des militaires, et par sa proximité avec la capitale, feront toujours de cette cité le rendez-vous des étrangers et un lieu de plaisance.

ÉPHÉMÉRIDES.

6 *novembre* 1792. — Victorieuse à Jemmapes, la France chasse les Autrichiens de la Belgique.

11 *novembre* 1215. — Concile général de Latran.

14 *novembre* 1665. — Les trois ordres du Danemarck reconnaissent une nouvelle constitution qui attribue au roi un pouvoir absolu.

17 *novembre* 1796. — Mort de Catherine II, impératrice de Russie. Le même jour Bonaparte met les Autrichiens en déroute à l'affaire d'Arcole.

19 *novembre* 1703. — Mort, à la Bastille, du prisonnier au masque de fer.

19 *novembre* 1669. — La *Gazette* signale comme un fait nouveau, l'usage du café, à la suite d'une audience donnée à un envoyé Turc, par le marquis de Lyonne, ministre de Louis XIV.

20 *novembre* 1815. — Traité de Paris. Envahie par les puissances coalisées, la France est obligée d'acheter leur départ par d'immenses sacrifices. Elle se reconnaît débitrice de plus de sept cents millions, et perd une partie de son territoire.

21 *novembre* 1806. — Napoléon lance de Berlin le décret qui interdit aux Anglais tout rapport avec le continent.

21 *novembre* 1682. — Mort de Claude Lorrain, peintre français. — 1803. Exécution de Jean Buckler dit *Schinderhannes* (Jean l'Écorcheur), chef d'une bande de brigands qui ravageaient les rives du Rhin.

25 *novembre* 1560. — Mort d'André Doria, le libérateur de Gênes.

26 *novembre* 1812. — Plusieurs milliers de soldats français sont noyés ou tués par le canon des Russes, au passage de la Bérésina.

27 *novembre* 1813. — Après avoir défendu la place de Dantzick avec un rare courage, le général Rapp est réduit par la détresse à capituler.

28 *novembre* 1825. — Mort de Foy, l'un des plus braves généraux, et des plus grands orateurs de la France. — 1516. Le fameux voleur Cartouche est mis à mort et dénonce ses complices.

29 *novembre* 1516. — La France et la Suisse concluent à *Fribourg* un traité de paix perpétuelle. — 1830. Révolution de la Pologne.

30 *novembre* 1670. — Fondation de l'hôtel royal des Invalides. — 1803. Les Français évacuent Saint-Domingue. — 1807. Entrée à Lisbonne de l'armée française, commandée par Junot.

LA TAUPE.

La taupe est un animal essentiellement souterrain et fait pour fouir; son corps est trapu; son museau est allongé et terminé par un boutoir mobile servant à percer la terre; ses membres antérieurs très courts, mais extrêmement forts et très larges, sont dirigés en dehors et terminés par d'énormes ongles propres à fouir. A l'aide de ces organes, les taupes creusent dans le sol, avec une rapidité extrême et un art admirable, de longues galeries au milieu desquelles elles établissent leur demeure. Les petites élévations qu'on voit souvent sur le sol, et qu'on appelle des *taupinières*, sont formées par les déblais que ces animaux rejettent au dehors lorsqu'ils exécutent ces travaux souterrains. Ces animaux ne sortent presque jamais de leurs labyrinthes, et se nourrissent des vers et des larves d'insectes qu'ils y trouvent.

Admirablement organisée pour la vie retirée et solitaire, la taupe n'éprouve d'autres desirs que ceux qu'elle satisfait aisément, mais elle n'a rien qu'elle ne doive à son travail; son lieu de refuge , creusé dans les profondeurs de la terre, elle ne l'acquiert qu'au prix de travaux patiens et pénibles: il lui faut ouvrager la terre, la percer d'outre en outre, l'ouvrir en tous sens, et se créer un monde souterrain à travers des difficultés innombrables. La main, qui termine ses membres antérieurs, remplit l'office d'une pioche à cinq dents, les doigts sont terminés par des ongles crochus à l'extrémité, tranchans sur les bords, et cette double disposition lui permet d'entailler le tuf, et de le couper en même temps. La taupe s'aide encore, pour fouiller ses galeries, de son museau terminé en boutoir, et de toute sa tête, dont les muscles sont volumineux et puissans; elle peut la renverser en arrière, soulever le sol, l'ouvrir, et à l'aide de ses pattes larges et résistantes repousser, comme avec une pelle, la terre émiettée qui obstrue l'intérieur de ses galeries.

Ce que se propose la taupe par son travail, on vient de le voir: elle fouille pour vivre. Elle creuse dans chaque occasion, un boyau à plusieurs embranchemens; exploitant chaque fois d'autres lieux, elle revient sans cesse à la charge. Il ne faut pas beaucoup de temps pour que la terre soit minée en plusieurs sens. Quelques boyaux débouchent fortuitement les uns dans les autres, et d'autres fois avec intention; la taupe lie ensemble plusieurs canaux, en élargit quelques-uns, et; se créant des routes usuelles, elle finit par soumettre toutes les percées qu'elle a faites à un système parfaitement combiné, lequel, amené à sa perfection, s'appelle le cantonnement de la taupe. Son gîte en occupe ordinairement le centre. Le nid pour l'éducation des petits, est une chambre écartée et différente à quelques égards.

Nous connaissons les travaux de la taupe, grâces à Henri Lecourt, qui occupait avant la révolution un emploi au château de Versailles. Entraîné par un goût invincible, il fixa de bonne heure son attention sur l'instinct des animaux; plus tard, les difficultés de l'observation et l'utilité de l'entreprise, en donnant une autre direction à son esprit, l'amenèrent à étudier exclusivement la taupe. Lecourt se fit taupier à Pontoise, et y créa une profession où l'homme lutte avec les forces de son esprit contre une industrie et une puissance de multiplication vraiment merveilleuses. M. Cadet-de-Vaux a publié les observations de ce praticien consommé, dans un volume in-12 qui a pour titre : *De la taupe, de ses mœurs, de ses habitudes, et des moyens de la détruire.*

M. le professeur Geoffroy-St.-Hilaire a communiqué à son auditoire, en 1829, les recherches auxquelles il s'était livrées avec le taupier Lecourt. Nous arrivâmes, dit-il, à une taupinière que nous voulions ouvrir: la taupe ne creuse point et n'a pas lieu de craindre que sa demeure soit rendue distincte, par le volume trop grand des terres entassées; ses précautions la mettent à l'abri de toute surprise; et son asile n'est pas là : elle choisit avec discernement le lieu de

(La Taupe.)

procure une grosse taupinière : le tout en est bientôt façonné au moyen d'une galerie circulaire sous clef. Non contente d'avoir ouvert cette galerie, en se glissant entre deux terres, la taupe continue ses tassemens de dedans sur le dehors par des poussées de son corps et de sa tête. (Cette galerie est marquée $i\,i$ dans la figure 2, A''. de la planche ci-jointe). Une autre galerie circulaire ($u\,u$, même figure), au-dessous de la première, est plus grande et de niveau avec le terrain environnant. La taupe y fait les mêmes tassemens. Les galeries communiquent entre elles par cinq boyaux également espacés, fig. 5 A, et la galerie supérieure aboutit au sommet du gîte par trois routes. Le gîte, ou la chambre qu'habite la taupe, est l'emplacement circonscrit par une ligne de points et marqué g. Un trou t est à son fond; il fait l'entrée d'une route de sauvetage pour la taupe, si elle est menacée. Ce trou est à l'ordinaire bouché par un matelas d'herbages. Pour que le tassement, sous le comble de la taupinière, puisse acquérir la plus grande densité possible, la taupe y ouvre encore plusieurs autres boyaux aveugles, dont elle fait les enduits avec son

son gîte : l'attention qu'elle a de le placer au pied d'un mur, d'une haie ou d'un arbre, prévient son refoulement et toute pression. Par des déblais considérables, l'animal se

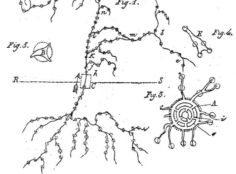

(Travaux de la Taupe.)

poil lisse et les pressions de toute sa masse. Ces boyaux sont en outre comme autant de sentinelles avancées; car les premiers rompus, l'éboulement de leurs flancs intérieurs devient un objet d'alarme. A ce signal, qui, pour ces demeures profondes et paisibles, y retentit et s'y propage comme un coup de tonnerre, la taupe est réveillée, si elle était endormie, et, prenant l'épouvante, elle se cache sous son matelas ou fuit par son trou de sauvetage.

Dans la planche ci-jointe, la figure 5 montre, comme faisant partie du tracé général des routes, le gîte en i, et

les galeries latérales par où la taupe s'échappe. En A est le gîte grandi et vu de face, et en A'' (fig. 2) est cette même habitation aperçue de profil. Enfin la ligne courbe $z\,z$ figure la coupe de l'extérieur du terrain.

La chambre de mise-bas, ou le nid, n'est pas toujours surmontée d'un dôme à l'extérieur : dans le cas contraire, la taupinière du nid se reconnaît à son volume quadruple de celui d'une taupinière de déblais, et à sa forme, qui n'est ni aplatie ni pyramidale, et dont une sébile de bois renversée donne une idée assez exacte. La taupe femelle qui construit son nid se borne à agrandir un des carrefours formé par la rencontre de trois ou quatre routes. La lettre B (fig. 5) montre ce nid dans ses rapports avec le terrier tracé par le mâle, et celle E (fig. 4) un nid abandonné, celui de l'année précédente. Ces figures 4 et 5, montrent ces nids isolés et grossis (comparativement aux autres dessins), pour donner une idée de leur forme.

(La suite à un prochain numéro).

BRIGANDS NAPOLITAINS.

Nous avons dit dans notre article sur Salvator Rosa (1), que les montagnes sauvages et élevées des Abruzzes et de la Calabre retinrent long-temps les pas errans de ce grand peintre. L'évènement le plus marquant de ces courses hardies, est sa captivité parmi les bandits qui étaient maîtres de ces contrées, et son association temporaire avec eux. On ne peut douter qu'il n'ait vécu avec ces hommes terribles, si on en juge par l'étonnante expression de ces brigands pittoresques dont il a multiplié les portraits à l'infini.

La position des bandits napolitains, au commencement du XVIIᵉ siècle, est un trait curieux dans l'histoire de cette belle contrée. Dès les temps les plus reculés, les montagnes des Abruzzes étaient sous la protection de Mercure, dieu des Larrons, de même qu'elles sont aujourd'hui sous la garde de Saint-Gologaro, patron de la Calabre. Toutefois le véritable bandit du XVIIᵉ siècle ressemble fort peu aux vulgaires brigands des temps modernes qui bornent leurs exploits à des vols de grands chemins, à piller et à assassiner indistinctement. Il se rapprochait davantage du hardi *condottiere*, des bandes noires et blanches de Médicis et de Suffolck, aux XVᵉ et XVIᵉ siècles, et quoiqu'il ne reconnût point de lois quand il n'était pas à la solde d'une puissance ou d'un particulier, il avait, en certaines occasions autant d'importance que le soldat régulier, se battait bravement et fidèlement pour celui qui le payait, quelle que fût la bannière de ce chef. De même que les corsaires munis de *lettres de marque*, moitié pirates, moitié nationaux, ces bandits étaient régulièrement organisés, et obéissaient à une discipline particulière. Leurs rangs étaient remplis, il est vrai, par le rebut de la société, par des êtres que leurs crimes avaient fait repousser de son sein; mais plusieurs d'entr'eux sortaient des castes supérieures : c'étaient des seigneurs napolitains échappés à la roue, à l'échafaud, pour avoir embrassé la cause de leur patrie, et qui, cherchant un asile dans les Abruzzes, y devenaient, par leurs talens ou leur rang, les chefs de cette foule de bandits armés contre la société par des motifs bien différens.

C'est un fait reconnu dans l'histoire, que le nombre, la valeur, l'habileté et la fidélité de ces bandits les rendaient redoutables au gouvernement austro-espagnol et intéressaient le peuple à leur sort. Tantôt le gouvernement les employait à son service comme les troupes régulières, tantôt il les faisait poursuivre par celles-ci, quand ils étaient en opposition avec lui, et les cherchant jusques dans leurs retraites les moins accessibles, les faisait brûler et pendre ou les livrait aux tortures.

« Chaque vice-roi, chaque commandant de place, chaque employé du gouvernement, dit Sismondi dans son ouvrage sur la littérature du midi, avait des bandits sous sa sauve-garde, auxquels il assurait l'impunité et même la récompense des violences et des assassinats qu'il leur faisait commettre pour son compte. Dans une conspiration dirigée par le père Campanella, on vit avec étonnement que les moines de la Calabre pouvaient mettre sur pied plusieurs milliers de bandits. Les brigands campaient presque aux portes des villes, et l'on ne pouvait voyager sans escorte aux environs de Naples. »

Si l'on en croit quelques critiques, la gravure que nous

avons donnée dans notre article sur Salvator Rosa (1) explique clairement l'histoire de la captivité de ce peintre parmi les bandits des Abruzzes. Le jeune homme assis languissamment sur un roc, au milieu du groupe, serait Salvator Rosa lui-même. Ce sont bien là, disent-ils, ses cheveux qui tombent en profusion sur son front ; le peu que l'on voit du visage ressemble trop aux portraits originaux de ce peintre pour qu'on puisse les méconnaître. Sa tête penchée, ses bras affaiblis, l'expression de désespoir répandue sur toute sa personne, indiquent bien ce qu'il devait éprouver dans sa nouvelle situation. La femme qui étend sa main et pose un

(Brigand napolitain d'après Salvator Rosa.)

de ses doigts sur sa tête, semble plaider pour la vie du jeune homme dont elle fait remarquer la faiblesse et le peu d'importance.

On n'a jamais su le temps précis que Salvator a passé au milieu de ces bandits ; il n'est pas impossible qu'il ait dû la sécurité dont il put jouir dans ces contrées, à l'exercice de son talent poétique et musical, non moins propre à amuser ses terribles hôtes, qu'à charmer le monde voluptueux des salons napolitains. On ne sait pas non plus de quelle manière Salvator Rosa fut rendu à la société, si ce fut en s'échappant des Abruzzes, ou s'il fut mis en liberté par les bandits eux mêmes. Ce qui est certain, c'est qu'après avoir erré à travers les régions sauvages dont il a si bien reproduit les traits grandioses, il revint, pauvre et l'esprit déjà porté vers de sombres idées, à Naples, où il trouva sa famille dans la dernière détresse. Ce spectacle acheva de bouleverser son âme, et donna depuis à ses œuvres, même à l'époque où la fortune daigna lui sourire, cette teinte mélancolique et sombre qui en est un des principaux caractères.

(1) Voyez tome I, page 395.

(1) Voyez tome I, page 396.

DE L'ART DE FAIRE LE VIN
CHEZ LES ANCIENS.

Les historiens et les poètes de l'antiquité parlent du vin, et cette liqueur paraît être presque aussi anciennement connue que les autres productions végétales; mais on ne peut pas assigner l'époque précise où les hommes commencèrent à en faire avec le fruit de la vigne. Les ouvrages des écrivains les plus anciens prouvent non seulement que le vin était connu de leur temps, mais encore qu'on avait déjà des idées saines sur ses diverses qualités, sur ses vertus et sur ces préparations. Les poètes de l'antiquité font l'éloge de cette liqueur, et la regardent comme un présent des dieux : Homère, qui vécut 884 ans avant l'ère chrétienne, l'a qualifiée de divin breuvage; il parle des différentes espèces de vins et de leurs qualités, comme en ayant souvent éprouvé les heureux effets. Les législateurs et les philosophes eux-mêmes font son éloge. Le patriarche Melchisédech offrit à Dieu du pain et du vin en sacrifice. Platon, tout en blâmant l'usage immodéré que l'on en faisait de son temps (430 ans avant Jésus-Christ), le regarde comme le plus beau présent que Dieu ait fait aux hommes. Caton, né 532 ans avant Jésus-Christ; Marcus-Varron, né 16 ans plus tard; Dioscoride, Pline, Athénée, qui vécurent dans le commencement de notre ère, et beaucoup d'autres, ont écrit sur la vigne et sur les procédés employés de leur temps pour la préparation des différens vins.

Il paraît que les Egyptiens donnèrent les premières notions sur la culture de la vigne et la préparation du vin aux peuples de la Grèce, qui portèrent cet art à un très haut degré de perfection. Les Italiens l'apprirent des Grecs, et leur sol étant très favorable à la vigne, cet arbuste devint en peu de temps un objet important de la culture de toute l'Italie.

Les anciens préparaient leurs vins de différentes manières : les uns étaient légers et délicats; d'autres étaient plus ou moins colorés, corsés et spiritueux. Ils faisaient sécher en partie les raisins au soleil pour obtenir des vins liquoreux. Les vins faibles étaient conservés dans des celliers frais, tandis que les vins forts étaient placés dans des endroits chauds, et même dans des voûtes, afin d'accélérer leur maturité et de les rendre plus spiritueux; ces étuves se nommaient *fumaria*. Celles des Romains étaient d'une construction fort simple; mais celles des Grecs étaient disposées pour recevoir de grandes quantités de vins précieux que l'on préparait avec soin, et dont on avançait la maturité à l'aide d'une température maintenue toujours au même degré. Ignorant l'art d'extraire l'alcool du vin par la distillation, ils ne pouvaient pas employer cette liqueur pour augmenter la force de leurs vins; mais ils y ajoutaient, pour remplir ce but, beaucoup d'autres substances. On répandait sur le moût de la poix ou de la résine en poudre pendant la fermentation, et quand elle était terminée, on y faisait infuser des fleurs de vigne, des feuilles de pin ou de cyprès, des baies de myrte broyées, des copeaux de bois de cèdre, des amandes amères, du miel et beaucoup d'autres ingrédiens; mais le procédé le plus ordinaire paraît avoir été de mêler ces substances dans une partie du moût, de faire bouillir le tout jusqu'à épaisse consistance, et de le verser ensuite à diverses proportions dans les vins. Pour empêcher la dégénération de cette liqueur, on employait les coquilles pulvérisées, le sel grillé, les cendres de sarment, les noix de galle ou les cônes de cèdre rôtis, les glands et les noyaux d'olives brûlés, et diverses autres substances. Quelquefois on plongeait dans la liqueur des torches allumées ou des fers rougis. Il est incertain que les anciens aient connu le soufrage. Cependant Pline, qui vécut dans le premier siècle de notre ère, parle du soufre comme étant employé pour clarifier les vins; mais il ne dit pas si on l'employait solide ou en vapeur. L'emploi des blancs d'œufs paraît avoir fréquemment eu lieu pour cette opération.

Galien, né à Pergame, en Mysie, vers l'an 151 de l'ère chrétienne, parle des vins d'Asie, qui, mis dans de grar des bouteilles que l'on suspendait dans les cheminées, ac quéraient par l'évaporation la dureté du sel. Aristote, n 584 ans avant Jésus-Christ, dit que les vins d'Arcadie s desséchaient dans les outres, dont on les tirait par mor ceaux; qu'il fallait les délayer avec de l'eau chaude, et le passer ensuite dans un linge pour en séparer les impureté Cette filtration étant susceptible d'altérer leur goût et leu saveur, les personnes soigneuses les laissaient reposer, ex posés à l'air pendant la nuit. Baccius dit que par ce derni procédé ils acquéraient la couleur, la transparence et la r chesse de nos meilleurs vins de Malvoisie; ils pouvaier être limpides et d'un fort bon goût; mais la dessication d moût s'opposait à la formation de l'alcool , et la liqueur de layée, étant exposée à l'air, devait perdre le peu de spir tueux qu'elle pouvait contenir.

Comme les vins ainsi délayés étaient souvent bus chaud l'eau chaude était un article indispensable dans les festin Les Romains avaient des lieux publics nommés *thermopo lia*, dans lesquels on en trouvait toujours, et où l'on alla boire les liqueurs préparées, chaudes ou froides, comm dans nos cafés. L'appareil dans lequel on faisait chauffé l'eau, tel que l'ont décrit Vitruve et Sénèque, qui vivaier dans les premiers temps de l'ère chrétienne, se composait d trois vases placés au-dessus les uns des autres, et commu niquant entr'eux par des tuyaux : celui du bas fournissa l'eau bouillante; celui du milieu de l'eau tiède, et celu du haut de l'eau froide; ils se remplissaient l'un par l'autre

Les anciens avaient aussi l'habitude de rafraîchir leu breuvages avec de la glace ; ils conservaient la neige dar des glaciers. Quand Alexandre assiégea Petra, il fit creuse des trous profonds qui furent remplis de neige et recouver avec des branches de chêne. Plutarque, vers l'an 66 de Jé sus-Christ, indique le même procédé; seulement il propos la paille et de grosses toiles pour couvrir le trou. Les Ro mains adoptèrent cette méthode pour conserver la neig qu'ils faisaient venir des montagnes, et qui, du temps d Sénèque, donnait lieu à un commerce assez considérable Galien et Pline décrivent le procédé qui est encore employ entre les tropiques pour rafraîchir l'eau en la faisant éva porer, pendant la nuit, dans des vases poreux.

Les plus grands vases employés dans les premiers temp pour contenir le vin, étaient des peaux d'animaux rendu imperméables avec de l'huile, de la graisse ou des gomme résines. Quand Ulysse alla dans la caverne des Cyclopes, il avait une peau de chèvre pleine de vin que lui avait donne Maron, prêtre d'Apollon. Athénée nous apprend que dar la célèbre fête processionnale de Ptolomée-Philadelphe, q régnait 52 ans avant Jésus-Christ, un char de 55 coudée (environ cinquante-deux pieds) de longueur, sur 14 (21 pied de largeur, portait une outre faite avec des peaux de par thères, contenant 3,000 amphores ou 76,980 litres c vin. Ces vases, que l'on emploie encore aujourd'hui dar toute la Grèce, dans quelques parties de l'Italie, en Esp gne, dans la Grucinie et dans plusieurs autres vignobl de la Russie méridionale, servaient pour transporter l vins, et pour conserver ceux destinés à être bus prompt ment; mais, dès le temps d'Homère, les meilleurs vii étaient mis dans des tonneaux, où ils restaient jusqu'à (qu'ils eussent acquis leur maturité. On les mettait alo dans des vases de terre enduits intérieurement avec de cire et extérieurement avec de la poix. On employait au: pour l'enduit intérieur des compositions grasses, mêlées : substances aromatiques.

Les Grecs, quoique très policés, étaient généraleme accusés d'aimer beaucoup le vin et d'en boire avec exc ils permettaient à leurs femmes d'en faire usage en par culier, mais ils ne les admettaient jamais dans leurs fe tins. Les dames romaines, au contraire, étaient admis dans les repas les plus somptueux; mais le vin leur éta interdit, quoique les hommes en fissent une ample conso mation en leur présence.

RUSSIE.—LES OSTIAKS.

(Suite) (1).

Les Ostiaks, et surtout ceux qui demeurent au-dessous de Bérézof, sont encore païens; ils ont autant de femmes qu'ils en peuvent nourrir : ils épousent la veuve de leur père, leur belle-mère, leur belle-fille, ou toute autre parente du côté des femmes; ils se marient de préférence avec les deux sœurs, dans la conviction où ils sont que cela porte bonheur à leur ménage; ils regardent comme une grande faute et même comme une tache d'épouser une femme de leur famille et de leur nom. Ils comptent seulement leur généalogie suivant la ligne masculine. Au surplus, tous les mariages sont bons, pourvu que les pères des deux époux soient de races différentes. Une fille mariée évite autant qu'il lui est possible la présence du père de son mari tant qu'elle n'a pas d'enfant, et le mari, pendant ce temps, n'ose pas paraître devant la mère de sa femme. S'ils se rencontrent par hasard, le mari lui tourne le dos, et la femme se couvre le visage. On ne donne point de nom aux filles ostiakes; lorsqu'elles sont mariées, les hommes les nomment imi (femme); les femmes, par respect pour leurs maris, ne les appellent pas par leur nom, elles se servent du mot had (homme). Les Ostiaks ne regardent pour ainsi dire leurs femmes que comme des animaux domestiques nécessaires; ils leur disent à peine une parole de douceur, quoiqu'elles soient chargées de tous les travaux pénibles du ménage; ils ne leur infligent cependant aucun châtiment corporel sans le consentement du père, quelque grave que puisse être leur faute. Si la femme est maltraitée, elle se sauve chez ses parens; elle oblige alors son père de rendre à son mari le présent de noces que ce dernier lui a donné et de lui faire épouser un autre homme.

Les Ostiaks enterrent leurs morts dès qu'ils ont rendu le dernier soupir; une personne morte le matin est déjà enterrée à midi : on fait une fosse de deux pieds de profondeur au plus, parce que le sol, qui est gelé presque partout, ne permet pas de pénétrer plus avant. On revêt le mort de ses meilleurs habits; on l'expose, en mettant à côté de lui un couteau, une hache, une corne remplie de tabac. Lorsque c'est un homme, on fait suivre le convoi par les quatre plus beaux rennes que possédait le défunt, bien harnachés et attelés à des traîneaux. Après que le mort est enterré, on attache une courroie à chaque pied de derrière à ces rennes; deux hommes les tirent ainsi en avant, tandis que quatre autres les suivent avec des pieux épointés, les enfonçant de tous côtés dans le corps des animaux. Quand le mort est riche, on en tue plusieurs autres, en leur passant des cordes au cou et aux jambes, et en les frappant avec des perches sur le dos, jusqu'à ce qu'ils tombent morts sous les coups. Ces animaux immolés aux mânes du défunt restent sur la tombe.

Les Ostiaks ont recours à leurs princes, ou bien ils se choisissent parmi eux des juges pour terminer leurs disputes. Si le procès passe à un tribunal russe, et que l'affaire soit tellement embrouillée, qu'elle ne puisse être jugée, on recours à la prestation de serment : on apporte une de leurs idoles de bois; on fait sentir à l'accusé ou à celui que on croit coupable le danger auquel s'expose celui qui prête un faux serment; on l'oblige de prendre une hache ou un couteau pour couper le nez à l'idole, ou du moins l'endommager, en récitant le serment usité, qui est lu par un interprète : « Je veux que mon nez périsse de cette manière, que cette hache me coupe, qu'un ours me dévore dans la forêt, qu'il m'arrive enfin tous les malheurs possibles, si je ne dis pas la vérité dans la cause pour laquelle je comparais ici. » Les croyances de ce peuple le font obéir de pareils sermens et il est fort rare d'en voir prêter de faux à un Ostiak.

(1) Voyez page 50.

Une grossière idolatrie est encore la religion dominante de ce peuple. Les Ostiaks, qu'on a baptisés, ne sont chrétiens qu'en secret; les païens ont des idoles particulières dans leurs cabanes, et sont dirigés par des devins. Les femmes ont aussi leurs idoles; ce sont des statues à figure humaine, ou, pour mieux dire, des poupées grossièrement taillées en bois, dont plusieurs sont revêtues de chiffons. On les place dans un des angles de la yourte; on met un petit coffret devant cette poupée pour y déposer les offrandes de celui qui lui rend un culte. Il y a toujours près de ce coffret une corne remplie de tabac en poudre et de minces copeaux d'écorce de saule, pour que l'idole puisse en prendre et se boucher les narines comme les Ostiaks, Ils ont soin de barbouiller souvent la bouche de l'idole avec de la graisse de poisson, et de lui rendre toute sorte d'honneurs. Malgré la vénération et le respect qu'ils ont pour leurs idoles, malheur à elles lorsqu'il arrive quelque désagrément aux Ostiaks, et que l'idole n'y remédie pas : ils la jettent alors par terre, la frappent, la maltraitent et la brisent en morceaux; cette correction arrive fréquemment : les mêmes accès de colère sont communs à tous les peuples idolâtres de la Sibérie.

L'idole pour laquelle les Ostiaks ont le plus de vénération est dans la contrée des Voksarskoié, à soixante-dix werstes au dessous d'Obdorsk. Elle est placée dans un vallon boisé, et soigneusement gardée par les Ostiaks, qui cherchent à en cacher aux Russes toutes les avenues. Ils s'y rassemblent fréquemment en grand nombre pour y faire leurs offrandes. Cette idole représente deux personnes; l'une est habillée en homme, et l'autre en femme, à la mode des Ostiaks. Leur vénération pour elle s'étend même jusqu'à la contrée; ils n'y fauchent aucune herbe, n'y abattent aucun arbre; ils n'y chassent point; ils n'osent pas même y boire de l'eau des ruisseaux qui les arrosent, de peur de déplaire à leur divinité.

Leurs chamans ou devins sont les seuls qui les dirigent dans leur croyance. Lorsque ceux-ci exercent leur art, ils se mettent dans la cabane devant un grand feu; ils font des grimaces et des contorsions horribles jusqu'à ce qu'ils aient renvoyé le diable qu'ils ont cité, en obtenu réponse de lui-même. Tous ceux qui assistent à cette cérémonie font un bruit épouvantable, en battant sur des chaudrons, de la vaisselle, et d'autres objets, et en jetant des cris jusqu'à ce que leur imagination leur fasse voir une fumée bleue s'élevant au dessus de la tête du devin. Celui-ci fait alors semblant d'être hors d'haleine et épuisé de fatigue.

Les danses des Ostiaks sont remarquables et particulières à ce peuple; on ne peut mieux les comparer qu'à des pantomimes burlesques, à cause du grand nombre de figures risibles. Les hommes et les jeunes garçons sont les seuls qui dansent. Ces danses, très pénibles et très fatigantes, demandent beaucoup de souplesse et d'agilité; elles représentent, par les diverses positions, par les pas et les gestes du danseur, les allures des différens oiseaux et animaux lorsqu'on les chasse, et ceux des poissons lors de la pêche. Dans d'autres danses, ils contrefont adroitement leurs voisins, en conservant toujours avec exactitude la cadence, que le musicien a soin de varier d'après les sujets que le danseur veut représenter; ils rendent la chasse de la zibeline, les allures de la grue et du renne, le vol de la bondrée et la manière dont elle saisit sa proie, la posture et les gestes des femmes russes, lorsqu'elles lavent à la rivière, et diverses actions plaisantes.

Les Ostiaks sont très hospitaliers envers les étrangers, et font tout leur possible pour les bien traiter; ceux qui ont des rennes en tuent un sur-le-champ, et servent à leur hôte la langue, la cervelle, la poitrine et les filets de l'animal, mets qu'ils estiment être les plus délicieux. Ils lui font des présens après le repas, selon leur fortune. Ils ne se conduisent pas ainsi dans une espérance de réciprocité; leur libéralité est parfaitement désintéressée.

RICHELIEU.

Montesquieu a dit du cardinal de Richelieu : « Il fit « jouer à son monarque le second rôle dans la monarchie « et le premier en Europe. Il avilit le roi, mais il illustra « le règne. » Esprit fait pour gouverner les peuples, grand dans ses projets, ferme dans ses résolutions, implacable envers ses ennemis, infatigable dans le travail, jaloux d'honneurs, désireux d'une immortalité glorieuse, Richelieu a plus fait que la plupart des hommes de génie qui ont paru sur la scène politique aux époques de transition. Ministre d'un roi de France, il a su marcher à son but et dominer son souverain sans le flatter et sans irriter son amour-propre. Il a gouverné au su du roi lui-même qui obéissait à l'ascendant du génie, et non comme ces favoris qui endorment ou enivrent leur maître pour commander en son nom et lui cacher leur usurpation.

(Médaille frappée en 1631 en l'honneur de Richelieu.)

Mais ce n'était pas par amour pour la domination seule que le cardinal de Richelieu s'était emparé du sceptre et de l'épée du roi de France; à un homme de cette trempe il fallait autre chose que les jouissances du pouvoir absolu exercé dans l'intérieur d'une cour et sur le monde des courtisans; comme Louis XI, comme Pierre-le-Grand, il voulait l'ordre dans le royaume, la réforme dans le gouvernement; l'agrandissement de son pays, et pour prix de ses travaux les respects et les éloges de l'étranger. Ami des arts et des sciences ; il fonda l'Académie française; et protégea l'Université qui lui doit la reconstruction de la Sorbonne, où son tombeau a été replacé, il y a quelques années, par les soins de son arrière-neveu, le maréchal de Richelieu.

Il serait trop long de rappeler à nos lecteurs tous les faits marquans de la vie de ce grand ministre, qui pendant dix-huit ans joua le premier rôle en Europe. Nos lecteurs savent comment, destiné d'abord à la carrière des armes, il entra à vingt-deux ans dans les ordres, et fut sacré à Rome, évêque de Luçon; comment sa carrière politique commença aux états-généraux, convoqués en 1614; comment il s'attacha à Marie de Médicis, la veuve du grand Henri, et devint, par son appui, secrétaire d'état au département de la guerre et des affaires étrangères. Nos lecteurs savent aussi ses succès dans les guerres contre les protestans, et la glorieuse campagne qu'il fit en Italie. Nous ne retracerons pas non plus ses démêlés avec la reine mère; l'acharnement avec lequel il poursuivit tous les partisans de cette princesse quand il eut réussi à l'éloigner de son fils. Les romanciers, les auteurs dramatiques ont voulu partager, avec les historiens, le soin de faire connaître, dans ses moindres détails, la vie du cardinal. Il était déjà atteint du mal qui le fit descendre dans le tombeau, quand Cinq-Mars et de Thou portèrent leur tête sur l'échafaud. Ramené de Lyon à Paris, dans une espèce de chambre, sur le dos de ses gardes qui marchaient la tête nue, il faisait abattre des pans de muraille quand les portes des villes étaient trop étroites pour lui livrer un passage.

Il laissa à Louis XIII un million et demi, en espèces, et le Palais-Cardinal (aujourd'hui Palais-Royal).

« Je n'ai jamais eu d'autres ennemis que ceux de l'État, « dit-il en mourant ; je laisse le royaume au plus haut de-« gré de gloire où il ait jamais été. »

Si les faits principaux de la vie de Richelieu, que nous venons de rappeler, sont connus de la plupart des lecteurs, il en est, et en grand nombre, qui serviraient à mieux faire connaître son caractère et qui sont enfouis dans des manuscrits et des livres rares. Ceux que nous allons raconter sont extraits de la collection des manuscrits de la Bibliothèque royale.

Il est avéré que le cardinal de Richelieu avait des accès de frénésie, et dans ces momens on ne laissait entrer personne que ceux qui pouvaient le servir, ou qui étaient dans l'habitude de le divertir, comme Boisrobert, Vrillon, etc.

Etant à Bois-le-Vicomte, dit un auteur, le concierge me fit voir un cabinet boisé où l'on enfermait le cardinal, et où la menuiserie était toute percée de coups de couteau pointu. Le concierge me dit que Richelieu enfonçant le couteau dans le bois le plus qu'il pouvait, et, prenant sa course, il venait appuyer un pied contre la muraille, faisait la pirouette sur ce pied, en cherchant à abattre le couteau avec l'autre. C'était là un de ses amusemens favoris.

Richelieu était seigneur-suzerain, non seulement d'une infinité de châteaux forts, mais d'arsenaux et même de villes dont les commandans et les troupes étaient à sa dévotion. Nous citerons entr'autres Pontoise, la Bastille, Bicêtre, et Vincennes, d'où il menaçait constamment Paris.

La mère de Louis XIII, retirée à Bruxelles pendant sa disgrâce, énumérait à son fils les sujets de défiance que devait lui inspirer la puissance de son favori. « Comment, lui écrivait-elle, souffrez-vous qu'il y ait en France un homme qui dispose de plus de richesses, de places fortes et de soldats que vous. » Le Catholicon, satire du temps, prétend que le cardinal avait pour sa garde deux mille hommes de pied et cinq cents chevaux.

On ne doit pas s'étonner que le cardinal de Richelieu ait songé à trouver pour sa nièce un gendre dans la famille royale. Le comte de Soissons auquel il avait d'abord songé, repoussa ses offres, et paya ce refus par les vexations que Richelieu lui fit éprouver. Plus tard, il éleva ses vues jusqu'à Gaston, duc d'Orléans, frère du roi lui-même; mais cet espoir fut encore déçu. Le cardinal se faisait suivre de sa nièce quand il allait à l'armée. On frappa dans le temps une médaille en l'honneur de cette nièce; elle y était représentée habillée en Amazone, un casque sur la tête, et sur le revers on lisait une inscription qui avait été primitivement composée pour Jeanne d'Arc.

Le cardinal ne s'épargnait pas les plaisanteries envers les courtisans, qui supportaient presque toujours patiemment ses railleries. Il n'en fut pas ainsi, un jour que le cardinal-ministre se comporta cavalièrement avec le vieux duc d'Epernon. « Mon cher duc, lui disait-il malicieusement, réfor-« mez donc votre humeur altière, et surtout votre accent « gascon.... » Et en parlant ainsi, le Cardinal contrefaisait le ton de voix et la parole du bonhomme; puis il ajouta, en riant avec éclat : « Ne vous en offensez pas au moins, « mon cher duc, ceci est sans préjudice de vos qualités. » — « Et pourquoi m'en offenserais-je, répondit le gentil-« homme indocile, j'en souffre bien d'autres du rou du « roi qui me contrefait tous les jours en votre présence ?...» Le cardinal fronça le sourcil, mais il ne répondit rien.

Les Bureaux d'Abonnement et de Vente sont transférés rue de Seine-Saint-Germain, 9. — Prix : 2 sous la livraison.

MONUMENS FUNÉRAIRES DES TEMPLES ANGLAIS.

(Vue des Tombeaux de Newton et du comte Stanhope.)

On a souvent reproché aux Français d'être ingrats envers les hommes qui, par leur génie ou leurs belles actions, ont été l'illustration de leur siècle. Ce reproche n'est certes pas sans quelque fondement. Le plus souvent, tant que vivent nos grands hommes, ils sont en butte à la jalousie et à l'intrigue; rarement on a pour eux l'admiration qui leur est due, et si on les loue quelquefois, ces éloges stériles ne peuvent compenser les tracasseries dont on les accable. Lorsqu'ils ne sont plus, on les regrette, on les pleure; puis on les oublie, ou du moins on ne s'occupe point de rendre honneur à leur mémoire. En vain avons-nous écrit, sur le frontispice de notre *Panthéon*, cette épigraphe pompeuse : *Aux grands hommes la patrie reconnaissante*, les caveaux de cette admirable basilique sont presque déserts. Il n'a fallu rien moins qu'une révolution pour y faire porter les cendres de deux ou trois grands hommes du XVIII° siècle. Mais où reposent les restes de nos grands écrivains du siècle de Louis XIV, des Racine, des Boileau, des Molière et de tant d'autres ? Leurs tombes modestes sont perdues au milieu des mausolées somptueux du *Père-Lachaise*.

Ceci rappelle un couplet d'un ancien vaudeville, où l'auteur s'élève en justes reproches contre notre coupable indifférence : il place ces vers dans la bouche d'un Anglais :

Convenez-en , vous êtes économes
Dans les honneurs que l'on doit aux talens :
Si moins que vous, nous avons de grands hommes,
Sur leurs autels nous brûlons plus d'encens.
Rendez au moins justice à l'Angleterre :
Ce Molière , applaudi tant de fois,
Obtint chez vous à peine un peu de terre;
Garrick repose à côté de nos rois.

En effet, quand on visite la plupart des églises de l'Angleterre, on est surpris du nombre prodigieux de monumens funéraires qui les décorent. Les sépultures de la superbe église de St.-Paul de Londres et celles de l'antique abbaye de Westminster, sont surtout remarquables. St.-Paul est spécialement consacré aux grands capitaines, et Westminster généralement à tous les personnages marquans, quelqu'ait été leur genre de célébrité : on nomme le coin des poètes (*the poet's corner*), la partie de l'église réservée aux monumens que l'Angleterre a élevés à ses grands écrivains : là se trouvent la statue de Shakespeare, les tombeaux de Shéridan, de Milton, de Gray, de Thompson, d'Addison, de Garrick et de Dryden. Non loin des restes de ces grands génies reposent Chatham, les deux antagonistes Pitt et Fox, Canning, etc. Ce temple, sans rival dans le monde, est ouvert, selon l'expression d'un auteur célèbre, à toutes les souverainetés de la gloire et du génie; le républicain y repose à côté du royaliste, et le catholique à côté du protestant.

Parmi toutes ces tombes illustres, il en est deux qui se font admirer par la magnificence de leur architecture : ce sont celles de Newton et du comte Stanhope (Voyez la gravure qui accompagne cet article). Elles sont construites sous les arcades d'une espèce de *Jubé*, qui occupe le milieu de la nef: Il est impossible de rien voir de plus délicieusement travaillé. Ce chef-d'œuvre de sculpture est moderne, et a été exécuté aux frais du doyen et du chapitre de l'église. Cette habile imitation de l'architecture du moyen-âge est d'autant plus précieuse qu'on a su conserver les gracieux évidemens et les riches arabesques du genre gothique, tout en évitant les exagérations et la recherche maniérée, qui n'ont que trop souvent altéré la beauté des ornemens de ce style. Le superbe buffet d'orgues, en bois de chêne sculpté, qui surmonte ces arcades, ajoute encore à l'effet du monument.

LE TYROL.

Les deux versans des Alpes rhétiennes ou rhétiques, qui ne sont que la continuation des Alpes de la Suisse, constituent la plus grande partie du Tyrol. Si l'on y voit moins de pointes élevées qu'en Suisse, on y remarque des masses plus étendues en largeur; des montagnes que personne n'a tenté de gravir, et qui paraissent être presque aussi hautes que le Mont-Blanc; des profondeurs effrayantes; quelques cascades magnifiques; des glaciers de plusieurs lieues d'étendue, mais moins beaux qu'en Suisse; des torrens et des ruisseaux qui sillonnent des vallées étroites, sinueuses,

et d'une pente rapide: d'un côté, le souffle glacial des vents du nord; de l'autre, le hâle brûlant du sirocco; tel est, en peu de mots, le tableau de ce pays montagneux.

Le Tyrol doit son nom à un ancien château situé sur une montagne qui domine l'Adige, près de Meran. Il devint par héritage la propriété des ducs d'Autriche en 1565. Ce comté est limité au nord par la Bavière; à l'ouest, par la Suisse; au sud et à l'est par le royaume Lombardo-Vénitien, l'Illyrie et la Haute-Autriche.

Le travail des mines est un moyen d'existence pour le Tyrolien; mais elles ne sont pas d'un grand rapport pour le gouvernement, qui d'ailleurs ne les fait que faiblement exploiter.

L'habitant tire un meilleur parti de son sol. Il a porté l'agriculture à un grand point de perfection : il ignore ou dédaigne l'usage des jachères. On dirait que le sol s'empresse de répondre aux soins assidus et à l'activité du laboureur. Chaque espace est utilisé : la terre végétale est transportée sur les sommets escarpés; l'herbe même qui croît sur les pentes des précipices est recueillie pour la nourriture du bétail. L'action de la nature sur les roches, qu'elle décompose, est mise à profit par l'homme; il transforme leur *détritus* en champs cultivés. Il faut voir le paysan tyrolien, une corbeille sur la tête, descendre, à l'aide d'une corde et d'un piquet, le long des roches inaccessibles jusqu'au fond des précipices, pour mettre à contribution quelques pieds de terre, qu'il livre à la culture.

Malgré toute leur activité, huit cent mille habitans ne pourraient point vivre dans cette contrée, s'ils ne cherchaient ailleurs que dans l'agriculture leurs moyens d'existence. Quelques-uns n'ont d'autres richesses que leurs bestiaux. Mais croirait-on que l'oiseau qui, des îles Canaries, a été transporté en Europe, où ses chants le font rechercher plus que son beau plumage jaune, soit, élevé chez le Tyrolien, un objet de commerce? Ce peuple tire parti de tout, et vendre des serins hors de son pays n'est point un métier qu'il dédaigne. Ce commerce d'ailleurs fait entrer annuellement dans le pays une valeur de 50 à 60,000 florins. Il ne borne point là son industrie : le Tyrol renferme peu de fabriques, mais aussi chaque habitant est ouvrier ou fabricant. À défaut d'autre état, il se fait colporteur jusque dans les contrées les plus lointaines, et revient toujours dans sa patrie jouir du fruit de ses économies. A six ans, le Tyrolien quitte ses montagnes, part pour la foire de Kempten, en Bavière, et s'y rend utile pour la garde des oies ou des bestiaux. Plus tard, il émigre comme maçon, charpentier, mineur ou marchand de tableaux. On en compte plus de trente mille qui s'expatrient tous les ans : l'un, entraîné par une sorte d'amour pour la guerre, parcourt les montagnes en chasseur, et ne craint point de s'exposer aux plus grands dangers pour atteindre sa proie; l'autre y recherche les plantes médicinales, que dès l'enfance il apprit à connaître aussi facilement que le plus habile botaniste. Parmi ceux qui n'émigrent point, il en est qui exécutent avec la plus grande adresse divers ouvrages en bois; dans le Vorarlberg, ils profitent de leurs vastes forêts pour construire en bois des boutiques, des maisons même, dont les différentes pièces, numérotées, sont expédiées jusque sur les bords du lac de Constance, et transportées de là dans les pays voisins. Ce genre d'industrie rapporte au Tyrol près de 200,000 florins.

Il semble que le Tyrolien soit né mécanicien : les ruisseaux qui parcourent ses vallées sont utilisés, par des moyens ingénieux, pour obvier au défaut de bras; les eaux font mouvoir de distance en distance des roues façonnées à cet usage : a-t-il besoin de farine; désire-t-il se procurer de l'huile pour son ménage; comme chaque individu se suffit en quelque sorte à lui-même, il n'y a point de meunier, il n'y a point de fabriques d'huile; mais le ruisseau voisin est chargé de moudre le grain ou de pressurer la plante oléagineuse. Un voyageur allemand dit avoir vu un enfant dans son berceau balancé d'un mouvement uniforme à l'aide d'une roue que l'eau faisait mouvoir. Tandis que les hommes se livrent à leurs travaux, les femmes s'adonnent à des occupations productives : les unes tricotent des bas, les autres font des gants de peau de chèvre; celles-ci brodent des mousselines, celles-là tressent la paille, qu'elles façonnent ensuite en élégans chapeaux. L'industrie manufacturière se borne à un petit nombre d'objets. Le pays s'enrichit encore par le commerce de transit entre l'Allemagne et l'Italie.

La bonté, la franchise, la fidélité à remplir ses engagemens, l'attachement à son souverain, et l'amour de son pays, sont les principales vertus qui distinguent le Tyrolien. Ami de l'indépendance et de la liberté, il a horreur de la conscription, et dédaigne, méprise même la tactique militaire; mais, soldat volontaire, il affronte avec calme les dangers, et se bat en héros pour la défense de sa patrie. Sévère dans ses mœurs, loyal dans ses relations, ami généreux, la paix et la gaîté règnent dans son intérieur. Naturellement dévôt, mais superstitieux, il lui faut un culte imposant par ses cérémonies, une religion qui parle à son cœur comme à son imagination, et qui entretienne son ignorante crédulité. Il aime à peupler les sombres forêts qui l'entourent ou les cimes de ses montagnes d'esprits, de démons et d'êtres surnaturels. Il se plaît dans les récits d'apparitions de fantômes. Il est peu de villages qui ne renferment une sorcière ou un sorcier : on ne voit ni protestans ni luthériens dans le Tyrol; à l'exception de huit ou dix familles juives, toute la population est catholique.

« Le Tyrolien, a dit un voyageur, homme d'esprit, est naturellement gai, sans cependant être léger. Dans les campagnes, au fond des bois, le long des routes, sur les places des villages et des petites bourgades, on entend, pendant tout le jour, les éclats de rire des hommes mêlés au chant des femmes, surtout parmi le peuple et les paysans. La classe moyenne est plus allemande, et parmi elle, vous rencontrez souvent de ces physionomies longues et calmes, fumant avec une sorte de gravité froide et fort comique l'énorme pipe d'écume de mer. Peut-être aussi le chapeau pointu (remplaçant la casquette plate du bourgeois tyrolien), la veste courte et les culottes, contribuent-ils à donner au campagnard un air moins grave, moins rassis et plus éveillé.

« Les femmes sont fortes, souvent jolies, quelquefois fort belles : le calcul sur la beauté m'a presque toujours donné trois sur douze. Leur costume, assez éclatant, varie peu : c'est une espèce d'uniforme qui ne diffère que par le bonnet et les paremens. Les jeunes femmes qui ont un peu d'aisance portent volontiers quelques chaînes ou quelques bijoux d'or ou d'argent. Leur gros bonnet d'ours ou de laine, leur jupon bleu ou noir, leur corsage rouge et blanc, leur donnent dans la campagne, lorsqu'une procession défile, l'aspect d'un bataillon de grenadiers.

« Cependant, à Inspruck, le cône de fourrure qui recouvre la tête des femmes et même celle des hommes est tronqué; peu d'habitans, au reste, font usage de cette plaisante coiffure, et beaucoup de femmes n'en portent pas d'autre que celle que la nature leur a donnée; elles mêlent toutefois aux tresses de leur chevelure de longues chaînes d'argent et toutes sortes d'ornemens de métal, qui pendent quelquefois jusqu'à terre. Quant à l'ensemble du costume, il se compose communément d'un corsage qui présente, d'une épaule à l'autre, une ligne droite bridée, fort laide; leur robe forme un moule de plis incalculable, et leur donnerait assez l'apparence d'un gros sac bien rembouré, n'était leur magnifique tournure, dont les formes rebondies et les prodigieuses dimensions défient la nature la moins avare : d'ordinaire leurs jupons arrivent au-dessous du genou. Trois couleurs dominent dans leurs vêtemens, le rouge, le bleu léger et le noir. Cependant leur corsage et les bretelles qui le retiennent sont ornés de

nuances aussi variées que le pourrait désirer le coloriste le plus difficile. »

Il y a plus d'élémens de liberté politique dans le Tyrol que dans les autres provinces de la monarchie autrichienne. Depuis 1816, le gouvernement a confirmé les anciens droits dont il jouissait : il lui a accordé une constitution plus appropriée à ses besoins. Tandis que dans les autres pays autrichiens, la nation n'est représentée que par le clergé, la noblesse, et quelques députés des villes, les États tyroliens non-seulement se composent de députés de ces différentes classes, mais encore de celle des paysans. Le Vorarlberg jouit de quelques prérogatives particulières. En n'établissant point la conscription dans le Tyrol, le gouvernement a senti qu'il s'en faisait un rempart plus sûr contre l'invasion étrangère : en temps de guerre, chaque Tyrolien devient soldat; habitué à la fatigue, adroit et bon chasseur, il est peu d'armées qui pourraient résister à ce peuple, levé en masse pour la défense de ses foyers ; il ne fournit à l'Etat, qui le ménage, que quatre bataillons de chasseurs, formant en tout cinq à six mille hommes, qui ne sont tenus qu'à un service d'intérieur. Aucune troupe antrichienne ne peut séjourner dans le pays qu'avec l'autorisation des États ; et, délivré des douanes, ses contributions forment un revenu assez considérable, que l'on évalue à plus de 2,500,000 florins d'Autriche.

Le comté du Tyrol renferme vingt-et-une villes, trentedeux bourgs et quinze cent cinquante-huit villages, dont quelques-uns sont aussi peuplés que des villes.

ARCHERS, ARBALÉTRIERS ET ARQUEBUSIERS.

Il est bien difficile de préciser l'époque de la formation du corps des archers; l'origine de cette milice remonte aux premiers temps de la monarchie : sous Charlemagne, à Roncevaux, sous Philippe-Auguste, à Bovines, les archers, (arcuarii) jouèrent un rôle important. Ce n'étaient alors que des troupes légères, ne pouvant soutenir que difficilement le choc des forts gendarmes, grosse cavalerie, armée de pied en cap; aussi avaient-ils une manière de combattre qui devait être pour eux d'un grand avantage : à la force ils opposaient l'adresse. Dans les plaines de Bovines, on vit les archers et compagnons les consteliers poursuivre les autres troupes et empêcher leur ralliement, après la grande bataille qui brisait à jamais Philippe-Auguste de l'insolence des Anglais ; la mission des archers était d'escarmoucher, tantôt à pied, tantôt à cheval ; et là se montrait la supériorité que leur donnait leur armure légère sur les lourds gendarmes et arbalétriers, que la pesanteur de leurs armes empêchait de se remuer aisément.

De Philippe-Auguste à Charles VI, les archers firent toujours preuve de vaillance et de fidélité; Monstrelet, dans sa chronique si piquante, si pleine de faits, raconte qu'à la bataille de Saintron, gagnée par le duc de Bourgogne contre les Liégeois, « qu'icelle bataille ne dura pas longuement, car les archers bourguignons estoient embastonnés de longues épées par l'ordonnance que leur en avoit fait le duc de Bourgogne; et après le trait lancé, ils donnèrent de si grands coups d'épée, dit le naïf historien, qu'ils coupoient un homme par le milieu du corps, et un bras ou une cuisse selon que le coup donnoit. »

Sur la fin du XIVᵉ siècle, le nouveau système militaire, adopté par Charles VII, avait favorisé le développement de certaines corporations armées, exclusivement destinées à la guerre; dans toutes les villes il y avait des compagnies d'archers, habiles à atteindre un but, des arbalétriers qui chaque jour s'exerçaient au tir; les bons compagnons de l'arc se réunissaient le dimanche : un pigeon était attaché au bout d'un mât, de manière cependant à pouvoir se perdre dans les nues; l'archer habile devait l'atteindre au premier coup; alors il était proclamé roi de l'arc, il gagnait un notable présent, une coupe ciselée et une bonne armure. Ces compagnies d'archers avaient de nombreux privilèges ; elles étaient organisées en corporations avec des maîtres, des syndics. Rien n'était comparable aux compagnies des villes de Flandre, de Saint-Omer, Gand, etc.; en Normandie, Lisieux était célèbre par ses tireurs d'arcs.

En 1445, Charles VII institua aussi régulièrement un corps spécial de francs-archers, hommes braves et capables de tirer de l'arc avec justesse, qu'il était urgent d'opposer aux habiles pointeurs d'Angleterre. Alors les francs-archers formaient la plus grande force des armées ; la cavalerie avait perdu sa haute réputation de courage dans les plaines de Crécy et d'Azincourt, où les archers anglais l'avaient vaincue et complètement *déconfie*, pour nous servir de l'expression du temps.

A l'époque de la formation de ces francs-archers, l'armée était en France assez mal composée. « On y comptoit, dit Brantôme, force marauts, belistres mal armés, mal complexionnés, fainéants, pilleurs et mangeurs de peuples. » Aussi le roi jugea-t-il nécessaire de réorganiser ces troupes ; il disait dans son ordonnance : « Ordonnons qu'en chacune paroisse de notre royaume y aura un archer qui sera et se tiendra continuellement en habillement suffisant et convenable, avec dague, épée et arc; lesquels seront choisis parmi les plus adroits et aisés pour le fait d'exercice de

TOUSSEREAU

LESEGRRE

(Archers de Paris. — 1490.)

l'arc, et seront tenus de tirer de l'arc les jours et fêtes non ouvrables, afin qu'ils soient plus habiles et usités audit exercice. » Le nombre en fut porté à 16,000, divisés par quatre compagnies, ayant chacune un capitaine sous les ordres immédiats d'un commandant-général.

Aussi quelles belles prouesses ne firent pas ces bons archers? Au siège de Caen, en 1450, on en vit 4,500 qui entouraient le comte de Dunois ; ils firent plusieurs beaux traits d'armes, écrit encore Monstrelet, et se comportèrent très-vaillamment ; « ils s'emparèrent de tous les boulevards et tuèrent grand foison d'Anglois, ce qui grandement les estonnèrent. »

Charles VII, ayant mis fin à la guerre étrangère et aux troubles civils qui désolaient depuis si long-temps le royaume, on dut congédier en masse les nombreuses troupes qui coûtaient tant de bons deniers; le pauvre peuple avait été si cruellement dépouillé par les Anglais, qu'il fallait bien aux jours de la victoire lui procurer quelque soulagement. On vit alors se former en France ces grandes compagnies

d'aventuriers qui produisirent à elles seules plus de mal par leurs pilleries nombreuses, que n'en avaient fait les troupes réglées du duc de Bedfort. Ces compagnies ne se formaient pas d'inconnus armés, gens sans nom et sans fortune. Quels en étaient les principaux chefs? presque tous les archers qui avaient du cœur et du courage ; y avait-il un castel élevé où, selon la tradition, le sire châtelain renfermait de gros trésors? aussitôt les archers allaient s'offrir à lui pour son service contre ses voisins, et ils n'avaient de repos que lorsque le vieux seigneur avait vidé l'escarcelle !

Louis XI, par une de ses ordonnances qui étaient toujours le résultat d'une pensée d'ordre et de centralisation, cassa à perpétuité le corps nombreux des archers. Dès lors, on ne les vit plus aux armées, si ce n'est comme corps privilégié, et servant de gardiens à la personne royale; Louis XI avait ses archers écossais, et Louis XII, écrit un contemporain, « Paroissoit toujours au milieu de ses vingt-quatre archers de la garde; ils étoient à pied, la hallebarde en main, armés bien à point et très richement accoutrés; un des plus grands plaisirs du roi étoit de voir tirer ses archers. » C'étaient tous des gentilshommes de nom et de race, ayant manoir féodal et armure blasonnée; cet emploi était beaucoup recherché sous le règne de François Ier; le maréchal de Montluc nous apprend dans ses commentaires qu'il y avait toujours deux ou trois seigneurs pour une place d'archer.

Le nom d'archer subsista jusqu'à la fin du XVIIIe siècle; les exécuteurs des ordres du lieutenant de police étaient appelés archers, quoique armés de hallebardes et de fusils; il y avait les archers du grand prévôt de l'hôtel, du prévôt des marchands, les archers de la ville, les archers de guet et de nuit ; et les gens de la maréchaussée, qui étaient chargés de veiller à la sûreté des grandes routes, recevaient également le nom d'archers.

Les archers de la ville de Paris faisaient partie de cette ancienne garde urbaine, dont l'institution remonte à la première formation des milices gauloises organisées par les Romains à l'époque de la conquête. Les arbalétriers, qui faisaient aussi partie des gardes de la ville de Paris, furent créés par Louis-le-Gros. Sous Charles VI, la compagnie ou confrérie d'archers était de cent vingt hommes, celle des arbalétriers de soixante. Les arquebusiers, entrés depuis peu dans la composition de cette garde, étaient au nombre de cent.

Les principales villes du royaume avaient, comme Paris, une ou plusieurs compagnies d'archers, chargées spécialement d'y maintenir l'ordre et la police. Les archers de la ville de Paris se faisaient particulièrement remarquer par leur zèle et leur fidélité dans le service. On les vit plus d'une fois solliciter l'honneur d'aller combattre les ennemis de la patrie, et se signaler par de brillantes actions La gravure qui accompagne cet article faisant suffisamment connaître la nature du costume et de l'armement de ces milices bourgeoises, nous ajouterons seulement que la trousse que l'on voit suspendue à la cuisse gauche de l'homme contenait douze à dix-huit flèches.

Les cent vingt archers, les soixante arbalétriers et les cent arquebusiers, qui formaient la garde de Paris, furent réunis en un seul corps en 1594; mais cette troupe, devenue insuffisante pour le service de la capitale, fut successivement augmentée : elle était de douze cents hommes au moment de la révolution de 1789. Une partie de cette garde occupait encore, à cette époque, une maison n° (90) dans la rue de la Roquette. On lisait sur la porte : *Hôtel de la compagnie royale des chevaliers de l'Arbalète et de l'Arquebuse de Paris.*

Parmi les privilèges dont jouissaient les gardes de Paris, on remarquait celui qui leur donnait le droit de vendre quatre mille quatre cents muids de vin sans payer aucun droit. Ce privilège fut remplacé par une somme annuelle de trois mille huit cents livres, à prendre sur la ferme générale.

En 1658, les moines du couvent des Grands-Augustins refusèrent de donner un asile aux juges qui occupaient le bâtiment du châtelet auquel on faisait des réparations importantes. Un arrêt du parlement allait contraindre ces religieux à céder une partie du local qu'on leur demandait, lorsque tout à coup, se décidant à défendre leur propriété et à soutenir un siége, ils firent des provisions d'armes, de cailloux, et murèrent leurs portes.

« Les archers de la ville, désignés pour entreprendre ce singulier siége, ne pouvant entrer dans ce monastère fortifié, résolurent d'escalader les murs. L'assant fut donné et repoussé avec une égale vigueur : on se battait avec fureur sur un point, tandis que sur un autre une troupe d'archers faisait une brèche au mur de clôture qui se trouvait du côté de la rue Christine. Les moines assiégés, voyant le péril où les jetait cette tentative, tirèrent de son sanctuaire l'objet le plus sacré de la religion, le Saint-Sacrement, et le posèrent sur la brèche, afin de désarmer les assaillans. Cette ressource avait quelquefois, dans des cas semblables, été mise anciennement en usage avec succès. L'objet vénéré, placé entre les combattans, n'en imposa point aux archers, et les moines furent obligés de capituler. Des ôtages furent donnés de part et d'autre : alors les moines abandonnèrent la brèche et livrèrent leur poste. » Le principal article de la capitulation portait qu'ils auraient la vie sauve. Les commissaires du parlement en firent arrêter onze, qui furent mis en liberté, vingt-sept jours après, par ordre du cardinal Mazarin, qui les protégeait, et qui n'aimait pas le parlement.

Nous ferons connaître, dans un autre article, les diverses gardes de Paris qui ont succédé à celle dont nous venons d'esquisser l'histoire.

LANSQUENETS.

(Lansquenet sous François Ier.)

Au commencement du XVe siècle, on donnait le nom de lansquenets à une sorte d'infanterie allemande dont la bravoure était en grande réputation. De 1485 à 1498, Charles VIII prit beaucoup de ces troupes à son service, et c'est à la valeur de ces auxiliaires qu'il dût ses victoires en Italie et sa conquête du royaume de Naples. Lorsque ce prince quitta l'Italie pour rentrer en France, il confia à huit cents lansquenets la garde des places et des provinces conquises.

Ces troupes combattaient en ligne, comme notre infanterie : elles étaient armées d'une *dague* ou épée longue, et de la lance; leur costume militaire consistait en une *jacquette* recouverte par une double cuirasse. Au bas de cette cuirasse étaient adaptées deux pièces en fer servant à garantir les cuisses. Elles portaient une culotte large à bandes horizontales de diverses couleurs, et un casque surmonté d'un panache. Leur chaussure se composait d'une espèce de sandale garnie d'une lame de fer ou de laiton, remontant jusqu'au défaut du genou.

Les lansquenets continuèrent à servir en France jusqu'à la fin du règne de Henri IV. Louis XIII les remplaça par des milices régulières de la même nation, qui furent curégimentées comme nos troupes nationales; elles formèrent, sous Louis XIV, les régimens d'Alsace, de Saxe, de La Marck et de Lensk.

———

LES NIDS DE TONQUIN.

La gastronomie, qui chaque jour étend son domaine, qui met à contribution les connaissances du naturaliste, l'intrépidité du marin, la science du chimiste; la gastronomie, qui demande au médecin des recettes pour augmenter les facultés digérantes de l'estomac, est cependant encore loin, en Europe, d'avoir atteint le degré, nous ne dirons pas de perfection, mais de raffinement auquel l'ont portée les Chinois. Ils attachent le plus grand prix à des objets que nous trouverions sans doute peu délicats, mais qui, pour ces hommes blasés par la satisfaction facile de toutes les jouissances matérielles, ont l'attrait de l'étrangeté, et satisfont la vanité par l'élévation de leur prix. De ce nombre sont les nids de *Tonquin*, objet d'un commerce important à la Chine, et que l'on voit sur la table des riches, comme chez nous la truffe parfumée. Ce comestible n'est autre chose que le nid d'une certaine espèce d'hirondelle, l'*arundo esculenta*, moitié oiseau, moitié chauve-souris; ce nid, bâti dans la forme qu'ont à peu près les nids de toute cette famille, est composé d'une substance visqueuse agglomérée, assez semblable à une masse de colle de poisson fibreuse et demi-transparente. Les uns disent que cette matière provient de l'animal lui-même, les autres qu'il la recueille au milieu des écumes de la mer; mais cette incertitude n'est pas pour le consommateur un objet d'inquiétude ou de souci.

C'est surtout dans les cavernes des côtes, dans les îles de l'Océan, qu'on va chercher les nids de *tonquin*. Pour atteindre à l'entrée des cavernes battues par la mer, il faut descendre un rocher à pic de plusieurs centaines de pieds de hauteur, rester suspendu sur l'abime pendant plus d'une heure, sans autre soutien que les légères échelles de rotin et de bambou qui, d'espace en espace, tapissent le rocher. Arrivé à l'entrée des grottes, on allume les flambeaux et l'on procède à la recherche des nids, placés le plus souvent dans des fentes et des crevasses, où il faut pénétrer avec précaution; il y règne une nuit éternelle, et on n'y entend d'autre bruit que le mugissement des vagues qui se précipitent avec fracas au fond de ces abimes. Il faut avoir le pied bien sûr et la tête bien calme pour escalader, sans tomber, ces roches humidés et glissantes; une hésitation, un faux pas, seraient suivis d'une mort certaine. Les accidens sont loin d'être sans exemples : quelquefois, au milieu du silence qui préside à la cueillette, un cri se fait entendre, un flambeau disparaît, et le bruit effroyable d'une portion de roche détachée qui roule au fond du précipice, et dont l'écho, semblable au grondement du tonnerre, se prolonge dans toutes les parties de la caverne, annonce aux chasseurs consternés la perte d'un de leurs camarades. Les nids les plus estimés sont ceux qu'on recueille dans les cavernes les plus humides, et que les oiseaux n'ont pas encore salis par la couvée : ils sont plus blancs, plus nets et plus transparens que les autres.

La cueillette se fait deux fois par an ; et si l'on a soin de ne pas dégrader les roches en prenant les nids, le nombre est à peu près égal à chaque fois. On a essayé de ne descendre dans les grottes qu'une fois chaque année, mais on ne trouvait pas au bout de ce temps une quantité de nids plus considérable que celle qu'on recueille à chaque visite sémestrielle.

La seule préparation que reçoivent les nids de Touquin, avant d'être livrés aux Chinois, est la dessication : on a soin d'y procéder à l'abri des rayons du soleil, qui en détérioreraient la couleur et la qualité ; puis on les assortit en première, deuxième et troisième qualité, et on les emballe dans de petites boîtes en bois de la contenance d'un demi-pécul (ou de trente kilogrammes environ). Les cavernes qui sont exploitées avec soin donnent environ 55 p. 100 des nids de première qualité, 55 de ceux de la seconde, et 11 de ceux de la troisième : ces derniers sont gâtés par les excrémens des petits. Croirait-on que cette denrée est achetée par les Chinois à raison de 150 fr., et plus, la livre de première qualité ! On peut se faire une idée, d'après ces prix, du rang des consommateurs. Une quantité considérable de ces nids est destinée aux tables de la cour. Les Chinois disent que rien n'est plus stomachique, plus stimulant, plus salutaire, que cette nourriture ; mais son seul mérite est certainement le prix auquel elle est vendue ; ce prix flatte la vanité des riches, qui en sont ainsi les seuls consommateurs. La quantité annuelle de ces nids qu'on importe en Chine s'élève à deux cent quarante-deux mille livres environ : estimant chaque livre à une moyenne de 50 fr., on trouve que pour ce seul article les Chinois paient aux îles de l'Archipel plus de 12 millions de francs. C'est un monopole important pour les souverains des diverses îles où se trouvent les cavernes. Aussi la possession de ces lieux est-elle souvent la seule cause des guerres que se font ces petits peuples. On conçoit qu'une marchandise si précieuse excite la cupidité ; aussi les cavernes qui sont les moins difficiles à aborder, ont-elles été souvent exposées aux déprédations des flibustiers et des autres pirates, qui non-seulement enlevaient la récolte, mais dégradaient les roches, et diminuaient, par ces dévastations, la récolte des années suivantes. Dans les lieux où règnent l'ordre et la tranquillité, et où l'accès des cavernes est difficile, on n'a pas ces accidens à craindre, et le revenu est assez régulier. Telles sont les cavernes de Karang-Boland à Java : elles donnent annuellement près de sept mille livres de nids, qui valent, au prix du marché de Batavia, cent treute-neuf mille dollars espagnols ou près de 700,000 fr. Les frais d'exploitation, de curage, d'emballage, ne s'élèvent pas à plus de 10 à 11 p. 100.

SECTES RELIGIEUSES AUX ÉTATS-UNIS.

UN REVIVAL DANS UNE ÉGLISE PRESBYTÉRIENNE.

Les sectes américaines, n'ayant point, comme la plupart de nos religions d'Europe, l'avantage d'être nationales, ont besoin, pour se soutenir, de ranimer de temps en temps le zèle et l'exaltation de leurs partisans. Tous les ans, à des époques fixes, les membres les plus ardens du clergé se mettent en route à cet effet, et parcourent le pays. On voit ces missionnaires arriver dans les bourgs et dans les villes, par douzaines ou par centaines, selon l'importance du lieu, et y planter leurs tentes, tantôt pour huit jours, tantôt pour quinze, et quelquefois même pour un mois, si la population est considérable. Durant cet intervalle, des journées entières, et souvent la plus grande partie des nuits, sont consacrées à des prédications et à des prières dans les différentes églises et chapelles du lieu. — C'est là ce qu'on appelle un revival.

Ces prêtres ambulans appartiennent à toutes les croyances, excepté à celles des unitairiens, des catholiques, des épiscopaux et des quakers. Presbytériens de toutes les espèces, anabaptistes de toutes les variétés, méthodistes de toutes les dénominations, participent à cet usage. Il n'y a pas de mémoire assez bonne pour retenir les simeles noms de toutes ces sectes, et l'on n'en finirait pas si l'on voulait expliquer toutes les nuances de ce christianisme à mille faces. Quoi qu'il en soit, ces missionnaires visitent successivement toutes les cités, tous les bourgs, tous les villages de l'Union. Ils logent en général dans les maisons de leurs coréligionaires, et tant que dure leur station dans un lieu, toutes les soirées qui ne sont point employées à des prédications dans les églises et maisons publiques d'assemblées, il les consacrent à ce que d'autres appelleraient des parties de plaisir, mais à ce qu'ils appellent eux des réunions de prières ; ils y passent leur temps à manger, à boire, à prier, à chanter , à entendre des confessions et à convertir.

Les plus beaux appartemens , les plus belles toilettes, les rafraîchissemens les plus délicats , rien n'est épargné pour rendre le meeting aussi brillant que possible. Pendant que les personnes invitées arrivent, des conversations à demi-voix abrègent l'ennui de l'attente. Les personnes qui entrent sont saluées du nom de frères et de sœurs, et les démonstrations de bienvenue sont très tendres. Quand la chambre est pleine, la compagnie, qui est toujours composée, en très grande majorité, de femmes, prend place et s'assied. Alors commence de la part des ministres , les invitations tour à tour les plus véhémentes et les plus douces, les plus sévères et les plus caressantes aux frères et aux sœurs de confesser devant leurs sœurs et leurs frères toutes leurs pensées, toutes leurs fautes, toutes leurs folies.

Ces confessions sont d'étranges scènes ; comme les fautes avouées en font l'intérêt , plus on en avoue , plus on est encouragé et caressé. Lorsqu'elles sont terminées, tout le monde s'agenouille, et le prêtre improvise une prière ; après quoi on mange et on boit ; les chants, les hymnes, les prières recommencent de nouveau ; puis viennent les exhortations, puis encore la prière et le chant , jusqu'à ce que l'exaltation des assistans atteigne enfin le plus haut degré d'énergie. Telles sont les scènes qui se passent chaque soir, tantôt dans une maison, tantôt dans une autre, aussi longtemps que dure le revival ; souvent même, elles ont lieu simultanément dans plusieurs, car les églises ne peuvent donner de l'occupation à la moitié des missionnaires, bien qu'elles demeurent ouvertes toute la journée et une partie de la nuit, et que les ministres s'y succèdent l'un à l'autre sans interruption.

L'auteur des Mœurs domestiques des Américains, raconte, en ces termes, la scène dont il fut témoin dans une église presbytérienne.

« Nous étions au milieu de l'été, mais le service auquel on nous avait priés d'assister ne devait pas commencer avant la nuit. Le temple était bien éclairé, et il y avait un concours de monde à n'y pas tenir. Nous aperçûmes, en entrant, trois ministres debout et rangés côte à côte, dans une espèce de tribune élevée à l'endroit où se trouve ordinairement l'autel.

« Le ministre qui était au milieu priait ; la prière était d'une extravagance véhémente et d'une familiarité d'expressions choquante. Après la prière, il chanta un hymne , et ensuite un autre ministre se mit au milieu, et commença à prêcher : il déploya dans son sermon une éloquence rare , mais le sujet qu'il avait choisi était affreux. Il décrivit, avec une excessive minutie, les derniers et tristes momens de la vie humaine ; ensuite il peignit les changemens affreux que le corps subit graduellement après la mort, et il arriva au tableau de la décomposition, puis, il fit de l'affreuse description. Il suait à grosses gouttes ; ses yeux roulaient avec horreur, ses lèvres étaient couvertes d'écume, et chacun de ses traits respirait la profonde terreur qu'il aurait ressentie s'il eût été réellement témoin de la scène qu'il décrivait. Puis les deux autres ministres se levèrent et entonnèrent un hymne ; tous les assistans, le visage couvert de la pâleur de la mort, étaient frappés de stupeur, et ce ne fut que quelques instans après qu'ils purent unir leurs voix à celles des ministres. Lorsque les chants eurent cessé, un autre ministre occupa la place du milieu, et d'une voix douce et pleine d'affection, il demanda aux fidèles si ce qu'avait dit son frère était arrivé jusqu'à leur cœur, s'ils désiraient éviter l'enfer qu'il leur avait fait voir. S'il en est ainsi, venez, continua-t-il, en étendant les bras vers les assistans; venez à nous, nous allons vous ouvrir le chemin.

« Les bancs destinés aux pécheurs inquiets vont vous être ouverts; venez donc, venez vous asseoir sur le banc d'anxiété (anxious bench), et nous vous ferons voir Dieu : venez, venez, venez !

« On entonna un hymne; alors un des ministres fit évacuer un ou deux bancs qui longeaient la balustrade, et renvoya au fond de l'église ceux qui s'y étaient assis. Les chants ayant cessé, un des trois ministres exhorta encore les assistans à venir prendre place sur le banc d'anxiété, et à reposer leurs têtes sur son sein. — Nous allons encore chanter un hymne, continua le ministre, afin de vous donner tout le temps de vous résoudre. — Et les chants recommencèrent. En ce moment, dans toutes les parties du temple, il se fit un mouvement, léger d'abord, mais qui prit par degrés un caractère plus décidé. De jeunes filles se levèrent, s'assirent, et puis se levèrent de nouveau : alors les portes des bancs s'ouvrirent, et l'on vit s'avancer, en chancelant, plusieurs jeunes filles, les mains jointes, la tête penchée sur la poitrine, et tremblant de tous leurs membres. Les chants continuaient toujours; ces pauvres créatures approchèrent des bancs, et leurs sanglots et leurs gémissemens commencèrent à se faire entendre; elles s'assirent sur les bancs d'anxiété : l'hymne fut suspendu, et deux ministres, descendant de la tribune, s'avancèrent, l'un à droite, l'autre à gauche du banc, et murmurèrent des paroles à l'oreille des jeunes filles qui tremblaient toujours. Ces paroles n'arrivaient point jusqu'à nous : mais en ce moment, les cris et les sanglots s'accrurent d'une manière horrible. Ces faibles créatures, les traits altérés et converts de pâleur, tombèrent à genoux sur les dalles, et bientôt leur visage alla frapper la terre. Des cris et des gémissemens extraordinaires se faisaient entendre, et de temps en temps, une voix s'écriait, avec des accens convulsifs : Oh? mon Sauveur ! venez à mon secours? Un grand nombre de ces créatures étaient en proie à d'horribles convulsions; et quand le tumulte fut parvenu à son plus haut point, le ministre, qui était resté à la tribune, entonna un hymne d'une voix forte, comme pour essayer de couvrir les cris des pénitentes.

« C'était un spectacle horrible, de voir ces jeunes filles, à peine au matin de la vie, frappées de terreur, livrées à d'affreuses convulsions, affaiblies et énervées pour toujours. Je remarquai une de ces pauvres créatures, qui ne devait pas avoir plus de quatorze ans, soutenue dans les bras de ses compagnes plus âgées; son visage était couvert de la pâleur de la mort, ses yeux hagards étaient privés de tout sentiment, et des flots d'écume ruisselaient sur son menton et sa poitrine. Sur tous ses traits, étaient empreintes les apparences d'un idiotisme complet; un ministre s'approcha, et prenant la main délicate de cette convulsionnaire : Dieu soit avec elle ! Dieu soit béni ! dit-il froidement; et il passa.

« Les femmes seules obéirent à l'appel des ministres, et vinrent s'asseoir sur les bancs d'anxiété; la plus grande partie d'entre elles étaient de très jeunes femmes. La congrégation avait revêtu ce jour-là ses habits de fête; et les dames les plus jolies et les plus élégantes de la ville assistaient à cette cérémonie. Pendant toute la durée du revival, un immense concours de monde afflue toujours dans les temples.

« Tels sont les plaisirs des dames de Cincinnati. Il est défendu d'aller au spectacle; les jeux de cartes sont inter-

dits; elles travaillent assiduement dans leurs maisons; elles ont cependant besoin de distractions ! »

BERNADOTTE.

Nous allons tracer la conduite et les principales actions d'un guerrier qui, sorti des rangs des armées françaises, est venu se placer, par la seule impulsion de son mérite, sur les marches du trône des Wasa, trône sur lequel, depuis la mort de Charles XIII, il siége avec gloire.

L'histoire a ses hyperboles comme le roman ses fictions. Le biographe se plaît à relever les qualités et à faire éclater d'un plus grand jour les vertus de son héros. Les auteurs même qui travaillent à l'histoire générale ne sont pas toujours exempts de ce défaut; ils aiment à embellir leurs ouvrages aux dépens de la vérité. Nous nous sommes efforcés de nous garantir d'une telle illusion; la vérité la dédaigne, et n'en a pas besoin pour faire ressortir les grandes choses faites par l'homme célèbre qui est l'objet de cet article.

Bernadotte (Jean - Baptiste - Jules), aujourd'hui roi de Suède et de Norwége, sous le nom de Charles XIV (Jean), est né à Pau, en Béarn, le 26 janvier 1764, d'une respectable famille de robe. A l'âge de seize ans, son inclination pour les armes le porta à interrompre ses études, pour entrer, comme simple soldat, au régiment de Royal-Marine (1). C'est dans ce régiment qu'il fit ses premières armes. Bernadotte était dans l'Inde à l'époque de la prise de Pondichéry. De retour en Europe, il suivit son régiment en Corse. Partout il se fit distinguer; mais la paix n'offrant aucun aliment à l'ardeur d'un jeune homme qui semblait né pour la guerre, il avait pris la résolution de quitter le service pour le barreau. Toutefois, un de ces instincts impérieux qui ont conduit si rapidement tant d'hommes supérieurs, à la gloire, le retint sous les armes. Il n'était que sergent en 1789; mais alors les circonstances donnèrent au génie et aux talens de Bernadotte un essor qui fonda sa renommée. Il monta de grade en grade, et en 1792, il fut nommé colonel, et envoyé à l'armée de Custines.

On sait qu'à cette époque, l'insubordination se manifestait souvent dans nos armées : un jour, Bernadotte apprend que des soldats, après avoir assassiné un de leurs généraux, se vantaient de leur crime; son indignation est à son comble, mais elle n'est point partagée par les troupes, qui osent applaudir à ce meurtre. Alors, il les fait ranger en bataille, et, avec cette éloquence militaire qui lui est si naturelle, il dépeint l'horreur du crime qu'on a commis, et les suites funestes qui pouvaient en résulter pour l'armée. La fureur qu'il excite contre les coupables est telle, qu'un cri universel se fait entendre pour réclamer leur punition; la troupe demande même à marcher contre eux et à en faire un exemple. Tel était l'ascendant irrésistible que Bernadotte avait pris sur le soldat, et son respect pour la subordination, la première de toutes les vertus militaires. — Voici un autre trait du même genre : quelques grenadiers d'un régiment que commandait le général Marceau s'étant livrés à des excès contre leurs supérieurs immédiats, leur chef voulut les faire arrêter. Cet ordre fut le signal d'une révolte; ces furieux se jetèrent sur Marceau, qu'ils entraînèrent avec eux. Bernadotte sortait de son camp; aussitôt il tire son sabre et fond sur cette troupe, l'indignation qu'il manifesta, et surtout l'action courageuse qui l'accompagna, frappèrent les grenadiers d'une espèce de terreur; les uns prirent la fuite; les autres, intimidés, demandèrent leur pardon et la punition des chefs de la révolte.

(1) Un compatriote et ancien camarade de Bernadotte raconte qu'allant en semestre à Pau, il rencontra ce dernier qui venait joindre le régiment; qu'ils changèrent leurs habits, et qu'il dit en passant l'uniforme à son nouveau compagnon d'armes : Va, je te fais maréchal de France. Ce compatriote était loin de se croire prophète, et de penser qu'il y eût sous cet habit un roi de Suède.

Ses premières campagnes sur le Rhin lui méritèrent l'èstime et la recommandation du général Custines. Il servit ensuite sous Kléber, qui, en 1793, obtint pour lui le grade de général de brigade. Il se trouva à la bataille de Fleurus, gagnée par les Français le 26 juin 1794 , et participa par son courage au succès de cette glorieuse journée. En 1797, le directoire ordonna le départ de vingt mille hommes de l'armée de Sambre-et-Meuse pour celle d'Italie, à la tête

(Bernadotte, roi de Suède.)

desquels il mit Bernadotte. Celui-ci, après avoir rassemblé les troupes à Metz, fit un règlement de discipline, et se mit en marche. Depuis Metz jusqu'à Dijon , l'ordre fut parfait : près de cette dernière ville, il s'éleva une rixe entre trois soldats et des paysans ; un de ces derniers fut atteint d'un coup de feu ; une patrouille qui survint arrêta les soldats, qui furent aussitôt jugés et punis par un conseil de guerre. Ayant ensuite rassemblé ses troupes sur la place d'armes de Dijon, il les harangua pour leur rappeler leurs obligations envers les citoyens. Bernadotte, à cette époque, était peu fortuné ; cependant il donna 800 fr. à la famille du paysan qui avait perdu la vie , et lui fit remettre environ 1200 fr. par le payeur de l'armée, sur sa responsabilité ; il fit plus, il ouvrit une souscription parmi les officiers, qui s'éleva à près de 5000 fr.

A l'armée d'Italie, il marqua sa présence par la prise de l'importante forteresse de *Gradisca* et de la ville de Venise. Si nous décrivions toutes les actions où Bernadotte se signala dans cette armée, un volume ne suffirait pas.

Après la révolution du 30 prairial an VII (19 juin 1799), il fut nommé ministre de la guerre. A son entrée au cabinet, il trouva tout dans la confusion : il eut à lutter contre les plus grands obstacles, au milieu des désastres de nos armées , des déprédations et des embarras d'un gouvernement désorganisé. L'armée d'Italie avait été forcée d'abandonner toutes ses positions ; l'artillerie était perdue ou prise ; les places fortes étaient tombées au pouvoir de l'ennemi. L'armée qui menaçait Vienne deux ans auparavant, retranchée sur les Apennins liguriens, était sans munitions et sans vivres. La chaîne des Alpes était occupée par l'ennemi ; une partie des départemens des Hautes-Alpes et du Mont-Blanc était menacée. L'Helvétie, jusqu'à Zurich, était aux Autrichiens ; le Bas-Rhin était dégarni de troupes ; l'armée en Hollande était réduite à quinze mille hommes. Ajoutez la Belgique sans défense, les places fortes du Nord

mal approvisionnées, les côtes de la France dépourvues de soldats, la Vendée recommençant à s'agiter, et la discorde dans le midi ; tel était le tableau que présentait alors la république.

Quant aux finances, elles offraient une situation non moins alarmante : la paye des troupes suspendue pendant six mois ; un entier dénuement d'armes, d'habits et d'équipemens ; les hôpitaux remplis de soldats nus et affamés ; la famine dans les camps ; enfin l'épuisement du trésor public.

A de si grands maux quels remèdes à opposer ? Il y avait de quoi rebuter la volonté la plus ferme et le courage le plus éprouvé ; et cependant Bernadotte ne désespéra point de la république. Le premier jour de son ministère, il dit à plusieurs membres du corps législatif ces paroles remarquables : Nous aurons encore deux mois de revers ; dans quatre mois , nous serons au cœur de l'Allemagne. Bernadotte tint parole ; et s'il ne remplit pas lui-même cette promesse , c'est qu'une intrigue l'éloigna du pouvoir. Mais il avait pris des mesures si excellentes , que son successeur au ministère de la guerre dit au directoire, en lui présentant les drapeaux enlevés à l'ennemi : « Je ne puis m'attri« buer aucune part dans ces victoires, car elles ont été pré« parées par mon prédécesseur. »

Après avoir vécu quelque temps à la campagne dans une profonde retraite, il fut nommé, par le gouvernement consulaire, conseiller-d'État et général en chef de l'armée de l'Ouest. Il battit en plusieurs rencontres les royalistes insurgés, et empêcha, le 16 mai 1800, le débarquement des Anglais à Quiberon. Ces importans services n'empêchèrent pas que, l'année suivante, il fût disgracié, exilé, et faillit passer à un conseil de guerre. Mais Joseph Bonaparte intervint en sa faveur ; Napoléon oublia et, le 19 mai, Bernadotte fut élevé à la dignité de maréchal de l'empire. Il remplaça le maréchal Mortier dans le commandement de l'armée de Hanôvre, et fut nommé, peu de temps après, chef de la huitième cohorte de la Légion d'Honneur. En 1803, le département des Hautes-Pyrénées l'élut candidat au sénat conservateur, à la même époque, il reçut les ordres prussiens de l'Aigle-Noir et de l'Aigle-Rouge, et la grand'croix de celui de Saint-Hubert de Bavière.

A la bataille d'Austerlitz, Bernadotte forma avec ses braves le premier corps de l'armée, et enfonça le centre de l'armée russe. A la suite de cette campagne, en 1806, l'empereur conféra au maréchal Bernadotte la souveraineté de Ponte-Corvo, avec le titre de prince et duc.

Après la bataille d'Iéna, le général Blucher s'étant séparé de la ligne d'opérations avec les différens corps qu'il était parvenu à rallier, le prince de Ponte-Corvo fut chargé de le poursuivre avec son corps et ceux de Murat et Soult. Il l'atteignit plusieurs fois, mais le général prussien battit en retraite jusqu'à Lubeck, où il s'enferma. Bernadotte y arrive sur ses pas le 6 novembre, l'attaque, emporte d'assaut l'une des portes de la ville défendue par une artillerie formidable, et le poursuit jusqu'au village de Radkan. Le lendemain, le général Blucher capitula, et le prince de Ponte-Corvo envoya à l'empereur soixante-quatre drapeaux tombés en son pouvoir. Bientôt après, il livra aux Russes un brillant combat près de Morungen, en Pologne ; le 5 juin, il repoussa leur attaque contre le pont de Spanden, et leur causa une perte considérable. Dans cette dernière affaire, Bernadotte fut blessé d'un coup de feu à la tête ; il continua néanmoins à commander, mais, peu d'heures après, la fièvre survint et le força de quitter son corps d'armée, regretté, comme un père, de sa nombreuse famille.

(La suite à un prochain numéro.)

Paris. — Imprimerie de H. Fournier, rue de Seine, n. 14.

MARTIN LUTHER.

(Chambre de Luther à Erfurt.)

Dans l'année 1505, un jeune homme de vingt et un ans, entrait au couvent des Augustins d'Erfurt, malgré les prières et les exhortations pressantes de ses parens ; c'était Martin Luther d'Eisleben, maître en philosophie depuis quelques mois, et dont l'esprit vif et pénétrant avait déjà fait naître les plus grandes espérances. Son imagination, prompte à s'enflammer, venait d'être frappée de la mort imprévue d'un de ses amis tué à ses côtés par un coup de tonnerre, et ses tristes réflexions lui avaient fait prendre une résolution irrévocable. Assis dans cette cellule, restée même aujourd'hui l'objet d'un religieux respect , et où l'on a conservé sa table, son encrier et tout ce qui lui a appartenu , Luther., s'ignorant encore, s'abandonnait à une mélancolie profonde qui ne lui permettait de contempler d'autres idées que celles des jugemens célestes; il n'en fut guéri que par l'étude des langues mortes, qui appliqua sa vague inquiétude à des objets positifs et précis. Le vicaire-général des augustins, Staupitz, reconnaissant des talens au jeune moine, le prit en affection et l'envoya à Rome pour des affaires de l'ordre ; là le luxe et la mollesse du grand monde lui inspirèrent, dit-on , de violentes préventions contre le chef de l'Eglise ét toute sa cour. Cependant, dans les premiers temps sa conduite ne le fit point voir , car à son retour en Saxe, il obtint une chaire de théologie dans l'université de Wittemberg, et après s'y être montré partisan outré de l'autorité pontificale, il déclara qu'il serait le premier à porter des bûches pour faire brûler Erasme, qui avait osé attaquer la messe et le célibat ecclésiastique; bientôt, toutefois, il se laissa entraîner dans une route nouvelle, et passa peu à peu à une haine toujours croissante pour les pratiques de l'Eglise. La fameuse querelle des indulgences allait lui fournir un aliment de plus. Léon X , pour subvenir aux dépenses que nécessitait la construction de la basilique de Saint-Pierre , résolut d'avoir recours à un moyen souvent employé par ses prédécesseurs, la vente des indulgences ; les dominicains en furent chargés à l'exclusion des augustins qui avaient joui jusque là de ce privilège. Luther monte en chaire pour défendre les intérêts de son ordre; il commence par flétrir l'abus dont quelques hommes se sont rendus coupables; puis il va plus loin, et publie un programme renfermant quatre-vingt-quinze propositions où il combat directement les indulgences en elles-mêmes; les dominicains, armés des foudres de l'inquisition, font brûler les écrits de leur antagoniste dont les disciples usent de représailles en livrant la réplique du moine Tetzel aux flammes. C'est une déclaration de guerre; une foule de théologiens se mêlent de la dispute; Luther relève habilement les exagérations de ses adversaires sur l'autorité du pape, et tandis qu'il écrit au souverain pontife des lettres soumises et respectueuses pour le supplier de ne point se laisser prévenir par ses ennemis, il l'attaque sourdement. Cette première étincelle alluma bientôt un vaste incendie.

On a dit qu'avec un chapeau de cardinal, on eût fait disparaître le réformateur; cette opinion est peut être hasardée. Luther avait une ame d'une trempe forte et vigoureuse; ennemi des demi-mesures; il ne connaissait pas le doute, et ne le souffrait pas chez les autres; infatigable au travail, audacieux dans l'attaque, intrépide dans la défense, étranger aux concessions que l'éducation et l'usage du monde inspirent, dur pour les autres comme pour lui-même, il avait toutes les qualités requises pour devenir l'apôtre fanatique de la nouvelle secte.

Léon X , éclairé trop tard sur le danger des propositions du novateur, ne peut, ni par ses avertissemens, ni par ceux du cardinal Cajetan, obtenir un désaveu. Il les condamne comme scandaleuses et contraires aux bonnes mœurs, déclare leur auteur hérétique obstiné, livre son corps à Satan, et ordonne aux princes de le saisir et de le punir de ses crimes; cette bulle est reçue avec indignation par quelques villes d'Allemagne, et Luther, après en avoir appelé du pape mal informé au pape mieux informé, rompt ouvertement avec la cour de Rome, et brûle solennellement sur la place de Wittemberg la bulle de condamnation et les volumes du droit canonique.

Fort de l'appui de l'électeur de Saxe, il écrit à François Iᵉʳ et à Charles-Quint pour les éclairer ; il s'attache aussi à gagner le peuple, et pour lui plaire ne garde ni mesure ni décence. Les injures grossières, les plaisanteries amères, les sales quolibets que les poètes de l'ancienne comédie mettent dans la bouche des valets, se reproduisent sous sa plume, et s'appliquent sans distinction de rang ni d'état à tous ceux qu'il redoute. Il appelle les pré-

lats, *des loups dévorans*, les moines *des pharisiens et des sépulcres blanchis* ; nos lecteurs auront peine à comprendre la manière dont il traite ses adversaires, et surtout le pape : « *Petit pape, petit papelin, vous êtes un âne, un ânon, et encore, un âne sait qu'il est un âne, une pierre sait qu'elle est pierre, mais ces petits ânons de papes ne savent pas qu'ils sont ânons.* » De telles invectives ne révoltaient pas les esprits grossiers de ces temps. Luther , avec ce style barbare , triomphait dans son pays de toute la politesse romaine.

Cependant quelques petits princes d'Allemagne s'étaient fait un prétexte de ces nouveautés pour leurs intérêts particuliers ; on vit en peu de temps l'embrasement se répandre dans la plupart des états du nord ; la France même n'en fut pas tout à fait à l'abri.

Charles V , ayant à ménager le pape pour ses desseins en Italie, voulut satisfaire les légats du pontife qui demandaient la condamnation de Luther comme déjà excommunié et jugé hérétique ; il fut cité à la diète de Worms (1521) afin d'y déclarer nettement s'il renonçait ou non à ses opinions; muni d'un sauf-conduit de l'empereur, le réformateur n'hésita pas à s'y rendre; ses amis lui rappelaient le sort de Jean Huss. *Je suis sommé légalement de comparaître à Worms*, répondit-il, *et je m'y rendrai au nom du Seigneur, dussé-je voir conjurés contre moi autant de diables qu'il y a de tuiles sur les toits.* Et celui qui deux ans auparavant n'avait pas pu se procurer un cheval de louage pour aller à Augsbourg, devenu l'apôtre d'une partie considérable de l'Allemagne , se fit alors escorter par cent gentilshommes armés de toutes pièces. Son entrée à Worms eut l'air d'un triomphe, il traversa les rues monté sur un char au milieu d'un concours prodigieux que sa réputation avait attiré. Introduit dans l'assemblée, il reconnut ses ouvrages et offrit de les défendre dans une conférence publique qui lui fut refusée. N'ayant point voulu se rétracter, malgré les sollicitations des princes et des électeurs, et menacé d'être mis au ban de l'empire, il quitta la ville. Peu de jours après son départ, on publia qu'il était criminel endurci, et on somma quiconque lui donnerait asile de se saisir de lui. Charles V , pressé de le livrer comme Sigismond avait livré Jean Huss, répondit : *Je ne veux point avoir à rougir comme Sigismond.* Cependant ce prince se prononçait contre la réforme. Son titre d'empereur et de premier souverain de l'Europe, le constituait le défenseur de l'ancienne foi. La nouvelle hérésie fut aussi condamnée en France par l'université de Paris ; enfin le jeune roi d'Angleterre Henri VIII, qui se disait théologien, écrivit un livre contre Luther. Mais celui-ci trouva de zélés défenseurs dans les princes allemands, et surtout dans l'électeur de Saxe, qui paraît même l'avoir mis en avant. Ce prince avait été vicaire impérial dans l'interrègne qui avait précédé l'élection de Charles V, et c'est alors que Luther avait osé brûler la bulle du pape. L'électeur de Saxe voulant le préserver de ses propres emportemens, le fit arrêter par des cavaliers masqués, comme il s'enfonçait dans la forêt de Thuringe en revenant de la diète, et le cacha dans le château de Wartbourg, près d'Eisenach.

La suite à un prochain numéro.

LA FOIRE AUX FEMMES.

Dans une contrée élevée, à l'extrémité orientale de la Hongrie, s'élève une montagne appelée Bihar. Ce coin isolé est habité que par une race de pâtres d'origine valaque, à moitié sauvages, qui n'ont que peu de relations avec le reste du monde, et demeurent étrangers à toute civilisation.

Tous les ans, à la fête de Saint-Pierre, les Valaques du Bihar se rendent dans la plaine de Kalinasa pour assister à une foire où ils traitent d'affaires de tout genre, mais qui a un intérêt particulier pour les jeunes gens des deux sexes; car il s'y conclut aussi des mariages, et on y choisit des femmes comme on y achète des meubles ou des denrées. Tous les pères de famille y amènent leurs grandes filles avec leur dot, entassées sur des charrettes ou à pied. Cette dot se ressent de la pauvreté des montagnards, et se borne à des pièces de bétail, des moutons, des porcs, des volailles. On n'oublie pas la parure des femmes, c'est-à-dire des pièces de monnaie percées pour être attachées aux tresses de cheveux. C'est avec cette suite que chaque fille qui veut un mari s'achemine à la foire.

De leur côté, les garçons qui veulent se marier arrivent à la foire revêtus de peaux de moutons. Leurs yeux hagards, qui suffiraient pour mettre en fuite toutes nos dames, font alors l'inspection des jeunes filles que leurs parens ont amenées. Chacun choisit selon son goût. Le choix fait, on s'adresse aux parens, on demande ce qu'ils exigent, ce qu'ils donnent, ce qu'ils ont apporté. En marchande, et si l'on ne peut tomber d'accord, l'amateur passe à une autre personne. Dans le cas contraire, les deux parties se frappent dans la main de manière à se faire entendre de tout le voisinage : c'est un avis pour les concurrens que tout est conclu et que leurs vœux sont exaucés.

La famille entoure alors les deux fiancés : l'eau-de-vie se verse à plein bord ; on appelle le prêtre, et, sans désemparer, celui-ci tire de sa poche le livre de prières, et prononce la bénédiction.

Vient ensuite le moment de la séparation. La jeune femme prend congé de sa famille, à laquelle elle n'appartient déjà plus ; elle monte sur la charrette de son mari, qu'elle ne connaissait pas il y a peu d'heures, et, suivi de ses troupeaux, elle est conduite dans la maison qui va être la sienne, et où l'attendent des devoirs sur lesquels elle n'a pas eu le temps de méditer.

Souvent, dès la première entrevue, le pouvoir du mari se fait sentir, et quelquefois, à la foire même, il éclate des rixes sanglantes entre les montagnards. Le gouvernement hongrois cherche depuis long-temps les moyens de supprimer cette foire ; mais une défense contrarierait trop les anciennes coutumes, et même les besoins de la peuplade pastorale de Bihar, pour qu'elle pût être efficace. Aussi la foire continue-t-elle. On s'y marie, on s'y enivre, on s'y bat ; et pourtant tous les Valaques du pays soutiennent que c'est une fête superbe.

LA NOUVELLE-ORLÉANS.

Quand vous descendez le cours du Mississipi, venant du pays des Natchez ou de quelque autre lieu de commerce de l'intérieur, porté par une de ces nombreuses embarcations qui vont et viennent sans cesse sur ce fleuve magnifique, vous commencez à remarquer, à mesure que vous approchez de la Nouvelle-Orléans, les dévastations causées par intervalles dans les campagnes riveraines par les débordemens. Jusqu'à 150 milles au-dessus de cette ville, les planteurs voisins ont été obligés d'encaisser la rivière, en formant une immense levée de six à dix pieds au-dessus du rivage naturel. Cette levée continue des deux côtés de l'eau jusqu'au-dessous de la Nouvelle-Orléans, aussi loin que les plantations peuvent s'étendre. Au-delà de cette digue, vous apercevez une vaste étendue de terrains bien cultivés et divisés en belles plantations qui produisent des cannes à sucre et du riz en abondance.

Les habitations des planteurs et les huttes des nègres réunis en groupes nombreux forment une succession de constructions non interrompue et d'un aspect singulier et frappant. Les maisons des planteurs sont fort propres, quelques-unes même magnifiques. Elles sont toutes entourées de bosquets d'orangers et de jasmins, auxquels se mêlent la rose à mille fleurs et d'autres arbustes touffus. Ce pays est assurément la partie la plus riche des États-Unis ; il offre le coup d'œil le plus enchanteur et le plus délicieux que l'imagination puisse se représenter. Derrière ces cultures on voit d'épaisses forêts d'arbres verts ou des terrains unis et marécageux qui s'étendent aussi loin que l'œil peut atteindre ; les chênes et les cyprès qui croissent sur leur surface interrompent seuls la monotonie de leur aspect.

A 55 lieues au-dessous de l'embouchure du Mississipi, est située la Nouvelle-Orléans, cette grande capitale maritime de la vallée du Mississipi. Elle est bâtie dans une position fort commode, sur la rive nord du fleuve. Sa fondation remonte à 1749, et sa population fixe s'élève aujourd'hui à environ 50 mille ames ; une population mouvante de 25 mille ames s'y réunit, en outre, pendant l'hiver, qui est la saison des échanges. Quand on monte sur la levée, et qu'on suit le cours du fleuve, on voit au-dessus et au-dessous de la ville le rivage bordé d'une multitude de grands bateaux plats descendus de tous les points supérieurs de la vallée. Les uns sont chargés de farine, de grains, de comestibles de toute espèce ; les autres portent du gros bétail, des porcs, des chevaux, des mules. Quelques-uns ont des marchandises d'exportation ; on en voit qui sont chargés de nègres ou de wisky, cette boisson énivrante source de tant de maux.

Dans le bas de la rivière vous voyez une forêt de mâts, tandis que dans la partie supérieure 20 à 50 bateaux à vapeur sont rangés le long de la levée ou mêlés aux bateaux plats des pays du nord ; chaque jour on en voit quelques-uns arriver et d'autres partir pour aller faire le commerce à 500, à 600 lieues, à St.-Louis, à Louisville, à Nashville, à Pittsbourg et en cent autres lieux, car les distances ne sont comptées pour rien dans ce pays ; les machines à vapeur les font disparaître. Chaque jour s'offre aux yeux le spectacle d'une flotte tout entière remontant le fleuve sans le secours d'une seule voile ni d'une rame, marchant avec vitesse à la suite d'un bateau remorqueur d'une force redoutable. Je restai stupéfait là première fois que je fus témoin de ce spectacle. C'était le Grampus, le Purpoise ou le Requin, remorquant deux grands navires attachés à ses flancs avec des grappins, plus deux ou trois bricks suivant derrière à la portée d'une encâblure, et plus loin encore un où deux schooners et deux ou trois sloops ! Toute cette flotte s'avançait majestueusement.

Que si vous jetez les yeux vers la ville, un autre tableau vous attend. D'un côté c'est le négociant, à l'air empressé et soucieux, faisant charger ou décharger son coton, son sucre, ses mélasses, son tabac, son café, ses caisses de marchandises qui couvrent à la ronde un large espace du quai. Tout le long du rivage sont les maîtres des bateaux plats du haut pays, occupés à traiter avec les boutiquiers de la ville. De longues files d'Anglais et d'Américains vendent en détail toutes ces petites denrées qui peuvent se transporter à bras ou dans des paniers. D'un autre côté, et surtout vers la partie du quai qui longe la halle, c'est une foule de négresses ou de quarteronnes portant chacune sur leur tête toute une table couverte de gâteaux, de pommes, d'oranges, de figues, de bananes ou de fruits de plantain, de pommes de pain, de noix de cocotier, etc. Si vous parcourez la ville, tout annonce des progrès rapides, vous verrez le moulin à scier, les machines à presser le coton, mues par la vapeur, la halle, le palais des états, édifice d'un style antique, des hôtels, des théâtres, la cathédrale, la prison, l'hospice de la Charité, et enfin la dernière station de tout voyage ici-bas, c'est-là où reposent les anciens habitans de cette cité maintenant si pleine de vie, d'activité, de plaisirs. Tout homme réfléchi ne peut voir sans intérêt les cimetières catholique et protestant couverts de mausolées élégans, dont quelques-uns ont plusieurs pieds d'élévation, les uns isolés, les autres groupés dans ces enceintes paisibles.

La population de la Nouvelle-Orléans est très mélangée. Une grande partie des habitans parlent français, à cause de l'origine française de la colonie ; quelques-uns parlent espagnol et d'autres anglais. Ceux qui parlent français sont, en général, catholiques : ils forment, sous le rapport du caractère et des manières, une population intéressante par sa politesse et son affabilité; de plus, leurs habitudes sont honnêtes, frugales et inoffensives. Quant aux Américains établis dans ce pays, ils s'adonnent tout entiers à leur objet exclusif, celui de s'enrichir. Ainsi que toutes les grandes villes, celle-ci renferme une classe de peuple abrutie. Mais la population permanente offre tous les caractères d'une vive intelligence. Plusieurs journaux quotidiens se publient à la Nouvelle-Orléans; leur rédaction n'est pas dépourvue de talent.

On a beaucoup reproché le vice d'intempérance aux habitans de cette ville; un tel reproche ne doit s'appliquer qu'à ces hommes du nord, à demi sauvages, qui mènent une vie vagabonde et ne subsistent que d'un travail dur et grossier; encore ceux-là même ont-ils subi, dans ces derniers temps, une certaine réforme, et il est à remarquer que cette réforme a été la suite de l'introduction des machines à vapeur qui, en les dispensant d'une partie de leurs fatigans travaux, leur ont laissé moins d'excuses pour chercher des dédommagemens dans l'usage des liqueurs enivrantes.

Tel est, en raccourci, le tableau de la Nouvelle-Orléans, aujourd'hui place de grand commerce, qui ne peut manquer de trouver de nouveaux moyens d'accroissement et de splendeur dans son heureuse situation à l'ouverture de la grande vallée du Mississipi, au centre de l'Amérique septentrionale, et qui, par tous ces motifs, sera toujours regardée comme la capitale du midi des États-Unis.

MARIAGE DE HENRI IV
ET DE MARIE DE MÉDICIS.

Henri IV était en guerre avec le duc de Savoie, au sujet du marquisat de Saluces, pendant que se négociait son mariage avec Marie de Médicis, princesse de Florence. Cette négociation, qui ne pouvait que faire fort grand plaisir au pape, ne fut pas inutile au roi pour empêcher le Saint Père de s'intéresser pour le duc [1]. D'Alincourt, qui était celui que Sa Majesté avait envoyé à Rome pour ce

sujet, obtint tout ce qu'il demandait. Le mariage fut arrêté, et il ne s'agissait plus que d'envoyer à Florence une personne qui pût l'accomplir par procureur. Bellegarde sollicita fort cet honneur, mais il ne put obtenir que d'être porteur de la procuration, qui le déférait au duc de Florence.

Pendant que cette cérémonie s'exécutait à Florence, Henri croyait ne devoir paraître occupé que de ballets, de comédies et de fêtes.

Peu de temps après, Marie de Médicis arriva à Lyon. Le roi ne l'eut pas plus tôt appris, qu'il quitta ses quartiers de guerre, et s'y achemina par un temps extrêmement pluvieux, courant en poste avec une grande partie des seigneurs de sa cour. Il était onze heures du soir lorsqu'ils arrivèrent au bout du pont de Lyon, et ils y attendirent une heure entière qu'on vint leur ouvrir, pénétrés de froid et de pluie, parce que le roi, pour le plaisir de surprendre la reine, ne voulut point se nommer; ils ne s'étaient point encore vus l'un l'autre. Les cérémonies de mariage se firent sans aucune pompe. (Novembre 1600.)

La reine ne prit pas incontinent après la route de Paris. Elle visita plusieurs villes de France. Elle menait avec elle don Joan, son oncle, et Virgile Ursin, son cousin. Plusieurs autres Italiens et Italiennes étaient à sa suite, entre autres un jeune homme nommé Concini, et une fille nommée Léonore Galigaï, qui jouèrent dans la suite un grand rôle [1]. « Je la précédai à Paris de huit jours, dit Sully, pour y faire ordonner la cérémonie de son entrée, qui fut des plus magnifiques en toutes manières. Le lendemain, je l'en emmena dîner, avec toute sa cour, chez moi à l'Arsenal. Elle était suivie de toutes ses filles italiennes, qui, trouvant le vin d'Arbois fort de leur goût, en burent un peu plus que de besoin. J'avais d'excellent vin blanc, et aussi clair qu'eau de roche; j'en fis remplir les aiguières, et lorsqu'elles demandaient de l'eau pour tremper le vin de Bourgogne, ce fut cette liqueur qu'on leur présenta. Le roi, les voyant de si bonne humeur, se douta que je leur avais joué pièce. La conjoncture du mariage du roi fit qu'on ne parla pendant tout l'hiver que de parties de plaisir. »

La cérémonie du sacre de la reine fut différée fort longtemps. Neuf années s'écoulèrent sans qu'il en fût question : vainement Marie de Médicis témoignait au roi le désir d'être couronnée solennellement : Henri s'y opposait toujours. La discorde qui souvent divisa les deux époux était la principale cause de la résistance du roi. Enfin, il fut arrêté que le sacre aurait lieu, le 13 février 1610, à Saint-Denis. Les cérémonies eurent lieu en effet, mais elles ne furent point terminées ce jour-là : le lendemain étant un vendredi, on suspendit les fêtes. Le roi vint à Paris, et il se rendait en voiture à l'Arsenal, lorsqu'il fut assassiné par Ravaillac dans la rue de la Féronnerie.

DES ÉCAILLES.

Dans les poissons, on désigne sous le nom d'écailles toutes les plaques solides dont la peau de certains animaux est recouverte. Le plus communément elles sont imbriquées, c'est-à-dire disposées en recouvrement les unes au-dessus des autres, comme les ardoises des toits de nos maisons. Elles sont rarement adhérentes entr'elles : chez quelques espèces néanmoins elles sont serrées et unies de manière à ne former qu'une seule pièce, qu'on appelle cuirasse. Une étude superficielle avait fait croire que quelques poissons étaient entièrement privés d'écailles; des naturalistes en avaient refusé au Cépole Tœnia, au Rémora, à l'Ammodyte, à l'Anguille et à l'Anarrhique; mais en examinant avec plus d'attention, on a reconnu l'existence des écailles dans la poussière brillante qui se détache du corps de ces

[1] Nous empruntons ces particularités aux *Mémoires de Sully* : nous en avons conservé le style original autant qu'il nous a été possible, en débarrassant le récit de toutes les circonstances étrangères au sujet de cet article.

[1] Léonore Dori, dite Galigaï, épousa Concino Concini, qui devint maréchal de France, et prit le nom de maréchal d'Ancre.

animaux, lorsque sa peau, qui les recouvre, a été dessé-chée.

La manière de vivre et la forme de chaque espèce de poissons influent ordinairément sur la position des écailles. Elles sont à découvert et retenues par de minces vaisseaux chez les poissons qui nagent ordinairement dans de grands fonds, et ne sont, par conséquent, exposés à aucun frois-sement contre les rochers ou les plantes marines. Elles sont adhérentes et recouvertes par la peau chez ceux qui vivent près des rivages, et qui, ne s'éloignant que rarement des bords, semblent faits pour vivre dans la vase où des chocs nombreux détacheraient ou déchireraient des écailles moins solidement assurées.

C'est à leurs écailles que les poissons doivent l'éclat de leur brillante peau; ce sont ces lames qui sont enrichies des couleurs métalliques les plus variées et qui, tantôt arran-gées symétriquement, tantôt disposées sans ordre, reflètent, à la surface des eaux, toutes les nuances des pierres pré-cieuses, toutes les ondulations étincelantes du soleil. Les poissons ne conservent leur teinte que tant qu'ils sont dans l'eau; hors de ce fluide, leur vie s'affaiblit, la couleur de leurs écailles se fane, s'altère, et souvent même disparaît entièrement. Vivans, les poissons changent quelquefois subitement de couleur : ce phénomène paraît appartenir chez eux, comme chez les caméléons, aux transitions brus-ques d'une température à une autre, ou à des mouvemens particuliers de leur circulation sanguine.

On trouve encore des écailles à la surface du corps de la plupart des reptiles; les dimensions, le nombre et les for-mes de ces plaques cornées varient presque dans chaque espèce, et ne fournissent que des caractères de distinction fort incertaines; car, non seulement ces écailles ne sont pas constantes dans tous les individus, mais elles dépendent souvent de l'âge, d'une difformité ou d'une circonstance locale.

Parmi les reptiles, ceux dont les écailles offrent le plus d'intérêt, ce sont les tortues, dont la carapace est recou-verte de grandes plaques cornées, plus ou moins épaisses, substance qu'on trouve dans le commerce sous le nom d'*écaille*, et qu'on emploie dans les arts à une foule d'usages. Cette écaille est principalement recueillie dans les mers d'Asie et d'Afrique : elle se présente sous trois couleurs différentes, la blonde, la brune et la noirâtre; quelquefois elle est jaspée, souvent elle est demi-transparente. L'écaille est fragile et fusible par l'action du feu; on a tiré parti de cette dernière circonstance pour en souder plusieurs pièces ensemble, pour la mouler, la redresser, etc.

La préparation de l'écaille pouvant présentait un certain intérêt à nos lecteurs, nous entrerons dans quelques détails à ce sujet : —

Les feuilles d'écaille sont ordinairement bombées sur les surfaces; c'est pourquoi la première chose à faire, pour les rendre propres à être employées, est de les redresser; ce qui se fait de la manière suivante :

Après avoir fait choix des feuilles qu'on veut redresser, on fait chauffer de l'eau dans un chaudron, ou dans tout autre vase découvert et capable de contenir les feuilles d'écaille sans qu'elles touchent aux bords du vaisseau, de crainte que la chaleur de ce dernier ne les brûle.

Quand l'eau est bouillante, on y trempe les feuilles d'é-caille, et on les y laisse séjourner jusqu'à ce qu'elles soient suffisamment amollies; ce qu'on connaît en retirant une feuille avec des pinces ou même avec les doigts; car l'é-caille perd sa chaleur très promptement : si, elle cède facilement par son propre poids, c'est un signe cer-tain qu'elle est amollie au degré nécessaire; alors on a une petite presse de la grandeur de la plus grande feuille d'é-caille; dans cette presse on met les feuilles ainsi amollies, en ayant soin, s'il y en a plusieurs, de mettre entre chacune d'elles des plaques de fer ou de cuivre d'environ deux lignes d'épaisseur, bien droites sur leurs surfaces, et qu'on a soin de faire chauffer d'avancé, afin de conserver plus long-

temps aux feuilles d'écaille la ductilité qu'elles viennent d'acquérir par l'action de l'eau bouillante.

Quand les feuilles d'écaille sont par trop bombées, et qu'on craint qu'elles ne se prêtent pas assez à l'action de la

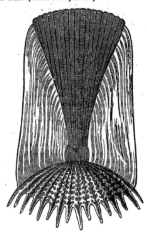

Écaille de sole.

presse, soit par rapport à leur bombage, soit parce qu'elles refroidissent trop vite, il faut, lorsqu'on a mis deux ou trois feuilles dans la presse, serrer médiocrement cette dernière, la plonger dans l'eau bouillante pour ramollir l'écaille; après quoi, on achève de serrer la presse, et on la retire de l'eau pour laisser refroidir peu à peu, ce qui vaut mieux que de la tremper dans de l'eau froide, qui saisit trop vite l'écaille, et la rend plus cassante et plus sujette à se déjeter.

Quand l'écaille est totalement refroidie, on la retire de dessous la presse; alors elle se trouve parfaitement droite, et conserve toujours cette nouvelle forme, pourvu qu'on ne la trempe plus dans l'eau bouillante, car elle deviendrait courbe comme auparavant.

Il faut aussi faire attention que l'écaille s'étend et se di-late à l'eau chaude, mais qu'elle se retire en se refroidissant; c'est pourquoi, quand on la contourne dans des moules, il faut que ces derniers soient un peu plus grands que le mo-dèle dont on veut reproduire la figure, afin de laisser à l'é-caille le temps de se dilater librement.

Les ébénistes, pour redresser l'écaille, se contentent de la mettre, au sortir de l'eau chaude, entre des planches d'environ un pouce d'épaisseur, et de les serrer avec un ou deux *valets*.

Mais cette méthode n'est pas bonne, parce que, pour peu que l'écaille ne soit pas assez chaude, on s'expose à la faire casser; ou, supposé qu'elle prête à un médiocre degré de chaleur, elle ne reste pas droite quand on l'ôte de des-sous les valets, ce qui oblige de recommencer l'opération. C'est pourquoi il vaut mieux faire usage d'une presse et de fers chauds, comme on l'a dit ci-dessus.

Quand on veut mouler de l'écaille, on ne la met pas toute droite dans le moule; mais, après l'avoir dressée et mise d'épaisseur, on la trempe dans l'eau bouillante, et quand elle est amollie, on commence par la ceintrer à la main, à peu près selon la forme qu'elle doit avoir; ensuite on la met dans le moule, et on place ce dernier dans la presse, qu'on ne serre qu'autant qu'il est nécessaire pour empêcher l'écaille de glisser ; cela fait, on trempe le tout dans l'eau bouillante, et on serre la vis de la presse à mesure qu'on s'aperçoit que l'écaille ne fait pas de résistance.

Quand le dessus du moule est descendu autant qu'il est nécessaire, et que par conséquent l'écaille a pris la forme du moule, on retire la presse de l'eau, et on laisse refroidir le tout ensemble.

Les moules dont on vient de parler sont ordinairement faits de bois dur ; ce qui est suffisant quand on n'a pas beaucoup de pièces semblables à mouler.

Pour souder des plaques d'écaille, ou taille en biseau les deux morceaux que l'on veut réunir ; on met en contact les deux sections inclinées, puis on les entoure d'une grande quantité de papier, et on presse fortement cette ligne de réunion avec une pince chaude. La chaleur met en fusion la substance gélatineuse de chacun des bords accolés, et leur adhérence est invariablement assurée.

—

PRUSSE.

Près du quart de la population de la Prusse est répartie dans les villes, dont le nombre s'élève à mille vingt-et-une, et parmi lesquelles vingt-six ont plus de dix mille habitans ; le reste occupe deux cent quatre-vingt-douze bourgs et trente-six mille sept cent quatre villages et hameaux.

La nation est divisée en cinq classes bien distinctes : les nobles, les ecclésiastiques, les bourgeois, les militaires et les paysans. Les nobles forment environ vingt mille familles, les ecclésiastiques sont au nombre de près de cinquante mille.

Les divers cultes jouissent en Prusse de la plus grande liberté. Chaque citoyen est admissible à tous les emplois, quelle que soit d'ailleurs sa religion ; mais celle de l'Etat est le protestantisme, et l'on comprend sous ce nom la confession d'Augsbourg et la communion réformée. Les deux cultes y sont unis et presque confondus. Les habitans qui les professent forment près des deux tiers de la population, et le catholicisme est professé par plus d'un tiers de celle-ci. Les deux principaux cultes ont chacun leurs prélats et leurs ministres. L'Église évangélique n'a que deux évêques, l'un à Berlin et l'autre à Kœnigsberg ; mais elle a ses surintendans, ses archiprêtres, ses inspecteurs, ses doyens, ses prévôts et ses pasteurs. Chaque province et chaque cercle a son synode ; il y a en outre un consistoire par province, et Berlin est tous les cinq ans le siège d'un synode général. L'Église catholique a deux archevêques, celui de Cologne et celui de Gnesen et Posen, et six évêchés, dont les sièges sont : Breslau, Culm, Ermeland, Munster, Paderborn et Trèves.

Le gouvernement prussien est une monarchie absolue ; le pouvoir du souverain est à peine limité par les états provinciaux. Ces états, qui existent maintenant dans toute La Prusse, n'ont presque aucune influence dans les affaires du gouvernement ; ils ne s'assemblent que pour régler ce qui concerne la perception des contributions et les caisses du crédit que possèdent plusieurs provinces. En général, quoiqu'il n'y ait pas en Prusse de véritable liberté politique, on peut dire que la liberté civile y est tout aussi respectée que dans les monarchies constitutionnelles.

Cet esprit de liberté, qui anime le public et qui se montre dans tous les écrits, a commencé à dominer dans le code prussien, publié en 1794, et qui régit encore le pays, à l'exception des provinces occidentales, dans lesquelles, à quelques modifications près, on a conservé le code français. Le code prussien consacre le système de la féodalité, qui règne surtout dans les campagnes ; mais il en interdit les abus, il en allége le fardeau ; en un mot, il le régularise, et celui appartient beaucoup à l'époque où il fut promulgué, mais ce qui n'est déjà plus en rapport avec les lumières qui se sont répandues en Prusse. L'administration judiciaire se partage en trois degrés : le premier consiste en juridictions patrimoniales

pour les paysans, en justice urbaine et territoriale pour les bourgeois, et en quelques cours de baillages héréditaires pour les nobles ; le second degré comprend les cours supérieures : il en a une par régence ; le troisième degré appartient à la cour suprème d'appel, qui siége à Berlin.

Le roi est assisté dans l'exercice du pouvoir législatif par un conseil d'état composé de quinze membres. Le ministère est divisé en neuf départemens : 1° les affaires étrangères ; 2° le trésor et le crédit national ; 3° la justice ; 4° les affaires ecclésiastiques, la médecine et l'instruction publique ; 5° le commerce, l'industrie et l'agriculture ; 6° l'intérieur ; 7° la police ; 8° la guerre ; 9° les finances. Chaque province est administrée par un président supérieur, et chaque cercle par un collége de régence et par des conseils composés des employés supérieurs. Sur le pied de paix, l'armée est composée de cent vingt-deux mille hommes ; mais en temps de guerre, la Prusse peut mettre facilement cinq cent mille hommes sous les armes. L'armée permanente se compose de volontaires qui s'équipent et s'entretiennent à leurs frais pendant un an ; d'enrôlés volontaires soldés et âgés de dix-sept à quarante ans ; d'une partie de la jeunesse requise, de vingt à vingt-cinq ans ; de vétérans qui se vouent au métier des armes au-delà du temps prescrit par la loi ; enfin des jeunes gens de famille qui sont nommés officiers après avoir subi des examens. La réserve comprend les corps de la Landwehr, espèce de milice qui forme trente-six régimens, et qui se divise en deux bans : tous les jeunes gens qui n'ont pas servi pendant cinq années dans l'armée active font partie du premier ban jusqu'à trente-deux ans accomplis ; le deuxième est formé d'hommes plus âgés. En temps de paix, les deux bans restent dans leurs foyers, où ils sont régulièrement instruits au métier des armes. En cas de guerre, le premier ban est destiné à renforcer l'armée permanente, et à deuxième à former la garnison des places fortes, quelquefois même à compléter aussi les cadres de l'armée. La landwehr se compose d'infanterie, de cavalerie et d'artillerie. Dans les momens de danger imminent, le roi appelle à la défense du pays la levée en masse des hommes de dix-sept à cinquante ans ; c'est ce que l'on nomme le Landsturm. Tout citoyen prussien est astreint au service militaire depuis vingt jusqu'à cinquante ans ; mais il n'est tenu à un service régulier que pendant les cinq premières années ; il ne passe même que trois ans sous les drapeaux, après lesquels il est renvoyé, en temps de paix, dans ses foyers, d'où il ne sort que pour un service temporaire, jusqu'à la cinquième année, après laquelle il est inscrit sur les contrôles du second ban de la landwehr. Les provinces sont divisées en huit circonscriptions territoriales, qui fournissent chacune au recrutement d'un corps d'armée. Les remontes de la cavalerie ne coûtent rien à l'état : tout individu qui possède trois chevaux est tenu d'en fournir un à l'escadron de son cercle ou canton. Si cette réquisition ne suffit pas, les autorités locales obligent les propriétaires fonciers de les fournir, ou se chargent elles-mêmes de cette fourniture, qu'elles font payer ensuite aux contribuables. Les seuls chevaux de cuirassiers sont achetés à l'étranger, c'est-à-dire dans le Holstein et le Mecklenbourg. L'avancement dans l'armée n'a lieu que par rang d'ancienneté. Bien que la discipline avilissante instituée par Frédéric-Guillaume ait été abolie en 1818, on infligeait encore en 1832 la punition humiliante des lattes ; aujourd'hui celle-ci n'existe plus ; les autres sont la prison, les arrêts et la corvée. Le contingent que la Prusse fournit à la confédération germanique est de cent mille hommes.

Puissance entièrement militaire, la Prusse est, après la France, celle qui possède le plus grand nombre de places de guerre. Les armes royales sont une aigle noire couronnée, portant la chiffre F. R. sur la poitrine. Le pavillon prussien est noir et blanc, de manière que deux bandes noires sont séparées par une bande blanche. Le pavillon royal est blanc, avec l'aigle royale au milieu, et sur la partie gauche du haut, est une croix de fer.

Le roi de Prusse n'a point de liste civile; l'état lui fait une dotation. Ce souverain, le plus puissant de l'Allemagne après celui de l'Autriche, se plaît à éviter l'éclat qui entoure la plupart des têtes couronnées. Cette simplicité n'a point sa source dans une avare parcimonie, mais dans une sage économie, et dans le caractère du prince, ennemi du faste et de la représentation. Le roi dîne à une heure, comme le simple citoyen, et tout excès est banni de sa table et de la cour. Lorsqu'il sort, rien ne distingue sa voiture de celle d'un particulier; elle est attelée de deux chevaux seulement. Lui-même est ordinairement habillé d'une simple redingotte, sans aucune marque de sa haute dignité, et il traverse le plus souvent les rues de Berlin sans se faire remarquer : son exemple est suivi par les princes de sa maison, qui, en général, se distinguent très peu, quant à l'extérieur, des riches particuliers. Tout le personnel attaché aux princes du sang mariés se réduit à trois dames pour une princesse, et à trois grands officiers pour un prince; mais cette économie dans les équipages, dans le service domestique, dans la table, n'exclut pas la bienfaisance : jamais l'infortune ne s'adresse vainement à la munificence de la famille royale ; le roi l'exerce surtout pour l'embellissement de la capitale.

Les fêtes de la cour ne sont ni nombreuses ni brillantes; elles se bornent ordinairement à quelques bals donnés par le roi et les princes; mais dans les occasions extraordinaires, on a vu la cour de Prusse déployer une pompe vraiment royale : telles furent les cérémonies qui eurent lieu lors du mariage de la princesse Charlotte avec le grand-duc Nicolas, aujourd'hui empereur de Russie.

Dans des occasions solennelles, à l'arrivée de quelque prince étranger, aux fêtes publiques, il y a réunion générale à la cour. Ces cercles n'ont jamais lieu à la demeure du roi, dite le palais, mais au château. Tous les employés de l'administration et de l'armée, depuis le simple référendaire et le lieutenant, peuvent s'y montrer sans être invités, et le roi aime à les y voir affluer. Les dames doivent être présentées; mais sans avoir besoin de faire preuve de noblesse. Il y a, en général, peu de cérémonie, et l'ancienne étiquette est entièrement tombée en désuétude; elle ne s'est conservée dans toute sa rigueur que pour les mariages des princes et princesses de la famille royale.

Si nous considérons que l'ensemble des provinces soumises à cette puissance présente, de l'orient à l'occident, depuis les bords du Niemen jusqu'aux rives de la Sarre, une étendue de près de trois cents lieues; que du midi au nord, sa plus grande largeur est d'environ cent trente lieues; que, dans sa largeur moyenne, elle n'en a pas quarante; que plusieurs princes étrangers possèdent des territoires plus ou moins considérables enclavés dans ses États; qu'elle-même a plusieurs possessions au milieu d'autres terres étrangères; nous ne craindrons pas de dire un territoire si démesurément alongé, si irrégulièrement découpé; des terres éparses, si inégalement réparties relativement à l'influence que, d'après la civilisation moderne, la métropole doit exercer au sein d'un empire; enfin une superficie aussi considérable que la sienne, puisqu'elle s'élève à treize mille neuf cent trente-six lieues carrées; sont plutôt des élémens de faiblesse que de puissance.

PAPIER DES ORIENTAUX.

Le papier de la Chine paraît si fin qu'on s'est imaginé en France qu'il était de soie ou de coton; mais cette opinion est fausse. Tout le papier chinois se fait d'écorce de bambou; c'est une espèce d'arbre plus uni, plus gros, plus droit et plus fort que le sureau. On rejette la première enveloppe, qui est trop épaisse et trop dure; celle de dessous, plus blanche et celui moulu, broyée avec de l'eau claire, sert de matière au papier, qu'on fabrique comme nous le faisons avec des formes aussi longues et aussi larges qu'on le désire. Il y a des feuilles de dix et de douze pieds

de long, et le papier en est aussi blanc et beaucoup plus uni que le nôtre. Au lieu de colle, on y passe de l'alun, ce qui, non-seulement l'empêche de boire, mais encore le rend quelquefois si éclatant qu'il paraît argenté ou couvert de vernis. Il est extrêmement doux sous la plume, et plus encore sous le pinceau, qui demande un fond uni; car, dès qu'il est raboteux, comme notre papier, les filets se séparent et les lettres ne sont jamais bien terminées. En général le papier de Chine est de peu de durée; il se coupe facilement; l'humidité et la poussière s'y attachent, et parce qu'il est d'écorce d'arbre, les vers s'y mettent infailliblement, si l'on n'a soin de battre souvent les livres et de les exposer au soleil. Ainsi, on ne peut à la Chine conserver que rarement de vieux manuscrits, et l'on renouvelle continuellement les bibliothèques, qui ne sont anciennes que parce que ce sont des copies fidèles des anciens originaux.

Cependant il existe en France beaucoup de manuscrits orientaux écrits sur des feuilles de deux pieds de long environ sur deux ou trois pouces de large, qui ont très-bien résisté aux injures du temps.

Aujourd'hui les Persans fabriquent des papiers de diverses couleurs, du blanc, du jaune, du rose; ils en ont aussi de doré et d'argenté. Quand on adresse une lettre très-respectueuse à un haut personnage, par exemple à un monarque, on se sert de papier blanc orné de fleurs d'or. La feuille est plus grande ou plus petite selon le rang des personnes auxquelles on écrit. Les lettres du shah de Perse à Louis XIV avaient trois pieds de longueur. En Turquie, le papier est plus grand, et les écrits adressés par le sultan ou le grand-visir au roi de France étaient quelquefois de neuf pieds. La grandeur de la lettre, adressée à un prince quelconque, diffère selon le besoin plus ou moins grand qu'on a de lui. Les sultans tartares de la race de Genghiskhan, qui dans le XIIIe siècle possédaient la Perse et une partie de l'Asie Mineure, écrivaient d'abord des lettres de deux pieds aux souverains de l'Europe; plus tard, l'amitié des princes chrétiens leur devenant plus nécessaire, les dimensions de leurs lettres grandirent et allèrent jusqu'à neuf pieds. Telles sont les deux lettres du sultan mongol de Perse adressées à Philippe-le-Bel, qui sont conservées dans les archives du royaume, et que M. Abel Remusat a publiées et commentées. Tamerlan, voulant honorer le sultan d'Égypte d'une manière particulière, lui adressa une lettre de soixante-dix coudées de longueur.

Quand les Persans écrivent, ils coupent un coin du papier de sorte que la feuille ne forme pas un carré régulier; c'est, disent-ils, pour indiquer que rien sous le soleil n'est parfait, et que cette qualité ne se trouve que dans Dieu. Les formules de politesse qu'ils emploient dans leurs lettres sont très nombreuses. Il faut principalement remarquer que le nom du supérieur précède toujours celui de l'inférieur. Cette coutume est très ancienne. La lettre que Mahomet envoya au roi de Perse commençait par ces mots : Mahomet, fils d'Abdallah, apôtre de Dieu, à Khosroès, roi de Perse ». Ce manque de respect mit le roi dans une si forte colère, qu'il déchira la lettre sans l'avoir lue. La même chose eut lieu deux cents ans plus tard. Un empereur de Constantinople écrivant à Mamoun, fils d'Haroun al Raschild, ayant placé son propre nom le premier, le khalife en fut vivement offensé.

Si l'on veut honorer quelqu'un d'une manière particulière, on met son nom et ses titres en lettres d'or ou au moins en couleur. Quelquefois on déplace les noms et on les met sur la marge ou en tête de l'écrit, pour indiquer que la lettre même n'est pas digne de les contenir. Si l'on veut distinguer plusieurs noms ou titres, on donne à chacun d'eux une couleur particulière; quand on parle de dieu, d'un saint ou d'un prince souverain, on écrit le nom de dieu en or, celui du saint en bleu, et celui du prince en rouge. Ne parle-t-on que d'un saint et d'un roi, on donne au premier l'or, et à l'autre la couleur bleue.

LA VIA-MALA.

On appelle *Via-Mala* ou *défilé des Roffles*, un chemin, situé en Suisse dans le canton des Grisons, et qui mène de Tusis à la vallée de Schams. Cette gorge effrayante, qui s'étend entre les monts Béverin et Mütterhorn, surpasse tout ce qu'on peut voir de plus extraordinaire dans cet admirable pays, tant par la coupe hardie des rochers et leur élévation perpendiculaire, que par la manière bizarre dont ils sont entassés. Une végétation sauvage ajoute encore à l'effet de cette nature imposante. Des sapins, d'une taille gigantesque, descendent le long des parois les moins rapides des montagnes, couronnent les sommités de la gorge, ou croissent isolés au milieu d'énormes blocs de granit couverts d'une mousse épaisse. On ne peut se défendre d'une vive émotion en s'enfonçant parmi ces ruines croulantes des Alpes, surtout quand on côtoye les effrayans abîmes qui bordent la route, et qui, en certains endroits, n'ont pas moins de trois ou quatre cents pieds de profondeur; mais la frayeur involontaire, qu'on éprouve d'abord, ne tarde pas à faire place à l'admiration produite par ce site pittoresque. D'ailleurs le danger est plus apparent que réel: la route est assez bien entretenue, et l'habileté des ingénieurs l'a prémunie contre toute espèce d'accidens. En été surtout, on n'a aucun péril à redouter, et ce n'est guère qu'en hiver et au printemps, lorsqu'il y a beaucoup de neige, qu'on y est exposé aux avalanches.

Le Rhin, torrent déjà large et impétueux, occupe le fond des précipices, forcé d'engouffrer ses eaux dans une crevasse ou, pour parler plus exactement, dans une fissure, qui divise ces prodigieux rochers. Le lit de ce fleuve y est extrêmement resserré, et du haut du chemin, c'est à peine si on le distingue à la blancheur de son écume, sans pouvoir entendre le fracas de ses ondes. Des troncs d'arbres brisés, des quartiers de rocs ont roulé dans cet étroit abîme, et sont restés suspendus au-dessus des eaux. De nouveaux débris, successivement accumulés, formeront à la longue une voûte naturelle, sous laquelle le Rhin disparaîtra tout-à-fait, et l'on viendra un jour contempler en cet endroit un phénomène bien plus remarquable que la perte du Rhône.

On traverse le Rhin sur trois ponts. Pour les construire, il a fallu, du haut des parois du défilé, descendre avec des cordes, des sapins hauts comme des mâts de vaisseau, dont on fixait l'un des bouts à une rive, avant d'établir l'autre sur la rive opposée: ces ouvrages sont d'une hardiesse vraiment merveilleuse; on les dirait posés là tout exprès pour concourir à l'effet sublime du paysage. L'un des ponts, formé d'une seule arche, a quarante pieds de longueur, et s'élève de cent cinquante mètres au-dessus du fleuve. A quelque distance de là, le Rhin forme une chûte, où brille de mille couleurs un iris magnifique, lorsque le soleil donne dans la gorge. Bientôt on arrive dans la riante et gracieuse vallée de Schams, dont les sites enchanteurs présentent le plus séduisant contraste avec les horreurs de la *Via-Mala*.

Paris.—Imprimerie de H, Fournier, rue de Seine, n° 14⁶

TAITI.

(Cession du district de Matavaï aux missionnaires anglais.)

§ Ier. — ÉTAT DES TAITIENS AVANT L'ARRIVÉE DES MISSIONNAIRES.

Il est peu de lieux qui aient antant excité l'admiration des voyageurs que l'île de Taïti. La beauté de son aspect, la richesse et la fertilité de son sol, qui ne demande presque aucune culture; la douceur de son climat, l'hospitalité et les mœurs pacifiques de ses habitans, en ont fait un lieu de délices pour les navigateurs qui ont relâché dans cette île. Placée au milieu de la mer du Sud, loin de toutes les grandes terres, elle est, grâce à l'Océan qui la baigne et l'attiédit, exempte des chaleurs extrêmes, auxquelles sa position voisine de l'équateur semblerait devoir la soumettre.

Il n'y a peut-être pas dans le monde entier de canton d'un aspect plus riche que la partie sud-est de Taïti. Les collines y sont élevées, d'une pente raide, et escarpées en bien des endroits; mais des arbres et des arbrisseaux les couvrent tellement jusqu'au sommet, qu'en les voyant on a bien de la peine à ne pas attribuer aux rochers le don de produire et d'entretenir cette charmante verdure. Les plaines qui bordent les collines vers la mer, les vallées adjacentes, offrent une multitude de productions d'une force extraordinaire; et à la vue de ces richesses du sol, le spectateur est convaincu qu'il n'y a pas sur le globe de terrain d'une végétation plus vigoureuse et plus belle. La nature y a répandu des eaux avec la même profusion; on trouve des ruisseaux dans chaque vallée; ces ruisseaux, à mesure qu'ils s'approchent de l'Océan, se divisent souvent en deux ou trois branches qui fertilisent les plaines sur leur passage.

Visitée successivement par plusieurs navigateurs célèbres, Wallis, Bougainville, Cook, Vancouver, Taïti prit une place importante dans les relations qu'ils publièrent de leurs voyages, et attira enfin l'attention de la société des missions anglaises, qui y envoya, en 1796, trente de ses membres, dont quelques-uns étaient accompagnés de leurs femmes et de leurs enfans. L'expédition aborda, au mois de mars 1797, dans la baie de Matavaï, à Taïti, et après s'être

concilié les esprits des habitans de cette île par des présens, obtint du chef Pomarré la cession du district de Matavai.

Avant d'exposer à nos lecteurs les résultats obtenus par les missionnaires anglais, nous croyons devoir leur dire quelles étaient auparavant les mœurs et les coutumes des Taïtiens, en citant ici quelques extraits des récits des navigateurs que nous avons nommés plus haut.

Les Taïtiens, estimant les avantages extérieurs, recourent à plusieurs moyens pour les augmenter : ils sont accoutumés, surtout parmi les chefs d'un certain rang, qui restent célibataires, à se soumettre à une opération médicinale, afin de blanchir leur peau : pour cela ils passent un mois ou deux sans sortir de leurs maisons; durant cet intervalle, ils portent une quantité considérable d'étoffes, et ils ne mangeht que du fruit à pain, auquel ils attribuent la propriété de blanchir le corps. Ils semblent croire aussi que leur embonpoint et la couleur de leur peau dépendent d'ailleurs des diverses nourritures qu'ils prennent habituellement ; le changement des saisons les oblige en effet à changer leur régime selon les différentes époques de l'année.

Leur conduite, dans presque toutes les occasions, annonce de la franchise et un caractère généreux. Néanmoins les Taïtiens sont quelquefois cruels envers leurs ennemis ; ils les tourmentent de propos délibéré, ils leur enlèvent de petits morceaux de chair en différentes parties du corps, ils leur arrachent les yeux, ils leur coupent le nez, et enfin ils les tuent et ils leur ouvrent le ventre : mais ces cruautés n'ont lieu qu'en certaines circonstances. Si la gaieté est l'indice d'une ame pure, on doit supposer que leur vie est rarement souillée par des crimes; « je crois, dit Cook, qu'il faut plutôt attribuer cette disposition à la joie, à leurs sensations, qui malgré leur vivacité, ne paraissent jamais durables ; car lorsqu'il leur survenait des malheurs, je ne les ai jamais vus affectés d'une manière pénible après les premiers momens de crise. Le chagrin ne sillonne point leur front; l'approche même de la mort ne semble pas altérer leur bonheur. J'ai observé des malades près de rendre le dernier soupir ou des guerriers qui se préparaient au combat, et je n'ai pas remarqué que la mélancolie ou des réflexions tristes répandissent des nuages sur leur physionomie.

« Les Taïtiens sont loin d'être sévères dans leurs mœurs. Ils ne s'occupent que des choses propres à leur donner du plaisir et de la joie. Ils aiment passionnément à chanter, et le plaisir est aussi l'objet de leurs chansons. Ils se plaisent à célébrer leurs triomphes à la guerre, leurs travaux durant la paix, leurs voyages sur les terres voisines, et les aventures dont ils ont été les témoins ; les beautés de leur île, et ses avantages sur les pays des environs, ou ceux de quelques cantons de Taïti sur des districts moins favorisés. La musique a pour eux beaucoup de charmes ; et quoiqu'ils montrassent une sorte de dégoût pour nos compositions savantes, les sons mélodieux que produisait chacun de nos instrumens en particulier, approchant davantage de la simplicité des leurs, les ravissaient toujours de plaisir.

« Les cochons, les chiens et les rats étaient, dit-on, les seuls quadrupèdes existans dans l'île avant l'arrivée des Européens. La chair de ces cochons n'a rien de cette saveur fade qui fait qu'on s'en dégoûte si tôt en Europe, et rappelle jusqu'à un certain point le goût de celle du veau. Ces animaux appartiennent presque tous aux chefs, dont ils font une des principales richesses.

« Quand la classe inférieure fait usage d'une nourriture animale, ce ne sont jamais que des poissons ou d'autres productions marines ; il est rare qu'elle mange du cochon, si même cela lui arrive quelquefois. Le roi seul est assez riche pour avoir du porc tous les jours, et les chefs subalternes ne peuvent guère en tuer qu'une fois par semaine, par quinzaine et par mois, selon leur fortune. Il y a même des temps où ils sont obligés de se passer de cette friandise ; car, lorsque la guerre ou d'autres causes ont appauvri l'île, le roi défend à ses sujets de tuer ces animaux ; et on nous a dit qu'en certaines occasions la défense subsistait plusieurs mois, et même une année. ou deux. Les porcs se multiplient tellement durant cette prohibition qu'on les a vus abandonner l'état de domesticité et devenir sauvages. Lorsqu'il paraît convenable de lever la défense, tous les chefs se rendent auprès du roi, et chacun d'eux lui apporte des cochons. Le roi ordonne d'en tuer quelques-uns qu'on sert aux chefs, et ceux-ci s'en retournent avec la liberté d'en tuer désormais pour leur table.

« L'ava est surtout en usage parmi les insulaires d'un rang distingué ; ils versent une très petite quantité d'eau sur la racine ; et quelquefois ils grillent les tiges ou les cuisent au four et les broient sans les hacher. Ils emploient aussi les feuilles broyées de la plante et y versent de l'eau comme sur la racine. Elle ne tarde pas à enivrer, ou plutôt à donner de la stupeur à toutes les facultés du corps et de l'esprit : ceux d'entre nous qui avaient abordé autrefois sur ces îles furent surpris de voir la maigreur affreuse d'un grand nombre d'insulaires que nous avions laissés d'un embonpoint et d'un grosseur remarquables ; nous demandâmes la cause de ce changement, et on nous répondit qu'il fallait l'attribuer à l'ava ; la peau de ces Taïtiens était desséchée et couverte d'écailles ; on nous assura que ces écailles tombaient de temps en temps et que la peau se renouvelait. Pour justifier l'usage d'une liqueur si pernicieuse, ils prétendent qu'elle empêche de devenir trop gras ; mais il est évident qu'elle les énerve, et il est très probable qu'elle abrége leurs jours.

« Ils font beaucoup de repas dans un jour. Les femmes éprouvent non seulement la mortification de manger seules, et dans une partie de la maison éloignée de celle où sont les hommes, mais, ce qui est bien plus étrange encore. on ne leur donne aucune portion des mets délicats ; elles n'osent goûter ni d'un poisson de l'espèce du thon, qui est fort estimé, ni de quelques unes des meilleures bananes, et on leur permet rarement le porc, même à celles des classes supérieures. Les petites filles et les petits garçons prennent aussi leurs repas séparément. En général, les femmes apprêtent les choses dont elles se nourrissent ; car les hommes

les laisseraient mourir de faim plutôt que de leur rendre ce service.

« Le système religieux des Taïtiens ne ressemble à aucun de ceux des autres peuples sauvages ; il y a peu d'individus du bas peuple qui le connaissent parfaitement : cette connaissance se trouve concentrée parmi les prêtres dont la classe est très nombreuse. Ils croient qu'il y a plusieurs dieux, dont chacun est très puissant ; mais ils ne paraissent pas admettre une divinité supérieure aux autres. Si le dieu qu'ils ont choisi ne satisfait pas leurs espérances, ils ne pensent pas qu'il soit impie d'en changer. Pour eux, toute la nature est animée. Les montagnes, les fleuves, sont peuplés d'esprits auxquels ils attribuent une grande puissance. »

« Les habitans de cette île, dit Wallis, sont grands, bien faits, agiles et d'une figure agréable : la taille des hommes est en général de cinq pieds sept à dix pouces, et il y en a peu qui soient plus petits ou d'une taille plus haute. Celle des femmes est de cinq pieds six pouces ; le teint des hommes est basané, et ceux qui vont sur l'eau l'ont beaucoup plus bronzé que ceux qui vivent toujours à terre ; leurs cheveux sont ordinairement noirs, mais quelquefois bruns, rouges ou blancs, ce qui est digne de remarque, parce que les cheveux de tous les naturels d'Asie, d'Afrique et d'Amérique, sont noirs sans exception. Ils les nouent parfois en une touffe sur le milieu de la tête, ou en deux touffes, une de chaque côté ; la plupart pourtant les laissent flottans, ou les bouclent avec beaucoup de grâce.

« C'est un usage universel parmi eux de s'oindre la tête avec de l'huile de coco, dans laquelle ils infusent la poudre d'une racine qui a une odeur approchant de celle de la rose. Toutes les femmes sont jolies, et quelques-unes d'une très grande beauté.

« L'habillement des hommes et des femmes est de bonne grâce, et leur sied bien ; il est fait d'une espèce d'étoffe blanche que leur fournit l'écorce d'un arbuste et qui ressemble beaucoup au gros papier de la Chine. Deux pièces de cette étoffe forment leur vêtement : l'une qui a un trou au milieu pour y passer la tête, pend depuis les épaules jusqu'à mi-jambe devant et derrière ; l'autre a quatre ou cinq verges de longueur et à peu près une de largeur ; ils l'enveloppent autour de leur corps sans la serrer ; cette étoffe n'est point tissée ; elle est fabriquée comme le papier, avec les fibres ligneuses d'une écorce intérieure qu'on a mises en macération et qu'on a ensuite étendues et battues les unes sur les autres. Les plumes, les fleurs, les coquillages et les perles, font partie de leurs ornemens et de leur parure ; ce sont les femmes surtout qui portent les perles. »

PARIS. — L'HOTEL DE SAINT-PAUL.

L'hôtel de Saint-Paul, dont il est si souvent parlé dans notre histoire, occupait, avec ses jardins, tout le terrain compris entre la rue Saint-Antoine et la Seine, depuis la paroisse St.-Paul jusqu'aux fossés de l'Arsenal et de la Bastille. Ce fut le dauphin Charles, régent de France, qui, pendant la captivité du roi Jean en Angleterre, acheta plusieurs hôtels, maisons et jardins, et en composa un ensemble qui fut appelé Hôtel de Saint-Paul, du nom de l'église voisine. Le prix de ces diverses acquisitions fut acquitté par les Parisiens, sur lesquels ce prince établit une taille particulière. En 1364, Charles, devenu roi, déclara cet hôtel réuni au domaine de la couronne, et le désigna, dans son édit, sous le titre d'hôtel solennel des grands esbattemens. Bientôt après, il l'aggrandit des hôtels de Sens, de Saint-Maur et du Puteymuce.

Le roi logeait dans la partie des bâtimens qui avait été précédemment l'hôtel de l'archevêque de Sens : son appartement était composé d'une ou deux chambres, d'une antichambre, d'une garde-robe, d'une chambre de parade, d'une autre chambre appelée la chambre où gît le roi, et de la chambre des nappes. Il y avait aussi une chapelle, haute et basse, une ou deux galeries, *la grand'chambre du retrait*, la chambre *de l'estude*, la chambre *des estuves*, et plusieurs pièces nommées *chauffe-doux*, à cause des poêles, qui, pendant l'hiver, y entretenaient une douce chaleur. Les dépendances se composaient d'un jardin, d'un parc, d'une volière, d'un colombier et d'une ménagerie où étaient enfermés des sangliers et des lions.

L'ancien hôtel de Saint-Maur, qu'on appelait aussi hôtel de la Conciergerie, était habité par le dauphin Charles et par Louis, duc d'Orléans. Les appartemens y étaient aussi nombreux que dans l'hôtel de Sens, où logeait le roi. On y remarquait une pièce nommée *le retrait où dit ses heures Monsieur Louis de France*. La *salle de Maithebrune* s'appelait ainsi parce qu'on y avait peint sur les murailles les aventures de cette héroïne; de même, les peintures de la *salle de Thésée* représentaient les exploits du héros grec. Deux chambres seules étaient lambrissées : l'une d'elles était connue sous le nom de *chambre verte*.

Chaque hôtel avait sa chapelle. Charles V entendait la messe de préférence dans celle de l'hôtel du Puteymuce, où les cérémonies du culte étaient accompagnées par le son des orgues.

L'hôtel de Saint-Paul, comme toutes les maisons royales de ce temps-là, était défendu par de grosses tours : on trouvait que ces tours donnaient aux bâtimens un air de domination et de grandeur.

Quant aux jardins, ils n'étaient pas comme ceux de nos jours, percés de belles allées, ni plantés d'arbres majestueux : on y voyait des vignes, des pommiers, des poiriers et autres arbres à fruits, au milieu desquels croissaient la lavande, le romarin, les pois et les fèves.

Nous joindrons à cette description quelques détails sur l'intérieur des appartemens : ils feront connaître à nos lecteurs les usages et l'état des arts et du luxe au XIVᵉ siècle.

Les poutres et les solives des principaux appartemens étaient enrichies de fleurs-de-lys d'étain doré. Il y avait des barreaux de fer à toutes les fenêtres avec un treillage de fil d'archal, *pour empêcher les pigeons de venir faire leurs ordures dans les chambres*. Les vitres, peintes de différentes couleurs et chargées d'armoiries, de devises, d'images de saints, ressemblaient assez aux vitraux de nos anciennes églises. Les sièges étaient des escabelles, des formes et des bancs : le roi avait des chaises à bras, garnies de cuir rouge avec des franges de soie. Quatre paires de chenets en fer ouvré, fabriqués, en 1367, suivant la dernière mode, ornaient des cheminées d'une grandeur vraiment extraordinaire : la paire la plus légère pesait quarante-deux livres, et la plus lourde cent quatre-vingt-dix-huit livres. Les lits étaient nommés *couches*, quand ils avaient dix ou douze pieds de long sur autant de large, et *couchettes*, quand ils n'avaient que six pieds de long et six de large : du reste, il était nécessaire que les lits fussent d'aussi grande dimension, car à cette époque il était d'usage en France de retenir à coucher avec soi ceux qu'on affectionnait.

Le dîner avait lieu, sous Charles V, à onze heures, le souper à sept, et toute la cour était ordinairement couchée à neuf heures en hiver et à dix en été. *La reine, durant le repas*, dit Christine de Pisan, *par ancienne et raisonnable coutume, pour obvier à vagues paroles et pensées, avait un prud'homme au bout de la table, qui sans cesse disait gestes et mœurs d'aucun bon trépassé*.

L'usage d'*armorier* les habits s'introduisit sous ce règne : les femmes portaient sur leur robe, à droite l'écu de leur mari, et à gauche le leur : cette mode dura près de cent ans.

Charles V ne résidait pas seulement à l'hôtel de Saint-Paul : il logeait alternativement dans plusieurs autres palais, tels que le palais de la Cité, le Louvre, le château de Vincennes, et le château de Beauté, où il mourut.

Lorsque l'empereur vint à Paris, en 1575, Charles V le reçut et le fêta au palais de la Cité, puis au Louvre : la reine lui donna à dîner à l'hôtel Saint-Paul, et de là il se rendit au château de Vincennes, d'où il partit pour l'Allemagne.

Les successeurs de Charles V allèrent habiter l'hôtel des Tournelles, et abandonnèrent celui de Saint-Paul, dont une partie fut vendue par François Iᵉʳ à Jacques de Genouillac, dit Galliot, grand-maître de l'artillerie. Le reste fut vendu, en 1551, à différens particuliers, qui commencèrent à bâtir et à percer les rues, que nous voyons aujourd'hui sur ce vaste emplacement. Quelques-unes de ces rues ont pris les noms qui portaient les anciens établissemens de cet hôtel royal. La rue *Beautreillis*, celle de la *Cerisaie*, occupaient la partie des jardins plantée de cerisiers et de treilles; la *rue des Lions* désigne l'ancienne ménagerie; enfin, à la place de l'hôtel du Puteymuce, se trouve la rue que, par corruption, on a nommée *rue du Petit-Musc*.

(Dans un prochain numéro nous parlerons d'un établissement fort important et très-curieux (l'établissement royal des eaux clarifiées), qui occupe une partie de l'emplacement de l'ancien hôtel de Saint-Paul.)

MARTIN LUTHER.

(Suite) (1).

Enfermé près d'un an dans ce donjon qui semble dominer toute l'Allemagne, et qu'il appelait son Pathmos, le réformateur commença sa traduction de la bible en langue vulgaire; et inonda l'Europe de ses écrits. Ces pamphlets théologiques, aussitôt imprimés que dictés, pénétraient dans les provinces les plus reculées; on les lisait le soir dans les familles, et le prédicateur invisible était entendu de tout l'empire. Jamais écrivain n'avait si vivement sympathisé avec le peuple. Ses violences, ses bouffonneries, ses apostrophes aux puissans du monde qu'il traitait *avec un magnifique mépris d'eux et de Satan*; et à la cour de Rome, qu'il appelait *la nouvelle Babylone*, charmaient l'Allemagne, et la partie burlesque de ces drames populaires n'en rendait l'effet que plus sûr. Les princes applaudissaient à une réforme faite à leur profit; d'ailleurs Luther, tout en soulevant les passions, défendait l'emploi de toute autre arme que celle de la parole : *C'est la parole*, disait-il, *qui, pendant que je dormais tranquillement et que je buvais ma bière avec mes amis, a tellement ébranlé la papauté que jamais empereur n'en a fait autant*. C'est pendant son séjour à Wartbourg qu'il eut avec le diable sa célèbre conférence nocturne, qui se termina par l'abolition des messes privées des moines mendians. Dans sa retraite, il laissa croître sa barbe et en sortit avec épée, cuirasse, bottes et éperons, sous le nom du chevalier George. Il était temps : partout la confusion était extrême. Sa seule présence suffit pour réprimer les excès de son disciple Carlostadt, qui, à la tête du peuple ameuté, parcourait les églises de la Basse-Saxe, brisant les images et renversant les autels; mais les paysans, en entendant les savans et les princes parler de liberté et d'affranchissement s'appliquèrent ce qu'on ne disait pas pour eux. L'éternelle haine du pauvre contre le riche se ralluma, aveugle et furieuse, et Luther vit avec une profonde douleur que sa parole devenait impuissante pour prévenir les crimes des nouveaux sectaires. Le mot de ralliement des anabaptistes, qu'il appelait *gens endiablés*, *perdiablés*, *transdiablés*, était la nécessité d'un second baptême ; le but, une guerre terrible contre toute espèce d'ordre et contre la propriété. A Wittemberg, les écoliers brûlèrent leurs livres sous les yeux même de Luther. Les paysans de Thuringe suivirent l'enthousiaste Muncer, bouleversèrent Mulhausen, appelèrent à la révolte les ouvriers des mines de Mansfeld, et massacrèrent tous les gentilshommes qu'ils purent rencontrer. Dix ans plus tard (1535), dans les Pays-Bas et la Westphalie, les désordres arrivèrent au comble. Un tailleur, Jean de Leyde, à Munster, en prêchant l'égalité se fit proclamer roi, unissant la débauche à l'austérité,

(1) Voyez page 81.

et à la cruauté le fanatisme, il prit douze femmes, tran- cha la tête à l'une d'elles qui méconnaissait son autorité spirituelle, et dansa avec les onze autres autour de son cada- vre ; tous les princes s'armèrent contre ces forcenés et les traitèrent comme des bêtes fauves ; les uns périrent sur l'échafaud, les autres furent tenaillés avec des instrumens ardens, mais la plaie qu'ils avaient ouverte devait saigner long-temps encore.

Luther tonna en vain contre les forfaits de ces fanatiques ; il avait quitté le froc en 1525, pour prendre la robe de doc- teur, et sa morale relâchée entraînait des conséquences désastreuses qu'un désaveu ne suffisait plus pour arrêter. *Si les femmes sont opiniâtres*, s'écriait-il un jour en chaire, *il est à propos que leurs maris leur disent : Si vous ne voulez pas, une autre le voudra ; si la maîtresse refuse de venir, que la servante approche ;* le landgrave de Hesse, du vivant de sa première femme, en épousa une seconde et fut approuvé par le réformateur ; lui-même épousa en 1525, Catherine Boren, religieuse de famille noble, qui, à la lec- ture de ses écrits, s'était échappée du couvent de Nimptsch avec huit de ses sœurs. Il en eut six enfans, et le dernier descendant de cette famille s'est éteint en 1759.

La réforme avait bientôt pris un caractère politique ; les deux opinions avaient produit deux partis, la ligue catholique de Ratisbonne (1524), et de Dessau (1526), la ligue des novateurs de Torgau (1526). Luther se trouva le chef d'une confédération qui disposait des forces d'une partie de l'Allemagne. La diète de Spire, en 1526, établit la liberté de conscience ; celle de 1529 ayant voulu restreindre cette liberté, il en résulta une protestation solennelle de la part de tous ses partisans, d'où est venu le nom de protes- tans, d'abord particulier aux Luthériens, puis rendu commun aux autres sectes. L'année suivante Luther ne put se trouver à la diète d'Augsbourg, parce qu'il était au ban de l'empire en vertu du décret de Worms, mais, de Cobourg où il s'était rendu, il en dirigeait toutes les opérations. Les protestans y présentèrent leur fameuse confession de foi qui en a pris le nom. L'empereur l'y fit proscrire par les députés catholiques qui formaient la majorité. De là la ligue de Smalkalde entre les princes luthériens. Luther, malgré ses déclarations antérieures, toutes pacifiques, l'autorisa. Il sonna le tocsin contre le pape, voulant qu'on lui enfon- çât le poignard dans le sein, et qu'on traitât tous ses adhérens comme des brigands. *Si j'étais maître de l'em- pire,* écrivait-il, *je ferais un même paquet du pape et des cardinaux, et je leur ferais prendre dans la mer de Tos- cane un bain qui les guérirait.* Comme il n'était guère plus traitable avec ceux qui ne partageaient pas aveuglément ses idées, les anabaptistes l'appelaient *nouveau pape, nou- vel antechrist ; s'il y a deux papes,* ajoutaient-ils, *c'est Luther qui est le plus dur ; il n'y a plus moyen de souffrir ses emportemens.* On répétait qu'il avait *la colère d'un Achille, et les mouvemens impétueux d'un Hercule ; je ne saurais nier,* avouait-il, *que je ne sois plus violent que je ne devrais l'être ; mais, puisqu'ils le savent, ils n'auraient pas dû lâcher le chien.*

Il fit rejeter à Smalkalde toutes les propositions modé- rées, et détruisit tout espoir de rapprochement, en exi- geant des conditions impossibles à remplir pour la tenue d'un concile général ; il n'eut que le temps de voir les pre- mières séances du concile de Trente contre lequel il décla- mait lorsque la mort mit fin à sa bruyante mission, le 18 février 1546, dans le lieu où il était né. Il fut enterré avec pompe dans l'église du château de Wittemberg ; sa maladie fut courte ; il paraît que c'était une indigestion ou une apoplexie ; mais il fallait bien trouver du merveilleux dans la mort de cet homme extraordinaire ; ses ennemis débitèrent qu'il s'était pendu, que le diable l'avait étranglé ; que son tombeau ayant été ouvert le lendemain de son enterrement, on n'avait plus retrouvé son corps, et qu'il en était sorti une odeur de soufre insupportable. Luther mou- rut à propos pour échapper au douloureux spectacle de la ruine momentanée de son parti, sous les efforts de Charles- Quint. Il fut à la fois le premier auteur d'une révolution politique et religieuse qui enleva aux lois de Rome la moi- tié de l'Europe chrétienne, et qui en dernier résultat amena l'indépendance des princes allemands à l'égard des empereurs.

CHINE.

(Vue de la Tour de porcelaine à Nankin.)

Au milieu de la ville de Nankin s'élève une tour d'une construction singulière qué les voyageurs européens ont toujours admirée. — Elle est recouverte de porcelaine ; sa hauteur est de deux cents pieds environ, et elle est divisée en neuf étages auxquels on parvient par un escalier composé de cent quatre-vingt-quatre marches d'une grande dimension. A chaque étage est une galerie entourée d'une colonnade et protégée par un toit relevé à la manière des Chinois, aux angles duquel sont suspendues des cloches de bronze qui, lorsque le vent les agite, rendent des sons harmoniques d'un effet surprenant.

La tour est peinte au dehors de couleurs brillantes qui ajoutent au pittoresque de son aspect, et son sommet est couronné par une flèche en bois que les Chinois disent être recouverte d'une lame d'or fin. Du haut de cet édifice l'œil, embrasse non seulement l'immense étendue de Nankin, mais toute la contrée environnante. La vue de cette cité magnifique et de ce paysage riche et varié qu' enveloppe le fleuve dans ses immenses sinuosités, est un des plus beaux spectacles qui puissent s'offrir aux voyageurs.

L'origine de cette tour est peu connue. — Les uns veulent y voir un monument de piété, les autres un monument de la victoire remportée par les Chinois sur les Tartares, il y a sept cents ans. Ce qu'il y a de bien positif, c'est que ces derniers l'ont respectée lors de leur dernière irruption et de la dévastation de Nankin.

TOMBEAU DES FILS DE CHARLES VIII DANS LA CATHÉDRALE DE TOURS.

(Voyez page 65.)

Il existait autrefois dans l'église de Saint-Martin de Tours un tombeau qui renfermait les cendres des deux enfans de Charles VIII et d'Anne de Bretagne. Depuis la destruction de l'église où il était placé, ce tombeau avait été successivement déposé dans les divers établissemens publics de la ville de Tours : ses débris gisaient en dernier lieu dans une des salles de la préfecture. Enfin ils ont été réunis en 1815, et transférés dans l'église métropolitaine.

Ce monument, érigé en 1506, est dû à la tendresse maternelle d'Anne de Bretagne qui en fit tous les frais : il rappelle des souvenirs historiques, particuliers à la ville de Tours, puisque c'est là que naquirent les deux princes. Il honore aussi le talent des artistes, dont il fut l'ouvrage, et auxquels cette ville se glorifie d'avoir donné le jour : ce sont les frères Juste, habiles sculpteurs, qui fleurirent sous François Ier. Ce tombeau prouve le progrès des arts à cette époque : la forme en est à la fois gracieuse et noble, et les sculptures d'un travail délicat. Il est surmonté des figures en marbre des jeunes princes, dont les corps y étaient renfermés dans deux urnes, l'une de plomb, l'autre d'un bois précieux, recouvertes d'un voile de soie. Sur la partie inférieure deux génies soutenant l'écusson des armes de France, semé de fleurs de lys. Des dauphins sont sculptés aux angles du monument, qui semble reposer sur eux : au-dessus, et tout à l'entour du tombeau, règne une frise d'une belle exécution, représentant divers sujets tirés de la fable et de l'écriture sainte, tels que les travaux d'Hercule, ceux de Samson, etc. Dans deux cartouches de figure ronde sont inscrites les épitaphes suivantes :

> Charles, huitième roi, preux et excellent,
> Eût d'Anne, royne et duchesse en Bretagne,
> Son premier fils nommé Charles Orlant,
> Lequel régna sans mort qui rien n'épargne,

> Trois ans, trois mois, dauphin du Viennois,
> Comte d'Izoir et de Valentinois.
> Mais l'an cinq cent moins cinq il rendit l'âme,
> A Amboise, le seizième du mois
> De décembre, puis fut mis soubs la lame.

> Par Atropos, qui les cœurs humains fent
> D'un dard mortel de cruelle souffrance,
> Cy-dessoubs gist Charles, second enfant
> Du roi Charles et d'Anne, royne de France,
> Lequel vesquit dauphin du Viennois,
> Comte d'Izoir et de Valentinois,
> Vingt-cinq jours, puis les Tours au Plessis
> En octobre mourut au deux du mois
> Mil quatre cent avec nonante et six.

SYSTÈME MILITAIRE DE LA FRANCE
SOUS LE RÉGIME FÉODAL.

Aux diverses époques qu'embrasse la grande période de l'histoire de France, toutes les fois qu'il y avait dans le royaume des ennemis extérieurs à repousser, ou des rebelles à soumettre, voici comment nos rois formaient et rassemblaient leurs armées. Ils ordonnaient à leurs vassaux de se trouver dans un endroit fixé, avec leur contingent militaire dont l'importance dépendait de la nature du fief et des conditions originaires auxquelles ils étaient soumis. Les seigneurs feudataires, de leur côté, faisaient publier dans toute l'étendue de leur terre, l'ordre que leurs hommes eussent à se trouver en armes au lieu indiqué pour assister à l'ost du roi, à raison de leurs arrière-fiefs, et ce à peine d'amende et de confiscation.

La richesse du fief réglait non-seulement le nombre d'hommes exigé de chaque seigneur, mais encore le genre de services, ou la nature des prestations, les différentes pièces de l'armure des guerriers et la qualité des équipages. Les *hauts et puissans* seigneurs, tels que les ducs de Bourgogne, de Bretagne, les comtes de Flandres, de Blois, amenaient un très grand nombre de chevaliers ou bannerets : chaque banneret commandait à vingt-cinq hommes d'armes complètement équipés ; chaque homme d'armes était accompagné de deux archers, et avait trois chevaux, l'un pour lui, les deux autres pour son valet et pour son page.

Celui qui avait dans son fief une terre et un château, devait le service à *armes pleines*, et ne pouvait se présenter au rendez-vous qu'avec une cuirasse, un armet, des gantelets, des brassards, des harnais de jambes, un casque à visière, une épée et une lance. Le feudataire ou arrière-feudataire, qui ne possédait qu'un fief simple, n'était assujetti qu'à porter l'écu et la lance.

Tel ou tel pays fournissait un corps de telle ou telle arme : au sein de ces armées tumultueuses et presque toujours indisciplinées, on voyait s'entasser pêle-mêle les *vougus*, ainsi nommés parce qu'ils portaient à la main des vouges ou épieux ferrés ; les *couteliers* qui s'armaient de glaives longs, minces et tranchans : les *archers* revêtus de leur tricot d'acier, leurs haches à la main, et leurs dagues au côté (1) ; et les *arbalétriers*, qui ne pouvaient couvrir leur tête que d'un casque sans visière, qui s'entouraient presque tout le corps d'un tissu de mailles de fer, et seuls avaient le droit de lancer la flèche au milieu des combats. C'étaient là les trois principaux corps des armées françaises ; parmi les armes des autres corps, on distinguait, outre la lance et l'épée, les *massues*, les brandavères, les badelaires, les hallebardes, les hanicroches, les fourches fières et les pieux ou pertuisanes. Chaque vassal devait à son seigneur un service gratuit de trois mois dans l'intérieur du royaume et de quarante jours au-delà des frontières ; quand les nécessités de la guerre dépassaient ses limites, les seigneurs devaient entretenir leurs vassaux à leurs frais.

Les femmes qui possédaient des fiefs envoyaient des hommes d'armes en leur nom ; les évêques, abbés, tous les ecclésiastiques enfin, qui pour raison de leurs possessions féodales, relevaient d'une puissance supérieure étaient contraints de se rendre en personne à l'*assemblée du ban* ; *il n'y avait ecclésiastique*, dit Belleforêt, *tant grand et saint fût-il, qui ne vînt faire service à peine de voir son fief saisi*. Ils se trouvaient au rendez-vous général, revêtus de leurs ornemens sacerdotaux, coiffés d'un casque, et ceints d'une épée. Souvent ils bornaient leur service à célébrer les saints mystères pour les troupes dont ils faisaient partie, et à bénir les bannières, mais plus souvent encore ils servaient d'une manière active, se distinguaient dans la mêlée, et sur la brèche, et nos prélats suivant l'expression de *Monstrelet*, portaient un *bassinet pour mitre, une pièce d'acier pour chasuble, et pour crosse une hache d'armes*. Aux plus scrupuleux de ces prêtres guerriers on permettait de se servir de massues au lieu d'épées ; on pensait alors qu'*assommer, ce n'était point verser le sang*.

Les ecclésiastiques tenant fiefs qui, *admonestés* pour le service du roi, négligeaient de se rendre à l'assemblée du ban, étaient notés d'infamie et privés de leur temporel. Dans les derniers temps du régime féodal, on revint à des idées plus convenables sur les devoirs des prêtres, et on ne les assujettit plus au service actif, mais ils furent astreints à se faire représenter et à fournir pour les besoins de l'armée des chariots, des charrettes, des pièces d'équipage de toute sorte.

A mesure que les *sénéchaux* ou officiers des grands vassaux de la couronne arrivaient au *lieu de l'ost*, *ils laissaient montre ou preuve* de leurs contingens respectifs ; les contrôleurs commis à la vérification procédaient à cette grande revue ; cette cérémonie qu'on appelait *montre* avait

lieu dans un grand champ après qu'on avait dit la messe, sous un chêne. Chaque seigneur ou sénéchal répondait à l'appel de son nom, et justifiait à son tour du nombre de ses hommes et de la qualité de leurs armes. Les revues faites, toutes ces troupes se mettaient confusément en marche, et pendant la campagne, chaque soldat reconnaissait sa compagnie, non-seulement à la bannière de son seigneur, mais encore au *cri* particulier à la maison de ce gentilhomme ; car le cri de guerre faisait partie de l'héritage féodal comme le nom et les armoiries paternelles.

LES HARENGS, — LEUR PÊCHE.

(Suite.) (1)

Dès le commencement du XVe siècle, les Hollandais employèrent à la pêche des harengs, de grands filets, et des bâtimens considérables et allongés, auxquels ils donnent le nom de *buys* ; et depuis ce même siècle il y a eu des années où ils ont mis en mer trois mille vaisseaux et occupé quatre cent cinquante mille hommes pour la pêche de ces osseaux.

Les filets dont ces mêmes Hollandais se servent pour prendre les harengs, ont de mille à douze cents mètres de longueur : ils sont composés de cinquante ou soixante *nappes*, ou parties distinctes. On les fait avec une grosse soie que l'on fait venir de Perse, et qui dure deux ou trois fois plus que le chanvre. On les noircit à la fumée, pour que leur couleur n'effraie pas les harengs. La partie supérieure de ces instrumens est soutenue par des tonnes vides ou par des morceaux de liège ; et leur partie inférieure est maintenue, par des pierres ou par d'autres corps pesants, à la profondeur convenable.

On jette les filets dans les endroits où une grande abondance de harengs est indiquée par la présence des oiseaux d'eau, des squales, et des autres ennemis de ces poissons, ainsi que par une quantité plus ou moins considérable de substance huileuse ou visqueuse que l'on nomme *graissin* dans plusieurs pays, qui s'étend sur la surface de l'eau au-dessus des grandes troupes de ces clupées, et que l'on reconnaît facilement lorsque le temps est calme. Cette matière graisseuse peut devenir, pendant une nuit sombre, mais paisible, un signe évident de la proximité d'une colonne de harengs, parce qu'étant phosphorique, elle paraît alors répandue sur la mer, comme une nappe un peu lumineuse. Cette dernière indication est d'autant plus utile, qu'on préfère l'obscurité pour la pêche des harengs. Ces animaux, comme plusieurs autres poissons, se précipitent vers les feux qu'on leur présente ; et on les attire dans les filets en les trompant par le moyen des lumières que l'on place de la manière la plus convenable dans différens endroits des vaisseaux, ou qu'on élève sur des rivages voisins.

Tant de soins n'ont pas été seulement l'effet de spéculations particulières : depuis long-temps plusieurs gouvernemens, pénétrés de cette vérité importante, que l'on ne peut pas avoir de marine sans matelots, ni de véritables matelots sans de grandes pêches, et voyant d'un autre côté que de toutes celles qui peuvent former des hommes de mer expérimentés et enrichir le commerce d'un pays, aucune ne peut être plus utile, ni peut-être même aussi avantageuse à la défense de l'Etat et à la prospérité des habitans, que la pêche du hareng, ont cherché à la favoriser de manière à augmenter ses heureux résultats, non seulement pour le présent, mais encore pour l'avenir. Des sociétés, dont tous les efforts doivent se diriger vers ce but important, ont été établies et protégées par le gouvernement, en Suède, en Danemarck, en Prusse. Le gouvernement hollandais surtout n'a jamais cessé de prendre à cet égard les plus grandes précautions. Redoublant perpétuellement de soins pour la conservation d'une branche aussi précieuse de l'industrie publique et privée, il a multiplié depuis deux siècles, et

(1) Voyez page 75.

(1) Voyez page 52.

varie suivant les circonstances, les actes de sa surveillance attentive *pour le maintien*, a-t-il toujours dit, *du grand commerce et de la principale mine d'or de sa patrie*. Il a donné, lorsqu'il l'a jugé nécessaire, un prix considérable pour chacun des vaisseaux employés à la pêche des harengs. Il a désiré que l'on ne cherchât à prendre ces poissons que dans les saisons où leurs qualités les rendent, après leurs différentes préparations, d'un goût plus agréable et d'une conservation plus facile. Il a voulu principalement qu'on ne nuisit pas à l'abondance des récoltes à venir, en dérangeant le frai des harengs, ou en retenant dans les filets ceux de ces poissons qui sont encore très jeunes. En conséquence, il a ordonné que tout matelot et tout pêcheur seraient obligés, avant de partir pour la *grande pêche*, de s'engager par serment à ne pas tendre les filets avant le 25 de juin ni après le premier janvier, et il a déterminé la grandeur des mailles de ces instrumens.

Il a prescrit les précautions nécessaires pour que les harengs fussent *encaqués* le mieux possible. D'après ses ordres, on ne peut se servir pour cette opération que du sel de la meilleure qualité. Les harengs pris dans le premier mois qui s'écoule après le 24 juin, sont préparés avec du gros sel; ceux que l'on pêche entre le 24 juillet et le 15 septembre, sont conservés avec du sel fin. Il n'est pas permis de mêler dans un même baril des *harengs au gros sel* et des *harengs au sel fin*. Les barils doivent être bien remplis. Le dernier fond de ces tonnes presse les harengs. Le nombre et les dimensions des cercles, des pièces, des fonds et des douves, sont réglés avec exactitude; le bois avec lequel on fait ces douves et ces fonds, doit être très sain et dépouillé de son aubier. On ne peut pas encaquer avec les bons harengs ceux dont la chair est mollasse, le frai délayé, ou la salaison mal faite; des marques légales, placées sur les *caques*, indiquent le temps où l'on a pris les harengs que ces barils renferment, et assurent que l'on n'a négligé, pour la préparation de ces poissons, aucun des soins convenables et déterminés.

On n'a pas obtenu moins de succès dans les tentatives faites pour accoutumer les harengs à de nouvelles eaux, que dans les procédés relatifs à leur préparation. On est parvenu, en Suède, à les transporter, sans les faire périr, dans les eaux auxquelles ils manquaient. Dans l'Amérique septentrionale, on a fait éclore des œufs de ces animaux, à l'embouchure d'un fleuve qui n'avait jamais été fréquenté par ces poissons, et vers lequel les individus sortis de ces œufs ont contracté l'habitude de revenir chaque année, en entraînant vraisemblablement avec eux un grand nombre d'autres individus de leur espèce.

ÉPHÉMÉRIDES.

Le mois de décembre doit son nom à la place qu'il occupait dans l'année primitive des Romains. Il devint le onzième sous Numa, et enfin le douzième, lors du changement opéré par les décemvirs.

1er décembre 1640. — Le Portugal secoue le joug espagnol qu'il subissait depuis soixante ans, et proclame roi le duc de Bragance. (Nous donnerons dans une prochaine livraison un article spécial sur ce grand fait politique qui a fourni la matière d'un drame dont les représentations font aujourd'hui sensation.) — 1825. Mort d'Alexandre 1er, empereur de Russie.

2 décembre 1804. — Napoléon Bonaparte, reconnu empereur des Français par le Sénat, et fort de l'assentiment de 3,575,000 signataires, est sacré à Notre-Dame, à Paris, par le pape, et prononce le serment suivant, prescrit par le sénatus-consulte organique du 16 mai. «Je jure de maintenir l'intégrité du territoire de la république; de respecter et de faire respecter les lois du concordat et la liberté des cultes; de respecter et de faire respecter l'égalité des droits, la liberté politique et civile, l'irrévocabilité des ventes des biens nationaux; de ne lever aucun impôt, de n'établir aucune taxe qu'en vertu d'une loi; de maintenir l'institution de la Légion-d'Honneur, de gouverner dans la seule vue de

l'intérêt, du bonheur et de la gloire du peuple français.»—Le même jour, à la même heure, Louis XVIII protestait dans son exil contre l'usurpation du trône de ses pères. — 1805. Un an après son sacre, jour pour jour, Napoléon remporte l'importante bataille d'Austerlitz sur les Autrichiens et les Russes réunis, et force ces deux puissances à lui demander la paix.

3 décembre 1810. — Les Anglais s'emparent de l'Ile-de-France, restée depuis en leur possession sous le nom d'Ile Maurice.

4 décembre 1789. — Mort de Claude-Joseph Vernet, célèbre peintre français, père de Carle Vernet et aïeul d'Horace Vernet, dignes héritiers de son nom.

4 décembre 1652. — Mort du Cardinal de Richelieu (voyez page 72). — 1808. Madrid se rend à l'armée française commandée par l'Empereur.

7 décembre 1815. — Condamné à mort par la Chambre des Pairs, érigée en cour prévôtale, comme coupable de haute trahison envers le gouvernement du roi, le maréchal Ney est fusillé dans l'avenue qui joint le jardin du Luxembourg à l'Observatoire.

8 décembre 1830. — Mort de Benjamin Constant. — 1826. Mort de John Flaxman, sculpteur anglais. (Voyez page 237, 1re année du *Magasin Universel*.)

10 décembre 1720. — L'Écossais Law se soustrait par la fuite à la haine du peuple dont ses opérations financières l'avaient peu de temps avant rendu l'idole. Il pouvait prendre dans les coffres de la Banque des sommes immenses et alla en exil, mourir pauvre et oublié.

11 décembre 1718. — Charles XII, roi de Suède, meurt frappé d'une balle dans les tranchées qu'il venait d'ouvrir contre la forteresse de Frédéricshall en Norwége, après avoir épuisé son pays et l'avoir fait déchoir du rang où l'avait placé Gustave-Adolphe.

TANCARVILLE (Seine-Inférieure).

Sur les rives de la Seine, non loin de son embouchure, à environ une lieue de Quillebœuf et à deux lieues de Lillebonne (1), cette ville si fameuse par ses belles antiquités romaines, s'élèvent, sur le sommet d'une haute falaise, les ruines imposantes du château de Tancarville. Qu'elles sont nobles et pittoresques ces murailles menaçantes, ces tours démantelées, réfléchies dans les eaux de la Seine! Mais combien plus sublime, plus admirable encore, est le spectacle qui se développe aux regards, lorsqu'on arrive par terre à Tancarville! Jamais paysage mieux composé ne s'est éclos sous la main de l'artiste : à droite, ces vieux murs ruineux, ces tourelles enlacées de lierre et de ronces, cette porte avec sa herse rouillée; à gauche, une végétation vigoureuse, des chênes séculaires, aux rameaux noueux et contournés, et, entre ces premiers plans si fortement accentués, une échappée à perte de vue, un horizon sans bornes, la Seine large, rapide, presqu'une mer, sillonnée d'innombrables barques de pêcheurs à la voile blanche, qui se détache étincelante sur l'azur des eaux. Ce site a fourni à l'un de nos premiers paysagistes, M. Régnier, le sujet d'un tableau charmant, que tout le monde a pu admirer au Louvre, il y a quelques années, et qui, lithographié par une main habile, est un des plus beaux ornemens du colossal ouvrage de la France romantique.

Quand on pénètre dans l'intérieur des ruines, le spectacle change; le cœur se serre en parcourant ces vastes salles désertes, jadis retentissantes de l'orgie des chevaliers, ces restes d'ogives qui furent une chapelle, ces appartemens en décombres où reposèrent les damoiselles et les guerriers.

Ce morne silence n'est troublé que par les cris rauques du corbeau, la voix sinistre du hibou ou le sifflement de la couleuvre.

C'est surtout au clair de lune que ces nobles ruines frappent l'esprit d'une plus vive impression. Combien de fois, assis sur le tronçon d'une statue ou sur un fût de colonnettes accouplées, je me suis plu à reconstruire ce vieux

(1) Voyez page 20.

manoir féodal au gré de mon imagination ! Dans cette vaste cour, je voyais les piqueurs, les pages, les varlets, hâtant les apprêts d'une chasse ; la noble dame, l'oiselet au poing, s'élançant sur la haquenée, que retenait un chevalier. Sur les murailles crénelées se promenait lentement l'archer, l'arbalète sur l'épaule, l'œil et l'oreille au guet, attentif au moindre bruit, à la moindre apparition. Tout à coup, le cor sonne : un duc, un roi vaincu et fugitif, demande hospitalité et protection. Le pont-levis s'abaisse pour se relever derrière lui. Bientôt l'ennemi paraît : les hommes d'armes, abrités derrière les créneaux, lancent une grêle de traits, ou font pleuvoir l'huile bouillante par les larges machicoulis. J'entends les gémissemens des mourans, les blasphèmes des blessés. Puis, au moment où la victoire est le plus vivement disputée, où les deux partis font des prodiges de valeur, la chanson aux finales traînantes d'un pêcheur normand, ou un de ces orages si fréquens sur les côtes de la Manche, viennent me réveiller et me ramener à la réalité. Et c'est vraiment dommage ! car ici, la réalité est pauvre, et l'histoire ne nous apprend aucun fait important dont le château de Tancarville ait été témoin.

Quelques étymologistes, il est vrai, trouvant dans Tancredi-Villa l'origine de Tancarville, veulent que ce lieu ait appartenu à la famille du fameux Tancrède, qui, Sicilien du côté de son père, était Normand du fait de sa mère Emma, fille de Tancrède de Hauteville, et sœur du fameux Robert Guiscar, duc de Calabre. Mais malheureusement,

les anciens historiens, et surtout Raoul de Caen, qui écrivit l'histoire de Tancrède, ne nous apprennent rien de positif à ce sujet.

Il n'en est pas de même des sires de Tancarville. Nous savons que le roi Jean II érigea la seigneurie de Tancarville en comté, le 4 février 1351, en faveur du grand chambellan, Jean II, vicomte de Melun, en récompense du courage qu'il avait déployé à la défense de Caen contre les Anglais, qui le firent prisonnier.

Plus tard, ce même Tancarville, pris de nouveau avec le roi à la bataille de Poitiers, en 1356, resta en Angleterre jusqu'en 1358 qu'il fut envoyé en France pour faire ratifier par les États les conditions au prix desquelles le monarque anglais consentait à rendre la liberté au roi captif.

Guillaume IV de Tancarville, son fils, joua un grand rôle sous Charles VI, et dans presque tous les actes qui nous sont restés du gouvernement de ce prince, le nom du comte de Tancarville figure à la tête de ceux des membres du grand conseil. Ce fut lui qui, en 1396, alla prendre possession de l'état de Gênes, qui s'était donné au roi. Il fut tué, en 1415, à la bataille d'Azincourt, ne laissant qu'une fille, nommée Marguerite, qui porta la vicomté de Melun et le comté de Tancarville dans la maison de Harcourt, par son mariage avec Jacques de Harcourt, dont elle eût une fille, nommée Marie, qui épousa le célèbre Dunois.

Les sires de Tancarville étant sans cesse aux armées ou à

(Vue de Tancarville.)

la cour des rois, leur château ne joua jamais un rôle bien important.

La chronique de Normandie ne le cite guère que pour mentionner les longues querelles, les inimitiés particulières des sires de Tancarville et des comtes de Harcourt, leurs

voisins ; et, je vous le demande, comment trouver de la poésie dans ces combats livrés pour la conquête d'un pâturage ou d'un moulin ?

Les Bureaux d'Abonnement et de Vente sont transférés rue de Seine-Saint-Germain, 9.

Paris.—Imprimerie de H. Fournier, rue de Seine, n 14.

PÉRONNE... LOUIS XI PRISONNIER DE CHARLES-LE-TÉMÉRAIRE.

(Vue de la place de Péronne.)

La ville de Péronne, bâtie sur un monticule, et défendue par des fortifications importantes, serait une des plus fortes places de France ; si elle n'était dominée par des hauteurs : toutefois, malgré ce désavantage, elle a toujours su repousser victorieusement les attaques ennemies, et peut se glorifier à juste titre de n'avoir jamais été prise. Parmi les siéges qu'elle eut à soutenir, on cite celui de 4356 : elle avait alors à lutter contre une armée nombreuse et aguerrie, commandée par Henri de Nassau : mais elle se défendit avec le plus héroïque courage, et força ce prince à lever le siége, après avoir essuyé de terribles échecs.

La plupart des maisons de cette ville sont construites en briques, de même que ses remparts, qui offrent de jolies promenades, ombragées par de beaux arbres, et embellies encore par le cours de la Somme.

Divisée en haute et basse ville, et précédée de deux faubourgs, Péronne renferme quelques belles rues, une place assez remarquable ; et plusieurs églises curieuses. Sa population s'élève à près de quatre mille habitans, dont le principal commerce consiste dans la fabrication des tissus de fil et de coton.

Péronne est la patrie du savant orientaliste Langlès.

Mais cette ville est surtout intéressante par ses souvenirs historiques. Elle fut le théâtre d'un des évènemens les plus importans qui aient marqué le règne de Louis XI. Le lecteur sait les luttes continuelles que ce prince entretint contre les seigneurs féodaux de son royaume

et principalement contre le plus puissant et le plus redou table d'entre eux, Charles-le-Téméraire, duc de Bourgogne. C'était surtout en divisant ses ennemis que le roi espérait en triompher : cette tactique lui avait plusieurs fois réussi. A force de tromperies et de ruses, il en était venu au point de détacher du parti de Charles, ses alliés même les plus fidèles ; aussi ne doutait-il pas que le moment ne fût favorable pour traiter avantageusement avec le duc de Bourgogne. Mais pendant qu'il entamait des négociations avec lui, il entretenait toujours de secrètes intelligences avec les Liégeois, qu'il excitait à la révolte pour augmenter les embarras de Charles.

Afin de mieux abuser le duc par une apparente bonne foi, il lui fit proposer une entrevue à Péronne. Après quelques hésitations, le duc de Bourgogne, qui occupait avec son armée les environs de cette ville, consentit à cette entrevue, et envoya au roi un sauf-conduit ainsi conçu : « Monseigneur, très humblement à votre bonne grâce je « me recommande, si votre plaisir est de venir en cette « ville de Péronne pour nous entrevoir, je vous jure et « vous promets par ma foi et sur mon honneur, que vous « y pouvez venir, demeurer, séjourner, et vous en retour- « ner sûrement, à votre bon plaisir, toutes les fois qu'il « vous plaira, franchement et quittement, sans qu'aucun « empêchement soit donné à vous, ni à nul de vos gens, « par moi ni par d'autres, pour quelque cas qui soit et qui « puisse advenir. En témoignage de ce, j'ai écrit et signé

« cette cédule de ma main, en la ville de Péronne, le
« huitième jour d'octobre, l'an mil quatre cent soixante-
« huit.

« Votre très humble et très obéissant sujet,
« CHARLES. »

Le roi partit presque aussitôt en assez petit cortége, n'emmenant avec lui que le connétable, le cardinal Balue, le duc de Bourbon, le sire de Beaujeu, l'archevêque de Lyon, et l'évêque d'Avranches, son confesseur : sa garde se composait seulement de quatre-vingts Écossais et d'une soixantaine de cavaliers, tant il voulait montrer au duc une parfaite confiance. Les archers de Bourgogne, commandés par Philippe de Crèvecœur, allèrent à sa rencontre : le duc vint lui-même hors de la ville jusqu'à la petite rivière de Doing. Le roi l'embrassa et lui fit accueil. Chacun se réjouissait de les voir si bons amis. Ils entrèrent ensemble dans Péronne, causant familièrement, et le roi appuyant sa main, en signe d'amitié, sur l'épaule du duc, Louis XI prit son logement au château, avec une douzaine de personnes, composant toute sa maison.

Dès le lendemain, les pourparlers commencèrent entre les conseillers des deux princes, et en leur présence ; mais la discussion d'intérêts opposés ne tarda pas à changer les bonnes dispositions qu'on avait manifestées d'abord de part et d'autre. Les esprits commençaient à s'aigrir, lorsque arrivèrent des nouvelles de Liège, qui excitèrent un grand émoi. Les Liégeois, disait-on, avaient repris les armes, et au nombre de deux mille, étaient allés à Tongres, où s'étaient refugiés leur évêque et le sire d'Himbercourt, qui une fois déjà les avait fait rentrer dans le devoir. Les révoltés, après avoir surpris la ville, les avaient emmenés prisonniers, et on ne doutait pas qu'ils ne les eussent ensuite mis à mort.

On peut juger de la fureur du duc, qui devina à l'instant quel pouvait être l'instigateur de ces désordres. « Il est donc « vrai, s'écria-t-il, que le roi n'est venu ici que pour me « tromper et m'empêcher de me tenir sur mes gardes! « c'est lui qui, par ses émissaires, a excité ces mauvais et « cruels gens de Liège ; mais, par Saint-Georges, ils en « seront tellement punis, et il y aura sujet de s'en repen- « tir. » Aussitôt il ordonna que les portes de la ville et du château fussent fermées et gardées par ses archers. Pendant ce temps, le roi, à qui l'on avait rapporté les nouvelles de Liège et les paroles furieuses du duc, ne se voyait pas sans crainte enfermé dans l'étroite enceinte du château, tout auprès de cette grosse tour, où jadis Herbert, comte de Vermandois, avait tenu prisonnier et fait périr son roi, Charles-le-Simple ; un tel souvenir était effrayant dans une circonstance si critique. Toutefois il ne se troubla point et ne songea qu'aux moyens de se tirer d'un si mauvais pas, employant les promesses les plus brillantes, et répandant l'or à pleines mains, pour gagner les serviteurs du duc.

Quand Charles fut un peu plus calme, il assembla son conseil. On discuta avec chaleur : les ennemis du roi, et particulièrement le maréchal de Bourgogne, l'emportèrent d'abord : « Il en était fait de la vie et de la couronne de Louis XI; mais des conseillers plus sages firent changer ces résolutions hostiles. D'ailleurs les nouvelles de Liège moins terribles que ne les avaient faites les bruits populaires. L'évêque avait été conduit avec une sorte d'égards dans son palais : le sire d'Himbercourt avait été mis en liberté, et chargé par le peuple d'apaiser le duc de Bourgogne : Jean de Wilde, que les révoltés avaient pris pour chef, avait réussi à les modérer et à leur faire écouter la raison.

On arrêta que des commissaires seraient nommés par le roi et le duc pour conclure un traité entr'eux ; mais il est inutile de dire que les conditions devaient en être onéreuses pour Louis XI. Toutes les difficultés qui les avaient si long-temps divisés se trouvaient résolues en faveur de la Bourgogne : tout ce qui faisait l'espérance du roi était abandonné

en un jour. Vainement les commissaires de France présentaient quelques objections; on leur répétait : « Il le faut, « monseigneur le veut. »

Quand le projet de traité fut fait, le duc alla trouver le roi prisonnier. Il s'efforça de lui montrer une courtoisie humble et respectueuse ; mais sa voix, tremblante de colère, ses gestes brusques et menaçans démentaient ses paroles. « Mon frère, lui dit le roi un peu ému, ne suis-je « pas en sûreté dans votre maison et votre pays? — « Oui, monsieur, répondit le duc, et si sûr que, si je voyais « un trait d'arbalète venir vers vous, je me mettrais de- « vant pour vous garantir. Mais ne voulez-vous pas jurer le « traité tel qu'il a été écrit? — Oui, dit le roi, et je vous « remercie de votre bon vouloir. — Et ne voulez-vous point « venir avec moi à Liège pour m'aider à punir la trahison « que m'ont faite ces Liégeois, à cause de vous et de votre « voyage ici? — Oui, Pâques-Dieu, je suis fort émer- « veillé de leur méchanceté; mais commençons par jurer le « traité; puis je partirai avec autant ou aussi peu de mes « gens que vous le voudrez. »

Alors on tira des coffres du roi le bois de la vraie croix, que l'on nommait la croix de Saint-Laud. Suivant ce qu'on racontait, elle avait jadis appartenu à Charlemagne, et se nommait alors la croix de victoire. Nulle relique n'était autant adorée par le roi, et il croyait qu'on ne pouvait manquer au serment juré sur ce bois vénérable sans mourir dans l'année. Il n'y eut sorte de promesses et d'assurances qu'il ne s'empressât de faire à son beau-frère de Bourgogne, qui fit aussi son serment.

Ainsi fut signé à Péronne ce fameux traité de 1468.

Cet épisode de notre histoire a fourni au célèbre Walter-Scott le sujet de Quentin Durward, l'un de ses romans les plus intéressans : il a aussi inspiré un auteur dramatique, qui a su le reproduire avec assez de bonheur sur notre scène française.

LES INDES ORIENTALES.
§ I. — VOYAGES DE VICTOR JACQUEMONT.

Le 26 août 1828, la corvette de S. M., la Zélée, appareilla de Brest, en destination pour le Bengale, ayant à bord M. de Meslay, nommé gouverneur de Pondichéry, et Victor Jacquemont, jeune naturaliste français, envoyé par le gouvernement pour entreprendre un voyage scientifique dans les Grandes-Indes.

Victor Jacquemont consacre à ses livres, à ses cahiers, tout le temps qu'il ne passe pas à philosopher sur le pont avec M. de Meslay, le seul philosophe du bord après lui. Jacquemont travaille, compulse, dessine, et écrit sans relâche. Toutes ses lettres datées de la Zélée sont remplies d'observations positives, d'ingénieux récits, de réflexions neuves et piquantes sur tous les pays où le bâtiment relâche, Sainte-Croix de Ténériffe, le Brésil, le Cap, l'île Bourbon; Jacquemont visite ces contrées en courant, et il en parle avec savoir et profondeur.

Nous arrivons dans l'Inde. La Zélée vient de mouiller devant le fort William de Calcutta ; c'est le 5 mai 1829, huit mois après son départ de Brest. Victor Jacquemont, habillé de noir de la tête aux pieds, et dans la plus grande tenue, saute sur le rivage, se jette dans un palanquin avec un énorme paquet de lettres de recommandation. Et le voilà parti pour la maison de M. Pearson, avocat-général, par laquelle il commence le cercle de ses visites aux notables Anglais de Calcutta.

Il nous faut connaître maintenant avec plus de détails ce jeune Français ainsi jeté par un vaisseau du roi sur une terre étrangère, à quelques mille lieues de son pays, seul, absolument seul, avec tant de dangers, d'aventures, tant de misères en perspective ; il nous faut le connaître tel qu'il est; car nous avons bien peur qu'avec son habit noir, ses 2000 écus de haute solde et son bagage épistolaire, il ne soit médiocrement recommandé auprès des nobles représentans de la Royale Compagnie, s'il ne paie prodigieusement de sa personne, s'il n'a dû cœur, de l'esprit, beaucoup de bonne humeur, beaucoup de science, des qualités solides, des mœurs élégantes, l'indépendance de l'âme et du caractère. Fort heureusement Victor Jacquemont est tout cela.

Victor Jacquemont était un de ces hommes nés avec le siècle, qui n'avaient connu de l'empire que sa gloire militaire, qui s'étaient associés avec quelque confiance à toutes les espérances d'amélioration et de progrès, qu'avait généralement inspirées l'avènement du ministère Martignac. Passionné pour l'étude, avide d'émotions scientifiques, impatient de trouver une carrière à l'incroyable activité de son esprit; mais obscur, sans autres antécédens que quelques essais de critique et des voyages de recherches géologiques en France, en Suisse et en Amérique, où de cruels chagrins l'avaient quelque temps exilé, sans autre fortune qu'une instruction immense, Victor Jacquemont avait accepté avec enthousiasme la mission que lui avait confiée ce choix intelligent du Conservatoire d'Histoire naturelle; et il avait compris que sa destinée, en le conduisant aux Indes pour y faire collection de plantes, de couches coquillières et d'animaux, le chargeait aussi de représenter la France, et particulièrement cette génération si ardente, si estimable dans sa vivacité même, à laquelle il appartenait. Toute cette jeunesse vraiment studieuse, vraiment sérieuse, qui se pressait autour de la chaire de Villemain, qui assiégeait le laboratoire de Thénard et l'amphithéâtre de Cuvier, Victor Jacquemont fut pendant trois ans son véritable représentant, son plénipotentiaire habile et fidèle aux Grandes-Indes. Suivons le maintenant.

La première découverte que fit Victor Jacquemont, après avoir parcouru pendant quelques jours ces salons anglais si riches, si brillans, de Calcutta, ce fut qu'avec sa lettre de change de 6,000 fr. sur M.*** et C*, il était effroyablement pauvre. En effet, qu'allait-il faire aux Grandes-Indes? Voyager. Or, à quel prix voyage-t-on dans les Indes? Telle fut la première question que notre jeune compatriote se posa, et voici ce qu'il apprit.

Un capitaine d'infanterie anglaise, un simple capitaine ne se mettait pas en route sans être accompagné de vingt-cinq domestiques pour le moins, savoir: un pour sa pipe, un pour sa chaise percée, sept ou huit pour planter sa tente, trois ou quatre pour sa cuisine; plus un relai continuel de douze hommes pour porter le palanquin dans lequel le héros s'étendait lorsqu'il était las d'aller à cheval. Un collecteur anglais en tournée, emmenait sa femme, son enfant. Il avait un éléphant, huit charriots pour les bagages, deux cabriolets, un char pour l'enfant, six chevaux de selle et de voiture, et, pour le transporter d'un bungalow (auberge officielle où il y a les quatre murs) à l'autre, 60 à 80 porteurs, indépendamment d'une soixantaine de domestiques de sa maison. Il faisait trois toilettes par jour, déjeunait, lunchait, dinait, et le soir prenait son thé comme à Calcutta, sans en rien rabattre; cristaux, porcelaines étaient dépaquetés, empaquetés du matin au soir; argenterie brillante, linge blanc, tout le reste à proportion.

Ce train de vie coûtait cher, et pourtant, un Anglais qui se respectait ne pouvait voyager à moins de frais. Mais la vieille dame (c'est la Compagnie anglaise, dans le langage des Indiens) était généreusement pourvu à ces dépenses. Un capitaine anglais avait 30,000 fr. de traitement; le surintendant du Jardin Botanique 80,000; un collecteur 400,000, sans compter les profits; le chief-justice 200,000; l'avocat-général, le respectable M. Pearson, de 4 à 500,000; le gouverneur de l'Inde avait plus d'un million. Lord William Bentink voyageait avec trois cents éléphans, treize cents chameaux, huit cents chars à bœufs; et deux regimens, l'un d'infanterie, l'autre de cavalerie, lui servaient d'escorte.

Victor Jacquemont fut très émerveillé de tant de magnificence; puis il calcula ce qu'il lui en coûterait pour voyager comme le moins magnifique de ces seigneurs; mais s'apercevant que le plus modeste équipage dépasserait encore ses moyens, il résolut de solliciter du gouvernement français, le mieux justifié de tous les crédits supplémentaires, et d'attendre à Calcutta l'effet de cette demande, que devaient appuyer à Paris les plus honorables amitiés. Il attendit long-temps!

FOURMILIER.

Ce nom a été donné à des animaux d'une organisation très-singulière, qui se nourrissent principalement de fourmis, et dont on a formé un genre particulier, dans le groupe assez peu naturel qui constitue l'ordre des édentés, et qui diffèrent beaucoup entr'eux. La privation de dents fait leur caractère distinctif. La langue est le seul instrument avec lequel ils saisissent leur proie: elle est longue, en forme de ver, et couverte d'une matière glutineuse. Le grand fourmilier a quelquefois huit ou neuf pieds de longueur, depuis le museau jusqu'à l'extrémité de la queue. Il est couvert de poils courts et épineux; ses mouvements sont lents, mais il est bon nageur.

Ces animaux sont tous d'Amérique; et, jusqu'à présent, ils sont trop peu connus, pour que les naturalistes soient d'accord sur le nombre d'espèces qu'on doit admettre; ceux que l'on a eu occasion de bien observer et de bien décrire, diffèrent assez entr'eux par leur organisation et par leur genre de vie, pour qu'on soit autorisé à en former deux groupes distincts; en effet, les-uns ont une queue prenante, qu'ils emploient comme un cinquième organe du mouvement; tandis que les autres, au contraire, ont une queue lâche, qui ne peut leur être d'aucune utilité pour se mouvoir; et ils diffèrent tous les uns des autres par le nombre des doigts.

Quoi qu'il en soit, les fourmiliers sont des animaux dont les formes sont épaisses, les allures très lentes et les facultés de l'intelligence très bornées; le plus grand et le plus remarquable des fourmiliers est le Camandrs, dont la figure accompagne cet article. C'est un animal grand comme un fort chien, et dont la tête fait le quart de la longueur du corps. Son museau est presque cylindrique; et sa bouche, d'un coin à l'autre, n'a que quatorze lignes; ses narines ont la figure d'un S; sa langue est dôlée, pointue, flexible, plus large qu'épaisse, et l'animal peut la faire sortir de près d'un pied et demi; ses oreilles sont petites et arrondies, et son œil est petit et sans cils aux paupières. Il a quatre doigts aux pieds de devant; l'interne est petit, et n'a qu'un ongle assez faible; mais les trois autres sont très forts et armés d'ongles plus forts encore à proportion. Les doigts de derrière sont au nombre de cinq; ce sont les trois du milieu qui sont les plus grands. La queue est extraordinairement épaisse à sa base, et aplatie sur les côtés; l'animal la porte horizontalement.

La principale nourriture du fourmilier, comme nous l'avons dit, sont les fourmis; mais tous les insectes lui conviennent, et l'on assure qu'on peut le nourrir, en esclavage, avec de la mie de pain, de petits morceaux de viande ou de la farine délayée dans de l'eau, et que c'est ainsi qu'on est parvenu à en amener en Europe.

Cet animal est toujours seul. Tous ses moyens de défense paraissent être dans la force de ses ongles et dans les muscles vigoureux de ses jambes de devant. Lorsqu'il est attaqué, il s'assied sur son train de derrière, et embrasse son ennemi, qu'il serre jusqu'à ce que l'un ou l'autre périsse. Lorsqu'on vient le rencontre, il peut le chasser devant lui comme une bête de somme, sans que cet animal montre de colère; mais dès qu'on le presse, son humeur se manifeste par de violens mouvemens de la queue. Enfin, on peut l'assommer à coups de bâton en toute sûreté, et sans qu'il puisse, par aucun moyen, se soustraire à la mort.

Il paraît que la femelle ne fait habituellement qu'un seul

[Le Fourmilier.]

petit, qui s'attache à sa mère, et se rait ainsi porter partout avec elle.

RUBENS.

Rubens naquit à Cologne, le 29 juin 1577, d'une famille noble, originaire de Styrie, qui vint s'établir à Anvers à l'époque du couronnement de Charles-Quint. Jean Rubens, son père, exerça dans cette ville les premières magistratures; mais les troubles, excités par les sectaires du xvie siècle, l'ayant dégoûté du séjour d'Anvers, il transporta sa résidence à Cologne. La mère de Rubens eut sept enfans, dont Pierre-Paul fut le dernier. On le destina d'abord à la robe, et il se faisait déjà remarquer par son intelligence, lorsque son père mourut en 1587. Sa mère étant alors retournée habiter Anvers, il y continua ses études, et fit sa rhétorique d'une manière si distinguée, qu'il parlait et écrivait le latin aussi facilement que sa langue maternelle. Il fut alors placé, en qualité de page, chez la comtesse de Lalain, d'une des plus nobles familles de Flandre; mais il ne se plut pas dans cette condition, et obtint de sa mère, à force d'instances, la permission de s'adonner à la peinture. Il fut admis dans l'école d'Adam Van-Ort, qu'il quitta bientôt pour travailler sous Otto Vœnius, peintre fort estimé à cette époque. Après quatre années d'études, il se montra supérieur à ses deux maîtres, et partit pour l'Italie en 1600. Il se rendit d'abord à Venise pour y étudier les chefs-d'œuvre du Titien, du Tintoret et de Paul Véronèse. Le duc de Mantoue, informé de ses succès, l'attira à sa cour, et lui confia une mission auprès du roi d'Espagne, Philippe III. Rubens s'en acquitta à l'entière satisfaction des deux princes, et revint à Mantoue, d'où le duc l'envoya à Rome pour y copier les plus beaux tableaux de l'école romaine. De Rome il alla à Florence et y étudia les grands ouvrages de la sculpture antique et ceux du célèbre Michel-Ange; puis il se rendit à Bologne, pour y voir les peintures des Carraches : après quoi il retourna à Venise, guidé par la prédilection qu'il avait pour les grands coloristes de cette école. Après un assez long séjour dans cette ville, il alla de nouveau à Rome et y fit, pour le pape et les cardinaux, une foule de tableaux qu'il serait trop long d'énumérer. Quoiqu'il fût en Italie depuis sept ans, il n'avait vu ni Milan, ni Gènes. Il résolut de visiter ces deux villes. A Milan, il dessina la fameuse *Cène* de Léonard de Vinci; et c'est d'après ce dessin, rapporté par lui en Flandre, que Witdoock en exécuta la gravure au burin. Sa réputation l'avait devancé à Gènes; aussi y reçut-il l'accueil le plus flatteur, ce qui l'engagea à y séjourner assez longtemps. Parmi les tableaux qu'il fit pour cette ville, il en est deux que les Génois regardent comme ses chefs-d'œuvre. Au milieu de ses travaux, il apprend tout-à-coup que sa

mère est dangereusement malade. Tout cède à cette considération : il prend la poste; mais en route il reçoit la nouvelle qu'elle a cessé de vivre. Il se retire alors dans l'abbaye de Saint-Michel, auprès de Bruxelles, pour s'y livrer sans distraction à sa douleur, occupé uniquement d'élever un monument à sa mère. Lorsqu'il reparut à Anvers, chacun s'empressa de le combler d'honneurs : toutefois il songeait à retourner en Italie, dont le climat convenait mieux à ses goûts et à sa santé; mais l'archiduc Albert et son épouse Isabelle ne voulurent pas laisser partir un artiste qui faisait la gloire de son pays : ils l'appelèrent à la cour de Bruxelles, lui donnèrent une pension considérable et le titre de chambellan. Rubens ne résista pas à tant de faveurs; mais il obtint la permission de résider à Anvers, où il pouvait se livrer à ses travaux favoris, sans être distrait par le tourbillon de la cour. Il acheta dans cette ville une maison spacieuse, qu'il fit rebâtir à la romaine, et où il déploya la magnificence d'un prince : il orna d'une collection de belles peintures et de précieux morceaux de sculpture antique, une rotonde qu'il avait fait élever exprès entre cour et jardin, et qui était percée de grandes fenêtres ceintrées et surmontée d'un dôme. En 1610, il épousa Isabelle Brant, nièce de la femme de son frère aîné, Philippe Rubens, secrétaire de la ville d'Anvers. Le duc Albert voulut tenir sur les fonts de baptême le premier enfant de Rubens, et lui donna son nom.

Doué d'une prodigieuse facilité, ce grand peintre exécuta, pendant son séjour à Anvers, une multitude innombrable de tableaux de tous genres, dont la plupart, après avoir fait partie du musée du Louvre, ont été rendus aux Pays-Bas en 1815. Parmi ces admirables peintures, nous devons citer la fameuse *Descente de croix*.

Rubens était aussi habile architecte que grand peintre. C'est lui qui présida à la construction de la superbe église des Jésuites à Anvers. Il en fit tous les plans, et pour achever d'embellir cet édifice, il y peignit trente-six plafonds, qui ont été reproduits deux fois par la gravure sur ses dessins originaux. Malheureusement un incendie, causé par la foudre, en 1718, dévora tout l'édifice, à l'exception du grand chœur, de deux chapelles et du portail.

La réputation de Rubens, répandue dans toute l'Europe, attira l'attention de Marie de Médicis, qui résolut de lui confier l'embellissement de son palais du Luxembourg. En 1620, elle le fit inviter à se rendre à Paris. Il y fut reçu avec distinction. Après avoir pris les ordres de la reine, il retourna à Anvers pour y exécuter les tableaux qu'on lui avait commandés, et ne revint à Paris que lorsqu'il les eut terminés. Ce sont tous ces tableaux allégoriques qu'on admire dans les galeries du Louvre : il les fit en vingt mois.

Ici commence pour Rubens une nouvelle carrière, où il se distingua par les brillantes qualités de son esprit. Marie de Médicis, s'étant brouillée avec son fils, était venue chercher un refuge à Bruxelles, et réclamer la médiation de l'infante et archiduchesse Isabelle, et du roi d'Espagne. L'archiduchesse, qui connaissait la capacité de Rubens, et qui savait le cas particulier qu'en faisait la reine-mère, le choisit pour conduire cette négociation. S'il ne réussit pas, c'est qu'il rencontra des obstacles insurmontables; et la reine, quittant alors la Belgique, trouva un asile à Cologne, où elle mourut de misère, en 1643, dans la maison même où Rubens était né.

Pendant son séjour à Paris, Rubens avait fait connaissance avec le duc de Buckingham, qui était venu chercher la princesse Henriette de France, destinée à Charles Ier. Ce seigneur lui témoigna le désir de voir cesser la mésintelligence qui régnait depuis long-temps entre les cours d'Espagne et d'Angleterre. Rubens fit part de cette ouverture à l'archiduchesse, et en reçut l'ordre d'entretenir un commerce de lettres avec le duc, tandis qu'elle prendrait de son côté les ordres de la cour d'Espagne. Ces diverses négociations, qu'il menait de front avec ses travaux, lui valurent les plus grandes marques d'estime.

Ayant perdu sa femme, en 1626, il résolut de parcourir la Hollande, pour faire diversion à sa douleur. Pendant tout ce voyage, il ne traversait jamais une ville sans visiter les artistes, laissant partout des preuves éclatantes de son amour pour les arts, de sa générosité et de son affection pour ses rivaux. Il s'acquitta en même temps, avec zèle et talent, d'une mission, dont l'avait chargé Isabelle auprès des états-généraux de La Haye. A son retour, il avait repris ses pinceaux, lorsque la politique vint encore l'arracher aux arts. Il fut envoyé à Madrid pour suivre les négociations qu'il avait déjà entamées avec le duc de Buckingham. Le roi d'Espagne s'entretint souvent avec lui en particulier, et conçut une opinion si avantageuse de ses rares talens, qu'il n'hésita pas à lui faire délivrer les patentes de secrétaire du conseil privé de l'archiduchesse. Pendant qu'il était en Espagne, le roi de Portugal, désirant connaître un artiste d'une si grande renommée, lui fit dire de se trouver, sur la frontière, à sa maison royale de Villa-Viciosa. Rubens se rendit à cette invitation avec un grand nombre de seigneurs espagnols, curieux de voir la cour portugaise. Mais le roi de Portugal, craignant sans doute d'avoir à défrayer tant de monde, envoya un de ses gentilshommes à Rubens pour l'informer que sa majesté avait été forcée de retourner en toute hâte à Lisbonne, et lui offrit, de sa part, une bourse de 50 pistoles pour les dépenses de son voyage. Rubens dit à l'envoyé : « Je vous prie, monsieur, de présenter mes « très-humbles respects à S. M.; je regrette de ne pouvoir « moi-même les ordres dont elle aurait voulu m'ho- « norer. Quant au motif de mon voyage, je la prie d'être « convaincu que je n'y ai pas été déterminé par l'appât d'un « présent de 50 pistoles, puisque j'en avais apporté 1,000 « avec moi, pour ma dépense et celle de ces messieurs qui « m'accompagnent, pendant notre séjour à Villa-Viciosa. » Et il reprit la route de Madrid. Enfin, après un séjour de dix-huit mois dans cette ville, le roi lui fit remettre ses instructions et ses lettres de créance pour la cour de Londres, et lui fit présent d'une bague enrichie de superbes diamans, et de six beaux chevaux andalous. En Angleterre, il ne reçut pas un accueil moins flatteur. Par son adresse, il parvint à remplir de la manière la plus satisfaisante le but

LA MAISON DE RUBENS.

(Vue de la façade du jardin de Rubens, dessinée par lui-même.)

de sa mission, et Charles Ier fut si content de lui, qu'il le créa chevalier en plein parlement, et ne le renvoya à Madrid qu'après l'avoir comblé de présens.

De retour à Anvers, il épousa sa seconde femme, Hélène Froment (1630), et se délassa de ses travaux diplomatiques en reprenant ses occupations accoutumées. Mais Isabelle réclama encore ses services, et le députa de nouveau auprès des états de Hollande, qui lui faisaient la guerre et dont les progrès commençaient à l'effrayer. Rubens, sous le prétexte d'acheter des tableaux, se rendit à La Haye et eut quelques conférences secrètes avec le prince Maurice de Nassau : il conduisit si habilement cette affaire qu'il en assura la réussite, et que les négociateurs, qui lui succédèrent, n'eurent qu'à suivre la route tracée par ses premières démarches.

Quelques temps après, lorsque le prince Ferdinand fit son entrée à Anvers, n'ayant pu se présenter à lui, à cause d'un violent accès de goutte, il reçut la visite de ce prince dans son atelier, qui déjà avait été honoré de la présence de plusieurs souverains. C'est ainsi que chacun s'empressait de rendre hommage à ses vertus et à ses talens.

Rubens mourut le 30 mai 1640, et fut inhumé dans l'église St.-Jacques d'Anvers.

Ce grand artiste possédait toutes les qualités les plus précieuses. Son extérieur était agréable, ses manières distinguées, sa conversation brillante. Étranger à tout sentiment d'envie, il faisait un noble usage de la grande fortune qu'il avait acquise. Il est peu de peintres qui aient autant produit : ses ouvrages, connus par la gravure, sont au nombre de près de quinze cents. On l'a vu souvent plusieurs esquisses du même sujet, et toutes différentes. Suivant l'impétuosité de sa pensée et la reproduisant avec chaleur, il sacrifiait à la magie de sa couleur, l'exactitude du trait, et son suprême mérite consiste dans le grandiose de l'effet, dans l'enthousiasme et la variété de sa composition. Rubens eut un grand nombre d'élèves, dont la plupart le secondèrent dans ses travaux ; les plus célèbres sont Van Dyck, Diepenbeck, Wildens, Sneyders, Van Mol, Van Tulden, Jacques Jordaens, Erasme Quellinus, Gérard Séghers, et David Téniers, dit le Vieux.

LE THIBET.

Le Thibet comprend toutes les contrées qui s'étendent au nord de l'Hindoustan, à l'est de la grande Bukharie, au sud de la petite Bukharie, à l'ouest de la Chine et au nord-ouest de l'empire des Birmans ; entre les 28 et 37 degrés de latitude N., et les 74 et 97 degrés de longitude E. Ce pays, qui consiste principalement en un vaste plateau, vraisemblablement le plus élevé du globe ; est borné et traversé par des montagnes d'une hauteur prodigieuse, entr'autres la chaine de l'Ilymalaya. La capitale Lassa est le siège du gouvernement thibétain et des mandarins chinois, qui en ont la surveillance depuis que l'empereur du *céleste empire* a rendu le Thibet tributaire (1724).

La religion des habitans est le lamamisme, qui a beaucoup de rapport avec celle des Hindous; ils adorent une idole appelée Mahamonni (le Bouddha du Bengale); mais ils ont la plus grande vénération pour leur grand Lama, qu'ils regardent comme l'agent de Dieu sur la terre; il est investi des soins de l'administration, et sa juridiction, comme souverain pontife, s'étend aux Kalmoucks et aux Mongols. Son palais, situé sur la *Montagne sainte*, à sept milles de Lassa, est couronné d'un dôme doré à soixante-deux brasses de haut; l'extérieur est décoré d'innombrables pyramides d'or et d'argent; les dix mille chambres intérieures contiennent un nombre immense d'idoles de même matière. Le monastère Teshou-Lombou, qui sert de résidence au second Lama, contient trois à quatre cents appartemens habités par des moines. Les bâtimens sont principalement construits en pierres brutes et ont plusieurs étages. Dans les grandes maisons, l'intérieur est orné de sculptures. Le bas peuple et les habitans des campagnes bâtissent ordinairement leurs cabanes sur le penchant des montagnes, afin d'être plus près du bois et de l'eau. Les tribus nomades habitent en grande partie dans des tentes de feutre noir. Les gens du peuple portent un habit à grand collet, et un chapeau en laine fine ou en camelot; ils tiennent un chapelet à la main et se ceignent avec une courroie ou un mouchoir en coton, auquel ils attachent un couteau, une petite tasse, un briquet, etc. Les femmes et les filles ont les cheveux partagés depuis le sommet de la tête et tressés comme des cordes en deux queues nattées; plus il y a d'art dans les coiffures, plus on les trouve belles. Les filles qui ne sont pas encore mariées ajoutent par derrière une troisième queue. Toutes les femmes ont un petit bonnet de velours rouge ou vert et pointu par le haut; elles portent des bottines, des jupes d'étamine noire ou rouge, un tablier d'étoffe de soie de diverses couleurs et garni d'une bordure de fleurs brodées. Elles parent leurs doigts d'anneaux de corail, montés en argent. Dès leur naissance, elles ont au poignet gauche un bracelet d'argent, et au droit un autre en coquillages, qu'elles n'ôtent que lorsqu'ils s'usent d'eux-mêmes ou se brisent. Les femmes de toutes conditions portent un ou deux chapelets en corail ou en ambre jaune; elles suspendent à leur cou une petite boite d'argent contenant leur dieu protecteur; elles portent sur la poitrine un anneau en argent, au bout duquel il y a de petites chaines avec lesquelles elles attachent leur échall par devant. Les chapeaux des femmes riches sont couverts de perles; ils sont faits de bois, verni et enduit d'une couche de vermillon. Toute femme ou fille qui doit se présenter devant un Lama se barbouille la figure avec du sucre rouge ou avec les feuilles de thé qui restent dans la théière. Si elle ne le fait pas, on dit que par sa beauté elle veut séduire un prêtre, et c'est une chose qu'on ne lui pardonne jamais.

Les mœurs thibétaines offrent une foule de singularités; le journal asiatique a plusieurs fois donné des détails curieux sur ce pays encore aujourd'hui presqu'inconnu. Lorsqu'un maitre de maison donne un festin, il s'assied à la place la plus distinguée; il ne va pas à la rencontre du convive et ne le reconduit pas; si le convié est d'un plus haut rang que l'autre, on lui offre le vin avant les autres, et pour comble d'honneur, on lui présente du beurre. Les riches donnent des repas deux ou trois fois, et les pauvres au moins une fois par mois. Les tables sont garnies de jujube, d'abricots, de bœuf et de mouton.

Les trois grandes époques de la vie, la naissance, le mariage et la mort, sont accompagnées de pratiques et de cérémonies singulières. Lorsqu'un enfant vient de naitre on ne le lave point, et trois jours après on lui frotte le corps avec du beurre et on l'expose au soleil. Sa mère ne le nour-

rit que quelques jours, et lui donne à boire une espèce de bouillie faite de farine grillée. Quand l'enfant est devenu grand, on lui apprend à écrire, à compter, ou à exercer un métier quelconque, si c'est un garçon; et si c'est une fille, on lui enseigne à connaitre les poids, à faire le commerce, à filer, mais non pas à coudre. On regarde la naissance d'une fille comme un grand bonheur; comme les prêtres sont très respectés, la plus grande partie des jeunes gens se consacrent à l'état monastique, et c'est là principale cause de la faible population du Thibet.

Les mariages se font en considérant l'importance de la maison à laquelle on s'allie. Dans un homme, on estime ses connaissances littéraires, et dans une fille son aptitude pour le commerce et la connaissance qu'elle a du ménage. Entre les familles nobles et riches, les mariages s'arrangent par l'entremise d'une amie; dans les autres, après que le jeune homme et la jeune fille sont d'accord, le premier, pour en venir aux fiançailles, fait inviter une ou deux parentes ou amies, auxquelles sa famille donne des mouchoirs; ensuite des parens leur disent : « Dans notre famille se trouve un beau et brave jeune homme qui désire s'allier par mariage avec la fille de telle autre famille. » Les entremetteuses prennent les mouchoirs, se rendent à la maison de la jeune fille et la demandent en mariage; si la famille y consent, elle fixe le jour des fiançailles, qui ont lieu dans la maison des parens de la femme et auxquelles on invite tous les parens et les amis des deux familles. Alors les entremetteuses apportent, de la part du prétendu, du vin et des mouchoirs, et déclarent l'âge du jeune homme. Si les parens de la fille sont d'accord sur ce mariage, on boit le vin et on se partage les mouchoirs, et l'entremetteuse attache l'ornement en turquoise, appelé *sedxid*, sur la tête de la jeune fille, à laquelle on fait des présens de thé, d'habits, d'or, d'argent, de bétail et de moutons. Quand le temps devant aller chercher la fiancée est arrivé, les deux familles font leurs invitations, les conviés arrivent avec des présens, et les parens de la fiancée lui donnent pour dot des terres et du bétail. Le jour des noces, on dresse devant la maison de celle-ci une tente, au milieu de laquelle on étale trois ou quatre matelas carrés, puis on prend un plat de blé dont on répand les grains par terre. La fiancée s'assied à la place la plus élevée, le père et la mère se mettent près d'elle; les autres parens des deux côtés d'après leur rang. On pose devant eux de petites tables couvertes de fruits. Le repas fini, on conduit la fiancée à pied à la maison du futur; on la place près de lui et on leur présente à tous deux du vin et du thé.

Un quart-d'heure après, les nouveaux époux s'asseyent à part, et tous les parens leurs donnent des mouchoirs, qu'ils disposent devant eux; les gens les plus distingués les leur passent autour du cou. Le lendemain la famille des mariés, revêtue de ses plus beaux habits, parcourt la ville ou fait des visites aux plus proches parens, qui viennent à leur rencontre à la maison et leur offrent du thé et du vin. Après avoir bu, on s'assied en cercle, les jambes croisées, et on chante. On passe ainsi trois jours, et le mariage est consommé.

Dans le Thibet, les femmes sont plus robustes que les hommes; ceux-ci sont toujours d'une constitution délicate. Les femmes sont chargées de travailler à la terre, les villageoises font tous les travaux qui chez nous sont le partage des hommes. La polygamie est permise, mais en sens inverse des autres contrées de l'Orient; ici ce sont les femmes qui peuvent avoir plusieurs maris, et souvent trois ou quatre frères de la même famille prennent la même femme. Seulement l'ainé a le privilége du choix. Ils se partagent entr'eux, à leur gré, les garçons et les filles qui naissent de cette union, et lorsqu'une femme vit en bonne intelligence avec tous ses maris, elle reçoit l'épithète d'*accomplie*, parce qu'elle gouverne bien la maison.

Ce sont en général les femmes qui font le commerce; celle qui ne sait ni labourer, ni semer, ni filer, ni tisser des camelots, ni faire d'autres travaux domestiques, devient un objet de dérision pour tout le monde. Les mariages sont indissolubles, mais l'adultère n'est point considéré comme honteux. Si une femme mariée se lie avec un étranger, elle dit sans cérémonie à son mari, qu'un tel est son amant (yngdou). Le mari n'en est aucunement affecté, et si les deux époux sont d'ailleurs contens l'un de l'autre, ils continuent de vivre en bonne harmonie.

Quand un homme meurt, on rapproche sa tête des genoux; on lui place les mains entre les jambes et on le maintient ainsi avec des cordes; puis on le revêt de ses habits ordinaires, et on le met dans un sac de cuir ou dans un panier, qu'on suspend à une poutre. On le pleure, on invite des *lamas* à dire des prières; on porte aux temples du beurre qu'on fait brûler devant les images divines; tous les effets du défunt sont donnés aux *lamas*; quelques jours après la mort, on porte le corps sur les épaules à la place des *découpeurs*, qui, l'ayant attaché à une colonne en pierre, le coupent en petits morceaux qu'ils donnent à manger aux chiens, ce qui s'appelle *enterrement terrestre*. Quant aux os, on les pile dans un mortier, on les mêle avec de la farine grillée, et on fait des boulettes qu'on donne encore aux chiens ou aux *vautours; c'est alors l'enterrement céleste*. On regarde ces deux manières d'être enterré comme très-heureuses.

Les découpeurs de morts ont pour chef un *dheba*; les frais se montent à quelques dizaines de pièces d'argent monnayé. Les cadavres de ceux qui n'ont pas d'argent sont jetés à l'eau; c'est ce qu'on appelle la *sépulture aquatique;* on la regarde comme un malheur. Quand un lama meurt, on brûle son corps et on lui élève un obélisque. Quand un pauvre meurt, ses parens et ses amis se cotisent pour venir au secours de sa famille. A la mort d'un riche, on apporte des mouchoirs et on console ses parens et les gens de la maison ; de plus, on leur envoie du thé et du vin.

Le deuil consiste en ce que l'on ne se montre pas en habits parés pendant cent jours. On ne se peigne pas les cheveux, on ne se lave pas , et de plus , les femmes ne portent pas de boucles d'oreilles, ni de chapelets au cou. Les riches font venir quelquefois des lamas pour réciter des prières; mais cela se termine au bout d'un an. En général, on respecte, dans le Thibet, les jeunes gens, et l'on ne fait aucun cas des vieillards. On évite les malades, et mourir à la guerre est un sujet de gloire pour toute la famille.

SINGULARITÉS HISTORIQUES.
MŒURS ET USAGES AU MOYEN-AGE.

De toutes les parties de notre histoire, il n'en est pas de plus intéressante que celle qui nous retrace les mœurs et les usages de nos pères; la bizarrerie du costume, l'étrangeté de l'habillement, le maintien raide et empesé, nous paraissent chose plaisante, et nous ne pouvons manquer de sourire du mauvais goût de nos ancêtres. On lit dans divers auteurs contemporains de ces siècles encore si peu connus, quelques faits assez piquans que nous nous contenterons de rapporter avec cette naïveté de langage qui a pour nous tant d'attraits.

Ainsi messire Juvénal des Ursins, le grave historien du règne de Charles VI, passe en revue, dans un des chapitres de son ouvrage, la manière dont les dames se coiffaient alors : « Icelles dames et damoiselles, faisaient de grands excès en parures, et portaient des cornes hautes et larges, ayant de chaque côté deux grandes oreilles si larges que quand elles voulaient passer par un huis (porte), il leur était impossible de le faire. » Ces coiffures bizarres étaient nées en Flandre comme nous l'apprend Thomas Couare, moine célèbre du XVe siècle ; dans de longues et fulminantes prédications, il s'éleva contre ces cornes : « Ce sont choses paillardes, indécentes et damnables s'écriait-il avec force

devant les assemblées nombreuses de dames et damoiselles. » Toutefois ses sermons ne produisirent aucun effet, les anciennes tapisseries de Flandre nous ont conservé ces coiffures gigantesques qui allaient jusqu'à trois et quatre pieds de hauteur.

C'est surtout sous le règne de Louis XI que l'on vit les coiffures des nobles dames , prendre un essor prodigieux : « Les femmes , dit Monstrelet, mirent sur leur tête des bourrelets à manière de bonnets ronds qui s'amenuisaient par dessus de la hauteur d'une demi-aune; » et Erasme dans son dialogue intitulé : *Senatulus,* vient encore confirmer ce témoignage : « Il s'élevait autrefois, écrit le savant docteur, des cornes sur le haut de la tête des femmes, auxquelles elles attachaient des espèces de voiles (linteamina); ces coiffures distinguaient les femmes de premier rang. » Sous Louis XII, les petites maîtresses apportèrent quelques modifications à ce singulier accoutrement : « Les dames, dit un chroniqueur, abaissèrent un peu les coiffes dont elles se paraient, et se contentèrent de longs voiles noirs ornés de franges rouge ou pourpre. » C'était la coiffure d'Anne de Bretagne depuis la mort de Charles VIII; on la voit ainsi représentée sur quelques gravures du temps.

Si nous examinons maintenant certains usages en vigueur chez nos pères, nous rencontrons une foule de détails d'une assez piquante curiosité. La manière de porter la barbe, par exemple, peut être l'objet de toute une histoire qui n'est pas sans quelque intérêt.

Il est de principe certain que tout Français était soldat; s'il embrassait tout autre état, il cessait d'être Français; pour marquer qu'il n'était plus de la nation on l'obligeait à se couper la barbe et les cheveux, signe qui servait à distinguer le Français d'avec le peuple subjugué. Alaric, roi des Visigoths, craignant d'être attaqué par Clovis et cherchant à l'amuser par de belles espérances, lui fit demander une entrevue pour lui toucher la barbe, c'est-à-dire pour l'adopter, car on prenait par la barbe celui qu'on voulait placer sous sa protection. Éginard, secrétaire de Charlemagne, en parlant des derniers rois de la première race, dit : « Ils venaient aux assemblées... Champ de Mars, dans un chariot tiré par des bœufs; puis ils s'asseyaient sur le trône avec de longs cheveux épars et une barbe qui leur pendait jusques à la poitrine. »

Robert, grand-père de Hugues Capet, que Charles-le-Simple à qui il voulait enlever la couronne , tua de sa propre main, avait passé, au commencement de la bataille, écrit Mézerai, sa grande barbe blanche par dessus la visière de son casque, pour se faire reconnaître des siens. Ainsi sous la seconde race on portait une longue barbe, et cet usage continua sous les premiers rois de la troisième. Hugues, comte de Châlons, ayant été vaincu par Richard, duc de Normandie, alla se jeter à ses pieds, avec son cheval et le dos, pour marquer qu'il se soumettait entièrement à lui : « dans cet accoutrement et avec sa longue barbe, rapporte la chronique, il avait plutôt l'air d'une chèvre que d'un cheval. »

Enfin dans du XIe siècle, Guillaume, archevêque de Rouen, déclara la guerre aux longues chevelures; plusieurs gens du clergé se joignirent à lui, et dans un concile tenu l'an 1096, ils statuèrent « que ceux qui porteraient de longs cheveux seraient exclus de l'église pendant leur vie, et qu'on ne prierait point pour eux après leur mort. »

ÉPHÉMÉRIDES.

19 décembre 1592. — Henri III, effrayé de la puissance de la *Ligue catholique*, s'en déclare le chef aux états de Blois. — *1816.* Le roi des Deux-Siciles, Ferdinand IV, reconnaît la constitution donnée provisoirement en 1012 à la Sicile par les Anglais.

13 décembre 1545. — Ouverture du concile de Trente. Ce concile fut le plus long et le plus paisible de tous; on y rédigea des canons pour fixer d'une manière invariable le dogme catholique. L'une des princi-

pales missions de ce concile, la réunion des protestans et des catholiques, ne put être remplie. — 1553. Naissance de Henri IV,
roi de France. On sait que son grand-père, Henri d'Albret, prince
de Béarn, frotta les petites lèvres de l'enfant avec une gousse d'ail
et lui fit sucer une goutte de vin vieux, pour lui donner un tempérament mâle et vigoureux. — 1799. Adoption de la constitution
consulaire en l'an viii de la république française. — Dans chaque
commune, les Français majeurs, de vingt-un ans, choisissaient
parmi eux des électeurs du deuxième degré; les élus de toutes
les communes d'un même département, élisaient entre eux
les électeurs du troisième degré; enfin ces électeurs de tous
ces départemens formaient une liste nationale dans laquelle le
Sénat conservateur devait choisir les trois consuls, les membres du
Tribunat et ceux du *Corps-Législatif.* Le Sénat, composé de quatre-
vingts membres inamovibles et à vie, incapables de toute autre
fonction publique, prononçait sur les actes que le Tribunat ou les
Consuls lui déféraient comme inconstitutionnels. — Le Corps-Législatif, composé de trois cents membres rééligibles par cinquième
et après un an, faisait les lois au scrutin secret et sans discussion,
après avoir entendu en public les orateurs du gouvernement et
ceux du Tribunat. Le Tribunat, composé de cent membres, rééligibles par cinquième, chaque année, discutait en public les projets
de loi présentés par le gouvernement, et faisait soutenir sa décision
devant le Corps-Législatif. Il dénonçait les actes inconstitutionnels
au Sénat conservateur. Les Consuls étaient nommés pour dix ans,
et indéfiniment rééligibles. Le premier d'entre eux exerçait le pouvoir. Les deux collègues de Bonaparte, Sieyes et Ducos, cédèrent

bientôt la place à Cambacérès et à Lebrun, agens dociles du général. Quatre ans plus tard cette constitution éphémère fit place à
l'organisation impériale.
    14 *décembre* 1799. — Mort de Washington (George), le prin-
cipal fondateur des républiques américaines.
    16 *décembre* 1794. — Carrier, le bourreau de Nantes, l'inven-
teur des *noyades* collectives, au moyen de bateaux à soupape où
il entassait des masses de suspects, est envoyé à l'échafaud
par le tribunal révolutionnaire, après la chute de Robespierre.
La férocité de ce proconsul avait révolté la Convention elle-même.
    17 *décembre* 548. — Prise de Rome par Totila, chef des Os-
trogoths. — 1830. Mort de Simon Bolivar, général, puis dictateur
et président à vie de la république de Colombie, formée par ses
soins le 17 décembre 1819. Il s'était démis de ses fonctions quel
ques mois avant sa mort, pour répondre disait-il, à ceux qui le
soupçonnaient d'aspirer au pouvoir absolu.
    19 *décembre* 1789. — Création des assignats en France. —
1793. Toulon, livré aux Anglais le 29 août, est repris par les
Français commandés par Dugommier.
    25 *décembre* (an de Rome 749). — Naissance de Jésus-Christ.
— 496. Baptême de Clovis. — 1440. Exécution du maréchal de
Retz. Un grand nombre de jeunes victimes avaient trouvé la mort
dans ses châteaux, à la suite des affreux désordres auxquels il se
livrait depuis un grand nombre d'années.
    30 *décembre* 1790. — L'Assemblée constituante rend un décret
qui assure à tout Français la propriété de ses découvertes et inventions nouvelles.

LE NOUVEAU PONT DE LONDRES.

(Vue du nouveau Pont de Londres.)

Nous avons donné, dans le n° 54 de notre première année, une vue du magnifique pont de Londres, commencé
en 1824, et qui porte le nom de cette cité. Dans cette gravure, le pont était représenté pendant sa construction, et,
à gauche, on apercevait ce vieux pont de Londres si incommode, si fatigué par le temps, qu'il devait remplacer. Au-

jourd'hui, nous mettons sous les yeux de nos lecteurs le
dessin de cette œuvre monumentale entièrement achevée.
    Le vieux pont de Londres a disparu, et depuis long-
temps déjà, la nouvelle voie est livrée à cette foule de
Piétons et de voitures qui la traverse incessamment.

Paris. — Imprimerie de H. Fournier, rue de Seine, n. 14.

INDE.

DIVISION DES INDIENS EN CASTES. — PROFESSIÓNS INDUSTRIELLES.

(Bijoutier ambulant.)

Nous désignons en Europe par la dénomination de *castes*, mot emprunté du portugais, les différentes tribus qui composent les peuples de l'Inde.

La division la plus ordinaire, et en même temps la plus ancienne, est celle qui les classe en quatre tribus principales. La première et la plus distinguée de toutes est celle des

Brahmes : viennent ensuite celle des *Rajahs*, celle des *Veissiahs* ou directeurs de l'agriculture et du commerce, et celle des *Sudras* ou laboureurs et esclaves.

Les attributions propres à chacune de ces quatre tribus sont, pour les Brahmes, le sacerdoce et ses diverses fonctions ; pour les Rajahs, la profession militaire dans toutes ses branches ; pour les Veissiahs, l'agriculture, le commerce et le soin d'élever les troupeaux ; le partage des Sudras est une sorte de servitude.

Chacune de ces quatre castes principales se subdivise en beaucoup d'autres ; mais la tribu où les catégories sont le plus multipliées et le plus nombreuses de toutes, est celle des Sudras ; elle forme en quelque sorte la masse de la population, et, jointe à la caste des pariahs, elle équivaut aux neuf dixièmes des habitans.

Comme c'est aux Sudras que sont dévolus la plupart des professions mécaniques et presque tous les travaux manuels, et que, d'après les préjugés du pays, aucun Indien ne peut exercer deux professions à la fois, il ne paraîtra pas surprenant que les nombreux individus qui composent cette tribu soient répartis en tant de branches distinctes.

On voit en outre, dans quelques districts, des castes qu'on ne retrouve nulle part, et qui se font distinguer par des pratiques singulières qui leur sont tout à fait propres ; ainsi à l'est du Meissour, il existe une tribu désignée sous le nom de *Monsa-Hokeula-Makulou*, dans laquelle, lorsqu'une mère de famille marie sa fille aînée, elle est obligée de subir l'amputation de deux phalanges au doigt du milieu et à l'annulaire de la main droite. Si la mère de la fille est morte, celle du marié, ou à son défaut une des plus proches parentes, doit se soumettre à cette cruelle mutilation.

Il existe encore dans les divers pays un grand nombre d'autres castes qui se distinguent par des pratiques non moins insensées que celle qu'on vient de faire connaître.

On a avancé que c'est à cette division des castes que les arts sont redevables de s'être conservés dans l'Inde, et que par cette même raison, ils prendraient le même essor qu'en Europe sans les entraves apportées à leur exercice.

Cette perfection dans les arts aurait été atteinte par un peuple aussi industrieux que les Indiens, dit le savant missionnaire Dubois, si la cupidité de ceux qui les gouvernent ne s'y opposait pas. En effet, dès qu'on sait qu'il existe quelque part un ouvrier qui excelle dans sa profession, il est aussitôt enlevé par ordre du prince, transporté dans son palais, où il est enfermé quelquefois pour le reste de ses jours, forcé de travailler sans relâche et très mal payé. Une telle conduite adoptée dans toutes les parties de l'Inde soumise à des princes indigènes, ne peut qu'éteindre toute industrie et amortir toute émulation. C'est aussi la principale et peut-être la seule cause qui ait ralenti les progrès des arts chez les Indiens, bien en arrière, à cet égard, des peuples qu'ils ont précédés de tant de siècles dans la civilisation. Ce n'est ni l'industrie ni l'adresse qui manquent à leurs travailleurs. Dans les établissemens européens, dès qu'on sait payés selon leur mérite, on en voit beaucoup dont les ouvrages feraient honneur aux meilleurs ouvriers de l'Europe, sans qu'il soit nécessaire pour eux d'avoir recours à ce grand nombre d'outils dont la nomenclature seule exige une étude particulière. Une ou deux haches, autant de scies et de rabots, le tout d'une espèce si grossière qu'un Européen n'en saurait tirer aucun parti, sont presque les seuls instrumens qu'on voie entre les mains des menuisiers de l'Inde. La boutique ambulante d'un orfèvre est ordinairement composée d'une petite enclume, d'un creuset, de deux ou trois petits marteaux, et d'autant de limes ; avec d'aussi simples ustensiles, la patience des Indiens, jointe à leur industrie, sait produire des ouvrages que souvent on ne distinguerait pas de ceux qu'on apporte à grands frais des pays les plus éloignés. A quel degré de perfection ne seraient pas parvenus ces hommes si, au lieu d'être pour ainsi dire les élèves de la simple nature, ils avaient été dès leur enfance sous la conduite de maîtres habiles !

Pour nous former une idée de ce que pourraient les Indiens dans les arts et les manufactures, si leur industrie naturelle était convenablement encouragée, il ne faut que nous transporter à l'atelier d'un de leurs tisserands ou de leurs peintres sur toile, et considérer avec attention le genre d'instrumens avec lesquels ils produisent ces schalls, ces superbes mousselines, ces toiles superfines, ces belles étoffes peintes qu'on admire partout et qui en Europe occupent le premier rang parmi les principaux articles de la parure. En faisant ces magnifiques ouvrages, l'artisan se sert de ses pieds presque autant que de ses mains ; en outre, le métier de tissage, et tout l'appareil nécessaire pour ourdir et travailler son fil avant de le tendre sur le métier, ainsi que les autres ustensiles dont il se sert en travaillant, sont si simples et en si petit nombre, que le tout réuni formerait à peine la charge d'un homme. Il n'est pas rare de voir un de ces ouvriers, changeant de domicile, porter sur son dos tout ce qui lui est nécessaire pour commencer à se mettre à l'ouvrage, au moment où il arrivera au lieu de son nouveau séjour.

Les peintures sur toile, qui ne sont pas moins admirées, s'exécutent par des moyens tout aussi simples. Trois ou quatre bâtons de bambou pour tendre la toile, autant de pinceaux pour appliquer les couleurs, quelques morceaux de pot de terre cassé pour les contenir, une pierre creuse pour les broyer ; tel est à peu près tout ce qui constitue l'atelier de cette classe d'artistes.

« J'ai entendu (dit le missionnaire Dubois) des gens très sensés d'ailleurs, mais encore imbus de tous les préjugés qu'ils avaient apportés d'Europe, prononcer, selon moi, un jugement erroné au sujet de la division multipliée des castes parmi les Indiens. Cette division leur paraissait, non-seulement inutile au bien commun, mais encore ridicule, et uniquement faite pour gêner les peuples et les désunir. Quant à moi, qui ai vécu tant d'années au milieu des Indiens comme un ami, et me suis trouvé par là à portée d'observer de près le génie et le caractère de ces peuples, j'ai porté sur le sujet dont il est ici question, un jugement tout opposé. Je considère la division des castes comme le chef-d'œuvre de la législation indienne sous plusieurs rapports, et je suis persuadé que si les peuples de l'Inde ne sont jamais tombés dans un état de barbarie, si, dans le temps que la plupart des autres nations qui peuplent la terre y étaient plongées, l'Inde conserva et perfectionna les arts, les sciences et la civilisation, c'est uniquement à la distribution de ses habitans en castes, qu'elle est redevable de ces précieux avantages.

« Je ne suis pas moins convaincu que, si les Indiens n'étaient pas contenus dans les bornes du devoir et de la subordination par le système de la division des castes et par les réglemens de police propres à chaque tribu, ces peuples deviendraient dans peu de temps ce que sont les pariahs, et peut-être pire encore ; toute la nation tomberait nécessairement dans la plus déplorable anarchie, et avant l'extinction de la génération actuelle, ce peuple si policé serait compté au nombre des plus barbares qui existent sur la terre. »

AFFRANCHISSEMENT DU PORTUGAL EN 1640.
RIBEIRO PINTO.

Depuis soixante ans, le Portugal subissait le joug espagnol. Pour rendre la vie au Portugal, il fallait une révolution : de longues souffrances, de longues humiliations la préparèrent ; l'année 1640 la vit éclater.

Lorsqu'en 1627, quelques nobles Portugais, voulant mettre la main à l'œuvre du salut national, allèrent trouver le duc de Bragance à Villa-Viciosa, et lui proposèrent d'être leur chef, le duc leur répondit qu'il n'était pas né pour de si grandes entreprises. En retardant l'explosion du complot, il en assura le succès : grâce aux hésitations du duc, la révolution se trouva coïncider avec le soulèvement de la Catalogne et les dispositions hostiles de la France contre l'Espagne; plus tôt, elle eût été prématurée.

Une femme et un homme partagent la gloire d'avoir travaillé de concert à l'affranchissement de ce royaume; cette femme, c'est Louise de Gusman, duchesse de Bragance, qui d'Espagnole s'était faite Portugaise par amour et par intérêt pour son époux; cet homme, c'est Ribeiro Pinto, intendant de la maison du duc, doué d'ambition, d'activité, de génie, l'une de ces causes secondes dont, en politique, les causes premières ne peuvent se passer. Leurs conseils, leurs exhortations, agirent enfin sur les résolutions du duc. La duchesse de Mantoue, vice-reine du Portugal, s'aperçut qu'il se tramait quelque chose, et fit passer des avis au ministre de Philippe IV, à Olivarès; ce dernier saisit tous les prétextes d'attirer le duc de Bragance hors du Portugal, le duc usa de tous les subterfuges pour ne pas le quitter : désormais il avait juré de n'en plus sortir qu'avec la couronne ou dans le cercueil.

Pendant dix mois, le complot marcha dans l'ombre avec autant de bonheur que d'adresse ; aucun des conjurés ne faillit à ses sermens ni à la prudence : les principaux étaient l'archevêque de Lisbonne, Rodrigue d'Acunha, Pierre de Mendoza et Hurtada de Mendoza, ses parens ; Antoine et Michel d'Alméida, Francisco de Mello et son frère; don Rodrigue de Saa, grand-chambellan, et plusieurs autres seigneurs titulaires de charges aujourd'hui détruites. Le samedi 1er décembre 1640, fut le jour choisi pour l'exécution. Peu de sang devait être versé ; la seule victime qu'on résolut d'avance d'immoler, ce fut le secrétaire du conseil, le véritable arbitre de l'autorité confiée à la vice-reine, Portugais de naissance, abhorré du peuple, Michel de Vasconcellos. Trois jours avant celui fixé, le 27 novembre, les conjurés ayant tenu une assemblée nocturne, l'un d'eux, Jean d'Acosta, frappé des difficultés de l'entreprise, prononça un discours dans lequel il proposait d'attendre encore : « Nos maux sont grands sans doute, disait-il ; la tyrannie castillane est exécrable ; les droits du duc de Bragance sont incontestables ; les vœux de la nation sont à lui ; il mérite la couronne ; vous pouvez la lui mettre aujourd'hui sur la tête, mais comment la garantirez-vous à demain ? Sans argent, sans armes et sans soldats, comment défendrez-vous ce misérable peuple des dernières fureurs d'une tyrannie à qui vous aurez donné de si justes motifs de colère ? » Ce discours, qui contenait assez de raisons solides pour ébranler plusieurs conjurés, fut interrompu par des murmures et des cris de fureur. « Seigneurs, dit d'Acosta d'une voix forte, pour le succès, il faudrait compter sur des miracles ; mais n'y comptons pas, car, au fond, nous n'en méritons guère. » Le résultat de cette délibération orageuse fut qu'on aviserait le duc de Bragance d'un nouveau retard jugé nécessaire.

Le duc reçut à la fois un courrier de Pinto, qui se trouvait à l'assemblée, et un autre de Madrid, portant injonction formelle de partir sur-le-champ. Chancelant, effrayé, le duc consulta sa courageuse épouse : « Poursuivez et hâtez vos coups, lui dit celle-ci, il n'est plus temps de reculer ; à Madrid, vous êtes un traître, à Lisbonne, vous serez un roi. Écrivez à vos amis qu'en différant d'un seul jour, ils vous perdent, et eux et vous. » Le duc se rendit à ce conseil, et en instruisit les conjurés, que déjà Pinto, par ses efforts, avait ramenés à des dispositions plus fermes.

Le jour venu, tous les conjurés, au nombre de quarante, dont l'histoire conserve religieusement les noms, se confessèrent et communièrent, puis se pourvurent d'armes : quelques bourgeois, chargés de soulever le peuple, avaient pour mission de le tenir en haleine; mais le peuple même ne se doutait encore de rien. Tous se rendirent au palais, la plupart en litière, pour cacher leurs armes ; de là, chacun alla prendre le poste qui lui était assigné : des mères, des épouses, initiées au complot, ne montrèrent point les terreurs ordinaires aux femmes; la magnanime comtesse d'Atongia, aidant ses deux fils à s'armer, don Jérome d'A-

tayde et François Coutinha leur dit : « Allez, mes fils, et délivrez votre pays; si l'âge et le sexe me le permettaient, j'irais partager vos efforts et votre gloire. » Marianne de Lancastre adressa les mêmes exhortations à ses deux fils. Tout instant prêt, un coup de pistolet, tiré par Pinto d'une des fenêtres du palais, donna le signal : don Michel d'Alméida tomba brusquement sur la garde allemande, en criant : « Liberté! liberté! Vive le roi don Jean IV! » Cette garde, surprise, résista peu : d'Alméida pénétra dans le palais. Alors, se montrant à une fenêtre qui donnait sur la place : « Aux armes! s'écria-t-il, braves Portugais; le duc de Bragance est votre légitime roi; joignez vos armes aux nôtres; rendons-lui la couronne, et reprenez vos libertés. » Un immense cri de liberté s'éleva de la foule; en un instant, plus de dix mille hommes eurent pris les armes, prêts à massacrer tout ce qu'ils rencontreraient d'Espagnols en humeur de résister. George et Antoine de Mello, Etienne d'Acunha, s'étaient jetés sur la garde castillane; un prêtre marchait à leur tête, tenant un crucifix d'une main et de l'autre une épée, dont il portait de grands coups. Dans le palais se consommait la tragédie · Vasconcellos, dont une vieille esclave, menacée de mort, avait trahi l'asile, tombait percé de coups, et son corps était jeté au peuple. La vice-reine, prenant d'abord la révolution pour une émeute populaire, voulut essayer de la calmer; elle, qui ne devait la vie, ainsi que l'archevêque de Brague, qu'au respect de quelques conjurés, les engageait fièrement à rentrer dans le devoir, disant que c'était assez d'avoir tué Vasconcellos. « Madame, lui répondit don Juan de Ménézes, Vasconcellos ne méritait de périr que par la main du bourreau, et ce n'est pas pour frapper une aussi vile victime que tant de gens de cœur ont pris les armes; c'est pour rétablir le duc de Bragance dans ses droits. » Cette explication n'ayant pas satisfait la vice-reine, qui continuait à endoctriner le peuple, don Carlos de Nozonha, moins poli que Ménézez, lui dit : « Rentrez, Madame, n'irritez pas le peuple contre vous. — Contre moi! reprit-elle avec fierté; que peut-il me faire, à moi? — Madame, si vous ne passez par cette porte, ajouta Nozonha, il peut vous obliger à passer par cette fenêtre. »

Bientôt la vice-reine fut forcée de signer des ordres enjoignant au gouverneur du château et aux commandans des diverses citadelles de livrer leurs postes, ce à quoi tous se soumirent.

La révolution se fit à Lisbonne avec tant de promptitude et d'unanimité, qu'au Palais-de-Justice les magistrats, qui venaient la séance, jugèrent une autre cause au nom du roi Jean IV. De son côté, ce prince s'était fait proclamer à Evora : dès qu'il eut appris le succès obtenu à Lisbonne, il partit, et vint débarquer en présence de tout le peuple, ivre de joie, qui, depuis deux jours, l'attendait sur le port. Le reste du royaume imita rapidement la capitale, et les châteaux-forts se rendirent sans que nul commandant osât seulement se défendre. « Cette révolution, a dit un judicieux écrivain, fut légitime dans son principe, rapide dans sa marche, peu sanglante dans ses développemens, décisive et durable dans ses effets. Le Portugal recouvra son indépendance, et a su la conserver; mais il ne recouvra pas ses forces, qui avaient été attaquées et énervées dans son principe : soixante ans de servitude et de fers avaient laissé des traces profondes, que le temps n'a pu entièrement effacer. »

Tous les souverains de l'Europe accueillirent les ambassadeurs de Jean IV, et reconnurent ce prince; un seul se montra récalcitrant; ce fut Urbain VIII, qui, malgré toutes les négociations et tous les mémoires présentés en faveur du nouveau roi, refusa l'investiture. Les Indes et l'Amérique s'affranchirent avec empressement de la domination castillane. De tous les pays qui avaient suivi la destinée du Portugal, l'Espagne ne conserva que la ville de Ceuta en Afrique.

L'YACK OU BOEUF A QUEUE DE CHEVAL.

Nous avons fait connaître à nos lecteurs (1) une espèce particulière de bœufs, devenue aujourd'hui fort rare, aussi remarquable par sa longue crinière qui descend quelquefois jusqu'à mi-jambe, que par sa force extraordinaire et ses dimensions gigantesques. Il est encore dans la même famille d'autres espèces qui s'éloignent assez des bœufs communs de l'Europe, par leur aspect singulier et par leurs mœurs, pour que leur histoire doive trouver place dans notre Magasin. De ce nombre est le *Yack*, auquel on a aussi donné le nom de *bœuf à queue de cheval*, de *bœuf du Thibet*, de *vache grognante* ou *de Tartarie*.

Les Yacks se rencontrent, surtout dans la chaîne qui sépare le Thibet du Boutan. Les Tartares nomades se nourrissent de leur lait, dont ils font aussi un excellent beurre qui s'envoie, dans des sacs de peau, par toute la Tartarie. On emploie l'Yack, suivant les lieux, à porter des fardeaux et à tirer, ou les charriots, ou la charrue. La queue de ces animaux est dans tout l'Orient un objet de luxe et de parure. Les Chinois, avec ses crins teints en rouge, font les houppes de leurs bonnets d'été, et elle est employée comme signe de dignité militaire chez les Turcs. Le naturaliste Pennant en a vu une de six pieds de long au musée britannique.

L'Yack habite l'Asie centrale; il vit encore à l'état sauvage dans les chaînes du Thibet, dont il recherche les sommités à cause de leur froide température. Réduit à l'état domestique, il rend aux habitans de l'Asie des services non moins grands que le bœuf commun aux Européens.

L'Yack se distingue de tous les autres bœufs par sa queue dont les crins réunissent souvent la longueur et l'élasticité de ceux du cheval, à la finesse et au lustre de la soie. L'Yack a sur les épaules une proéminence recouverte d'une touffe de poils beaucoup plus longs et plus épais que ceux de l'épine; cette touffe s'allonge sur le cou en forme de crinière, et s'étend jusqu'à la nuque; les épaules, les reins et la croupe sont couverts d'une sorte de laine épaisse et douce; des flancs, du dessous des membres pendent jusqu'à mi-jambe, et quelquefois jusqu'à terre, des poils très-droits et touffus, qui donnent à l'animal un aspect tout particulier. Sur le bas des jambes, le poil est lisse et roide; les sabots, surtout ceux de devant, sont très-grands et semblables à ceux du buffle. La forme des cornes et des jambes de l'animal très-courtes, et lui donnent un aspect tout particulier. En Daourie, au contraire, les Yacks varie suivant les races d'Yacks; celle du Thibet a des cornes longues, minces, rondes et pointues, peu arquées en dedans et repliées un peu en arrière; elles ne présentent ni arêtes, ni aplatissement; cette variété a aussi les oreilles petites. En Daourie, au contraire, les Yacks mâles portent de très-grandes cornes, aplaties et courbées en demi-cercle. Les individus vus et décrits par le fameux naturaliste Pallas, étaient sans cornes, de la taille d'une petite vache, le front très-bombé et couronné d'un épi de poils rayonnans. Ils étaient bossus au garrot comme ceux de Thibet. Ils venaient de la Mongolie. Les oreilles étaient

(L'Yack.)

grandes, larges, hérissées de poils, dirigées en bas sans être pendantes. A trois mois, dit Pallas, le veau a le poil crépu, noir et rude comme un chien barbet, et les longs crins commencent à pousser partout sous le corps, depuis la queue jusqu'au menton : tout le corps est noir. L'été de la Sibérie est encore trop chaud pour eux; dans le milieu du jour, ils cherchent l'ombre ou se plongent dans l'eau. Les Chinois, qui en ont introduit chez eux, les appellent

Si nijou (vache qui se lave), à cause de leur tendance à se plonger dans l'eau dont la fraîcheur leur plaît.

Les deux sexes ont un grognement grave et monotone comme celui du cochon. Les mâles le répètent moins souvent que les vaches, et les veaux encore plus rarement. On dit qu'ils ne grognent ainsi que quand ils sont inquiétés ou en colère. Les Thibétains ont pour le Yack un respect religieux (1).

(1) Voy. page 368. 1re Année. (Auroch.)

(1) Parmi les auteurs anciens, Ælien seul a parlé du Yack; il

J. D'ALEMBERT.

Le 16 novembre 1717, les vagissemens d'un enfant exposé sur les marches de Saint-Jean-le-Rond, église située près de Notre-Dame et maintenant détruite, attirèrent, au point du jour, quelques habitans de la Cité; il était d'une constitution si délicate que le commis-
saire de police qu'on
avait appelé pour con-
stater la naissance du
malheureux orphe-
lin, crut devoir lui
faire donner des soins
particuliers, au lieu
de l'envoyer aux En-
fans-Trouvés, et le
confia à la femme
d'un pauvre vitrier.
Cet enfant délaissé
par sa famille, de-
vait être un jour l'un
des hommes les plus
marquans de son siè-
cle; c'était D'Alem-
bert. — Ses parens
ne poussèrent cepen-
dant pas l'inhuma-

(Médaille de D'Alembert.)

nité au point de l'abandonner entièrement à la charité publique; son père lui assura douze cents livres de rente, revenu plus que suffisant alors pour le mettre au-dessus du besoin; mais en lui donnant des moyens d'existence ils se refusèrent de le reconnaître, et ce ne fut que long-temps après sa naissance qu'on apprit que d'Alembert était fils de madame de Tencin, femme célèbre par son esprit et sa beauté, et de Destouches, commissaire provincial d'artillerie.

D'Alembert annonça de bonne heure de grandes dispositions et beaucoup d'application. Il n'avait encore que dix ans, que son maître de pension, homme de mérite, déclarait n'avoir plus rien à lui apprendre. A douze ans d'Alembert passa au collège Mazarin où il entra en seconde; ses maîtres crurent pouvoir en faire un autre Pascal pour le soutien de la cause du jansénisme à laquelle ils étaient fortement attachés; mais lorsque le jeune écolier eut été initié aux mathématiques, il se sentit pour cette étude une vocation décidée et renonça pour elle à toutes les études théologiques.

En sortant du collège, D'Alembert étudia le droit et se fit recevoir avocat; mais les mathématiques absorbèrent presque tous ses instans. Ce fut en vain qu'il essaya plus tard de se livrer exclusivement à l'étude de la médecine, sur les instances de ses amis qui l'engageaient à adopter un état qui pût le mener à quelque aisance; et cependant la profession de médecin était une de celles qui était le plus en rapport avec le goût de D'Alembert pour les sciences abstraites.

Poursuivi par ses idées, D'Alembert reprit ses livres de mathématiques qu'il s'était résigné à éloigner de lui pendant quelque temps, et en 1759 il remit à l'académie des Sciences un mémoire fort remarquable sur une question de mécanique. A cette première publication en succéda une autre l'année suivante et l'académie s'empressa de le recevoir dans son sein. La nature de notre recueil ne nous permet pas de dérouler ici la longue liste des travaux que D'Alembert a publiés sur les mathématiques pures et sur leur application à la mécanique, à la physique et à l'astronomie. Le talent de leur auteur fut apprécié à l'étranger comme

dit que les Indiens ont deux espèces de bœufs; l'une rapide à la course, noire, et dont la queue blanche sert à faire des chasse-mouches.

en France. En 1746, l'académie de Berlin lui décerna un prix, l'adopta par acclamation, au nombre de ses membres et plus tard lui offrit le fauteuil de président. Vainement le roi de Prusse laissa-t-il pendant long-temps vacante cette place honorable, D'Alembert préféra le séjour de la France aux honneurs que voulait lui rendre l'étranger. L'impératrice de Russie, Ca-
therine II, ne fut pas
plus heureuse auprès
de lui, lorsqu'elle le
sollicita de se charger
de l'éducation de son
fils. Le roi de Prusse
voulut du moins faire
quelque chose pour
le bien-être de D'A-
lembert, et lui en-
voya pension, alors
que, par des motifs
que nous explique-
rons, D'Alembert fut
privé de celle qu'il
devait toucher en
France, comme aca-
démicien. Une cor-
respondance fort sui-
vie s'établit entre le
monarque et le géo-
mètre, et après la paix de 1763, ce dernier fit le voyage de Prusse pour aller remercier le prince.

Les travaux scientifiques de D'Alembert ne lui avaient pas valu seuls la grande réputation dont il jouissait, et les égards que lui montraient toutes les notabilités du monde savant et du monde politique. Esprit fait pour tout embrasser, les lettres comme les mathématiques, l'histoire et la philosophie comme la religion et les arts, D'Alembert, après avoir satisfait par tant de découvertes scientifiques la passion dominante de son esprit, avait senti le besoin de se livrer à des travaux d'une nature moins abstraite, et il s'était associé aux auteurs de ce grand Dictionnaire des arts, des sciences et des lettres qui a aussi reçu le nom d'Encyclopédie. Atteint par la proscription qui enveloppa les encyclopédistes, D'Alembert ne put toucher son traitement d'académicien. Cette œuvre gigantesque dont il n'a été donné qu'à notre siècle de voir publier la fin, était une sorte de manifeste dans lequel les philosophes de cette époque, fixaient le degré auquel étaient parvenues les connaissances humaines, et, pour parler le langage du temps, proclamaient l'affranchissement de l'esprit humain long-temps comprimé par les superstitions politiques et religieuses. D'Alembert fit le discours préliminaire de cette grande publication, discours qui est à lui seul un ouvrage, et auquel on ne saurait refuser le double mérite de résumer les connaissances mathématiques et l'esprit de son siècle, et d'être écrit avec autant de clarté que de précision. Il rédigea aussi les articles mathématiques de ce dictionnaire.

Il ne saurait entrer dans notre plan de discuter ici les opinions philosophiques de D'Alembert et de ses collaborateurs de l'Encyclopédie. Les croyances religieuses dont ils avaient prédit l'affaiblissement progressif, ont repris, dans notre pays, un nouvel empire, à la suite des sanglans excès de la révolution de 93; et des hommes dont tout le monde aujourd'hui reconnaît le génie et la haute influence, Châteaubriand, Lamartine, Lamennais et d'autres encore, ont fait entendre de nouveau les hymnes de la foi, en leur prêtant tout le prestige de la poésie et de l'éloquence les plus nobles. Ce retour aux idées religieuses a eu sur la littérature, et même sur la scène et sur les arts, une influence marquée, et cette lutte de la foi contre la philosophie se continue de nos jours encore, dans les journaux tout comme dans le sein des familles et dans le monde politique.

Tout ce que nous avons voulu voir dans D'Alembert, c'est

le savant et l'écrivain, et, n'ous dirons aussi, l'homme honnête et ami de ses semblables. Son esprit vif et son caractère indépendant se traduisaient dans les relations privées par une conversation vive et enjouée, caustique parfois, et dans ses écrits par une grande vérité d'expression et par ces traits piquans dont sont remplies même les productions de sa vieillesse. Il eut beaucoup d'ennemis, fut en butte à de nombreuses et violentes attaques, et crut ne devoir jamais répondre. Il se défiait de son extrême vivacité qui dégénèrait quelquefois en emportemens qu'il cherchait aussitôt à réparer. Ces mouvemens étaient souvent amenés par les souffrances cruelles que lui causait la maladie de la pierre. Malgré le faible état de sa santé, il demeura pendant plus de trente années chez la pauvre femme du vitrier qui l'avait élevé dans sa première enfance, vivant de la vie la plus modeste, ennemi du faste et des exigences du monde. Il fallut que les médecins lui ordonnassent de quitter cette demeure insalubre pour qu'il pût se résigner à s'en éloigner. D'Alembert succomba à son mal, sans s'être fait opérer, le 29 octobre 1783, âgé de soixante-six ans. Parmi ses amis, il faut citer mademoiselle de l'Espinasse à laquelle il témoigna constamment une affection aussi délicate que solide, et Voltaire pour qui il professa toujours la même sympathie.

D'Alembert, dit M. Lacroix dans la Biographie universelle, doit être mis au premier rang parmi les géomètres, et au second parmi les littérateurs.

SINGULARITÉS HISTORIQUES.
MŒURS ET USAGES AU MOYEN-AGE.
§ II.

Nous avons rappelé dans notre premier article (1) l'injonction faite aux hommes d'église, par le concile de 1096, de ne plus porter de longs cheveux à l'avenir.

Ce mandement produisit son effet; en 1146 Louis VII, sur les représentations de P. Lombart, le célèbre évêque de Paris, jugea sa sa conscience était intéressée à donner à ses sujets à longues chevelures l'exemple de la soumission aux ordres des évêques; non seulement il raccourcit ses cheveux, mais encore il se fit couper la barbe. Eléonore d'Aquitaine qu'il avait épousée, princesse vive, légère, le railla sur ses cheveux courts et son menton rasé : « Ne plaisantons en rien sur pareille matière, répondit dévotement le monarque. » On sait que cette princesse proposa le divorce à son mari, lui disant avec hauteur, écrit Mézerai , qu'elle avait cru se marier à un prince, et qu'elle voyait bien n'avoir épousé qu'un moineton. » Eléonore s'unit à Henri, duc de Normandie, lequel dans la suite devint roi d'Angleterre, et à qui elle porta en dot le Poitou et la Guyenne. Et ici il y aurait une remarque curieuse à faire; car de ce mariage naquirent ces guerres interminables qui ont désolé la France pendant plus de trois siècles; elles eurent lieu parce qu'un archevêque avait pris colère contre les longues chevelures, et qu'un roi pieux avait raccourci la sienne et s'était fait raser en signe de soumission et d'obéissance. Cette manière d'expliquer les causes des grandes guerres de la monarchie, en s'appuyant sur des faits historiques, a au moins le mérite de la nouveauté.

Nous emprunterons au sire de Joinville ce qu'il raconte d'une particularité distinctive des chevaliers, lesquels avaient l'habitude de se raser le devant de la tête, soit crainte d'être saisis par les cheveux s'ils perdaient leur casque dans le combat, soit qu'ils les trouvassent incommodes sous la coiffe de fer et sous le heaume dont ils étaient continuellement armés : « Quand nous fûmes à Poitiers, écrit l'historien du règne de Saint-Louis, je vis un chevalier qui avait nom messire Geoffroi de Rançon, qui pour un grand outrage que le comte de la Marche lui avait fait, avait juré ses

(1) Voyez page 103.

saints qu'il ne serait jamais rogné à guise de chevalerie, mais porterait queue comme les femmes les portaient, jusqu'à tant qu'il se verrait vengé du comte de la Marche; quelque temps après ledit comte, lui , sa femme et ses enfans vinrent s'agenouiller à ses pieds et lui crier : merci! aussitôt , messire Geoffroy fit apporter un tréteau et se fit ôter sa queue et rogner tout-à-coup. »

En 1521, François Ier ayant été blessé à la tête, fut obligé de faire couper ses cheveux; redoutant sur toute chose d'avoir l'air moinet on avec le chaperon de ce temps-là, il imagina de porter un chapeau et de laisser croître sa barbe. La longue barbe redevint donc à la mode et continua jusqu'à Henri IV. François Olivier qui fut depuis chancelier, ne put être reçu au parlement maître des requêtes, qu'après s'être fait bien et dûment raser; et en 1556, Pierre Lescot ayant été pourvu d'un canonicat à Notre-Dame, le chapitre insista long-temps contre sa longue barbe , il consentit pourtant à ce qu'il fût reçu avec icelle « dérogeant en ce aux statuts de notre mère sainte Eglise. »

Ces exemples prouvent qu'excepté les ecclésiastiques et les magistrats, tout le monde en France portait à cette époque une longue barbe; sous Henri IV on en diminua de beaucoup la longueur, et le maréchal de Bassompierre sortant de prison où il était enfermé depuis douze ans, disait naïvement à qui voulait l'entendre : « Tout le changement que j'ai trouvé dans le monde, c'est que les hommes n'ont plus de barbe et les chevaux plus de queue. »

ÉPHÉMÉRIDES.

1er janvier 1308. — Les Suisses s'emparent des châteaux-forts occupés par les seigneurs partisans de l'Autriche, et proclament l'indépendance de leur pays. — 1554. Charles-Quint est forcé de lever le siège de Metz , après avoir perdu près de vingt mille hommes devant cette place. Metz n'était au pouvoir des Français que depuis deux ans. — 1800. Mort de Daubenton, l'un de nos premiers naturalistes ; il fut long temps le collaborateur de Buffon, auquel l'exactitude et la patience de cet observateur furent bien précieuses. — 1801. Piazzi, célèbre astronome sicilien, découvre une nouvelle planète, à laquelle il donne le nom de Cérès. —1804. Saint-Domingue, après la capitulation du général français Rochambeau, reprend son ancien nom d'Haïti (terre montagneuse).

2 janvier 1492. — Prise de Grenade par les Espagnols; fin de la domination des Maures. — 1536. Supplice de Jean de Leyde , chef des Anabaptistes ou Rebaptiseurs. Cette secte , formée peu de temps après la révolte religieuse de Luther, proclamait la nécessité d'un second baptême, rejetait l'Ancien Testament, n'admettait que l'Évangile, et établissait une liberté politique indéfinie. On compte maintenant près de 180 subdivisions d'anabaptistes. Bonaparte les avait exemptés de la conscription. (Voyez l'Histoire de Luther, pages 81 et 91). — 1579. Institution de l'ordre du Saint-Esprit, par Henri III. — 1825. L'Angleterre reconnaît les républiques de l'Amérique espagnole.

3 janvier 1795. — Catherine, impératrice de Russie, annonce à l'Europe le partage total de la Pologne entre l'Autriche, la Russie et la Prusse.

4 janvier 1378. — Charles IV, empereur d'Allemagne accomplit le pèlerinage qu'il avait promis de faire à Saint-Maur-des-Fossés pour se guérir de la goutte. — 1788. Le Parlement de Paris se prononce contre les lettres de cachet. — 1793. Le Directoire fait saisir sur tous les points de la France à la fois les marchandises anglaises désormais prohibées.

5 janvier 1720. — Law est nommé contrôleur des finances (Voyez page 100). — 1801. Cent trente-trois suspects , républicains pour la plupart , sont transportés à la Guyane, après l'attentat du 3 nivôse contre les jours de Bonaparte, premier consul.

6 janvier 1649. — Effrayée par la fermentation des esprits, la reine Anne , remplissant les fonctions de régente, pendant la minorité de Louis XIV, se retire à Saint-Germain avec son fils et le cardinal Mazarin; le peuple prend les armes et s'empare des portes de Paris, que la cour voulait réduire par les armes ou par

la famine.— 1740. Déjà réduit à la honteuse condition de fou de la cour par l'impératrice de Russie, pour avoir quitté la religion grecque et embrassé le catholicisme, le prince Galitzin est contraint, par cette princesse, à épouser une lavandière, après la mort de sa première femme. L'impératrice voulut que la première nuit des noces fût passée dans un palais de glace, sur un lit de la même matière. L'hiver était des plus rigoureux; les deux époux furent promenés par la ville dans une cage portée par un éléphant; des députations de toutes les parties de la Russie et des peuples conquis, marchaient à leur suite, revêtues de leurs costumes nationaux, et portées par des chameaux ou trainées par des bœufs, des chiens, des boucs et même par des cochons. Sous le même règne un autre seigneur fut brûlé vif avec un juif qui l'avait converti à sa religion. — 1786. Mort de Poivre, missionnaire français, intendant de l'île Bourbon, auquel nos colonies doivent la culture des épiceries. — 1814. Abandonnant la cause de Napoléon, auquel il devait la couronne de Naples, Murat signe un traité d'alliance avec l'Angleterre.

VARIÉTÉS.
DE L'ORIGINE DES ÉTRENNES.

La coutume de donner des étrennes est fort ancienne; on a prétendu qu'elle remontait au temps des premiers rois de Rome ; on lit dans quelques auteurs que Tatius ayant reçu, le 1er janvier, comme un bon augure, quelques branches de palmier coupées dans un bois consacré à la déesse Strenua, cette coutume fut dès lors autorisée, et porta le nom de *strenæ* (étrennes), à cause de la divinité qui présida depuis à ces sortes de cérémonies.

Les Romains firent de ce jour-là un jour de fête, qu'ils dédièrent au dieu Janus, représenté avec deux visages, l'un devant, l'autre derrière ; symbole du passé et de l'avenir, et qui semble regarder en même temps une année qui finit et l'autre qui commence. Le mois de Janvier était dédié à Janus ; ce fut Numa Pompilius, deuxième roi de Rome, qui l'ajouta au calendrier. Le premier jour de janvier, on revêtait ses habits les plus beaux, on se souhaitait une heureuse année les uns aux autres, et il n'était pas permis de prononcer aucune parole de celles qu'on croyait être de mauvais augure. Les présens ordinaires étaient des figues, des dattes de palmier et du miel, et chacun envoyait ces douceurs à ses amis, pour témoigner qu'on souhaitait une vie douce et agréable. Les cliens offraient en outre à leurs patrons une pièce de monnaie. Avec le temps, l'or finit par remplacer la modeste pièce d'airain. Sous le règne d'Auguste, le peuple, les chevaliers et les sénateurs, venaient offrir leurs présens à l'empereur.

Tibère avait désapprouvé cette coutume, et de son autorité despotique, il avait défendu, sous des peines sévères, l'usage de faire des présens ; cette défense ne subsista pas long-temps ; car, sous Caligula, un édit spécial fit savoir au peuple et aux chevaliers que l'Empereur recevrait à l'avenir tous les cadeaux qu'on voudrait bien lui faire, suivant les usages anciens.

Dans les premiers siècles de l'Eglise, on continua à offrir des présens non-seulement à l'empereur, mais aux magistrats ; les pères et les conciles s'élevèrent contre cet abus, qui a fini par disparaître. Mais du moment où les étrennes n'ont plus été que des témoignages réciproques de bienveillance et d'amitié, et qu'elles ont été purgées de toutes les cérémonies païennes, l'Eglise a révoqué sa sentence de proscription.

Tous les anciens historiens de la monarchie de France, Grégoire de Tours, le moine de Saint-Denis, Monstrelet, Froissart, Alain Chartier, Juvénal des Ursins, détaillent avec un soin particulier les divers présens que faisait le seigneur au roi, les somptueuses étoffes qu'il envoyait à ses alliés et confédérés : « Le roi Charles sixième surtout ne manqua jamais l'observance d'icelle cérémonie, et, suivant l'ancienne coutume de donner une marque de son affection, mandait une fois chacun an de riches étrennes, soit joyaux

et picrreries, soit certaines pièces de velours cramoisi, au roi et à la reine d'Angleterre. »

Et quels beaux présens ne faisait pas la reine Marguerite, sœur de François Ier ! Au commencement de chaque année, eût-elle jamais manqué d'envoyer pour étrennes à son frère une épître gentiment tournée en vers gracieux et élégans ? Rien n'égala sa générosité à l'égard des seigneurs de la cour : Brantôme, avec son style louangeur pour tous les personnages dont il nous a décrit la vie, raconte que « Madame Marguerite était toute bonne, toute splendide et libérale, n'ayant rien à soi, donnant à tout le monde ; tant charitable, tant aumônière à l'endroit des pauvres ! Aux plus grands, elle faisait honte en libéralités, comme je l'ai vue, au jour des étrennes, faire de si riches présens à toute la cour, que le roi, son frère, s'en étonnait et n'en faisait jamais de pareils. »

Peu de personnes ignorent que, sous le règne de Henri IV, le ministre Sully ne manquait jamais, à chaque renouvellement d'année, d'apporter au roi pour ses étrennes deux bonnes bourses de jetons d'or « et le félicitait et complimentait gracieusement sur l'année qui allait se commencer. »

Cet usage des cours se reproduisait dans les villes : le 1er janvier, les bons bourgeois enchaperonnés se rendaient des visites en grande cérémonie ; chacun portait son petit cadeau, lequel consistait souvent en dragées et confitures sèches ; ils se faisaient mutuellement de belles harangues , se souhaitant bonheur et prospérité. De nos jours, l'époque des étrennes est, en quelque sorte, un moment de crise sociale ; toutes les populations s'agitent ; le monde est en mouvement; et ce qui est encore un plaisir pour quelques-uns, est devenu pour le plus grand nombre un rigoureux devoir.

Voltaire se fit une réputation précoce par une pièce de vers qu'il composa pour un invalide du régiment Dauphin. Ce vieux soldat avait servi sous le fils de Louis XIV, le père de l'élève de Fénélon, et les récita à ce prince à l'époque du jour de l'an. « Cette bagatelle d'un jeune écolier, dit Voltaire, dans son *Commentaire historique*, fit quelque bruit à Versailles et à Paris. » Ninon voulut le voir, et lui fit peu de temps après un legs de deux mille livres.

Parmi les traits plaisans auxquels le jour de l'an a donné naissance, on a souvent cité celui-ci : le cardinal Dubois avait un intendant dont les friponneries lui étaient connues. Au jour de l'an, cet intendant venait rendre ses devoirs à son maître : au lieu de lui donner ses étrennes, comme aux autres personnes attachées à son service, le cardinal se contentait de lui dire : « *Monsieur je vous donne ce que vous m'avez volé.* » Et l'intendant se retirait après avoir salué bien respectueusement son maître, comme un pénitent que la parole du prêtre a lavé de ses péchés.

En Angleterre les étrennes se donnent au 25 décembre, jour commémoratif de la naissance de Jésus-Christ, et époque à laquelle plusieurs peuples de l'Europe commençaient l'année, dans le moyen-âge. En Russie les cadeaux se font plus particulièrement à Pâques.

L'INSTITUT. — LE PONT DES ARTS.

Le palais de l'*Institut de France* était autrefois le collège des *Quatre-Nations*. Le cardinal Mazarin avait ordonné par son testament (6 mars 1661), qu'il serait fondé un collége , sous le titre de *Mazarin*, destiné à soixante gentilshommes ou principaux bourgeois de Pignerol et de son territoire , d'Alsace , de Flandre et de Roussillon, pays alors nouvellement conquis ou réunis à la couronne. Comme il fallait être originaire de l'une de ces quatre contrées pour être admis dans cet établissement , on le nomma Collége des Quatre-Nations.

Ces soixante jeunes gens devaient y être gratuitement logés , nourris , instruits dans la religion et les belles-lettres ; on devait leur apprendre en outre l'escrime , l'équitation et la danse. Pour subvenir à cette éducation , Mazarin laissa une somme de deux millions et sa riche bibliothèque. Par lettres-patentes du mois de juin 1665, Louis XIV ordonna l'exécution de ce testament, et voulut que ce collége fût réputé de fondation royale.

Les exécuteurs testamentaires, ayant acheté une partie des bâtimens de l'*hôtel* et *séjour de Nesle*, ainsi que plusieurs maisons voisines, firent jeter les fondations de l'édifice, destiné à ce collége, qui fut élevé sur les dessins de Leveau.

La façade est située sur le Quai Conti, et forme une por-

(L'Institut. — Le Pont des Arts.)

tion de cercle, terminée à l'une et à l'autre extrémité par un pavillon. Au centre est le portail de l'église, faisant avant-corps, composé d'une ordonnance corinthienne et couronné d'un fronton. Au-dessus s'élève un dôme, dont une lanterne forme l'amortissement. Dans l'intérieur du dôme sont pratiqués des escaliers à vis, conduisant à des tribunes. Cette église était décorée avec soin de statues et de tableaux remarquables. A droite du sanctuaire était placé le tombeau du cardinal fondateur. Sur un sarcophage de marbre noir, orné de supports de bronze doré, on voyait la figure de Mazarin en marbre blanc : il était représenté les mains jointes et dans l'attitude d'un homme en prière. Le monument s'élevait sur deux marches, aussi de marbre blanc : trois figures allégoriques en bronze, la Prudence, l'Abondance et la Fidélité, reposaient sur ces marches. Ce tombeau, l'un des beaux ouvrages de Coizevox, fut transféré, lors de la suppression de l'église, au Musée des Monumens français, rue des Petits-Augustins.

La bibliothèque du *Collége des Quatre-Nations* avait été composée par le savant Gabriel Naudé. Située d'abord au palais Mazarin, où est actuellement la bibliothèque du roi, elle fut dispersée, pillée ou vendue pendant la Fronde. On la recomposa dans ce collége. On y compte cent quatre-vingt-quinze mille volumes, dont trois mille quatre cent trente-sept manuscrits, disposés dans les trois étages de ses galeries. Dès l'an 1688, elle fut ouverte au public.

Outre cette bibliothèque, il en existe une autre dans le même édifice ; c'est celle de l'Institut, placée au dessous du local de la première. Quoique moins nombreuse, elle est précieuse, surtout à cause des ouvrages modernes qu'elle renferme.

En 1806, les bâtimens du collége furent destinés aux séances de l'Institut, et reçurent le titre de Palais des Beaux-Arts. On transforma à cette époque l'église en une salle, propre aux séances publiques. Plusieurs autres parties de l'édifice durent recevoir des changemens, qu'il serait inutile de détailler ici.

Deux fontaines furent établies aux deux côtés de l'avant-corps placé au centre de la façade : chacune est composée de deux lions en fer fondu et de grandeur colossale, qui jettent de l'eau dans un même bassin.

Il est à remarquer que le plan du Louvre est en harmonie parfaite avec l'Institut, et que l'axe de l'ancienne église des Quatre-Nations est le même que celui qui traverse les portes latérales du Louvre. Cette correspondance n'est point l'effet du hasard : elle a été combinée. On a voulu donner à ces deux édifices, séparés par le cours de la Seine, une perspective agréable, et en effet ils se prêtent un mutuel secours. Du reste, cette correspondance a été d'autant plus facile à établir, que les deux monumens ont été commencés en même temps et sur les dessins du même architecte (Leveau). On a complété cette harmonie en établissant le pont des Arts, qui met les deux façades en communication. Ce pont, qui ne sert qu'aux piétons, fut commencé en 1802 et terminé en 1804. Il a été construit aux frais d'une compagnie, à laquelle le gouvernement a donné le droit d'y percevoir un péage. Ses culées et ses piles sont fondées sur pilotis. Il a neuf arches en fer fondu, supportant le plancher, qui sert de route et qui est bordé par une balustrade également en fer. Le coup-d'œil dont on jouit sur ce pont, est vraiment magnifique : la vue embrasse d'un côté la pointe de l'île de la Cité, le môle du Pont-Neuf, et les deux bras de la Seine (1) : de l'autre côté, elle s'étend le long des quais, embellis de somptueux édifices, jusqu'aux hauteurs verdoyantes de Chaillot. Il est difficile de trouver un plus beau panorama.

(1) Voyez la figure qui représente cette vue, page 161, première année.

Paris. — Imprimerie de H. Fournier, rue de Seine, n 14.

MORT DE FRÉDÉRIC DE MÉRODE. — SA STATUE PAR CLEEFS D'ANVERS.

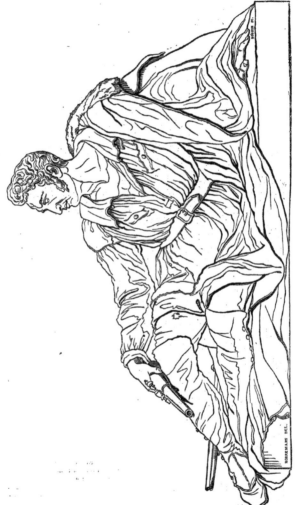

VUE DU MONUMENT QUI DOIT ÊTRE ÉLEVÉ DANS L'ÉGLISE D'ANVERS,

En mémoire du comte Frédéric de Mérode, frappé d'un coup mortel, le 24 octobre 1830, devant le village de Berchem, en repoussant, à la tête des volontaires belges, les troupes hollandaises du sol de son pays.

Quelque désireux que nous soyons de nous tenir éloignés de l'arène où s'agitent les partis politiques et d'écarter jusqu'au soupçon d'une tendance à la propagande, nous ne saurions éviter tout contact avec les sujets même les plus délicats et les plus irritans de l'histoire contemporaine. Tantôt le noble caractère d'un des principaux per-

sonnages de la scène politique, les grands services qu'il aura rendus à la société, lui assigneront une place dans ce recueil où ne sauraient trop souvent revenir les leçons de vertu et de dévonement à l'humanité; tantôt l'apparition de quelque chef-d'œuvre de sculpture ou de peinture consacré à perpétuer le souvenir d'un homme ou d'un évènement, amèneront avec la description de cette création des arts un rapide narré du fait qui lui aura donné lieu.

Le sujet que nous allons aborder doit à ce double titre prendre rang dans nos colonnes. La gravure placée en tête de ce numéro représente un des plus beaux morceaux qui soient sortis des mains de Geefs d'Anvers, sculpteur dont le nom est bien haut placé déjà par les vrais connaisseurs ; ce personnage revêtu de la blouse des volontaires Belges, qui gît sur le champ de bataille atteint d'une blessure à la jambe droite, c'est le comte Frédéric de Mérode qu'un religieux amour de son pays a jeté au milieu des balles ennemies, lui jeune encore et qui pouvait, loin des hasards de la guerre, vivre de cette vie si douce et si pleine que lui avaient faite la fortune et la haute position de sa famille.

Louis-Frédéric, comte de Mérode, descendant d'une des plus illustres maisons de la Belgique, naquit à Bruxelles le 9 juin 1792. L'alliance qu'il contracta, en 1811, avec une famille marquante du département d'Eure-et-Loire, celle du comte Ducluzel, dont il épousa la fille unique, le fixa dans cette partie de la France. Quand Bonaparte revint de l'île d'Elbe, Frédéric de Mérode ne vit dans son retour qu'une restauration du despotisme militaire, et il s'engagea comme volontaire dans les grenadiers à cheval de la maison du roi, que commandait Louis de La Roche-Jacquelin ; mais, contre son espérance, la campagne se réduisit à escorter les princes jusqu'à Béthune, et le corps auquel il s'était joint fut abandonné à lui-même et obligé de se dissoudre.

La révolution de 1830 trouva Frédéric de Mérode exerçant les modestes fonctions de maire de sa commune avec tout le zèle que peut inspirer un véritable amour du bien. Il comprenait l'importance de cette magistrature municipale pour l'amélioration de l'état moral et physique du peuple, et pour le développement des ressources du pays. Il devançait de ses vœux le moment où, délivrée des querelles de partis, la France pourrait appliquer à l'établissement de ses routes, au développement de son industrie agricole, source de bonheur pour le plus grand nombre, cette activité et cette intelligence qu'elle a si long-temps gaspillées dans les luttes intestines et dans des guerres ruineuses.

La patrie adoptive du comte de Mérode ne lui avait pas fait oublier son pays natal : il souffrait de le voir soumis aux princes d'Orange, et se plaignait, avec les mécontens de la Belgique, de cette tendance du roi Guillaume à humilier la religion catholique, à proscrire l'usage de la langue française, et à annihiler les droits politiques des Belges. Aussi, quand éclata le mouvement de Bruxelles, il ne se borna pas à le saluer de ses applaudissemens, et il partit aussitôt pour son pays natal ; et, rencontrant en route les volontaires belges venus de Paris, il les encouragea en leur remettant de ses propres fonds 5,000 fr. pour acheter des armes et subvenir aux frais de leur voyage. Arrivé à Bruxelles, il prit de suite la blouse et le fusil de chasse, et se mit comme simple volontaire dans les rangs du corps de chasseurs formé par le marquis de Chasteler, et fit avec eux plusieurs sorties pour inquiéter l'ennemi retiré à Vilvorde.

Le gouvernement provisoire le nomma membre d'une commission chargée de l'organisation de l'armée ; mais son impatiente ardeur ne lui permettait pas de s'occuper des détails que comportait une organisation aussi longue et aussi difficile : il voulait marcher contre l'ennemi, et, ayant appris que les habitans de la Campine, pays situé sur les derrières de l'armée hollandaise, ne demandaient que des armes pour faire cause commune avec les vainqueurs des quatre journées, il proposa au gouvernement provisoire de diriger un corps de volontaires sur Turnhout, ville de la Campine, de couper la retraite à l'ennemi, et de s'emparer du matériel et des chevaux qui se trouvaient dans cette ville.

Le plan de Frédéric de Mérode fut approuvé par le gouvernement provisoire, et on donna l'ordre au commissaire

chargé du département de la guerre de fournir des armes pour l'exécution de ce projet ; mais ces armes, long-temps attendues, ne furent pas livrées.

Fatigué de ces délais, Frédéric de Mérode partit avec Jenneval, volontaire au corps des chasseurs de Chasteler, et auteur de la fameuse chanson patriotique la Brabançonne, pour rejoindre le corps franc commandé par M. Niellon, aujourd'hui général de brigade. Cet officier demandait du renfort, afin de tenter un coup de main sur Lierre, petite ville de la Campine, occupé par un corps hollandais. Niellon avait avec lui huit cents volontaires mal armés, mal équipés, et quatre petites pièces d'artillerie, mais pas un cavalier, tandis qu'à trois lieues de Lierre, vers Malines, se trouvait le gros de l'armée hollandaise, d'environ dix mille hommes et que du côté d'Anvers étaient campés six mille hommes, dont la garnison de Lierre formait l'avant-garde.

Le commandant Niellon plaça les deux arrivans en tête de sa colonne. A une demi-lieue de la ville, les tirailleurs rencontrèrent ces avant-postes ennemis, qui se replièrent aussitôt. Quelques volontaires, dirigés par Frédéric de Mérode, poursuivirent les fuyards et arrivèrent à la porte de la ville. Frédéric n'était accompagné que d'une dizaine de braves ; ils étaient à trente pas de l'ennemi, et séparés seulement par la rivière la Nèthe, qui, en cet endroit, sert de fossé à la ville. Les Hollandais, surpris d'une telle hardiesse, n'osèrent tirer un seul coup de fusil. Des négociations furent entamées sur-le-champ. Un quart-d'heure après, les troupes hollandaises évacuaient la ville. Les volontaires belges, ayant à leur tête le comte Frédéric et Jenneval, y firent leur entrée triomphante aux acclamations de tous les habitans.

Le lendemain la ville attaquée sur trois points différens par l'ennemi, au nombre de huit mille hommes, fut vigoureusement défendue par les volontaires aidés de la bourgeoisie de Lierre. Frédéric de Mérode se battait à la porte d'Anvers ; suivi d'une trentaine de ses compagnons, il franchit les barricades pour se rapprocher de l'ennemi, et une poignée de braves avait déjà fait reculer deux bataillons hollandais jusqu'à une lieue de la ville, lorsqu'un morceau de mitraille tua Jenneval à côté de Frédéric. Les tirailleurs rentrèrent en ville, emportant ce malheureux jeune homme dont la perte fut vivement ressentie par Mérode, qui en avait fait son frère d'armes.

Pendant plusieurs jours, l'ennemi essaya de nouvelles attaques, et fut toujours repoussé avec vigueur. Le 19 octobre, Frédéric de Mérode se mit à la tête de plusieurs paysans de la Campine, qui étaient venus le rejoindre, et repoussa l'ennemi du village de Lisp, où il s'était fortifié. Il escalada le premier les barricades, en criant à sa petite troupe : En avant, mes amis, les braves ne meurent pas ! »

L'armée ennemie ayant commencé la retraite sur Anvers, on résolut de marcher sur les Hollandais. Des avis étaient survenus de l'arrivée du général Mellinet par la route de Bruxelles à Anvers. Le commandant Niellon devait opérer sa jonction avec lui à la jonction des deux routes et tenter de s'emparer d'Anvers par surprise.

Frédéric de Mérode parut dès-lors avoir une sorte de pressentiment du malheur qui devait lui arriver, car l'un de ses camarades lui exposant toute la difficulté de l'entreprise qu'ils allaient tenter : « Si je suis blessé, lui dit-il, je crois que je le serai grièvement. » Les deux corps de volontaires effectuèrent leur jonction et marchèrent au pas de course jusqu'au village de Berchem. L'action s'engagea devant ce village entre les Hollandais et les Belges. Le comte Frédéric se battit toute la journée à l'avant-garde, et vit tomber à ses côtés un grand nombre de ses compagnons. Il était à trente pas de l'ennemi lorsqu'il reçut au haut de la cuisse droite une balle qui lui cassa le fémur. Il tombe et néanmoins conserve encore la force de tirer deux coups de fusil ; puis voyant les Hollandais s'avancer sur lui, il s'arme d'un pistolet et s'apprête à vendre chèrement sa vie, lorsque les volontaires accourent et, grâce à des prodiges de valeur, repoussent les Hollandais pendant que quatre de ses compagnons le transportent à une petite maison de campagne près du champ de bataille. On voulut conduire Mérode à Lierre ou à Malines, mais il s'y opposa avec fermeté en disant : « Ce déplacement va décourager nos volontaires; je resterai, dussé-je tomber entre les mains des Hollandais. »

Le lendemain l'amputation de la cuisse fut résolue. Frédéric qui avait supporté les douleurs de sa blessure avec un courage admirable, ne proféra pas la moindre plainte pendant cette cruelle opération. Le même soir, 25 octobre, il fut transporté à Malines, conservant pendant toute la route son fusil à ses côtés. Il vécut quelques jours encore et rendit le dernier soupir après une longue agonie, le 4 novembre suivant. Pendant tout le temps que ses restes furent déposés dans la maison mortuaire, ce fut une longue et triste procession de tous les habitans de Malines et de plusieurs lieues à la ronde qui venaient prier auprès de ce corps inanimé dont la belle figure semblait exprimer encore les nobles sentimens qui l'avaient animée en face de l'ennemi.

EMBAUMEMENT ET CONSERVATION DES CORPS.

Le contact de l'air, l'humidité et un degré moyen de température sont les conditions sous l'influence desquelles se développe avec le plus de facilité la fermentation des matières animales. Ainsi, dans les régions glacées qui avoisinent le pôle nord, on a vu des cadavres se conserver intacts sous la neige, pendant un temps illimité ; des corps parfaitement desséchés ont été trouvés, au contraire, enfouis dans les sables brûlans de l'Afrique et de l'Asie; dans nos climats tempérés enfin, où les circonstances sont pourtant bien moins favorables, le contact ou le voisinage de certaines matières absorbantes, l'absence presque complète de l'air, ou quelques autres causes particulières, donnent quelquefois naissance à de véritables momies naturelles ou en favorisent la formation.

L'art de conserver les corps organisés, et notamment les matières animales, bien plus facilement altérables que les végétaux, consiste donc en grande partie à empêcher le concours des trois circonstances dont nous avons parlé.

— Momies égyptiennes. Les Égyptiens sont les premiers chez qui l'art des embaumemens, aujourd'hui tout-à-fait inconnu dans les lieux même où il a pris naissance, ait été cultivé avec succès; il paraît avoir été généralement pratiqué parmi eux. Leurs momies et celles des Guanches, peuple d'origine égyptienne, selon quelques historiens, sont presque les seules qui aient traversé, et en quelque sorte bravé impunément une longue série de siècles. Il ne nous reste plus rien, en effet, de celles des Éthiopiens, des Scythes, des premiers Juifs, des Grecs, des Romains, etc., quoique ces peuples aient tous pratiqué, au moins dans quelques circonstances, l'art difficile des embaumemens.

La haute antiquité de cette pratique en Égypte est prouvée par le texte même de nos livres sacrés. On lit effectivement dans le chapitre Ier de la Genèse le passage suivant, cité par Daubenton dans son Mémoire sur les momies : « Joseph voyant son père expiré..... il commanda aux médecins qu'il avait à son service d'embaumer le corps de son père, et ils exécutèrent l'ordre qui leur avait été donné, ce qui dura quarante jours, parce que c'était la coutume d'employer ce temps pour embaumer les corps morts. »

Avant l'expédition française, on n'avait pas en Europe une juste idée de l'embaumement des Égyptiens, et surtout du degré de perfection auquel avait été portée cette pratique. M. Jomard, dans sa description des hypogées de la Thébaïde, de ces villes des morts si extraordinaires à nos yeux, et qui rivalisent d'étendue et de luxe avec les cités dont elles n'étaient pourtant que les cimetières, entre dans beaucoup de détails sur l'arrangement industrieux des bandelettes,

dont chaque partie du corps de ces momies est entourée, sur les masques qui recouvrent leur visage, sur les signes tracés sur les toiles, les peintures qui ornent les enveloppes, sur les sarcophages, sur l'art avec lequel sont dorés les ongles et quelquefois le corps tout entier, etc; mais ces détails, quoique remplis d'intérêt, seraient ici déplacés. Ce qu'il importe d'observer, c'est qu'il est rare de trouver aujourd'hui des momies dans leur état d'intégrité; la plupart ont été dépouillées ou mutilées par les Arabes, et au lieu de reposer dans les caveaux ou dans les niches qui leur avaient été préparées, elles gisent éparses sur le sol ou amoncelées par centaines dans les galeries des catacombes, dont elles obstruent les passages.

Les Égyptiens ont pratiqué plusieurs sortes d'embaumemens; de là, sans doute les nombreuses variétés que présente aujourd'hui l'état des momies.

On s'accorde à penser que, pour les personnes riches, ils employaient la myrrhe, l'aloès, la canelle, le cassia lignea, et pour les pauvres, le cedria, le bitume de Judée et le natrum; ce que prouve l'examen des diverses momies. Avant de procéder à l'embaumement, les Égyptiens opéraient constamment l'extraction des intestins, soit en incisant les parois de l'abdomen, soit en injectant dans le bas-ventre une liqueur corrosive. La déchirure des parois du nez, et la fracture de l'os etmoïde qu'on observe chez la plupart de ces momies attestent aussi que les Égyptiens retiraient ordinairement le cerveau par cette voie, tandis que l'état d'intégrité de ces mêmes parties, chez plusieurs autres, parait démontrer que l'extraction de cet organe n'était pas considérée comme indispensable.

C'est surtout à conserver intacts les traits du visage que ce peuple semble s'être particulièrement attaché. Effectivement, tandis que le reste du corps des momies, réduit à un état presque squélettique, ne doit qu'aux nombreuses bandelettes dont il est artistement entouré, la conservation apparente de son volume et de ses formes, le visage présente encore une conformation presque naturelle et des traits reconnaissables.

Observons, au reste, que, pour la préparation des momies comme pour leur conservation ultérieure, les Égyptiens ont été favorisés par le climat et par la température élevée et uniforme (22 à 25°) qui règne dans l'intérieur des chambres sépulcrales, inaccessibles d'ailleurs à l'humidité. Ce qui le prouve, c'est que plusieurs espèces de momies, qui se conservent fort bien dans les catacombes, s'altèrent dès qu'elles sont exposées à l'air humide ou transportées dans d'autres contrées : c'est ce qui arrive dans nos musées à la plupart des momies qu'on y renferme comme objet d'étude ou de curiosité.

— Momies des îles Fortunées ou Xaxos. — Les Guanches sont, avec les Égyptiens, les seuls peuples chez lesquels la pratique des embaumemens, regardée sans doute comme un devoir religieux, paraisse avoir été généralement adoptée; ces anciens habitans des îles Fortunées, aujourd'hui les Canaries, après avoir long-temps résisté aux Européens, furent presque tous détruits en 1496. On assure qu'on ne saurait trouver maintenant à Ténériffe d'autres Guanches que leurs momies (1).

De nombreuses et assez vastes catacombes existent aux Canaries ; mais elles sont loin d'être toutes connues, parce que l'accès en est difficile. Aussi en découvre-t-on chaque jour de nouvelles. Il y en a plusieurs à Ténériffe : la plus célèbre est celle de Baranco de Herque, qui, lorsqu'elle fut ouverte, renfermait plus de mille cadavres. C'est d'elle que sont venues les deux momies que M. de Chastenet-Puységur envoya, en 1776, au Jardin des Plantes, et qu'on y voit encore dans le cabinet d'anatomie comparée. Les momies des rois et des grands étaient, dit-on, renfermées dans un cercueil d'un seul morceau creusé dans le tronc d'une sabine.

(1) Voyez l'article sur les îles Canaries dans l'un des numéros suivans.

Celles des particuliers sont placées dans les catacombes sur des espèces de tréteaux en bois parfaitement conservés ; elles ne sont enveloppées que dans des peaux de chèvre ; cousûes ensemble ; le poil de ces peaux est tantôt en dedans, tantôt en dehors, parfois même elles en sont complètement dépourvues. Cinq ou six momies sont ordinairement attachées ensemble, la première se trouvant cousue, par la peau qui lui enveloppe les pieds, aux peaux qui entourent la tête de la seconde, et ainsi de suite jusqu'à la dernière.

Dépouillées de leurs enveloppes, ces momies sont sèches, légères, d'une couleur tannée et d'une odeur aromatique agréable. Plusieurs sont parfaitement conservées : les ongles manquent souvent ; les traits du visage sont distincts, quoique retirés ; le ventre est affaissé, et présente quelquefois, mais non pas d'une manière constante, des traces d'une incision vers le flanc ; exposées à l'air, elles tombent peu à peu en poussière ; détruites alors par l'action de divers insectes, elles sont piquées en plusieurs endroits et souvent pleines de larves et de chrysalides déssêchées, qui ont vécu après l'embaumement, mais qui n'ont pu altérer ces momies, avec lesquelles elles se sont assez bien conservées ; il est impossible de déterminer au juste leur âge : ce qui est constant, c'est qu'il y a plus de deux mille ans que les Guanches embaumaient, et que leurs momies les plus récentes n'ont pas moins de trois à quatre cents ans, puisque la destruction de ce peuple remonte à l'année 1496.

On ne possède que des données incertaines sur la manière dont les Guanches procédaient à l'embaumement des cadavres. Toutefois, il paraît qu'après avoir vidé le bas-ventre en incisant ses parois, ou en faisant par l'anus des injections corrosives, et avoir rempli les diverses cavités de poudres aromatiques, on pratiquait sur tout le corps des onctions avec une espèce de pommade composée ; après quoi on le desséchait en l'exposant au soleil ou en le plaçant dans une étuve. Le quinzième jour, on le cousait dans les peaux de chèvre que le Guanche avait préparées de son vivant ; on le ceignait avec des courroies, retenues avec des nœuds coulans, et on le transportait enfin dans les catacombes.

(La suite à un prochain numéro.)

ARABIE PÉTRÉE.
VOYAGE DE M. LÉON DELABORDE.

(Costume arabe d'après Decamps.)

Le pays le plus célèbre de l'antiquité, celui dont l'histoire remonte à l'origine même du monde, était il y a peu d'années encore à peu près inconnu ; des monumens gigantesques et d'une rare perfection gisaient cachés au milieu de rochers énormes, qui ont fait donner à la partie septentrionale de l'Arabie le nom de Pétrée. Des traditions vagues avaient seulement appris que là existait une ville qui surpassait en étendue et en magnificence la reine des déserts, la fameuse Palmyre ; mais les ignorans habitans des environs, sous l'influence d'absurdes préjugés, en défendaient l'approche, et semblaient sur cette terre biblique avoir hérité de la défiance de leurs pères, en disant aux voyageurs comme autrefois Edom à Israël : *Tu ne passeras pas !*

Cette contrée est pourtant encore l'une des plus intéressantes du monde, car c'est là que les anciennes coutumes de l'Orient se sont conservées pures et immuables. Toujours des tribus errantes, soumises à quelques chefs de famille ; toujours les campemens auprès des sources, les pierres consacrées sur les hauts lieux, les guerres et les vengeances héréditaires entre les peuplades, la vie pauvre et inquiète du désert, le brigandage, l'hospitalité !

Le voyageur qui accomplit un vœu est plus respecté qu'un autre, et la meilleure recommandation est le titre de pèlerin. Voilà une partie du monde qu'il sera difficile, même à notre civilisation puissante, de reconstruire et de renouveler ; car sous des influences non moins efficaces sans doute, devant les aigles de Rome, et malgré l'ébranlement des croisades, elle est restée la même.

M. Léon Delaborde vient joindre aujourd'hui de précieuses notions à celles qu'on avait sur ces contrées ; il en a exploré un point presque oublié depuis dix-sept siècles. Après avoir traversé l'Asie-Mineure, franchi le mont Taurus, visité la Syrie, Alep, le Liban, Damas, Palmyre, ce jeune voyageur entreprit de pénétrer jusqu'à l'antique ville de Pétra. Pendant une année de séjour au Caire, il travailla à se perfectionner dans la langue arabe, et à tout disposer pour l'exécution de ce hardi projet ; et en 1828, à la tête d'une caravane nombreuse, il s'aventura dans les déserts sablonneux de l'est de l'Égypte.

Tout dans ces lieux, dit M. Delaborde, dans le récit qu'il a publié de son voyage, rappelle les temps de Moïse, et les mœurs pastorales de la Bible. Au fond de la vallée étroite et pittoresque, d'où l'on commence à apercevoir la cime neigeuse du mont Sinaï, on arrive à une pierre isolée de sept pieds de hauteur. Aussitôt les Arabes descendent silencieusement de leurs chameaux, s'approchent de la pierre sacrée, passent la main sur ce roc usé par le frottement, et la reportent à leur visage, en criant : *El fatha !* (invocation ordinaire dans ce genre des pèlerinages). Les voyageurs font comme leurs guides, et ils crient fort sérieusement : *El fatha !* — Moïse, disent les Arabes, s'est reposé sur cette pierre.

Non loin de là, un autre rocher sert de limite entre les Arabes du nord et les Bédouins de la presqu'île de Sinaï. On y voit amassée une quantité prodigieuse de petites pierres que chacun y jette en passant : usage religieux qui a formé une grande partie de ces *tumulus* épars dans l'ancien monde. Ils sont plus nombreux sur les routes suivies par les pèlerins, comme ici sur celle de la Mecque. C'est encore un souvenir biblique, mais un souvenir superstitieux. Les Mahométans prétendent qu'Abraham, conduisant Isaac, son fils, au lieu du sacrifice, jeta ainsi des pierres à Satan, qui voulait le détourner d'obéir aux ordres du ciel.

Au sommet du mont Har, le plus haut rocher de la contrée, s'élève un amas de décombres autour de quelques restes d'une chambre sépulcrale : c'est le tombeau du prophète Aaron.

Mais la partie la plus attachante de la narration de M. Delaborde, est celle où il nous donne la description de Pétra : il a, comme disaient les Arabes, rapporté Pétra dans ses cartons.

Renfermée dans un labyrinthe de montagnes escarpées, cette capitale des Arabes nabathéens, ville riche et florissante, que se disputèrent les conquérans, nous apparaît enfin, ou du moins ce qui reste de ses ruines. Elle avait transformé en sépulcres presque tous les rochers du voisinage ; mais une de ses merveilles, c'est un tombeau magnifique, sculpté tout entier, avec ses hautes colonnes corinthiennes, dans le roc de la montagne, et appelé aujourd'hui le *Khasné* ou *Trésor de Pharaon* : un bloc énorme et compact de grès, légèrement teint d'oxide de fer, a été creusé, taillé, façonné en statues, en piédestaux, en fûts, en chapiteaux, en chambres funéraires ; et le même bloc, environné de toutes parts de rochers grossiers et sauvages, qui contrastent avec cette régularité savante, se termine par un fronton surmonté de l'urne sépulcrale, qui s'élève à cent vingt pieds du sol.

Une autre tombe monolithe, qui se fait remarquer par l'énormité de ses dimensions, est taillée en relief au sommet d'un rocher ; on y arrive par un escalier de plus de quinze cents pieds. M. Delaborde y est monté, et ce monument gigantesque fait parti de ses dessins. Non loin de là, un arc de triomphe réunit deux parois immenses de rochers.

Voilà donc, dans ces montagnes lointaines et sauvages, une ville long temps ignorée, avec ses temples, ses théâtres, ses aqueducs, ses forts, ses arcs de triomphe, ses tombeaux ! Les temples, les théâtres sont déserts ; les ruines des aqueducs, des forts, ne servent plus à rien ; l'arc de triomphe ne nous transmet pas même le souvenir d'un conquérant ; les tombeaux seuls sont utiles encore : ils servent quelquefois d'étables aux troupeaux.

Une inscription latine, la seule qu'on trouve à Pétra, donne le nom de *Q. Prœtextus* (ou peut-être *Prœtextatus*) *Florentinus*, gouverneur de cette province de l'Arabie, et semble appartenir au temps d'Adrien ou d'Antonin-le-Pieux.

Le voyage de M. Delaborde n'a pas eu seulement pour but la contemplation des monumens : ce voyageur a rapporté des notes fort utiles sur les plantes et les animaux de l'Arabie, et une grande carte, résumé complet des connaissances géographiques sur ce point du monde. La publication de ce grand ouvrage(1), qu'enrichissaient des dessins exacts, est sans contredit un grand service rendu à la science ; mais il est un autre service non moins important auquel les voyageurs ne songent pas toujours assez. M. Delaborde en se dévouant pour cette longue expédition aux plus nobles sacrifices, et en se conduisant en homme de courage et d'honneur avec les *Torath* et les *Alaouins*, qui furent ses guides, en a fait autant d'amis pour les Européens. C'est ainsi qu'il faut songer à ceux qui viendront après soi, et leur préparer un bon accueil, une route sûre et facile. Le récit qu'il fait du départ de son escorte, après tant de fatigues et de périls partagés, est empreint d'une candeur naïve, qui ne permet de soupçonner ni exagération, ni combinaison théatrale : « Il fallut me séparer de ces braves gens qui, pendant tout mon long voyage, avaient eu pour moi une attention si constante, des soins si assidus ; Hussein surtout semblait s'être attaché à moi ; il pleurait en me quittant : il me faisait promettre de revenir plus tard manger de ses dattes et boire de son lait sous sa tente ; il me disait que Dieu est grand, que peut-être un jour je serais malheureux, proscrit de mon pays, et qu'alors je devrais me souvenir d'Hussein ; qu'il aurait toujours pour moi, sa tente pour me reposer, ses chevreaux pour me nourrir et ses dromadaires pour aller visiter les vieilles pierres. »

Nous n'avons fait qu'esquisser rapidement dans cet article, l'importante expédition de M. L. Delaborde. La narration qu'il en a publiée est assez riche en faits curieux et instructifs pour que nous devions en présenter plus tard quelques extraits à nos lecteurs.

(1) Un grand in-folio ayant pour titre, *Voyage de l'Arabie Pétrée*, *publié par L. Delaborde. Chez Giard*, éditeur, à Paris.

(Costume des habitans d'Alep.)

Nous avons joint à cette notice le dessin du costume des habitans d'Alep en Syrie, costume que M. Delaborde, attentif à s'identifier autant qu'il était en lui, avec les populations qu'il observait, a revêtu dans son voyage.

LES PERLES. — ORIGINE ET PÊCHE DES PERLES NATURELLES. — FABRICATION DES PERLES FAUSSES.

Tout le monde connaît ces corps calcaires et nacrés dont la valeur varie selon leur éclat, leur régularité, et souvent même la bizarrerie de leur forme, et qui ont reçu le nom de perles. Ils se forment non seulement dans les coquilles d'un *mollusque* marin, appelé par Bruguière *avicule perlière*, et par le savant Lamack, *pintadine margaritifere*, mais encore dans celle de l'huitre commune, dans celle du *jamboneau*, connu par son tissus soyeux, et même dans certaines coquilles à une seule valve, appelées *patelles* et *haliotides*, enfin, dans plusieurs moules d'eau douce.

On ne connaît pas encore bien la cause qui produit les perles ; mais plusieurs faits s'accordent pour prouver que leur formation est tout à fait accidentelle, bien qu'elle puisse être le produit d'une maladie de l'animal ou de la coquille. Depuis Linné, qui en fit l'essai sur les mulettes des rivières de la Suède, on sait que l'on excite ces mollusques à produire des perles en perçant leur coquille ; l'animal sentant le besoin de réparer le dommage fait à sa demeure, accumule, à l'endroit où elle est percée, la matière calcaire que secrète son manteau. L'abondance de cette matière produit alors une callosité qui devient une véritable perle, lorsqu'elle prend la forme d'un corps arrondi qui ne tient à la coquille que par un pédicule. Il paraîtrait même que les Indiens connaissent ce moyen factice de produire des perles, puisque l'on voit dans quelques collections des pintadines margaritifères traversées par un fil de cuivre. Quelques naturalistes ont remarqué un petit grain de sable au centre des perles ; l'introduction d'un corps de cette nature expliquerait leur mode de formation. En effet, l'irritation qu'il produit sur le manteau du mollusque, doit porter celui-ci à sécréter en abondance la matière calcaire, qui se dépose alors par couches sur ce petit grain de sable; comme il n'y a pas de pédicule à cette espèce de perle, on conçoit qu'elle doive être plus régulière et plus ronde que les autres. Au surplus, les Indiens sont fort adroits à rendre une perle régulière, quelle que soit la grosseur de son pédicule, en l'arrondissant et en la polissant à l'aide d'une poudre qu'ils obtiennent des perles pulvérisées.

Les perles sont susceptibles de s'altérer avec le temps, et quelquefois même par les émanations qui s'exhalent du corps de certaines personnes, elles se ternissent, perdent leur blancheur, et l'on dit alors qu'elles meurent. Cependant on en trouve qui sont naturellement jaunâtres ou verdâtres, et même de noirâtres, s'il faut en croire quelques voyageurs. Malgré la facilité qu'elles ont à s'altérer, il faut encore un acide assez fort pour les décomposer; aussi doit-on regarder, comme un conte l'anecdote de Cléopâtre, qui fit dissoudre une perle dans un verre de vinaigre, qu'elle but ensuite pour prouver à Antoine qu'elle le surpassait en prodigalité. Les perles rondes et les perles en poires sont les plus estimées; quelques unes atteignent une grosseur remarquable. En 1579, on en recueillit une dans les pêcheries de Panama, qui était de la grosseur d'un œuf de pigeon, et qui avait la forme d'une poire; elle fut offerte à Philippe II.

Les pêcheries de l'Amérique sont beaucoup moins renommées que celles de l'Inde; c'est sur les côtes de l'île de Ceylan que l'art de pêcher les perles est connu depuis la plus haute antiquité. Cette occupation commence en février et finit en avril; chaque pêcheur, muni d'un filet en forme de sac, d'une corde à laquelle est attachée une pierre, et d'une autre corde dont une extrémité reste entre les mains d'un des rameurs; s'élance de la barque qui porte ordinairement dix rameurs et dix plongeurs; il reste sous l'eau pendant deux à quatre minutes, et quelquefois même plus long temps, remplit de coquilles sa gibecière, agite la corde qui le tient, au moyen de laquelle on l'aide à remonter, et reparaît à la lumière, mais quelquefois il rend le sang par le nez et les oreilles. Chaque plongeur peut répéter cette opération jusqu'à cinquante fois dans un jour. Les coquilles que l'on a pêchées sont rassemblées dans des fosses ou sur des nattes entourées de palissades, et lorsque les animaux sont morts, quelquefois même en putréfaction, on se met à la recherche des perles.

Le prix excessif des perles régulières a fait naître l'art de les imiter: cet art a été porté fort loin dans quelques pays de l'Europe, et a tiré parti de l'écaille d'un poisson d'eau douce dont la chair est peu estimée: c'est celle de l'ABLE. Lorsqu'on a enlevé les écailles de ce petit cyprin, qu'on les a lavées à grande eau dans un tamis clair, à travers lequel passe la substance qui leur donne leur brillant nacré; lorsqu'on a frotté deux ou trois fois les écailles, pour en retirer toute cette substance, la première opération est terminée, il ne s'agit plus que de suspendre la matière nacrée dans une dissolution clarifiée de colle de poisson, et d'en mettre une goutte dans la bulle de verre qui doit lui servir de moule; on la fait ensuite sécher rapidement au-dessus d'un poêle; puis on remplit la bulle avec de la cire fondue, qui fixe la matière nacrée contre la paroi intérieure de la perle, et qui lui donne de la solidité. Le verre de ces bulles est tellement mince que, lorsque les perles fausses sont faites avec soin, elles acquièrent le brillant des véritables perles, et produisent une illusion complète.

CHRONIQUE DE LA CORSE.
LE BARON DE NEUHOF.

A l'époque où les Corses luttaient pour leur indépendance contre les Génois, il se présenta un homme qui se fit fort d'intéresser les puissances de l'Europe à leur cause, de leur fournir tous les moyens d'affranchissement, de sûreté, de prospérité. Pour cela il ne demandait que le trône, et il l'obtint.

Né à Metz vers 1690, fils d'un noble Westphalien qui s'était brouillé avec toute sa famille, il vint en France réclamer la protection de la duchesse d'Orléans. Elevé par les soins de cette princesse, Théodore de Neuhof fit partie de ses pages, et entra au service de France, qu'il quitta pour celui de Suède. Plus intrigant que soldat, il reçut du baron de Gœrtz une mission secrète pour Albéroni, et la remplit à la satisfaction des deux ministres. Mais la mort de l'un, la disgrâce de l'autre, ayant trompé son espoir, ne sachant comment fuir les créanciers que lui avaient fait ses spéculations malheureuses sur le système de Law, il se rendit à Florence, avec le caractère de résident pour l'empereur Charles VI. C'est alors que la royauté lui apparut comme dernière ressource; il séduisit, éblouit les Corses, qui, en retour de ses promesses magnifiques, lui promirent tout ce qu'il voulût. Rebuté par les cours d'Europe, dont il sollicita l'appui; mieux accueilli en Turquie, il réussit bien mieux encore à Tunis, dont la régence lui accorda un vaisseau, des armes, des munitions et de l'argent.

Les Corses venaient de placer leur île sous l'égide de la Sainte-Vierge, lorsque Théodore Neuhof débarqua au port d'Aléria (15 mars 1736), vêtu à la turque et coiffé d'un turban, s'intitulant grand d'Espagne, pair de France, baron d'Angleterre, chevalier de l'ordre teutonique et prince de l'état de l'église. « Il débuta, dit Voltaire, par déclarer qu'il « arrivait avec des trésors immenses, et, pour preuve, il « répandit parmi le peuple une cinquantaine de séquins en « monnaie de billon. Les fusils, la poudre qu'il distribua, « furent les preuves de sa puissance. Il donna des souliers « de bon cuir, magnifiquement ignorée en Corse; Il aposta des « courriers qui venaient de Livourne sur des barques, et « qui lui apportaient de prétendus paquets des puissances « d'Europe et d'Afrique. » Peu de jours après (15 avril 1736) il fut proclamé roi dans une assemblée générale tenue à Alezani. Une armée nombreuse se leva, et Théodore remporta d'abord quelques avantages: mais bientôt les Génois le repoussèrent au-delà des monts, et il s'établit à Sartène, où le baron de Drosth, son parent, le rejoignit avec de l'argent et des munitions. Huit mois ne s'étaient pas écoulés que des murmures se faisaient entendre, que l'autorité du nouveau roi était méconnue et sa vie menacée. Théodore convoqua les députés de toutes les pièves (paroisses), et leur déclara qu'il allait se séparer d'eux pour hâter les secours fastueusement annoncés; il désigna vingt-huit citoyens pour former un conseil de régence, et partit pour Livourne, cherchant partout des dupes; il en trouva quelques unes à Rome, à Turin; à Paris la police voulut le jeter au For-l'Evêque; à Amsterdam, un de ses créanciers le fit mettre en prison, mais d'autres l'en firent sortir; mais un juif paya ses dettes, et lui avança cinq millions pour équiper trois vaisseaux marchands et une frégate. Ce juif convoitait le monopole du commerce avec l'île de Corse; on soupçonna d'ailleurs les états généraux d'être de moitié dans le marché.

Théodore reparut en vue de son royaume; mais contenus par la présence des troupes françaises, ses sujets restèrent dans l'inaction; un coup de vent poussa le baron-roi dans le port de Naples; on l'arrêta, et la forteresse de Gaète lui servit de palais. Mis en liberté, il recommença sa vie errante: son parti n'existait plus qu'à peine; en 1742, il revint encore, amené par un vaisseau anglais; aucune piève ne répondit à son appel: néanmoins les Génois mirent sa tête à prix. « Un dernier revers, dit un biographe, attendait à Londres ce jouet de la fortune. Lorsqu'il se flattait de provoquer encore un armement en sa faveur, ses créanciers lui firent subir le même sort qu'en Hollande. Il sortit enfin de prison, où il avait langui pendant sept ans dans la misère et le mépris, et déclara préalablement qu'il abandonnait son royaume pour hypothèque à ses créanciers. Horace Walpole ouvrit en sa faveur une souscription qui lui assura les moyens de subsister jusqu'à sa mort. Théodore fut enterré sans distinction dans le cimetière commun de Sainte-Anne de Westminster, et Walpole chargea sa tombe d'une épitaphe qui finissait par ces mots : *la fortune lui donna un royaume, et lui refusa du pain.* »

LES PONTONS DE CADIX ET DE PORTSMOUTH.

On connaît sous le nom de pontons des bateaux très-solidement construits et de formes différentes, suivant les usages auxquels ils sont destinés, mais qui sont ordinairement à fond plat. On les emploie à toutes les opérations qui exigent une grande force mécanique dont le point d'appui soit sur la mer : ils portent les canons et les boulets, et le fer des vaisseaux en armement ou en désarmement, et servent au carénage et à l'amarrage de ces mêmes vaisseaux. Dans quelques ports, en France et à l'étranger, la machine à mâter les vaisseaux est établie sur un ponton. Les pontons, ne devant servir que dans les ports et rades, ne sont point disposés pour aller à la voile ; cependant ils ne sont pas tous dépourvus de mâture, comme on pourrait le croire d'après l'expression, *rasé* ou *ras comme un ponton*, appliquée à un vaisseau qui a perdu tous ses mâts dans un combat ou une tempête. La plupart des pontons n'ont qu'un seul mât court et fort pour gréer leurs apparaux, consistant en cordages et en poulies ; ceux destinés spécialement au carénage ont deux mâts, qu'on appelle *mâts de redresse.* Tous ont des cabestans, machines indispensables pour les manœuvres de force ; ce sont ordinairement des forçats qui travaillent sur les pontons.

Il est d'autres pontons qui ont acquis une malheureuse célébrité ; ce sont ceux sur lesquels les Anglais entassaient et accablaient de traitemens inhumains nos infortunés marins et les militaires français prisonniers de guerre.

C'est avec raison qu'un Anglais, célèbre par sa philantropie, a dit : « Les pontons devraient être le châtiment « réservé aux plus atroces de tous les crimes. » Qu'on se figure, en effet, le supplice de huit à neuf cents hommes confinés, nuit et jour, pendant des années entières, dans une partie des entre-ponts d'un vaisseau, où chacun n'a pour se mouvoir et se coucher qu'un espace de cinq ou six pieds de long sur deux de large ; où il ne peut respirer qu'une petite quantité d'un air infecté non-seulement par les émanations de tant d'hommes réunis, mais encore par les exhalaisons méphitiques des latrines ; où il n'a pour se substanter qu'une nourriture grossière, peu abondante et presque toujours de mauvaise qualité. Qu'on ajoute à tout cela les souffrances morales de la captivité elle-même et de la privation de toute espèce de relations avec l'extérieur, et enfin toutes les vexations de détail que les agens subalternes sont toujours si ingénieux à inventer pour ajouter aux rigueurs ordonnées par leurs maîtres, et on aura une faible idée de ce que les Français eurent à souffrir dans ces prisons infectes. Non contens d'employer les pontons eux-mêmes, les Anglais en avaient suggéré l'usage aux Espagnols dans la guerre de 1808 à 1814 ; et, il faut le dire, indépendamment du caractère national, qui conserve toujours chez les classes inférieures de ce pays une teinte de férocité, la disposition où se trouvait alors le peuple en Espagne était éminemment propre à lui faire adopter ces infernales prisons ; et dès que les armées espagnoles nous eurent fait une certaine quantité de prisonniers, la rade de Cadix eut ses pontons, comme celles de Portsmouth et de Plymouth. Cette imitation d'un des actes les plus odieux de la politique anglaise donna lieu à un trait d'intrépidité bien digne du caractère français, et que nous croyons devoir rappeler succinctement.

Six cents prisonniers français, parmi lesquels se trouvaient cinq cents officiers, ayant en grande partie appartenu au corps du général Dupont, dont la capitulation avait été si indignement violée, étaient détenus sur le ponton *la*

Castille. Ce vieux vaisseau se trouvait mouillé à environ un quart de lieue des murs de Cadix, et à une lieue de la côte occupée par les Français qui assiégeaient la place. Les prisonniers, à qui une captivité de près de deux ans était devenue insupportable, avaient maintes fois formé le projet d'enlever le ponton, et de profiter d'une occasion où le vent et la marée seraient favorables pour gagner la rive où étaient campés leurs compatriotes. Quelques caractères timides avaient blâmé ce projet, et en avaient, à diverses reprises, empêché l'exécution. Cependant les plus audacieux, et c'était la très grande majorité, l'emportèrent : l'occasion tant désirée se présenta de nouveau ; une tempête d'équinoxe, qui avait déjà fait périr plusieurs bâtimens anglais et espagnols, devait pousser promptement les pontons vers la côte française. En un instant, les prisonniers se soulèvent, désarment leurs gardes ; les câbles sont coupés, et le ponton dérive avec rapidité. La nuit étant très-sombre, ce mouvement échappa aux ennemis, et le trajet se fit sans autre obstacle que quelques coups de canon tirés que la chaloupe qui avait été placée en vedette auprès de *la Castille.*

Vers le milieu de la nuit, le ponton échoua à environ quatre cents toises du fort de Matagorda, occupé par les Français ; mais comme *la Castille* tirait quinze pieds d'eau, elle échoua à une grande distance du rivage, et il fut impossible aux Français de gagner la côte, d'autant plus que la violence des flots rendait très dangereux le trajet à la nage. Un d'entre eux cependant se dévoua pour le salut de tous ; il parvint jusqu'à terre, en passant au travers des chaloupes ennemies, alla demander du secours à l'expédition française, et regagna le ponton. Dès que le jour parut, *la Castille* fut aperçue par les Espagnols, et une grêle de boulets partis de leurs forts et de leurs bâtimens commença au même instant à tomber sur le ponton, où ils tuèrent un grand nombre de Français, et qu'ils mirent en feu. Les prisonniers réussirent chaque fois à éteindre l'incendie. Cette position terrible se prolongea jusqu'à près de onze heures du matin ; alors des embarcations françaises arrivèrent, et débarquèrent tous les prisonniers, à la réserve d'une vingtaine qui avaient été tués ou qui s'étaient noyés. Comme le débarquement une fois commencé, on ne s'était plus occupé d'éteindre le feu, *la Castille* devint bientôt la proie des flammes, et ne tarda pas à être consumée.

CROMWELL

CHASSANT LES MEMBRES DU PARLEMENT.

La dissolution violente du parlement par Cromwell, après la bataille de Worcester, est sans contredit l'un des actes les plus importans de la vie de cet homme extraordinaire, puisqu'elle servit de prélude à la tyrannie, qu'il exerça ensuite sur l'Angleterre sous le nom de lord *Protecteur.* Ce grand acte d'usurpation, cette violation brutale de la représentation nationale, est décrit dans les mémoires de Ludlow d'une manière si animée et si intéressante, que nous avons cru devoir mettre sous les yeux de nos lecteurs cette scène dramatique.

Le parlement, voyant chaque jour augmenter l'orgueil et les prétentions ambitieuses de Cromwell, qui avait réussi, à s'assurer le dévouement de l'armée, songeait à créer une république gouvernée par les vrais représentans du peuple. Cromwell, en ayant eu avis, se rendit promptement à la Chambre, où il prit séance, et écouta pendant quelque temps la discussion ; puis il prit à part le major-général Harrison, et lui dit « qu'il croyait que le parlement était mûr pour la dissolution, et qu'il était temps de l'accomplir. » Le major-général répondit : « C'est un grand et dangereux ouvrage, Monsieur ; il faut y songer sérieusement avant de vous y engager. » — « Vous avez raison, » reprit Cromwell, et il garda le silence pendant quelques minutes ; bientôt il s'écria de nouveau : « C'est le moment, agissons ! » Alors il se lève, et prononce un discours véhément, où il accable le parlement des plus odieux reproches, l'accusant de compromettre le salut public, et d'avoir épousé les sales intérêts des presbytériens et des jurisconsultes, et

(Cromwel chassant les membres du Parlement.)

disant que le Seigneur en avait fini avec eux, et qu'il avait choisi d'autres instrumens plus dignes de son œuvre.

Tout cela fut débité avec la passion et le trouble d'un homme en délire.

Sir Peter Wentworth se leva pour y répondre, et dit que c'était la première fois qu'il entendait parler à la chambre d'une manière si inconvenante, et que ce qu'il y avait de plus horrible, c'était qu'un tel discours sortît de la bouche d'un serviteur du parlement, et d'un serviteur auquel on avait marqué tant de faveur et de confiance. Il allait continuer, lorsque le général s'avança au milieu de la chambre, en s'écriant : « Je saurai faire finir tout ce bavardage; » et, après s'être promené à grands pas, il frappa du pied avec colère, et dit : « Vous n'êtes plus un parlement; je vous dis qu'il n'y a plus de parlement; je mettrai fin à vos séances: qu'on les fasse entrer. » A ces mots, le sergent du parlement ouvrit les portes, et le lieutenant-colonel Worsley, à la tête de deux files de mousquetaires, entra dans la chambre. Sir Henri Vane ne put s'empêcher de dire alors : « Ceci est infâme; c'est contre toute morale et toute loyauté. » Mais Cromwel l'apostropha, en lui disant : « Sir Henri Vane, que le Seigneur me délivre de vous ! » Puis il se mit à injurier tous les membres, en leur prodiguant les épithètes les plus ignobles : ensuite il saisit violemment la masse d'armes déposée sur le bureau lorsque le parlement est en séance : « Qu'avons-nous à faire de cette babiole? dit-il; qu'on l'emporte. » Tout était dans la plus grande confusion. Harrison s'approcha de l'orateur, et lui déclara qu'au point où en étaient les choses, il fallait qu'il quittât son fauteuil. Celui-ci répondit qu'il n'en descendrait que par la force : « Eh bien! je vous donnerai la main, dit Harrison, et il l'arracha de sa place. Pendant ce temps-là, Cromwel disait à plusieurs membres qu'il connaissait pour ses ennemis : « C'est vous qui m'avez forcé à en agir ainsi; car j'avais prié le Seigneur nuit et jour de m'ôter la vie plutôt que de m'employer à cette œuvre. » L'alderman Allen voulut lui faire entendre que les choses pouvaient encore s'arranger; que s'il ordonnait à ses soldats de se retirer, et qu'il fît rapporter la masse, la discussion des affaires publiques pouvait reprendre son cours. Cromwel rejeta cet avis; il n'avait pas été si loin pour revenir sur ses pas. Comme l'alderman avait été long-temps trésorier de l'armée, il l'accusa d'avoir détourné plusieurs centaines de mille livres sterling, et, dans les transports de sa rage, il le fit appréhender sur-le-champ par un de ses mousquetaires. Après quoi, il ordonna à ses gardes de *déblayer* la

chambre, s'empara de tous les documens et de tous les papiers qu'il trouva sous sa main, fit fermer les portes, en prit les clefs, et se retira ensuite à White-Hall.

VOYAGE SUR UN GLAÇON.

Un Cosaque de la mer Noire, nommé Jean Potapenko, du village de Grivennhoe, se trouvait dans un établissement de pêcheurs situé près d'Archouwie. Le 25 décembre, la glace, à la suite de grandes gelées, paraissant très-ferme, il alla examiner ses filets tendus dans des crevasses à un quart de lieue de distance de la côte. En s'occupant de son travail, il s'aperçut que le glaçon sur lequel il se trouvait s'était détaché, et voguait avec rapidité sur la surface de la mer. Ne voyant aucun moyen de salut, il se résigna à son sort : il passa six jours dans la cruelle attente de la mort, et, quoiqu'il eût avec lui un petit morceau de pain, sentant une répugnance invincible à prendre de la nourriture, il n'en mangea point, et ne fit qu'étancher la soif qui le dévorait, en buvant de l'eau de pluie, qui remplissait les crevasses du glaçon qui l'entraînait. Il était chaudement habillé, dans un temps de dégel, et ne souffrit presque pas du froid. Il dormit peu, et cela, assis sur la glace. Le septième jour, il aperçut une côte escarpée et s'en approcha; mais, à chaque pas, la fatigue et l'épuisement le faisaient tomber en défaillance, et ce ne fut que le neuvième jour qu'il pût descendre sur le rivage. Il se trouvait près du cap de Casan-dif, entre Kertch et Arabat. On le conduisit à Théodosie, où il se remit facilement, et ensuite à Kertch. Il avait traversé en huit jours trente-neuf lieues de France.

NORMANDIE. — COUTUMES RELIGIEUSES.

Nous mettons sous les yeux de nos lecteurs un dessin dont le sujet est emprunté aux mœurs de la Haute-Normandie. Un ancien usage religieux, fréquemment observé de nos jours encore dans plus d'une paroisse de cette contrée, veut que les enfans malades soient conduits à l'église et présentés au prêtre, qui, étendant son étole au-dessus d'eux, invoque en leur faveur la miséricorde du ciel. Cette lecture des saints Évangiles sur la tête de son faible enfant, ranime le courage de la pauvre mère, qui, de retour dans

sa modeste demeure, redouble ses soins et ses sacrifices pour obtenir une guérison dont elle attend avec confiance l'époque prochaine.

Les croyances religieuses, la vie politique, les progrès des arts industriels, fournissent au voyageur qui observe attentivement cette riche province, plus d'un sujet d'étude, instructif et curieux tout à la fois.

Paris. — Imprimerie de H. Fournier, rue de Seine, n. 14.

AUTRICHE. — VIENNE.

(Vue du Graben de Vienne.)

VIENNE (*Wien*), capitale de la monarchie autrichienne, est située sur la rive droite du Danube et sur une petite rivière du même nom, qui la traverse et se jette dans ce fleuve. Des fortifications régulières séparent la ville des faubourgs, au nombre de trente quatre; quelques uns sont arrosés par les petites rivières de Wien et d'Alserbach; deux autres sont traversés par un bras du Danube, sur lequel on a construit trois ponts. Sa circonférence est à peu près celle de Paris; mais sa population et l'étendue de ses constructions sont de beaucoup moins importantes. Elle compte, en effet, moins de 500,000 habitans, en comprenant dans cette évaluation la population de ses faubourgs.

La situation de Vienne est délicieuse; placée au milieu d'une plaine que varient des collines pittoresques, et près d'un des grands fleuves de l'Europe, entourée de promenades charmantes et de terres fertiles, elle offrirait un séjour enchanté, si un climat variable et un ciel souvent brumeux ne donnaient à ses monumens comme à ses campagnes un aspect monotone : l'avantage d'être baignée par la Danube est racheté par quelques inconvéniens; la fonte des neiges grossissant les petites rivières que reçoit ce fleuve, le fait déborder de telle sorte qu'une partie des faubourgs est souvent inondée à une grande hauteur.

Tout est entassé, dans la ville; les rues, qui se croisent irrégulièrement, ne sont ni alignées ni bien nivelées ; quoique pavées et bordées de trottoirs en granit, elles ne sont ni propres ni commodes, les trottoirs étant de niveau avec la chaussée. Une rue passe, en forme de pont, au-dessus d'une autre, par suite de l'inégalité du terrain. La seule belle rue est le Herrenstrasse. Les places publiques, étroites et irrégulières, sont encombrées de monumens généralement de mauvais goût. La statue équestre en bronze de dimension colossale de Joseph II, placée sur la Place Joseph, fait au contraire honneur au talent de Zauner, qui l'a exécutée.

La population qui habite la cité semble y être à l'étroit dans ses habitations hautes et resserrées. Il n'y a dans son enceinte d'autre promenade que le Graben (voyez la gravure jointe à cet article), où se trouvent les principaux magasins de modes et de nouveautés, et où se rassemblent tous les soirs les désœuvrés et les étrangers.

Dès que la saison le permet, les Viennois quittent la cité ; les habitans aisés se retirent en été dans les faubourgs qui sont éloignés de 600 toises. L'esplanade intermédiaire est bordée de beaux hôtels et de couvens transformés en casernes; des allées d'arbres la coupent en diverses directions; mais n'étant point pavées, elles sont comme les rues des faubourgs, très incommodes en été à cause de la poussière, en hiver à cause de la boue. Du reste, les faubourgs, beaucoup mieux percés que la ville, ont plusieurs rues larges et régulières. On y remarque quelques palais d'été, appartenant à de grandes familles, et beaucoup de maisons qui, sans être d'une architecture riche, ne sont pas dépourvues d'une certaine élégance, et sont entourées de nombreux et vastes jardins. Ce serait un séjour des plus agréables si les rues étaient pavées. Dans le faubourg appelé Landstrasse, est situé le Belvéder, bâti par le prince Eugène, et appartenant aujourd'hui à l'empereur : c'est le plus beau bâtiment de la capitale; il renferme la galerie impériale des tableaux.

On a remarqué que la consommation des denrées est, à proportion, plus considérable à Vienne que dans les autres grandes villes, à cause du penchant décidé de ses habitans pour la bonne chère. Il est peu de pays où l'on mange autant. L'aisance générale donne aux Viennois la facilité de satisfaire leur passion gastronomique; un autre goût non moins vif chez eux, est celui de la danse et de la promenade. Ils vont se livrer à ces plaisirs dans les jardins de l'*Augarten* et au *Prater*, vaste prairie couverte d'un bois de chênes et de hêtres, que partage une belle allée d'une lieue de long. Pendant qu'on s'abandonne à la joie; sous l'ombrage des arbres, qui sont entremêlés de maisons, de cafés et de guinguettes, des milliers de voitures de toute espèce et de chevaux parcourent en tous sens la grande allée qui aboutit à un pavillon qui est le but des courses; on trouve là le Danube, et sur ses bords un cours planté d'arbres. C'est dans cette promenade que l'on voit le carrosse de l'empereur d'Autriche suivre modestement les autres voitures à la file, sans que le prince se permette jamais de les faire arrêter pour s'ouvrir un libre passage. Dans la plupart des capitales de l'Europe, les simples laquais du souverain, comme ceux qui les approchent, ont un air d'importance aussi gauche que ridicule; à Vienne ils sont simples et modestes; et, chose bien plus rare dans des gens qui approchent les grands, ils sont honnêtes.

Un médecin anglais, Adam Néale, disait dans la relation de son *Voyage en Allemagne* : Depuis 1708, la population de Vienne a éprouvé une augmentation sensible, grace à l'affluence des émigrés venus de l'Italie, des Pays-Bas, de la Hollande, de la Pologne, de la Suisse et des États germaniques. Mais en même temps, le nombre des morts a constamment augmenté dans une proportion beaucoup plus considérable, sans qu'on puisse assigner aucune cause à cette mortalité, à moins qu'elle ne provienne de ce que l'enceinte de la cité est trop petite pour la nombreuse population qu'elle contient. Ainsi, en 1786, ce nombre était de neuf à dix mille annuellement; mais depuis 1790, il a monté successivement jusqu'à quatorze, quinze et même seize mille, nombre qui, comparativement, excède de beaucoup l'accroissement de la population. Aujourd'hui, le terme moyen de la mortalité est d'un individu sur quinze, tandis qu'à Londres il n'est que de un sur trente; et à Vienne, les exemples de longévité sont rares en proportion : ainsi donc à Vienne, la vie humaine court deux fois plus de dangers qu'à Londres. Je ne sais si cela provient de la gloutonnerie qu'on reproche aux habitans, et qui est même passée en proverbe; il faut sans doute attribuer aussi cette fâcheuse influence au climat, qui est ici très variable : souvent, en moins de deux heures, une chaleur étouffante succède au froid le plus rigoureux. L'air de Vienne, s'il n'est purifié tous les jours par un vent frais qui s'élève vers les dix heures, devient, dit-on, pestilentiel (1). L'eau de source y est insalubre, et donne souvent de violentes coliques aux étrangers; et l'eau du Danube est si épaisse et si bourbeuse, qu'il est impossible de la boire si on ne la filtre pas avec le plus grand soin.

Les arsenaux de Vienne contiennent une très riche et très curieuse collection de machines de guerre anciennes et modernes. On voit dans le grand arsenal quatre énormes pièces de canons turques, monumens des victoires du prince Eugène; l'une d'elles, portant la date de 1516, fut prise à Belgrad en 1717; elle pèse cent soixante-dix-neuf quintaux, et peut lancer un boulet de cent vingt-quatre livres; une autre, fondue en 1560, pèse cent dix-sept quintaux, et peut recevoir un boulet de soixante. On voit auprès deux machines en bois, dont l'une lance un boulet de pierre de quatre cents livres et plus, et l'autre un boulet de deux cent cinquante. Il y a aussi un mortier de fer d'un calibre énorme, entouré de cercles de fer qui ont chacun deux pouces d'épaisseur, et un autre mortier de bronze, plus grand, sur lequel ces mots sont gravés : *Sigismond, archiduc d'Autriche*, 1404. Les murs extérieurs de l'édifice sont entourés d'une chaine prodigieuse qui a douze cents pieds de longueur, et dont chaque chaînon pèse vingt-quatre livres. Ce n'est qu'un fragment d'une chaine que les Turcs avaient jetée sur le Danube, près de Bade en Hongrie, pour empêcher les chaloupes canonnières des Autrichiens d'en approcher. Parmi les restes d'armures antiques, est le bonnet de velours rouge de Godefroi de Bouillon, et le gilet de peau de buffle de Gustave-Adolphe, roi de Suède, percé au côté droit par la balle qui termina l'existence de ce prince à la bataille de Lautzen, en Saxe, en 1652.

Dans l'arsenal des bourgeois de Vienne, on montre la tête de Cara Mustapha, grand-visir et commandant de l'armée turque, au dernier siège de Vienne par les Turcs en 1683. La destinée de cet homme a quelque chose d'extraordinaire. Il était le favori de la sultane validé qui l'avait fait nommer aux premières dignités de l'état. La fortune lui ayant été contraire au siège de Vienne, il fut étranglé à Belgrade, par ordre du sultan, et enterré en secret; mais les troupes autrichiennes ayant pris cette ville, déterrèrent son corps et envoyèrent sa tête, dans un sac de sel, aux bourgeois de Vienne. Dans une relation du siège de cette ville, imprimée à Londres en 1684, on rapporte, d'après un témoin oculaire, que, pendant le siège de Vienne, *Cara Mustapha* se faisait transporter, tous les trois jours,

(1) Un vieux proverbe dit : *Aut ventosa, aut venenosa Vindobona.*

dans une espèce de cage de fer hermétiquement fermée, pour visiter les fortifications et les ouvrages avancés. Croit-on que ce visir, qui montrait autant de pusillanimité, avait conçu des projets gigantesques? Il ne voulait rien moins que subjuguer l'occident de l'Europe, après avoir réduit la capitale de l'Autriche. Il avait envahi son territoire à la tête de plus de trois cent mille hommes, commandés par cinq princes souverains et trente-un pachas. Son train d'artillerie était composé de trois cents pièces de canon. On sait que Vienne fut délivrée des Turcs par le courage des Polonais commandés par leur roi Jean Sobieski.

(La suite à un prochain numéro).

§ II. — EMBAUMEMENT ET CONSERVATION DES CORPS (1).

Momies péruviennes. — Le P. Acstao, et Garcilasso de la Vega, assurent avoir vu les momies de quelques incas et de quelques mamas qui étaient parfaitement conservées; quoiqu'elles ne fussent pas très pesantes, elles étaient dures comme du bois. On ne sait rien de positif sur la manière dont procédaient à cet égard les Péruviens. Garcilasso, qui prétend que l'air est si sec et si froid à Cusco, que la chair des animaux morts s'y dessèche complètement sans se putréfier, trouve dans ce phénomène une explication suffisante de la transformation des cadavres péruviens en momies.

Ce fait nous conduit à parler de quelques espèces de momies qui ne sont point le produit de l'art, mais qui doivent leur origine, ainsi que nous l'avons déjà dit, aux circonstances particulières dans lesquelles se sont trouvés placés les corps au moment où ils ont cessé d'appartenir à la vie.

La chaleur de l'atmosphère ou des corps ambians, portée à un degré assez élevé, est une première cause qui peut, en desséchant les cadavres, les transformer en véritables momies, ce terme étant pris dans toute l'étendue de l'acception que nous lui avons assignée. On en a la preuve dans les hommes, les animaux, les caravanes tout entières qui, enterrés dans les sables brûlans de l'Arabie, s'y sont desséchées si complètement, qu'ils semblent avoir été embaumés. Chardin raconte la même chose, de certains cadavres du pays de Carassen, en Perse, qui, plongés dans le sable, y ont acquis une extrême dureté, et s'y conservent, dit-il, depuis deux mille ans. On dit que les rois nègres sont quelquefois gardés pendant un an sans sépulture, mais qu'on commence par les soumettre à l'action d'un feu lent qui les dessèche. Nous avons vu que lorsque le boabab commence à se carier, les nègres achèvent de le creuser; ils y pratiquent des espèces de petites chambres dans lesquelles ils suspendent le cadavre de ceux auxquels ils ne veulent pas accorder les honneurs de la sépulture; ces corps s'y dessèchent promptement, et y deviennent de véritables momies (voyez p. 60).

L'excès du froid n'est pas moins favorable que l'extrême chaleur à la conservation indéfinie des substances animales; mais il n'en produit point, à proprement parler, la momification. Les corps ainsi conservés n'éprouvent en effet aucune espèce d'altération; ce sont toujours de véritables cadavres qui subissent la fermentation putride dès que la température vient à changer; ce phénomène n'en est pas moins digne de fixer un moment notre attention. Ainsi l'on sait que, dans ces climats glacés où règne un hiver perpétuel, les cadavres, abandonnés à l'air, ou tout au plus enfouis dans la neige, se conservent long-temps sans aucune altération notable. Lorsque les habitans des contrées stériles de la Sibérie orientale, du Kamtschaka et du nord-ouest de l'Amérique, prennent du poisson après que le froid a commencé, ils l'enterrent dans la neige, et le conservent ainsi frais pendant plusieurs mois. On cite deux exemples d'animaux conservés au milieu des glaces depuis

la dernière catastrophe terrestre; la peau et les muscles de l'un de ces animaux étaient si bien conservés que les chairs en furent aussitôt dévorées par les chiens. (1)

La plupart des momies naturelles qui existent dans les climats tempérés sont dues à une transformation lente des cadavres en une matière grasse particulière. L'enfouissement des corps à une grande profondeur, et leur entassement dans des fosses communes et humides, sont les principales circonstances qui donnent naissance à ce phénomène, dont les résultats ont été soigneusement étudiés par Fourcroy lors des exhumations du cimetière et de l'église des Innocens; le contact d'une eau sans cesse renouvelée accélère encore ce genre de momification, qui non-seulement paraît être mis à profit dans les arts, à l'égard des animaux, mais qui semblerait même être appliqué, en Espagne, aux corps de ceux qui doivent prendre place un jour dans les marbres du Panthéon.

La nature particulière des terrains qui n'est pas sans influence sur la transformation des corps en *gras des cadavres*, paraît aussi, même dans notre climat, jouir de quelque efficacité pour en opérer la dessiccation presque complète; dès long temps, en effet, ce dernier phénomène a été observé dans les caveaux de l'église des Cordeliers de Toulouse. On cite deux églises de cette ville où les cadavres se conservent en se desséchant; les chairs sont changées en un tissu sec, spongieux et friable.

L'expérience suivante démontre combien est puissante l'action, même médiate, de certaines substances sur les corps organisés, et jette quelque jour sur l'espèce de momification qui nous occupe. Deux tritons de même poids furent placés dans des capsules de verre, au milieu de deux bocaux remplis d'air humide, et convenablement fermés : au fond de l'un de ces bocaux, se trouvait une certaine quantité de muriate de chaux sec; dès le second jour de l'expérience, le triton qui avait été placé dans ce dernier bocal, fut trouvé dans un état complet de dessiccation, tandis qu'au quatrième jour, l'autre était encore très vivant et n'avait diminué sensiblement ni de poids, ni de volume.

Est-ce à une influence de ce genre que doit être rapporté l'exemple d'une momie d'enfant trouvée à Riom en Auvergne, il y a une vingtaine d'années? Cette momie, du sexe masculin, déposée dans le cabinet d'anatomie comparée du muséum d'histoire naturelle, est noire, assez pesante, et passablement conservée; les bras et les cuisses sont entourés de bandelettes.

Un dernier phénomène qui a long-temps paru inexplicable, et qui effectivement ne semble se rattacher à aucune des causes précédentes, c'est la découverte, au milieu de cadavres en dissolution presque complète, de corps parfaitement conservés, et que rien pourtant n'indiquait avoir été embaumés. M. Velper, de Berlin, en reconnaissant que les cadavres de personnes qui ont été empoisonnées par l'arsenic, se momifient au lieu de se putréfier, a fait voir l'influence que peuvent avoir sur la conservation ultérieure des corps certaines substances prises même à fort petites doses, pendant l'état de vie. Ainsi trouvent peut être leur explication le phénomène dont nous parlons, et celui qui a été observé lors des exhumations de Dunkerque, savoir : que sur les onze cadavres qui, dans le nombre de soixante, se sont trouvés entiers, trois étaient entièrement desséchés et semblables aux momies.

Des fausses momies. — On pourrait donner le nom de fausses momies à celles que fabriquent au Caire et à Saggarah même les Arabes et les Juifs : elles sont fausses en effet, puisque ce point de vue, que, formées de toutes pièces, c'est-à-dire des débris provenant de véritables momies grossièrement rassemblées et emmaillotées, elles ne sont plus d'aucune valeur aux yeux des curieux; mais les momies réellement fausses sont celles qu'on a trouvées dans les

(1) Voyage, page 43.

(1) Voyez tome I page 56.

catacombes de Thèbes parmi les vraies momies, et qui semblables en apparence à ces dernières, n'offraient pour soutien aux bandelettes dont elles étaient très artistement entourées, qu'une sorte de carcasse en tige de palmier. Ce qu'il y a de singulier, c'est qu'on en a trouvé d'analogues parmi les momies d'animaux, circonstance qui semble repousser l'idée que les fausses momies humaines avaient été imaginées par l'intérêt personnel dans des cas où il importait de supposer la mort de quelqu'un.

LES INVALIDES.

Du moment où le gouvernement a fait du métier des armes une profession exclusive, il devait assurer un asile aux vieux soldats que le fer et le canon de l'ennemi avaient épargnés.

Pendant près de deux siècles après l'institution des trou-

POUSSEREAU   LEBRETH
(Invalide, 1834.)

pes soldées et permanentes, la plupart des vieux soldats ne vécurent que de brigandages ou d'aumônes, lorsque leurs chefs ne les jugeaient plus capables de servir. Quelques-uns d'entre eux obtenaient une place de garde dans une forteresse ou de frère lai dans les abbayes de fondation royale.

La première idée de la formation d'une maison de retraite en faveur des militaires âgés ou meurtris dans les combats, appartient à Philippe-Auguste; mais ce monarque vivait à une époque où les institutions utiles et généreuses étaient mal appréciées. Aussi son projet resta-t-il sans exécution. Henri III accomplit le projet qu'avait formé Philippe-Auguste. Il fonda, en 1575, dans la rue de l'Oursine, *une maison royale et hospitalière*, pour les officiers et les soldats âgés ou infirmes, et leur donna une décoration qu'ils portaient sur la poitrine; elle consistait en une croix nacrée avec cette devise : *Pour avoir bien servi*. Ce nouvel ordre de chevalerie reçut le nom d'*ordre de la charité chrétienne*.

Henri IV rendit plusieurs édits par lesquels il assura le sort des officiers et des soldats blessés au service; il augmenta la dotation de l'hôpital de l'Oursine.

En 1634, Louis XIII, dans le même esprit, fit exécuter des travaux à Bicêtre, pour faire de ce lieu une maison de refuge pour les invalides, qui fut plus tard érigée en commanderie de Saint-Louis. Mais les soulagemens qu'on accorda alors à ces vieux soldats étaient insuffisans, et n'avaient aucun caractère de durée ni de fixité.

Il appartenait à Louis XIV de donner à l'institution créée par ses aïeux le développement que réclamaient l'accroissement donné sous son règne à l'armée, et le grand nombre d'invalides que ses nombreuses guerres avaient laissés à la suite des régimens. Un arrêt du conseil, du mois de mars 1660, assigna des fonds pour la construction des bâtimens et la dotation de cet établissement royal. Au mois de novembre suivant, les travaux commencèrent, et quatre ans après, les invalides purent prendre possession de leur nouvelle demeure. Ce ne fut du reste que trente ans plus tard que le monument fut achevé dans son ensemble, sous la direction de Jules Hardouin Mansard, auteur du plan du magnifique dôme qui est le plus bel ornement de l'hôtel des Invalides.

En 1690, plusieurs officiers et soldats qui avaient recouvré leur santé et leurs forces à l'hôtel demandèrent à faire un service actif. On détacha plusieurs compagnies d'invalides, auxquelles on confia la garde des forts, des citadelles et des prisons d'état. En 1696, ces compagnies prirent rang dans l'armée, du jour de leur création. Telle est l'origine du corps des vétérans.

Les abbayes et les prieurés formèrent le premier fond destiné à la dotation de l'hôtel des Invalides, mais son insuffisance fit bientôt recourir, pour l'augmenter, à de nouveaux moyens. On y parvint d'abord en ordonnant la retenue de deux, puis de trois deniers pour livres sur toutes les dépenses de la guerre. D'un autre côté, l'administration sut tirer parti du vaste terrain dépendant de l'hôtel. Ce terrain, livré à la culture, ajouta un nouveau produit au fond primitif. En 1789, les revenus des invalides s'élevaient à 1,700,000 francs. Sous le gouvernement impérial, la dotation de l'hôtel consistait dans la retenue de 2 p. % sur le traitement des officiers de l'armée de terre, sur les retraites, sur les pensions civiles, militaires et de la Légion-d'Honneur; en une rente de 100,000 francs, inscrite sur le grand-livre de la dette publique; en une part du produit des salines de l'Est; dans le prélèvement de 50 p. % sur le produit des bris maritimes, des prises, etc.; dans celui de 1 p. % sur les octrois; dans le produit des herbages des places et postes de guerre; enfin, en un produit sur le dessèchement des marais de Rochefort et du Cotentin. Au commencement de 1798, la dépense de l'hôtel avait été fixée à 5,722,986 francs.

La bibliothèque, qui se compose actuellement de 26,000 volumes, et la batterie que l'on voit sur l'esplanade de l'hôtel, furent établies en 1800.

Les guerres de la révolution et l'accroissement successif de nos armées, ayant considérablement augmenté le nombre des invalides, deux succursales furent créées la même année, à Louvain et Avignon : elles devaient recevoir chacune 2,000 hommes. La dernière subsiste encore.

Les officiers, logés dans un quartier séparé de l'hôtel, ont une chambre pour deux ou pour quatre. Les officiers supérieurs ont chacun une chambre particulière. Les sous-officiers et soldats occupent des chambres de quatre à douze lits.

Une ordonnance du 21 août 1822, assigne, dans l'armée, le premier rang aux invalides. Une ordonnance du 5 janvier 1710 prescrivait de n'admettre à l'hôtel des invalides que les militaires ayant au moins vingt ans de service, ou qui auraient été grièvement blessés. Après avoir subi diverses modifications, ces conditions restent déterminées comme il suit : « Nul ne peut entrer s'il n'a perdu un ou plusieurs de ses membres, ou s'il n'a trente ans de service effectif et soixante ans d'âge. » La perte de la vue, par suite d'événemens de la guerre, est aussi un titre d'admission. Les militaires retirés du service doivent de plus jouir déjà d'une pension de retraite (1).

(1) Les gratifications mensuelles accordées aux militaires de tous grades, après avoir également éprouvé diverses modifications,

MONUMENS DE L'ÉGYPTE.
HISTOIRE SACRÉE.

On lit dans la Bible, dans l'histoire des rois (1). Que dans la cinquième année du règne de Roboam, un roi

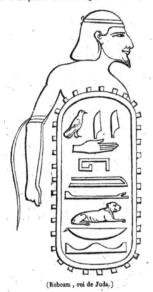

(Roboam, roi de Juda.)

d'Égypte du nom de *Sisac*, marcha sur Jérusalem, enleva les trésors du temple du Seigneur et ceux de la maison du roi.

L'inspection des ruines de Thèbes est venue après un laps de vingt-huit siècles, confirmer ce fait dont on ne retrouve du reste aucune trace dans les historiens profanes.

sont aujourd'hui établies conformément au tableau ci-après. Nous y ajouterons les droits à la retraite des invalides, lorsque cette retraite est demandée, en échange des droits de l'hôtel.

	Gratifications mensuelles.	Droits à la retraite.
Colonel.	3o fr.	3,000
Lieutenant-colonel	24	2,400
Chef de bataillon, d'escadron et major. .	20	2,000
Capitaine	10	1,600
Lieutenant	8	1,200
Sous-lieutenant.	6	1,000
Adjudant sous-officier.	4	800
Sergent-major.	4	600
Sergent et fourrier.	3	600
Caporal	3	500
Soldat.	2	450

A l'époque de leur institution, les invalides de l'hôtel étaient armés de l'épée, de la hallebarde ou de la pique; les plus agiles ou les moins estropiés portaient le fusil, le mousqueton ou la carabine. Toutes ces armes étaient prises dans les magasins de l'état et parmi celles qui se trouvaient hors de service. De nos jours, ils sont tous armés de sabres ou de fusils, ou seulement de la baïonnette.

(1) Livre II, chap. 14.

Dans la partie de l'enceinte de Thèbes qu'occupe, actuellement le village de Karnae, se trouvent les ruines d'un palais que le savant Champollion a reconnu avoir été bâti par Sisac; sur l'une des murailles de ce monument est représenté le triomphe de ce monarque à la suite duquel sont conduits les prisonniers, les chefs d'un grand nombre de nations vaincués. Parmi ces figures est celle dont nous donnons ici le dessin. L'inscription hiéroglyphique qui l'accompagne peut être traduite ainsi :

A I I
D
A
M
A
L
E
K

En remplaçant les figures hiérogliphiques par les caractères de notre écriture qui, d'après les recherches de nos savans, doivent leur correspondre.

Cette inscription doit se lire ainsi IIADA MALEK, en allant de droite à gauche et de haut en bas; ce qui signifie: roi de Juda.

Roboam étant le seul roi de Juda vaincu par Sisac, il ne saurait y avoir d'incertitude à ce sujet; et comme toutes les figures de cette espèce que l'on trouve dans les monumens égyptiens, sont en général des portraits fort ressemblans, il est à présumer que le dessin ci-joint, nous reproduit les traits d'un roi de Judée, mort il y a près de 3000 ans.

Nos lecteurs remarqueront sans doute la physionomie éminemment juive de ce portrait.

ANIMAUX HIBERNANS.

Dans la classe des animaux à sang chaud, comme dans celle des animaux à sang froid, il en est qui passent une partie de l'automne et de l'hiver dans un état d'engourdissement, et en sortent à l'entrée du printemps. Les premiers appartiennent à la classe des mammifères; ce sont : le loir, le lérot, le muscardin, le hérisson, les chauve-souris, la marmotte, le hamster, le dipus canadensis, etc. A une époque plus ou moins avancée de l'automne, suivant l'abaissement de la température, ces animaux cherchent à se mettre à l'abri du froid et du vent, en se retirant dans des trous pratiqués dans la terre, les murs, les arbres, les buissons. Ils les garnissent d'herbes, de feuilles vertes ou de mousse. Ces retraites varient suivant les espèces : les chauve-souris, qui s'en choisissent aussi de pareilles, hivernent encore dans des grottes et des carrières, où la température est plus douce qu'à l'air libre; là, elles se suspendent par leurs pattes de derrière, et se livrent à un long sommeil. Les autres animaux hibernans se contractent en rapprochant leur tête des extrémités inférieures, et présentant ainsi moins de surface à l'action du froid. Lorsqu'on les découvre dans leurs retraites, on les trouve pelotonnés, froids au toucher, immobiles, raides, les yeux fermés, la respiration lente, interrompue, à peine perceptible ou nulle; et leur insensibilité est souvent telle, qu'on peut les remuer, les agiter, les rouler, sans les tirer de leur torpeur.

Au printemps et en été, lorsque ces animaux jouissent de toute leur activité, ils ont une chaleur, qui varie, suivant les espèces et les individus, entre trente-cinq et trente-sept centigrades, et qui se trouve, par conséquent, dans les limites de température qui caractérisent les animaux à sang chaud. En gardant ces animaux pour juger des changemens qui leur surviennent en automne et en hiver, on a observé que leur température baisse lentement avec le déclin de la saison : leur respiration se ralentit aussi graduellement; leurs mouvemens deviennent moins vifs, et leur appétit diminue; ils jouissent cependant de l'usage de leurs sens et de la locomotion. Cet état. intermédiaire entre la plénitude de la vie et de la torpeur peut durer un ou deux mois. Le degré de température extérieure auquel ils s'engourdissent varie suivant les espèces; leur propension à l'engourdissement suit une échelle de température descendante qui correspond, en général, à l'ordre suivant : les chauve-souris, le hérisson, le loir, la marmotte et le hamster; la comparaison n'a pas été établie entre les autres espèces. Quoiqu'il n'y ait pas de degré précis auquel ces animaux perdent l'usage du sentiment et du mouvement, on a observé que les chauve-souris peuvent s'engourdir entre dix et sept degrés; le hérisson à sept degrés; le loir à cinq. On n'a pu engourdir la marmotte et le hamster qu'à une température bien au dessous de zéro; encore a-t-il fallu gêner la respiration, en ralentissant ou empêchant le renouvellement de l'air dans les boîtes et les trous où on les enfermait.

L'engourdissement de ces animaux n'a lieu que lorsqu'à l'abaissement de leur température et au ralentissement de leur respiration, se joint la suspension de l'action des sens et des mouvemens volontaires. Il est susceptible de degrés très variés, caractérisés par le nombre des aspirations dans un temps donné, ou, ce qui indique le plus haut degré de torpeur, par l'absence de tout mouvement respiratoire. Toutes les espèces ne sont pas susceptibles du même degré d'engourdissement; les chauve-souris sont celles dont la léthargie est la plus légère; la marmotte, au contraire, peut éprouver l'engourdissement le plus profond. La température de ces animaux pendant leur sommeil léthargique dépend en grande partie de celle de l'air; cependant elle est plus élevée au moins de trois ou quatre degrés; elle est par conséquent variable; elle peut descendre à trois degrés au-dessus de zéro sans faire cesser le sommeil; mais elle n'est pas susceptible d'être réduite à zéro sans causer le réveil ou la mort. Il y a donc un degré de froid extérieur incompatible avec l'engourdissement ou la vie de ces animaux. Les espèces les plus faciles à engourdir, telles que les chauve-souris, le hérisson, le loir, le lérot et le muscardin, ne sauraient supporter une température de dix degrés au-dessous de zéro. Une chaleur de dix à douze degrés au-dessus de zéro les réveille. Divers moyens mécaniques, tels que des secousses légères ou fortes, suivant le degré d'engourdissement, suffisent pour les en tirer, sans aucun changement de la température extérieure; mais s'ils peuvent ainsi reprendre leur activité, ils ne sauraient la conserver sans le secours d'une douce chaleur.

Suivant qu'ils sont plus ou moins sujets ou exposés à être réveillés, les animaux hibernans se font des amas de provisions; on a vu, par exemple, le hérisson se former plusieurs magasins séparés, et y recourir à diverses époques pendant son hibernation; on a même quelquefois reconnu ses traces sur la neige.

Il n'y a pas de caractère extérieur distinctif des mammifères hibernans. Si quelques espèces appartiennent au même genre, tels que le loir, le lérot et le muscardin, il en est d'autres qui en sont très différentes, et qui appartiennent à une famille éloignée, telles que les chauve-souris. On a cherché en vain dans la structure intérieure de ces animaux une organisation particulière.

On dit que le tanrec, espèce de hérisson, s'engourdit à Madagascar pendant quelques mois de l'année. Si cette assertion était bien fondée, ce serait le seul fait connu de l'engourdissement périodique d'un mammifère dans un climat chaud.

Un grand nombre d'animaux à sang froid peuvent être regardés comme animaux hibernans : il en est ainsi des reptiles dans les climats froids, de quelques insectes, mollusques et vers; mais, en général, leur engourdissement est moins profond que celui des mammifères hibernans. Ils passent le temps de leur hibernation sans nourriture, mais ils ne sont pas toujours privés du sentiment et du mouvement, même à la température de zéro.

Quelques-uns sont susceptibles d'un engourdissement profond, même dans les climats chauds. Humboldt l'a observé, dans l'Amérique méridionale, chez les reptiles qui passent une partie de l'année ensevelis dans la terre, et qui ne sortent de leur torpeur que par un temps de pluie, ou lorsqu'on les excite par des moyens violens.

Nous conclurons, par cette observation générale, qu'aucune espèce d'animal ne paraît condamné par sa nature à s'engourdir; cet état dépend des circonstances extérieures, et on peut le faire cesser ou le prévenir, en réglant les conditions où l'on place ces animaux.

LES BOHÉMIENS.

C'est dans les montagnes de la Transylvanie, aux confins des provinces turques et de l'Autriche, que réside principalement cette race d'hommes extraordinaires que nous appelons Bohémiens. Ce fut vers l'année 1438, qu'ils se montrèrent en Hongrie et en Bohême, on les appela Zigueries ou Czingaries; mais lorsqu'ils quittèrent ce pays pour se répandre dans les parties plus occidentales de l'Europe, on leur donna le nom de Bohémiens, parce qu'on supposa qu'ils étaient originaires de la Bohême. Bien qu'il y en ait une très grande quantité au centre de l'Europe, ils attirent peu l'attention, parce qu'ils sont divisés en petites compagnies; les uns habitent les faubourgs de quelques villes, et les autres errant sans cesse, dressent leurs tentes dans les lieux qui leur plaisent le plus. On en compte actuellement deux cent vingt-deux mille dans la Valachie, la Moldavie et la Transylvanie où on les appelle généralement Czingaries; mais dans quelques endroits on les nomme Dfarones, ou sujets de Pharaon, et dans d'autres Egyptiens, parce qu'on pense qu'ils sont d'origine égyptienne, comme les Juifs, ils ont des marques distinctives indélébiles; les yeux creux, le teint brun, les cheveux noirs; une grande horreur du travail, et beaucoup de propension à commettre des petits larcins. Ils ne reconnaissent aucune religion pour la leur, mais ils suivent en général le rit grec, dont ils n'ont cependant qu'une idée très imparfaite : ils baptisent généralement leurs enfans eux-mêmes dans une maison publique, au milieu des scènes profanes et indécentes; ils forment des liaisons avant d'être en âge de mariage, et les rompent quand il leur plaît : il n'est pas rare de voir des mères entourées d'enfans de différens pères. A un certain âge, on laisse les garçons courir tout nus dans les temps les plus rigoureux. Lorsque plusieurs familles veulent mener une vie sédentaire, elles construisent une cabane où elles se logent, avec différens animaux; l'air qu'elles y respirent est très malsain, à cause de leur malpropreté.

Les Bohémiens sont très irascibles; leurs emportemens vont souvent jusqu'à la fureur; bavards et surtout menteurs, ils sont presque toujours en discorde; ce qui donne lieu surtout à cette désunion, c'est leur goût pour les liqueurs fortes. Malgré le rang abject qu'ils occupent dans la société, ils sont remplis de vanité; ils professent le plus grand respect pour certaines familles d'entre eux, qu'ils appellent Voïvodes, et parmi lesquelles ils choisissent un individu à qui ils donnent le nom de chef; ils le portent trois fois autour de leurs bottes, en jetant des cris épouvantables; telle est la cérémonie d'inauguration. Les chefs sont gardiens de quelques privilèges qui leur ont été accordés vers l'année 1600; les Czingaries de Transylvanie sont très fiers de ces privilèges.

Outre leur dépravation générale, ils ont des degrés d'infamie; il y en a qui sont si pervers qu'ils sont généralement repoussés; c'est parmi eux qu'on choisit les bourreaux; ils remplissent leur tâche avec délices; ils inventent des instrumens de torture, et prennent un plaisir féroce à faire aux victimes le détail du supplice qu'elles doivent éprouver.

En général, ils gagnent leur vie à fabriquer des outils de fer, des couverts de corne, des paniers et d'autres objets : on les emploie aussi, dans la Valachie, à recueillir l'or dans l'Olt, la Dobriza, etc.; d'autres servent de marmitons, ce qui est la cause principale de la saleté des cuisines de la Valachie; quelques-uns cependant ont de plus agréables occupations : doués par la nature d'une oreille fine et délicate, ils sont très propres à l'art de la musique, qu'ils aiment beaucoup. Presque tous les musiciens de ces pays sont Bohêmiens; ils excellent surtout sur les instrumens à vent. Je les ai souvent entendus, et toujours avec le plus grand plaisir, cependant on m'a dit qu'ils ignoraient les premières règles de l'art.

Leur langage est un mélange de mots bulgares, hongrois, arabes, et d'autres dialectes de l'Orient; de sorte que lorsqu'on est versé dans les langues orientales on peut comprendre leur jargon. Ils apprennent avec facilité et ils adoptent la langue du peuple près duquel ils ont l'intention de s'établir. Ils n'ont point d'écoles, et sont peu capables de discipline et d'instruction.

Leur situation civile en Transylvanie est tolérable; là ils jouissent de quelques privilèges qui les élèvent jusqu'à un certain point, au rang de citoyens; tandis qu'en Valachie et en Moldavie ils sont esclaves. Une partie de cette caste appartient au gouvernement, et l'autre aux individus; ils sont achetés et vendus ordinairement de cinq à six cents piastres; cependant les ventes sont rarement publiques. Ceux qui appartiennent au gouvernement peuvent errer à leur gré, en s'engageant à ne pas quitter le pays, et à payer une taxe annuelle de quarante piastres pour chaque individu de seize ans; ils se procurent généralement cette somme en recueillant de l'or dans le lit des rivières. Ceux qui appartiennent aux boyards sont employés aux fonctions que désignent leurs maîtres; ils servent le plus souvent comme domestiques ou vignerons. Un boyard n'est pas inquiété pour avoir tué un de ses Bohêmiens, et pour le même cas, un étranger n'est condamné qu'à une amende de quatre-vingt-dix florins. Ils commettent rarement de grands crimes, mais se rendent souvent coupables de délits; pour les plus graves ils reçoivent un certain nombre de coups de bâton sur la plante des pieds, et pour ceux de peu d'importance on leur met un masque de fer, qu'ils gardent plus ou moins long-temps; outre qu'il les gêne beaucoup, il les empêche de boire et de manger. Pour de petits vols on leur inflige une autre punition; leur cou et leurs bras sont serrés dans une planche fendue, qu'ils emportent avec eux. Ce châtiment a de l'analogie avec la fourche romaine, et avec la congue des Chinois.

LE CHÂTEAU DE SULLY.

En 1602, le marquis de Rosny fit l'acquisition d'un château situé à Sully, village du département du Loiret, à peu de distance d'Orléans. Ce château, qui était alors peu considérable, prit un accroissement successif, et fut érigé en duché-pairie, par lettres-patentes de Henri IV en date du 12 février 1606 : ce fut alors que le marquis de Rosny devint duc de Sully. « J'avais déjà refusé cette dignité, dit-il dans ses *Mémoires*, lorsque le roi m'avait envoyé ambassadeur en Angleterre. Les libéralités de ce maître-bienfaiteur, ayant levé depuis ce temps-là l'obstacle, qui m'avait empêché de profiter de sa bonne volonté, j'acceptai avec reconnaissance ce nouveau bienfait. Il n'y eut aucun des seigneurs de la cour, ni presque des grands du royaume, qui ne me fit l'honneur de m'accompagner lorsque je me présentai au parlement pour la cérémonie de ma réception. Elle fut encore plus honorée par la présence de trois princes du sang, excepté M. le comte de Soissons. La grand'chambre, la salle, toutes les galeries et les cours même étaient si pleines qu'à peine on pouvait s'y retourner. J'amenai au sortir soixante des plus distingués à l'Arsenal où les attendait un repas en gras et en maigre, pour lequel je n'avais rien épargné. Une surprise heureuse pour moi fut d'y trouver sa majesté elle-même, qui s'y était rendue

pendant la cérémonie, sans avoir voulu m'en prévenir. « Monsieur le grand-maître, me cria le roi du plus loin « qu'il me vit arriver, je suis venu au festin sans prier; « serai-je mal dîné ? — Cela pourrait bien être, Sire, lui « répondis-je, car je ne m'attendais pas à tant d'honneur. « — Je vous assure que non, reprit ce prince en interrom- « pant mes remercîmens ; j'ai visité vos cuisines, en vous « attendant, où j'ai vu le plus beau poisson qu'il soit pos- « sible de voir, et force ragoûts à la mode; et même parce « que vous tardiez trop à mon gré, j'ai mangé de vos pe- « tites huîtres de chasse, tout-à-fait fraîches, et bu de « votre vin d'Arbois, le meilleur que j'aie jamais bu. » La gaieté du roi assaisonna le plaisir de la table, le reste du jour se passa à la satisfaction de tous les convives. »

Nous croyons devoir rapporter cette scène intéressante, où brillent à la fois la bonhomie d'un grand roi et son affection pour son loyal ministre; car souvent un fait caractéristique comme celui-ci fait aussi bien connaître les hommes que l'histoire de leur vie entière.

Sully embellit les dehors de son château par des jardins magnifiques et par un large canal, entretenu d'eau vive par la petite rivière de Sangle, qu'il y fit passer, et qui de là va se perdre dans la Loire. Il fit construire une machine destinée à porter de l'eau à tous les bassins, jets-d'eau et cascades, dont les jardins étaient remplis : cette machine subsiste encore, mais les pièces d'eau sont pour la plupart détruites. Quant aux bâtimens, il en fit boiser, peindre et dorer presque tous les appartemens : il fit aussi pratiquer, dans l'épaisseur des murs, des galeries, qui prennent depuis le petit corps-de-logis de l'entrée jusqu'au gros château. Les cours et le petit parc sont aussi son ouvrage. Dans l'une de ces cours, on remarque plusieurs éminences faites de main d'homme. Ces travaux, qui ne sont d'aucune utilité et qui produisent même un effet assez désagréable, ont de quoi surprendre ceux qui ne savent pas que le duc de Sully ne trouva pas d'autre moyen de faire subsister une infinité de pauvres, qui demandaient du travail dans un moment de cherté. La collégiale de Saint-Ithier était anciennement une petite église qui touchait presque au château : il la fit transporter au milieu de la ville, où plutôt il en fit bâtir à ses frais une très-belle église, sans parler de plusieurs autres ouvrages dont on lui a l'obligation, et parmi lesquels nous citerons seulement la fondation d'un Hôtel-Dieu.

L'appartement principal du château est celui qu'il fit arranger en mémoire de Henri-le-Grand, et qu'on nomme pour cela l'*appartement du roi*. Il voulut laisser un autre monument de sa reconnaissance envers ce prince dans la salle de Sully. Cette salle, qui, après celle de Montargis, est la plus grande qu'on connaisse en France, a vue sur la Loire : Henri IV y est peint, dans un tableau de première grandeur, le plus parfait et le plus ressemblant de tous les portraits de ce prince. Ce tableau décore une immense cheminée, toute incrustée de menuiserie, et couverte de cartouches en pierre, avec des emblèmes et des devises. Un de ces cartouches a quelque chose de singulier : il représente le soleil jetant une faible et pâle lumière : au dessous paraît la lune, aussi brillante que le soleil, l'est peu. C'est le seul emblème qui n'ait pas de devise ; ce qui fait croire qu'il renferme quelque chose de mystérieux.

On sait qu'après la mort de Henri IV, Sully se retira dans ses terres. Il partageait son séjour entre la chapelle d'Angillon, Villebon et Sully. La vie qu'il menait alors avait un caractère de grandeur et même de majesté, en harmonie avec son esprit grave et sérieux. Outre un grand nombre d'écuyers, de gentilshommes et de pages, qui le servaient, de dames et de filles d'honneur attachées à la personne de la duchesse de Sully, il avait une compagnie de gardes avec leurs officiers, et une autre de Suisses, sans compter une foule nombreuse de domestiques de toute espèce.

Sully avait l'habitude de se lever de grand matin. Après

ses prières et sa lecture, il se mettait au travail avec quatre secrétaires. Ce travail consistait à mettre ses papiers en ordre, à rédiger ses mémoires, à répondre aux différentes lettres qu'il recevait, à prendre connaissance de ses affaires domestiques, enfin à conduire celles de ses gouvernemens et celles de ses charges : car il demeura jusqu'à sa mort gouverneur du Haut et Bas-Poitou et de la Rochelle, grand-maître de l'artillerie, grand-voyer de France et surintendant des fortifications du royaume. Il employait ainsi la matinée entière, puis il sortait pour prendre l'air une demi-heure ou une heure avant le dîner : alors on sonnait une grosse cloche pour avertir de sa sortie les gens de sa maison, qui se plaçaient en haie sur son passage, depuis son appartement jusqu'au bas de l'escalier. Ses écuyers, gentilshommes et officiers marchaient devant lui, précédés de deux Suisses avec leur hallebarde. A ses côtés se tenaient ses amis ou les membres de sa famille : suivaient ses officiers aux gardes et sa compagnie de Suisses : la marche était toujours fermée par quatre Suisses.

Rentré dans la salle à manger, qui était un vaste appartement, où il avait fait peindre les plus mémorables actions de sa vie et de celle de Henri IV, il se mettait à table. Cette table était comme une longue table de réfectoire, au bout de laquelle il n'y avait de fauteuils que pour lui et la duchesse ; tous ses enfans, mariés ou non mariés, quelque rang qu'ils eussent, et jusqu'à la princesse de Rohan, sa fille, n'avaient que des tabourets ou des siéges pliants ; car à cette époque la subordination et le respect des enfans étaient poussés à un tel point, qu'ils ne se couvraient et ne s'asseyaient jamais en présence de leurs père et mère, sans en avoir reçu l'ordre. La table était servie avec goût et magnificence. Il n'y admettait que les seigneurs et les dames de son voisinage, quelques-uns de ses principaux gentilshommes, et des dames et filles d'honneur de la duchesse de Sully : excepté la compagnie extraordinaire, tous se levaient et sortaient au dessert. Le repas fini, on se rendait dans un cabinet contigu à la salle à manger, et qu'on appelait le *cabinet des illustres*, parcequ'il était orné des portraits des papes, rois et autres personnages distingués ou célèbres de son temps.

Dans une autre salle à manger, belle et richement meublée, le capitaine des gardes tenait une seconde table, servie

à peu près comme la première, où mangeaient ceux que la disproportion d'âge empêchait le duc de Sully de recevoir à la sienne ; car il avait coutume de dire aux jeunes gens : « Vous êtes trop jeunes pour que nous mangions ensemble, et nous nous ennuyerions les uns les autres. »

Lorsqu'il avait passé quelque temps avec la compagnie, il remontait chez lui pour s'occuper pendant deux ou trois heures du même travail que le matin. Puis, si le temps ou la saison le permettaient, il prenait le plaisir de la promenade : la sortie avait lieu toujours avec le cortége, que nous avons décrit. Quelquefois il faisait cette promenade dans son chariot ou coche, avec la duchesse, son épouse. De retour au château, il travaillait encore. Le souper se passait comme le dîner, ensuite chacun se retirait chez soi.

Le duc de Sully ne portait ni ordre ni décoration : seulement il suspendait à son cou, surtout depuis la mort de Henri IV, une chaîne d'or ou de diamans, à laquelle était attachée une médaille représentant ce grand prince. De temps en temps il la prenait, il s'arrêtait à la contempler et la baisait avec transport : il ne la quittait jamais, même lorsqu'il venait à la cour, non plus que l'ancien habillement ; car jamais il ne voulut s'assujettir à la mode. On sait ce qui lui arriva un jour que Louis XIII l'avait mandé pour le consulter sur quelques affaires importantes. Les jeunes courtisans qui entouraient le roi, riaient entre eux de sa tournure, de ses manières et de son costume : il s'en aperçut, et s'adressant au roi : « Sire, lui dit-il, je suis trop vieux pour changer d'habitude sur rien ; quand le feu roi votre père, de glorieuse mémoire, me faisait l'honneur de m'appeler auprès de sa personne, pour s'entretenir avec moi sur les grandes et importantes affaires, au préalable, il faisait sortir les bouffons. »

L'ordre et la paix régnaient parmi les nombreux domestiques du duc. Personne ne sut jamais mieux se faire respecter, servir et obéir que lui. Les catholiques qu'il avait à son service, ne s'apercevaient point qu'il mît aucune différence entre eux et les calvinistes : il avait soin au contraire de les obliger à remplir exactement leurs devoirs de bons catholiques romains. Il aurait lui-même embrassé la religion catholique, sans une délicatesse mal entendue : il craignait qu'on n'attribuât ce changement à l'ambition et à l'intérêt.

(Le Château de Sully à Sully.)

Paris. — Imprimerie de H. Fournier, rue de Seine, n 14.

ORLÉANS.

(Vue de la Cathédrale.)

Orléans est situé dans un pays agreste, sur la rive droite de la Loire. Elle est environnée de nombreuses maisons de campagne, et précédée de grands et beaux faubourgs, qui annoncent une riche cité. Les promenades qui l'entourent sont délicieuses, et contribuent à en rendre le séjour fort agréable. Cette ville offre plusieurs quartiers où l'on remarque des maisons construites avec élégance, des rues larges, propres et bien percées, et de vastes places publiques : la rue Royale, qui conduit en droite ligne de la place du Martroy au pont de la Loire, est la plus belle d'Orléans; mais il est fâcheux que les quartiers construits à droite et à gauche de cette rue soient si mal bâtis.

Orléans renferme un assez grand nombre d'édifices publics d'une architecture remarquable : le Palais-de-Justice, entre autres, est un beau monument moderne; sa façade, composée de quatre colonnes doriques, et surmontée d'un fronton, forme un péristyle exhaussé de huit ou dix marches, et décoré de deux figures de sphinx. Ce bâtiment, qui date de 1821, fait honneur à M. Pajot, architecte de la ville. Parmi les constructions gothiques, nous citerons les églises, et surtout la cathédrale, connue sous le nom de Sainte-Croix; c'est l'une des plus belles de France. Les premiers fondemens en furent jetés par l'évêque saint Euverte; brûlée, ainsi que la ville, par les Normands, en 865, la piété des rois de France la releva de ses ruines. Elle fut encore détruite en 999, et rebâtie par l'évêque Arnoult. Les calvinistes la ruinèrent de nouveau en 1567; il n'en resta que quelques chapelles et six piliers de la nef. Henri IV assigna, en 1599, les fonds nécessaires pour sa réédification. Depuis cette époque, les travaux ont été, à divers intervalles, suspendus et repris; il appartenait à notre époque d'achever ce superbe édifice, destiné à faire l'admiration des siècles. Les vieilles tours subsistaient encore en 1726; elles furent démolies pour faire place aux nouvelles et au beau portail qu'on voit aujourd'hui. Le plan de l'église Sainte-Croix est d'un ensemble harmonieux; malgré toutes les vicissitudes qui ont entravé sa construction, il n'offre aucun disparate. Quant au style des ornemens d'architecture gothique qui décorent les diverses parties du monument, il est riche, fleuri et élégant; il n'y a rien de plus délicat et de plus gracieux que les sculptures du portail et des tours, terminées par une espèce de couronnement de l'effet le plus pittoresque. On admire aussi les portails latéraux, l'audace irrégulière et gigantesque des voûtes, et l'aspect mélancolique de l'intérieur. Le chevet est orné d'une chapelle de la Vierge, dont les lambris, le retable et le pavé sont de marbre blanc et noir.

L'église d'Orléans a été illustrée par plusieurs prélats et saints personnages de haute réputation : Eusèbe, Anselme, Théodoric, Arnoult et autres, ne furent pas moins recommandables par leur science que par leurs vertus. Un grand nombre de conciles, où furent agités les points les plus importans de la discipline ecclésiastique et séculière, ont été tenus dans cette église, et l'ont également rendue célèbre. Enfin, c'est aussi dans cette cathédrale qu'eurent lieu les cérémonies du sacre des rois Charles-le-Chauve, Eudes, Robert, Louis-le-Gros, Louis-le-Débonnaire et Louis-le-Jeune, qui y célébra en même temps ses noces avec la princesse Constance.

Orléans offre encore d'autres monumens dignes de la curiosité des artistes; nous voulons parler de l'hôtel des Créneaux, bâti sous le règne de Louis XIII, et de plusieurs maisons charmantes de l'époque de la renaissance.

Mais c'est surtout sous le rapport historique qu'Orléans mérite d'être mis au rang des villes les plus intéressantes. Son origine se perd dans la nuit des siècles. Il est vraisemblable que cette antique cité doit sa fondation aux Carnutes ou Chartrains, sous la domination desquels elle était lorsque César fit la conquête des Gaules. Plusieurs historiens prétendent qu'elle fut bâtie sur les ruines de l'ancienne Genabum, prise et brûlée par César; mais il paraît prouvé aujourd'hui que c'est Gien qui occupa l'emplacement de Genabum. Elle prit un accroissement considérable, vers 272, sous le règne d'Aurélien, à qui elle doit le nom d'*Aurelianum*, dont on a fait *Orliens*, et ensuite *Orléans*.

En 451, Attila, à la tête d'une armée de cinq cent mille hommes, entre dans les Gaules, dans l'espoir de les conquérir facilement. Après avoir brûlé Cologne, Trèves, Reims, Cambray, Besançon, Langres et Auxerre, il arriva le 24 juin devant Orléans. Il comptait s'en emparer pour en faire sa place d'armes, et aller ensuite attaquer les provinces situées au-delà de la Loire. La ville était mal fortifiée et paraissait incapable de résister à ses armes victorieuses. Néanmoins les habitans, encouragés par saint Agnan, leur évêque, se défendirent vaillamment pendant

quelques jours. Au bout de ce tems les vivres commençaient à manquer; les murailles s'écroulaient sous l'effort des machines; la brèche se trouvait praticable pour un assaut général; quelques officiers principaux avaient même pénétré dans la place, et étaient en pourparler avec les habitans pour prendre des ôtages et convenir d'une capitulation, lorsque Aétius, général romain, arriva au secours des assiégés, à la tête d'une armée nombreuse. Attila ne connaissant pas la force des ennemis, et craignant de perdre une bataille ou d'être forcé dans son camp, prit le parti de la retraite. Mais aussitôt qu'Aétius s'aperçut qu'il levait son camp, il attaqua vigoureusement son arrièregarde, et en fit un grand carnage. Attila perdit 160,000 hommes : la perte des Romains ne fut pas moins considérable; mais ils restèrent maîtres du champ de bataille. La nuit couvrit la retraite des Huns.

Vers l'an 570, Odoacre, duc des Saxons, après avoir remonté la Loire, vint mettre le siège devant Orléans. Les habitans appelèrent à leur secours Chilpéric, roi des Francs, qui battit Odoacre sous les murs même de la ville, le poursuivit jusqu'à Angers, s'empara de cette cité ainsi que d'Orléans et de tous les lieux riverains de la Loire, et les réunit à son empire. Ce fait prouve qu'il est quelquefois dangereux d'appeler à son secours un allié puissant.

En 1428, les Anglais, possesseurs de la Normandie, de la Picardie, de la Champagne, de l'Anjou et de la Touraine, attaquèrent à leur tour Orléans : le duc de Bedford s'étant fait déclarer, à Paris, régent de France pour Henri VI, encore au berceau. Charles VII était brave, mais faible et voluptueux : il oubliait dans les plaisirs le soin de sa gloire et le salut de son royaume. Tout était désespéré : Orléans, pressé par le famine et par la disette, était sur le point de se rendre, lorsqu'une jeune bergère, animée par l'exaltation religieuse, se crut destinée par le ciel à délivrer la France de ses ennemis. Couverte d'une armure, et la bannière à la main, elle marche à la tête de l'armée : généraux et soldats, tous partagent son enthousiasme, tous imitent ses prodiges de valeur, et après un siège de dix mois, les Anglais sont forcés de se retirer. Plus tard la fortune abandonna l'héroïne : blessée et prise par les Anglais, qui exercèrent contre elle une honteuse vengeance; elle fut condamnée comme sorcière par d'infâmes juges, et brûlée vive à Rouen.

Une statue, élevée sur la place du Martroy, consacre à la fois le souvenir des exploits de la vierge de Domrémy, et la reconnaissance des Orléanais.

Sous le règne de Charles IX, Orléans fut ensanglanté par les massacres de la St-Barthélemy. Tous les calvinistes furent impitoyablement égorgés : on n'épargna ni les femmes ni les enfans. Ce forfait exécrable est rappelé par une espèce de tercet, que des sicaires seuls peuvent avoir composé :

A Orléans, le jour de la Saint-Barthélemy,
Y avait plus de huguenots morts que vifs :
Plus de huit cents à mort y furent mis.

Tels sont les évènemens les plus saillans de l'histoire de cette belle cité, qui donna le jour à un grand nombre d'hommes célèbres, tels que Amelot de la Houssaye, savant commentateur; Daniel, avocat, littérateur et bibliographe; Etienne Dolet, imprimeur, poète et grammairien, brûlé à Paris comme athée, en 1546; et l'illustre jurisconsulte Pothier, dont les cendres reposent dans la cathédrale.

Orléans présente un aspect admirable, vu de la rive gauche de la Loire, qui, dans cet endroit, est très large et dont le lit n'est embarrassé par aucune île. Le pont sur lequel on traverse le fleuve, est magnifique par ses proportions : il a 664 pieds de long, sur 36 de large, et se compose de 9 arches, dont la principale a 100 pieds d'ouverture. Sur l'ancien pont on voyait autrefois un monument de bronze, élevé en l'honneur de Jeanne d'Arc : elle y était représentée au pied de la croix, tenant sur ses genoux le corps du Christ : à droite et à gauche étaient les statues de Charles VII et de la Pucelle, revêtue de son armure. Ce monument, mutilé pendant les guerres civiles et religieuses, fut enlevé en 1745 de dessus le pont, restauré avec soin et placé en 1771 à l'angle des rues Royale et de la Vieille-Poterie ; mais il a été complètement détruit en 1793.

LES GRECS MODERNES.

EXPÉDITION D'YPSILANTI. — DESTRUCTION DU BATAILLON SACRÉ.

Impatiens de secouer le joug humiliant des Turcs, quelques enfans de la Grèce avaient, depuis 1814, fondé à Vienne, sous le nom d'Hétairie, une association dont le but était la délivrance de leur patrie. Le fils d'un ancien hospodar de la Valachie et de la Moldavie, Ypsilanti, général au service de la Russie, fut choisi sept ans après pour être le chef de cette association. A sa voix, un grand nombre de Grecs, soit des îles, soit du continent, coururent aux armes et apportèrent leurs trésors Mais le moment de la régénération de la Grèce n'était pas encore arrivé ; la Russie crut devoir désavouer toute participation à ce grand complot, et le sang des Grecs insurgés fut répandu en pure perte.

L'armée grecque se composait d'environ cinq mille hommes, venus de la Bulgarie, de la Valachie, de la Moldavie, de la Servie, etc., avec un corps de cavalerie arnaute et quelques pièces de campagne en fer, qui avaient été autrefois des canons de navire. Le nombre des troupes turques était presque deux fois plus élevé, et il s'y trouvait quinze cents hommes de cavalerie bien équipés.

A l'exception des cavaliers arnautes, tous les soldats d'Ypsilanti étaient animés d'un vrai patriotisme, et tous unis pour défendre l'Eglise chrétienne ; mais la nature de leurs premiers services, l'absence de toute discipline militaire, et par-dessus tout la diversité de leur origine, les rendaient peu propres à une attaque générale. Il y avait cependant un corps dans lequel on avait la plus grande confiance.

Tous les Grecs de familles respectables en général, et particulièrement ceux des deux provinces de la Valachie et de la Moldavie, avaient coutume d'envoyer leurs enfans faire leur éducation dans les différentes universités d'Europe, surtout en Italie et en Allemagne. Les uns étudiaient la médecine, les lois ; les autres, les mathématiques, le commerce, l'industrie. Les premiers rentraient ordinairement dans la maison paternelle pour y pratiquer leur art ; les derniers étaient placés dans les différentes maisons de commerce que les Grecs avaient alors dans toutes les capitales du continent. Lorsque la société de l'hétairie prit de l'accroissement, ces jeunes gens en devinrent membres partout où elle avait des ramifications ; et, lorsque le plan de révolution fut conçu, ils furent les premiers à proposer leurs bras. Chacun se procura une paire de pistolets, un sabre et un mousquet armé d'une baïonnette à la manière européenne, et un uniforme noir. Ainsi équipés, ils rejoignirent Ypsilanti. C'était tout à la fois un spectacle fort singulier et intéressant que de voir ces jeunes gens abandonner volontairement, d'un commun accord, leurs collèges et leurs occupations dans les différentes villes d'Italie, de Russie, et d'Allemagne, et partir seuls ou par petites bandes, des points les plus éloignés de l'Europe pour se réunir à un endroit convenu, et former une armée. Ils s'enrôlèrent dans un corps appelé la troupe sacrée, et ils prouvèrent par leur conduite qu'ils méritaient ce titre, aussi bien que les Thébains aux jours d'Epaminondas. Ils écrivirent sur leurs étendards : mort ou liberté (1), avec l'inscription

(1) Les Grecs plaçaient souvent ces inscriptions sur leurs étendards, et principalement la seconde ; le corps du porte-étendard qui mourait en défendant son drapeau était enveloppé dans ses plis comme dans un linceul, et porté ainsi jusqu'au tombeau.

des boucliers des Spartiates ou avec, ou dessus ; Aucun d'eux n'avait, avant cette époque, éprouvé de fatigue, ni manié une arme : cependant ils enduraient des privations et les fatigues de la discipline avec soumission et courage, donnant aux autres un exemple qui n'était qu'imparfaitement suivi. Ypsilanti avait environ cinq cents hommes de ce corps, et c'était sur eux qu'il comptait principalement.

La position qu'occupaient les Grecs était très favorable ; ils pouvaient se retirer dans le grand monastère de Drageschaw, situé à peu de distance. Les monastères grecs sont très propres à soutenir un siège ; ils ont en général une forme quadrangulaire ; les murs en sont fort épais, et les fenêtres très étroites ; ce sont autant des forteresses où les moines sont en sûreté contre les attaques des pirates des côtes et des brigands de l'intérieur. Ces demeures avaient souvent servi de refuge aux troupes grecques lorsqu'elles étaient poursuivies par l'ennemi. Situé entre les extrémités de deux branches de montagnes, qui à cet endroit avancent considérablement dans la plaine, et sont entourées de bois épais, le monastère de Drageschaw pouvait être facilement défendu. Il était aisé à des troupes légères de se loger dans les bois pour harceler l'armée turque lorsqu'elle se présenterait pour attaquer le couvent. Dans cette position imprenable, Ypsilanti aurait attendu des renforts, et le succès de la campagne était assuré. Par une inexplicable fatalité, cet avis que proposèrent les officiers grecs les plus expérimentés, ne prévalut pas dans le conseil de guerre ; un traître dérangea cette sage combinaison ; il reprocha aux Grecs de n'oser aborder les Turcs en rase campagne, exalta perfidement leur courage, et dans un moment d'enthousiasme, ils résolurent par acclamation d'aller au-devant de l'ennemi.

Le combat commença à dix heures du matin, le 19 juin 1821 ; après quelques décharges de la petite artillerie des Grecs, les Turcs se jetèrent sur la troupe sacrée, qui se défendit avec son courage accoutumé ; ils furent repoussés par les baïonnettes, qui donnaient à ce corps un grand avantage sur l'ennemi dans la mêlée, parce que les Turcs n'en avaient pas à leurs mousquets, et que leurs yatagans, ou espèce de couteaux de chasse, étaient trop courts. Ceux-ci reculèrent en désordre ; mais ils revinrent bientôt à la charge, et furent de nouveau repoussés. Ypsilanti, pensant que le moment décisif était arrivé, ordonna à sa cavalerie de se porter sur le derrière de l'armée turque, tandis qu'elle se retirait confusément. Si cet ordre avait été suivi, les ennemis n'auraient pu se rallier, et les Grecs eussent remporté une victoire éclatante ; mais la cavalerie était commandée par Kœravia, qui avait si fortement conseillé de livrer le combat ; au lieu d'obéir aux ordres du général, et d'attaquer les Turcs en déroute, ce corps, guidé par son infâme chef, tourna ses armes contre les Grecs, et les mit en fuite. Tous les efforts pour remédier à ce désastre furent infructueux ; la terreur panique, ou la trahison de la cavalerie, se communiqua à l'infanterie, qui se précipita dans l'Olt, et la traversa à la nage, laissant la troupe sacrée presque seule sur le champ de bataille ; ce fut alors que la cavalerie turque se précipita sur ce petit corps, et l'enveloppa de tous les côtés. Quoique dans une situation aussi terrible, ces braves jeunes gens conservèrent leur ordre jusqu'au dernier moment, et tinrent leurs rangs serrés ; ils repoussèrent pendant quelque temps les efforts de l'ennemi ; enfin les pistolets firent ce que les sabres n'avaient pu faire ; après les avoir affaiblis par des décharges répétées, les Turcs exterminèrent ceux qui étaient restés. Il en périt plus de quatre cents sur le champ de bataille ; et presque tous ceux qui purent échapper au carnage moururent de leurs blessures ; de sorte qu'à peine un seul homme de cette troupe admirable, qui faisait l'orgueil de la Grèce, a-t-il survécu à cette sanglante journée. Jusqu'à présent personne n'a osé élever un tombeau sur le lieu où ils reçurent la mort ; mais ils vivent immortels dans la mémoire de leurs compatriotes.

Aujourd'hui que les puissances ont replacé la Grèce européenne au rang des nations chrétiennes, on doit croire qu'un monument sera élevé en l'honneur de ces généreuses victimes, dans la plaine de Drageschaw.

WILLIAM PITT, COMTE DE CHATHAM.

Le premier exemple illustre d'un homme parvenu au pouvoir, au milieu de l'aristocratie anglaise, est William Pitt, dont nous avons déjà esquissé la vie dans nos éphémérides (1).

En mettant sous les yeux de nos lecteurs les traits de cet homme célèbre, nous croyons devoir donner quelques nouveaux détails sur son caractère; en nous dépouillant de toutes les préventions que pourrait nous inspirer le mal que ce ministre a fait à la France.

A l'époque où William Pitt parut pour la première fois à la chambre des communes, Robert Walpole, cet homme qu'on a surnommé le père de la corruption, tenait encore dans sa main le sort de l'Angleterre. L'austérité de William Pitt ne pouvait sympathiser avec les manœuvres d'un gouvernement aussi immoral.

La première occasion où son talent se révéla tout entier, ce fut une réplique soudaine à Walpole, dans la discussion d'un *bill* qui avait pour but d'accroître encore les rigueurs de la presse maritime. Walpole avait reproché à Pitt son

(Lord Chatham.)

jeune age et sa déclamation théâtrale. Pitt répondit à Walpole, avec une grande force d'amertume railleuse et de gravité véhémente : « Je ne me charge pas, dit-il, de décider si la jeunesse peut être objectée à quelqu'un comme un tort ; mais la vieillesse, j'en suis sûr, peut devenir justement méprisable, si elle n'a apporté avec elle aucune amélioration dans les mœurs, et si le vice paraît encore où les passions ont disparu. » Cette vigoureuse sortie, suivie d'un rappel à l'ordre, était une déclaration de guerre. La guerre se termina par la chute de Walpole. Bien que dépourvu de tout titre, même de celui d'officier, dont l'avait destitué ce ministre, Pitt refusa de prendre part à l'administration qui lui succéda.

Lorsque plus tard les destinées de l'Angleterre furent remises dans ses mains, Pitt fit preuve d'un grand dévouement aux intérêts de son pays. Son administration fut, sous plus d'un rapport, funeste à la France, alors gouvernée par des mains si faibles, et dont il poursuivit avec ardeur l'abaissement : c'était là le but de sa politique. Incorruptible, défenseur des droits du peuple anglais, ami des principes pour l'Angleterre, il fut loin de se montrer scrupuleux dans ses relations avec les nations étrangères.

Dans sa jeunesse, on avait dit qu'il avait la vertu d'un Romain et les nobles manières d'un courtisan français; mais cette vertu de Romain, c'était l'intérêt de l'Angleterre avant

(1) Voyez page 254.

tout. Aussi ce ministre attendu, annoncé avec éclat, ce ministère, qui fit la gloire et l'orgueil de sa vie, qu'on ne s'imagine pas qu'il ait eu pour résultat un certain nombre de lois favorables à la liberté, et l'accomplissement de quelques théories bienfaisantes ; il fut tout politique, tout dirigé vers l'intérêt de l'Angleterre au dehors. William Pitt ne considéra pas l'Angleterre comme un état dont les relations intérieures ont besoin d'être perfectionnées au profit de la justice et de la liberté, mais comme une puissance établie, qu'il fallait agrandir et faire dominer sur toutes les autres puissances. Son ministère fut surtout un ministère de conquêtes et d'envahissemens au dehors.

Cette administration, qui éleva très haut l'influence britannique, dura quatre années. Pendant ces quatre années, l'Angleterre domina dans presque tous les cabinets de l'Europe, fut absolue sur les mers, posséda paisiblement ses colonies d'Amérique et les accrut, nous enleva le Canada, la Louisiane, et ruina nos comptoirs de l'Inde.

Dans le gouvernement de l'Angleterre, cette générosité de sentimens naturelle à William Pitt, si elle ne passa pas dans les lois, se marqua du moins par quelques actes honorables.

La signature du *Pacte de famille*, entre la France et l'Espagne, amena la chute de W. Pitt. Redoutant l'alliance intime que venaient de contracter ces deux puissances, il proposa d'attaquer l'Espagne avant qu'elle se fût mise en garde. Mais cette proposition ne fut pas adoptée par le parlement anglais, et William Pitt rentra dans la noble carrière de l'opposition anglaise; plus d'une fois des négociations s'engagèrent pour le rattacher au gouvernement; jamais Pitt ne démentit son inflexible fermeté; il disait au souverain lui-même : « Je suis prêt à aller à Saint-James, « si je puis y porter avec moi la constitution. » Enfin en 1766, toutes les répugnances de cour tombèrent devant la gloire du *grand député des communes*.

Nous avons raconté dans nos Ephémérides la mort tragique du comte de Chatham au milieu du parlement. Le sentiment, peut-être exagéré de fierté native qui avait toujours dirigé sa politique, avait conservé chez lui toute sa puissance, malgré l'anéantissement presque complet de ses forces physiques.

Ce fut alors qu'il s'écria : « Ternirons-nous la gloire de « notre nation, par un lâche abandon de ses droits et de « ses plus précieux domaines?...... Ce grand royaume « tombera-t-il devant la maison de Bourbon? Sûrement, « milords, cette nation n'est plus ce qu'elle était; un peu- « ple qui était, il y a dix-sept ans, la terreur du monde, « descendre si bas que de dire à son ancien ennemi : Pour « tout ce que nous avons, seulement donnez-nous la paix ! « — Cela est impossible, milords; la pire des situations « est encore préférable au déshonneur.—Faisons du moins « un effort; et, s'il faut tomber, tombons comme des « hommes. »

« Un ministre élevé au pouvoir par l'éloquence et la vertu, un grand orateur au milieu des évènemens le plus faits pour l'inspirer, tel est, a dit un des premiers écrivains de notre époque, M. Villemain, le spectacle que présente la vie de l'illustre comte de Chatham. C'est lui qui réalise le mieux cette idée d'enthousiasme politique, d'élévation, de magnificence de langage, que l'exactitude un peu minutieuse des formes modernes semble s'interdire et reléguer dans l'antiquité; de plus, c'est une ame remplie de ces sentimens généreux, liés à notre nature, qui ne passent pas comme les intérêts politiques, et qui, à deux mille ans de distance, font battre tout cœur d'homme, comme le premier jour où ils furent exprimés. »

LES VOLTIGEURS.

Les grenadiers et les carabiniers furent long-temps les seuls hommes d'élite de l'infanterie de ligne et de l'infanterie légère. Lorsqu'en 1776 on licencia une partie de

(Voltigeur de l'empire.)

l'armée et que l'on ne conserva qu'une seule compagnie de grenadiers par régiment, on créa, pour les remplacer, une compagnie de chasseurs. Les grenadiers occupaient la droite du 1er bataillon, les chasseurs la gauche du second. Ces compagnies disparurent lors de l'organisation de 1791,

(Voltigeur de 1834.)

et les soldats du centre des régimens d'infanterie légère furent les seuls qui conservèrent le nom de chasseurs. Depuis cette époque jusqu'à l'institution des compagnies de voltigeurs, les hommes à petite taille avaient été l'objet des railleries et des plaisanteries de leurs camarades. Napoléon changea cette disposition malveillante. Il modifia l'ancien usage qui n'admettait au service que des hommes de 5 pieds 1 pouce, au moins, et les reçut à 4 pieds 9 pouces. Pour stimuler l'amour-propre des soldats de petite taille, il en forma des compagnies qui prirent le titre de compagnies d'élite. Le décret du 15 mars 1804 institua d'abord des compagnies de voltigeurs dans chaque bataillon d'infanterie légère, et celui du 24 septembre suivant en plaça également une dans chaque bataillon d'infanterie de ligne. D'après les décrets constitutifs que nous venons d'indiquer, ces compagnies devaient être la 5e du bataillon, en comptant celles de grenadiers ou de carabiniers. Le décret du 18 février 1808 leur fit prendre la gauche du bataillon, place qu'ils occupent encore dans l'organisation actuelle.

Dans l'origine, les voltigeurs furent spécialement destinés à être transportés rapidement, par les troupes à cheval, sur les points où leur présence pouvait être nécessaire. En conséquence ils furent exercés à monter lestement, et d'un saut, sur la croupe des chevaux, à en descendre avec légèreté, à se former rapidement, et à suivre à pied un cavalier marchant au trot. A cet effet les compagnies de voltigeurs, formées d'hommes bien constitués, vigoureux, lestes, mais de la plus petite taille (ils ne pouvaient avoir que 4 pieds 11 pouces), furent armés de fusils très-légers et d'un sabre-briquet, qu'on leur retira en 1807 (1). On leur donna pour instrument militaire, au lieu de tambour, de petits corps de chasse appelés *cornets*.

Pendant long-temps les voltigeurs n'eurent que la paye des soldats du centre; mais leur bravoure et leurs bons services leur firent donner la haute-paye de 5 centimes par

(1) Décret du 7 octobre.

jour. Ils jouissent des mêmes prérogatives que les compagnies de grenadiers et de carabiniers, partagent avec elles la garde du drapeau et les gardes-d'honneur.

Une ordonnance royale du 6 novembre 1822, a formé, dans la 17ᵉ division militaire (Corse), un bataillon qui a pris la dénomination de *bataillon de voltigeurs corses*. Ce corps, composé de 16 officiers et de 405 sous-officiers et soldats, est spécialement destiné à servir comme auxiliaire de la gendarmerie royale dans cette division, et mérite un article à part qui paraîtra dans une de nos prochaines livraisons.

LE BOUTAN.

RELIGION. — MŒURS. — ORGANISATION MILITAIRE.

Au-delà du Bengale se trouve le Boutan, pays fort étendu et visité jusqu'à ce jour par bien peu de voyageurs. Le chef de cet état est pontife souverain (dherma-rajah) et a sous ses ordres un prince séculier (dach-rajah).

Les naturels sont robustes, à cheveux noirs et courts. La religion des Boutéens est un assemblage de contradictions apparentes qui sembleraient devoir se détruire les unes par les autres. Ils se reprocheraient comme un grand crime de tuer un animal; ils respectent l'être vivant jusque dans la vermine qui les dévore; et cependant ils mangent volontiers toute espèce de chair, excepté celle du pigeon. Cette exception unique n'est pas même prescrite par la religion, mais par quelque ancien préjugé, et ceux qui ne s'y conforment point, ne s'exposent qu'au ridicule. Ils reconnaissent un être suprême et des divinités d'un ordre inférieur. Au Boutan, comme dans l'Inde, l'homme sacrifie encore plus à la crainte qu'à l'espérance. Vous voyez de tous côtés dans les temples les images de dieux terribles; mais pour obtenir cet honneur, ces images doivent avoir une origine authentique; il faut qu'elles aient figuré d'abord dans les appartemens du prince ou dans ceux de son premier ministre, ou tout au moins qu'elles soient envoyées par l'un des premiers officiers du gouvernement.

Un temple rempli d'images, rappelle à tous les croyans la présence des divinités qu'il renferme. Il est curieux de voir une foule de dévots les environner, en répétant les paroles de salut. Ces mêmes paroles sont écrites en grands caractères sur les *chuti*; on appelle ainsi des murs de six à sept pieds de hauteur, sur une longueur arbitraire, et qui n'ont point d'autre destination que de mettre des sentences religieuses sous les yeux des passans. Si quelqu'un place sur l'un de ces chutis un drapeau chargé d'inscriptions saintes, son exemple est promptement imité; ce premier drapeau est bientôt entouré d'une quantité d'autres, et le pauvre même apporte son offrande, un bâton au bout duquel est attaché une misérable loque. Le sang des victimes n'arrose point les temples du Boutan; mais comme les dévots les plus scrupuleux ne s'abstiennent point de manger de la viande, ils en offrent aussi à quelques-uns de leurs dieux. D'autres divinités préfèrent des offrandes de thé, de riz, de fruits et même de poisson sec. Lorsque, dans des circonstances solennelles, on fait le sacrifice d'une tête de bœuf, les cornes de l'animal vont orner le frontispice du temple.

L'institution des gélums en prêtres, imprime un caractère particulier à la religion du Boutan. On reçoit dans l'institution des enfans de toutes les tribus, pourvu qu'ils apportent une dot. L'enfant doit avoir au moins cinq ans et moins de dix ans accomplis. Dès que sa vocation est décidée, ses parens le présentent au dherma-rajah ou à quelque officier civil ou à un gélum; la somme requise doit être payée en même temps. Le néophite est entièrement à la charge de l'ordre qui l'a reçu, et séparé de sa famille; ses études commencent sur-le-champ, et comme on le pense bien, elles sont très bornées; tout se réduit à savoir lire les livres sacrés, à réciter des prières et à pratiquer les cérémonies du culte. Le religieux fait vœu de chasteté, et, s'il y manque, son ordre le chasse, et lui interdit toutes les fonctions sacerdotales. Ces fonctions sont regardées comme incompatibles avec la culture des terres, mais elles n'excluent ni le commerce ni les emplois publics.

Les vœux religieux ne sont pas perpétuels. « J'assistai, dit un voyageur, à la cérémonie qui se pratique lorsqu'un gélum rentre dans le monde. Toute la communauté avait été assemblée avec grande pompe, et, après avoir célébré un long service, où furent récitées des prières, le gélum prononça trois fois d'une voix forte ces mots : *Dum schobdal*, ce qui veut dire : *Mes habits religieux sont tombés*. Il prit immédiatement la fuite, et la cérémonie fut terminée. Ces gélums, en abandonnant les ordres, ont le droit d'emporter avec eux ce qu'ils possèdent; car, comme nous l'avons dit, les règles monastiques n'interdisent point aux prêtres les spéculations particulières.

Il y a des religieux d'un ordre inférieur, lesquels portent le nom de lubis. Ceux-ci exercent au Boutan l'emploi d'instituteur. Le supérieur des gélums porte le nom de *lànskham*. Ses fonctions le placent immédiatement après le dherma-rajah, car il le remplace pendant les interrègnes et les minorités.

On croira difficilement que les gélums ne dorment et ne se couchent jamais; cependant on m'a assuré que des surveillans très actifs empêchent que ces religieux ne se livrent au sommeil. Dès qu'on voit un gélum sur le point de s'endormir, de grands coups de fouet qui lui tombent sur les épaules, sur toutes les parties de son corps, le rappellent à son devoir. Cette règle est, dit-on, très précise. »

On compte à peu près 2,000 gélums qui sont entretenus aux frais de l'état; les deux résidences des rajahs en ont chacune 500, et les autres sont répartis entre les siéges du gouvernement provincial : mais dans le Boutan, le nombre des gélums est porté à 5,000, non compris les couvens de femmes. Ces couvens, ainsi que ceux des religieux, ont été presque tous fondés par des fonctionnaires en retraite. Leur dotation ne suffit point à l'entretien de ceux qui les habitent; ceux qui ne sont point salariés par l'état pourvoient eux-mêmes à leur subsistance.

Le mariage n'est considéré par les Boutéens que comme un contrat civil; nulle cérémonie ne lui imprime un caractère sacré. L'époux habite dans la maison de son épouse, mais il arrive rarement que celle-ci vienne faire partie de la famille de son mari. La polygamie n'est point interdite, un homme riche se charge de toutes les femmes qu'il peut nourrir. En sens opposé, on voit des frères dont chacun ne serait pas en état de fournir aux dépenses d'un ménage, se réunir pour avoir une épouse en commun. Les enfans nés de ces unions donnent le nom de père au plus âgé des époux associés, et les relations de parenté avec les autres s'établissent comme à l'ordinaire. Une fille n'est nullement observée dans sa conduite; elle est parfaitement libre jusqu'à ce qu'elle prenne un mari, ce qui ne lui arrive guère avant l'âge de 25 à 30 ans. Une vieille femme trouve facilement un jeune homme qui consente à lui donner son nom, pourvu qu'elle ait une jeune sœur à laquelle s'unisse le mari. Ces unions, si opposées à nos mœurs, n'ont rien de choquant aux yeux des Boutéens, et elles sont pas moins paisibles que celles qui nous paraîtraient mieux assorties. Le mari donne à sa vieille épouse le nom de mère; et si un vieillard épouse une jeune femme, il la nomme sa fille.

Les funérailles sont une affaire plus importante qu'un mariage; la religion y préside. Dès qu'une personne est morte, on charge un gélum de faire les apprêts nécessaires pour brûler le corps. Cette cérémonie a lieu au bout de trois jours; en attendant, le corps du défunt est gardé dans sa maison. La mort d'un grand est une occasion de réjouissances publiques; des festins et des distributions de liqueurs doivent précéder la pompe funèbre. Le défunt est invité à y prendre part; des mets sont placés près de son corps. A l'expiration des trois jours le corps est porté sur le bûcher;

lorsque la combustion est terminée, on recueille les cendres et on les transporte dans la maison du défunt. Les cendres sont mises dans un pot de cuivre couvert d'une étoffe de soie; on se rend en procession sur le bord de la rivière, et les cendres y sont jetées; puis le pot, avec son enveloppe de soie, sont offerts aux gélums. En même temps on offre une collation de thé et de riz à ces pieux personnages.

La totalité des garnisons entretenues dans les forts du Boutan peut s'élever à 10,000 hommes. Ces soldats sont d'habiles archers; ils excellent aussi à manier le poignard. Dans leurs guerres civiles, qui sont très fréquentes, ils n'en viennent pas tout de suite aux mains, et se bornent à se lancer des flèches; mais dès qu'un homme est tué, la possession de son corps est l'occasion d'une lutte opiniâtre. Ceux qui parviennent à s'en emparer, enlèvent le foie, l'assaisonnent de beurre et de sucre, et le mangent. Ils recueillent la graisse, la pétrissent avec du sang, et en font des cierges qu'ils brûlent devant leurs idoles. Les os d'un homme tué sur le champ de bataille servent à faire des instrumens de musique. Le crâne devient une coupe que l'on orne de cercles d'argent, ou bien l'on en fait des colliers et d'autres bijoux.

Les Boutéens font la guerre en brigands plutôt qu'en soldats; l'art militaire consiste en attaques nocturnes, en embuscades. Ils portent des casques de fer, des cottes de mailles ou des cuirasses d'étoffes piquées. Ils sont munis de quatre ou cinq poignards, et ne manquent point de s'enivrer avant d'aller au combat. Le dach-rajah prend le commandement général en cas de guerre, et se bat comme un soldat. En cas d'invasion, ce peuple opposerait une levée en masse très redoutable, parce que toute la population est armée, même les femmes.

Dans les guerres que le Boutan a soutenues contre ses voisins, les ennemis n'ont jamais pénétré dans l'intérieur; les habitans, sans aucune distinction, combattaient avec acharnement sur la frontière, et les femmes leur apportaient des vivres et des munitions.

On ne s'attend pas sans doute à trouver dans ce pays une bonne administration de la justice. Les outrages, les attaques, les blessures même ne donnent lieu à aucune poursuite, non plus que l'adultère; mais si l'époux offensé surprend les coupables en flagrant délit, il a le droit de les tuer.

Le meurtre n'expose pas les riches à des peines bien graves : le meurtrier est condamné à payer 126 roupies au dach-rajah, une rétribution à chaque conseiller d'état, et une indemnité à la famille de sa victime. S'il est hors d'état de payer ces amendes, on l'attache au corps de l'homme tué et on les jette l'un et l'autre dans la rivière.

Le vol, qui le croirait ! est puni plus sévèrement que le meurtre. Après un emprisonnement de six mois ou d'un an, le voleur est vendu comme esclave; ses propriétés sont confisquées, et les parens du coupable sont quelquefois enveloppés dans sa condamnation.

Les Boutéens sont laborieux et ne dédaignent aucune sorte de travail pénible; ils en sont pourtant qui leur paraissent ignobles, et qu'ils abandonnent à une caste dégradée, qu'ils nomment p'hapche'mi; c'est dans cette race que se trouvent les bouchers. Les forgerons se servent des mêmes outils que ceux du Bengale; mais les charpentiers n'emploient que l'herminette et le ciseau. On ne se doute point, dans ce pays, qu'il y ait des barbiers chez les autres peuples de la terre; tout Boutéen se charge de sa toilette, et ne consentirait jamais à recevoir d'un autre ces sortes de soins.

L'air de santé de toute la population, à la campagne comme dans les villes, atteste la salubrité du climat, malgré ses brusques variations.

Une chose fort remarquable, c'est qu'on assure que les éclairs et la foudre ne partent point des nuages, mais de la terre; et les naturels ajoutent que le sol est toujours criblé de trous aux lieux d'où le météore enflammé s'est élancé vers les nuages. Mais ces observations doivent être extrê-

mement rares, car le bruit du tonnerre se fait rarement entendre dans ce pays. Le ciel ne s'y couvre point de nuages noirs; les pluies sont extrêmement fines et les brouillards très fréquens et fort épais.

Le soleil se montre tous les jours, et son ardeur y est quelquefois insupportable; on m'a assuré que l'on voit quelquefois la neige, qui du reste ne couvre la terre que pendant quelques heures.

L'architecture est très peu avancée dans le Boutan. Les maisons sont couvertes de planches assujetties par les grosses pierres dont on les charge. Les plus beaux édifices sont dans les résidences du dherma-rajah; ils sont très élevés, et quelques-uns n'ont pas moins de sept étages. Les constructions militaires ne sont pas sans apparence; elles ont des embrasures, des casemates, où une artillerie manœuvrée assez habilement, est mise à couvert. Ces forts pourraient donner de l'occupation même à une armée européenne. Mais le plus bel édifice que l'on voie dans le Boutan, est le temple de Tassisadon, dont la coupole dorée est d'un effet très remarquable.

ÉPHÉMÉRIDES.

7 Janvier. — Henri IV ordonne aux Pères de l'Ordre de Jésus de sortir du royaume sous quinze jours, et fait défense à tout Français d'envoyer ses enfans dans les collèges que cet ordre possédait à l'étranger.

8 janvier 1686. — A la suite de la révocation de l'édit de Nantes, par Louis XIV, le ministre Louvois achète, moyennant deux mille livres de rente, la conversion du marquis de Belsunce et de la dame de Rambouillet au catholicisme. — 1784. Les Turcs cèdent à Catherine, impératrice de Russie, la Crimée, et d'autres possessions conquises par les généraux Potemkin et Souwarow. — 1796. Mort de Collot d'Herbois, le panégyriste de Carrier, le bourreau et le dévastateur de Lyon, où il avait été jadis sifflé comme acteur et qu'il punit en guillotinant plus de six mille de ses habitans. Cet assassin politique entretenait sa rage de cannibale par l'abus des liqueurs fortes. Il avait lui-même accusé Robespierre, son ancien ami, et contribué à sa chute. Accusé à son tour, il fut déporté à la Guiane, où il tenta de soulever les noirs contre les blancs. Atteint d'une fièvre chaude, dans le fort de Synamari où on l'avait renfermé, il but, pendant qu'on le transportait à l'hôpital, une bouteille entière de rhum, et expira dans d'horribles convulsions.

MOEURS DES ABEILLES.

Trois castes bien distinctes, ayant chacune leurs fonctions et leurs privilèges, constituent le peuple des abeilles. La plus nombreuse est formée des ouvrières et des nourrices; les mâles composent la seconde; la troisième ne compte qu'un seul individu, c'est la femelle chargée de renouveler à elle seule toute la population, dont elle sera à la fois la mère et la reine. Notez que cette population se compose quelquefois de près de trente mille membres.

Les ouvrières et la femelle sont seules armées d'aiguillons. Inhabiles au travail, les mâles deviennent des objets d'animadversion pour les autres, dès que la progéniture de la femelle vient réclamer les soins des nourrices. Afin que les provisions destinées à l'éducation des jeunes ne soient pas consommées par ces mâles, les ouvrières se jettent avec fureur sur eux; aucun n'est épargné; le massacre, qui a lieu ordinairement vers le mois d'août, dure quelquefois jusqu'à trois jours; les environs de la ruche sont alors jonchés de cadavres; il n'y reste que la femelle et les neutres après cette cruelle exécution.

Il existe une grande différence entre l'organisation des ouvrières et des nourrices. Virgile l'avait indiquée, et les observateurs modernes l'ont reconnue à leur tour. La conformation des ouvrières semble leur commander le travail : les mandibules de leur bouche sont en forme de cuillère;

leurs jambes postérieures présentent un enfoncement qu'on a comparé à une corbeille, et que bordent des poils disposés en brosse. C'est là que l'abeille met son butin, qui consiste en de petites pelotes qu'elle a préparées avec le pollen des fleurs.

Les nourrices sont plus petites, plus timides, moins exercées au vol que les ouvrières, et vivent avec elles dans une parfaite intelligence; elles quittent rarement la ruche pour aller au loin caresser les fleurs; elles se bornent presque exclusivement, comme nous l'expliquerons plus bas, à l'éducation et au développement des *larves* qui sortent des œufs nombreux que l'abeille mère et reine dépose dans les *alvéoles*.

Les ouvrières recueillent sur les végétaux quatre substances fort différentes, la cire, le miel, le pollen, et ce que les anciens appelaient la *propolis*. La dernière, qui est résineuse, collante, tenace, provient des bourgeons, et est employée par les abeilles telle qu'elle est recueillie. Le peuplier est l'arbre qui en fournit davantage; elle sert à boucher les fentes et les trous de la ruche, et souvent même cette habitation en est enduite sur toute sa surface. La *propolis* se durcit, et, n'étant point pénétrable à l'eau, met la république à l'abri de toute humidité.

Une fois ce premier travail achevé, les ouvrières vont à la récolte du pollen, afin de nourrir les larves produites par la reine, et de leur construire des berceaux appelés *cellules*. Pendant le printems, les travaux durent toute la journée; dans les grandes chaleurs de l'été, ils commencent avec l'aurore, et sont interrompus au moment le plus chaud de la journée.

La poussière que l'abeille a enlevée aux fleurs, ne se transforme en cire qu'après avoir été élaborée dans son estomac et ses intestins. Cette cire se retrouve en plaques sous les anneaux de l'abdomen de cet insecte. Avec cette cire ainsi élaborée, l'ouvrière forme ces cellules si régulièrement, si artistement arrangées, dont l'ensemble forme ce qu'on appelle des *gâteaux*, et dont la forme est trop connue de nos lecteurs, pour qu'il soit nécessaire de la décrire ici et de la représenter par un dessin. Ces cellules bâties avec une étonnante célérité, sont polies et enduites d'une couche mince de propolis qui ajoute à la solidité de l'édifice.

Ces cellules ne sont pas toutes pareilles; les plus petites sont pour recevoir les larves qui donneront des abeilles neutres; de plus grandes sont réservées aux mâles; une seule, beaucoup plus considérable sera le berceau de celle que les nourrices destinent à la royauté. Dans quelques ruches nombreuses d'où doivent partir plusieurs colonies ou *essaims*, les ouvrières construisent quelquefois plusieurs de ces alvéoles royales.

Toutes les cellules ne sont pas destinées à être le berceau des abeilles. Il en est qui doivent servir de magasins et contenir les provisions de miel pour la morte saison. A mesure qu'elles sont remplies, l'ouvrière les ferme avec un couvercle plat, qu'elle a l'adresse de construire et de souder hermétiquement.

Bientôt vient le moment où la reine doit pondre ses œufs. Alors on la voit examiner soigneusement les cellules destinées à les contenir, en y enfonçant la tête et les visitant en tous sens. Après cette inspection, elle se retourne, y introduit l'abdomen, et y dépose, suivant leur fécondité, un ou plusieurs œufs qui adhèrent au fond de la cellule. Mais les nourrices ont bien soin de les séparer, et les détruiraient plutôt dans la crainte que les *larves* qui doivent en sortir ne se nuisissent réciproquement. Il faut voir avec quel soin les abeilles nettoient leur reine, la frottent de leur trompe pendant la ponte et lui présentent de tems en tems du miel qu'elles dégorgent. Cette ponte a lieu principalement au printems.

Les œufs d'où sortiront plus tard des *ouvrières*, sont pondus les premiers, parce que ces ouvrières auront à préparer plus tard, dans une autre ruche, la demeure et la nourriture des mâles et de la reine de la nouvelle génération; puis vient quelque tems après la ponte des œufs des mâles; puis enfin celle des reines; mais, dit-on, ces derniers ne sont pondus, qu'à un jour d'intervalle les uns des autres, afin que ces reines ne naissent pas toutes en même tems, et ne déterminent pas successivement des migrations partielles de la population. Ces œufs sont longs d'une ligne, oblongs, d'un blanc bleuâtre; ils éclosent dans l'espace de 5 à 6 jours, et il en sort un ver, mou, ridé, sans pieds, qui demeure au fond du berceau dans une immobilité complète.

Aussitôt les nourrices accourent, vérifient la naissance, et donnent à la nouvelle larve la nourriture appropriée à son âge et à la caste dont elle doit faire partie.

(La suite à un prochain numéro.)

(Ancien système de ruches.)

Paris. — Imprimerie de H. Fournier, rue de Seine, n. 14.

LES ILES CANARIES.

(Vue de l'île de Ténériffe.)

Les anciens avaient donné le nom de Fortunées à des îles voisines de l'Afrique, dont leurs poëtes avaient vanté la température et la fertilité, mais qu'ils ne connaissaient que fort imparfaitement. Au temps de l'empereur Auguste, un roi de Mauritanie, nommé Juba, en fit reconnaître les côtés, et s'il faut en croire certains auteurs, ce serait au grand nombre de chiens (en latin *canis*) qu'on y aperçut, que l'une de ces îles dut le nom qu'elle reçut de *Canarie*. Ni dans l'histoire des Romains ni dans celle des Carthaginois, on ne voit jouer un rôle aux habitans de ces îles, sur lesquelles un des hommes les plus instruits de notre époque, M. le colonel Bory de Saint-Vincent, membre de l'Institut, a publié un ouvrage fort curieux sous ce titre : *Essais sur les îles Fortunées*. Ces îles sont celles que nous désignons habituellement par le nom d'îles Canaries.

Au XIVe siècle, un jeune prince espagnol, petit-fils de saint Louis et du roi Alphonse, se voyant privé de toute prétention à la couronne de Castille, à laquelle son père avait renoncé, forma le projet de s'emparer des îles Canaries, dont les Espagnols avaient plus d'une fois projeté la conquête, éveillés sans doute par les découvertes importantes que leurs voisins, les Portugais, avaient faites tout le long de la côte d'Afrique.

Louis de la Cerda, car tel est le nom du jeune prince espagnol, était élevé à la cour de France; il alla demander au pape Clément VI, qui résidait à Avignon, l'investiture du nouveau royaume, et il l'obtint sous la condition de verser dans le trésor du saint Père une somme assez considérable. Le prince reçut des mains du pape un sceptre et une couronne d'or; il ne manqua rien à la magnificence de cette cérémonie; mais là finit le règne du nouveau monarque, qui ne mit même pas le pied dans ses États, attendu le défaut d'hommes et d'argent.

Un gentilhomme français du pays de Caux, Jean de Béthencourt, s'imagina, soixante-douze ans plus tard, en 1417, d'accomplir le projet qu'avait manqué le petit-fils de saint Louis. Il fit une expédition sous la protection de Jean, roi de Castille, et s'empara de deux de ces îles (Lancerote et Fuerte Ventura). Plus tard, les Espagnols découvrirent et soumirent le reste des Canaries. Vainement le Portugal essaya-t-il de leur enlever ces nouveaux domaines; ils en furent définitivement déclarés possesseurs vers la fin du XVe siècle.

Les habitans que les Espagnols trouvèrent dans les îles Canaries formaient un peuple à part, connu sous le nom de Guanches (1), entièrement distinct des nations connues par son organisation politique, sa religion et ses mœurs, et auquel l'état assez avancé de son industrie et de son agriculture assignait une existence déjà fort ancienne. Comme chez les Incas du Mexique, toutes les terres étaient au souverain, et la portion que cultivait chaque famille ne lui était que prêtée. Le sol était, du reste, assez fertile dans ces îles Fortunées pour demander peu de soins aux cultivateurs. Les Guanches avaient le teint olivâtre; ils étaient d'une haute stature et joignaient une physionomie gracieuse à un caractère courageux et à un esprit assez délié. Quelques auteurs espagnols ont fait l'éloge de leurs qualités morales; mais ceux-là sont en petit nombre, et les autres ont cru devoir justifier, par une peinture infidèle des mœurs des Guanches, les traitemens cruels que ce peuple paisible eut à subir de la part de ses nouveaux maîtres.

Ténériffe est la plus fertile, la plus peuplée et la plus commerçante des îles Canaries. Sa circonférence est de soixante-quatre lieues; elle fait le commerce presque exclusif de ce fameux vin de Malvoisie, dont elle exporte annuellement trente mille pipes environ. Elle est en grande partie couverte d'épaisses forêts de lauriers, d'arbousiers et de pins, au-dessus desquelles s'élèvent des montagnes toujours couvertes de neige. Le pic le plus haut de tous est celui de Teyde. Il s'élève à dix-neuf cents toises au-dessus de la mer. Sa forme est celle d'un cône terminé par un plateau de six lieues de tour, toujours couvert de neige, et du haut duquel on aperçoit toutes les îles Canaries. Ses flancs présentent des ouvertures, desquelles s'échappent des vapeurs enflammées qui dénotent un volcan en activité. La dernière éruption eut lieu en 1798. Celle de 1704 fit d'une grande étendue du pays un terrain entièrement stérile, et détruisit plusieurs villages.

La partie la plus délicieuse de Ténériffe, celle que visitent toujours les étrangers, est la vallée d'Orotava; plus qu'en aucune autre contrée de l'île, les eaux y sont abondantes, la température douce et le sol fertile.

(1) Voyez page 115, la manière dont les Guanches conservaient leurs morts.

On trouve à Ténériffe du gibier en abondance et une grande variété d'oiseaux. Bien des géographes ont écrit que ces oiseaux au plumage jaune et au chant mélodieux, que nous nommons canaris, sont originaires de ces îles. Il paraîtrait au contraire, d'après d'autres voyageurs, que la ressemblance de nom de ces oiseaux et des îles a seul donné naissance à cette assertion erronée, et qu'on ne trouve dans la contrée de Ténériffe aucuns de ces oiseaux chanteurs. Il en est un autre que l'on y rencontre fréquemment : il ressemble, par la couleur et le ramage, à notre rossignol.

Ténériffe compte dix ports et vingt forts ou châteaux. Santa-Crux en est aujourd'hui le chef-lieu. Cette place fortifiée a reçu de grands accroissemens depuis la fin du siècle dernier, et a été témoin de la défaite des Anglais en 1799. Santa-Crux est l'entrepôt du marché général des îles Canaries. Son port est le plus sûr et le plus commode de tous ceux de ces îles; c'est aussi celui que fréquente le plus les voyageurs. La population de Ténériffe ne s'élève pas à quatre-vingt mille âmes.

HENRI IV. — PRÉJUGÉS HISTORIQUES.

La vie et le règne de Henri IV, du vaillant Béarnais, sont trop connus pour que nous venions encore esquisser sa biographie; qui n'a lu ses faits militaires, ses victoires d'Arques et d'Ivry? Qui ne sait que ce prince fut obligé de recourir à l'absolution apostolique du pape Clément VIII, par l'entremise des cardinaux Du Perron et d'Ossat, et que ce fut le principal mobile qui lui assura la belle couronne de France. Qui n'a ouï conter les particularités de la reddition de Paris par M. de Brissac, reddition miraculeuse de cette ville, opérée, disent les historiens, sans aucune effusion de sang?.

Notre but, en publiant cet article, est donc moins de faire connaître les faits et gestes de Henri de Navarre que de rectifier, en nous appuyant sur des pièces officielles, certaines erreurs grossières des historiens du XVIIIe siècle.

Henri IV avait 41 ans lorsqu'il prit possession de la bonne ville de Paris; les fatigues de la guerre avaient basané son teint; sa barbe était épaisse et crépue, et ses cheveux avaient blanchi; il avait de petits yeux, un nez long et crochu, de fortes moustaches grises; son menton et sa bouche accusaient déjà la vieillesse au milieu de la vie. Dans des gravures publiées quelques jours après la surprise de Paris, on représente Henri vainqueur, armé de toutes pièces, la dague au côté; il est entouré de troupes immenses de reîtres et de lansquenets, tous la pique en main ou l'arquebuse sur l'épaule, faisant feu sur des habitans qui fuient ou se précipitent dans la Seine. — « 30 à 40 lansquenets, disent les chroniques, qui étaient pour lors de garde à la porte Neuve, ayant fait contenance de vouloir résister, furent incontinent taillés en pièces ou jetés dans l'eau. » Il y a loin de cette prise de possession à ces chants d'allégresse et à ces joyeux transports du peuple que nous a dépeints Voltaire dans la *Henriade*.

Une fois maître de Paris, Henri IV se fit de nombreux partisans; sa figure douce et spirituelle, ses traits où étaient empreints la bonté et la clémence, contribuèrent à lui rallier bien des dévouemens incertains; et d'ailleurs ne s'empressa-t-il pas d'aller à Notre-Dame chanter à pleine voix avec les choristes ce *Te Deum laudamus*, qui marquait sa soumission à l'église catholique et romaine? Ne le vit-on pas assister en personne à toutes les processions qui sillonnaient Paris dans tous les sens?

Pour esquisser à grands traits cette grande figure d'Henri IV, nous dirons : Le Béarnais était doux, généreux, clément par caractère; s'il s'est montré souvent dur, inflexible, ce fut par position. Et en effet, comment était-il possible, en se rendant maître de Paris, ville remplie de vieux ligueurs acharnés qui avaient juré haine mortelle au Béarnais renégat de sa foi; comment était-il possible, disons-nous, de ne pas prendre ses précautions ? Pouvait-on laisser dans la capitale, en face de leur roi, des hommes qui ne respiraient que sa perte ? Il ne lui suffit pas de suspendre ces prédications ardentes qui le désignaient au poignard des ligueurs, d'exiler nombre de suspects (1); il fut aussi contraint à sacrifier quelques grands coupables. Ces actes de sévérité étaient urgens afin de remettre l'ordre dans la cité agitée : Henri IV ne pouvait tout oublier ; néanmoins il frappa avec discernement et pardonna avec intelligence.

Et ici un triste épisode se présente : la mort du malheureux Biron ! Henri IV se montra implacable ; rien ne put le fléchir ; les supplications de toute une famille furent vaines ; il resta sourd aux mâles accens du guerrier à qui il devait pour ainsi dire le trône ; à ce vieux compagnon de batailles qui avait frappé d'estoc et de taille dans maints combats pour le triomphe du Béarnais. Aussi Biron, dans sa défense si noble par devant le parlement, disait-il à ses juges : « Messieurs, je compte plus sur votre justice que sur la clémence du roi ; il s'est cuirassé contre son vieil ami, il n'a plus que des oreilles pour entendre mes accusateurs ; mes services ne valent plus rien dans son esprit. Je suis coupable, Messieurs, mais en pensée et non d'effet, et il serait bien malheureux qu'on commençât à punir les pensées sur un des principaux défenseurs du pays , couvert de 54 blessures reçues en servant cet homme qui veut me conduire en Grève. » C'était une vérité : Henri IV laissa conduire en Grève l'ami de son enfance, celui qui avait partagé son infortune, qui avait vécu avec lui en frère aux mauvais jours des guerres civiles. Nous nous trompons, Biron ne fut pas traîné à la Grève ; il obtint du roi la faveur dérisoire d'être décapité dans une des cours de la Bastille.

Déplorable procès où Henri IV fut cruel par nécessité ; plusieurs fois son cœur dut frissonner en songeant à cette triste exécution; le roi avait horreur du sang versé par calcul ; mais à cette époque de son règne, sa position était difficile; l'Espagne armait, le duc de Savoie entrait en campagne; qu'allait devenir Henri IV si les gouverneurs de provinces donnaient les premiers le signal de la révolte? Il fallait un exemple, et l'exemple fut donné. Biron paya de sa tête la consolidation du trône de Henri IV.

Si nous examinons maintenant les franchises des villes, les privilèges des grands corps de l'état, nous verrons que jamais ils ne furent plus restreints que sous le règne du Béarnais. En voici les preuves. Chaque année, l'assemblée générale des bons bourgeois, manans et habitans de Paris, élisaient suivant l'ancienne coutume leur prévôt et leurs échevins pour gérer les affaires de la cité. Cette liberté municipale effraya Henri IV, il leur écrivit le 15 août 1597 : « Très chers et bien aimés, pour plusieurs considérations justes et grandes, nous vous interdisons et défendons de faire aucune assemblée pour l'élection d'un prévôt des marchands et des échevins, voulant que ceux qui y sont, à présent continuent leurs charges, et n'y contrevenez sous peine de désobéissance. » Le corps de ville voulut résister, il nomma des députés pour aller représenter au roi la teneur des privilèges de la cité; Henri IV écrit de nouveau au prévôt Langlais : « Je vous fais ce mot pour vous dire que vous mandiez les quarteniers de ma ville, et leur fassiez défense de ma part, sur peine de privations de leurs charges, que je veux qu'il ne soit procédé à aucune élection; et faites que ceux qui ont été députés vers moi ne viennent. »

Et à l'occasion du parlement, cet esprit chevaleresque et peu endurant du roi se dessine d'une manière encore plus nette. Messieurs du parlement, mécontens de la politique suivie par Henri IV, jugèrent convenable de faire de très humbles remontrances et supplications au roi pour faire cesser une infinité de vols et pilleries qui se faisaient sur le pauvre peuple. Roi des chevaliers, Henri IV comprenait peu la résistance des corps judiciaires : de quoi voulaient

(1) Il existe un document curieux qui relate les noms de cinq cent quarante-neuf proscrits.

donc se mêler ces hommes de la bazoche, incapables de manier l'épée? s'étaient-ils jamais trouvés à un siège? avaient-ils bravé les balles espagnoles? Aussi le roi s'empresse-t-il d'écrire au connétable de Montmorency : « Mon compère, suivant votre avis, j'écrirai aux gens tenant ma cour de parlement, estimant qu'ils se font plus de tort qu'à moi par leurs belles déclamations, qui ne servent qu'à témoigner leur mauvaise volonté, et à scandaliser un chacun. » Il ajoutait dans une autre lettre : « Ces messieurs du parlement se prennent à moi de leurs maux, desquels ils ne discourraient tant à leur aise, si j'eusse attendu, pour bien faire, qu'ils me l'eussent conseillé, et n'eusse été assisté d'autre que d'eux. Je leur en manderai ce qu'il me semble, et je saurai bien les redresser dedans le droit chemin de la révérence et de l'obéissance qui me doit être portée. » Le parlement persista dans ses remontrances; Henri IV furieux écrit une dernière fois au connétable : « Mon compère, je suis bien marry que ces messieurs de la cour du parlement aient encore fait les fols. Puisqu'il faut que j'y aille moi-même, je le ferai, et y entrerai tout botté ; dites à M. le chancelier qu'il se prépare à ce qu'il aura à dire : pour moi, j'y suis tout préparé. » Le roi fut en effet au parlement, et il parla d'une bonne et verte manière : « Vous n'êtes ici, leur dit-il, que pour juger entre M. Pierre et M. Jean ; je saurai vous remettre aux termes de votre devoir, et si vous continuez vos entreprises, je vous rognerai les ongles de si près, qu'il vous en cuira. »

Nous avons tâché dans cet article de montrer Henri IV sous son véritable jour, d'après les documens authentiques, et en écartant ce nuage d'encens dont l'ont entouré les historiens du dernier siècle : naturellement doux et clément, ce prince fut entraîné à des actes de rigueur par une nécessité invincible; Henri IV était, avant tout, chef de guerre, capitaine de gens d'armes; toute sa vie avait été passée sous la tente, au milieu de figures balafrées par l'arquebuse des guerres civiles. Cette existence dut inévitablement influer sur son caractère; et lorsqu'il devint roi de France, les besoins de la société, les exigences de sa position élevée , lui firent oublier les services passés, en dominant ses affections et son penchant naturel au pardon.

DE L'AGE DES ARBRES.

L'examen de la tige des arbres de nos climats et de ceux des régions les plus chaudes du globe a conduit les naturalistes à une règle pour déterminer le temps qui s'est écoulé depuis la naissance de ces végétaux. Cette règle, applicable le plus souvent aux arbres de nos contrées, a conduit à de grandes erreurs lorsque l'on a voulu l'étendre à tous les autres. Ainsi, nous lisons dans un grand nombre d'ouvrages, écrits par des hommes de mérite, ouvrages qui sont entre les mains des jeunes étudians de nos collèges et des écoles supérieures, que l'on a trouvé en Afrique, en Amérique et en Asie, des baobabs et encore d'autres arbres de grandes dimensions dont le développement prouvait qu'ils existaient depuis plusieurs milliers d'années; cette assertion erronée était basée sur une théorie de l'accroissement des plantes, que des observations toutes récentes viennent de renverser. Elles ont été présentées, il y a quelques jours, à l'Académie des Sciences par M. Désormeaux, auteur de plusieurs ouvrages remarquables.

Nous allons faire connaître à nos lecteurs la théorie inexacte qui avait été admise jusqu'à ce jour, et les idées nouvelles que l'on doit y substituer. Une description succincte de la structure de la tige des arbres , accompagnée d'un dessin, nous a paru nécessaire pour l'intelligence de cette question :

Trois grandes divisions séparent les végétaux. Dans la première sont ces plantes qui n'ont ni tiges ni racines, et chez la plupart desquelles il n'y a pas même l'apparence de feuilles; tels sont les champignons, les truffes, les varecs, les mousses, etc. ; la seconde comprend les plantes qui, comme la canne à sucre, les palmiers, les rotangs, les bambous, le blé, l'orge, et toutes les graminées, ont une tige formée d'une masse spongieuse, au travers de laquelle s'élèvent de longs filamens ligneux, et où on ne saurait distinguer ce bois intérieur et cette écorce que présentent les arbres de la troisième division qu'il nous reste à caractériser. Ces derniers sont ceux sur lesquels se portent les observations annoncées au commencement de cet article.

La tige des plantes de cette troisième classe présente, avons-nous dit, une écorce et un bois intérieur; la première, ainsi que l'indique le dessin ci-joint, est formée elle-même de trois enveloppes, et quelquefois même de quatre. D'abord une membrane mince, qui reçoit le nom d'épi-

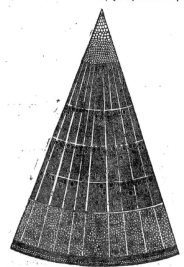

(Partie de la coupe transversale d'une tige d'arbre dicotylédon.)

derme, comme celle qui enveloppe notre peau; puis une lame verdâtre et succulente au temps de la sève, qui pâlit et se dessèche avec le temps (c'est là ce qui forme le liège que l'on enlève sur une espèce particulière de chêne) ; puis, au-dessous ; une substance plus dure, qui est l'écorce proprement dite, et enfin, sous celle-ci, une autre couche plus molle, plus flexible, qui n'est autre chose qu'une jeune écorce, et que l'on appelle livret ou liber, parce qu'elle se sépare quelquefois en feuilles minces comme du papier. Le bois peut lui-même être divisé en trois parties, qui, dans certains arbres, sont très distinctes. La plus extérieure est l'aubier, qui présente ordinairement un tissu plus mou, une teinte plus pâle que la partie intérieure qu'on appelle le cœur, ou le bois proprement dit; et enfin, au milieu est un canal central, plus ou moins visible, dont la capacité est remplie par ce qu'on appelle la moëlle. Le bois est formé de couches concentriques dans lesquelles on distingue des cercles plus ou moins espacés, plus ou moins nets; et depuis la moëlle jusqu'à l'écorce s'étendent des lames qui s'écartent comme les rayons d'une roue.

Il n'entre pas dans notre plan de faire ici connaître comment les sucs nourriciers se répandent dans les diverses parties de la tige, et comment celle-ci s'accroît en largeur et en hauteur. Nous bornant à traiter la question spéciale

de l'âge des arbres, nous dirons que dans nos climats le bois augmente ordinairement d'une couche chaque année, de sorte que l'âge de l'arbre est égal au nombre des cercles tracés dans la tige. Notez que cette règle ne serait pas applicable, suivant certains naturalistes, toutes les fois que la saison chaude de l'année se serait long temps soutenue. Dans ce cas, disent-ils, une seconde végétation recommençant à la fin de l'été et le printemps revenant pendant l'automne, il se forme une seconde couche de bois dans la même année.

Les arbres des régions chaudes, qui présentent une structure analogue, ont, les uns des cercles concentriques fortement nuancés et dès lors très visibles, les autres des lignes à peine distinctes; mais, dans tous, les couches successives sont extrêmement rapprochées, de telle sorte qu'un morceau de bois d'érable d'Amérique en contient douze fois plus qu'un morceau de la même épaisseur coupé dans un érable de France.

Les naturalistes avaient compté le nombre des années des arbres des pays chauds par le nombre de ces couches si minces; et comme ils en trouvaient plusieurs milliers dans certains baobabs gigantesques, ils faisaient remonter l'existence de ces végétaux aux premiers âges du monde, quelques-uns même au-delà de l'époque que l'Église assigne à la création. C'est que ces naturalistes avaient cru jusqu'ici que sous ces climats brûlans de l'Afrique et de l'Amérique méridionale, la tige des arbres ne s'accroissait que d'une couche par an, comme sous le ciel pâle et froid de l'Europe. A ce compte il faudrait, d'après ce que nous avons dit plus haut, que l'érable d'Amérique mît douze fois plus de temps que celui de France pour acquérir la même grosseur. A quoi donc lui aurait servi ce soleil fécondant des régions voisines de l'équateur, et la fertilité remarquable du sol qui le nourrit? Pour faire disparaître cette contradiction manifeste et rester dans le vrai, il faut reconnaître, dit l'auteur que nous avons cité plus haut, que dans les pays chauds il se forme une nouvelle couche dans la tige des arbres à écorce, non seulement au bout d'une année, mais après un espace de temps bien plus court, qui, suivant la température plus ou moins grande du lieu, peut être d'un mois seulement ou peut être même d'une semaine; et alors cette antiquité fabuleuse des baobabs serait plus modestement réduite à l'âge que peuvent atteindre en Europe les chênes et les autres arbres séculaires.

LE TITIEN.

Titiano Vecelli, dit le Titien, le plus grand peintre de l'école vénitienne, naquit, en 1477, à Pieve de Cadore. Envoyé de bonne heure à Venise pour suivre les leçons de Sébastien Zuccato, il quitta peu après l'atelier de cet artiste médiocre pour entrer chez Gentil Bellini, puis se perfectionna près de Giorgione, dont il allait bientôt être l'émule. D'importans ouvrages dont on les chargea tous deux permirent au Titien de montrer sa supériorité. Plus tard, un tableau, qu'il exécuta pour l'église de Frari à Venise, et qui se voit aujourd'hui dans l'une des salles de l'Académie des beaux-arts de cette ville, le mit tout à fait hors de ligne parmi ses rivaux, et, sa réputation grandissant en proportion de son talent, le sénat lui confia l'achèvement des peintures commencées dans la salle du grand conseil par J. Bellini. Ces travaux, qu'un incendie détruisit en 1577, lui avaient valu le rang de premier peintre de la république, sous le titre bizarre de sensale del Fondaco de' Tedeschi (courtier de la chambre des Allemands). Appelé par Alphonse d'Est, duc de Ferrare, à concourir à la décoration de son palais de Castello, le Titien peignit le Triomphe de l'Amour, et ces fameuses Bacchanales, qu'un siècle plus tard, Augustin Carrache désignait comme les premiers tableaux du monde. On sait que lorsque ces magnifiques ouvrages furent enlevés de la patrie des beaux-arts, pour être transportés en Espagne, et enfouis dans quelque retraite silencieuse, le Dominiquin pleura sur le sort de ces chefs-d'œuvre : ils avaient du moins servi aux études du Poussin, du Baroche, de l'Albane.

(Le Titien.)

C'est pendant son séjour à Ferrare, que le Titien se lia avec la fameuse Lucrèce Borgia; et, singularité bizarre dans la vie du grand artiste dont l'âme fut toujours aussi belle que ses admirables créations, il eut bientôt pour intime ami un homme non moins corrompu que la fille d'Alexandre VI, cet Arétin, qui, pour s'être fait l'Aris'arque des grands, n'en était pas moins le scandale des peuples à cause de sa conduite infame.

Après avoir résisté aux instances de Léon X et de François Ier, qui cherchaient à l'attirer à leur cour, le Titien se rendit à Bologne pour faire le portrait de Charles-Quint. Ce monarque, qui se montrait enthousiaste des arts, et savait si bien flatter les artistes du premier rang, le combla de faveurs, et le créa chevalier, puis comte palatin : il posa jusqu'à trois fois devant lui. Le Titien ne quitta l'empereur que pour aller enfin à Rome, où Paul III, plus heureux que Léon X, l'avait décidé à se rendre. L'âge où était parvenu le peintre vénitien ôtait à ce voyage l'intérêt que, vingt ans plus tôt, il aurait eu pour les arts. En vain put-il alors voir Michel-Ange, qu'il avait tant désiré connaître, et admirer les chefs-d'œuvre dans lesquels vivait glorieuse la mémoire de Raphaël. Si ce ne put être à des études profitables à son beau talent, ce fut du moins à produire de superbes peintures que le Titien employa le séjour d'un an qu'il fit dans la capitale de l'Italie. La Danaé, qu'il composa pour le duc Octave Farnèse, parut, aux yeux de ses admirateurs, digne de soutenir le parallèle avec les plus belles créations de Michel-Ange. Ce dernier n'en jugeait pas ainsi, et pourtant il admirait son nouvel émule : « Quel dommage, s'écriait-il, qu'à Venise on n'apprenne pas à bien dessiner! Si le Titien était secondé par l'art, comme il a été favorisé par la nature, personne au monde ne ferait ni vite ni mieux que lui. » Bornons-nous à dire que toute comparaison est impossible entre le prince des dessinateurs et le grand coloriste.

Peu apprécié à Florence, où il alla en sortant de Rome, le Titien se hâta d'arriver à Venise, où le rappelaient les vœux de ses amis et ses affections domestiques. Il se trouvait plus que jamais disposé à vouer ses talens au magnifique Charles-Quint; près de ce prince, il jouissait des hommages et de l'admiration d'une cour des plus brillantes : il travailla pour lui et sous ses yeux à Augsbourg, puis à Inspruck; et à son retour à Venise, il fut accueilli en prince. Le sénat le chargea d'une partie des peintures du palais ducal; mais, déjà accablé de travaux, il fit admettre à sa place son fils Horace Vecelli, puis Paul Véronèse et le Tintoret, réparant ainsi envers ce dernier le tort qu'il avait eu de l'écarter de la salle de la bibliothèque, alors qu'il redoutait de trouver en lui un rival.

Parvenu à sa soixante-dixième année sans avoir presque

rien perdu de la vigueur de la jeunesse, il avait composé pour Charles-Quint, dans un espace de onze ans, un nombre considérable de tableaux, au premier rang desquels il faut placer les tableaux allégoriques de la Religion, et surtout de la Sainte-Trinité, recevant la famille impériale à la prière de la Vierge et des anges. Après la mort de son auguste patron, il voua ses pinceaux au nouveau chef de la monarchie espagnole. Quelques-unes des compositions qu'il exécuta pour Philippe II sont empreintes d'une fraîcheur d'imagination à peine concevable dans un peintre qui aurait dû avoir épuisé plus d'un demi-siècle de la vie la plus active.

La gravure a pu seule faire connaître le nombre prodigieux des tableaux du Titien. Presque centenaire, il conduisait encore sur la toile ses pinceaux si féconds; aussi l'on peut dire avec Voltaire que Dieu s'était plu à donner à ce grand artiste un à-compte sur son immortalité. Il mourut à l'âge de quatre-vingt-dix neuf ans, frappé par la peste qui ravagea plusieurs quartiers de Venise en 1576; et, par une dérogation expresse aux réglemens sanitaires, ses restes, soustraits à la destruction prescrite pour les corps pestiférés, furent déposés avec pompe dans l'église des Frari. Un fils dénaturé, Pomponio Vecelli, dissipa indignement l'héritage du Titien, sans même lui consacrer une pierre sépulcrale. Ce ne fut que quarante-cinq ans après la mort de ce grand peintre, que Palma le jeune érigea son buste dans l'église de St. Giovani e Paolo.

En 1794, on devait lui élever un monument funéraire, dont le célèbre Canova avait dressé les plans et le modèle; mais ce sculpteur étant mort, ses élèves exécutèrent pour lui le tombeau qu'il destinait au Titien.

Le musée du Louvre possède quinze tableaux de ce maître, parmi lesquels on compte plusieurs beaux portraits. On y a vu aussi figurer, sous l'empire, un tableau que nous avons perdu en 1815, et que Napoléon avait rapporté d'Italie à la fin du siècle dernier; c'était un saint Pierre martyr, composition si belle, si précieuse, qu'un édit du sénat de Venise avait défendu, sous peine de mort, qu'on l'emportât hors de la ville.

L'AUTRUCHE.

(Nègre voyageant sur une autruche.)

Comme le chameau est le quadrupède du désert, l'Autruche en est le bipède; ainsi que lui, elle peut, à l'aide de ses longues jambes, traverser de vastes étendues arides et inhabitables. La force de cet oiseau est parfois assez grande pour qu'il puisse au besoin porter un homme sur son dos, ainsi que le rapporte le voyageur Moore. M. Adanson en a vu aussi que l'on avait apprivoisés en Afrique, dans un établissement anglais, et qui, chargés de deux nègres, couraient, en s'aidant de leurs ailes, aussi vite que les meilleurs chevaux. L'autruche distingue au loin, et de tous côtés, les dangers qui la pourraient menacer ; et si le vent seconde sa course rapide, rien ne pourrait l'atteindre dans sa solitude sans bornes. L'Arabe, pour lequel sa dépouille est un objet important de trafic, la poursuit monté sur son plus impétueux coursier, et désespère de la mettre à mort quand il n'a pas pour auxiliaire les vents opposés. La forme du pied de l'oiseau coureur, composé de deux gros doigts, rappelle encore celle du pied du chameau, comme si cette conformation était plus analogue que toute autre au sol que l'un et l'autre habitent.

On trouve l'Autruche dans toute l'Afrique, depuis les environs du cap de Bonne-Espérance jusque sur les côtes de Barbarie, et depuis l'Abyssinie jusqu'aux plages de l'Atlantique. Quels obstacles pourraient arrêter la marche de ces coursiers presque ailés, dont chaque pas a au moins quatre ou cinq pieds de longueur ? La hauteur totale de l'animal est de sept ou huit pieds, son poids ordinaire de quatre-vingts à cent livres.

L'Autruche n'a guère que le simulacre des organes du vol : des plumes ondoyantes et flexibles, et d'une extrême finesse, au lieu de rémiges et de rectrices capables de soutenir dans les airs une masse aussi lourde, remplacent cet appareil précieux auquel les habitans de l'air doivent la faculté de le parcourir. Condamnée, comme les mammifères, à ne pas s'élever vers les cieux, elle présente encore avec ces animaux des rapports dans le mode de procréation : au temps des amours, son cri a quelque ressemblance avec le rugissement du lion ; durant le reste de l'année, il n'est plus qu'un son faible et plaintif. La grande force de l'autruche n'en a pas fait un être offensif ou méchant ; nul oiseau n'a de plus doux penchans, encore qu'elle puisse fort bien se défendre à coups de bec et à coups de pieds, et qu'elle ne manque pas d'un certain courage. Elle montre du goût pour la solitude, mais se familiarise aisément lorsque, prise jeune, l'homme la réduit en captivité. Son instinct glouton la portant à avaler tout ce qu'elle rencontre, du fer et des cailloux même, on a prétendu qu'elle digérait les pierres et les métaux : le fait est qu'elle ne digère rien qui ne puisse être digéré par la plupart des autres oiseaux, chez lesquels l'estomac a généralement une action très-puissante, mais elle n'est jamais incommodée par les corps durs, dont elle avale souvent une assez grande quantité ; elle rend, par les voies ordinaires, les matières à peu près dans l'état où elle les avait prises. Sa nourriture habituelle consiste en herbes de diverses espèces.

La ponte de l'autruche s'opère dans un trou qu'elle creuse au milieu de l'arène brûlante, ce qui fait que l'incubation n'est nécessaire pour les œufs que durant certaines nuits ; le soleil remplace la mère durant la journée. Celle-ci dépose successivement quinze de ses œufs destinés à propager l'espèce, et à quelque distance une quinzaine d'autres qui doivent nourrir les petits nouvellement éclos ; ces derniers, par conséquent, ne sont jamais couvés ; ce sont eux dont les voyageurs peuvent faire un agréable repas quand le hasard les leur fait rencontrer. Les œufs d'autruche, plus arrondis que ceux de la poule, ont en général cinq pouces sur six de diamètre ; leur couleur est celle de l'ivoire, leur coque est dure, susceptible d'être travaillée, et l'on en fait des coupes dans quelques régions de l'Afrique. Les petits naissent au bout de six semaines, et s'essaient à marcher dès qu'ils sont dégagés de leur prison.

Quelque destruction que les Africains fassent de ces animaux, la race n'en paraît point diminuer ; cependant on ne peut qu'approuver les essais qui ont été faits pour élever des troupeaux d'autruches, dont les plumes enlevées se renouvellent ainsi plusieurs fois durant leur vie et à mesure qu'on les arrache. Ces essais ont pleinement réussi. Les plumes sont un objet considérable d'importation pour les régions qui en produisent. L'épaisseur de la peau fournit aux naturels, qui savent très bien l'apprêter, un cuir dont on revêt les armes offensives. La chair en est ferme, et assez bonne : des peuplades qui s'en nourrissent avaient reçu des anciens le nom de Struthiophages, tandis que Moïse avait interdit cette chair aux Hébreux.

Les parties chaudes et tempérées des Indes Occidentales ont aussi leur autruche, plus petite, ou du moins un oiseau analogue qui présente avec celui de l'ancien monde les plus grands rapports ; les naturalistes lui ont donné le nom de rhéa et de nandu, et plusieurs l'ont mal à propos confondue avec le thouyou, qui est le sabiru, oiseau d'un genre fort différent.

NAPLES.

Naples, située sur le bord d'un golfe magnifique qu'on nomme le Cratère, est bâtie en amphithéâtre sur le penchant de plusieurs collines qui, concentrant dans cet étroit espace tous les rayons du soleil, rendent son climat le plus chaud de l'Italie. On peut dire réellement que l'hiver est inconnu à Naples ; mais il y a, comme tous les pays chauds, la saison des pluies. Elle dure environ deux mois, décembre et janvier. Mais lorsqu'il y a un intervalle de beau temps, on se croirait en un moment transporté au milieu de la belle saison, et dans les promenades publiques on offre pour 4 grains, à peu près 5 sols, des bouquets de myrthe, de jasmin et d'oranges, qu'à pareille époque on paierait à Paris plus de 20 francs, si toutefois on parvenait à se les procurer.

Le sol de Naples demande peu de peine pour accorder beaucoup. Partout se présente l'image de la végétation la plus abondante et de la fertilité ; mais la prodigalité même de la nature est en grande partie cause de la paresse et de la misère des habitans, qui se contentent de très peu, et semblent ne vouloir travailler que pour satisfaire les besoins les plus pressans de la vie. Aussi, les fruits qui pourraient être les meilleurs du monde, sont-ils bien inférieurs à ceux que l'on sert sur nos tables, et si parfois un jardinier étranger veut tenter quelque innovation, force lui est d'y renoncer aussitôt, s'il ne veut périr sous les couteaux, tant les Napolitains craignent de se voir forcés de sortir de leur indolence et de leur routine habituelle. Mais cette même position en amphithéâtre, qui embellit tant le climat et l'aspect général de Naples, est loin d'en embellir l'intérieur. Les rues, sauf un petit nombre, sont impraticables aux voitures, montant très rapidement, et souvent même ayant des degrés. Les grandes rues sont pavées au milieu, de larges dalles de lave noirâtre, et sur les bas côtés de petits éclats de pierre qui abîment les pieds. Ainsi, à Naples, on fait juste le contraire de Paris, où les trottoirs dallés sont destinés aux piétons, et le pavé inégal aux voitures. Cette contradiction apparente est facile à expliquer : les gens riches et influens ont tous leur équipage, et pourvu qu'il roule sans secousse sur des dalles bien unies, ils s'inquiètent peu des fatigues du pauvre diable qui trotte à pied.

Le concours de monde et de voitures est bien plus grand à Naples qu'à Paris, et cela se conçoit aisément, lorsqu'on réfléchit que Naples a la moitié de la population de notre capitale, et n'a tout au plus que le quart de sa superficie.

C'est surtout dans la principale rue, celle de Tolède, que le mouvement, le bruit, la pantomime turbulente des passans, étonneraient même un Français qu'on saurait y transporter subitement du quartier le plus populeux de Paris, sans le faire passer par les rues désertes des autres villes de l'Italie. La rue de Tolède est longue d'environ un tiers de lieue. Elle est belle, garnie de boutiques élégantes ;

mais elle est irrégulière dans sa largeur, et on ne peut guère mieux la comparer qu'à notre rue St.-Honoré. Partant de la place du Palais du Roi, elle vient se terminer à celle du St.-Esprit. Un des principaux monumens qui la décorent est le nouveau palais de St.-Jacques, dans lequel le dernier roi de Naples, François Ier, a réuni tous les ministères. Le palais est traversé par un passage bordé de boutiques qui, aboutissant à la Place du Château-Neuf, se termine par un large vestibule, orné d'une statue fort ressemblante du roi François Ier, en costume d'empereur romain.

Outre la quantité de monde qui y afflue, trois autres causes contribuent à rendre la rue de Tolède la plus bruyante et la plus embarrassée du monde. En première ligne on doit mettre les cris étourdissans des pêcheurs qui poursuivent les passans pour leur faire acheter le produit de leur pêche, qu'ils portent dans des petits paniers de jonc. Viennent ensuite les cochers de caratelles, espèces de mauvaises calèches qui, au risque de vous écraser, vous barrent sans cesse le chemin pour vous forcer à les prendre; enfin les changeurs de monnaie, dont les échoppes obstruent partout le passage. La monnaie d'argent est si rare à Naples, qu'elle est devenue l'objet d'un grand commerce. A chaque pas; on trouve des gens assis à de petits comptoirs dans la rue, ayant devant eux plusieurs sacs de monnaies de cuivre, qui en revanche sont multipliées au point qu'il y en a plus de quinze espèces différentes. Les changeurs de monnaie donnent jusqu'à 105 grains pour un ducat qui n'en vaut que 100. Aussi les pauvres gens sont-ils enchantés quand on les paie en argent, car ils y trouvent toujours quelque bénéfice.

Les autres grandes rues de Naples sont celles de Monte Oliveto, de St.-Jean a Carbonara, de l'Infrascata, et celle de Chiaja, où sont presque toutes les boutiques des fabricans de bijoux, tabatières, serre-papiers, et autres objets en lave du Vésuve. Cette rue conduit à ce délicieux jardin de Chiaja, appelé aussi la Villa Reale, qui s'étend sur le bord de la mer, et qui est le rendez-vous de la belle société napolitaine. C'est là que les élégantes viennent déployer le luxe de nos toilettes parisiennes; car le costume national n'existe plus, et on ne retrouve quelque trace d'originalité que dans celui des pêcheurs. Si la Villa Reale offre tout ce qui peut rendre une promenade confortable, il en est de même lorsqu'on s'aventure dans l'intérieur de la ville. Les petites rues, c'est-à-dire toutes les rues de Naples, excepté sept ou huit, sont d'une saleté qu'on ne peut concevoir. Jamais on ne les nettoie, et on jette par les fenêtres toutes les immondices, se fiant aux pluies du soir pour les entraîner; et comme il n'est pas rare qu'à Naples on ait une sécheresse absolue de trois mois, on peut juger de ce que deviennent les rues d'une ville où les maisons n'ont d'autres latrines qu'un vase déposé dans l'appartement derrière un rideau, et que l'on vide le soir par la fenêtre. Bienheureux encore si ces ordures ne se trouvaient que dans les rues; mais les cours, les escaliers en sont infectés, et dans les maisons les plus riches on est obligé de monter sur la pointe du pied; ce qui ne laisse pas d'être fatigant, dans une ville où le luxe consiste à demeurer à l'étage le plus élevé de la maison, afin d'avoir la jouissance du toit en terrasse, qui est d'une grande ressource dans les nuits d'été.

La malpropreté napolitaine est bien digne de passer en proverbe.

Je demande pardon à mes lecteurs du tableau dégoûtant que je ici déroule; mais c'est la représentation fidèle et nullement exagérée de celui qu'on a sous les yeux pendant tout le temps que l'on séjourne à Naples. A chaque pas, on voit hommes, femmes et enfans occupés à chercher ces insectes qu'on voudra bien me dispenser de nommer, et que le plus souvent ils jettent à terre sans les écraser.

Les pauvres sont couverts, je devrais dire parsemés, de lambeaux que les chiffonniers de Paris daigneraient à peine ramasser. Ils vivent d'oignons crus, de pain noir, d'une sorte de gâteau de maïs, appelé polénta, et de quelques

ragoûts rebutans faits d'issues de poissons. Quant aux macaronis, qu'on n'oublie jamais quand on parle de Naples, il s'en fait réellement une immense consommation; mais c'est dans l'intérieur des maisons, et il est rare de voir, comme on le dit, le peuple les manger dans les rues, excepté toutefois dans les marchés.

Il est une classe d'hommes qui par état fait exception à la saleté et à la paresse napolitaine; c'est celle des pêcheurs qui, du reste, est fort nombreuse. Leur costume, composé d'un caleçon de toile, d'une capote de bure et d'un bonnet de laine, est généralement assez propre, et forcément il doit en être de même de leur personne, puisqu'ils passent les trois quarts de leur vie dans la mer. On ne saurait trop louer l'activité et le courage de ces pauvres gens; mais on a peine à concevoir comment le produit de leur travail peut suffire à leurs besoins et à ceux de leur famille, lorsqu'on voit vingt-cinq ou trente hommes, occupés au même filet, travailler près d'une heure pour ramener quelques poissons qu'ils vendent au plus 8 ou 10 grains (50 à 40 centimes). C'est que tout à Naples est pour rien, excepté toutefois ce qui est objet de luxe, et qui, venant de France, est d'un prix fort élevé.

Tout ce qui est à l'usage du peuple est à si bon marché que, pour peu que la paresse ne le dominât pas trop, il pourrait jouir d'une sorte d'aisance; mais il est un gouffre sans fond qui absorbe le peu qu'il gagne lorsqu'il se décide au travail. Je veux parler des bureaux de loterie, qui sont multipliés à Naples d'une manière effrayante, et où le peuple se précipite avec une sorte de fureur. Ce n'est plus là, comme à Paris, ces bureaux hermétiquement fermés par des rideaux, où l'on entre par une allée bien sombre, en regardant autour de soi si l'on n'est pas aperçu. A Naples, les bureaux sont ouverts, n'ont pas même de devanture, et sont sans cesse encombrés de gens de toutes classes et de toutes conditions. Souvent on y voit l'homme du monde, le prêtre même, se faire jour au travers d'une nuée de lazzaroni pour venir déposer son enjeu.

Puisque le mot de lazzaroni m'est échappé, je saisirai cette occasion de relever une erreur dans laquelle, sur la foi des écrivains, sont encore presque toutes les personnes qui n'ont pas visité Naples. Les lazzaroni, dont on évaluait le nombre à 40,000 avant l'invasion des Français, et qui avaient su se rendre redoutables même au gouvernement, les lazzaroni n'ont cessé d'être une caste à part, ou plutôt ils n'existent plus. A peine en voit-on quelques-uns qui font l'office de commissionnaires, et qui sont fort honnêtes envers ceux qui les emploient.

La politesse outrée qui va toujours en croissant à mesure qu'on avance en Italie, est à Naples au dernier période. Tout étranger est traité d'excellence; mais aussi il faut payer tant d'honneur, et les Napolitains justifient pleinement leur réputation : ce sont les plus intrépides demandeurs du monde, et l'amour de l'argent est pour beaucoup dans les flatteries qu'ils prodiguent. A Naples, une des principales marques de distinction est la longueur des traits qui attèlent les chevaux aux équipages; aussi pour peu qu'un étranger, voyageant en poste, paie largement les postillons, il peut compter que les chevaux de devant seront à vingt pieds au moins de ceux qui tiennent à sa voiture.

Le peuple napolitain, si rampant auprès de ceux qu'il regarde comme ses supérieurs, n'est plus le même avec ses égaux, et sont alors les disputes finissent d'une manière tragique. Les homicides se renouvellent fréquemment, d'autant plus qu'ils sont rarement punis de mort. Presque toujours les assassins en sont quittes pour les galères, pour peu qu'ils parviennent à prouver qu'ils ont commis le crime dans un moment de colère et sans préméditation.

Lorsque la peine de mort est prononcée, la même sentence règle le genre du supplice; car la guillotine et la potence sont employées également à l'arbitraire des juges, qui peuvent aussi ordonner que la tête des suppliciés reste exposée dans une cage de fer, suspendue aux murs de la Vicaria, prison criminelle.

Ce mélange de bassesse et de férocité du peuple napolitain doit être attribué en grande partie à son manque d'éducation. Sur cent individus, deux au plus savent lire, et malheureusement tout annonce que cet état d'ignorance durera encore long-temps.

Les prêtres, moines et religieux, sont à Naples en quantité si prodigieuse, qu'on évalue leur nombre à cent dix mille, presque un quart de la population. On compte dans cette ville 45 églises paroissiales, 5 basiliques, 70 succursales, 140 couvens, 190 oratoires de confréries, 11 hôpitaux, 5 séminaires, et 54 maisons ou conservatoires destinés à recevoir les pauvres et les enfans qu'on instruit dans l'art de la musique. Le grand conservatoire est dirigé par le célèbre chanteur Crescentini, que Napoléon savait si bien apprécier.

Nous bornerons là cet aperçu général de Naples, nous réservant de donner quelques articles spéciaux sur plusieurs usages et cérémonies qui demandent à être traités avec plus de détails.

ÉPHÉMÉRIDES.

9 *janvier* 1812. — L'armée française, commandée par le général Suchet, s'empare de Valence.

10 *janvier* 1724. — La religion chrétienne est proscrite dans toute l'étendue de l'empire chinois; les discussions des Dominicains et des Jésuites et la condamnation prononcée publiquement par les missionnaires catholiques contre les pratiques religieuses des Chinois, amenèrent ce déplorable résultat.

11 *janvier* 1663. — Un arrêt du conseil d'état, en France, déclare les protestans convertis au catholicisme, quittes de toutes dettes envers leurs coreligionaires. 1801, mort du compositeur Cimarosa, l'auteur de la musique de l'opera intitulé : *il Matrimonio secreto.*

12 *janvier* 1809. — Les Espagnols et les Portugais, secondés par l'Angleterre, enlèvent Cayenne et la Guiane à la France. Une partie de ce territoire a été restituée à la France à la suite des traités de 1814. — 1815, suppression des francs-maçons par le pape et par l'inquisition d'Espagne.

13 *janvier* 1535. — François Ier abolit l'imprimerie.

14 *janvier* 1805. — Quinze mois après la rupture du traité d'Amiens, Napoléon écrit au roi d'Angleterre pour le détourner de la coalition que son ministère voulait former contre la France: ces propositions de paix ne furent pas admises, et dix mois après la France gagna l'importante victoire d'Austerlitz.

15 *janvier* 1812. — Napoléon lance le décret qui organise la fabrication du sucre de betterave en France, sous la direction du gouvernement lui-même.

16 *janvier* 1589. — Déclaration des docteurs de Sorbonne, qui délie les Français du serment de fidélité qu'ils devaient à Henri III.

17 *janvier* 1377. — Rome redevient le séjour des papes qui depuis 66 ans résidaient à Avignon.

18 *janvier* 1725. — (Sixième jour d'après le calendrier russe), Pierre-le-Grand, voulant assister malgré le grand froid à la cérémonie de la bénédiction de l'eau, gagna un rhume violent qui, onze jours après, le conduisit au tombeau.

19 *janvier* 1418. — Les Anglais s'emparent de Rouen.

24 *janvier* 1770. — Réduction opérée en France sur les rentes par le conseil d'état, sur la proposition de l'abbé Terray, contrôleur-général des finances, et dans le but de combler le déficit de la caisse de l'état. Ce déficit ne s'élevait qu'à 35 millions.

25 *janvier* 1813. — Concordat de Fontainebleau.

26 *janvier* 1790. — L'Assemblée nationale interdit à ses membres d'accepter des places de l'état. Ce décret détruit la promesse faite par le roi à Mirabeau de l'élever au ministère.

30 *janvier* 1809. — Les Anglais s'emparent de l'île de la Martinique, rendue depuis 1814 à la France.

LA MONTAGNE DES OLIVIERS.

A la description que nous avons donnée précédemment de la ville de Jérusalem et des lieux qui ont été témoins du supplice du fils de Marie, nous ajoutons une vue de la montagne des Oliviers, prise de la ville même. Tous ceux qui ont pu voir à Paris ce beau panorama de Jérusalem, qui y était naguère exposé, reconnaîtront ces constructions orientales si remarquables par leurs dômes, ces collines où s'est accompli le mystère qui a opéré une révolution complète dans la face du monde. Jadis, la cité sainte voyait affluer des populations entières parties de toutes les contrées de l'Europe; aujourd'hui, quelques rares voyageurs vont visiter ce berceau du christianisme; mais leurs récits, empreints de cet enthousiasme qu'inspire la vue de ces lieux révérés, sont toujours recherchés avec empressement par de nombreux lecteurs.

(Vue de la Montagne des Oliviers, prise de Jérusalem.)

Paris. — Imprimerie de H. Fournier, rue de Seine, n° 14.

PÉROU.—LE TEMPLE DU SOLEIL A CUSCO.

RELIGION DES HABITANS DU PÉROU
AVANT LA CONQUÊTE DE CE PAYS PAR LES ESPAGNOLS. —
TEMPLE DU SOLEIL A CUSCO.

Il est peu de nos lecteurs qui n'aient lu l'histoire, si curieuse, si riche en grands enseignemens politiques et moraux, de la découverte et de l'invasion du Pérou et du Mexique par les Espagnols. Quelques détails sur les mœurs de ces peuples intéressans, si cruellement traités par leurs nouveaux maîtres, sur l'état de leur civilisation et leurs croyances religieuses, nous ont paru devoir offrir quelque intérêt à notre public. Nous commencerons par la description de leurs coutumes religieuses et du temple somptueux qu'ils avaient élevé au Soleil; description empruntée en grande partie à un auteur espagnol, né au Pérou même, Garcilasso de la Véga.

Comme les beautés de ce temple, dit cet historien, sont au-dessus de la croyance humaine, je n'oserais presque pas les rapporter ici, si les écrivains espagnols qui ont écrit sur le Pérou n'en convenaient avec moi; mais ni ce qu'ils en ont dit, ni ce que je pourrais y ajouter, n'est capable de donner une idée exacte de la richesse de ce monument religieux.

Les quatre murailles du temple, à les prendre du haut en bas, étaient toutes lambrissées de plaques d'or. Sur le grand autel, on voyait la figure du Soleil, faite de même sur une plaque d'or, deux fois plus épaisse que les autres. Cette figure, qui était d'une seule pièce, avait le visage rond, environné de rayons et de flammes. On ne voyait que cette seule idole, parce que ces Indiens n'en avaient point d'autres, ni dans ce temple, ni ailleurs, et qu'ils n'adoraient point d'autres dieux que le Soleil, quoi qu'en disent quelques auteurs.

Lorsque les Espagnols entrèrent dans la ville de Cusco, cette figure du Soleil échut par le sort à Mancéo Serra de Lequicano, gentilhomme castillan. Comme ce seigneur aimait fort le jeu, et que cette figure l'embarrassait, à cause de ses dimensions gigantesquès, il la joua, et la perdit dans une nuit, ce qui donna lieu à ce proverbe : Il joue le soleil avant qu'il ne soit jour.

Aux deux côtés de l'image du Soleil, étaient les corps des rois du Pérou, rangés par ordre, selon leur ancienneté, et si bien embaumés, dit Garcilasso de la Véga, sans qu'on pût savoir comment, qu'ils paraissaient être en vie. Ils étaient assis sur des trônes d'or, élevés sur des plaques du même métal.

Toutes les portes du temple du Soleil étaient couvertes de lames d'or. De plus, autour des murailles de ce temple, il y avait une plaque d'or, en forme de couronne ou de guirlande, qui avait plus d'une aune de large.

A côté de ce temple, on voyait un cloître, dont les quatre murailles étaient ornées par le haut d'une guirlande d'or pur d'une aune de large, comme celle dont on vient de parler. Après s'en être emparé, les Espagnols lui en substituérent une de fer-blanc, de même largeur que la précédente.

Tout autour de ce cloître, il y avait cinq grands pavillons carrés, couverts, et en forme de pyramides. Le premier était destiné à servir de logement à la Lune, sœur et femme du Soleil, et la mère de la famille des Incas. Ses portes et ses murailles étaient couvertes de plaques d'argent, par analogie avec l'aspect de la Lune, dont la figure était représentée comme celle du Soleil, avec cette différence, qu'elle était sur une plaque d'argent, et qu'elle avait le visage d'une femme.

L'appartement le plus proche de celui de la Lune était celui de Vénus, des Pléiades, et de toutes les autres étoiles, en général, que les Péruviens disaient être les servantes de la Lune. Ils leur avaient donné, disaient-ils, un logement auprès de leur dame, afin qu'elles pussent la servir plus commodément. Le motif pour lequel ils pensaient que les étoiles étaient au ciel pour le service de la Lune et non du Soleil, c'est qu'ils les voyaient de nuit et non de jour.

Cet appartement et son grand portail étaient couverts de plaques d'argent, comme celui de la Lune. Son toit représentait un ciel semé d'étoiles de différentes grandeurs. Le troisième appartement, proche de ce dernier, était consacré à l'éclair, au tonnerre et à la foudre.

On ne regardait point ces trois choses comme des dieux, mais comme les valets du Soleil, et on en avait la même opinion que les païens de Rome et de la Grèce, qui regardaient la foudre comme un instrument de la justice de Jupiter. S'il arrivait qu'une maison ou un autre lieu fût frappé de la foudre, les Péruviens l'avaient en si grande abomination, qu'ils en muraient aussitôt la porte avec des pierres e de la boue, afin qu'il n'y entrât jamais personne; et si la foudre tombait à la campagne, ils en marquaient l'endroit avec des bornes, et personne n'osait y mettre le pied.

Les Péruviens avaient consacré le quatrième appartement à l'arc-en-ciel, parce qu'il procédait du Soleil. Cet appartement était tout enrichi d'or, et sur les plaques de ce métal on voyait représenté, avec toutes ses couleurs, un arc-en-ciel qui s'étendait d'une muraille à l'autre. Lorsqu'ils le voyaient paraître en l'air, les Péruviens fermaient aussitôt la bouche, qu'ils couvraient de la main, parce qu'ils s'imaginaient que s'ils l'ouvraient tant soit peu, leurs dents en seraient pourries et gâtées.

Le cinquième et dernier appartement était celui du grand-sacrificateur et des autres prêtres qui assistaient au service du temple, et qui devaient tous du sang royal des Incas. Cet appartement, enrichi d'or depuis le haut jusqu'au bas, servait de salle pour les audiences, et on y délibérait soit sur les sacrifices qu'il convenait de faire, soit sur les autres choses qui concernaient le service du temple. On ne pouvait ni manger ni dormir dans son enceinte.

Sur les murailles de cet appartement on voyait des niches dont les contours étaient ornés de pierres fines, et principalement d'émeraudes et de turquoises.

Outre les cinq grands pavillons dont nous venons de parler, il y avait aussi dans la maison du Soleil plusieurs autres appartemens pour les prêtres, et les domestiques, qui étaient de la classe des Incas qu'on appelait privilégiés; car aucun Indien, quelque grand seigneur qu'il fût, ne pouvait entrer dans cette enceinte sacrée s'il n'était Inca. Les femmes n'y pénétraient pas non plus, pas même les filles, ni les femmes du roi. Les prêtres servaient dans le temple par semaines, qu'ils comptaient par les quartiers de la lune; durant ce temps-là, ils ne voyaient jamais leurs femmes, et ne sortaient du temple ni jour ni nuit.

Les Indiens qui servaient dans le temple en qualité de valets, comme les portiers, les balayeurs, les cuisiniers, les sommeliers, les gens de garde-robe, et ceux qui avaient le soin des joyaux, etc., étaient de la même nation et des mêmes villes que ceux qui servaient dans la maison du roi; car il y avait des villes obligées à donner des officiers pour la maison de l'Inca et pour celle du Soleil. Il faut remarquer ici que dans ces deux maisons, à cause de la relation qui existait entre le père et le fils, il n'y avait aucune différence

dans le service qu'on leur rendait, si ce n'est que les femmes ne pénétraient point dans la maison du Soleil, et que l'on ne faisait aucuns sacrifices dans le palais de l'Inca; mais du reste tout était égal dans les deux demeures et pour la grandeur et en majesté.

Nous terminerons cette description des merveilles du temple de Cusco par l'indication d'un genre particulier d'ornemens dont la richesse et la rareté devaient éclipser tous les autres, et à l'existence desquels on a peine à croire, bien qu'elle soit attestée par un grand nombre d'historiens espagnols, et par Garcilasso de la Véga entr'autres. Cet auteur raconte que le temple du Soleil était orné d'une grande quantité d'arbres à fruits et de fleurs en or, en argent et en diverses matières précieuses, fabriqués avec beaucoup d'art. Ce fait ferait supposer dans les ouvriers péruviens une grande adresse, surtout quand on compare la difficulté de ces travaux à la simplicité, pour ne pas dire à la grossièreté des outils dont ils faisaient usage.

Entre les temples les plus fameux qui furent dédiés au Soleil dans le Pérou, et qui étaient à peu près comparables à celui de Cusco, il y en avait un dans l'île appelée *Titicaca* qui était fort célèbre. Ce lieu était un objet particulier de vénération pour les Péruviens, parce que leurs prêtres leur avaient dit que les premiers Incas, enfans du Soleil, s'y étaient arrêtés quand ce dieu les avait envoyés sur la terre pour apprendre aux peuples barbares leurs devoirs religieux et les secrets des arts.

On faisait dans ce temple le même service que dans celui de Cusco, et l'on y recevait une très grande quantité d'offrandes d'or et d'argent, sous la forme d'ustensiles et de meubles précieux. Le révérend père Bias Valéra dit, en parlant des prodigieuses richesses de ce temple, qu'il s'y voyaient entassées par monceaux, que de l'or et de l'argent qui était resté des offrandes faites en cette île, on en pouvait bâtir un autre temple, depuis les fondations jusqu'au toit, sans aucun mélange d'autre matière; à quoi il ajoute que les Indiens jetèrent tous ces trésors dans les eaux qui entouraient cette île dès qu'ils apprirent que les Espagnols étaient abordés au Pérou et qu'ils enlevaient toutes les richesses qu'ils y trouvaient.

« Quand un Indien, dit Garcilasso de la Véga, pouvait avoir un seul grain de maïs, ou de telle autre semence qui fût venue de cette île, pour le mettre dans ses greniers, il croyait fermement que de sa vie il ne manquerait de pain; tant la superstition de ces peuples était grande à l'égard des choses où leurs Incas étaient mêlés, quelque petites et peu importantes qu'elles fussent. »

LINNÉ.

Ce grand homme auquel on a donné le nom de prince des botanistes, et qu'il eût été plus juste de qualifier de prince des naturalistes, naquit le 24 mai 1707 à Roësthult, ville de Suède, d'un ministre protestant, pauvre mais estimé. Sa jeunesse toute entière fut une longue lutte entre les contrariétés et la misère qui trop souvent éteignent le génie naissant.

Destiné de bonne heure à l'état ecclésiastique, Linné quitta la maison paternelle pour entrer au collège où il montra peu d'ardeur pour l'étude des langues anciennes et chercha des distractions dans l'étude de la botanique. Taxé d'incapacité par ses maîtres, il se vit contraint à entrer en apprentissage chez un cordonnier. Le médecin de sa famille sut persuader à Linné père que son fils était doué de plus de capacité qu'on ne lui en supposait communément, et Linné, remis au collège, fut, quelques années plus tard, envoyé à l'université de Lunden, puis à celle d'Upsal.

Ce fut à cette époque de sa vie, que Linné qualifie pourtant d'heureuse, que ce grand homme se vit réduit à raccommoder les souliers de ses camarades pour se procurer un peu de pain. Ce temps de détresse dura peu. Olaus Celsius, si connu par sa vaste érudition, le tira de cet état déplorable ; il l'associa à ses travaux, lui donna un logement, lui offrit sa table, et le mit à même de jouir d'une riche bibliothèque. L'académie des sciences d'Upsal, le fit envoyer en Laponie pour étudier cette contrée aux frais de l'état.

Linné n'avait alors que 24 ans, et cependant il déploya dans ce voyage une activité prodigieuse ; il fit à pied en moins de six mois, deux cent cinquante lieues, sans compter les déviations inévitables, attachées aux courses qui ont pour but l'histoire naturelle. On peut facilement imaginer tout ce que dut souffrir l'intrépide voyageur dans cette contrée désolée, aussi redoutable par la chaleur dévorante d'un été de quelques mois que par la prodigieuse intensité d'un hiver qui lui succède brusquement pour durer les trois quarts de l'année. Le jeune naturaliste escalada les monts, passa les torrens, les fleuves et les lacs, pénétra dans les cavernes et dans les cratères à demi éteints, et brava avec courage les plus cruelles comme les plus longues privations. Ce voyage valut à l'université d'Upsal, de belles collections de plantes, d'insectes et de minéraux, et un ouvrage remarquable sur les richesses naturelles de la Laponie.

Après avoir goûté quelques instans de repos, Linné alla visiter les mines de Suède, étudia la minéralogie avec tant d'ardeur qu'il put la professer à son retour à Upsal. Ses succès furent même si marqués qu'ils excitèrent la jalousie du professeur Rosen ; Linné crut suspendu par ordre de l'université à laquelle Linné n'appartenait pas encore. Irrité d'une pareille défense, celui-ci menaça Rosen et l'osa provoquer ; mais Olaus Celsius interposa sa médiation, et Linné se réconcilia pour toujours avec Rosen.

Après cet événement, Linné crut devoir quitter Upsal, et alla exercer la médecine dans une autre ville de la Suède, à Falhun où il fut fiancé à la fille du docteur More : quelque temps après il passa en Danemarck, parcourut une partie de l'Allemagne et se rendit en Hollande, célèbre alors par la richesse de ses horticultures, et de l'intention d'y demeurer quelques années.

En passant à Hambourg, Linné dévoila une supercherie qui jusqu'alors n'avait trouvé que des admirateurs crédules. On faisait voir dans un cabinet une hydre à sept têtes : trop éclairé pour croire à de pareils écarts de la nature, Linné examina le monstre avec une attention scrupuleuse, et reconnut que les prétendues têtes étaient autant de museaux de belettes réunies avec beaucoup d'art, et revêtues d'une peau de serpent.

Le plus riche des jardins de la Hollande, en plantes étrangères au pays, était alors celui d'un amateur appelé Cliffort ; Linné qui était dans un état fort précaire, malgré sa célébrité naissante, Linné résolut, pour échapper en même temps au besoin et à l'importunité, d'entrer en qualité de jardinier chez l'horticulteur hollandais. Il se rendit donc chez lui, se présenta, fut admis et travailla quelque temps avant d'attirer l'attention du maître. Mais reconnu par un voyageur qui l'avait vu à Upsal, l'incognito cessa aussitôt, et peut-être Linné l'eût-il regretté, si Cliffort, un peu honteux d'avoir pu se méprendre, ne se fût empressé de le retenir, en lui offrant avec amitié la place de directeur de son magnifique jardin.

Ce fut aux frais de Cliffort que fut publié l'ouvrage dans lequel Linné exposait la nouvelle méthode d'après laquelle il classait les plantes, et à laquelle il a donné son nom. Cet homme généreux força Linné de recevoir les bénéfices de la vente de cet ouvrage et voulut, en outre, qu'il voyageât en Angleterre à ses frais.

Linné se fit de nombreux disciples dans ce pays, et telle fut l'enthousiasme qu'y produisit la découverte de son système qu'il balança un instant s'il ne s'y fixerait pas. Mais il revint en Hollande, visita la France, et enfin revit la Suède où l'appelaient les vœux de ses concitoyens.

Dès ce moment une existence heureuse et brillante fut le partage de Linné. Marié à la fille du docteur More qui, comme nous l'avons dit plus haut, lui était déjà fiancée, il devint, en peu de temps, botaniste du roi, président de l'académie de Stockholm, professeur d'anatomie à l'université d'Upsal, puis professeur de botanique et directeur du Jardin des Plantes. Linné était parvenu dès lors au plus haut point qu'un savant pût atteindre en Suède ; car, dans ce pays, le gouvernement interdit aux hommes qui cultivent les sciences avec succès les emplois qui peuvent les en détourner.

Linné se complut dans la retraite et refusa les offres de plusieurs souverains étrangers qui voulaient l'attirer dans leurs États. Ce fut en donnant une leçon sur les systèmes en botanique qu'il fut frappé d'apoplexie. Cet accident se renouvela deux ans après, le priva de ses facultés intellectuelles, et le conduisit au tombeau le 10 janvier 1778, à l'âge de soixante-dix ans et huit mois.

Upsal fut dans le deuil le jour des funérailles de Linné, Le roi de Suède fit frapper une médaille en son honneur, fit élever un tombeau dans la cathédrale d'Upsal, et rendit un éclatant hommage à sa mémoire dans un discours qu'il prononça devant les États de la Suède.

Linné était d'une taille au-dessous de la moyenne, mince, mais bien fait. Sa tête était large, sa physionomie franche et ouverte : ses yeux vifs et perçans avaient une expression de finesse très remarquable ; il avait une santé robuste, et quittait son travail dès que son esprit ne lui paraissait plus disposé à seconder ses intentions.

Esprit supérieur et profond, Linné sut allier, à d'immenses connaissances en histoire naturelle, le respect des dogmes religieux. On lisait écrit au-dessus de la porte de son cabinet : « Vivez dans l'innocence, Dieu est présent. » Les premières lignes, écrites par ce grand homme dans son ouvrage intitulé : Système de la nature, sont une admirable profession de foi : « Éternel, immense, sachant tout, pouvant tout, que Dieu se laisse entrevoir et je suis confondu. J'ai recueilli quelques-unes de ses traces dans les choses créées, et, dans toutes, dans les plus petites même, quelle force ! quelle sagesse ! quelle inexprimable perfection ! Les animaux, les végétaux et les minéraux, empruntant et rendant à la terre les élémens qui ont servi à leur formation, la terre emportée dans son cours immuable autour du soleil dont elle reçoit la vie, le soleil lui-même tournant avec les autres astres, et le système entier des étoiles suspendu en mouvement dans l'abime du vide par celui qu'on ne peut comprendre, le premier moteur, l'être des êtres, la cause des causes, le conservateur, le protecteur universel et le souverain artisan du monde. — Qu'on l'appelle destin ; on dira vrai : il est celui de qui tout dépend. — Qu'on l'appelle nature, on dira encore vrai : il est celui de qui tout est né. — Qu'on l'appelle providence, on dira encore vrai : car c'est sa seule volonté qui soutient le monde. »

Quel fut dans sa vie privée l'écrivain qui traça cet admirable tableau, un homme simple dans ses mœurs et dans ses habitudes, causant familièrement avec ses élèves, remarquable par une gaieté franche et naïve, une conversation enjouée où la science n'apparaissait jamais hérissée de ces grands mots qui la font si redoutable dans la bouche des faux savans, un homme qui ne dédaignait pas, malgré ses cheveux blancs, de partager les plaisirs de la jeunesse. « Tous les dimanches, dit Fabricius, l'un de ses élèves, nous recevions la visite de Linné et de sa famille. Nous avions toujours alors un paysan qui jouait d'une espèce de violon, et nous dansions avec une joie et une satisfaction infinies. Le savant maître nous regardait avec intérêt, assis et fumant sa pipe, et de temps en temps il se levait et se joignait à la danse polonaise dans laquelle il surpassait de beaucoup les plus jeunes de la compagnie.... Tous les samedis, Linné faisait une grande herborisation. La troupe joyeuse, qui s'élevait souvent à cent cinquante élèves de toutes les nations, était partagée en petites bandes, qui, d'abord séparées, devaient se réunir à une heure convenue. Linné ne gardait près de lui que les jeunes gens les plus instruits de la troupe ; de temps en temps on désignait pour lieu de rendez-vous le vieux château de Sâfjà, vers lequel on se dirigeait non sans pousser des cris de joie que jamais l'il-

(Linné, dans son costume de Lapon.)

lustre professeur ne songeait à réprimer. A peine était-on arrivé, Linné déterminait les plantes récoltées; une table de vingt couverts, chargée de fruits et de laitage, était bientôt dressée; ceux d'entre les élèves qui avaient trouvé les plantes les plus rares, ou qui en avaient déterminé le plus grand nombre, s'asseyaient à la table du maître; le reste de la troupe mangeait debout, espérant mériter quelque jour un honneur que tous enviaient. »

L'influence que Linné à exercée sur son siècle est prodigieuse. Non-seulement il soumit à des règles invariables la marche des sciences naturelles, mais encore il imprima aux sciences physiques, en général, un caractère nouveau, et poussa les esprits vers l'ordre et la méthode : on peut remarquer aussi qu'en simplifiant l'étude des sciences naturelles, il a procuré à ses successeurs une grande économie de temps qui a tourné au profit de la société tout entière, en accélérant la marche de l'esprit humain.

CHASSE AUX ÉLÉPHANS
AU CAP DE BONNE-ESPÉRANCE.

Un voyageur anglais qui a récemment visité l'Afrique méridionale a donné quelques détails curieux sur la chasse aux éléphans, qui, comme l'on sait, est un des amusemens particuliers au pays. Ayant réuni quelques amis, il se dirigea vers les collines au milieu desquelles coule la grande rivière aux Poissons (*fish river*), et erra près d'un jour entier dans les montagnes, traversant les sites les plus agrestes. Leur guide était un homme de moyenne taille, maigre, actif, avec le teint brûlé du soleil, et le coup d'œil rapide et sûr d'un braconnier. Il montait un petit cheval, et était suivi par neuf chiens qui venaient pour la plupart d'être fort maltraités par un sanglier dont la dépouille pendait à l'arçon du chasseur. Cet homme avait mené une vie aventureuse : d'abord colon anglais au Cap, il avait fait la contrebande en Cafrerie; puis, riche négociant, il avait perdu dans le commerce tout ce qu'il avait gagné par la fraude, et pour dernière ressource, il faisait la chasse aux éléphans, passant sa vie au milieu des montagnes, comme le chasseur de Cooper dans les forêts du Nouveau-Monde.

Nos aventuriers s'enfoncèrent de plus en plus dans ces solitudes désertes où l'on ne trouve pas de routes frayées; de temps en temps, leur guide s'arrêtait, aspirait l'air du côté d'où venait le vent, et semblait pressentir l'approche de sa proie. Ses observations sur les traces que laissaient les animaux étaient singulièrement précises : il distinguait celles qui dataient de trois jours de celles qui étaient de la veille ou de la nuit. Enfin il montra du doigt une colline éloignée, et, se mettant en embuscade avec ses compa-

gnons, il les avertit qu'une troupe d'éléphans se dirigeait de leur côté. Il leur donna en même temps des torches allumées, leur enjoignant de mettre le feu aux herbes et aux buissons devant eux si les éléphans faisaient mine de les attaquer. Ce moyen de se soustraire à leur poursuite est infaillible. Sur huit, ils en tuèrent un; le reste prit la fuite; un des chasseurs était resté en arrière avec un petit garçon que l'on dressait à ce dangereux métier; ils entendirent tout à coup le lourd galop d'un énorme animal; c'était un rhinocéros. Tous deux se mirent à courir, et, gagnant les broussailles, l'enfant, plus aguerri à ce genre de péril, mit le feu aux herbes, et, en un instant, ils furent entourés d'un cercle de flammes dont le pétillement et la fumée firent peur à leur ennemi, qui prit une autre direction. Pendant ce temps, les autres avaient suivi les éléphans, et blessé à mort une femelle, qui, bien que percée de huit balles, restait debout pour protéger son petit, qu'elle couvrait de son corps.

LA BAUDROIE
VULGAIREMENT APPELÉE, CRAPAUD OU DIABLE DE MER, ET RAIE PÊCHERESSE.

Les anciens, frappés par les formes bizarres et presque monstrueuses de ce poisson, débitaient sur lui beaucoup de fables qui se sont perpétuées chez les pêcheurs qui croient que la Baudroie est l'ennemi du requin et peut le vaincre. La Baudroie se trouve dans toutes les mers d'Europe; dans l'Océan elle atteint quelquefois près de quatre pieds de longueur; on a même prétendu que sur les côtes de la Norwége on en a vu de près de quinze pieds. La figure étrange de cet animal en fait un objet de dégoût; les pauvres mêmes refusent d'en manger et disent à tort que sa chair est malfaisante. Ce poisson n'ayant ni armes défensives, ni force, ni célérité dans sa natation, est réduit à la ruse pour se

(La Baudroie.)

nourrir. Il se glisse sous la vase et les plantes marines, et ne laisse passer que les filamens dont il est garni et qu'il agite dans l'eau. Les petits poissons prennent ces filamens pour des vers, s'approchent et sont saisis par la baudroie qui les engloutit dans son énorme gueule où les retiennent les nombreuses dents dont celle-ci est armée.

LE CULTE DE MARS.

Les Romains, qui avaient fondé sur la guerre l'accroissement et la puissance de leur empire, devaient honorer plus particulièrement le dieu des batailles, et en faire le protecteur de leur ville; aussi ce peuple conquérant avait-il donné à Mars le nom de *Péne*, tandis que les Grecs l'appelaient *Ares*, par allusion aux maux que la guerre amène à sa suite.

Lorsque les consuls se disposaient à entrer en campagne, ils allaient offrir des vœux et des prières dans le temple de Mars et touchaient solennellement la lance du dieu, en s'écriant : Veille sur nous, ô dieu Mars !

Parmi les peuples de l'antiquité, il en est qui immolaient à Mars, non seulement des animaux, mais encore des victimes humaines. On le représentait sous la figure d'un vieillard armé d'un casque, d'une lance et d'un bouclier, tantôt nu et sans barbe, et tantôt couvert d'une robe flottante. Il était généralement assis sur un char attelé de deux coursiers, appelés par les poètes la Fuite et la Terreur ; quelquefois on plaçait sur sa poitrine une égide avec la tête de Méduse.

Les anciens Scythes représentaient Mars par un vieux sabre à demi rongé par la rouille, et les Gaulois l'adoraient souvent aussi sous la forme d'une épée nue déposée sur un autel au milieu d'une forêt. Les Romains le figuraient aussi dans l'attitude d'un guerrier qui marche à grands pas, et lui donnaient alors le nom de *Gradious*, qui indiquait plus spécialement ce dieu pendant la guerre, tandis que pendant la paix ils l'appelaient *Quirinus*. Ils avaient même des temples différens dédiés à ce dieu sous ces deux noms, les uns dans la ville, les autres hors de son enceinte.

Parmi ces temples, celui qu'Auguste dédia à ce dieu après la bataille de Philippes, sous le nom de Mars vengeur, passait pour le plus magnifique.

Les prêtres de Mars ou saliens formaient à Rome un collége riche et puissant.

(Ruines du Temple de Mars à Rome.)

LATUDE.

Henri Masers de Latude naquit, en 1725, au château de Craisich, près de Montagnac. Destiné à l'état militaire, il s'adonna à l'étude des mathématiques, et fut admis dans le corps du génie. Il comptait que la guerre lui procurerait un avancement rapide ; mais la paix de 1748 lui ayant ôté cet espoir, il quitta le service, et vint continuer ses études à Paris. Là, son ambition déçue lui fit chercher un autre moyen de se produire, en intéressant en sa faveur, n'importe comment ni à quel titre, une personne en crédit. Il jeta les yeux sur madame de Pompadour, et imagina une ruse bizarre pour attirer son attention. Après lui avoir fait parvenir par la poste un paquet renfermant une poudre soi-disant empoisonnée, il courut à Versailles prévenir cette favorite qu'on tramait contre ses jours un horrible complot. L'artifice fut découvert, et Latude fut arrêté, conduit à la Bastille, et interrogé par le lieutenant de police Berryer, qui, touché de ses aveux et de son repentir, fit quelques démarches dans son intérêt auprès de madame de Pompadour ; mais elle demeura inflexible.

Au bout de plusieurs mois, Latude s'échappa du donjon de Vincennes, où il avait été transféré, et adressa au roi un mémoire en grace. Ce mémoire ne servit qu'à faire découvrir sa retraite : il fut reconduit à la Bastille, et jeté dans un cachot, où, malgré les ordres sévères donnés à son égard, le lieutenant de police Berryer lui procura encore de généreux secours. Il languit dix-huit mois dans ce cachot, dont il sortit enfin pour habiter une chambre qu'on lui fit partager avec un nommé d'Alègre, jeune homme de Carpentras, détenu aussi par ordre de la marquise de Pompadour. Cette conformité dans leur destinée fit naître entre ces deux infortunés l'amitié la plus vive, et, d'un commun accord, ils formèrent le projet de s'échapper ensemble. L'entreprise était effrayante : il fallait fabriquer des léviers pour forcer les grilles de fer, qui, d'espace en espace, fermaient le tuyau de leur cheminée ; des cordes pour descendre dans le fossé, et enfin une échelle de bois pour remonter du fossé sur le parapet, et passer de là dans le jardin du gouverneur. Tout était disposé au commencement de l'année 1756, et l'évasion fut fixée au 25 février, veille du jeudi gras. Ce jour-là même, quand on leur eût servi à souper, et que les surveillans se furent retirés, ils s'élancèrent dans la cheminée l'un après l'autre, parvinrent au sommet, et descendirent, au moyen d'une corde de trois cent soixante pieds de longueur, dans le fossé, que la fonte des neiges et des glaces avait rempli d'eau. Ils employèrent alors les instrumens dont ils s'étaient munis, pour pratiquer un trou dans la muraille, et ce ne fut qu'après neuf heures du travail le plus opiniâtre, qu'ils eurent fait une ouverture suffisante pour s'échapper. Ils avaient résolu de fuir en pays étranger. D'Alègre se déguisa en paysan, et partit le premier; mais il fut reconnu et arrêté avant son arrivée à Bruxelles. Latude, qui le suivait de près, gagna à la hâte Amsterdam, où il attendait le départ d'un vaisseau qui devait le porter à Surinam, lorsque, malgré ses précautions, il fut aussi reconnu, saisi contre le droit des gens, ramené à la Bastille, et plongé dans un cachot, avec les fers aux pieds et aux mains. Pour adoucir sa captivité, et dans l'espoir de l'abréger, il composa, et écrivit avec son sang, sur des tablettes de mie de pain, plusieurs projets d'utilité publique, qui furent communiqués au père Griffet, confesseur de la Bastille. Touché de sa position, le père Griffet lui procura de l'encre et du papier, et se chargea de remettre au ministre un de ses mémoires; mais son sort resta le même. Latude, perdant alors toute espérance, résolut de mettre fin à ses jours en refusant toute espèce de nourriture. Ses gardiens s'opposèrent à ce fatal projet, et obtinrent, à force d'instances, qu'on le transportât du cachot où il avait passé trois ans, dans une chambre moins malsaine, plus commode, et mieux éclairée, mais sans cheminée. Cependant M. de Sartine avait remplacé M. Berryer dans les fonctions de lieutenant de police. Latude, qui avait imaginé deux nouveaux plans, l'un sur les finances, et l'autre sur les moyens de prévenir les disettes, en établissant des greniers publics destinés à recevoir l'excédent des récoltes, obtint de ce magistrat une audience pour les lui communiquer. On loua son zèle, et les ordres furent donnés pour adoucir sa position. Par suite de quelques intelligences qu'il s'était ménagées avec quelques personnes du voisinage, en se promenant sur les tours de la Bastille, il avait appris la mort de madame de Pompadour, et il était naturel qu'il conçût l'espoir de voir finir sa détention. Après quelques jours d'attente, l'ordre de sa mise en liberté n'arrivant pas, il écrivit au lieutenant de police, qui voulut savoir comment il avait pu apprendre un évènement que tous les autres prisonniers ignoraient. Latude refusa les renseignemens qu'on lui demandait, et envoya le lendemain à M. de Sartine une lettre si peu mesurée, qu'il l'indisposa contre lui. Il fut reconduit au cachot, et, quelques mois après, transféré à Vincennes au milieu de la nuit. On le mit encore au cachot; mais au bout de quelques jours, le gouverneur, M. Guyennen, homme plein d'humanité, lui accorda une chambre, et la permission de se promener dans les jardins du château. Latude profita de cette faveur pour s'évader à l'aide d'un brouillard épais, et aller chercher un asile chez les personnes avec lesquelles il avait correspondu du haut des tours de la Bastille. Il écrivit de là à M. de Sartine et à M. de Choiseul pour leur demander une audience; il ne put l'obtenir, et fut arrêté bientôt après à Fontainebleau. Ramené à Vincennes un mois après en être sorti, et jeté encore dans un cachot, il obtint de nouveau de l'humanité du gouverneur quelques adoucissemens à son sort. A son entrée au ministère, M. de Malesherbes voulut visiter toutes les prisons de l'État. Il entendit de la bouche même de Latude le récit de ses malheurs, et lui promit de les faire cesser; mais ses promesses restèrent sans effet, parce qu'on se persuada que le prisonnier avait de fréquentes absences d'esprit, et qu'il abuserait de sa liberté. Il fut en conséquence transféré à Charenton, où il reçut, pendant deux ans, les secours qu'on croyait nécessaires à son état. Enfin il fut mis en liberté le 7 juin 1777, avec l'injonction de se rendre à Montagnac, lieu de sa naissance, et de n'en point sortir sans une autorisation spéciale. Il fit quelques démarches inutiles pour qu'on lui permît de se fixer à Paris, et il venait de se mettre en chemin, lorsqu'il fut repris et enfermé à Bicêtre, après avoir été libre deux mois seulement. Il est impossible de se figurer ce qu'il eut à souffrir dans cet affreux séjour. Ce ne fut qu'après plusieurs années qu'il put faire entendre ses plaintes, lorsque le vertueux président de Gourgues alla visiter Bicêtre. Ce magistrat engagea Latude à lui adresser un mémoire détaillé de ses infortunes. Le mémoire fut fait, et perdu par

la négligence du commissionnaire; heureusement il tomba entre les mains d'une dame Legros, qui, sans autre motif que celui de secourir un malheureux qu'elle ne connaissait pas, résolut d'employer tous ses efforts et même une partie de son bien, s'il le fallait, pour lui faire rendre la liberté. Elle s'adressa au cardinal de Rohan, à MM. Latour-du-Pin, de Saint-Priest, et à madame Necker elle-même; elle sut les intéresser en faveur de Latude, qui enfin recouvra sa liberté dans les premiers mois de l'année 1784. Il lui était encore ordonné de se rendre à Montagnac, où, pour l'indemniser de la perte de sa fortune, on lui ferait toucher une pension de 400 livres. Madame Legros voulut lui procurer une satisfaction complète; elle obtint la révocation de cet exil, et il fut permis à Latude de rester à Paris. On ouvrit en faveur de cette victime de l'arbitraire une souscription, qui fut remplie en peu de temps par des personnages illustres. En 1791, il sollicita des secours de l'assemblée constituante; mais, quoique sa pétition eût été appuyée par Barnave, et renvoyée à l'examen d'une commission, l'assemblée, au moment de la discussion, passa à l'ordre du jour. Masers de Latude fut plus heureux en 1793 : il forma une demande en dommages-intérêts contre les héritiers de madame de Pompadour, qui furent condamnés à lui payer une somme de 60,000 fr.; mais il n'en toucha que le sixième.

Latude mourut le 1er janvier 1805, à l'âge de quatre-vingts ans.

LES ASILES.

Par une admirable prévoyance, les gouvernemens de l'antiquité, voulant placer les citoyens à l'abri de la cruauté des lois tyranniques, avaient consacré au sein de l'État, et au milieu de leur propre domination, des lieux d'asile où le coupable ne pouvait être atteint par les magistrats, où le persécuté ne pouvait être saisi par ses oppresseurs. C'était un refuge sacré que la sagesse présentée au pouvoir, élevait contre ses iniquités futures.

Moïse établit des villes d'asile, et chargea les magistrats de réparer, chaque année, tous les chemins qui y conduisaient, afin que les Hébreux pussent se placer plus promptement hors des atteintes des juges et des persécuteurs. Les Héraclides, long-temps chassés du trône et éprouvés par le Péloponèse, ils élevèrent des lieux de refuge, dont ils se fermèrent les portes, qu'ils ouvrirent à leurs propres ennemis. Bientôt, les villes s'honorèrent des monumens consacrés à la pitié politique, et prirent le titre d'asile sur leurs médailles.

Les esclaves fuyant la cruauté de leurs maîtres, les débiteurs échappant à la rapacité usuraire de leurs créanciers, les partisans des minorités politiques s'abritant contre le triomphe oppresseur ou sanguinaire des majorités, et souvent de vrais coupables, affluèrent dans les asiles; mais la générosité publique n'était pas toujours un obstacle à la prudence sociale, et le criminel qui trouvait une noble protection dans le refuge, y rencontrait souvent aussi une sage équité : les magistrats désintéressés y prononçaient son arrêt; mais à côté du crime, ils plaçaient aussi dans la balance la préméditation qui l'aggrave; la spontanéité, qu l'atténue; la provocation, qui l'excuse; la fatalité, qui le rend involontaire, et le droit de sa propre défense, qui le légitime; ainsi l'asile n'était pas un rempart élevé entre le coupable et la justice, mais une sauve-garde contre les préventions ou l'iniquité des juges ordinaires.

Les temples servaient d'asiles : ceux qui fuyaient la main des hommes semblaient ainsi se placer sous la main de la divinité, et en appeler de l'oppression des tyrans à la justice céleste, ou de la justice de la terre à la miséricorde du ciel. Bientôt le sacerdoce usurpa, dans son intérêt personnel, cette généreuse immunité; les asiles ne furent plus alors qu'un réceptacle de brigands protégés par le dieu dont ils enrichissaient les prêtres; la justice n'eut plus de force, le crime n'eut plus de frein; le pouvoir fut forcé de placer des brasiers ardens auprès des réfugiés afin de les contraindre à déserter leur refuge, sur le seuil duquel les magistrats les attendaient.

Cet abus d'une institution sacrée en détruisit l'usage, et l'odieux Tibère, pour atteindre les dignes citoyens échappés à sa tyrannie politique, se plaignit que les asiles enlevaient les criminels à la loi civile, et les abrogea. La mort devint alors l'unique refuge de la vertu contre l'oppression.

Théodose rétablit les asiles : le sacerdoce s'en empara de nouveau, et étendit leur franchise sur toutes les terres de sa juridiction. Les serfs proprement dits s'y précipitèrent en foule, parceque les fiscalins des églises jouissaient, à cette horrible époque, de quelques légères immunités dont étaient privés les esclaves ordinaires. Les coupables, protégés par les prêtres, y insultaient à la justice des lois. Charlemagne voulut détruire ce dernier abus, il interdit de porter des alimens aux criminels réfugiés dans les églises; mais, sous Louis-le-Débonnaire, le sacerdoce regagna plus qu'il n'avait perdu, en déclarant que le palais de l'évêque était aussi sacré que le temple de Dieu. Ce fut peu de temps après, que les asiles furent détruits.

Voilà l'histoire des asiles civils, vulgairement appelés religieux : ils furent élevés par des hommes justes, ils furent bientôt dénaturés par des ambitieux. Ils étaient un véritable bienfait des législateurs, parceque c'est contre leur propre pouvoir et sur leur propre territoire que les gouvernemens offraient un noble refuge, et assuraient une généreuse protection, dans nos dissensions politiques, dont la perte nous a paru d'autant plus regrettable, que, battus tour à tour par des vents contraires, et successivement assaillis par des tempêtes opposées; nous n'avons pu, sans péril, ni protéger dans notre force, ni réclamer protection dans notre adversité.

MOEURS DES PARSIS.

Nous avons donné quelques détails (t. I, p. 147) sur les Parsis qui, au XVIIe siècle, échappèrent à la persécution des mahométans. Ils reconnaissent un seul dieu, disions-nous, conservateur de l'univers, mais ils n'ont ni temples ni mosquées; ils font toutes les cérémonies de leur religion dans leur propre habitation, le premier et le vingtième jour de la lune. Les docteurs ou prêtres portent une ceinture de laine ou de poil de chameau. Ils considèrent le feu comme le symbole de la divinité, ne mangent rien qui ait eu vie, et évitent de tuer les animaux.

Dans leur intérieur, les parsis sont très-réguliers et de mœurs sévères; le respect qu'ils portent à la foi conjugale entraîne parfois de terribles châtimens contre ceux qui l'ont violée. En entrant dans le port de Bombay, on laisse à droite une île nommée Calona; de l'autre côté de cette île, on voit tout un côté de la ville, qui se présente en amphithéâtre. La mer forme là une baie charmante, et sur le rivage, pendant la belle saison, de tous côtés, s'élèvent des tentes arrangées avec un goût parfait; ce sont les tentes des parsis. Un demi-mille plus loin, le pays cesse d'être plat, et l'on n'y trouve plus de ces maisons d'été. Au sommet d'une colline voisine, est placé le cimetière des parsis; non loin de là, est une hutte qui ne contient qu'une chambre sans meubles, et qu'on croirait abandonnée si elle n'était pas si bien conservée; A de rares intervalles, un cortège s'achemine lentement vers cet endroit funèbre : au premier rang, viennent deux prêtres; puis une femme voilée entre deux parsis, ensuite deux autres prêtres; cette femme est coupable d'avoir trahi ses devoirs d'épouse; elle est enfermée dans la hutte, et condamnée à mourir de faim. Deux prêtres restent là plusieurs jours pour épier les derniers gémissemens de la victime.

Les Parsis, comme les Hindous, marient leurs enfans lorsqu'ils n'ont que quatre ou cinq ans; cette cérémonie est assez curieuse : sur une espèce d'autel entouré d'une balustrade en bois, sont placés deux siéges où figurent l'époux et l'épouse dans leurs plus beaux ajustemens; trois prêtres se promènent autour des jeunes fiancés, en récitant des prières et en leur jetant du riz et du sucre, qu'ils prennent sur deux plats qu'ils tiennent de la main gauche, pendant qu'un quatrième attache ensemble les deux pouces des enfans avec un énorme écheveau de soie blanche, qu'il dévide en répétant toujours de longues prières.

Ensuite les parens passent dans une autre maison qu'on a recouverte d'un drap rouge, et au-dessus, d'un drap bleu foncé, parsemé d'étoiles d'argent; et tandis qu'ils prennent place à table, une foule d'enfans s'assemblent, déguisés de toutes manières. L'époux, précédé par des cors, des tambours et des torches, se met à leur tête, et ouvre la procession à cheval, avec sa petite épouse dans un palanquin; ils font ainsi le tour de la ville au milieu d'innombrables cris de joie, et la cérémonie est achevée.

LA VAPEUR. — § I. DISTILLATION.

Grace aux machines, aux voitures et aux bateaux mus par la vapeur, la puissance de cet agent nouveau et l'importance des services qu'il rend à la société sont appréciées maintenant de tous les habitans des pays civilisés. Il est même des contrées où cette importance a été exagérée et où l'on voudrait presque faire de la vapeur la base universelle de tous les arts et même de l'économie domestique. Témoin les Etats-Unis d'Amérique.

Le Magasin Universel n'aurait garde d'omettre l'explication de ces curieuses et fécondes inventions qui doivent changer la face du monde; il a la prétention de mettre, avec le temps, sous les yeux de ses lecteurs ce qu'il y a de plus digne de fixer leur attention dans les arts comme dans les mœurs des peuples, l'étude de la nature et l'histoire de l'humanité.

Mais en traitant ce sujet, nous ne devons pas nous borner à une succincte indication de la forme des appareils à vapeur et de leurs usages; nous voulons donner à nos lecteurs l'intelligence du jeu de ces appareils, intelligence que bien des gens du monde voudraient posséder et qu'ils ont vainement demandée aux livres trop obscurs ou trop élevés qu'ils ont lus sur ces matières.

Ce qu'il faut connaître avant tout, c'est la nature de la vapeur elle-même, et, comme disent les physiciens, les lois auxquelles elle obéit. Nous débuterons donc par un exposé bien simple de ces lois, et comme la vapeur joue dans la nature et dans les arts de bien autres rôles que celui de moteur des machines, des bateaux et des voitures, nous dirons toutes ses fonctions. Cet examen nous aidera d'ailleurs cet avantage de faire mieux comprendre les principes eux-mêmes.

Ici, comme dans la plupart des questions qui touchent à l'étude de la nature, nous rencontrons bien des préjugés. A l'idée de la vapeur, le vulgaire rattache toujours celle du feu; il ne voit la vapeur que dans le dégagement qui s'en fait de vases pleins d'eau qu'on a placés devant un foyer; et l'exemple des machines à vapeur, qu'il appelle aussi machines à feu, contribue à entretenir son erreur. Or, l'eau, fût-elle au moyen degré de chaleur, comme celle des rivières et des lacs en été; mais à l'état de glace et par un froid très intense, elle émettrait encore des vapeurs. C'est qu'il y a dans l'eau, et nous pouvons ajouter dans tous les liquides, comme le vin, l'huile, l'éther, etc., une puissance qui tend à écarter sans cesse les très petits atomes dont ces liquides sont composés. Quelle est cette force? On croit que ce principe est le même que celui de la chaleur, parcequ'il est d'autant plus énergique que cette dernière est plus intense. Aussi, quand on chauffe un liquide, il se gonfle, se dilate, et si vous l'enfermez dans un vase, fût-il aussi fort et aussi épais qu'un canon, il le brisera plutôt que de ne pas se dilater, si l'échauffement est poussé assez loin eu égard à la force de ce vase.

Cette même force de dilatation ou d'expansion fait que les particules ou atomes d'eau, qui sont à sa surface, s'en éloignent et se répandent dans l'espace en s'écartant les uns

(Alambic en verre.)

des autres à un tel point que la lumière passe entr'eux comme elle fait à travers l'air, et que nous ne les apercevons plus. Dans cet état aériforme, le liquide change de nom et s'appelle *vapeur.*

Il faut donc voir dans une masse d'eau, quelle qu'elle soit, dans la plus petite goutte, comme *dans l'Océan tout entier,* un ressort qui tend constamment à se débander, et qui se réduirait complètement en vapeurs si aucun obstacle ne s'y opposait.

Cette assertion paraîtra peut-être incroyable à plusieurs de nos lecteurs qui auront déjà fait une étude superficielle des sciences physiques, et qui la trouveront opposée à ce qu'ils ont lu sur la constitution de l'eau et des autres liquides.

Examinons donc avec eux cette constitution.

Tous les corps sont formés de particules extrêmement petites, que les physiciens appellent *atomes* ou *molécules.* Ces atomes sont soumis à deux puissances opposées : l'une est celle que nous avons déjà fait connaître et que l'on attribue à la chaleur; elle tend constamment à les écarter; l'autre, au contraire, porte les atomes les uns vers les autres; on l'appelle *attraction moléculaire* parce qu'on suppose qu'elle émane des molécules elles-mêmes. — Or, c'est cette attraction qui paraîtra peut-être à quelques lecteurs pouvoir, non-seulement lutter contre la force d'écartement de la chaleur, mais l'emporter sur elle et rendre impossible l'évaporation spontanée de l'énorme masse de l'Océan.—Mais loin d'être plus puissante dans les liquides, l'attraction réciproque des molécules est au contraire plus faible que la force d'écartement de la chaleur ; et ce qui le prouve, c'est le dégagement des vapeurs qui émanent d'un liquide, même quand il est plus froid que la glace.

L'obstacle qui s'oppose à ce que l'Océan, les rivières, les lacs, etc., ne se réduisent en vapeur et ne mettent à nu le fond de leurs lits, c'est précisément la vapeur qui en est déjà sortie, vapeur qui, douée comme le liquide d'une tendance à l'expansion, réagit sur la surface des eaux, et peut contrebalancer la force expansive du liquide lui-même.

Quant aux autres substances gazeuses dont l'air est composé, et que nous respirons, elles ne sauraient empêcher cette évaporation ; et si cet air n'existait pas, il n'y aurait dans l'espace qui entoure la terre, et dans lequel nous vivons, ni plus ni moins de vapeur d'eau. La présence de ces gaz n'est cependant pas sans influence dans cette question. De même que des troncs d'arbres et des rochers placés dans le lit d'une rivière diminuent la vitesse de son cours, en arrêtant momentanément les gouttes d'eau, et les

forçant à se détourner de leur direction, ainsi les atomes gazeux de l'air sont des obstacles qui ralentissent ceux de la vapeur quand ils tendent à s'élancer de la mer et des fleuves, où qu'ils marchent d'une région de l'air dans une autre.

Si, au lieu de ces gaz, il n'y avait que le vide au-dessus de la mer, et que celle-ci fût douée tout-à-coup et pour la première fois, de sa force d'évaporation, la vapeur en sortirait pour prendre possession de l'espace avec la vitesse d'un boulet de canon. Plus la chaleur augmente, et plus la vapeur sort de l'eau en grande abondance, et plus les atomes sont nombreux et serrés dans l'espace ; aussi l'air contient-il plus de vapeur en été qu'en hiver; mais aussi, dès que la chaleur diminue, la force de ressort s'affaiblissant, n'est plus capable de maintenir une vapeur aussi dense, et une partie des atomes de celle-ci repasse à l'état d'eau liquide, et retombe pour grossir de nouveau les fleuves et la mer.

L'évaporation de l'eau à l'aide de la chaleur, et le retour de la vapeur à l'état liquide au moyen du refroidissement, constituent la *distillation,* opération qui a pour objet de séparer l'eau des matières qu'elle contient. Les appareils dans lesquels on l'effectue sont appelés *alambics.* L'un des plus simples est représenté au haut de cette page. L'eau à distiller est introduite dans le vase en forme de poire *a,* dit cucurbite, qu'on place sur le feu; cette eau, abandonnant les matières salines, passe en vapeur dans le chapiteau *f;* cette vapeur s'y refroidit, coule contre les parois jusque dans la gouttière intérieure *d, e,* et tombe par le goulot *e,* dans un vase *c,* où elle se rassemble.

A ces alambics si simples, ordinairement en verre, on en a substitué d'autres en métal, représentés par les fig. 5 et 5. La cucurbite de verre est remplacée par celle de la fig. 4. Le chapiteau, que l'air ne maintenait pas assez froid, est placé dans l'enveloppe évasée (fig. 5) que la fig. 2 met encore mieux en évidence. Entre cette enveloppe et le

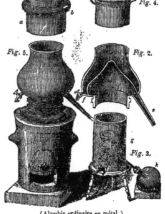

Fig. 1.

Fig. 4.

Fig. 5.

Fig. 2.

Fig. 3.

(Alambic ordinaire en métal.)

chapiteau *d,* on place de l'eau froide qu'on renouvelle de temps en temps ; enfin on fait passer la vapeur du chapiteau par un tube contourné en spirale, qui est plongé dans un vase plein d'eau froide *h, g,* qu'on appelle réfrigérant (fig. 5). Au sortir de ce tube, elle tombe enfin dans le vase *k.* On emploie aussi cet alambic pour distiller des liquides autres que l'eau, comme nous le dirons dans un autre article; nous expliquerons alors l'usage du vase indiqué fig. 4.

Paris. — Imprimerie de H. Fournier, rue de Seine, n° 14.

MOEURS DES LAPONS.

(Lapons voyageant à la lueur d'une aurore boréale.)

Il est bien peu de nos lecteurs qui n'aient entendu parler de ce peuple, remarquable par sa petite taille, qui habite une des contrées les plus froides où l'homme ait pu jusqu'ici s'établir, et auquel nous donnons le nom de Lapons; mais peut-être les notions qu'ils ont acquises sur ce peuple à part, ne sont-elles pas si étendues qu'ils ne trouvent quelqu'intérêt dans les détails où nous allons entrer sur ses mœurs.

Le Lapon peut être considéré comme le type des nations nomades polaires. Une petite taille, ordinairement de quatre pieds et demi, un visage large, des joues creuses, un menton pointu, la barbe peu épaisse, et en touffes éparses, les cheveux raides et noirs, la peau naturellement jaunâtre, rembrunie par la fumée; tel est le signalement général des Lapons. La stature plus élevée, la peau plus blanche, les cheveux de diverses couleurs, semblent des exceptions ou des traces de mélange. Endurcis par leur rude climat, les Lapons acquièrent une extrême agilité et une grande force passive; jeunes, ils atteignent sur leurs patins à neige les loups et les renards à la course; hommes faits, l'arc fléchit sous leurs bras nerveux; vieux, ils traversent les fleuves à la nage et portent des fardeaux considérables; mais la longévité n'est pas constatée chez eux par des exemples certains; au contraire, ils paraissent généralement n'atteindre qu'à l'âge de cinquante à soixante ans; et bien qu'assez propres dans leurs vêtemens, leurs habitations et leur nourriture, ils éprouvent beaucoup de maladies.

Très passionnés, ils sont aussi très craintifs; un regard les met en colère, une feuille qui tombe les inquiète. Tout voyageur étranger est à leurs yeux un espion chargé de découvrir l'état de leur fortune et de les faire soumettre à un impôt plus élevé. Rejetant le papier-monnaie, ils recélaient autrefois dans le creux des rochers de l'or et de l'argent monnayé que souvent le père oubliait d'indiquer à son fils. Cette défiance a pour compagne une avarice et un égoïsme extrêmes; le commerce n'est pour eux qu'une tromperie perpétuelle, et même le Russe astucieux est leur dupe. Sans pitié, ils abandonnent leurs compatriotes malheureux; sans honneur, ils rampent devant la richesse, bien ou mal acquise; les mariages, conclus par calcul et intérêt de famille, font rarement naître des sentimens propres à adoucir les ennuis d'une vie solitaire; les parens et alliés ne s'accordent entr'eux qu'une hospitalité intéressée, et le talisman qui ouvre au voyageur la hutte ou la tente du Lapon, c'est la bouteille d'eau-de-vie.

D'abord dégradée par un culte superstitieux et sans morale, cette nation l'a été encore par son commerce avec des marins grossiers et d'avides marchands. Ce n'est que depuis une trentaine d'années que le paganisme a disparu de ces contrées, du moins ostensiblement. Aujourd'hui l'administration a l'imprudence d'y laisser introduire une trop grande quantité d'eau-de-vie qui enlève au Lapon pêcheur la moitié de son revenu; les Lapons pasteurs eux-mêmes, accourus devant la boutique du marchand, y boivent souvent sans interruption jusqu'à ce que tous restent étendus par terre dans le sommeil de l'ivresse, d'où quelques-uns passent au sommeil de la mort.

Nous venons de distinguer deux classes parmi les Lapons. Celle des pasteurs de rennes offre dans sa manière de vivre quelques traits plus aimables et quelques scènes patriarcales. Le soin de conduire et de protéger le troupeau se partage entre tous les membres de la famille; chacun a ses chiens particuliers qui ne reconnaissent que sa voix. Les rennes, divisés en deux classes, portent à leurs oreilles une marque qui distingue ceux qui sont destinés à fournir du lait, à traîner des fardeaux, à nourrir des petits, ou à être engraissés pour la boucherie. Un Lapon, en jetant un coup d'œil rapide sur son troupeau, reconnaît de suite, fût-il de mille têtes, s'il en manque un seul. Le soir, c'est un spectacle très animé que de voir une famille occupée à ramener les rennes dans l'enceinte; les garçons et les valets les retiennent par une corde enlacée autour de leur bois, et les jeunes filles, en jouant, soutirent à ces animaux un lait glutineux qui sort quelquefois goutte à goutte.

Les migrations fréquentes des Lapons sont déterminées par la promptitude avec laquelle les rennes épuisent leurs pâturages; souvent, dans l'hiver, un mois suffit pour rendre le changement indispensable.

Les pasteurs vivent sous des tentes formées par un faisceau pyramidal de pieux que recouvre ordinairement une pièce d'étoffe grossière et épaisse : une ouverture dans le haut laisse passer la fumée; des chaînes de fer, descendues de cette ouverture, tiennent les chaudrons et les pots suspendus au-dessus du foyer. Tout autour, des peaux de rennes, étendues sur une couche de branches de bouleau, offrent, le jour des sièges, et la nuit des lits à une vingtaine d'individus. C'est là que les Lapons, assis sur les talons, à la manière des Orientaux, passent, dans la béatitude d'un repos parfait, le temps que ne demandent pas leurs occupations pastorales; c'est là que dorment les pères et mères à leur place d'honneur, les enfans, les chiens, et, lorsqu'il y en a, les valets et les hôtes étrangers. La tente est entourée de petits réservoirs suspendus sur des pieux, et qui contiennent diverses provisions; on voit aussi des coffres posés autour, et qui, étant sur les replis de la toi e qui couvre la tente, servent à maintenir celle-ci contre les coups de vent, auxquels elle ne résiste pas toujours.

Le traîneau du Lapon ressemble à une nacelle, de sorte que la personne assise dedans doit savoir maintenir elle-même l'équilibre. Les rennes, tirant avec le front seul, font quelquefois vingt de nos lieues avec un traîneau chargé; mais souvent aussi ils s'arrêtent haletans, ou quittent la direction pour chercher de la mousse, et, au bout de trois jours, le meilleur de ces coursiers est hors de service. Une famille laponne voyage dans une longue suite de traîneaux, divisés par séries ou raid; le père, la mère, chaque enfant dirige le sien. C'est ainsi que les marchandises sont transportées par les Lapons les plus pauvres.

A la chasse, ou en voyageant seul pendant l'hiver, le Lapon glisse avec une rapidité et une hardiesse surprenante sur ses longs patins à neige. En été, il voyage à pied, et ne charge les rennes que des paquets. Grâce à la nature particulière du pays, il se sert aussi en été d'une frêle na celle qu'il transporte sur des rouleaux d'un lac à l'autre; comme les lacs se suivent à peu de distance, c'est la manière la plus sûre d'avancer en certaines contrées de la partie de la Laponie qui forme un plateau.

Le voyage dans l'intérieur du pays en été, pendant le jour perpétuel (voy. plus loin), présente d'innombrables inconvéniens; transports plus difficiles, interruptions causées par les fleuves, morsures des insectes, fatigue occasionée par la chaleur; on peut y ajouter le danger de rencontrer des incendies de forêts causés souvent par la foudre.

Les Lapons s'habillent en pelisses de renne, plus ou moins précieuses; ils portent des culottes et des bottes de peau de renne, préparée de plusieurs manières, selon les saisons; les femmes mettent en hiver des culottes de drap. La chaleur de l'été fait ordinairement quitter ces vêtemens à l'un et à l'autre sexe, pour se couvrir d'une longue blouse de toile ou d'étoffe.

L'industrie des femmes remplace l'art des tailleurs; elles savent mettre une sorte de luxe sauvage dans leurs bonnets qui varient beaucoup d'un canton à l'autre; elles y ajoutent toutes sortes d'ornemens en fil d'étain qu'elles font elles-mêmes. Une ceinture décorée de plaques d'étain ou d'argent fait partie du costume lapon; une bourse suspendue à cette ceinture, contient du tabac, de l'argent, un couteau, des aiguilles, des ciseaux, des bracelets de laiton : des chaînes d'argent ou d'étain, mais surtout des anneaux décorent l'un et l'autre sexe. Il paraît qu'anciennement les Lapons fabriquaient ces objets qu'aujourd'hui ils achètent. Les Lapons savent faire du fil très fin avec des nerfs et des boyaux de rennes, des cordes solides avec des racines, de jolies cuillères en corne, ainsi que des tabatières qu'on recherche

en Suède. Leurs traîneaux sont ornés de sculptures en bois qui ne sont pas sans mérite.

La vie des Lapons pêcheurs diffère sur beaucoup de points de celle des pasteurs. La nation des Finnois quœnes s'est répandue en si grand nombre parmi eux que l'idiome lapon a presque disparu, et qu'avant peu ils formeront une tribu entièrement distincte de celle des pasteurs. Ils demeurent dans des huttes de bois et dans des cabanes de terre, placées dans les divers endroits où ils font leur pêche. Leurs bateaux formés de planches très frêles, sont liés avec des cordes faites de racines; ils s'en servent avec beaucoup de hardiesse; mais ils se voient réduits, dans l'hiver, à vivre d'une pâte d'écorce de pin mêlée à du suif de renne; ils ne savent pas en faire du pain et répugnent à vivre de mousse comme les rennes. Du reste les Lapons pêcheurs des côtes russes ont été très peu observés jusqu'ici.

Tous les Lapons aiment à se réunir pour manger et boire jusqu'à ce que leurs provisions soient épuisées. L'eau-de-vie circule abondamment dans ces festins, qu'animent les facéties les plus gaies et la loquacité la plus bruyante. Les deux sexes y entonnent des chansons sur des airs sauvages et peu mélodieux.

Les cartes à jouer se retrouvent jusque dans ces misérables huttes. Elles sont faites d'écorce d'arbres et coloriées avec du sang de renne; lors d'un mariage, on voit souvent une tribu entière se réunir. L'éducation des enfans donne peu de peine; on donne à chacun, lors de sa naissance, un ou plusieurs rennes qui lui appartiennent en propre, outre sa part à la succession.

Les détails que nous venons de présenter sur les mœurs des habitans de la Laponie ne sont pas ce que l'étude de ce pays nous offre de plus curieux. Il nous restera à dire dans d'autres articles les circonstances remarquables que présente le climat de cette contrée, circonstances communes, du reste, à plusieurs régions voisines du pôle. Nous expliquerons alors à nos lecteurs comment il se fait que l'ordre des saisons, et la durée des jours soient, pour cette partie de la terre, différens de ce qu'ils sont en France. Nous leur ferons comprendre pourquoi le soleil ne s'y couche pas pendant plusieurs jours vers la fin du mois de juillet, et pourquoi au cœur de l'hiver, il disparaît sous l'horizon pendant un assez long espace de temps. Nous décrirons ces magnifiques et fréquentes illuminations du ciel produites par l'électricité qui remplacent alors la clarté du soleil, et auxquelles on a donné le nom d'aurores boréales (1); à la description de ce curieux phénomène sera jointe l'explication qu'en donnent les physiciens. Les éditeurs du Magasin Universel ne veulent pas en effet présenter seulement au public des peintures plus ou moins intéressantes des mœurs des peuples et des curiosités naturelles, mais remonter de ces descriptions aux principes eux-mêmes, soit de la science, soit de la morale.

CHARLES IX, ROI DE SUÈDE,

CONTRE CHRISTIAN IV, ROI DE DANEMARK.

(Documens historiques inédits.)

Depuis l'époque mémorable où Gustave Wasa secoua le joug despotique des princes danois (1523), la Suède et le Danemarck furent presque toujours en guerre, et, à vrai dire, la paix ne fut réellement conclue qu'en 1809, à l'avènement au trône de Suède du roi Charles XIII, le même qui adopta pour son héritier le général Bernadotte.

Il existe à la Bibliothèque royale un document curieux, et qui semble être resté inconnu à tous les historiens; c'est un cartel lancé, en 1611, par Charles IX, roi de Suède, à l'encontre de Christian IV, roi de Danemark.

On remarquera le dédain superbe et le ton de raillerie insolente employé par Christian, jeune prince dans la fleur

(1) Voyez la figure qui accompagne cet article.

de l'âge, à l'égard de son adversaire, vieillard plus que sexagénaire, et qui cependant lui portait le défi.

« Noùs, Charles IX, par la grâce de Dieu, roi de Suède, des Goths et Vandales, nous te faisons savoir, à toi, Christian quatrième, roi de Danemark, que tu n'as fait comme un roi chrétien et d'honneur, en ce que, sans y être contraint et sans aucun sujet, tu as commencé à rompre le traité de paix de Stétin, il y a quarante ans, et qu'avec une armée tu as pris des villes et châteaux par trahison, et tu as donné sujet par telles actions à une cruelle effusion de sang qui ne sera pas sitôt apaisée. Mais nous espérons en Dieu tout puissant, qui est un Dieu juste et sage, qui punira et vengera cette tienne entreprise. Et quoique nous nous soyons servi jusqu'ici de tous les moyens honnêtes et louables pour parvenir à une paix et à un accommodement, et que tu les aies toujours rejetés, nous le voulons maintenant proposer le dernier et extrême remède ; puisque nous apprenons que tu es près d'ici, afin qu'il soit répandu moins de sang, et que ta renommée ne soit pas tout à fait effacée, présente-toi en personne, selon la louable et ancienne coutume des Grecs, en un combat avec nous, en pleine et rase campagne, avec deux de tes officiers de guerre, bons gentilshommes, sans finesses ni tromperies; nous irons à la rencontre, accompagnés de deux autres gentilshommes, avec nos habits de buffle, sans harnais ni casque en tête, mais ayant seulement une épée à la main. Présente-toi devant nous de la même sorte. Si tu ne fais cela, nous ne te tiendrons plus désormais ni pour un roi d'honneur, ni pour un soldat. »

A cette chevaleresque et loyale provocation, le prudent monarque danois répondit par l'étonnante lettre qu'on va lire :

« Ton écrit indiscret et insolent nous a été rendu en mains propres ; nous aurions espéré que tu n'aurais pas dû nous écrire une telle lettre, mais nous remarquons que les jours caniculaires ne sont pas encore passés en toi, et qu'ils opèrent en ta tête de toutes leurs forces. En ce que tu crois que nous n'avons pas fait comme un roi chrétien et d'honneur, et que nous avons contrevenu au traité de Stétin, tu mens en cela, et nous offenses comme un médisant qui se veut défendre par des injures, et qui n'ose maintenir son droit par la force. L'extrême nécessité nous a violenté à cette guerre ainsi que nous espérons en répondre devant Dieu au dernier jugement. Quant au combat que tu nous présentes, cela nous paraît fort ridicule, car tu es déjà bien assez châtié de Dieu. Il vaudrait bien mieux pour toi que tu demeurasses devant un bon chaud que de te battre avec nous, et que tu appellasses un bon médecin pour te remettre le cerveau. Tu devrais mourir de honte, vieux fou, d'attaquer ainsi un homme d'honneur!..... Tu as appris sans doute cela des vieilles femmes qui ont coutume de te dire mille pouilles et injures. Laisse donc là l'écriture, tandis que tu peux encore faire autre chose de bon, ce dont j'espère bien cependant t'empêcher avec l'aide de Dieu. Nous t'avertissons que tu aies à nous renvoyer notre hérault et nos deux trompettes que tu as retenus, en quoi tu donnes bien à connaître ta folie brutalité; mais tu dois voir assurément que si tu leur fais le moindre mal , tu auras à t'en repentir. Regarde donc à faire en cela ce que tu dois. »

Cette lettre, si étrangement impertinente, resta sans réponse; la mort vint enlever, quinze jours après, le preux roi de Suède, au milieu des préparatifs immenses qu'il faisait pour entrer en campagne et mettre à la raison un rival aussi insolent.

Ce qui étonnera, en lisant cette correspondance inédite si singulière, c'est que la provocation émanant du roi de Suède était une véritable infraction du souverain aux ordonnances alors en vigueur dans le royaume; la Suède a toujours eu des lois excessivement sévères sur le duel; Gustave-Adolphe le défendit sous peine de mort, et il fut exact à faire observer sa volonté. On connaît le trait suivant :

Deux officiers supérieurs lui ayant demandé permission de vider une querelle qu'ils avaient l'épée à la main , il refusa d'abord; vivement sollicité , il feignit d'y consentir, et mit seulement pour condition qu'il serait témoin du combat. Arrivé sur la place , il fit environner les deux champions par un corps d'infanterie, puis, adressant la parole au bourreau de l'armée : « Prépare-toi , lui dit-il , et dès l'instant qu'il y en aura un de tué , coupe devant moi la tête à l'autre. » Cette perspective peu encourageante ralentit de beaucoup l'ardeur des combattans , et l'on n'entendit plus parler de duel dans les armées suédoises.

LES CRAPAUDS.

PLUIE DE CRAPAUDS. — LEURS MOEURS, LEUR REPRODUCTION, LEUR LONGÉVITÉ.

L'aspect hideux des crapauds, leur allure ignoble, leurs mœurs sauvages et leurs habitudes repoussantes, semblent justifier l'espèce de réprobation dont ils sont partout poursuivis. On les croit généralement venimeux, et l'on raconte dans les campagnes une foule de fables sur la propriété qu'on leur suppose de charmer les hommes et les animaux par l'effet de leur regard et de leur souffle. Le crapaud joue toujours un rôle important dans les histoires de sorciers, et l'on connaît la malheureuse aventure de ce Vanini, qui fut brûlé vif, par arrêt d'un parlement, parce qu'on avait trouvé chez lui un crapaud renfermé dans un bocal de verre.

Tout dégoûtant qu'il est, le crapaud ne doit pas être aussi malfaisant qu'on le suppose ordinairement; cependant il fait suinter de tout son corps une humeur jaunâtre, fétide et horriblement âcre, qui, selon M. Cuvier, peut être nuisible aux petits animaux, quand ceux-ci en sont touchés. Lorsqu'on le tourmente, il se gonfle, et lance par l'anus une liqueur particulière, qui n'est pas de l'urine, comme se l'imagine le vulgaire, et qui, si elle arrive dans les yeux, y cause une grande irritation et de vives douleurs. Il se nourrit de vers, de chenilles, de limaces, de petits insectes et des abeilles mortes qui sont rejetées des ruches. Linné rapporte qu'il se délecte de quelques végétaux d'une odeur fétide, tels que certaines variétés de camomille et de stachys.

Les crapauds sont pour la plupart nocturnes et solitaires. Ils habitent les endroits frais et obscurs, les trous de vieux murs, les décombres, sous les pierres et dans la terre. Souvent les vents ou les trombes enlèvent, avec l'eau des étangs et des rivières, une grande quantité de petits crapauds qui retombent ensuite avec la pluie et couvrent quelquefois le sol sur une grande étendue. Un grand nombre de faits de cette espèce ont été cités dernièrement à l'Académie des Sciences.

Les crapauds habitent peu les eaux; ils semblent même ne s'en rapprocher que pour y déposer leurs œufs, et deviennent la proie des brochets et même des anguilles. A terre, ce sont les serpens, les hérons, les cicognes et les buses qui leur font une guerre cruelle. On a trouvé dans des couleuvres des crapauds qui, ayant été avalés tout vifs, n'étaient pas encore morts quelques heures après avoir été engloutis par ces reptiles. On prétend que les loups et les renards ne les dédaignent pas, mais alors comment expliquer ces cris affreux que jette un chien et cette inflammation qui se manifeste dans sa gueule lorsqu'il a mordu un crapaud. Cette humeur âcre qui suinte de la peau du crapaud fait sa principale défense contre les animaux dont la bouche est sensible.

Les crapauds passent pour vivre très long-temps. Lacépède raconte qu'un de ces animaux, trouvé sous un escalier, d'un volume énorme et sans doute fort âgé, fut apprivoisé et gardé pendant trente-six ans, dans la même maison. Il se montrait tous les soirs au moment où l'on allumait les lumières, levait les yeux comme s'il s'attendait qu'on le prît et qu'on le posât sur une table où il trouvait des insectes, des cloportes et surtout de petits vers qu'il préférait. Il fixait sa proie, lançait tout d'un coup sa langue avec rapidité à la manière des caméléons, et les insectes ou les vers y demeuraient attachés, à cause de l'humeur visqueuse dont l'extrémité de sa langue était enduite. Il devint bientôt l'objet d'une curiosité générale; les dames mêmes demandaient à voir le crapaud familier. On l'eût conservé long-temps encore, bien probablement, si un corbeau apprivoisé comme lui, ne l'eût attaqué à l'entrée de son trou, et ne lui eût crevé un œil. Le crapaud languit depuis cette blessure et mourut au bout de l'année.

On a trouvé des crapauds dans des cavités au milieu de rochers ou de murailles où pouvaient parvenir tout au plus quelques atomes d'eau et d'air; et cependant la grosseur de ces reptiles démontrait qu'ils avaient vécu, dans ces retraites, un grand nombre d'années. Comme on avait prétendu, à cette occasion, que les crapauds pouvaient vivre sans air, on a fait sur ce sujet des expériences positives. On a trouvé que ces animaux pouvaient se passer d'air pendant quelque temps et qu'ils n'en consommaient qu'une très faible quantité. Ainsi des crapauds ont été renfermés dans des boules de plâtre et ont vécu; mais dès que l'accès a été à peu près fermé à l'air qui passait à travers le plâtre, en plongeant ces boules dans l'eau, les crapauds sont morts au bout de peu de temps. On tue aussi ces reptiles en les enduisant de suif.

Les crapauds diffèrent des grenouilles non-seulement par la couleur et l'aspect général de leur corps large et épais, par la forme des pattes de derrière qui sont comparativement plus courtes, par la structure des doigts antérieurs qui sont unis, courts, plats et inégaux; mais aussi par la disposition de la langue, qui est plus libre et ne s'attache qu'aux bords de la mâchoire inférieure, et surtout par les verrues dont la peau des crapauds est couverte et qui manquent aux grenouilles; parmi ces verrues il en est deux qui se font particulièrement remarquer; elles sont situées aux deux côtés, vers le dessus du cou.

Comme les grenouilles et les raines, les crapauds se développent et subissent des métamorphoses. Le mâle aide à la femelle à se débarrasser de ses œufs, enroule autour de ses cuisses le chapelet de matière flexible et élastique qui les réunit, ou plus ordinairement les place sur le dos de la femelle où se forment des cellules dans lesquelles sont bientôt renfermés les œufs. Là s'opère le développement du petit qui sort de l'œuf, aveugle, sans pattes, muni d'une assez longue queue; dans cet état l'animal est dit *têtard*; il respire, comme les poissons, au milieu de l'eau, par ce qu'on appelle branchies; bientôt il change de peau; on voit paraître les yeux, se former les deux pattes de derrière, puis celles de devant; enfin tombent la queue et les branchies; alors l'animal respire l'air et paraît sous la forme qu'il doit conserver toute sa vie.

Parmi les différentes espèces de crapauds nous citerons le crapaud ordinaire, le plus laid de tous. On sait que dans les momens de colère et de danger, il se boursoufle, en arrondissant la peau qui l'enveloppe comme le ferait un sac. Cette peau ne tient qu'au bord des mâchoires, aux articulations des jambes et à la ligne du dos; au-dessous est un matelas d'air. Les œufs que pond la femelle forment souvent un cordon de plus de quarante pieds de long qui produit, en se pelotonnant dans l'eau, des masses glaireuses parsemées de points noirâtres. Ce crapaud coasse lentement d'une voix flûtée, le soir et durant la nuit : comme les ventriloques il fait entendre des sons qui semblent partir de diverses distances. Nous citerons 2° le crapaud *sonnant* dont le coassement ressemble au bruit d'un timbre de métal; il ne craint pas le jour comme les autres espèces et se plaît aux rayons du soleil; 3° Le crapaud *accoucheur* qui porte lui-même les œufs de sa femelle; 4° Le *Pipa* ou crapaud de *Surinam* (voyez la figure), présente une particularité assez curieuse; lorsque le mâle a placé les œufs sur le dos de la femelle, celle-ci se rend à l'eau; la peau de son dos se gonfle, et forme des cellules dans lesquelles les œufs sont enfermés et éclosent. Au bout de trois mois à peu près

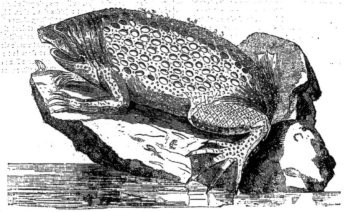

(Le Crapaud de Surinam.)

les petits en sortent, non à l'état de têtards, c'est-à-dire avec une queue, sans yeux et sans pattes, mais à l'état de crapauds parfaits. On a prétendu que les nègres recherchaient la chair de ce reptile.

Nous terminerons cet article par la citation d'une expérience remarquable due à M. le colonel Bory-Saint-Vincent, de l'Institut; ce savant naturaliste a reconnu le premier que les pattes des têtards des crapauds sonnans repoussaient après avoir été coupées. Il n'en est pas de même de la queue; les têtards qui en sont privés meurent peu de temps après. Il est inutile de dire que ce renouvellement des pattes n'a plus lieu quand le crapaud est entièrement formé.

CHRONIQUES DE LA FRANCE. — L'HOMME AU MASQUE DE FER.

(L'Homme au masque de fer.)

L'histoire de l'homme au masque de fer, racontée dans un grand nombre de livres sérieux et de romans, et transportée sur la scène française, est devenue une de nos traditions populaires, dans le midi de la France surtout, et c'est une de celles que l'on connaît le moins exactement. Il fut fait mention de ce Masque pour la première fois en 1745, c'est-à-dire quarante-deux ans après la mort de ce fameux prisonnier, de la Bastille, dans un ouvrage intitulé : *Mémoires secrets pour servir à l'histoire de Perse*, dont l'auteur avait donné des noms persans à des personnages français, et qui fut peu goûté du public. L'anecdote du Masque de fer fut considérée comme une fable, et elle était oubliée lorsque Voltaire lui donna cours en la racontant dans son *Histoire du siècle de Louis XIV*. Cette narration fit naître alors la curiosité la plus vive en France et dans toute l'Europe. — Avant de rapporter les principales opinions émises sur l'origine de ce prisonnier, citons d'abord le récit de Voltaire. (1)

« Quelques mois après la mort du cardinal Mazarin, il arriva un évènement qui n'a pas d'exemple. Et ce qui est

(1) Voyez la version qui suit cette citation.

moins étrange, c'est que tous les historiens l'ont ignoré. On envoya, dans le plus grand secret, au château de l'île Sainte-Marguerite, dans la mer de Provence, un prisonnier inconnu, d'une taille au-dessus de l'ordinaire, jeune et de la figure la plus noble et la plus belle. Ce prisonnier, dans la route, portait un masque dont la mentonnière avait des ressorts d'acier, qui lui laissaient la liberté de manger avec le masque sur son visage. On avait ordre de le tuer s'il se découvrait. Il resta dans l'île jusqu'à ce qu'un officier de confiance, nommé Saint-Mars, gouverneur de Pignerol, ayant été fait gouverneur de la Bastille, l'an 1690, l'alla prendre à l'île Sainte-Marguerite et le conduisit à la Bastille, toujours masqué. Louvois alla le voir dans cette île avant sa translation, et lui parla debout et avec une considération qui tenait du respect. Cet inconnu fut mené à la Bastille, où il fut logé aussi bien qu'on peut l'être dans ce château. On ne lui refusait rien de ce qu'il demandait. Son plus grand goût était pour le linge d'une finesse extraordinaire et pour les dentelles. Il jouait de la guitare. — On lui faisait la plus grande chère, et le gouverneur s'asseyait rarement devant lui. Un vieux médecin de la Bastille, qui avait souvent traité cet homme singulier dans ses maladies, a dit qu'il n'avait jamais vu son visage, quoiqu'il eût souvent examiné sa langue et le reste de son corps. Il ne se plaignait jamais de son état, et ne laissait point entrevoir ce qu'il pouvait être.

« Cet inconnu mourut en 1703 et fut enterré la nuit à la paroisse de Saint-Paul. Ce qui redouble l'étonnement, c'est que, quand on l'envoya dans l'île Sainte-Marguerite, il ne disparut dans l'Europe aucun homme considérable. Ce prisonnier l'était sans doute, car voici ce qui arriva les premiers jours qu'il était dans l'île. Le gouverneur mettait lui-même les plats sur la table, et ensuite se retirait après l'avoir enfermé. Un jour, le prisonnier écrivit son nom sur une assiette d'argent et la jeta par la fenêtre vers un bateau qui était au rivage, vers le pied de la tour. Un pêcheur ramassa l'assiette, et la rapporta au gouverneur. Celui-ci, étonné, demanda au pêcheur : « Avez-vous lu ce qui est écrit sur cette assiette, et quelqu'un l'a-t-il vue entre vos mains? » — « Je ne sais pas lire, répondit le pêcheur. Je viens de la trouver, personne ne l'a vue. » Le gouverneur s'informa de la vérité de cette réponse, puis, relâcha le pêcheur en lui disant : « Allez, vous êtes bien heureux de ne pas savoir lire. » M. de Chamillard fut le dernier ministre qui eût cet étrange secret. Le second maréchal de Lafeuillade, son gendre, m'a dit qu'à la mort de son beau-père, il le conjura à genoux de lui apprendre ce que c'était que ce prisonnier. Chamillart répondit que c'était le secret de l'État, et qu'il avait fait serment de ne le révéler jamais. Enfin, il reste beaucoup de mes contemporains qui déposent de la vérité de ce que j'avance. et je ne connais point de fait ni plus extraordinaire ni mieux constaté. »

En 1783, M. le chevalier de Taulès, ancien consul-général de France en Syrie, qui avait été souvent en correspondance avec Voltaire, adressa à M. de Vergennes, ministre de Louis XVI, un mémoire, imprimé depuis, dans lequel il prétendait prouver que le prisonnier au Masque de fer n'était autre qu'un patriarche arménien, chef d'une secte de schismatiques, qui avait abusé de son crédit auprès du Grand-Seigneur pour faire exercer une persécution cruelle sur les catholiques, persécution dont ceux-ci étaient parvenus à tirer vengeance. — S'appuyant sur le témoignage de l'ambassadeur de France à Constantinople, le chevalier de Taulès racontait que les catholiques avaient obtenu, de la Porte Ottomane, à force d'argent, et avec l'appui des Jésuites résidans en Turquie, que ce patriarche fût exilé; que, pendant qu'on transportait par mer ce personnage au lieu de son exil, ils l'avaient fait enlever par un bateau français à la hauteur de l'île de Scio, puis conduire de là à l'île Sainte-Marguerite, où les Jésuites avaient eu le crédit de le faire enfermer. La crainte qu'inspirait cet ennemi des catholiques, auquel la Porte Ottomane pouvait d'un jour à l'autre rendre sa première puissance, avait déterminé les Jésuites à cette démarche audacieuse qui avait failli brouiller cette puissance avec la France. Quand elle réclama la restitution du patriarche, l'ambassadeur français assura que son gouvernement était entièrement étranger à cet enlèvement; et, pour éviter une rupture qui eût été fatale aux catholiques qui résidaient en Turquie et eût compromis les intérêts de la France, comme dans le cas de tant d'ennemis, le gouvernement se serait vu, dit le chevalier de Taulès, dans l'obligation de soustraire le patriarche arménien à tous les regards. De là la nécessité du masque dont on avait couvert sa figure.

De quelque probabilité que le chevalier de Taulès ait entouré et corroboré son explication, le plus grand nombre des personnes instruites ne l'a pas adoptée; et sans nier la vérité des faits relatifs à l'envoi en exil et à l'enlèvement du patriarche arménien, ennemi des Jésuites, on a cru reconnaître dans ce mystérieux prisonnier de l'île Sainte-Marguerite et de la Bastille, une victime bien autrement marquante du système politique de la France. — L'homme au masque de fer serait, dans cette dernière hypothèse, un frère de Louis XIV, venu au monde en même temps que

ce monarque. Auquel de ces deux princes jumeaux appartenait la couronne? N'était-il pas à craindre qu'ils ne se la disputassent un jour, l'épée à la main, et ne plongeassent la France, dans une guerre civile qui l'aurait ruinée. La famille royale avait voulu prévenir la rivalité qui se serait élevée un jour entre ces deux princes, nés le même jour et possédant des droits à peu près égaux à la couronne, en faisant disparaître l'un d'eux de la société. Cette opinion a été soutenue avec talent par plusieurs auteurs, mais on est forcé de convenir qu'elle n'a pas encore pour elle tous les caractères de la certitude historique.

Le chevalier de Taulès, dans son Mémoire, nous a raconté l'histoire d'un autre masque de fer, victime de la politique russe. Ce nouveau Masque est un Français; le duc de Phalarès, né à Avignon, que la beauté de sa femme et ses propres dérèglemens avaient rendu quelque peu célèbre. Livré, dès sa jeunesse, à une vie vagabonde, et courant d'aventures en aventures, il s'était un instant fixé dans le Mecklembourg, dont le prince régnant le prit à son service. La princesse Anne, fille de ce souverain, était alors élevée à Saint-Pétersbourg auprès de l'impératrice, sa tante; des raisons d'État ayant fait défendre par la cour de Russie toute correspondance entre le père et la fille, celui-ci imagina d'envoyer secrètement Phalarès en Russie pour le mettre en rapport avec la princesse. Quand le jeune émissaire eut atteint les frontières russes, un détachement de grenadiers entoura sa voiture, et le commandant lui présenta très poliment l'ordre que lui avait donné sa souveraine d'escorter le duc jusqu'à Saint-Pétersbourg. — Mais au lieu d'en prendre le chemin, il le conduisit dans un château isolé, aux environs de Moscou, où, comme le prisonnier de la Bastille, le duc fut caché à tous les yeux, et mourut au bout de quelques années. Il ne jeta point par sa fenêtre une assiette d'argent; mais il fit mieux encore : Des pigeons volaient autour de son donjon; il sut en attirer plusieurs par des appas, et attacha à leur cou des billets où ces mots étaient écrits : Le duc de Phalarès, sujet du roi de France, est cruellement et injustement enfermé dans un château auprès de Moscou.

Cette correspondance d'un nouveau genre, transmise en plusieurs parties de l'empire, parvint jusqu'à la cour de Russie, qui fit resserrer plus étroitement le prisonnier, dont il ne fut plus question depuis. La princesse Anne devint plus tard la mère de l'empereur Ivan, qui finit d'une manière si tragique.

VARIÉTÉS MÉDICALES.

Les anciens employaient de préférence le mot morticina pour exprimer un cadavre, parce qu'il leur paraissait moins dur et moins épouvantable que ce dernier mot, et qu'il ne leur inspirait pas, comme lui, du dégoût et de l'horreur. Nous nous bornerons à citer l'exemple pris sur le verset 11 du psaume 78 (1). Ce mot rendrait bien toute l'état de pâleur extrême qui suit les longs jeûnes, les pertes abondantes de sang, les effets de la peur. « Je n'avais pas une goutte de sang dans les veines, » dit-on communément, pour exprimer l'effroi qu'on a éprouvé; et, en effet, le sang se retire au-dedans, la face devient pâle : il y a morticine.

Des écrivains dignes de foi rapportent beaucoup d'histoires de personnes qui avaient la faculté de suspendre à volonté tous les mouvemens de la vie, qui restaient, pendant un certain temps, sans respiration, sans pouls, roides et refroidis, et qui pouvaient ensuite d'elles-mêmes reprendre l'exercice de leurs sens. Saint Augustin raconte, dans son livre de Civitate Dei, qu'un prêtre appelé Restitute, de la paroisse de Calame, savait, à son gré, se mettre dans un état si voisin de celui de la mort, qu'il n'était sensible ni aux brûlures, ni aux piqûres, ni à aucune des plus

(1) Posuerunt morticina servorum tuorum esoces volutilibus coeli, carnes sanctorum tuorum bestiis terra.

fortes épreuves qu'on pût faire sur son corps, et qu'il ne présentait aucun signe de respiration, aucun battement de cœur ni de pouls, en un mot, qu'il y avait chez lui suspension complète de la vie et de l'exercice des sens, et vérita ble morticine. Chegue a été témoin d'un fait semblable, et la mort lui paraissait tellement certaine, qu'il allait se retirer, lorsque, cet état extatique cessant tout à coup, le pouls et la respiration se ranimèrent par degrés. Cette espèce de jonglerie a été commune à une époque où l'exaltation religieuse était portée au plus haut degré, et il arrivait quelquefois que ceux qui la pratiquaient finissaient par payer de leur vie les essais trop réitérés ou trop prolongés d'un état de mort apparente, qui les faisait regarder comme des saints par la multitude, de tout temps amie de ce qui paraît tenir du merveilleux.

Certains philosophes de l'antiquité usaient d'un régime si sobre et si peu réparateur, qu'ils étaient d'une pâleur extrême, et d'une maigreur telle, que leur peau paraissait, comme on dit vulgairement, collée sur les os. On rapporte que les disciples de Porcius Latro buvaient du cumin pour se rendre aussi pâles que leur maître.

Le Cumin aurait-il la propriété de rendre pâle? nous laissons aux expérimentateurs bénévoles le soin de cette vérification peu importante. Mais si par ce moyen les disciples se rendaient aussi pâles que leur maître, il leur était impossible de devenir maigres et transparens comme lui, à moins d'adopter entièrement son régime; nous n'entrerons dans aucun détail sur les causes qui peuvent produire cet état de diaphanéité, quoique nous sachions que Malebranche était diaphane, et que nous en trouvions encore plusieurs autres exemples dans des ouvrages de médecine fort estimés.

Parmi les nombreuses maladies dont les suites entretiennent cet état de pâleur extrême, que nous désignons par le mot morticine, nous nous bornerons à citer la chlorose, l'hydropisie, et les hémorragies fréquentes et abondantes. Pauline, femme de Sénèque, resta pâle toute sa vie, s'étant fait ouvrir les veines pour mourir avec son mari; on sait aussi que Constance Chlore, grand-oncle de l'empereur Constantin, ne dut ce surnom qu'à son extrême pâleur. Les religieux qui habitent des cloîtres sombres, humides et peu aérés, et en général toutes les personnes qui, par leur état, se trouvent placées dans les lieux privés de l'heureuse influence de la lumière et de l'air, deviennent étiolées et présentent cet aspect cadavéreux qui contraste singulièrement avec la vie. Les élèves en médecine, qu'un amour ardent de l'étude retient trop long-temps dans les amphithéâtres de dissection, finissent souvent par pâlir sur le cadavre, et c'est alors le cas de dire, avec Lamettrie, qu'ils semblent leur avoir dérobé leur lividité.

Il fut un temps en France, où, croyant paraître plus belles, ou inspirer plus d'intérêt, les femmes employaient tous les moyens pour devenir d'une pâleur extrême. Chez les anciens, au contraire, comme de nos jours, elles aimaient à paraître d'une fraîcheur éclatante, et savaient à merveille imiter la nature lorsqu'elle leur avait refusé cet aimable incarnat, signe certain d'une belle santé, ou lorsque des circonstances particulières la leur avaient fait perdre avant le temps.

L'art des cosmétiques est aujourd'hui porté au plus haut degré de perfection, et telle femme, qui le matin était d'une pâleur extrême, sort de sa toilette avec un teint de lys et de rose, va dans le monde briller d'un éclat imposteur, puis en rentrant, dépose sur un mouchoir sa fraîcheur devenue inutile. Quelques historiens rapportent que le cardinal Mazarin, et avant lui Philippe II, s'étaient, au lit de mort, et pour feindre et tromper jusqu'au bout, fait mettre du rouge. Hélas! pauvre humanité, on peut tromper les hommes, même les courtisans, mais la mort!...

VÉTÉRANS.

Nous avons déjà dit (page 124 de ce volume), que le vétérans devaient leur origine aux anciennes compagnies détachées de l'Hôtel royal des Invalides. Ces troupes étaient formées d'hommes sortant des différens corps de l'armée, qui, incapables de supporter les longues fatigues de la guerre, étaient cependant encore aptes à un service intérieur assez actif. Sur leur demande, Louis XIV les organisa en compagnies vers la fin de 1690, et leur confia la garde des citadelles des forts et châteaux situés sur les frontières du royaume; quelques-unes furent chargées de la conservation des arsenaux, magasins et autres établissemens de l'artillerie et du génie. D'autres faisaient le service des prisons d'état et des prisons militaires les plus importantes. En 1696 ces compagnies prirent rang, du jour de leur création, parmi les troupes d'infanterie: elles eurent le même armement, la même habillement, la même discipline, les mêmes allocations et le même mode d'administration.

Les dernières guerres de Louis XIV n'avaient pas permis que l'on s'occupât des compagnies d'invalides détachées de l'hôtel. Le régent avait conçu le projet d'améliorer l'institution de ces troupes; mais de plus grands intérêts forcèrent l'ajournement de ces projets. En 1740, les invalides étaient au nombre de près de 14,000, et en 1775, ils étaient réduits à celui de 6,000. C'est à peu près dans cette situation que la révolution trouva ces différentes portions de corps.

Dès l'année 1789, il avait été créé des compagnies de vétérans de la garde nationale; trois ans après, les compagnies d'invalides détachées de l'hôtel prirent également la dénomination de vétérans nationaux, et formèrent un corps de 3,000 hommes, divisé en cent compagnies de cinquante vétérans chacune, dont douze d'artillerie. Depuis cette époque, les différens régimens de l'armée fournirent seuls au recrutement de ces compagnies. Leur institution changea aussi de nature, et leur service eut pour destination spéciale le maintien de la tranquillité publique dans les villes de l'intérieur. A cet effet, on en plaça une dans chacun des quatre-vingt-huit chefs-lieux de département. On répartit les douze compagnies de canonniers sur les côtes, et les cinq autres compagnies restèrent à la disposition du gouvernement. Deux cents nouvelles compagnies, créées en 1796, formèrent, en 1800, avec les premières, dix demi-brigades (régimens), qu'on réduisit à six en 1805.

Indépendamment de ces six corps, le gouvernement consulaire avait établi, dès l'année 1805, deux camps de vétérans dans les 26e et 27e divisions maritimes (Juliers et Alexandrie). Chaque camp était formé d'un bataillon de 1,005 hommes, divisé en cinq compagnies. Ces établissemens, fondés à l'imitation des Romains, étaient situés sur un terrain militaire, acheté aux frais de l'État, et entouré d'un mur élevé et crénelé. Des maisons, bâties dans l'enceinte du camp et alignées au cordeau, servaient d'habitations saines et commodes aux officiers et aux soldats et des terres à culture leur furent livrées pour être exploitées à l'usage commun. Les désastres de la guerre de Russie et l'abdication de Napoléon amenèrent la dissolution de ces deux corps. Les officiers, sous-officiers et soldats qui en faisaient partie, reçurent, en dédommagement, une solde de retraite proportionnée à la perte qu'ils venaient d'éprouver: ils quittaient tous une nouvelle patrie et une existence assurée.

A la restauration, les vétérans furent organisés en cent compagnies, dont dix de sous-officiers, quatre-vingt de fusiliers et dix de canonniers. La loi du 10 mars 1818 avait donné la dénomination de vétérans aux sous-officiers et soldats qui, après avoir achevé leur temps de service, rentraient dans leurs foyers pour y être assujétis à un service territorial pendant six ans; on donna aux compagnies de vétérans le nom de compagnies sédentaires. L'ordonnance du 26 novembre 1830 porte création de *compagnies de vétérans de l'armée dans les départemens*, formées d'anciens militaires retirés dans leurs foyers et libérés du service actif. Les compagnies de fusiliers sédentaires de formation antérieure furent incorporées dans les compagnies départementales de vétérans, et celles de sous-officiers sédentaires prirent la dénomination de sous-officiers-vétérans. Les compagnies de vétérans sont aujourd'hui au nombre de

FOUSSERAU   LESESTÂE
(Vétérans de 1834.)

quarante-quatre ; savoir : dix compagnies de sous-officiers, vingt compagnies de fusiliers, treize compagnies de canonniers, et une compagnie du génie.

L'uniforme de ces corps consiste en un habit *bleu* à revers de même couleur ; collet, paremens, passepoils des revers, brides d'épaulettes et contre-épaulettes *garance* ;

pattes de paremens *blanc* ; l'étoile qui forme l'ornement des retroussis est aussi en drap *blanc* ; pantalon *garance* ; schakos en feutre noir avec un galon *garance* et une plaque *jaune*, à coq et étoile au centre de l'écusson ; pompon *garance*, de forme sphérique et sans flamme. L'uniforme des compagnies de sous-officiers ne diffère de celles des fusiliers que par une boutonnière en or, placée de chaque côté du devant du collet de l'habit et de la capote.

Il y avait, en outre, un bataillon de fusiliers-vétérans, composé de six compagnies, réparties à Alger, Oran et Bone ; on vient de les mettre à la suite des autres, en les réduisant à trois.

STROMBOLI.

A quelques lieues des côtes de la Sicile, se trouvent plusieurs îles accompagnées d'un grand nombre d'îlots d'une nature volcanique, comme la Sicile elle-même, auxquelles on donne le nom de *Lipari*, et que les poètes anciens représentaient comme le séjour du feu et des vents. Plusieurs d'entre elles offrent des cratères de volcans en activité. On doit mettre en première ligne, sous ce rapport, *Stromboli* et *Vulcano*.

La première de ces deux îles est une montagne de deux mille pieds dont un ancien cratère occupe le centre, et qui, sur le côté, présente un nouveau cratère, qui jette continuellement des flammes, et lance par intervalles des pierres et des cendres sablonneuses à la suite de fortes explosions. Ces flammes, que l'on peut voir à une grande distance, sont appelées par les marins le grand fanal de la Méditerranée. Le volcan de Stromboli n'a pas fait d'éruptions proprement dites depuis plus de deux mille ans.

Comme les autres îles Lipari, Stromboli fait partie du royaume de Sicile. Elle produit en abondance des vins et des raisins, qu'on exporte à l'état sec, comme ceux de Corinthe. L'industrie de ses habitans, la plupart fort actifs et bons marins, trouve aussi un aliment dans la vente des pierres-ponces, du soufre, du salpêtre, de l'huile et du poisson séché. C'est dans les eaux de Stromboli, que notre amiral Duquesne, livra aux Hollandais, commandés par Ruyter, le 8 janvier 1676, un combat naval dans lequel les derniers eurent le désavantage, mais qui cependant fut sans résultat positif pour les vainqueurs.

(Vue de Stromboli.)

Paris. — Imprimerie de H. Fournier, rue de Seine, n° 14.

PORTUGAL. — LISBONNE.

(Place de la Petite Colonne à Lisbonne.)

A en juger par la situation géographique du Portugal, on s'étonne au premier abord que cette contrée ne fasse pas depuis long-temps partie de la monarchie espagnole. Le Portugal n'est en effet qu'une partie de l'une des lisières de cette vaste Péninsule, dont l'Espagne embrasse la presque totalité.

La forme du Portugal est celle d'un long carré, de cinquante lieues de largeur sur cent trente lieues de longueur environ. La fertilité de son sol et la douceur du climat de quelques-unes de ses provinces, y attirent un assez grand nombre d'étrangers; mais le plus bel ornement de ce pays, c'est sans contredit sa capitale.

A l'endroit où, après avoir formé le lac qu'on a nommé la *Mer de la Paille*, le Tage se rétrécit pour se jeter dans l'Océan, s'élève la ville de Lisbonne, capitale du Portugal. Ses maisons, placées sur les bords du fleuve et sur plusieurs collines, s'élèvent en amphithéâtre, et suivent dans une étendue de plus d'une lieue le cours du Tage.

Le magnifique panorama de Constantinople est peut-être le seul qu'on puisse comparer à celui de Lisbonne. Ces édifices, ainsi disposés par étages, au milieu desquels surgissent les hautes tours et les môles du port, ces nombreux vaisseaux qui stationnent dans la vaste nappe d'eau du fleuve, et, au delà de ce premier plan, les montagnes chargées de riches plantations qui dominent la ville, tout cela est plus beau que nous ne saurions le dire.

Malheureusement l'intérieur de la ville ne répond pas à ce premier coup d'œil. Il faut néanmoins distinguer la partie vieille, cel e qui a échappé au fameux tremblement de terre de 1755, où les rues étroites, tortueuses, sales, obscures, sont encaissées entre des maisons mesquines, hautes de cinq à six étages, et la partie neuve, qui contraste avec la première par la largeur de la voie publique, les dimensions mieux entendues des maisons, et où l'on trouve un certain nombre de rues bien alignées et garnies de trottoirs. Elles sont toutes éclairées pendant la nuit et surveillées par une garde active.

En général, les maisons sont en bois, à l'exception de quelques parties extérieures qui sont revêtues de pierres, et néanmoins l s incendies y ont fait peu de ravages, grace aux nombreuses pompes à incendie que possèdent tous les quartiers.

Lisbonne renferme un monument que l'on peut mettre en parallèle avec tout ce que l'antiquité a produit de plus beau dans ce genre : c'est un aqueduc qui amène à la ville les eaux d'une colline éloignée de près de trois lieues, et alimente trente-quatre fontaines publiques. Cet aqueduc, construit il y a près d'un siècle, se divise en deux branches qui desservent, l'une la partie nord, l'autre la partie nord-ouest de la ville. La première est dans le style gothique, la seconde d'architecture romaine.

Lisbonne compte quelques beaux hôtels dont l'ameublement intérieur n'est pas sans magnificence, et contraste étrangement avec l'état misérable et sale des maisons du peuple.

Non-seulement Lisbonne fait presque tout le commerce des colonies portugaises, mais encore près des trois cinquièmes de celui de tout le royaume avec l'étranger. Son port, qui n'est, à proprement parler, qu'un mouillage très sûr, formé par le fleuve, dont la largeur est en cet endroit d'un tiers de lieue, peut recevoir des vaisseaux de guerre de haut bord ; toute la côte voisine est d'un abord facile et protégée par de nombreuses batteries et par deux forts. En face de l'un d'eux, au milieu même de l'entrée du Tage, s'élève la tour de Bugio, d'une défense formidable. Près du port sont des bassins et des chantiers de construction.

La température de Lisbonne est assez constante ; l'hiver y est humide ; les pluies sont surtout fréquentes de novembre à février, et la ville est alors couverte de nuages qu'apportent les vents du nord-ouest. Quelquefois on y éprouve des vents du sud et du sud-ouest qui agitent violemment le fleuve et produisent de terribles effets dans le port. Le froid et les gelées sont presqu'entièrement inconnus à Lisbonne. L'air y est généralement sain.

On y éprouve encore quelques secousses de tremblement de terre quand à un automne sec succèdent tout-à-coup de pluies abondantes.

Le caractère portugais se montre avec moins d'avantage à Lisbonne que dans le reste du royaume. Le peu d'activité des habitans donne à cette ville une teinte de tristesse ; ils sont d'ailleurs superstitieux, portés à se venger ; mais sobres, économes et loyaux dans leurs relations commerciales. Parmi les hommes célèbres que Lisbonne a vu naî-

tre, on doit citer, en première ligne, le célèbre poète Camoens.

Les environs de Lisbonne sont enchanteurs ; on y voit une infinité de maisons de campagne, souvent très belles et ornées de jardins charmans. — Les voyageurs y regrettent seulement l'ombre des arbres, qui y sont trop rares, surtout pour les Européens venus des contrées plus froides et plus boisées de l'Europe.

Comme la France, l'Angleterre et l'Allemagne, Lisbonne a été occupée par les Romains, qui y ont laissé des traces de leur passage. Auguste la peupla presqu'entièrement de citoyens romains, et l'éleva au rang de ville municipale. On y a trouvé, vers la fin du siècle dernier, les débris d'un théâtre bâti par ce peuple.

Les Maures s'emparèrent de Lisbonne dès le premier siècle de l'Eglise, elle leur fut enlevée et détruite dix siècles plus tard ; mais sur ses ruines s'éleva une nouvelle ville, que les Maures envahirent et perdirent ensuite à deux reprises différentes.

Sans les tremblemens de terre et le fatal protectorat de l'Angleterre, qui a si long-temps paralysé, et paralysera long-temps encore peut-être, l'industrie portugaise, Lisbonne aurait atteint un haut degré de prospérité. Sa position éminemment favorable au commerce maritime, et la beauté de son port, doivent, tôt ou tard, rendre celui-ci l'un des premiers du monde.

En 1807, l'armée française s'empara de Lisbonne, et y résista quelque temps aux forces combinées des Anglais et des Portugais. Quand nous fûmes forcés d'évacuer cette place, les Anglais la mirent à l'abri d'un coup de main, au moyen de travaux militaires exécutés sur une suite de hauteurs à cinq lieues de distance de la ville. Deux ans plus tard, les Français revinrent, sous le commandement de Masséna, attaquer Lisbonne : mais ces fortifications firent son salut.

COUTUMES DU MOYEN-AGE.
FÊTES ET DIVERTISSEMENS.

C'était aux assemblées, qu'on appelait *Cours plénières*, qu'éclatait la magnificence de nos rois. Ces fêtes avaient ordinairement lieu deux fois par an, à Pâques et à la Toussaint ou à Noël. Les princes tenaient cour *plénière* à leur mariage, au baptême de leurs enfans, et lorsqu'ils les faisaient chevaliers. Toute la noblesse était invitée à ces divertissemens, qui ne manquaient pas d'attirer un grand nombre de charlatans, de bateleurs, de danseurs de corde, de jongleurs, de plaisantins et de pantomimes (1).

Pendant sept ou huit jours que duraient les cours plénières, le roi, entouré de tout l'appareil de la majesté, mangeait en public, la couronne sur la tête : il ne la quittait qu'en se couchant. Les pairs laïques et ecclésiastiques étaient à sa table. Le connétable et les grands officiers du royaume recevaient et servaient les plats. « Au dîner du sacre de Charles VI, dit Froissart, les ducs de Brabant, d'Anjou, de Berri, de Bourgogne et de Bourbon, oncles de ce prince, s'assirent à table, bien loin de lui, et l'archevêque de Reims et autres prélats à sa droite. Les sires de Couci, de Clisson de la Trimouille, l'amiral de la mer et autres, servaient sur haut destriers (*chevaux*) tout couverts et parés de drap d'or. » Chaque service était apporté au son des flûtes et des hautbois. A l'entremets, vingt hérants d'armes s'avançaient, chacun une coupe à la main, remplie de pièces d'or et d'argent, qu'ils jetaient au peuple, en criant à haute voix, *largesse du grand monarque*.

Le jour de la Pentecôte de l'année 1313, Philippe-le-Bel

(1) Les plaisantins faisaient des contes ; les jongleurs jouaient de la vielle, faisaient danser des singes, des chiens et des ours. Les pantomimes, par leurs gestes, leurs attitudes et leurs postures exprimaient un trait d'histoire, aussi clairement, *dit-on*, et aussi pathétiquement que s'ils l'eussent récité.

fit ses trois fils chevaliers, avec toutes les cérémonies de l'ancienne chevalerie. Le roi et la reine d'Angleterre, qu'ils avaient invités passèrent la mer exprès, et se trouvèrent à cette fête, avec un grand nombre de leurs barons. Les cérémonies durèrent huit jours, et furent des plus belles et des plus brillantes, par la variété des divertissemens, la magnificence des costumes et la somptuosité des festins. On lit dans les *Historiens de Paris* : les princes et les seigneurs changeaient d'habits jusqu'à trois fois dans un seul jour; les Parisiens représentaient divers spectacles, tantôt, la gloire des bienheureux; tantôt les peines des damnés, ensuite divers sortes d'animaux, et ce dernier spectacle fut appelé la Procession du Renard. »

Pendant les festins, pour amuser les convives, dans l'intervalle d'un service à l'autre, on avait imaginé des divertissemens, nommés *entremets* (1). C'étaient des décorations, qu'on faisait rouler dans la salle du repas, et qui représentaient des villes, des châteaux et des jardins avec des fontaines d'où coulaient toutes sortes de liqueurs. Au dîner que donna Charles V à l'empereur Charles IV, en 1378, on s'*achemina* (dit un chroniqueur), après la messe, par la galerie des Merciers, dans la grande salle du palais, où les tables étaient dressées. Le roi se plaça entre l'empereur et le roi des Romains. Il y avait trois grands, buffets; le premier de vaisselle d'or, le second de vaisselle de vermeil, et le troisième de vaisselle d'argent. Sur la fin du dîner commença le spectacle (ou entremets). On vit paraitre un vaisseau avec ses mâts, voiles et cordages; ses pavillons étaient aux armes de la ville de Jérusalem; sur le tillac, on distinguait Godefroi de Bouillon, accompagné de quelques chevaliers armés de toutes pièces. Le vaisseau s'avança au milieu de la salle, sans qu'on vît la machine qui le faisait mouv.r. Un moment après, parut la ville de Jérusalem, avec ses tours couvertes de Sarrasins. Les chrétiens mirent pied à terre et montèrent à l'assaut; les assiégés firent une belle défense; plusieurs échelles furent renversées; enfin la ville fut prise. Après le dîner, on donna à laver dans de magnifiques aiguières. Ensuite on apporta, suivant l'usage, le vin, les épices ou confitures.

Charles IX étant allé dîner chez un gentilhomme auprès de Carcassonne, le plafond s'ouvrit à la fin du repas, on vit alors descendre une grosse nuée, qui creva avec un bruit pareil à celui du tonnerre, laissant tomber une grêle de dragées, suivie d'une petite rosée d'eau de senteur.

CHRONIQUE DE L'ANGLETERRE.

THOMAS MORE.

Parmi les nombreuses victimes qui ont ensanglanté le sol de la Tour de Londres, nous avons cité le célèbre More, ministre de Henri VIII (2). La vie et le supplice de ce grand homme, martyr de la foi, nous ont paru devoir trouver place dans ce recueil, où ne sauraient revenir trop souvent les exemples d'abnégation et de dévouement aux lois éternelles de la morale et de la religion.

More était fils d'un des juges du sang du roi. Il n'était encore qu'un enfant, lorsque son aimable caractère et ses heureuses dispositions charmèrent l'archevêque de Canterbury, qui le reçut dans sa maison, et voulut veiller sur l'éducation de son protégé. Le jeune More fut l'un des plus brillans élèves de l'Université d'Oxford, et se fit, dès son début dans le barreau, une telle réputation, qu'on s'empressa de l'envoyer au Parlement dès qu'il eut l'âge requis. Il se montra, dès son début, ami du peuple et partisan de l'économie, en s'opposant à l'établissement d'un impôt très

(1) On a long-temps donné à certaines pièces de théâtre le nom d'*entremets*; qui, plus tard fut remplacé par celui d'*intermèdes*.

(2) Voy. p. 132, 1re année.

onéreux que le roi Henri VII voulait imposer à l'Angleterre.

Quand Henri VIII fut assis sur le trône, More fut appelé au conseil privé de ce prince, qui rechercha ses entretiens, le nomma ministre des finances, lui confia d'importantes missions, et enfin le fit grand chancelier. Telle était l'intégrité de More, qu'après avoir exercé cette place importante pendant deux ans, il se retira avec moins de 5,000 fr. de revenu. Ses enfans lui reprochaient de ne rien faire pour leur avancement. « Soyez tranquilles, leur disait-il, vous aurez toujours le meilleur partage, la bénédiction de Dieu et celle des hommes. L'honneur de votre famille et mon salut valent bien quelques faveurs de la fortune. » Il trouva, quand il entra en place une multitude d'affaires arriérées; quelques-unes même dataient de vingt ans; quand il quitta les fonctions de chef de la justice, aucun procès n'était en souffrance.

Cet homme, si juste, si bon, si noble, ne pouvait sympathiser avec un prince aussi ambitieux, aussi faux et aussi égoïste que Henri VIII; aussi ne servait-il ce maître que pour être utile à son pays, et pressentait-il la récompense qu'obtiendraient un jour ses services. Au sortir d'un entretien de deux heures avec le roi, qui s'était promené avec lui, le bras passé autour de son cou, et en lui donnant toutes les marques d'un véritable attachement, More disait à ses amis. « Si pour cette tête qu'il vient de caresser, il pouvait gagner un château de plus en France, il ne la laisserait pas une heure sur mes épaules. »

Son attachement à la foi catholique, qui était celle de ses pères, le conduisit à l'échafaud. Le mouvement religieux imprimé par Luther, s'était communiqué à l'Angleterre, et le pouvoir de la cour de Rome que Henri VIII avait juré de respecter lors de son sacre, pouvoir qu'il avait même été tout d'un coup méconnu par ce prince, qui s'était posé chef suprême de l'église dans toute l'étendue de ses états, et en même temps avait fait reconnaître par le parlement et les grands du royaume la validité de son divorce avec sa quatrième femme, Catherine Howard qu'il baissait, et qu'il fit plus tard décapiter dans la tour de Londres.

Tout en admettant la nécessité de quelques réformes dans le gouvernement de l'église à cette époque, et surtout dans l'exercice de l'excessive autorité que la cour de Rome exerçait alors en Angleterre, More n'approuvait pas la révolution religieuse que voulait effectuer Henri VIII, et, pour ne pas avoir à y prendre part, il se démit de ses fonctions de lord chancelier.

Il vivait à la campagne, loin de la cour et des discussions religieuses et politiques, partageant son temps entre l'étude, la prière et les soins de sa famille, lorsque la tyrannie de Henri VIII vint le frapper au fond de son asile. Le silence et l'éloignement d'un homme aussi marquant et aussi considéré que More, était une censure publique des actes du roi. Il exigea de son ex-chancelier la reconnaissance de sa suprématie spirituelle, et, sur son refus, il le fit jeter à la Tour de Londres, et le priva même de ses livres, sa dernière consolation. La famille de More allait tomber dans le besoin; More vendit ses meubles pour lui donner du pain, et se prépara à monter bientôt sur l'échafaud pour rester fidèle à ses croyances.

Le parlement anglais ayant prescrit le serment d'obéissance au nouveau chef de l'Église, on représentait à More qu'il ne devait pas se croire plus sage que cette grande assemblée. « J'ai pour moi, répondait-il, le grand conseil des chrétiens, qui est l'Église universelle. Sa femme vint se jeter à ses pieds, le conjurant de se soumettre à la volonté du roi, pour sauver leurs enfans. « Ah! ma femme, lui dit-il, voulez-vous que j'échange une éternité avec quelques années qui me restent à vivre. »

On vint lui annoncer que le roi, dans sa clémence, avait daigné commuer la peine de la potence en celle de la décapitation. « Dieu préserve mes amis d'une pareille faveur, répondit-il avec une froide ironie ; j'espère que mes pauvres enfans n'en auront pas besoin. » Quand on lui eut lu sa sentence ; il déclara hautement qu'il restait fidèle à sa foi, et ne voulait pas reconnaître un prince laïc pour chef du culte, et il rappela le serment que Henri VIII avait fait lors de son sacre.

Le front tranquille et empreint d'une religieuse fierté, More monta sur l'échafaud avec toute la force d'un martyr ; il adressa à Dieu une solennelle prière, d'une voix haute et calme, embrassa le bourreau, dont le bras tremblant semblait se refuser à son sanglant ministère, l'encouragea à faire son devoir, et posa sa tête sur le billot. C'était le 6 juillet 1535 ; cette scène tragique se passait sur la plate-forme de la Tour de Londres. Ce triste lieu avait renfermé bien des personnages de haut rang, avait vu se consommer bien des meurtres politiques, mais parmi ces victimes, il en était peu dont la vie eût été aussi noble , la cause aussi juste, la mort aussi belle que celle du chancelier More. Son corps resta gisant à la Tour pendant quatorze jours, et pendant ces quatorze jours, le peuple alla voir sur le pont de Londres la tête sanglante séparée du tronc , que le tyran y avait exposée.

On accorda enfin aux larmes de la fille du supplicié, Marguerite Roper, les restes de son père. La tête fut envoyée à Saint-Dunstan de Canterbury, enveloppée dans une boîte de plomb, et le corps fut inhumé dans l'église de Chelsea.

Le nom de Thomas More est un de ceux que l'Angleterre cite avec le plus d'orgueil ; ce n'était pas seulement un personnage politique éminent, un modèle d'intégrité, de générosité et de dévouement à ses convictions , c'était aussi un des hommes les plus séduisans par ses manières nobles et gracieuses, et, ce qui valait mieux encore , un des meilleurs littérateurs de son époque si fertile cependant en gens de lettres. Ses ouvrages écrits pour la plupart en latin, suivant l'usage du temps, sont écrits avec pureté et élégance ; on y trouve des dissertations de morale, de politique et de religion , et des pièces de poésie où se montre la finesse de son esprit. La plus célèbre de toutes ces publications est celle qu'il avait faite dans sa jeunesse sous ce titre : *Utopie ou la meilleure des républiques* , etc. Dans cet ouvrage allégorique, qui rappelle celui du divin Platon, et qu'on a considéré comme une débauche d'esprit échappée à la jeunesse de Thomas More, on trouve un grand amour de l'humanité, une véritable sympathie pour le sort du pauvre peuple, des idées fort sages sur la tolérance religieuse , et , avec tout cela , des opinions assez bizarres sur le suicide , le partage égal des biens , etc. La fille chérie de More , Marguerite Roper , a aussi publié quelques écrits qui ne sont pas sans mérite.

(La famille de Thomas More, d'après Holbein, peintre anglais.)

FRANCE.

LA VILLE DE BRIE-COMTE-ROBERT.

(Département de Seine-et-Marne.)

Sur la route de Paris à Troyes se trouve , dans le département de Seine-et-Oise et sur le territoire de l'ancienne Brie, à six lieues de distance de cette capitale, la petite ville de Brie-Comte-Robert. Sa faible population, qui s'élève tout au plus à trois mille ames, et son modeste commerce de draperies, de bonneterie et de plumes à écrire, la mettrait au même rang que cette foule de petites localités que l'œil de nos lecteurs distingue à peine sur la carte de la France, si elle n'attirait les regards par quelques restes de construction du moyen-âge et par des souvenirs historiques qui sont loin d'être sans intérêt.

La ville doit son nom à la famille des Robert , comtes de Dreux. L'un d'eux , frère du roi Louis VII , reçut de lui en cadeau la terre de Brie , et le fils de ce dernier y bâtit un château auquel il donna son nom.

S'il faut en croire quelques historiens , Brie-Comte-Robert fut à cette époque témoin d'une terrible exécution. La mère du dernier comte, dont nous venons de parler , Agnès , comtesse de Braine, livra , en l'année 1492, pour une somme considérable, aux juifs du lieu qu'elle habitait , un chrétien accusé par eux de vol et d'homicide sur un de leurs coreligionaires. Ce malheureux fut soumis à tous les tourmens signalés dans la passion de Jésus-Christ. Quand le roi Philippe-Auguste apprit ce supplice , il se transporta immédiatement à Brie-Comte-Robert, fit saisir tous les juifs de l'endroit, prit parmi eux près de cent des plus coupables, et les fit brûler vifs. La comtesse Agnès fut condamnée à la prison pour le reste de ses jours. Il paraît que le fait de l'exécution des juifs est plus certain que le crime qu'on leur imputait. On prétend aussi que l'évènement eut lieu non à Brie, mais à Braie-sur-Seine.

Pendant le XIVᵉ siècle et le suivant , l'église paroissiale de Brie-Comte-Robert fut desservie à la fois par deux curés. Il y avait le curé *à dextre* et le curé *à senestre*.

A l'époque où fut bâti le château, et dans le siècle suivant, les guerres que se livraient les grandes maisons seigneuriales de France étaient une source de calamités et de vexations de toute espèce pour les pauvres bourgeois et le peuple, surtout dans les environs des lieux fortifiés que se disputaient et s'enlevaient tour à tour les partis opposés. Aussi le château de Brie-Comte-Robert fût-il un fléau pour la ville où dominèrent successivement les maisons de Dreux,

de Bretagne, de France, d'Evreux. A une certaine époque, les seigneurs de cette résidence rendaient foi et hommage à l'évêque de Paris.

Quand le roi Charles-le-Bel épousa Jeanne d'Evreux,

(Vue de la tour de Brie-Comte-Robert.)

celle-ci lui apporta en dot la terre de Brie-Comte-Robert. Il fallait que cette princesse rendît hommage à l'évêque de Paris. Comme sa fierté répugnait à s'humilier devant le prélat, elle envoya en son lieu et place à la maison épiscopale un seigneur de sa suite, mais l'évêque se refusa à cette substitution et demanda que la reine vînt en personne lui rendre ses devoirs de vassale. Il fallut de longs pourparlers avant de réussir à vaincre sa ténacité.

Ce fut dans ce château que le roi Philippe de Valois épousa à cinquante-six ans Blanche de Navarre qui en avait à peine dix-huit. Blanche était destinée au fils du roi, mais ce monarque s'était épris d'un amour irrésistible, et il fit la folie de se marier. Un an après Philippe était au tombeau.

Le protestantisme ayant fait quelques prosélytes à Brie-Comte-Robert, vers le milieu du XVIᵉ siècle ; cette résidence fut du petit nombre de celles où l'exercice de la religion nouvelle fut permis, mais cette permission fut retirée deux ans après. Antoine Carraccioli, évêque de Troyes, pendant le séjour qu'il fit à cette époque au château de Brie-Comte-Robert, adhéra à la réforme.

Cette cité paya son tribut aux troubles de la Fronde.

Prise d'assaut par les troupes du roi, elle fut pillée et ses habitans livrés au carnage.

Au commencement de la révolution, le baron de Bezenval fut détenu au château de Brie-Comte-Robert. Lorsque courut en France ce bruit, semé, dit-on, à dessein par Mirabeau, de l'arrivée prochaine de troupes de brigands, qui fit prendre les armes aux habitans de toutes les communes et commença l'organisation des gardes nationales, les habitans de Brie-Comte-Robert placèrent de l'artillerie dans la cour du château et montèrent la garde sur ses tours gothiques.

Une enceinte carrée dont les angles sont flanqués de tours rondes, et que protégent en outre des tours élevées sur le milieu de trois des côtés, voilà en quoi consiste le château de Brie-Comte-Robert. Celle qu'on appelle spécialement la tour de Brie est située sur le côté qui regarde le nord. Elle est d'une forme carrée, haute de cent pieds, et dans un bon état de conservation. Cette tour sert de fortification à une des portes du château.

GENGIS KHAN.

Par-delà le Taurus et le Caucase, à l'orient de la mer Caspienne, du Volga jusqu'à la Chine, et au nord jusqu'à la zone glaciale, s'étendent ces immenses pays des anciens Scythes, qui se nommèrent depuis Tatars, du nom de Tatar-Khan, l'un de leurs plus grands princes, et que nous appelons Tartares. Ces pays paraissent peuplés de temps immémorial sans qu'on y ait presque jamais bâti de villes. La nature a donné à ces peuples, comme aux Arabes bédouins, un goût pour la liberté et pour la vie errante, qui leur a toujours fait regarder les villes comme les prisons où les rois, disent-ils, tiennent leurs esclaves.

Leurs courses continuelles, leur vie naturellement frugale, en firent des générations d'hommes robustes, endurcis à la fatigue, qui, comme les bêtes féroces trop multipliées, se jetèrent loin de leurs tanières, tantôt vers les Palus-Méotides, lorsqu'ils chassèrent, au v° siècle, les peuples de ces contrées, qui se précipitèrent sur l'empire romain, et se le partagèrent; tantôt à l'orient et au midi; si bien que ce vaste réservoir d'hommes ignorans et belliqueux a vomi ses inondations dans presque tout notre hémisphère, et les peuples qui habitent aujourd'hui ces déserts, privés de toutes connaissances, savent seulement que leurs pères ont conquis le monde.

C'est de la Mongolie, qui sépare la Russie asiatique de l'empire chinois que partit Gengis Khan, du XII° au XIII° siècle, pour étendre sa domination dans la plus grande partie de la terre connue. Né, en 1165, du chef Pikoutaï, qui commandait à trente ou quarante mille familles, il reçut le nom de Temoudjyn; c'était celui d'un khan que son père avait vaincu. Son éducation ne fut pas aussi négligée qu'on pourrait le supposer chez un peuple à demi sauvage; ses dispositions guerrières et ses talens prématurés furent si heureusement cultivés par son gouverneur Carachar, qu'à l'âge de treize ans, il fut en état de prendre les rênes de la petite souveraineté que la mort de Pikoutaï laissait vacante, et qui lui appartenait par droit d'aînesse. Les chefs de tribus qui étaient dans sa dépendance imaginèrent qu'il leur serait facile de le renverser; mais le jeune Temoudjyn n'hésita pas à conduire lui-même trente mille hommes contre ces rebelles. Il les attaqua deux fois et les vainquit. Les uns furent réduits en esclavage, les autres plongés dans soixante-dix chaudières d'eau bouillante, digne prélude des boucheries dont Gengis Khan devait ensanglanter l'Asie.

Jusqu'en 1209, il lutta contre les khans mongols, ses voisins, qui s'inquiètent de ses projets et de ses vues ambitieuses : les uns sont vaincus et assujétis; les autres, épouvantés, lui jurent fidélité à toute épreuve, en égorgeant sur une montagne un cheval blanc, un taureau noir, et en brisant une flèche. Il est proclamé Gengis khan ou grand khan, et fixe sa résidence à Caracorum; il est maître de tout le pays jusqu'à la grande muraille de la Chine, la franchit, et attaque cet ancien empire qu'on appelait alors le Catay. Cambalu, (aujourd'hui Pekin) (1215) est prise d'assaut et saccagée; l'incendie dure un mois. Le vainqueur soumet tout jusqu'au fond de la Corée, qui est l'extrémité orientale de notre globe, et trois ans après, il est à plus de mille lieues de là dans les Indes et la Perse.

Gengis Khan fut conquérant et législateur. Les Tartares mongols ont conservé un Code de lois qui porte son nom; il les donnait dans des diètes annuelles appelées Cour-Ilté. La croyance en un seul dieu, une tolérance parfaite en matière de religion, telle était la base de sa législation. L'adultère était défendu d'autant plus sévèrement, que la polygamie était permise; la discipline militaire rigoureusement établie, et la peine de mort prononcée contre celui qui, dans le combat, fuyait au lieu de secourir ses compagnons en péril.

Gengis Khan savait régner comme vaincre; tous ses actes le montrent grand politique. Il gouvernait si habile-

ment la partie de la Chine conquise, qu'elle ne se révolta point pendant son absence; et il savait si bien administrer, que ses quatre fils, qu'il fit ses lieutenans-généraux, mirent toujours leur jalousie à le bien servir, et furent les instrumens de ses victoires.

En 1218, le kalife de Bagdad Nasser, menacé par les Turcs, ses tributaires, l'appelle imprudemment à son secours. Le sultan Mohammed marche contre Gengis avec quatre cent mille combattans. Au-delà du fleuve Jaxarte, près de la ville d'Otrar, et dans les plaines immenses qui sont par delà cette ville, il rencontre l'armée tartare de sept cent mille hommes, commandée par Gengis et ses quatre fils : les mahométans sont défaits et Otrar prise; tous les habitans, sans distinction, sont passés au fil de l'épée.

De ces pays qui sont vers la Transoxiane, le vainqueur s'avance à Bokhara, ville célèbre dans toute l'Asie par son grand commerce, ses manufactures d'étoffes, et surtout par les sciences que les sultans turcs ont apprises des Arabes; il la réduit en cendres, et pénètre jusqu'à l'Indus; et tandis qu'une de ses armées soumettait l'Hindostan, une autre, sous un de ses fils, subjugua toutes les provinces qui sont au midi de la mer Kaspienne, le Khorassan, l'Irak, le Shirvan, l'Aran; elle passa les portes de fer, près desquelles la ville de Derbent fut bâtie, dit-on, par Alexandre. C'est l'unique passage de ce côté de la haute Asie, à travers les montagnes escarpées et inaccessibles du Caucase. De là, marchant le long du Volga vers Moscou, cette armée, partout victorieuse, ravagea la Russie; c'était prendre ou tuer des bestiaux et des esclaves. Chargée de ce butin, elle repassa le Volga, et retourna vers Gengis par le nord-est de la mer Caspienne. Aucun voyageur n'avait fait, dit-on, le tour de cette mer, et ces troupes furent les premières qui entreprirent une telle course par des pays incultes, impraticables à d'autres hommes qu'à des Tartares, auxquels il ne fallait ni tentes, ni provisions, ni bagages, et qui se nourrissaient de la chair de leurs chevaux morts de vieillesse, comme de celle des autres animaux.

Ainsi donc, la moitié de la Chine et la moitié de l'Hindostan, presque toute la Perse jusqu'à l'Euphrate, les frontières de la Russie, Casan, Astrakan, toute la grande Tartarie, furent assujéties par Gengis en dix-huit années. En revenant des Indes par la Perse et par l'ancienne Sogdiane, il s'arrêta dans la ville de Toncat au nord-est du fleuve Jaxarte, comme au centre de son vaste empire. Ses fils, victorieux de tous côtés, ses généraux et tous les princes tributaires, lui apportèrent les trésors de l'Asie. Il en fit des largesses à ses soldats; et c'est de là que les Russes trouvent souvent aujourd'hui des ornemens d'argent et d'or, et des monumens de luxe enterrés dans les pays sauvages de la Tartarie; c'est tout ce qui reste à présent de tant de déprédations.

Il tint dans les plaines de Toncat une cour plénière triomphale aussi magnifique qu'imposante. On y vit un mélange de barbarie tartare et de luxe asiatique. Tous les khans et leurs vassaux, compagnons de ses victoires, étaient sur ces anciens chariots scythes, dont l'usage subsiste encore chez les Tartares de la Crimée; mais ces chars étaient couverts des étoffes précieuses, de l'or et des pierreries de tant de peuples vaincus. Un des fils de Gengis lui fit dans cette diète un présent de cent mille chevaux. Ce fut dans ces états-généraux de l'Asie qu'il reçut les adorations de plus de cinq cents ambassadeurs des pays conquis. De là, il courut remettre sous le joug un grand pays qu'on nommait Tangut, vers les frontières de la Chine, vainquit sur un lac glacé une armée de quatre cent mille hommes, et extermina les quatre-vingt-dix-huit centièmes de la population pour frapper de terreur les provinces chinoises qui n'avaient pas encore reconnu ses lois. Il voulait, âgé de plus de soixante ans, aller achever la conquête de ce royaume, l'objet le plus chéri de son ambition, mais une maladie mortelle le saisit dans son camp, sur la route de cet empire, à quelques lieues de la grande muraille; il mourut, en 1226, tranquille et sans remords, au milieu des marques d'affection de ses nombreux enfans.

Jamais, ni avant, ni après lui, aucun homme n'a subjugué plus de peuples. Il avait conquis plus de dix-huit cents lieues du midi au couchant, et plus de mille du nord au midi; mais, dans ses conquêtes, il ne fit que détruire, et, si on excepté Bokhara et deux ou trois autres villes, dont il permit qu'on réparât les ruines, son empire, de la frontière de Russie jusqu'à celle de la Chine, fut une dévastation. On serait au-dessous de la vérité en portant à six millions le nombre des hommes que ses armes firent périr. Tantôt, du haut d'une montagne, il assistait à l'incendie et au sac d'une ville populeuse; tantôt il ordonnait le massacre de tous les habitans, sans distinction, d'une place prise d'assaut, pour satisfaire à la vengeance d'une de ses filles dont le fils avait péri en combattant. La Chine fut moins saccagée, parce qu'après la prise de Pékin, ce qui fut envahi ne résista pas. Gengis khan écarta de sa succession les enfans qu'il avait eus de ses cinq cents femmes. Il partagea avant sa mort ses états entre les quatre fils qu'il avait eus de sa première femme, et chacun d'eux fut un des plus puissans rois de la terre. Ils étendirent encore la domination qu'avait laissée leur père. Octaï, proclamé grand khan des Tartares, et ensuite koublaï-khan, acheva la conquête de la Chine. C'est ce Koublaï que vit Marc-Paul en 1260. Un autre fils de Gengis eut le Turkestan, la Bactriane, le royaume d'Astrakan et le pays des Usbecks. Son fils Batoukan alla ravager en 1255 la Pologne, la Dalmatie, la Hongrie et les environs de Constantinople; et ses descendans mènent aujourd'hui une vie vagabonde au nord et à l'orient de la mer Caspienne.

Le troisième, nommé $_{T_0}U_{jj}$, eut la Perse du vivant de son père, et son fils Houlagou passa l'Euphrate, que Gengis n'avait pas traversé, détruisit pour jamais dans Bagdad l'empire des kalifes, et se rendit maître d'une partie de l'Asie mineure.

Le quatrième fils du conquérant, Zagataï, eut la Transoxiane, le Candahar, l'Inde septentrionale, et ces quatre monarques conservèrent quelque temps par les armes leurs monarchies établies par brigandage. Mais bientôt cette vaste puissance des Tartares Mongols, fondée vers 1220, s'affaiblit de tous côtés, jusqu'à ce que Tamerlan, plus d'un siècle après, conquit à son tour les États de l'Asie, qui plus tard se partagèrent encore.

LA TAUPE.

§. II (1).

Nous avons expliqué à nos lecteurs la structure exceptionnelle de la taupe et nous avons donné quelques détails sur les travaux souterrains de cet animal, en accompagnant ce premier article d'une figure fort exacte due à M. Geoffroy-Saint-Hilaire. Nous complétons aujourd'hui l'exposition de ces travaux curieux.

La figure 1 est le dessin très fidèle d'un relevé de terrain fait en 1825, par les soins de M. Geoffroy-St.-Hilaire. Il y a 24 mètres de longueur dans la ligne partant du point C, passant par h, j, k, l, m et b; jusqu'au point a. La ligne partant du nid b et se rendant au point a en passant par q, a 15 mètres de longueur. Une ligne ponctuée R, S, laisse au-dessous d'elle les restes d'un ancien cantonnement submergé pendant l'hiver; au-dessus sont les travaux récens de la taupe mâle, galeries où elle conduit et renferme la taupe femelle dans le temps de la gestation et du port. Le terrain où ces travaux ont été étudiés et relevés, était situé à quelque distance de Pontoise, en dessus et sur la droite de la rivière; la taupe mâle, qui était venue s'emparer de ce théâtre d'exploitation, s'y était rendue d'assez

(1) Voyez la figure qui accompagne le §. I, p. 68.

loin et arriva en pleine terre jusqu'au point C; elle trouva une terre molle, facile à percer : pour gagner de vitesse elle ne tassa point la terre, mais elle multiplia les taupinières de décharge, et ce sont ces taupinières qui sont indiquées par les petits cercles pointillés, répandus sur les lignes. Huit jours suffirent pour l'achèvement des galeries; à peine un bout de tuyau était-il ouvert que le mâle gagnait son ancien cantonnement, s'y mettait en recherche d'une femelle et s'en faisait suivre. Eveillés par ses courses répétées, d'autres mâles se mettaient à la piste du couple et s'acheminaient derrière lui sur la prairie, jusqu'à l'entrée de la galerie centrale. Arrivé là, le mâle y enferma sa femelle, et revint sur ses pas pour interdire à ses rivaux l'entrée de ce cantonnement. Dans la figure 1, cet emplacement est entouré de points : la ligne R, S, coupe par le travers cette arène où s'engagèrent des assauts rudes et violens qui ne cessèrent que par la retraite ou la mort des vaincus.

Cependant la femelle, acculée dans la galerie j, k, l, essayait de fuir dans des boyaux qu'elle ouvrait de côté; c'est une partie de ces travaux que la figure première exprime, et qu'on trouve figurés aux points j, k, l, n, o. Mais le vainqueur ne tarda point à rejoindre cette femelle vagabonde, et à la ramener dans ses propres galeries : ce manège fut répété plusieurs fois, c'est-à-dire tout autant que d'autres mâles entrèrent en lice. Arriva enfin, et aussi promptement, l'instant où la supériorité du vainqueur fut reconnue. Dès lors le mâle et la femelle, creusèrent ensemble et achevèrent les galeries figurées au plan. Dans les derniers momens, la femelle se détourna et creusa encore à part, obligée d'aller en chasse pour vivre.

Enfin, après qu'eûrent été produites les galeries d'hésitation et de recherche de nourriture en o, r et s, le mâle conduisit sa femelle à la patte d'oie marquée v. Dès ce moment, la femelle excédée ne creusa plus en plein tuf, mais à fleur de terre : elle traça, ne faisant qu'écarter les racines des végétaux. Revenant à son trou, elle en était repoussée par le mâle; de là les embranchemens y, y, y, y qui partent du même point.

M. Henri Le Court a passé plusieurs nuits à contempler les mouvemens des taupes pendant leurs amours. C'est d'après son récit que s'expliquent les diverses sinuosités représentées dans la figure première de notre planche. Aucun autre terrain ne lui avait jusqu'alors encore offert une occasion aussi favorable pour l'observation.

LE LION.

Le lion a disparu d'une infinité de lieux qui furent autrefois sa patrie, et là où il subsiste encore, il est devenu extrêmement rare. Des auteurs anciens dignes de foi, Hérodote, Aristote, etc., rapportent que, de leur temps, les lions étaient très nombreux dans la Grèce où il n'en existe plus aujourd'hui un seul. L'Asie en était également peuplée, et à présent, ce n'est que dans quelques coins de cette vaste région qu'on en rencontre quelques-uns.

Il fallait que l'Afrique contînt aussi une prodigieuse quantité de ces animaux, du temps des Romains, puisque ces vainqueurs du monde en faisaient venir, par centaines, de cette province pour les combats du cirque. Lorsque Sylla le tyran n'était encore que préteur, il fit venir d'Afrique cent lions mâles qui parurent à la fois dans l'arène de Rome et combattirent les uns contre les autres. Pompée en montra 600 dont 515 mâles, et César 400; cette profusion se soutint jusqu'au règne de l'empereur Marc-Aurèle; alors les lions deviennent plus rares, et, bien que sous l'empereur Probus, au milieu du IIIᵉ siècle on donna au peuple un spectacle dans lequel combattirent cent lions et cent lionnes avec une infinité d'autres animaux, néanmoins la race des lions commençait à s'appauvrir tellement, grâce à cette destruction rapide, qu'on en défendit la chasse aux particuliers de crainte que le cirque n'en manquât.

Ce monopole cessa quand Honorius fut monté sur le trône, et l'anéantissement progressif de cette race d'animaux s'opéra dès-lors avec une nouvelle rapidité. L'usage des armes à feu a rendu leur chasse plus facile encore et il faut aujourd'hui s'enfoncer dans les déserts de l'Afrique pour être sûr d'en rencontrer.

Ce serait à tort que l'on s'imaginerait que la sécurité de l'homme et l'accroissement de sa race en Afrique soient intéressés à la destruction des lions. A l'époque où cette partie du monde nourrissait une telle multitude de lions sauvages, l'espèce humaine y était aussi nombreuse qu'en tout autre pays. Le fait est que pas plus en Afrique qu'en Asie et en Amérique, les animaux carnassiers de grande taille de l'espèce des lions n'attaquent l'homme que lorsqu'ils sont pressés par la faim, ou lorsqu'ils se croient en péril, et de plus, qu'ils ne font pas un carnage inutile de victimes et ne détruisent que juste ce qu'il faut pour vivre.

Quelque ennemi que le lion paraisse de la domesticité, nous avons cependant de nombreux exemples de sa soumission aux ordres de l'homme, et, sans invoquer le témoignage d'Elien qui parle de lions des Indes que l'on dressait à la chasse, nous pourrions citer des exemples de lions qui dans l'antiquité ont été attelés à des chars et ont traîné patiemment des rois et des généraux vainqueurs dans les solennités triomphales, mais sans remonter jusques à une époque aussi reculée, sans nous appuyer de témoignages historiques dont la certitude pourrait paraître plus ou moins suspecte à nos lecteurs, il nous suffira de rappeler ce que tout le monde a pu voir comme nous, à Paris et dans nombre d'autres villes de la province et des pays étrangers. Un homme s'est donné en spectacle au milieu même de nos théâtres, enfermé dans une vaste cage de fer avec des lions qu'il avait réduits à une complète obéissance : tantôt il simulait des luttes effroyables avec ces terribles animaux,

allumait leur colère, provoquait leurs affreux rugissemens, faisait hérisser leur crinière; puis, d'un seul geste, apaisait leur fureur, les faisait ramper à ses pieds; puis s'étendait tranquille sur le corps encore frémissant de ces terribles bêtes dont les sourds rugissemens témoignaient qu'elles étaient peu faites pour ce rôle d'obéissance passive. Par quels moyens Martin a-t-il su ass up par degrés le caractère de ces rois des animaux, c'est ce que nous pourrions tout au plus discuter dans les ouvrages de médecine.

Toutes les personnes qui voient pour la première fois des lions, des léopards, des tigres, des panthères, sont frappés de la ressemblance qui existe quant à la disposition générale du corps, à la démarche, à la manière de se coucher ou de bondir, entre ces animaux et le chat domestique; c'est qu'en effet ces animaux ne sont que des espèces de chats, et le naturaliste qui étudie leur organisation trouve chez eux comme chez le chat commun, des caractères identiques parmi lesquels nous citerons l'âpreté de langue, les ongles crochus et tranchans qui, par un mécanisme particulier, se relèvent naturellement vers le ciel, quand l'animal ne veut pas s'en servir; le museau court, les machelières tranchantes, leur nature féroce, leur appétit pour une proie vivante.

Ainsi le lion est un chat, mais de grande dimension et d'une force prodigieuse; comme celui qui habite nos demeures, il a, contrairement aux préjugés du vulgaire, plus de prudence, et nous dirons même de lâcheté que d'impétuosité et de courage; il attaque par surprise, attend en embuscade, que sa proie se présente inoffensive et sans défiance, et comme le chat il se glisse dans l'ombre, rampe avec adresse pour s'approcher de sa victime qu'il manque rarement; mais aussi, quand il manque son coup, il se retire souvent sans revenir à la charge; enfin, et ce sera le dernier trait par lequel nous achèverons ce rapprochement, la femelle du lion se cache pour mettre bas et change souvent la retraite de ses petits pour les préserver de la cruauté des mâles.

(Le Lion d'Afrique.)

Les Bureaux d'abonnement et de vente sont rue de Seine-Saint-Germain, 9.

Paris. — Imprimerie de H. Fournier, rue de Seine, n° 14.

LA FÊTE DES ROIS.

(Le roi boit, de Jordaens.)

Le dessin que nous mettons sous les yeux de nos lecteurs est une copie de l'un des tableaux du Musée du Louvre. Ce tableau est dû au pinceau de Jacques Jordaens, célèbre peintre de l'école flamande, qui naquit à Anvers en 1594, et suivit quelque temps les leçons de Rubens, dont il a imité parfois la manière, à tel point qu'on a souvent attribué à ce dernier une des plus belles compositions de Jordaens, représentant *Jésus-Christ au milieu des docteurs*. Les œuvres de Jordaens sont remarquables par une grande vigueur de coloris et une entente parfaite de ce que les hommes de l'art appellent le *clair-obscur*. Cet artiste travaillait avec une prodigieuse facilité ; et, s'il faut en croire les biographes, il acheva en six jours un tableau de grande dimension qui représente la nymphe Syrinx, transformée en roseau au moment où elle va être atteinte par le dieu Pan qui la poursuit.

Nos lecteurs auraient deviné sans doute au premier coup-d'œil le sujet du tableau, que reproduit notre dessin, alors même que le titre de cet article ne le leur eût pas indiqué. Nous n'imiterons pas certains auteurs qui ont cru nécessaire de désigner le rôle et le rang de chacun des personnages de cette scène ; quelle est la maîtresse de la maison, la domestique, le roi, etc. ? C'est ce que disent assez le caractère et l'attitude de chacune des figures.

Il n'est pas besoin de citer le fait religieux qu'est destinée à rappeler chez les chrétiens la fête des Rois ou des Mages. Nous dirons seulement que des savans, considérant la coïncidence presque exacte, quant à l'époque de l'année, de cette fête et des anciennes saturnales chez les Romains, et croyant retrouver dans la royauté improvisée de ce jour la domination momentanée des esclaves au milieu des fêtes de Saturne, ont dit que notre fête des Rois n'était qu'une continuation des saturnales, comme ils ont prétendu re-

trouver presque tous les détails des cérémonies païennes dans les faits de notre religion. Plusieurs auteurs chrétiens même, ont cru devoir s'élever contre le *paganisme* du *roi boit*, et contre la profanation de l'Epiphanie par ce mélange des souvenirs religieux et des débauches des Romains.

Pour comprendre la pieuse indignation de ces écrivains, il faut se rappeler que la fête des Rois a été long-temps célébrée dans les diverses contrées de l'Europe par des festins bien autrement somptueux que les modestes repas dans lesquels nous la commémorons aujourd'hui.

Il paraîtrait que, non-seulement dans les réunions d'écoliers et parmi le peuple, mais dans la bourgeoisie et même à la cour, c'étaient à cette époque des excès de table, que la faiblesse des estomacs d'aujourd'hui aurait peine à supporter, et que bien souvent la licence la plus complète présidait à ces nocturnes orgies. Chez le peuple, le roi choisissait un fou parmi les convives ; ce personnage était chargé d'entretenir par ses gestes et ses paroles la bruyante hilarité du festin ; tous les frais étaient payés par ce roi d'un moment, dût-on le dépouiller de son dernier sou pour subvenir à une dépense le plus souvent hors de proportion avec le modique avoir de cette classe de convives.

Alors, comme aujourd'hui, le roi désigné par le sort dans les familles aisées, devait, non, payer l'écot du repas, mais réunir, à ses frais, ses sujets dans quelque nouvelle partie de plaisir.

Avant la révolution de 1789, la fête des Rois vit souvent à la cour de France le prince se mêler à ses courtisans dans un joyeux repas. Mais après la restauration, c'était exclusivement en famille que l'on partageait aux Tuileries le gâteau d'où devait sortir l'éphémère royauté.

A une époque beaucoup plus reculée, les souverains d'Angleterre admettaient au repas des rois jusqu'aux simples ménestrels ; et nous voyons que ce fut à l'un d'eux qu'échut un jour, sous le règne d'Édouard III, la royauté de la fève.

Dans le midi de l'Angleterre, la désignation par le sort d'un roi et d'une reine était suivie de la distribution des emplois des *ministres, chambellans, écuyers, dames d'honneur*, dont s'entouraient les nouveaux princes. Les titres de ces dignités étaient tirés au sort parmi les billets placés dans deux bols ; destinés à chacun des deux sexes.

Il serait trop long d'énumérer toutes les particularités de ces fêtes, telles que les célébraient nos pères ; mais nous ne saurions passer sous silence une circonstance touchante de ces réunions de famille. Après avoir tiré d'abord et mis de côté, pour être données aux pauvres, la part de Dieu, et celle de la Vierge Marie, quelquefois aussi celles des Mages, on réservait de même les parts des membres absens de la famille ; ainsi nous avons vu plus d'une fois une mère tirer avec tristesse la part du conscrit absent, la conserver avec un soin religieux auquel se mêlait souvent une aveugle superstition ; car dans plus d'un village, les paysans examinent de temps à autre l'état de ce fragment de gâteau, et croient lire dans les altérations que lui fait subir le temps une indication de la position plus ou moins critique de leur fils éloigné de la maison paternelle.

L'IRLANDE (1er article).

L'Irlande est un pays uni ; une crête assez haute la divise du nord-est au sud-ouest, et donne naissance aux plus grandes rivières. Les côtes offrent des baies profondes et commodes, et, sont dans l'ouest, bordées de beaucoup de petites îles. Aucun pays ne renferme plus de ces grandes nappes d'eau, que les habitans nomment *lough*, dénomination appliquée quelquefois à l'estuaire d'une rivière ou à un bras de mer qui s'avance dans les terres.

Dans le courant du XVIIIe siècle, on trouva de l'or dans le mont Croghan (comté de Wicklow) ; l'exploitation de ce métal fut assez productive pendant quelque temps. Il y a des mines de plomb dont on extrait de l'argent ; on a aussi découvert du cuivre ; mais c'est surtout en fer que cette île est riche, quoique l'on n'en tire pas un grand parti. Les mines de houille ne suffisent pas à la consommation. Les eaux minérales sont assez nombreuses ; celles de *Farnham*, près du Lough-Earn, sont les plus fréquentées.

La température de l'Irlande est moins chaude et moins froide que celle de l'Angleterre ; mais le climat y est bien plus humide et l'on y voit moins de jours sereins. La neige et la glace ne couvrent pas long-temps la terre, et le bétail reste constamment dans ses pâturages. L'arbousier croit spontanément dans le sud de l'île, et sert de bois à brûler. Du reste, le pays est peu boisé ; mais l'aspect de ses vastes plaines et de ses collines, toujours tapissées d'une verdure fraîche, est très agréable. Il y a beaucoup de bruyères et de marais tourbeux nommés *bogs*. Quelques-uns ont une étendue immense et une profondeur considérable ; on les distingue en rouges, fort humides et peu susceptibles d'amélioration, et en noirs, plus compacts, dont on fait d'excellens pâturages en les desséchant, les brûlant et y mettant du gravier et de la chaux, qui est très abondante en Irlande. Les bogs ont rarement une surface unie ; presque toujours ils forment de petites collines.

Les comtés du nord et de l'est sont ceux où la culture du blé est la plus soignée ; ceux du sud offrent les plus gras pâturages ; ceux de l'ouest sont les moins fertiles.

On compte en Irlande 7,850,000 habitans. Le plus grand nombre est d'origine celtique ; ils parlent la même langue que les montagnards d'Écosse, et se donnent à eux-mêmes le nom de *Gaëloe*. Ces Irlandais ne parlent généralement que leur langue ; elle est mêlée de beaucoup de mots teutons, scandinaves et anglais, apportés par les colonies bretonnes, danoises et anglaises ; l'Irlande ayant été le dernier asile des Celtes dans l'ouest, c'est dans l'idiôme de ce pays qu'on doit trouver le plus de termes et de tours de phrases de leur langue. Dans les comtés de Kerry, de Limerick et de Cork, on reconnaît des physionomies espagnoles ; entre Wexford et Dublin, les descendans des Angles ont conservé l'anglo-saxon.

La religion anglicane est celle de l'État ; mais les cinq-sixièmes des Irlandais sont de la communion catholique romaine : ils ont des évêques et des archevêques ; la plupart des curés appartiennent au clergé régulier ; il y a des couvens d'hommes et de femmes. Le gouvernement britannique a établi à Maynooth, près de Dublin, un collége où les jeunes gens qui se destinent à l'état ecclésiastique font leurs études.

En prétentions à une antiquité reculée, les Irlandais ne le cèdent à aucune nation. Leurs historiens les plus modérés à cet égard, font faire la conquête de leur île, en 2756 avant Jésus-Christ, par des Phéniciens venus d'Espagne, qui fondèrent cette race de rois dont prétendent descendre toutes les anciennes maisons irlandaises. Ces petits rois qui n'était propre qu'à pousser les indigènes à la révolte, avant comme après la prédication du christianisme, dans le Ve siècle. Sur ces entrefaites, les Danois firent des descentes dans l'île : Henri II, roi d'Angleterre, profitant d'une querelle entre les rois du pays, y envoya des troupes, et, en 1172, y vint recevoir l'hommage du roi de Leinster et celui de tous les chefs du sud de l'île, et donna aux chefs de son armée les terres conquises ou non conquises. Ce fut là le commencement du système d'envahissement, de confiscation et d'oppression qui fit fondre pendant tant de siècles sur l'Irlande, comme sur une proie facile, tant d'aventuriers anglais, avides de carnage et de richesses. Ce système, qui n'était propre qu'à pousser les indigènes à la révolte, a, jusqu'à nos jours, rempli l'Irlande de troubles. Dans chaque siècle, les insurrections des Irlandais leur attiraient de nouvelles rigueurs de la part des Anglais ; ils avaient, à la vérité, un parlement ; mais d'après la *loi-Poyning*, rendue sous le vice-roi de ce nom, en 1495, toutes les lois anglaises devaient être en vigueur en Irlande, et nul bill ne pouvait être proposé au parlement d'Irlande, qu'il n'eût préalablement reçu la sanction du conseil du roi en Angleterre. Bientôt les dissensions religieuses accrurent les causes du désordre, et l'Irlande vit des scènes de carnage horribles ; la confiscation des propriétés signalait les intervalles de tranquillité. Une partie de l'île était plongée dans un état de barbarie, que la politique de l'Angleterre n'avait fait qu'accroître.

Jacques II, chassé du trône de l'Angleterre, trouva momentanément un asile en Irlande ; cette île fut pendant deux ans, jusqu'en 1691, livrée à tous les excès d'une soldatesque effrénée et de brigands plus redoutables encore. En 1704, un acte du parlement d'Angleterre soumit les catholiques irlandais à des conditions extrêmement dures ; elles furent aggravées quelque temps après par le parlement d'Irlande, qui rendit une loi que l'on peut regarder comme le chef-d'œuvre de l'intolérance religieuse ; elle ôta aux catholiques la faculté d'acquérir des propriétés foncières.

Cependant les Irlandais, qui, avec raison, se croyaient autant de droits à l'indépendance que les Anglais, ne cessaient pas de les réclamer ; des écrivains courageux entreprirent leur défense ; le célèbre Swift fut un de ceux qui se signalèrent dans cette lutte honorable ; long-temps toutes ces tentatives échouèrent, et les auteurs furent poursuivis par le gouvernement. Enfin les cris de l'Irlande se firent écouter. Son parlement, qui était prorogé de deux ans en deux ans pendant la durée d'un règne, devint octennaire en 1768.

Le commerce était soumis par l'Angleterre aux lois les plus tyranniques ; l'Irlande ne pouvait exporter que dans cette île ses laines écrues ou manufacturées ; l'exportation de la verrerie, l'importation du houblon étranger, la culture du tabac étaient également prohibées. A l'exception du rhum, l'Irlande ne pouvait rien tirer des colonies britanniques; elle ne pouvait y expédier que des salaisons et des toiles; ainsi, presque tout le commerce se faisait par l'intermédiaire de l'Angleterre.

En 1778, l'Irlande demanda hautement la liberté du commerce; la fermentation toujours croissante alarma le gouvernement, l'Irlande obtint la révocation des lois qui lui étaient les plus onéreuses; enfin, en 1782, il fut décidé que le peuple d'Irlande ne pouvait être lié que par les actes de son parlement. Les Irlandais voulaient que le droit d'élection fût rendu aux catholiques; leurs vœux ne furent pas exaucés d'abord; mais en 1793, les catholiques furent admis à jouir des mêmes droits que les protestans, sauf celui de siéger au parlement et d'occuper les emplois les plus considérables. Les protestans s'inquiétèrent, et, sous le nom d'orangistes, formèrent des associations. Les catholiques-unis conçurent le projet de séparer l'Irlande de l'Angleterre; ils s'armèrent et s'organisèrent militairement; le parti opposé fit de même; bientôt on vit des voies de fait, des violences, des dévastations, des massacres dans toute l'île; enfin une révolte éclata en 1798 : il en coûta beaucoup de sang pour l'apaiser.

Les dangers que le gouvernement avait courus dans cette occasion, lui firent adopter le projet d'unir les deux royaumes en un. Ce plan, d'abord rejeté, fut ensuite approuvé par le parlement d'Irlande en 1800, et en 1801 il fut exécuté. L'Irlande envoya des pairs et des députés à la Chambre des pairs et à celle des communes, mais aucun catholique ne put aller prendre place parmi eux. Enfin, grâce aux démonstrations énergiques des Irlandais, guidés par le fameux O'Connell, cette absurde exclusion a disparu depuis quelques années.

Cependant les germes de mécontentement n'ont pas été étouffés; les catholiques sont encore pressurés par les protestans; plusieurs fois des troubles se sont manifestés sur différens points de l'île, et la haine des partis n'a rien perdu de son ardeur.

Malgré sa fertilité, l'Irlande est un des pays du monde où la misère est la plus générale. Les habitans de la campagne sont couverts de haillons; ils vivent dans des huttes bâties avec de la boue mêlée de paille, et couvertes de mottes de gazon ou de chaume; souvent il n'y a aucune séparation dans l'intérieur, et pas d'autre ouverture que la porte, même pour laisser échapper la fumée. Un champ cultivé en pommes de terre fournit, avec du sel et du lait, à la nourriture de la famille. Les plus opulens ont une vache ou un cochon. Lorsque la récolte des pommes de terre vient à manquer, la détresse force ces malheureux à vendre ces animaux, et la famine se fait sentir, avec toutes ses horreurs, à des gens qui n'ont pas la plus petite pièce de monnaie pour aller au marché voisin acheter ce qui leur manque.

La cause de cette misère dérive du mode de location des terres. Le propriétaire les donne à bail à des *middlemen*, qui les subdivisent à l'infini et les sous-louent, ordinairement pour un an et sans bail, à une multitude de malheureux, dont ils sont les tyrans. Quelques propriétaires commencent à secouer le joug de ces middlemen; ils s'en trouvent bien, et les paysans mieux encore. Les collecteurs de dîmes sont encore de vrais fléaux pour les paysans irlandais.

L'industrie du pays se déploie principalement dans la fabrique des toiles; elles forment, avec le bétail, les salaisons, le beurre, le fromage, le suif, les cornes, les peaux et le grain, la base des exportations. La pêche du hareng le long des côtes, celle de la morue à Terre-Neuve, et celle du saumon dans les grandes rivières, sont importantes. Le commerce a pris beaucoup d'extension; et les villes maritimes un accroissement prodigieux.

La différence des conditions influe plus qu'ailleurs, dans cette île, sur les qualités physiques; mais, en général, l'Irlandais est robuste et bien fait; sa force répond à son courage. Les femmes sont belles, plus vives et aussi modestes

que les Anglaises. Dans le nord, les paysans, surtout les protestans, sont actifs, industrieux et graves; dans le reste du royaume, la population, composée principalement de catholiques, extrêmement paresseux, sans besoins, comme sans industrie, croupit dans l'ignorance et la misère, et ne sort de son apathie que pour boire et jouer avec excès. Les Irlandais ont les vices des hommes abrutis par l'oppression : ils sont fourbes, menteurs, voleurs et ivrognes; implacables dans leurs vengeances, la fidélité à leurs complices en fait des ennemis redoutables. Les prêtres, auxquels ils sont entièrement dévoués, ont, il est vrai, adouci leurs mœurs depuis quelques années. Ils sont d'ailleurs; comme tous leurs compatriotes, braves, hardis, hospitaliers, obligeans, vifs, enclins à la vanité et à la forfanterie, aimant la danse et toute espèce de dissipation.

Quant aux gens de la classe moyenne, les Anglais les représentent, au théâtre et dans les romans, comme des aventuriers tour à tour querelleurs ou flatteurs, enfin comme très dangereux dans la société. Il est vrai que les rapts sont communs en Irlande, et que plusieurs Irlandais sans fortune cherchent en Angleterre à séduire et à enlever de riches héritières, et quelquefois y réussissent.

Déjà sous le règne de Richard II, on se plaignait en Irlande du trop grand nombre de riches propriétaires qui dépensaient leur revenu en Angleterre. Ce grave inconvénient n'a guère diminué.

L'Irlande est un des pays de l'Europe où il y a le moins d'instruction; les quatre cinquièmes de la population, privés des moyens d'en acquérir, en sont totalement dépourvus. Cependant il y a une université à Dublin; et plusieurs Irlandais cultivent avec succès les sciences et les lettres.

Des pierres plates, posées debout autour d'un espace demi-circulaire, d'autres pierres immenses placées de champ, et qu'on regarde comme des tombeaux, enfin des tertres considérables composent les antiquités de l'île. On y remarque aussi, le long des côtes, de hautes tours rondes, ordinairement voisines de ruines d'églises, ayant une porte à une quinzaine de pieds de terre sans traces d'escaliers en dehors, ni en dedans, quoiqu'il y ait des fenêtres. Les antiquaires ne sont pas d'accord sur l'usage auquel ces édifices étaient destinés.

L'OLIVIER D'EUROPE.

L'olivier d'Europe, ou l'olivier commun, n'offre rien de remarquable par son feuillage. Il est toujours vert, mais d'un vert tellement triste, qu'il ne mériterait pas d'être cultivé si son fruit et l'huile qu'on en extrait n'étaient l'objet d'un commerce important.

L'olivier se trouve non-seulement en Europe, mais sur les côtes septentrionales de l'Afrique, en Amérique, dans l'Asie mineure, dans plusieurs régions voisines de celle-ci, et en général dans presque tous les pays qui jouissent d'un climat tempéré.

On attribue à la colonie des Phocéens, qui fonda Marseille, l'importation de l'olivier, et sa culture dans les Gaules.

La plus faible racine d'olivier peut reproduire l'arbre. On en trouve qui datent, dit-on, de plusieurs milliers d'années; tel est l'olivier qui croît au milieu d'Athènes, et qui a été planté à l'époque de la fondation de cette ville par les anciens Grecs.

Il existe un grand nombre d'espèces différentes, par le port, les dimensions des feuilles, le volume du fruit, etc.

Aux environs d'Aix, de Marseille, les oliviers ne s'élèvent qu'à une faible hauteur; mais en Italie, en Espagne, et presque dans tous les pays plus chauds que la Provence, ils atteignent de grandes dimensions. Parmi les sortes d'oliviers cultivés dans la partie la plus chaude de l'Italie, il en est qui rapportent des fruits quatre ou cinq fois par an, suivant le degré de la température. Quelques auteurs ont même prétendu qu'il existait des oliviers qui donnaient

une récolte par mois. Cette erreur deviendra moins étonnante quand on saura qu'en certains lieux de l'Italie , les
cultivateurs eux-mêmes donnent à cette espèce d'olives
le nom d'olives de tous les mois. Il est peu probable que
la température ait jamais été assez chaude et la terre assez
féconde pour justifier cette dénomination.

La plupart de nos lecteurs, ceux-là même qui n'ont
jamais visité le Midi, savent sans doute que ces olives
d'un goût si agréable, si appétissant, quand elles ont été,
par une préparation convenable , amenées à l'état où nous
les voyons sur nos tables, sont, au contraire, d'une amertume affreuse quand on les goûte après les avoir cueillies.
Mais ce qu'un grand nombre d'entr'eux ignore probablement , c'est qu'il existe des espèces d'oliviers dont les fruits
sont, non-seulement exempts de cette amertume, mais très
agréables à manger sur l'arbre même. Cette qualité par-

(L'Olivier d'Europe.)

ticulière et l'avidité avec laquelle les oiseaux s'en emparent,
font qu'en Italie on n'emploie pas ces olives douces à la fabrication de l'huile.

Il en est de l'olivier comme du noyer et de la vigne ; il
veut un terrain sec, sablonneux , poudreux , rocailleux ou
volcanique. Planté dans un fonds d'argile , au milieu de
l'humidité, il dégénère : ses fruits ne donnent plus qu'une
huile de basse qualité.

Il faut à l'olivier trente ou quarante ans pour acquérir
le maximum de son accroissement, et il suffit d'un hiver un
peu rude, d'un abaissement de six degrés au-dessous de
la glace, pour faire périr cet arbre délicat. Aussi les lieux
élevés ne sauraient-ils lui convenir.

A mesure que les olives mûrissent, elles passent généralement par les nuances suivantes : vert, citron, rouge
pourpre , rouge vineux , rouge foncé ou noir. Une fois arrivées à ce dernier point, elles sont mûres, pleines de suc,
cèdent sous le doigt, et doivent être cueillies. Plus tard, elles
se rideraient et perdraient de leur qualité.

La récolte se fait, ou à la gaule, ou mieux encore , à la
main comme pour les cerises ; le jour on les laisse étendues
sur un drap ; le soir, portées à la maison, et mises sur le

plancher par lits minces, bien séparés par des feuilles, elles
restent ainsi jusqu'à ce qu'elles commencent à se rider, afin
que la meule les réduise plus facilement en pâte.

L'huile s'extrait des olives , soit à froid, soit à chaud, au
moyen de pressoirs , et par des procédés analogues à ceux
qu'on emploie pour toutes les autres espèces d'huiles. Il
nous suffira de rappeler ici que les huiles obtenues à froid
sont beaucoup plus belles et de bien meilleur goût.

Les olives destinées à être mangées ont besoin , avons-
nous dit, à l'exception de quelques espèces, d'une préparation qui améliore leur goût et permette de les conserver.
La plus simple consiste à les faire macérer dans l'eau salée,
puis à les laisser quelque tems dans une eau aromatisée par
du fenouil , du coriandre et du bois de rose.

Un autre procédé consiste à soumettre, pendant quelque
temps, les olives à l'action d'une lessive de cendres dont la
force a été augmentée par l'addition d'un peu de chaux
vive. Cette lessive n'est employée que lorsqu'elle est bien
claire, et après avoir été séparée du dépôt qu'elle a abandonné. Quand l'action de cette lessive a amolli l'olive, au
point que le noyau n'adhère plus au fruit , on remplace le
premier bain par un bain d'eau pure qu'on renouvelle
chaque jour , puis enfin par un nouveau bain d'eau salée
et aromatisée comme dans le premier procédé. Parfois on
ajoute un peu de vinaigre.

La famille Picholini s'était rendue célèbre par une préparation particulière des olives qui en ont reçu le nom de
Picholines. Cette préparation consiste à substituer au
noyau qu'on retire de ce fruit découpé en une bande spirale , après un dépôt de quelque temps dans la saumure ,
un morceau d'anchois et une câpre ; ces olives, mises ensuite dans de l'huile fine, se conservent indéfiniment.

SUISSE. — CANTON DE SCHWITZ.

*Éboulement d'une partie du mont Spizbühl. — Destruction des
villages de Goldau, Lowerz, Rothen et Busingen.*

Dans le canton de Schwitz, berceau de la liberté helvétique, où trois citoyens pauvres, sans crédit, Walter Furst,
Arnold Melchthal et Werner Stauffacher, levèrent l'é-
tendard de l'insurrection contre les Allemands, leurs
oppresseurs ; le voyageur rencontre un triste spectacle qui
contraste péniblement avec les paysages animés du reste
de la Suisse. La route qui conduit du pied du mont Righi
au bord du lac de Lowerz , passe à travers des débris de rochers confusément entassés, monumens d'une des plus
cruelles catastrophes, dont les annales de ce pays puissent
garder le souvenir. Le 2 septembre 1806 , à cinq heures
du soir , une partie de la montagne qui fait face au Righi
et qu'on nomme le Spizbühl, s'écroula avec un fracas horrible, et, en peu de minutes , toute une lieue carrée de
terrain fut ensevelie sous cet amas de décombres. On avait
remarqué que des pluies continuelles avaient pénétré et
imbibé le sol quelque temps avant cette catastrophe. D'é-
normes rochers, fragmens du Spizbühl, après avoir traversé en bondissant le fond de la vallée , avaient conservé
assez de force pour gravir jusqu'à une certaine hauteur
la montagne opposée ; et même quelques-uns d'entre eux
y restèrent comme suspendus.

Quatre villages , Goldau, Lowerz , Rothen et Busingen,
une vaste étendue de champs cultivés et de vastes prairies,
tout disparut en un moment sous cette avalanche de pierres,
dont les débris couvrent aujourd'hui la vallée entière. De
six cents habitans, qui séjivaient en paix aux cours de
leurs travaux, quatre cents, surpris par une mort affreuse,
ne purent même faire un pas pour l'éviter. Des voyageurs
que la curiosité amenait au Righi, atteints par l'éboulement
à l'entrée du pont de Goldau, partagèrent le sort de ces
infortunés habitans. Il n'échappa que ceux qui, occupés
alors à faire paître leurs troupeaux , purent voir, du haut
des monts voisins, le toit qui renfermait leur famille

s'abîmer avec d'horribles craquemens sous ce déluge de pierres.

On m'a montré à Lucerne, écrivait un voyageur, une femme, qui fut miraculeusement sauvée de cet effroyable désastre. Renversée d'abord sous les débris de sa maison, mais plus étourdie que blessée par cette chute soudaine, elle se crut au moment terrible de la fin du monde, si souvent annoncée à la pieuse crédulité des gens de la cam-

(Emplacement de l'ancien village de Goldau, enseveli sous les rochers du Spizbühl.)

pagne; et doutant presque de son existence, sans voix et sans mouvement, elle attendait que le son de la trompette divine vînt soulever la tombe qui la couvrait. Tirée bientôt de son erreur par le son des cloches du voisinage, elle se ranima, et poussa des cris qui furent heureusement entendus. On parvint enfin à la retirer vivante de dessous les décombres, mais elle laissa sous un quartier de roche, un de ses bras, pour mendier avec celui qui lui reste.

C'est au milieu même de ces décombres que s'est réfugié le reste de la population de la vallée. Ils ont relevé leurs fragiles habitations, en les appuyant contre ces rochers à peine assis, dont la chute n'a pas cessé de les menacer, et une Eglise a été construite au pied de la montagne : ainsi, l'habitant du Vésuve laisse à peine le temps de se refroidir à la lave qui a détruit son toit et sa moisson.

Au bout de la vallée est le lac Lowerz, dont une partie fut comblée par l'éboulement de la montagne. Quand on a traversé ce lac, un tableau des plus frais et des plus séduisans vient consoler l'ame du voyageur attristé par le désolant spectacle qu'il a eu sous les yeux. C'est la vue des environs du bourg de Schwitz, aux verts pâturages ombragés d'arbres à fruits, et animés par une foule d'habitations pittoresques.

—

ASPHYXIE.

On entend par asphyxie la suspension des phénomènes de la respiration, et, par suite, du mouvement et de la connaissance, en un mot, une véritable mort apparente. La fréquence des accidens qui amènent l'asphyxie, la nécessité de prompts secours, l'efficacité de ces secours et la possibilité où se trouve tout être intelligent de les appliquer, en rendent la connaissance extrèmement utile : C'est là véritablement le cas de populariser la médecine sans craindre les méprises ou les erreurs fâcheuses.

On a distingué un grand nombre d'asphyxies ; mais quelques-unes de ces distinctions étant purement scientifiques, nous les passerons sous silence pour ne parler que de celles qui se présentent sans cesse à notre observation.

Une première classe comprend les asphyxies occasionées par : 1° un froid intense ; 2° une chaleur très forte ; 3° l'action de la foudre.

Dans l'asphyxie par le froid, qui commence par un engourdissement général, une forte propension au sommeil, suivis bientôt de la perte de la connaissance et de tous les symptômes extérieurs de la mort, la première chose qu'il faut observer, c'est de ne réchauffer que peu à peu et avec une extrême lenteur : Le passage subit d'une température basse à une température élevée serait inévitablement mortel. Il faut dépouiller l'asphyxié de ses vêtemens, lui frotter le corps avec de la neige, plus tard avec des linges trempés dans l'eau froide, puis avec de l'eau dégourdie, en dirigeant les mouvemens du creux de l'estomac vers les extrémités ; lorsque les membres perdent leur rigidité, on met le malade dans un lit non bassiné ; on continue les frictions à sec, ce n'est qu'à la fin qu'on fait respirer des odeurs irritantes, et que l'on administre quelques cuillerées d'eau et d'eau-de-vie, ou d'autres liqueurs excitantes et aromatiques ; ces soins doivent durer, s'il le faut, deux ou trois heures : La patience et le courage sont les principales vertus de ceux qui se dévouent en pareil cas pour leurs semblables.

Dans l'asphyxie par une chaleur trop forte, comme cela a lieu pour les ouvriers qui pénètrent et restent trop longtemps dans des étuves, pour ceux qui entrent dans des fosses ou dans l'intérieur d'une chaudière à vapeur, pour les réparer, la première chose à faire est de les étendre sur terre, de leur jeter en abondance de l'eau froide sur le ventre et sur la poitrine, de leur appliquer sur la tête et le front des linges trempés dans l'eau froide vinaigrée, de leur introduire une plume dans les narines, et de leur souffler dans cette même partie soit du vinaigre, soit de l'eau-de-vie, et de leur faire des frictions; mais il faut se rappeler que cette asphyxie est plus grave que la première; qu'elle est presque toujours mortelle; il faut donc apporter tous ses soins à la prévenir, ce qui heureusement est facile.

La rareté de l'asphyxie par l'action de la foudre, et l'inutilité des secours dans cette espèce, nous engage à n'en rien dire, et à passer à une autre classe plus importante.

On peut faire une seconde classe des asphyxies occasionées : 1° par la suffocation; 2° par submersion; 3° par strangulation.

L'asphyxie par suffocation est toujours occasionée par des corps étrangers fixés ou développés dans les voies aériennes ou dans leur voisinage; les accidens qui en résultent ne pouvant être conjurés que par les secours chirurgicaux, et par des opérations graves et délicates, nous ne devons pas nous en occuper ici.

On pourrait rapporter à cette asphyxie celle qui serait occasionée par l'aspiration de poussières absorbantes qui, pénètrant dans les poumons et les voies aériennes, s'y fixeraient, et les obstrueraient au point d'amener la perte de la connaissance et de la mort; mais nous doutons que cette asphyxie ait jamais été observée. Les poussières qui pénètrent dans les poumons irritent les organes, excitent la toux, et sont expulsées avec l'expectoration qu'elles sollicitent; leur action est lente, et l'individu a toujours le temps de s'y soustraire; au reste, on a singulièrement exagéré l'influence fâcheuse de toutes les poussières que nos ouvriers respirent dans un grand nombre de professions. Celui qui ferait à ce sujet des recherches dans les ateliers même, rendrait un grand service aux ouvriers et à ceux qui les occupent.

L'asphyxie par submersion est la plus commune de toutes, et sa fréquence dans un pays y est toujours en raison du développement de l'industrie.

Lorsqu'un noyé est retiré de l'eau, il faut se garder de le suspendre par les pieds, sous prétexte de lui faire rendre l'eau qui serait dans la poitrine, car il ne s'y en introduit pas. Il faut également éviter les fortes secousses. Si on est loin des habitations, si on se trouve dans un bateau ou sur un rivage, c'est sur ce bateau ou sur ce rivage, qu'il faut donner les premiers secours. Ils consistent alors à couper les vêtemens humides que porte le noyé et à le couvrir de ceux que l'on a sur soi ou dont on peut disposer; à le mettre sur un plan faiblement incliné en avant, à reporter sa tête légèrement en arrière pour que le cou reste libre, et que le menton ne porte pas sur la poitrine; on lui souffle alors au visage. Avec une paille, un lambeau d'habit, ou tout autre corps léger, on titille l'intérieur des narines; on agite l'air au-devant du visage à l'aide d'un chapeau; on cherche à lui ouvrir la bouche et à en titiller la partie postérieure avec une plume, ou, si l'on n'en a pas, avec une paille, l'extrémité flexible d'un branchage ou simplement le doigt introduit aussi profondément que possible dans l'arrière-gorge; ce moyen a pour but de déterminer le vomissement et par suite les mouvemens de la respiration. On lui fait des frictions sur la poitrine, vers la région du cœur et sur les extrémités, avec la main nue ou garnie d'un lainage; s'il fait chaud et si le corps n'est pas trop refroidi, on peut projeter avec succès sur le ventre de l'eau froide, pour opérer un saisissement et provoquer une aspiration; on peut enfin introduire de l'air dans la poitrine à l'aide de la bouche appliquée sur celle du noyé, dont on pince le nez à chaque effort d'insufflation.

Si l'on est à portée d'une maison et de toutes les ressources que l'on peut désirer en pareille circonstance, aux moyens indiqués ci-dessus on joint les suivans :

On met le noyé dans un lit, on le frictionne avec des linges chauds, on l'entoure de briques chaudes, ou de tout autre corps échauffé, on place sous son nez de l'ammoniaque,

du vinaigre, ou on y passe légèrement une allumette soufrée; on peut, enfin, lui administrer un quart de lavement avec de l'eau fortement salée ou fortement vinaigrée.

L'important dans l'administration de tous ces soins est de ne pas se rebuter; il faut les continuer pendant deux ou trois heures, et pendant qu'on les donne, appeler les secours d'un homme de l'art, qui pourra recourir à des moyens plus énergiques.

L'asphyxie par strangulation n'a lieu que dans les cas de suicide ou d'assassinat : comme la mort n'est pas toujours la suite inévitable de la suspension, et qu'on a vu souvent des individus revenir après une heure au moins de suspension, il faut toujours chercher à les rappeler à la vie par les moyens que nous venons d'indiquer pour la submersion; mais ici il n'est pas nécessaire de réchauffer le corps, à moins qu'il n'ait été exposé en plein air pendant la saison rigoureuse.

Une troisième classe d'asphyxies comprend celles qui sont occasionées par des gaz délétères, tels que celui qui se dégage des cuves où fermentent les raisins, ceux que produisent les matières animales en putréfaction, etc.

Dans tous les cas, la première chose à faire est de fuir l'atelier ou de briser les vitres et les clôtures. Nous avons vu des gens ne devoir leur salut qu'à leur hardiesse et à la terreur dont ils étaient saisis, et qui les portaient à sauter par les fenêtres.

Si l'asphyxie a eu lieu, s'il faut aller ramasser un malheureux au milieu des émanations qui l'ont terrassé, on peut se servir de masques et de moyens mécaniques divers dont nous parlerons plus tard avec l'étendue qu'ils méritent.

Quant aux secours à donner pour rappeler à la vie, ils sont à peu près les mêmes dans toutes les circonstances.

On exposera l'individu au grand air, sans trop craindre le froid; on le déshabillera et on le couchera sur le dos, la tête et la poitrine disposés comme dans l'asphyxie par submersion; on lui administrera du vinaigre affaibli avec trois parties d'eau, ou de l'eau contenant du jus de citron; on aspergera le corps, et principalement la poitrine avec de l'eau froide vinaigrée; on frottera tout le corps avec des linges trempés dans la même liqueur, dans de l'eau-de-vie camphrée, de l'eau de cologne ou tout autre liquide spiritueux; au bout de trois ou quatre minutes, on essuiera les parties mouillées avec des serviettes chaudes, et, deux ou trois minutes après, on recommencera les aspersions avec l'eau vinaigrée froide.

On chatouillera et irritera la plante des pieds et les autres parties irritables du corps; on chatouillera de la même manière avec une plume l'entrée des narines; on passera sous le nez un flacon d'ammoniaque, particulièrement si l'asphyxie a eu lieu par le moyen du chlore, ou un flacon de chlore, si l'asphyxie est due à l'ammoniaque; un excellent moyen est de lancer dans le nez, dans la bouche, de l'eau-de-vie ou du vinaigre, ou toute autre liqueur excitante.

Enfin, on insufflera de l'air dans les poumons, ainsi que nous l'avons dit en parlant de l'asphyxie par submersion.

Tous les secours doivent-être administrés avec promptitude et continués pendant long-temps, lors même que l'individu paraît mort. On a été quelquefois obligé d'attendre cinq ou six heures, avant de tirer les malades de l'état de mort apparente dans lequel ils étaient plongés; il faut surtout insister sur l'insufflation de l'air dans les poumons; mais, dans le cas d'asphyxie par le gaz hydrogène sulfuré, il faut prendre garde, en pratiquant cette insufflation, d'être soi-même asphyxié par le gaz délétère sorti des poumons.

L'asphyxié rendu à la vie sera couché dans un lit chaud, les fenêtres de l'appartement ouvertes, en écartant de lui toutes les personnes inutiles; alors on lui fera prendre, avec avantage, quelques cuillerées d'un vin chaud sucré, ou de vins généreux, tels que ceux de Malaga, Alicante, Rota, etc.

Les autres moyens étant du ressort de la médecine, nous n'en parlerons pas ici. Mais nous dirons à tous ceux qui liront cet article, qu'en pratiquant, en cas de besoin, tous les préceptes qu'il contient, ils se rendront aussi utiles que les plus habiles et les plus savans praticiens; le succès dépend de la promptitude des secours; retardez-les pendant dix minutes pour les faire administrer par un médecin, et l'asphyxié sera mort.

(*Extrait du nouveau dictionnaire d'Industrie.*)

EPHÉMÉRIDES.

1er *février* 1793. — En apprenant l'exécution du roi Louis XVI le roi d'Angleterre avait ordonné à M. de Chauvelin, ambassadeur français, de quitter l'Angleterre dans huit jours. A cette nouvelle, la Convention nationale déclare la guerre à l'Angleterre.

— 1828. Le prince Alexandre Ypsilanti meurt à Vienne, peu de temps après sa sortie des prisons où l'avait jeté le cabinet autrichien après sa défaite en Valachie (voy. pag. 131).

2 *février* 1819. — La France décerne au duc de Richelieu un majorat de cinquante mille francs de revenu, comme récompense des services qu'il avait rendus au pays dans ses négociations avec les puissances étrangères.

3 *février* 1814. — Les Cortès espagnols protestent contre le traité signé à Valençay, et par lequel Napoléon replaçait Ferdinand VII sur le trône de l'Espagne, sous la condition qu'il expulserait les Anglais et rendrait aux partisans de Joseph II, frère de l'empereur, leurs emplois et leurs honneurs.

12 *février* 1744. — Le parlement anglais fait fermer les théâtres en Angleterre.

13 *février* 1790. — L'assemblée nationale supprime les vœux monastiques et abolit les ordres religieux en France. — 1820. Le duc de Berri est assassiné au moment où il sort de l'Opéra.

15 *février* 1788. — Louis XVI abolit la question en France.

23 *février* 1766. — Réunion de la Lorraine à la France après la mort de Stanislas. — 1796 Bonaparte est nommé général en chef de l'armée d'Italie.

25 *février* 1804. — Établissement des droits réunis en France.

LÉONARD DE VINCI.

Comme Michel-Ange, Rubens et plusieurs autres grands peintres, Léonard de Vinci parcourut avec éclat des carrières diverses. Il fut peintre, sculpteur, musicien, architecte, ingénieur militaire, ingénieur des ponts et chaussées, mécanicien, mathématicien, anatomiste, littérateur, physicien et chimiste. L'éducation brillante que lui avait donnée son père, riche notaire, et de famille noble, qui habitait près de Florence, avait développé les dispositions extraordinaires du jeune Léonard. Doué en outre d'une rare beauté et d'une force corporelle dont on a peu d'exemples, il se livra avec passion à l'escrime, à l'équitation et à la danse, et devint, pour parler le langage d'une autre époque, un cavalier accompli.

Il s'était à peine exercé au maniement du pinceau sous la direction d'André Verocchio, peintre de Florence, que celui-ci le jugea capable de peindre une figure accessoire d'ange dans un grand tableau de ce maître; cette figure éclipsa si complètement tout le reste de la composition, que Verocchio confus renonça pour toujours à la peinture.

En 1489, Léonard de Vinci se rendit à Milan auprès du duc Ludovic Sforza. Il était alors âgé de trente-sept ans; là il fut mis à la tête de l'Académie de peinture et de sculpture que ce prince venait de fonder, et justifia cet honneur par une foule de travaux remarquables. Il fit le modèle d'un immense monument que l'on voulait élever à la mémoire de son père; il joignit le canal de Martesana à celui du Tesin, travail qu'on croyait inexécutable; à l'occasion des

noces de Jean Galeaz, entre autres inventions curieuses, il construisit une machine de théâtre qui fit l'admiration de toute la cour; c'était un ciel brillant d'étoiles, où les planètes, sous la forme des dieux de la Fable, venaient, en suivant chacune leur orbite, chanter l'une après l'autre les louanges de la jeune mariée. Mais aucune des œuvres d'art qu'il produisit à cette époque ne peut être comparée au magnifique tableau de la *Cène* de Jésus-Christ qu'il composa, sur l'ordre du duc, pour le réfectoire des *Dominicains*. On raconte que la sage lenteur avec laquelle il remplissait son cadre et retouchait ses figures, ayant impatienté le prieur du couvent, celui-ci porta plainte au duc qui gronda sévèrement Léonard; mais l'artiste pour se venger de son dénonciateur peignit sous ses traits le traître Judas, et l'exposa ainsi à la risée du public. On dit aussi qu'après avoir épuisé toutes les ressources de son art pour peindre les figures de tous les apôtres, il ne trouva rien d'assez beau, d'assez divin, pour représenter le fils de Marie, et laissa son tableau inachevé. La tête de Jésus-Christ aurait été, suivant les auteurs, finie par une autre main, après la mort de Léonard de Vinci.

Quand notre roi Louis XII se fut emparé du Milanais, notre artiste fut traité par ce prince avec de grands égards. Il lui avait ménagé une surprise d'un genre tout particulier. Le roi était à peine entré dans la grande salle du palais, qu'il vit s'avancer vers lui un lion de grandeur plus que naturelle qui, après avoir fait quelques pas, se dressa sur ses pattes de derrière et ouvrit une large poitrine d'où sortit, en se déployant, un écusson aux armes de France. Ce lion automate avait été construit par Léonard, et fut examiné avec une grande attention par Louis XII, qui ne revenait pas de son étonnement.

Forcé, à plusieurs reprises, par les chances de la guerre, de quitter Milan, Léonard alla chercher à Florence la paix et le calme dont il avait besoin pour ses travaux, et fut avec Michel-Ange chargé par le sénat de peindre la salle du conseil. Une lutte s'établit entre ces deux grands maîtres; Léonard de Vinci composa une bataille où l'on admirait particulièrement un groupe d'hommes à pied et à cheval, qui, dans les attitudes les plus hardies, se disputaient la possession d'un drapeau déchiré; ce tableau, qui passait pour un des premiers chefs-d'œuvre de l'art, paraît avoir été détruit dans les guerres dont la Lombardie fut si long-temps le théâtre; mais copie avait été faite du groupe que nous avons cité, et la gravure que nous mettons sous les yeux de nos lecteurs peut leur donner une idée de cette savante composition.

Quand Léonard de Vinci luttait avec tant de talent contre Michel-Ange, il était déjà presque sexagénaire, et ce dernier avait à peine trente ans; mais Léonard avait encore toute la verdeur du jeune âge, et il courut à Rome à la suite de Julien de Médicis, qui allait assister à l'exaltation du pape Léon X, son frère. S'il faut en croire certains biographes, ce voyage fut signalé par une nouvelle invention de notre artiste, qui imagina des oiseaux à mécanique qui s'élevaient dans l'air.

Le pape Léon X commanda un tableau à Léonard, mais la lenteur de ce peintre l'impatienta. L'ayant un jour trouvé dans son atelier occupé à composer un nouveau vernis, il s'écria: « Cet homme ne finira jamais rien; il pense à la fin de son ouvrage avant de l'avoir commencé. » Léon X ignorait apparemment toute l'importance du problème que l'artiste cherchait à résoudre. Cette lenteur de Léonard était chez lui non un effet de sa paresse, mais une conséquence de la sévérité de son goût. Craignant de fatiguer la dame que représente le fameux tableau connu sous le nom de *Joconde*, tableau que François Ier lui paya 42,000 fr., il tenait toujours près d'elle des chanteurs, des joueurs d'instrumens, ou quelque personnage d'humeur facétieuse.

Léonard portait toujours sur lui des tablettes sur lesquelles il *croquait* les têtes bizarres et toutes les singularités qui s'offraient à sa vue. Ayant un jour à composer un tableau représentant une réunion de joyeux campagnards, il invita à dîner plusieurs convives amis du plaisir, les mit en joie par des contes facétieux, et trouva, à leur insçu, dans leurs figures si diversement caricaturées par le rire les modèles dont il avait besoin. Un motif semblable lui faisait suivre-les condamnés à mort jusqu'au lieu du supplice; il cherchait à saisir dans leurs traits les émotions de leur ame endurcie dans le crime ou livrée aux remords.

Le séjour de Rome ne pouvait avoir de charmes pour Léonard de Vinci. Le pape comblait de ses faveurs Michel-Ange, et lui ne trouvait dans ce prince qu'une froideur humiliante. Aussi abandonna-t-il cette capitale des arts pour courir l'Italie, et se rendit-il plus tard aux instances de François Ier, qui l'appelait en France. Ce voyage eut lieu en 1515. Le roi l'accueillit de la manière la plus honorable au château de Fontainebleau, et lui donna un logement à son château de Clou à Amboise. Ce fut là que Léonard mourut, quatre ans après, sans avoir rien produit qui ait mérité d'être cité. Ses forces physiques et son génie étaient presque anéantis; et il ne put qu'entamer un projet de canal qu'il s'était chargé d'ouvrir, et qui devait passer par Romorantin. On dit que François Ier vint le voir à ses derniers momens, et que le vieillard mourut dans ses bras en lui témoignant la profonde reconnaissance que lui inspiraient ses bontés. On ajoute que le roi, apercevant sur la figure de ses courtisans une expression de surprise et de dédain au moment où il entrait dans l'appartement du pauvre artiste, leur dit d'un ton sévère : « Messieurs, je fais des gentilshommes comme vous quand je le veux, et même de très grands seigneurs; à Dieu seul le pouvoir de faire un homme comme celui que nous allons perdre. » Quoi qu'il en soit de cette anecdote, contredite par bien des auteurs, la visite du prince a fourni à un peintre moderne, Menageot, le su,et d'un grand tableau d'histoire, qui obtint un beau succès à l'exposition de 1781, et fut copié en tapisserie à la manufacture royale des Gobelins. Léonard de Vinci fut enterré à Saint-Florentin d'Amboise. Suivant ses désirs, son corps demeura exposé pendant trois jours sur son lit de douleur.

Les bornes de cette notice nous empêchent de citer une foule de circonstances qui pourraient donner à nos lecteurs une idée plus exacte des talens de Léonard de Vinci et de la profondeur des études auxquelles il s'était livré. Pour arriver à une représentation fidèle de la nature animée; il avait plus long-temps et plus minutieusement que les médecins disséqué des corps humains et des chevaux, et les dessins qu'il a laissés sur ces études sont encore consultés avec fruit par les meilleurs peintres. Ses écrits, réunis en un corps d'ouvrage sous le titre de Traité de la Peinture, ont été fort utiles à Annibal Carrache et à Poussin, qui a dessiné toutes les figures que Léonard de Vinci n'avait fait qu'esquisser dans ses manuscrits. Ces manuscrits présentent une circonstance curieuse : ils sont écrits à rebours; à la manière des Turcs; aussi ne peut-on les lire facilement qu'à l'aide d'un miroir.

Les tableaux de Léonard sont assez rares. Les marchands ont souvent vendu, sous son nom, des portraits qui n'étaient que des copies. Le musée du Louvre possède quelques tableaux précieux de ce grand peintre, savoir : le portrait de Charles VIII; un autre portrait de femme, celui que nous avons cité, et qu'on appelle Portrait de la Joconde; un Saint-Jean-Baptiste; la Vierge sur les genoux de sainte Anne; une sainte famille, vulgairement appelée la Vierge-aux-Rochers; l'archange saint Michel, Jésus recevant la croix de jonc, que saint Jean lui présente. Le musée possède une belle copie de la fameuse Cène, de Milan, due à un des élèves de Léonard. Nous citerons aussi le portrait de la belle Féronière. Parmi les belles compositions de Léonard qui ont été perdues, on cite un Monstre sortant de sa grotte, d'un effet tellement affreux, qu'elle faisait reculer les spectateurs à la première vue.

Quand Bonaparte, alors général de l'armée d'Italie, visita, en 1796, le réfectoire des Dominicains, où est le tableau de la Cène, il ordonna que ce lieu ne serait jamais consacré à des logemens militaires. Peu de temps après le départ de nos troupes, on lit de cette salle une écurie et un grenier à foin; mais quand Eugène Beauharnais devint vice-roi d'Italie, il fit nettoyer et restaurer ce réfectoire, et disposer un pont près du tableau, pour que les visiteurs pussent examiner de plus près ce chef-d'œuvre du père de l'école florentine.

Terminons cette notice sur Léonard de Vinci par le jugement qu'en a porté Rubens : Il est arrivé à un tel degré de perfection, qu'il me paraît comme impossible d'en parler assez dignement, et encore plus de l'imiter.

(Groupe de combattans d'après Léonard de Vinci.)

Paris. — Imprimerie de H. Fournier, rue de Seine, n° 14.

LÉON X.

(Portrait de Léon X d'après le tableau au Vatican, par Raphaël.)

Parmi tous ces personnages qui jetèrent un si grand éclat dans le XVIᵉ siècle, François Iᵉʳ, roi de France, Henri VIII, roi d'Angleterre, Soliman Iᵉʳ, empereur de Turquie, etc., il en est un qui occupe la première place et a mérité de donner son nom à ce siècle brillant; c'est le pape Léon X. L'importance du rôle politique qu'il fut appelé à jouer et la grande scission religieuse que Luther opéra sous son pontificat, auraient suffi pour donner à son nom une grande célébrité; mais c'est surtout à l'influence qu'il a exercée sur la révolution qui s'est faite en Europe dans les arts et dans la littérature, que Léon X doit son illustration.

Il appartenait à cette célèbre famille des Médicis, la pre-

mière de Florence; son père était Laurent de Médicis, surnommé le Magnifique. C'est assez dire que son éducation répondit à l'opulence et à l'éclat de sa famille. On lui donna pour précepteurs les hommes les plus habiles, et il se montra digne de recevoir leurs leçons. Le jeune Jean de Médicis témoigna surtout un penchant particulier pour les écrits des anciens philosophes.

Le faste et les honneurs dont on environna ses jeunes années lui inspirèrent un goût de luxe et de dépense qu'il manifesta depuis dans tout le cours de sa vie.

Il n'avait que 13 ans quand, en 1488, le pape Innocent VIII le nomma cardinal. Quatre ans après, il reçut le premiers ordres avec une grande solennité, et il parut bientôt à Rome, où les graces de son esprit, l'aménité de ses manières et la variété de ses connaissances, lui concilièrent l'affection des grands et l'estime des gens de lettres.

Contraint à s'éloigner de Florence sous le pontificat d'Alexandre VI, par les troubles qui agitèrent Florence et les malheurs qui accablèrent sa famille, naguère si puissante, le cardinal Jean de Médicis voyagea en Allemagne, en France, en Flandre, et partout il se fit des admirateurs et des amis. Au nombre de ces derniers, il faut citer Erasme, qu'il consulta toujours dans les circonstances les plus difficiles.

De retour à Rome, il obtint l'amitié du pape Jules II et se fit remarquer par son goût pour les sciences, les beaux-arts et la musique. A ces délassemens il joignait celui de la chasse, qu'il aimait, dit-on, jusqu'à la fureur. Après avoir rempli de hautes fonctions sous le pape Jules II, Jean de Médicis fut, à la mort de ce pontife, élu pour son successeur, sous le nom de Léon X, le 11 mars 1513. Son couronnement fut magnifique, et ses discours, remplis de grace, de bonté et d'éloquence enchantèrent les Romains. Le choix qu'il fit de Bembo et de Sadolet pour secrétaires intimes, témoigna assez de son vif désir de protéger les lettres et les arts.

Notre intention n'est pas de dérouler aujourd'hui le vaste tableau des évènemens politiques et religieux qui marquèrent le règne de Léon X. Déjà en retraçant la vie de Luther, nous avons indiqué le rôle que ce prince de l'Eglise fut appelé à jouer à cette époque de lutte et de crise pour le catholicisme, et quant au côté politique de sa vie, nous aurons plus d'une occasion d'y revenir. Ce que nous voulons voir, pour le moment, dans Léon X, c'est le protecteur de lettres, et c'est par ce caractère surtout qu'il a mérité de donner son nom au siècle brillant illustré par son pontificat.

Dans les temps antérieurs à l'avènement de Léon X, on avait pu remarquer une impatience générale de sortir des ténèbres de l'ignorance et de la barbarie. Les Croisades (1), en ouvrant de nouvelles routes commerciales, avaient commencé cette grande révolution, achevée par l'affluence, en Italie, d'un grand nombre de savans que les Turcs, victorieux de l'Empire grec, avaient repoussés vers l'Europe. Cette tendance des esprits vers la civilisation ne demandait qu'à être protégée par les gouvernans pour recevoir tous ses développemens; on se jetait avec avidité sur les ouvrages des anciens, qui venaient d'être retrouvés. C'était en Italie surtout que s'opérait cette noble fermentation de l'esprit humain; mais les hommes distingués, qui s'y livraient à l'étude des arts et des sciences, étaient souvent arrachés à leurs travaux et isolés les uns des autres par les guerres qui désolaient cette contrée. Léon X voulut rassembler dans un seul foyer ces rayons épars; il rétablit l'université romaine, lui rendit ses revenus, consacrés depuis long-temps à d'autres usages, et fit monter dans ses chaires des savans appelés de toutes les parties du monde. La médecine, les mathématiques, le droit civil, la philosophie morale et la rhétorique y eurent leurs représentans comme la théologie et le droit canon.

Par les soins de Léon X, les modèles de la littérature grecque et latine, Homère, Platon, Sophocle, Pindare, Théocrite, Tacite dont il acheta à très haut prix un manuscrit incomplet, sortirent de l'obscurité et furent imprimés sous la surveillance des hommes les plus instruits de sa cour, auxquels, pour récompense, il conféra ensuite de hautes dignités.

L'astrologie judiciaire commençait alors à céder la place à la véritable astronomie; Celio Calcagnini avait déjà essayé de prouver ce mouvement diurne de la terre qui fit plus tard la gloire de Copernic et de Galilée, et Léon X projeta la réforme du calendrier que de graves erreurs ac-

cumulées depuis J. César, mettaient alors en discord avec la marche du soleil; mais l'honneur de cette réforme était réservé au pape Grégoire XIII.

Deux bibliothèques, celle du Vatican et celle que le pape fit construire par Michel-Ange, à Florence, sa patrie, s'enrichirent des livres, des debris de l'antiquité, et de toutes les productions des beaux arts que Léon X faisait ramasser à grands frais et avec un goût éclairé.

Il est peu de nos lecteurs qui ne sachent que ce fut sous le pontificat de Léon X que Michel-Ange et Raphaël ornèrent de leurs magnifiques peintures le palais du Vatican et plusieurs autres principaux monumens de Rome. Le pontife comprenait toute l'étendue du talente de ces grands maîtres et voyait avec un noble orgueil s'élever une foule de disciples de talent autour de ces hommes dont il excitait le génie créateur.

L'éclat de la cour de Léon X s'accrut à la suite des mesures de rigueur qu'il fut obligé de prendre contre des conspirateurs qui avaient voulu attenter à ses jours. Reconnus coupables de projets d'empoisonnement, trois d'entre eux avaient été mis à mort, et plusieurs autres condamnés à des peines sévères. Des personnages marquans, des cardinaux même avaient trempé dans le complot, et Léon X sentit la nécessité d'adoucir le sentiment de tristesse et d'irritation que ces actes de justice avaient fait naître dans bien des cœurs. Il fit une promotion de trente et un cardinaux, et enchanta l'aristocratie romaine par la magnificence et le bon goût de ses fêtes. Ce luxe bien entendu répandit l'aisance et les agrémens de la vie dans toutes les classes du peuple de Rome.

La liberté du commerce, la sagesse de l'administration, ajoutèrent à la félicité générale, et firent bénir le nom du pontife par le peuple comme par les artistes qui lui devaient une grande partie de leur prospérité: aussi n'y eut-il qu'une voix pour applaudir au décret solennel qui décerna à Léon X une statue dont l'exécution fut confiée au grand Michel-Ange, et que l'on voit encore au Capitole.

Les cruautés exercées contre les habitans du Pérou par les Espagnols, devenus maîtres du Nouveau-Monde, avaient été dénoncées à Léon X par les dominicains; ce pontife se déclara le protecteur de ces malheureux victimes de la cupidité et de la barbarie espagnoles, et menaça de la colère céleste leurs oppresseurs; mais la voix du chef de l'église ne fut pas assez puissante pour ramener ces cœurs endurcis par l'exercice d'une sanglante tyrannie, et des peuples bons et vertueux furent torturés au nom de la religion par les lieutenans d'un roi chrétien.

Léon X encourageait l'étude de l'art musical, dont le secours est si précieux dans la célébration des grandes fêtes du catholicisme. Doué d'une oreille juste et d'une voix mélodieuse, il aimait la musique et en avait étudié la théorie avec soin.

Tant d'éclat, d'agrémens et de prospérité, avaient fait de la capitale du monde chrétien le rendez-vous de tous les hommes aimables et instruits au milieu desquels Léon X aimait à se trouver. Il les reunissait dans des banquets splendides, où il montrait, au reste, une grande sobriété, et qu'animait une familiarité, dont les gens de notre temps seraient probablement scandalisés. Bien souvent, pendant ses repas, il faisait faire des lectures choisies, ou soulevait des discussions d'un ordre élevé sur les lettres et les arts.

Il aimait les pompes du culte, se plaisait à en régler tous les détails; il voulait toujours que la richesse de ses ornemens pontificaux répondît à l'éclat de ces offices, et il ornait de pierres précieuses ses mains blanches et délicates. Il avait de la dignité dans sa personne; sa stature était assez haute, sa tête un peu grosse, et ses membres un peu minces pour le reste de sa taille. Son teint était haut en couleur, ses yeux gris et saillans, son organe doux et sonore, ses manières affables, excepté dans les rares occasions où la chasse, son délassement favori, n'avait pas répondu à son attente.

(1) Voy. p. 413, 1re année.

Le divin Raphaël a tracé de Léon X un portrait fidèle, dont nous offrons une modeste imitation à nos lecteurs, et qui est un des plus beaux ouvrages de ce grand peintre. A la gauche du pontife, est le cardinal Rossi ; à sa droite, est le cardinal Jules de Médicis, qui depuis fut élevé au pontificat, et prit le nom de Clément VII.

Il y avait neuf ans à peine que Léon X avait ceint la tiare, lorsqu'il mourut presque subitement. Son corps ayant paru gonflé d'une manière extraordinaire, on le fit ouvrir, avec la permission du consistoire, et les médecins déclarèrent que le pape était mort empoisonné. On arrêta l'é·hanson, mais il fut bientôt rendu à la liberté, faute de preuves. Une rumeur sourde accusa François Ier, roi de France, qui avait eu avec le pape de longs démêlés, et qui venait de perdre, huit jours avant, le Milanais ; mais il n'est pas même bien avéré qu'il y ait eu empoisonnement. Les médecins de ce temps-là n'étaient pas très sûrs de leur fait.

Le tombeau qu'on a élevé à ce grand prince dans l'église de Sainte-Marie de la Minerve avait été esquissé par Michel-Ange. La statue du pontife est de Raphaël Monte-Lupo.

DE LA NATURE DES ALIMENS
NÉCESSAIRES A L'HOMME SUIVANT LES CLIMATS.

On appelle aliment toute substance naturelle, solide ou liquide, propre à réparer les pertes que fait le corps, et à y entretenir la force et la santé.

L'homme est omnivore. Quand les faits ne prouveraient pas cette assertion, elle serait démontrée par son organisation et la structure de son appareil digestif. Destiné par le créateur à peupler l'univers, il avait besoin de cette organisation spéciale, qui le rend indépendant des lieux et des climats.

Malgré cette faculté qu'a l'homme de se nourrir indistinctement de végétaux et d'animaux, il est soumis, sous ce rapport, d'une manière remarquable, à l'influence des climats, en sorte que tel aliment, très convenable dans un pays, cesse de l'être dans un autre ; en général, plus on s'avance vers le nord, et plus on remarque le besoin, on pourrait dire la nécessité d'une nourriture animale.

Sous les tropiques, où les substances sucrées et amilacées sont seules recherchées, et où les nourritures stimulantes et animales répugnent autant qu'elles sont nuisibles, nous voyons naître le riz, la patate, le maïs, le manioc, le millet, l'arbre à pain, et tous les fruits aqueux et mucilagineux.

En quittant cette zone, nous entrons dans celle où croît le froment, et déjà la nature prévoyante unit à la fécule, dans cette graminée, un principe particulier (le gluten) doué de toutes les propriétés des substances animales, puisqu'il fournit de l'azote et de l'ammoniaque par sa décomposition ; c'est donc par un passage gradué, et pour ainsi dire insensible, que la nature fournit à l'homme ce qui lui est nécessaire. Dans la zone dont nous parlons, il préfère encore les alimens végétaux ; mais ces végétaux contiennent un principe qui les rapproche des substances animales, et cela n a pas lieu seulement pour le blé ; on le trouve encore dans la châtaigne, qui fait l'unique ressource de quelques provinces montagneuses de la France et de l'Italie : ce n'est plus du gluten que contient cette dernière substance, c'est de l'albumine, mais dans des quantités considérables.

On commence à manger de la viande dans les pays qui se trouvent entre l'Atlas et l'équateur. Cette consommation devient plus grande en Espagne, plus considérable en France ; elle est énorme en Angleterre et dans le nord de l'Allemagne ; enfin, dans les régions rigoureuses et glacées, l'alimentation purement animale est la seule qui puisse faire surmonter l'influence débilitante du froid. Le Groënlandais, le Kamtchadal, etc., dévorent les phoques et les ours marins ; leur pain n'est composé que de chair de poissons desséchés et pulvérisés ; ils boivent l'huile de baleine, et ils assaisonnent ces différens mets avec des poissons dans lesquels la putréfaction, déjà avancée, a développé une grande quantité d'ammoniaque.

Cette nécessité d'un régime particulier, suivant les climats, se démontre par la facilité plus ou moins grande qu'ont eue à s'établir, dans certaines localités, des sectes religieuses ; celles qui prescrivent le régime pythagoricien ont pris naissance dans l'Inde, et y subsistent encore ; mais elles n'ont pas pu s'établir d'une manière permanente plus au nord, même en Grèce et en Italie. Nous pouvons en dire autant de la religion catholique, relativement à l'abstinence qu'elle prescrit en certain temps. L'histoire du moyen âge nous apprend que cette obligation de l'abstinence fut un des plus grands obstacles qui s'opposèrent pendant longtemps à l'établissement de cette religion dans le nord, et que le précepte de l'abstinence n'y a jamais été strictement observé.

Depuis que l'on donne un peu de viande à nos prisonniers, on ne remarque plus chez eux la même mortalité. On dit qu'en Suède et en Norwège, une condamnation au pain pour toute nourriture équivaut à un arrêt de mort, et qu'il suffit pour cela de deux ou trois mois de réclusion.

On voit par ce court aperçu la nécessité de modifier les alimens suivant les climats ; et, si cela est vrai pour la population prise en masse, à plus forte raison faut-il le faire lorsqu'il s'agit d'ouvriers dont on exige un grand déploiement de forces. Le nègre et l'Arabe, transportés dans nos régions, ont besoin de la même nourriture que nos artisans, dont ils partagent les travaux ; et lorsque ces derniers passent dans les climats des autres, ils compromettraient leur existence s'ils ne modifiaient pas leur manière de vivre.

Il est démontré par ce qui précède et par beaucoup d'autres faits qu'on ne pourrait pas rapporter ici, que, dans nos climats, la nourriture doit être mixte, c'est-à-dire composée de végétaux et d'animaux.

Il est un point très important dans les règles du régime, pour tirer tout le parti possible de la nourriture sous le rapport des forces et de la santé ; il consiste à régler les alimens de telle sorte, qu'on les prenne toujours aux mêmes heures et dans les mêmes quantités. Examinons , sous ce rapport, nos soldats dans leur casernement, et surtout les prisonniers, lorsqu'ils sont convenablement traités ; ces deux classes d'individus engraissent sous l'influence d'un régime qui ne leur suffirait pas s'ils le prenaient tantôt à une heure, tantôt à une autre, et surtout s'ils le prenaient par jour dans des quantités différentes. Quel est le militaire qui n'a pas observé la même chose pour les chevaux de cavalerie ?

L'homme qui travaille beaucoup a non-seulement besoin d'une quantité suffisante d'alimens, mais il faut ue plus que cette quantité occupe dans son estomac un certain espace ; sans cela, il éprouve un malaise qui nuit autant au déploiement de ses forces qu'une alimentation insuffisante. Ceci nous explique la préférence que donnent la plupart de nos ouvriers à ces pains grossiers qui, sous un volume donné, contiennent beaucoup moins de principes nourriciers que des pains plus recherchés ; ces derniers passent rapidement dans leur estomac, et laissent revenir plus promptement le sentiment du besoin. Il faut avoir été privé pendant quelque temps d'alimens solides pour connaître et apprécier cette influence mécanique d'une substance solide peu ou point nutritive.

Nous avons dit au commencement de cet article que l'homme, par son organisation, avait besoin d'alimens végétaux et animaux, et que plus il s'approchait des régions du nord, plus il fallait faire dominer les premiers dans l'ensemble du régime. Il en est de même pour un grand nombre d'animaux : ne donnez que de la fécule pure à un chien, à une souris, à un chat, ils ne la digéreront pas, et périront en peu de temps ; ajoutez à cette fécule une petite quantité de substance animale, et à l'instant vous dévélopperez en elle tous les principes nourrissans qu'elle possède. Le même phénomène a lieu avec le pain; dans les expériences faites par un de nos savans. M. Edwards, tous les chiens auxquels il ne donna que du pain et de l'eau périrent en six semaines; mais deux simples cuillerées de bouillon sur le pain engraissèrent rapidement ces animaux. Sous Charles X, on voulut, par économie, supprimer aux chiens de chasse les résidus de suif qu'on leur donnait, et ne les nourrir qu'avec du pain; ils moururent tous : il fallut revenir au régime mixte dont nous signalons la nécessité. (*Extrait du nouveau Dictionnaire d'Industrie manufacturière, commerciale et agricole*.)

MÉTAMORPHOSES DES INSECTES (1).

Rien n'est plus digne d'observation dans la nature que le développement des insectes. Il en est qui naissent avec les formes qu'ils doivent conserver pendant toute leur vie; mais d'autres changent de figure plusieurs fois. On dit alors qu'ils se transforment, ou qu'ils subissent des *métamorphoses*. Non-seulement il se manifeste à l'extérieur des changemens très remarquables, mais les organes internes, et souvent même les habitudes et la manière de vivre changent tout à coup dans les insectes qui les éprouvent.

L'insecte qui donne la soie, par exemple, a été d'abord renfermé et immobile, pendant plus de six mois, dans un petit corps appelé œuf. Il en est sorti sous la forme d'un petit animal alongé, ayant huit paires de pattes, et nommé *larve* ou *chenille*. Cette petite chenille, appelée improprement ver à soie, se nourrit des feuilles du mûrier; elle grossit bientôt et si rapidement, que sa peau, six ou sept jours après sa naissance, ne peut plus contenir ses organes intérieurs. Aussi cette peau crève-t-elle alors; la petite chenille en sort avec une nouvelle qui est velue, et elle se développe encore pendant sept autres jours. Il y a de même quatre changemens de peau, qu'on appelle *mues*. Quand le ver à soie sent qu'il doit quitter sa cinquième peau, il

(2ᵐᵉ état; chenille.)

cherche un lieu écarté, il s'y construit une retraite, une sorte de demeure où il pourra être à l'abri des corps extérieurs. Il file alors la soie ou une sorte de tapisserie solide, qu'il dispose de manière à laisser intérieurement une cavité ovale; c'est ce qu'on nomme un cocon ou un follicule.

La chenille ne quitte sa dernière peau que dans le follicule pour paraître sous une forme toute différente, qu'on nomme ordinairement *fève*, mais mieux *chrysalide*, *aurélie* ou *nymphe*. Cette nymphe est une petite masse alongée, ovale, plus grosse à l'une de ses extrémités; d'abord molle et transparente, elle durcit peu à peu, et devient opaque. On remarque alors à sa surface des lignes qui semblent indiquer les parties d'un animal dont la forme est tout à fait différente. En effet, une vingtaine de jours après cette

(1) Le nom d'insecte est traduit d'un mot latin qui signifie entrecoupé, et qui est lui-même emprunté du terme grec *entomon*, lequel exprime la même idée. Aussi a-t-on appelé la connaissance des insectes *entomologie*. Cette étymologie rappelle la conformation la plus générale de ces animaux, dont le corps est composé de petites parties distinctes, qui forment autant d'anneaux ou de segmens articulés les uns sur les autres.

transformation en nymphe, on voit sortir du cocon un petit insecte blanc à quatre ailes, qu'on nomme *phalène*, ou mieux *bombyce*. C'est un insecte parfait qui cherche un autre individu de son espèce auquel il s'associe. Il pond bientôt des œufs, qui, six mois après, doivent reproduire des chenilles, lesquelles donneront de la soie et passeront par les mêmes états.

Presque tous les insectes qui subissent des métamorphoses, et en général ce sont les espèces qui ont des ailes,

(4ᵐᵉ état; papillon.)

éprouvent des changemens analogues à ceux que nous venons de faire connaître. Cependant on peut les diviser en trois grandes sections, d'après leur métamorphose : 1° ceux qui n'en éprouvent pas; 2° ceux qui ont des nymphes agiles et semblables à leurs larves; et 5° ceux qui ont des nymphes immobiles.

Les *punaises*, de bois, par exemple, et les *perce-oreilles*, sortent de l'œuf à peu près avec la même forme qu'elles doivent conserver; mais ce sont des larves, qui, après quelques mues, prennent des rudimens d'ailes. Elles sont alors appelées nymphes, et elles n'ont acquis l'état parfait que lorsque leurs ailes sont tout à fait développées. Les insectes à nymphes immobiles présentent entre eux trois grandes différences. Les uns, comme les *hannetons*, les *abeilles*, ont des nymphes dont tous les membres sont libres, séparés les uns des autres; d'autres comme les *papillons*, ont des chrysalides, à la surface desquelles on aperçoit les membres, mais ces parties sont collées et comme emmaillottées; enfin, les *mouches*, et presque tous les insectes à deux ailes, lorsqu'ils sont en nymphes, sont renfermés dans une coque semblable à un œuf, et à l'extérieur de laquelle on ne voit aucun des membres de l'animal qui y est contenu.

MONUMENS DE PARIS.

LA CHAMBRE DES DÉPUTÉS.

Le palais où s'assemblent aujourd'hui les députés de la France, fut occupé par le conseil des cinq-cents sous la république, et par le corps législatif sous l'Empire. La première de ces deux assemblées politiques, avait dans l'origine tenu ses séances dans cette salle du manège, si incommode et si mesquine, qui avait vu successivement l'assemblée constituante, l'assemblée législative et la convention. Les défauts de ce local déterminèrent le directoire à donner au conseil des cinq-cents le Palais Bourbon, que la république avait confisqué sur la famille des Condé. Un de nos architectes, M. Gisors, dont le fils soutient dignement aujourd'hui la réputation, fut chargé d'approprier cet édifice à sa nouvelle destination, et trois ans après, le conseil des cinq-cents vint en prendre possession.

Napoléon envoya siéger à l'ancien Palais-Bourbon les députés du corps législatif, qui avaient pour mission de sanctionner les volontés du maître de la France, sans pouvoir jamais prendre la parole; l'empereur les avait couverts d'un costume brillant chargé de broderies en or ; il voulut que la décoration de leur Palais, répondit à l'éclat de leur livrée, et par ses ordres, l'architecte Poyet éleva, en 1804, du côté de la Seine, la façade monumentale qui existe aujourd'hui, et que représente la gravure jointe à cette notice.

Depuis la restauration, la chambre des députés a succédé au corps législatif, et dans ces dernières années, de grands travaux ont été exécutés dans ce palais. Des constructions ont été élevées sur la gauche pour recevoir la bibliothèque de la chambre, mais nous ne les avons pas indiquées, pour qu'on puisse comparer l'aspect primitif du monument avec

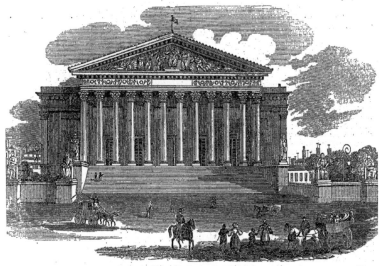

(Façade de la Chambre des Députés.)

son état actuel. Ces constructions nouvelles sont loin d'avoir ajouté à l'effet de la façade, mais elles étaient nécessaires.

Un escalier de près de cent pieds de largeur conduit à cette façade. Les deux statues colossales qui s'élèvent debout sur ces piédestaux, en avant du palais et des deux côtés de l'escalier, représentent la Justice et la Prudence. Ces quatre personnages assis sur des chaises curules, un peu au-devant de l'escalier, ce sont l'Hospital, Daguesseau, Sully et Colbert, nobles images dont la vue rappelle des modèles de fermeté, d'intégrité, de sage économie et de dévouement éclairé au pays, qui ont eu en de nos jours bien peu d'imitateurs (1).

Le fronton qui couronne l'entablement, supporté par ces douze colonnes corinthiennes de grande dimension, est orné d'un bas-relief exécuté par Fragonard : il représente la Loi appuyée sur les tables de la charte, soutenues par la Force et par la Justice. A la gauche de cette figure principale, la Paix ramène le Commerce ; à sa droite, l'Abondance s'avance suivie des Arts et des Sciences. Dans les angles, sont des images allégoriques de la Seine, de la Marne et du Rhône. Cette façade, avec ses accessoires, a coûté 4,800,000 fr.

Il est à regretter que l'on ait élevé sur le Pont de la Concorde, placé vis-à-vis cette belle façade, les statues colossales de quelques-uns des illustrateurs de la monarchie française. Ces figures gigantesques, que leur position au-dessus du fleuve grandit encore, nuisent à l'effet de la fa-

(1) Ces six statues sont en pierre revêtue d'une composition qui imite le marbre.

çade de la Chambre des Députés, et écrasent le pont lui-même. On a bien souvent émis le vœu qu'elles fussent transportées sur la place Louis XVI ou dans la grande avenue des Champs-Elysées. Lorsque ces statues furent posées sous la restauration, des plaisans firent remarquer que le grand Condé, dont la statue est la plus voisine de la façade, et qu'on représente au moment où il jette son bâton de maréchal dans les retranchemens ennemis, semblait menacer cette chambre des députés du peuple installés dans un des palais de sa famille.

Quand, du milieu de ce pont, on promène ses regards sur les lieux environnans, on voit, d'un côté, la façade du palais, et du côté opposé, ce beau temple de la Madeleine, l'une des merveilles de la France, à gauche, et à droite la Seine avec la longue suite de ses quais magnifiques ; ici le château des Tuileries avec les massifs de ses jardins, les beaux hôtels du quai d'Orsay et le panorama du vieux Paris ; là, le rideau de verdure des Champs-Elysées, les ponts des Invalides et d'Iéna, l'un si pittoresque, l'autre si élégant, et au-delà les collines couvertes de jardins et de jolies maisons de plaisance, au pied desquelles serpente la Seine, qui semble s'éloigner avec peine de Paris. C'est là peut-être le plus beau point de vue de la capitale de la France.

CHRONIQUES DE FRANCE.
Règne de Louis XIII.
EXÉCUTION DE HENRI DE MONTMORENCY (1).

Le maréchal Henri de Montmorency, décapité à Toulouse, fut l'une des victimes de la politique dure et impla-

(1) La plupart des détails donnés dans cet article sur les der-

cable de Richelieu, de ce ministre inflexible qui fit tomber tant de nobles têtes sous la hache du bourreau; après le prince de Chalais, le maréchal de Marillac; puis Montmorency, de Thou et l'infortuné Cinq-Mars. Richelieu frappa haut et fort la grande féodalité, qui songeait alors, au milieu des discordes civiles et des troubles du royaume, à se déclarer indépendant dans les gouvernemens de province qui lui étaient confiés; cette position difficile du pouvoir royal explique, sinon justifie, les exécutions cruelles qui ont ensanglanté le règne de Louis XIII.

Henri de Montmorency, brave et loyal gentilhomme, était fils du connétable Montmorency-Damville, si aimé par Henri IV, qui se plaisait à le nommer mon *Compère*. Il naquit à Chantilly, et le roi de France l'avait tenu sur les fonts de baptême; jamais il ne l'appelait que *mon fils*, lui donnant toutes les marques d'une tendre affection. Le jeune Montmorency était encore au berceau, qu'Henri IV lui assura la survivance du gouvernement du Languedoc, dont le connétable, son père, était pourvu. En 1612, Louis XIII le créa amiral, et en 1629, maréchal de France, après le mémorable combat de Veillane gagné par Montmorency sur le prince Doria.

C'est de 1652 que date la déplorable époque où le maréchal Montmorency se déclara ouvertement contre son souverain; c'est aussi en 1652 qu'il porta sa tête sur un échafaud. Il ne faut pas croire, comme plusieurs écrivains l'ont avancé, que des motifs d'ambition déterminèrent Montmorency à se prononcer contre Richelieu; ce fut son ame généreuse qui s'exalta à la pensée de pouvoir mettre un terme aux mésintelligences de la famille royale; il voulut se rendre médiateur entre le roi et ses parens; il plaignait le sort de Marie de Médicis, alors errante, réfugiée dans une cour étrangère, et il crut devoir se rapprocher de Gaston, qui venait d'entrer dans le royaume à la tête d'une petite armée pour protéger les droits de sa mère.

Montmorency essaya donc de faire soulever le Languedoc. A ces premiers symptômes de révolte d'une des principales provinces du royaume, Richelieu fit marcher de nombreux bataillons sous les ordres des maréchaux de Vitry, de la Force et de Schomberg. Chose triste à dire, le maréchal de Schomberg, qui mit tant d'acharnement à poursuivre le gouverneur rebelle, avait la promesse d'hériter de ses dépouilles. Le 1er septembre 1652, les troupes royales et celles que commandait le maréchal de Montmorency, se rencontrèrent à Castelnaudary. Il n'y eut, à proprement parler, qu'un escarmouche, mais la même ardeur qui avait décidé le triomphe du maréchal à Veillane, le perdit à Castelnaudary. Couvert de dix-sept blessures, épuisé de fatigues, attaqué de toutes parts, et ne pouvant que faiblement se défendre, le duc s'écria : A moi Montmorency! On se saisit aussitôt de sa personne, et il fut conduit prisonnier à Toulouse, dans cette ville où la hache du bourreau devait abattre sa belle tête.

Louis XIII arriva à Toulouse le 22 octobre, et le 25, il adressa au parlement une commission particulière, pour lui ordonner de faire le procès au duc de Montmorency, nonobstant le privilége de la pairie, dont il était déclaré déchu. Le duc de Montmorency subit son premier interrogatoire le jour même de son arrivée; mais le cardinal Richelieu craignait de laisser languir cette affaire! Après qu'on lui eut fait lecture de la commission royale, il dit que, comme duc et pair de France, il ne pouvait être jugé que par le parlement de Paris; qu'au reste, il était fort content qu'on lui eût donné pour juges messieurs du parlement de Toulouse, qu'il avait toujours fort honorés et tenus pour gens d'honneur.

Pendant le cours de son procès, Montmorency montra le plus noble et le plus touchant repentir; mais en vain

niers momens du duc de Montmorency n'ont pas été mentionnés par les principaux historiens français.

tous les princes, les grands du royaume, se jetèrent aux pieds du roi pour qu'il accordât la grace du coupable; la princesse de Condé était accourue en Languedoc pour tâcher de sauver la vie à son frère, mais comme elle approchait de Toulouse, elle reçut une défense expresse d'y entrer. Enfin un arrêt du parlement intervint, qui condamnait le maréchal à avoir la tête tranchée sur un échafaud dressé sur la place publique, et qui confisquait au profit de la couronne, ses terres de Montmorency et de Damville.

Louis XIII se montra froidement insensible aux supplications de toute la cour; le duc d'Épernon, aux pieds du monarque, demandait grace et misericorde pour le malheureux maréchal, le roi ne répondit pas un seul mot; et comme le maréchal de Châtillon lui disait qu'il ferait plaisir à beaucoup de personnes s'il pardonnait au duc de Montmorency : « Je ne serais pas roi, reprit le monarque irrité, si j'avais les sentimens des particuliers. » Le comte de Charlus, en remettant au roi les insignes et décorations du duc de Montmorency, lui dit les larmes aux yeux : « Sire, je viens de la part de M. de Montmorency, vous apporter son collier de l'ordre et son bâton de maréchal de France, dont vous l'aviez ci-devant honoré, et vous dire en même temps, qu'il meurt avec un sensible déplaisir de vous avoir offensé; ah! sire, que votre majesté fasse grace à M. de Montmorency, ses ancêtres ont si bien servi les rois, vos prédécesseurs!—« Non, répliqua Louis XIII, il n'y a point de grace. On ne doit pas être fâché de voir mourir un homme qui l'a si bien mérité, on doit seulement le plaindre de ce qu'il est tombé par sa faute dans un si grand malheur. Allez lui dire que toute la grace que je puis lui faire, c'est que le bourreau ne le touchera point, qu'il ne lui mettra pas la corde sur les épaules, et qu'il ne fera que lui trancher le col. »

Dès lors, le maréchal se prépara à subir son arrêt. Rien de plus attendrissant, de plus dramatique que les derniers momens de ce Montmorency, périssant à trente-huit ans, victime de la générosité de son ame. Il écrivit à sa femme, qu'il adorait : « Mon cher cœur, je vous dis le dernier adieu avec une affection toute pareille à celle qui a toujours été parmi nous. Je vous conjure pour le repos de mon ame, qui, j'espère, sera dans peu au ciel, de modérer vos ressentimens et de recevoir de la meme doux sauveur cette affliction. Adieu encore une fois, mon cher cœur. »

Nous allons maintenant laisser parler le révérend père Béguigne, jésuite qui l'assista au moment fatal : « Mon père, me dit-il, demandez à Dieu pour moi la persévérance; la foi, l'espérance, la charité, à saint Bernard, saint Ignace, saint François-Xavier; il me fit dire le psaume : *In te, Domine speravi*; et puis après, quand on lui vint dire qu'il ne sera pas lié, s'il ne le veut : « Liez, dit-il, je le veux être pour aller au supplice comme Jésus-Christ. » Il pleura de consolation en baisant le crucifix, et s'étant mis en caleçon et en chemise, va ouir son arrêt à la chapelle de l'Hôtel-de-Ville, et dit à Messieurs les commissaires qu'ils remerciassent le parlement de sa part, que l'arrêt de la justice du roi était pour lui un arrêt de la miséricorde de Dieu. Il reçut la dernière absolution, et me dit qu'il en ressentait une si grande grace et égalité, que cela seul suffisait pour lui faire croire en Dieu; car jamais, disait-il, je ne suis allé au supplice. Il se mit nu lui même jusqu'au nombril, tendit les mains au bourreau, et dans cet équipage, parmi nos sanglots et ceux de toutes les gardes, il fut de la chapelle à la première basse-cour auprès de l'échafaud. Arrivé là, il remarqua la statue d'Henri IV, son parrain, et me pria de demeurer un instant; laissez-moi, d'sait-il, regarder l'effigie de ce grand monarque, qui était un très bon et très généreux prince, de qui j'avais l'honneur d'être filleul. Arrivé au pied de l'échafaud, il ajouta : Mon père, tenez-vous de ce côté pour empêcher ma tête de tomber si elle bondissait; il se prépara lui-même sur le poteau, et il dit au bourreau : Mon ami, je te pardonne de bon cœur : *Domine Jésu, accipe spiritum meum.* Ce furent ses derniers mots; il trépassa incontinent. »

Son corps fut embaumé par les dames de la Miséricorde, et conduit dans un carrosse à l'église de Saint-Servin. En 1643, la duchesse, sa veuve, le fit transférer à Moulins, où on lui éleva un magnifique tombeau de marbre, qui, par une circonstance singulière, existe encore aujourd'hui. En 1793, des jacobins entrèrent dans l'église avec l'intention de le démolir, lorsqu'au milieu d'eux, une voix s'écria : « Quoi ! vous allez renverser le monument d'un bon républicain? n'est-il pas mort victime du despotisme? » Le marteau de destruction tomba de leurs mains, et le mausolée d'un Montmorency fut respecté.

VARIÉTÉS HISTORIQUES.

Chacun sait que la danse était en grande faveur chez les Grecs et chez les Romains. Négligée dans les siècles barbares, ainsi que les autres arts, elle reparut avec eux en Italie, dans le xve siècle, à la magnifique fête du mariage de Galéas, duc de Milan, et d'Isabelle d'Arragon. C'est l'époque de la naissance des ballets. On en vit de magnifiques à Paris, aux beaux jours du règne des Valois. Il en est peu que l'on puisse comparer à celui que fit représenter Henri IV à l'occasion de la naissance de son fils. La cérémonie eut lieu dans la grande cour du Louvre : les quatre élémens étaient représentés par quatre belles troupes de cavaliers « suivis de pages et de Moresques richement vêtus et accoutrés, lesquelles firent mille gentillesses et évolutions, même sur deux éléphans qui cheminaient devant, et ce fut chose bien récréative et merveilleuse à voir. »

L'histoire des bals en France remonte haut, et fournit des anecdotes curieuses. Les rois mérovingiens donnaient des bals à leurs sujets. Les premiers ballets se confondent avec les bals, puisque les uns n'étaient, à vrai dire, que des intermèdes placés au milieu des autres. Lorsque en 1313, Philippe-le-Bel reçut chevaliers les enfans de France; on vit les bourgeois et manans de Paris danser fort agilement differens ballets dans la cour du palais, au pré aux Clercs et dans l'île Notre-Dame. Le ballet des Sauvages, qui pensa coûter la vie au roi Charles VI, se dansait au milieu d'un bal : le jeune prince, le comte de Joigny, Aimard de Poitiers et Hugues de Guissay, étaient vêtus de longues robes de toile, sur lesquelles on avait placé des mèches d'étoupe goudronnées, pour imiter, autant que faire se pourrait, l'accoutrement des sauvages; ils étaient de plus enchaînés tous quatre l'un à l'autre. Ainsi parés, ils se dirigèrent au bal dans l'hôtel de la reine Blanche, faubourg Saint-Marceau. Comme ils arrivaient, le duc d'Orléans approcha un flambeau de l'un des sauvages pour l'examiner bien attentivement; mais à l'instant, le feu prit à l'étoupe, et se communiqua rapidement aux autres masques, qui ne purent se séparer à cause des fortes chaînes dont ils s'étaient enlacés. La duchesse de Berry eut la présence d'esprit d'envelopper le roi avec la queue de sa robe, et d'étouffer ainsi l'incendie. Les trois gentilshommes périrent misérablement « grillés et consumés comme viande à la broche. » Charles VI seul en échappa, non toutefois sain et sauf, car dès cette époque, on remarqua en lui des signes de démence, qui s'aggravèrent depuis d'une telle manière, qu'on fut obligé de nommer un conseil de régence pour diriger l'État, « le roi faisant mille singeries et extravagances risibles, même des contorsions si extraordinaires que chacun en était étonné. »

INDIENS DE L'AMÉRIQUE DU NORD.

Les malheureux Indiens de l'Amérique du Nord, d'abord dépossédés de leurs terres, décimés ensuite par des guerres cruelles, n'auront bientôt plus d'asile dans ces forêts, où les tristes débris de leur race espéraient n'être jamais at-

teints par les envahissemens de la civilisation. Les peaux rouges, plus nobles, mais plus infortunées que les peaux noires, qui arriveront un jour à la liberté par l'esclavage, n'ont d'autre recours que la mort, parce que leur nature se refuse à la servitude.

Ce qui reste de dignité sauvage, de force et d'indépendance chez ces parias de l'Amérique du Nord, inspire toutefois une vive sympathie. M. Cooper, dans son *Dernier des Mohicans*, a rendu justice à ces peuplades pleines de bonté et de courage, que ses compatriotes ont anéanties, et M. Mac Lellan a publié plusieurs poèmes touchans sur la chute des Indiens. Il ne faut pas non plus passer sous silence les efforts de quelques missionnaires qui ont cherché à répandre parmi leurs tribus errantes les consolations de l'évangile; mais au milieu des guerres sanglantes qui se succédaient, des scènes de carnage venaient glacer de terreur ceux qui poursuivaient cette tâche généreuse : là, cent Indiens étaient faits prisonniers traîtreusement par les blancs et assassinés de sang-froid; ici, onze missionnaires étaient brûlés vifs dans leur habitation par une troupe de sauvages indigènes, excités par des Européens. Qui ne se rappelle les cruautés des Anglais à la fin du xviie siècle, lorsqu'ils attaquaient *Massasoit*, chef des *Pokanoketts*, et son fils *Métacon*, connu sous le nom de Philippe. Philippe avait pour confident un homme qui le vendait à ses ennemis, et qui leur transmettait tous les renseignemens qu'il se procurait; cet homme disparut et son cadavre fut trouvé noyé dans d'un étang glacé; la glace était encore ouverte; son chapeau et son fusil déposés sur le bord, comme s'il se fût noyé lui-même. Les Anglais saisirent trois Indiens, les accusèrent de ce crime, et les condamnèrent à être pendus. Des représailles eurent lieu, et la guerre qui en fut la suite se termina par l'anéantissement des Pokanoketts. Philippe montra une habileté et une énergie remarquables : ses fuites soudaines, ses retours imprévus, le rendaient la terreur de ses adversaires. Les Anglais sont près de lui; il s'élance, plonge dans l'eau ou franchit un précipice, et disparaît à tous les yeux; une autre fois, le capitaine Church, aperçevait un Indien assis sur un arbre renversé pour servir de pont à la rivière de Taunton, dirige son fusil sur lui; une voix inconnue lui fait tourner la tête; c'est la voix de Philippe, qui s'échappe aussitôt.

Souvent défait, mais jamais abattu, il ne voulut point entendre parler de paix, et tua de sa propre main le seul de ses compagnons qui osa lui en faire la proposition. Il avait des sentimens nobles et généreux; on ne cite pas un seul exemple de mauvais traitemens qu'il ait fait subir à un prisonnier. Après une lutte de deux ans, il fut cerné dans un marais; un Anglais, nommé Coke, le visa, mais le coup ne partit point; un Indien mercenaire fit alors feu sur lui et le frappa au cœur. Mais si quelques hommes supérieurs combattirent pour l'indépendance de leur pays et de leur race, ils finirent tous par succomber, et l'on ne peut contempler aujourd'hui sans un sentiment de tristesse les résultats de ces funestes hostilités qui ont entraîné l'extermination de la plus grande partie des naturels de l'Amérique septentrionale. La société des missions américaines a tenté quelques efforts pour éclairer et civiliser leurs restes épars; mais ils n'ont eu pour résultat que quelques succès isolés. Les tribus indiennes sont maintenant disséminées entre le 40e degré de latitude nord et le 70e, dans un espace de deux mille quatre cent mille milles, et depuis le lac des Bois, jusqu'à l'île de Vancouver, de l'est à l'ouest (1).

(1) Le docteur Morse a entrepris de les énumérer; il les divise d'abord en trois grandes catégories : 1° à l'est du Mississipi, 120,625 personnes; 2° entre le Missisipi et les montagnes Rocheuses, 179,592; 3° à l'ouest des montagnes Rocheuses, 171,200 : total 471,417. Il évalue le nombre des tribus répandues sur cette vaste contrée à deux cent-soixante, dont quelques-unes sont réduites à quinze ou trente âmes. D'autres cependant en comptent plusieurs mille; les Choctaws s'élèvent jusqu'à vingt-

Les Indiens ont entre eux une ressemblance remarquablé, les romanciers en ont fait un portrait beaucoup trop flatteur; leurs yeux sont noirs, leurs cheveux de la même couleur, épais et plats. Les hommes ont la mâchoire élevée, mais moins que les femmes; celles-ci sont disposées davantage à l'embonpoint, sans doute parce qu'elles ne prennent aucune part aux exercices de la chasse. Leur couleur est celle du cuivre, couleur particulière aux Américains, comme on l'a plusieurs fois observé. Quelques voyageurs assurent qu'ils n'ont point généralement de barbe; d'autres que c'est l'effet de l'usage où ils sont de s'arracher tous les poils à l'exception des cheveux. Tous se vêtissent à peu près de la même manière; ils se servent de fourrures ou de peaux, dont l'une forme ceinture et descend jusqu'aux genoux, tandis qu'une autre, plus large, garantit les épaules. Leurs bas et leurs souliers sont en cuir de daim, d'élan ou de buffle, attachés près des chevilles avec de petites courroies, et surchargés d'ornemens de cuivre ou d'étain.

Les tentes ou huttes sont composées de perches mises l'une près de l'autre, et aboutissant au sommet en forme de cône; elles sont couvertes quelquefois de peaux, d'écorces d'arbre ou de nattes de jonc; elles n'ont point de fenêtres et d'autre cheminée que leur extrémité supérieure, qui laisse passage à l'air. Aussi, dans les temps pluvieux, les habitans sont-ils sans cesse exposés à être inondés ou à être suffoqués par la fumée. Les mêmes peaux sur lesquelles ils s'asseient leur servent de lit pour la nuit; elles sont étendues tout autour du feu, qui brûle au milieu de la hutte.

Le mariage est connu chez les Indiens de l'Amérique;

cinq mille; la moyenne des familles est de cinq à six individus, et les guerriers sont environ un sur cinq. Outre les Choctaws, les plus considérables des peuplades indiennes sont les Cherokees, les Chicasaws, les Chippaways, les Delawares, les Mohawks, les Manadans, les Moskitoes, les Oneidas, les Osages, les Ottawas, les Senecas, les Seminoles, les Tuscaroras, etc.

mais ils respectent peu la sainteté de ce lien. Aux femmes sont dévolus tous les soins domestiques; elles dressent la tente, font provision de bois pour le feu, préparent les alimens, et s'occupent de toutes les affaires du ménage pendant que leurs maris sont à la chasse.

Nous avons dit que des missionnaires avaient pénétré parmi les tribus indiennes, pour y prêcher l'évangile et y répandre quelques idées de culture; on assure que déjà les Cherokees, les Creeks et les Uchees, ont en partie renoncé à la vie sauvage, et qu'ils se livrent à l'agriculture, dont ils ont reconnu les avantages. Les Cherokees surtout ont fait de grands progrès sous ce rapport; quelques-uns d'entre eux ont de bonnes plantations et même des esclaves nègres. Les femmes commencent aussi à filer le coton (1).

(1) On a parlé dans ces derniers temps de la publication d'un journal iroquois ou cherokee; un des numéros contient l'analyse d'un mot qui signifie: *Ils auront, alors, presque cessé d'être favorables (étant éloignés) à toi et à moi*, Wi-ni-dau-di-ge-gi na-li-skau-lung-da-nau-ne-li-di-se-sti. La première syllabe *Wi* indique que le sujet du verbe est absent. *Ni* annonce qu'il s'agit de quelque circonstance, et que l'action du verbe ne sera continue que quand cette circonstance se présentera; c'est à cela que se rapporte *alors*. La syllabe *dau* fait voir l'action du verbe est dative, *à moi, à toi*, à chacun séparément. *Di* indique que l'action tombe sur plusieurs, et qu'il s'agit de plusieurs faveurs. Le mot *faveur* ou *favoriser* n'est pas exprimé dans ce polysyllabe; on n'y parle que de la circonstance indicative de plusieurs faveurs, de l'idée abstraite de la pluralité de l'objet. La syllabe *ge* exprime la personne et le nombre du verbe; *ils; gi-na*, les personnes et le nombre de ceux qui reçoivent, *toi et moi*. Les trois syllabes *li-skau-lung* sont seules radicales et invariables. *Da* change avec les temps et les modes, mais il n'est d'aucune importance particulière. La syllabe *nau* annonce que l'action est sur le point de finir, — *ils auront presque cessé*. *Ne* équivaut à *à*, et indique le datif. *Li-di* signifie *presque*. Les dernières syllabes *se-sti* sont la marque du futur. Cet exemple prouve que la langue cherokoise n'a besoin que de quelques particules, et se passe des prépositions.

(Missionnaire anglais visitant les Indiens de l'Amérique du Nord.)

Paris. — Imprimerie de H. Fournier, rue de Seine, n° 14.

Les Bureaux d'abonnement et de vente sont rue de Seine-Saint-Germain, 9.

LES PALMIERS.

(Palmier sauvage.)

L'étude des palmiers présente de grandes difficultés ; tous à l'exception d'un seul, sont étrangers à l'Europe ; ce sont, pour la plupart, de très grands arbres, dont les fleurs et les fruits ne se développent que tout-à-fait au sommet, et sont par conséquent difficiles à atteindre. Ils croissent souvent au milieu des forêts vierges, dans les endroits les plus fourrés ; il en existe un grand nombre d'espèces. De toutes ces difficultés il résulte que les palmiers, jusqu'en ces derniers temps, étaient fort incomplètement connus. On possédait dans les collections un assez grand nombre de fruits ; mais fort souvent on manquait de détails précis sur leur patrie, sur la forme des feuilles, et sur tous les autres caractères des espèces auxquelles ils appartiennent. Bien qu'on cultive un assez grand nombre de palmiers dans nos serres, ils y végètent si difficilement, qu'à peine compte-t-on quelques espèces qui y fleurissent, et dont les fruits parviennent à leur maturité. La famille des palmiers est donc du petit nombre de celles dont on ne peut bien faire l'histoire que dans les lieux mêmes où ils croissent.

Les palmiers sont tantôt de grands et beaux arbres, dont la hauteur atteint et surpasse quelquefois cent pieds, et d'un port tout particulier ; tantôt, mais plus rarement, ils forment de petits arbustes, quelquefois tout-à-fait dépourvus de tige, et dont toutes les feuilles portent une sorte de plateau, qui surmonte la racine. Quelques espèces par leur tige grêle ressemblent à des graminées gigantesques.

La tige des palmiers a pour caractère de ne présenter ni écorce ni bois formé de couches concentriques, comme dans le chêne et dans la plupart des arbres de nos contrées (1), mais bien une masse composée de filamens épars au milieu d'un tissu spongieux qui les unit les unes aux autres; les plus anciennes et les plus dures de ces fibres, sont à la circonférence; les plus nouvelles et les plus tendres au centre.

Dès qu'une graine de palmier a commencé à germer, il se développe un grand nombre de feuilles, qui forment une première rangée circulaire, et qui sont liées au collet de la racine par une couche de fibres. Au-dedans de celle-ci, il naît, la seconde année, une nouvelle rangée de feuilles, qui est également liée à la racine par une nouvelle couche de fibres placée à l'intérieur de la précédente. Cette couche tend à distendre et à rejeter au-dehors la première couche. Il en est de même de toutes les couches des années suivantes, qui, successivement, viennent refouler et tasser les fibres des couches extérieures, jusqu'à ce que celles-ci, ayant acquis, par l'effet de l'âge, toute la dureté des bois parfaits, résistent pleinement à la pression des fibres de l'intérieur ; alors tout accroissement en diamètre cesse dans l'anneau solide formé par la réunion de toutes les fibres, anneau qui devient la base de la tige du palmier.

Quand la tige a atteint toute sa grosseur, elle ne peut plus que s'accroître en hauteur par des tronçons semblables, qui s'ajoutent successivement à la suite des uns des autres, et que produisent les bourgeons qui se développent chaque année à l'extrémité de la tige. Cet accroissement se fait uniformément, parce qu'il sort toujours des bourgeons le même nombre de feuilles, et que le tassement des fibres et la force de résistance restent les mêmes. L'uniformité dans l'épaisseur de la tige suppose toutefois que l'arbre croît toujours dans un bon terrain, et que l'influence du climat ne change pas sensiblement. Si on transportait le palmier d'un bon terrain dans un mauvais, sa végétation serait moins vigoureuse, et les anneaux formés par les nouvelles feuilles ayant moins de largeur, il se produirait un rétrécissement. Si ensuite, on le reportait dans une meilleure terre, la partie supérieure de la tige se développerait avec plus de vigueur et produirait un renflement.

Les palmiers sont les plus beaux ornemens de la végétation intertropicale. En effet, ce sont les régions tropicales qui peuvent être considérées comme le berceau et la véritable patrie de ces végétaux intéressans. Selon la remarque du professeur Martius, dans l'hémisphère boréal, ils ne dépassent pas le trente-cinquième degré, tandis qu'ils descendent jusqu'au quarantième dans l'hémisphère austral. Chaque espèce de palmier a en général ses limites fixes, au-delà desquelles on le voit rarement s'étendre. Aussi dans chaque partie du globe trouve-t-on des espèces particulières de

palmiers, qui forment, en quelque sorte, un des caractères de sa végétation. Cependant un petit nombre d'espèces, surtout parmi celles qui croissent sur les bords de la mer, paraissent, en quelque sorte, cosmopolites; tel est, par exemple, le cocotier. Quelques palmiers croissent dans les lieux humides, sur le bord des sources et des fleuves; d'autres se plaisent sur les plages sablonneuses et maritimes ; quelques-uns préfèrent les vastes plaines et y vivent, soit isolés, soit réunis en famille; enfin plusieurs croissent sur des montagnes plus ou moins élevées.

Cette famille renferme des végétaux, non-seulement très remarquables par la beauté et l'élégance de leurs formes, mais très importans par les services nombreux qu'ils rendent aux habitans des contrées où ils croissent. Plusieurs sont des arbres de première nécessité, et dont les fruits forment l'aliment presque exclusif de certains peuples. Ainsi les fruits du dattier pour les habitans de tout le bassin méridional et occidental de la Méditerranée, le cocotier, le choux palmiste pour les habitans de l'Inde, de l'Amérique et des îles de l'océan Pacifique, sont une nourriture aussi abondante que nécessaire.

Plusieurs espèces de cette famille fournissent une sorte de fécule très pure, connue sous le nom de *Sagou*, qui est fort recherchée par nos jeunes dames de Paris, dont l'estomac et la poitrine sont dans un état de souffrance (ce sagou se tire principalement du *Sagus Farinacea*, du *Phénix Farinacea*, etc.); d'autres fournissent un principe astringent, une sorte de sang dragon; quelques-uns produisent de l'huile grasse. Enfin, ces arbres offrent encore aux habitans des régions équatoriales des bois de construction pour leurs maisons, de larges feuilles pour les recouvrir, des fibres résistantes pour faire des lignes et des filets. La fève d'un assez grand nombre d'espèces est susceptible de produire, en fermentant, une liqueur alcoolique qu'on obtient par la distillation.

Nous avons joint à cet article une gravure qui représente un palmier dans son état naturel, et reproduit très fidèlement ce dessins lithographiés du voyage de M. Léon de La Borde (1). Voici en quels termes cet auteur parle du palmier : « On se représente toujours la tige élancée du palmier, laissant épanouir sur sa tête des rameaux recourbés, d'où pendent avec grâce des dattes brillantes comme les coraux, et l'on ne s'imagine pas que toute cette élégance n'est qu'un produit de l'art, et que la nature, moins recherchée, n'a songé qu'à sa conservation. Voici, en effet, le palmier, tel qu'il grandit année par année, se faisant un rempart de ses branches dépéries, et renaissant, pour ainsi dire, du milieu des débris. Négligé par l'Arabe du désert, qui regarde toute culture comme une occupation au-dessous de sa dignité, le palmier forme quelquefois des forêts impénétrables. Plus souvent isolé, près d'une source, ainsi qu'on le voit dans ce dessin, il se présente au voyageur altéré comme un hôte bienfaiteur qui l'avertit qu'il trouvera en cette place l'eau pour se désaltérer, l'ombre charitable pour se reposer. »

—

INDE.

§. II. HABITUDES ANGLAISES. — DOMESTIQUES INDIENS.

Nous avons raconté d'après un voyageur français, mort victime de son amour pour les découvertes, Victor Jacquemont, le luxe prodigieux que déploient dans leurs voyages les employés de la compagnie anglaise qui exploite les Indes Orientales (2). Nous puiserons de nouveau à la même source pour faire connaître à nos lecteurs quelques-unes des habitudes de ces maîtres superbes et de leurs serviteurs indiens.

Jacquemont calcula ce qu'il lui en coûterait pour voya-

---

(1) Voy. l'article que nous avons donné sur la structure de ces arbres, p. 139.

(1) Voyage en Arabie Pétrée par Léon de La Borde, Paris, chez Giard, éditeur; Prix : 240 fr.

(2) Voyez page 98.

ger comme le moins magnifique de ces seigneurs; mais s'apercevant que le plus modeste équipage dépasserait encore ses moyens, il résolut de solliciter du gouvernement français le mieux justifié de tous les crédits supplémentaires, et d'attendre à Calcutta l'effet de cette demande, que devaient appuyer à Paris les plus honorables amitiés. Il attendit long-temps!...

Le récit de son séjour à Calcutta, pendant les sept mois qui précèdent son départ, est l'histoire de la plus miraculeuse hospitalité dont aucun voyageur ait jamais fait mention; et c'est ici que nous allons commencer à nous admirer, toute modestie à part, dans les prodiges de cet esprit français dont Victor Jacquemont est, comme nous l'avons dit, un modèle si achevé, un représentant si fidèle. Le premier miracle qu'opéra l'esprit français de Victor Jacquemont, ce fut de rendre les Anglais aimables. « Que ma fortune est « bizarre avec les Anglais! écrit-il (à Mlle de Saint-Paul). « Ces hommes, qui paraissent si impassibles et qui, « entr'eux, demeurent toujours si froids, mon abandon les « détend aussitôt; ils deviennent caressans malgré eux, et « pour la première fois de leur vie. En effet, Jacquemont est admis, recherché, caressé, dans les plus grandes maisons de Calcutta : on l'invite chez le gouverneur, il loge chez le grand-juge, il passe des mois entiers chez l'avocat-général; il est l'ami, le commensal, le confident du commandant de l'armée; on le demande partout, et partout il rencontre ce luxe tout nouveau de bienfaisance britannique, partout sa gaîté spirituelle, sa noble franchise lui ouvrent le cœur de ses hôtes. Et pourtant Jacquemont ne sait guère flatter leurs habitudes : à table, tandis que les Anglais s'abstiennent religieusement de tout mélange d'eau avec les vins les plus recherchés d'Espagne et de Portugal, lui ne boit que de l'eau sucrée; les Anglais font trois repas par jour, lui déjeune avec du thé et dîne avec du riz. Le dimanche, jour d'observance ascétique, il s'en vient jouer très déterminément aux échecs avec sir Charles Grey, le chef-justice, qui n'oserait une pareille énormité avec d'autres. Il dort la nuit, ce qui n'est pas comme on le sait, une habitude anglaise, surtout dans l'Inde; il se lève au petit jour quand les Anglais se couchent; il fait une guerre à mort aux plates conversations de leurs interminables dîners, les questionne, les contredit sur tout, sur leur commerce, sur leur administration, sur leurs revenus, sur leur marine, et, malgré son audace, malgré sa pauvreté, Jacquemont n'en est pas moins l'enfant chéri de toute cette société de sensualistes anglais. « Toute leur glace, dit un ingénieux « biographe, vient se fondre à son ardente sensibilité. » On l'héberge, on le voiture; il a maison de ville et maison de plaisance, tout un musée pour lui seul; il entre, il sort à tout propos. « J'ai fait révolution chez eux, dit-il, y intro- « duisant l'usage des visites à toute aventure, le soir, « après dîner, à l'effet de causer, etc. » C'est donc la cau- serie française importée aux Indes, la causerie selon le cœur et selon l'esprit, sceptique, enthousiaste, enjouée, sévère, mobile, universelle; cette inimitable causerie des salons parisiens, avec tout son charme, tout son abandon, toute sa liberté. Mais rendons justice aux Anglais de Cal- cutta; c'est par cette liberté même, c'est en portant sa pauvreté avec cette noble indépendance, c'est en l'hono- rant par un si grand esprit et un si bon cœur, que Victor Jacquemont parvint à plaire à ses nobles hôtes et à se conci- lier cette bienveillance délicate et cette haute estime qui ne le flattait si fort, que parce qu'elle rejaillissait sur le nom français.

Cependant, le temps s'écoulait dans ce doux commerce; les supplémens demandés n'arrivaient pas. Jacquemont, humilié d'attendre si long-temps l'aumône législative, réso- lut enfin de partir. Avec les économies qu'il avait apportées de France, et ses épargnes depuis six mois, il se trouvait comme il le dit, à la tête de 12,000 fr., et il ne lui en fallait pas davantage pour voyager un peu moins bien qu'un sous-lieutenant de l'armée anglaise. Il se mit en route.

Nous allons le suivre jusqu'à sa première étape; car de ce jour seulement nous sommes dans l'Inde. Tout à l'heure nous étions encore en Europe; Calcutta c'est une ville anglaise. Maintenant, nous pourrons juger d'un voyage indien.

Jacquemont voyage à cheval suivi de son service, de ses bagages et de ses charriots traînés par des bœufs. Il est enveloppé d'une grande robe de chambre de nankin, avec une grosse étoffe de soie bien chaude pour ceinture; le tout surmonté de sa figure pâle, éclairée par des lunettes et coiffée d'un énorme chapeau de paille couvert de taffetas noir; cet accoutrement fait de notre savant compatriote un objet de curiosité très vive pour les naturels du pays, lesquels, en toute rencontre, lui rendent avec usure l'at- tention indiscrète et quelque peu niaise que nous accordons à leurs pareils dans les rues de nos villes d'Europe. Jacque- mont chevauche, en tête de sa caravane, avec deux pistolets de calibre dans ses fontes; mais ce qui est un grand scan- dale pour les Anglais, il ne porte ni fouet ni éperons; car son cheval, impatient de revoir les cimes de l'Himalaya d'où il est venu, lui fait mille tours pendables, et Jacque- mont n'a pendant quelque temps d'autre souci que de se maintenir en bonne intelligence avec lui. Le service du cavalier et de sa monture est réparti entre six domestiques, dont trois pour le cheval; le premier l'étrille, le second lui coupe de l'herbe, le troisième lui apporte à boire. Viennent ensuite le grand-maître de la garde-robe, préposé à la garde des bagages, puis le maître-d'hôtel qui fait la cuisine et sert à table (quand Jacquemont trouve une table); et enfin le laveur d'assiettes (Jacquemont a deux assiettes). Chacun de ces domestiques est armé; les deux premiers, ceux du cheval, courent à côté de leur maître, la carabine au poing, quand il lui plaît de galoper, et ils font avec lui, en suivant toutes ses allures, de six à sept lieues par jour. Le soir, tous ces pauvres diables soupent comme ils peuvent, puis se couchent autour de la tente de leur seigneur, et dorment habituellement d'un profond sommeil, pendant que d'honnêtes Sipahis font sentinelle à sa porte.

C'est une vieille coutume indienne, entretenue par le laisser-aller de l'opulence anglaise, qui a réglé, ainsi que nous venons de le voir, le service des hommes à gages. Chacun a sa charge, travaille le moins possible, est pares- seux, stupide et menteur, et refuse très décidément tout service qui n'est pas dans son emploi. Ainsi le cheval mour- rait de faim sans le gassyara (coupeur d'herbes), ou de soif sans le beetcheti (porteur d'eau). Les deux assiettes de Jacquemont risqueraient fort de n'être jamais lavées sans l'utile serviteur revêtu de cette charge, ainsi des autres. Ce respect pour la spécialité du service fait partie des pri- viléges de la nation indienne, et il ne serait pas prudent d'y manquer. Jacquemont en est persuadé, et pendant quelque temps il se tient dans la règle avec toute rigueur. Mais un matin il lui prend fantaisie de faire une révolution parmi ses gens; il appelle le beetcheti, lui ordonne de déposer son outre sur un des chariots et de l'accompagner dans un taillis voisin, avec un mousquet sous le bras : « Non pas, dit l'In- dien, ce n'est pas mon affaire », et il prononce ces paroles d'un ton très suffisant. « Alors, écrit Jacquemont, je « n'hésitai pas à lui allonger sur-le-champ un coup de pied « dans le derrière. » Ce coup de pied dans le derrière fit à lui seul une révolution. La domesticité indienne capitula; le porteur d'eau mit bas son outre, apprit à sécher des plan- tes entre deux feuilles de papier; et quant à Jacquemont, cette grande manière d'imposer le respect à des domestiques lui concilia tout d'un coup, et au delà de tout ce qu'on pourrait croire, la considération des Indiens.

HISTOIRE D'ANGLETERRE.
ALFRED-LE-GRAND.

Dans le 1er siècle de l'ère chrétienne, l'Angleterre, gou- vernée alors par les rois de race saxonne, fut envahie par les Danois. Un jeune roi anglais, Alfred, parvint à délivrer son pays à force d'adresse et de courage. Alfred remporta d'abord des victoires sur les Danois, fut ensuite accablé par le nombre, et se vit enfin abandonné des siens, que les revers avaient découragés. Dans cette position critique, ce prince conçut tout à coup l'étrange projet de s'ensevelir pour quelque temps dans une retraite ignorée, pour y attendre le moment de reparaître. Le plus fidèle de ses partisans, le comte de Devon, fut seul mis dans le secret, et Alfred vécut pendant six mois auprès d'un pâtre, dont il s'était fait le serviteur. Instruit par le comte Devon que les Anglais, excités par les vexations des Danois, reprenaient courage, et que la division s'était mise dans le camp de leurs oppresseurs, Alfred s'introduisit parmi ces derniers, déguisé en vieillard, une harpe à la main, et demandant à charmer par ses chants les oreilles des guerriers. Libre alors de circuler dans le camp danois, admis à la table des chefs comme à celle des soldats, il examine leurs forces, ap-

(Alfred parmi les Danois.)

prend leurs projets, et s'échappe enfin pour rassembler ses partisans avec l'aide du comte Devon.

Peu de temps s'était écoulé depuis son départ du camp, lorsque les Danois surpris virent reparaître le ménestrel, à la tête des Anglais, non plus la harpe à la main et sous les habits d'un pâtre, mais couvert de fer et portant la mort dans leurs rangs.

Un grand nombre de Danois fut massacré dans cette journée, et la nouvelle qui s'en répandit, fit accourir sous les drapeaux du roi un grand nombre de soldats anglais.

Une partie des Danois se rallia au vainqueur, et l'un de leurs chefs vint dans le camp d'Alfred demander avec le baptême, l'honneur de marcher avec ses vassaux. Ce prince parvint par la force des armes, et aussi grâce à sa politique habile, à délivrer entièrement l'Angleterre des Danois. Il

lui fallut conquérir Londres qu'ils avaient envahie, leur faire lever le siége de la ville de Rochester, équiper, armer une flotte pour poursuivre jusque sur les mers, ceux qui s'étaient réfugiés à bord de leurs vaisseaux; il réussit dans toutes ces entreprises, et abrégea cette lutte en gagnant par la séduction de ses vertus, par sa clémence et sa générosité, les cœurs d'un grand nombre de ses ennemis, dont il fit des sujets fidèles. Ceux d'entre eux qui voulurent se retirer dans leur patrie, obtinrent de lui la liberté de remonter sur les navires qui les avaient amenés.

A peine délivré des hommes du nord, Alfred établit en Angleterre de sages institutions. Il lui donna des lois remarquables par leur caractère d'humanité, raffermit l'institution ancienne du jury, fit de celle des Parlemens un des statuts fondamentaux du royaume, créa la marine, encouragea le commerce, et fonda la célèbre université d'Oxford. L'éducation, fort avancée pour ce temps là, qu'il avait reçue à Rome, l'avait en effet mis en état d'apprécier l'importance des établissemens littéraires; il avait même été élevé, dans sa première enfance, sous la tutelle du pape Léon IV, qui l'appelait *son fils chéri*, et l'avait marqué de l'onction sainte.

L'Angleterre était alors bien loin de ce brillant état de civilisation qu'a atteint de nos jours une partie des ses habitans. Alfred apprit à ses sujets à mieux cultiver la terre, à bâtir des demeures plus commodes, à construire des fortifications, à élever des temples pour leur culte. Pour eux, il écrivit l'histoire du pays et celle des autres nations, et composa des poëmes, dont quelques-uns sont parvenus jusqu'à nous.

Plus *intelligent* que bien des princes de notre âge, venus mille ans après lui, Alfred s'étudia à propager l'instruction, et punit d'une amende les parens qui négligeaient d'envoyer leurs enfans aux écoles publiques. Roi philanthrope, il écrivait dans son testament que *les Anglais devaient être aussi libres que leurs pensées*; chrétien, il fondait ses lois sur le respect de l'Evangile. Chose remarquable, s'il donna l'exemple de la soumission à l'Eglise, jamais il ne contraignit les consciences par le glaive. Voltaire a dit de lui : « *Je ne sais s'il y a jamais eu sur la terre un homme plus digne du respect de la postérité qu'Alfred-le-Grand.*»

INFANTERIE,
CHANGEMENS SUCCESSIFS ; APPORTÉS DANS SON ORGANISATION.

Quelques historiens ont avancé que l'étymologie du mot infanterie venait de celui d'infante, à l'occasion d'une victoire gagnée sur les Maures par une princesse espagnole, qui s'était mise à la tête de quelques millions de piétons. Cette opinion n'est pas exacte : celle adoptée par les écrivains militaires modernes, la fait remonter à l'époque des premières levées de *troupes de pied*, composées de jeunes gens appelés enfans de telle province, de telle ville, de tel village, d'où l'on a composé depuis, par corruption, le mot infanterie.

Au moment de leur première irruption dans les Gaules (l'an 89 de J.-C.), les Francs n'avaient pas de troupes proprement dites, et ainsi, aucun attirail de guerre n'entravait leur marche vagabonde. Partis en masse de la Franconie et de la Germanie, armés seulement de bâtons ferrés à pointe acérée ou à crochets, ils se répandirent dans les plaines fertiles de la Belgique, et cherchèrent à s'y établir par la force des armes; mais d'aussi faibles moyens d'attaque et de défense ne leur permirent pas de disputer long-temps aux Gaulois et aux Romains, la partie de terrain qui fesait l'objet de leurs vœux : ils furent vaincus et repoussés dans leurs sombres forêts. Cet échec ne rebuta point leur courage; ils renouvelèrent leurs tentatives d'invasion à diverses époques, franchirent le Rhin en 419, et pénétrèrent dans les Gaules, où bientôt ils s'établirent en vainqueurs. Le peuple Franc habitué aux marches, endurci aux fatigués et familiarisé avec les privations, devait avoir une grande supériorité sur des ennemis déjà efféminés par le luxe et la mollesse; ils les battirent, en effet, lorsqu'ils commencèrent à faire usage de leurs armes et de leur manière de combattre. Les peuplades que dirigèrent les premiers chefs des Francs ne présentaient encore que des colonnes confuses, sans ordre et sans tactique; les vieillards, les femmes, les enfans en bas âge, suivaient tumultueusement les hommes armés et en état de manier la fronde, l'épée ou la pique : tous partageaient les triomphes et les périls communs. Lorsque l'art de la guerre eut fait parmi eux quelques progrès, et que Clovis eut opéré la fusion des Gaulois et des Francs; ce prince donna aux masses agissantes une meilleure direction. Les *gésates*, soldats gaulois, armés d'un javelot, et les frondeurs, autres soldats gaulois armés de frondes, entrèrent dans la composition de l'infanterie organisée par Clovis. Un article de la loi salique déclara que tout Français était né soldat, et qu'il se devait à la défense du pays. Les hommes libres possédant des propriétés territoriales, marchaient sous leur propre bannière; les ducs (gouverneurs de province), ordonnaient les levées au nom du chef de l'état; les comtes les rassemblaient et les conduisaient au lieu désigné. C'est là que le roi, les princes de sa famille ou les généraux désignés par lui, en prenaient le commandement.

Depuis la conquête des Gaules jusqu'au règne de Pépin-le-Bref, l'armée des Francs se composait toute d'infanterie, c'est-à-dire d'hommes marchant et combattant à pied. Vers le milieu du règne de Clovis, on avait commencé à y introduire quelques troupes à cheval, à l'imitation des Romains; elles étaient en très petit nombre et sans autre destination que celle de la garde du roi. Cette cavalerie était recrutée parmi les hommes d'origine gauloise. A l'époque de la fusion dont il vient d'être parlé, on remarquait deux espèces de troupes que l'on reconnaissait à la nature du bouclier, du casque, de la dalmatique et de la chaussure. Le bouclier rond appartenait aux Gaulois, le bouclier carré long ou en losange, aux Francs. Les premiers, armés plus lourdement composaient l'infanterie de bataille; les seconds, armés à la légère, formaient les ailes des colonnes d'attaque, et combattaient à peu près comme le font aujourd'hui nos tirailleurs, ou notre infanterie légère; les uns se servaient de la *francisque* ou *hache d'armes* à deux tranchans, de l'*épée* et du *poignard*; les autres de l'*arc* et du *javelot ferré* ou *angon*. Un peu plus tard quelques troupes d'infanterie furent armées de *courtilles*, de *javelines* et de *rondelles*.

En 558, Clotaire fit lever dans les provinces les pre-

mières milices connues sous le nom de milites (soldats,. Ces troupes étaient fournies par les bourgs, les villages, les métairies; elles se divisaient en trois classes : les hommes libres (*arimani*), les serfs ou esclaves (*servi*) et les vilains (*vilani*). Pendant toute la durée de cette période, le butin

(Soldat armé à la légère.)

pris sur l'ennemi et la rançon des prisonniers tenaient lieu de solde. Quiconque avait fait un prisonnier, le regardait comme son esclave et en disposait à sa volonté; les prisonniers qui n'avaient pas les moyens de se racheter, étaient ordinairement vendus dans l'intérieur du royaume pour y être employés aux travaux de l'agriculture. Les armes et l'habillement étaient fournis par les provinces. En 877, Louis II institua les fiefs ou bénéfices militaires; pour récompenser les services rendus aux armées. Cette faveur devint la ruine de l'infanterie; la cavalerie s'étant beaucoup augmentée depuis Charlemagne, et le partage des fiefs ayant enrichi un très grand nombre de familles, elles trouvèrent plus commode de servir à cheval, et abandonnèrent l'infanterie. Alors cette arme ne fut plus composée que de serfs, d'hommes sans aveu ou repris de justice.

Depuis le règne de Charlemagne jusqu'à celui de Philippe Ier, les troupes furent levées par les sénéchaux des provinces, et elles marchaient sous leur bannière.

C'est dans la constitution du gouvernement féodal qu'il faut chercher les premières causes de la révolution qui s'opéra depuis dans la milice française. L'institution des communes ou municipalités, par Louis-le-Gros, en 1124, rétablit la balance entre les deux armes : elle rendit les serfs libres, et ramena l'infanterie à sa première origine. Dès-lors les villes furent seules chargées de fournir l'infanterie; les nobles ou possesseurs de fiefs, la cavalerie. De cette époque au règne de Charles VII, les troupes marchèrent sous la bannière du saint de la paroisse, le curé à leur tête. Peu de temps après, l'an 1157, parut cette infanterie redoutable, connue sous le nom d'*aventuriers*, dont nous parlerons dans un article à part.

Les premières armes de l'infanterie changèrent vers l'année 1160; l'on vit alors s'introduire dans ses rangs, plusieurs corps d'arbalétriers qui s'augmentèrent insensiblement, et auxquels on donna un grand maître en 1170. Sous le règne de Philippe-le-Bel, on remarquait plusieurs troupes d'infanterie, indépendantes des aventuriers et servant d'autres chefs. On les connaissait, sous les noms de *servientes*, de *clientes* (cliens) et de *satellites*. Ces troupes furent organisées en bandes ou grandes compagnies de cent à trois cents hommes par Philippe-Auguste. Les servientes étaient armés d'une *pique*, d'une *épée*, d'un *cor-*

(Soldat armé de toutes pièces.)

selet sans manches , en forme de cuirasse , d'un casque sans garniture, et d'un bouclier carré, comme sous Clovis. Les autres portaient des masses, des haches et des fléaux d'armes. Les ribauds (ribaldi) étaient une espèce de garde municipale chargée de la police des villes.

Le temps de la durée du service a beaucoup varié; les capitulaires et d'anciens rôles fixent cette durée à 3 , 15, 20, 25 et 40 jours. Une ordonnance de Saint-Louis porte que les barons et leurs vassaux serviraient *soixante jours par an*. Philippe-le-Bel, le premier de nos rois qui ait traité avec les princes allemands pour en obtenir des troupes, fixa à quatre mois la durée du service militaire. Cependant dans des circonstances extraordinaires, le roi avait le droit d'appeler tous ses sujets à la défense de l'état; alors tout Français, sans distinction de rang, depuis l'âge de dix-huit jusqu'à soixante ans, devait se tenir prêt à marcher au premier signal; tous n'entraient pas immédiatement en campagne. On donna , depuis, le nom de ban au premier contingent qui appelait les seigneurs au service, et celui d'*arrière-ban* au second ou troisième , composés de la milice des communes et des vassaux des seigneurs.

Ce n'est qu'en 1180 ou 1190, que l'on trouve les premières traces des troupes réglées et soldées , destinées à remplacer les milices des seigneurs, l'origine du mot soldat, et de celui de soudoyé (payé), dont on a fait depuis le mot soldé. L'institution des troupes réglées fut améliorée par Philippe-Auguste; on remarque que c'est à la bataille de Bouvines (1214) que l'infanterie française commença à faire usage du bataillon carré. Les arbalétriers à pied , dont l'introduction en France date de 1150, formaient, en 1346, la principale force de nos armées ; on en comptait quinze mille à la bataille de Crécy.

MORT DU CARDINAL MAZARIN.

(Document inédit.)

Nous nous proposons de donner dans un de nos prochains numéros un aperçu des principaux actes de l'administration du cardinal Mazarin; nous appuierons notre jugement sur des pièces authentiques et de nombreux renseignemens inédits que nous avons sous les yeux : nous aurons beaucoup d'exagérations à rectifier, des jugemens peu exacts , quelquefois injustes, à casser. Nous n'avancerons rien sans preuves.

En attendant, nous croyons devoir reproduire la narration officielle de la mort de cet homme d'état si décrié. Cette relation curieuse est due à l'un des gentilshommes attaché à sa maison; elle prouve dans quels sentimens religieux est mort ce premier ministre qui a commis sans doute de nombreuses erreurs, qui a surchargé tout un peuple par des mesures dilapidatoires et exorbitantes , mais dont l'immense fortune est en définitive restée à la France, qui lui est redevable de plusieurs actes importans, résultats d'incontestables services.

« Après le traité des Pyrénées, et le mariage du roi, le cardinal Mazarin, étant de retour, se vit travaillé de diverses maladies. Après plusieurs mois de souffrances et de douleurs, il connut qu'il devait se résoudre à quitter cette vie pour passer à une meilleure. Il avait tantôt la goutte, tantôt la gravelle et autres incommodités. On usa de tous les remèdes imaginables, qui ne firent aucun effet. Son état ayant augmenté, M. le cardinal se fit transporter le 7 février 1661 à Vincennes, croyant que le bon air pourrait le fortifier. Son Eminence eût recours au maréchal duc de Grammont pour l'assister en ses derniers besoins, ce qu'il fit fort amicalement de concert avec M. Joly, curé de Saint-Nicolas-des-Champs à Paris, qui se chargea de le consoler à sa dernière heure. Comme M. Joly entrait dans la chambre de M. le cardinal, celui-ci lui dit : « Vous voyez , Monsieur, une personne qui souffre beaucoup ; il ne tient qu'à Dieu de me mettre en état de salut; priez pour moi , et

que les douleurs qu'il m'envoie me soient utiles. » Après une heure de conversation, M. le duc de Grammont et M. Joly se retirèrent, et son Eminence dit à ce dernier : « Je vous prie, Monsieur, de me vouloir assister à la mort ; je vous ai choisi pour me rendre ce bon et dernier office, ne me refusez pas votre assistance lorsqu'il sera temps. »

Le lundi 28 février, M. le cardinal envoya chercher M. Joly, qui se rendit aussitôt au château de Vincennes. Etant entré dans l'appartement de son Eminence, dont la maladie était notablement augmentée, après quelques entretiens spirituels, elle lui dit qu'elle n'avait point de regret de quitter le monde, qu'elle avait un grand mépris pour toutes les choses de la terre, et quoique plusieurs de ses actions n'eussent pas été dans une approbation générale, Dieu était témoin qu'il avait eu toujours de bonnes intentions. La maladie de son Eminence continua entre l'espérance et la crainte jusqu'au 2 mars vers la nuit, durant laquelle M. Esprit, premier médecin, remarqua deux accidens inopinés qui pensèrent faire mourir M. le cardinal. Il connut par là que sa vie tirait vers sa fin : le dimanche 6 mars, son Eminence envoya un billet à M. Joly par lequel il le priait de le venir voir, l'assurant qu'il voulait mourir entre ses mains , et le même jour il lui dit : « Je ne suis pas content, je voudrais bien sentir une plus grande douleur de mes péchés; je suis un grand criminel, je n'ai d'espérance qu'en la miséricorde de Dieu. » Le lundi 7 mars, il pria M. Joly de lui dire les choses nécessaires à son salut, et de le traiter comme un simple particulier , sachant bien qu'il n'y avait qu'un évangile pour les grands et pour les petits. Environ sur les dix heures du matin , avant que de recevoir le sacrement de l'extrême onction, il pria M. Joly avec son confesseur ordinaire, et puis il pria M. Joly de lui dire les effets de ce sacrement et les dispositions nécessaires pour le recevoir utilement. Ce sacrement lui fut administré par le trésorier de la sainte chapelle de Vincennes, en présence d'un grand nombre d'archevêques, d'évêques, d'autres personnes de grande qualité et d'une partie de ses domestiques. A toutes les onctions qui se faisaient sur son corps, il produisit des actes de contrition avec toutes les marques extérieures d'une grande piété. A la fin de la cérémonie, il récita le symbole des apôtres, et fit dévotement tous les actes de dévotion que l'on fait faire d'ordinaire aux malades dans cette extrémité. Le même jour, il remit aux derniers adieux de quelques personnes de haute qualité ; il remit à M. le cardinal Picolovicini un billet de deux cent mille écus pour continuer la guerre contre le Turc. Il pria M. Joly de ne le point quitter et de lui parler toujours de Dieu, s'étant remis du soin de ses affaires temporelles sur ses domestiques, auxquels il donna sa bénédiction. Cette action l'ayant un peu fatigué, il se fit porter de sa chaise , où il avait reçu l'extrême onction, sur son lit, et tout le reste du jour, il fit plusieurs actes de foi, d'espérance , de contrition de ses péchés, de confiance en la miséricorde de Dieu ; il prononça plusieurs passages les plus tendres et les plus effectifs des psaumes, et ordonna des aumônes considérables pour être distribuées aux prisonniers et aux pauvres des paroisses de Paris; il récita plusieurs fois le psaume *Miserere mei, Deus!* ayant la tête nue, quelquefois les bras étendus, et puis joignant les mains, entre lesquelles il tenait un petit crucifix, et levant les yeux vers le ciel avec beaucoup de sentimens de piété.

Toute là nuit du lundi au mardi se passa de la sorte. Le mardi 8 mars, il désira que l'on dît la messe dans sa chambre, et pria M. Joly à six heures du matin de lui dire les effets de ce sacrifice , ajoutant que peut-être il n'avait pas ouï la messe une seule fois en toute sa vie selon les intentions de l'Eglise; à quoi M. Joly ayant obéi, il entendit la messe avec grande application d'esprit. Le même jour, à neuf heures du matin, son mal étant sensiblement augmenté, il dit : « Voici la fin qui approche, je prie Dieu qu'il me fasse miséricorde. » M. Joly lui ayant demandé s'il ne voudrait pas faire quelque satisfaction publique pour tous les mauvais exemples et scandales qu'il pouvait avoir donnés pendant sa vie : — Très volontiers, lui dit-il; ayant pris le cierge béni en la main, tête nue par forme d'amende honorable et de réparation publique, il demanda pardon à Dieu de tous ses péchés, et pria ceux qu'il pouvait avoir offensés de vouloir lui pardonner; il renouvela ensuite les vœux et protestations de son baptême.

Depuis ce temps jusqu'à sa mort, il demeura dans de grandes langueurs et dans une espèce d'agonie; il souffrait extrêmement sans se plaindre, s'excitant lui-même à se conformer à la volonté de Dieu, disant qu'il était grand pécheur et qu'il méritait de plus grands supplices. Et avec le crucifix en main, il se confortait lui-même. Les assistans témoignaient leur étonnement et leur affliction, il leur dit : « Vous perdez plutôt courage que moi; ma constance ne diminue point; je ne perds pas la confiance que j'ai en Dieu, je souffre volontiers et je voudrais souffrir davantage. » Il regarda la mort avec beaucoup de fermeté, et dans l'ardeur de son mal, il disait souvent : « Courage, il faut souffrir! » Il dit pendant deux fois : « Je me réjouis que Dieu me conserve mon jugement, afin de ressentir mes douleurs, et de faire un peu de pénitence. » Une autre fois, il dit à M. Joly : « Parlez-moi toujours de Dieu, bien que je ne réponde pas, je ne laisserai pas d'entendre, et je vous serrerai la main pour vous le témoigner. » M. Joly le portant à la douleur de ses péchés, et à la confiance en Dieu par Jésus-Christ, il lui répondit : « J'éprouve déjà sa miséricorde. » Souvent il prononçait avec grand respect le saint nom de Jésus, disant qu'il était toute son espérance; il avait sans cesse à la bouche quelque mot de la Sainte-Ecriture, et il tenait toujours dans ses mains un crucifix qu'il baisait et adorait par de fréquentes reprises.

Environ la minuit, il dit à M. Joly : « Je vais bientôt finir, mon jugement se trouble, j'espère en Jésus-Christ. » Deux heures après, tenant son crucifix en mains, M. Joly le lui fit baiser et adorer, et s'étant mis en devoir de prononcer plusieurs fois le très saint nom de Jésus, sans autre signe extérieur que d'entr'ouvrir un peu la bouche, il remit son esprit entre les mains de Dieu, ledit jour 9ᵐᵉ mars 1661, dans la 59ᵐᵉ année de son âge. »

PÉROU.
USAGES DES HABITANS AVANT L'INVASION DES ESPAGNOLS.
— PONTS. — NAVIGATION.

« Tous les ponts du Pérou, dit Garcilasso de la Véga, sont faits de claies d'osier, excepté celui que les Espagnols appellent pour l'ordinaire le pont du Canal, qui est de jonc, de chaume, et d'autres semblables matériaux. Il flotte sur l'eau comme celui de Séville, qui est fait de plusieurs bacs attachés ensemble, et non pas suspendu en l'air. Il croit au marécage de Titicaca une grande quantité de jonc et de glaïeuls, que les Indiens des provinces qui ont la charge des ponts coupent, lorsqu'il en est temps pour les faire sécher. Lorsqu'ils veulent s'en servir, ils en font quatre câbles gros comme la cuisse; ils en jettent deux sur l'eau, d'un bord à l'autre de la rivière, dont les eaux semblent dormantes sur la surface, quoique au-dessous elles coulent impétueusement, comme l'affirment plusieurs personnes qui l'ont examiné. Ils mettent sur ces câbles, au lieu de barques, de grands faisceaux de jonc et de chaume, qui sont de la grosseur d'un bœuf, et qu'ils attachent aux câbles le mieux qu'ils peuvent. Ils jettent ensuite sur ces faisceaux les deux autres câbles, et les lient fortement, afin que l'un se renforce par l'autre. Mais pour empêcher que ces câbles ne se rompent à force d'être foulés, ils ajoutent par-dessus quantité d'autres faisceaux de jonc et de paille, qui sont liés ensemble par ordre et attachés à ces câbles. Les Espagnols nomment ces petits faisceaux la chaussée du pont, qui est de treize à quatorze pieds de large, et qui, d'un bord à l'autre, a bien cent cinquante pas de long; par où l'on peut voir qu'il faut nécessairement qu'on emploie une prodi-

gieuse quantité de jonc et de chaume pour achever une si grande machine. D'ailleurs, comme le jonc et la paille sont des choses très fragiles, ils sont obligés de renouveler ce pont de six mois en six mois, ou, pour mieux dire, de le refaire tout de neuf, avant que les câbles viennent à se rompre, et qu'ils achèvent de se pourrir.

La charge de ce pont, comme celle des autres grandes machines, était partagée, du temps des Incas, entre les provinces frontières; chacune savait quelle quantité de matériaux elle devait fournir, de sorte que, les tenant prêts d'une année à l'autre, ils établissaient le pont en peu de temps. Les deux bouts des câbles en étaient comme les fondemens, qu'ils enfonçaient dans la terre, sans les attacher à des pilotis de pierre, soit qu'ils le fissent parce qu'ils le jugeaient plus commode, ou peut-être à cause qu'ils les changeaient de place, les mettant tantôt plus haut et tantôt plus bas; ce qu'ils faisaient en fort peu de temps.

On ne faisait guère de ponts qu'aux grands passages, les frais en étant excessifs. Mais comme tout ce pays est fort grand, et qu'il y a plusieurs rivières, les Indiens s'avisèrent de plusieurs moyens pour les passer. Ils n'avaient pas l'industrie, comme ceux de la Floride, des îles de Bartoventa, et de la terre-ferme, de faire de ces chaloupes qu'ils appellent pirogas et canoas. Peut-être aussi ne le pouvaient-ils pas, parce qu'au Pérou il n'y a point de bois qui soit propre pour cela; car, quoiqu'il soit vrai qu'en ce pays-là il y ait des arbres fort gros, il ne sont pas néanmoins si commodes; car le bois en est dur comme du fer; c'est pourquoi ils se servaient pour le même effet d'une autre espèce de bois qui est gros comme la cuisse, et léger comme du figuier, et dont le meilleur, à ce que disaient les Indiens, se trouvait dans les provinces de Ruita, d'où ils le transportaient sur toutes les rivières par ordre de l'Inca. Ils faisaient avec ce bois des radeaux grands et petits, de cinq ou de sept pièces assez longues attachées ensemble, dont la plus longue était celle du milieu. Les premières des côtés étaient plus longues que les secondes, et les secondes, que les troisièmes; ces radeaux étaient ainsi plus propres à couper l'eau, qu'ils ne l'auraient été, si on les eût fait de pièces égales; ils avaient la même forme à la poupe qu'à la proue, et pour les tirer de part et d'autre on y attachait deux cordes; ce que les passagers faisaient quelquefois eux-mêmes.

Outre ces radeaux, ils se servent, au lieu de barques, d'une autre invention fort originale; car ils prennent un faisceau de jonc de la grosseur d'un bœuf, qu'ils attachent le plus fortement qu'ils peuvent, et le disposent de telle sorte, que depuis le milieu jusqu'au bout, il est fait en pointe, comme si c'était la proue d'une barque, afin de mieux couper l'eau; par ce moyen, il va toujours en s'élargissant des deux tiers, en arrière; et le dessus, où ils mettent telle charge qu'ils veulent est plat. Pour conduire une de ces barques, il ne faut qu'un seul homme, qui se met au bout de la poupe, et se laisse porter au fil de l'eau, ses bras et ses cuisses lui servant de rames; il est vrai que si la rivière est impétueuse, il aborde cent ou deux cents pas plus bas que le lieu d'où il est parti. Quand ils passent quelqu'un, ils le font coucher tout de son long dans le bateau, la tête appuyée sur le batelier, qui lui recommande surtout de se tenir ferme aux cordes de la barque, sans lever la tête, ni ouvrir les yeux pour regarder. Je me souviens, dit Garcilasso de la Véga, d'avoir autrefois passé de même une rivière impétueuse (car ces sortes de bateaux ne vont ordinairement que sur une eau dont le courant est fort grand). Lorsque je jugeai à peu près que nous étions au milieu de la rivière, je levai la tête pour regarder l'eau, et alors il me sembla véritablement que nous tombions du haut des nues; la peur qui me saisit, me fit refermer les yeux, et avouer que la recommandation du batelier n'était pas inutile.

Les Péruviens ont aussi une autre espèce de radeaux composés de plusieurs grandes calebasses entières, et bien attachées l'une à l'autre, de la grandeur d'une aune et demie en carré, plus ou moins, selon qu'il en est besoin. Celui qui en a la conduite se met à la nage au-devant de ce radeau pour le tenir avec sa charge, jusqu'à ce qu'il ait traversé la rivière, ou le bras de mer qu'il veut passer. Que si la nécessité le requiert, il a derrière lui un ou deux In-diens qui nagent aussi, et servent à repousser le radeau. Mais comme on ne peut aller avec ces radeaux, non plus qu'avec les bateaux de jonc, sur les plus grandes rivières, à cause de leur impétuosité et des écueils qui s'y trouvent, et parce qu'il n'y a point de lieu propre pour aborder facile-ment, ils suppléent à ce défaut de la manière qui suit : Ils jettent du haut d'un rocher à l'autre bord un câble fort gros, fait de cette espèce de chanvre qu'on appelle *cha-huar*, et l'attachent à de gros arbres ou à des rochers. A ce câble est liée par une vergue, grosse comme le bras, une grande corbeille faite d'osier, où peuvent être assez com-modément trois ou quatre personnes. Ainsi, par le moyen de deux cordes, dont elle est liée par les deux bouts, les Indiens passent la rivière d'un bord à l'autre. »

(Extrait de la traduction de Garcilasso.
Imprimerie Royale, 1830.)

MONUMENS FRANCAIS.
LE CHATEAU DE CHENONCEAUX.

A deux lieues et demie d'Amboise, se trouve dans une po-sition délicieuse, un château bâti sur le Cher, que viennent fréquemment visiter les voyageurs attirés par le caractère remarquable des bâtimens, la beauté de son site et les sou-venirs qu'il rappelle.

Ce château fut commencé par Bohier. Il lui coûta beaucoup de temps et d'argent; si l'on en juge par la devise que l'on lit en plusieurs endroits dans les ornemens et les rinceaux. *S'il vient à point, il m'en souvra* (souvien-dra). Bohier n'éleva que le principal corps de logis qui est à la droite du lecteur.

Cette belle propriété passa dans les mains du connétable de Montmorency, puis dans celles de François Ier, qui en fit cadeau à la belle Diane de Poitiers. Catherine de Médicis échangea avec Diane le château de Chaumont contre celui de Chenonceaux; elle l'entoura d'un parc magnifique et fit de grands changemens aux bâtimens.

Un pont jeté sur le Cher, sous Diane de Poitiers, con-duisait au château; Catherine y fit construire une galerie ornée de quatre tourelles à arcades. La veuve de Henri III hérita de ce domaine de Catherine et vint y *pleurer* son royal époux. Sur la cheminée de la chambre qu'elle habitait et dont les murs étaient tendus d'un drap noir semé de lar-mes, on lit encore cette inscription: *Savi monumenta doloris.*

Quand Henri IV maria César de Vendôme, l'aîné des enfans de Gabrielle d'Estrées, avec mademoiselle de Mer-cœur, il vint à Chenonceaux apprendre cette nouvelle à la veuve de Henri III, qui laissa après sa mort ce domaine aux jeunes époux.

Des Vendôme, Chenonceaux a passé aux Condé, et en 1733, est devenu la propriété d'un littérateur distingué par son érudition, Dupin, dont la femme a été célèbre par ses grâces et son esprit. Mme Dupin réunissait dans son salon les personnages les plus célèbres et les femmes les plus aimables; Fontenelle, Buffon, Montesquieu, lord Boling-brocke, Voltaire, etc. — J.-J. Rousseau composa plusieurs petites pièces pour le théâtre de Chenonceaux; c'est là que fut joué pour la première fois le *Devin du Village.*

Chenonceaux appartient aujourd'hui à Mme de Ville-neuve, petite-nièce de Mme Dupin.

(Le château de Chenonceaux.)

Paris. —Imprimerie de H. Fournier, rue de Seine n° 14.

LE GROENLAND.

(Groenlandais poursuivant les veaux marins.)

Si on en excepte quelques colonies danoises, la population du Groenland n'est formée que d'une tribu de ce peuple connu sous le nom général d'Esquimaux, qui s'étend depuis le golfe St.-Laurent jusqu'aux extrémités de la Baie de Baffin (1). La ressemblance des idiomes, des mœurs, de l'habillement et de la constitution physique, met ce fait hors de doute.

Les Groenlandais sont petits; on en voit très peu qui aient plus de cinq pieds; et, en général, ils ne les ont pas. Leurs cheveux sont longs et noirâtres; mais ils ont rarement de la barbe. Ils ont la poitrine élevée et de larges épaules, principalement les femmes qu'on habitue dès leur jeunesse à porter des fardeaux très pesans. Ils sont lestes, agiles et très adroits de leurs mains. Ils n'ont pas beaucoup de vivacité; leur humeur est enjouée, sociable; ils montrent peu d'inquiétude de l'avenir. L'eau est leur boisson ordinaire; ils la conservent dans un vaisseau de cuivre, ou dans un vase de bois très artistement fait, orné d'os de poissons et d'anneaux; et garni d'une espèce de cuiller à pot en étain. Les hommes travaillent les instrumens nécessaires à la chasse et à la pêche, et préparent les bois pour construire leurs bateaux que les femmes couvrent de peaux. Ces bateaux légers et d'une forme très allongée sont insubmersibles, attendu que les peaux qui les recouvrent forment comme une sorte de pont dans le milieu duquel le Groenlandais pénètre par un trou, jusqu'à la ceinture, en ayant

(1) Voyez 1re année p. 165, 188, 236.

soin de rattacher à son corps les bords de ce trou, de manière à fermer tout passage à l'eau. Portés par ces légères nacelles, ils affrontent les plus mauvais temps, et vont, tenant d'une main la lance et de l'autre la rame, attaquer, même au milieu des récifs et dans les passages les plus difficiles des mers de glace, les veaux marins qui leur fournissent les objets les plus nécessaires à leur existence.

La chair de ces animaux est la principale nourriture du Groenlandais; de leur peau il fait des vêtemens, et en même temps il en couvre ses bateaux; les nerfs se transforment en fil; les vessies deviennent des bouteilles; la graisse lui tient lieu de beurre et de suif; le sang même de ce phoque est pour le Groenlandais un breuvage excellent qu'il préférerait peut-être au meilleur bouillon de bœuf. En un mot, le Groenlandais ne comprend point comment on peut vivre sans veaux marins.

On a beaucoup écrit sur les mœurs des veaux marins; la plupart des auteurs les ont considérés comme dépourvus presque complètement d'intelligence; mais cette assertion est tout-à-fait erronée. Quand ces animaux voient pour la première fois des hommes s'approcher d'eux, ils ne manifestent aucune crainte; ils restent tranquillement couchés par terre, même en voyant tuer et écorcher leurs semblables. Mais bientôt ils comprennent quelle est l'imminence du péril, et dès lors ils songent à se précautionner contre les chasseurs. Ils vont se réfugier au sommet des rochers escarpés ou des écueils, afin de pouvoir se précipiter dans la mer aussitôt qu'ils aperçoivent leurs ennemis. Lorsqu'ils campent dans un tel lieu, trois ou quatre d'entr'eux sont placés en sentinelle pendant que les autres dorment. Dès qu'un bateau se montre, ces fidèles factionnaires donnent l'alarme, et tout à coup la troupe entière est en mouvement. Chacun se jette entre les brisans, de sorte qu'à l'arrivée de l'embarcation ils se trouvent tous sous l'eau, à la seule exception de quelques femelles qui ont des petits à soigner. Ces mères courageuses restent sur la plage pour protéger leurs enfans : lorsqu'elles sont attaquées, elles saisissent avec les dents leurs petits par la partie postérieure du cou, et plongent avec eux dans la mer, où elles les tiennent de manière que leur tête s'avance hors de l'eau pour qu'ils n'en soient pas suffoqués. Il n'est pas rare que quelques-uns des mâles restent auprès des femelles, et coopèrent à la défense des jeunes jusqu'à la dernière goutte de leur sang. On a fait sur les mœurs de ces animaux beaucoup d'autres observations fort curieuses qui nous fourniront plus tard la matière d'un article spécial.

Les femmes, dans le Groenland, servent de bouchers, de cuisiniers, de corroyeurs. Après avoir préparé les peaux, elles en font des habits, des souliers, des bottines et des coiffures. Ce sont elles qui construisent les tentes et les maisons, du moins pour ce qui concerne la maçonnerie; car la charpente est du ressort des hommes. Comme les Lapons, les Groenlandais savent vivre sans trop d'ennui dans ces misérables huttes pendant les hivers si rigoureux de ces régions voisines du pôle. Même pendant l'été si court de ces climats, des brouillards froids et humides couvrent les côtes et les îles. Un seul coup de vent du nord suffit pour ramener le froid de l'hiver au milieu de l'été. Et cependant dans cette dernière saison, la présence continuelle du soleil pendant un assez long temps, rend la chaleur insupportable, surtout dans les gorges abritées par les rochers. Telle est la puissance de l'habitude, ou comme on le dit vulgairement, l'amour de la patrie, que le petit nombre des Groenlandais qui se sont éloignés momentanément de leur pays pour visiter les régions plus tempérées de l'Europe, sont retournés avec empressement dans le lieu de leur naissance.

BERNADOTTE.

(Suite.) (1)

Nous avons vu Bernadotte s'élevant par son propre mérite, des derniers rangs de l'armée, jusqu'au poste de général en chef; nous allons le voir s'élever sur le trône de Suède et prendre part à la coalition contre la France, mais nous rappelons d'abord que nous racontons les faits sans aucune interprétation politique.

Après la paix de Tilsitt, l'empereur confia à Bernadotte le gouvernement des villes anséatiques. En 1808, ce maréchal commandait l'armée alliée française, espagnole, hollandaise, rassemblée à Hambourg et dans ses environs, et passa avec elle dans le Jutland et dans la Fionie, provinces du Danemarck. Cette époque de la vie du prince de Ponte-Corvo est la plus honorable, celle dont l'éclat ne s'effacera jamais : une sage administration propre à réparer les maux de la guerre, sa modération, son humanité, sa justice, l'intégrité la plus pure, inspirèrent aux peuples qui étaient sous son commandement, et surtout aux habitans de Hambourg, la plus haute considération pour le général français.

En avril 1809, la guerre éclata de nouveau entre la France et l'Autriche; Bernadotte commanda, en Allemagne, le neuvième corps, composé en partie de Saxons. Le 17 mai, il battit les Autrichiens en avant du pont de Lintz, continua ses mouvemens et se trouva, le 6 juillet, à la bataille de Wagram. La veille de cette célèbre journée, l'empereur mit à l'ordre de l'armée la défense de quitter

(1) Voyez p. 79.

les rangs pendant l'affaire pour transporter ou conduire les blessés à l'ambulance, des mesures étant prises, disait l'ordre; pour porter des secours sur le champ de bataille. Le prince de Ponte-Corvo, qui commandait les Saxons, ne mit pas cette défense à l'ordre du jour de son corps, et comme il arriva que, pendant la bataille, on lui enleva, sans lui en donner avis, la division française de Dupas, qu'il avait placée à sa réserve, et qu'un corps voisin disposa des chevaux des ambulances saxonnes pour renforcer ses attelages d'artillerie, le corps saxon souffrit plus qu'aucun autre; un grand nombre de blessés de ce corps étaient gisans dans la plaine. Bernadotte ordonna de dételer quelques pièces de canon pour aller prendre des voitures d'ambulances, et comme on lui observa que cela pouvait exposer cette artillerie à être prise : « Qu'importe, dit le guerrier philantrope? Ce n'est que du bronze; le sang du soldat est bien plus précieux. »

L'ordre du jour de l'empereur avait cependant été exécuté dans toute l'armée avec la plus grande sévérité, au point qu'un maréchal de France voyant des grenadiers porter leur colonel dont un boulet avait emporté la cuisse, le leur fit déposer sur le bord du chemin, et les renvoya au feu en les réprimandant. « Monsieur, dit-il au colonel mourant, il faut qu'un soldat sache mourir à l'endroit même où il est frappé. » Un jeune officier, le colonel Lebrun, fils du duc de Plaisance, était alors auprès de ce maréchal; il en fut frappé d'horreur. « Notre métier ne se fait pas à l'eau de rose, dit le sévère guerrier; ce n'est pas un jour de bataille qu'il faut parler philantropie ! »

Napoléon qui n'aimait pas qu'un homme réunît à la fois une opinion et un sabre, reçut fort mal quelques observations dictées par la franchise du prince; il le renvoya en France. Bernadotte se trouvait à Paris dans une disgrace complète, lors de l'invasion des Anglais dans l'île de Walcheren. Les ministres qui, à ce que l'on prétend, n'étaient pas instruits de sa disgrace, le prièrent d'aller prendre le commandement des troupes destinées à repousser l'ennemi; il accepta sans hésiter.

Arrivé à Anvers, sa présence dissipa toutes les alarmes. Doué d'une activité infatigable, il réunit et disposa, comme par enchantement, tous les moyens de défense; mais il fit plus encore : il électrisa toutes les ames. Des milliers de soldats se levèrent à sa voix et déjouèrent les projets d'un ennemi téméraire. L'Anglais renonça à son entreprise, et le prince se disposa à rejoindre l'armée d'Allemagne. Il allait y reprendre un commandement, lorsque la paix fut signée; il revint alors à Paris et y reçut la grande croix de l'ordre de Saint-Henri de Saxe.

Nous venons de suivre Bernadotte dans toutes les périodes de sa carrière militaire, nous l'avons vu s'élever par tous les grades au rang de maréchal d'empire, mais il lui était réservé d'offrir en sa personne un exemple encore plus frappant de ce que peut faire la fortune pour un de ses favoris lorsqu'elle trouve en lui assez de mérite pour justifier toutes ses faveurs.

Au mois de mars 1809, une révolution eut lieu en Suède; le roi Gustave-IV-Adolphe fut déposé, et son oncle, le prince Charles, duc de Sudermanie, devint d'abord régent et fut ensuite élu roi, sous le nom de Charles XIII. Mais comme ce prince n'avait pas eu d'enfans de son mariage, les États du royaume, pour prévenir les dangers qui pouvaient résulter de l'incertitude de la succession, déférèrent le titre de prince royal au prince Chrétien-Auguste, fils du duc de Holstein-Sonderbourg-Augustembourg. Ce prince ayant été enlevé par une mort imprévue, le 28 mai 1810 (1),

(1) Le prince Chrétien, frappé d'un étourdissement subit, se laissa tomber de cheval dans la bruyère de Zuindinge, et mourut presque aussitôt. On répandit le bruit qu'il avait été empoisonné. Le comte de Fersen, connu par son attachement à Gustave IV, fut soupçonné et massacré par la populace; le premier médecin

les Etats furent de nouveau appelés à disposer la succession au trône de Suède.

Les Suédois sentirent qu'ils avaient besoin d'un guerrier dont l'épée fût assez redoutable pour les protéger contre l'ambition de voisins puissans, et rétablir l'antique honneur de leurs armes; qui eût assez d'habileté pour améliorer leur administration et réparer les maux qu'ils avaient soufferts. Frappés en même temps du souvenir de la conduite de Bernadotte dans leurs provinces, de l'éclat de sa réputation militaire, ils virent en lui le prince qu'ils désiraient. Les états n'hésitèrent donc pas à nommer le maréchal Bernadotte prince royal de Suède. Cette élection, librement votée par les représentans du peuple, ne fut déterminée ni par l'or ni par l'ascendant d'aucune puissance; jamais légitimité n'eut une source plus pure. Avant de proclamer le choix qu'elle venait de faire, la diète envoya à Paris trois personnages du plus haut rang, chargés de sonder les dispositions du prince de Ponte-Corvo dans le cas où il serait élu. Le maréchal, n'oubliant pas qu'il était sujet de Napoléon, répondit qu'il ne pouvait disposer de lui-même sans l'autorité de l'empereur. Les députés obtinrent une audience de celui-ci, qui déclara qu'il ne s'opposerait en rien à une élection libre de la diète, qu'il ne voulait exercer aucune influence, et que, si leur choix tombait sur le prince de Ponto-Corvo, il consentirait à son élévation. Quelques publicistes ont inféré de cette circonstance que Napoléon avait puissamment influé sur l'élévation de Bernadotte au trône de Suède. A cet égard ils ont été dans l'erreur. Non-seulement l'empereur fut étranger à cette étonnante nomination, il est même certain qu'elle ne lui fut pas agréable. Mais il ne voulut point faire d'éclat, et deut-être fut-il satisfait de voir s'éloigner un homme qui n'avait jamais été dans son parti, et dont la franchise, en plusieurs occasions, lui avait souverainement déplu. Dans l'audience de congé qu'il donna publiquement au prince royal de Suède, l'empereur le délia de tous ses sermens de fidélité et de ses obligations envers la France. « Vous avez cessé d'être Français, lui dit-il, soyez désormais Suédois, et servez votre nouvelle patrie comme vous servi l'ancienne. Mais j'espère que vous n'oublierez jamais que vous avez été Français, et que vous devez la couronne de Suède à la gloire des armées françaises que vous avez commandées. »

Le prince répondit : « Je serai toujours glorieux d'être né Français, et n'oublierai rien, sire, en devenant sujet d'un monarque étranger. » L'empereur fit remettre un million de francs au prince royal, qui, outre cela, fut obligé de recourir à divers emprunts; le général Gérard, entre autres, lui avança une somme de 500,000 fr. Bernadotte partit ensuite pour Stockholm. A Elseneur, en Danemark, avant de s'embarquer pour la Suède, il renonça à la religion catholique, dans laquelle il était élevé, et embrassa le culte réformé, qui est celui de sa nouvelle patrie, et qui, mettant dans la main d'un seul chef les deux pouvoirs spirituel et temporel, lui paraissait plus en harmonie avec l'unité de gouvernement monarchique. Aussitôt après son arrivée à Stockholm, où il fit son entrée solennelle le 1er novembre 1810, Charles XIII l'adopta pour fils. L'élection constitutionnelle et le vœu de la nation suédoise avaient conféré à Charles-Jean ce qu'il appelait la première de toutes les légitimités; l'adoption en ajouta une seconde, il disait : « ce n'est pas seulement comme fils adoptif de Charles XIII que j'ai reçu la couronne, c'est comme roi élu; c'est là le premier et le plus beau de mes titres à la souveraineté de la Suède ». A cette époque, les relations entre ce royaume et la France parurent très amicales; mais bientôt l'influence anglaise excita dans l'ame du prince royal des mouvemens qui irritèrent son orgueil et son ambition, en lui représentant son attachement à son

du prince, Rossi, fut traduit devant les tribunaux et banni du royaume.

ancienne patrie comme une espèce de déférence aux volontés de Napoléon, dont les vues avaient été jusque-là opposées aux intérêts de la Suède. Le prince royal entra dans la coalition des puissances européennes contre la France, et signa, dans la ville d'Abo, en Finlande, un traité par lequel il s'engageait à entrer en campagne, et à réunir sous ses ordres un corps russe.

Le roi Charles XIII étant tombé malade au mois de mars 1811, Bernadotte prit provisoirement les rênes de l'état, et gouverna le pays avec autant d'énergie que de sagesse et de modération jusqu'au 7 janvier 1812, époque où le rétablissement de son père adoptif lui permit de lui rendre les rênes du gouvernement. A cette occasion, il adressa au roi un compte rendu de ce qui s'était passé pendant la régence. Cette pièce, qui n'a reçu que très peu de publicité, montre que le pays, sous la courte administration du prince royal, et malgré les désastres de la guerre, avait fait de grands progrès, tant sous le rapport industriel et commercial que sous tous les autres. Ainsi le prince royal avait pris des mesures pour encourager et rendre plus générale la culture du lin et du chanvre, pour activer la recherche des sources de sel, pour continuer les défrichemens, pour établir de nouvelles communications intérieures, ainsi que de nouveaux marchés, pour fonder une compagnie pour la pêche du hareng dans la haute mer, pour réorganiser les finances, les douanes, etc., etc. La moisson n'ayant pas été suffisante, le prince avait fait venir de l'étranger de fortes quantités de blés, et les avait fait distribuer gratis aux indigens, ou vendre à très bon marché à des familles peu aisées. Le prince avait en outre créé des hôpitaux, des maisons de charité, des dépôts de mendicité, ainsi qu'une académie centrale d'agriculture; la mission spéciale de ce corps est de donner à l'économie publique et aux connaissances statistiques une impulsion et un encouragement qui les fassent contribuer à la prospérité du royaume, mission que cet utile établissement a remplie; jusqu'à ce jour, avec le plus grand zèle et le plus grand succès. Outre ces précieuses créations, le prince royal avait fait pousser avec activité les travaux des canaux de Gothie et de Sodertelse, qui avaient été arrêtés ou ralentis depuis quelque temps. Enfin, le prince avait établi une garde nationale et opéré de grandes réformes dans l'armée. C'est surtout depuis cette époque que la nation suédoise a conçu un vif enthousiasme pour Charles-Jean, qu'elle regarde en quelque sorte le sauveur de la patrie. On nous assure, et nous n'avons aucun lieu d'en douter, que dans plusieurs contrées de l'intérieur de la Suède, cet enthousiasme s'est changé en une vénération qui approche du culte que l'on rend à l'Être-Suprême. Le nom de Charles-Jean est venu si populaire en Suède qu'on le trouve inscrit partout, dans les livres de prières, dans les registres des commerçans, dans les albums, dans les tablettes, sur les façades des maisons et des chaumières, sur les cheminées, etc., etc., etc. Ce nom est bon, dit le petit bourgeois d'Oerebro ou de Carlscrona; il ne peut me porter que du bonheur!!!

Nous avons dit que le prince royal prit l'engagement de se mettre à la tête d'une armée destinée à agir contre Napoléon. Plusieurs corps, composés de Suédois, de Russes et de Prussiens, montant à environ cent mille hommes, et formant, sous le nom d'armée du nord, l'aile droite de la grande armée d'invasion, furent placés sous son commandement. Cette armée obtint à Gros-Beeren un premier avantage qui fut bientôt suivi par la victoire de Dennewitz, que le prince remporta sur les corps réunis des maréchaux Ney et Oudinot, qui cédèrent, après une glorieuse résistance, à la supériorité du nombre. Ce succès sauva Berlin, que menaçait déjà l'armée française victorieuse à Dresde. Les habitans de la capitale de la Prusse envoyèrent une députation au prince de Suède pour lui exprimer leur reconnaissance; il reçut à la même époque les félicitations de l'empereur d'Autriche et la grand'croix de l'ordre de Marie-Thérèse. Il écrivit alors au maréchal Ney une lettre dans laquelle il l'engageait à user du crédit que son mérite devait lui donner auprès de Napoléon pour déterminer ce prince à accepter la paix honorable et générale que les souverains alliés lui offraient à cette époque. Cette lettre étant restée sans effet, Bernadotte se dirigea, à marches forcées, sur Leipzick ; il y arriva assez à temps pour attaquer, les 16, 17 et 18 octobre (1815), et coopéra au succès de cette dernière journée, si funeste aux armes de la France. Dans le mois de décembre, il entra à Lübeck, et écrivit de cette ville au prince Oscar, son fils, une lettre où respirent les sentimens d'un cœur droit, ami de l'humanité. C'est à cette époque qu'il fit ouvrir une souscription de cent mille francs, en faveur des habitans de Hambourg, que les malheurs de la guerre avaient forcés de s'expatrier. Il poursuivit l'armée française jusqu'au Rhin ; mais il s'arrêta tout à coup devant ce fleuve majestueux qui réveillait dans son âme de si glorieux souvenirs, et parut hésiter à le franchir...... Il entra cependant dans Cologne, d'où il adressa aux Français une proclamation dans laquelle il annonçait que ce n'était point à la France, mais à un gouvernement oppresseur, que les monarques alliés avaient déclaré la guerre, et qu'après l'accomplissement de ses devoirs les plus sacrés envers sa patrie adoptive, toute son ambition serait d'assurer le bonheur de ses premiers compatriotes.

(*La suite à un prochain numéro.*)

JEAN BARTH.

La gravure à laquelle se rattachent ces quelques lignes rappelle à nos lecteurs un trait bien connu de la vie du fameux Jean Barth. On sait que cet intrépide marin était né à Dunkerque (1651) ; son père, simple pêcheur, ne lui avait fait donner aucune instruction, si on désigne par ce mot un ensemble de connaissances littéraires et scientifiques. Jean Barth ne savait pas lire, tout au plus pouvait-il écrire son nom ; mais il avait appris, dès l'enfance, tout ce qui fait le

bon matelot et le brave soldat d'équipage, et plus tard il sut commander à bord d'un vaisseau et diriger une expédition. Les grandes familles se glorifient de tirer leur origine d'un chevalier pieux enrichi et ennobli dans les siècles passés pour quelques bons coups d'épée distribués aux ennemis du roi de France, mais que sont ces preuves de vaillance à côté des exploits qui coûtent la vie à tant de marins. Pour celui qui a vu de sang-froid l'horreur des abordages, les combats à terre semblent un jeu, une sorte de tournois un peu moins inoffensifs que ceux où les chevaliers s'escrimaient jadis devant les belles dames de la cour. A l'intrépidité la plus grande, le marin qui commande aux autres, celui sur lequel porte toute la responsabilité de la conduite du navire et de l'issue du combat, doit joindre des talens de beaucoup supérieurs à ceux des officiers de terre. Les notions communes de grammaire, de calcul et

de physique, dont se compose l'instruction première de nos jeunes aspirans et qui manquaient à Jean Barth, n'étaient presque rien en comparaison des connaissances pratiques qu'il possédait, et des talens supérieurs qu'il montrait comme homme de mer. Aussi Louis XIV sut-il l'apprécier et lui conférer des titres de noblesse ; il avait fait mieux encore en le nommant chef d'escadre trois ans avant de l'avoir ennobli. On sait que Jean Barth fut fait gentilhomme pour la victoire qu'il avait remportée sur l'amiral Hidde. Il était la terreur des marins hollandais qui étaient souvent témoins de l'audace avec laquelle il affrontait les plus grands dangers: On voulut voir Jean Barth à la cour, plutôt comme une bête curieuse, que comme un homme vraiment admirable. On se disait : « Nous allons voir l'ours. » Il vint donc à Versailles en 1694 ; il avait le langage, le ton et les manières d'un matelot, mais sa figure mâle et terrible, son air menaçant, forcèrent au respect les courtisans dont les manières contrastaient étrangement avec les siennes. On lui avait dit qu'il passait pour être avare ; il s'empressa d'acheter un habit de drap d'or doublé de drap d'argent et eut grand soin de le faire remarquer à Louis XIV à sa première réception. Quand le roi lui annonça qu'il venait de le nommer chef d'escadre, il répondit sans façon : « Vous avez bien fait. » Tout le monde connaît la manière éminemment dramatique dont il expliqua au monarque comment il s'y était pris pour se frayer un passage à travers des forces de beaucoup supérieures aux siennes. Il plaça, sans mot dire, quelques uns des seigneurs présens à l'audience, dans des positions qui rappelaient celles qu'occupait la flotte ennemie ; puis tout à coup se ruant sur eux, poussant à droite et à gauche, il renversa en une seconde les figurans fort scandalisés de sa rudesse, et se fit jour jusqu'au roi qui fut, dit-on, fort émerveillé de la clarté de sa démonstration.

AUVERGNE.—LE CHATEAU DE PONT-GIBAUD.

Dans le département du Puy-de-Dôme, (Basse-Auvergne), à cinq lieues nord-ouest de Clermont, sur la grande route de Limoges, on trouve à la chute des Mont-Dôme et des Mont-Dore une riante vallée, sillonnée par une belle rivière, nommée la Sioule. Quand, après avoir franchi de rudes montagnes et de vastes plaines couvertes de laves à peu près stériles, le voyageur arrive en ces lieux, il est tout émerveillé du changement subit qui s'opère à ses yeux : au lieu d'énormes rochers, de genêts, de ronces ou de quelques coudriers qui croissent çà et là dans l'espace qu'il a parcouru depuis la Barraque, près de Clermont, jusqu'à Pont-Gibaud, les prairies de la vallée, d'une fraîcheur délicieuse, d'un aspect vraiment poétique, s'offrent à ses regards enchantés ; le géographe, le simple observateur même ne tardent pas à reconnaître qu'elles sont le résultat du dessèchement d'un lac qu'avaient autrefois formé les laves du Puy de Côme, réunies à celles du Puy de Lauchadière, en barrant le cours de la Sioule. Cette petite rivière y forme aujourd'hui mille sinuosités ; son cours est si calme et si tranquille, qu'au premier abord on ne sait de quel côté elle roule ses eaux. Ses détours infinis forment, en beaucoup d'endroits, des presqu'îles, dont l'une, la plus belle, la plus solitaire, porte le nom de Pré-de-l'Ile.

La vallée, qui s'étend du nord au midi, est terminée, au nord, par la petite ville de Pont-Gibaud, bâtie en amphithéâtre sur la coulée volcanique.

Cette ville n'a rien de remarquable par elle-même, mais sa situation, qui est des plus heureuses, et surtout le magnifique château qui la domine, offrent un tableau ravissant, un des plus beaux points de vue qu'il soit possible de rencontrer. Cette immense construction date, dit-on, du XIVe siècle ; elle forme dans son ensemble une espèce de citadelle où l'on distingue parfaitement la transition de l'ancien mode de fortification à celui que l'on dut adopter depuis l'invention de l'artillerie.

Ce qu'on appelle la tour carrée, qui constitue principalement l'ancien château, puisque toutes les autres constructions sont modernes, est l'ouvrage de la famille *Lafayette*, dont on voit encore les armes sur la porte d'entrée d'une tour intérieure. Les murs sont si solides, que, depuis cinq cents ans, ils n'ont pas éprouvé de graves atteintes des injures du temps. Presque partout ils ont dix pieds d'épaisseur; en beaucoup d'endroits, ils en ont douze, en quelques

(Le Château de Pont-Gibaud.)

autres, jusqu'à quinze. Sur toute l'étendue de la partie qu'on nomme vulgairement le rempars, et qui forme un carré à peu près parfait, règnent de longues plateformes où quatre personnes peuvent marcher de front; elles sont crénelées dans toute leur longueur, de manière que le corps se trouve ainsi à couvert jusqu'à la poitrine; leur élévation peut être de soixante-dix à quatre-vingts pieds. Le donjon, qui est adossé au coin latéral, du côté du levant, s'élève encore à vingt-cinq pieds au-dessus. C'est de là sans doute qu'on observait les campagnes d'alentour, afin de signaler l'approche de l'ennemi, car la vue ne peut être bornée d'aucun côté. C'est un panorama parfait, un panorama à ravir; tous les effets en sont pittoresques.

Du levant au midi se développe majestueusement la chaîne non interrompue des Mont-Dôme et des Mont-Dore. Vue de ce côté, cette double chaîne offre un horizon à souhait pour le plaisir des yeux; aussi plusieurs peintres distingués l'ont-ils jugée digne de leurs pinceaux. A droite, et presque aux pieds du château, on admire ces vastes et verdoyantes prairies dont il a été déjà parlé. Au couchant, la vue s'étend sur des coteaux en pleine culture, où l'on aperçoit de belles touffes d'arbres, près de jolies maisons de campagne.

Une fumée continuelle, que l'on distingue du même côté, et qui semble sortir d'une longue pyramide, fait découvrir les usines où le minerai de plomb argentifère subit toutes les opérations nécessaires pour la séparation de l'argent d'avec son alliage.

Au nord, l'œil plonge dans des gorges sauvages, couvertes de forêts, au fond desquelles se trouvent les mines qu'exploite M. le comte de Pont-Gibaud, et que viennent incessamment visiter une foule de minéralogistes et beaucoup d'autres curieux.

Le château, bâti entièrement en moellons de lave carrés et liés entre eux par un ciment de couleur, présente aux yeux une teinte fort singulière, mais extrêmement agréable. Ces carrés noirs, comme entourés de liserets ou rubans roses, donneraient à penser, à quelque distance, que les remparts, le donjon, et la tour dite du Chevalier, sont drapés d'une étoffe écossaise, d'une légère étoffe imprimée en larges carreaux.

Les bonnes gens du pays affirment que ce château était

autrefois habité par une vieille comtesse, du nom de Brayère dont on voit encore le mausolée dans l'église de Pont-Gibaud, et qui dévorait tous les enfans nouveaux-nés dans la vaste étendue de sa terre, sans même en excepter ceux des gens de sa maison. Ils racontent tout aussi sérieusement comment le cuisinier de cette noble ogresse parvint à la guérir de la *mauvaise habitude* qu'elle avait prise. L'infortuné chef de cuisine était, hélas! devenu père d'un enfant que la châtelaine réclamait déjà pour son dîner. Dans l'espoir de sauver sa progéniture, il se procura un cochon de lait des plus tendres, épuisa tout son art pour donner à ce mets la saveur la plus exquise, et parvint ainsi à tromper la comtesse, qui voulut désormais n'être plus servie que de la sorte. Nous ne nous permettrons pas de mettre en doute l'authenticité de cette chronique de Pont-Gibaud.

Après avoir passé des mains de la famille Lafayette à divers autres possesseurs, le château de Pont-Gibaud fut enfin acquis par M. le comte de Moré, qui y ajouta de magnifiques constructions à la moderne; toutes celles que l'on voit au midi et à l'ouest de la tour carrée sont son ouvrage. De vastes et de superbes jardins furent par ses soins creusés dans le roc, et ainsi conquis sur la lave; des fontaines, de magnifiques jets d'eau surgirent, comme par enchantement, dans des lieux où auparavant l'on n'aurait jamais cru pouvoir en obtenir : tant un goût éclairé, joint à la persévérance, sait opérer de merveilles !

Pendant la révolution, le château fut vendu *nationalement* à plusieurs habitans de la ville, qui se le partagèrent à leur guise, et s'y blottirent à l'envi. Des dégradations eurent lieu en grand nombre; la tour carrée surtout, inhabitée depuis assez long-temps, et presque abandonnée, était exposée à être complètement dégradée par les pluies, qui en sillonnaient les murailles intérieures et endommageaient gravement les voûtes. Tout porte à croire qu'à une époque peu éloignée, l'Auvergne aurait vu tomber en ruines un de ses plus précieux, de ses plus beaux monumens. Heureusement M. le comte de Pont-Gibaud, fils de l'ancien propriétaire avant 89, vient de racheter ce noble et vieux manoir, berceau de son enfance. Ainsi va être conservé aux arts, à l'admiration des étrangers et à celle de la postérité, un de ces gigantesques ouvrages des siècles passés.

DESTRUCTION DE LA FLOTTE ESPAGNOLE
PAR LES ANGLAIS en 1588.

L'année qui suivit l'exécution de Marie Stuart, amena l'événement le plus grand, le plus inattendu, le plus fertile en conséquences heureuses pour Elisabeth et pour son royaume. Excité par une longue suite de provocations et d'injures, le roi d'Espagne, Philippe II, avait résolu d'envahir l'Angleterre. Il fit équiper la flotte la plus formi-

(Galère espagnole fesant partie de l'Armada, 1588.)

dable qu'on eût encore vue sur l'Océan. Cette flotte, surnommée l'*invincible Armada*, se composait de cent cinquante-deux vaisseaux, portait vingt-deux mille hommes de débarquement, et devait prendre encore un nombre supérieur de soldats aguerris qui se trouvaient en Flandre sous les ordres d'Alexandre Farnèse ; douze mille Français, campés sur les côtes de la Normandie, n'attendaient qu'un

(Galion espagnol faisant partie de l'Armada (1588).)

signal pour passer le détroit, Le 1er juin 1588, l'*Armada* sortit du port de Lisbonne. Elisabeth la vit approcher sans terreur, quoique ses moyens de résistance fussent bien inférieurs à ceux de l'attaque ; elle n'avait pas quinze mille matelots ; la ville de Londres arma à ses frais trente-huit bâtimens, dont le plus fort était de trois cents tonneaux ; la reine en équipa trente-quatre, dont un seul, le *Triumph*, portait quarante-quatre pièces de canon. Le reste de la flotte ne montait qu'à quarante-deux navires de bas-bord, incapables d'essuyer le choc des vastes navires espagnols. Mais l'habileté des premiers marins de l'Europe, de Drake, qui brûla jusque dans le port de Cadix une division de la flotte espagnole, de Hawkins, de Frobisher, et un auxiliaire sur lequel les Anglais n'avaient pas compté, la tempête, dispersèrent, anéantirent cette expédition gigantesque, dont on sauva tout au plus quarante-six vaisseaux, qui regagnèrent à grand'peine les ports de l'Espagne. « On a comparé, dit » M. Lacretelle, aux triomphes des Romains les fêtes par » lesquelles ce succès fut célébré à Londres, et l'on a cité » la médaille frappée à cette occasion avec la légende *dux* » *fœmina facti*. Si la reine parut oublier en ce moment ce » qu'elle devait à la fortune, ou, pour parler plus exacte- » ment (dit Sainte-Croix) à la Providence divine, le doyen » de Saint-Paul osa le lui rappeler dans un sermon prêché » devant elle, où il avait pris pour texte le verset du » psaume 126 : *Nisi dominus custodierit civitatem*. Elle » sentit l'allusion, et profita de la leçon ; une nouvelle mé- » daille présenta des vaisseaux fracassés par la tempête, » avec l'inscription : *Afflavit deus et dissipantur.* »

On conserve encore à Londres quelques-unes des dépouilles des Espagnols. De ce nombre sont les instrumens de torture dont nous donnons ici la représentation et avec lesquels les Espagnols se proposaient, dit-on, de faire faire connaissance aux Anglais. L'usage de ceux qui sont à gauche se devine au premier aspect : l'un était destiné à serrer les pouces entre deux lames dentelées qu'on rapprochait à l'aide d'une vis ; le second était un collier de fer très lourd, garni de pointes ; le troisième, moins facile à comprendre, serrait dans la partie supérieure la tête du patient,

dans la moyenne ses poignets, et dans l'inférieure ses jambes.

Ce triomphe mit le comble aux prospérités d'Elisabeth, et doubla la force de son despotisme. Le parlement vota les subsides extraordinaires : la nation ne rêvait plus qu'expéditions contre l'Espagne ; la reine elle-même poursuivait Philippe II jusque dans le cœur de la France, en fournissant à Henri IV des secours d'hommes et d'argent. L'abjuration de ce dernier prince parut l'affliger beaucoup, mais sans la détacher de lui. A cette époque, elle lui écrivit la lettre suivante, remarquable par la pensée et par l'élégante précision du style : « Vous m'offrez votre amitié comme a votre sœur ; je sais que je l'ai méritée, et certes à un grand prix ; je ne m'en repentirais pas si vous n'aviez changé de père. Je ne puis plus être votre sœur de père, car j'aimerai toujours plus chèrement celui qui m'est propre que celui qui vous a adopté. » Enfin la mort de Philippe II délivra l'Angleterre du plus dangereux de ses ennemis.

L'implacable haine de Drake contre les Espagnols lui avait valu la confiance d'Elisabeth et d'immenses richesses. Ses ennemis le traitaient de pirate ; mais la reine, pour leur imposer silence, vint à Deptford sur la Tamise, où le vaisseau de Drake était mouillé, dîna à bord et créa chevalier le sujet dont la gloire contribuait à la sienne.

Drake était né à Travistock, dans le Devonshire, en 1545. Un patron de barque lui enseigna les élémens d'un art qu'il devait exercer plus tard comme amiral d'Angleterre. En 1589, Drake commanda la flotte chargée de rétablir don Antoine sur le trône de Portugal ; mais le projet manqua par la mésintelligence de Drake et des troupes de terre. Enfin, dans le cours de l'année 1595, Drake et sir John Hawkins proposent à la reine une expédition dont le succès devait effacer toutes les précédentes ; mais des revers imprévus trompent leurs espérances ; Drake en mourut de douleur et de regret. Ce grand homme était l'idole des marins et faisait de sa fortune le plus noble usage. Il en consacra une partie à la construction d'un aquéduc, long de vingt milles, dans la ville de Plymouth. Le travail dura

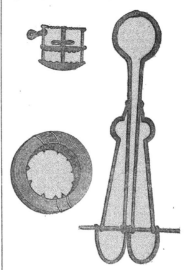

(Instrumens de torture trouvés sur l'Armada.)

dix ans, et, lorsqu'au bout de ce terme, Drake vit couler l'eau devant sa porte, il en fut si joyeux qu'il y trempa, dit-on, son manteau d'Ecarlate.

Au XVIe siècle, les bâtimens n'avaient encore qu'une dimension très bornée; lorsque, le premier, depuis Magellan, Drake fit le tour du monde, il montait un vaisseau de cent tonneaux, et c'était le plus grand de toute sa flotte.

DE LA FÉODALITÉ EN FRANCE.

Premier article.

Gouvernement féodal. — Son origine. — Hérédité des terres. — Vassalité. — Obligations du vassal. — Le clergé. — Les serfs.

Vers la fin de la seconde race de nos rois, dite Carlovingienne, on vit surgir en France un gouvernement inconnu jusqu'alors, et distingué aujourd'hui par le nom de système féodal. Lorsque les seigneurs, les ducs et les comtes, se prévalant de leurs forces et de l'anéantissement de l'autorité royale, s'attribuèrent la propriété des terres qu'ils tenaient dans l'origine de la libéralité du souverain, ils rendirent par ce moyen leurs juridictions patrimoniales et seigneuriales, de royales et amovibles qu'elles étaient auparavant. La faiblesse du plus grand nombre des rois de la seconde race, ces règnes précaires de Louis-le-Bègue, Charles-le-Gros, Louis-le-Fainéant, les désordres qu'excitèrent dans le royaume les déprédations des Normands, race pillarde, qui, sous la conduite d'Hastings, de Sigefroi ou de Rollon, ravageait les beaux pays de la Loire, et s'était montrée jusque sous les murs de Paris, toutes ces causes avaient encouragé les barons à usurper un pouvoir indépendant.

L'élection de Hugues Capet au trône des Carlovingiens fut comme le complément de l'organisation féodale. Un comte de Paris, l'expression de la race du sol, porté par ses pairs à la suzeraineté, au préjudice du légitime descendant, consacrait tous les envahissemens des barons : « Nous te faisons notre roi, laisse-nous nos droits et nos terres. » Tel était le pacte qui unissait le nouveau monarque avec les hauts vassaux de la couronne.

Né de la conquête, le système féodal avait conservé toutes les formes d'une hiérarchie militaire. C'était encore une armée qui campait dans ses châteaux et ses donjons, comme autrefois elle s'abritait sous la tente. Sauf quelques terres libres et perdues au milieu du territoire, tout était fief en France, depuis les plus vastes provinces jusqu'aux champs de quelques arpens. Sous les titres divers de baronnie, châtellenie, vavassorerie, les terres s'enchaînaient les unes aux autres dans un ordre hiérarchique, et de cet ordre, fondement de la société, naissaient les classes, les rangs et jusqu'aux devoirs de la morale publique.

Lorsque les Francs envahirent les Gaules, ils s'emparèrent par la violence d'une grande portion des terres conquises. Ces terres, partagées ensuite entre les conquérans, prirent le nom de terres libres. Les nouveaux propriétaires ne furent soumis à aucune autre charge qu'au service militaire, obligation inhérente à la conquête. A la fin de la seconde race, ces terres étaient toutes devenues héréditaires par des usurpations armées ou par des concessions arrachées à la faiblesse.

La féodalité ayant ainsi embrassé le territoire de l'État, toutes les ressources du prince ne consistèrent plus que dans les débris de son domaine personnel, et dans les obligations qu'imposait la féodalité aux possesseurs des terres : à quelque degré de la hiérarchie que se trouvât le vassal, il devait la foi à son seigneur, s'obligeait de son côté à le garantir contre toute espèce de vexation ; ce lien de la terre était si puissant, que le vassal devait suivre son seigneur, même contre son proche parent. Le contrat féodal s'opérait par l'hommage ; le vassal se présentait nu-tête, revêtu de sa cotte de maille, et, fléchissant un genou, il mettait ses mains dans celles de son seigneur : « Je te fais hommage pour

mon fief comme un loyal vassal. — Je t'accepte, répondait le baron; » et il le frappait sur l'épaule. Selon quelques coutumes, il devait mettre dans ses mains une motte de terre, symbole du fief qu'il lui concédait ; alors le vassal disait : « Je deviens votre homme de ce jour et avant, de vie et de membres, et vous serai féal et loyal. »

Le service militaire sous la bannière du seigneur était réglé en proportion de l'importance du fief; le vassal, astreint aux devoirs les plus rigoureux de la féodalité, devait suivre son supérieur dans tous les lieux où il plantait sa bannière et pendant toute la saison ; les fiefs ordinaires n'étaient obligés qu'à un service de quarante jours. Les vieux vassaux de plus de soixante ans, les femmes, les filles et les enfans en bas âge, étaient dispensés de suivre le gonfanon de leur seigneur, mais tous devaient fournir des hommes pour les remplacer ou payer une indemnité. Les vassaux devaient aussi des aides d'argent à leur seigneur, en quatre cas, spécialement désignés par les formules féodales : 1° à son départ pour la Palestine; 2° lorsqu'il mariait sa sœur ou son fils aîné; 3° quand le seigneur chaussait à son fils les éperons de chevalier ; car il faisait alors force dépenses de tournois; 4° enfin, la rançon pour le rendre à la liberté, lorsqu'il gémissait captif chez les infidèles ou dans le donjon d'un châtelain ennemi.

Une multitude d'obligations bizarres étaient quelquefois imposées au vassal ; souvent les chartes contemporaines le soumettaient à tenir la bride du cheval de son seigneur lorsqu'il revenait d'une expédition lointaine, ou à soigner son faucon et ses chiens de chasse pendant son absence. Plusieurs châtelains des environs de Paris avaient exigé de leurs vassaux qu'ils vinssent baiser la serrure du fief dominant; les serfs de Bantelu devaient battre l'eau des fossés de la grande tour lorsque la dame de Maugin était en mal d'enfant; il fallait fournir au comte d'Auge un rasoir par chacun mois de l'année ; dans le fief du Maine, plusieurs villains devaient, comme protestation de leur foi, contrefaire les ivrognes et chanter une gaie chanson à la dame de Liveral. Souvent même les nobles hommes s'obligeaient, à raison de leurs fiefs, à des services domestiques envers leurs barons; ils devenaient échanson, maréchal, écuyer; et tel était l'enthousiasme pour le régime féodal, que les seigneurs se donnaient, entre eux, à titre de fiefs, des troupeaux, des hommes d'armes et jusqu'à des ruches d'abeilles.

Quelques classes particulières sortaient de ce vaste système, et étaient soumises à des coutumes spéciales. En tête se trouvait le clergé. Depuis la conquête des Gaules par les barbares, une lutte s'était engagée entre deux élémens, la force matérielle et la force morale, intelligente; l'une était les vaillans guerriers qui se partageaient les terres; l'autre force était le clergé, qui parlait au nom du ciel. Ce conflit entre des influences si diverses dura depuis le VIIe siècle jusqu'au Xe. Les annales des Mérovingiens et des Carlovingiens sont toutes remplies des querelles et des envahissemens respectifs des guerriers sur les clercs et des clercs sur les guerriers : les uns agissaient par la saisie violente des terres ou des richesses des cathédrales et des monastères ; les autres se vengeaient par les excommunications. Dans ces temps d'ignorance et de confusion, souvent Burchard, à la longue barbe, seigneur de Montmorency, les sires de Montlhéry et de Nanterre, avaient fait trembler les églises du voisinage; l'abbaye de Saint-Denis elle-même avait vu les hommes d'armes du sire de Montmorency, et les voûtes du monastère retentirent plus d'une fois du bruit de leurs longs éperons de fer; vainement les abbés de Saint-Denis et l'évêque (1) de Paris avaient lancé les foudres de l'excommunication contre ces barons hautains.

(1) Le chef du diocèse de Paris avait alors le simple titre d'évêque. Ce ne fut que dans le XVIIe siècle, et par une bulle du pape Grégoire XV, en date de novembre 1622, qu'ils furent autorisés à s'intituler archevêques.

Cependant, au xe siècle, le triomphe de l'Eglise était presque complet; cette grande institution conservait des formes consacrées, des maximes invariables; la féodalité guerrière, au contraire, n'était qu'un amas de forces morcelées, sans pensée commune. D'ailleurs, quel pouvait être l'ascendant du baron qui, la veille, avait pillé le monastère, et le lendemain, presque toujours prosterné au pied d'une châsse bénite, demandait pardon aux saintes reliques de ses grandes offenses envers Dieu, et accablait les pieux reclus d'offrandes, en expiation de ses péchés.

La cour de Rome exerçait alors une domination indirecte sur les princes. Aussi, quand deux barons étaient en guerre, c'était notre Saint-Père le pape qui ordonnait les trèves, qui réglait les différends. Le roi Jean d'Angleterre, se voyant pressé par Philippe-Auguste, eut recours à Innocent III, lequel écrivit qu'il se sentait obligé par le commandement de Dieu de dénoncer le roi de France pour idolâtre et publiait s'il ne justifiait de son droit devant lui : « car encore, écrivait-il, qu'il ne m'appartienne pas de juger des fiefs, toutefois j'ai droit de connaître du péché. »

Du système féodal naissait l'état des personnes. Les classes se formaient par la hiérarchie des fiefs, depuis le baron possédant de vastes provinces, jusqu'au chevalier qui avait vendu sa terre, ou que la coutume rigoureuse avait dépouillé en faveur de l'aîné.

La classe la plus infortunée et la plus nombreuse, au milieu de cette société imparfaite, était celle des serfs, race méprisée, que les lois féodales considéraient comme *bêtes en grange et oiseaux en cage.* Les malheureux esclaves étaient alors une vraie dépendance de la terre: leur propriété se transmettait avec celle du sol. Autour du donjon, de la grande tour et de la châtellenie, on voyait une multitude de cabanes couvertes en bois. Là, tous rangés près d'un large foyer, les serfs reposaient leurs corps fatigués par les travaux du jour; dès que la cloche du monastère avait sonné matines, et que les rayons de l'aurore avaient doré l'horizon, le serf, revêtu d'une buré grossière, se rendait dans les champs voisins; les uns défrichaient la terre, les autres semaient le grain; d'autres, attachés à la charrue, traçaient un pénible sillon. Le cruel majordome, armé d'un fouet aigu, les excitait au travail. Lorsque midi arrivait, le serf pouvait se livrer au repos et à la prière; puis il reprenait la hache ou la cognée jusqu'à la cloche du soir. Le seigneur possédait sur lui toute espèce de droits.

La religion, les coutumes locales accordaient néanmoins quelque protection au serf : si son seigneur était convaincu d'avoir troublé son ménage, s'il le frappait d'un instrument qui ne fût point en usage dans les travaux auxquels le serf était occupé, sur-le-champ il devenait libre; quelquefois aussi le malheureux esclave, battu par son maître, fuyait vers l'église du voisinage, et là il pressait les autels de la Vierge ou du patron de la contrée, qui le mettait à l'abri de toutes poursuites.

[HALTE D'UNE CARAVANE.

La gravure qui termine cette page, se rattache à l'article que nous avons donné (page 100, première année) sur les caravanes dont les haltes sont parfois égayées par la danse, cet art favori des orientaux. Nonchalamment assis près de leurs chameaux, les marchands de la caravane se délassent des fatigues et de l'ennui du voyage; les uns fument, les autres achèvent gravement leur repas, et jouissent autant à la vue de ce spectacle que le font les amateurs parisiens à la première représentation des plus beaux ballets de l'Opéra.

(Halte d'une caravane.)

Paris. — Imprimerie de H. Fournier, rue de Seine, 1, r 14.

GUERNESEY.

(Une vue de Guernesey.)

A quelques lieues des côtes de la Normandie, se trouvent plusieurs îles possédées depuis longues années par les Anglais, et parmi lesquelles Jersey et Guernesey occupent le premier rang. Nous avons déjà donné quelques détails à nos lecteurs sur la première et sur son antique château (1).

Aujourd'hui, nous appellerons leur attention sur la seconde, que les rois de France ont plusieurs fois tenté, mais en vain, de ravir aux Anglais.

Guernesey appartient, depuis la conquête, à la couronne d'Angleterre; mais le roi n'y exerce son autorité que comme ancien duc de Normandie; aussi le pouvoir législatif réside-t-il dans le roi et son conseil, et non dans le par-

(1) Voyez première année, page 205.

lement. Les autorités judiciaires et exécutives, réunies, sont désignées sous le nom d'assemblées des états; elles consistent en un bailli, douze jurats, un procureur-général, de la cour royale, huit recteurs de paroisse, deux constables et cent trente-deux douzainiers. Le vote des impôts appartient à ce qu'on appelle les états de délibération; cependant, pour opérer les levées ordonnées par ce corps, il faut en appeler au roi, excepté dans les cas urgens. Le code qui est en vigueur à Guernesey est très imparfait, et paraît une compilation mal entendue des anciennes lois normandes ou bien de l'ancienne aristocratie féodale. Le roi homme le gouverneur militaire de l'île.

Les habitans de Guernesey ont beaucoup plus de ressemblance avec les Français qu'avec les Anglais; leur costume, leur manière de vivre, leurs meubles et leurs instrumens d'agriculture sont à la française; cependant, dans la haute classe, tous ces objets subissent des changemens par le commerce fréquent avec les Anglais. Toute la population parle le français-normand un peu corrompu; la classe élevée parle seule l'anglais et le français d'aujourd'hui correctement.

Une médiocrité qui approche de la pauvreté est le partage de presque tous les habitans. Les fermes sont en général petites, et les maisons des paysans assez misérables; chaque chaumière possède, dans un coin de la chambre de réunion, ce qu'on y appelle un lit vert; c'est un endroit élevé d'environ dix-huit pouces, et couvert de feuilles sèches, sur lequel la famille reste souvent sans rien faire.

Le commerce de Guernesey est peu important; beaucoup d'habitans se livraient activement à la contrebande avant les actes rigoureux qui parurent en 1805 et en 1807 pour la réprimer; cette contrebande est, au reste, bien loin d'être aujourd'hui détruite. Les navires de Guernesey sont employés soit au commerce des colonies espagnoles et portugaises et à celui de diverses parties du continent, soit à la pêche au banc de Terre-Neuve. Les productions de l'île suffisant à peine à la consommation de ses habitans, permettent peu d'exportations; tout au plus peut-on mentionner quelques vaches qu'on envoie en Angleterre, ou des blocs de granit bleu qui servent au pavage, comme ceux de la Normandie qu'on emploie aujourd'hui à Paris et dans quelques autres villes.

Un peu avant la chute de l'empire, Guernesey n'avait qu'une importance commerciale à peu près nulle; mais, depuis cette époque, l'étendue de ses relations commerciales et le nombre de ses habitans ont pris un grand accroissement. Les paquebots à vapeur, qui mettent régulièrement cette île en communication avec l'Angleterre, y amènent chaque jour quelque nouvel hôte qui vient y chercher une existence moins sujette aux privations que sur le sol des trois royaumes unis. Souvent ces émigrans, que conduit l'économie, passent de Guernesey dans la Normandie, dont le séjour n'est pas plus coûteux, et qui leur offre un grand nombre de résidences agréables dans des genres peu différens. Comme la majeure partie de la Normandie, Guernesey repose sur le granit. Son sol, abondamment arrosé, est, dans les terrains bas, riche et fertile, surtout en pâturages. Sur les hauteurs, les moissons sont superbes, et les rochers même les plus ardus sont couverts de verdure jusqu'à leur sommet. La boisson commune du pays est le cidre qu'on y fabrique en grande quantité.

Le climat de Guernesey est très doux et très favorable à la végétation; le myrte et le géranium y croissent en pleine terre; avec un peu de soin, l'oranger y donne des fruits en hiver, et le figuier y devient superbe. Malheureusement cette île est privée de bois. — Un des végétaux les plus modestes en apparence, mais des plus utiles pour ses habitans, est le varec, plante marine dont nous extrayons la soude, base du savon, et qui leur sert tout à la fois de combustible et d'engrais.

Les chevaux sont chétifs, mal soignés, à Guernesey; mais la chair et le lait des vaches de cette île sont en grande réputation auprès des Anglais. Les porcs y fourmillent et donnent un lard recherché par les marins. La pêche fournit aux habitans une nourriture abondante dans presque tous les temps; elle produit des maquereaux, des merlans, des plies, d'énormes anguilles de mer, des soles, des mullets, et une foule d'autres poissons.

Guernesey n'occupe [qu'un peu plus de onze lieues carrées. Sa forme est celle d'un triangle. Les côtes sont bordées de rochers, d'écueils et d'îlots, et présentent un grand nombre de criques et de petits ports. La marée s'y élève à trente-deux pieds de hauteur, et les nombreux courants qui régnent tout à l'entour rendent la navigation fort difficile dans son voisinage.

St.-Pierre est la seule ville et le chef-lieu de Guernesey. Cette île compte dix paroisses. On y voit très peu de catholiques romains. Les calvinistes et les méthodistes y dominent. On y trouve aussi beaucoup de quakers qui s'y sont établis en 1782. Trente milliers d'habitans environ composent sa population; dans ce nombre nous comprenons deux mille marins ou étrangers qui n'y ont pas d'établissement. —

SUPERSTITIONS DES NÈGRES DE GORÉE.

LE MAMA-COMBO.

Ainsi que dans tous les pays peuplés de nègres libres ou esclaves, la superstition est poussée, sur la côte de Gorée, à un point beaucoup plus extravagant que partout ailleurs. Avec une teinte plus sombre, elle est encore plus dangereuse dans ses effets et donne lieu ou sert de prétexte à des crimes dont les blancs, souvent aussi avilis que les nègres qui les entourent, sont quelquefois eux-mêmes les victimes. Les Marabouts, ou prêtres noirs mahométans, qui exploitent cette mine, en ont fait une source abondante de richesses; formant un corps puissant et entièrement séparé du reste de la population, ils exercent sur elle, comme sorciers et médecins, un empire sans bornes; leurs coups, frappés dans l'ombre, sont précédés et suivis du plus grand secret, et jusqu'ici la surveillance active des autorités de nos colonies d'Afrique n'a pu arrêter le cours, ni découvrir les traces des empoisonnemens et des meurtres commandés par cette espèce de tribunal secret.

Le sanctuaire d'où partent ces terribles arrêts est dans une forêt à quelques lieues de terre, au pied d'un baobab énorme qui couvre de ses antiques branches l'habitation du grand marabout; ce lieu redouté a pour nom le grand arbre. Malheur à celui qu'un ennemi caché a voué à sa vengeance, aux dépens de sa propre fortune! il doit, après avoir vu sa famille entière décimée lentement par le fer ou le poison, en tomber lui-même la victime, à moins qu'il ne s'empresse de déposer entre les mains des prêtres, au premier avis secret que ceux-ci lui font donner, la rançon à laquelle il fut condamné; à ce prix il connaît son ennemi et peut, à son tour, en faisant de nouveaux sacrifices, le vouer aux mêmes malheurs. Ces transactions criminelles, ténébreuses, souvent sans fin, sujet éternel de vengeances entre les familles, enrichissent les marabouts et les font vivre dans l'oisiveté aux dépens de la population abrutie.

Pour soutenir leur puissance, aucun moyen ne les effraie; on a vu fréquemment, dans la colonie de Saint-Louis, sur le Sénégal, des incendies annoncés d'avance, faire disparaître des individus désignés et dévorer des quartiers habités par les nègres qui, victimes soumises, n'osaient même pas désirer d'être vengés.

On pensera avec raison que la religion catholique n'a dû faire que peu ou point de prosélytes au milieu d'une population que la crainte et la superstition tiennent attachée à la croyance de ses pères, mélange de mahométisme et d'idolâtrie. En effet, on ne compte de chrétiens que dans les familles de couleur; mais à la multitude d'amulettes achetées à prix d'or aux marabouts, et dont leurs cols sont garnis, à leur extrême vénération pour le grand arbre et les sorciers, on ne peut concevoir qu'une bien faible opinion de la solidité de leur foi, et combien d'Européens leur donnent eux-mêmes l'exemple du plus dégoûtant abrutissement !

Parmi les nombreux usages que la superstition a établis depuis un temps immémorial sur cette partie de l'Afrique, il en est plusieurs qui, pour présenter un côté plaisant, n'en ont pas moins celui de l'arbitraire exercé par un pouvoir mystérieux. Le moyen employé pour entretenir, sinon la concorde, du moins la paix, parmi les femmes dans des contrées où la polygamie est permise, se fait remarquer par sa singularité.

Le *Mama-Combo* est la terreur des femmes ; elles n'osent regarder sans effroi ce mannequin de grandeur colossale, fait d'écorce d'arbre, peint de différentes couleurs, et ordinairement pendu à un arbre à petite distance du village ; son chef est couvert d'un énorme bonnet pointu, orné de figures magiques ; une longue robe à vastes manches compose le reste de l'habillement. C'est au commencement de la nuit, sur la place où se rassemblent les habitans, que *Mama - Combo* fait son apparition; plusieurs marabouts l'accompagnent. Les chants et les danses cessent tout à coup, les jeunes gens se rangent respectueusement sur son passage, au-devant duquel les vieillards vont en souriant; les femmes et les filles, tremblantes, interrogent leur conscience et rappellent le passé. Malheur à celle qui, jalouse de ses compagnes ou voulant être maîtresse au logis, en a troublé la tranquillité plusieurs fois ; bientôt l'effrayante voix de *Mama-Combo* l'appelle devant son tribunal; l'exécution suit la sentence, et la baguette du juge inconnu inflige à la coupable, en présence de ses compagnes, une punition cruelle et rendue encore plus honteuse par les huées et les sarcasmes, pires encore que la douleur. La cérémonie terminée, tout rentre dans l'état accoutumé ; *Mama-Combo* disparaît, et le jour le retrouve pendu à la place qu'il occupait au précédent coucher du soleil. Ce rôle, entouré d'un secret inviolable, sous peine de mort, pour tous les autres hommes, est rempli successivement par les membres d'une association cachée dont les arrêts viennent effrayer la population. La baguette du juge redouté est parfois remplacée par le glaive qui frappe de mort l'ambitieux trop faible pour résister au pouvoir qu'il a voulu attaquer, ou trop fort pour en être épargné. Accusé de sorcellerie au moment où il était sans défiance, il tombe, frappé par une main inconnue, sans que ses amis effrayés osent même venir à son secours.

Sans doute que le glaive de *Mama-Combo* choisissait déjà ses victimes au milieu de la sauvage population de l'Afrique, alors même que les poignards des francs-juges répandaient la terreur sur les bords du Rhin. Combien de fois, en visitant les peuples sauvages, n'ai-je pas été étonné des rapprochemens qu'offraient leurs coutumes, leurs superstitions, avec celles de nos ancêtres dont les vieilles chroniques nous rappellent le souvenir; et ne retrouve-t-on pas encore maintenant, dans les classes inférieures de la société européenne, la même ignorance, la même férocité, les mêmes préjugés enfin, que chez les peuples incivilisés de l'Afrique ou de la mer du Sud !

ANCIENNES COUTUMES DE FRANCE.

MAITRISE.

On entendait par maîtrise le droit d'être *maître* et d'exercer une profession dans les corps des marchands et des communautés d'arts et métiers. Le nombre en était limité pour chaque profession, et on ne pouvait être reçu maître qu'après plusieurs années d'apprentissage et de service comme garçon, et après avoir payé le brevet et la maîtrise.

Pour être marchand de draps (1), il fallait trois ans d'ap-

(1) Arrêt du conseil, de 1681.

prentissage, deux ans de service en qualité de garçon ; le brevet coûtait trois cents livres et la maîtrise environ trois mille livres. Pour être orfèvre, l'apprentissage était de huit ans, le brevet coûtait cent quatre-vingt six livres et la maîtrise mille trois cent cinquante livres. Pour être apothicaire, l'apprentissage était de quatre ans et six ans de service comme garçon ; le brevet d'apprentissage coûtait quatre-vingt six livres et la maîtrise cinq à six mille livres. Pour être bouquetière (1), l'apprentissage était de quatre années et deux ans de service chez les maîtresses bouquetières ; le brevet coûtait trente livres et la maîtrise cinq cents livres. Pour être savetier (2), l'apprentissage était de trois ans et quatre ans de compagnonage ; le brevet coûtait quinze livres et la maîtrise trois cent soixante livres avec chef-d'œuvre.

Colbert disait à Louis XIV (3) : « La rigueur qu'on tient dans la plupart des grandes villes de votre royaume pour recevoir un marchand, est un abus que votre majesté a intérêt de corriger ; car il empêche que beaucoup de gens ne se jettent dans le commerce où ils réussiraient mieux souvent que ceux qui y sont. Quelle nécessité y a-t-il qu'un homme fasse apprentissage? Cela ne saurait être bon tout au plus que pour les ouvriers, afin qu'ils n'entreprennent pas un métier qu'ils ne savent point; mais les autres, pourquoi leur faire perdre le temps ? pourquoi empêcher que des gens qui ont quelquefois plus appris dans les pays étrangers qu'il n'en faut pour s'établir, ne le fassent pas, parce qu'il leur manque un brevet d'apprentissage ? Est-il juste, s'ils ont l'industrie de gagner leur vie, qu'on les en empêche sous le nom de votre majesté, elle qui est le père commun de ses sujets, et qui est obligée de les prendre en sa protection ? Je crois donc que quand elle ferait une ordonnance par laquelle elle supprimerait tous les règlemens faits jusqu'ici à cet égard, elle ne ferait pas mal. »

Dans des momens où le trésor royal avait des besoins pressans d'argent, l'esprit de fisc, dérogeant aux ordonnances, avait imaginé de vendre des *maîtrises sans qualité*, c'est-à-dire de vendre à des gens qui n'avaient point fait d'apprentissage, et sans examen préalable sur leur capacité.

GALILÉE § Iᵉʳ.

Galilée naquit en 1564, à Pise, d'une famille noble, mais nombreuse et sans fortune. Dès sa plus tendre enfance il montra une aptitude singulière pour les inventions mécaniques, imitant avec une adresse infinie toutes sortes de machines et en imaginant de nouvelles qu'il perfectionnait sans cesse tant qu'il n'eût le plaisir de les voir marcher et opérer suivant son désir. Son père, Vincent Galilée, ne put lui donner qu'un maître fort vulgaire, mais le jeune Galilée sentant la difficulté de sa position, entreprit d'en sortir à force de travail. Il devint bon littérateur, et son père lui apprit l'art de la musique, qui procura dans la suite à Galilée d'utiles délassemens au milieu de ses travaux sérieux.

Quand Galilée eut atteint dix-huit ans, son père songea à lui donner un *état* ; comme Mallebranche (4), son esprit était porté vers les sciences ; les calculs de l'intérêt ne le préoccupaient que fort peu, mais il lui fallait faire connais-

(1) Lettres-patentes enregistrées au parlement en 1677. — Par arrêt du 25 juillet 1736, il était fait très expresses inhibitions et défenses à toutes personnes qui n'étaient pas reçues maîtresses bouquetières, de vendre, débiter et colporter aucunes fleurs ni bouquets dans aucuns lieux de la ville et faubourgs de Paris, à peine de 500 livres d'amende et de confiscation.

(2) Lettres - patentes de Charles VII, réformées, renouvelées et confirmées par plusieurs de nos rois jusqu'à Louis XIV en 1659, par lettres-patentes enregistrées au parlement.

(3) Testament politique, chap. XV.

(4) Voyez page 111.

ance avec le monde en luttant contre le besoin, et comme Mallebranche, on en fit un médecin.

Les doctrines enseignées alors dans les écoles étaient celles que l'on avait cru emprunter à un des plus grands philosophes de l'ancienne Grèce, le précepteur d'Alexandre-le-Grand, Aristote, vaste génie qui a embrassé dans ses écrits la littérature, la philosophie, les mathématiques, la physique et l'histoire naturelle; Aristote avait dû nécessairement, attendu les faibles progrès qu'avaient faits de son temps les sciences, commettre de nombreuses erreurs dans l'explication des phénomènes naturels; en second lieu, les opinions qu'il avait exprimées dans ses ouvrages étaient encore plus mal comprises par les universités, à l'époque où vivait Galilée, qu'elles ne le sont aujourd'hui par le commun des professeurs, de sorte que l'enseignement public était un ramassis de doctrines absurdes ou inintelligibles.

La raison droite et puissante de Galilée se révolta dès l'abord contre cet enseignement; il essaya de lutter contre

(Tombeau de Galilée.)

l'erreur dans les discussions publiques des universités, mais il ne parvint qu'à se faire conspuer comme esprit faux et disputeur. A la même époque à peu près, deux autres génies du premier ordre, Descartes et Bacon opéraient, l'un en France, l'autre en Angleterre, la grande révolution intellectuelle que Galilée avait commencée en Italie. C'est là le grand caractère de la fin du XVIe siècle.

La première découverte que fit Galilée paraîtra bien simple à la plupart des lecteurs, et cependant elle a eu de grandes conséquences pour les sciences, les arts et la civilisation. Il découvrit un appareil propre à donner une mesure exacte du temps, mesure qu'avant lui on n'obtenait qu'à l'aide d'horloges d'eau ou de sable, incommodes et peu exactes, mesure sans laquelle il n'y a en effet ni progrès dans la plupart des sciences et des arts, ni progrès en civilisation: Galilée observait dans l'église métropolitaine de Pise les balancemens d'une lampe suspendue à la voûte par une longue corde; il crut apercevoir que ce mouvement d'oscillation s'opérait dans un temps toujours le même; il s'assura de la vérité du fait par des expériences réitérées, et alors fut inventé le *pendule* dont se servent aujourd'hui

nos astronomes et qui sert de régulateur à presque toutes les horloges (1).

Jusque-là Galilée n'avait aucune notion des mathématiques, mais comme son père lui disait que le dessin et la musique, qu'il aimait passionnément, avaient pour bases la géométrie, il voulut être et devint promptement bon géomètre, grâce aux leçons que lui donna le professeur de mathématiques des pages du grand-duc de Florence. Ses progrès furent si rapides qu'il attira les regards de Jean de Médicis et du grand-duc Ferdinand, et fut nommé à vingt-cinq ans professeur de mathématiques à l'université de Pise.

Galilée justifia cet honneur par de belles découvertes sur le mouvement; il prouva, ce que bien des gens ont encore peine à comprendre aujourd'hui, que les corps les plus lourds, le plomb, l'or, ne tombent pas plus vite vers la terre que les substances les plus légères, telles que le duvet, les plumes, etc., quand l'air ne gêne pas la chute de ces dernières.

De Pise, Galilée alla à Venise, où le sénat l'accueillit avec tous les égards dus à son admirable talent. Parmi les découvertes qu'il fit à cette époque, il faut mettre en première ligne celle de la lunette astronomique ou télescope, qui porte son nom. On venait d'apprendre à Venise qu'un Hollandais avait fait voir un instrument formé d'un tube garnis de deux verres, à l'aide duquel on discernait avec netteté les objets éloignés. Guidé par cette simple indication, Galilée essaya de produire un effet analogue avec des fragmens de verres, reconnut la possibilité du succès, et peu de jours après présenta au sénat une lunette régulièrement construite, en signalant à la noble assemblée les immenses services que cet instrument devait rendre un jour à l'astronomie et à l'étude de la nature en général.

Un monde nouveau s'ouvrit désormais à Galilée. La lune, qui jusqu'alors n'avait été vue que comme un disque de peu d'étendue, avec quelques inegalités dans l'éclat de sa surface, lui apparut large et brillante avec ses montagnes, ses vallées et son mouvement de rotation sur elle-même. Puis il reconnut les phases de la planète *Vénus;* puis il vit la planète *Jupiter* entourée de satellites, tournant autour d'elle comme la lune autour du soleil; comme la terre elle-même tourne autour de la terre; puis il reconnut les milliards d'astres séparés dont est formée la voie lactée, cette bande blanchâtre que l'œil de l'homme n'avait aperçue que comme une surface continue, avant qu'il fût armé du télescope; puis il étudia les étoiles dites nébuleuses, et enfin, il put observer Saturne, cette étrange planète qu'accompagne un double anneau, d'une immense étendue, qui l'environne sans la toucher; mais Galilée ne put alors reconnaître la véritable forme de cet anneau, et il ne lui apparut que comme un double satellite de la planète. Galilée fit encore beaucoup d'autres recherches dont le détail pourrait paraître ici déplacé.

Le grand-duc de Toscane fut jaloux de posséder à sa cour l'auteur de tant de belles découvertes. Il lui offrit de le nommer son mathématicien extraordinaire, et Galilée eut la faiblesse d'accepter cette proposition. Le sénat de Venise avait à plusieurs reprises accru les avantages dont la république le gratifiait. Il vivait là entouré d'une haute considération, à l'abri de toute inquisition tracassière et libre de professer les opinions scientifiques qui lui semblaient bonnes. Le tribunal secret de Venise ne s'inquiétait pas de la nature de ses doctrines sur le mécanisme du monde; pourvu que le savant respectât le pouvoir temporel de l'aristocratie, l'aristocratie accordait au savant liberté, protection et honneurs. Là, il était inattaquable par les nombreux ennemis que lui avaient faits son mérite et la nouveauté de ses doctrines. Il n'en fut plus ainsi quand une fois il eut quitté Venise.

Désormais nous verrons Galilée poursuivi avec une nouvelle rage par ses ennemis, inquiété par la cour de Rome, qui, dans un moment d'erreur, le condamna comme hérétique,

(1) Cette application du pendule aux horloges fut faite plus tard par Huyghens.

enfin osant à peine se livrer à la recherche de nouvelles découvertes. Il avait professé à la cour de Florence le système de Copernic; pour lui le soleil était le centre immobile du monde que nous habitons; la terre se mouvait autour de ce centre, en tournant chaque jour sur elle-même; cette opinion qui ne détruit en rien l'authenticité et la sainteté de la Bible, fut dénoncée à tort comme une hérésie; le pouvoir du grand-duc de Toscane ne put soustraire Galilée à la juridiction de Rome, et le savant fut cité devant le

sacré tribunal. Dans un prochain article, nous dirons et son jugement et sa condamnation, mais nos lecteurs verront combien il y a loin des faits avoués par l'histoire à ces récits de tortures, d'emprisonnement dans de noirs cachots, dont tant de déclamateurs ont enjolivé l'histoire de Galilée, par esprit d'opposition à l'Église. Il eût été sans doute très pittoresque de représenter, comme on le fait dans tant d'ouvrages, le martyr de la science enchaîné dans un sombre cachot, mais il vaut encore mieux avoir le mérite de l'exactitude.

LES ANCHOIS.

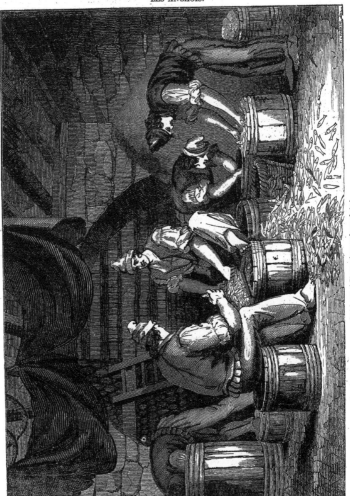

(Pêcheurs siciliens préparant des anchois.)

CARACTÈRE, PÈCHE ET PRÉPARATION DES ANCHOIS.

L'anchois est devenu un des ornemens indispensables des tables bien servies. Plusieurs peuples de l'antiquité en faisaient un très grand cas. La pêche de ce petit poisson se fait en abondance sur les côtes de la Méditerranée, comme dans la rivière de Gênes, dans la Catalogne, et surtout en Provence, à Cannes, à Antibes, à Saint-Tropez, et autres endroits où il s'en fait un commerce considérable.

Les pêcheurs ne prennent jamais les anchois que pendant la nuit, et dans les mois de mai, juin et juillet, époque où ces petits animaux passent en troupes serrées de l'Océan dans la Méditerranée pour aller au levant. Ils aiment beaucoup la lumière, et il suffit d'allumer du feu sur une grille à la poupe du bateau pour en attirer des milliers, qu'on prend sans peine avec des filets. On les mange frais sur les lieux; mais on ne peut les expédier au loin qu'après les avoir salés, et cette préparation, loin de leur nuire, les fait préférer par les gourmets. C'était avec des anchois saumurés que l'on composait le *garum*, cette sauce si estimée des Grecs et des Romains.

Les meilleurs anchois sont petits, fermes, et ont le dos arrondi, ce qui les distingue des sardines, poisson du même genre, mais plats, plus gros et moins estimés des connaisseurs. Pour les conserver, on leur ôte la tête et les entrailles, et on les livre au commerce, rangés dans de petits barils, avec de la saumure en quantité convenable. Les anchois ont la tête longue, le museau pointu; l'ouverture de la bouche très grande; la langue pointue et étroite; l'orifice branchial un peu large; le corps et la queue alongés; la peau mince; les écailles tendres et peu attachées; les nageoires courtes et transparentes; trente-deux côtes de chaque côté, et quarante-six vertèbres. La sardine, qui leur ressemble, a la tête pointue, assez grosse, souvent dorée; le front noirâtre; les yeux gros; les opercules ciselés et argentés; les écailles tendres, larges et faciles à détacher; le ventre terminé par une carène longitudinale, aiguë, tranchante et recourbée; les nageoires petites et grises; le dos bleuâtre; les côtes argentines, et quarante-huit vertèbres.

MARIE STUART.

(Documens historiques inédits.)

Notre but, dans cet article, n'est pas de tracer la biographie de Marie Stuart; les détails de sa vie se rencontrent partout : chacun sait que Marie Stuart était encore au berceau lorsqu'elle fut proclamée reine d'Ecosse; à seize ans, elle devint l'épouse du dauphin de France, qui depuis porta la couronne sous le nom de François II. Après le règne éphémère de ce prince, la jeune veuve, poursuivie par le caractère haineux de Catherine de Médicis, se vit forcée de quitter la France, et on ne lit jamais sans émotion les vers touchans qu'elle composa en s'éloignant des lieux chéris qui avaient nourri son enfance. On sait aussi toutes les tracasseries qu'elle rencontra en Ecosse. Obligée de fuir, elle demande asile à sa cousine Elisabeth, reine d'Angleterre : « Accordez-moi, lui écrivait-elle, protection et secours à titre de princesse malheureuse, de voisine et de proche parente. » Elisabeth, pour toute réponse, la fait conduire de cachots en cachots, et après dix-huit ans d'une captivité rigoureuse, elle la fait décapiter avec le plus horrible sang-froid.

Nous ne reviendrons pas sur tous ces faits si dramatiques. Marie Stuart était catholique, et avait une foi ardente; elle lui sacrifiait son royaume, ses biens, la vie de son fils et la sienne. La reine d'Angleterre, protestante, jalouse et vindicative, devait être son ennemie naturelle; elle se trouva la plus forte, et les prétextes ne lui manquèrent pas pour faire condamner sa rivale. D'ailleurs, que pouvait Marie Stuart en face d'un parlement vendu? Seule et sans amis, sans connaissance des lois, sans habitude des formes judiciaires, sans témoins, sans conseils, que pouvait-elle opposer avec avantage à cette foule de gens de loi ligués contre elle? Et si parmi les juges, elle découvrait deux ou trois amis secrets, c'étaient des hommes surveillés par ses accusateurs, et dont la vie et la fortune dépendaient probablement de leur vote dans cette affaire. Et cependant, en dépit de tant d'inégalité, Marie se défendit elle-même avec esprit et finesse : durant plusieurs jours, elle tint en suspens tous ces hommes qui demandaient sa mort avec un acharnement incroyable.

Jusqu'à ses derniers momens, Marie Stuart ne cessa d'entretenir une active correspondance avec l'ambassadeur d'Espagne à Paris, don B. de Mendoça, représentant officiel du catholicisme armé. Plusieurs de ces lettres sont inédites; elles sont pourtant d'une importance telle, que les publier, c'est rendre un véritable service à l'histoire.

Au mois de septembre 1586, Marie révélait à cet ambassadeur ses projets d'avenir sur la couronne d'Ecosse; elle lui écrivait : « Il y a un point de ce que j'ai réservé d'écrire à vous seul pour le mander de ma part au roi, votre maître (1), sans que autre que lui, s'il est possible, en ait connaissance, c'est que, considérant l'obstination si grande de mon fils (2) en l'hérésie (laquelle je vous assure que j'ai pleurée et lamentée jour et nuit plus que ma propre calamité), et prévoyant sur ce le dommage éminent qui en est pour l'Eglise catholique, par lui venant à la succession de ce royaume, j'ai pris la délibération, en cas que mondit fils ne se réduise avant ma mort à la religion catholique (comme il faut que je vous dise que j'en vois peu d'espérance tant qu'il restera en Ecosse), de céder et donner mon droit par testament en ladite succession de cette couronne au roi votre maître, le priant, moyennant ce, de me prendre en son entière protection, pareillement l'Etat et affaires de ce pays, lesquelles, pour décharge de ma conscience, je ne pense pouvoir mettre en mains de prince plus zélé à notre religion. Je vous prie que ceci soit tenu très secret, d'antant que si ce venait à être révélé, ce serait en France la perte de mon douaire; en Ecosse, l'entière rupture avec mon fils; et en ce pays, ma totale ruine et destruction. »

Cette lettre est une réfutation authentique des longues dissertations de quelques critiques anglais qui ont nié le projet de Marie Stuart, de livrer l'Ecosse au roi d'Espagne. Ce fut le rêve de ses dernières années; elle voulait perpétuer parmi ce peuple de montagnes la religion catholique alors violemment menacée par l'hérésiarque Knox. Quelques heures avant sa mort, tandis que l'échafaud se dresse dans la chapelle tendue de noir, lorsque cette tête de reine va tomber, Marie n'oublie pas cet ambassadeur espagnol dépositaire de ses affections; elle lui adresse la magnifique lettre qu'on va lire, dans laquelle se montre au grand jour son caractère de courage et de résignation.

« Mon très cher ami, comme je vous ai toujours connu zélé en la cause de Dieu, et affectionné à mon bien et délivrance de captivité, je vous ai toujours fait aussi participant de toutes mes intentions; c'est pourquoi je vous ai bien voulu dire ce dernier adieu, étant résolue de recevoir le coup de la mort qui m'a été samedi dernier dénoncée, je ne sais quand ni en quelle sorte; mais pour le moins, vous pouvez louer Dieu pour moi par sa grâce j'ai le cœur de recevoir cette très injuste sentence des hérétiques pour l'honneur que j'estime avoir de répandre mon sang à la requête des ennemis de son Eglise, laquelle ils m'honorent tant de dire qu'elle ne peut subsister sans subversion, moi vivante, et l'autre point, que leur reine ne peut régner en sûreté au même cas; pour lesquelles conditions j'ai sans contredit accepté l'honneur qu'ils me déférairent; tant comme très zéleuse en la religion catholique, pour laquelle j'ai publiquement offert ma vie, que parce que je n'avais

(1) Philippe II.

(2) Jacques VI, roi d'Ecosse, depuis roi de la Grande-Bretagne sous le nom de Jacques Ier.

fait nulle poursuite ni actes pour ôter celle qui est en place. Ils m'ont dit que j'avais beau faire, que je ne mourrai pas pour religion, mais pour avoir voulu faire meurtrir leur reine, ce que je leur ai nié comme très faux : aussi n'ai-je jamais rien attenté de tel. Ce porteur m'a promis de vous conter comme j'ai été traitée rigoureusement par ceux-ci, et mal servie d'autres, qui n'auraient pas dû tant montrer leur crainte de la mort en si juste querelle. Tant-il y a qu'ils n'ont su tirer de moi, sinon que j'étais reine libre, catholique et obéissante à l'Eglise, et que pour ma délivrance, j'étais obligée, l'ayant cherchée par bons moyens sans la pouvoir obtenir, de ne me la procurer ni consentir par les moyens qui m'étaient offerts. On me menace si je ne demande pardon, mais je dis que puisque déjà ils m'ont destinée à mourir, qu'ils passent outre en cette même volonté. J'ai demandé un prêtre, je ne sais si je l'aurai; ils m'ont offert un évêque des leurs, je l'ai refusé tout à plat. Croyez ce que ce porteur vous dira, et ces deux pauvres filles qui ont été les plus près de moi; ils vous conteront la vérité; je vous prie la faire publier, car je crains qu'ils la fassent donner tout autre. Vous recevrez de moi un diamant que j'avais cher pour être celui dont le feu duc de Norfolk m'obligea sa foi, et que j'ai toujours porté quasi; gardez-le pour l'amour de moi. Je ne sais si j'aurai congé pour faire testament; je l'ai requis, mais ils ont tout mon argent. Dieu soit avec vous! Adieu encore une fois. Je vous recommande mes pauvres destitués serviteurs; et priez pour mon ame. »

De pareils monumens historiques ne doivent pas être perdus pour la postérité; aussi est-ce avec un respect religieux que nous avons reproduit ces éloquentes paroles, nobles accens d'une ame fortement trempée, d'une reine qui porta héroïquement sa tête sur le billot, dévouée qu'elle était à la foi de ses pères. Rien de plus sublime que les derniers momens de Marie Stuart, et nous allons emprunter quelques passages à un récit contemporain qui existe encore en manuscrit.

« Melvin, premier maître d'hôtel de la reine d'Ecosse, larmoyant à ses côtés, elle lui dit avec émotion : Mon cher Melvin, vous vous devriez plutôt réjouir que pleurer à cause que la fin des troubles de Marie Stuart est venue. Tu sais, Melvin, que tout ce monde n'est que vanité et misères. Porte des nouvelles de moi et dis à mes amis que je meurs vraie femme en ma religion, et comme une vraie Ecossaise et vraie femme française; et Dieu veuille pardonner à ceux qui ont de long-temps désiré ma fin. Puis elle se dirigea et monta sur l'échafaud qui lui était préparé dans la grande salle, lequel avait deux pieds de haut et douze pieds de large, tendu et couvert de noir; et là était une selle basse et un long coussin, avec un billot de bois aussi couvert de noir; elle s'aida d'elle-même à se déshabiller, ce qu'elle faisait en diligence, comme si elle avait eu envie d'être dépêchée. Durant le temps qu'on lui tira ses habits, elle ne changea jamais de contenance; elle dit même qu'elle n'avait jamais ni tels serviteurs pour la déshabiller, et qu'elle n'avait jamais dépouillé ses vêtemens devant telle compagnie. Elle fit ensuite ses prières en latin sur un crucifix qu'elle tenait en ses mains, et s'agenouilla sans aucune appréhension de la mort, disant ce psaume à haute voix : *In te, Domine, speravi, non confundar in æternum*; puis, tâtant pour trouver le billot, elle coucha sa tête, mettant son menton par-dessus, avec ses deux mains sous son menton, comme si elle eût voulu prier, qui eussent été

coupées si on ne s'en fût aperçu. L'un des exécuteurs la tenant légèrement d'une de ses mains, elle endura deux coups de l'autre exécuteur avec une hache, ne remuant nullement de la place où elle s'était couchée. La tête coupée, l'exécuteur la leva pour la montrer à toute l'assemblée, disant : Dieu sauve la reine! Lors sa coiffure tombant, sa tête apparut toute grise; sa face, en un moment, fut tellement changée, que peu eussent pu la reconnaître au regard de ce qu'elle était en vie. Puis M. le doyen dit à haute voix : Ainsi périssent tous les ennemis de la reine! Et le fanatique comte de Kent ajouta : Ainsi périssent encore tous les ennemis de l'Evangile! »

Pas une autre voix ne se fit entendre pour y répondre : l'esprit de parti avait fait place à l'admiration et à la pitié.

ÉPHÉMÉRIDES.

1er mars 1808. — Bonaparte créa une nouvelle noblesse.

4 mars 1519. — Fernand Cortez débarque sur la côte du Mexique.

9 mars 1807. — Les Juifs sont admis en France à la participation des droits civils et politiques.

16 mars 1790. — Abolition des lettres de cachet. — 1810. La rente parvient à 88 francs 90 centimes, taux le plus élevé qu'elle ait atteint sous l'Empire, et de beaucoup inférieur au taux actuel.

23 mars 1682. — Déclaration du clergé de France sur la distinction du pouvoir spirituel de l'église et du pouvoir temporel du chef de l'état.

24 mars 1529. — François Ier crée le collège de France.

4 mars 1803. — Le comte de Lille, depuis Louis XVIII, repousse la proposition que lui avait faite un agent de Bonaparte abandonner ses droits à la couronne de France.

31 mars 1814. — Capitulation de Paris menacé par les armées étrangères.

FRANCE.

LE CHATEAU DE PLESSIS-LES-TOURS.

Louis XI, après s'être fait sacrer à Reims, le 15 août 1461, ne séjourna que fort peu de tems à Paris, d'où il se dirigea sur la Touraine, où il avait résolu d'établir sa cour. La trop grande population de la capitale lui portait ombrage; il ne s'y croyait pas en sûreté. Il aurait pu fixer sa résidence dans les châteaux de Tours, d'Amboise, de Loches ou de Chinon; mais il aima se créer une demeure toute nouvelle. En conséquence, il acheta de Hardoin de Maillé, son chambellan, par contrat du 15 février 1465, la terre des Montils-les-Tours, moyennant la somme de 5,500 écus d'or (environ 50,000 francs). Il changea le nom des Montils en celui du Plessis, et y fit bâtir le château connu dans l'histoire sous cette dénomination. Ce palais n'avait rien de remarquable, ni dans ses distributions, ni dans son architecture, et ne doit sa célébrité qu'au séjour de Louis XI, dont il retraçait du reste assez bien par sa structure les goûts simples et le caractère ombrageux. Converti, vers 1778, en un dépôt de mendicité, ce château fut aliéné à l'époque de la révolution, qui n'en reste aujourd'hui qu'une très faible portion, qui ne peut plus offrir aucune idée de ce qu'il était dans l'origine. Ces débris du palais d'un despote farouche, étaient devenus, il y a peu d'années, et sont peut-être encore maintenant la propriété d'un citoyen, qui, pendant vingt ans, a combattu pour la liberté de son pays, et qui s'est rendu, aussi cher à ses amis par l'aménité de ses mœurs, que le monarque s'était rendu odieux à ses sujets par ses vengeances et ses proscriptions.

Au commencement de son règne, Louis XI tint au château du Plessis une assemblée des prélats et principaux seigneurs du royaume, sous prétexte de prendre leur avis sur les moyens de remédier au mécontentement qui se manifestait de toutes parts contre l'administration de l'État; en réalité, son but était de sonder leurs intentions et de voir face à face ses amis et ses ennemis. Dans cette assemblée, Charles, duc d'Orléans, portant la parole au nom des princes, crut devoir faire au roi des observations sur les impôts dont il avait chargé le peuple, et sur sa tendance au despotisme. Le roi fut d'autant plus irrité de ces remontrances, qu'il ne pouvait s'en dissimuler la justesse. Il en fit au duc des reproches en termes si durs et si offensans, en présence de toute l'assemblée, et Charles en conçut tant d'épouvante et de chagrin, qu'il en mourut à Amboise, quelques jours après.

Le château du Plessis fut le théâtre d'une des vengeances les plus cruelles qu'ait exercées Louis XI. On sait que Jean Balue, qui de simple clerc était devenu successivement évêque d'Angers, d'Évreux, d'Arras, cardinal de Sainte-Susanne, et dépositaire des secrets du roi, en qualité de ministre d'état, poussa l'oubli de tous ses devoirs jusqu'à le trahir en révélant au duc de Bourgogne tout ce qui s'agitait dans le conseil. Sa correspondance ayant été interceptée, le roi le fit mettre dans un des cachots du Plessis, renfermé dans une cage de fer, où l'on ne pouvait se tenir ni couché, ni debout. On assure que cette terrible invention était due à Balue lui-même, qui fut le premier aussi à en éprouver le supplice. Au bout de quelque temps, le cardinal fut transféré du Plessis au château de Loches. Quelques années avant sa mort, Louis XI, devenu presque infirme à la suite d'une attaque d'apoplexie, ne quittait que fort rarement le séjour du Plessis. Tout lui faisait peur; tout lui inspirait de la défiance; tout lui faisait craindre que l'on n'attentât à ses jours. Son château devint une forteresse inaccessible, ou plutôt une prison hérissée de piques, de grilles et de verroux. N'osant plus confier la garde de sa personne à ses propres sujets, il la remit à des troupes étrangères, et licencia deux compagnies de cent lances, qui jusque là avait fait le service auprès de lui. Le capitaine de l'une d'elles, ayant, ainsi que son lieutenant, an-noncé assez hautement qu'ils iraient chercher de l'emploi auprès du duc de Bourgogne, Louis les fit arrêter, condamner sur le champ et décapiter sur là place de Tours.

C'était par des actes de sévérité, par des exécutions sanglantes, et surtout par des pratiques d'une dévotion aveugle et d'une superstition puérile, que ce mónarque cherchait à se distraire de l'idée de la mort qu'il voyait s'approcher lentement. A chaque instant il faisait des vœux et des pèlerinages; mais ni les prières, ni les reliques dont il s'entourait dans sa demeure du Plessis, ne pouvaient apporter de soulagement au mal qui le minait. Enfin ayant entendu parler de la sainteté d'un ermite de la Calabre et des miracles qu'on lui attribuait, il le fit mander : c'était François de Paule. Le saint homme arriva au Plessis le 24 avril 1482. Louis XI ne pouvait lui rendre trop d'honneurs; il voulut qu'il logeât dans le château même, ainsi que les religieux qui l'avaient accompagné dans son voyage; il le consultait tous les jours et le conjurait surtout d'adresser ses prières à Dieu pour qu'il prolongeât sa vie, quoique le bon ermite ne cessât de l'assurer que ses prières ne pouvaient faire changer les décrets de la Providence et qu'il fallait se soumettre aux volontés du ciel.

Enfin le samedi 30 août 1483, vers les huit heures du soir, Louis expira au château du Plessis, âgé de soixante ans et deux mois, après vingt-deux ans et un mois de règne. Son corps fut d'abord transféré dans l'église de Saint-Martin de Tours, où il resta exposé pendant huit jours : ensuite on le transporta à Notre-Dame-de-Cléry, lieu qu'il avait lui-même choisi pour sa sépulture.

Nous n'ajouterons rien au château du Plessis ce sont là à peu près les seuls évènemens remarquables qui s'y rattachent. Nous rappellerons seulement que le célèbre romancier anglais, Walter Scott, a, dans Quentin-Durward, fait une description pittoresque de ce château, où se passent plusieurs scènes de son roman. Louis XI à Plessis-les-Tours a aussi inspiré à notre immortel Béranger une de ses plus délicieuses chansons.

(Vue des restes du château de Plessis-les-Tours.)

Paris.—Imprimerie de H. Fournier, rue de Seine n° 14.

INDE. — MUSICIENS AMBULANS.

(Musiciens indiens ambulans.)

Les Indous ne connaissent pas de plus grand plaisir que celui que procure la musique. Elle accompagne toutes leurs fêtes, toutes leurs processions solennelles ou burlesques, elle fait partie de la plupart de leurs cérémonies religieuses, et forme le principal amusement de leurs sociétés. Partout dans l'Inde, dans la chaumière du pauvre comme dans le palais du riche, le voyageur est continuellement assourdi par le bruit des tambours, des timballes, des trompettes et de nombre d'autres instrumens qui diffèrent autant par la forme que par l'effet qu'ils produisent. L'attrait que la musique a pour les Indous est en raison, non de la qualité des sons, mais de la quantité. C'est un curieux spectacle que celui que présentent alors ces hommes ordinairement si phlegmatiques; ils sont charmés, transportés, ravis en extase par les sons durs et sauvages de leurs instrumens. Ils en sont comme électrisés; leurs yeux ternes et languissans s'animent subitement, et brillent du feu de l'enthousiasme; ils se mêlent à la bande des musiciens ambulans, la suivent, et manifestent par des gestes frénétiques les sensations agréables qu'ils éprouvent.

Les Indous possèdent un grand nombre d'instrumens : on en compte presque une centaine. Tous sont construits d'après des règles scientifiques, et beaucoup d'entre eux offrent une structure assez compliquée. Il y en a qui rendent des sons si suaves, qu'on pourrait les employer avec avantage dans nos orchestres.

La musique paraît avoir été portée, autrefois, à un haut degré de perfection dans l'Inde. Il existe plusieurs ouvrages fort anciens, écrits en langue sanscrite, où la partie scientifique de cet art est traitée avec une rare intelligence et une érudition profonde; mais actuellement la musique est en pleine décadence dans ce pays; fait dont les indigènes conviennent eux-mêmes. Après cela, il est inutile de dire que les Indous ont en musique, comme nous, une école ancienne et une école moderne. On devine que chez eux la musique n'est pas cultivée par la populace seulement; c'est en effet dans les classes élevées qu'on trouve les plus habiles musiciens. Il est remarquable que la gamme indou est la même que la nôtre; aussi le voyageur anglais, M. Crawford, trouva-t-il le *vína* (le principal instrument à cordes des Indous) accordé exactement comme le piano européen qu'il avait emporté dans l'Inde. A en juger d'après cette circonstance, la musique des Indous doit avoir la même origine que celle des Grecs anciens et des Arabes du temps des Califes. Cependant leurs mélodies peuvent être régulièrement divisées en mesures, qualité que n'avaient point celles des anciens Arabes qui abandonnaient à l'arbitraire des exécutans la plus ou moins longue durée de chaque note. On retrouve dans la musique indou les modes de la musique des Grecs anciens, modes auxquels ceux de notre plain-chant ressemblent sous certains rapports. Les Indous ne connaissent pas d'harmonie; toutes les parties de leurs compositions marchent à l'unisson, et le seul accord qui soit en usage parmi eux est l'accord parfait tierce majeure, qu'ils font quelquefois entendre à la fin de leurs morceaux.

Ce fait n'a rien qui surprenne; cet accord est si naturel, que des voyageurs l'ont entendu chanter à des nègres du Mosambique, qui, comme on sait, sont presque sauvages, et notamment dépourvus de toute instruction musicale.

Nous donnons page 216 un air indou, noté et divisé en mesures, lequel, malgré son caractère rude et bizarre est néanmoins susceptible de recevoir un accompagnement.

La gravure placée en tête de cet article, représente une bande de ces musiciens ambulans de l'Inde que l'on loue pour une faible somme par jour. Cette bande contient, par extraordinaire, quelques mahométans qu'on distinguera aisément des sectateurs de Brama, à ce que leur tunique, ou *jemma*, est attachée à droite, tandis que celle de ces derniers l'est à gauche. Une telle association ne peut exister que parmi les indiens chez lesquels les préjugés de caste ont disparu, circonstance assez commune aujourd'hui dans les dernières classes de la population indou (1).

Les quatre personnages indiqués dans la gravure sont représentés accroupis sur un tapis grossier devant un portique en arcades, et exerçant leur art pour l'amusement du maître de la maison et de ses amis. L'artiste placé à gauche est le principal chanteur : il bat la mesure avec les doigts de sa main droite sur la paume de sa main gauche, tandis que ses trois camarades l'accompagnent avec leurs instrumens. Le musicien de droite chante aussi, et pince, en même temps

(1) Voyez page 116.

une espèce de guitare à trois côtés dont l'invention est assez récente. Des deux artistes placés sur le second plan, l'un joue du *sarinda*, instrument qui a beaucoup de ressemblance avec notre violoncelle, et l'autre fait sonner deux tambours en frappant sur l'un avec les doigts de la main gauche, et frottant l'autre avec ceux de la main droite, à peu près de la même manière dont chez nous, on tire des sons du tambour de basque.

Quant au chant indou que le lecteur trouvera à la fin de ce numéro, nous le donnons, non comme un modèle de composition, mais comme moyen de comparaison entre l'état de civilisation de l'Inde et celui de l'Europe.

NAUFRAGES
DE NAVIRES ANGLAIS.

Les épouvantables désastres qu'a causés dans ces derniers temps la violence des vents donnent un intérêt d'actualité à la note que l'on va lire sur les pertes en navires éprouvées par l'Angleterre depuis quelques années.

La marine marchande de la Grande-Bretagne, en y comprenant celle des colonies, consiste aujourd'hui en 24,500 bâtimens environ montés par 160,000 marins. Le tonnage de ces navires s'élève à 2,650,000 tonneaux. En évaluant le capital employé à 230 francs par tonneau, on voit que le capital employé par les armateurs anglais, en matériel seulement, est d'environ 665 millions de francs.

Si l'on considère les nombreuses et nouvelles découvertes faites dans les sciences astronomiques et mathématiques, les applications heureuses de la mécanique à la construction des instrumens de précision, les soins que toutes ces causes ont permis de donner à la confection des cartes nouvelles, l'expérience des hommes de mer, l'établissement des phares, etc., etc., il semble que les dangers et les chances de naufrage auraient dû considérablement diminuer. Il n'en est point ainsi cependant, et les rapports que nous avons sons les yeux des naufrages et des pertes de la marine marchande anglaise nous prouvent, au moins pour ce qui touche la Grande-Bretagne, que les cas de naufrages ont augmenté en raison directe de la plus grande connaissance des moyens de les éviter.

Nous n'avons pas encore le relevé des naufrages de la marine française; il ne nous est donc pas possible de reconnaître si les chances ont parmi nous augmenté ou diminué. Quant à la Grande-Bretagne, voici les résultats que nous trouvons :

En 1793, les cas de naufrage s'élevaient à 557 navires, année moyenne.

En 1829, il y a eu, savoir :

Parmi les navires pour voyages de long cours, 157 naufrages, 248 à la côte (dont 224 ont été relevés, le reste a péri), 22 coulés bas, 55 abandonnés à la mer, 12 condamnés comme ne pouvant tenir la mer, 8 sombrés, 27 perdus.

Caboteurs et charbonniers, savoir : 100 naufragés, 297 échoués ou jetés à la côte (dont 121 ont été relevés), 67 coulés bas, 13 abandonnés, dont 3 ont été ensuite ramenés au port, 5 qui ont sombrés, 16 perdus.

Navires à vapeur, 4 naufragés, 4 échoués à la côte, 2 coulés bas.

Cette perte épouvantable n'a pas diminué dans les années suivantes; loin de là. En 1833, plus de 800 navires marchands (c'est-à-dire la trentième partie du total des bâtimens) ont été ou perdus ou jetés à la côte.

A quelle cause attribuer ces désastres ? A plusieurs, sans doute, mais principalement à la plus grande sécurité produite d'une part par les connaissances maritimes plus répandues, et de l'autre par les assurances maritimes.

Les compagnies anglaises d'assurances maritimes sont trop faciles dans leurs polices actuelles. Elles assurent de vieux navires qu'autrefois on n'eût pas osé opposer à la fureur des élémens, et sur lesquels on expose sans trop de scrupules la vie de braves gens qui ne sont pas habitués à calculer avec les dangers, et auxquels leurs connaissances plus étendues donnent une sécurité trop souvent funeste. Une police d'assurance semble un charme contre toutes les chances. C'en est un sans doute, et un très puissant pour l'armateur; pour lui il n'est plus d'orages; mais l'humanité a des droits aussi sacrés que la marchandise; on devrait y prendre garde.

PARIS.—ANCIEN HOTEL DE SAINT-PAUL.

Établissement royal des eaux clarifiées et dépurées.

Dans notre 12ᵉ numéro (1), nous avons fait l'histoire de l'ancien hôtel de Saint-Paul, si célèbre au moyen-âge. Il nous reste à parler d'un établissement fort curieux, qui occupe l'emplacement de ce palais, résidence de nos anciens rois.

Cet établissement, par son importance et sa grandeur, présente en quelque sorte l'aspect d'une ville : là travaillent ensemble une foule d'ouvriers de tous états, tels que charrons, tonneliers, maréchaux, bourreliers, serruriers, forgerons, etc. Cet hôtel tout entier, qu'un édit de Charles V nommait : *l'hôtel solemnel des esbattemens* est transformé aujourd'hui en un immense atelier, en une espèce d'usine colossale, qui nourrit une multitude de familles laborieuses. Si l'artiste regrette les vieilles tourelles, les créneaux et les meurtrières de ce royal séjour, combien le philosophe ne se réjouit-il pas de la métamorphose qui s'est opérée dans ces lieux?

L'établissement des eaux clarifiées est sans contredit, sous le rapport hygiénique, un grand service rendu à l'humanité. Aussi son fondateur, M. Happey, a-t-il obtenu du gouvernement les encouragemens et les distinctions les plus honorables. Les procédés, par lui employés pour la dépuration des eaux, sont fort simples; mais en même temps, il sont combinés avec tant de soin, et mis en activité sur une si grande échelle, qu'on admire le travail et la persévérance qu'il a fallu pour parvenir à un résultat si avantageux et si parfait. Quelques mots nous suffiront pour les faire connaître.

L'eau de la Seine est transportée dans plusieurs cuves de grande dimension, au moyen d'une pompe mue par des chevaux : on l'y laisse séjourner pendant plusieurs heures, afin qu'elle dépose les matières étrangères qu'elle peut contenir. Ensuite on la fait passer dans de longues rigoles, percées de distance en distance par des trous garnis d'éponges; ces éponges, lavées deux fois par jour, retiennent les ordures, qui ne se sont pas précipitées au fond des cuves. De là l'eau tombe en pluie sur les filtres, composés de couches successives de sable et de charbon de bois; le sable arrête encore les immondices qui ont échappé aux deux moyens précédens de dépuration, et le charbon de bois, par sa propriété chimique, absorbe les gaz, que l'eau tient en dissolution.

Mais il ne suffit pas, pour rendre l'eau potable et salubre, de la clarifier seulement : il faut de plus la combiner avec l'air atmosphérique, afin qu'elle soit moins lourde à l'estomac, et par conséquent d'une digestion plus facile. Aussi, dans la salle des filtres, voit-on jaillir l'eau de tous côtés, et comme on a eu l'adresse de mêler l'utile à l'agréable, l'aspect de cette grande pièce est tout-à-fait pittoresque. Ici, ce sont de petits filets qui tombent dans rigoles pour passer au travers des filtres-charbon et sortir de là en nouveaux filets purs et clairs comme le cristal; là ce sont des nappes limpides, qui forment de belles cascades. De cette manière, on a multiplié entre l'eau, et l'air les points de contact, et l'on a atteint le but qu'on se proposait. L'eau, ainsi préparée, passe dans des réservoirs, où viennent

(1) Voy. page 90.

puiser les tonneaux-voitures, chargés de la distribuer dans Paris. Pour éviter toute négligence de la part des employés, et surtout pour empêcher que les tonneaux vides ne soient remplis en route avec d'autre eau que celle de l'établissement; chaque voiture est soigneusement fermée à clef, au moment de sa sortie : on ne la rouvre qu'à sa rentrée. Les consommateurs sont ainsi à l'abri de toute inexactitude du service, et peuvent boire avec confiance l'eau la plus saine et la plus pure.

La belle entreprise fondée par M. Happey fait vivre plus de trois cents familles qui y trouvent une aisance supérieure à celle que peuvent espérer les ouvriers attachés à la plupart des professions. Elles y trouvent des avantages que ne leur offriraient même pas bien des administrations publiques. Ainsi, moyennant une très minime retenue sur les émolumens, les employés malades sont soignées par le médecin de l'établissement, et les dépenses nécessaires à leur traitement sont faites aux frais de la maison; quelque soit la durée de leur maladie; en outre une subvention journalière leur est assurée pendant tout ce laps de temps et leur place conservée jusqu'à leur retour à la santé.

Tel est cet établissement, l'un des plus utiles et des plus beaux de la capitale, et l'objet des visites nombreuses et de l'admiration des étrangers. On doit regretter, que, dans les principales villes de France, de semblables établissemens ne se soient pas élevés; la santé publique y gagnerait dans beaucoup de localités.

LES LÉZARDS ou SAURIENS.

Ces petits animaux si timides, si agiles, et de couleurs parfois si belles, que nous appelons lézards, ont donné leur nom à un grand nombre d'autres qui s'en rapprochent par leur structure, et que les naturalistes désignent aussi par le nom commun de sauriens.

Comme presque tous les autres ordres en lesquels la science a réparti les animaux, celui-ci renferme des êtres de taille et de mœurs bien diverses. A côté de l'énorme et redoutable crocodile, du caïman d'Amérique, du ganzal du Gange, vous rencontrerez dans les muséum d'histoire naturelle, l'agame, et l'élégant et limide basilic, dont la chair est fort estimée à Amboine et à Java, et dont l'innocent regard ne tue pas, quoi qu'en dise le vulgaire. Le dragon étend ses membranes, qui lui tiennent lieu d'ailes, près des antilles au corps ramassé et couvert de tubercules comme les crapauds; puis vient l'iguane, dont la chair et les œufs fournissent aux Américains une nourriture si délicate; puis les caméléons, à la figure grotesque, à la queue recourbée en dessous, si remarquables par leurs couleurs changeantes et leur manière de saisir, à une gran e distance, les moucherons avec leur langue effilée, qu'ils dardent avec la rapidité de l'éclair; puis les hideux geckos, à l'humeur acre et corrosive qui suinte entre les écailles de leurs doigts, et le stellion d'Asie, dont les excrémens blanchâtres sont recherchés par les Turcs ignorans, pour farder la peau et guérir les maladies des yeux; puis le scinque, dont la chair entre dans la composition de la thériaque, et auquel on a supposé long-temps des vertus imaginaires contre les blessures empoisonnées et contre une foule de maux; et enfin les lézards proprement dits.

Il ne saurait entrer dans notre plan de faire connaître avec assez de détails chacune de ces espèces si diverses d'animaux. Quelques-uns d'entre eux nous ont d'ailleurs fourni déjà la matière d'articles spéciaux (1). Nous nous bornerons aujourd'hui à relater les croyances superstitieuses qui ont régné pendan, quelque temps sur les propriétés médicales des lézards.

Ces reptiles ont joué un grand rôle de médecine. Les anciens les employaient contre toutes les espèces de poisons, contre le goitre, etc. Ils préparaient avec leurs cendres mêlées

(1) Voyez les Dragons, page 28 Iʳᵉ année.

à de l'axonge de porc un onguent qui avait, suivant eux, la propriété de prévenir la chute des cheveux. En ajoutant du sel à cette pommade, elle devenait propre à faciliter l'extraction des échardes ou des autres corps étrangers qui avaient pénétré dans les chairs. Beaucoup d'anciens traités de pharmacie mentionnent l'huile de lézard, non-seulement comme favorable au développement des cheveux, mais aussi pour faire disparaître les taches de la peau. L'animal réduit en poudre, passait pour un spécifique contre le mal de dents, la jaunisse et la gale. On prétendait, que l'on trouvait dans son ventre une pierre dont on tirait un grand parti pour la composition des philtres et les conjurations de la magie. Enfin, il fournissait un remède efficace contre les maux d'yeux. Toutes ces prétendues propriétés des lézards sont rangées, parmi les nombreuses superstitions des anciens par les médecins de notre époque.

Quelques années avant la révolution française, l'importance médicale du lézard, oubliée depuis long-temps, fut de nouveau remise sur le tapis par suite de la publication d'un livre fort étrange d'un médecin américain nommé Flores.

(Lézard, Agame du Port-Jackson.)

Cet auteur rapportait qu'un Espagnol établi à Guatimala, (Amér. mér.) avait été guéri en avalant des lézards, d'un ulcère cancéreux qui avait déjà dévoré une partie de sa joue et de la lèvre inférieure du même côté, s'étendait jusqu'au haut du cou, et le menaçait d'une mort prochaine. Ce qu'il y avait de plus surprenant dans cette relation, c'était que la cure avait été parfaite au bout de quelques jours; à peine restait-il, disait le docteur américain, quelques traces de la plaie sur la figure. La faculté de médecine de Guatimala avait constaté ce fait merveilleux, et s'était assuré que les Indiens employaient depuis long-temps, et avec grand succès, les lézards pour se guérir radicalement d'autres maladies tout aussi graves et bien plus communes dans l'Amérique espagnole, d'où elles ont passé en Europe. Le docteur Flores ajoutait que le curé de Saint-Sébastien s'était débarrassé de même, en avalant trois jours de suite un lézard des environs de Guatimala, d'un ulcère cancéreux qu'il portait depuis trente ans sur une des ailes du nez.

Le bruit de ces cures fabuleuses, se répandit promptement dans tout le Mexique, et passa bientôt en Europe. A Cadix et à Malaga, s'il faut en croire les relations du temps, les succès du nouveau traitement furent prodigieux. La lèpre et tout le hideux cortége des maladies de la peau les plus effrayantes, cédaient comme par enchantement. L'Italie vit se répéter les mêmes miracles. Quand les ma-

lades éprouvaient quelque répugnance à avaler les innocens lézards, il suffisait d'appliquer ces animaux sur les parties malades de la peau. Jamais il ne s'était rencontré de panacée aussi puissante et d'un emploi aussi commode. C'est assez dire quelle célébrité obtint, en peu de temps, en Italie pays peuplé d'enthousiastes, ce nouveau mode de guérison.

Malheureusement les lézards ne soutinrent pas leur réputation en Angleterre et en France. Le journal de Paris énuméra longuement les cures obtenues par les médecins de Guatimala, Mexico, Cádix, Malaga, etc.; mais, après épreuve faite, on haussa les épaules, et toute cette grande révolution se termina par quelques plaisanteries contre les docteurs étrangers.

Parmi les expériences faites à Paris, dont les résultats négatifs ont été contraires à la doctrine du docteur Flores, nous rappellerons celle qu'a tentée sur lui-même le docteur Jourdan qui est cité parmi les médecins français, pour la vaste étendue de ses connaissances et le grand nombre de publications savantes qu'on lui doit. Pendant quinze jours consécutifs, ce docteur a avalé, à vingt-quatre heures de distance, un lézard préparé à la manière indienne, c'est-à-dire privé des intestins, de la tête et des pattes, et écorché immédiatement, et de cette épreuve nauséabonde, il n'est résulté aucun des effets préconisés par les expérimentateurs du midi de l'Europe.

ALBERT DURER,
CRÉATEUR DE LA PEINTURE ET DE LA GRAVURE EN ALLEMAGNE.

On a dit d'Albert Durer, qu'il aurait été le plus grand de tous les peintres, s'il fût né en Italie, cette patrie des beaux-arts, et s'il eût pu étudier à Rome les chefs-d'œuvre de l'antiquité. Son père, habile orfèvre de Nuremberg, lui fit apprendre l'art du dessin; mais les progrès du jeune Albert furent si rapides, qu'il devint évident, et pour son père et pour ses maîtres, qu'il fallait en faire un artiste, et qu'il serait impossible de l'astreindre à se renfermer dans le négoce d'un orfèvre.

Le meilleur peintre de Nuremberg reçut Albert Durer dans son atelier; il lui apprit à peindre et à graver sur bois. Puis notre jeune artiste parcourut l'Allemagne, les Pays-Bas, visita Venise, Colmar, Bâle, perfectionnant toujours son talent, et revint à Nuremberg, où il épousa, par déférence pour son père, la fille d'un habile mécanicien. Acariâtre et avide, cette femme le domina bientôt, et le tourmenta jusqu'à sa mort.

Le talent d'Albert Durer se signala dès cette époque par de belles compositions, au nombre desquelles on cite un saint Jean-Baptiste, une Vierge Marie, une Adoration des Mages, et son propre portrait.

Quelques années plus tard, il retourna à Venise, où il fit une grande sensation, et exécuta le tableau du Martyre de saint Barthélemy, que Rodolphe, empereur d'Allemagne, lui acheta et envoya à Prague. La réputation dont jouissait, dès cette époque, Albert Durer devint bientôt européenne. De retour à Nuremberg, il produisit une foule de chefs-d'œuvre que les princes se disputèrent à l'envi. Les premiers souverains s'empressèrent de faire reproduire leurs traits par ce grand artiste, et l'admirent dans une sorte d'intimité. Charles-Quint, Maximilien, lui donnèrent le titre de premier peintre de leur cour; le premier de ces deux princes voulut même lui donner des armoiries, et Ferdinand, roi de Bohême et de Hongrie, le combla de témoignages d'intérêt.

Le grand mérite d'Albert Durer et la vogue dont jouissaient ses productions, lui avaient fait de nombreux ennemis; mais la douceur de son caractère et la noblesse de ses sentimens lui conciliaient l'affection des personnages et des bourgeois qui se trouvaient en rapport avec lui. On a con-

(Albert Durer.)

servé une partie de sa correspondance ; elle nous apprend qu'au milieu de tous ces honneurs , de tout cet empressement si flatteur pour son amour-propre, Albert Durer n'était pas heureux.

Pour bien faire comprendre à nos lecteurs le mérite de ce grand artiste, il nous suffira de rappeler que Raphaël ornait religieusement son cabinet de toutes les estampes qu'avait mises au jour Albert, et que celui-ci lui envoyait; que

le Guide , ce peintre si pur, si suave , mettait souvent ses œuvres à contribution pour composer ses propres ouvrages.

Nous avons déjà fait remarquer ce caractère d'universalité, d'aptitude à tous les travaux, qui était commun à plusieurs grands artistes de cette époque, Léonard de Vinci, Michel-Ange etc. Ce caractère est aussi celui d'Albert Durer. Il était à la fois homme de lettres, grammairien, mathématicien , ingénieur , sculpteur , peintre , graveur , etc. Le premier il enseigna à ses compatriotes les règles de la perspective et des proportions dans les arts. Il inventa la gravure en *clair obscur* et à l'*eau forte*; on lui doit le premier traité qui ait paru en Allemagne sur l'art des fortifications.

Le nombre des productions d'Albert Durer est immense. Ses portraits sont admirables de ressemblance; et ses paysages sont des modèles pour le charme et la singularité des sites. Son chef-d'œuvre est le tableau qui représente *Jésus-Christ sur la croix*, environné d'une gloire. Au bas de cette figure principale est un groupe de papes, de cardinaux et d'empereurs auxquels s'est joint Albert Durer que l'on voit tenant un petit tableau sur lequel est écrit son nom.

Les compositions de cet artiste se font remarquer par la fermeté de l'exécution et la correction; mais elles pèchent trop souvent par l'absence de la grâce et de la rondeur.

Quand il mourut, ce fut un deuil universel, non seulement dans sa patrie, mais dans tout le monde des artistes. Né le 20 mai 1471, Albert Durer succomba le 6 avril 1528. Sans les tracasseries dont le fatigua constamment sa femme, il eût probablement parcouru une bien plus longue carrière, heureux des témoignages d'attachement et de considération dont il était continuellement entouré ailleurs que chez lui.

ORIGINE DE QUELQUES VÉGÉTAUX.

Toutes les productions qui ornent aujourd'hui nos vergers, nos jardins et nos serres, ne sont pas nées sur le sol qui leur donne la vie. Les fleurs qui décorent nos parterres, les fruits qui garnissent nos tables, quelques-unes des plantes fécondes et utiles qui donnent un aliment à l'homme, un puissant auxiliaire à la médecine et à la chirurgie, ont été importées des diverses parties du monde, et se sont acclimatées en France et en Europe par les soins d'habiles agronomes. Nous donnons ci-après la liste alphabétique de ces produits, avec les noms des lieux d'où ils proviennent.

L'abricot	provient de l'Arménie.
L'ail	de l'Orient.
Les amandes	de la Mauritanie (Afrique, nord.)
L'anis	de l'Égypte,
L'artichaut	de la Sicile et de l'Andalousie.
L'asperge	de l'Asie.
L'aveline	
L'aster ou reine-mar-	de la Chine.
guerite	
Le café	de l'Arabie (Asie) et des îles Antilles (Amérique).
Le cacao	du Mexique.
La capucine	du Mexique et du Pérou.
La carotte	de la France.
Le cerfeuil	de l'Italie.
Les cerises	du Pont (Asie-Mineure.)
La châtaigne	de Castanea (Lydie, Asie-Mineure.)
Le chou blanc	du Nord.
Le chou-fleur	de Chypre, île de la Mediterranée.
Le chou rouge	des Romains, qui les avaient reçus d'É-
Le chou vert	gypte.
Le citron	de la Médie (Asie).
Les citrouilles	d'Astracan (Russie d'Asie).
Le coing	de l'Asie.
Le concombre	d'Espagne.
Le cresson	de l'île de Crète (aujourd'hui Candie).
L'échalotte	d'Ascalon, ville de Syrie (Asie).
L'épinard	de l'Asie-Mineure.
La figue	de la Mésopotamie (Asie)
Le fenouil	des îles Canaries.
Le froment	de l'Asie.
Le girofle	des îles Moluques, dans la mer des Indes.
La grenade	de l'Asie.
Le haricot	de l'Inde (Asie).
Le jasmin	

La laitue	de Coos, île de la mer Égée.
Le laurier	de l'île de Crète.
Les lentilles	de la France.
Le lys	de la Syrie.
Le marronnier sauvage	de l'Inde,
Le melon	de l'Orient ou de l'Afrique.
Le narcisse	de l'Italie.
Les navets	de la France.
Les noisettes	du Pont.
La noix	de l'Asie.
L'œillet	de l'Italie.
Les ognons	de l'Égypte.
Les olives	de la Grèce.
Les oranges	de l'Inde ou de Tyr (Asie).
La pêche	de la Perse.
Le persil	de l'Égypte ou de la Sardaigne,
La pomme	de la Normandie.
La pomme de terre	du Brésil Amérique.
La poire	de la France.
La prune	de la Syrie.
Le raifort	de la Chine.
Le raisin	de l'Asie.
Le ricin	des Indes.
Le riz	de l'Éthiopie (Asie).
Le sarrazin	de l'Asie.
Le seigle	de la Sibérie (Russie d'Asie).
Le sureau	de la Perse.
Le tabac	de l'Amérique.
Le thé	de la Chine ou du Japon.
Le topinambour	de l'Amérique.
La Tulipe.	de la Cappadoce.

Ce n'est qu'au moyen de longues expériences, et des soins les plus minutieux et les plus assidus, que toutes celles de ces productions qui n'appartiennent pas à la France ou à d'autres contrées de l'Europe ont pu parvenir à s'acclimater et à reproduire les mêmes espèces. L'art a plus fait encore: il est parvenu à obtenir parmi ces fleurs, ces fruits et quelques-uns de ces légumes, un grand nombre de variétés.

VOYAGES EN AFRIQUE. — MUNGO-PARK.

Il y a peu de temps encore, l'on ne connaissait guère que les contours extérieurs du continent d'Afrique, de cette vaste étendue de terre qui forme presque le quart du globe; et cette connaissance, on ne la devait qu'aux traditions et aux souvenirs de l'antiquité. Une inquiète curiosité, les recherches de la science, l'avidité des spéculations commerciales, ont peu à peu soulevé les coins du voile qui couvrait le continent africain. Bien des cités précieuses sont venues s'éteindre dans cet océan de sables, vaste sépulcre où gisent ensevelis tant d'illustres voyageurs! De si grands sacrifices n'ont pas été stériles. Si le but n'est pas entièrement atteint, on n'en est pas bien éloigné, et le vide que présentait la carte de l'Afrique centrale s'est comblé peu à peu. Ce beau résultat est dû surtout à l'association africaine qui se forma en 1788 à Londres, dans le but d'envoyer en Afrique des hommes de science pour parcourir, étudier et explorer ce pays.

Leydard, le premier voyageur volontaire et désintéressé qui s'offrit à l'association africaine, mourut au Caire, à la veille de pénétrer dans le désert avec une caravane. M. Lucas, second missionnaire, partit de Tripoli, dans le but de s'avancer vers le sud jusqu'à la côte de Guinée; après cinq jours de marche, il fut forcé de s'arrêter et de revenir sur ses pas; mais il recueillit quelques renseignemens précieux relativement au voyage qu'il s'était proposé de faire. Il vit le Fezzan, oasis fertile et très étendue, qu'on rencontre au sud de Tripoli; Mouzzouk, la capitale du Fezzan était située à cent six lieues sud de Tripoli. Au sud du Fezzan, se trouvait l'empire de Bornou, que les musulmans mettent au rang des plus puissans du monde; au sud-ouest de

Bornou, était situé le royaume de Cachna, et à trente-trois lieues de ce royaume, au sud, le Niger prenait, disait-on, sa direction de l'est à l'ouest. En 1791, le major Houghton, troisième missionnaire de l'association, partit des établissemens européens sur la Gambie à l'ouest, pour explorer l'intérieur de l'Afrique. Après avoir remonté la Gambie, il tourna vers le nord-est, traversa le Sénégal, et pénétra jusqu'aux confins du désert. Il fut probablement assassiné dans cet endroit, ou bien il mourut de maladie, et tous ses papiers furent perdus.

Le voyageur qui fut envoyé par l'association africaine est Mungo-Park, dont le nom est inséparablement lié à celui de l'Afrique, et qui doit être rangé parmi les hommes les plus illustres de son siècle. Le 22 mai 1795, Mungo-Park s'embarqua donc sur un navire qui faisait voile pour l'embouchure de la Gambie, où il arriva le 21 juin.

Park joignait à un goût pour la vie aventureuse du voyageur un esprit orné de connaissances littéraires et scientifiques très étendues, un caractère merveilleusement égal, patient, modéré, toujours à l'épreuve des dangers et de la souffrance; une grande aptitude à apprendre les langues; un art étonnant pour adoucir l'humeur féroce des sauvages, et pour trouver des ressources dans les cas désespérés. C'était un homme fait, plus que tout autre, pour la tâche fatale qu'il avait résolu d'accomplir. D'abord il passa plusieurs mois à Pisania, dernier comptoir anglais sur la Gambie, à soixante lieues de l'Océan, et après y avoir recueilli des renseignemens, et y avoir étudié les dialectes africains, il commença son audacieuse expédition, en se dirigeant vers le Niger, le 2 décembre 1795. Il était accompagné de deux domestiques nègres; il avait un cheval et deux ânes, avec quelques instrumens. Il prit quelques instrumens indispensables, comme un sextant de poche, une boussole et quelques thermomètres. La nouvelle d'une guerre qui venait d'éclater entre les barbares le força d'abandonner la direction qu'il s'était proposé de prendre vers l'est; il tourna au nord-est, et traversa le haut Sénégal, comme avait fait avant lui Houghton. Ce détour le jeta parmi les peuplades maures qui habitent les royaumes situés le long de l'extrémité méridionale du désert. La perfidie et la cruauté de ces peuples formaient un contraste frappant avec la douceur et la bonté naturelle des nègres. A Jarra, on lui montra d'abord l'arbre aux branches duquel on avait laissé pendre le corps d'Houghton, sans lui donner la sépulture. Par les ordres d'Ali, prince des Maures, Mungo-Park fut bientôt arrêté, dépouillé de presque tous ses vêtemens, insulté de la façon la plus cruelle, et menacé à plusieurs reprises de perdre la vie. Une guerre s'étant élevée entre Ali et un prince voisin, le prisonnier fut traîné à la suite du camp nomade d'Ali; on le priva même de ses nègres, qui jusqu'alors l'avaient servi avec le plus grand dévouement. Enfin, au bout d'une captivité de plusieurs mois, Mungo-Park parvint à fuir seul dans le désert, et après y avoir erré trois semaines, il atteignit le Niger. L'élégance du style et le caractère touchant de sa relation en font un livre du plus grand intérêt. Dans les innombrables récits que les voyageurs nous ont laissés de leurs aventures, nous ne connaissons pas de tableau qui se grave plus profondément dans la mémoire que celui de la captivité de Mungo-Park, de ses courses solitaires dans le désert, où le croassement des grenouilles, au bord d'une mare fangeuse, arrivait à son oreille comme une musique céleste; de ses prières si humbles et si patientes pour obtenir un peu de nourriture. Sa situation était affreuse: son cheval, rendu de fatigue, ne pouvait plus avancer; lui-même était excédé de soif; il était réduit à mâcher des feuilles amères et desséchées. Quelquefois cependant, il rencontra des hommes et du soulagement. Il subsistait en détachant un à un les boutons de cuivre de son habit, qui étaient reçus en paiement. Enfin, le 20 juillet, il oublia tous ses maux, lorsqu'il découvrit l'objet de ses longues et périlleuses recherches, les grandes eaux du Niger qui brillaient aux rayons du soleil levant,

et coulaient majestueusement de l'ouest à l'est. « Je courus au bord du fleuve, dit-il, et, après avoir bu de son eau, j'adressai à Dieu mes ferventes actions de graces. »

Mungo-Park découvrit Sego, capitale de Bambarra, grande ville qui renfermait trente mille habitans, située sur les deux rives du fleuve, à deux cent seize lieues environ de Pisania. La haine cruelle des Maures l'avait devancé à Sego.

Ils avaient annoncé l'arrivée d'un homme blanc dans le pays, et le roi de Bambarra avait été si fortement prévenu contre lui, qu'on lui défendit d'entrer dans la ville, et qu'il dut chercher un réfuge dans un village éloigné; mais là aussi il ne rencontra que des regards surpris et effrayés, et on lui refusa la nourriture et l'hospitalité. Abattu par la fatigue, abandonné de tous, et menacé de mille dangers, il venait de chercher un abri sous un arbre, lorsqu'il fut aperçu par une femme qui revenait des champs. Cette femme prit son état en pitié, l'emmena dans sa hutte, et lui donna de la nourriture et une natte pour dormir.

Tout ce qui restait à Mungo-Park pour reconnaître l'accueil de sa bonne hôtesse, c'était deux boutons de cuivre assez mal attachés à son habit. Loin d'être abattu par la souffrance, il résolut de continuer à cotoyer les rives du Niger qu'il avait maintenant atteint. Les nègres, auxquels il fit part de sa détermination, s'efforcèrent de l'en détourner. Ils lui demandèrent s'il n'existait pas de rivières dans son pays, et si toutes les rivières du monde ne se ressemblaient pas; ils lui représentèrent que les Maures, qu'il rencontrerait au-delà de leur pays, étaient loin de ressembler pour la bonté aux habitans du Bambarra; mais toutes les représentations furent inutiles, et Mungo-Park quitta Sego le 25 juillet. Continuant sa marche le long de la rive septentrionale du Niger, il traversa le pays de Sansanding, et atteignit Silla après avoir parcouru un espace de 25 à 28 lieues.

Il ne se trouvait plus alors qu'à 66 ou 100 lieues de Tombouctou; mais il était à moitié nu, sans monture, sans argent, sans aucun moyen de se procurer des provisions. Les pluies des tropiques avaient inondé le pays; et le malheureux voyageur était de toutes parts entouré d'obstacles que son invincible courage était forcé de reconnaître insurmontables. Il se détermina donc à quitter Silla, pour retourner sur ses pas le 3 août 1796, traversa Sansanding et Sego, et continua de marcher le long du Niger jusqu'à Bamakou, à l'est des frontières de Bambarra, où le fleuve cesse d'être navigable; de là, s'avançant au nord-ouest, il traversa la chaîne de montagnes qui divise le cours supérieur du Niger, des rivières du Sénégal et de la Gambie. Après un voyage périlleux, des retards infinis et d'affreuses maladies, il fut assez heureux pour rencontrer une caravane qui conduisait des esclaves à la côte; il se joignit à cette caravane, et arriva le 10 juin 1797 à Pisania, qu'il avait quittée dix-huit mois auparavant, et où il fut reçu par ses amis comme un mort sorti du tombeau.

Le voyage de Mungo-Park est, sans contredit, le premier pas qu'aient fait les découvertes européennes dans le centre de l'Afrique. Les renseignemens qui résultaient de ses observations personnelles étaient très précieux. Il avait parcouru et étudié un pays qui s'étend à trois cent trente-trois ou trois cent soixante-six lieues de l'Océan; il avait déterminé la position d'un grand nombre de villes, et fixé des points géographiques de la plus haute importance : on savait maintenant, d'une manière certaine, que les rivières du Sénégal et de la Gambie avaient leurs sources à l'extrémité orientale d'une chaîne de montagnes, à deux cents ou deux cent vingt-trois lieues de la côte, et l'on était certain que le Niger, mystérieux fleuve de l'Afrique centrale, avait sa source à l'est de la même chaîne de montagnes.

Un paquebot ramena Mungo-Park en Angleterre, où il arriva le 22 septembre. La société d'Afrique le reçut comme en triomphe, et le public l'accueillit avec un intérêt extraordinaire. Telle était l'impatience générale, que Park dut publier un extrait de la relation de son voyage, en attendant que le livre parût. Après avoir joui du succès de son ouvrage, notre voyageur se maria dans sa patrie, où il exerça la chirurgie.

Cependant les pensées de Park étaient constamment tournées vers l'Afrique, et il écouta volontiers les propositions du gouvernement, qui le pria de diriger une expédition considérable qui avait pour but de descendre le Niger. Diverses causes retardèrent l'exécution de ce projet, et ce ne fut que le 30 janvier que l'expédition fit voile de Portsmouth, et arriva à Gorée le 28 mars. Malgré tous ses efforts personnels, Mungo-Park fut hors d'état de partir assez à temps pour éviter la saison des pluies, et ce ne fut pas avant le 4 mai 1805, qu'il put quitter Pisania. Il suivit presque exactement la même route qu'à son retour des bords du Niger, en 1796. Après avoir traversé les montagnes qui séparent le fleuve du Haut-Sénégal, il arriva pour la seconde fois à Bamakou, le 19 août. Ce qu'il eut à souffrir du climat, pendant ce trajet, rendait le voyage terrible. Malgré son inébranlable courage, il fut forcé d'avouer lui-même que les apparences avaient quelque chose de sinistre. Sur trente-huit hommes qui étaient partis avec lui, sept seulement restaient encore, tous malades, et quelques-uns déjà à une telle extrémité, qu'ils donnaient à peine espoir de rétablissement. Il y avait cependant autant de danger à revenir sur ses pas qu'à poursuivre, en supposant que le courage de Mungo-Park eût pu se soumettre à une telle alternative. Avec sa troupe si cruellement affaiblie, il descendit le Niger jusqu'à Sansanding, ville située au dessous de Sego, qu'il avait déjà visité dans son premier voyage. Là, il commença immédiatement à construire une barque qui fut achevée le 17 novembre, et nommée le *Schooner-Joliba*. Ce jour-là même, il compléta tous les préparatifs du voyage qu'il espérait continuer le long du Niger, jusqu'à la mer Atlantique. Sa petite caravane se trouvait alors réduite à cinq Européens ; mais rien ne pouvait abattre le courage de Mungo-Park, ni refroidir son ardeur. Dans une lettre qui accompagna le journal qu'il envoya alors en Angleterre,

il dit : « Je vais maintenant diriger ma navigation vers l'est, avec la résolution bien ferme de découvrir l'embouchure du Niger, ou de mourir dans mon entreprise. Quoique tous les Européens qui m'accompagnaient aient péri, et que je sois moi-même à moitié mort, je n'en persévérerai pas moins jusqu'au bout. » Ce sont les dernières nouvelles authentiques que l'on ait reçues de lui. Pendant quelque temps, on n'en entendit plus parler ; mais dans le cours de 1806, le bruit courut que Park et ses compagnons avaient été tués. Voici en quels termes un nègre, que Park avait employé en qualité de pilote, raconte la mort de cet intrépide voyageur : « Le 19 novembre, Park était parti de Sansanding avec ses compagnons au nombre de cinq. Après quelques aventures et quelques combats soutenus contre les indigènes, on débarqua à Yaour. Le roi de ce pays, informé que les blancs étaient passés sans lui faire de présens, envoya des troupes pour occuper, sur le bord du fleuve, un rocher au-dessous duquel Park et les siens devaient passer. Nos voyageurs, arrivés en ce lieu, voulurent forcer le passage ; on leur lança des flèches, des piques et des pierres. Park, après s'être défendu long-temps, se jeta dans le fleuve pour se dérober aux flèches de ses ennemis ; ses compagnons en firent autant, et tous se noyèrent. C'était quatre mois après le départ de Sansanding. » Mungo-Park, dont le nom est inséparablement lié à celui de l'Afrique, doit être mis au rang des hommes les plus illustres de son siècle.

Nous donnons plus bas le chant annoncé page 210 avec la traduction française des paroles placées sous les notes :

Pendant que le souffle rafraîchissant du Malaya nous amène le parfum du giroflier de ces vallées où fleurissent les plantes aromatiques, le coucou fait entendre son chant gai et rustique, et l'abeille n'y mêle pas en vain son doux murmure. Heri en dansant avec ses jeunes filles, trompe les heures dans ce temps enchanteur où ; pendant que l'été est dans tout son éclat, la joie sourit doucement à tous, excepté aux amans obligés de se séparer.

CHANT INDOU.

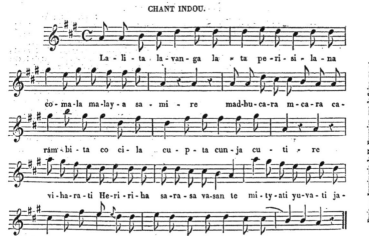

La-li-ta la-van-ga la ⋆ ta pe-ri-si-la na
co-ma-la ma-lay-a sa-mi-re mad-hu-ca-ra m-ca-ra ca-
rám-bi-ta co-ci-la cu-p-ta cun-ja cu-ti-re
vi-ha-ra-ti He-ri-ri-ha sa-ra-sa va-san te mi-ty-ati yu-va-ti ja-
ne-na sa-mam sa-chi vi-ra-hi ja-nas-ya du-ran ⋆-tc.

Paris. — Imprimerie de H. Fournier, rue de Seine, n° 14.

LES CORMORANS.

(Pêche aux cormorans en Chine.)

Les cormorans sont grands consommateurs de poissons, de ceux de rivières surtout, et les poursuivent avec une rapidité extraordinaire. Dès que le cormoran a aperçu la proie qui nage paisiblement au sein du fleuve, en un clin

(1) Les cormorans présentent les caractères suivans : bec assez long, droit, comprimé, arrondi en dessus ; mandibule supérieure sillonnée, très courbée à la pointe ; l'inférieure comprimée, plus courte, obtuse et peu courbée ; narines linéaires, placées à la base du bec, qui est engagé dans une petite membrane qui s'étend sur la gorge qui est nue ainsi que la face ; pieds courts, robustes, retirés dans l'abdomen ; quatre doigts réunis par une seule membrane, l'extérieur le plus long, celui de derrière s'articulant inté-

rieurement, l'angle du doigt intermédiaire dentelé en scie ; ailes médiocres ; la première rémige plus courte que la deuxième, qui est la plus longue.

Les cormorans appartiennent à cette petite division que Cuvier a qualifiée de talipalmes, et qui, peu nombreuse en espèces comme en genres, ne comprend que les oiseaux dont la conformation du pied offre la plus grande ressemblance avec la rame antique.

d'œil il plonge, saisit d'une de ses rames la victime qui chercherait en vain à se dégager de la fatale membrane, et la ramène, en s'aidant de l'autre pied, à la surface de l'onde; là, par une manœuvre agile, le poisson, lancé en l'air, retombant immédiatement la tête la première, est reçu sans résistance de la part des nageoires, dont les rayons sont alors naturellement couchés en arrière dans le gosier très dilatable de l'oiseau; si ce dernier manque d'adresse, ce qui arrive rarement, le poisson n'a point pour cela échappé à la voracité de son terrible adversaire, il est de nouveau saisi et lancé jusqu'à ce que sa chute se soit faite d'une manière convenable.

Dans plusieurs pays, on a réussi à utiliser l'habileté des cormorans à la pêche, et on les a amenés à rendre au pêcheur les mêmes services que le chasseur obtient du faucon qu'il a dressé. Cette pêche, autrefois très usitée en Angleterre, l'est encore (voyez la gravure) dans toute la partie orientale de l'Asie; le cormoran domestique portant au cou un anneau assez juste; debout sur l'extrémité de la nacelle que dirige son maitre, plonge, s'élance sur le poisson qu'il a aperçu, et le rapporte à bord avec une fidélité dont sans doute le plus sûr garant est l'anneau qui interdit l'entrée du poisson dans l'estomac du cormoran.

La plupart de ces oiseaux, aussi bon voiliers que bons nageurs, recherchent la société de leurs congénères; hors la saison des amours, pendant laquelle ils sont constamment appariés, on les voit presque toujours par petites troupes. Leur grande consommation de nourriture en fait le fléau des étangs, et les empêche de rester long-temps sédentaires dans le même canton. Le poisson dont ils paraissent le plus friands est l'anguille, du moins c'est celui que l'on a trouvé le plus souvent dans l'estomac des cormorans qui ont été examinés. Leur chair, fétide et noire, est un aliment qui répugne; aussi n'en fait-on usage que par nécessité. Le cormoran du petit nombre des palmipèdes doués de la faculté de percher, et c'est ainsi que, sur les plages désertes, ils se livrent au sommeil; c'est aussi sur les arbres, plus souvent que dans des anfractuosités de rochers, qu'ils établissent leurs nids composés d'herbes fines, placées au milieu d'un tissu grossier de joncs. La ponte ordinaire est de trois ou quatre œufs parfaitement ovales. Le cormoran de la Chine a les parties supérieures d'un brun noirâtre; les inférieures blanchâtres, tachetées de brun avec la gorge blanche; douze rectrices; bec jaune; iris bleu; pieds noirâtres. Cette espèce est celle que les Chinois dressent à la pêche.

LE CLERGÉ ANGLAIS.

L'Eglise possède dans l'Angleterre anglicane un revenu total de .... 258,000,000 fr.
En Irlande, elle reçoit 57,500,000

Total 575,500,000

Et cette somme est dépensée pour le salut de moins de 8,000,000 d'individus, à savoir, en Angleterre, 7,000,000, et en Irlande, moins de 700,000.

La dîme forme une partie de ces revenus; le reste est en propriétés foncières et en casuel.

Le clergé d'Irlande possède la dixième partie du territoire (1).

Ici, comme dans les emplois civils, le cumul a fourni le moyen de concentrer en peu de mains de grandes richesses et une immense influence.

Le personnel du clergé anglais pour les 12,527 diocèses, paroisses, chapitres, prébendes, etc., s'élève à 7,604 individus.

(1) Il y a des dîmes laïques, c'est-à-dire que des courtisans de Henri VIII, ayant reçu en pur don des propriétés monacales, les nouveaux venus ont profité de tous les droits des anciens. Les dîmes en étaient le principal.

Celui d'Irlande, pour les 5,195 bénéfices, à 850 environ.

Les défenseurs de l'Eglise ont cherché, en établissant la moyenne des revenus, à prouver que les bénéfices n'étaient pas rétribués d'une manière exagérée; mais ils ont eu grand soin de ne pas faire mention des bénéfices appelés officiellement *pauvres*, *poor livings*, et qui produisent depuis 40 livres jusqu'à 150 livres. Ces bénéfices sont en Angleterre au nombre de 5,998, et tandis que les titulaires des autres jouissent de gros revenus, ceux-là sont presque tous dans la misère; mais, au surplus, les heureux vicaires sont fort souvent en même temps les titulaires des *poor livings*.

Il existe 11,542 bénéfices avec cures d'âmes en Angleterre, sans parler de vingt-six sièges épiscopaux, des prébendes et canons, et autres dignités ecclésiastiques. Ces bénéfices sont occupés par 7,191 individus répartis de la manière suivante : 2,886 individus possèdent 7,057 bénéfices; 567 en possèdent 1,701; 209 en ont 856, et 64 en possèdent 520.

Il y a un individu qui possède jusqu'à 11 bénéfices, un autre en possède 8; cinq en ont chacun 7; plus de 2,000 en ont chacun 2. Sur les 7,191, il n'y en a que 4,505 qui n'en ont qu'un seul : ce sont les *poor livings* en général.

On évalue à 764 livres sterling ou 19,000 fr. la moyenne de chacun de ces bénéfices; on peut se faire une idée de la fortune des pluralistes. Aussi les prêtres anglicans ont-ils tous les vices qu'amène le luxe, et pis encore; ils courent les lieux publics, boivent outre mesure, sont prodigues et rapaces en même temps. Un évêque est cité pour son excellente meute de chiens courans. Plus de la moitié de ces bénéficiaires vivent éloignés de leur emploi; ce n'est pas que la loi ne soit formelle; mais on l'enfreint sans scrupule, parce que le gouvernement la met en oubli, et que le clergé qui est chargé de l'appliquer. Un jour, on voulut poursuivre 200 non-résidens; c'était à la requête du secrétaire d'un évêque: la chambre des communes craignit le scandale, elle arrêta la procédure. En 1827, pour 10,585 bénéfices, il y avait 6,120 non-résidens. Cela explique le grand nombre de révérends anglais qu'on rencontre dans toutes les plus belles villes de l'Europe, à Rome, et à Paris particulièrement.

Les revenus des évêques sont exorbitans; l'archevêque de Cantorbéry reçoit chaque année une somme de 40,000 livres sterling (1,000,000 fr.)! Il y a des gens qui s'indignent à cette évaluation; ils la trouvent exagérée, fausse, menteuse. Les revenus du clergé sont estimés bien différemment dans les rapports officiels : or, il faut savoir que ces rapports officiels sont basés sur les valeurs qu'avaient en argent la dîme et la terre du temps de Henri VIII. Jamais budget n'a menti aussi effrontément. Pour se faire une idée du changement qui est survenu depuis ce temps dans les valeurs, il suffit de dire que la fondation de l'école de Saint-Paul, par exemple, qui, en 1524, produisait un revenu de 122 livres sterling, en produisait un de 5,252 en 1820. L'hôpital d'Hemsworth avait un revenu de 70 livres; le même fonds rapporte aujourd'hui 2,000 livres. La rectorie de Stanhope donne un revenu de 2,500 livres, et cependant elle n'est évaluée officiellement qu'à 67 livres. On conçoit les erreurs dans lesquelles peuvent tomber ceux qui ne connaissent pas l'origine des *évaluations officielles*.

Le clergé de Londres est le plus riche de la terre; il y a des bénéfices qui valent 100,000 fr., des prébendes 125,000, et la plupart des bénéficiaires sont pluralistes. On conçoit bien qu'ils dédaignent leurs fonctions; ils ont des *curés* qu'ils paient de 40 à 80 livres sterling pour les suppléer. Ils ont grand soin, dans le choix qu'ils font de ces suppléans, de ne pas prendre des hommes dont les talens soient de nature à les éclipser et à nuire à leur propre réputation; ils vont même jusqu'à prendre garde que l'extérieur de ces pauvres hères soit moins avenant, moins imposant que le leur. Voilà pourquoi tant de paroisses, qui tiennent à avoir un bon sermon le dimanche, sont dans la nécessité de louer un prédicateur de leur choix pour l'office du soir, qui n'est pas obligatoire, et encore sont-elles obligées souvent de se débattre contre la répugnance du titulaire, qui refuse de prêter sa chaire, et apporte à ces sermons volontaires toutes les entraves qui sont en son pouvoir. Les prédicateurs volontaires sont payés par souscriptions ; ils vont de porte en porte faire signer les paroissiens, qui pour quelques shellings se procurent ce passe-temps pour le dimanche soir.

La majeure partie des obligations et des devoirs du clergé de Londres est remplie par de pauvres prêtres qui ont eu dans leur jeunesse quelque mésaventure, et qui ont perdu leurs droits au patronage de l'aristocratie. Ces malheureux révérends vivent au jour le jour ; ils ont des cafés attitrés où ils s'informent entre eux du besoin qu'on peut avoir de leurs services sur la place ; c'est là que les hauts titulaires envoient chercher un aide lorsqu'ils en ont besoin. Les services de ces pauvres gens ne se paient pas bien cher.

SINGULARITÉS
DANS LA CONFORMATION DE L'HOMME.
LES SEX-DIGITAIRES.

On a constaté l'existence d'un assez grand nombre d'hommes dont les mains ou les pieds avaient plus de cinq doigts ; monstruosité d'autant plus remarquable qu'elle s'est transmise, de génération en génération, dans quelques familles pendant un certain laps de temps.

Ces individus sont habituellement désignés par les médecins sous le nom de *Sex-digitaires*, parce que le plus souvent ils ont un sixième doigt de plus que nous ; bien souvent cette augmentation est plus considérable : ainsi, on a rencontré dans une même main ou dans un même pied sept, huit, neuf, et jusqu'à dix doigts.

Quelquefois il n'y a de doigts surnuméraires qu'à un des membres ; plus souvent, au contraire, on en trouve à plusieurs membres à la fois : tantôt ce sont les deux membres supérieurs seuls qui offrent cette monstruosité, ou les deux inférieurs ; tantôt au contraire, c'est un des membres supérieurs avec le membre inférieur du même côté, ou du côté opposé ; on a des exemples de toutes ces anomalies. Si on examine les doigts surnuméraires en eux-mêmes, on peut signaler en eux mille degrés, depuis celui où ils paraissent n'être qu'un appendice charnu, qui n'a d'un doigt que la forme, jusqu'à celui où ils sont des doigts entièrement achevés. Ainsi, le degré le moins parfait est celui où le doigt surnuméraire semble n'être qu'un appendice cutané, qui ne contient rien autre dans son intérieur que de la graisse. De ce premier degré, vous passez à celui où cet appendice contient dans son intérieur un petit os, par lequel il est attaché aux autres doigts. Dans le troisième, le doigt est articulé évidemment avec un des cinq ou du métacarpe. Dans le quatrième, l'os du métacarpe, auquel s'implante le doigt accessoire, a déjà plus de largeur, et son extrémité articulaire semble se bifurquer pour soutenir l'un et l'autre doigt. Bientôt l'augmentation s'étend aux os du métacarpe, ou du métatarse eux-mêmes. Enfin, le doigt accessoire a, dans les cas les plus complets, les mêmes muscles que qu'ont les doigts ordinaires. On a aussi des exemples de chacune de ces dispositions. Cependant il est rare que ces doigts surnuméraires ne soient pas toujours un peu imparfaits ; ou ils n'ont pas le nombre de phalanges prescrit ; ou ils n'ont pas la longueur des doigts ordinaires ; toujours quelques-uns paraissent mutilés ; chez un individu dont chacun des membres avait dix doigts, ces doigts étaient comme brisés. A juger d'après les observations publiées par les médecins, c'est, le plus souvent, vers le petit doigt qu'est placé ce doigt surnuméraire ; il en est assez séparé, et semble être le pouce d'une nouvelle main qui manque. Cependant, souvent aussi

c'est le pouce qui paraît double. Quelquefois le pouce et le petit doigt à la fois sont doubles, c'est-à-dire que la main offre, à chacun de ses côtés, un doigt accessoire. D'autres fois enfin, ce doigt accessoire est au milieu ; Plater l'a vu une fois entre l'index et le médius ; Morand aussi. Cette monstruosité paraît être plus commune aux mains qu'aux pieds. Enfin on l'a vue, en certains cas, être héréditaire, par exemple, dans cet homme appelé Gratio Kalleia, né à l'île de Malte, dont M. Grodehen de Riville, correspondant de l'Académie royale des sciences, a transmis l'histoire à Réaumur, et que celui-ci a ensuite publiée dans son art de faire éclore les poulets. « Cet homme avait six doigts à chaque main et à chaque pied ; le doigt accessoire de chaque main était bien formé ; il tenait de l'index et du médius, et était mu avec la même facilité que les autres doigts ; les doigts des pieds, au contraire, étaient difformes, et formaient une espèce de couronne qui donnait au pied une figure désagréable. Or, cet homme eut quatre enfans : Salvator, Georges, André et Marie. Salvator, l'aîné, est, comme son père, sex-digitaire ; le doigt accessoire des mains est seulement un peu moins bien formé, et celui des pieds, au contraire, beaucoup mieux ; en outre, de quatre enfans qu'a eus Salvator, trois sont sex-digitaires comme le père et l'aïeul. Georges, le second fils de Gratio, n'a, à la vérité, que cinq doigts à chacun de ses membres ; mais aux mains, le pouce est bien plus gros et plus long qu'il ne doit l'être ; quand on le mânie, on sent dans le milieu une séparation, comme s'il y avait deux doigts renfermés sous une même peau ; et d'ailleurs, de quatre enfans qu'a eus Georges, deux sont tout-à-fait sex-digitaires, et un troisième l'est aux mains et à l'un des pieds. André, le troisième fils, seul est exempt de la difformité, ainsi que ses enfans. Enfin, Marie, quatrième enfant de Gratio, a, ainsi que son frère George, les pouces de chaque main comme formés de deux ; et, de quatre enfans qu'elle a, l'un présente aussi la difformité inhérente à la famille. » On a eu plusieurs exemples analogues dans l'ancienne Rome ; plusieurs familles étaient signalées par ce même genre de monstruosité. Maupertuis, savant français qui vivait dans le siècle précédent, a cité une maison de Berlin, dans laquelle la monstruosité avait déjà frappé quatre générations. Enfin on a eu des exemples de la même perpétuité dans plusieurs familles du Bas-Anjou.

VIENNE.
(Deuxième article.) (1).

En tête des plus beaux édifices de Vienne, il faut placer le palais impérial, appelé le Bourg, qui a donné son nom à la place sur laquelle est son entrée (Burg-Platz). Ce palais est un vieux bâtiment irrégulier dont plusieurs parties sont d'un très beau style. Il renferme de magnifiques collections de minéralogie, d'objets d'arts, de curiosités et de médailles ; collections qui surpassent peut-être par leur richesse celles des autres capitales de l'Europe (2).

L'empereur habite la partie du palais appelée Schweizerhoff. Ce palais est entouré de constructions remarquables : d'un côté l'ancienne chancellerie de l'empire ; ornée de quatre groupes de dimensions colossales ; de l'autre la bibliothèque impériale, renfermant trente mille volumes, six mille exemplaires des premiers essais de l'imprimerie, et

(1) Voyez le premier article, page 121.

(2) Les objets d'antiquités consistent en un grand nombre de petits bronzes, de statues et de bijoux de diverses substances, et cinq cents vases étrusques, quatre cents lampes antiques, et trente-deux mille médailles en or et en argent ; à ces collections, il faut ajouter le beau musée brésilien, ouvert il y a peu d'années au public ; parmi les curiosités de la ville, on peut aussi citer le collet de drap que portait Gustave-Adolphe à la bataille de Lutzen, et le ballon à l'aide duquel les Français gagnèrent celle de Fleurus.

douze mille manuscrits (1). Plus loin est l'école d'équitation, chef-d'œuvre d'architecture, à laquelle viennent se joindre les deux salles de redoute et le théâtre du Bourg. Dans le jardin public, appelé Volksgarten, est un temple dans lequel on admire la belle statue de Thésée, l'un des chefs-d'œuvre de Canova.

Pour se faire une idée de la richesse de Vienne en beaux édifices, il faudrait passer en revue le palais du duc de Saxe-Teschen, appartenant aujourd'hui à l'archiduc Charles; l'hôtel des monnaies, la chancellerie de cour, l'hôtel du conseil de guerre, la chancellerie de Bohême, la chancellerie de Hongrie, l'hôtel-de-ville, le palais de l'archevéché, celui de l'université, les théâtres, le palais de l'assemblée des états, bâti dans le style gothique; l'observatoire, etc., etc.

Les églises de Vienne méritent d'être vues. Dans la tour de celle de St.-Étienne, qui jouit du titre de cathédrale, on remarque une cloche qui pèse 56,000 livres, et qui provient des canons pris sur les Turcs lorsqu'ils levèrent le siège de Vienne. Cette tour a plus de quatre cents pieds de hauteur. St.-Étienne renferme trente-huit autels en marbre, les tombeaux de l'empereur Frédéric IV, du prince Eugène de Savoie, etc. L'église de St.-Pierre bâtie sur le modèle de la magnifique basilique de ce nom, [à Rome, a une coupole couverte en cuivre; dans l'église des Augustins, les curieux ne manquent pas d'aller voir le mausolée que Canova a élevé à l'archi-duchesse Christine, et celui de Léopold II par Zauner. L'église de St.-Rupert date de 740. C'est dans un souterrain de l'église des Capucins que sont enterrés les princes de la maison d'Autriche; il renferme soixante-

quatorze cercueils, à commencer par celui de *Mathias*. Il existe à Vienne un singulier usage, relativement à la sépulture des membres de la famille impériale; bien que leurs corps soient déposés aux Capucins, leurs entrailles sont portées dans l'église de St.-Étienne, et leurs cœurs dans celle des Augustins. Près du faubourg de Wieden, est la plus régulière des églises de Vienne, St.-Charles Borromée qui fut construite en accomplissement d'un vœu fait par l'empereur Charles IV pour faire cesser la peste de 1715. (Voyez la gravure page 221.)

Les écoles spéciales d'instruction publique sont nombreuses à Vienne. Dans l'institut polytechnique, on enseigne tout ce qui a rapport aux arts, à l'industrie et au commerce. L'académie de médecine et de chirurgie est remarquable par son organisation autant que par la beauté de son édifice. L'université qui compte soixante-dix-neuf professeurs et que fréquentent douze cents étudians, possède une bibliothèque de cent mille volumes : On y professe l'anatomie, la chimie, la physique et les sciences naturelles. L'école des orientalistes est destinée à former des interprètes pour faciliter les relations de l'Autriche avec la Porte ottomane. Outre ces écoles, il en existe d'autres pour les jeunes gens de la noblesse. Les beaux-arts sont enseignés dans un établissement spécial; dans d'autres on s'occupe de leur application aux produits de l'industrie. Une académie forme des ingénieurs; un conservatoire impérial, des musiciens distingués; le nombre des élèves de ce dernier établissement est de près de deux cents; il renferme des archives musicales très importantes, une bibliothèque composée d'ouvrages théoriques et historiques,

(Palais Saint-Michel et Palais impérial, à Vienne.)

(1) Cette bibliothèque possède huit cents volumes de gravures et deux cent dix-sept volumes de portraits; parmi les manuscrits, on remarque les hiéroglyphes mexicains, qui n'ont point encore leur Champollion pour les expliquer; un manuscrit de Dioscorides avec des dessins de plantes sur vélin, peintes au v° siècle; l'original du sénatus-consulte qui régularisa les bacchanales, l'an 567 de Rome; le manuscrit du Tasse, de la *Jérusalem délivrée*; des papyrus égyptiens, etc.

relatifs à la musique, et une collection d'instrumens antiques et modernes de tous les peuples de la terre. Une école normale fournit des professeurs; un séminaire des ecclésiastiques qui ne sont pas sans instruction. L'université protestante n'est fréquentée que par un petit nombre d'élèves, parce que les protestans riches aiment mieux faire élever leurs enfans chez eux. Enfin la ville possède cinq grands collèges et soixante écoles élémentaires.

Ces écoles élémentaires sont mieux tenues, dit-on, que celles du même genre que nous avons en France. L'une d'elles est destinée aux enfans de la bourgeoisie ; ils y apprennent gratuitement la lecture, l'écriture, le calcul et le dessin. Les autres reçoivent les enfans des artisans, le dimanche, de neuf heures jusqu'à onze. Un grand nombre

(Eglise de Saint-Charles-Borromée , à Vienne.)

de jeunes filles appartenant à des familles aisées sont élevées dans des couvens, mais il existe une institution spéciale pour les filles d'officiers.

Vienne possède un grand nombre d'institutions de bienfaisance, parmi lesquels nous citerons une école de sourds-muets et la maison impériale des orphelins. La mendicité craint d'y montrer ses haillons. La ville a fondé, dans un de ses faubourgs, une maison de correction et de travail pour tous les mendians de la province ; une maison de détention est réservée pour tous les vagabonds qui ne sont coupables d'aucun délit, et on a bien soin de ne pas les mettre, comme en France, en communication avec les criminels ; une maison semblable est destinée aux jeunes gens des classes aisées.

Vienne est, par ses manufactures, qui occupent environ soixante mille individus, la ville la plus importante de la monarchie autrichienne. On y fabrique des soieries, des étoffes d'or et d'argent, des rubans, des cotonnades, des objets de quincaillerie, des instrumens de mathématiques, des aiguilles, des papiers de tenture, des voitures excellentes, de la bijouterie, de l'horlogerie, des instrumens de musique, des objets en acier, etc., etc. On y voit aussi plusieurs manufactures de porcelaines, dont une seule, celle du gouvernement, emploie cent cinquante peintres et quinze cents ouvriers.

Le canal de Neustadt, terminé depuis 1803, met Vienne en communication avec le Danube ; les bateaux remontent à l'aide d'écluses jusque dans le bassin placé devant l'hôtel-de-ville. On a ouvert, le 12 février 1835, un vaste bâtiment destiné à l'exposition annuelle de tous les produits naturels et industriels des états autrichiens.

Depuis la chute de l'empire français, Vienne a reçu de grands développemens ; les faubourgs se sont accrus de plus de six cents maisons, et ceux de nos vieux soldats qui jadis y entrèrent en vainqueurs auraient peine à reconnaître quelques-unes des parties de la ville. Le nombre de ses habitans s'est élevé en proportion ; dans chacune de ces maisons de la cité si grandes, si élevées, et d'une architecture si massive, se presse une population qui est habituellement de plus de quarante personnes ; il en est même plusieurs qui en contiennent davantage ; la maison Tratner, par exemple, est habitée par quatre cents locataires et produit plus de 156,000 francs ; celle de l'ancien hôpital bourgeois, Burger-Spital, propriété particulière, espèce de petite ville avec dix cours, habitée par deux cents ménages, est d'un revenu de plus de 312,000 francs.

Les fortifications intérieures qui entourent la ville proprement dite, pas plus que les murailles qui forment l'enceinte des faubourgs, ne suffisent pour faire de Vienne une place qui puisse offrir quelque résistance. Aussi sa garnison ne dépasse-t-elle pas 12,000 hommes. Les Français y sont entrés deux fois ; mais si c'est là une humiliation, il est peu de capitales qui n'en aient éprouvé une pareille.

Malgré son importance, Vienne a vu naître peu d'hommes célèbres : On cite parmi ceux-ci quelques écrivains qui ont illustré la littérature allemande ; l'historien Schrockh, le médecin Collin, le poète Henri de Collin, J.-B. Alxinger, et le littérateur Mastalier. Les jouissances que procurent les lettres et les sciences ne paraissent pas, il est vrai, avoir eu jusqu'ici beaucoup d'attrait pour les classes riches de Vienne. Les représentations théâtrales ne sont pour elles qu'un désœuvrement, et leur goût en cette sorte de matières, est loin de faire loi en Allemagne.

DE LA FÉODALITÉ EN FRANCE.

(Deuxième article.) (1)

Administration de la justice. — Combats judiciaires. — Duels. —
État de la société. — Compagnie de Routiers et Cotteraux. —
Lamentations des religieux. — Excommunications. — Causes
de l'ignorance générale. — État des Juifs.

Les actes qui doivent surtout fixer l'attention dans cette
bizarre époque, concernent la juridiction civile et criminelle. Il n'y a rien de plus remarquable dans le gouvernement féodal, que l'absence totale d'une législature suprême.
Sous le règne de Charlemagne, prince éclairé et législateur,
l'administration de la justice était cependant bien imparfaite. On lit qu'en 775 il s'éleva une contestation entre
l'évêque de Paris et l'abbé de Saint-Denis; chaque partie
produisit ses actes et ses titres pour établir son droit; mais
au lieu d'en vérifier l'authenticité, on renvoya la décision
du procès au *jugement de la croix*. Chacune des parties
désigna une personne qui, pendant la célébration de la
messe, se tint devant le Christ les bras étendus; celui des
deux délégués qui se lassa le premier perdit la cause. Il
arriva que le champion de l'évêque eut moins de force que
son adversaire, et la question fut décidée en faveur de
l'abbé.

Les combats judiciaires décidaient aussi en dernier ressort comme nous l'avons dit (V. p. 14), et l'adresse ou la force
jugeaient du bon droit. Les barons et chevaliers de race
noble se battaient à la lance ou à l'épée, mais les vilains
jouaient au bâton. Un mandement de Louis VIII fixe même
la longueur du bâton que le champion pouvait employer dans
les combats : « et sera icelui baston de la longueur de trois
pieds, sans plus, sans moins. »

Dès lors, tous les seigneurs se faisaient la guerre les uns
aux autres pour leurs propres injures et différends. Ces
coutumes blessèrent la conscience pieuse du roi saint Louis;
dans les conseils qu'il donna mourant à Philippe-le-Hardi,
son fils aîné, il lui dit : « Cher fils, lorsqu'il se fera guerre
entre tes hommes, mets peine de l'apaiser, car c'est une
chose qui plaît fort au Seigneur; et monsieur saint Martin
nous en a donné un grand exemple lorsque, à l'approche de
sa mort, il mit la paix entre les clercs de son archevêché. »

Il ne se faisait pas un duel sans que le vainqueur ne fût
tenu de payer certains dommages et intérêts; et d'après
les coutumes de la ville de Loris, le vaincu même devait
payer cent douze sols d'amende au roi; d'où est venu le
proverbe français si connu, et que l'on rencontre dans ce
quatrain de l'an 1187 :

> C'est un proverbe et commun dis
> Qu'en la coutume de Loris,
> Quoique on ait juste demande
> Le battu paie l'amende.

Et parmi ces seigneurs indomptables, les vieilles chroniques gardent le souvenir de Philippe, comte de Flandres;
il était allié à la race des Capet; vassal actif, on peut le
considérer comme le modèle de ces farouches châtelains
que les romanciers du moyen-âge ont mis si souvent en
scène. La maison de Champagne, la plus puissante après
celle des comtes de Flandres, eut aussi ses vaillans chevaliers; Henri Ier, dit le *Libéral*, avait fait de tout temps de
bien belles prouesses; un règlement particulier qu'il avait
rédigé sur les tournois lui avait attiré l'excommunication
de l'Église; Henri voulait que l'on combattît toujours *à fer
aigu et à outrance*. Il se distinguait par une générosité sans
bornes, qui lui mérita le surnom de libéral. On ne peut se
faire une idée de ses prodigalités envers les églises et les
vassaux; il donnait tant qu'il n'avait plus un denier. Un de
ses vassaux s'étant adressé à lui afin d'obtenir une dot pour
sa fille, Henri l'accorda; mais le garde de son trésor, qui

(1) Voy. page 111.

était présent, lui dit : « Sire comte, je n'ai pas un écu. —
Tais-toi, vilain, tu mens par la gorge; tu feras le don, car
tu m'appartiens : sire chevalier, prenez-le, ajouta-t-il en
s'adressant à son vassal, et faites-lui payer rançon tant qu'il
y ait de quoi fournir au mariage de votre fille. » Et cet
ordre fut ponctuellement exécuté; le malheureux se vit
contraint de vider l'escarcelle pour faire danser et ébattre
damoiselle Isabelle, la jeune fiancée.

Nous avons dit que tous les services militaires étaient attachés à la possession des fiefs; la force publique se liait
ainsi à l'ensemble du système féodal. Cependant, limité
pour le temps et pour le lieu, ce service militaire ne pouvait
servir l'ambition des princes; dès l'instant qu'ils entreprirent de faire des guerres importantes et des expéditions
lointaines, il fallut chercher des auxiliaires dans d'autres
rangs que parmi les barons.

C'est donc à cette époque qu'il faut reporter l'origine de
ces grandes compagnies, connues sous le nom de *Routiers*,
Cotteraux, redoutables aventuriers, qui se mettaient à la
solde des princes, et les servaient tant qu'ils en recevaient
un salaire. Quelles nombreuses pilleries ne commettaient-
ils pas? Composées d'étrangers, gens sans aveu, auxquels
se joignait quelquefois le serf secouant l'esclavage, les compagnies de routiers parcouraient les provinces sous des
chefs qui prenaient tous des noms bizarres : C'était Cadoc,
Brise-Tête, Alain-le-Pourfendeur; et ces surnoms, dont ils
se glorifiaient, étaient encore trop faibles pour désigner
leurs exploits barbares.

Aussi on n'a qu'à parcourir les monumens du temps pour
se faire une idée de la terreur qu'inspiraient ces bandes armées. Les voyageurs étaient obligés de s'unir par troupes
pour se mettre en sûreté contre les brigands, et voici ce
qu'en rapporte le bon moine de Saint-Denis, dans sa Chronique si naïve et si pleine de faits : « Ces pillards larrons,
infâmes excommuniés, grandes douleurs faisaient, car ils
brûlaient les monastères et les églises, et traînaient après
eux, garottés, les prêtres et gens d'église, et les appelaient
chanteurs, par dérision et moquerie; quand ils les battaient
et tourmentaient, leur disaient : Chantez, chantez; et puis
leur appliquaient grandes gifles sur les joues, et les frap-
paient avec de grosses verges, dont il advint que plusieurs
rendirent leur ame à Dieu. »

Et Hugues III, de la maison de Bourgogne, ne fut-il pas
un des plus intrépides pillards de cette époque désordonnée?
Quand du haut des tourelles de son manoir, ses hommes
d'armes apercevaient des voyageurs et des marchands, ils
en prévenaient leur seigneur, et Hugues, la lance au poing,
ne se faisait aucun scrupule de leur courir sus pour les dépouiller. Lorsque Henri II, roi d'Angleterre, envoya
Jeanne, sa fille, suivie de quelques prudens barons, à la
cour du roi de Naples, auquel elle était destinée, le duc
de Bourgogne attendit l'escorte de la jeune princesse sur
la grande route, l'attaqua et pilla tout ce qu'elle transportait.

Ces attentats étaient si fréquens, et se commettaient avec
tant d'audace, qu'il était impossible de les réprimer. On
appela le secours de la juridiction ecclésiastique si puissante; on tint des conciles avec grande solennité; les corps
des saints y furent portés, et en présence des reliques précieuses, on fulmina des anathèmes et de terribles excommunications contre les pillards et autres malfaiteurs.

On ne doit donc pas s'étonner de voir dans quel chaos
se trouvait alors la société. Les histoires contemporaines
contiennent de nombreuses preuves du peu de communications qu'il y avait entre les habitans des divers territoires. Vers la fin du xᵉ siècle, le comte Bouchard, voulant
fonder un monastère à Saint-Maur-des-Fossés, près Paris,
alla trouver un abbé de Cluny en Bourgogne, célèbre par
sa sainteté, pour le prier d'y conduire des moines. Le langage qu'il tint à ce saint homme est des plus singuliers : il
lui dit qu'ayant entrepris un si grand et si pénible voyage,
dont la longueur l'avait extrêmement fatigué, il espérait

qu'en cette considération, sa demande lui serait accordée, et qu'il ne serait pas venu inutilement dans un pays si éloigné. La réponse de l'abbé fut encore plus extraordinaire : « C'est matière impossible, lui dit-il ; comment pourrions-nous aller dans des pays inconnus et dont pas un de nous n'a entendu parler ? nous trépasserions de fatigue au milieu du désert. »

Au commencement du XIIe siècle, les moines de Ferrières, du diocèse de Sens, ne savaient pas encore qu'il y eût en Flandre une ville du nom de Tournay, et les moines de Saint-Martin de Tournay ignoraient également où était Sens. Une affaire qui regardait les deux couvens les obligea d'avoir quelques communications : l'intérêt mutuel de ces deux maisons les mit à la recherche l'une de l'autre ; enfin, après de longues enquêtes, des correspondances volumineuses, qui existent encore, la découverte se fit au bont de six mois, à la satisfaction des deux parties.

Et comment en aurait-il été autrement à une époque où les livres étaient à peine connus ? Jusqu'à la fin du XIe siècle, il y avait peu de particuliers qui possédassent quelques livres ; aussi la plupart des bourgeois, vassaux, et même les seigneurs et barons, ne savaient ni lire ni écrire. La science, réfugiée chez les clercs, était dans un état bien misérable, et des monastères assez considérables n'avaient qu'un simple missel recouvert de vieux morceaux de parchemin. Dans une lettre que Loup, abbé de Beauprau, écrivit au pape en 833, il le conjure de lui prêter une copie du livre *de l'Orateur* de Cicéron : « Car, dit-il, quoique nous en ayons quelques fragmens, cependant on n'en trouverait pas un seul exemplaire complet dans toute la France. » Le prix des livres devint si excessif, que des personnes de mince fortune ne pouvaient en acheter. La comtesse d'Anjou pour un exemplaire des sermons de l'évêque Haymon, donna deux cents moutons, cinq quartiers de froment, et la même quantité de seigle et de millet. Enfin, même dans le XVe siècle, lorsque Louis XI emprunta de la faculté de médecine de Paris les ouvrages de Rasès, médecin arabe, non-seulement il déposa en gage une immense quantité de vaisselle, mais encore il fut obligé de nommer un seigneur de sa cour pour lui servir de caution dans l'acte par lequel il s'engageait à restituer ce livre à la faculté. Lorsqu'un pieux baron faisait présent d'un livre à une église ou à un monastère, les seuls endroits où il y eût des bibliothèques, on attachait à ce présent une si grande valeur, que le donateur, richement costumé, venait en grande pompe, au milieu de belles cérémonies, l'offrir lui-même à l'autel, afin d'obtenir le pardon de ses péchés : *pro remedio animæ suæ.*

Au milieu de cette société profondément religieuse, et dans laquelle dominait un mélange de superstition et d'ignorance, quelle était là la position de la race juive, de cette population si différente dans son culte et dans ses mœurs.

Depuis la conquête, les juifs habitaient le territoire féodal de la France. Répandus dans les villes et les campagnes, ils s'étaient emparés de toutes les industries, et maîtres des transactions commerciales, ils avaient acquis d'immenses richesses. C'était alors une chose curieuse que l'existence d'un juif dans une seigneurie : existait-il un péage, une perception de droits, d'impôts, de revenus ; c'était presque toujours juif qui en avait la ferme. Voulait-on faire un emprunt, acheter quelques petits objets de luxe, on allait encore trouver le juif. Il recevait en gage dans sa maison, éloignée de toutes les autres habitations, le calice de l'église, les ornemens du chevalier et la charrue du laboureur. Le baron qui le rencontrait sur la route lui crachait au visage, l'appelait *chien de mécréant*, et le lendemain, il venait lui engager son château ou son bon cheval de bataille pour quelques sommes de deniers. Dans presque toutes les villes, les juifs étaient soumis aux coutumes les plus bizarres et les plus humiliantes : à Toulouse, ils devaient recevoir un soufflet le vendredi saint ; à Béziers,

on les poursuivait à coups de fourche une fois dans l'année ; dans les états du comte de Blois, on les soumettait à un péage commun avec les pourceaux ; en un mot, partout ils étaient méprisés, et partout on avait besoin d'eux. Quand ils avaient acquis beaucoup de richesses, on les dépouillait, on les chassait. Mais la grossière prodigalité du baron ne pouvait long-temps se passer des ressources faciles que lui offrait le juif du voisinage ; alors on les rappelait, moyennant une forte rançon ; et ceux-ci, à leur tour, recommençaient leur trafic jusqu'à ce qu'on les chassât encore.

Des bruits populaires faisaient considérer les juifs comme pleins de haine et de cruauté contre les chrétiens, et immolant, à certaines époques de l'année, et particulièrement à leur Pâques, des enfans qu'ils mettaient en croix et perçaient d'une lance, en commémoration de la passion du Christ. Quelle n'était pas l'indignation de ce peuple tout catholique, plein de foi en ses saints patrons ! Et ne devait-il pas demander à grands cris l'expulsion de ces idolâtres qui attaquaient sa vie et sa croyance ! (Voyez page 164.)

De quelque manière que nous jugions aujourd'hui ces préventions de la multitude, il n'en est pas moins vrai que l'expulsion d'une classe d'hommes, l'objet des haines générales, avait en elle-même quelque chose de populaire, et pouvait heureusement commencer le règne du monarque.

LES MALAIS. — LE BÉTEL.

Les Malais forment la race la plus méchante du globe, mais heureusement ils sont peu braves ; car autrement les Européens auraient difficilement pu s'établir et se soutenir dans les îles Philippines.

Le Malais est aussi mal partagé au physique qu'au moral; sa stature est généralement au-dessous de la moyenne ; ses membres ramassés décèlent la force, il est vrai, mais ils sont désagréablement conformés ; la couleur de sa peau cuivre rouge foncé, des cheveux noirs et crépus couvrant un front large et bas, les pommettes des joues saillantes et pointues, les yeux enfoncés, jaunâtres, un regard traître et sauvage, donnent à la figure du Malais quelque chose de celle du tigre ; enfin un nez court et aplati, une bouche très grande, dont les lèvres, naturellement grosses, sont teintes en rouges et tenues constamment mouillées par le jus sanguinolent du bétel mêlé à la salive, donnent à ces hommes une physionomie repoussante que l'on n'a retrouvée chez aucun des peuples, même sauvages, que nous avons visités.

La plante appelée *bétel,* qui donne son nom à la composition formée de trois autres ingrédiens, ressemble assez au haricot de nos climats, grimpe de même contre les arbres et les échalas, et préfère les terrains humides ainsi que le voisinage des ruisseaux ; la feuille, que seule on emploie, est vert tendre, d'un goût aromatique et piquant, plus large, surtout à sa base, que celle du haricot et plus pointue à l'extrémité, les bords en sont légèrement dentelés; cueillie verte, elle sert à envelopper artistement un peu de chaux très blanche, faite avec des coquilles, plus un morceau de noix d'arèque, produit de l'aréquier, arbre assez grand, d'un feuillage touffu et brillant, dont les noix, pendant par grappes, ressemblent beaucoup au fruit encore vert du noyer d'Europe, sont de la même couleur, d'une grosseur semblable, et également rondes; mais l'intérieur est différent; celui de la noix d'arèque n'a pas de coquilles et n'offre qu'une substance dure, amère, blanchâtre et noire au milieu. On joint encore au bétel, de la terre du Japon, espèce de gomme noirâtre dont l'amertume est agréable; elle est extraite des feuilles d'une plante qui, soumises à l'ébullition, donnent à cette substance l'état de sirop; celle-ci devient dure en refroidissant; coupée alors en petits morceaux, elle est livrée à la consommation; tout cet amalgame forme une boule de la grosseur du pouce; il est préparé le matin pour la journée, et toujours présenté au nouvel arrivant en signe d'hospitalité.

L'usage du bétel est répandu, non-seulement dans la presqu'île malaise, mais dans toutes les îles du grand archipel d'Asie. Quelles sont ses propriétés médicinales? les voyageurs n'ont pu obtenir une solution satisfaisante à cet égard; on serait porté à croire que ces peuples mâchent le bétel comme les Européens fument le tabac, par désœuvrement et non par utilité; que les uns et les autres, surtout les premiers, sacrifient à une fantaisie la conservation de leurs dents, dont ordinairement les Malais sont privés dans un âge peu avancé.

Chez cette nation féroce, le sexe le plus faible est réduit à l'esclavage; condamné dans les rangs élevés à une réclusion perpétuelle par des hommes jaloux, jusqu'à la fureur, il est chargé, dans les classes inférieures, de tous les travaux les plus pénibles, qui le privent des attraits que la nature ne lui a pas entièrement refusés. Prises très jeunes, les femmes malaises sont bien faites, avec des traits agréables, mais la bouche défigurée aussi par l'usage du bétel; leurs yeux ont une expression de douceur et de résignation; en effet, connaissant le malheur, elles sont compatissantes pour les esclaves, et c'est par leurs soins, que plusieurs européens ont conservé l'existence et recouvré la liberté.

L'habillement des femmes, comme celui des hommes, se compose d'une chemise retombant au-dessous des genoux sur un pantalon large et long, le tout en toile de coton bleue pour les pauvres et blanche pour les classes supérieures; un bonnet brodé en or ou un simple mouchoir sur la tête; autour du corps une large ceinture d'étoffe, ordinairement de couleurs éclatantes, et dans laquelle sont placés, et même souvent cachés, deux longs poignards dont les ornemens, parfois d'un très grand prix, complètent le costume d'un Malais de Rangébré. Les grands personnages portent des espèces de babouches à la turque; le sultan seul peut les garder constamment; nul ne peut paraître devant lui, même ses enfans, autrement que pieds nus.

Cette population est généralement très sobre; elle doit, suivant toute apparence, cette bonne qualité aux principes sévères de la religion de Mahomet, pour les musulmans, et à la nécessité pour les sectateurs des autres croyances. Tous ne vivent que de riz, de volailles, de poisson et d'eau; ils ne connaissent que peu ou point les liqueurs fortes.

LES COTTAGES.

Nous avons dit la fastueuse et insipide existence que l'on mène en Angleterre dans les riches manoirs de la haute noblesse. (pag. 405. 1re ann.) A ce tableau nous opposerons aujourd'hui celui des cottages, si pittoresques à l'extérieur, si propres et si confortables au-dedans. C'est là que le marchand de la Cité, que le riche banquier viennent chaque jour oublier, dans le sein de leur famille, le tracas des affaires. Bien avant la brune, souvent dès quatre ou cinq heures après midi, vous les voyez partir de Londres, les uns à cheval suivis de leurs jockeis, les autres dans des voitures élégantes; en peu de temps, leurs chevaux rapides ont franchi l'intervalle de quelques milles qui sépare la ville de leurs maisons de campagne. Là, vous trouvez dans un site pittoresque, au milieu de frais ombrages, un bâtiment d'un aspect bien simple, composé ordinairement d'un rez-de-chaussée, d'un petit étage en mansarde, et accompagné d'un jardin. Au rez-de-chaussée un appartement dont le mobilier ne laisse rien à désirer sous le rapport du bien-être; riches et chauds tapis, meubles simples mais commodes, bibliothèque choisie, beaucoup de ces curiosités et de ces petits objets que les Anglais aiment à trouver dans tous les coins; dans les mansardes, des logemens pour les gens de service et le troupeau des enfans; une table copieuse et substantielle; une hospitalité cordiale; voilà ce que le voyageur trouve dans le cottage du négociant chez lequel l'ont conduit des opérations commerciales. Mais dans ces paisibles retraites, pas de calculs, de discussions d'intérêt. Cet homme qui le matin a traité dans la Cité des affaires colossales, ne se souvient pas plus de ses travaux du jour, que s'il assistait à une représentation de l'Opéra de Paris, ou s'il parcourait pour se distraire les montagnes de la Suisse.

(Cottage ou chaumière anglaise.)

Paris. — Imprimerie de H. Fournier, rue de Seine, n° 14.

Les Bureaux d'abonnement et de vente sont rue de Seine-Saint-Germain, 9.

LUNÉVILLE.

STANISLAS LECKZINSKI.

(Vue du château de Lunéville.)

Sur la route de Paris à Strasbourg, un peu au-dessus du confluent de la Meurthe et de la Vezouze, à près de six lieues de Nancy, se trouve la jolie ville de Lunéville, aux rues larges, droites et bien bâties. Lunéville est célèbre par le traité conclu en 1801 entre la France et l'Autriche, et par le séjour qu'y fit Stanislas Leckzinski, l'ex-roi de Po-

logne, le beau-père du roi Louis XV, ce prince que la douceur de son gouvernement, et ses romanesques aventures ont fait vivre dans la mémoire du peuple Lorrain.

Si l'on en croit quelques auteurs anciens, Lunéville doit son nom au culte de la *lune* ou de Diane qu'on y célébrait jadis (Lunævilla). Quoi qu'il en soit, il parait que dans le xi⁰ siècle, elle n'était encore qu'un hameau qui devint le chef-lieu d'un comté important et se transforma en une petite place forte. Vers le commencement du siècle dernier, Léopold, duc de Lorraine, y fit de grands embellissemens; il y fit tracer des rues régulières, et y bâtit un beau château dont on a fait de nos jours une magnifique caserne de cavalerie (Voyez la gravure.) (1).

Après Léopold, les ducs de Lorraine firent de ce château leur résidence, et quand Stanislas fut mis en possession du duché, il vint y habiter à son tour. Les services rendus à la Lorraine par ce prince aimable et bienfaisant, l'éclat dont brilla sa petite cour, l'heureuse influence qu'il exerça sur les esprits, ont laissé des traces ineffacables dans le souvenir des habitans et ne nous permettent pas de séparer son histoire de celle de Lunéville.

Les malheurs de ce prince se rattachent à l'histoire des envahissemens de la Russie; envahissemens contre lesquels la Pologne a lutté long temps et qui l'ont enfin dévorée. Issu d'une des premières familles de ce malheureux pays, Stanislas Leckzinski avait été proclamé roi de cette république par la diète de Varsovie après la déchéance de Frédéric-Auguste, électeur de Saxe. Ce prince avait été élu sept ans auparavant, mais son alliance avec le czar Pierre-le-Grand l'avait rendu odieux aux Suédois. Instruit dans les lettres et dans les sciences, habile à parler en public, Stanislas avait, dans les assemblées de la diète, fixé les regards de la noblesse polonaise, et l'appui du roi de Suède, de Charles XII, l'implacable ennemi de Pierre-le-Grand, avait déterminé son élévation au trône de Pologne.

Fort de l'appui de la Russie et des ressources qu'il tirait de la Saxe, soutenu par un parti peu nombreux en Pologne, Frédéric-Auguste n'avait pas renoncé à la couronne; il lutta les armes à la main pendant quelque temps, fut battu, lui et ses alliés les Russes; et enfin, poursuivi jusque dans la Saxe, il reconnut lui-même l'élection de son rival et abdiqua en sa faveur.

Mais la question principale ne se débattait pas entre ces deux concurrens. Au-dessus de la sphère dans laquelle ils s'agitaient, planaient les deux génies rivaux, Charles XII et Pierre-le-Grand, dont l'un ne voulait rien moins que la conquête de la Russie, et dont l'autre projetait déjà l'immense extension de ce naissant empire. La Pologne était un de leurs champs de bataille; le protégé du czar abandonnant la partie, celui-ci imagine de faire écarter aussi par la diète polonaise le protégé du roi de Suède; et aussitôt, il entre en Pologne à la tête d'une armée de soixante mille hommes, convoque les assemblées de la nation, et en effet, la diète exclut tout à la fois Auguste et Stanislas, le premier à cause de son abdication, le second pour quelques motifs frivoles, tirés de son élection qui donnent une bien faible idée de la civilisation de la Pologne : l'élection, disaient les ennemis de Stanislas, avait été faite un samedi, jour fatal à la Pologne, et après le coucher du soleil, ce qui était d'un mauvais augure.

L'interrègne une fois déclaré, les Russes dévastèrent le pays, mais à son tour, Charles XII donna à Stanislas des soldats, de l'argent et son meilleur général, Reuscheld, si souvent vainqueur des Russes. Grâce aux balles suédoises et à la séduction de son caractère, Stanislas purgea son pays des Cosaques et se fit de nouveaux partisans; tout lui présageait un avenir heureux et un règne paisible, mais il eût fallu que le roi de Suède consentît à vivre paisiblement au milieu de ses sujets, et les conseils de Stanislas ne purent empêcher son bouillant allié de se jeter en Russie. On sait la malheureuse issue de cette invasion, à laquelle

(1) Une des ailes de ce château, consumée en 1717, a été rebâtie depuis. Une caserne, dite de l'Orangerie, a été ajoutée au château; c'est un modèle dans ce genre de constructions. Le bâtiment le plus remarquable est peut-être le manège couvert qui a 360 pieds de longueur et 80 de largeur, sans aucun pilier intérieur.

mit fin la bataille de Pultawa. La défaite des Suédois ébranla de nouveau le trône de Stanislas, qui offrit à la diète polonaise de descendre du trône, si le bien de sa patrie l'exigeait. Mais la diète refusa son abdication, et Stanislas entra de nouveau en campagne contre les Russes, les Saxons et les Danois réunis.

Ici commencent à se dérouler les pages les plus dramatiques de la vie de Stanislas. Charles XII était alors retiré en Turquie, Stanislas lui écrivit pour le conjurer de permettre qu'il entrât en accommodement avec son rival Auguste, et le roi de Suède ayant paru fort scandalisé de cet acte de faiblesse, Stanislas résolut d'aller le trouver en Turquie. Échappé la nuit de son camp, suivi de deux officiers seulement, Stanislas arrive à Jassy, et se présente au commandant comme officier français au service du roi de Suède, et il ajoute, quant à son grade, *major sum*. — *Imò maximus es*, répond le commandant, qui le reconnaît et lui apprend la tragique aventure de Charles XII. Stanislas ignorait que son allié, abandonné par la Porte, s'était battu, avec ses seuls domestiques, contre toute une armée turque, et était retenu prisonnier; on s'empara également de lui, mais bientôt après la Porte lui rendit la liberté et le traita avec magnificence; bien mieux, le sultan ordonna qu'on lui donnât quatre-vingt mille hommes pour le reconduire dans ses états, et qu'une armée plus nombreuse encore se tînt prête à marcher peu de temps après sous les ordres de Charles XII; mais au moment où les deux princes fugitifs allaient reprendre le chemin de leurs états avec cette respectable escorte d'ottomans, la Porte changea de résolution. L'ambassadeur de Pierre-le-Grand avait séduit le grand-visir, et Stanislas fut obligé de dévorer son chagrin pendant neuf grands mois dans le château de Bender.

Enfin, fatigué de tant de travaux et de malheurs, Stanislas renonça à gagner sa couronne les armes à la main, laissa à l'infatigable Charles XII le soin de conquérir ses états, et partit incognito, sous un déguisement, pour la principauté de Deux-Ponts, que Charles XII lui céda, et où il fut installé par Poniatowski.

À peine établi dans son nouveau séjour où il avait appelé toute sa famille, Stanislas fut en butte à de nouvelles inquiétudes. Des assassins attentèrent à ses jours; plusieurs coups de pistolet furent tirés sur sa voiture; le principal agent de cette conspiration parvint à s'évader, et le prince pardonna à ses complices. Charles XII meurt; voilà Stanislas forcé d'évacuer les Deux-Ponts et de chercher un autre asile. Le duc d'Orléans régent de France permit à l'ex-roi de se retirer à Weissembourg, et lui offrit une garde d'honneur, que celui-ci refusa, ne voulant, disait-il, pour le garder, que l'honneur et l'affection des Français. A Weissembourg, Stanislas fut encore poursuivi par ses ennemis : on avait projeté de l'empoisonner avec du tabac; peu s'en fallut que ce complot ne fût exécuté.

Il n'en fallait pas tant pour abattre l'esprit d'un prince aussi bon; Stanislas était tombé dans un désespoir qui le menaçait d'une fin prochaine, quand tout à coup le roi de France, Louis XV, lui demanda sa fille Marie-Leckzinska en mariage. Cette union semblait assurer son repos. Heureux du bonheur de sa fille, entouré de tous les honneurs dus au père d'un puissant souverain, Stanislas devait se promettre une vieillesse exempte de soucis, lorsque la mort d'Auguste, qui avait après lui occupé le trône polonais, réveilla les espérances de ses partisans et décida la cour de France à armer une expédition en sa faveur. La Russie veillait sur les mers, et espérait enlever Stanislas au passage; on eut recours à la ruse. La famille royale conduisit Stanislas jusqu'à Berny, et on se dit adieu; puis un seigneur français, qui ressemblait quelque peu à l'ex-roi de Pologne, endossa son costume, prit sa place, et alla s'embarquer à Brest à sa place. Pendant ce temps, le véritable Stanislas courait la poste, sous un nom emprunté, dans un modeste équipage, et se rendait en Pologne, non sans éprouver bien des difficultés.

Trop faible pour résister aux Russes et à tous ses ennemis, Stanislas ne pouvait tenir campagne; il s'enferma dans la ville de Dantzig, avec une garnison bien décidée, en attendant l'arrivée de l'expédition française; mais cette expédition manqua son but, et malgré tout le courage des Dantzikois, le moment vint où Stanislas se vit forcé de déloger.

Ce nouveau voyage fut encore plus pénible et plus aventureux que les autres. Courant à travers champs avec deux officiers de sa suite, forcé de s'écarter des grandes routes et de marcher la nuit dans des lieux marécageux, de crainte d'être découvert et livré aux ennemis, Stanislas fut contraint à chercher un refuge dans une maison de pauvre apparence, dont le maître le reconnut, mais ne le trahit point. Stanislas a laissé un récit de sa fuite de Dantzig, qui est plein d'intérêt.

Après cette dernière épreuve, ce prince renonça entièrement au trône de Pologne; une convention, conclue entre l'Allemagne et la France, lui céda en dédommagement, en lui conservant le titre de roi de Pologne, la possession à vie du duché de Lorraine et de Bar, qui devaient, après sa mort, faire définitivement partie de la France, qui les avait conquis trois ans auparavant.

L'existence de Stanislas, jusque-là si orageuse et si fatigante, devint désormais heureuse et paisible. Tout ce que son heureux naturel, son éducation brillante, et l'expérience qu'il avait acquise, pouvaient lui suggérer de bon et de généreux, se révéla pendant les trente années qu'il régna sur la Lorraine. Aucun roi de France ne saurait être mis en parallèle avec lui. Il s'occupa du bien-être de son peuple, de son avenir, créa une foule d'institutions charitables pour les vieillards, les enfans, les malades, les pauvres, soutenues par les épargnes de son très modique trésor. Il éleva des monumens, encouragea les lettres, les sciences, l'agriculture, le commerce, et donna l'exemple des vertus chrétiennes. Nancy lui doit les monumens, les places, les fontaines, qui en font une des plus jolies villes de l'Europe. Il y fonda une riche bibliothèque, un jardin botanique, et, ce qu'il faut bien remarquer, une académie assez bien composée pour que les premiers écrivains du siècle se fissent gloire d'en être membres.

Dans son château de Lunéville, où il résidait, le roi était entouré d'une cour brillante à laquelle se joignaient les esprits les plus distingués. Voltaire y parut à son tour, et fut, quoi qu'on en ait dit, accueilli très gracieusement du roi, qui, plus tard, ne s'en éloigna que lorsque la vanité, quelque peu arrogante, du philosophe devint intolérable.

Au milieu de tout son bonheur, Stanislas ne pouvait croire que sa vie dût finir sans de nouveaux accidens. Après tant de malheurs, disait-il en riant à ses serviteurs, il ne me reste qu'à mourir par le feu. Le vieillard disait plus juste qu'il ne le pensait. Le 5 février 1766, comme il s'était approché de trop près de la cheminée, dans son château de Lunéville, le feu prit à sa robe de chambre. En se baissant pour l'éteindre, il tombe, et, dans sa chute, son bras porte sur le brasier lui-même. Le roi avait alors près de quatre-vingt-dix ans. Soit effet trop puissant de la douleur, soit faiblesse attachée à son âge, il ne put ni se relever, ni demander du secours. Frappé de l'odeur des chairs brûlées, un garde-du-corps placé en faction, deux chambres plus loin, n'osant entrer chez le roi, à cause de la consigne, appela les gens de service qui s'étaient absentés de l'antichambre. Pendant tout ce temps, le vieux prince souffrait d'affreuses tortures, et quand on accourut, on trouva deux de ses doigts calcinés et tout un côté du corps transformé en une horrible plaie. Le roi survécut quinze jours à cet affreux supplice; malgré ses souffrances horribles, il se montra calme, résigné, pieux, aimable même pour les gens qui l'entouraient, et jusque dans les lettres qu'il fit écrire à sa famille. Les habitans de Lunéville, de Nancy, de Bar, d'Epinal et de toute la Lorraine, racontent encore,

comme s'ils en eussent été témoins, la douleur profonde qui saisit tous les habitans des deux duchés. Les routes étaient couvertes de gens des campagnes et des villes qui venaient de toutes parts, faisant souvent à pied plus de quinze lieues, pour apprendre, à Lunéville même, l'état de ce prince bien aimé dont ils assiégeaient jour et nuit le palais.

Enfin, Stanislas expira le 23 février, et au regret de sa perte se joignit pour beaucoup de Lorrains, celui de l'anéantissement de la vieille indépendance de leur pays (1).

Depuis la mort de ce prince, on a rassemblé et publié en quelques volumes ses œuvres complètes, écrites en français et parmi lesquelles on lira avec plaisir des mémoires *sur les constitutions d'un état libre.*

COMPLICATION DE LA LÉGISLATION
EN ANGLETERRE.

L'Angleterre est régie par deux lois, la loi commune et la loi écrite ou l'ensemble de statuts; la première se compose des diverses coutumes et des précédens, c'est-à-dire des arrêts rendus par les diverses cours, c'est un monument des contradictions de tous les siècles; ces précédens sont religieusement observés. La loi écrite se compose de tous les édits des rois et des parlemens; il n'est pas d'avocat, pas de jurisconsulte qui ose se vanter de connaître la loi écrite. « La loi commune, disait un chancelier, je puis m'en tirer assez bien; quant à la loi écrite, je défie que qui que ce soit la connaisse. » En effet, quel est l'homme qui peut dire qu'il sait par cœur le contenu de 59 volumes in-4° de 4,500 pages, où se trouve consigné le texte de ces statuts? M. Wade dit qu'il existe une petite compilation de poche, des lois anglaises, qui comprend 20 volumes in-folio. On dit que la connaissance de ces 20 volumes est indispensable à l'homme de loi. Terme moyen, depuis vingt-huit ans, le parlement a voté chaque année 140 bills, qui sont devenus lois de l'état; les actes publics comprennent au moins 100 volumes in-folio.

Peu de gens connaissent ce qui est loi ou ce qui ne l'est plus; souvent un acte a été rapporté sans que pour cela le premier cesse d'être appliqué; celui qui est intéressé à cette application n'a qu'à présenter le statut, c'est à son adversaire à prouver que ce statut a été rapporté, et les juges eux-mêmes reculent devant une telle tâche. Dans une occasion solennelle, les douze juges examinant une loi, avaient omis deux vieux statuts dont ils ignoraient l'existence.

(1) La Lorraine comprenait jadis la Lorraine allemande, la Lorraine propre, le pays des Vosges, le Barrois, le pays Messin, le Toulois, le Verdunois, le Luxembourg français et la principauté de Bouillon; Nancy en était la capitale.

De la Lorraine on a formé les départemens de la Moselle, de la Meurthe, de la Meuse, des Vosges, et une partie de la province de Luxembourg dans les Pays-Bas.

Il est peu de parties de la France aussi riches et aussi fertiles que la Lorraine. Couverte à l'est, au sud et à l'ouest de montagnes riches en bois et en gras pâturages, elle offre, au centre et au Nord, des plaines fertiles en grains. Elle possède les mines de sel gemme les plus abondantes de la France.

La Lorraine, après avoir appartenu aux descendans de Louis-le-Débonnaire, était devenu un des fiefs de l'empire d'Allemagne; mais, comme on le verra dans le texte, les Français s'en emparèrent en 1783, et en 1736, cette province fut définitivement cédée à la France, et placée sous le gouvernement de Stanislas, beau-frère de Louis XV, en dédommagement de la couronne de Pologne qu'il avait perdue. Déjà, en 1522, la France avait acquis par conquête une partie considérable du pays, formée des trois évêchés de Metz, Toul et Verdun, que le traité de Westphalie (1648) lui avait définitivement cédés.

La partie écrite de la loi commune, c'est-à-dire les *re-ports of cases*, ou jugemens rendus, consiste déjà en 280 volumes in-folio; chaque année il s'en publie 8 volumes nouveaux.

Il y a environ 987 actes relatifs à la laine, 290 sur les métaux précieux, 460 sur le tabac, 970 sur les prêcheries. Les lois du moyen-âge qui permettent de fouetter, de marquer au front, etc., sont encore lois du pays; il y a une douzaine de lois pour la manière d'emballer le beurre. De temps en temps on change, on altère, on consolide ces statuts; alors se commettent les erreurs les plus étranges. Un jour, il s'agissait de changer une loi qui imposait la transportation et l'amende pour certain crime; le statut disait : « Sera condamné à la déportation pour quatorze ans, et à une amende dont la moitié sera pour le roi. « On voulut ôter l'amende de la loi, mais comme on se résout avec peine en Angleterre à détruire un vieux monument, on se contenta d'amender le statut, on retrancha les mots et à *une amende*, de sorte qu'à la prochaine occasion, le coupable eût été condamné à quatorze ans de déportation, *dont la moitié pour le roi.*

Les lois de finances ne sont pas les moins nombreuses; il y a cent quarante statuts qui concernent les esprits.

Pour l'intelligence de ces lois, on conçoit que ce n'est pas trop de dix mille personnes à Londres, et de douze à quatorze mille dans la province. Il y a à Londres neuf cours supérieures, quatre cours ecclésiastiques, vingt cours pour le recouvrement des petites dettes, outre les cours d'*oyer* et terminer, les cours de fermiers, les petites cours de police, et d'autres encore. Il y a en outre les juges de paix, *justice of the peace*, qui jouissent d'un pouvoir presque illimité, les shériffs et les juges.

C'est un excellent métier que celui d'avocat en Angleterre; sir Samuel Romilly avait un cabinet qui lui rapportait 400,000 francs par an.

Les salaires des juges et autres magistrats sont proportionnés à ces bénéfices; ils varient, en y comptant les honoraires qu'ils reçoivent sous le nom de *fees* et d'*allowance*, de 100,000 à 400,000 francs (1). Les dépenses qu'occasione un procès, sont si élevées qu'elles devraient dégoûter tout plaideur.

La coutume est loin d'être uniforme dans toutes les parties de l'Angleterre; elle diffère de comté à comté, de ville à ville, souvent de *manoir à manoir*, de *famille à famille*; ainsi, dans le Middlesex, c'est le fils aîné qui hérite de la fortune de son père; à quelques pas de là, de l'autre côté de la Tamise, dans le Kent, la fortune est divisée en portions égales entre tous les enfans; dans une autre partie de l'ouest, c'est le plus jeune des enfans qui hérite de la propriété foncière.

Il est certaines propriétés dont on ne peut pas disposer par testament. Dans certains manoirs, un don par testament n'est pas valide, s'il est fait plus de deux ans avant la mort du testateur; dans d'autres lieux, c'est un an; en d'autres encore le temps est de trois ans; enfin il est certains lieux où il n'est pas question d'une telle restriction.

Dans certains *manoirs*, la fille aînée hérite, à l'exclusion de ses sœurs; en d'autres, elles restent toutes propriétaires indivis. Dans ce manoir l'usage veut qu'une veuve ait pour domaine un tiers de la propriété; dans cet autre que ce soit la moitié; et ailleurs, elle reste usufruitière pendant sa vie, à l'exclusion de l'héritier.

A Londres, à Bristol, les créanciers peuvent saisir les sommes dues à leur débiteur; dans le reste de l'Angleterre, les débiteurs sont insaisissables.

Toutes ces coutumes différentes se perpétuent avec les propriétés foncières sur lesquelles elles sont assises.

(1) Le salaire du lord chancelier n'est que de 100,000 fr.; ses *fees* s'élèvent en outre de 4 à 600,000 fr.

INFANTERIE. — ARQUEBUSIERS.

Deuxième article (1).

Charles VII, qui eut tant à combattre pour reconquérir son royaume envahi par les Anglais, fit de grands changemens dans l'infanterie et dans la cavalerie tout à la fois; il obligea, en 1448, chaque paroisse à fournir un homme de choix sur cinquante feux, pour servir en qualité d'archer, et accorda à ces troupes des privilèges qui les firent nommer francs-archers, comme nous l'avons déjà dit dans un article spécial sur cette arme (voyez page 75). Les francs-archers furent sur la fin du règne de Louis XI, remplacés par six mille Suisses et par une levée de dix mille hommes d'infanterie que le roi prit à sa solde. Un officier bourguignon, appelé Duquêsne, fut mis à la tête de ces troupes, et les historiens racontent qu'il causa un grand étonnement, quand on lui vit faire exécuter à ses soldats des manœuvres inconnues jusqu'alors, dont lui seul connaissait le mécanisme, et leur faire tracer un camp à la romaine auprès du pont de l'Arche, à trois lieux de Rouen. C'était la première fois que les Suisses, qui depuis y ont joué un si grand rôle, paraissaient dans les armées françaises; leur solde équivalait à quatre journées de travail d'un simple ouvrier.

Charles VIII conserva l'organisation adoptée par son père, et prit en outre à sa solde un grand nombre de lansquenets allemands; ces soldats étrangers étaient de beaucoup supérieurs à l'infanterie française; où, si l'on en croit les historiens du temps, on ne voyait, que, *méchans garnemens échappés à la justice, et surtout force marqués de fleurs-de-lys sur l'épaule.* Dans l'armée qui, sous Louis XII (1515), fut envoyée en Italie, se trouvaient six mille lansquenets avec huit cents hommes d'armes et trente mille aventuriers français que les historiens nous dépeignent ainsi : *Ils montraient leurs poitrines velues, pelues et toutes découvertes, et la plu-*

(Arquebusier sous Charles IX.)

part la chair de leurs cuisses; d'autres étaient couverts de taffetas, mais tous devaient avoir une jambe nue. Louis XII épura ces bandes; on sait que Bayard quitta la cavalerie pour commander l'une de ces bandes qui se couvrit de gloire à la prise de Gênes, et bientôt Louis XII renvoya tous les soldats étrangers, se confiant dans le courage et la fidélité des Français dont l'esprit national commençait à se former.

Bientôt après, François Ier opéra une grande révolution dans l'infanterie : c'était l'époque des grands changemens

(1) Voyez le premier article, p. 188.

pour toutes les institutions ; ce prince créa à l'exemple des Romains, sept légions, chacune de six mille hommes, et divisées en six cohortes, toutes composées de deux cents *arquebusiers* et de huit cents piquiers ; les officiers de

(Arquebusier sous Henri IV.)

chaque légion, au nombre de six capitaines et de douze lieutenans, étaient, ainsi que leurs soldats, originaires des mêmes provinces. Tout soldat qui se distinguait par une action d'éclat, recevait un anneau d'or ; s'il parvenait au grade de lieutenant, il était annobli de droit ; il ne manquait à ces légions que la cavalerie. Malheureusement cette belle institution fut promptement abandonnée, et l'on en revint aux bandes et compagnies franches que levaient les capitaines et que favorisait l'esprit d'indépendance de la noblesse.

Ces *arquebusiers*, dont nous venons de signaler la présence dans les légions de François Ier, avaient été admis depuis quelque temps dans nos armées, malgré l'opposition des chevaliers dont toute la force, l'adresse et la savante armure, ne pouvaient plus rien contre les balles lancées par l'infernale arquebuse ; aussi Bayard faisait-il pendre sans pitié tout arquebusier qui tombait dans ses mains, ce qui ne l'empêcha pas d'être blessé mortellement d'un coup de feu.

La lourdeur et la mauvaise fabrication des arquebuses s'opposèrent aussi à leur prompte multiplication ; mais peu à peu elles se perfectionnèrent, et à l'arquebuse succédèrent d'abord le mousquet et plus tard le fusil. Avant d'arriver à cette importante substitution qui changea l'art de la guerre, nous avons encore à examiner plusieurs périodes dans l'histoire de l'infanterie.

Henri II voulut rétablir les légions de son père. Il les composa également de six mille hommes, mais au lieu de six capitaines, il y en eut quinze, commandant chacun une compagnie de quatre cents hommes, et ayant au-dessous d'eux un lieutenant, un enseigne, deux sergens, et huit caporaux.

Chaque capitaine avait un canton affecté à sa compagnie afin, que chez les soldats, le sentiment de l'honneur militaire fût fortifié par un esprit de nationalité plus puissant ; c'est ainsi que plus tard nous avons eu nos légions départementales ; mais on renonça, comme nous l'avons fait depuis, à ce système de localité,

On a voulu voir dans ces légions l'origine de nos régimens dont le nom fut substitué peu à peu à celui des premières, dans les livres de nos historiens (voyez Davila, La Popelinière, d'Aubigné, etc.). Cette formation de régimens eut lieu quelque temps après la sanglante journée de Saint-Quentin, et lorsque le duc de Guise, par l'expulsion des Anglais et la prise de Calais eut rétabli l'honneur des armes françaises. Soit que cette formation se rapprochât plus de la perfection, soit qu'il y ait eu depuis plus de stabilité et de suite dans les idée de nos gouvernans ; la France s'en est tenue à cette organisation simple et régulière. Elle a été appliquée à toutes les armes et adoptée par toute l'Europe, avec des modifications peu importantes, et relatives à la force et au nombre des bataillons et des compagnies.

Malgré ces légions ou régimens, Henri II eut toujours à sa solde un grand nombre d'étrangers ; dans une revue qu'il passa en 1558 sur les frontières de la Picardie, on compta vingt-mille lansquenets, neuf mille reîtres et douze mille Suisses.

Charles IX ne fit aucun changement important dans notre organisation militaire. Sous Henri III, époque d'intrigues, de fanatisme politique et religieux, l'infanterie se rangeait encore sur dix rangs, lignes pleines, et n'ayant qu'une faible réserve. A la bataille d'Ivry, Henri IV n'avait que dix mille hommes d'infanterie, avec quatre canons, deux coulevrines, et deux mille trois cents chevaux. Pendant tout le règne de ce prince, l'armée permanente fut très peu nombreuse ; on ne faisait de levées extraordinaires qu'à l'approche de la guerre, et ces levées se faisaient à grand peine. *Sully nous raconte qu'on n'enrôlait les soldats que par force, qu'on les faisait marcher avec le bâton, et en mettant sans cesse le gibet sous leurs yeux.* Et cependant une fois en présence de l'ennemi, les Français montraient la bravoure qui leur était naturelle, et l'exemple de l'intrépide Béarnais ajoutait à leur confiance, lui si chéri de ses soldats dont il savait si bien apprécier et récompenser le courage, et qui le trouvaient toujours au premier rang. En l'année 1600, quand ce prince se préparait à attaquer le duc de Savoie, son infanterie ne se composait que de sept mille hommes ; mais, dix ans plus tard, quand il en vint à organiser son agression contre l'Autriche alors si puissante, il avait trente-deux mille hommes d'infanterie soutenu par trente-trois pièces de canons, et cinq mille cavaliers ; on sait comment cette grande expédition conçue avec tant de hardiesse et d'habileté, et dans laquelle entraient l'Angleterre, la Savoie, le Danemark et les Provinces-Unies, expédition qui allait changer la face de l'Europe, fut arrêtée par l'assassinat de Henri IV.

(Arquebusier sous Louis XIII.)

SINGULIER MODE D'INCUBATION DES CANARDS
Dans l'île de Luçon.

Dans le récit de son voyage autour du monde, M. Laplace, capitaine de la marine française, raconte ainsi la manière dont les habitans de l'île de Luçon couvent les œufs de canards :

Près du rivage, de nombreuses bandes de canards sillonnaient le courant dans tous les sens : la quantité de ces oiseaux domestiques, paraissant tous de la même force et de la même grosseur, excita ma curiosité : elle fut bientôt satisfaite, et j'appris, à mon grand étonnement, que tous ces canards provenaient d'œufs couvés par des hommes qui, pour un modique salaire, ont la patience, ou pour mieux dire la paresse, de rester couchés constamment sur les futurs canetons, arrimés les uns après les autres dans de la cendre, de manière à former une surface plane, garantie par quelques légères traverses recouvertes d'une épaisse couverture en laine ou en coton. Tout l'appareil est contenu dans une espèce de grabat très peu élevé au-dessus du sol de la case bien fermée où il est placé; et telle est la grande habitude de ces *couveurs* de nouveau genre, qu'ils savent reconnaître parfaitement le moment où les œufs sont près d'éclore; ils les brisent avec beaucoup d'adresse, et les nouveaux-nés de courir à la rivière, pour rentrer chaque soir, à la suite d'un guide plus expérimenté, dans les cages flottantes dont le petit pont-levis, abattu chaque matin sur le rivage, est relevé le soir quand le troupeau est rentré. C'est dans les villages sur le bord du lac, et surtout dans celui de *los Banos*, que ce singulier procédé est employé; de même que celui des fours, usité chez les Chinois, il est de la nécessité et de l'économie. En effet, les femelles de canards, fussent-elles à Luçon en nombre deux fois plus grands, ne pourraient jamais suffire à l'énorme consommation que les habitans font de leur progéniture, pour laquelle, à l'exclusion des poules, ils ont un goût national.

CLIMAT DES RÉGIONS VOISINES DU POLE.

La chaleur, cet élément indispensable à l'existence des êtres organisés qui peuplent notre globe, subit, dans son terme moyen, comme personne ne l'ignore, une diminution toujours croissante de l'équateur aux pôles. Quoique cette diminution n'ait pas lieu d'une manière uniforme, selon le plus ou le moins d'élévation des lieux au-dessus du niveau de la mer, pour des raisons qu'il serait trop long d'exposer ici, on peut se représenter la limite de la congélation perpétuelle comme formant une courbe dont le maximum d'élévation au-dessus du niveau de l'Océan se trouve sous l'équateur, et le minimum aux pôles. Cette élévation, pour le premier point, est d'environ quatorze mille pieds, et de zéro pour le second; d'où il suit que la température moyenne polaire est au-dessous du point de congélation. Cette seule circonstance suffit pour donner une idée du climat des régions arctiques. Nous ne rappellerons pas ici les effets de ce froid terrible auquel nulle liqueur spiritueuse, si concentrée soit-elle, ne peut résister, et dont l'appréciation exacte échappe à nos instrumens thermométriques une fois qu'il a atteint le point où se congèle le mercure. Il n'acquiert toutefois cette intensité qu'au milieu de la période de six mois pendant laquelle le soleil reste caché sous l'horizon, période qui, pour les plus hautes latitudes, s'étend d'octobre en mars inclusivement.

Dès le mois d'août, époque où les rayons obliques du soleil ont perdu presque toute leur force, la neige commence à tomber en flocons épais, et avant le mois d'octobre, la terre en est partout couverte à la hauteur de deux ou trois pieds. L'eau douce versée le long des rivages et dans tous les enfoncemens par les ruisseaux qu'alimentait la fonte des neiges anciennes, se convertit alors en glace solide. A mesure que la température baisse davan-

tage, l'air dépose son humidité sous la forme d'un brouillard, qui se change à son tour en particules glacées ayant l'apparence de fils d'araignées ou de petites aiguilles excessivement ténues, lesquelles flottent dans l'atmosphère, et semblent percer et excorier la peau au moindre contact. Elles s'attachent en quantités innombrables à toutes les parties saillantes des corps, et les recouvrent de stalactites éblouissantes aux mille formes fantastiques.

La surface de la mer, qui est à cette époque d'une température relative plus élevée que l'air, dégage, en lui cédant une partie de son calorique, une masse énorme de vapeurs, et semble fumer comme une immense chaudière; les marins ont donné à ce brouillard le nom de *fumée de gelée*. Enfin la dispersion de cette vapeur et la clarté qui en résulte dans l'atmosphère, annoncent que l'équilibre est établi entre l'Océan et l'air. Le premier se recouvre d'une couche uniforme de glace, qui, dans une seule nuit, acquiert souvent un pouce d'épaisseur. Le moment est venu où le froid étend son empire de mort sur la nature plongée dans les ténèbres, que dissipent seulement par intervalles les rayons douteux de la lune ou la lueur des aurores boréales, plus fréquentes en ce moment qu'à aucune autre époque de l'année. A mesure que le froid pénètre plus profondément dans les corps, les rochers se fendent avec fracas, et leurs explosions retentissent au loin dans le silence universel; le plus léger bruit est alors perçu à des distances considérables, et deux personnes placées à un mille l'une de l'autre s'entendent réciproquement sans élever la voix au-dessus du diapason ordinaire, ainsi que l'a éprouvé l'équipage de Parry pendant son hivernement dans l'île Melville.

Toute la création animée ressent plus particulièrement les effets de cette saison : les rennes, les daims, les bœufs musqués, etc., qui, pendant l'été, étaient passés du continent aux terres polaires voisines, ont disparu depuis long-temps, ainsi que les oiseaux; l'ours blanc, des bandes de loups affamés et hurlans, quelques renards bleus et argentés, continuent seuls de roder çà et là, en quête d'une proie qu'ils parviennent rarement à se procurer, et éprouvent des jeûnes sévères. Les malheureux habitans, couverts d'épaisses fourrures, restent enfermés dans leurs huttes, dont ils interdisent soigneusement le plus léger accès à l'air glacé de l'extérieur. Pressés autour de leur lampe ou de leur poêle, ils cherchent à tromper la longueur des heures en se livrant à leurs travaux ou au sommeil. Leurs vivres sont souvent gelés au point que la hache seule peut les entamer. Qui croirait qu'une telle patrie puisse être chère à des hommes, et, ce qui est plus surprenant, que des Européens des climats tempérés puissent s'y accoutumer au point de la quitter à regret? On a vu souvent des employés de la compagnie anglaise de la baie d'Hudson, après avoir passé plusieurs années sur les bords de cette baie, et être revenus en Angleterre, soupirer après cette affreuse nature, et retourner y passer le reste de leurs jours.

L'intensité du froid n'est cependant pas aussi difficile à supporter pendant cette saison qu'on pourrait se l'imaginer. Pendant sa durée, l'air est ordinairement dans un calme profond, et enlève par conséquent moins de chaleur au corps que ne le ferait un vent d'une température beaucoup moins basse. Les Esquimaux lui empruntent même les moyens de se défendre contre sa rigueur. Aux approches de l'hiver, ils taillent la glace en blocs d'un volume considérable, avec lesquels ils construisent des espèces de dômes spacieux dont ils rendent les parois intérieures parfaitement polies en jetant dessus de l'eau qui, se gelant aussitôt, fait disparaître toutes les inégalités. A l'extérieur, la neige s'y accumule, et le tout devient bientôt une masse compacte à travers laquelle se fait jour une quantité suffisante de lumière. Quant à celle-ci, sa disparition n'est pas non plus complète pendant la durée entière des vingt-quatre heures. Le crépuscule ayant lieu toutes les fois que le soleil est abaissé sous l'horizon de moins de dix-huit dégrés, il en résulte, d'après des calculs que nous omettons, que l'obscurité complète a pour limites les latitudes de 84° 50' — 48° 50', et que pour la première elle existe au solstice d'hiver, et pour la seconde au solstice d'été. Entre ces deux extrêmes, le ciel est éclairé à de certains intervalles par une lueur sensible dont les heures d'apparition varient suivant l'époque de l'année et la situation des lieux. C'est ainsi que les équipages de Parry, pendant leur séjour à l'île Melville, par les 74° 40' latitude N., pouvaient au milieu de l'hiver, lire sans peine sur le pont, à midi, losque le ciel était serein, les caractères d'imprimerie les plus fins. En outre, dans les régions livrées à un froid excessif, la densité de l'atmosphère qui augmente d'autant la propriété réfractive de cette dernière, avance considérablement la lueur du crépuscule. L'accroissement de la réfraction horizontale due à la même cause, élève aussi sur l'horizon le limbe inférieur du soleil et de la lune, d'environ la douzième partie de leurs diamètres, de sorte que ces deux astres sont visibles quelques jours plus tôt et plus tard, qu'ils ne le seraient sans cela, ce qui n'est pas un médiocre bienfait pour ces tristes régions, quoiqu'on ait beaucoup exagéré cet effet.

Vers la fin de mars, le soleil reparaît enfin sur l'horizon, mais ses rayons languissans servent plutôt à éclairer cette scène de désolation qu'à la vivifier. Peu à peu cependant la gelée cesse de faire des progrès. Les animaux venant du Sud envoient en avant quelques éclaireurs qui sont bientôt suivis de troupes plus nombreuses. Au mois de mai, les habitans affamés sortent de leurs huttes et s'aventurent sur le bord de la mer pour y prendre le poisson qui commence à reparaître. A mesure que le soleil s'élève dans le ciel et que sa force augmente, la scène change d'aspect ; la neige se fond avec rapidité, la glace se dissout, et d'énormes fragmens détachés des hauteurs tombent sur les rivages avec le fracas du tonnerre. L'Océan se dégage à son tour de l'enveloppe solide qui l'emprisonnait et qui se brise avec des bruits terribles. Les champs immenses de glace ainsi mis en liberté, sont ensuite brisés et dispersés par la violence des vents et des courans. Avant la fin de juin cette dispersion est ordinairement complète, et les mers deviennent praticables ; de même qu'au commencement de l'hiver, l'atmosphère est alors d'une humidité excessive et chargé de vapeurs, moins froides, il est vrai, que la fumée de gelée, mais qui sont produites par la même cause agissant en sens inverse. Ici c'est l'air qui, étant plus chaud que la couche supérieure de la mer, se condense en entrant en contact avec cette dernière et dépose son humidité. Ce sont ces brouillards, interrompus seulement à de rares intervalles par des éclaircis, qui rendent la navigation des mers polaires excessivement dangereuses. Au mois de juillet l'équilibre se trouve rétabli, et pendant quelques semaines le soleil brille avec une splendeur sans égale dans un ciel éclatant de lumière. Malgré la courte durée de l'été, la chaleur est souvent accablante à terre, surtout dans les derniers jours de cette saison, lorsqu'elle s'accumule dans les gorges, les baies et autres enfoncemens des rivages ; on voit alors le goudron liquéfié couler le long des flancs des navires. Cette température excessive, combinée avec l'humidité de l'air et du sol, favorise le développement de la végétation au point qu'avant la fonte complète des neiges, les anémones, la pavots et un petit nombre d'autres plantes de la flore arctique, épanouissent leurs pâles corolles au-dessus du sol à demi dégelé. Mais en même temps elle engendre des myriades de marin-gouins qui obligent les habitans à chercher un refuge dans leurs huttes au milieu d'épais nuages de fumée.

LES CORBEAUX. — LEURS MŒURS ; LEUR PRÉTENDU LANGAGE.

Le corbeau proprement dit est noir, avec des reflets pourprés et bleuâtres sur le dessus du corps ; et des nuances de vert chatoyant en dessous ; le bec et les pieds sont d'un noir pur ; la longueur de l'animal va parfois à plus de vingt-deux pouces. La femelle se distingue du mâle par une couleur moins décidée, un bec plus faible et de moindre dimension. Les jeunes corbeaux ont un plumage plutôt noirâtre que noir et sans reflets.

Le corbeau a été tantôt proscrit comme un animal nuisible, tantôt protégé comme un être bienfaisant. Là où il ne trouve point des alimens suffisans, les voieries infectes, les charognes pourries, font la base de sa nourriture ; il attaque et dévore les animaux faibles, tels que les lièvres, les perdrix et les agneaux, et même d'autres quadrupèdes plus grands et plus forts. Dans l'île de Féroë et de Malte, on a mis sa tête à prix ; en Angleterre, il était jadis défendu d'en tuer.

Tout convient à l'appétit du corbeau : fruits, insectes, grains, poissons, rats, grenouilles, œufs, etc. Aussi l'a-t-on rangé parmi les animaux omnivores.

Au Groenland, il accompagne les animaux carnassiers pour partager leur proie ; il emporte souvent des coquillages au sommet des rochers contre lesquels il les frappe pour les casser ; il mange aussi les baies d'une espèce de bruyère, et lorsqu'il est pressé par la faim, il dévore jusqu'aux pelleteries de rebut et aux immondices les plus dégoûtantes.

La hardiesse du corbeau est étonnante. Son bec, fort et secondé par des muscles vigoureux, peut facilement percer des vêtemens même fort épais, et faire des plaies assez profondes aux hommes qu'il attaque souvent quand il est dans l'état de domesticité. Ni les chats ni les chiens ne peuvent ordinairement l'intimider ; il s'élance sur le dos de ces derniers, s'y cramponne, et à coups de bec cherche à leur déchirer la peau du col ou à leur crever les yeux. Pour défendre sa famille, on voit le corbeau mâle s'attaquer aux oiseaux de proie qui s'approchent de son nid. Dès qu'il aperçoit un milan ou une buse, il prend son essor, s'efforce de s'élever plus haut que son ennemi, puis se rabattant sur lui, le frappe violemment de son bec. Parfois, dans cette lutte des deux oiseaux à qui prendra le dessus sur l'autre, on a peine à les suivre des yeux, tant ils s'élèvent à une grande hauteur. — Les corbeaux se livrent souvent entre eux de semblables combats où ils déploient autant d'adresse que de courage.

Le naturel vorace et féroce du corbeau n'a pas seul causé l'aversion qu'il inspire aux habitans de la plupart des pays. Son plumage triste, son cri lugubre, l'odeur infecte que son corps exhale, n'ont pu qu'accroître cette disposition défavorable. Sa chair était interdite aux Juifs ; et, en France, c'est tout au plus si les habitans les plus nécessiteux peuvent se résoudre à en manger après l'avoir dépouillé de sa peau qui est très-coriace.

Cette répugnance très-naturelle pour la chair du corbeau a été étendue à celle des corneilles et des freux, espèces particulières de la famille des corbeaux, que l'on confond souvent, à cause de leur plumage noir, avec le corbeau commun.

Le freux, cependant, n'approche jamais des charognes, et même n'est pas carnivore. La chair de cet oiseau, quand il est jeune, fournit un bon manger, et plus tard elle a le goût de celle des vieux pigeons ; mais comme la peau est coriace, il faut, dans tous les cas, avoir soin de l'enlever.

Le corbeau a été regardé partout comme un oiseau sinistre ; toutes les prédictions que l'on tirait de sa présence, étaient fâcheuses. Un combat entre des corbeaux et d'autres oiseaux de proie, était un présage de guerres sanglantes ; leur croassement seul faisait frémir le vulgaire persuadé de l'imminence de quelque catastrophe. Chez les païens, on étudiait avec soin les moindres circonstances de leur vol, toutes les inflexions de leurs voix ; chacune d'elles avait une signification particulière. — Et encore aujourd'hui, que de gens dans les campagnes, et même dans les villes, attachent à la présence de cet oiseau, à ses moindres actions, des croyances superstitieuses transmises d'âge en âge. — Parmi ces prédictions, fournies par le corbeau, il en est, il est vrai, que la raison humaine ne saurait rejeter. Ce sont celles qui sont relatives aux changemens prochains du temps. Comme tous les autres oiseaux, le corbeau peut en effet faire pressentir, par son vol plus ou moins élevé et par diverses circonstances, les modifications que doit éprouver l'atmosphère dans laquelle il nage, et qu'il connaît mieux que nous.

Chez certains peuples sauvages du continent américain, la vue d'un corbeau est pour le malade un signe de guérison ; aussi leurs magiciens appellent-ils cet oiseau en imitant son croassement ; chez d'autres, au contraire, il est d'un mauvais augure. Enfin il s'est trouvé des hommes assez fous pour manger son cœur et ses entrailles, dans l'espérance de se donner le don de prophétie qu'ils lui attribuaient.

Tout le monde connaît la facile disposition du corbeau à imiter la parole de l'homme ; le miaulement des chats, le cri des chiens, et à produire toutes sortes d'inflexions de voix. On a prétendu que pour perfectionner ce talent d'imitation, il faut lui couper le filet de la langue ; mais cette précaution n'est pas essentielle. On faisait grand cas à Rome des corbeaux parleurs. Les historiens rapportent nombre d'exemples de flatteurs qui les exerçaient à débiter un compliment à l'empereur. Mais depuis que les perroquets nous sont venus du Nouveau-Monde, on a oublié les corbeaux, bien moins habiles et surtout bien moins beaux, et d'une humeur moins facile.

Malgré leur naturel hargneux, on a vu souvent des corbeaux s'attacher à leurs maîtres ; on les a même dressés pour la chasse. On les emploie utilement à celle des perdrix, des faisans, et même à celle des autres corbeaux ; mais pour qu'ils se décident à attaquer leurs semblables au profit de l'homme, il faut les exciter vivement, et vaincre, par la crainte, la répugnance naturelle que leur inspire ce combat. Le corbeau privé vit de tous les mets qu'on sert sur nos tables ; la viande crue ou cuite, les poissons, le pain trempé dans l'eau, et jusqu'aux cerises, qu'il avale avec la queue et les noyaux ; tout lui convient également.

On a raconté des choses presque merveilleuses de l'instinct des corbeaux. Un académicien distingué, homme fort instruit et connu par sa philantropie, Dupont de Nemours, a raconté dans un mémoire lu en plein Institut, en 1806, les singulières observations qu'il a faites pendant des années entières sur les mœurs des corbeaux. Suivant ce naturaliste, les corbeaux auraient un langage communicatif, qu'il n'est pas impossible à l'homme de comprendre. Dupont de Nemours a même publié un fragment de son dictionnaire d'un langage jusqu'ici non interprété, et au moyen duquel il a traduit plusieurs de leurs mots. Il est inutile de dire à nos lecteurs que cette initiation à la vie des corbeaux a paru à l'Institut et à la très grande majorité des savans un tissu d'exagérations, de rêveries, basées sur quelques faits observés consciencieusement, mais mal compris.

Sans aller aussi loin que Dupont de Nemours, bornons-nous à rappeler quelques-unes des preuves de sagacité et d'adresse des corbeaux. Un des auteurs du *Nouveau Dictionnaire d'histoire naturelle* racontait qu'un corbeau élevé par lui avait, à plusieurs reprises, retiré du pot-au-feu la viande et les légumes, bien que l'eau fût bouillante, et qu'il lui fallût enlever d'abord le couvercle ; qu'il, n'endommageait jamais ; il emportait le produit de son vol dans sa cachette. On sait que les corbeaux ont, comme les pies, la manie de dérober et d'emporter dans des trous les ustensiles de ménage, et notamment les pièces de métal et tout ce qui brille à leurs yeux. Cette disposition à amasser s'étend à tous les objets, et non pas seulement aux provisions de nourriture.

(Le Corbeau.)

LES BUREAUX D'ABONNEMENT ET DE VENTE SONT :
rue de Seine-Saint-Germain, n° 9.

Paris. — Imprimerie de H. Fournier, rue de Seine, n° 14.

FRANCE. — LE CHATEAU ET L'AQUEDUC DE MAINTENON.

(Etat actuel du château de Maintenon.)

Le seul aspect du château de Maintenon atteste son ancienneté. Ces tours gothiques, ces traces de pont-levis, ces murailles épaisses entourées de fossés, cette irrégularité de construction, cette teinte de vétusté qu'ont les pierres mêmes, offrent bien l'image de ces vieux manoirs dont la vue retrace à l'esprit l'histoire et le caractère de leurs anciens maîtres. C'est avec regret qu'on voit disparaître chaque jour de notre sol ces antiques demeures, débris vivans des temps passés, qui plaisent à l'imagination par les mœurs, les traditions, les souvenirs qu'elles rappellent, et qui devraient nous être chères comme de précieux monumens de famille. La description du petit nombre de ceux qui restent encore doit en acquérir plus d'intérêt.

On ne peut dire précisément à quelle époque fut construit le corps principal du château de Maintenon, qui en est la portion la plus ancienne, et auquel plusieurs constructions ont été successivement ajoutées, comme l'indiquent les différences de style qu'on y remarque.

Les réparations modernes et les changemens qu'on y a faits en ont un peu modifié l'ancien aspect, sans cependant lui faire perdre son vrai caractère. Il fut originairement construit de forme carrée, comme tous les châteaux bâtis dans le même temps et calculés pour la défense. Entouré de fossés qui existent encore, flanqué aux quatre coins de quatre tours armées de créneaux et de mâchicoulis, il était fermé au midi par une forte muraille qui allait d'une tour à l'autre, et qui a été abattue pour l'agrément de l'habitation. Toute l'aile qui se voit à gauche en entrant dans la première cour, et qui joint une église voisine au corps principal du château, est la partie la plus moderne, et a été bâtie par Louis XIV. Mme de Maintenon a rebâti aussi l'aile de l'Ouest, qui est à droite en entrant dans la deuxième cour, pour y faire son appartement, qu'on voit encore.

Après avoir passé par plusieurs mains, le château de Maintenon échut, en 1674, moyennant la somme de 250,000 livres à Françoise d'Aubigné, depuis marquise de Maintenon.

Une fois qu'elle eut fait l'acquisition de cette terre, quoique son séjour à la cour ue lui permît point d'y faire de longs établissemens, elle y porta cet esprit d'ordre qu'elle savait appliquer à tout : elle attira des ouvriers flamands pour y établir des fabriques de dentelle; elle y appela des Normands, qui travaillèrent en toilerie; elle y établit des écoles, des manufactures; elle y fit reconstruire des églises, et fonda des hôpitaux, et fit tout le bien qu'on pouvait attendre de ses sentimens de charité.

La seigneurie de Maintenon avait été érigée, en 1594, en baronnie, et en 1641, en marquisat. En 1688, Louis XIV l'érigea en marquisat-pairie. Louis XIV maria mademoiselle d'Aubigné, sa nièce, au duc d'Ayen, fils du maréchal de Noailles, elle lui fit don de sa terre, qui, depuis ce temps, est restée en la possession de la maison de Noailles. Les ducs de Noailles l'avaient depuis fort agrandie, en y réunissant le comté de Nogent, le duché d'Epernon, et plusieurs autres seigneuries environnantes.

Le nom de madame de Maintenon suffit pour illustrer cet ancien château. On ne visite pas sans intérêt la demeure d'une femme dont le nom se rattache de si près à celui de Louis XIV. Il reste peu de traces de son habitation dans l'intérieur des appartemens qui ont été modernisés; cependant la distribution de celui qu'elle occupait est restée exactement la même, bien que la décoration en ait été changée. On montre aussi la pièce qui était la chambre à coucher de Louis XIV, celle qui faisait son cabinet, et la grande galerie par où le roi se rendait, pour assister à l'office, à une tribune donnant dans l'église voisine, qui était une collégiale dépendante du château. Il faut encore compter au nombre des souvenirs attachés au château de Maintenon celui de Racine, qui y demeura pendant un certain temps, lorsque madame de Maintenon le chargea de composer pour les élèves de Saint-Cyr les tragédies d'Esther et d'Athalie. C'est là qu'il composa en grande partie ces deux chefs-d'œuvre. Il affectionnait l'allée qu'on voit à la droite du grand canal, et s'y promenait souvent en composant ses beaux vers; depuis ce temps, cette allée a conservé son nom. Mais l'objet qui attire principalement la curiosité des voyageurs, est l'aqueduc qui traverse le parc, et qui était destiné à conduire les eaux de la rivière d'Eure à Versailles.

Ce projet, l'une des plus grandes entreprises du règne de Louis XIV, et dont l'exécution aurait égalé tout ce que les Romains ont fait de plus extraordinaire en ce genre, avait été conçu par Vauban et La Hire en 1680.

Le résultat des nivellemens faits à ce sujet fut que la rivière d'Eure, prise à Pont-Goin, dix lieues au-delà de Chartres, était plus élevée de 110 pieds que la cour de marbre du château de Versailles, et de 68 pieds plus élevée que l'étang de Trappes, dans la longueur de 55,760 toises (environ 25 lieues), jusqu'audit étang.

La première partie du canal, dans une longueur de 24,000 toises, depuis la prise d'eau jusqu'à l'aqueduc de Maintenon, devait être à fleur de terre, jusqu'à l'endroit appelé Point-à-Rien de Berchères. Dans cet espace, il aurait fallu traverser cinq vallons. Là aurait commencé une levée en terre d'environ 5,900 toises de longueur, dont une partie, aujourd'hui plantée, se voit encore près de Maintenon sur la droite de la route qui conduit à Chartres. Cette levée se serait prolongée jusqu'à l'aqueduc de Maintenon, auquel elle serait venue s'unir, et aurait eu au raccordement 64 pieds d'élévation. Cet aqueduc, construit en maçonnerie, sur une longueur d'environ 2,500 toises, aurait eu jusqu'à trois rangs d'arcades, posés l'un sur l'autre à l'endroit le plus profond de la vallée. Le premier rang dans le fond du vallon, le seul qui ait été construit, existe encore, et traverse le parc du château. Il est composé de 47 arcades, faisant 500 toises de longueur. Chaque arcade a 40 pieds d'ouverture, 45 pieds de profondeur, et 78 pieds d'élévation sous la voûte, au fond du vallon. Les piles, armées de contre-forts de 6 pieds de saillie, ont 24 pieds d'épaisseur, et l'élévation totale de ce premier étage est de 94 pieds.

Le deuxième rang aurait été composé de 195 arcades, faisant 2,070 toises de longueur. Celles de ce deuxième rang, qui auraient surmonté les 47 du premier, auraient été d'une égale largeur et profondeur, et auraient eu 85 pieds d'élévation (70 pieds sous voûte).

Le troisième rang devait être composé, sur 2554 toises de longueur, de 590 arcades, ayant seulement 44 pieds d'élévation, et dont deux pour la largeur auraient répondu à une du rang au-dessous.

L'élévation totale de ces trois rangs d'arcades aurait été de 220 pieds (1).

C'est le troisième étage qui aurait porté le canal dans lequel aurait coulé l'eau de là nouvelle rivière. Il devait avoir 7 pieds 6 pouces de large par le haut, et 7 pieds par le bas, sur une profondeur de 4 pieds. Les corridors, bordés d'un parapet, devaient avoir 5 pieds 6 pouces de large de chaque côté du canal, qui aurait été recouvert d'une voûte dans toute sa longueur. L'épaisseur de toutes ces parties réunies aurait été de 20 pieds.

Depuis l'aqueduc de Maintenon, la rivière d'Eure aurait été conduite jusqu'à l'étang de Latour, au moyen d'un canal formé par différentes levées de terre variables comme le terrain; et, comme l'étang de Latour est au point où commence la prise des eaux qui arriveraient à Versailles, les eaux de la rivière d'Eure, une fois arrivées à ce point, auraient coulé partie par des rigoles, partie par des aqueducs souterrains, des étangs aux réservoirs construits sur la butte Satory.

Cet aqueduc était le complément nécessaire des grands travaux faits à Versailles; car il y aurait conduit un assez grand volume d'eau pour que les eaux qui ne jouent qu'une ou deux fois l'année, et à grands frais, eussent pu jouer constamment.

Les travaux auxiliaires faits pour ce grand ouvrage ne sont pas moins surprenans que l'ouvrage lui-même. Pour faciliter le transport de l'énorme quantité de pierres néces-

---

(1) Le pont du Gard, un des plus beaux ouvrages romains qui soient en France, n'a que 148 pieds d'élévation. La vallée qu'il traverse est beaucoup plus étroite que celle de Maintenon.

saires à ces constructions, Vauban imagina de rendre navigable, au moyen d'écluses, la rivière d'Eure, celle d'Epernon et le ruisseau de Gallardon. Il fit creuser deux canaux principaux, dont l'un allait à Gallardon, où sont situées les belles carrières de Germonval, et l'autre à Epernon. Comme l'eau de la petite rivière de Voise, qui descend d'Auneau à Gallardon, n'était pas suffisante pour entretenir le canal en pleine navigation, il en dériva, par une rigole d'environ 10,000 toises, une partie suffisante de l'eau de la rivière d'Eure pour la conduire dans le biez supérieur du canal, qui se prolonge jusque dans la carrière de Germonval. Outre le canal de Gallardon, dans lequel il y aurait cinq écluses, Vauban rendit navigable la petite rivière de Drouette, qui descend de Rambouillet, et passe à Epernon, en la transformant en canal, au moyen de sept écluses, jusqu'à son confluent avec la rivière d'Eure entre Maintenon et Nogent-le-Roi, espace dans lequel furent construites cinq écluses encore. Au moyen de ces trois navigations artificielles, tous les matériaux que renferme cette étendue de terrain arrivaient à Maintenon, où les pierres toutes taillées étaient transportées sur des bateaux pontés au pied des ouvrages par deux canaux latéraux, creusés parallèlement aux deux faces de l'aqueduc, et à environ 50 toises de distance de ces deux faces, tant au Midi qu'au Nord. Ces deux canaux étaient alimentés par les deux rivières qui passent sous l'aqueduc, la rivière d'Eure sous la cinquième et la sixième arcades, et celle de Voise, venant de Gallardon, sous la trentième.

Tous ces travaux furent commencés en 1684, et interrompus quatre années après, à cause de la guerre qui survint alors. Ils n'ont point été continués depuis. Quoiqu'ils fussent loin d'être terminés, on en avait déjà achevé une grande partie, et on avait dépensé des sommes énormes pour cette entreprise qu'on abandonna bientôt.

La prise d'eau à Pont-Goin, le canal à fleur de terre depuis Point-Goin jusqu'à Point-à-Rien de Berchères, et le canal en terre depuis Point-à-Rien de Berchères jusqu'au vallon qui porte le même nom, étaient entièrement achevés.

La traversée du vallon de Berchères n'avait pas été commencée; Vauban avait proposé dans cette partie la construction d'un aqueduc élevé sur trois rangs d'arcades; au-delà du vallon la levée qui devait se prolonger vers l'aqueduc de Maintenon existait en partie. Quant à cet aqueduc, il n'y avait que le premier rang d'achevé. La levée qui devait faire suite à l'aqueduc de Maintenon était aussi fort avancée, et la partie de l'étang de Latour jusqu'aux réservoirs situés sur la butte Gobert à Versailles, était en très bon état et faisait le service de la ville.

Louis XIV employa ses troupes à ces différens travaux. Elles campaient le long des ouvrages; le camp fut habituellement de trente mille hommes.

Le roi allait visiter par lui-même ces travaux. Le château, qui n'avait pas une grande étendue, ne permettait pas que le roi y pût mener une suite nombreuse. Madame de Maintenon ne consentit point à ce qu'il fût agrandi ni embelli, quoique le roi eût donné l'ordre à Le Nôtre d'y travailler, voulant, disait-elle, éviter les comparaisons, et craignant d'être un sujet de dépense pour le roi. Le seul agrandissement que fit le roi fut la construction de l'aile dont il a été parlé, et que l'on voit en entrant à gauche dans la première cour, où l'on établit des écuries pour le service, et où l'on fit au premier étage la galerie dont il a été question.

L'exécution de ce projet aurait été d'autant plus magnifique, qu'il présentait l'avantage de pouvoir donner de l'eau potable non-seulement à Versailles, mais encore, dit-on, à Saint-Cloud et à Paris.

Les nivellemens ont fait connaître que les réservoirs de la butte de Satory auraient été plus élevés que le sol de Notre-Dame de 558 pieds; plus élevés que le sommet des tours de 154 pieds; et enfin plus élevés que l'Estrapade de

214 pieds ; ce qui prouve que l'eau de la rivière d'Eure, prise aux étangs de Satory, aurait pu être amenée dans les quartiers les plus élevés de Paris ; en ayant soin pour qu'elle y parvînt dans toute sa pureté, qu'elle ne traversât aucun des étangs qui se trouvent sur sa route ; et l'on y serait parvenu facilement en faisant passer le canal sur les chaussées de ces étangs, dans lesquels, lorsqu'il en aurait été besoin on aurait pu verser une partie de son eau sans que la portion destinée pour la ville de Paris cessât jamais de couler (1).

Quand Louis XIV eut abandonné le projet de conduire la rivière d'Eure à Versailles, voulant indemniser Madame de Maintenon des dommages que lui avaient occasionés les travaux exécutés sur son terrain, il lui fit don de l'aqueduc qui traversait son parc, ainsi que des digues, des canaux, et autres terrains situés dans le domaine, et acquis des deniers royaux pour la confection des ouvrages. Ces ouvrages sont aujourd'hui presque entièrement détruits, l'aqueduc en maçonnerie est lui-même fort endommagé. Louis XV fut le premier qui commença à le démolir ; il fit détruire les trois premières arcades dont il ne reste plus maintenant que les piles, pour bâtir dans les environs le château de Crécy qu'il destinait à Madame de Pompadour (2). Plusieurs autres arcades furent successivement détruites pendant la révolution, et ce beau monument n'est plus aujourd'hui qu'une ruine imposante, qui, semblable aux ruines romaines, porte avec elle cet air de grandeur qui caractérise tout ce qui appartient au règne de Louis XIV.

COMBATS DE COQS A MANILLE.

C'est surtout dans leur amour effréné pour les jeux de hasard et les paris, que les Tagals découvrent une violence de passions dont leur figure grave aurait pu faire douter. Voyez ce Tagal, portant sous le bras un superbe coq qui ne le quitte jamais et reçoit constamment ses caresses ; il le préfère certainement à sa femme et même à ses enfans, mais aussi c'est de la force du courageux animal qu'il attend le gain de ses nombreux paris et une abondance momentanée. Les combats de coqs sont pour les habitans de Manille ce que les courses de taureaux sont pour les Espagnols, une distraction qu'ils aiment avec fureur. Les deux gouvernemens les ont également soumis à leur autorisation, non pour rendre plus rares ces spectacles qui entretiennent chez le peuple le goût du sang, mais pour les soumettre à de forts droits et faire servir cette passion populaire à l'augmentation de leurs revenus.

Il y a dans la ville, les faubourgs, et même les provinces, des endroits désignés par l'autorité pour les combats de coqs ; c'est là que ces intrépides animaux viennent défendre, au prix de leur sang et souvent de leur vie, les intérêts de leurs maîtres. Avant le combat, les arbitres, tirés de la foule des spectateurs qui entourent une petite arène couverte de sable fin, décident, après bien des discussions, si les combattans sont égaux en forces et surtout en pesanteur. La question résolue, de petites lames d'acier, longues, étroites, et d'une excellente trempe, arment la patte gauche de chacun des gladiateurs, que les caresses et les exhortations intéressées de leurs propriétaires excitent au combat. Pendant ce temps, la partie ont lieu, l'argent est prudemment opposé à l'argent ; enfin le signal est donné, les deux coqs se précipitent à la rencontre l'un de l'autre :

(1) Ce projet, qui n'avait point échappé aux grandes vues de Louis XIV, fut proposé de nouveau sous le règne de Louis XVI, par le baron de Marivetz, qui avait trouvé les eaux de la rivière d'Eure assez abondantes pour assurer le succès de cette entreprise, et avait évalué, eu égard à l'état où se trouvaient les travaux primitifs, la dépense du surplus à 30 millions.

(2) Ce château, qui était situé près de Dreux, a été détruit pendant la révolution.

leurs yeux brillent, les plumes de leur tête sont hérissées et éprouvent un frémissement que partage une belle crête écarlate ; c'est alors que l'animal le mieux dressé oppose l'adresse à la force et au courage aveugle de son ennemi ; ils dédaignent les coups de bec, ils savent combien est dangereux l'acier dont leur pattes sont armées ; aussi les portent-ils toujours en avant, en s'élançant au-dessus du sol. Rarement le combat dure long-temps ; un des champions tombe, le corps ouvert ordinairement par une large blessure ; il expire sur le sable et devient la proie du maître de son vainqueur ; celui-ci, le plus souvent blessé lui-même, ne chante pas sa victoire ; emporté loin de l'arène, il est comblé de soins, et reparaît au combat quelques jours après, plus fier encore qu'auparavant, jusqu'à ce que le fatal coup d'éperon d'un heureux rival vienne terminer sa vie glorieuse et ruiner les espérances de son maître. Si parfois les combattans tiennent la victoire en suspens et s'arrêtent pour reprendre haleine, le vin chaud aromatisé leur est prodigué ; alors avec quelle avide et inquiète curiosité chaque parti compte leurs blessures. Après quelques courts instans de repos, le combat recommence avec une nouvelle fureur, et ne finit que par la mort d'un des champions. Comme la pesanteur du combattant peut fort bien ne pas être, malgré l'usage qui l'a décidé, en juste rapport avec son courage, il arrive quelquefois que, craignant la mort ou reconnaissant la supériorité de son adversaire, il abandonne le champ de bataille, après quelques efforts. Si, ramené deux fois au combat, les cris, les encouragemens de son maître ne peuvent ranimer son courage, les paris sont perdus, et le coq, déshonoré, va le plus souvent expier sa lâcheté sous l'ignominieux couteau de cuisine d'une maîtresse doublement irritée.

INFLUENCE DES SOCIÉTÉS DE TEMPÉRANCE
AUX ÉTATS-UNIS.

Il y a dix ans, on comptait aux États-Unis trois ou quatre millions d'individus qui faisaient un usage habituel des boissons spiritueuses ; et, comme il était reconnu depuis long-temps que, parmi les gens qui ont contracté cette habitude, il y en a au moins un sur dix qui devient intempérant, on estimait à trois ou quatre cent mille le nombre des ivrognes dans toute l'Union. A cette époque, l'ivrognerie faisait des progrès effrayans. Quelques philanthropes pensèrent qu'il ne pouvait y avoir de remède contre ce vice honteux et funeste sous tant de rapports, qu'une abstinence totale de liqueurs fortes.

Cette idée donna naissance aux sociétés de tempérance, associations dont les membres prennent l'engagement de renoncer entièrement à l'usage des boissons spiritueuses. La première des sociétés de ce genre s'établit dans l'état de Massachussets, en 1826 ; elles ne tardèrent pas à se répandre dans les autres états de l'Union, et dans celui de New-York, on en compte aujourd'hui plus de huit cents. Un nombre immense d'individus appartenant aux classes laborieuses se sont affiliés à ces sociétés. Les maîtres ont dû conséquemment renoncer à la coutume de distribuer des liqueurs spiritueuses à leurs ouvriers, et ceux-ci n'en continuent pas moins de travailler avec zèle et courage.

La réforme la plus étonnante produite par l'influence des sociétés de tempérance a été celle des matelots, qui étaient si passionnés pour le grog, que cette boisson faisait partie obligée de leur ration. Aujourd'hui, il y a au moins quatre cents bâtimens qui font voile des ports des Etats-Unis sans avoir à bord une seule goutte de liqueur spiritueuse ; les matelots trouvent qu'un bol de café chaud est plus efficace pour entretenir leurs forces. Le retour à la sobriété de la part des marins a eu un résultat bien curieux ; c'est une réduction de 5 p. 400 que les diverses compagnies d'assurance ont opérée sur le taux de leurs primes pour les bâtimens qui n'embarquent pas de boissons spiritueuses.

Les soldats ne sont pas restés en arrière des matelots. Par ordre du président, les distributions de whisky aux troupes ont été en partie suspendues, et la suppression totale en est fortement recommandée par le département de la guerre. L'effet produit sur la masse de la nation n'est pas moins remarquable. Un rapport adressé au gouvernement en 1831 montre que, dans l'année précédente, la quantité de liqueurs spiritueuses venant de l'étranger, et importées à New-York pour la consommation intérieure, avait diminué de 1,117,718 gallons (mesures de 4 litres 1/2), valant autant de dollars (plus de 7 millions de fr.). Quant aux esprits fabriqués dans le pays, la diminution avait été d'environ 2 millions de gallons, valant 5,000,000 de dollars (plus de 2 millions 1/2 de fr.). Le tout avait produit à la nation une épargne de plus de 10 millions de francs. Les quatre années qui viennent de s'écouler n'ont pu qu'accroître des résultats qui ne sont pas moins importans sous le point de vue moral que sous le rapport financier.

VERS A SOIE.

C'est en Chine que ces précieux insectes ont été d'abord un objet d'industrie, 2,700 ans avant notre ère. De cette contrée, l'art de les élever a passé dans les Indes et en Perse. Ce n'est qu'au commencement du VIe siècle que deux religieux apportèrent à Constantinople des œufs de vers à soie, et publièrent des notions sur l'éducation des chenilles. Cette importation acquit bientôt de l'importance sous l'empereur Justinien, et fut l'origine de nouvelles richesses. De la Grèce et du Péloponèse, cette industrie se répandit en Sicile et en Italie. Ce n'est qu'après le règne de Charles VIII que des gentilshommes, qui avaient coopéré à la conquête du royaume de Naples, rapportèrent en Dauphiné le mûrier blanc et la précieuse chenille qui se nourrit des feuilles de cet arbre. Les succès furent lents à se réaliser, et en 1564, Traucat, simple jardinier de Nîmes, jeta les premiers fondemens d'une pépinière de mûriers blancs qui, en peu d'années, couvrirent nos provinces méridionales ; car l'éducation des vers à soie ne peut prospérer que par le secours d'une autre industrie qui en est indépendante, la culture du mûrier, et de même, celle-ci ne peut s'établir que dans les lieux où cet arbre peut être utile, c'est-à-dire ceux où l'on élève des vers.

Comme tous les insectes, celui dont nous nous occupons offre, ainsi que nous l'avons dit (p. 180), quatre métamorphoses : il est d'abord sous l'état d'œuf ; les chaleurs printannières le font éclore sous la forme d'une chenille qui grossit peu à peu, et change trois ou quatre fois de peau, selon les variétés. Cette chenille, au bout de vingt-cinq à trente jours, parvenue à sa grosseur, cesse de manger jusqu'à la fin de sa vie, et se vide de ses excrémens ; elle se file un cocon dans lequel elle s'enferme, et se met à l'abri de ses ennemis et des impressions extérieures, pour se convertir en une chrysalide ou nymphe, sorte de mort apparente, pendant laquelle l'insecte est comme enimaillotté pendant quinze à vingt jours, et privé de locomotion. Enfin il brise ses enveloppes, et apparait au dehors, armé de quatre ailes, d'antennes et de pattes ; le mâle recherche sa femelle, se réunit à elle, et, véritable papillon, appelé bombyx mori, la mort termine bientôt sa courte existence (moins de deux mois). Nous nous abstiendrons de décrire la forme des parties de cet animal ; ce sujet est plutôt du ressort des traités d'histoire naturelle ; nous devons nous borner aux détails d'éducation et d'économie rurale.

Les œufs ou graines de vers à soie sont revêtus d'une liqueur qui les colle à l'étoffe ou au papier sur lesquels la mère les a déposés. On peut les décoller en les plongeant dans l'eau fraîche, et ensuite on les laisse sécher. Il faut les conserver dans un lieu sec, dont la température soit de 10 à 12 degrés. Lorsque les chaleurs commencent à se faire sentir, en avril, il est bon de ne pas y exposer les œufs, qui écloraient avant que les premières pousses du mûrier aient pu fournir la nourriture aux jeunes vers. On retarde donc ce moment, d'autant plus qu'il est convenable de faire éclore à peu près tous les œufs ensemble, ou du moins par couvées proportionnées à l'importance de l'exploitation. On réunit les œufs en nouets aplatis, d'une once (31 grammes)

(Education des vers à soie en Chine.)

ou un peu plus, que des femmes suspendent à leur ceinture, et placent sous le chevet de leur lit ; on visite ces nouets de temps à autre, ou bien on les tient à l'étuve, dont on élève peu à peu la chaleur jusqu'à 24 degrés ; et qu'on maintient à ce terme. Le travail de la nature dure huit à dix jours, au bout desquels on voit éclore le ver.

On étend alors sur la graine une feuille de papier criblée de trous qui ont 2mm (1 ligne) de largeur, à travers lesquels les jeunes vers passent pour trouver les feuilles de mûrier qu'on y a placées. On porte avec soin ces feuilles chargées de vers sur un clayon garni au fond de papier gris. Cette levée se renouvelle deux fois le jour, et il faut que toute la graine soit éclose après deux ou trois fois vingt-quatre heures.

L'atelier où l'on élève les vers est appelé *magnanière*; édifice aéré, à l'abri de l'humidité, du froid et du trop de chaleur, des rats et autres animaux nuisibles. Pour 20 onces de graines (6 hectogr.), la salle doit avoir 40 mètres sur 25 (50 pieds sur 76), ayant des cheminées pour chauffer et ventiler. Des châssis vitrés ferment les fenêtres. La température ne doit pas descendre plus bas que 15 degrés :

on peut l'élever jusqu'au 26e et plus encore; mais 16 à 24 degrés est la température ordinaire. Il faut qu'un courant d'air purge l'atmosphère des émanations fétides des chenilles, de leurs excrémens et de la détérioration que les feuilles éprouvent. La lumière ne leur est nullement défavorable, ainsi que l'ont pensé plusieurs personnes, et doit même être considérée comme avantageuse sous divers rapports.

L'échafaudage des tablettes sur lesquelles on nourrit les

(Education des vers à soie en Chine. — Enlèvement des cocons.)

vers à soie, se compose d'autant de paires de montans liés par des traverses, que l'espace le comporte; on les écarte de 2 en 2 mètres (6 pieds). On fixe ces montans dans le carrelage et au plafond, et on y attache les traverses, sur lesquelles on pose des planches ou des nattes de roseaux. Le premier étage est à 18 pouces (5 décimètres) au-dessus du sol; 15 pouces (4 décimètres) d'espace suffisent entre les autres étages; on atteint les supérieurs avec des marche-pieds. Il faut aussi une infirmerie, où l'on transporte les vers malades.

Quelques clayons suffisent quand les vers sont jeunes; à mesure qu'ils grandissent, on leur donne plus d'espace et plus de nourriture, en les empêchant de trop s'amasser ensemble. L'abondance des feuilles est proportionnée à l'âge, et on doit en donner davantage lorsqu'on remarque que les vers ne laissent presque que les côtes. Il faut couper et même hacher les feuilles dans le premier âge; la litière est alors si peu épaisse qu'on la laisse sous les vers; on la sépare ensuite avec délicatesse, pour leur donner plus d'espace sur les nouveaux clayons, sans cependant les laisser trop écartés. Avant chaque mue, l'appétit des vers est plus vif, puis il s'arrête tout à coup; les vers tombent en langueur, mais ils se raniment après avoir quitté leur peau.

On supprime peu à peu les feuilles de papier du fond des clayons, pour laisser passer l'air par les interstices des éclisses. Les vers sont devenus assez forts pour qu'ils ne puissent tomber. Après la seconde mue, ils sont longs de 6 lignes; on les transporte alors dans le grand atelier; on les débarrasse de la litière qu'ils quittent pour se jeter sur les feuilles fraîches. On donne quatre fois des feuilles par jour, de 6 en 6 heures; on coupe ces feuilles en plus grands morceaux que précédemment.

Pour *déliter*, on étend un réseau ou filet sur les tables; on le couvre de feuilles; les vers y montent; on enlève ensuite le filet, on ôte la litière, et les vers malades ou paresseux; enfin, on rabaisse le filet sur les tablettes; ou

bien, une demi-heure après, que la feuille est servie, on enlève ces feuilles avec les vers qui y sont montés, et on les place sur la tablette voisine, qui a d'abord été vidée et nettoyée, et ainsi de proche en proche. Il faut sortir la litière de l'atelier, et tenir les lieux propres et secs. Après la troisième mue, on sert les feuilles entières. Les vers ont alors une extrême voracité, et il faut satisfaire leur appétit avec abondance. Après la quatrième mue, cette observation est encore plus vraie et plus urgente. Alors il ne faut pas élever la chaleur au-dessus de 16 à 17 degrés.

Dans toutes les phases de leur existence, les vers sont sujets à diverses maladies, nommées le *rouge*, le *brûlé*, le *gras*, les *harpions*, la *clairette* ou *luzette*, la *muscardine*, la *jaunisse*. Ce ne peut être le lieu de donner ici les recettes des magnaniers contre ces affections souvent épidémiques; il faudra recourir aux traités spéciaux.

Le ver, parvenu à son cinquième âge, cesse de manger, se vide de ses excrémens, perd de son volume, prend une sorte de translucidité, abandonne les feuilles, cherche à grimper sur les montans et à se cacher dans un lieu isolé; c'est alors qu'il veut filer son cocon. On lui donne des rameaux de bruyère, de genêt, de petit chêne vert, d'alaterne, etc., qu'on dispose sur les tables et en forme d'allées, de 18 pouces de large, confondant en haut leurs branches. Les vers de deux tables sont réunis sur une seule, et toute la litière doit être enlevée. Des cornets de papier, des copeaux de menuisier, des touffes de chiendent sont disposés pour les vers plus diligens, et plus tard pour les plus paresseux. Le ver se met à construire son cocon, en étendant ses fils en différens sens : ce n'est d'abord qu'une soie grossière; mais elle devient plus régulière et plus fine, et la chenille en forme une sorte d'œuf, en contournant ses fils en zig-zag, et couches par couches, tout autour d'elle.

La matière de la soie est liquide dans le corps du ver, mais elle se durcit à l'air, et le gluten qui l'enduit colle les fibres les unes sur les autres. On peut même extraire du corps de l'animal cette substance en masse, et en former un tissu transparent, de gros fil insoluble, etc. Trois ou quatre jours suffisent à la fabrication du cocon. On doit déramer peu après, c'est-à-dire ôter les cocons de la bruyère. On treille pour séparer les plus beaux cocons qu'on réserve pour graine. A l'époque naturelle (après 18 à 20 jours), le pavillon se développe, perce son cocon en heurtant de sa tête avec violence contre le tissu d'une extrémité qu'il a humectée, et dont il écarte les fibres avec ses pattes. On recueille ces papillons, et on les place sur une étamine usée où se fait la ponte.

Quant aux cocons qui doivent être défilés, il faut ne pas attendre plus de 10 à 12 jours pour les étouffer; car si on laissait à la chrysalide le temps d'éclore, son cocon serait percé et n'aurait plus de valeur; c'est ce qu'on fait en les exposant pendant cinq jours à l'ardeur du soleil, ou en les mettant au four chaud, ou dans la vapeur d'eau bouillante, ou dans une étuve. La chaleur de 75 degrés, soutenue pendant une demi-heure, suffit pour tuer les chrysalides. On assure que le même effet est produit en les exposant à la vapeur de l'essence de thérébentine.

La soie est ordinairement jaune, quelquefois blanche ou même vert-pomme. La blanche, qui provient d'une variété de ver de la Chine, est préférée, parce qu'elle n'a pas besoin de subir l'opération du *décreusage* pour la décolorer. On chauffe de l'eau dans une bassine; on y plonge les cocons pour dissoudre la gomme qui colle les fils les uns aux autres. On agite les cocons avec une botte de verges qui arrache la bourre et fait trouver le maître brin, qu'on dévide ensuite sur un asple à plusieurs ailes.

On a trouvé, par expérience, que 15 de feuilles de mûrier donne 1 de cocons, en poids, et que 100ᵏⁱˡ de cocons donnent 8ᵏⁱˡ de soie filée, quand l'opération est bien conduite. Une once de graines produit 80 livres de cocons, et même plus (50 grammes produisent 40 kilogrammes). Enfin il faut une livre de cocons pour rendre une once de graine (4 hectogrammes pour 50 grammes.)

La soie d'un cocon pèse 1 décigramme un tiers (2 grains et demi); son fil est long de 250 à 560 mètres (700 à 1100 pieds), ce qui donne une idée de son extrême ténuité. Ces fils ont cependant beaucoup de force, surtout quand on en réunit plusieurs ensemble.

Après l'exposition des procédés suivis aujourd'hui en France pour élever des vers à soie, nos lecteurs ne liront pas sans intérêt quelques détails sur le mode d'éducation usité par les Chinois, qui ont apporté dans l'exploitation de cette industrie l'esprit d'observation et la patience qui sont au nombre de leurs caractères distinctifs. Nous y joindrons l'histoire abrégée des progrès de la fabrication de la soie en France, et une notice sur un procédé d'assainissement des magnanières, que l'un de nos premiers chimistes, M. Darcet, a communiqué, il y a peu de jours, à la société d'encouragement pour l'industrie nationale. Utile à tous les éleveurs de vers à soie, cette publication n'aura rien de fastidieux pour la masse de nos lecteurs, réduite, comme elle le sera dans notre *Magasin*, aux faits essentiels et faciles à comprendre.

(*La suite à une des livraisons de juin.*)

ASSASSINAT DU DUC DE GUISE.

(1588.)

Ce fut à Blois, pendant l'assemblée des Etats-Généraux qui eut lieu dans cette ville en l'année 1588, que Henri de Lorraine, duc de Guise, tomba frappé du poignard. Chef le plus actif de cette ligue formidable qui commençait alors à se dessiner vigoureusement, le duc de Guise avait rallié autour de lui les masses mécontentes; le principe religieux et municipal s'était personnifié dans sa race; la maison de

Guise avait arboré les couleurs catholiques; son triomphe devait entraîner la ruine des Valois. Simple capitaine, ou à la tête d'une forte armée, Henri de Lorraine avait montré le même courage, la même capacité militaire; on l'avait surnommé le *Balafré*, car un coup d'arquebuse avait sillonné ses traits, et une large cicatrice était empreinte sur sa noble figure.

Il n'est pas douteux que le dessein du duc de Guise ne fût de poser sur sa tête la couronne de France, en l'entourant d'une auréole catholique. Henri III connaissait sa position, il voyait bien qu'il ne pouvait lutter en popularité avec le Lorrain; il voulut en finir par un assassinat.

On résolut donc dans le conseil secret de frapper d'un seul coup le duc de Guise et la ligue des Etats; Henri III voulut effrayer les députés par une résolution violente, afin de mieux les dominer ensuite. Pour le récit de ce drame sanglant, nous laisserons parler un témoin oculaire qui a vécu dans toute l'intimité royale; c'est le sieur Miron, premier médecin du roi, qui a rédigé la narration que nous allons rapporter.

« Le jeudi 25 décembre 1588, en sortant de la messe, le duc de Guise qui en sortait en conférence avec le roi; il lui dit que ses actions les plus pures étant prises tout à rebours par la malice et artifice de ses ennemis, il était résolu de s'en venger par son éloignement, priant sa majesté de recevoir la démission de ses charges et emplois. Son discours, qui dura long-temps, fut entremêlé de plusieurs propos, tant qu'à la fin le duc de Guise dit derechef au roi que décidément il remettait ses charges entre ses mains. — Non, dit le roi, je ne le veux pas; la nuit vous donnera conseil.

« Et je savais bien ce que j'avais à faire le lendemain matin, dit Henri III au sieur Miron en lui racontant les détails de l'évènement; ce malheureux voulait rendre ses charges parce que les Etats lui avaient promis de le faire connétable, et il ne voulait pas m'en avoir obligation. » En reconnaissant par cette dernière attaque du duc de Guise qu'il était temps de frapper le grand coup, le roi commanda aux sieurs d'Aumont, de Rambouillet, de Maintenon, au colonel d'Ornano, à quelques autres seigneurs et gens de son conseil, de se trouver à six heures du matin dans son cabinet; il fit même commandement aux quarante-cinq gentilshommes ordinaires. Sur les neuf heures du matin, il manda Larchant, capitaine des gardes du corps, et il lui ordonna de se trouver armé à sept heures du matin, assisté de ses compagnons, et lorsque le duc de Guise entrerait dans la chambre du conseil du roi, de se saisir de la porte, de telle sorte que qui que ce fût ne pût entrer, ni sortir, ni passer. Cela étant commandé, le roi se retira; sur les dix à onze heures du soir, il entra dans son cabinet, accompagné seulement du sieur de Termes, où ayant demeuré jusqu'à minuit : « Mon fils, lui dit-il, allez-vous coucher, et dites à Du Halde qu'il ne manque pas de m'éveiller à quatre heures; et trouvez-vous ici à pareille heure. » Le roi prit son bougeoir et fut se coucher. M. de Termes se retira aussi, et en passant il fit entendre la volonté du roi au sieur Du Halde. Chacun fut ainsi se reposer.

Et pendant ce repos, le duc de Guise était dans son appartement; il lisait plusieurs billets portant avis qu'il eût à se méfier des entreprises du roi. Le duc ayant dit à ses gens le sujet de ces avertissemens, ceux-ci le supplièrent de ne pas les mépriser. Mais lui, les plaçant sous son chevet, il dit à ses serviteurs en se couchant : « Ce ne serait jamais fini si je voulais m'arrêter à tous ces avis; il n'oserait! Dormons, et allez-vous coucher. »

Quatre heures venaient de sonner. Du Halde s'éveille, se lève, et heurte à la chambre de la reine. Mademoiselle de Prolant, sa première femme de chambre, vient au bruit, et demande ce que c'était : « C'est Du Halde, dites au roi qu'il est quatre heures. — Il dort, et la reine aussi. — Éveillez-le, répondit Du Halde, il me l'a commandé; autrement je heurterai si fort que je l'éveillerai bien. » Henri III ne dormait pas; il avait passé la nuit dans de

graves inquiétudes; il s'enquit de ce qu'on faisait à la porte:
« Sire, dit mademoiselle de Prolant, c'est M. Du Halde qui
dit qu'il est quatre heures. — Apportez-moi de suite, répondit le roi, mes bottines, ma robe et mon bougeoir. » Il
se leva, laissant la reine dans une grande perplexité. Il va
dans son cabinet, où étaient déjà les sieurs de Termes et
Du Halde, auxquels il demanda les clés de certaines petites
cellules qu'il avait fait faire pour y placer des capucins. Le
roi en ouvrit une, et y enferma le sieur Du Halde, et successivement les quarante-cinq qui arrivaient. Les ayant fait
sortir, il les fit descendre dans sa chambre. Il rentra aussitôt
dans son cabinet, où il parla ainsi à ceux de son conseil.
« Vous savez tous de quelle façon le duc de Guise se comporte envers moi; vous savez aussi tout ce que je fais pour
le détourner de ses mauvaises intentions. Au lieu de reconnaître mes bienfaits, au moment où je vous parle, il
est à la veille d'oser entreprendre sur ma couronne et sur
ma vie; si bien qu'il m'a réduit à cette extrémité qu'il faut
que je meure ou qu'il meure, et que ce soit ce matin!
Voulez-vous m'assister dans ce projet? » Chacun protesta de son dévouement au monarque; ils lui offrirent
leur vie pour appuyer son dessein. Henri III se rendit
ensuite dans sa chambre où étaient réunis ses quarante-cinq
gentilshommes, et leur dit: « Messieurs, vous avez tous
éprouvé quand vous avez voulu les effets de mes bonnes
grâces, ne m'ayant jamais demandé aucune chose dont
vous ayez été refusés; bien souvent j'ai prévenu vos demandes par mes libéralités; c'est à vous à confesser que
vous êtes mes obligés. Mais maintenant, je veux être le
vôtre dans une occasion urgente où il y va de mon honneur, de mon État et de ma vie. Vous connaissez les insolences et les injures que j'ai reçues du duc de Guise
depuis quelques années, lesquelles j'ai souffertes jusqu'à
faire douter de ma puissance et de mon courage. Son but
principal est de tout bouleverser pour prendre ses avantages
dans le trouble; il tente maintenant un dernier effort sur
ma personne pour disposer après de ma couronne et de ma
vie. Promettez-moi de m'en venger en le faisant mourir. »
Tous ensemble d'une seule voix le jurèrent; et l'un d'entre
eux, nommé Périac, frappant de sa main contre sa poitrine
du roi, dit dans son langage gascon: « Sire, je vous le
rendrai mort. » Là dessus sa majesté leur dit: « Voyons,
Messieurs, qui de vous a des poignards? » Il s'en trouva
huit, dont celui de Périac était d'Écosse. Ceux qui les
avaient restèrent dans la chambre et furent chargés de tuer
le duc. Le sieur de Loignac et douze de ses compagnons demeurèrent dans le cabinet où le duc de Guise allait se
rendre; ils devaient le percer de coups d'épée comme il
viendrait pour y entrer.

Le roi après avoir ainsi achevé de donner les ordres qu'il
voulait être suivis dans cette exécution, vivait en grande
inquiétude; en attendant la venue du duc de Guise au conseil, il allait, il venait, ne pouvant contre son naturel
rester dans aucune place; parfois, il se présentait à la porte
et exhortait ses gardes à ne pas se laisser endommager par
le duc de Guise: « Il est grand, il est fort, il est puissant;
méfiez-vous de lui, leur disait-il. »

Il était près de huit heures quand le duc de Guise fut
éveillé par ses valets; soudain il se leva, s'habilla d'un
habit de satin gris, et se rendit dans la chambre du conseil.
A peine était-il assis: « J'ai froid, dit-il, le cœur me fait
mal, que l'on fasse du feu; » et s'adressant au sieur de
Morfontaine, il lui demanda quelque chose à manger;
lequel lui apporta des prunes de Brignolles. Sa majesté
ayant su que M. de Guise était au conseil, dit à M. Revol,
« Allez dire à M. de Guise qu'il vienne me parler dans
mon vieux cabinet. » Le passage ayant été refusé à M. Revol par les gardes, il revint vers le roi avec un visage
effrayé: — Mon Dieu! s'écria Henri III, Revol, qu'avez-vous? que vous êtes pâle, vous me gâterez tout; frottez
vos joues, frottez vos joues, Revol! — Il n'y a pas de mal,
sire, répondit M. Revol; on n'a pas voulu m'ouvrir que

vous ne l'ayez commandé. » Le roi ayant donné ses ordres,
M. Revol se rendit auprès du duc de Guise; il le trouva
mangeant des prunes de Brignolles, et lui ayant dit:
« Monsieur, le roi vous demande, il est dans son vieux
cabinet; » il se retira comme un éclair. Le duc de Guise
se leva, mit son manteau sous le bras gauche, ses gants
et son drageoir sur la main de même côté, et se rendit
auprès du monarque. En entrant, le duc salue ceux qui
étaient dans la chambre, lesquels le saluent en même temps
et le suivent comme par respect. Mais à peine avait-il fait
deux pas, qu'il prit sa barbe avec la main droite, et tournant le corps et la face à demi pour regarder ceux qui le
suivaient, il fut tout soudain saisi au bras par le sieur de
Montsériac l'aîné, qui le frappa d'un coup de poignard
dans le sein gauche, disant: « Ah! traître! tu en mourras.
Au même instant, le sieur des Affravats se jette à ses
jambes, le sieur de Semalins lui porte par le derrière un
grand coup d'épée dans les reins; le duc criant à tous ces
coups: « Hé! mes amis! hé! mes amis! hé! mes amis! »
Et lorsqu'il se sentit frappé du poignard par le sieur de
Périac, il s'écria fort haut: Miséricorde! » Et, bien qu'il
eût son épée engagée dans son manteau, et les jambes
saisies, il ne laissa pas pourtant, tant sa force était grande,
de les entraîner d'un bout de la chambre à l'autre, au pied
du lit du roi, où il tomba.

Après que le roi eut su que c'en était fait, il va à la porte
du cabinet, en hausse la portière, et ayant vu M. de Guise
étendu sur la place, il commanda au sieur de Beaulieu de
visiter ce qu'il avait sur lui; on trouva autour d'un de ses
bas une petite clef, attachée à un chaînon d'or, et dans
la pochette des chausses; il se trouva une petite bourse
renfermant douze écus d'or. Pendant que le sieur de
Beaulieu faisait cette recherche, apercevant encore à
ce corps quelque petit mouvement, il lui dit: « Monsieur, puisqu'il vous reste encore un peu de vie, demandez pardon à Dieu et au roi, « Alors sans pouvoir
parler, le malheureux prince poussa un grand et profond
soupir comme d'une voix enrouée; et il rendit l'âme. Son
corps fût couvert d'un manteau gris, et au-dessus on mit
une croix de paille.

Il demeura environ deux heures dans cet état; puis on
le livra entre les mains du sieur de Richelieu, grand prévôt, lequel par le commandement du roi fit brûler le corps
dans une des salles basse du château, et les cendres furent
jetées à la rivière. Le duc de Guise atteignait à peine sa
trente-huitième année.

MONUMENS DE LA HAUTE-EGYPTE.

LE TEMPLE DE SILSILIS. — MŒURS DES HABITANS.

Le temple dont nous offrons le dessin à nos lecteurs est
situé au milieu des rochers de Silsilis (ou Selseleh), dans la
Haute-Égypte. Tout concourt à l'effet pittoresque et grandiose de ce monument extraordinaire. De toutes parts, ce
ne sont que des montagnes immenses, couvertes de débris
granitieux, et plongeant à pic dans le Nil. Selseleh est le
lieu où une ancienne tradition rapporte que les Égyptiens
tendaient une chaîne sur le Nil pour faire payer un tribut
aux bateliers qui voulaient descendre ce fleuve. Les carrières taillées dans les rochers libyques sont admirables. La
pierre y est d'un grain très beau; son intégrité permettait
d'en détacher des blocs énormes sans avoir à craindre des
fentes ou des cassures. C'est à cela qu'on doit l'étonnante
conservation des constructions égyptiennes. A en juger par
l'étendue des carrières, elles ont été exploitées pendant un
grand nombre de siècles. Mais ce qu'il y a de curieux à Selseleh, c'est que ces carrières, après avoir été fouillées, ont
été elles-mêmes décorées de monumens. Les roches des
deux rives sont couvertes de petits portiques, de colonnades
élégantes, de tableaux hiéroglyphiques, de tombeaux, parmi

lesquels il en est de très vastes, renfermant une foule de statues. Le stuc colorié est conservé dans un grand nombre de ces hypogées.

La plupart de ces sépulcres ont été dévastés par les voyageurs, qui en ont pris tout ce qu'ils pouvaient emporter : aussi ne peut-on se défendre d'une impression pénible en voyant tous ces ravages, Ici ce sont des statues mutilées, là des sculptures arrachées, plus loin des tombeaux ouverts et vides ; car la rapacité des antiquaires n'a pas même épargné les cadavres qui reposaient au milieu de ces rochers arides. Et à ce propos, nous rappellerons une parole du souverain actuel de l'Egypte, de Méhémet-Ali, qui, visitant les ruines de Gournah, s'indignait de voir épars sur le sol une foule de débris de momies, et s'écriait avec colère : « Ces corps n'ont-ils donc pas été des hommes comme nous ? On ne songe qu'à former des collections, et on jette sans respect des ossemens humains qui deviennent la proie des animaux, qu'on couvre de sable tous ces débris. »

C'est à quelques lieues seulement des rochers de Selseleh que se trouve le village d'Edfou, autrefois l'Apollinopolis-Magna. Les ruines de cette antique cité ressemblent de loin à une citadelle immense destinée à dominer le pays. La rue principale du misérable village moderne conduit, à travers les landes desséchées, jusqu'à l'entrée du temple d'Apollinopolis ; c'est, après Karnak, le monument le plus vaste de l'Egypte ; sa conservation même prouve qu'il ne date pas d'une antiquité fort reculée : les sculptures indiquent qu'il fut construit à l'époque de la décadence des arts dans ce pays. Il se compose d'une immense enceinte générale, que surmonte une large corniche ; d'un pylone très élevé ; d'un péristyle découvert au milieu, entouré d'une galerie couverte, que soutiennent trente-huit colonnes à chapiteaux variés ; et enfin d'un portique à dix-huit colonnes, après lequel viennent deux grandes salles et un sanctuaire. Toutes les parties de ce gigantesque édifice sont ornées de sculptures magnifiques. Un village arabe est bâti sur les combles de ce temple ; et lorsqu'on voit ce monument habité aujourd'hui par des hommes à moitié sauvages, dont les demeures sont accolées, comme autant de nids de guêpes, à des constructions d'un travail si précieux,

on sent plus vivement que jamais la différence entre l'Egypte actuelle et l'Egypte d'autrefois, qui a précédé le monde entier dans toutes les découvertes, dans tous les arts, dans toutes les sciences humaines.

Le voyageur auquel nous empruntons ces détails rapporte un fait caractéristique, qui prouve l'ignorance superstitieuse des habitans de ces contrées, et confirme ce que nous venons d'avancer : « Au moment, dit-il, où nous sortions du temple de Contra-Latopolis pour nous rembarquer sur le Nil, des almées de la dernière classe vinrent danser à côté de notre bateau. L'extrême indécence de leurs mouvemens et la musique barbare dont elles les accompagnaient m'impatientèrent vivement, et je leur enjoignis de s'éloigner ; aussitôt elles firent quelques gestes singuliers, en maudissant notre cange. Je vis nos bateliers découragés s'asseoir, sans disposer rien de ce qui était nécessaire pour partir, dans la persuasion où ils étaient que le bateau étant ensorcelé à sa place, il serait impossible de le faire bouger ; aussi ils n'y songèrent même pas, et se contentèrent de gémir en croisant les bras, et en invoquant Dieu, le Prophète et tous les santons du voisinage. Je n'essayai pas de discuter avec eux, sachant que toute discussion n'eût servi qu'à les rendre plus tenaces dans leur opinion ; mais je me rappelai à propos que les Francs ont parmi les fellahs arabes la réputation de puissans magiciens. Je me contentai de dire au reiss : « Ignores-tu que j'en sais plus long que ces femmes ? Fais ce que je vais ordonner, et tu verras. » Aussitôt chacun est à son poste ; on prend les rames ; je fais semblant d'écrire quelques mots ; je donne le signal ; la brise du nord ; qui gonfle nos grandes voiles latines ; nous fait partir comme une flèche ; et tous les gens de l'équipage de s'étonner, et d'admirer le pouvoir du khauadji (nom qu'on donne aux voyageurs, et qui signifie proprement négociant). Le reiss ne laissa pas échapper l'occasion de placer ici une petite anecdote, et raconta à son auditoire émerveillé que, l'année précédente, un de ses parens était reiss d'un voyageur anglais ; que les rats et les souris abondaient dans la cange ; mais que l'Anglais, homme très savant, écrivit sur une feuille blanche, et plaça un couteau auprès du mât ; qu'aussitôt tous ces animaux malfaisans vinrent d'eux-mêmes s'y couper le cou. »

(Le Temple de Silsilis.)

LES BUREAUX D'ABONNEMENT ET DE VENTE SONT :

Rue de Seine-Saint-Germain, n° 9.

Paris. — Imprimerie de H. Fournier, rue de Seine, n° 14.

AFRIQUE.

SUPERSTITIONS DES NÈGRES DE LA CÔTE D'OR.

(Matelots anglais visitant une idole du canton d'Acra.)

La religion que suivent les nègres de la partie de l'Afrique qu'on appelle la côte d'Or est divisée en plusieurs sectes. Il n'y a point de ville, de village, ni même de famille qui ne présente des différences dans ses opinions. Tous les nègres de la côte d'Or croient en un seul Dieu, auquel ils attribuent la création du monde et de tout ce qui existe; mais cette croyance est obscure et mal conçue. Quand on les interroge sur Dieu, ils répondent qu'il est noir et méchant, qu'il prend plaisir à leur causer mille sortes de tourmens, au lieu que celui des Européens est un Dieu très bon, puisqu'il les traite comme ses enfans. Ils sont dans l'usage de bannir tous les ans le diable de leurs villes, avec une abondance de cérémonies qui ont leurs lois et leurs saisons réglées.

Il serait difficile de rendre un compte exact de leurs idées sur la création du genre humain. Le plus grand nombre croit que les hommes furent créés par une araignée nommée *anansio*. Ceux qui regardent Dieu comme l'unique créateur soutiennent que, dans l'origine, il créa des blancs et des nègres; qu'après avoir considéré son ouvrage, il fit deux présens à ces deux espèces de créatures, l'or et là connaissance des arts; que les nègres, ayant eu la liberté de choisir les premiers, se déterminèrent pour l'or, et laissèrent aux blancs les arts, la lecture et l'écriture; que Dieu consentit à leur choix: mais qu'irrité de leur avarice, il déclara qu'ils seraient les esclaves des blancs, sans aucune espérance de voir changer leur condition.

Sur toute la côte d'Or, il n'y a que le canton d'Acra où les images et les statues soient honorées d'un culte, mais les autres habitans ont des fétiches qui leur tiennent lieu de ces idoles.

Le mot de *feitisso* ou *fétiche* est portugais dans son origine, et signifie proprement *charme* ou *amulette*. On ignore quand les nègres ont commencé à l'emprunter; mais dans leur langue, c'est *bossum* qui signifie *Dieu* et chose divine, quoique plusieurs usent aussi de *bassefo*

pour exprimer la même chose. *Fétiche* est ordinairement employé dans un sens religieux. Tout ce qui sert à l'honneur de la divinité prend le même nom, de sorte qu'il n'est pas toujours facile de distinguer leurs idoles des instrumens de leur culte. Les brins d'or qu'ils portent pour ornemens, leurs parures de corail et d'ivoire, sont autant de fétiches.

Tous les voyageurs conviennent que ces objets de vénération n'ont pas de forme déterminée. Un os de volaille ou de poisson, un caillou, une plume, enfin les moindres bagatelles prennent la qualité de fétiches, suivant le caprice de chaque nègre. Le nombre n'en est pas mieux réglé. C'est ordinairement deux, trois ou plus. Tous les nègres en portent un sur eux ou dans leur canot; le reste demeure dans leurs cabanes et passe de père en fils, comme un héritage, avec un respect proportionné aux services que la famille croit en avoir reçus.

Ils les achètent à grand prix de leurs prêtres, qui feignent de les avoir trouvés sous les arbres fétiches. Pour la sûreté de leurs maisons, ils ont à leur porte une sorte de fétiche qui ressemble aux crochets dont on se sert en Europe pour attirer les branches des arbres dont on veut cueillir les fruits. C'est l'ouvrage des prêtres, qui les mettent pendant quelque temps sur une pierre aussi ancienne, disent-ils, que le monde, et qui les vendent au peuple après cette consécration. Dans les disgraces ou les chagrins, un nègre s'adresse aux prêtres pour obtenir un nouveau fétiche. Il en reçoit un petit morceau de graisse ou de suif, couronné de deux ou trois plumes de perroquet. Le gendre d'un de leurs rois avait pour fétiche la tête d'un singe qu'il portait continuellement sur lui.

Chaque nègre s'abstient de quelque liqueur ou de quelque sorte particulière d'aliment en l'honneur de son fétiche. Cet engagement se forme au temps du mariage, et s'observe avec tant de scrupule, que ceux qui auraient la faiblesse de le violer se croiraient menacés d'une mort certaine. C'est pour cette raison qu'on voit les uns obstinés à ne pas manger de bœuf, les autres à refuser de la chair de chèvre, de la volaille, du vin de palmier, de l'eau-de-vie, comme si leur vie en dépendait.

Outre les fétiches domestiques et personnels, les habitans de la côte d'Or, comme ceux des contrées supérieures, en ont de publics, qui passent pour les protecteurs du pays ou du canton. C'est quelquefois une montagne, un arbre ou un rocher, quelquefois un poisson ou un oiseau. Ces fétiches tutélaires prennent un caractère de divinité pour toute la nation. Un nègre qui aurait tué par un accident, le poisson ou l'oiseau fétiche, serait assez puni par l'excès de son malheur; un Européen qui aurait commis le même sacrilége, verrait sa vie exposée au dernier danger.

Ils s'imaginent que les plus hautes montagnes, celles d'où ils voient partir les éclairs, sont la résidence de leurs dieux. Ils y portent des offrandes de riz, de millet, de maïs, de pain, de vin, d'huile et de fruits, qu'ils laissent respectueusement au pied de ces montagnes.

Les pierres fétiches ressemblent aux bornes qui sont en usage dans quelques parties de l'Europe pour marquer la distinction des champs. Dans l'opinion des nègres, leur culte est aussi ancien que le monde.

Les nègres sont persuadés que leur fétiche voit et parle, et lorsqu'ils commettent quelque action que leur conscience leur reproche, ils le cachent soigneusement sous leur pagne, de peur qu'il ne les trahisse.

Ils craignent beaucoup de jurer par les fétiches, et suivant l'opinion généralement établie, il est impossible qu'un parjure survive d'une heure à son crime. Lorsqu'il est question de quelque engagement d'importance, celui qui a le plus d'intérêt à l'observation du traité, demande qu'il soit confirmé par le fétiche. En avalant la liqueur qui sert à cette cérémonie, les parties y joignent d'affreuses imprécations contre eux-mêmes, s'il leur arrive de violer leur engagement. Il ne se fait aucun contrat qui ne soit accompagné de cette redoutable formalité.

Après les fétiches, rien n'inspire tant du de frayeurs aux nègres que le tonnerre et les éclairs. Dans la saison des orages, ils tiennent leurs portes soigneusement fermées; et leur surprise paraît extrême de voir marcher les Européens dans les rues sans aucune marque d'inquiétude. Ils croient que plusieurs hommes de leur pays, dont les noms sont demeurés dans leur mémoire, ont été enlevés par les fétiches au milieu d'une tempête, et qu'après ce malheur ou ce châtiment, on n'a jamais entendu parler d'eux. Leur crainte va si loin, qu'elle les ramène dans leur cabane pendant la pluie et le vent. Au bruit du tonnerre, on les voit lever les yeux et les mains vers le ciel, où ils savent que le Dieu des Européens fait sa résidence.

DE LA FÉODALITÉ EN FRANCE.
Troisième Article. (1)

Commencement de décadence du système féodal. — Réunions de provinces. — Affranchissement de l'autorité royale. — Rigueurs contre les barons. — Institution du parlement. — Système militaire. — L'impôt permanent. — Louis XI. — Ruine de la féodalité territoriale.

Nous avons dit le désordre de la société dans le moyenâge. Au milieu de ce chaos, on aperçoit au moins la trace de quelques institutions publiques et nationales, un pouvoir central et protecteur. Dans les désordres de la seconde race, toutes les garanties avaient disparu, un égoïsme local semblait prévaloir. Chaque baron, chaque possesseur de terre, ne cherchait pas à étendre la sphère de ses droits et de ses devoirs politiques au-delà de ses donjons et de ses domai-

(1) Voyez pages 199 et suiv.

nes. Cependant, à l'avénement de la dynastie capétienne, l'établissement régulier de la féodalité avait noué imparfaitement, il est vrai, la chaîne de l'organisation sociale. La société s'était constituée sur des bases grossières, sans doute; mais dans ses perfectionnemens successifs, elle devait produire enfin l'unité monarchique. Au haut de l'échelle, le prince souverain; si son pouvoir n'était pas toujours admis comme un fait, on le reconnaissait du moins comme un droit. Au-dessous, les barons qui possédaient des priviléges disputés aussi par la force victorieuse, mais accordés en principe. À travers les convulsions anarchiques de cet état social, on pouvait trouver quelque espérance d'ordre et d'unité. La grande difficulté était de mettre en jeu cette machine aux mille rouages, et d'accorder entre elles toutes ces forces différentes pour les faire marcher vers un but commun.

Philippe-Auguste fut le premier monarque qui essaya de dompter les hauts barons; cette rude tâche, laborieusement entreprise par ce prince, fut poursuivie activement par Saint-Louis et Philippe-le-Bel, et accomplie d'une manière absolue par la main puissante de Louis XI; à la fin de ce règne, la féodalité territoriale, naguère si menaçante, si redoutable, avait complètement disparu.

L'affaiblissement du système féodal eut lieu principalement par la réunion au domaine royal des vastes provinces qui en étaient séparées et qui connaissaient à peine le roi de France. Philippe-Auguste agrandit son pouvoir par la conquête de la Normandie, de l'Anjou et du Poitou, belles provinces organisées sur le même modèle que la monarchie féodale de France. Des acquisitions partielles augmentèrent encore sous ce prince les possessions du domaine; ce n'étaient plus des provinces entières acquises à la couronne, mais de simples cités, des terres confisquées par félonie ou achetées avec les deniers royaux; telles furent la terre de Crépy, la propriété de Falaise, de Domfront; les fiefs de Monceaux et de Montargis. On sent bien que toutes ces acquisitions augmentèrent les richesses du domaine, et le roi de France, possesseur de terres nouvelles, ne fut plus ce faible souverain obligé de solliciter aide et soutien de ses vassaux rebelles et insubordonnés.

Les rapides progrès de la puissance royale sous Philippe-Auguste avaient à peine laissé aux grands vassaux le temps de réfléchir aux changemens qui s'opéraient dans leur condition. Naguère quelques-uns d'entre eux auraient pu mesurer seuls leurs forces avec celles de la couronne; elle était maintenant un contre-poids pour leur masse réunie. D'ailleurs comment une union durable aurait-elle pu se former entre des hommes souvent bornés dans leurs vues politiques, et divisés par des intérêts divers et des animosités personnelles?

Sous saint Louis, la couronne était devenue si formidable, et le pieux monarque s'était tellement distingué par sa bravoure et sa fermeté dans les démonstrations armées contre les seigneurs mécontens, que personne n'osa concevoir l'idée téméraire d'une révolte. Son gouvernement juste n'en offrait d'ailleurs aucun prétexte. Aussi la dernière partie de son règne fut-elle parfaitement calme : il l'employa à veiller au maintien de la tranquillité publique et à la sûreté des voyageurs; à administrer la justice en personne; il écoutait toutes les plaintes avec une sorte de simplicité patriarcale : « Mainte fois, écrit l'historien Joinville, j'ai vu que le bon saint, après qu'il avait ouï la messe en été, il allait s'ébattre au bois de Vincennes, et s'asseyait au pied d'un chêne et nous faisait asseoir tous auprès de lui ; et tous ceux qui avaient quelques affaires venaient lui parler sans qu'aucun huissier y donnât empêchement. Il demandait alors à haute voix s'il y en avait aucuns qui eussent des différends, et quand il y en avait, il leur disait : Amis, taisez-vous, et on vous délivrera l'un après l'autre ; et M. Pierre Desfontaines expédiait les parties. »

À partir de cette époque, on voit le pouvoir royal secouer les exigences des barons ; le roi ne respecte même plus les priviléges féodaux. Le sire de Montréal avait fixé sa demeure dans un château fortifié sur la cime des montagnes ; de là le farouche châtelain se précipitait sur le voyageur isolé : clercs ou juifs étaient rançonnés, pillés ; or, bien des plaintes arrivaient au roi sur les maléfices de ce seigneur. Le roi en écrivit au duc de Bourgogne ; mais le bon duc, pillard lui-même, était fort insouciant, et s'occupait peu des vols de ses barons dont il profitait. Le sire de Montréal augmentait chaque jour d'audace ; un pauvre clerc qui passait par là et qui ne voulait pas payer rançon fut pris par le châtelain. Ce qui lui arriva est chose incroyable ; on couvrit de miel tout le corps de ce malheureux, et après l'avoir attaché sur le donjon de la plus haute tour, on le fit manger aux mouches. A cet acte de barbarie, le roi ne se contint plus, et il envoya ses hommes d'armes à Montréal. Le château fut pris, rasé, et le Châtelain s'enfuit par un souterrain inconnu ; personne n'en entendit plus parler.

Parlerons-nous du vicomte de Narbonne et du sire de Casanhon ? La punition fut encore plus exemplaire. Ces deux seigneurs avaient pour habitude de ne rien respecter, et tous les pauvres moines de la province en avaient grande frayeur ; « Voilà, voilà, le sire de Narbonne ! » s'écriait-on, lorsqu'on voyait s'élever dans les champs une épaisse poussière ; et alors bourgeois et moines barricadaient leurs demeures. Le roi n'hésita pas à envoyer bon nombre de troupes pour s'emparer des dits seigneurs, lesquels furent faits prisonniers ; amenés à Paris, on leur fit lestement leur procès, et les bons bourgeois purent les voir traînés à la queue d'un cheval, et pendus aux fourches de Montfaucon. Ce droit de police générale faisait murmurer les seigneurs, mais la royauté agrandissait son pouvoir et marchait fièrement vers l'autorité absolue qui triompha avec Louis XI.

Une des causes les plus actives de la décadence du système féodal fut l'établissement des parlemens, système judiciaire en dehors des principes féodaux. C'est une ordonnance rendue par Philippe-le-Bel en 1302, qui fixa le siège d'un parlement à Paris. Cette nouvelle tentative des rois produisit de bons effets, elle fixa l'attention du public sur une juridiction distincte de celle des barons ; on s'accoutuma aux prétentions de supériorité que la couronne s'attribuait, et les vassaux opprimés par leur seigneur apprirent à regarder le souverain comme leur protecteur. Les gens du parlement introduisirent alors la théorie du pouvoir absolu et de l'obéissance illimitée ; une juridiction nouvelle se substitua aux vieilles franchises des hauts feudataires. Tous les privilèges féodaux ne furent plus regardés que comme des usurpations sur les droits imprescriptibles de la monarchie. Plus tard, ces dispositions des gens de robe, si favorables à la prérogative royale, furent soutenues par le clergé qui se réunit au parti du roi, afin d'échapper à la tyrannie implacable des barons.

Charles VII fut le premier monarque qui introduisit en France un corps de troupes permanent et régulièrement exercé à la discipline militaire. C'était ici une atteinte grave à la constitution féodale : cet établissement était opposé à l'esprit de la féodalité ; il était incompatible avec les priviléges et l'esprit de la noblesse. Il fallut pourtant le subir. La milice féodale, composée de vassaux, que les nobles sommaient de suivre leur bannière, ne pouvait être comparable à un corps de soldats exercés à la guerre ; elle perdit peu à peu sa réputation. En moins d'un siècle, les nobles et leurs suivans militaires, quoiqu'on les requît encore quelquefois, selon les formes anciennes, de se mettre en campagne, ne furent plus considérés que comme une multitude embarrassante pour les troupes régulières avec qui elles combattaient.

Ainsi, Charles VII, en établissant la première armée régulière qu'on eût connue en Europe, prépara une révolution importante dans la politique des divers peuples. En ôtant aux nobles la direction des forces militaires de l'état, source

de l'autorité et du crédit immense qu'ils avaient acquis, Charles VII porta un coup terrible à l'aristocratie féodale, et la blessa profondément dans le principe même de sa force.

Une circonstance non moins remarquable de ce règne fut l'établissement de l'impôt d'une manière fixe et permanente ; on peut considérer cette mesure comme la plus grande révolution dans les formes politiques de la société féodale. Au moyen-âge, tout le système d'impôt consistait dans les dons volontaires librement consentis, soit par le vassal, soit par une assemblée d'états-généraux. De là une nécessité toujours présente pour le souverain de recourir à ces états ou à ces vassaux pour avoir les sommes qui lui manquaient. « Une fois l'impôt permanent établi, qu'était-il besoin de convoquer des assemblées bruyantes et tumultueuses? A quoi bon réunir les bourgeois avares, les clercs disputeurs? » Il ne fut plus nécessaire de subir les remontrances des états-généraux, ce qui opéra une révolution immense dans les prérogatives de la royauté.

Charles VII avait formé le projet d'humilier les nobles ; Louis XI, son fils, suivit ce plan avec plus d'audace encore et plus de succès. Ses principes d'administration étaient aussi profonds que funestes aux priviléges de la noblesse. Il remplit toutes les provinces d'hommes dévoués, souvent tirés de la classe populaire, pour les élever aux places les plus importantes et les plus ambitionnées. C'étaient là ses seuls confidens ; il les consultait sur ses projets, et leur en confiait l'exécution ; tandis que les nobles, accoutumés auparavant à être les compagnons les favoris, les ministres de leur souverain, étaient traités avec un dédain si affecté et si mortifiant, que, ne voulant plus suivre une cour où ils n'avaient pas conservé l'ombre de leur ancienne puissance, ils étaient obligés de se retirer dans leurs châteaux, où ils restaient oubliés.

Ce n'était pas assez pour Louis XI d'avoir diminué le crédit de la noblesse en lui ôtant la direction des affaires, il la dépouilla des privilèges les plus essentiels ; il s'occupa à abaisser l'ordre entier, et à réduire les nobles au niveau des autres sujets. Les seigneurs les plus distingués, s'ils étaient assez hardis pour s'opposer aux projets du roi, ou assez malheureux pour devenir l'objet de sa jalousie, étaient poursuivis avec une rigueur inconnue jusqu'alors à la féodalité. Le peuple s'accoutuma à voir les vieux barons et châtelains enfermés dans des cachots, exposés dans des cages de fer, nouveau genre de prison imaginé par Louis XI; dès-lors, il n'y eut plus ce même respect pour la noblesse ; les masses considérèrent avec terreur l'autorité royale, qui avait anéanti toute autre puissance dans la nation.

Louis XI ne se contenta pas d'augmenter les pouvoirs de la couronne, il étendit aussi ses domaines par des acquisitions de différentes espèces : il acheta le Roussillon ; la Provence lui échut par le testament de Charles d'Anjou ; et à la mort de Charles-le-Téméraire, il s'empara à main armée de la Bourgogne et de l'Artois. Ainsi, dans le cours d'un seul règne, la France devint un royaume uni dans toutes ses parties ; et la politique inflexible et profonde de Louis XI, non-seulement dompta la fierté d'une noblesse féodale, mais encore établit un gouvernement presque aussi absolu que le despotisme oriental. Les résolutions de Louis XI étaient promptes, et ses opérations vigoureuses ; dans toutes les occasions, il était en état de réunir et de mettre en mouvement toutes les forces de son royaume. Les souverains, ses prédécesseurs, avaient vu leur puissance sans cesse enchaînée et circonscrite par la jalousie des nobles ; depuis son règne, les rois, plus maîtres chez eux, ont étendu leur influence au dehors, ils ont formé des projets plus vastes de conquête, et ont fait la guerre avec une vigueur soutenue, qu'on ne connaissait pas en Europe depuis long-temps.

Cependant, avant d'arriver à ce résultat, Louis XI fut obligé de recourir plusieurs fois aux armes ; il eut à lutter contre toute la féodalité liguée pour défendre ses droits méconnus depuis si long-temps. Le duc de Bourgogne, Charles-le-Téméraire, expression immense de la féodalité, fut le chef de cette formidable association. Les choses en étaient à ce point, qu'il fallait que le duché de Bourgogne disparût comme fief, ou que la couronne se brisât en cinq ou six souverainetés indépendantes. Les ducs de Bourgogne paraissent comme la dernière personnification du système féodal ; ils furent vaincus dans la lice, et avec eux disparurent les derniers vestiges de la haute féodalité, de cette puissante organisation qui gouverna la France pendant plus de cinq siècles. La couronne n'ayant plus à se défendre contre les ligues territoriales, tout rentra dès-lors dans l'unité monarchique et sous la centralisation royale.

PIERRE L'HERMITE,
PRÉDICATEUR ET CHEF DE LA PREMIÈRE CROISADE (1).

Comme il arrive pour la plupart des hommes qui ne semblent point destinés à jouer un rôle dans l'histoire, et que

(Pierre l'Hermite.)

la fortune ou le hasard des circonstances ont élevés tout à coup à la célébrité, l'histoire du premier prédicateur des croisades n'offre rien de certain ni de bien positif. On est à peine d'accord sur le nom de sa famille. Anne Comnène l'appelle *Cucupetre*, d'un mot grec qu'on a traduit par ces mots latins *Petrus Cucullus*. Le jésuite d'Outreman, qui a écrit son histoire d'une manière fort inexacte, nous apprend qu'il reçut une éducation très soignée; qu'il commença ses études à Paris, et les acheva en Italie. Suivant cet auteur, Pierre embrassa d'abord la carrière des armes, mais n'ayant éprouvé que des malheurs, et perdant l'espoir de se distinguer dans l'état militaire, il le quitta, et chercha dans la vie domestique un bonheur qu'il n'y trouva point. Après quelques années de mariage, il perdit sa femme, dont il avait eu plusieurs enfans, embrassa l'état ecclésiastique, et se consacra à la solitude.

Bientôt le bruit des pèlerinages en Orient fit sortir Pierre

(1) Voyez l'article sur les croisades, 1re année, page 413.

de sa retraite; il suivit dans les saints lieux les pèlerins qu'il avait accompagnés en Palestine, se rendit auprès du patriarche de Jérusalem, et lui exprima la douleur que lui avait causée l'état de captivité où il avait trouvé la ville sainte. Le patriarche Siméon l'engagea à retourner en Occident, pour implorer les secours des guerriers chrétiens, et porta l'enthousiasme de Pierre au plus haut degré.

Persuadé qu'il est l'instrument des desseins de Dieu, Pierre se charge des lettres du patriarche, s'embarque pour l'Italie, et va se jeter aux genoux du pape Urbain II, qui applaudit à sa mission, et lui ordonne d'annoncer la prochaine délivrance de la ville de Jésus-Christ.

Aussitôt le cénobite parcourt l'Italie, la France, et la plus grande partie de l'Europe, prêchant une croisade contre les infidèles. Il voyageait, dit-on, monté sur un âne, un crucifix à la main, les pieds nus, la tête découverte, le corps ceint d'une grosse corde, affublé d'un long froc et d'un manteau d'ermite de l'étoffe la plus grossière. On accourait de toutes parts pour entendre cet apôtre racontant les malheurs de la cité de Dieu et la tyrannie des infidèles; on s'estimait heureux de toucher ses vêtemens, d'emporter même quelques poils de sa pauvre monture.

Au milieu de l'agitation des esprits causée par ces prédications, le pape convoqua un concile, d'abord à Plaisance, puis à Clermont en Auvergne. Pierre y raconter de nouveau, et d'un ton inspiré, les profanations et les sacriléges dont il avait été témoin à Jérusalem, les tourmens et les persécutions que les infidèles faisaient souffrir aux pèlerins. Un enthousiasme, impossible à décrire, embrasa toute la chrétienté, et la multitude qu'il avait exaltée en France par ses discours voulut l'avoir pour chef dans l'expédition.

C'est alors qu'on vit cet étrange spectacle d'une armée ou plutôt d'une foule nombreuse de guerriers, de femmes, d'enfans, de vieillards, de malades, ayant à leur tête un pauvre ermite couvert de son manteau de laine, le froc sur la tête, et monté sur le paisibles animal qui l'avait porté dans toute l'Europe. Cette foule ignorante croyait qu'à la voix de son guide, les fleuves s'ouvriraient devant elle, et que la manne tomberait du ciel pour la nourrir. De cruels démentis devaient bientôt faire disparaître ces illusions.

L'armée de Pierre se divisait en deux corps; le premier était commandé par un gentilhomme bourguignon, appelé Gautier-sans-Avoir. Pierre commandait le second. Lorsque les croisés eurent atteint la Hongrie, ils provoquèrent par des excès de tout genre la colère de la nation barbare qui habitait cette contrée, et un grand nombre d'entre eux fut massacré dans une affaire qui eut lieu devant Semlin. Gautier-sans-Avoir parvint, à force de prudence et de modération, à sauver son corps d'armée; mais celui de Pierre eut grand'peine à se reformer et à gagner Constantinople dans un fort piteux état.

L'empereur Alexis voulut voir Pierre l'Ermite, lui fournit des vivres et des vaisseaux; mais une fois parvenus dans l'Asie Mineure, les croisés furent mis en pièces par les infidèles. Ce triste résultat était la conséquence forcée de l'impéritie de Pierre et des autres chefs de l'expédition. Ils n'avaient pas voulu attendre les armées chrétiennes qui, à leur exemple, venaient de partir de l'Europe. Tel était le désordre qui régnait parmi les soldats pèlerins que partout, sur leur passage, les habitans avaient à souffrir toutes sortes de vexations, et maudissaient presque leur entreprise. De cent mille hommes que Pierre avait emmenés d'Europe, il en échappa tout au plus quatre mille qui furent sauvés par les troupes que l'empereur Alexis envoya de Constantinople.

Après cette catastrophe, Pierre se perdit dans la foule des croisés; l'histoire rapporte qu'au siège d'Antioche il montra bien peu de confiance dans la cause qu'il avait prêchée. Les croisés étaient en proie à une horrible disette; Pierre s'enfuit secrètement de leur camp, et fut arrêté par Tancrède qui le ramena lui reprocha publiquement sa désertion, et lui fit jurer sur l'Evangile qu'il ne les abandonnerait pas.

Le rôle de Pierre devint dès-lors. de plus en plus insignifiant; quand les croisés entrèrent à Jérusalem, il adressa un discours aux guerriers réunis sur la montagne des Oliviers. Puis il revint en France, et fonda près de Huy, dans le diocèse de Liége, un monastère où il termina ses jours le 7 juillet 1115. On a dit avec raison que Pierre l'Ermite n'exerça d'ascendant sur les hommes de son temps que parce que les esprits étaient déjà tout préparés au grand mouvement religieux auquel il a attaché son nom, mouvement qu'il conduisit d'une manière si déplorable.

LES LIÈVRES.

LEURS MŒURS. — FABLES RIDICULES ET PRÉJUGÉS MÉDICAUX AUXQUELS ILS ONT DONNÉ LIEU.

Les lièvres sont des animaux presque nocturnes et chez lesquels l'ouie paraît être le sens le plus développé; ils sont extrêmement craintifs et fuient le moindre danger. Leur marche consiste, comme on sait, en une suite de sauts, et leur course n'en diffère que par une plus grande rapidité. Les uns pourvoient à leur sûreté en creusant de profondes retraites ou en habitant les fentes et les creux des rochers, tandis que les autres se contentent d'un sillon, d'une souche, d'un taillis ou d'un tronc d'arbre creusé.

Les lièvres se trouvent dans l'ancien et dans le nouveau monde, dans les contrées chaudes comme dans les contrées froides, et les diverses espèces de cette famille ont entre elles une telle ressemblance qu'il est difficile de les distinguer par des caractères particuliers (1).

Le lapin est originaire d'Espagne. Parmi les variétés de cette espèce, on distingue surtout le lapin d'Angora, à cause de ses longs poils soyeux, et le riche à cause de la belle teinte d'un gris argenté qu'offrent ses poils; le lapin sauvage diffère du lapin domestique par la nuance plus foncée de ses couleurs.

Les lièvres diffèrent, comme on le sait, des lapins, non seulement par les caractères physiques, mais par leurs mœurs. Ils ne se creusent point des terriers comme ces derniers, et se contentent d'un gîte qu'ils changent de position selon la saison. La femelle du lapin met au jour quatre à huit petits à la fois, celle du lièvre cinq ou six seulement. Les petits du lapin ne sont en état de chercher leur nourriture qu'au bout de deux ou trois mois, et habitent auprès de leur première famille; les levrauts cherchent un gîte à eux dès qu'ils ne tettent plus, le choisissent loin de leurs parens et vivent solitaires, excepté en février et en mars. Le lièvre dort le soir et ne prend sa nourriture que la nuit. Il s'avance beaucoup plus au nord que le lapin, mais comme lui il habite toutes les contrées tempérées de l'Europe.

L'amour du lièvre pour l'isolement et la sociabilité du lapin ne sont pas les différences les moins saillantes qui séparent les deux espèces. Dans l'état de domesticité, la famille du lapin croit beaucoup plus rapidement que dans l'état de liberté, et son éducation est un objet de commerce important. Leur chair fournit une masse de nourriture assez considérable aux Européens; de leur poil et de celui du lièvre on fait le feutre dont se composent beaucoup de chapeaux, et leur peau se transforme en gants et en chaussures d'une grande souplesse. Les peaux de lièvre garnies de leurs poils sont employées avantageusement comme fourrures.

On a débité sur les lièvres des fables ridicules : on a été jusqu'à prétendre qu'ils portaient parfois des cornes. Un grand nombre d'auteurs ont donné une place dans leurs livres à l'espèce des lièvres cornus, et nous lisons dans plusieurs d'entre eux le fait suivant : Un gouverneur de Setz, nommé Jean Loser, assurait qu'un gentilhomme de sa connaissance avait pris à la chasse un lièvre à deux cornes, qu'il avait gardé vivant pendant plus d'un an dans son parc. Dans le journal des Savans (1667); il est parlé d'un lièvre gigantesque double, pris à Ulm, en Allemagne. Il avait, dit-on huit pieds, quatre yeux et deux têtes. Ce qu'il y avait de plus surprenant, c'était que lorsqu'il était poursuivi et las de courir sur un côté, il se tournait sur l'autre partie de lui-même et courait avec une nouvelle ardeur.

La médecine faisait, il n'y a pas fort long-temps encore, usage des diverses parties du lièvre. Suivant les préjugés des auteurs, les cendres d'un lièvre brûlé en entier, guérissaient de la pierre et des engelures; la tête de cet animal blanchissait les dents; les yeux facilitaient l'accouchement des femmes; son sang dissipait les rousseurs et les boutons au visage. Sa cervelle, frottée contre les gencives des enfans, facilitait leur dentition; ses poils arrêtaient les hémorra-

(La chasse au lièvre.)

gies, etc., etc. Il faudrait embrasser plus d'une page pour indiquer la liste complète de ces erreurs médicales.

(1) Ces espèces sont au nombre de plus de dix. 1° Le lapin; 2° le lièvre commun de France; 3° le lièvre variable des pays situés au nord, et même, dit-on, de nos Alpes; 4° Le moussel de l'Inde; 5° le lièvre d'Égypte; 6° le lièvre du Cap; 7° le lièvre des rochers, également du Cap; 8° le topeti du Paraguay; 9° le lièvre de l'Amérique septentrionale, qu'on voit, dit-on, quelquefois dans le nord de l'Europe; 10° le tolai des contrées au nord, etc.

Parmi les préjugés qui se rattachent à l'histoire du lièvre, l'un des plus fâcheux est celui qui a fait ranger sa chair parmi les alimens malsains. Les musulmans et les juifs ne sont pas les seuls peuples auxquels elle ait été défendue. Si l'on en croit Jules-César, les anciens Bretons s'en privaient aussi, et cependant nous ne sachions pas, qu'à moins d'en abuser, la chair du lièvre soit nuisible.

Ce n'est pas ici le lieu de nous étendre sur la chasse du lièvre et du lapin; nous rappellerons seulement que les oiseaux de proie sont employés à cette chasse aussi bien que les chiens; poursuivi par les hommes, les loups, les renards, les buses, les aigles, les ducs, et une foule d'autres ennemis, ces faibles animaux ont besoin d'une grande vigilance pour ne pas succomber à tant d'attaques dès leur première jeunesse.

LES ÉTRANGLEURS.

Il existe dans l'Inde une classe singulière d'individus, celle des Thugs, qui n'ont d'autre moyen de vivre que l'art d'attirer à eux leurs victimes pour les étrangler et les dépouiller. Les voleurs de cette secte ne déroberaient jamais la moindre chose à un voyageur avant de l'avoir tué; puis ils enterrent immédiatement le cadavre, si le temps et les circonstances le leur permettent.

Selon les Thugs eux-mêmes, cette institution remonte à la création du monde. Ils prétendent obéir à une loi de la déesse Kâlie ou Bhowanié, qui a un temple à Binda-Choul près Mirzapour, desservi par des prêtres de leur secte, et où ils envoient des offrandes considérables. Bhowanie, dit la tradition, résolut un jour d'extirper la race humaine, à l'exception de ses disciples; mais elle s'aperçut, à sa grande surprise, que, par l'intervention du créateur suprême, chaque fois que le sang d'un homme était versé, il en naissait soudain un autre pour remplir sa place. Elle forma donc une image qu'elle anima, et, rassemblant ses disciples, leur apprit sur ce mannequin vivant l'art d'étrangler avec un mouchoir. Puis elle leur promit de se charger du soin de faire disparaître les corps des victimes dont elle leur livrait les biens, et de les préserver en toute occasion du danger d'être découverts.

C'est ainsi, disent les Thugs, que notre ordre fut établi; et originairement nous ne nous occupions pas de ce que devenaient ceux que nous étranglions, jusqu'à ce qu'un Thug plus curieux que les autres s'avisa d'épier le corps de sa victime pour voir ce qu'en ferait la déesse. Celle-ci vint le chercher selon sa coutume; mais se voyant observée, elle appela le Thug et lui déclara que désormais, pour prix de sa téméraire indiscrétion, elle ne prendrait plus la même peine; et que ses associés n'avaient qu'à faire ce qui leur conviendrait, une fois leurs meurtres commis. Depuis ce temps-là, les Thugs ensevelissent eux-mêmes les morts, mais ils parviennent à s'en débarrasser avec beaucoup de promptitude et d'adresse.

Ils se mettent en marche ordinairement par bandes nombreuses, quelquefois jusqu'à deux cents ensemble, et ils ont recours à toutes sortes de subterfuges pour dissimuler leur profession réelle.

Ces bandes ne consistent pas toujours en individus qui soient Thugs de naissance. Par la promesse d'une paye mensuelle ou par l'espoir d'une forte somme, ils engagent des hommes qui ignorent qu'il s'agit de tuer quelqu'un, et qui ne l'apprennent qu'en voyant les infortunés étranglés sous leurs yeux. Les Thugs prétendent que les novices ont été saisis de tant d'horreur à ce spectacle qu'ils se sont échappés immédiatement; mais la plupart, moins sensibles, embrassent avec ardeur cet affreux métier pour y faire fortune.

Plusieurs des Thugs les plus renommés sont les enfans adoptifs de la secte; c'est une règle pour eux, quand un meurtre est commis, de ne jamais épargner la vie d'aucune personne, n'importe l'âge et le sexe, qui pourrait se souvenir de l'événement et en raconter les particularités; mais s'ils rencontrent des enfans d'un âge trop tendre pour pouvoir les trahir, ils les adoptent et les élèvent aux mœurs et à la profession de la secte. Ces néophytes sont quelquefois informés accidentellement du meurtre de leurs pères et mères par ceux-là mêmes avec qui ils ont passé leur enfance, mais c'est quand il est trop tard pour qu'ils soient détournés de leur horrible profession.

Quand une expédition a été très heureuse, une partie

du butin en est distraite pour être envoyée à la pagode de Bhowanie. Par suite des mêmes préjugés, quand il y a longtemps que les Thugs n'ont rencontré de nouvelles victimes, ils font porter une offrande à la déesse pour se la rendre propice.

Chaque bande de Thugs a un ou plusieurs chefs (jemadars), dont le grade n'est pas le fruit d'une élection, mais l'attribut de ceux qui ont le plus d'influence dans leur canton pour y rassembler des affiliés. Ces jemadars sont à la fois maîtres des cérémonies dans les rites religieux, et chargés de distribuer les ordres dans une expédition. Les profits d'un jemadar sont plus considérables que ceux d'un simple Thug; il reçoit six et demi pour cent au moins sur toutes les matières d'argent, dix pour cent sur l'or, les perles, les châles, les bijoux, etc. Après le jemadar, le personnage le plus important est le bhuttoat ou étrangleur, qui porte le mouchoir avec lequel les Thugs expédient leurs victimes. Ce mouchoir consiste en une aune de coton légèrement roulée sur elle-même, avec un nœud coulant préparé à l'une des extrémités. Ce mouchoir, appelé boumal ou palou, est tenu caché dans le sein des Thugs. Ils sont tous experts dans cet art; cependant, s'il faut les croire, ils n'ont pas tous le droit de le porter, étant forcés d'attendre le bon plaisir des chefs, qui ne confient qu'aux plus habiles et aux plus exercés des leurs l'exécution d'un meurtre convenu. Les apprentis ont besoin d'un long noviciat pour être admis au rang des bhuttoats. Le bhuttoat en fonctions suit l'homme désigné par le jemadar. Au signal qui lui est fait, il saisit dans la main gauche le nœud du mouchoir, tandis que la droite tient l'autre bout neuf pouces plus haut, et c'est de cette manière que le mouchoir est jeté par derrière au cou du malheureux qui tombe étranglé. Alors les talents de l'étrangleur se croisent, et telle est sa dextérité que, d'après les Thugs, ayant que le corps ait touché la terre, les yeux sortent de la tête et la vie est éteinte.

Si on rencontre un voyageur isolé, par exemple, on fait route avec lui; puis, à la halte du soir, quand on s'arrête pour fumer ou boire de l'eau, le jemadar demande quelle heure il est. Ses compagnons regardent les astres comme pour les consulter; c'est le signal, et le bhuttoat se met sur ses gardes. Le voyageur sans défiance lève aussi les yeux vers la voûte du ciel, et offre ainsi la gorge au fatal mouchoir.

Un des membres les plus nécessaires d'une troupe de Thugs, est celui qu'ils nomment tillaée, espèce d'espion qui séjourne dans les villes, et n'a d'autres soins que de recueillir des informations sur les voyageurs, afin de les transmettre aux siens. Sous un costume honnête, le tillaée fréquente les bazars et autres lieux publics des villes; il s'introduit auprès des riches commerçans, se joint aux caravanes, fait valoir sa connaissance des lieux et finit par jeter ses nouveaux amis au milieu d'une troupe des siens qui les traitent avec honneur et considération, tandis qu'ils complotent leur assassinat et calculent d'avance ce que chacun aura pour sa part.

C'est surtout de leur talent, comme tillaée-bhilla, ou espion guide, que les Thugs sont fiers; tantôt, si la compagnie avec laquelle ils voyagent est trop nombreuse, ils savent à propos faire naître quelque dispute pour la diviser; tantôt, s'ils échouent dans leur expédient de brouiller des amis, ils les exciteront adroitement à boire des liqueurs enivrantes, et quand leur raison sera troublée, ils les feront tomber au piége en leur proposant quelque partie dans un lieu à l'écart, le long d'une rivière ou sous un ombrage qui les dérobe à la vue des passans, là enfin, où non-seulement ils sont attendus par le meurtrier avec son mouchoir, mais où encore leurs fosses sont déjà creusées par une autre classe de Thugs appelés saggaes, c'est-à-dire fossoyeurs. Ainsi, tout étant préparé, en un quart-d'heure les voyageurs sont entourés, étranglés, dépouillés et ensevelis sans qu'il reste d'eux aucune trace.

Quelquefois toutes ces préparations et précautions étant impossibles, les Thugs sont réduits à tuer leurs victimes sur une grande route, et à les ensevelir à la hâte. C'est alors surtout qu'ils laissent un des leurs en surveillance, jusqu'à ce qu'ils puissent revenir faire en sûreté une fosse plus profonde. Si la terre est forte, ils ne touchent pas le corps ; mais si le sol est mouvant et fait craindre que le cadavre en se tuméfiant ne le crevasse, ils le fixent avec des dards ou en lui enfonçant un pieu dans la poitrine. De même, quand le meurtre est commis dans un lieu en évidence, comme dans un jardin près de quelque village, les Thugs prennent le soin minutieux de transporter dans les champs voisins le superflu de terre qui resterait autour de la fosse, sur laquelle ils jettent du fumier ou allument du feu, en y faisant même leur cuisine, sans aucune espèce de remords.

On ne sera pas surpris d'apprendre qu'il existe une langue particulière, ou du moins un argot, pour cette secte d'assassins. C'est une vraie franc-maçonnerie.

On ne peut se faire une idée du nombre des personnes qui ont péri par la main des Thugs, et de la masse des richesses qui ont passé par leurs mains. Il n'est aucun des Thugs saisis par la justice qui n'ait avoué avoir pour sa part étranglé de dix à vingt individus, et contribué à en faire étrangler de cent à mille.

LES FRÈRES MORAVES.

L'association des frères Moraves, ou Hernhuttes, commença vers le milieu du XVe siècle, dans l'année 1457. Le nom d'Hernhuttes leur fut donné par la suite, de celui d'un beau village qu'ils avaient bâti dans un endroit appelé le Hutberg, ou montagne de Hut.

Les frères Moraves jouirent pour la première fois d'une existence libre et indépendante vers le commencement du dernier siècle, en 1720, époque où le comté Zinzendorf leur accorda une protection spéciale, et leur assigna un territoire vaste et fertile.

Leurs établissemens peuvent être regardés, en quelque sorte, comme des couvens de protestans. Leur culte religieux tient du luthéranisme et du calvinisme. Dans leurs associations, qui sont extrêmement libérales, ils ne sont engagés par aucune espèce de vœux. Toutes leurs obligations sont volontaires, et cependant tout est en commun entre eux. Les hommes et les femmes demeurent ensemble comme dans les autres villes européennes, et les mariages se célèbrent comme dans le reste de l'Allemagne. Mais semblables aux associations formées par les jésuites dans le Paraguay, leurs sociétés offrent cette particularité remarquable, que le travail de chaque individu n'appartient pas à lui seul exclusivement, mais à la communauté dont il est membre. De cette manière, la société profite de l'industrie et des talens de chacun de ses membres, leur donnant en retour une récompense proportionnée à leur degré de mérite. Ils furent pendant long-temps dans l'habitude de manger tous ensemble, mais cet usage s'est insensiblement perdu à mesure que le nombre de leurs membres s'est augmenté. Il s'en est établi plusieurs dans les différens états de l'Allemagne, en Saxe et en Prusse, aussi bien que dans la Moravie, où le voyageur trouve souvent des villages entièrement habités par eux. Ces villages se font remarquer par la plus grande propreté, ainsi que par l'ordre et l'union intime qui paraît régner entre tous les habitans. Ils sont en général si paisibles, et tout se fait chez eux avec tant de tranquillité, que dans le premier moment on serait tenté de croire que leurs hameaux sont déserts ou abandonnés.

Ces communautés, dont tous les membres sont véritablement frères, sont dirigées par un comité choisi parmi les vieillards les plus sages et les plus prudents. Les membres en sont élus tous les ans, et sont à leur tour soumis à la censure d'un comité général composé des principaux fabricans, où de ceux qui dirigent les établissemens de la communauté. Les membres du comité n'ont d'autre avantage que celui d'être utiles à leurs frères. Lorsqu'un membre a été élu cinq fois de suite, le vieillard le plus âgé fait connaître les services qu'il a rendus à la société, et dès-lors on l'appelle toujours un frère tendrement chéri.

Jusqu'à présent les Hernhuttes ne se sont presque pas adonnés à l'agriculture. Le commerce et les différentes branches de l'industrie, sont leurs seules occupations. L'ordre qu'ils ont établi pour la répartition générale des profits de la communauté, est peut-être plus facile à suivre par un peuple marchand que par un peuple agriculteur, qui, généralement n'est pas assez instruit pour tenir un compte exact des sommes reçues et dépensées. Ainsi, par exemple, le marchand, l'aubergiste, l'ouvrier, etc, sont payés par la communauté, et tout ce qu'ils reçoivent doit être versé dans la caisse générale, dont le montant est ensuite réparti également entre les vieillards et les infirmes, les jeunes gens et les hommes robustes ; tandis que les tarifs établis fixent le prix que chacun doit recevoir, suivant le métier qu'il fait, et son degré de talens. De cette manière, ils évitent toute espèce d'altercations ou de querelles.

Les deux sexes vivent séparément jusqu'à l'époque du mariage ; les garçons forment, ensemble, une société ; les filles en forment également une entre elles ; mais ces deux communautés sont distinctes. Jusqu'à présent les Hernhuttes se sont efforcés de maintenir entre eux l'égalité la plus parfaite, et ils y ont réussi. Quant aux dogmes religieux, toute la société semble être ecclésiastique ; du moins toutes les entreprises se font au nom de la religion et seulement pour elle. On dirait qu'une autorité invisible régit cette église dans laquelle cependant il n'y a point de prêtre salarié. Le vieillard le plus respectable de la communauté remplit les devoirs du sacerdoce ; et lorsqu'il croit quelque autre personne plus digne que lui de les exercer ; il le prie au nom de la confrérie, de prêcher à sa place.

Telle est l'impression produite par les mœurs pures et austères, et la conduite vraiment chrétienne de ces Hernhuttes, que des étrangers qui les voient pour la première fois, se croiraient transportés au temps de la primitive église, ou penseraient du moins que la confrérie qu'ils contemplent, est composée des pieux anachorètes du désert. Une douceur inaltérable, et la plus active bienfaisance, sont les traits dominans du caractère de ces hommes.

MŒURS INDIENNES.

Un raja, ou seigneur indien, devait paraître devant le tribunal anglais pour se justifier d'un crime ; il vint, accompagné de ses parens et amis, tous armés comme lui de longs poignards. Arrivé devant les juges, il refuse de se désarmer ; sur la nouvelle sommation qui lui en est faite, la colère et le dédain se peignent en même temps sur sa physionomie : « De quel droit, dit-il enfin, me faites-vous paraître devant des étrangers ? Ai-je donc perdu toutes les prérogatives que je dois à ma naissance et au rang de ma famille dans cette province ? Ma puissance, mes dignités, mes biens mêmes m'ont été enlevés par votre gouvernement ; la liberté et le droit de porter les armes m'étaient seuls restés, et vous m'en dépouillez ! Je ne puis survivre à ce nouvel affront, j'aime mieux mourir que d'être déshonoré.» Il se plonge un poignard dans le cœur, et expire aux pieds des juges. Ses amis, qui avaient entendu son discours, imitèrent tous son exemple et tombèrent morts auprès de lui, donnant une preuve de dévouement et de grandeur qui frappa les Anglais d'effroi et d'admiration.

De quels faits de pareils hommes ne seraient-ils pas capables pour affranchir leur pays, si la plus abjecte superstition n'étouffait dans leurs ames les semences d'aussi nobles qualités !

Paris. — Imprimerie de H. Fournier, rue de Seine, n° 14.

ÉPHÉMÉRIDES.

4 avril 1793. — Le général Dumouriez, ayant fait arrêter les commissaires de la Convention, qui le mandait à sa barre après sa défaite de Nervinde, se retire sur le territoire étranger pour ne pas porter sa tête sur l'échafaud.

6 avril 1793. — La Convention, effrayée par la défaite de Nervinde, crée un *comité de salut public*, chargé de veiller à la défense du pays. On sait que ce comité couvrit la France d'échafauds. 1804.—Le général Pichegru est trouvé mort dans sa prison.

7 avril 1823. — L'armée française envoyée au secours du roi Ferdinand passe la Bidassoa.

11 avril 1814. — Napoléon signe à Fontainebleau un acte par lequel il renonce, pour lui et pour ses enfans, au trône de France.

19 avril 1529. — Les princes allemands partisans de la réforme religieuse commencée par Luther protestent contre la défense que leur avait fait la diète de Spire d'exercer leur nouveau culte. De là le nom de *protestans*.

23 avril 1343.— Humbert II cède le Dauphiné à la France.

30 avril 1803.—La France cède la Louisiane aux États-Unis.

ANGLETERRE.

LES COMTÉS DU CUMBERLAND, DU WESTMORELAND ET DU LANCASHIRE.

Le voyageur qui a parcouru l'Angleterre garde longtemps le souvenir des beaux paysages des trois comtés du Cumberland, du Westmoreland et du Lancashire. C'est quelque chose de moins sauvage que l'Ecosse, de moins âpre que les Alpes. De la grandeur dans l'élégance; de la grâce dans la mélancolie; je ne sais quoi de simple et de varié, de sombre, de brillant, de rustique et de pittoresque. On s'imaginerait difficilement un petit monde plus bizarre que celui de ces trois comtés. Non-seulement la nature y est sauvage, mais les hommes, les habitations, les mœurs, portent un caractère spécial. C'est une variété infinie dans un espace très étroit : les dentelures des bords des lacs, les mille découpures des îles, les baies sans nombre que forment leurs rives, les golfes verdoyans qui s'offrent à vous, les crêtes des montagnes qui s'élèvent à pic et ombra-gent de petits vallons délicieux, les miniatures de cataractes qui tombent de toutes parts avec un grand bruit et beaucoup d'écume, quoique la masse des eaux soit peu considérable; les attitudes grotesques des collines, la vieillesse grise et chenue des chênes et des bouleaux, la verdure veloutée et semi-violette des gazons, multiplient les accidens du paysage avec une diversité coquette qui ne se retrouve pas même en Suisse.

Nulle part vous ne rencontrez cette nullité plate des longues plaines qui font acheter leur fécondité par leur ennui; partout, au contraire, le paysage vous est fermé par une digue inattendue, un ruisseau plus bruyant que dangereux, une barrière rocheuse qui s'élève à l'improviste. Il y a des sentiers où un mulet ne poserait pas le pied; des lacs qui, serpentant avec une singularité qui ressemble à de la folie, ne suffiraient pas à remplir un des bassins de Versailles. Il y a des montagnes naines, les unes boisées, les autres aussi nues et aussi fières de leur nudité granitique que le mont Blanc ou les Apalanches. Ce grandiose au petit pied, cette diversité sans fin, le silence des lieux, la douceur des habitans, le mélange des mœurs champêtres, des habitudes à demi sauvages de la chasse ou de la pêche, prêtent un charme profond à cette partie de l'Angleterre.

Les comtés ont leur époque de récolte et de morte saison. Lorsque vient le beau temps, lorsque la race des dandies anglais s'extravase sur le sol de la Grande-Bretagne et sur le continent envahi, lorsqu'il est de bon goût d'aller voir les lacs, alors un grand mouvement s'opère dans les trois comtés. On achète des filets, on répare les barques, les auberges se garnissent; les beautés du Lancashire renouvellent leurs atours, et se rappellent que plus d'un voyageur en quête du pittoresque a ramené à Londres ou à Bristol quelque jeune fille de fermier, devenue femme d'un riche marchand ou d'un lord. Les jeunes filles du Lancashire, si remarquables par la blancheur de leur peau, la délicatesse de leur teint, la profusion de leurs cheveux cendrés, la finesse de leurs extrémités, ont prouvé par plus d'un exemple romanesque la réalité de ce pouvoir surnaturel dont les doue le bruit populaire qui les appelle du nom de fées. (*Lancashire Witches*.)

(Une vue du Cumberland.)

Les bureaux d'abonnement et de vente sont rue de Seine-Saint-Germain, 9.

LE PALAIS DU LUXEMBOURG.

SALLE DU PROCÈS. — HISTOIRE DE LA PAIRIE EN FRANCE.

Nouvelle façade du Luxembourg.)

Parmi les institutions et les grands monumens de la France dont l'histoire doit trouver place dans notre recueil, la pairie et le palais qui lui est affecté devaient venir à leur tour. Le grand procès que le gouvernement a soumis à la chambre des pairs et les constructions importantes dont on a augmenté, à cette occasion, le palais du Luxembourg, nous font une loi de traiter dès aujourd'hui ce sujet. Mais au lieu de donner à nos lecteurs un dessin du palais tel qu'il était anciennement, nous leur offrons le plan de la partie principale du bâtiment avec les additions qui lui ont été faites, en désignant, dans la nouvelle salle des séances, la place qu'occuperont les accusés, les juges, les témoins, et tous les acteurs de ce procès. Nous y joignons une vue de la nouvelle façade sur le jardin, qui permettra à ceux de nos abonnés qui sont éloignés de Paris d'estimer à leur juste valeur les critiques ou les éloges exagérés que les journaux politiques ont cru devoir faire des constructions nouvelles. — Nous embrasserons donc, dans des articles séparés, l'histoire de la pairie en France, avant et depuis 1789, et la description des bâtimens élevés pour le grand procès que l'on va juger.

SALLE DES SÉANCES
DE LA COUR DES PAIRS.

La nouvelle salle est construite avec un soin extrême, et se distingue, sous ce rapport, de la baraque élevée, il y a quelques années, dans le jardin du Palais-Bourbon. Le bâtiment est logé dans l'espace vide qui séparait les pavillons de l'ancienne façade, et avance en outre dans le jardin de vingt-sept pieds au-delà de l'alignement de ces pavillons. Il a donc 165 pieds de longueur, 69 de profondeur et 60 de hauteur. La salle a 40 pieds environ d'élévation, et correspond avec le local actuel des séances. Le rez-de-chaussée se compose de huit ou dix pièces de service et d'un corps-de-garde qui pourra recevoir deux cents soldats. La salle d'audience est au premier étage. On y arrive par

quatre escaliers, dont deux, ouverts sur le jardin, occupent un espace pris sur la salle même, et forment dans l'intérieur deux saillies qui n'ont rien de choquant. Les accusés et les témoins tourneront le dos au jardin; MM. les pairs, faisant face aux accusés, seront adossés à l'ancienne façade, qui a été recouverte de boiseries, et à laquelle d'ailleurs on n'a pas touché. La porte principale, établie dans une fenêtre de l'ancienne façade, est celle par où MM. les pairs arriveront. Le fauteuil du président est placé au milieu des bancs de la pairie et tout près de la porte d'entrée, de sorte que sans les épais rideaux des croisées, la vue du chancelier pourrait plonger, dans l'avenue de l'Observatoire. Enfin, et si, pour plus de clarté, nous cherchons des analogues dans la disposition de la chambre des députés, les accusés occuperont la place qui correspond au bureau du président et des secrétaires; celle du chancelier sera au milieu du centre; le parquet siégera à l'extrême gauche.

L'emplacement réservé aux accusés pourra recevoir deux cents personnes, c'est-à-dire cent vingt prévenus et quatre-vingts gendarmes. A leur droite sont des banquettes pour cent témoins à charge; à leur gauche il y a place pour cent témoins à décharge.

Trente-six bancs commodément espacés pourront recevoir deux cents pairs. Il y a deux rangs de tribunes; les unes placées derrière les bancs des pairs, les autres au premier étage de la salle. Au-dessus des témoins à charge et à décharge, il y a une centaine de places abandonnées au public non pourvu de billets. Trente places sont réservées aux journalistes. Restent trois cent vingt places divisées en dix loges, dont une appartiendra au corps diplomatique, une autre à MM. les députés. Les avocats seront placés entre les accusés et les juges.

Les rayons du soleil ne pourront pénétrer par les fenêtres de la façade que recouvrent de doubles rideaux d'un vert sombre; une douce lumière descendra par des vitrages placés du côté opposé, tout au haut de la salle, que deux lustres éclaireront à la fin des longues séances. Des rideaux bien frais, des draperies riches, des tentures d'une étoffe à fleurs, donnent un air gracieux à l'ensemble de cette décoration, brillante d'ailleurs de dorures. Le plafond, travaillé en boiseries ciselées dans un style demi-gothique, ajoute à l'élégance de l'aspect général. Les orateurs auront peine, sous ces élégans lambris, à donner à leur voix la sombre majesté que leur situation réclamera. Du reste, pour éviter les distractions et les émotions, aucune dame ne sera admise.

Les deux angles attenant à l'ancienne façade ont été coupés de manière à réserver deux petites cours pour le service des pompes à incendie. Quant à l'extérieur, les constructions sur le jardin, sont la reproduction fidèle de l'architecture qui règne sur toutes les faces du monument. Les colonnes, les moulures, les statues de plâtre, ont à distance un caractère de solidité et de durée. Les quatre Saisons sont debout en avant du cadran. Au-dessus est une copie d'un des bas-reliefs du Louvre.

Nous nous bornons à indiquer ici les principales dispositions du bâtiment provisoire qui vient d'être exécuté au Luxembourg. S'il s'agissait d'une construction définitive, nous aurions une critique à faire. Tous ceux qui ont fait le tour du palais ont remarqué qu'il se compose de six gros pavillons liés entre eux par des galeries plus ou moins étendues, mais toutes élevées en retraite. Celle qui fait face au jardin est la seule qui soit en saillie et qui, par conséquent, rompe l'uniformité et la symétrie si bien observées dans le plan primitif et si religieusement respectés dans tous les travaux postérieurs. Ce défaut d'équilibre dans l'ensemble de l'édifice est bien plus sensible encore par la disproportion du nouveau bâtiment avec ses deux ailes. Il les masque en partie ou en totalité, suivant le point de perspective où le spectateur est placé. Si l'on regarde en se tenant à une distance moyenne et vis-à-vis le centre, les pavillons qui sont en arrière-corps diminuent de moitié, à cause de la projection de l'angle de l'avant-corps; si l'on regarde de l'une ou de l'autre terrasse, l'un des deux pavillons disparait complètement, en sorte que la façade ne présente plus qu'un monument imparfait. Pour le spectateur qui serait placé à une assez grande distance, et presque vis-à-vis le centre de la façade, le nouveau bâtiment ne masquerait pas sensiblement les deux anciens pavillons. Telle est la situation dans laquelle est supposé le lecteur qui jette les yeux sur la gravure placée en tête de ce numéro.

Une annexe essentielle de la salle d'audience, c'est la prison. L'architecte a dit-on tiré parti, avec certaine habileté, de la caserne de la rue de Vaugirard. Un couloir en planche conduira chaque jour les accusés à l'audience, et il n'y aura qu'une portion peu considérable du jardin interdite aux promeneurs. La principale distribution de la prison a consisté à établir trois divisions parfaitement distinctes pour les prévenus de Paris, de Lyon et de Lunéville ; ces trois divisions ont chacune leurs cellules pour deux ou pour quatre habitans ; et leur préau a peu près 80 pieds carrés. Un guichet central et un chemin de ronde donnent accès aux trois préaux à la fois. Un vaste emplacement pour la cavalerie domine toutes ces constructions, et en outre l'ancienne église qui touche au Petit-Luxembourg est disposée pour recevoir un bataillon tout entier de troupes de ligne.

Il est juste de reconnaître que l'architecte chargé de la construction de la salle, M. Gisors, a résolu avec bonheur la plupart des difficultés que présentait ce genre de travaux. Là où l'on ne s'attendait à voir qu'une baraque informe, incommode et peu durable, s'est élevé comme par enchantement un vaste bâtiment d'un extérieur noble, bien distribué, et capable, par sa solidité, de durer plus d'un siècle. Sans doute le palais du Luxembourg a perdu de sa grace, mais ce n'est pas l'architecte qu'il faut blâmer de cette su-

perfétation, que son art a rendue plus tolérable que nous n'aurions osé l'espérer. (*Voyez le plan, page* 252.)

HISTOIRE DE LA PAIRIE
AVANT LA RÉVOLUTION DE 1789.

La dénomination de *Pair de France* qui remonte aux temps les plus reculés de la monarchie, fut bien loin d'avoir sous nos rois et surtout sous ceux des deux premières races, l'acception que lui donne la constitution actuelle de la France.

Le terme de *Pair* introduit au xe siècle, s'appliquait aux vassaux du même seigneur et désignait leur égalité de droits entre eux. D'après un ancien usage des Francs, chaque citoyen libre ne pouvait être jugé que par ses égaux (les pairs); mais ce droit était plus particulièrement revendiqué par les grands de l'état qui ne voulaient pas être justiciables des tribunaux ordinaires. Par suite de cette faveur, qui ne leur donnait pour juges que leurs égaux, la qualification de pair commença à s'attacher d'une manière plus exclusive à leur classe.

Lorsque plus tard les fiefs furent établis (1), et que les titres militaires attachés à des terres formèrent, par leur réunion avec elles, la récompense de ces services, la pairie devint une dignité attachée à la possession d'un fief lequel donnait droit d'exercer la justice, *conjointement avec ses Pairs*, dans les assises du fief dominant. Les possesseurs de ces fiefs secondaires, égaux entre eux, formaient la cour du seigneur suzerain, jugeaient avec lui ou sans lui, et pouvaient eux-mêmes récuser toute autre juridiction.

Quand le système féodal fut arrêté dans ses développemens, par suite de l'usurpation d'Hugues Capet, l'institution de la pairie s'affaiblit avec lui, et ne reprit que plus tard une forme déterminée.

La qualification de pair de France avait fini par être exclusivement réservée aux grands seigneurs qui *relevaient* immédiatement du roi, et vers la fin du xe siècle, sept fiefs seulement avaient ce privilége. C'étaient les duchés de France, de Bourgogne, de Normandie et d'Aquitaine, les comtés de Toulouse, de Flandre et de Champagne ; ils furent réduits à six quand le duché de France fut réuni au domaine de la couronne.

Philippe-Auguste est le premier roi au sacre duquel aient figuré les pairs de France comme grands officiers de la couronne. A côté d'eux, parurent, pour la première fois aussi, six pairs ecclésiastiques. C'étaient l'archevêque de Rheims, les évêques de Laon, de Beauvais, de Noyon, de Châlons et de Langres. Les fiefs de ces six pairs ne relevaient pas immédiatement de la couronne, mais celle-ci les avait élevés nonobstant au rang de la pairie pour s'en tourner de tout le prestige de la religion.

Ce fut sous ce même prince et par ses ordres, que la cour des pairs jugea le fameux procès de Jean-Sans-Terre, roi d'Angleterre, duc de Normandie et, pair de France, et par ces deux derniers qualités, feudataire du roi de France. Jean-Sans-Terre avait assassiné Arthur, comte de Bretagne. La cour des pairs condamna Jean-Sans-Terre à la peine de mort et confisqua la Normandie au profit du roi de France. Jean pour se soustraire à cet arrêt, fit en vain donation de la Normandie au pape; Philippe-Auguste s'empara de cette magnifique province.

Le roi convoquait la cour des pairs, présidait les séances, mais *ne jugeait pas*. Sa sanction était cependant nécessaire à l'exécution des arrêts qu'il faisait publier dans ses domaines. Chacun des pairs leur donnait la même publicité dans les siens.

Outre la cour des pairs, les rois de France avaient une cour féodale composée des seigneurs qui n'étaient point

(1) Voyez les articles que nous avons publiés sur la féodalité en France; pages 199, 222 et 242.

vassaux immédiats de la couronne, mais dont les fiefs dépendaient de ses domaines. Bien que cette cour ne pût juger les pairs, les rois finirent par la réunir à la première et par là ils augmentèrent le pouvoir de la royauté; car les voix des seigneurs de seconde classe étaient acquises au prince dont ils ambitionnaient les faveurs.

Dans le premier âge de la pairie, les femmes elles-mêmes qui avaient hérité d'une pairie, prenaient place parmi les pairs et jugeaient avec eux. Ainsi, au couronnement de Philippe-le-Long, la veuve du comte d'Artois soutint avec les autres pairs la couronne du roi, et prit part à leurs jugemens.

Le nombre des pairs de France fut réduit de deux lorsque la Champagne et le comté de Toulouse rentrèrent dans les mains du roi; mais le roi Philipe-le-Bel, voulant fortifier la pairie, confera la dignité de pair aux princes du sang royal, et cet usage se maintint pendant les siècles suivans. C'est ainsi que les comtes de Bretagne, d'Anjou et d'Artois, les comtés de Poitou, d'Evreux, d'Orléans, de Nantes, de Mâcon, de Berry, de Touraine, les baronnies de Bourbon, d'Etampes furent successivement érigées en pairies.

Un grand changement eut lieu à cette époque; la cour des pairs fut réunie au parlement, et l'on vit les hauts seigeurs figurer parmi les magistrats comme membres et conseillers. Dès lors la pairie représenta tout à la fois la double qualité de feudataire d'une des premières seigneuries du royaume et de membre du premier corps de magistrature.

Les pairs s'occupèrent donc de procès de tous genres, et non pas seulement de haute trahison, de félonie et de discussions relatives à la pairie, comme ils l'avaient fait jusqu'alors. On devine que les femmes cessèrent d'intervenir dans les jugemens et de siéger parmi les pairs.

Tout pair nouvellement élevé à cette dignité, devait, avant de prêter serment, faire vérifier par le parlement les lettres d'érection qu'il avait reçues, et même par la suite, ils furent soumis à une enquête préalable de vie et mœurs. Les femmes qui avaient hérité d'un titre de pairie ne furent plus admises à le transmettre de droit à leurs maris, mais rarement le roi manqua-t-il d'en gratifier ceux-ci.

Dans le troisième âge de la pairie (de 1350 à 1789), cette dignité ne fut plus conférée exclusivement à des princes du sang royal; des princes étrangers furent revêtus de cette dignité, témoin Engilbert de Clèves, sous Louis XII. Ce fut pendant cette période que la cour des pairs jugea le connétable de Bourbon, accusé de haute trahison, et commença le jugement contre l'empereur Charles V.

Enfin dans le quatrième âge de la pairie (de 1350 à 1789), la couronne alla choisir les pairs, non plus parmi les hauts seigneurs et les princes étrangers, mais dans les familles de simples gentilshommes. Anne de Montmorency, connétable et grand maître de France, fut le premier en faveur de qui fut faite l'exception. Sa baronnie fut érigée en duché-pairie, en *considération*, disaient les lettres d'érection, *de l'antiquité, de la grandeur de la noblesse de cette maison, et des services qu'elle avait rendus à la couronne*. Cette pairie s'éteignit en 1655 par la condamnation à mort et la confiscation des biens de Henri de Montmorency (voyez page 181). Henri de Bourbon, prince de Condé, fut revêtu l'année suivante de la pairie, enlevée aux Montmorency, et plus tard, elle prit, sur sa demande, le nom d'*Enghien*.

Antérieurement à cette quatrième époque, les pairs déposaient leur épée avant de siéger comme magistrats, mais le roi Henri II les autorisa à la porter dans le sanctuaire des lois, malgré l'opposition des autres membres du parlement.

On a soulevé de nos jours la question de savoir si les pairs pouvaient être condamnés à la prison pour dettes; cette question fut résolue affirmativement il y a plus de deux cents ans. En 1624, le duc de Candole, pair de France,

fut condamné par le Châtelet de Paris, au paiement d'une dette de 1600 fr., sous peine d'y être contraint par corps.

Quelques contestations relatives aux pairies, donnèrent lieu, en 1711, à un édit qui devint, pour ainsi dire, le code de cette institution. On y trouve les articles suivans :

Les princes du sang représenteront les anciens pairs de France aux sacres des rois, et auront droit d'entrée, séance et voix délibérative au parlement dès l'*âge de quinze ans*, sans aucune formalité. Les ducs et pairs pourront être appelés au sacre au défaut des princes du sang. Ils siégeront au parlement, et auront voix délibérative à l'âge de vingt-cinq ans, etc. Ceux qui auront des duchés et pairies pourront en substituer *à perpétuité* le chef-lieu, avec une partie de leur revenu, jusqu'à 15,000 livres de rente, sans pouvoir être sujet à aucunes dettes ni détractions de quelque nature que ce soit (c'étaient les majorats). Nul ne pourra élever aucune contestation au sujet des dits duchés et pairies sans l'autorisation du roi, etc.

Bien long-temps avant la révolution de 1789, l'institution de la pairie n'était plus qu'un vain titre, et, bien que dans les arrets du parlement il fût toujours énoncé que la cour avait été suffisamment garnie de pairs, cependant ceux-ci s'abstenaient de prendre part aux délibérations, et ne partageaient pas les disgrâces encourues par le parlement de Paris pour résistance à la volonté royale. Un pair de France exerça pourtant ses droits d'une manière éclatante, peu de temps avant la catastrophe qui anéantit tout à la fois le parlement, la pairie et le trône ; ce fut Louis-Philippe, duc d'Orléans, père du roi actuel. On sait que, Louis XVI ayant voulu faire enregistrer de force par la pairie les *édits bursaux* que ce corps refusait d'admettre, le duc d'Orléans protesta hautement contre cet arbitraire, et engagea les membres de la cour à passer outre. Cette levée de boucliers ne contribua pas peu à enhardir l'opposition qui commençait à se former contre la cour, et ne permit plus de douter des projets qu'avait formés le chef de la branche cadette de la famille royale.

La pairie fut abolie avec toutes les institutions nobiliaires, par le décret de l'assemblée constituante qui anéantit les privilèges et les titres. Voici les pairies existantes en 1789 : Uzès, Elbeuf, Montbazon, Thouars, Sully, Luynes, Brissac, Richelieu, Fronsac, Albret et Rohan, Puicy, Grammont, Villeroy, Mortemart, Saint-Aignan, Gèvres, Noailles, Aumont, Charost, Saint-Cloud, Harcourt, Fitz-James, Chaulnes, Villars, Brancas, Valentinois, Nivernais, Biron, Aiguillon, Fleury, Duras, La Vauguyon, Praslin, La Rochefoucauld, Clermont-Tonnerre, Aubigny, Choiseul, Coigny. (Nous donnerons bientôt l'histoire de la pairie depuis 1814.)

LÉGENDE DU PLAN DE LA NOUVELLE SALLE.

—A. Palais du Luxembourg.
  B. Façade nouvelle du côté du jardin.
  C. Cour d'isolement dans laquelle seront les pompes à incendie.
  D. Cour du côté de la rue de Tournon, dite cour d'honneur.
  E. Ancienne façade du côté du jardin.
  F. Entrée des pairs dans la salle.
  G. Escaliers des tribunes.
  H. Couloirs des pairs et tribunes placées derrière leurs bancs ; autres tribunes à l'étage au-dessus.
  I. Escaliers des accusés.
  J. Bancs des accusés.
  K. Témoins à charge.
  L. Témoins à décharge.
  M. Sièges des pairs.
  N. Bureau du président.
  O. Ministère public.
  P. Avocats.
  Q. Couloirs de service.
  R. Salle des témoins à charge.
  S. Salle des témoins à décharge.
  T. Jardin du Luxembourg.

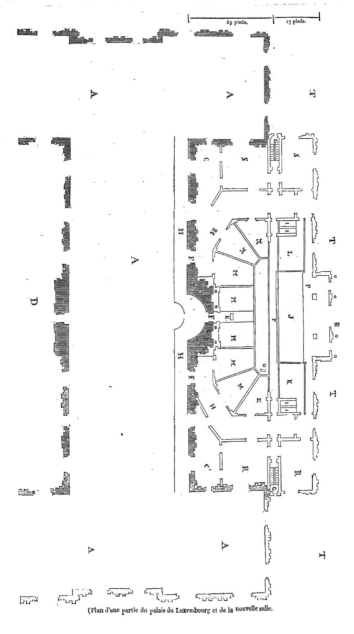

39 pieds. 17 pieds.

(Plan d'une partie du palais du Luxembourg et de la nouvelle salle.

FRANÇOIS Ier, EMPEREUR D'AUTRICHE.

(Premier article).

Joseph-Charles-François Ier, empereur d'Autriche, né le 12 février 1768, fils de Léopold II et de Marie-Louise d'Espagne, fut élevé sous les yeux de son père, et ensuite appelé à Vienne par Joseph II, son oncle, qui confia son éducation aux personnes les plus capables de lui donner des idées saines dans l'art de gouverner. Cet empereur avait, comme nos lecteurs le savent sans doute, entrepris de réformer le gouvernement des états héréditaires de sa couronne, et, malgré la résistance opiniâtre de la partie la plus influente de la population, il était déjà parvenu à exécuter une partie de son plan. Léopold, qui devait lui succéder, était, sous tous les rapports, l'homme le plus capable d'affermir ce plan, en y mettant la dernière main. Cependant il importait que son neveu fût élevé à la même école, et c'est pourquoi, d'accord avec son père, Joseph le fit venir à Vienne. L'archiduc François profita des leçons qu'il reçut et des exemples qu'il eut sous les yeux; et si, depuis son élévation au trône, il s'est écarté de la route tracée par son oncle et son père, il ne faut l'attribuer qu'aux circonstances extraordinaires dans lesquelles il se trouva placé dès la mort de Léopold, et qui, jointes à l'irrésolution de son caractère, permirent à l'oligarchie autrichienne de s'emparer de l'esprit du jeune empereur et de le subjuguer entièrement.

L'archiduc François accompagna Joseph dans sa campagne contre les Turcs, en 1788; mais il ne montra aucun goût pour l'art militaire, et c'est cependant sous le plus timide et le plus pacifique des princes que l'Autriche a fait le plus de guerres. Il épousa, le 6 janvier de la même année, Elisabeth, fille du duc Frédéric-Eugène de Wurtemberg, qui mourut le 17 janvier 1790, et s'unit en secondes noces à Marie-Thérèse, fille de Ferdinand IV, roi de Naples, dont il a eu plusieurs enfans. Le 1er mars 1792, il succéda à son père Léopold II, fut proclamé roi de Hongrie le 6 juin, élu empereur romain le 7, et couronné, en cette qualité, le 14 juillet de la même année.

La révolution française faisait de grands progrès, et une coalition se préparait contre les nouvelles doctrines, à la tête de laquelle était le cabinet anglais qui comptait, du même coup, étouffer les principes républicains, et s'enrichir des dépouilles de cette France dont il sera toujours l'ennemi. En Autriche, le vieux Kaunitz, fidèle aux traditions féodales, et chef du parti opposé aux réformes salutaires commencées par l'empereur Joseph, saisit habilement l'occasion, et François se prêta à tout, se disposa à remplir les engagemens contractés par Léopold avec le roi de Prusse, Frédéric-Guillaume II, dans la célèbre conférence tenue, le 27 août 1794, à Pilnitz, en présence de plusieurs personnages notables, français et étrangers.

A peine fut-il sur le trône, que l'Autriche fit marcher une forte armée contre la France, et continua la guerre, pendant plusieurs années, avec le plus grand acharnement, malgré les nombreuses défaites que les Autrichiens éprouvèrent successivement, jusqu'à la conclusion de la paix de Campo-Formio, signée le 17 octobre 1797. Par ce traité, François obtint des conditions beaucoup plus favorables qu'il n'eût pu l'espérer. Il renonça à la Belgique, que les Français occupaient depuis long-temps, et reçut Venise et toutes ses anciennes possessions sur la terre ferme, avec la Dalmatie, l'Istrie et les îles, en compensation de la Lombardie, qu'il céda à la république française. Mais la modération de la France et le sacrifice de la nation vénitienne ne satisfirent point le cabinet autrichien. L'Angleterre eut bientôt formé une nouvelle coalition. Profitant des querelles intestines qui déchiraient la France, elle engagea Paul Ier, empereur de Russie, à se joindre aux forces autrichiennes; leurs armées combinées obtinrent d'abord des succès signalés en Italie, mais la bataille de Zurich donna un terrible échec aux Russes, et bientôt les victoires éclatantes de Hohenlinden et de Marengo forcèrent de nouveau l'empereur François à traiter avec la république française, qui lui accorda une paix favorable.

L'empereur Paul, peu satisfait de la conduite des généraux autrichiens, abandonna son allié, et se rapprocha peu à peu de Napoléon. Le traité de Lunéville, signé le 5 février 1801, fut calqué sur celui de Campo-Formio; mais il ébranla la vieille constitution de l'empire germanique jusque dans ses bases. L'Autriche reconnut les républiques batave, helvétique, cisalpine et ligurienne; mais, quoique vaincue et humiliée, elle ne songeait qu'à se venger, et dès lors François crut avoir assez de ressources pour recommencer la lutte: il forma, sous les auspices de l'Angleterre, une ligue avec l'empereur Alexandre, et une nouvelle guerre contre la France éclata vers la fin de 1805; mais la capitulation de l'armée autrichienne, commandée par Mack, à Ulm, et la déroute complète de l'armée russe à Austerlitz, forcèrent encore une fois François à recevoir la loi de la France.

Cette fois, les conditions de la paix furent dures. La France, par le traité signé à Presbourg le 6 décembre 1805, conserva en toute propriété le Piémont, Parme et Plaisance; l'Autriche reconnut le royaume d'Italie, et lui céda toutes les possessions de l'ancienne république de Venise qu'elle avait reçues par les traités antérieurs; elle abandonna à la Bavière tout le Tyrol et le Vorarlberg, avec les évêchés de Brixen et de Trente, Burgau, Eichstadt, Passau, Lindau et autres seigneuries. L'empereur François céda de plus la majeure partie du Brisgau, l'Ortenau, la ville de Constance au grand-duc de Bade; et le reste de l'Autriche antérieure au Wurtemberg. L'Autriche acquit Salzbourg et Berchtolsgaden à titre de duché et la grande maîtrise de l'ordre teutonique pour un de ses princes. La Bavière et le Wurtemberg furent érigés en royaumes.

A la suite de cette paix, le cabinet de Vienne renonça, pendant quelques années, à l'espoir de vaincre la France. En 1806 (le 6 août), François, sur la simple déclaration de Napoléon, portant qu'il ne reconnaissait plus l'empire germanique, renonça à son titre d'empereur romain, et, lors de la guerre qui, la même année, éclata entre la France et la France, il offrit sa médiation, qui fut refusée. L'occupation de l'Espagne survint, et les difficultés que Napoléon y rencontra réveillèrent de nouveau le cabinet autrichien. La guerre fut dès lors résolue, et, cette fois, l'armée autrichienne, sous les ordres de l'archiduc Charles, débuta par une marche hardie sur la Bavière; mais Napoléon, étant survenu avec la rapidité de l'aigle, repoussa les Autrichiens, qu'il défit ensuite complètement à Wagram, après avoir pris Vienne.

C'en était fait de la monarchie autrichienne; mais les conseillers de François Ier lui suggérèrent un moyen de sauver la monarchie, et le prince adhéra sans difficulté au projet de donner sa fille, l'archiduchesse Marie-Louise, en mariage à Napoléon. L'enfant de la révolution, ne rêvant que le despotisme, se crut tout à coup identifié avec les vieilles familles de rois qu'il comptait déjà parmi ses vassaux. Tandis que Napoléon croyait s'assurer la fidélité de l'Autriche, les politiques les plus clairvoyans jugèrent qu'un monarque capable de consentir à une pareille union par la simple raison d'état, pourrait bien un jour vainère sa tendresse paternelle lorsqu'il s'agirait des intérêts de sa couronne, tandis que Napoléon, fasciné par ce triomphe d'un nouveau genre, redoublerait d'égards pour son beau-père, et lui donnerait le temps de réparer ses pertes.

Le traité de Vienne fut signé le 4 octobre 1809, et laissa à l'Autriche la plus grande partie de ses états. Napoléon divorça avec sa première épouse Joséphine, le 15 décembre de la même année, épousa Marie-Louise le 2 avril 1810, et quatre années étaient à peine écoulées, que la cour de Vienne, se joignant à la Russie, à l'Angleterre et à la Prusse, renversa Napoléon et son épouse du trône. Avant cette époque, tant que l'Autriche redouta la puissance de l'empire français, elle s'empressa d'exécuter les volontés de Napoléon. En 1812; au mois de mai, François Ier vint à Dresde lorsque son gendre eut formé le dessein de punir la Russie; et souscrivit une convention d'après laquelle il s'engageait à fournir un corps de troupes auxiliaires pour former l'aile droite de l'armée française. Ce corps fut en effet organisé, et combattit, quoique faiblement, les Russes.

La désastreuse campagne de 1812 ranima le courage abattu des ennemis de Napoléon; mais le colosse était encore trop redoutable pour que le cabinet de Vienne osât l'attaquer. Il fallut un étonnant concours de revers pour décider enfin l'empereur François à devenir l'ennemi déclaré de son gendre. La déroute de Vittoria mit un terme aux hésitations du cabinet autrichien. L'Autriche conservait d'immenses ressources, car le complaisant Napoléon ne lui avait enlevé, par le traité de Vienne, que les provinces illyriennes, une partie de la Gallicie, la moitié de la Croatie, Trieste, Fiume, le cercle de Villach, et quelques autres territoires de moindre importance. Bientôt elle mit sur pied une armée formidable qu'elle dirigea vers la Bohême, en tenant dès ce moment un langage menaçant à Napoléon. Enfin, le 9 septembre, François conclut à Tœplitz un traité d'alliance avec l'empereur de Russie et le roi de Prusse, et joignit la coalition. L'armée autrichienne fut battue devant Dresde, et éprouva une perte énorme; mais l'immense supériorité des forces réunies à Leipsick l'emporta enfin sur la valeur française, et depuis cette époque mémorable, le triomphe des coalisés parut assuré.

Les armées alliées pénétrèrent en France sur divers points, et les Autrichiens se portèrent sur Lyon et la Franche-Comté, où une poignée de braves les tint longtemps en échec. L'empereur François se trouvait de sa personne à Dijon, lorsque l'empereur Alexandre et le roi de Prusse entrèrent à Paris, et n'opposa aucune résistance à l'acte qui dépouilla Napoléon et son fils du trône. Il vint à Paris le 15 avril 1814, et M. de Talleyrand lui ayant fait un compliment à la tête du sénat, François Ier répliqua par un discours dans lequel on distingua ces mots que les sénateurs refusèrent d'inscrire sur leurs registres : « J'ai combattu pendant vingt ans ces principes qui ont désolé l'univers. »

Mais ce n'était pas seulement aux principes que la coalition faisait la guerre : on sait que par le traité de Paris, du 30 mai 1814, l'Autriche reprit la Lombardie et tous les états de l'ancienne république de Venise, à l'exception des îles, états auxquels elle n'avait pas plus de droit que le roi de Sardaigne à Gênes, le roi de Prusse à la Saxe, la Russie à la Pologne, ou l'Angleterre à Malte, aux îles vénitiennes et à l'empire de l'Inde.

François quitta Paris après un séjour de deux mois, pendant lesquels il se fit peu remarquer, et retourna ensuite à Vienne avec les autres souverains alliés, pour régler définitivement les affaires des rois dans un congrès. Leurs discussions n'étaient pas encore terminées que Napoléon, par le coup le plus hardi et le plus inattendu, renversa en peu de jours ce que toute la coalition avait eu tant de peine à effectuer par des efforts inouïs. Sa perte fut jurée de nouveau, et elle se réalisa à Waterloo. Dans cette seconde guerre, les Autrichiens déployèrent encore moins d'activité que dans la première, ce qui ne doit pas surprendre, car la cour d'Autriche avait recouvré le Tyrol et toutes ses possessions en Italie, avec les états de Venise sur la Terre-Ferme, rétabli un membre de sa famille sur le trône de la Toscane, et n'avait rien à espérer de cette guerre.

François profita de la seconde abdication de Bonaparte pour replacer l'ancien roi de Naples sur le trône de Joachim Murat, qui avait puissamment aidé l'armée autrichienne à expulser les Français de l'Italie pendant la campagne de 1814. Ce fut alors que l'alliance dite Sainte fut ormée entre Alexandre, empereur de Russie, le roi de

Prusse et François; d'autres rois y adhérèrent ensuite. Les monarques alliés se promirent une assistance mutuelle contre tout mouvement insurrectionnel. Le cabinet antichien est le seul qui, depuis cette époque, ne se soit point départi des principes arrêtés alors entre les souverains alliés.

Lorsqu'au mois de juillet 1820, les Napolitains voulurent se donner un gouvernement libre, l'empereur d'Autriche fit venir à Laybach Ferdinand IV, roi de Naples, et fit envahir ses états par une armée commandée par le général Frimont. Les Napolitains n'opposèrent qu'une faible résistance, et depuis lors jusqu'en 1827, le royaume fut occupé et, pour ainsi dire, gouverné par les Autrichiens. Les Piémontais s'étant, à la même époque, insurgés contre leur roi, l'Autriche fit également envahir ce royaume, et contribua à l'élévation du prince Victor-Emmanuel au trône que déserta son frère Charles-Félix.

Peu de temps après, le cabinet autrichien poussa au renversement du système représentatif établi récemment en Espagne et en Portugal; et prit parti contre les Grecs lors de leur insurrection contre les Turcs.

Comme chef de l'empire germanique, le défunt empereur aurait dû porter le titre de François II; mais c'est en qualité d'empereur d'Autriche qu'il s'est fait nommer François Ier. Il a été marié quatre fois; la première avec une princesse de Würtemberg; la seconde avec une fille de Ferdinand IV, roi de Naples, ainsi que nous l'avons dit plus haut; la troisième, avec Marie-Louise-Béatrix, fille de Ferdinand, duc de Modène-Brisgau, et oncle de l'empereur; et la quatrième fois, avec Caroline-Auguste, fille du roi de Bavière, le 10 novembre 1816. Il n'a eu des enfans que de son second lit; ce sont 1° Marie-Louise, ex-impératrice des Français; 2° Ferdinand-Charles, aujourd'hui empereur d'Autriche; 3° l'épouse du prince Léopold des Deux-Siciles; 4° l'épouse du prince Frédéric-Auguste de Saxe; 5° l'archiduc François-Charles; 6° l'archiduchesse Marie-Anne. *(La suite au n° prochain.)*

DES MARIAGES EN CHINE.

Il arrive souvent qu'on contracte des alliances pour des enfans qui ne sont pas encore nés. Deux femmes enceintes se promettent mutuellement de marier les enfans qu'elles portent dans leur sein, supposé qu'ils soient de différens sexe; et pour rendre la promesse plus obligatoire, on dépose des arrhes, une bague et un bracelet destinés à celle qui mettra au monde une fille, et deux éventails de la même forme et couleur qui seront pour celle qui accouchera d'un garçon; ensuite on écrit la promesse du mariage mutuelle dans un livre doré sur tranche qui ne contient qu'une feuille; après la naissance de la fille, on écrit sur ce livre son nom, ceux de ses père et mère, et le lieu de sa naissance. On envoie en cérémonie ce livre aux parens du garçon, qui, de leur côté, en envoient un semblable aux parens de la fille.

Ces formalités une fois remplies, on ne peut plus reculer; il faut que le mariage ait lieu, excepté le seul cas où un des futurs époux serait lépreux. Aussi, dans l'affaire du mariage, il n'est pas question du consentement des parties contractantes, puisqu'il est conclu par les parens bien longtemps avant qu'elles soient dans le cas de le donner; voilà pourquoi on voit en Chine tant d'unions mal assorties, tant de femmes mariées qui ne trouvent de fin à leurs malheurs domestiques qu'en se pendant ou en se noyant. Ordinairement ce ne sont pas les parens qui font les premières démarches pour conclure un mariage; il y a des négociateurs d'office des deux sexes qui en font métier, comme pour les autres genres de commerce, moyennant un droit de courtage.

C'est un déshonneur pour les filles de n'être pas déjà fiancées à l'âge de dix ans; lorsque cela arrive, on dit que le commerce va mal. Parvenue à l'âge de quatorze et quinze ans, une fille ne peut plus sortir de la maison, ni se présenter à des étrangers qui entrent chez elle. Lorsqu'on se dispose à faire les fiançailles, les parens du garçon avertissent ceux de la fille de fixer le jour, et lorsqu'il est arrivé, l'entremetteur du mariage, accompagné de deux hommes et d'autant de femmes (ces dernières sont ordinairement de la lie du peuple, désignées sons le nom vil de *femmes aux longs pieds*, parce qu'on les leur a laissé croître dans leur dimension naturelle), se présentent à la maison des futurs époux, avec les présens d'usage, renfermés dans différens paniers, dans l'un desquels se trouvent les deux livres dorés sur tranche dont on a parlé plus haut, et autour desquels sont placées différentes espèces de fruits, selon l'étiquette. Aux quatre coins du panier sont des piastres rangées en piles. Un autre panier contient un jambon frais, pesant environ douze livres; le pied du jambon doit être envoyé au beau-père de la future. Un troisième panier renferme du vermicelle.

A l'arrivée des porteurs, on tire des pétards pour annoncer la nouvelle aux voisins et aux environs, et l'on allume deux cierges de couleur rouge, que l'on place à l'entrée du premier appartement; alors la fiancée vient et partage le jambon aux personnes présentes; mais le nombre en est souvent si grand qu'à peine y en a-t-il une bouchée pour chacun. De son côté, elle renvoie au futur époux le petit livre qui contient la promesse de mariage, avec autant de paniers qu'elle en a reçus et contenant des présens de la valeur de ceux qu'on lui a offerts; ils sont cependant d'un genre différent, et consistent principalement en fruits divers, divisés en seize paquets, dont chacun doit avoir sur les angles une certaine fleur posée sur un papier rouge. Le fiancé reçoit aussi de sa belle-mère de petits cadeaux de peu de valeur, qu'il distribue à l'instant aux personnes présentes. Parmi ces cadeaux, la graine de citrouille séchée au soleil compte pour un. Après les fiançailles, le jeune homme ne peut, sous aucun prétexte, approcher de l'habitation de sa fiancée, qu'il ne doit voir que le jour de ses noces. Le père de la fille ne tarde pas à demander de l'argent à son gendre futur. La somme la plus modique, pour prix d'une femme, est d'environ 40 piastres. Le prix le plus ordinaire est de 70 à 90 taëls : le taël vaut environ 7 fr. 50 c. Le futur époux n'a sa femme que lorsqu'il a payé entièrement le prix convenu, sans compter les frais de noce.

Le jour du mariage étant arrivé, le courtier, accompagné des porteurs de palanquin, et suivi d'une commère destinée à diriger la nouvelle mariée, prend les devans, après avoir toutefois consulté un astrologue pour savoir si le jour est heureux ou néfaste; dans ce dernier cas, on se munit d'une grosse pièce de chair de porc crue, afin que le démon qui, sous la forme d'un tigre, penserait à contrarier la noce, tout occupé de dévorer ce morceau, la laisse tranquille, et ne fasse rien de fâcheux.

De son côté, la fiancée, levée avant l'aurore, fait une toilette complète, se parant de tous ses joyaux et de ses plus riches vêtemens, qui sont recouverts d'autres moins somptueux, le tout est recouvert d'un habit de noce qui n'est qu'une grande mantille qui enveloppe tout entière. On l'affuble d'un énorme chapeau en forme de corbeille, qui lui descend presque aux épaules et lui couvre toute la figure. Ainsi parée, elle monte dans un palanquin rouge porté par quatre estafiers. Sur la route, tous les passans doivent lui céder le pas, fût-ce le vice-roi lui-même.

Le palanquin est entièrement fermé, de sorte qu'elle ne peut ni voir ni être vue. A quelque distance, suivent un ou plusieurs coffres de même couleur que le palanquin, contenant les hardes de la nouvelle mariée. Le plus souvent, ils ne renferment que des vieilles jupes et des chiffons sur lesquels on voit souvent pulluler toute sorte de vermine. Il s'y trouve toujours un rideau de lit, article indispensable, et qui, selon sa valeur, lui procure une réception plus ou moins favorable chez son futur. Il est d'usage que toutes

les personnes qui forment le cortége pleurent jusqu'à leur arrivée à la maison du mari. Il y a des larmes de douleur et des larmes de joie. Les Chinois ont les unes et les autres quand ils veulent. Enfin, un courrier qui devance le cortége de quelques minutes, arrive, tout essoufflé, frappe rudement à la porte du futur, et s'écrie d'un air empressé : La voilà! la voilà! Aussitôt un grand nombre de pétards, au bruit desquels se joignent les sons discordans de plusieurs instrumens de musique, annoncent l'arrivée de l'épouse, qui s'arrête à l'entrée de la maison; le futur va vite se retirer dans une chambre où il se renferme, regardant de temps en temps par le trou de la serrure pour savoir ce qui se passe.

L'entremetteuse qui a accompagné l'épouse prend un petit enfant, s'il y en a un dans la maison, et lui fait saluer la jeune dame qui vient d'arriver, après quoi elle entre dans la chambre du futur pour lui annoncer l'arrivée de l'épouse. Celui-ci affecte un air indifférent à tout ce qui se passe, et paraît occupé à d'autres affaires. Cependant il sort avec l'entremetteuse, s'avance d'un pas grave, s'approche du palanquin, en ouvre la portière d'un air ému et tremblant; l'épouse en sort, et ils s'acheminent tous deux ensemble vers la tablette des ancêtres qu'ils saluent par trois génuflexions; ils se mettent ensuite à table l'un vis-à-vis de l'autre; l'entremetteuse les sert, le mari boit et mange, mais l'épouse n'en fait que le semblant, car son énorme chapeau qui lui couvre la figure l'empêche de rien porter à la bouche. Le repas fini, les époux entrent dans leur chambre. Tous les assistans attendent avec une vive anxiété le résultat de cette première entrevue, car c'est alors seulement que le mari ôte le chapeau de sa femme, et voit sa figure pour la première fois de sa vie. Qu'elle soit jolie ou laide, borgne, chassieuse, difforme, etc., il faut qu'il prenne son parti et se résigne à l'avoir pour femme légitime; et, quel que puisse être son désappointement dans cette circonstance, il doit le dissimuler et paraître au dehors content de son lot.

Après que le mari a considéré quelque temps sa femme, les parens, amis et conviés entrent dans l'appartement pour en faire autant et la contempler à loisir; et chacun a droit de dire tout haut sur son compte le petit mot. Les femmes surtout exercent leur censure avec une grande liberté, et prennent leur revanche de ce qui leur est arrivé à elles-mêmes. Après cet examen, la fiancée est présentée d'abord à son beau-père et à sa belle-mère qu'elle salue respectueusement, et ensuite à ses parens.

Le second jour des noces, le mari porte aux mêmes conviés une autre carte d'invitation avec les mêmes formalités que la première fois. Ce jour-là, la nouvelle mariée va présenter ses respects aux femmes qui ont honoré la fête de leur présence, et fait à chacune d'elles une génuflexion; elles, de leur côté, lui font présent chacune d'un anneau ou de quelque autre bijou, qui doit valoir au moins 40 sapèques. Les jeunes invités se réunissent et font cadeau au nouveau marié de deux lanternes chinoises. Durant la nuit, tous les conviés réunis font une espèce de charivari aux époux. Au milieu du tumulte, et lorsque ceux-ci sont censés endormis, la moitié des invités tentent d'entrer dans l'appartement, soit en essayant de forcer la porte d'entrée, soit en pratiquant une ouverture dans le mur, pour tâcher d'enlever les vêtemens des époux ou d'autres objets. S'ils réussissent, le mari est obligé de racheter à prix d'argent les objets volés.

Dans les cérémonies qui accompagnent la célébration du mariage, la gravité chinoise n'admet ni les danses ni ces élans de gaîté qu'on voit parmi nous dans les mêmes circonstances; mais d'un autre côté, ils se permettent sans scrupule des propos licencieux et des actes indécens.

Les instrumens de musique ne cessent de jouer tout le temps de la fête, qui se termine par quelque farce jouée par des bateleurs de profession.

Avant de se retirer, on fabrique un petit mannequin

représentant un enfant qu'on porte au lit des époux, dans l'espoir de voir naître bientôt un garçon. On le donne ensuite aux comédiens avec une poignée de sapèques pour leur salaire.

Si le père ou la mère d'un des époux venait à mourir, il faudrait différer les cérémonies du mariage pendant les deux ans que dure le deuil. La même interdiction a lieu dans toute la Chine à la mort de l'empereur.

Les 12e, 13e et 14e de la lune sont des jours de fêtes consacrés aux génies. A cette époque, dans les villages où il y a des personnes mariées dans le courant de l'année, tous les habitans des deux sexes se réunissent et vont, dans la nuit, rendre visite à la nouvelle mariée, qui les reçoit debout devant son lit, ayant son mari à côté d'elle. On ne lui adresse point la parole ; on l'examine bien comme une pièce de curiosité. Elle ne dit rien non plus, mais le mari prend la parole, et fait un pompeux éloge de sa femme et surtout de ses perfections extérieures ; il leur fait remarquer ses belles mains, ses pieds mignons, ses yeux fendus en biais. Ensuite il régale les visiteurs d'une tasse de thé et d'une pipe de tabac. Les femmes sont admises après les hommes, et elles examinent à leur tour la nouvelle mariée et ses ajustemens. Elle leur adresse peu de paroles et parle avec beaucoup de retenue, de peur qu'on n'interprète ses discours avec malignité.

La fête du mariage finie, le gendre ne peut entrer dans la maison de son beau-père, et *vice versa*, s'ils ne se préviennent mutuellement par un repas d'étiquette. Cette obligation remplie, ils peuvent ensuite se voir quand bon leur semble.

DE L'ESCLAVAGE DES NÈGRES.

La discussion soulevée récemment dans la chambre sur l'état de nos colonies et sur l'émancipation des noirs a confirmé les bruits répandus depuis long-temps sur les tourmens qu'endurent trop souvent les esclaves. En attendant que nous examinions avec nos lecteurs cette grande question, voici quelques-uns des faits qui ont été, à cette occasion, cités à la tribune.

« Un négociant de New-Yorck en voyage à la Nouvelle-Orléans, fut rendre visite à la femme d'un de ses correspondans, propriétaire d'esclaves. Ils avaient un enfant qu'il trouva assis sur un tapis ; pour amuser cet enfant, on fit venir un petit esclave du même âge. Ce dernier essaya de prendre à l'enfant blanc un morceau de gateau. Pour le punir d'un acte aussi naturel, la mère blanche prit une corde de laiton, elle en frappa l'enfant noir dans la figure jusqu'à ce que le sang jaillit en abondance. Alors elle appela la mère esclave, lui disant d'emmener l'enfant, afin qu'elle ne fût pas fatiguée de ses cris. Le négociant, incapable de réprimer son indignation, lui fit des reproches auxquels on répondit en le priant de quitter la maison. Le lendemain, le mari, ayant rencontré le négociant, essaya d'excuser sa femme, en disant que telle était l'usage du pays. »

« Des esclaves s'enfuyaient de l'une de nos colonies dans un canot qu'ils avaient enlevé, et emportaient avec eux une somme d'argent soustraite à leur maître. On les arrête en mer. L'un d'eux, Elysée, jeune noir, âgé de seize ans, s'était caché pendant quelque temps dans un asile où l'avaient reçu et nourri sa mère mulatresse et une autre femme de même couleur. Elysée et ses complices sont pendus et étranglés. Sa mère et l'autre mulatresse sont forcées d'assister à ce supplice. La seconde est fouettée, marquée d'un fer rouge qui imprime sur son dos les trois lettres C, A, L, et envoyée aux galères pour y travailler à perpétuité avec les forçats ; la première, par faveur insigne, est seulement jetée dans les fers. On la trouva moins coupable que sa complice : *le fugitif qu'elle avait osé cacher et nourrir était son fils.* »

« La veuve d'un colon est convaincue de s'être livrée habituellement aux plus atroces cruautés contre ses esclaves, et en dernier lieu d'avoir grièvement blessé une négresse d'un coup de couteau. Dans le premier moment on la condamne à vingt ans de bannissement ; puis, quand la première impression est passée, on revient sur cette décision, et son exil est réduit à trois ans seulement. »

« Un colon de la Guadeloupe avait mis à mort son esclave, au moyen de la torture. On ne le punit que de dix ans de réclusion, tandis qu'en France, pour un pareil attentat, il eût été passible d'une peine bien plus grave. »

Paris. — Imprimerie de H. Fournier, rue de Seine, n° 14.

ESPAGNE. — SARAGOSSE. — Siége de cette ville par les Français.

(Tour penchée de Saragosse.)

L'histoire des guerres de l'Europe moderne n'offre pas d'épisode plus terrible, plus sanglant, que celui du siége et de la prise de Saragosse. Il faut remonter jusqu'à l'antique héroïsme de Sagonte, pour trouver une cité dont la résistance puisse être comparée à celle de la capitale de l'Aragon. Cette ville, située sur la rive gauche de l'Ebre, comptant cinquante mille ames environ, n'était point une place de guerre. Toutes ses fortifications consistaient en un mur d'enceinte, tenant aux maisons, haut de dix à douze pieds et destiné seulement à empêcher la contrebande. Mais les nombreux convens, construits en pierre de taille, soit à l'intérieur, soit à l'extérieur de ses murs, la solidité de ses maisons, toutes voûtées, favorisaient les efforts d'une po-

pulation animée du double fanatisme de la religion et de l'indépendance.

Quand la révolte de Madrid eut donné le signal de l'insurrection contre les Français sur tout le territoire espagnol (2 mai 1808), le peuple de Saragosse investit du gouvernement civil et militaire de l'Aragon, don Joseph Palafox y Melzi, jeune officier de vingt-huit ans, qui possédait sa confiance. Vers le milieu du mois de juin 1808, le général Lefèvre-Desnouettes se porta de Pampelune sur Saragosse, et battit Palafox, le 4 août suivant; ses troupes pénétrèrent dans la place et se logèrent dans quelques couvens et maisons; mais le désastre de Baylen les força d'en sortir. Les habitans, fiers de leur succès, en rendirent grâce à *Notre-Dame-del-Pilar*, patronne de Saragosse, que leurs prêtres les avaient habitués à regarder comme leur sauvegarde.

La présence de Napoléon ramena la victoire en Espagne. Le 20 décembre 1808, Saragosse fut de nouveau investi par les corps réunis du général Moncey et du maréchal Mortier, s'élevant à trente-un mille hommes. L'armée assiégée était de cinquante mille hommes tant soldats que paysans. Les habitans capables de porter les armes avaient tous reçu des fusils fournis par les Anglais.

Le 22 janvier 1809, le maréchal Lannes prit le commandement des troupes de siège. Le 26, toutes les batteries contre la ville étant terminées, cinquante pièces d'artillerie tonnèrent dès le matin et rendirent la brèche praticable. Maîtres de l'enceinte de la ville et de plusieurs maisons qui l'avoisinent, les Français s'y fortifient. Alors commence un nouveau genre de guerre. Les assiégés se défendent de rue en rue, de maison en maison, d'étage en étage. Hommes, femmes, enfans, prêtres, moines, tout combat, tout brave la mort. La sape et la mine sont employées pour réduire des adversaires qui ont l'avantage du nombre et de la position. L'intérieur de la ville, sillonné de boulets, d'éclats de bombes n'offre qu'un amas de débris et de cadavres. La peste réunit ses effets meurtriers à ceux des armes. Depuis le commencement de février quatre cents personnes succombent tous les jours et restent sans sépulture.

Cependant le peuple ne veut pas entendre parler de capitulation. Palafox est placé sous la surveillance de trois moines et de trois hommes sortis des derniers rangs; ils ont mission de l'empêcher de fuir ou de se rendre. Enfin, attaqué de l'épidémie qui ravage la ville, Palafox se démet de son autorité, et désigne pour son successeur le général Saint-Marc, qui consent à présider une junte créée sur-le-champ. Le 20 février l'attaque continue, et la défense n'est pas moins opiniâtre; le général français prend les mesures pour que, le lendemain, la ville soit ensevelie sous ses ruines. A quatre heures du soir une députation de la junte vient traiter de la reddition de la place, et Saragosse se rend à discrétion.

Le 21, à midi, la garnison, réduite à quinze mille hommes, défile et pose les armes. La conquête des Français n'est qu'un vaste cimetière : cinquante-quatre mille personnes avaient péri pendant le siége ; plus de mille habitans moururent encore après la capitulation. Saragosse présentait le plus hideux spectacle. « Jamais peut-être, dit un historien, le démon de la guerre n'avait accumulé tant et de si épouvantables maux sur une surface si étroite. Triste condition des hommes, qu'il faille célébrer comme un événement heureux pour les vainqueurs une si horrible destruction. »

L'aspect que présente Saragosse est celui d'une ville riche au milieu d'une plaine étendue et fertile ; le terrain offre peu de mouvement ; mais les environs sont embellis par une culture variée et par des édifices curieux.

La situation de cette ville est superbe; la plaine qu'il environne est animée par deux rivières, le Galèzo et la Huerva, qui coulent à peu de distance de ses murs dont les pieds sont baignés par l'Ebre, fleuve majestueux. Le nouveau canal d'Aragon parcourt le territoire de Saragosse ; des jardins immenses étalent tout autour les richesses les plus variées de l'agriculture. La pureté du ciel, la douceur du climat, jointes à la fertilité du sol, font de ce pays un séjour on ne peut plus agréable.

Saragosse est une des plus grandes villes de l'Espagne ; mais sa population ne répond pas à son étendue. Elle ne s'élève pas à soixante mille habitants.

La plupart des rues de Saragosse sont étroites, irrégulières, pavées avec des cailloux bruts, sur lesquels on marche avec peine. Dans le petit nombre de celles qu'on peut citer pour leur largeur et leur alignement, on doit distinguer la rue Sainte (*Calle-Santa*).

Parmi les monumens de Saragosse, il en est un qui étonne les voyageurs ; c'est la Tour-Neuve, ainsi appelée depuis l'année 1504, époque de sa fondation. Cette tour est inclinée d'une manière surprenante et rappelle la tour de Pise (Voy. page 9 1re année). Elle est bâtie en briques, et d'une grande hauteur ; on y monte par un escalier de deux cent quatre-vingts marches. (Voyez la gravure.)

Cette ville possède plusieurs églises qui méritent d'être visitées ; celle de *Notre-Dame-del-Pilar* surtout renferme des beautés de toutes sortes. On peut dire que les arts se sont réunis pour décorer l'intérieur de ce temple. On y a prodigué tous les embellissemens qui pouvaient lui donner un caractère auguste, et on l'a fait avec une richesse, une magnificence et une profusion peu communes. L'architecture, la peinture, la sculpture y offrent à l'envi leurs trésors. Les marbres les plus beaux et les plus recherchés, l'or, l'argent, y étalent leur éclat ; des bas-reliefs et des statues de marbre blanc, des corniches, des incrustations de marbres verts, noirs, jaspés, blancs, variés à l'infini, s'y voient de tous côtés. Peut-être pourrait-on trouver à redire à cette extrême recherche de l'architecture. Il y a dans plusieurs parties du temple un excès d'ornemens et un peu de confusion dans les détails.

FONDERIE DE MÉTAUX.

CANONS, BOMBES, OBUS.

(Premier article.)

Le fondeur expose les métaux à une température suffisante pour les rendre liquides, et les coule dans des moules où ils reçoivent une forme convenable à l'usage qu'on veut en faire, tels que les ornemens de bronze et de fer, cloches, presses, machines, cheminées, plaques, etc. Le moule est établi en se servant d'un *modèle* en bois fait par un menuisier-tourneur, et huilé pour éviter la déformation. Il y a aussi des modèles en fonte qu'on destine aux objets dont on doit tirer beaucoup d'exemplaires. En construisant les modèles, il faut avoir égard à la retraite que doit éprouver la matière fondue en se refroidissant.

On se sert d'un sable vert, mêlé d'argile et de poussier de charbon de bois, dans une proportion propre à éviter l'adhérence du métal : on tamise ce sable, on le corroie et on l'humecte. Le même sable ressert à faire plusieurs moules successifs. Dans une première couche de sable, on établit le modèle. On l'y fait entrer de moitié, en appuyant et frappant avec un maillet, puis on ajoute du sable qu'on tasse et qu'on saupoudre de charbon ; on frappe au maillet jusqu'à ce que la seconde moitié soit recouverte. Le tout est établi sur un châssis, et on retourne sans dessus dessous, pour tasser le sable de nouveau. Quand le moule est bien solide, on retire le modèle, on pratique les évens pour la sortie de l'air, et les jets pour la coulée ; on fait sécher à l'étuve ; on établit les châssis, et on y coule le métal réduit en fusion dans un fourneau à réverbère.

Les grandes pièces, telles que les arbres et les colonnes de fonte, les canons, les cloches, les statues se fondent sur les mêmes principes.

Les pièces sont ensuite réparées, ciselées, polies, etc.

Les plaques de cheminées, les *gueuses*, les saumons, se fondent dans des moules formés en enfonçant simplement le modèle dans le sable nivelé ou bien en creusant le moule dans de la pierre.

Ce qui importe surtout, quand on fond une statue ou des pièces délicates, c'est que l'alliage constituant le bronze soit très coulant, pour que le métal pénètre dans toutes les anfractuosités du moule, et qu'ensuite il prenne une dureté telle qu'il puisse résister aux actions atmosphériques. Le châssis qui porte le moule doit être établi avec la solidité qui lui permet de ne pas céder sous la pression du métal en fusion. La statue doit avoir l'attitude qui couvient pour que sa masse ne se renverse pas sous son propre poids. Il ne nous est pas possible d'entrer ici dans la multitude de détails que comporte ce bel art ; il nous suffit d'avoir donné une idée des procédés qu'il emploie.

La coulée des cloches, des timbales, des cymbales, des tams-tams, des canons, etc., ne diffère pas de ce qu'on vient de dire ; seulement les proportions des métaux qui constituent l'alliage varient selon la destination. Le bronze des canons est composé de cent parties de cuivre rouge et onze d'étain. Cette bouche à feu est un corps longuement conique terminé par la culasse et percé d'un trou longitudinal cylindrique, appelé *ame*. On y bourre de la poudre à canon, dont la charge, située au fond de l'âme, communique au-dehors par un trou nommé *lumière*; le boulet, en fer fondu, est placé après la charge de poudre entre deux bourres, l'amorce est mise dans la lumière : lorsque cette amorce prend feu, la charge fait explosion et lance le boulet.

La bombe est, comme chacun le sait, un globe creux en fer fondu, qu'on bourre d'une charge de poudre par un trou ou *œil*, où l'on adapte une fusée de bois, et elle est lancée par l'explosion d'un mortier en fonte chargé de poudre ; la fusée prend feu et fait éclater la bombe.

Les mortiers et les canons sont fondus dans des moules, puis les canons sont tournés et l'ame est creusée par un forage. Voici comment on exécute ces opérations.

On exécute d'abord le *modèle* sur lequel sera fait le moule. Ce modèle est la figure exacte de la pièce que l'on veut fondre. Il se compose d'une pièce centrale de bois, appelée *trousseau*, entourée d'une natte de paille tassée à coups de marteau, et recouverte d'une couche d'argile et de fiente de cheval délayée en pâte ; cet ensemble est séché, puis façonné au tour suivant des proportions déterminées, et on y adapte des anses en cire et des tourillons en platre creux. Le trousseau est surmonté, du côté qu'occupera le petit bout du canon, d'un prolongement appelé *masselotte*, dont nous dirons l'usage.

Sur ce modèle ainsi achevé, on étend une enveloppe pâteuse de cendres et d'argile, de quatre pouces d'épaisseur. Quand cette première couche est sèche, on la recouvre de six autres couches successivement ; dans lesquelles il entre de la fiente de cheval et de la bourre de vache ; puis on chasse le modèle du moule dont on vient de l'envelopper en poussant le petit bout et le faisant sortir par le gros ; puis on fait à part la culasse et de la même manière que le corps du modèle, et on l'ajuste à ce corps avec un panier de fer armé de crochets. Le tout est assujéti par des bandes de fer.

Plusieurs de ces moules sont placés debout, la culasse en bas, dans une fosse, auprès du fourneau dans lequel fond la matière des canons. L'intervalle des moules est rempli de terre sèche et foulée. Le fourneau communique avec les moules au moyen d'un canal qui descend au fond de la fosse et entre dans les moules par le bas.

A un signal donné, on fait partir le tampon qui bouche le fourneau ; le métal s'écoule en rivière de feu, s'introduit dans les moules, où il monte par sa liquidité en chassant l'air, en s'élevant jusqu'au haut de la masselotte, qui, par son poids, empêche les boursouflures et les rides dans la pièce coulée, et il fond la cire qui tenait lieu des anses, et prend sa place. Trois ou quatre jours après la coulée, on déblaie les terres, et on retire les canons des moules. A cause des déchets qu'entraîne la coulée et les masselottes, il faut employer une masse de métal double de celle dont se composera définitivement le canon.

Après avoir enlevé la masselotte et le *jet* qui tient à la culasse au moyen de la scie, on creuse ou *fore* le canon, soit en le fixant à une machine qui le fait tourner et l'appuie contre un *foret* immobile, solidement dressé dans la direction de l'axe du canon, soit en faisant tourner le foret lui-même, et maintenant la pièce immobile ; dans les deux cas, on n'emploie d'abord qu'un foret d'un petit diamètre, et on

agrandit ensuite le trou avec d'autres forets de plus en plus gros. Ce travail se fait ordinairement à l'aide de machines à eau ou à vapeur. Pendant que la pièce est sur la machine à forer, on arrondit au tour sa surface extérieure. Les anses et les tourillons ne s'achèvent que plus tard.

A l'endroit où doit être la *lumière*, on perce un trou que l'on bouche avec un *grain* de cuivre rouge, préparé davance et d'un diamètre convenable, qu'on appelle le *prisonnier*. C'est dans ce grain qu'on perce la lumière elle-même.

On sait que les boulets sont des globes massifs en fer du poids de 4, 8, 12, 16, 24, 36 et 48 livres, selon le calibre du canon. On coule les boulets dans des moules en fer formés de deux coquilles hémi-sphériques qui se rapportent exactement l'une sur l'autre, comme le couvercle et le fond d'une tabatière. La supérieure est trouée pour recevoir le jet, et assez pesante pour que le métal fondu ne puisse la soulever. La matière n'est versée qu'à petits filets pour éviter les soufflures. On fait ensuite rougir ces boulets, et on les frappe sur l'enclume pour en effacer les bavures et les inégalités.

Le volume d'une pièce de canon dépend du poids du boulet qu'elle doit projeter. Les *pièces de campagne*, qui sont de 4, 8 et 12 (c'est-à-dire qui lancent des boulets de 4, 8 et 12 livres), pèsent autant de fois 150 kilogrammes qu'il y a de kilogrammes dans le boulet. Dans les *pièces de siège*, c'est 200 kilogrammes au lieu de 150. Dans les premières, la longueur de l'*ame* ou de la cavité du canon est dix-huit fois le diamètre du boulet ; dans les secondes, elle vaut vingt fois ce diamètre.

Les canons se chargent de la même manière que les fusils, proportion gardée, soit à boulets, soit à balles. Les bourres se font avec du foin, du gazon, de la terre. Pour un boulet de 4, il faut 544 de kilog. de poudre, et la portée est de 3,040 mètres, c'est-à-dire 9,120 pieds ; pour un boulet de 8, il faut 1 kilog. 174 ; sa portée est de 3,320 mètres ou 9,960 pieds ; mais on ne tire guère les pièces de campagne à plus de 1,000 mètres.

Les bombes, obus, grenades, se fondent dans le sable dont se servent les fondeurs pour mouler. Le modèle est en cuivre, et formé de deux coquilles hémisphériques. L'œil par où la bouche est chargée et enflammée est sur leur cercle de jonction. Un noyau en terre ménage la chambre intérieure ; ce noyau est soutenu dans le moule par une barre de fer. On coule le métal dans le moule au moyen d'une cuillère enduite d'argile. On sait que la bombe a des anses et un anneau pour la manœuvrer ; dans la partie opposée à l'œil, est un *culax* ou partie plus épaisse que le reste.

Les mortiers avec lesquels on lance les bombes sont des espèces de canons très courts, composés de deux cylindres sur le même axe. La longueur de leur ame est une fois et demie le calibre de la bombe, et dans le fond, elle est terminée par une cavité hémisphérique vis-à-vis l'endroit où les deux cylindres se pénètrent. On ménage en dehors de la lumière une saillie pour retenir l'amorce. On sait que le mortier est sur un affût. Ceux de siège sont placés sur une base fondue avec le mortier lui-même.

Les espèces de petites bombes appelées *obus* se fondent comme les autres ; elles n'ont pas d'anses, et participent, comme on sait, de l'effet des boulets et des bombes, en ricochant comme les premiers et éclatant comme les seconds. Les *obusiers* ressemblent aux canons ; mais ils ont une chambre pour recevoir la charge, comme les mortiers. Il y a des obusiers de 6 et de 8 pouces montés sur des affûts de campagne. On les charge aussi dans les batailles avec des cartouches à balles. L'obusier se fond comme le canon.

NOUVEL EXEMPLE DE LONGÉVITÉ.

Il n'y a pas long-temps qu'un homme né à Polotsk, en Lithuanie, est mort âgé de cent quatre-vingt-huit ans. Il avait servi sous Gustave-Adolphe pendant la guerre de trente ans. Cet exemple n'a rien qui puisse surprendre ceux de nos lecteurs qui se rappellent l'article que nous avons publié sur la *longévité*. (Voy. p. 14, 1ʳᵉ année.) Parmi les hommes parvenus à un âge avancé que nous avons cités dans cet article, il en est un dont on a conservé le portrait en Angleterre, et dont nous donnons ici une copie. C'est Thomas Paar, qui vécut cent cinquante-deux ans. Cet homme habitait le comté de Shropshire. Il fut mis publiquement en pénitence dans l'église paroissiale de son village pour avoir abusé de la simplicité d'une jeune fille. A l'âge de cent vingt ans, il prit une seconde femme, qui lui donna plusieurs enfans. Charles Iᵉʳ fut curieux de le voir : on l'amena à la cour en 1675, et le roi fut surpris de lui

(Portrait de Thomas Paar.)

entendre raconter fort nettement des faits dont il avait été témoin plus de cent quarante ans avant. Il mourut peu de temps après pour avoir consommé avec excès à la cour des viandes et des vins, tandis que jusqu'alors il n'en avait jamais fait usage.

MŒURS DES ARAIGNÉES.

Les espèces qui composent la famille des araignées, habitent la plupart nos demeures : ce sont elles qui fabriquent ces toiles suspendues dans les embrasures des fenêtres et les encoignures des murailles et des plafonds. Un naturaliste a observé avec soin le travail de l'araignée. Nous croyons devoir rapporter ici textuellement la description qu'il en a donnée :

« Lorsqu'une araignée fait cet ouvrage dans quelques coins d'une chambre, et qu'elle peut aller aisément en tous les endroits où elle veut attacher ses fils, elle écarte les quatre mamelons, et en même temps il paraît à l'ouverture de la filière une très petite goutte de liqueur gluante, qui est la matrice de ses fils ; elle presse avec effort cette petite goutte contre le mur, qui s'y attache par son gluten naturel, et l'araignée, en s'éloignant de cet endroit, laisse échapper par le trou de sa filière le premier fil de la toile qu'elle veut faire, étant arrivé à l'endroit du mur où elle veut terminer la grandeur de sa toile, elle y presse, avec

son anus, l'autre bout de ce fil, qui s'y colle de même comme elle avait attaché le premier bout ; puis elle s'éloigne environ de l'espace d'une demi-ligne de ce premier fil tiré ; elle y attache un second fil qu'elle tire parallèlement au premier, étant arrivée à l'autre bout du premier fil, elle achève d'attacher le second contre le mur, ce qu'elle continue de même pendant toute la largeur qu'elle veut donner à sa toile : après quoi elle traverse en croix ses rangs de fils parallèles, attachant de même l'un des deux bouts contre le mur, et l'autre bout perpendiculairement sur le premier fil qu'elle avait tiré, laissant ainsi tout-à-fait ouvert l'un des côtés de sa toile, pour y donner une entrée libre aux mouches qu'elle y veut attraper, et comme ces fils, fraîchement filés, se collent contre tout ce qu'ils touchent, ils se collent en croix les uns sur les autres, ce qui fait la fermeté de cette toile.

Afin que les fils qui se croisent se collent ensemble avec plus de fermeté, l'araignée manie avec les quatre mamelons de son anus et elle comprime en différens sens tous les endroits où les fils se croisent à mesure qu'elle les couche les uns sur les autres, elle triple ou quadruple les fils qui bordent sa toile, pour les fortifier et les empêcher de se déchirer aisément. »

Le cœur, situé dans l'abdomen, s'étend dans toute sa longueur et présente un renflement considérable ; dans les vaisseaux soyeux dont nous avons parlé plus haut, s'élaborent ces fils, avec lesquels les individus des deux sexes ourdissent des toiles d'un tissu plus ou moins serré, variant aussi, d'après les mœurs particulières des espèces, quant à la forme et à la situation. Ces toiles, fait unique dans l'histoire des animaux, et qui nous montre la sage prévoyance de l'auteur de la nature, sont des piéges où se prennent et s'embarrassent les insectes dont les araignées se nourrissent ; comme ils pourraient cependant se dégager par des efforts multipliés, ou à raison de leur force ou du peu de résistance du filet, l'araignée, qui se tient tranquille, tantôt au centre de la toile, tantôt à l'un des angles, étant avertie par la commotion imprimée à son habitation, se rend aussitôt auprès de sa proie, la perce de son dard pour que l'action du venin l'affaiblisse, ou la garotte avec une couche de nouveaux fils ; quelquefois aussi elle l'emporte au fond de sa retraite, elle la suce et la rejette ensuite son cadavre. Quelques espèces la laissent sur la toile, et les débris des victimes de leur voracité y sont même disposés en certain ordre. De simples fils, épars çà et là, suffisent à des espèces qui ne vivent que de très petits insectes. Il est néanmoins des araignées, telles que les vagabondes, qui ne construisent pas de toiles ; les unes se tiennent à l'affût, attendent qu'un insecte, qu'elles sont assurées de vaincre, s'offre à leurs regards, s'approchent tout doucement de lui, s'en emparent ensuite en sautant brusquement. D'autres vont à la chasse, et c'est souvent la nuit. Les fils qui retiennent la toile sont plus forts que les autres ; lorsque l'animal veut s'établir au-dessus d'un ruisseau ou d'un espace qu'il ne peut franchir à la course, il se borne à fixer contre un arbre ou quelqu'autre corps, l'un des bouts de ces premiers fils, afin que le vent ou le moindre courant d'air pousse l'autre extrémité au-delà de l'obstacle, qu'il puisse être arrêté, au moyen de sa viscosité, à un autre point d'appui, et former ainsi une sorte de pont assez fort pour supporter le corps de l'aranéide. Divers trajets successifs lui permettront ensuite d'ajouter de nouveau fils à celui-ci, et de lui donner la solidité convenable. On a essayé de tirer parti de cette soie, et l'on est parvenu, en la filant, à fabriquer des gants et des bas : mais ces essais sont plus curieux qu'utiles.

On a beaucoup varié sur la formation des corps blancs et filamenteux, connus du vulgaire sous le nom de fils de la vierge, qui voltigent dans l'arrière-saison, et toujours lorsque la matinée est brumeuse. Les uns ont regardé ces fils comme une production météorique ; mais il est bien probable que ces fils sont produits par de petites araignées :

pour la plupart assez multipliées et alors rapprochées les unes des autres. L'analyse chimique a constaté l'identité des deux substances.

Le mâle ne s'approche de la femelle qu'avec une grande circonspection, car ces animaux n'épargnant pas leur propre espèce, il s'exposerait à être dévoré par sa compagne. La femelle de l'araignée domestique peut produire plusieurs générations successives, même en vivant entièrement isolée à partir d'une époque donnée. On en a conservé ainsi quelques individus l'espace de cinq à six ans.

Toutes les femelles, sans en excepter les araignées vagabondes, sont pourvues d'un réservoir de matière soyeuse qui doit être employée au cocon renfermant les œufs. Les fils dont il se compose sont souvent différens en épaisseur et en couleur; ceux de l'intérieur forment une sorte de bourre assez fine, noirâtre, et qui est pour les œufs une espèce d'édredon. Il n'y a fréquemment qu'une ponte par année. Mais parmi ceux qui ont été pondus vers la fin de l'automne, il y en a, tels que ceux de l'épeire-diadème, qui ne se développent qu'au printemps de l'année suivante; les diversités d'âges en entraînent souvent aussi dans les couleurs; celles des plus jeunes sont moins mélangées.

Les naturalistes distinguent parmi les araignées les *tendeuses*, qui attendent leur proie dans leurs toiles; les *chasseuses* et les *vagabondes*; les *mygales* ou araignées crabes de l'Amérique, qui sont presque aussi grosses que le poing, et dont quelques-unes, nommées aviculaires, se nourrissent de petits oiseaux, tels que les oiseaux-mouches. Les araignées forment, avec les *tarentules*, les *scorpions*, les

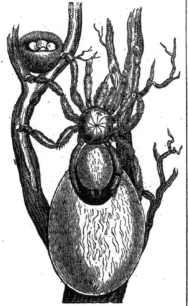

(Mygale aviculaire.)

faucheurs des murailles, les *mites*, les *cirons*, les *acarus*, la classe des *arachnides*. (Voy. *Acarus de la gale* page 64.)

Les caractères de cette classe d'insectes sont les suivans :

La tête forme, avec le thorax, une pièce unique, de forme ronde ou carrée, qui porte les pattes (ordinairement au nombre de huit). Cette tête présente des points luisans, qui sont des yeux simples, et qui varient pour le nombre et la situation. Pattes longues, terminées par des crochets. Le foie est remplacé par des vaisseaux biliaires flottant dans l'abdomen et communiquant avec les intestins.

Des observations ont prouvé que certaines arachnides ont la faculté de régénérer leurs pattes, caractères com-

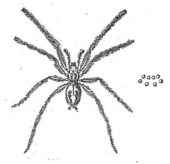

(Araignée fileuse.)

muns aux animaux que les naturalistes ont désigné par le nom de *crustacés*, et dans la classe desquels se trouvent les crabes, les écrevisses, les homards, les langoustes, les crevettes.

FRANÇOIS Ier EMPEREUR D'AUTRICHE.

(Deuxième article.) (1)

ANECDOTES SUR CE PRINCE. — SES FUNÉRAILLES.

Personne n'ignore que les princes allemands sont accessibles pour tout le monde. De ce contact fréquent entre le souverain et ses sujets, résulte un heureux échange de bienfaits d'une part, et de reconnaissance de l'autre. Il en coûte si peu aux rois pour se faire aimer ! on ne doit donc pas s'étonner de l'attachement dont le dernier empereur d'Autriche recueillait souvent les témoignages au milieu du peuple de Vienne. Quoi qu'on puisse penser de sa conduite politique, il faut avouer que, dans sa vie privée, il se montrait habituellement plein d'une bienveillante bonhomie. Voici, comme preuves à l'appui de cette assertion, quelques anecdotes rassemblées par un journal allemand.

En 1833, François Ier était à Prague. Ses audiences populaires avaient leur cours là comme à Vienne. Un jour, une vieille et pauvre femme se présente tout en larmes; à peine peut elle s'expliquer; les sanglots la suffoquaient. L'empereur l'encourage par de bonnes paroles, et en obtient le récit des chagrins qui la tourmentent. C'était une musicienne ambulante. Sa vielle faisait toute sa fortune; mais qu'allait-elle donc devenir maintenant que sa vielle était brisée? Il fallait cinq florins pour la remettre en état. Cinq florins ! soupirait-elle, la somme est bien forte, et, faute des réparations nécessaires, ma vielle reste inutile. Je ne gagne plus mon pain. — Qu'à cela ne tienne, dit l'empereur, et il déposa une somme d'argent dans la main de la musicienne. Celle-ci se retire en remerciant son auguste bienfaiteur; mais, avant de parvenir à la porte, elle a eu

(1) Voyez le numéro précédent page 253.

le temps de compter l'argent. — Sire, dit-elle en se retournant, il y a dix florins, et il m'en faut cinq seulement; reprenez donc le reste. — Gardez le tout, ma bonne; car votre vielle peut encore se déranger, et je ne serai pas toujours *là* pour réparer le mal.

Quelques jours après, ce fut le tour d'un vieux soldat. Il voulait seulement dire à l'empereur que sa pension de 4 creutzers par jour suffisait tout au plus à le garantir des atteintes de la faim, et que si cela ne déplaisait point à sa majesté, il serait bien aise de se régaler solidement une bonne fois. La requête était trop modeste pour être rejetée. François Ier tira de sa bourse une pièce de 20 creutzers, et la remit au vétéran. Surpris, mais non mécontent, notre homme battit en retraite. Cependant, sur le seuil de la porte, il est arrêté par la voix du prince. — Eh bien! mon vieux, est-ce assez? — Un pauvre diable comme moi se contente de tout. — Dans ce cas, et puisque cela te fait plaisir, je te préviens qu'à dater de ce moment, chaque jour, tu recevras une pareille pièce de 20 creutzers. — Qu'on juge de la joie du soldat!

En 1815, lorsque François Ier visita pour la première fois le Tyrol, ses manières affables lui gagnèrent tous les cœurs. Le lendemain de son arrivée à Inspruck, il passa la journée entière à recevoir tous ceux qui se présentaient. Enfin, vers les dix heures, épuisé de fatigue et de paroles, il quitta la chambre d'audience, pour chercher dans les appartemens intérieurs le repos et un souper. Mais il n'était point au bout de ses peines. On le prévint, en effet, que trois montagnards restaient encore dans l'antichambre, et demandaient à être introduits. Alors, oubliant le repas qui l'attendait, il se dirigea vers eux, disant : — Vraiment, s'ils sont assis là-bas à m'attendre, il faut bien que je me lève pour aller les chercher. — Les témoignages d'amour qui l'entourèrent partout, dans ce pays si célèbre par sa chevaleresque fidélité, le touchèrent profondément. — Il est bien que je ne sois pas venu plus tôt dans le Tyrol : Oh! si j'avais su combien on m'aimait ici, la perte de cette province aurait été un chagrin au-dessus de mes forces.

On introduit une fois auprès de lui un calligraphe qui avait représenté, au moyen de traits artistement enlacés, l'aigle double d'Autriche. Chaque plume dont se composaient les ailes contenait une sentence, écrite d'un caractère si délicat, qu'à l'œil nu il était impossible de les déchiffrer. Le bon empereur admirait cordialement ce chef-d'œuvre de patience; mais il voulut connaître le sens de tous les mots que recélaient les replis compliqués du dessin. C'étaient d'emphatiques complimens où les vertus gouvernementales du prince se trouvaient pompeusement exaltées. A mesure que l'écrivain avançait dans sa lecture, François manifestait une impatience de plus en plus prononcée, car il reconnaissait, dans ce style exagéré, le langage de la flatterie et non celui de l'amour. Enfin, poussé à bout, il tendit son cadeau au lecteur, et le congédia avec ce peu de mots: « Prenez, car vous êtes un artiste habile; mais je vous aurais récompensé plus amplement et de meilleur cœur si vous n'aviez point fait le courtisan. »

Un jeune homme de bonne famille sollicitait auprès de l'empereur une place qu'on lui avait refusée. Alléguant de longues études et des connaissances acquises, il se prétendait d'autant plus apte à la carrière diplomatique, qu'il comprenait et parlait la plupart des langues mortes ou vivantes. Selon lui, la haine et la partialité de ses ennemis avaient été les seuls obstacles à son avancement. Aussitôt François Ier l'interroge en latin, puis en italien et finalement en français. Le jeune homme reste muet. — Il est possible, dit l'empereur après quelques minutes d'attente, que dans ce moment vous n'ayez pas toute l'assurance nécessaire pour déployer vos moyens. Voyons, ajouta-t-il avec bonté, recueillez votre esprit, et formulez-moi votre requête dans une des trois langues, à votre choix, que je viens d'employer. — Puis il se tourna vers d'autres personnes présentes, et ne revint vers le jeune solliciteur qu'a-

près une tournée assez longue tout autour de l'appartement. Mais alors encore même silence. — C'en est trop, prononça sévèrement l'empereur. Non-seulement vous vous êtes vanté de talens que vous ne possédez point, mais vous avez calomnié des gens dont tout le tort était de vous avoir bien jugé. Allez, et faites en sorte que je ne vous rencontre plus.

Pendant un séjour qu'il fit aux eaux de Baden, il rencontra sur son chemin un convoi funèbre. Le pauvre homme qu'on portait à sa dernière demeure avait vécu tellement délaissé, que pas un seul individu, pas un seul être sensible, ne s'était présenté pour accompagner son misérable cercueil. Un si complet isolement était triste à contempler, en vérité; François fut vivement ému. — Puisque l'infortuné n'a laissé aucun ami qui puisse honorer ses restes par sa présence, c'est à nous de remplir ce devoir. — Et sans rien ajouter, il se rangea derrière le cercueil; sa suite l'imita; et sur le passage, la foule, entraînée par l'exemple impérial, se joignit au cortège devenu fort nombreux. Le mort n'aurait jamais cru trouver à ses funérailles autant de sympathie, lui qui, vivant, n'en avait nulle part rencontré. C'était un touchant spectacle, surtout lorsque, arrivé dans le cimetière et devant la fosse fraîchement creusée, l'empereur découvrit sa tête et pria.

Quand on apprit la mort de l'empereur, la consternation fut générale; les fonds publics éprouvèrent une forte baisse, et les esprits ne commencèrent à se tranquilliser qu'à l'apparition d'une proclamation de Ferdinand Ier, qui laissait toutes choses dans l'état où elles se trouvaient avant la mort de son père. Cette assurance que l'on n'avait à redouter aucun fâcheux changement, calma les inquiétudes, et les fonds remontèrent au taux d'où ils étaient si rapidement descendus.

Cependant on s'occupait des funérailles du vieil empereur; on fit l'autopsie de son corps dont tous les organes furent trouvés en bon état, à l'exception des poumons et du cœur où l'on découvrit les traces de l'inflammation, cause de sa mort; le cœur et les entrailles furent enfermés dans deux vases d'argent destinés à être déposés, l'un dans la cathédrale; le corps fut embaumé, et l'on prépara la chapelle ardente où il devait rester exposé trois jours aux regards du peuple, avant d'être conduit à sa dernière demeure, dans les caveaux du couvent des Capucins, sépulture ordinaire des princes de la famille impériale.

Au milieu de la chapelle du palais, que l'on tendit de noir, fut dressé le lit mortuaire : cinq rangées de cierges l'entouraient, et, à travers cette masse de lumière, on apercevait l'empereur en costume de feld-maréchal, frac blanc, culotte rouge, bottes à l'écuyère, sa tête reposait sur un coussin de drap d'or. Autour de lui étaient disposés et rangés symétriquement plusieurs coussins aussi de drap d'or, sur lesquels étaient déposés les divers attributs de sa puissance. Celui qui se trouvait immédiatement derrière la tête du mort supportait la couronne impériale; puis venaient, en commençant par la droite, la couronne de fer, le chapeau archiducal, le chapeau et le bâton de maréchal, les gants et l'épée; aux pieds étaient placés les deux vases d'argent qui contenaient le cœur et les entrailles; du côté gauche se trouvaient le grand cordon de Saint-Léopold, le grand cordon de Saint-Etienne, celui de la Couronne de fer, l'ordre de la Toison-d'Or, la couronne de Bohême, et enfin la couronne de Hongrie.

Tous les habitans de Vienne se ruèrent au palais impérial pour voir une fois encore leur vieil empereur, lui dire un dernier adieu. Depuis quatre heures du matin jusqu'à minuit que les portes restèrent ouvertes, la foule ne cessa pendant trois jours de remplir la chapelle; et, par momens, les flots de peuple arrivaient si pressés que les barrières étaient rompues, les portes forcées, les soldats qui les gardaient bousculés : un hussard fut culbuté avec son cheval. La chaleur, causée par le grand nombre de lumières et l'immense concours de personnes qui se succédòrent sans relâche dans cet endroit, était telle que le troisième jour, vers les sept heures du soir, le corps, qui, selon toute apparence, avait été mal embaumé, enfla considérablement et les chairs commencèrent à se crevasser. Comme en cet état, il était impossible de le laisser exposé plus long-temps aux regards, on fit fermer les portes en dépit de la foule qui s'obstinait à obtenir entrée. Puis le corps fut déposé dans son double cercueil.

Le jour fixé pour les funérailles était le samedi 7 mars. Ces sortes de cérémonies se font ordinairement à Vienne à quatre heures de l'après-midi. Dès neuf heures du matin, les deux petites places et la rue par lesquelles le cortège devait passer étaient déjà encombrées de monde ; chacun prenait l'avance, sachant bien que, l'espace qui sépare le palais impérial de l'église des Capucins n'étant guère de plus de trois cents pas, il deviendrait bientôt impossible aux retardataires de se faire jour à travers la masse compacte des curieux.

A quatre heures précises, le cortège commença à défiler : un détachement de hussards ouvrit la marche et fut suivi de détachemens de chaque corps composant la garnison de Vienne ; venait ensuite le char funèbre précédé de la garde allemande, et suivi de la garde hongroise. Chaque officier portait sur son brillant uniforme une écharpe en crêpe dont le nœud venait rejoindre la poignée du sabre : les soldats avaient au schako une branche de cyprès en signe de deuil. Le char, fort simple d'ailleurs, était recouvert de drap noir et fermé des quatre côtés par de grandes glaces à travers lesquelles apparaissait le cercenil sur lequel reposait la couronne impériale et le sceptre ; il était traîné au pas par six chevaux noirs entièrement caparaçonnés de noir, excepté seulement qu'ils portaient au front les armes d'Autriche brodées en or. Suivaient les voitures de la cour et des ambassadeurs, dont les plus remarquables étaient celles du prince Colloredo et de l'ambassadeur de Russie, que précédaient quatre coureurs en grand deuil portant à la main de longues cannes noires. Un détachement de hussards fermait la marche.

Arrivé en face de l'église des Capucins, le cortège s'arrêta, et plusieurs seigneurs et dames nobles de la cour qui attendaient dans l'église, vinrent recevoir le corps. Quand il fallut entrer dans le couvent des Capucins, pour déposer le cercueil dans le caveau, on frappa à la porte de l'édifice. — « Qui frappe ? cria une voix de l'intérieur. — L'empereur François 1er. — Que veut-il ? reprit la même voix. — Un asile pour se reposer. » La porte alors fut ouverte, et une partie du cortège pénétra dans le couvent. Le nouvel empereur avait, contre l'usage, suivi le convoi ; quand il s'apprêta à descendre dans le caveau où l'on allait déposer le corps de son père, le prince Colloredo s'avança et lui dit : — « Je prends la liberté de faire observer à votre majesté qu'elle ne peut entrer ici : c'est absolument contraire au cérémonial usité. » — L'empereur avança le bras, et écartant le prince, lui dit d'une voix ferme : « Monsieur, je ferai tout ce qui me plaira. » Et il pénétra dans le caveau.

Le cercueil fut déposé et scellé à l'endroit qui depuis long-temps, était préparé pour le recevoir.

La place du nouvel empereur est déjà marquée et sera bientôt prête à l'attendre aussi.

LES IWAN DE RUSSIE.

Six princes du nom d'Iwan exercèrent le pouvoir en Russie, avec des fortunes bien diverses ; les deux premiers (1528-1540 et 1555-1560) virent leurs états dévastés par les Tartares et finirent leur vie dans un monastère ; le troisième (1462-1505) fut l'un des plus grands souverains qui aient regné sur la Russie ; il affranchit son pays du joug étranger, rendit tributaires les Tartares de Kasan et soumit Novogorod après un siége de sept ans ; il n'avait pas achevé cette conquête lorsque parurent à sa cour les envoyés d'Akhmet-Khan pour lui demander le tribut et l'hommage ; Iwan prend le basuca, l'ordre scellé du grand sceau tartare, le déchire, le foule aux pieds et fait égorger les députés qui l'avaient apporté à l'exception d'un seul chargé d'aller dire à son maître le cas que le grand-duc de Moscou fait de ses ordres ; il justifie cette conduite altière par de nombreuses victoires, et la grande Horde finit en 1475. Après avoir porté ses armes jusque sous la zone glaciale, il est battu par les chevaliers porte-glaives de Livonie qui lui opposent de l'artillerie et de cette cavalerie allemande que les Russes effrayés appelaient des hommes de fer ; cette défaite arrête sa carrière belliqueuse, et il tourne toute son attention vers les embellissemens de Moscou ; partout des monumens somptueux s'élèvent ; des architectes et des artistes sont appelés de tous les pays ; des ambassadeurs des principaux états de l'Europe arrivent dans la capitale du nouvel empire ; et Iwan prend le titre de souverain de toutes les Russies ; il institue les armoiries et adopte l'aigle noir à deux têtes ; la fin de son règne est marquée par ses cruels emportemens ; il tue l'un de ses fils dans un accès de frénésie et condamne l'aîné à une prison perpétuelle ; s'il fut le restaurateur de la puissance moscovite, et le premier qui eut assez d'intrépidité pour discipliner les Russes et en faire des soldats, il déshonora ses dernières années par ses fureurs et ses cruautés ; il fut cependant surpassé en barbarie par son petit-fils Iwan IV (1555-1584). Ce prince, connu dans nos histoires sous le nom de tyran, fit couler des torrens de sang, et les exécutions sanglantes qu'on lui impute sont telles que les atrocités de Caligula ne sont en comparaison que des jeux d'enfans ; son caractère sauvage offrait des contrastes remarquables ; on cite de lui un trait célèbre. L'ambassadeur d'un prince d'Italie s'étant couvert en sa présence, il lui fit cloner son chapeau sur sa tête ; cet exemple n'effraya point Jérôme de Boze, ambassadeur de la reine d'Angleterre ; il osa mettre son chapeau devant le czar : Ignores-tu, lui dit le monarque de quelle manière j'ai puni dans ton semblable une pareille audace. Je le sais, répondit généreusement de Boze, mais je suis l'ambassadeur d'une reine qui a toujours la tête couverte et qui saura bien se venger, si l'on outrage son ministre. Voilà un brave homme, s'écria le czar, en se tournant vers ses courtisans, d'oser agir et parler ainsi dans les intérêts de sa souveraine ; qui de vous autres ferait la même chose pour moi ? Au milieu de ses conquêtes, Iwan IV eut la gloire de publier un code de lois ; c'est à son règne que se rapporte la découverte de la Sibérie. Il fut aussi le premier qui prit le titre de czar, après avoir réduit le royaume de Kasan, subjugué par son seul avant, mais perdu ensuite. Avant lui les maîtres de la Russie portaient le nom de veliki-knès, grand prince, grand seigneur, grand chef, que les nations chrétiennes traduisent par celui de grand duc. Le czar Michel Federowitz au XVIIe siècle prit avec l'ambassade holsteinoise les titres de grand seigneur et grand knès conservateur de toutes les Russies, prince de Voladimir, Moscou, Novogorod, etc., czar de Casan, czar d'Astracan, czar de Sibérie. Ce nom de czar était donc le titre de ces princes orientaux et dérivait des tshas de Perse, et non des Césars de Rome, dont les czars sibériens n'avaient probablement jamais entendu parler sur les bords du fleuve Oby.

Iwan V (1681) n'est connu que comme frère de Pierre-le-Grand, il mourut en 1696. Iwan VI (1740) sembla né pour le malheur ; reconnu czar par les soins de l'ambitieux Biren l'année même de sa naissance, il suivit le sort de sa famille exilée et emprisonnée dès qu'Elisabeth, fille de Pierre Ier, eut été proclamée impératrice. A l'âge de huit ans, il fut délivré par un moine qui le conduisit à Smolensk ; mais arrêté de nouveau, il fut envoyé au monastère fortifié de Valdaï dans une île du lac qui porte le même nom. La manière dont il y vécut est restée ignorée ; dès qu'il eût atteint sa seizième année (1756), il fut renfermé dans la forteresse de Schlusselbourg, où il aurait traîné en paix une vie dont il ne pouvait apprécier toutes les privations, si, à l'avènement de Catherine II, un gentilhomme obscur, sans crédit et sans partisans, n'eût tenté de porter cet infortuné sur le trône. Ce gentilhomme, Ukrainien de naissance, nommé Mirowitch, était oublié dans le grade de sous lieutenant, lorsqu'il imagina, étant en garnison à Schlüsselbourg, qu'il s'élèverait à la fortune, s'il arrachait Iwan de sa prison. Il séduisit quelques soldats, et à la faveur d'un faux ordre de l'impératrice, qu'il avait fabriqué, il voulut forcer la prison d'Iwan. Mais deux officiers qui le gardaient, voyant que leur résistance serait vaine, se jettent sur ce malheureux prince et le poignardent selon l'ordre qu'ils en avaient en cas d'attaque à main armée. Cet événement tragique eut lieu en 1762. On a prétendu que Catherine elle-même avait porté Mirowitch par des instigations détournées, à former un complot en faveur d'Iwan VI pour avoir occasion de s'en délivrer; ce qu'il y a de certain, c'est qu'elle fit rechercher avec soin et anéantir tous les titres qui pouvaient servir de preuves à la légitimité de ses droits au trône; elle défendit même, sous peine de mort, de conserver les monnaies qui rappelaient le souvenir de ce prince, et fit détruire la chapelle de la forteresse de Schlüsselbourg dans laquelle il avait été inhumé.

LE CORRÉGE.

Antoine Allegri, dit Le Corrége, ainsi appelé du nom de sa ville natale (Corregio, dans le Modénois), naquit en 1494. Ce célèbre peintre italien est le fondateur de l'école lombarde, et l'un des plus grands modèles du genre suave et gracieux, dont il avait fait le but principal de ses observations et de ses études. On ignore auprès de quel maître ce grand artiste prit ses premières leçons; mais il est certain qu'il dut surtout sa célébrité au génie dont la nature l'avait doué. Attaché en quelque sorte au sol natal par les besoins de sa famille, dont il était l'unique soutien, il ne vit ni Rome ni Florence, et peignit toujours à Parme et dans la Lombardie. Il n'exigeait, ou plutôt il n'obtenait qu'une rénumération modique pour ses immortels travaux, d'où l'on a inféré qu'il n'en connaissait pas lui-même le prix; mais comment concilier une telle opinion avec ces mots, que l'histoire a conservés, et qui lui échappèrent après une longue extase devant un tableau de Raphaël : « *Auch' io son pittore!* (Et moi aussi je suis peintre!) » Cette exclamation prouve au moins qu'il connaissait toute l'étendue de son génie; et s'il vécut dans l'indigence, il ne faut pas en attribuer uniquement la cause à son empressement à alléger chez les autres le poids de la misère sous lequel il gémissait lui-même; mais rappelons-nous qu'il ne trouva dans sa patrie que des Mécènes avares. Après dix ans d'un travail assidu, il avait terminé la coupole et le dôme de Saint-Jean, et la somme qui lui avait été promise pour ces chefs-d'œuvre ne s'élevait qu'à 9864 fr. de notre monnaie; il ne fut pas moins réduit à solliciter long-temps la fin de ce modique paiement; et lorsque, fatigué de ses visites importunes, ses débiteurs consentirent enfin à l'acquitter, ils lui firent compter en monnaie de cuivre une somme égale à 200 fr. environ. Impatient de la porter à sa famille, Allegri se mit en route avec sa charge, et, à peine arrivé à Correggio, il fut saisi d'une fièvre aiguë, dont il mourut à l'âge de quarante ans. Outre les deux chefs-d'œuvre dont nous avons parlé, il en a produit une foule d'autres, dont les plus connus sont : le tableau de la Sainte-Famille; un Saint-Jérome; un Christ détaché de la croix; une Madeleine; l'Enfant Jésus, et une Antiope endormie : ces deux derniers font partie du Musée français.

La Vierge dont le dessin accompagne cette notice biographique, est aussi l'une des plus gracieuses productions dues à son admirable génie.

(La Vierge du Corrége.)

Paris. — Imprimerie de H. Fournier, rue de Seine-Saint-Germain, 14.

LES BUREAUX D'ABONNEMENT ET DE VENTE SONT :
Rue de Seine-Saint-Germain, n° 9.

FRANCE. — CHARTRES.

(Vue de la porte Guillaume à Chartres.)

Chartres est une des villes de France les plus intéressantes, surtout sous le rapport historique : aussi lui consacrerons-nous plus d'un article. Dans celui-ci, nous ne nous attacherons qu'à en faire une description succincte.

Chartres, chef-lieu du département d'Eure-et-Loir, est situé sur la croupe d'une montagne, au pied de laquelle coule la rivière d'Eure, qui baigne une partie de ses remparts et vivifie ses gracieux alentours. Cette ville est entourée de vieilles fortifications, qui témoignent à la fois de son ancienneté et de son importance. Ces fortifications datent des XIᵉ et XIIᵉ siècles ; elles sont construites avec une solidité telle, que même long-temps avant l'invention de l'artillerie, elles passaient presque pour inexpugnables ; et fait est qu'Henri IV, en 1591, assiégea vivement la ville de Chartres sans pouvoir s'en rendre maître. Elles consistaient

en une enceinte de murailles fort élevées, appuyées sur un terre-plein de plusieurs toises de largeur, et flanquées de grosses tours rondes. Les portes sont au nombre de sept. La plus remarquable est la porte Guillaume, ainsi appelée du nom du vidame de Chartres sous lequel elle fut bâtie. Son aspect guerrier a quelque chose d'imposant. A droite et à gauche s'élèvent deux tours unies par une courtine, et au-dessus règne une galerie saillante à créneaux et machicoulis. Cette porte est voûtée en ogive : on remarque encore sous la voûte la coulisse, la herse et l'ouverture qui donnait passage à l'assommoir, ainsi que celles par où passaient les flèches du pont-levis ; à côté est une autre petite porte ou guichet, pour les rondes de nuit. Du reste la gravure qui accompagne cet article, représente exactement la porte Guillaume.

Il ne faut pas croire que l'espace compris dans cette vaste enceinte de murailles fût entièrement couvert de maisons : une grande partie était en jardins, en places, et même en bois et en terres labourables ; peu à peu on utilisa ces emplacemens, et des édifices, des églises, des couvens s'élevèrent sur plusieurs points ; mais il y a long-temps que les constructions se sont arrêtées, car la ville compte peu de maisons nouvelles. Tout y parle des temps anciens. Les rues sont étroites, mal alignées, et, dans la partie appelée la basse ville, tellement escarpées, qu'elles sont inaccessibles aux voitures : la plupart de celles qui suivent la pente de la colline ont la forme d'escaliers : presque toutes les maisons bâties en bois et en terre, ont des portes en ogive, décorées de sculptures gothiques. Quoique l'ensemble de la ville soit mal bâti, on y trouve cependant quelques quartiers agréables, et des places publiques vastes et assez régulières.

Quant aux monumens, Chartres en compte peu de remarquables, à l'exception des églises, qui toutes sont visitées avec intérêt. Nous citerons celles de Saint-Aignan, et de Saint-Père, et avant tout la cathédrale, l'une des plus belles constructions de l'architecture gothique en France. « J'ai observé un grand nombre de monumens, dit M. Fréminville, mais je n'en ai vu aucun qui réunisse comme celui-ci l'étendue du plan à la grandeur des proportions, l'étonnante hardiesse de construction et l'admirable délicatesse des détails d'ornemens qui y sont répandus avec profusion ; cet édifice, enrichi de statues, de bas-reliefs exécutés à des époques différentes, est un véritable musée de sculpture française de tous les âges, où l'on peut embrasser d'un seul coup d'œil les progrès successifs de l'art et la chronologie des costumes. »

On a si souvent parlé de la cathédrale de Chartres ; on l'a décrite, avant nous, avec tant de soin, qu'il devient inutile d'entrer de nouveau dans de longs détails à cet égard : quelques mots suffiront. La première basilique de cette ville avait été incendiée par les Normands en 858, et réparée une première fois. Au Xᵉ siècle, elle devint encore la proie des flammes, enfin en 1020, un troisième incendie, occasioné, dit-on, par le feu du ciel, consuma la cathédrale et la ville presque entière. Chartres avait alors pour évêque Fulbert, dont le zèle fournit les moyens de réparer assez promptement ce désastre : à sa prière, un grand nombre de personnes puissantes, les bourgeois, les marchands, et jusqu'aux artisans de la ville, contribuèrent, selon leur fortune, au rétablissement de l'église. Lorsque Fulbert mourut en 1028, l'édifice était presque complètement reconstruit. Deux de ses successeurs et la princesse de Mahaut, veuve d'un duc de Normandie, firent continuer les travaux. Le grand portail et le vieux clocher ne furent achevés qu'en 1145. L'autre clocher, auquel on travaillait en 1506, ayant été frappé par la foudre, le chapitre se détermina à le faire achever en pierre. On accorda des indulgences à ceux qui contribueraient à cette œuvre pie : l'argent arriva de toutes parts ; et Jean Texier, dit de Beauce, éleva cette pyramide si admirée des connaisseurs. Le maître entrepreneur gagnait alors sept ou huit sous par jour, et ses compagnons cinq sols.

Cette cathédrale, dont la construction s'est prolongée pendant à peu près cent trente-ans, fut dédiée à la Vierge, en octobre 1260.

A l'extérieur on admire la façade et les deux porches latéraux qui paraissent appartenir au XIIIᵉ siècle : ils sont décorés de statues, de galeries, de niches travaillées à jour, de figures et de colonnes d'une riche sculpture.

Les grandes rosaces qui ornent les portails, sont d'un travail précieux, rehaussé encore par l'éclat de superbes vitraux. A l'angle méridional de l'église, on remarque une figure qui pique la curiosité : c'est celle d'un âne, sculpté en saillie, et qui paraît jouer de la harpe ; dans le pays, on le désigne sous le nom de l'âne qui vielle. Peut-être est-ce là

un souvenir de la fête extravagante de l'âne, qu'on célébrait au moyen-âge dans plusieurs parties de la France.

L'intérieur de la cathédrale n'est pas moins digne d'attention. On est à la fois frappé de l'harmonie de ses proportions, et ému par la majesté religieuse de ses voûtes, sous lesquelles règne un jour mystérieux, bizarrement reflété sous mille et mille couleurs. Un grand nombre de statues décorent les diverses parties de l'édifice ; elles sont dues au ciseau du statuaire Bridan. Ces morceaux de sculpture sont en général bien composés, quoique plusieurs figures manquent de légèreté. Le plus remarquable est le groupe qui orne le chœur : on y admire surtout la pose élégante et noble de la Vierge. Pendant le régime de la terreur, des vandales voulurent détruire ce chef-d'œuvre, qui ne fut sauvé que par la présence d'esprit d'un homme sage et éclairé. Il eut l'idée d'affubler d'un bonnet rouge la tête de la Vierge, et de la transformer en déesse de la liberté ; grâce à cette burlesque métamorphose, la cathédrale de Chartres conserva un de ses plus précieux ornemens.

Le pourtour extérieur du chœur, commencé par Jean Texier, en 1514, et terminé sur ses dessins, excite l'admiration des artistes par la richesse de son architecture, et par la belle exécution de ses moindres détails. Cet ouvrage est conçu dans le style gothique le plus riche et le plus élégant.

Au-dessous de l'église, en est une autre, dite église sous terre, dans laquelle on descend par cinq escaliers différens. On y voit une chapelle de la Vierge, où les fidèles vinrent de tout temps en pélerinage faire des dévotions, et déposer des ex-voto et des offrandes ; près de l'autel est un ancien puits, nommé le puits des saints forts, parce que du temps des persécutions, sous l'empereur Claude, le gouverneur de Chartres, après avoir fait passer au fil de l'épée un grand nombre de chrétiens, fit jeter leurs cadavres dans ce puits.

Telles sont les parties les plus remarquables de cette magnifique basilique.

Le commerce et l'industrie n'ont, dans le département dont Chartres est le chef-lieu, que peu d'importance : les grains forment la principale branche d'exportations ; une grande partie des blés qui s'y recueillent est destinée à l'approvisionnement de Paris. Il en passe aussi beaucoup à Orléans, pour de là être embarqués sur la Loire.

Chartres est la patrie de plusieurs personnages célèbres, parmi lesquels nous citerons : Foulques ou Foucher, qui suivit la première croisade, et fut chapelain de Beaudoin, premier roi de Jérusalem ; — Amaury de Chartres, fameux hérétique du XIIIᵉ siècle ; — Philippe des Portes, né en 1546, auteur de poésies, pleines de verve et de grâce, qui contribuèrent à épurer notre langue ; — Mathurin Régnier, né en 1573, poète satirique ; — le janséniste Pierre Nicole, né en 1625 ; — André Félibien, né en 1619, historiographe distingué ; — les conventionnels Jean Dussaulx, Jean Pierre Brissot de Warville, et Petion de Villeneuve ; — enfin Marceau, qui, soldat à 16 ans, fut général à 25, et mourut à 27 à Altenkirken, en l'an IV ; une pyramide lui fut érigée en 1804, sur une des places de Chartres, avec cette inscription : Témoignage de l'affection des Chartrains pour leur concitoyen.   J. B.

DE LA FÉODALITÉ EN FRANCE.

(Quatrième et dernier article.) (1)

Abaissement de la race féodale par Louis XI. — Le duc de Nemours. — Le connétable de Saint-Pol. — Achats de droits sur les provinces. — La féodalité sous Henri IV ; sous Louis XIII. Richelieu. — Conclusion.

La grande figure de Louis XI disparaissait de la scène politique ; sa main de fer avait dompté la haute féodalité si

(1) Voyez page 242.

puissante au commencement de son règne ; toute la vie de ce prince avait été employée à abaisser les grands vassaux , et il s'était servi de plusieurs moyens pour arriver à son but. Nous les avons indiqués dans notre précédent article. Il nous reste toutefois à parler de son inexorable rigueur lorsqu'il rencontra quelque résistance : alors il mit en jeu la pendaison , les échafauds, et l'histoire conserve dans ses annales la triste exécution du duc de Nemours , débris de cette féodalité que le roi s'acharnait à détruire.

Deux classes de personnes étaient alors poursuivies par la politique du roi Louis : les seigneurs féodaux armés d'une grande puissance , tels que les hautains vassaux de Bourgogne et de Bretagne, puis les petits seigneurs sans soutiens, et dont le dévouement n'était pas utile au roi. Les grands et les puissants, le roi cherchait à les prendre par la guerre et par la ruse ; quant aux autres, il n'y allait pas de main morte, il exigeait d'eux obéissance absolue.

Jacques d'Armagnac, duc de Nemours , pouvait se classer parmi ces derniers ; il avait bien quelques châtelains en arrière-vassalité, mais toutes ses forces, réunies en masse sous une commune bannière, ne pouvaient occuper la gendarmerie du roi de France ; c'était donc un de ces sires qu'on pouvait frapper sans crainte. D'ailleurs, il avait été le promoteur le plus ardent de la ligue féodale qui avait combattu Louis XI ; le roi n'avait jamais cessé de songer aux moyens d'en tirer vengeance.

Le procès du duc de Nemours fut fait par commission. Le chancelier commença par instruire , et ce fut en sa présence que Nemours protesta contre le jugement par commissaires ; car il était pair de France. A cette protestation, Louis XI ne répondit rien. Le procès se continua pendant deux ans ; l'accusé ne cessait de dire : « Sire , je dois être jugé par mes pairs en parlement. » Le roi lui manda la charte suivante : « Duc de Nemours, vous avez renoncé à votre droit de pairie, car vous avez déclaré ne plus être pair, si vous manquiez à vos sermens. » Le procès allait lentement ; le roi n'était pas content des commissaires, il renvoya le procès au parlement de Paris. Le duc de Nemours fit une belle et longue harangue pour rappeler au roi ses vieux services ; son discours parut toucher la grande cour judiciaire. Louis XI, pour éviter toute influence, transféra aussitôt le parlement à Noyon. Là, les anciens commissaires durent prendre part au jugement ; il y avait avec eux, présens aux séances, quatre présidens de la chambre des comptes, deux maîtres des requêtes, le lieutenant-criminel du prévôt de Paris, et un avocat au Châtelet. C'était une singulière composition de cour ; mais alors aucune règle fixe ne présidait à la formation des commissions parlementaires ; le caprice du monarque décidait de tout. C'était par le moyen de ces additions que la puissance royale se rendait maîtresse de tous les jugemens, disposait librement de la vie des grands vassaux et de leurs fiefs. La coutume des confiscations se produisit en cette circonstance dans tout ce qu'elle avait de plus odieux ; les terres les plus riches furent données aux juges : le roi en tira deux avantages, d'abord de récompenser un service, ensuite de diviser entre plusieurs des richesses redoutables lorsqu'elles étaient réunies en une seule main.

Le roi se montra implacable dans sa sentence contre le duc de Nemours ; ce nom d'Armagnac avait été comme l'expression de toute l'aristocratie féodale ; Louis XI en redoutait le souvenir, et l'arrêt de mort dut recevoir son exécution aux Halles, sur l'échafaud constamment dressé en ce lieu , ou en place de Grève. Nous ne raconterons pas cette exécution, ces détails ne sont plus de notre sujet ; peu de personnes ignorent que la foule se lamenta grandement lorsqu'elle vit les petits enfans du duc de Nemours au pied de l'échafaud ; et quand le bourreau eut coupé la tête , le sang ruissela jusque sur les vêtemens de ces pauvres petites victimes. Louis XI montra si grande cruauté, disait-il, afin que dans l'avenir, s'ils se souvenaient de leur nom d'Arma-

gnac, ils songeassent également que le sang de leur père avait coulé sur leur robe d'enfant.

Et puis encore le procès du connétable de Saint-Pol : Louis XI le soupçonnait d'intelligence avec le duc de Bourgogne, ce rude adversaire de la couronne de France ; aussitôt il s'empressa de le faire enfermer parfaitement dans la Bastille. Là, on lui fit à la hâte son procès , et il eut incontinent le col coupé devant l'Hôtel-de-ville, au pied de la croix. On peut considérer le procès fait au comte de Saint-Pol comme le dernier terme de la querelle féodale entre la royauté et les hauts barons. La couronne n'a plus à se défendre contre les ligues territoriales ; le connétable lui-même n'a point échappé à cette proscription commune ; Tout rentre dans l'unité monarchique et sous la centralisation royale.

Un des grands moyens par lesquels la couronne de France s'agrandit et se fortifia fut, ainsi que nous l'avons dit, la réunion successive des fiefs au domaine. Louis XI étendit à tout le besoin de centraliser : quand les circonstances le forçaient à céder une province, soit à un proche parent, soit à un grand vassal, il s'y résigna ; mais toute sa tactique fut de faire rentrer dans son domaine tout ce qu'il en avait séparé ; il acquérait une ville , puis une province, et tout cela habituait les sujets à la souveraineté royale. Le goût de ces acquisitions allait si loin chez Louis XI, qu'il achetait souvent des droits incertains , de vieux titres de souveraineté. Ainsi les comtes de Penthièvre avaient d'anciennes prétentions sur la Bretagne, le roi les acheta moyennant une somme donnée ; il se réservait par ce moyen une action puissante sur les ducs de Bretagne. Cette province, comme on sait, ne fit réellement partie des domaines de la couronne que sous François Ier, qui l'y annexa d'une manière irrévocable.

Louis XI, parvenu au terme de son règne, vit d'immenses résultats obtenus. Cherchez encore de ces grands barons qui résistent à la couronne ! Que sont devenus ces fiers châtelains qui désolaient les provinces ? Partout existe un ordre politique : les tailles sont lourdes, mais parfaitement régularisées ; l'obéissance est absolue sur tous les points de la monarchie ; toutes les forces sont organisées dans un but commun de pouvoir et de centralisation.

Cependant, à l'avènement de Henri IV, la haute féodalité territoriale reparaît. Les guerres civiles qui avaient agité les règnes de François II, de Charles IX, l'époque turbulente de la Ligue, l'assassinat de Henri III, avaient favorisé son développement. Ce n'était plus, il est vrai, le vieux système des fiefs ; le mobile n'était plus, comme au xe siècle , l'indépendance de la terre, le principe de la souveraineté libre de chaque haut baron. Qu'importait le nom, quand les choses et les dangers qui en pouvaient résulter étaient identiques ? Il n'y avait plus de duc de Bourgogne, de Bretagne , mais toutes les provinces de France étaient sou l'absolue autorité d'un gouverneur , le plus souvent sorti des grandes familles du pays, et qui exerçait l'ensemble des droits que le baron possédait sous le régime pur de la féodalité. Si le gouverneur ne commandait plus à des vassaux, il avait juridiction entière sur toute la noblesse de la province ; s'il était bon serviteur, ami du roi de France, il le servait de toutes les forces de son gouvernement. A la première querelle pourtant, la province était à ses ordres, et il pouvait tourner contre le prince même les populations et les armes qu'il commandait en son nom.

Ces gouverneurs, si puissans sous la Ligue, s'étaient imposés à Henri IV lorsqu'ils firent leur paix avec ce prince ; ils avaient stipulé dans leurs traités des conditions onéreuses pour le souverain ; Henri IV s'était vu forcé de les sanctionner. D'ailleurs, ce système avait peu de danger, tant que le Béarnais, roi militaire, tenait fortement les rênes du pouvoir. Les gouverneurs de provinces n'étaient pour lui que des lieutenans, des délégués de la puissance royale, qui résidaient la plupart du temps auprès du prince, et que celui-ci avait à sa disposition. La Provence était sous le

gouvernement du duc de Guise, le fils de cet Henri-le-Ba-
lafré, assassiné à Blois. (Voy. page 258.) M. de Guise avait
un tel pouvoir sur ces populations, que s'il avait voulu les
réunir en masse, même contre les couleurs de Henri IV,
il n'aurait pas eu beaucoup de peine, tant la puissance de
son nom était grande! Le Languedoc était confié aux
Montmorency-Damville; le Dauphiné obéissait à Lesdiguières; véritable roi des montagnes : puissant sur ces populations, le jour où Lesdiguières aurait voulu se détacher
de la suzeraineté de la France, il le pouvait, car quelle
ville eût osé lui résister? La Bourgogne devait donner plus
d'inquiétude; déjà le maréchal de Biron avait rêvé de
reconstituer l'ancien duché de Charles-le-Téméraire, et
Henri IV avait été obligé de sévir. (Voy. page 159.)

Dès lors, n'était-il pas à craindre, lorsque Louis XIII,
enfant, ceignit la couronne de France, que ces gouverneurs
de provinces ne se proclamassent indépendans? La variété
du sol, la différence des races, les antipathies même qui existaient entre certaines provinces, tout favorisait ce morcel-
lement. La féodalité primitive n'avait pas d'autres causes ;
elle avait eu pour origine la décadence du pouvoir passant
de la puissante main de Charlemagne dans celle de ses faibles successeurs; ne devait-on pas redouter une nouvelle
fédération territoriale qui aurait pris ses chefs dans les
hautes familles de la monarchie?

C'est là ce qui explique les luttes violentes entre l'autorité
royale méconnue et les princes, ducs et pairs, pendant les
premières années du règne de Louis XIII. Par ces grands
mots : *Réformation de l'Etat*, que la féodalité faisait entendre à cette époque, elle demandait le retour aux privilèges, aux droits des barons qui morcelaient le territoire
de la monarchie. Le maréchal d'Ancre fut l'expression de
l'unité royale; en haine à la grande noblesse féodale, il ne
se trouva pas assez fort pour la vaincre, et il succomba. Il
était réservé à Richelieu d'écraser les débris rajeunis de la
vieille indépendance féodale ; il attaqua de front toutes ces
grandes familles fortifiées dans leurs gouvernemens ; il
broya les hautes têtes provinciales, et la mort du prince de
Chalais, du sire de Marillac et du maréchal de Montmorency (voy. page 181), prépara le règne absolu de Louis XIV.
Les rois, n'ayant plus devant eux aucun obstacle, suivirent la seule impulsion de leur volonté ; ils jouirent de la
plénitude de l'autorité souveraine. La petite noblesse de châteaux, les seigneurs de la campagne retirés dans leurs terres,
jouissaient encore sans doute de quelques privilèges : ils
possédaient des droits vexatoires sur leurs vassaux; ils rendaient toujours la justice pour certains délits forestiers qui
variaient suivant les lieux. Ce n'était ici, par rapport à la
couronne, que des délégués avec un pouvoir plus ou moins
étendu, sous l'entière dépendance du monarque. Les biens
des nobles étaient aussi exempts de l'impôt territorial.
Toutes ces distinctions entre les nobles et les roturiers se
conservèrent jusqu'à la révolution de 1789, et disparurent
devant les solennels décrets de l'assemblée Constituante.

                                             A. MAZUY.

INFANTERIE. — FUSILIER.

(Troisième article) (1).

Pendant les onze guerres que Louis XIII eut à soutenir,
les armées françaises ne subirent que des accroissemens
momentanés. De 1635 à 1643, ce prince eut sur pied une
nombreuse infanterie. Ses cinq armées réunissaient cent
mille hommes dont dix-huit mille de cavalerie ; c'est de
cette époque que date la prépondérance de la France.

Sous Louis XIV eut lieu le complément de la révolution
que devait amener la poudre à canon. Ainsi que le savent
nos lecteurs, les arquebuses étaient si pesantes, que l'homme

(1) Voyez page 228.

chargé de cette arme sortait des rangs et l'appuyait sur
une fourchette en fer, avant de s'en servir. Le mousquet
moins lourd ayant été substitué à l'arquebuse, on supprima
la fourchette; mais l'usage de sortir des rangs avant de

(Fusilier sous Louis XIII.)

faire feu fut conservé. Enfin, le fusil armé de la baïonnette devint l'arme générale de l'infanterie, et en 1705, les
piques furent supprimées dans la plupart des corps.

Il restait encore beaucoup à faire après l'adoption du
mousquet. Les soldats français n'étaient pas à cette époque
exercés aux feux de peloton que le grand électeur de Brande-
bourg avait imaginés et fait adopter par ses troupes dans
les guerres entre les Polonais et les Suédois. Aussi l'impétuosité de notre cavalerie fut elle arrêtée par ces feux de
peleton à la bataille d'Hœschstet. Les manœuvres et la disposition des lignes laissaient aussi beaucoup à désirer ;
sans vouloir traiter ici cet important sujet, qui doit venir
plus tard dans notre recueil, nous dirons qu'on n'avait pas
encore reconnu à cette époque, les avantages qu'offre au tir
du mousquet la disposition des soldats sur trois rangs ; on
en comptait encore quatre dans l'infanterie française.

De grands désordres régnaient alors dans l'infanterie
aussi bien que dans la cavalerie. Les capitaines recevant
directement la solde de leurs compagnies, en augmentaient
souvent, et d'une façon scandaleuse, l'effectif nominal par
des *passe-volants* (soldats supposés); aussi un écrivain
a-t-il écrit d'eux : *qu'ils ne distribuaient que ce qu'ils ne
pouvaient s'approprier.*

OCÉAN PACIFIQUE. — LES ILES CAROLINES.

Parmi les îles qui interrompent l'uniformité de l'immense nappe d'eau qu'on nomme l'océan Pacifique, il en est
plusieurs qui sont on ne peut plus dignes de fixer l'attention des navigateurs, soit par les curiosités naturelles
qu'elles renferment, soit par les mœurs naturelles et l'industrie de ses habitans. Elles s'étendent parallèlement à
l'équateur sur un espace de trente degrés. On les a nommées Carolines.

Ce ne fut que vers la fin du XVIIe siècle et au commencement du XVIIIe, que les premières notions sur ces îles intéressantes nous furent communiquées par des missionnaires. Les Espagnols avaient traversé ces mers pendant plus

d'un siècle, deux fois chaque année, sans soupçonner leur existence. Les missionnaires racontèrent qu'ils y avaient trouvé un peuple bon, civilisé, navigateur. On y envoya des prêtres pour convertir ce peuple à la religion chrétienne; mais le plus zélé d'entre eux y souffrit le martyre, et pendant près d'un siècle après cet événement, on oublia presque ces contrées. Les cartes dressées par les missionnaires contenaient tant d'erreurs, que les navigateurs redoutaient l'approche de ces parages. Quelques-uns d'entre eux, ayant rencontré des îles là où ces cartes n'en indiquaient pas, ne recherchèrent même pas si leur propre découverte n'était pas déjà comprise dans celles des missionnaires, et s'empressèrent de lui donner leur nom, de sorte que les cartes, déjà très inexactes et confuses, le devinrent encore davantage.

Les hydrographes tranchèrent la difficulté en déclarant que la plupart des îles nommées par les missionnaires et par d'autres n'avaient pas existé. C'était aller trop loin. Les expéditions des capitaines français Freycinet et Duperrey jetèrent un de la clarté dans ce chaos; celle du capitaine anglais Mortens, et, en dernier lieu, le séjour prolongé qu'y a fait un négociant, M. ****, qui a fondé une pêche de perles, ont achevé de dissiper les ténèbres qui nous cachaient cette partie du globe. Réparation entière a été faite aux véridiques missionnaires.

Les Carolines doivent être distinguées en deux classes d'îles essentiellement différentes, les îles basses et les îles élevées. Le premier aspect de ces dernières est des plus séduisants. Leurs hauteurs, tapissées de la plus belle verdure, depuis le niveau de la mer jusqu'au sommet des plus hautes montagnes presque toujours enveloppées d'épais nuages, entretiennent la fraîcheur et la vigueur de la végétation. Des sources se précipitent en cascades, au milieu des épaisses forêts dont l'entrée est souvent interdite par des barrières de lianes et de graminées épineuses. Nulle part le pays n'offre ce caractère sauvage et inculte des contrées voisines de l'équateur, soit dans le Brésil, soit dans les autres grands continens.

L'aspect des îles basses est loin d'être aussi agréable.. La terre végétale y est rare, excepté dans les creux où l'on retrouve quelques beaux végétaux, et la plus grande partie du sol est sablonneuse.

Les mœurs des habitans de ces deux classes d'îles ne diffèrent pas moins que leur aspect. Tandis que ceux de la plupart des îles élevées sont engagés dans des guerres éternelles, ceux des îles basses s'occupent, dans une paix profonde, de la culture, du commerce et des travaux industriels. Ils tirent même parti des dissensions de leurs voisins, en leur fournissant des armes pour la guerre.

Ces habitans sont beaux, bien proportionnés, de taille assez élevée, très actifs, et d'un extérieur gracieux. On a souvent compris ces peuples sous le nom général de Malais; mais ils diffèrent beaucoup des véritables Malais, qui habitent les îles des Indes et les Philippines. M. Mortens assure qu'il n'a jamais vu les Caroliniens se quereller, bien qu'il ait long-temps vécu avec eux. Hospitalité franche, bonhomie inépuisable; voilà ce qu'il a partout rencontré dans ces parages.

Les positions éloignées des Carolines et les habitudes commerciales des habitans des îles basses les ont amenés à perfectionner leur navigation d'une manière vraiment surprenante. Ils sont parvenus à faire de longs voyages, auxquels les anciens navigateurs n'auraient jamais osé songer, et cependant ils n'ont, comme eux, pour se diriger sur les mers, que la connaissance des constellations. Les meilleurs voiliers de nos bâtimens, les frégates les mieux construites, ne marchent pas plus vite que les bateaux des Caroliniens; et l'on serait tenté de croire qu'un homme de génie a donné à leurs pères les proportions savantes et parfaitement calculées de leurs navires. La forme de ces bâtimens est bien loin au reste de ressembler à celle que les Européens ont donnée aux leurs après

de longs essais et de savantes recherches. La situation des Carolines, la direction particulière du vent dans ces parages, direction qui est presque constamment la même, et qui va de l'est à l'ouest, a nécessité cette forme étrange. (Voy. la figure.) Le bâtiment, ou, pour mieux dire, sa partie flottante, n'est pas formée, comme chez nous, d'une seule coque; il y a, outre cette coque creuse, ou corps du navire, un flotteur en bois plein, qui est retenu sur l'eau à une certaine distance de la coque, et parallèlement à elle, par une charpente surmontée d'un pont. Ce pont porte ordinairement une espèce de coffre ou de cage où l'on renferme les provisions, les agrès, et où les hommes eux-mêmes peuvent s'abriter. De l'autre côté du bâtiment, est souvent aussi un prolongement qui porte un coffre semblable au premier et qui sert de contre-poids. Un mât, qui peut s'incliner à volonté en pivotant sur sa base, soutient une voile triangulaire dont on change tout aussi facilement la situation.

Dans les bateaux des Caroliniens, on ne distingue ni proue ni poupe ; les deux extrémités sont également angulenses et propres à marcher de l'avant, et leur courbure inférieure se relève assez pour faire glisser le bâtiment sur les eaux sans les fendre. Il en résulte que lorsqu'ils ont marché dans une certaine direction, ils peuvent, sans virer de bord, revenir dans une direction opposée.

La pièce de bois flottante, que nous appellerons lé balancier, est toujours du côté d'où souffle le vent', de sorte que le choc oblique de l'air sur la voile est soutenu par la coque et par le balancier.

Aucun de nos lecteurs n'ignore que les marins savent se

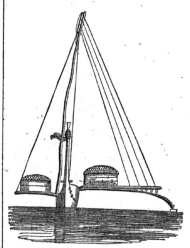

(Bateau des îles Carolines.)

diriger, par l'effet du vent lui-même, dans une direction différente de la sienne, et même dans une direction presque opposée, quand le navire est bien conduit et surtout bien construit. Les Caroliniens, avec leurs petits bâtimens, résolvent ce problème aussi bien, si ce n'est mieux, que les meilleurs de nos navires ne nous permettent de le faire en Europe. Si le lecteur se rappelle que les îles de cet archipel sont distribuées dans une zone qui se dirige de l'est à l'ouest, et que les vents qui règnent dans ces régions équatoriales vont de l'est à l'ouest, c'est-à-dire dans une direction tantôt la même et tantôt opposée au chemin qu'il faut suivre pour aller d'une île à une autre, il comprendra sans peine que les Caroliniens sont obligés de courir un grand nombre de bordées, d'avancer obliquement en allant et revenant nombre de fois en zigzag, lorsque le vent leur est contraire.

L'emploi du balancier donne beaucoup de stabilité au navire, mais en même temps il tend à diminuer la vitesse de la course, parce que la résistance qu'oppose l'eau que fend le navire s'accroît évidemment avec le nombre des points qui sont baignés par elle. Mais les Caroliniens donnent très peu de volume à leurs balanciers et à la coque elle-même, de sorte que la résistance que ces deux corps éprouvent de la part de la mer est moindre que celle qu'éprouve la coque seule de nos navires. En outre, ils ont soin de faire enfoncer le moins possible le balancier dans l'eau, et ils règlent cette immersion en se rapprochant plus ou moins de la coque sur le pont qui la joint au balancier. Bien mieux encore, quand leur bâtiment marche avec une certaine vitesse, ils le font incliner légèrement, de façon à faire sortir le balancier de l'eau, et le navire glisse alors sur la mer comme le ferait sur la glace un patineur porté par la lame étroite de son patin. Dans certaines îles, un jeune homme, avant de se marier, doit, avant d'obtenir la main de la jeune fille qu'il aime, franchir ainsi une certaine étendue, en maintenant le balancier suspendu au-dessus des flots.

Pour lier les planches dont se composent leurs bateaux, les Caroliniens se servent d'un mastic fait avec un mélange de charbon tiré de l'enveloppe fibreuse des vieilles noix du cocotier avec la pâte de pierres à corail calcinées et humectées d'eau. Ce ciment durcit bientôt à l'air et au soleil, et résiste bien à l'action de l'eau. Ils conservent dans un trou bien clos la pâte de pierres de corail pour s'en servir au besoin. Leurs cordages sont faits avec les fibres de l'enveloppe des noix du cocotier. Malgré la mauvaise qualité des outils dont ils se servent, les Caroliniens parviennent à achever leurs bateaux en fort peu de temps, à leur donner un fort joli aspect, et, ce qui vaut mieux encore, des proportions fort savantes.

Ces insulaires aiment beaucoup à s'entretenir des voyages qu'ils ont faits aux îles de l'archipel des Carolines, et c'est par là que se conserve la tradition de leurs connaissances géographiques. Il est vraiment surprenant de voir avec quelle exactitude ils savent indiquer la route qu'ils ont tenue, le nombre des journées nécessaires pour les voyages, et les moindres circonstances de la navigation. Les coutumes des habitans des îles éloignées, leurs productions, la manière dont ils ont été accueillis sont autant de sujets qu'ils se plaisent à raconter bien avant dans la nuit.

Une des premières branches de l'économie des Caroliniens est la pêche. Leurs parages abondent en poissons délicats pendant une grande partie de l'année; ils en font sécher pour les mois de disette, qui sont ceux d'octobre et de novembre.

Tous les individus qui se préparent à aller à la pêche sont forcés, par les usages du pays, à vivre loin de leurs femmes pendant huit ou neuf jours; et pendant ce temps, ils passent les nuits dans une maison commune assignée dans chaque canton aux Caroliniens non mariés. Tout rapprochement avec les femmes expose, disent-ils, le pêcheur qui n'a pas suivi cette loi à de très graves maladies et notamment à des enflures de jambes. Ils mangent crus plusieurs sortes de poissons, entre autres diverses espèces de brochets à long museau. On cuit les autres, soit en les embrochant avec des perches de bois dur, soit en les plaçant entre des pierres de corail chauffées d'avance. On peut même les conserver pendant assez long-temps, en les enfermant entre deux lits de feuilles sèches placées elles-mêmes entre des pierres chauffées; le tout est mis dans le trou où a été allumé le feu, et ce trou est soigneusement bouché. Les épines de certains poissons (aspisurces) leur servent pour pratiquer la saignée et une certaine opération semblable à l'*acupuncture*.

LA PROVENCE.
(Ier Article.)

C'est à tort que certains auteurs ont appelé la Provence *le jardin de la France*; cette contrée ne saurait mériter une qualification aussi pompeuse, par cela seul qu'il y pleut rarement, ou que sa tiède température y permet la culture de quelques plantes exotiques. En vain le voyageur qu'attire dans ce pays une réputation usurpée y cherche-t-il ces belles végétations de l'Alsace, cette fraîcheur de la Normandie, si riche en vergers et en pâturages; ses yeux, que fatigue une incessante réverbération, n'aperçoivent au loin que des campagnes blanchâtres, au milieu desquelles surgissent des masses de rocs pelés et comme écorchés par le vent; çà et là, quelques traces d'une pâle verdure, quelques bouquets de pins au morne feuillage; partout ailleurs, l'image de l'aridité, de la langueur: tel est l'aspect que présente la Provence depuis *Montélimart*, en Dauphiné, jusqu'à *Marseille*. Les yeux du voyageur rencontrent des paysages plus gracieux aux environs d'Avignon; mais le sol reprend bientôt, jusque sur les côtes, son reflet brûlant, son aspect calcaire.

La Provence tire son nom, comme on le sait, du mot latin *Provincia*, que lui avaient donné les Romains en la comprenant dans les provinces de leur empire. Elle forme aujourd'hui les départemens des Basses-Alpes, du Var, des Bouches-du-Rhône, et une portion de celui de Vaucluse. Elle est montagneuse, si l'on en excepte le terrain qui s'étend le long des côtes, depuis Marseille jusqu'au Rhône. Cette partie est aussi fort basse et inclinée vers le Languedoc, ce qui contribue à entretenir le courant qui va d'orient en occident, et qui, entraînant chaque jour les sables du Rhône, a comblé plusieurs ports ou étangs qui existaient au temps des Romains. C'est vers les embouchures du Rhône que l'on trouve les salines de Berre, dont le produit est considérable, et l'île de la *Camargue*, que forment les deux branches du fleuve, avant qu'il ne se jette dans la Méditerranée, et qui nourrit de nombreux troupeaux de chevaux et de bœufs sauvages. Ces animaux, livrés à eux-mêmes, deviennent si farouches, qu'on a beaucoup de peine à les dompter: quoique d'une médiocre apparence, ils sont très forts et très durs à la fatigue.

La partie orientale des côtes, depuis Marseille jusqu'au Var, offre un coup d'œil tout différent: c'est une bande étroite de trente lieues de longueur, dont la plus grande largeur ne dépasse pas six lieues, et qui, adossée à la haute Provence, a son versant tourné au midi. Ici, la végétation se montre plus active, et les sources plus abondantes; les oliviers rabougris et chétifs dans les environs de Marseille, ont pris un accroissement immense, et les orangers, les citronniers, les grenadiers, apparaissent en pleine terre. Ce changement est déjà sensible à *Cassis* et à *La Ciotat*. Dans cet espace, sont compris *Géménos* chanté par Delille: *Saint-Pons* aux sources mouvantes, aux vertes guirlandes de pampres, fraîches oasis, au fond de quelques collines dépouillées; *Hyères*, renommée par ses bois d'orangers, mais dont le printemps perpétuel fut impuissant à ranimer le célèbre Méhul, qui vint y terminer sa languissante vie. C'est en s'avançant toujours à l'est, le long des côtes, que l'on trouve la petite ville de *Cannes*: autrefois obscure, inconnue, cette plage est devenue immortelle par les souvenirs du grand homme qu'elle rappelle; on montre encore l'olivier sous lequel Napoléon passa au bivouac les quelques heures qui suivirent son débarquement en 1815.

Nous comprenons dans cette dénomination de Haute-Provence ou Provence Nord, tout le pays qui s'étend depuis *Sis-*

teron jusqu'aux Alpes, en passant par *Digne* et *Puget-le-Thénires*. La culture de la vigne, principal produit agricole de la partie méridionale, cesse presque entièrement dans cette contrée ; tous les soins, tous les efforts de l'industrie se tournent vers les bestiaux, qui deviennent le principal objet de commerce. La chasse au chamois est aussi une des occupations à la fois favorites et lucratives des habitans de *Colmay*, d'*Allors*, de *Barcelonnette*, etc. On sait quelle intrépidité, quelle rare constance exige ce genre d'exercice, qui finit presque toujours par la mort de ceux qui s'y livrent. (Voyez page 127, Ire année).

Sans entrer ici dans de longues discussions géologiques, nous dirons en peu de mots l'explication, très contestable d'ailleurs, que plusieurs auteurs ont donné de ces différences dans l'aspect et l'exploitation du sol de la Provence. A une époque déjà reculée, la population s'étant considérablement accrue, on défricha toutes les parties des montagnes qui parurent propres à être ensemencées. Mais, divisée par la culture, et dépouillée de ce réseau de racines que les arbres y avaient formé, la terre fut entraînée par les pluies d'orage si abondantes dans le midi ; la pente rapide du terrain facilita l'éboulement et il ne resta sur ces montagnes que des rocs nus et arides. La Provence offre plus d'un exemple de ce genre ; le plus remarquable peut-être est la petite montagne dite de *Notre-Dame-de-la-Garde*, près de Marseille. Lorsque Jules César assiégea cette ville, les anciens druides faisaient leurs sacrifices humains sur cette colline, qui, suivant le témoignage de Lucain, était couverte de bois épais, où les Romains ne portèrent la hache qu'en tremblant lorsqu'ils durent y couper des matériaux pour la construction de leurs machines de guerre ; aujourd'hui vous y chercheriez vainement un arbuste de quelques pouces de haut ! Comment s'étonner dès-lors que dans les temps d'orage, les eaux pluviales coulant sur la pierre vive, s'accumulent dans les ravins et forment tout-à-coup des torrens auxquels rien ne résiste ! La Durance, qui n'est autre chose qu'un torrent, en est la preuve ; on sait que bien souvent ont disparu, emportés par ses débordemens subits, hommes, bestiaux et même villages tout entiers. Eh bien ! telle est la singulière condition de ce pays, que la Basse-Provence doit à ses effets désastreux les rares sources qui viennent fertiliser ses champs !

Le contraire dut arriver dans tout le pays impropre à l'ensemencement des grains. Les anciens habitans n'étant point attirés par la qualité du terrain, se livrèrent à la pêche, à la navigation, et ne s'occupèrent point à défricher ; il en est résulté que les côteaux sont demeurés jusqu'à nos jours couverts de terre et d'arbres. Ces arbres ainsi que les plantes et les broussailles, formant par leurs racines avec les couches argileuses qui les recouvrent une espèce de réseau qui soutient le terrain, et tout en attirant par leurs cîmes les eaux pluviales, les divisent et les empêchent de se réunir en torrens.

De grandes différences résultent de ces dispositions locales dans le climat de la Provence. A *Barcelonnette*, par exemple, où l'on est à six cents toises au-dessus du niveau de la mer, l'air est habituellement très froid, et l'on y trouve des plantes semblables à celles qui croissent en Laponie. La récolte y est fort tardive ; on y sème l'orge en même temps qu'on le moissonne dans la partie méridionale. Celle-ci, au contraire, sèche et brûlante, produit, à quelques différences près, le même fonds de plantes que l'Espagne, l'Italie et même la côte d'Afrique.

De mémoire d'homme, la plus grande chaleur que l'on ait éprouvée sur les côtes en Provence, est celle de 1774 ; dans l'été de cette année le thermomètre exposé au soleil s'éleva à Marseille jusqu'à 47 degrés ; année commune, il se maintient, dans cette saison, entre 20 et 25 degrés au-dessus de zéro.

La Provence a quelquefois aussi éprouvé des froids fort rigoureux pour sa latitude. Elle a conservé les souvenirs du cruel hiver de 1709. Les années 1768 et 1789 lui cau-

sèrent également de grandes pertes ; le mercure descendit et se maintint à 10 degrés au-dessous de zéro, et à 5 degrés déjà les orangers périssent et les oliviers souffrent beaucoup. Mais ce sont-là des faits exceptionnels, puisque la neige et la glace sont rares à Marseille, et bien plus rares encore en remontant le long des côtes, jusqu'à Nice.

Peu de contrées éprouvent aussi puissamment que la Provence l'influence des vents sur la température. Le plus fréquent, et le plus impétueux de tous est le vent du nord-ouest, appelé *mistral* dans le pays. Les anciens auteurs ont tous parlé de sa violence ; alors comme aujourd'hui on le voyait souvent renverser des cheminées et rompre des arbres séculaires. Aussi les habitans du pays ont-ils conservé ce vieux proverbe : *le Mistral, le Parlement et la Durance, sont les trois fléaux de la Provence.*   M. T.

JAMES WATT.

James Watt, ingénieur et mécanicien, naquit en 1736, à Greenock en Ecosse, d'une famille qui tenait un rang distingué dans la bourgeoisie de cette ville. Il montra de bonne heure une aptitude particulière à l'étude, et principalement à celle des sciences physiques, dans lesquelles il fit de rapides progrès. A l'âge de dix-huit ans, il fut placé à Londres en qualité d'apprenti, chez un fabricant renommé d'instrumens de mathématiques ; le dérangement de sa santé ne lui permit pas de terminer son apprentissage. Cependant, grâce à la facilité dont il était doué, le temps qu'il passa chez son maitre lui suffit pour le mettre en état de se livrer avec succès à cette profession, qu'il exerça pendant plusieurs années au collége de l'université de Glascow.

S'étant marié en 1764, il quitta le collège où il était logé, et s'établit dans la ville comme ingénieur. La réputation distinguée qu'il acquit bientôt à ce titre, lui valut d'être consulté sur des travaux-publics de la plus haute importance : le canal Calédonien qui traverse l'Ecosse de l'est à l'ouest, et dont la navigation et le commerce retirent aujourd'hui tant d'avantages, fut entièrement exécuté sur ses plans. Dans le même temps il projeta beaucoup d'autres entreprises du même genre, et, selon toute apparence, l'Angleterre aurait dû à son génie une grande partie de son système de communications intérieures, si une circonstance, en quelque sorte fortuite, n'était venu donner une nouvelle direction à son activité.

Depuis cent ans environ, la force motrice de la vapeur était connue et employée ; mais les machines imaginées jusqu'alors laissaient encore beaucoup à désirer, ainsi que nous l'expliquerons dans notre prochain numéro. (Voy. Vapeur, 2e article.) Watt trouva des perfectionnemens qui agrandirent considérablement l'action de ces instrumens, et lui donnèrent de la régularité, qualité essentielle dans la plupart des opérations mécaniques.

Mais pour mettre en évidence les résultats obtenus par Watt, il fallait construire un appareil dispendieux, et Watt n'avait point de fortune. Dans ce temps-là, il fit heureusement la connaissance d'un homme éclairé, le docteur Roebuck, qui n'hésita pas à mettre à sa disposition toutes les ressources qu'il possédait. L'appareil fut donc commencé ; mais il n'était point encore achevé, que déjà les ressources du docteur étaient épuisées.

Tant de méditations, de travaux, de dépenses, étaient sur le point de se trouver perdus, lorsqu'un des principaux manufacturiers de Birmingham, M. Boulton, homme riche et considéré, ayant entendu parler des espérances de Watt et de ses tentatives, alla le trouver pour prendre connaissance de ses travaux. Il ne lui fallut que peu de temps pour en apprécier le mérite et l'importance. Ne doutant pas du succès de l'entreprise, il remboursa le docteur Roebuck de ses avances, et emmena Watt à Birmingham, où il s'associa avec lui.

Après avoir pris un brevet, les deux associés construisirent en peu de temps une machine qu'ils produisirent en public. Leur confiance dans les résultats qu'ils annonçaient était telle, qu'ils offrirent de n'exiger le paiement des machines qu'ils fourniraient qu'après que les acquéreurs auraient constaté par eux-mêmes la réalité des avantages promis. Le nouvel appareil ne tarda pas à se répandre dans les exploitations de mines les plus importantes. La plupart des marchés furent conclus à la condition que ceux qui emploieraient les machines abandonneraient aux propriétaires de l'invention le tiers des économies de combustible qui résulteraient de leur usage, comparé à celui des anciens procédés. Cette convention valut en peu de temps d'immenses bénéfices à Watt et à son associé; les seules mines de Chacewater leur donnèrent de cette manière un revenu annuel de 808 livres sterling.

La machine-modèle avait été construite à Soho, dans le voisinage de Birmingham; ce lieu devint un établissement d'instruction pour les ingénieurs anglais. L'aîné des frères Périer s'y rendit de Paris, en 1779, et y fit l'acquisition d'une machine, modèle de celle qu'il appliqua à la pompe de Chaillot.

La découverte de Watt, comme il arrive presque toujours en pareil cas, lui fut long-temps contestée, même dans son propre pays; mais en France, M. de Prony lui rendit pleine justice, bien qu'on ait prétendu le contraire. Watt a même été honoré, pendant son séjour à Paris, de l'amitié de ce célèbre ingénieur. Enfin il triompha des menées de l'envie et de l'ignorance; et en 1799, la cour du banc du roi lui reconnut authentiquement le titre qu'il réclamait.

La machine que Watt avait perfectionnée ne servait qu'à élever l'eau; l'idée lui vint de la faire servir à faire marcher des moulins employés dans toutes les espèces d'usines. Le mécanisme par lequel la roue à filer est mise en mouvement lui suggéra le moyen de lui donner cette application nouvelle; mais dans le temps où il s'occupait de préparer le modèle de ce procédé, un ouvrier infidèle vendit son secret à un nommé Rickards, qui s'empressa de prendre un brevet qui lui assura la propriété de cette invention. Toutefois, si son véritable auteur s'est trouvé par là frustré des bénéfices qu'elle aurait dû lui valoir, l'honneur au moins lui en est resté sans contestation : on sait quelle a été dans la suite l'importance de cette découverte.

On doit encore à Watt plusieurs autres inventions de moins d'importance; entre autres la presse à copier les lettres, qui consiste en deux cylindres entre lesquels on fait passer une feuille de papier mouillée appliquée sur une feuille écrite. Ce fut lui aussi qui le premier introduisit en Angleterre le blanchiment par l'acide muriatique, que Berthollet venait récemment de découvrir en France. Jusqu'en 1800, Watt s'occupa avec la plus grande activité des travaux qui résultaient de son association avec Boulton. A cette époque, il se fit remplacer par son fils, et se retira complètement des affaires. Etant encore à Glascow, il avait perdu sa première femme; il épousa en secondes noces, à Birmingham, la fille de Mac-Grégor. En 1817, après un voyage qu'il fit dans son pays natal, il alla s'établir définitivement dans sa terre d'Healhfield, où il mourut le 13 août 1819, au milieu du bonheur et du repos que lui avait mérités une longue carrière consacrée à des travaux utiles à l'humanité et glorieux pour lui.

Si Watt ne peut prétendre à la découverte de la puissance motrice de la vapeur, si même la première application de cette découverte aux besoins de l'industrie lui est étrangère, il n'en est pas moins vrai pourtant que c'est par lui que la société a été mise en possession de ses avantages. Il est donc juste que l'honneur en soit particulièrement attaché à son nom, et que le tribut de la reconnaissance publique à cet égard soit surtout payé à sa mémoire.

Watt possédait une instruction très étendue et très variée : indépendamment de ses connaissances spéciales dans les sciences physiques, il était versé dans la littérature européenne, dans les beaux-arts, dans l'histoire. Il

(Maison de James Watt.)

était particulièrement au courant de la poésie et de la métaphysique allemandes, qui faisaient fréquemment le sujet de ses entretiens. Les sociétés royales de Londres et d'Edimbourg l'avaient admis dans leur sein, et le titre de membre étranger lui avait été donné par l'institut de France. En 1824, une réunion présidée par lord Liverpool décida qu'une souscription serait ouverte pour faire les frais d'une statue qui lui serait érigée à Birmingham. Les principaux personnages d'Angleterre s'empressèrent de prendre part à cette souscription, dans laquelle le roi lui-même figura pour 500 livres sterling.

Dans notre deuxième article sur la vapeur, nous expliquerons en détail les découvertes de Watt, et nous ferons comprendre l'importance de la révolution qu'elles ont opérée, non-seulement dans l'industrie, mais dans l'état général de la société.

Paris. — Imprimerie de H. Fournier, rue de Seine, n° 14.

SUISSE, — BALE.

Vue de la porte St-Paul. — Aspect de Bâle. — Sa cathédrale. — Ses grands hommes : Holbein ; Érasme ; les Bernouilli, etc. — État florissant de l'ancienne université de Bâle. — Invasion de cette cité par le négoce et l'industrie manufacturière. — Exclusion des Juifs de Bâle. — Les miroirs dans la rue. — Salle du grand concile. — Monument élevé aux victimes de Saint-Jacques. — Récit de ce combat. — Origine de l'alliance de la France et de la Suisse. — Le château de Dornach. — Huningue.

Bâle est la plus grande ville de toute la Suisse. Elle est située au nord de la grande chaîne du Jura, qui forme la barrière septentrionale de la Suisse, dont elle semble détachée. Le Rhin, qui la traverse, se retourne brusquement vers l'Allemagne au sortir de ses murs. La ville s'élève sur les deux rives de ce fleuve majestueux : le grand Bâle, qui couvre la rive gauche, est la portion la plus antique et la plus considérable de la cité. Un seul pont forme la communication du grand et du petit Bâle; c'est à l'une des extrémités de ce pont qu'est placée cette horloge si célèbre jadis entre toutes celles de la chrétienté, à l'égard desquelles elle se trouvait constamment en avance d'une heure. Aujourd'hui cette singulière différence a disparu.

Bâle renferme de beaux édifices publics et particuliers, et, généralement, cette ville, bien bâtie et habitée par une population active, aisée et industrieuse, doit être un séjour agréable. Si Genève l'emporte de beaucoup par sa population, c'est, à coup sûr, pour Bâle un avantage de plus, que ses habitans ne soient pas entassés les uns sur les autres, comme dans une fourmilière.

Il est peu de vues aussi belles que celle dont on jouit de la place qui s'étend devant le *Münster-kirche* ou cathédrale de Bâle. On domine de cette hauteur la ville entière, le cours du Rhin et une grande partie du territoire allemand.

Sous le rapport architectural, la cathédrale de Bâle n'est guère remarquable que par la couleur rouge de la pierre dont elle est bâtie, couleur qui, au premier aspect, paraît appliquée après coup, d'autant plus que la plupart des maisons de Bâle sont réellement peintes à l'extérieur. Le célèbre *Holbein*, dont Bâle est la patrie, est l'auteur de plusieurs des peintures qu'on voit encore sur quelques-unes de ces maisons. C'était là l'apprentissage du grand artiste qui devait plus tard décorer les palais des grands et des princes.

Les restes de Holbein ne reposent pas dans la cathédrale de Bâle; mais ce temple renferme les cendres de plusieurs autres de ses enfans qui ont laissé aussi de grands noms : Erasme, savant littérateur et grammairien; les Bernouilli, famille de géomètres, dont quelques-uns ont fait de grandes découvertes, et une foule d'autres hommes qui ont occupé jadis une place honorable dans le monde savant. Aujourd'hui les habitans de Bâle ne tournent plus leur activité vers les spéculations intellectuelles; des objets plus saisissables, et, pour parler le langage du jour, plus positifs, absorbent leurs pensées. A ce peuple d'industriels; mais de quelle ville d'Europe n'en pourrait-on dire autant?

La banque est le principal commerce de Bâle. La fabrication des bonneteries y jouissait d'une certaine importance; réduite aujourd'hui à un triste état, elle est remplacée par la fabrication des rubans, qui a pris, dans ces dernières années, un assez grand développement. On trouverait à peine un paysan qui n'ait chez lui un métier à rubans, ou même une ferme où ne soit logé quelque atelier de ce genre. Les gens de la campagne y ont gagné un peu plus d'aisance, et leur caractère s'est un peu ressenti de leurs nouvelles habitudes industrielles. Ils sont devenus commerçans, et l'agriculture de ces belles vallées a perdu quelque chose.

Bien que depuis la révolution de 1789, bien des gens de toutes les couleurs et de toutes les religions aient été tolérés à Bâle, les juifs continuent d'en être exclus comme par le passé.

Généralement il existe en Suisse une grande aversion contre les juifs, et les cantons protestans les proscrivent tout comme les catholiques. On en voit quelques-uns aux foires; mais ils partent avant le coucher du soleil; si on les trouvait de nuit dans certaines localités, on leur ferait subir des châtimens sévères.

Un usage antique s'est perpétué à Bâle à travers toutes les révolutions politiques qui ont eu lieu en Suisse; c'est celui d'attacher extérieurement à chaque fenêtre un miroir destiné à renvoyer dans le salon toutes les figures qui se succèdent dans la rue. Renfermées dans leurs appartemens, les dames de Bâle ont besoin de cette distraction pour égayer les longues heures que leurs maris passent à la Bourse ou dans leur comptoir. Rarement on y donne des soirées, et les mœurs y ont conservé l'empreinte de l'ancienne sévérité.

Les voyageurs ne manquent pas de visiter l'antique salle où se tinrent les conférences de ce fameux concile de Bâle, qui se révolta contre le pape Eugène IV, le déclara déchu du siège pontifical, et donna la tiare à un duc de Savoie, qui prit le nom de Félix V, lequel se démit plus tard, et reconnut l'autorité de Rome. Il n'y reste maintenant que les bancs de bois sur lesquels étaient assis les membres du concile, et que l'on a soigneusement conservés avec les larges taches d'encre que les doctes pères y ont répandues. Dans une pièce voisine de cette salle, se faisaient jadis les exercices publics de l'université de Bâle, et sur l'un des pupitres de bois qui la garnissent, on montre encore aux voyageurs un profil d'Erasme d'une parfaite ressemblance, tracé par le couteau de quelque malin *escolier*. Un portrait fort remarquable de ce savant existe dans la bibliothèque de Bâle; ce chef-d'œuvre, où la naïveté du pinceau s'unit à la finesse de l'expression, est d'Holbein lui-même. On y trouve aussi plusieurs lettres manuscrites d'Erasme, un exemplaire de son *Eloge de la Folie*, chargé sur les marges de dessins à la plume du même peintre; enfin on y conserve précieusement son testament, son écritoire, son cachet, et jusqu'à la plume dont il se servait dans ses derniers momens.

A peu de distance de Bâle, à l'endroit où le chemin de Moutiers se sépare de celui qui conduit directement aux ruines du lazaret de Saint-Jacques, les bourgeois de cette ville ont élevé, il y a quelques années, un monument en l'honneur d'un combat héroïque soutenu par seize cents Suisses contre toute l'armée d'un de leurs rois.

Le peuple luttait alors en Suisse, depuis plus d'un siècle, contre les derniers débris de la puissance féodale, et l'Autriche était hors d'état de les ramener sous son joug. Elle invoqua l'assistance du roi de France, Charles VII, qui saisit cette occasion de se débarrasser d'un ramassis de soldats ou plutôt de brigands stipendiés, connus sous le nom d'*Armagnacs*, qui lui étaient inutiles depuis sa paix avec l'Angleterre. Le fils de Charles VII, Louis, se mit à la tête de cette expédition, et dirigea par Altkirch contre Bâle, où le concile était alors assemblé.

A la nouvelle de l'invasion française, seize cents Suisses sont détachés à la hâte pour reconnaître l'ennemi, et jeter au besoin quelques secours dans la ville. Après avoir marché pendant toute la nuit, ils rencontrèrent, au point du jour, l'avant-garde ennemie, qu'ils dispersèrent, et ce facile avantage aveuglant les soldats, ils se précipitèrent, malgré les ordres de leurs chefs, contre le gros de l'armée française, dont la grosse artillerie et les hommes d'armes, couverts de fer, eurent bientôt mis le désordre dans leurs rangs. La moitié des Suisses tombe sur le champ de bataille; le reste se retire dans le cimetière de l'hôpital de Saint-Jacques, s'y retranche, et là soutient un siège héroïque. Trois fois les Français revinrent à l'assaut, faisant à chaque fois un grand carnage, et perdant, de leur côté, un grand nombre d'hommes. Criblés par le canon, les murs du cimetière se sont écroulés; les Suisses se sont réfugiés dans les bâtimens de l'hôpital, dans la chapelle et dans la tour, qui la domine; mais bientôt ces constructions tombent les unes après les autres au milieu des flammes, ensevelissant sous leurs ruines fumantes la majeure partie des assiégés. Sur le refus que les autres font de se rendre, les cuirassiers français mettent pied à terre, livrent tous ensemble un dernier assaut; mais le peu de Suisses qui survivaient encore soutiennent leur choc, et se font bientôt un rempart des corps de ces assaillans; il fallut enfin, pour les achever, remplacer les cuirassiers par l'artillerie, et foudroyer cette poignée de braves; et ainsi ils tinrent le serment qu'ils avaient fait avant de partir : *de délivrer*

Bâle ou de bailler leurs ames à Dieu et leurs corps aux Armagnacs.

Le combat avait duré dix heures. Des blessés qu'on releva sur le champ de bataille, trente-deux seulement furent rendus à la vie. Une fois l'action engagée, aucun des leurs n'était tombé entre les mains des Français, si ce n'est couverts de blessures et hors d'état de se mouvoir. Seize Suisses seulement avaient battu en retraite avant l'attaque; quand ils revinrent parmi leurs concitoyens, ils furent dégradés et déclarés à jamais infâmes. En déblayant les ruines de l'hôpital Saint-Jacques, on trouva les cadavres d'une centaine de ces braves que les flammes avaient séparés de leurs frères et presque charbonnés. Ils étaient la plupart appuyés de bout contre les murs d'une salle basse et les armes à la main. On raconte encore à Bâle qu'un noble Suisse, Bernard de Mench, qui avait combattu avec les Armagnacs, se promenant, à l'entrée de la nuit, sur le champ de bataille jonché de morts, et s'étant écrié en voyant ces flots de sang : « C'est maintenant que nous nous baignons parmi les roses. » Un capitaine d'Ury, Arnold Schik, qui gisait blessé mortellement, se releva, le fit choir au milieu des décombres de la tour, et pendant qu'il cherchait à se débarrasser, lui brisa le crâne avec une lourde pierre, et tomba près de lui épuisé par ce dernier effort.

Redoutant avec raison l'issue d'une guerre qui s'annonçait sous de si sanglans auspices, Louis n'osa pénétrer plus avant sur les terres d'un ennemi aussi déterminé. Il comprit combien il importait à la France d'avoir pour alliés de si redoutables adversaires, et c'est de cette sanglante affaire que date notre alliance avec la Suisse. Pendant trois siècles, ses enfans se sont montrés fidèles à leur pacte avec nos rois.

Quand, en 1791, l'armée française envahit de nouveau la Suisse, pour assurer l'indépendance du territoire que menaçaient les puissances étrangères, le château de Dornach, voisin de Bâle, fut témoin d'une ruse de guerre qui fut long-temps le sujet des plaisanteries des officiers français eux-mêmes. Lorsque l'armée républicaine se présenta devant les murs de ce vieux château, le général crut avoir affaire à une forte garnison, et surtout à une troupe nombreuse d'émigrés. Or, depuis trois siècles, le château de Dornach était la pacifique résidence d'un bailli de Soleure, et il n'y avait alors dans ses murs qu'un ancien officier du régiment de Vigier, un sergent, sept soldats et un tambour. L'officier commandant voulut mettre à profit l'erreur du général français, pour sauver la place. Pendant deux jours, ses hommes, qui se multipliaient, servirent de leur mieux la petite artillerie du château, et l'unique tambour, qui ne cessait de battre à droite et à gauche avec des sons différens, ajoutait encore à l'effet que produisait cette résistance. Les deux jours écoulés, on somme la place de se rendre, et le commandant capitule sous la condition qu'il sortira avec armes et bagages, et avec tous les honneurs de la guerre. Pendant ces pourparlers, les sept soldats s'esquivèrent de la place, en se laissant glisser le long d'un roc escarpé; et quand la capitulation fut signée, les portes s'ouvrirent, et l'on vit sortir le commandant précédé du tambour battant, et suivi de son sergent. Dans le premier moment, le général français se crut joué, et envoya l'officier suisse prisonnier à Huningue; mais on le relâcha aussitôt, et ce fut à qui, parmi les officiers français, voudrait connaître l'auteur de cette mystification; qui, après tout, était une bonne ruse de guerre. Ce nom d'Huningue nous rappelle aussi l'héroïque défense que fit en 1815 la garnison française commandée par le général Rapp. Mais celle-là est trop connue pour qu'il soit besoin de la redire. Bâle a demandé la destruction des remparts d'Huningue, qui menaçaient, disait-elle, son indépendance. — Et ce monument de la grandeur de Louis XIV est encore à relever !

LA PROVENCE.

(Deuxième article.) [1]

Un auteur a appelé la Provence une *gueuse parfumée* ; l'expression est juste, car on n'y recueille pas la moitié du grain nécessaire pour nourrir les habitans, tandis que son territoire sec et sablonneux est couvert de grenadiers, d'orangers, de palmiers, etc. Parmi ses productions les plus estimées, l'huile a acquis une réputation méritée ; quant aux vins, qui dans ce pays sont noirs et épais, on peut dire qu'ils doivent leur âpre consistance au peu de soin que l'on apporte à leur fabrication.

Ce défaut, que l'on remarque dans une branche d'industrie si importante, tient bien moins à une ignorance réelle qu'au caractère des habitans ; on rencontre dans les mœurs provençales, et chez le bas peuple surtout, un sentiment de méfiance et de répulsion chaque fois qu'il s'agit de lui faire appliquer une idée nouvelle, et alors même que l'amélioration lui est matériellement démontrée. Ainsi la charrue s'est conservée chez la plupart des laboureurs, semblable à celle de leurs pères, malgré tous les efforts que l'on a faits pour leur faire adopter un nouveau modèle. La bêche, la houe, tels sont à peu près les seuls instrumens aratoires employés sous un soleil dévorant. Il en résulte que les cultivateurs, arrivés à un âge avancé, marchent pliés en deux, par suite de cette courbure imprimée aux reins, en se livrant à leurs rudes travaux. Après cela on ne trouve pas les Provençaux beaucoup plus avancés sous le rapport des commodités de la vie : à moins d'être assez heureux, en voyage, pour ne séjourner que dans les villes, on ne rencontre que de détestables auberges sur les grandes routes, peu ou point de ces agrémens, de ces prévenances qui dans le nord révèlent une civilisation plus avancée; même physionomie, même dénuement que dans les *posadas* d'Espagne, dont la Provence rappelle par plus d'un trait et les mœurs et le caractère. Entr'autres points de ressemblance, nous signalerons d'abord cette coutume commune aux habitans des campagnes des deux pays, de se vêtir de drap et de laine en hiver, tout comme dans les brûlantes chaleurs de l'été; la sobriété, la vie frugale se retrouvent également chez les deux peuples. Le paysan provençal n'est point enclin à l'ivrognerie, et rarement un plat de viande apparaît sur sa table, dont les légumes secs, l'ail et l'oignon font tous les frais. Le défaut de pâturages, que l'on remarque principalement sur les côtes, fait que le laitage et les bœufs y sont de mauvaise qualité et peu abondans.

Malgré ce léger inconvénient, la population est saine et vigoureuse. Les femmes d'*Arles* et de *Marseille*, passent pour être fort jolies. Cette réputation est méritée ; celles qui ne le sont pas suffisent à peine pour apporter les ombres nécessaires au tableau. Les marseillaises surtout ont un caractère de physionomie qui leur est propre. Elles sont blanches sous un ciel brûlant ; en général elles manquent de teint, mais cette absence d'incarnat donne à leurs traits un air de langueur qui n'est pas sans charmes. Leur nez tient de l'aquilin, leurs yeux sont noirs et brillans, et leurs dents incomparablement plus belles que dans les provinces de la France exposées à l'humidité et aux brouillards. Les hommes, doués d'un tempérament sec, rappellent par leur physionomie et leurs manières, les habitans des côtes de la Catalogne. Ils ont l'humeur gaie, l'esprit rusé et sagace ; mais emportés et violens quelquefois, ce n'est pas sans raison que l'irritabilité des Provençaux a passé en proverbe. Il y a, du reste, un rapport évident entre l'accent et les manières des habitans. La rudesse de l'idiome provençal frappe singulièrement les étrangers. Contre toute attente, cette dureté de prononciation qui semblerait devoir s'adoucir à mesure que l'on s'approche de l'Italie, acquiert vers la frontière une inflexion plus gutturale et plus repoussante. Il y a tel village aux environs d'*Aprémont* et de la *Rochette*

[1] Voyez l'article précédent, page 270,

Var), dont l'idiome ferait douter si l'on est en France et en Europe. Au surplus la même chose est à remarquer sur presque toutes nos frontières. Aux environs de Cernay, par exemple, le patois franc-comtois se mêle à l'alsacien et il en résulte un langage véritablement barbare auquel Français ou Allemands s'efforceraient vainement de rien comprendre.

Si l'on se souvient de l'affection particulière des Romains pour la Provence, qu'ils regardaient comme une portion de l'Italie, on demeure étonné du peu de vestiges qu'y ont laissés ces maîtres du monde. A peine quelques arcs de triomphe, quelques mausolées témoignent-ils de leur occupation. *Nîmes* à lui seul, possède plus de curieuses antiquités que toute la Provence : on ne trouve pas à Marseille un seul morceau d'architecture romaine.

L'arc de triomphe d'*Orange* a vainement exercé pendant de longues années la critique des antiquaires. On aurait dû reconnaître que ce monument, comme beaucoup d'autres ouvrages de ce genre, fut élevé, non seulement à la gloire de Marius, mais encore pour perpétuer des vestiges le souvenir de toutes les belles actions des généraux romains en Provence.

On montrait dans le siècle dernier un arc de triomphe à Carpentras. Il a été enchâssé depuis dans la maison de l'archevêché, et précisément dans la partie du bâtiment où sont les offices et les cuisines.

Cavaillon possède également un arc de triomphe, mais il n'est pas sûr qu'il n'appartienne pas au temps du bas-empire.

Enfin quand nous aurons mentionné un arc triomphal et un mausolée, l'un et l'autre en ruines, à Saint-Rémi, et un amphithéâtre inachevé à Arles, nous aurons complété la faible nomenclature des ouvrages romains qu'ait conservés la Provence.

C'est tout juste ce qu'il faut pour qu'on ne puisse pas nier que Rome a passé par là.   M. T.

DE L'ESCLAVAGE DES NÈGRES. (1).

HISTORIQUE DE LA TRAITE.

Les anciens Égyptiens avaient à leur service des eunuques nègres, comme les Assyriens et les Perses; Tyr et Sidon trafiquaient aussi d'esclaves, selon le témoignage des livres saints. A Carthage, on employait les nègres aux travaux des mines et dans la manœuvre des vaisseaux. Alors comme aujourd'hui, les peuplades nègres végétaient dans cet état d'ignorance, de superstition et de pauvreté, dont le contact des blancs finira probablement par les tirer.

Esclave noir frappé du fouet.)

Les Grecs et les Romains rapportèrent en Europe, parmi les dépouilles que leur avait fournies l'Afrique, de l'or et

(1) Voyez page 256.

des esclaves. Les Nègres ou Éthiopiens furent communs à Rome, sous les empereurs, et, à Constantinople, au temps du bas-empire. Et plus tard, les conquêtes des Sarrasins, les irruptions des Maures et des Arabes au sein de l'Afri-

(Retour des Nègres à l'habitation.)

que, en disséminèrent un grand nombre dans tous les lieux soumis aux musulmans.

Dans un temps plus rapproché de nous, vers la fin du xive siècle, les Portugais ayant découvert quelques îles vers ces côtes d'Afrique, en rapportèrent des esclaves qu'on employa d'abord à la culture des terres, soit sur le Continent, soit aux îles Canaries. Ce qu'il y a de positif c'est qu'en 1481, les Portugais bâtirent un fort, celui d'Elmina, sur la côte d'Afrique, et que quatre ans après, Alonzo Gonzales établit l'un des premiers ce grand commerce d'esclaves qui s'est maintenu jusqu'à ce jour.

Ce fut, dit-on, à l'époque où commençait à Saint-Domingue l'exploitation de la canne à sucre, en 1508, que les Espagnols y transportèrent pour la première fois des esclaves noirs. Lorsque, cent ans après, l'Amérique espagnole fut découverte, le massacre des paisibles habitans de cette vaste et riche contrée, la dispersion dans les forêts d'un grand nombre de ceux qui avaient survécu, et l'extinction graduelle du reste de la population que les Espagnols avaient entassée dans les mines, firent sentir aux maîtres avides du nouveau monde le besoin d'y transplanter une nouvelle race d'esclaves; le commerce des noirs prit dès-lors un immense développement. La culture de la canne à sucre, du coton et du café en Amérique, fut pour les Européens une source de promptes et colossales fortunes, mais le trafic des esclaves fut bien plus lucratif encore pour les capitaines et les armateurs des bâtimens négriers.

Les Européens exploitèrent avec empressement les diverses côtes d'Afrique. Cabinde, Loango, Malimbe, Saint-Paul de Loando, Saint-Philippe de Benguela, leurs fournirent, comme ils le disaient, des qualités diverses de chair humaine, qu'ils apprirent à apprécier comme les sortes de café et d'indigo. On reconnut bientôt que les Mandingues étaient l'espèce la plus docile, et dès-lors la plus commode à exploiter; les Papaus furent côtés presqu'au même chiffre, grâce à leur patience; l'Eboës, stupide, timide et *lâche* au dernier degré, fut peu couru; à la moindre contrariété il se suicidait; ce défaut devait déprécier la marchandise; le Koromantyre du royaume de Juida était fier, sauvage, rebelle; il fut tout aussi difficile à placer. En un mot, le tarif de ce nouveau commerce fut bientôt établi.

1. De tous les points du littoral d'Afrique, le plus couru fut de tout temps la *côte d'Or*. Nulle part ailleurs les Européens ne trouvaient autant d'esclaves et d'un meilleur produit. On les acheta d'abord pour peu de chose, mais peu à peu le prix s'éleva jusqu'à quatre cents francs. Dans ces marchés d'hommes, il fallait, comme dans ceux de l'Europe, payer l'impôt du prince, les commissions des courtiers,

la protection accordée par les comptoirs européens qui protégaient la traite, les droits en usage sur les côtes, les présens, etc. Le prix de la marchandise n'était souvent qu'une faible partie de la valeur totale. Malgré la cherté de ces machines vivantes, on en exportait habituellement plus de soixante mille par an, et peu de temps avant la révolution française, ce nombre s'éleva à plus de cent mille. L'Angleterre en enlevait pour son compte plus de la moitié qu'elle exploitait dans ses colonies ou revendait aux autres nations. Alors elle avait intérêt à soutenir ce honteux trafic; aujourdui elle le condamne et veut l'anéantir, parce que les intérêts de son commerce ont changé; ainsi que nous l'expliquerons dans un autre article.

BLAISE PASCAL.

Pascal, (Blaise) naquit à Clermont en Auvergne en 1625. Son père, président à la cour des aides et plus tard intendant de la ville de Rouen, était un homme instruit. Il fut lui-même le précepteur de son fils et se retira de bonne heure à Paris pour être à portée d'orner l'esprit de son élève de toutes les connaissances dont il paraissait avide. Les mathématiques eurent pour le jeune Pascal un attrait particulier; mais son père voulut l'air détourner, de crainte qu'elles ne le dégoûtassent de l'étude des langues anciennes dont la connaissance approfondie était alors regardée comme

plus nécessaire que celle des sciences exactes. Le jeune Pascal, gêné dans son goût pour la géométrie, n'en devint que plus ardent à l'apprendre. On sait qu'il vint à bout de deviner, par la seule force d'un génie pénétrant, jusqu'à la trente-deuxième proposition d'Euclide. Cédant enfin, obéissant à une vocation si positive, son père lui confia les élémens de géométrie de cet auteur, et le jeune mathématicien s'en pénétra si bien, qu'à l'âge de 16 ans il publia un traité des sections coniques qui fut admiré des hommes consommés dans cette science. Descartes refusa même de croire qu'il fût de lui, et prétendit que son père lui en faisait honneur.

La grande application de Pascal affaiblit sa santé dès l'âge de 18 ans. Il en avait à peine 19 lorsqu'il inventa cette machine arithmétique si ingénieuse à l'aide de laquelle on pouvait faire toutes sortes de supputations sans plumes et sans jetons, et même sans savoir l'arithmétique. Cette machine était à la vérité composée de beaucoup de roues et d'autres pièces d'un volume fort embarrassant, de sorte que l'usage en était incommode.

De nouvelles découvertes ajoutèrent à l'admiration que le jeune Pascal inspirait déjà au monde savant. Un physicien italien, disciple du célèbre Galilée, Toricelli, avait trouvé qu'en remplissant de mercure un tube de verre fermé par un bout, puis le renversant de manière à faire plonger l'autre bout dans un vase plein de mercure, sans permettre à l'air d'entrer dans le tube, Toricelli avait trouvé, dis-je,

(Blaise Pascal.)

que le mercure se soutenait dans ce tube à près de vingt-huit pouces au-dessus du niveau du vase. C'était le baromètre. Bien que Toricelli eut compris la véritable cause de cet effet de suspension, on continuait à l'expliquer par une prétendue horreur naturelle du vide, horreur en vertu de laquelle le mercure restait dans le tube. Pascal admit dès l'abord l'opinion de Toricelli; il vit, comme lui, dans l'ascension de la colonne de mercure au-dessus du niveau du vase, un effet de la pression que l'air exerce sur tous les corps; mais il fit mieux encore; sur sa demande, un de ses amis s'éleva sur le mont d'Or, portant à la main un tube de Toricelli, et vit le mercure baisser à mesure qu'il s'élevait dans l'atmosphère. Dès-lors, il ne dût plus rester aucun

doute sur le fait de la pression de l'air, et Pascal associa son nom à celui de l'inventeur du baromètre (1).

Sans vouloir faire l'énumération des travaux de Pascal, nous rappellerons seulement qu'il découvrit, quelques années après, la solution d'un problème proposé par le père Mer-

(1) Ceux de nos lecteurs qui n'auraient pas une connaissance assez étendue des effets de la pression atmosphérique et du baromètre, pourront recourir à un article que nous publierons bientôt dans le *Magasin Universel*, sur cette théorie si importante et si féconde en applications usuelles. Ce sera pour nous une occasion de redresser plusieurs erreurs accréditées par la plupart des ouvrages de physique les plus répandus.

senne. A cette époque de luttes savantes et de pacifiques défis qui entretenaient parmi les savans le goût des mathématiques, Pascal mit tous les géomètres de l'Europe en demeure de résoudre cette même question; il consigna quarante pistoles pour celui qui trouverait la solution du problème; mais aucune n'ayant réussi, il mit au jour la sienne sous un nom supposé. Il inventa comme l'on sait les brouettes et les haquets, machines simples et pourtant fort ingénieuses, dont la seconde est une double application du treuil et du plan incliné. Il est aussi une invention que l'on croit bien moderne et qui remonte, dit-on, à Pascal; c'est celle des omnibus. On trouva en effet, après sa mort, dans ses papiers, un projet d'établissement de voitures publiques à cinq sous.

Retiré à Port-Royal des Champs, où l'avait attiré l'amour de la science et de la solitude, Pascal embrassa le parti et la doctrine des illustres solitaires qui habitaient cette retraite et qui étaient alors dans l'ardeur de leurs disputes avec les pères de l'ordre de Jésus. Nous ne nous étendrons pas sur cette lutte fameuse que le public aurait depuis longtemps oubliée sans les lettres *Provinciales* que Pascal publia à cette occasion. Boileau les regardait avec raison comme le plus parfait ouvrage en prose qui fut dans notre langue. Bossuet, à qui on demandait lequel de tous les ouvrages écrits en français il aimerait mieux avoir produit, répondit : « les Provinciales. » — « Il faut, dit Voltaire, rapporter à ces lettres l'époque de la fixation du langage. »

Ruinée par le travail et la méditation, la santé de Pascal s'affaiblissait de jour en jour ; un accident terrible acheva de la détruire. Les médecins alarmés de l'état d'épuisement où il se trouvait, lui avaient conseillé de substituer l'exercice salutaire et agréable de la promenade aux méditations fatigantes du cabinet. Un jour du mois d'octobre 1654, étant allé se promener, suivant sa coutume, au pont de Neuilly, dans un carrosse à quatre chevaux, les deux premiers prirent le mors au dents, dans un endroit où il n'y avait pas de parapet et se précipitèrent dans la Seine. Heureusement la première secousse rompit les traits qui les attachaient au train de derrière et le carosse demeura sur le bord du précipice. Mais on se représente aisément la commotion que dut recevoir la machine frêle et languissante de Pascal. Il eut beaucoup de peine à revenir d'un long évanouissement, et son cerveau fut tellement ébranlé, que le souvenir de cet accident le troublait sans cesse, surtout au milieu de ses insomnies. Il croyait toujours voir un abîme à son côté gauche, et y faisait mettre une chaise pour se rassurer, en prouvant à sa raison qu'elle était dupe de son imagination.

Pascal s'occupait dans les dernières années de sa vie d'un grand ouvrage sur la religion ; ses infirmités l'empêchèrent de l'achever, et il n'en resta que quelques fragmens, fort remarquables sans doute, mais écrits sans aucun ordre, que l'on a donnés au public sous le titre de *Pensées de Pascal.*

Tous ceux qui approchaient Pascal reconnaissaient sa supériorité, et n'en était pas blessés, parce qu'il ne la faisait jamais sentir lui-même. Il était d'une indulgence extrême pour les défauts d'autrui ; seulement, par une suite de l'attention qu'il avait de reprimer en lui les mouvemens d'amour-propre, il en aurait souffert difficilement dans les autres, l'expression trop marquée ; il disait à ce sujet qu'un honnête homme doit éviter de se nommer, que la piété chrétienne anéantit le moi humain, et que la civilité sociale le cache et le supprime. On voit par les lettres provinciales et par plusieurs autres ouvrages, qu'il était né avec un grand fonds de gaieté ; ses maux mêmes n'avaient pu parvenir à la détruire entièrement. Il se permettait volontiers dans la société les railleries douces et ingénieuses qui n'offensent point et qui réveillent la langueur des conversations; elles avaient ordinairement un but moral ; ainsi, par exemple, il se moquait avec plaisir de ces auteurs qui disent mon livre, mon commentaire, mon histoire. « Ils feraient mieux,

ajoutait-il plaisament, de dire notre livre, notre commentaire, notre histoire ; car d'ordinaire, il y a en cela bien plus du bien d'autrui que du leur. » Pascal mourut à Paris le 19 août 1688, âgé de 59 ans seulement. Que n'eût pas produit sa haute intelligence, s'il lui eut été donné de vivre plus long-temps!

A. H.

COUTUMES DU MOYEN-AGE.
FUNÉRAILLES.

Nous avons déjà décrit (1) les cérémonies qui étaient en usage au xvie siècle, lorsqu'on célébrait les funérailles d'un roi de France ; mais il est d'autres coutumes bizarres, oubliées aujourd'hui, et qu'il est important de connaître, parce qu'elles sont tout-à-fait caractéristiques.

Les tombeaux des rois de la première race, depuis Clovis, ne consistaient que dans une grande pierre profondément creusée et couverte d'une autre en forme de voûte. Il n'y avait sur ces pierres ni figures ni épitaphes : c'était en dedans qu'on gravait les inscriptions et qu'on prodiguait les ornemens de toute espèce. En 1646, on découvrit dans l'abbaye dé Saint-Germain-des-Près le tombeau de Chilpéric II. Il renfermait un baudrier, des épées, un morceau de diadème tissu d'or, une agrafe d'or pesant environ huit onces, un vase de cristal rempli d'un parfum qui exhalait encore quelque odeur, des poignards, et plusieurs pièces d'argent carrées sur lesquelles était empreinte la figure du serpent amphisbaine (1), sans doute pour signifier que ce prince était mort victime de la trahison. On sait, en effet, qu'un seigneur français, pour se venger des mauvais traitemens qu'il lui avait fait endurer, le poignarda, lui, sa femme et son fils, dans la forêt de Livri.

On ne commença guère à mettre des épitaphes sur les tombeaux de nos rois que sous la seconde race. Eginard rapporte celle qu'on grava, dans l'église de Notre-Dame d'Aix-la-Chapelle, au-dessus de l'endroit où fut inhumé Charlemagne ; elle est bien simple :

« Cy-gist le corps de Charles, grand et orthodoxe em-
« pereur. Il étendit glorieusement l'empire des Français,
« et régna héureusement pendant quarante-sept ans. Il
« mourut septuagénaire le 28 janvier 814. »

Voici de quelle manière il fut *enseptulturé*, pour nous servir de l'expression consacrée au moyen-âge. On descendit son corps dans un caveau, après l'avoir embaumé, et on l'assit sur un trône d'or. Il était revêtu de ses habits impériaux, sous lesquels était un cilice : à sa ceinture pendait la *joyeuse* (c'était le nom de son épée). Il semblait regarder le ciel, et sa tête était ornée d'une chaîne d'or en forme de diadème ; d'une main il tenait un globe d'or, de l'autre il touchait le livre des Évangiles, placé sur ses genoux; son sceptre d'or et son bouclier étaient suspendus, devant lui, à la muraille.

Aux funérailles de Philippe-Auguste, le cardinal Conrad, légat du Saint-Siége, et Guillaume, archevêque de Reims, se disputèrent l'honneur de chanter la grand'messe : on convint, pour les mettre d'accord, qu'ils la chanteraient ensemble à deux autels différens, et que les autres prélats, le clergé, les moines et le peuple répondraient comme à un seul officiant.

Le corps du fils de saint Louis, mort à l'âge de seize ans, fut d'abord porté à Saint-Denis, et de là à l'abbaye de Royaumont, où il fut enterré. Les plus grands seigneurs du royaume portèrent alternativement le cercueil sur leurs épaules, et Henri III, roi d'Angleterre, qui était alors à Paris, le porta lui-même, pendant assez long-temps, comme feudataire de la couronne.

A la porte de l'église de Notre-Dame, le roi Philippe III

(1) Voy. tome 1er, pag. 3.
(2) Ce serpent, symbole de la trahison, a une seconde tête au lieu de queue.

prit sur ses épaules les ossemens de saint Louis, son père, et les porta jusqu'à Saint-Denis, accompagné d'archevêques, évêques et abbés, *la mitre en tête et la crosse au poing*. On planta une croix à chaque endroit où il s'était reposé; il y en eut sept : c'étaient des espèces de pyramides de pierre, avec les statues des trois rois, surmontées d'un crucifix.

Sous Philippe-le-Bel, fils et successeur de Philippe III, le parlement commença à jouir du privilége de porter le corps des rois morts, ou les quatre coins du drap mortuaire. On lit dans la chronique de Saint-Denis : « Portaient le corps du roi Jean, les gens de son parlement, ainsi comme accoutumé avait été des autres rois. »

La même chronique rapporte que « le corps de Jeanne de Bourbon, femme de Charles V, était sur un lit couvert d'un drap d'or; un linge fort délié lui couvrait le visage et n'empêchait pas qu'on ne la vit. Elle tenait dans la main droite un petit bâton terminé par une rose, et dans la gauche un sceptre; le prévôt des marchands et les échevins portaient le dais de couleur rouge, soutenu sur quatre lances; le parlement était autour du lit, et quatre présidens portaient les coins du drap d'or. »

Aux funérailles de Charles VI, on imagina d'enfermer le corps dans un cercueil, et de faire une effigie en cire, revêtue des habits et ornemens royaux. Le cercueil était porté par les vingt-quatre porteurs de sel de la ville, « lesquels disaient que, par privilége, ils devaient porter le corps du seigneur roi depuis Paris jusqu'à la croix pendante près de Saint-Denis. »

Sainte-Foix se demande sur quel motif pouvait être fondé ce privilége, et voici à cet égard son opinion. On avait perdu, dit-il, l'art d'embaumer les corps : on les coupait par pièces, qu'on salait, après les avoir fait bouillir dans l'eau pour séparer les os de la chair. Les porteurs de sel étaient sans doute chargés de ces grossières et barbares opérations, et il est probable que c'est pour cela qu'ils obtinrent l'honneur de porter ces tristes restes, que l'orgueil tâchait de disputer au néant.

Il est inutile de dire que ces convois étaient toujours escortés d'une foule nombreuse de gentilshommes, d'officiers, de hauts dignitaires, etc.

Ordinairement on conduisait aux funérailles un *cheval d'honneur*, richement caparaçonné. Deux écuyers, à pied, vêtus de noir, le menaient à la main, et quatre valets de pied, également en noir, soutenaient les quatre coins de son caparaçon. On serait tenté de croire que ce cérémonial est un souvenir de celui qu'on observait sous les rois de la première race, avant qu'ils eussent embrassé le christianisme. A cette époque de barbarie, on avait coutume de tuer et d'enterrer, avec le roi mort, un cheval et plusieurs serviteurs, attachés à sa personne.

Les funérailles ne se faisaient habituellement que quarante jours après la mort du roi. Pendant ce temps, son corps, ou son image en cire, restait exposé, à la vue du peuple, sur un lit de parade. On continuait de les servir aux heures des repas, comme s'ils étaient encore vivans, « étant la table dressée par les officiers de fourrière, le service apporté par les gentilshommes servans, panetier, échanson et écuyer tranchant; l'huissier marchant devant eux, suivi par les officiers du retrait du gobelet, qui couvrent la table avec les révérences et essais que l'on a accoutumé de faire; puis après, le pain défait et préparé la viande, et service conduit par un huissier, maître-d'hôtel, panetier, pages de la chambre, écuyer de cuisine et garde-vaisselle; la serviette pour essuyer les mains, présentée par ledit maître-d'hôtel au seigneur le plus considérable qui se trouve là présent, pour qu'il la présente audit seigneur roi; la table bénite par un cardinal ou autre prélat; les bassins à eau à laver présentés au fauteuil dudit seigneur roi, comme s'il était encore assis dedans; les trois services de ladite table continuées avec les mêmes formes et cérémonies, sans oublier la présentation de la coupe aux momens où le dit

seigneur roi avait accoutumé de boire en son vivant; la fin du repas continué par lui présenter à laver, et les grâces dites en la manière accoutumée, sinon qu'on y ajoute *de profundis.* »

Telles étaient, au moyen-âge, les cérémonies en usage, à la mort des rois de France. Les funérailles des seigneurs et des chevaliers n'étaient pas moins singulières. Nous en citons seulement quelques particularités.

Les chevaliers, morts dans leur lit, étaient représentés couchés sur leurs tombeaux, sans épée, la cotte d'armes sans ceinture, les yeux fermés, et les pieds appuyés sur le dos d'un levrier. Au contraire, ceux qui avaient été tués dans une bataille, étaient représentés l'épée nue à la main, le bouclier au bras gauche, le casque en tête, la visière abattue, la cotte d'armes ceinte sur l'armure avec une écharpe, et un lion à leurs pieds.

Aux convois, on voyait souvent, ainsi que dans l'antiquité chez les Romains, un pantomime à peu près de la taille et de la figure du mort, et qui contrefaisait quelquefois si bien son air, sa contenance et ses gestes, qu'on aurait dit que c'était le mort lui-même qui assistait à son enterrement. Dans un compte de dépense de la maison de Polignac, de l'an 1575, on lit un article ainsi conçu : « Cinq sols baillés à Blaise, pour avoir fait le chevalier défunt à l'enterrement de Jean, fils de Randonnet Arnaud, vicomte de Polignac. »

Il parait qu'on était dans l'usage de faire offrande à l'église de hardes et de chevaux, car dans une transaction de l'an 1529, entre les curés de Paris et l'église du St.-Sépulcre, il est dit qu'un mourant sera libre de choisir sa sépulture dans cette église, mais que son corps sera porté à la paroisse sur laquelle il sera mort, et que le curé de cette paroisse aura la moitié du luminaire et des hardes et chevaux qui seront présentés à l'offrande, lors de l'inhumation au St.-Sépulcre.

Au service fait à Saint-Denis en 1389, pour Bertrand Duguesclin, par ordre de Charles VI, l'évêque d'Auxerre, qui célébrait la messe, descendit de l'autel après l'évangile, et s'étant placé à la porte du chœur, on vit arriver quatre chevaliers armés de toutes pièces et des mêmes armes que le feu connétable qu'ils représentaient; ils furent suivis de quatre autres, portant ses bannières et montés sur des chevaux caparaçonnés en noir, avec son écusson : « C'étaient, dit Félibien, les plus beaux chevaux de l'écurie du roi. L'évêque reçut le présent des chevaux en leur mettant la main sur la tête, ensuite on les remena, mais il fallut après composer pour le droit de l'abbaye à laquelle ils étaient dévolus. » Le connétable de Clisson et les deux maréchaux Louis de Sancerre et Mouton de Blainville, firent aussi leur offrande, accompagnés de huit seigneurs qui portaient chacun un écu aux armes du défunt, et tous entourés de cierges allumés. Après eux, vinrent le duc de Touraine, frère du roi, Jean, comte de Nevers, etc., tenant chacun par la pointe une épée nue. Au troisième rang marchaient d'autres seigneurs, armés de pied en cap, et conduits par huit jeunes écuyers, dont les uns portaient des casques et les autres des pennons et bannières aux armes de Duguesclin. Ils allèrent tous se prosterner au pied de l'autel et y déposer ces *pièces d'honneur*.

Tout ces usages étaient inspirés, non pas seulement par l'affection qu'un défunt avait pu mériter pendant sa vie, mais plus souvent encore par le respect en quelque sorte religieux qu'on portait alors aux morts. Ce sentiment perce dans toutes les coutumes de cette époque : quelques lois même le consacraient d'une manière formelle. Pour n'en citer qu'une seule, l'article 2 du chapitre 19 des lois saliques, interdisait le feu et l'eau à quiconque aurait déterré un corps pour le dépouiller; il n'était pas permis à sa femme même de l'assister et de vivre avec lui, jusqu'à ce qu'il eût fait aux parens du mort telle satisfaction qu'ils souhaitaient; d'ailleurs on mettait des esclaves ou l'on payait des personnes pour veiller à la garde des tombeaux et des cimetières publics.

Si l'on continuait, par amour et par respect, à servir la table d'un mort, si, pour tromper la douleur de ses parens et de ses amis, on reproduisait son image, on faisait aussi quelquefois, par mépris, l'enterrement d'un vivant. Ainsi lorsqu'un chevalier avait trahi ses sermens, lorsqu'il avait forfait à l'honneur, on le *dégradait de noblesse:* ce qui avait lieu de la manière suivante. On le faisait monter sur un échafaud où des prêtres, assis et en surplis, chantaient les vigiles des morts ; puis on le dépouillait de son armure, on lui versait sur la tête un bassin d'eau chaude, on le descendait ensuite de l'échafaud, et après l'avoir étendu sur une claie, on le couvrait d'un drap mortuaire, et où on le portait à l'église, en chantant le psaume *Deus laudem meam ne tacueris,* dans lequel sont contenues diverses imprécations contre les traîtres. Ensuite on le laissait aller et survivre à son infamie. (Sainte-Foix, *Essais historiques sur Paris.*)

ÉPHÉMÉRIDES.

4 mai 1793. — La convention nationale établit en France un tarif forcé des marchandises. Ce *maximum* était là conséquence de la création des assignats.

5 mai 1789. — Louis XVI ouvre les *états-généraux* de France, formés des députés, de la noblesse, du clergé et du tiers-état. Un déficit de cinquante et quelques millions dans les caisses de l'état avait amené cette convocation dont les suites furent un bouleversement général et une complète réorganisation de la société. « Messieurs, dit le roi, bien que la convocation des états-généraux parût être tombée en désuétude, je n'ai pas balancé à rétablir un usage qui peut ouvrir à la nation une nouvelle source de bonheur... Tout ce qu'on peut attendre du plus vif intérêt au bonheur public, vous devez l'attendre de mes sentimens. » Ces paroles partaient du cœur de ce prince, ami véritable, mais peu éclairé, de son peuple.

5 mai 1808. — Victimes d'une intrigue politique, Charles IV et son fils Ferdinand renoncent à la couronne d'Espagne, et transfèrent leurs droits à Napoléon que le vieux roi reconnaissait *être le seul homme qui pût rétablir l'ordre dans ses états.* — 1814. Déchu du trône de France, Napoléon prend possession de l'île d'Elbe, dont le traité du 17 avril 1814 lui avait reconnu la souveraineté.

7 mai 1795. — L'un des bourreaux les plus atroces qu'ait enfantés la révolution française, Fouquier-Thinville, accusateur public, monte à son tour sur l'échafaud. La convention déjà purgée de Robespierre avait eu enfin le courage de chasser ce monstre de son sein.

8 mai 1816. — Le divorce, consacré par le code civil, est aboli sous la restauration et remplacé par la *séparation de corps.*

19 mai 1681. — Ouverture du canal du Languedoc, exécuté par Paul Riquet. Ce canal, qui unit la Méditerranée à l'Océan, avait été projeté sous François Ier, Henri IV et Louis XIII, et doit être rangé parmi les plus beaux titres de gloire de Louis XIV.

LES PIGEONS.

On a trouvé des pigeons dans tous les pays de la terre. On en connaît maintenant plus de cinquante espèces bien distinctes, sans compter les variétés du pigeon domestique, dont on nourrit plus de deux cents races qui se propagent et se perpétuent. Les plus remarquables sont : le *pigeon de Barbarie,* le *gros bec,* le *biset,* le *pigeon hirondelle,* le *noyer,* la *grosse gorge,* le *dominicain,* ou *jacobin,* le *culbuteur,* le *pattu* ou à pied plumeux. Toutes ces espèces ont le bec assez alongé ; d'autres ont un bec court, semblable à celui des passereaux ; tels sont les pigeons *polonais,* le pigeon *queue de paon,* le *nonain* ou *fraisé,* qui paraît avoir une fraise antique ou une palatine de plumes frisées, redressées sur la nuque et sur le cou ; le *pigeon cravate* et beaucoup d'autres. Les ramiers et les tourterelles appartiennent encore au même genre.

Les pigeons vivent par couples, font un nid commun sur un arbre ou dans un endroit élevé, et pondent deux œufs que le mâle couve dans le milieu de la journée, pendant que la femelle pourvoit à ses besoins. Ce sont les seuls oiseaux qui boivent en suçant et tout d'un trait. Le mâle et la femelle se dégorgent dans le bec. Tous deux font passer dans le bec de leurs petits, les alimens qu'ils ont pris eux-mêmes, d'abord réduits en chyme alimentaire, puis ramollis seulement quand les pigeonneaux sont devenus plus forts. Le chant des mâles se produit principalement dans la gorge ; c'est ce qu'on appelle *roucoulement.* Il naît ordinairement un mâle et une femelle de chaque couvée. Les frères font à leur tour un nouveau couple. Les femelles font communément dix pontes par année.

(Pigeons gros becs.)

Paris. — Imprimerie de H Fournier, rue de Seine Saint Germain, 14.

LE POMMIER D'ÈVE, ou L'ARBRE DU FRUIT DÉFENDU.

(Le pommier d'Ève.)

L'arbre qui est représenté dans cette figure porte le nom de *Pommier d'Ève* ou d'*Arbre du Fruit défendu*, et croît à Ceylan, l'une des îles les plus belles et les plus fertiles du monde, et qui, située entre le sixième et le dixième parallèle de latitude septentrionale, jouit d'un été continuel. L'histoire naturelle a été tant négligée à Ceylan, qu'il nous est impossible de donner avec tous les détails que nous voudrions la description de cet arbre, une des plus curieuses productions de cette île. Cependant nous pouvons garantir que notre gravure a été exécutée avec l'exactitude la plus scrupuleuse, d'après des dessins originaux.

Dans un catalogue de plantes de l'île de Ceylan, rédigé en langue malaise, d'après le système de Linné, l'arbre qui fait le sujet de cette gravure porte le nom scientifique de *Tabernæmontana dichotoma*. Celui que lui donnent les indigènes est *Divi Kaduru*, qui signifie redouté du tigre. Cet arbre, dont on distingue neuf espèces, réussit dans les lieux bas où la terre est légère. On le trouve en grande abondance près de Colombo, capitale de Ceylan.

On dit que la fleur de cet arbre répand une odeur suave; son fruit est d'une grande beauté; il est couleur orange à l'extérieur, et rouge foncé à l'intérieur. La manière dont la pomme est suspendue aux branches de l'arbre est remarquable; elle présente une forte dépression, comme si elle avait été mordue. C'est cette circonstance, jointe à cet autre fait, que ce fruit est un poison des plus violens, qui fit que les mahométans, à l'époque de la découverte de Ceylan, qu'ils regardaient, à cause de la douceur de son climat et de la prodigieuse fécondité du sol, comme le siège du paradis terrestre, donnèrent à ce pommier le nom d'*Arbre du Fruit défendu* du jardin d'Eden. Selon eux, la dépression qui se fait remarquer dans chacun de ses fruits est l'empreinte de la dent d'Eve, et c'est là un avertissement donné aux hommes de se défier de ces fruits, dont l'apparence est si séduisante, et dont l'usage serait si funeste (1).

AMÉRIQUE. — ÉTATS-UNIS.

Mœurs aux États-Unis. — Forme du gouvernement. — Palais du Congrès. — Usages et pouvoirs des deux chambres. — Prospérité croissante du pays.

On entend beaucoup parler en Europe de l'égalité qui règne entre les citoyens des Etats-Unis; mais, bien qu'il n'y ait aucune distinction de classes légalement reconnues, on peut néanmoins appliquer assez généralement à ce pays les règles qui gouvernent les hommes de toutes les nations dans leurs associations et dans leurs habitudes. Il s'est établi dans l'Amérique du nord, comme partout en Europe, des lignes de démarcation très tranchées entre les différentes classes de la société; seulement les barrières qui les séparent sont beaucoup moins sensible. En masse, les traits caractéristiques de la société y sont les mêmes, mais ils sont moins prononcés. Les différences de mœurs et d'opinions sont la conséquence inévitable de l'inégalité dans les fortunes et dans l'éducation. La position d'un *gentleman* américain ne diffère en rien de celle d'un *gentleman* anglais, si ce n'est qu'il faut que le premier jouisse de ses avantages comme d'une concession faite par l'opinion publique, et non comme d'un droit; car si un Américain, quels que fussent son nom, sa fortune, et même ses qualités personnelles, voulait prendre avec ses compatriotes moins fortunés ce ton d'une arrogante supériorité que les puissans européens se permettent si souvent envers leurs inférieurs, il courrait grand danger de s'attirer des humiliations; mais, disons-le, il mérite d'autant plus de considération, qu'il sait se faire respecter sans cela.

En général, les Européens se font une idée très fausse de la société américaine, et cela vient sans doute de ce qu'on y rencontre des individus dont les manières et le genre d'esprit sont si singuliers, qu'on ne sait dans quelle classe de la société les placer; car on a à chaque instant dérouté par le plus bizarre mélange d'intelligence, de bonté, et de politesse naturelle, avec des manières communes. On n'aime point à croire que des hommes qui font preuve, à chaque moment, de la supériorité de leur esprit, appartiennent à une classe inférieure, et pourtant lorsqu'ils violent sans cesse les règles établies par la bonne société, on n'est pas très disposé non plus à se mettre avec eux sur le pied d'une parfaite égalité. Ce cas embarrassant se présente à chaque instant aux Etats-Unis. Il est certain que les manières mêmes de la bonne société dans ce pays-là diffèrent des nôtres sur bien des points, mais il n'est pas pour cela prouvé que l'avantage soit toujours de notre côté.

Chacun de nos lecteurs sait sans doute que la constitution des Etats-Unis est républicaine. Deux assemblées souveraines, dont les membres sont élus par la nation, la chambre des Représentans et celle des Sénateurs, rendent les lois, fixent les impôts et surveillent l'action du président chargé de l'administration des affaires du pays.

Description du Capitole et des salles des deux assemblées.

C'est à Washington, capitale des États-Unis, que s'élève le Capitole, palais où siègent les deux chambres du congrès.

(1) Voyez page 288.

Cet édifice, placé isolément sur une hauteur au centre de la ville, se distingue à la fois par ses belles proportions, sa grandeur et sa magnificence. Il est entièrement en marbre et peut soutenir la comparaison avec les plus beaux monumens que l'antiquité grecque et romaine nous a laissés. Le Capitole renferme, outre les vastes locaux consacrés à l'usage des deux corps législatifs, de nombreuses galeries, dont les unes contiennent les statues des citoyens de l'Union, les autres un musée d'histoire naturelle, des collections de tableaux, la bibliothèque nationale, etc.

Au rez-de-chaussée, c'est-à-dire à l'étage qui traverse le bâtiment dans toute sa longueur, est une grande salle triste et voûtée, qui semblerait tout-à-fait propre à tenir un conclave secret, mais qui n'est, par le fait, qu'un lieu de passage. Au-dessus est la principale salle du congrès, qui est grande, circulaire et recouverte d'un très beau dôme. L'architecture n'en est point surchargée d'ornemens, mais elle est assez sculptée pour ôter aux murs leur nudité. On y remarque quatre bas-reliefs représentant quelques-uns des événemens les plus frappans du temps de la colonisation. On doit placer dans les panneaux qui sont au-dessous des peintures historiques.

La salle des représentans, sans être riche et très ornée, est d'un aspect des plus agréables. Là forme en est demi-circulaire, elle est éclairée d'en haut et par des fenêtres qui sont placées sur le diamètre du demi-cercle. Entre ces fenêtres et le corps de la salle est une galerie qui est séparée du reste par une colonnade. Là, les représentans et les spectateurs peuvent se promener, causer, écouter ou se reposer sans quitter la chambre. Cette partie est assez éloignée du reste pour ne pas causer de désordre et pourtant assez proche pour qu'on puisse y entendre les orateurs.

Au milieu, se trouve le fauteuil du président (*speaker*); ce fauteuil est, à proprement parler, un canapé assez grand pour qu'à l'occasion le président des États-Unis, celui du sénat et le *speaker* puissent y prendre place. Directement en face et quatre à cinq pieds plus bas, est le fauteuil du membre qui préside quand la chambre s'est constituée en comité secret. Les clercs sont placés sur la même ligne que le *speaker*. En face du fauteuil est un espace demi-circulaire, d'environ vingt-cinq pieds de diamètre, qui reste vacant. C'est au-delà que sont placés les sièges des représentans; leurs rangs forment un demi-cercle et les sièges sont séparés, de distance en distance, par de petites ouvertures qui permettent de circuler librement Chaque membre a un fauteuil et un pupitre en acajou. Au premier rang, ces fauteuils sont placés deux à deux après lesquels il y a une ouverture; leur nombre augmente d'un à chaque rang, de sorte qu'aux derniers, six ou sept représentans sont assis les uns près des autres, comme sur un seul banc, quoiqu'ils occupent chacun un fauteuil. Ceux qui arrivent les premiers choisissent leur place, et ce choix est toujours respecté. Il n'y a pas de tribune, chaque membre parle de sa place.

On n'y connait point les distinctions de droite et de gauche. Les membres qui ont les mêmes opinions politiques cherchent, il est vrai, à se rapprocher, et quelquefois tous les représentans d'un même état le font aussi, mais il n'y a point de règle à cet égard.

Une grande et spacieuse enceinte enveloppe la salle, et des canapés sont adossés aux murs pour la commodité des spectateurs.

Les murs de la chambre ne sont nullement décorés, mais la beauté des colonnes massives dont elle est entourée, la propreté et l'élégance des fauteuils et des pupitres, la richesse des tapis l'ornent beaucoup mieux que ne le feraient de maigres enjolivemens.

L'arrangement de la salle des pairs est à peu près le même que celui de la salle des représentans, mais la première est nécessairement plus petite.

Usages et pouvoirs des deux chambres.

Le cérémonial des deux chambres est à peu près le même. On s'assemble à une heure fixe (à midi), et après les prières, on s'occupe des affaires du jour. On croirait peut-être que, dans un pays où il n'y a pas de culte dominant, il doit être difficile, dans une assemblée composée d'hommes de croyances si diverses, de s'entendre sur la forme du culte divin, mais chaque chambre nomme un ou plusieurs aumôniers qu'elle choisit, tantôt dans une secte, tantôt dans une autre. Les prières sont toujours écoutées avec la plus grande attention. Un étranger demanda un jour à un représentant comment sa conscience pouvait s'arranger de prières offertes par un ministre d'une autre secte que la sienne. — Je crois, lui répondit l'Américain, que Dieu entend toutes les langues.

Quant aux débats, on peut dire qu'ils sont conduits avec beaucoup de décence; on remarque un peu plus de dignité dans ceux du sénat. Dans celui-ci les membres restent la tête découverte, tandis que dans la seconde chambre les membres, s'il leur plait, se couvrent de leurs chapeaux. Les sénateurs sont, en général, plus âgés que les représentans, quoique plusieurs d'entre eux n'aient pas plus de trente à trente-cinq ans. Les citoyens ne sont pas éligibles à la dignité de sénateur avant l'âge de trente ans, et il ne leur en faut que vingt-cinq pour pouvoir siéger dans la chambre des représentans.

On a quelquefois vu au congrès des exemples d'emportemens scandaleux, mais ils sont très rares et toujours fortement condamnés. Chaque nouvel orateur est écouté avec attention, et il n'y a d'autres moyens de témoigner son impatience qu'en s'occupant à écrire, à lire les journaux ou en sortant de la salle. Le silence y est beaucoup plus grand que dans la chambre des députés à Paris. On s'y permet quelquefois un rire étouffé, mais jamais une toux de convention. Les cris d'approbation et de désapprobation, enfin les interruptions de tous genres, sont défendus, à moins que ce ne soit pour rappeler à l'ordre.

L'ordre des délibérations dans le congrès et dans la législature de chaque état repose sur quelques principes généraux déterminés par la constitution : l'imitation des formes anglaises a prévalu dans le détail.

Aux termes de la constitution, l'assemblée des représentans nomme son président et ses officiers; le vice-président des Etats-Unis dirige les débats dans le sénat, qui nomme pour le remplacer, en cas d'absence, un président *pro tempore*. Par exception, la présidence du sénat appartient au chef de la cour suprême, lorsque cette assemblée se constitue en tribunal pour juger le président des Etats-Unis sur l'accusation intentée par la chambre des représentans. Les formalités sont les mêmes dans les législatures locales où le vice-gouverneur préside le sénat.

Le congrès se réunit de plein droit, chaque année, le premier lundi de décembre. Aucune des deux chambres ne peut s'ajourner à plus de trois jours sans le consentement de l'autre, ni tenir ses séances hors de l'enceinte ordinaire des délibérations.

Chaque assemblée a le droit de régler sa police intérieure, et doit tenir un journal de ses opérations, qu'elle publie de temps en temps, sauf les débats dont le huis-clos a été prononcé.

La présence d'un *quorum* est nécessaire pour délibérer. C'est le nom que l'on donne à une majorité de chaque chambre, majorité dont la limite varie suivant les circonstances. Ainsi, dans le cas d'un ballotage pour l'élection du président des Etats-Unis, la constitution veut que les deux tiers des représentans soient présens et que la majorité se compte sur le nombre total des membres présens ou absens. Pour tous les autres cas, la constitution abandonne à chaque chambre le droit de déterminer la majorité; elle ordonne pourtant qu'un nombre de députés inférieur au *quorum*

suffira pour décider l'ajournement d'une chambre et pour convoquer les membres absens, sous les peines portées par le règlement.

Les pouvoirs dont le congrès est investi lui attribuant le domaine de l'administration autant que celui de la loi, le jettent dans une multitude de détails dont nos chambres législatives ne peuvent donner aucune idée. Ce que nous disons ici du congrès s'applique également aux législatures locales, bien que dans une sphère moins étendue. Une assemblée américaine est un véritable bureau d'affaires où tous les intérêts viennent aboutir: Il semble que ce système représentatif se personnifie dans les fonctions de l'avoué, comme le nôtre dans le rôle de l'avocat.

L'ordre du jour d'une chambre française porte rarement plus d'une question; une chambre américaine expédie souvent cinq ou six questions par séance. Voici l'ordre dans lequel les matières sont présentées à la discussion : 1° La présentation des pétitions; 2° les rapports des comités permanens; 3° les rapports des comités spéciaux; 4° les messages du président ou du gouvernement, ceux de l'autre chambre et des officiers publics; 5° les motions et les résolutions; 6° la troisième lecture des projets de loi et des résolutions; 7° les travaux commencés dans la précédente séance; 8° les ordres du jour spéciaux; 9° les ordres du jour généraux. C'est le nom que l'on donne à une liste de projets de loi, résolutions et rapports qui doivent passer, sans indication de jour, devant un comité général.

La convention française, qui absorbait tous les pouvoirs, n'avait qu'un très petit nombre de comités permanens auxquels étaient renvoyées les grandes questions de gouvernement. Les assemblées américaines dont la puissance est moins universelle, étendent l'institution des comités permanens à tous les détails du gouvernement de législation et d'administration qu'elles peuvent prévoir.

Ordinairement les comités nommés dans l'une des chambres ont pour objet les mêmes questions que ceux nommés par l'autre. C'est le président qui en choisit les membres, à moins que la chambre ne se réserve cette nomination, qui se fait alors par la voie du scrutin.

Nous arrivons à ces détails de procédure législative que les Américains ont empruntés à l'Angleterre, et qu'ils ont à peine modifiés dans les formes accessoires pour les accommoder au gouvernement républicain. Nous nous bornerons à signaler ces légères différences qui sont les mêmes, à peu de chose près, dans le règlement écrit du congrès et dans ceux des législatures de chaque état. On y reconnait un peuple de gens d'affaires; les principaux amendemens portent sur une économie de forces ou de temps.

Ainsi, le président, force neutre en Angleterre, a le droit de voter aux Etats-Unis; à partage égal des voix la proposition est rejetée. Toutes les questions de priorité se décident sans débat; il en est de même pour l'ajournement de la chambre. Tout membre présent est obligé de voter pour ou contre, à moins que la chambre n'ait admis ses excuses, ou qu'il ne soit intéressé dans la question.

Aucun projet de loi n'est renvoyé à un comité ou amendé avant d'avoir été lu deux fois.

Dans le comité général, après que le président a quitté le fauteuil, le projet est lu une première fois en entier par le clerc de la chambre; à la deuxième lecture, chaque article est débattu successivement; le titre est la dernière clause que l'on met en discussion. Tous les amendemens sont recueillis sur une feuille particulière, et le président du comité en fait le rapport à la chambre. Après le rapport, le projet peut encore être débattu et amendé jusqu'à la troisième lecture qui en décide l'adoption ou le rejet.

La troisième lecture ne peut avoir lieu le même jour que le comité général.

Rien n'égale, comme on voit, la simplicité de ces formes; et si, aux Etats-Unis, le choix des personnes répondait toujours à la puissance des moyens d'action, le gouverûement américain seràit le type du mécanisme représentatif.

Quelles que soient les opinions qu'on ait sur l'Amérique du nord, on ne saurait nier que les vingt-quatre états qui la composent ne marchent vers le perfectionnement social avec une rapidité dont ni l'histoire ancienne ni l'histoire moderne n'offrent aucun exemple.

Depuis 1785, la population des Etats-Unis s'est élevée de trois millions d'individus à quatorze millions, c'est-à-dire qu'elle s'est presque quintuplée. Quarante-deux mille lieues de grandes routes, deux mille cinq cents lieues de canaux, et dix-huit cents lieues de chemins en fer, terminées dans un aussi court espace de temps, couvrent comme d'un réseau le vaste territoire de l'Union, et, par leur moyen, la civilisation européenne pénètre jusque dans des contrées dont naguère on ignorait encore l'existence. Quatorze cents bateaux à vapeur parcourent les fleuves et les canaux, et plus de cent machines locomotives sont en activité sur les routes à ornières. Ainsi, toutes les distances se trouvent rapprochées, et des voyages qui autrefois duraient plusieurs mois se font maintenant en peu de jours.

MELDOLA.

HOLLANDE. — AMSTERDAM.

D'immenses prairies parsemées de villages et d'habitations entourent l'antique capitale de la Hollande; le cours tranquille de l'Amstel, qui la traverse, et dont les bords sont couverts, pendant la belle saison, de prés fleuris et d'arbres chargés d'un beau feuillage, complète le brillant tableau qu'offrent ses environs. Cette ville, ceinte de fossés et de remparts convertis en boulevards, ne craint pas l'approche de l'ennemi; elle peut, au moyen de ses écluses, inonder tout le pays qui l'entoure.

Les rues d'Amsterdam, presque toutes alignées au bord des canaux, sont bien pavées, garnies de trottoirs, et, la nuit, éclairées avec soin. Parmi les plus belles, il en est qui ont plus d'une demi-lieue de longueur; on croirait, en parcourant celle que l'on nomme le Kalver-Straat, assister

à une exposition des produits du royaume. Qu'on se figure une rue de vingt pieds de large, d'une courbure irrégulière, dont les trottoirs, étroits et inégaux, divisés par des balustrades en fer, sont presque tous occupés par des montres de toutes les marchandises imaginables; des deux côtés, une bigarrure de hautes maisons coloriées, dans lesquelles brillent des boutiques décorées minutieusement et remplies, de bas précieux, et au dehors, surtout à la devanture, de marchandises artistement étalées. Vous croiriez ces boutiques ouvertes pour la première fois, à l'air de nouveauté de tout ce qui les meuble; les comptoirs, les châssis, les sièges, tout y paraît neuf; le fer et le cuivre y présentent de toutes parts aux yeux des miroirs éblouissans; les boiseries y conservent encore le vernis et le poli que leur a donné l'ouvrier; le parquet, clair, ciré, et légèrement saupoudré d'un sable jaune et fin, n'est sali d'aucune tache de boue. Tous les marchands rivalisent de coquetterie dans leurs étalages; ce qu'ils ont de plus précieux est au dehors, non par maigres échantillons, mais par grandes masses, et les rayons de l'intérieur du magasin n'en sont pas pour cela plus dégarnis. Ainsi, dans cette grande cité, le luxe des boutiques ne consiste pas exclusivement dans les châssis et dans les ornemens prodigués par l'architecte, comme on le voit dans beaucoup de villes de la France; c'est la marchandise étalée en profusion qui en fait le principal ornement. Pas de profession, pas de commerce, qui n'ait une exhibition séduisante; la boutique même des marchands de bois se fait remarquer par l'élégante et symétrique disposition des fagots, que l'on achète en Hollande comme un objet de détail.

Les boutiques des débitans de tabac se font remarquer entre toutes les autres par leur éclat et leur élégance, et le goût prononcé des Hollandais pour cette denrée y attire constamment une foule d'acheteurs. Les magasins d'Amsterdam présentent cela de particulier, qu'ils sont composés de deux longues galeries, dont les visiteurs peuvent faire le tour sans être aucunement astreints à faire des achats, et dont le coup d'œil peut être saisi de la rue sans qu'aucune porte ni chambranle en masque l'étendue. Ajoutez à l'attrait qu'inspire cette élégante et riche exhibition, l'absence de la fange et des voitures au milieu de la voie publique,

(Vue du palais du roi à Amsterdam.)

et vous concevrez l'affluence des curieux et des promeneurs qui la sillonnent incessamment.

De beaux édifices publics font encore ressortir la richesse commerciale d'Amsterdam : sur la place du Dam, est une magnifique construction qui sert de palais au roi, et fut jadis l'hôtel-de-ville. On lui reproche seulement des proportions

peu en harmonie entre elles. Ainsi, la hauteur, qui est de cent seize pieds, non compris une tour qui en a quarante-un, est trop considérable pour sa longueur, qui en a deux cent quatre-vingt-deux, et pour sa profondeur, qui est de deux cent vingt-deux pieds. Ce palais est bâti sur treize mille six cent cinquante-neuf pilotis.

L'intérieur de ce bâtiment atteste la splendeur de la capitale à l'époque où elle fit construire un bâtiment aussi somptueux pour ses magistrats; les ornemens n'y ont point été épargnés; les marbres, les statues, les tableaux, y sont même en profusion. La salle royale est l'une des plus vastes qui existent en Europe; elle a cent vingt pieds de long, cinquante-six de large et quatre-vingt-dix-huit de haut. Elle est traversée par une *méridienne* (1) que traça Huyghens, célèbre mathématicien et physicien, qui vivait au xviie siècle. Les marbres dont le plancher, les murs et le plafond sont revêtus, les colonnes qui supportent celui-ci, les drapeaux enlevés aux Espagnols dans les guerres qu'eurent jadis à soutenir contre eux les Hollandais pour conquérir leur indépendance, décorent noblement cette salle. On doit citer aussi la bourse dont nous donnons une vue.

On bâtit en Hollande d'une tout autre façon qu'en France. Au lieu de commencer par poser les fondations d'une maison, on fait d'abord le toit, et l'on continue à bâtir de haut en bas. D'énormes solives, fixées dans les murs mitoyens des maisons voisines, soutiennent le toit, et au-

(Intérieur de la Bourse d'Amsterdam.)

dessus, on élève une légère couverture de bois. Dès que le toit est posé, on y joint l'étage supérieur. Ainsi l'on voit souvent le toit et un étage de la maison suspendus en l'air demeurer long-temps dans cet état avant que l'on s'occupe à bâtir les autres parties de la maison. Les avantages qui résultent de cette coutume, c'est que les maçons peuvent en tout temps se livrer à leurs travaux, et que les parties inférieures de la maison ne sont pas endommagées par les pluies et le mauvais temps, comme cela arrive souvent chez nous.

Afin que les fondations des maisons ne soient pas sans cesse ébranlées par les charrettes, le nombre de celles qui portent de pesantes charges est extrêmement limité. Au lieu de charrettes, on se sert d'une sorte de chariot formé d'un coffre de voiture posé sur un traineau, auquel on attelle un seul cheval. Le conducteur est obligé de marcher toujours à côté du chariot pour empêcher qu'il ne verse; d'une main, il soutient le coffre, et il tient les rênes de l'autre.

Les Hollandais aiment tant le repos et la solitude, que dans les maisons des riches particuliers, on ne tire jamais les rideaux des croisées, et que les jalousies demeurent toujours fermées. Souvent de petits miroirs sont placés sur la fenêtre, de façon que les objets extérieurs viennent s'y projéter, et le paresseux Hollandais, nonchalamment étendu sur son divan, voit, sans se déranger, tout ce qui passe dans la rue. Souvent aussi un autre miroir, disposé de manière à réfléchir ce qui se passe dans l'appartement voisin, annonce l'arrivée d'un importun.

(*La suite à un prochain numéro.*)

(1) Est-il besoin de rappeler à nos lecteurs que la *méridienne* est la ligne que suit l'ombre d'un fil à plomb, au moment où le soleil est au plus haut point de sa course, moment qui est le *midi vrai.*

DE LA CHEVALERIE.

Caractère et avantages de la chevalerie; son origine; ses statuts. —Noviciat. — Fonctions des pages, des écuyers. — Cérémonies usitées lors de la réception d'un chevalier. — Sentiment exagéré de galanterie. — Prérogatives des chevaliers. — Dégradation des indignes.

S'il est malheureusement vrai que de tout temps la justice et l'innocence eurent à lutter contre la violence et la perversité, il est également prouvé par le témoignage de tous les siècles que presque en tout temps il y eut des hommes de bien ligués entre eux pour garantir les droits de l'équité et prêter un refuge, un appui, à l'innocence opprimée. Mais la plupart de ces associations généreuses furent obligées de se couvrir des voiles du mystère, menacées qu'elles étaient de la vengeance implacable et industrieuse des grands dont elles attaquaient les excès et souvent déjouaient les entreprises criminelles. La chevalerie seule osa lutter corps à corps avec les oppresseurs de l'humanité, s'armer hautement en faveur de l'innocence et de l'équité sans défense. La chevalerie seule osa, dans un siècle de barbarie, établir en principe que la bravoure emprunte son plus bel éclat de la générosité, et que l'homme fort doit le secours de son bras à l'homme faible. De ce premier principe surgirent toutes les vertus caractéristiques du chevalier. S'armer hautement en faveur des opprimés, c'est déclarer guerre ouverte aux oppresseurs, c'est contracter l'obligation d'être juste soi-même. Celui-là a seul le droit de s'élever contre l'audace et l'imposture, qui, lui-même, n'a jamais trahi la vérité, et pour arracher le masque à la perfidie, il faut avoir fait preuve d'une fidélité inébranlable. L'obligation sacrée de voler au secours de l'humanité souffrante révéla au brave chevalier qu'il est pour l'homme des jouissances plus douces, que celles de fouler sous ses pieds l'ennemi terrassé. Les bénédictions des opprimés qui lui durent leur salut, celles des captifs dont il brisa les fers retentirent bien plus éloquemment à son cœur que les acclamations jalouses des témoins de sa valeur sur le champ de bataille.

La chevalerie est née de l'anarchie féodale au commencement du XIᵉ siècle. Cette association prit le nom de chevalerie parce que ceux qui la composaient combattaient ordinairement à cheval. Des usages rigoureusement observés réglèrent le noviciat, les devoirs, les exercices, les privilèges et les châtimens des chevaliers, et il fallait pour obtenir ce titre remplir plusieurs conditions et avoir soutenu de longues épreuves. L'aspirant entrait dès l'âge de sept ans au service de quelque haut baron ou de quelque illustre chevalier. La première place qu'on lui donnait à remplir était celle de *page*, de *damoiseau* ou *varlet*. Il accompagnait son maitre et sa maîtresse, les servait à table, leur versait à boire, faisait enfin le service d'un véritable domestique. À quatorze ans, le jeune gentilhomme *hors de page* était admis au rang des *écuyers*. Il était alors chargé du principal service de la maison, suivait son maître dans ses voyages ou à la guerre, avait soin des armes et des chevaux et veillait à la garde des prisonniers.

Il fallait avoir au moins vingt-un ans pour être reçu chevalier. Le récipiendaire se préparait à sa nouvelle dignité par le jeûne, la confession et la communion, passait la nuit dans une chapelle, ce qu'on appelait la veille des armes. Le lendemain, après s'être baigné, il entrait dans l'église avec l'épée pendue au cou, la présentait au prêtre qui la bénissait; puis il allait, les mains jointes, se mettre à genoux devant celui qui devait l'armer. Les parrains lui chaussaient les éperons dorés, lui donnaient successivement la cotte de maille, la cuirasse, les brassards, les cuissards, les gantelets, enfin lui ceignaient l'épée. Celui qui lui conferait la chevalerie lui donnait un coup de la paume de la main sur la joue ou trois coups du plat de son épée nue sur l'épaule ou sur le col, ce qu'on appelait l'*accolade* et prononçait ces mots : « Au nom de Dieu, de saint Michel et de saint Georges, je te fais chevalier. » Quelquefois il ajoutait : « sois preux, hardi et loyal. » En temps de guerre, il suffisait au candidat de présenter son épée par la garde à celui qui lui donnait l'accolade.

Tous les chevaliers étaient égaux. Les rois ne dédaignaient pas d'être armés par de simples chevaliers. On sait que François Iᵉʳ, après la bataille de Marignan, se fit armer chevalier par le brave Bayard, et ce n'est pas le seul exemple de ce genre que nous offre l'histoire de la chevalerie.

Un chevalier ne se séparait jamais de l'image et des couleurs de sa maitresse. Si dans ses courses aventureuses, il rencontrait un autre chevalier paré des mêmes signes, la jalousie aussitôt lui mettait les armes à la main, et la victoire décidait qui des deux était le plus digne esclave de leur souveraine commune. Ce culte exagéré de la beauté, qui fournit aux poètes et aux romanciers tant de fictions extravagantes, et que la muse ingénieuse de Cervantes frappe de sa mordante satire, tenait à l'origine même de la chevalerie et à l'esprit du temps où cette institution prit naissance. D'ailleurs, le dévouement sans bornes du chevalier à la *dame de sa pensée*, cette fidélité religieuse à ses engagemens d'amour, exerçaient une heureuse influence sur toute sa moralité, et la vertu trouvait son plus puissant appui dans la plus violente des passions.

La chevalerie jouissait de plusieurs prérogatives éclatantes. Le chevalier était exempt de différens droits que la noblesse partageait avec la roture. Son armure et son équipage le faisaient reconnaître de loin, et, à son approche, toutes les barrières, tous les châteaux, tous les palais s'ouvraient pour lui faire honneur. Le chevalier infidèle à ses devoirs, avant de subir la peine due à son crime, était dégradé. Il était d'abord conduit sur un échafaud, où l'on brisait et foulait aux pieds, sous ses yeux, toutes les armes et les différentes pièces de l'armure dont il avait avili la noblesse. En même temps son écu dont on avait effacé le

blason, suspendu à la queue d'une cavale, renversé la pointe en haut, était ignominieusement trainé dans la boue. On a vu (page 280) que les prêtres récitaient les vigiles des morts et prononçaient les malédictions du psaume cviij. Trois fois on demandait le nom du criminel ; trois fois on le nommait, et toujours le hérant disait que ce n'était pas le nom de celui qui était devant ses yeux, homme *traître, déloyal et foi mentie* ; le héraut on le *poursuivant d'armes*, lui jetait sur la tête un bassin d'eau chaude comme pour effacer le sacré caractère qui lui fut conféré par l'accolade. Alors on le descendait de l'échafaud par une corde passée sous les bras; on le mettait sur une civière, couvert d'un drap mortuaire, et dans cet état on le portait à l'église où l'on récitait sur lui les mêmes prières que sur les morts. Puis on le livrait au bras séculier.

La plus belle période de la chevalerie fut celle des croisades. Ces expéditions saintes nourrissaient le pieux enthousiasme des chevaliers et lui ouvraient une immense carrière. (Voy. page 415, 1ʳᵉ année).

Presque toutes les nations de l'Europe eurent des chevaliers. La chevalerie française brilla long-temps du plus grand éclat. Dans l'Orient les états sarrasins sont les seuls où l'on retrouve quelques traces de cette héroïque institution.

DU SYSTÈME COMMUNAL EN FRANCE.

Municipalités dans les Gaules. — Les communes sous Louis-le-Gros et Philippe-Auguste. — Les bourgeois de Béziers. — De Cambrai. — Concessions de chartes municipales.

(deuxième article.) (1)

Nos lecteurs savent que sous les Romains toutes les villes des Gaules, avaient des magistrats municipaux et le droit de régler leur administration intérieure. La *curie*, réunion imposante de tous les habitans âgés de vingt-cinq ans et propriétaires de quelques arpens de terre, se réunissait à certaines époques de l'année, et là, elle élisait, à la majorité absolue des suffrages, les *duumvirs* et le *défenseur de la cité*. Les pouvoirs de ces magistrats ainsi élus étaient considérables ; ils délibéraient sur tout ce qui concernait les propriétés municipales, sur les héritages acquis à la cité, sur les ventes, les transactions ; ils s'occupaient des intérêts communs de la ville ; ils établissaient les foires, les marchés, décernaient les hommages publics, et distribuaient les récompenses. Les fonctions du *défenseur de la cité* pouvaient être comparées à celles des tribuns de Rome ; ses obligations principales étaient d'accorder au peuple protection paternelle ; il défendait les habitans contre l'injustice des taxes, prêtait appui aux faibles. Ce qui prouve le respect de la domination romaine pour tous les privilèges municipaux, c'est que jamais les *préfets du prétoire*, qui étaient dans les cités les agens du gouvernement, ne se mêlèrent de l'administration intérieure des villes ; jamais ils n'interposèrent leur autorité dans les actes des cités. Une loi punissait même de l'exil et de la confiscation tout délégué de l'autorité impériale qui s'initierait dans leurs affaires.

Tel était le système communal sous l'administration romaine dans les Gaules ; large système de liberté qui confiait exclusivement aux curies et aux magistrats élus le soin d'administrer les villes selon leurs besoins communs et les intérêts locaux. (Voy. page 45 : *Origine des communes*).

Les traces de cette liberté, quoique un peu effacées, se retrouvent encore éparses sous la 1ʳᵉ et la 2ᵉ race de nos rois ; l'administration municipale survit aux invasions des barbares. Il ne faut pas croire que les libertés locales disparaissent ainsi ; le gouvernement central peut passer, mais le peuple retient ses lois, ses magistrats de ville. Le système communal, sous les rois de la 5ᵉ race, a lui-même plusieurs périodes ; nous distinguerons chaque époque par des nuances qui paraissent dominer toutes les autres.

(1) L'auteur de cet article est étranger à la rédaction du premier.

Dans le xe siècle, époque brillante de la féodalité, presque toute la population était réduite en servage ; mais dans cet état d'oppression même, les coutumes avaient établi plusieurs degrés, et par la suite des temps, la liberté progressive que l'affranchissement favorisa, fit naitre de nouvelles distinctions. Au bas de l'échelle de servitude était le serf malheureux, considéré comme faisant partie de la terre, comme le bœuf destiné à la culture. Tout pouvoir appartenait au seigneur ; le serf était sa propriété, il en avait la pleine disposition. (Voy. notre 1er article sur la féodalité, page 111.)

Cependant le serf d'église jouissait d'une condition plus douce ; les abbés et les moines ne traitaient pas leurs serviteurs avec la dureté des hommes de bataille ; leurs serfs travaillaient moins de temps ; ils étaient mieux nourris, et dans les fêtes patronales, on les voyait bien vêtus de longues robes en tissus de laine.

L'état du servage devait faire vivement désirer l'affranchissement. Liberté ! liberté ! ce fut le cri des populations attachées à la terre aux xie, xiie et xiiie siècles. Des serfs s'étaient réunis, avaient amassé quelque argent, et ils acquéraient leur indépendance en bons deniers comptans des barons ruinés par la guerre ou allant à la croisade ; d'autres fois, les serfs se révoltaient, et conquéraient par la force leur liberté.

L'affranchissement faisait passer à l'une de ces trois situations, ou du vilenage, ou de la bourgeoisie ou du citoyen des communes. Le vilain était de condition libre, mais s'il n'était plus astreint au service du maître, il était pourtant taillable à volonté, c'est-à-dire que le seigneur pouvait lui imposer toute espèce de charges. Le châtelain partait-il pour la Palestine, donnait-il une fête dans son château, il demandait une forte somme de deniers à ses vilains, il les pressurait de toutes les manières sans que ceux-ci pussent lui opposer leurs chartes ; aussi s'empressaient-ils d'acheter la bourgeoisie, seconde condition dans la liberté. Le bourgeois n'était pas soumis à toutes les obligations du vilain ; il habitait souvent une cité murée ; le baron ne pouvait lever sur lui qu'une somme fixe, convenue par la charte de bourgeoisie ; mais il obéissait au seigneur et à ses officiers, et c'est en quoi il différait des hommes de commune, qui n'obéissaient qu'à leurs concitoyens, qu'eux-mêmes avaient élus ; ils ne reconnaissaient pour chefs que les magistrats choisis par eux en assemblée publique. Ces élections n'eurent dans le principe aucune règle fixe ; elles se faisaient dans telle ville une fois l'année ; dans d'autres, elles n'avaient lieu que de trois en trois ans ; et les habitans ainsi élus s'appelaient consuls, jurés ou échevins. Ce ne fut que plus tard, sous les règnes de Philippe-Auguste et de saint Louis, que les chartes de commune prirent un caractère d'ordre et de régularisation.

Depuis Louis-le-Gros jusqu'à Philippe-Auguste, il se produit ce qu'on peut appeler un mouvement désordonné dans les villes ; c'est une révolte sanctionnée ensuite par les chartes royales, qui cherchent à régulariser ce que la sédition a produit. Quand les habitans des cités furent réduits au désespoir salutaire de tout tenter, de tout oser, pour rejeter le joug de l'injustice et de l'opprobre, qu'eurent-ils à faire ? que firent-ils ? Ils se complairent, ils se promirent mutuel secours contre la tyrannie locale. Une grande masse d'hommes réunis sur un seul point ne pouvait rester long-temps dans une sujétion absolue. Les chroniques du moyen-âge sont toutes remplies des excès commis par les habitans des villes. Un des chevaliers du vicomte de Béziers, allant en guerre, insulta un habitant de cette cité ; se venger, celui-ci lui enleva sa monture. Toute la chevalerie demanda justice au seigneur, et le vilain insolent fut livré par le vicomte ; les nobles lui coupèrent ses habits, et le soumirent à des peines infamantes. Alors les bourgeois de Béziers dirent : « Il nous est impossible de souffrir cet affront, nous voulons une vengeance. » Le seigneur leur assigna une audience à sa cour. Les bourgeois,

s'y rendirent cachant des poignards sous leurs vêtemens. Lorsque le vicomte monta sur son tribunal, ils se précipitèrent sur lui, le frappèrent de mort, ainsi que les barons et les chevaliers qui l'accompagnaient. L'évêque veut tenter d'arrêter cette troupe furieuse, mais ses efforts sont vains, un des bourgeois lui donne un coup de poing dans la figure, et lui casse trois dents. Les bourgeois revinrent en triomphe à Béziers.

La révolution communale, considérée dans son principe, ne fut qu'un mouvement naturel du peuple pour conquérir un état meilleur ; la plupart des chartes des communes créaient pour les habitans un système municipal fort large dans ses bases. Lorsque la charte était jurée, les habitans avaient le droit de se réunir dans la maison commune où la cloche les appelait ; ils élisaient leurs consuls, jurés ou échevins, fixaient les aides et les péages pour les besoins municipaux ; tous les habitans étaient tenus à la garde de la ville, à la réparation des remparts et à l'entretien des fossés. La commune devait le service militaire ; ses bourgeois, dans les batailles, se plaçaient, l'arc en main, devant les chevaliers ; les échevins avaient une juridiction civile et quelquefois criminelle sur les délits commis dans l'enceinte de la ville ; eux seuls étaient chargés de la police.

Les moyens employés par les cités pour obtenir leurs franchises municipales, furent donc divers comme leur situation ; quelquefois elles étaient la suite d'un mouvement séditieux de la population, brisant violemment ses chaînes, et constituant elle-même ses magistrats ; quelquefois la cité profitait des besoins de son baron pour acheter sa charte de liberté. La première commune, celle de Cambrai, fut conquise par la violence et l'énergie de ses citoyens. Les habitans étaient sous la seigneurie de leur évêque ; ils profitèrent de son absence, en 957, pour jurer entre eux de ne plus lui permettre de rentrer dans la ville ; ils en fermèrent les portes, firent bonne garde sur les remparts, de telle manière que l'évêque fut obligé de rebrousser chemin ; on eut recours à une transaction ; l'évêque perdit le droit de lever des taxes, d'exiger les tributs ; on ne put désormais faire sortir la milice que pour la défense de la ville ; et encore à cette condition que les bourgeois retourneraient le soir pour coucher en leur maison.

Si la commune de Cambrai fut conquise par la force, celles de Noyon, de Beauvais, furent vendues à prix d'argent. Les expéditions des croisades, en multipliant les besoins des barons, rendaient les contrats d'achats et de ventes des libertés municipales plus fréquens. A Bapaume, les habitans purent fabriquer poids et monnaies, entretenir leurs murailles ; à Bourges, on ne devait condamner les bourgeois que sur de bons et valables témoignages ; les manans d'Orléans furent absous de toute servitude ; à Caen, le châtelain perdit le droit de demander la cire jaune que les habitans lui donnaient chaque année, et il fut arrêté des mesures publiques favorables à l'émancipation de la cité.

A. MAZUY.

DE L'ESCLAVAGE DES NÈGRES.

Dans un précédent article (1) nous avons commencé l'historique de la traite des Nègres et nous nous proposions d'en donner la suite dans ce numéro, mais depuis que la grande question de l'esclavage a été débattue devant les chambres, on a tant répété que le sort des Nègres était entièrement opposé à celui qu'on leur faisait jadis, et même que depuis quelques années il avait reçu beaucoup d'adoucissemens, que nous croyons devoir mettre de suite sous les yeux de nos lecteurs un tableau de l'esclavage à Rio-Janeiro, extrait d'un voyage récemment publié. On verra que dans cette partie du monde le sort des Noirs est tout aussi digne de pitié qu'à la Nouvelle-Orléans et dans les lieux où on les traite avec le plus de mépris.

(1) Voyez page 256.

« Le premier endroit que nous visitâmes fut le bazar aux esclaves. Il y avait là dans les boutiques plusieurs centaines de ces infortunées créatures. Leur corps presque entièrement nu n'était recouvert qu'à la ceinture par une mince pièce d'étoffe. La plupart avaient les cheveux rasés. A les voir en longues rangées sur de misérables bancs ou couchés négligemment par terre, le cœur se soulevait d'indignation. Les enfans surtout s'y trouvaient en grande proportion; tous marqués d'un fer chaud sur les parties les plus nobles, comme des galériens. Aux jeunes filles on applique cet affreux stigmate au-dessus même du sein. Cela fait frémir.

« Après avoir langui long-temps au milieu des ordures d'un bâtiment négrier, après avoir été réduits aux pitoyables rations d'ún ordinaire qui consiste en viande salée, en lard et en farine avariée, ils sont amenés là dans l'état le plus déplorable, sous le rapport de la santé comme de la propreté. Leur corps est tatoué en quelque sorte par le scorbut. Le mal, une fois qu'il s'est déclaré, étend petit à petit ses ravages, et creuse des ulcères dont la contagion ronge sans pitié la chair qui les entoure. Graces aux tourmens de la faim, graces aux souffrances de tout genre, ces malheureux ont perdu jusqu'à cette teinte noire et lustrée que vivifiait le soleil d'Afrique. Ils sont là, avec leur tête chauve, leurs yeux éteints, leur peau terne, leurs membres semés de taches blanches et purulentes, semblables à des pièces de mauvais bétail que l'humanité, peut à la première impression se croire en droit de renier comme n'appartenant point à sa race. Quand on vient à les marchander, on les examine avec soin, ainsi qu'on ferait pour des chevaux ou des bœufs. Il est d'usage, afin de secouer leur apathie, de distribuer aux victimes, le jour même de la vente, d'énergiques stimulans, du gingembre ou même du tabac, en guise de nourriture. Alors leur regards s'animent de façon à les faire suffisamment valoir: Si cela ne suffit point, le propriétaire ne manque pas de prodiguer à sa troupe les soufflets et les coups de pieds; il faut qu'ils attirent le chaland à force de gentillesses.

« Arrivez-vous dans le bazar, ces honnêtes négocians viennent à vous d'un air affable; il vous tendent la main, ils vous accablent de prévenances et ils exaltent la valeur de la chair dont ils trafiquent. Pour vous plaire et vous séduire, ils décocheront plus d'un coup de fouet aux malheureux qui ne sauraient trop gambader à faire montre de leur agilité. Mais, s'ils s'aperçoivent que la curiosité seule vous a conduit parmi eux, oh ! la scène change aussitôt. Ces messieurs deviennent insolens d'obséquieux qu'ils étaient. Ils ont, tout prêt à la bouche, un vocabulaire de grossières injures qu'ils vomissent contre l'étranger malencontreux, contre l'Anglais surtout qui, disent-ils, se mêle de leurs affaires dans l'unique but de les dépouiller pour s'enrichir à leurs dépens. Pauvres hommes !

« Long-temps avant le jour et jusqu'au coucher du soleil, la ville est inondée en quelque sorte par des milliers et des milliers d'esclaves. A péine si, dans les marchés et sur le port, on peut avancer, tant leur foule se presse autour de vous, sollicitant du travail et de l'emploi. Ces malheureux sont obligés de subvenir à leur propre subsistance, et de remettre en outre à leurs maîtres une contribution fixée à tant par jour. Quand ils ne peuvent fournir la somme totale, ils sont passés aux verges; ont-ils au contraire amassé quelque monnaie en sus, elle leur reste pour compenser le déficit d'une autre journée. J'ai vu tel esclave qui payait quotidiennement un dollar à son maître. Il y en a qu'on envoie travailler dans les carrières du voisinage, d'autres qu'on expédie à la chasse des insectes et des coquillages; car les insectes et les coquillages sont un article de commerce à Rio-Janeiro.

« La soif du gain a bien imaginé d'autres moyens pour s'assouvir plus rapidement. Me croira-t-on si je dis qu'on a dressé des négresses pour remplir les mêmes fonctions que les étalons ou les jumens de nos haras? Quelque hideux qu'il soit, le fait est exact. On achète de jeunes négresses tout exprès pour en accaparer la progéniture. L'esclave enceinte vaut 50 piastrés (250 fr.) de plus qu'en son état ordinaire. On arrache du sein de leur mère pour les vendre à raison de 30 ou 40 piastres (150 à 200 fr.) par tête. Le maître dispose à son gré des esclaves. Il noue ou rompt les mariages, il trafique des enfans, il vend l'époux et la femme de manière à les séparer pour jamais : tout lui est permis. Jusqu'au lait des négresses on livre au commerce comme le lait des vaches. C'est au point que, dans les maisons européennes à Rio, on s'abstient de l'usage du lait si l'on n'a point de vaches à demeure. »

Quelle monstrueuse description !

ERRATUM DU N° 55.

Une faute s'est glissée dans la composition du n° 55 et a été reproduite dans plusieurs exemplaires; page 275, première colonne, ligne 66, au lieu de : le général Rapp, lisez : Barbanègre.

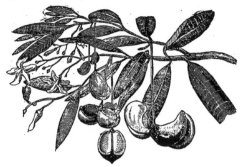

(Fruit de l'arbre d'Ave. Voyez page 281.)

LES BUREAUX D'ABONNEMENT ET DE VENTE SONT
Rue de Seine-Saint-Germain, n° 9.

Paris. — Imprimerie de H. Fournier, rue de Seine-Saint-Germain, n. 1.

LE PANGOLIN ET LE PHATAGIN.

(Le pangolin et le phatagin.)

Les deux animaux. que représente la gravure que nous plaçons sous les yeux de nos lecteurs, étaient vulgairement connus sous le nom de lézards écailleux ; mais ces dénominations étaient fausses de tous points. Les lézards en effet appartiennent comme les serpens et les tortues à cette classe d'êtres qui reproduisent leurs petits à l'état d'œufs, et que l'on appelle par cette raison *ovipares*, tandis que ceux-ci donnent naissance à des individus vivans, et sont par conséquent rangés parmi les *vivipares*. Le nom de *Pangolin* a été donné à l'un d'eux par les Indiens de l'Asie méridionale, et celui de *Phatagin* est communément donné à l'autre dans les Indes-Orientales. Les Français qui fréquentaient cette contrée avaient aussi appelé ce premier *Diable de Java*.

Le nom de pangolin signifie, dit Séba, dans la langue de Java : « un animal qui se met en boule. » En effet, cet animal se replie sur lui-même et forme une sorte d'anneau armé d'écailles, quand il est attaqué par un ennemi. Ces écailles ne sont pas collées en entier sur sa peau ; elles y sont seulement attachées par leur base et se relèvent ou s'abaissent au gré de l'animal, comme les dents du porc-épic. Elles sont si dures, si grosses, si piquantes, qu'elles rebutent tous les animaux de proie ; c'est une cuirasse offensive qui blesse autant qu'elle résiste : les plus cruels et les plus affamés, comme le tigre et la panthère, essaieraient en vain de dévorer ces animaux ; ils les foulent, ils les roulent ; mais en même temps ils se font des blessures douloureuses dès qu'ils veulent les saisir, aussi ne peuvent-ils ni les déchirer, ni les écraser, ni les étouffer, en les foulant sous leurs pieds.

Quand le pangolin se replie sur lui-même, sa longue queue sert de cercle ou de lien à son corps. Cette partie extérieure, par laquelle il pourrait être saisi, se défend d'elle-même ; elle est garnie dessus et dessous d'écailles aussi tranchantes que celles dont le corps est revêtu ; et comme elle est convexe en-dessus et dessous d'écailles, et qu'elle a à peu près la forme d'une demi-pyramide, les côtés angulcux sont revêtus d'écailles en équerre, pliées à

angle droit, lesquelles sont aussi grosses et aussi tranchantes que les autres ; en sorte que la queue paraît être encore plus soigneusement armée que le corps, dont les parties inférieures sont dépourvues d'écailles.

Le pangolin est plus gros que le phatagin et cependant il a la queue beaucoup moins longue ; ses pieds de devant sont garnis d'écailles jusqu'à leur extrémité, au lieu que le phatagin a les pieds et même une partie des jambes de devant dégarnies d'écailles et couvertes de poil. Le pangolin a aussi les écailles plus grandes, plus épaisses, plus convexes, et moins cannelées que celles du phatagin, qui sont armées de pointes très piquantes.

Le pangolin a jusqu'à six, sept et huit pieds de grandeur, y compris la longueur de la queue. Celle-ci, qui est à peu près de la longueur du corps, paraît être moins étendue quand l'animal est jeune. Les écailles, pâles et minces dans les premières années, deviennent si dures qu'elles sont à l'abri de la balle.

Le pangolin et le phatagin, vivent de fourmis comme l'animal connu spécialement sous le nom de *fourmilier*, dont nous avons décrit les mœurs et la conformation. On les trouve aux Indes-Orientales et en Afrique, où les Nègres les appellent *Quoguelo*. Ils en mangent la chair, qu'ils trouvent délicate et saine ; et se servent des écailles pour plusieurs usages.

Ces animaux sont d'un naturel timide, courent très lentement et ne peuvent échapper à l'homme qu'en se cachant dans des rochers où dans les terriers qu'ils se creusent et où ils font leurs petits. Les naturalistes ont rangé ces deux espèces d'animaux parmi ceux qui n'ont pas de dents et qu'on appelle pour cette raison *édentés*. Ils sont désignés dans plusieurs ouvrages sous le nom général de *manis*.

AMÉRIQUE SUD. BŒUFS ET CHEVAUX LIBRES.

Avant la conquête de l'Amérique du Sud par les Espagnols, ce pays n'avait en fait d'animaux domestiques que le lama et le *guanaco*, et, en fait de sauvages, aucun autre que le *danta*, espèce de tapir. Les bœufs et les chevaux s'y sont tellement multipliés depuis cette époque, qu'on en trouve en abondance depuis la Californie jusqu'à la Patagonie. Dans les *Llanos de Venezuela* particulièrement, et dans les *pampas* de Buenos-Ayres, où la richesse des pâturages et l'étendue des plaines sont immenses, leur nombre est incalculable.

Ils sont si nombreux dans quelques endroits, que des détachemens de cavalerie sont obligés de précéder les armées en marche, pour faire jour à l'infanterie et à l'artillerie. Ces hordes de chevaux offrent un beau spectacle quand l'arrivée d'une armée vient répandre l'alarme au milieu de leurs déserts. Au lieu de fuir comme les cerfs et les animaux timides, ils galopent autour des étrangers, sur une masse compacte de plusieurs milliers à la fois, comme pour les reconnaître, et s'avancent hardiment à quelques pas de la ligne, où ils s'arrêtent à examiner les troupes, soufflant avec bruit à travers leurs naseaux, et montrant leur étonnement et leur déplaisir, surtout à la vue de la cavalerie. Ces immenses troupeaux sont toujours conduits par quelques chefs, vieux et robustes, dont les crinières flottantes et les longues queues indiquent assez qu'ils n'ont jamais été soumis à l'homme; les jumens et les poulains se tiennent sur le dernier rang. Il y a aussi des troupeaux d'ânes, de cochons et de chiens sauvages. Ces derniers sont devenus si nombreux en certains endroits, qu'ils inspirent des craintes aux voyageurs isolés; ils sont de l'espèce chien-tigre de Cumana, si renommé pour défendre les troupeaux contre les panthères et les jaguars.

Comme il n'y a pas de chemins dans les plaines, un étranger trouve difficilement sa route d'une ferme à l'autre. Ces fermes sont situées environ à un jour de distance l'une de l'autre pour donner assez de pâturages à leurs troupeaux, afin qu'ils ne se confondent pas avec d'autres; les habitans se guident sur des palmiers qui s'élèvent de loin en loin et forment des espèces d'îles dans cet océan. On ne vous fait d'autre cérémonie, quand vous arrivez à une de ces fermes, que de vous adresser le salut habituel : *Ave, Maria purisima*. Votre cheval est desselé et mis en liberté, et on s'inquiète peu qu'il s'égare ou non; car il y en a toujours à portée une grande quantité, qui est considérée comme propriété publique. On vous donne de l'eau pour vous laver les pieds, et chacun, étendant son manteau et sa couverture à l'ombre, se couche en appuyant sa tête sur sa selle, en guise d'oreiller.

La manière de traire les vaches dans ces fermes est assez singulière. Comme elles sont entièrement sauvages, les fermiers attendent qu'elles aient vêlé; ils amènent à leur ferme tous les veaux qui sont dans les environs, et les vaches les suivent. Au moment où le veau tête, on s'approche de sa mère, et en lui passant une corde à une des jambes de devant, on peut la traire en toute sûreté. Il y en a cependant qui ne se prêtent pas à cette mesure. On a recours alors à un autre moyen qui réussit parfaitement. On leur jette un *lazo* autour du cou, et passant l'extrémité au-dessus des branches fourchues d'un arbre qu'on laisse toujours debout à cet usage, on la hisse jusqu'à ce que l'extrémité des pieds de derrière touche à peine la terre.

Quand les *Llaneros*, habitans des terres basses, incultes, situées entre l'Orénoque et l'Apuni, veulent se procurer des chevaux, ils poussent ensemble une horde de *chucaros*; chaque homme qui a besoin d'un cheval, choisit celui qu'il préfère, et le prend avec son *lazo*. Deux hommes tiennent fortement cette lanière jusqu'à ce que le cheval tombe presque étranglé par ce licou, qu'il resserre de plus en plus à mesure que ses efforts pour s'échapper sont plus grands; alors on lui assène sur la tête quelques vigoureux coups de bâton qui achèvent de l'étourdir. Dès qu'il est insensible, on lui attache les jambes, on lui met un *bozal* (baillon ou mors) avec un *tapojo* (bandeau) qui couvre ses yeux, quand cela est nécessaire, et on le selle de suite. On se sert d'a-

bord d'une corde très-mince pour licou, le cheval ne pouvant souffrir un mors dans la bouche sans se cabrer et se renverser sur son cavalier. Puis on lui délie les jambes, on dénoue la corde qui lui serrait le cou, et bientôt il revient à lui, se lève, mais reste immobile et tremblant, jusqu'à ce que ses yeux soient découverts. Quand le cavalier est monté, et bien en selle, il enlève le *tapojo*, et alors commence la lutte entre la force et l'activité de l'animal sauvage épouvanté, combattant pour sa liberté, et le talent d'équitation sans égal du *Llanero*. Le cheval paraît d'abord si étonné et si confus, qu'il n'ose se mouvoir; mais bientôt les cris et les coups des compagnons de son cavalier le réveillent. Alors les efforts qu'il fait pour se débarrasser de son fardeau sont extraordinaires et dangereux pour celui qui le monte. Les chevaux de l'Amérique du Sud cependant sont rarement vicieux; ils ne se roulent, ni se frottent contre les arbres, moyens qu'emploient quelques chevaux pour se débarrasser de leur cavalier.

Les *Llaneros* ont un mot technique pour exprimer la lutte du cheval sauvage, *corcovéar* (1), et représentent par cette image la manière dont l'animal courbe son dos, et fait un certain nombre de bonds devant lui, frappant la terre avec ses quatre pieds à la fois. Il semble se gonfler exprès aussi, pour lui donner aucune élasticité à ses mouvemens, et faire sentir au cavalier la violence de chaque coup. Souvent l'épine du dos et les reins se ressentent fortement de ces secousses, et pour y obvier, les *Llaneros* serrent leur *ruana* ou couverture autour de leur taille. Tant que le cheval continue à faire ses sauts, le cavalier fait un usage fréquent du bâton sur la tête, et bientôt toute la vivacité de l'animal cède à la violence du remède. Au bout de deux jours, il commence à trotter lentement et de mauvaise grâce; c'est alors un symptôme certain de sa domesticité.

UN DINER A CANTON.

Nous empruntons à la relation publiée récemment à Berlin par deux voyageurs, MM. Wendt et Meyen, la description que l'on va lire d'un dîner d'apparat en Chine.

« Quelques jours avant notre départ de Canton, nous trouvâmes au logis une carte de visite laissée par Mowqua, marchand de thé *hong*, avec une invitation à dîner. Cette invitation était écrite sur une feuille de papier rouge extrêmement fine et beaucoup plus grande que celles employées chez nous au même usage. Mowqua est un des plus jeunes *honguistes*. Il a droit à une huppe blanche sur son bonnet (elle est, à ce qu'il m'a semblé, taillée en ivoire), et par conséquent appartient à la cinquième classe des mandarins. Vers les six heures et demie du soir nous nous acheminâmes vers ce banquet *aldermanique*, ainsi que dirait un *cockney* (badaud de Londres). Des domestiques, portant d'énormes lanternes, nous précédaient, et, par précaution, on avait muni de coton nos oreilles afin de les garantir des terribles effets de la musique chinoise.

Les alentours du bâtiment hospitalier étaient garnis d'une multitude de lanternes en feu, et un orchestre à l'harmonie infernale notre arrivée. L'hôte et son fils étaient là pour recevoir leurs convives, qu'au milieu des salutations et des complimens ils conduisaient jusqu'aux sièges placés pour eux dans la salle de réception. Le costume de ces riches Chinois était, dans cette soirée d'apparat, d'une magnificence extraordinaire. Par-dessus ses vêtemens tissus de la soie la plus belle, et rajustés par une écharpe éclatante de même étoffe, le jeune Mowqua portait un manteau de fourrures précieuses. L'un et l'autre gardèrent sur la tête, sans jamais les quitter, leurs bonnets de velours ornés de la

(1) *Corcovear*. Nous manquons de verbe en français pour traduire ce mot, qui équivaut à notre expression *faire le gros dos*, et dérive de *corcova*, bosse.

huppe honorifique. A tout regarder, leur apparence était imposante et digne.

Dès que les convives eurent pris possession de leurs siéges, rangés parallèlement sur deux lignes droites, le thé fut servi dans de larges tasses qu'accompagnaient des espèces de soucoupes assez basses. Le tout était posé sur un plateau d'or ou d'argent. C'est chose connue que les Chinois, comme les Japonais, prennent leur thé sans lait ni sucre. On jette quelques feuilles au fond de la tasse, où l'on verse ensuite de l'eau bouillante; puis, aussitôt que l'infusion a eu lieu, on transvase dans la soucoupe la liqueur qu'on avale tandis qu'elle est encore toute chaude. Le thé dont on se sert ainsi est en feuilles entières; aussi l'eau, quoique suffisamment colorée, reste à l'état limpide.

Dans une salle voisine se tenaient les musiciens. Il y avait, dans le nombre, quelques chanteurs en renom. Ils jouèrent ou chantèrent, sans discontinuer, durant la fête entière. C'était, à ce qu'on m'apprit, une espèce d'opéra. Le bruit n'avait certainement rien d'agréable, mais les Chinois n'y prêtaient nulle attention; seulement, dans les intervalles du repos, ils attrapaient quelques paroles du chant pour en faire l'objet d'une plaisanterie ou d'une observation.

Le festin commença. Nous fûmes conduits dans une autre pièce, où plusieurs tables carrées à six places étaient disposées de façon à former un demi-cercle. Du côté qui donnait sur le centre, elles restèrent inoccupées, mais garnies partout d'une tenture écarlate, que relevaient de superbes broderies en or ou en soie, représentant des fleurs du pays aux carnations variées. L'hôte s'assit à la table du milieu, et députa un compatriote pour faire les honneurs de chacune des autres. Toutes étaient recouvertes sur le devant de corbeilles pleines de fruits et de fleurs, et, derrière ce rempart appétissant, d'une multitude de vases et d'assiettes fort petites et portant des confitures, de menues tartines au beurre, des oiseaux froids, des saucisses, des pyramides d'oranges et de prunes, en un mot de mille friandises diverses. Il y avait, dans l'étalage de ces richesses gastronomiques, un art infini dont pouvait se glorifier à bon droit le maître de la maison.

Les Chinois ne font rien comme les Européens; aussi commençâmes-nous par le dessert. En guise de couverts, trois petites coupes étaient placées vis-à-vis de chaque siége. Celle de gauche contenait le soy, sauce aromatique dont les indigènes assaisonnent tous leurs mets; on se sert de celle du milieu durant le cours du repas, et sur la troisième se pose la cuiller de porcelaine avec laquelle il est d'usage de manger les soupes. Deux petits bâtons arrondis par le bout (ils sont en ivoire chez les gens riches) étaient en outre affectés au service de chaque convive. Il est difficile aux étrangers de tirer parti de ces batonnets. C'était pour les Chinois matière à plaisanteries. — Voyez donc ces sages Européens, chuchotaient-ils entre eux, ils ne savent pas même manger proprement. — Un de nous entendit et comprit parfaitement cette épigramme. Au lieu de serviettes, il y a près de chaque couvert un monceau de feuilles de papier découpées triangulairement et ornées de bandelettes rouges : c'est avec cela qu'on s'essuie les mains.

Pour entrer en action, l'hôte nous invita à choisir les meilleurs plats. Tandis que nous mangions, il appelait notre attention sur la saveur de tel fruit ou la rareté de tel oiseau. Ainsi se passa le premier service.

Les Chinois n'ont point de nappe; mais on enleva l'espèce de surtout qui surchargeait les tables, et qui fut remplacé par un autre, abondant en nouvelles gourmandises. En même temps, une petite tasse fut ajoutée à chaque couvert. C'était pour boire le samtschu, liqueur obtenue par la fermentation du riz, et qui remplace le vin dans les festins chinois. Des serviteurs courent de l'un à l'autre, armés de larges pots d'argent où le samtschu se conserve bouillant. Ce nectar, à mon avis, n'est pas excellent; cependant il y en a de plusieurs espèces ou de plusieurs crus, et, sur le nombre, j'en ai goûté qu'on pouvait comparer sans dés-

avantage à la bonne eau-de-vie. Les Chinois sont, du reste, de fort polis convives. Lorsqu'ils veulent boire, ils se défient amicalement en se souhaitant bonheur et santé. Chacun prend sa coupe en deux mains, et avale le contenu d'une gorgée. Quand il a fini, il en tourne la partie creuse vers son partner pour prouver qu'il n'y reste pas une goutte de liqueur. Force est de l'imiter sous peine de lèse-courtoisie.

Au second service, qui comprenait bien soixante mets divers environ, succédèrent les soupes. Celles-ci sont contenues dans de petits bowls qu'on place au milieu de la table, où chaque assistant va puiser sa part avec la cuiller de porcelaine déjà mentionnée. Nous eûmes, comme cela, cinq ou six soupes entremêlées d'autres ragoûts, de pâtisseries, de conserves, de hachis, etc.

Le thé servait d'intermède ainsi que le tabac. De la sorte, on reprenait des forces pour recommencer de plus belle et jusqu'au bout.

Enfin, après plusieurs services, plus abondans les uns que les autres, on dressa cinq nouvelles tables dans l'espace laissé vide en face de nous. Elles regorgeaient de rôtis : du porc et surtout des oiseaux. Dix cuisiniers, vêtus avec goût et uniformément, entrèrent alors dans la salle, et se mirent à découper. Il y en eut, pour chaque table, deux qui s'acquittèrent avec une adresse remarquable de leur tâche. D'autres domestiques nous transmettaient, sur de petites assiettes, les menues tranches qu'ils recevaient des premiers. Il fallut encore manger.

A la fin du repas, les cuisiniers reparurent, et firent à l'assemblée de très humbles remerciemens pour l'honneur qu'elle leur avait fait de savourer leurs ragoûts. On se leva de table. Il y avait six heures que nous y étions, et plusieurs centaines de plats avaient passé devant nous successivement.

Il y a de quoi désespérer nos ménagères de province qui s'enorgueillissent avec tant d'ostentation des prodigalités gourmandes d'un dîner manceau ou d'un repas flamand. Mais aux Chinois la palme. C'est le peuple le plus raffiné, le plus glouton, le plus vorace, qu'on connaisse encore.

Ils font aliment de tout, ajoute le docteur Meyen. Dans les rues et sur les places de Canton, on voit un étalage perpétuel de comestibles ; ce sont partout des viandes qui chez nous sont loin d'être en réputation de haut goût : des faucons, des hiboux, des aigles, des cigognes. Rien n'égale plus les Européens que de voir arriver un Chinois qui porte sur ses épaules une perche où se balancent deux cages contenant des chiens et des chats au lieu de pigeons et de poulets. Il y a entre autres une sorte d'épagneul nain qui paraît être fort recherché. Les chiens reposent paisiblement dans ces prisons portatives; mais les chats y font un vacarme à croire qu'ils pressentent leur destination. La chair de ceux-ci, quand l'animal est engraissé à point, jouit de l'estime nationale; on la sert sur la table des riches. Il n'en est pas de même des rats, qui sont abandonnés aux pauvres. Le marchand de rats arrive au marché avec sa perche, où pendent, au moyen d'une pièce de bois passée dans leurs jambes de derrière, plusieurs douzaines de ces animaux embrochés en guise d'alouettes. Le spectacle doit paraître ragoûtant au voyageur dont le palais est encore sous l'influence des pruderies européennes.

Toutefois la gloutonnerie chinoise a ses châtimens. Outre les indigestions, que le thé ne prévient pas toujours, on raconte quelque part que les chiens ont en horreur cette population canivore. Ils reconnaissent à l'odorat les gourmands adonnés au chien, s'ameutent autour d'eux, les poursuivent de leurs aboiemens et souvent de leurs morsures. Bizarre contradiction des coutumes humaines ! Le chien est pour certains peuples un ami, pour d'autres un dieu, pour les Chinois une friandise. Lesquels ont bien choisi ?

INFANTERIE. — FUSILIER.

(Quatrième article.) (1)

Sous le règne de Louis XIV, toutes les institutions militaires marchèrent rapidement vers la perfection. Ce prince publia de nombreux réglemens sur la discipline, sur la tactique, sur les récompenses et l'administration. Déjà nous avons rappelé que c'est à lui que l'on doit l'établissement définitif de l'hôtel royal des Invalides.

Louis XIV créa des écoles pour l'instruction des jeunes gens qui entraient dans la carrière des armes. Des compagnies de cadets étaient entretenues dans la plupart des places frontières; ils y apprenaient quelque peu des mathématiques, le dessin et tous les exercices, et faisaient les fonctions de soldats. Cette institution dura dix années. « On se lassa enfin, dit Voltaire, de cette jeunesse trop difficile à discipliner; mais le corps des ingénieurs que le roi forma, et auquel il donna des réglemens, est un établissement à

(Fusilier, garde de l'artillerie, sous Louis XIV.)

jamais durable. » Ce fut ce prince qui fonda l'ordre militaire de Saint-Louis, plus brigué souvent que la fortune.

Sous son règne cessa d'avoir lieu la convocation du ban et de l'arrière-ban. A ce mode de recrutement, presque aussi ancien que la monarchie, fut substituée l'institution des trente régimens de milices, fournis et équipés par les communautés, et qui s'exerçaient au métier des armes sans abandonner l'agriculture.

Les titres des chefs et les divisions des corps en régimens, bataillons, escadrons et compagnies, devinrent invariables. Avant lui, les compagnies étaient commandées et administrées isolément, et n'étaient réunies que sur le champ de bataille.

Louis XIV installait lui-même les colonels à la tête de leurs régimens, en leur donnant de sa main un hausse-col doré, avec une pique, et ensuite un esponton, quand l'usage des piques fut aboli.

L'adoption générale de la baïonnette, inventée, dit-on, par M. de Puységur, n'eut lieu que quelques années après 1700, bien qu'elle eût paru long-temps auparavant. Une autre mesure, moins essentielle sans doute que celle que nous venons de rappeler, mais qui a aussi un grand degré d'importance, fut prise sous le règne de Louis XIV. Ce fut l'uniformité de l'habillement. Sous ses prédécesseurs, les

(1) Voy. pages 228 et 268.

corps n'étaient distingués que par les couleurs des écharpes et des aiguillettes, couleurs que les chefs choisissaient à leur gré. Les autres nations de l'Europe comprirent l'utilité de cette institution, et s'empressèrent d'imiter en cela l'exemple de la France.

Grâce à la sollicitude incessante de ce prince, son armée devint de plus en plus redoutable, et il y eut un progrès immense dans l'organisation, l'administration, la tactique et la discipline; en un mot, l'état moral et physique du soldat fut grandement amélioré. On a peine à concevoir que ce prince ait pu tenir sur pied quatre cent cinquante mille hommes à la fois, lorsqu'il lui fallut tenir tête à toutes les puissances de l'Europe liguées contre lui.

Louis XIV est le premier de nos princes qui, en temps de paix, ait donné une image et une leçon complète de la guerre. Il assembla à Compiègne soixante-dix mille hommes en 1698. On fit toutes les opérations d'une campagne; c'était pour l'instruction de ses petits-fils. Le luxe fit une fête somptueuse de cette école militaire. Moins brillante que la cavalerie, l'infanterie française se fit néanmoins remarquer au camp de Compiègne par la régularité de sa tenue et de ses manœuvres.

TOMBEAUX DES SCALIGERS A VÉRONE.

Parmi les monumens les plus curieux de la ville de Vérone, figurent au premier rang les tombeaux des *Scaligers*: c'est ainsi qu'on appelle les membres de la famille de *La Scala*, qui gouvernèrent cette antique cité au moyen-âge. Ces tombeaux, espèces de longues pyramides surmontées de la statue équestre de chaque prince, sont des chefs-d'œuvres d'architecture. Ils datent de la fin du XIVe siècle, et, ainsi que la plupart des constructions italiennes de la même époque, ils offrent un mélange du style grec et du style improprement appelé gothique : ce dernier genre toutefois domine dans la profusion d'ornemens sculptés dont ils sont enrichis.

Le plus remarquable de ces magnifiques mausolées est sans contredit celui qui fut érigé en l'honneur de Martino II, et que nous avons essayé de reproduire dans le dessin qui accompagne cet article. Notre gravure en dit assez au lecteur pour nous dispenser d'en faire la description. Aussi nous bornerons-nous à esquisser rapidement la biographie du personnage auquel il est consacré.

Sans être nommé capitaine-général des Gibelins, comme plusieurs de ses ancêtres, Martino n'en fut pas moins le plus puissant et le plus habile chef de ce parti. Les Gibelins qui se croyaient opprimés pouvaient compter sur sa protection. Ceux qui avaient émigré de Brescia y eurent les premiers recours, et Martino entreprit pour eux, en 1330, le siége de cette ville. Mais Jean, roi de Bohême, vint à son secours, et força Martino de se retirer. Ce dernier en conçut contre Jean un ressentiment que l'ambition de ce monarque ne fit qu'accroître. Aussi proposa-t-il de réunir dans une ligue commune les princes gibelins et les républiques guelfes, auxquelles le Bohémien inspirait une égale jalousie. Un an après, il acheta des Guelfes l'entrée de Brescia en leur livrant les Gibelins de cette ville, que jusqu'alors il avait protégés. C'est ainsi qu'il commençait à révéler cette fausseté, cette ambition perfide et féroce, qui faisaient la base de son caractère. Il enleva successivement plusieurs autres villes, dont il retint au mépris des traités faits avec ses alliés. Fier de ces succès, et seigneur de neuf villes, autrefois capitales d'autant d'états souverains, dont il tirait un revenu de 700,000 florins d'or, il voulut étendre son influence en Toscane. Après avoir essayé de surprendre Pise et de s'allier avec Arezzo, il commença les hostilités avec les Florentins (1336). Mais sa puissance céda devant les efforts réunis de ces derniers et des Vénitiens. Battu dans plusieurs rencontres, il parvint cependant à obtenir une paix avantageuse, qui le laissait maître de Vérone, de Parme, de Vicence et de Lucques. Mais ses revers avaient encouragé ses ennemis à l'attaquer de nouveau, de sorte qu'il se vit bientôt exposé à une guerre générale. Les seigneurs de Correggio lui enlevèrent Parme, et il fut forcé de rendre Lucques aux Florentins. Réduit à la souveraineté de Vé-

(Tombeau de Martino de la Scala.)

rone et de Vicence, il renonça aux projets ambitieux qui avaient occupé la première partie de son règne; et il cherchait à relever dans ses états les arts et l'agriculture, lorsqu'il mourut en 1351.

La cruauté et les exactions de Can-Grande II, qui lui succéda conjointement avec ses deux frères Can-Signore et Paul-Alboïn, mais qui en réalité conserva seul toute l'autorité, excitèrent la haine des Véronais. Un de ses frères naturels, nommé Fregnano, en profita pour s'emparer de Vérone, pendant une absence de Can-Grande. Mais celui-ci, étant revenu en toute hâte avec ses hommes d'armes, livra bataille à Fregnano au milieu des rues, le vainquit, le tua, et ramena tous les révoltés à l'obéissance. Il ne profita de sa victoire et du repos que lui assura l'alliance des Vénitiens et de plusieurs princes ses voisins, que pour s'adonner à la débauche. Enfin, après un règne de huit ans, il fut assassiné publiquement par son frère Can-Signore, qui lui succéda et se déshonora, comme lui, par une vie désordonnée et criminelle. Paul-Alboïn, son frère, ayant conspiré contre lui, fut enfermé dans le tombeau de Peschiera, où, après une dure captivité, il fut étranglé par ordre de Can Signore. Jamais, dans aucune famille, il n'y eut tant d'exemples de fratricides, et la Fable a conté moins d'horreurs des frères ennemis, de Thèbes, que l'histoire n'en rapporte de ceux de Vérone. Can-Signore mourut le 18 octobre 1375, après avoir fait désigner ses deux fils naturels, Barthélemy et Antoine, comme capitaines-généraux de Vicence et de Vérone. Avec lui s'éteignit la descendance légitime des *Scala*, qui avaient gouverné Vérone pendant cent treize ans. Antoine de La Scala, suivant l'exemple de

son père, fit assassiner son frère Barthélemy pour conserver seul l'autorité. Ce fratricide souleva contre lui les princes de la Lombardie. Dépouillé de sa souveraineté, il mourut, en 1588, empoisonné par ordre de ses ennemis. Depuis, la famille des Scala ne put ressaisir le gouvernement de Vérone, et s'éteignit, environ un siècle et demi après sa décadence, par la mort de Brunoro, l'un de ses membres.

MEHEMET-ALI, VICE-ROI D'ÉGYPTE (1).

(Deuxième article.)

Nous avons dit à nos lecteurs les évènemens qui ont marqué la première période de la vie si remarquable de l'homme qui gouverne aujourd'hui l'Égypte. Après le massacre des Mamelucks, il devenait et à toujours le maître de cette riche contrée. Pour secouer le joug du sultan et devenir son égal, il lui fallait, dans l'Égypte barbare, appeler les arts et la tactique militaire des Européens, et se rendre puissant par la civilisation. On jugera s'il a atteint ce but, en voyant ce qu'Alexandrie est devenue sous sa domination.

Il y a des hommes dont le cachet s'imprime tellement à tout ce qu'ils font et à tout ce qu'ils touchent, qu'un rapprochement involontaire s'établit toujours entre eux et leurs ouvrages. On ne voit pas Versailles sans évoquer le souvenir de Louis XIV et de sa cour; quand la colonne Vendôme était veuve de Napoléon, le peuple, par la pensée, replaçait son dieu sur l'autel de bronze; citer la Mecque, c'est nommer Mahomet : parler d'Alexandrie, c'est rappeler le conquérant de l'Asie ouvrant à ses vaisseaux un asile entre l'Inde et la Grèce, et donnant au vaste empire qu'il allait créer, une métropole commerciale où pussent s'échanger les richesses de ses trois continens. Le Nil rendant impossible, par sa rapidité et son débordement, tout établissement considérable sur les rivages mouvans du Delta, le vainqueur de Darius choisit pour son port l'abri formé non loin de Canope par la petite île de Phare, là seule qui se trouve sur cette plage dans une étendue de plus de cinquante lieues. L'isthme étroit compris entre là mer et le lac Maréotis, et rattachant comme un môle l'Égypte à la Libye, fut l'emplacement de la ville qui, sous le patronage du nom d'Alexandre, était destinée à devenir la capitale du monde païen, le berceau de la théologie chrétienne, et qui, passant successivement des Grecs aux Romains, aux Arabes, aux Turcs et aux Mamelouks, après tant de fortunes diverses et de révolutions destructives, devait sortir de ses ruines pour être encore dotée de richesses et de puissance par un autre enfant de la Macédoine.

Certes, cette position intermédiaire entre la Grèce et l'Arabie, entre le Delta et la Cyrénaïque, n'a pas été sans une grande influence sur les destinées d'Alexandrie; et remarquez à ce sujet que toutes les villes dont la Méditerranée ne baigne plus que les ruines, Carthage, Cyrène, Ptolémaïs, Halycarnasse, Éphèse, Troie et tant d'autres, eurent à combattre des principes d'atonie et de dépérissement attachés à leur situation géographique, tandis que celles qui ont survécu, Smyrne, Constantinople, Athènes, Rome, Messine, Marseille, ont dû leur longévité à des particularités locales, autant qu'à la suite des événemens politiques qui les ont le plus favorisées. Ces avantages de position, purement relatifs, sont d'autant plus incontestables dans l'existence d'Alexandrie que son sol par lui-même ne jouit d'aucune heureuse propriété, et présente partout une aridité remarquable.

Les Romains appelaient cette extrémité de la côte libyque le rivage blanc; et, en effet, sur quelque point qu'on l'aborde, on n'aperçoit qu'une plage sablonneuse et blanchâtre, dont des massifs de palmiers interrompent çà et là les surfaces basses et les lignes régulièrement horizontales.

(1) Voyez le premier article, page 29.

Il faut être déjà près de la côte, pour y distinguer quelques points de reconnaissance, la tour des Arabes, par exemple, construction moderne signalant à l'ouest l'emplacement de l'ancienne Taposiris ; celle du Marabout, sur laquelle on gouverne pour gagner le mouillage, et enfin la colonne Pompée, s'élevant solitaire et majestueuse au-dessus de la ville qui sort à peine des eaux.

Au pied des murailles s'ouvrent deux rades, séparées l'une de l'autre par une jetée qui joint l'île de Phare au continent, et à l'extrémité de laquelle s'élevait ce fameux monument, une des sept merveilles du monde, dont le nom fut emprunté au rocher qui lui servit de base. Cette jetée autrefois, à cause de sa longueur, se nommait *heptastdae* ; car il y a toujours un sens dans les appellations des anciens.

Comblée en partie par les sables et les débris de l'édifice géant qu'a remplacé un phare pygmée, la rade de l'est est aujourd'hui presque abandonnée, et ne reçoit plus guère que les bâtimens en quarantaine. Mais celle de l'ouest, l'ancien port d'Eunoste, défendue contre la mer du large par un banc de roches à fleur d'eau, et offrant un ancrage sûr aux navires, porte toute l'année une cité flottante qui laisse à peine entrevoir, à travers ses agrès et ses mâts, les murailles blanches d'Alexandrie.

Pendant qu'un pilote arabe vous dirige au milieu des écueils qui rendent les secours de son expérience indispensable, vos regards se fixent d'abord sur une grande maison assise au milieu de la jetée, et assez semblable par sa toiture de tuiles et ses petites fenêtres à une fabrique des environs de Marseille. C'est le *sérail* adossé à l'*arsenal*, comme si Mehemet-Aly voulait, par ce rapprochement de son palais et de ses chantiers, que les Européens reconnussent de loin l'homme au bras fort, le roi industriel, le pacha fondateur et marchand. Viennent ensuite les vastes ateliers, les approvisionnemens de bois, et les cales de constructions sur lesquelles les vaisseaux s'élèvent comme d'énormes carcasses de cachalots vomis par les flots sur la plage. A l'entrée de l'arsenal commencent les quais, toujours encombrés de marchandises et de matelots, entrepôt d'une importation et d'une exportation continuelles, qui s'étendent jusqu'à la digue d'un canal, auquel Mehemet-Ali a donné le nom du Grand-Seigneur, déférence qui ne l'a pas empêché, comme on le sait, de battre les tronpes de son suzerain et maître. Puis, sur la rive droite du *Mahmoudié*, sont les magasins destinés à recevoir les denrées arrivées du Nil par le canal, constructions immenses qui rappellent les greniers des Pharaons ; puis enfin, sur la côte de l'ouest jusqu'à la tour du Marabout, une ligne de moulins à vent, nouvellement introduits en Egypte par le même homme qui crée les arsenaux et les flottes, et donne les leçons de tactique aux armées du sultan.

Ce tableau est grand par la vie qui l'anime. Le battement des haches et des marteaux de forges, le grincement des scies, des poulies et des cabestans, le retentissement des fifres et des tambours, les cris poussés dans toutes les langues, véritable confusion de Babel, le chant cadencé par lequel les travailleurs règlent l'ensemble de leurs efforts, les navires qui entrent et ceux qui sortent, les *djermes* aux longues antennes qui sillonnent la rade en tous sens, les batteries des forts répondant aux saluts des vaisseaux étrangers, tout ce mouvement de l'industrie, du commerce et de la guerre, présente un spectacle merveilleusement placé entre une mer et un désert de sable.

Un tableau d'une autre nature, et non moins étonnant par son étrangeté, vous attend dans l'intérieur de la ville, vous qui ne connaissez encore que la vie européenne, et qui allez pour la première fois fouler la terre d'Orient. A peine avez-vous mis le pied sur le débarcadère, que vient fondre sur vous un escadron de petits ânes et de petits Arabes qui, culbutés, culbutant, montés les uns sur les autres, arrivent au galop de toutes parts, vous barrent le passage et vous étourdissent de leurs cris. Un de ces pauvres

enfans, qui justifient bien, par leur intelligence et leur espiéglerie le nom de *diavolettes* qu'on leur donne dans le pays, vous enlève, bon gré mal gré, sur sa monture, et, à travers des rues étroites, vous transporte rapidement au milieu d'un monde nouveau. Hommes, animaux, usages, langages, formes, couleurs, rien ne ressemble à ce que vous avez connu jusqu'ici.

Ce sont des Bédouins au visage bronzé, à la barbe touffue, à l'œil vif et perçant, enveloppés dans leurs toges blanches comme des sénateurs romains ; des *fellâhs*, ou paysans, vêtus d'une tunique bleue et coiffés d'une calotte rouge ; des Turcs engoncés dans leurs fourrures, comme s'ils avaient apporté avec eux l'atmosphère de leur mer Caspienne ; des Abyssiniens crépus, noirs et nus, qui semblent se croire encore sous leur tropique brûlant. Ce sont des femmes qui, sans autre vêtement qu'une chemise bleue flottante, se cachent le visage, tandis qu'elles montrent ce que les Européennes rougiraient de laisser voir ; car ici la pudeur même est autre qu'en Occident ; au masque de toile qu'elles s'attachent sous les yeux, et qui retombe en pointe jusqu'aux genoux, comme une trompe d'éléphant, vous les prendriez pour des Bohémiennes de Venise courant à une orgie de carnaval ; à la vigueur et à la beauté de leurs membres cuivrés, modelés et gracieux comme l'urne qu'elles portent sur la tête, vous diriez les types vivans de cariatides antiques.

Ce sont des bataillons de nègres, en uniforme rouge, marchant au son du tambour ; il ne leur manque que des cornes et une queue pour ressembler parfaitement aux diables de nos théâtres ; ce sont des cavaliers européens précédés de *saïs* qui courent devant leurs chevaux, des porteurs d'eau perchés sur des dromadaires, et se jetant au grand trot au milieu de la foule ; c'est une longue caravane qui s'avance lentement comme un dragon à mille têtes et à mille pieds ; et tout cela se presse, se croise, se heurte dans des bazars étouffans, où bourdonnent des myriades de moustiques et d'insectes, où fourmille une populace criarde et borgne, car les trois quarts des habitans sont attaqués d'ophtalmies.

Vous ne pouvez vous défendre d'une comparaison pénible entre le luxe de quelques hommes et de dénuement de presque tous. Mais, frappé de la pauvreté du peuple, vous admirez la noblesse avec laquelle il la porte ; sa démarche, ses poses, ses costumes, révèlent toujours en lui un sentiment élevé de la dignité humaine. Le mendiant même se drape fièrement de ses haillons et semble se parer de sa misère. C'est un amour inné de la couleur et de la forme, une habitude instinctive de poésie extérieure qui caractérise les Orientaux. Sous un ciel d'azur, en face d'un horizon ardent et empourpré, foulant un sol qui reflète toutes les couleurs du prisme, inondé d'une lumière limpide et pure sur laquelle toutes les lignes et toutes les nuances ressortent, l'homme a besoin de se montrer digne de ce brillant théâtre, et, pour y représenter avec avantage, il s'attache à tout ce qui peut donner du relief à sa beauté. Et cette action de la nature sur l'*humanité* est si positive, que, même sans quitter l'Europe, à mesure que vous vous éloignez des climats brumeux, notre bourgeoisie uniforme et plat fait place au pittoresque de l'Espagne et de l'Italie. Franchissez la Méditerranée et vous rencontrez la poésie partout, dans la boutique comme dans le palais, dans la rue comme au milieu des grandes scènes du désert et du rivage.

Si les Orientaux sont supérieurs à nous par ces dehors personnels qui les mettent pour ainsi dire en harmonie avec leur pays, ils n'approchent pas de cet aspect matériel de la vie sociale, qui s'embellit tous les jours dans nos capitales par le concours de toutes les industries. Alexandrie, par exemple, telle que l'ont faite ses possesseurs musulmans, est loin de répondre à l'impression produite par le peuple qui l'habite. On n'y retrouve plus l'Europe et on n'y voit pas encore l'Egypte. C'est une ville bâtarde qui manque de cachet et de physionomie. Toutefois, ses rues sans pavés, poudreuses en été et boueuses en hiver, toujours impraticables si vous n'aviez à votre disposition les petits ânes des *diavolettes*; ses maisons, bâties de briques et de ciment rouge dans un quartier, de chaux et de pierres blanches dans un autre, élevées de deux ou trois étages, terminés par une terrasse plate, avec leurs portes closes et leurs lucarnes treillisées, vous donnent une première idée des mœurs musulmanes, et vous laissent entrevoir l'immense lacune qui sépare les sociétés orientales de notre inventive civilisation. Aucun monument, aucune partie de la ville ne mérite de mention particulière, à l'exception du quartier Franc, dont la longue rue et la grande place rappellent par leurs boutiques et leurs croisées à vitres les usages de l'Occident, et permettent d'apprécier d'un coup d'œil l'importance toujours croissante de la colonie par qui s'entretiennent les relations commerciales de l'Egypte avec l'Europe.

De la première clôture de la ville à ses murs extérieurs, vous parcourez un espace plus vaste que l'ensemble de tous les autres quartiers, entièrement vide de constructions, et occupé seulement par des citernes, des jardins de dattiers, et quelques forts en terre, ouvrages du général Bonaparte, et qui portent encore son nom. C'est un désert de sable qu'Alexandrie renferme dans ses murailles, et qui a, comme le grand désert, ses fontaines, ses oasis, et même ses tribus, car des nègres occupés à faire sécher la fiente de chameaux, d'où l'on extrait une grande quantité d'alcali volatil, bâtissent au pied du mur intérieur des huttes de terre hautes de trois ou quatre pieds, où ils s'entassent pêle-mêle avec leurs femmes, leurs enfans, leurs pigeons et leurs poules.

Cette enceinte, dans laquelle une ville de vingt-cinq mille âmes semble perdue, était encore trois ou quatre fois plus étendue en 650, quand Amrou, lieutenant du kalife Omar, enleva Alexandrie aux Grecs du Bas-Empire. Ce fut l'an 875, sous le règne d'Elmetouakkel, dixième kalife abasside, que le Turc Ahmed-ebn-Touloun, le premier des sultans d'Egypte, fit abattre les fortifications des Ptolémées et des Romains. La muraille flanquée de cent tours, dans laquelle il resserra la place pour en rendre la défense plus facile, fut réparée au XIIIe siècle par le sultan mamelouk Beybars, qui à son tour détrônait les Turcs; et c'est elle qui entoure encore la ville plutôt qu'elle ne la défend.

Mais laissons là ces princes et leurs ouvrages, et revenons sur nos pas pour visiter des travaux plus grands et plus utiles; car c'est surtout sur le rivage d'Alexandrie que l'Egypte moderne déploie son industrie et sa force renaissantes; c'est en vue de l'Occident et du Nord, foyer de civilisation, qu'elle proteste contre l'anéantissement de la barbarie. La première ville du monde ancien redevient, sous Mehemet-Aly, le second port de la Méditerranée.

Il y a cinq ans encore, le pacha était obligé de faire construire ses frégates aux chantiers de Marseille et de Livourne. Le port d'Alexandrie n'avait pas assez de profondeur, pour qu'on pût y lancer des bâtimens de haut bord. Un ingénieur français fut appelé, et ses plans, approuvés le 9 juin 1829, reçurent immédiatement leur exécution. Une partie de la ville abattue et jetée à la mer avança le rivage vers les hauts fonds, et offrit un terrain ferme aux cales de construction; en avant de ce môle artificiel, on creusa jusqu'à ce que l'eau présentât une profondeur suffisante. A la place du quartier détruit s'élevèrent les établissement d'un arsenal complet, une corderie, des forges, une voilerie, un magasin général, un chantier de mâture, et un atelier de boussole; une fonderie de canons fut établie au Caire.

Cependant des charpentiers, des perceurs, des calfats, des voiliers, des forgerons, des plombiers, des tourneurs, appelés à grands frais des ports de l'Europe, apprenaient leurs divers métiers à seize cents Arabes réunis en bataillons; et bientôt de ce rivage dont les corvettes pouvaient

à peine approcher, s'élancèrent des frégates et des vaisseaux de premier rang. « Quand j'eus terminé l'*Ibrahim* de cent canons, me disait un jour M. de Cérisy, son altesse me demanda si les souverains de l'Europe n'abordaient pas leurs pavillons à de plus grands navires. Je répondis qu'ils en avaient encore de plus forts, à trois ponts, et armés de cent vingts canons. Mais que le port d'Alexandrie n'était point assez profond pour recevoir de si hautes carènes. Qu'on recommence à creuser dès demain, répondit le pacha, et construisez-moi un bâtiment semblable à ceux dont vous me parlez. « Mehemet-Aly possède aujourd'hui un vaisseau à trois ponts qui ne le cède en rien aux plus belles constructions maritimes de la France et de l'Angleterre.

Un spectacle plus intéressant encore que ces immenses résultats, c'est l'adresse et l'activité de tant d'hommes arrachés naguère à une oisive indépendance. On voit des enfans de tribus manier le tour et le laminoir, des Arabes du Nedjd aimanter des boussoles, des nègres de Kordofan forger le fer et jeter la fonte en moules. Témoins de l'intelligence de ces races auxquelles on a long-temps supposé une organisation inférieure à celle des autres peuples, nous admirons la volonté de l'homme qui a développé dans ces cerveaux incultes des germes long-temps étouffés, et nous ne pouvons nous refuser à croire que ce sont là les premières lueurs de civilisation qui doivent pénétrer un jour au cœur de cette Afrique condamnée par nos préjugés à une barbarie éternelle.

L'apprentissage fut pénible d'abord; les châtimens ne manquèrent point pour réveiller la paresse, et punir les retours vers les habitudes du passé. Le terrible *knout* devint en quelque sorte le nerf de l'arsenal, et chaque chef de peloton ne connut pas pendant long-temps d'autre méthode pour maintenir et diriger les apprentis confiés à son commandement; car ce travail de tous les jours remplaçait subitement les délices de la vie nomade, la facile navigation du Nil, les bains de soleil sur les places d'Alexandrie et du Caire, et il suffisait de regretter en silence tant de bonheur perdu pour s'attirer les coups déchirans du contremaître. Mais le pacha l'a voulu, et tout a été oublié, le repos des cités comme les courses du désert.

Toutefois l'on a eu recours à d'autres mobiles que la crainte. Cette jeunesse impressionnable et naïve était accessible aussi au désir des honneurs, et l'on a su tirer parti de son ambition. Dans les chantiers d'on satrape d'Orient, les hommes sont hiérarchisés aujourd'hui suivant leur capacité, car ce travail de cette armée industrielle se donnent aux ouvriers les plus habiles, à mesure que l'instruction du corps permet de remplacer les Européens par des indigènes. Il y a tels capitaines qui n'aspiraient avant leur enrôlement qu'à conduire un chameau à travers les sables. Un port immense creusé, un arsenal construit, cinq brigs, trois corvettes, six frégates et dix vaisseaux sortis de ces chantiers, tant de travaux achevés en cinq ans par des hommes arrachés à une vie presque sauvage, voilà les monumens dont Mehemet a enrichi jusqu'ici sa ville d'Alexandrie. L'Occident lui doit aussi un salutaire exemple: par les résultats qu'il a obtenus de l'organisation régulière de seize cents barbares, il a prouvé aux rois que, dans le même laps de temps, ils changeraient la face de l'Europe et décupleraient ses produits, avec les trois millions d'hommes et les quinze milliards de francs qu'exige annuellement leur observation armée.

L'ABBAYE DE BOLTON.

Cette abbaye, qui fut jadis si célèbre, est située dans le comté d'Yorck, sur les bords de la rivière Wharfe, à six milles environs de Skipton. La veuve de William Fitz Duncan, neveu du roi d'Écosse David, qui fonda un si grand nombre d'établissemens religieux, fit élever cette magnifique abbaye vers le milieu du XIIe siècle, et la dédia à la Vierge. Plus tard, des moines réguliers de l'ordre de saint Augustin s'y établirent, et furent long-temps les bienfaiteurs du peuple dans ces temps d'ignorance et de barbarie. Mais des périls continuels menaçaient le monastère; des bandes nombreuses, venant tantôt d'Ecosse et tantôt d'Angleterre, envahissaient incessamment la contrée, et l'abbaye tomba plus d'une fois dans leurs mains. La dévastation de ces monumens religieux remonte à l'an 1540.

Un Anglais, qui a visité le duché d'Yorck, a tracé le tableau suivant des ruines que présente l'abbaye de Bolton, et de l'état de l'église, dont une partie, qui n'est pas tout-à-fait dégradée, sert d'église paroissiale aux villages des environs.

« Rien n'est à la fois plus imposant et plus pittoresque que l'aspect de ces ruines solitaires. De hautes collines, qui ne souffrent de végétation qu'à leur pied, s'élèvent au nord et au sud; puis s'abaissent par degrés, et les eaux de la Wharfe viennent baigner la partie occidentale du monastère. À l'est, un rocher s'élève perpendiculairement dans les airs, et du sommet, une masse d'eau tombe en cascades magnifiques. À l'ouest sont des sites pittoresques par un mélange d'austérité et de fraîcheur agreste; aux coteaux variés succèdent des jardins suspendus et par l'influence de ces contrastes, le paysage est tantôt imposant et grandiose, tantôt imposant et gracieux.

« Les restes de l'abbaye sont encore aujourd'hui si grands et si beaux, qu'on ne peut se lasser de les admirer. Rien n'est solennel comme le silence et la solitude dans lesquels elles sont plongées. L'imagination voudrait en vain demander compte de tout ce qui a été détruit; en vain s'efforcerait-on d'y suppléer en devinant la magnificence de ce qui fut par ce qui est encore debout. L'église, qui est tout ce qui reste de l'ancienne abbaye de Bolton, est une belle création de l'architecture gothique; elle a la forme de la croix de saint Jean. Dix croisées à la plus longue nef sont encore en bon état, et sont ornées latéralement de petites rosaces,

de colliers d'arabesques découpés à jour, et surmontés d'innombrables détails de sculpture et de ciselure. Le chœur et toute la partie centrale n'offrent plus à l'œil que des monceaux de ruines; dans les crevasses des murailles poussent des touffes de bruyères, des ronces, de grandes herbes; mais la tour et la belle croisée qu'on voit à l'occident, ainsi que toute la partie de l'édifice qui regarde la Wharfe, sont dans un bon état de conservation. Mais tout ceci est d'une date postérieure; le dernier prieur de l'abbaye avait entrepris de relever l'antique splendeur de ces monumens; mais la Réforme l'enleva à son abbaye, et cette louable entreprise ne put s'exécuter. Les armoiries mutilées des rois et des abbés se distinguent encore sur les pierres de cette partie de l'église. Entre de fines colonnettes superposées, l'on voit une grande quantité de niches d'une architecture parfaite, renfermant des têtes de moines et de religieuses, pleines de vie et de mouvement.

« Autour de cette galerie, il règne une bizarre décoration d'arabesques, de rosaces, de volutes, chargés de losanges libres et capricieux, qui attestent une singulière facilité. La croisée, malgré ses vastes proportions, est d'une légèreté, d'une élégance et d'une richesse inconcevables. Vous diriez que chaque fragment de moulure a été taillé avec le soin qu'un lapidaire consacre à un diamant. On ne comprend pas comment on a pu assouplir ainsi le roc, et donner à la pierre des formes si fantastiques et si légères. Le portail est aussi orné de vives arêtes, de guirlandes et de bas-reliefs, qui sont en harmonie parfaite avec les autres ornemens de ce curieux édifice.

« Les ruines de l'abbaye de Bolton sont aussi précieuses, comme objet d'art, que les belles ruines de l'abbaye de Melrose, dont la fondation remonte à la même époque. Le génie du poète Woodsworth leur a donné une nouvelle consécration par son poème intitulé : *The White doe of Rylstone*, (la Biche blanche de Rylstone), dont le sujet est emprunté à une tradition fabuleuse. Espérons que désormais ce qui reste de ces monumens sera protégé contre toute espèce de vandalisme. »

(L'abbaye de Bolton.)

Paris. — Imprimerie de H. Fournier, rue de Seine, n° 14.

AMSTERDAM.

(Deuxième article. — Voyez le premier acticle page 281.)

(Vue generale d'Amsterdam.)

Une foule de canaux, la plupart bordés de rangées d'arbres, traversent Amsterdam en formant quatre-vint-dix îles, qui communiquent par deux cent quatre-vingts ponts, dont le plus beau est celui de l'Amstel : Ce pont a six cent soixante pieds de longueur, soixante-dix pieds de largeur, et se compose de trente-cinq arches.

L'eau jaunâtre et fangeuse que ces canaux renferment, quoique souvent agitée par le mouvement des écluses, ré pand dans cette vaste cité des miasmes dangereux à la puanteur desquels les voyageurs ont peine à s'habituer, et qui se joignent à l'humidité de l'atmosphère et du sol pour rendre le séjour de la ville malsain.

L'un des principaux inconvéniens d'Amsterdam est le défaut d'eau potable : celle de l'Amstel est mauvaise ; on se sert de celle de la petite rivière du Vecht, que l'on va puiser à quelques lieues de la ville ; mais la meilleure est celle que l'on fait venir à grands frais de la ville d'Utrecht, éloignée de plus de huit lieues.

Le port d'Amsterdam est une espèce de golfe à deux entrées, diamétralement opposées, qui est subdivisé en sept ou huit petits ports particuliers, séparés les uns des autres par des estacades, sur lesquelles sont pratiquées des chaussées en planches, jointes les unes aux autres par des ponts-levis.

En se plaçant sur une de ces estacades, on aperçoit un des plus beaux spectacles que puissent offrir les ports de mer. Le spectateur a devant ses yeux une multitude de vaisseaux, de navires, d'embarcations, de canots, qui se manifestent par une forêt de mâts qui s'étend à perte de vue. Au loin, et au-delà de ces flottes nombreuses, des villages pittoresques ; ici une ligne de maisons de bois, construites sur des pieux entre lesquels passe la mer ; là des cafés, des lieux publics de récréation, établis sur les estacades ; plus loin, une galerie d'arcades et de colonnades ioniques et doriques, dont la fraîche couleur ne laisse pas deviner si elles sont de bois ou de marbre, et dont la base cachée paraît être dans les eaux ; en deçà, de vastes édifices, et une masse d'arbres qu'on prendrait pour une forêt : voilà quelques-uns des principaux objets de cet immense paysage, dont l'aspect est on ne peut plus animé.

COUTUMES A AMSTERDAM.

À Amsterdam, les parens qui n'ont pas fait enregistrer la naissance d'un enfant dans l'espace des trois jours qui suivent, sont condamnés à une amende, et ces enfans ne peuvent être baptisés que sur la présentation de l'acte de naissance.

Les mariages sont célébrés à peu près comme en France : la seule coutume remarquable, e que suivent toujours les familles riches, est que les fiancés envoient à leurs amis une bouteille du vin du Rhin sucré et aromatisé, ornée de nœuds de rubans de toutes couleurs.

Les cérémonies qui accompagnent le décès, et le mode d'enterrement, présentent des circonstances qui méritent d'être mentionnées. Dès qu'une personne est morte, on en avertit le bourgmestre, qui envoie aussitôt l'*aanspreaker* (crieur public) constater le décès, et l'annoncer dans les rues du quartier. L'*aanspreeker* est vêtu d'une façon singulière : il est enveloppé d'un long manteau noir ; un large chapeau à trois cornes, entouré de crêpe, couvre sa tête, et une énorme cravate noire, sur laquelle se détache un rabat, tombe sur sa poitrine. Ainsi équipé, l'aanspreeker va frapper à toutes les portes, et lit à haute voix le nom, l'âge, l'état, etc., du défunt.

Quant au mode d'enterrement, voici en quoi il consiste : le corps est déposé dans une bière qu'on met sur un char ou corbillard ; mais on a soin que les côtés soient à découvert, afin qu'on puisse voir aisément la bière. Le char est traîné par deux chevaux. En tête marche l'aanspreeker ; le maître des cérémonies suit le char, et après lui s'avance le pleureur public, affublé d'un long manteau noir ; on tricorne de plusieurs pieds de diamètre laisse néanmoins apercevoir une énorme perruque mal peignée, qui tombe jusque sur le dos ; un rabat et une longue écharpe noire complètent son costume. Quelquefois, mais rarement, le convoi est suivi par une voiture de deuil contenant une seule personne qui représente la famille.

C'est ainsi que le corps arrive au cimetière, qui presque toujours se trouve à côte de l'église ; il est entouré par une muraille de douze ou quatorze pieds de haut. Les bières sont disposées par rangées l'une au-dessus de l'autre, jus-

qu'à ce qu'elles aient atteint la hauteur du mur ; alors on jette un peu de sable sur toutes ces bières, et l'on ferme le cimetière, jusqu'à ce qu'on juge que tous ces corps soient suffisamment décomposés pour pouvoir être transportés ailleurs. Sans doute l'exposition constante de ces corps à l'atmosphère avance leur décomposition ; mais aussi les odeurs méphytiques qui s'exhalent de ces lieux portent l'infection dans tous les environs. Lorsque le cimetière est resté fermé quelques années, et qu'un autre se trouve rempli, on rouvre le premier, on brise les bières, on en réunit les fragmens ; et on les vend comme bois de chauffage. Les ferrures sont aussi mises de côté, et on les vend aux marchands de vieux fer. Puis on charge les ossemens sur des voitures, et on les jette dans une large fosse destinée à cet usage. Ce qui reste est vendu aux fermiers comme engrais. Le cimetière, ainsi déblayé, est propre à recevoir de nouveaux hôtes.

ANCIENNES CROYANCES POPULAIRES.
LES SORCIERS.

« C'est grand dommage, dit Voltaire, qu'il n'y ait plus aujourd'hui ni possédés, ni magiciens, ni astrologues, ni génies. On ne peut concevoir de quelle ressource étaient, il y a cent ans, tous ces mystères. Toute la noblesse vivait alors dans ses châteaux. Les soirs d'hiver sont longs ; on serait mort d'ennui sans ces nobles amusemens. Il n'y avait guère de château où il ne revînt une fée à certains jours marqués, comme la fée Mélusine au château de Lusignan. Le *grand-veneur*, homme sec et noir, chassait avec une meute de chiens noirs dans la forêt de Fontainebleau. Le diable tordait le cou au maréchal Fabert. Chaque village avait son sorcier ou sa sorcière ; chaque prince avait son astrologue ; toutes les dames se faisaient dire la bonne aventure ; les possédés couraient les champs ; c'était à qui aurait vu le diable ou à qui le verrait. Tout cela était un sujet de conversations inépuisables, qui tenaient les esprits en haleine. A présent, on joue insipidement aux cartes, et on a perdu à être détrompé. »

Le fait est qu'autrefois, en France, on était fort crédule sur l'article des sorciers, et même, il faut le dire, cette crédulité absurde s'est perpétuée jusqu'à une époque où les progrès de la civilisation auraient dû avoir banni à jamais l'ignorance et la superstition. Que les Gaulois et les Francs, peuples encore plongés dans les ténèbres de la barbarie, aient ajouté foi à des fables ridicules ; qu'on retrouve même dans leur législation (1) les traces de leurs croyances grossières, il n'y a rien là dont l'historien doive s'étonner ; mais que la magie et la divination aient survécu à ces temps reculés ; qu'elles aient traversé les siècles les plus éclairés du moyen-âge, et qu'il n'ait fallu rien moins, pour en triompher, que l'influence souveraine du règne brillant de Louis XIV ; certes, ce sont là des faits à peine croyables, et qui montrent au philosophe combien sont fortement enracinées les erreurs populaires, et ce qu'il faut d'effort et de persévérans pour les extirper.

Ce qu'il y a de plus singulier dans tout cela, c'est qu'à l'époque même où les magiciens étaient le plus en bonneur, où de tous côtés on venait les consulter, où personne n'aurait osé méconnaître leur puissance, on poursuivait, on condamnait, on brûlait ceux qui étaient accusés de magie. Pour ne citer qu'un exemple de cette contradiction bizarre, au commencement du XVIe siècle, un nommé Fontenay osa proposer au roi, dans un écrit imprimé, un moyen *extraordinaire*, qu'il disait très-facile et très-sûr, de prendre les villes de Montauban et de La Rochelle ; et dans le même temps à peu près, la cour de justice de l'Arsenal condamnait à être pendus deux hommes chez lesquels on avait trouvé deux livres de magie écrits sur parchemin.

Les ruses des prétendus sorciers étaient parfois tellement

(1) Voy. les *Capitulaires* de Charles-le-Chauve.

grossières, qu'on s'étonne que tant de gens s'y soient laissé prendre. Un auteur contemporain fait ainsi parler un
de ces charlatans : « Vous ne sauriez croire combien il y a
de jeunes courtisans et de jeunes *Sérapiens* (Parisiens) qui
m'importunent de leur faire voir le diable. Voyant cela, je
me suis avisé de la plus plaisante invention du monde pour
gagner de l'argent. A un quart de lieue de cette ville, j'ai
trouvé une carrière fort profonde, qui a de longues fosses à
droite et à gauche. Quand quelqu'un veut voir le diable,
je l'amène là-dedans; mais avant d'y entrer, il faut qu'il
me donne au moins 40 ou 50 pistoles, et qu'il nie jure de
n'en parler jamais. J'entre le premier dans la caverne; puis
je fais des cercles, des fulminations, des invocations, et
récite quelques discours composés de mots barbares, lesquels je n'ai pas plus tôt prononcés, que le sot curieux et
moi entendons remuer de grosses chaînes de fer, et gronder de gros mâtins. S'il a peur, je le ramène dehors, et je
retiens son argent. S'il n'a point de peur, j'avance plus
avant, en marmottant des paroles effroyables. Incontinent,
six hommes, que je fais tenir dans cette caverne, jettent des
flammes de poix-résine, devant, à droite et à gauche de
nous. A travers ces flammes, je fais voir à mon curieux un
grand bouc chargé de grosses chaînes de fer peintes de vermillon, comme si elles étaient enflammées. De chaque côté,
il y a deux gros chiens à qui on a mis la tête dans des longs
instrumens de bois, larges par le haut, fort étroits par le
bout. A mesure que ces hommes les piquent, ils hurlent
tant qu'ils peuvent, et ce hurlement retentissant dans les
instrumens où ils ont la tête, il en sort un bruit si épouvantable dans cette caverne, que certes les cheveux m'en
dressent à moi-même d'horreur. Deux de ces hommes,
après avoir extrêmement fait les diables, viennent tour-
menter mon misérable curieux avec de longs sacs de toile
remplis de sable, dont ils le battent tant par tout le corps,
que je suis puis après contraint de le traîner dehors de la
caverne à demi mort. Alors, comme il a un peu repris ses
esprits, je lui dis que c'est une dangereuse et inutile curiosité de vouloir voir le diable, et je le prie de n'avoir plus
ce désir, comme je vous assure qu'il n'y en point qui l'aient
après avoir été battus. »

Ce sorcier s'appelait César. Il avait le pouvoir, disait-on,
de faire tomber à sa volonté la grêle et le tonnerre : un
chien lui portait ses lettres, et lui en rapportait les repon-
ses. Il fabriqua une cire pour faire mourir en langueur un gentilhomme. Il était prisonnier à la Bastille,
lorsque le diable vint avec un grand bruit l'étrangler dans
son lit.

Un autre sorcier, appelé Ruggieri, qui demeurait chez
un maréchal de France, mourut, dit-on, à peu près de la
même manière, quatre jours après la mort de son confrère
César. On fit à ce sujet un livre intitulé : *Histoires épouvan-*
tables de deux Magiciens étranglés par le diable, à Paris.

Sous le règne de Charles IX, un individu nommé Trois-
Echelles fut exécuté en place de Grève; pour avoir eu commerce avec les démons, et s accusa douze cents personnes
du même crime, » dit Mezeray, qui trouve ce nombre de
douze cents trop fort.

En 1609, Filesac, docteur en Sorbonne, se plaignait que
l'impunité des sorciers en multipliait le nombre à l'infini.
Il ne les compte plus par douze cents, ni même par cent
mille, mais par millions.

Chenu rapporte un arrêt, du 17 mai 1616, par lequel
le parlement de Paris condamna trois particuliers du Berri
à faire amende honorable, et ensuite à être pendus, pour
crime de sortilége, et pour avoir assisté au sabbat et participé avec le diable.

Tout le monde connaît le procès fameux qui fut fait a
l'infortuné Urbain Grandier, condamné au feu, pour *crime*
semblable, par arrêt du 18 août 1634.

La maréchale d'Ancre fut aussi accusée de sortilége. On
disait qu'elle s'était servie d'images de cire ; qu'elle avait

fait l'oblation d'un coq dans l'église des Augustins et dans
celle de Saint-Sulpice; qu'elle avait eu chez elle des livres
de caractères magiques, dont elle et son mari usaient pour
dominer les volontés des grands. « On se souviendra avec
étonnement, dit Voltaire, dans son *Essai sur le siècle de*
Louis XIV, que la maréchale d'Ancre fut brûlée en place
de Grève, comme sorcière. Le conseiller Courtin, interro-
geant cette femme infortunée, lui demanda de quel sortilége elle s'était servie pour gouverner l'esprit de Marie de
Médicis. La maréchale lui répondit : Je me suis servie du
pouvoir qu'ont les âmes fortes sur les esprits faibles. Cette
réponse ne servit qu'à précipiter l'arrêt de sa mort. ».

Les plus grands seigneurs furent cités pour les mêmes
crimes à la chambre ardente, en 1680, entre autres, deux
nièces du cardinal Mazarin, la duchesse de Bouillon et la
comtesse de Soissons, mère du prince Eugène. La Reynie,
l'un des présidens de cette chambre de justice, fut assez
mal avisé pour demander à la duchesse de Bouillon si elle
avait vu le diable. Elle lui répondit qu'elle le voyait dans
ce moment, qu'il était fort laid et fort vilain, et qu'il était
déguisé en conseiller d'état. L'interrogatoire ne fut guère
poussé plus loin. L'affaire de la comtesse de Soissons et du
maréchal de Luxembourg fut plus sérieuse. Lesage, La
Voisin, La Vigoureux, et d'autres complices, étaient en prison, accusés d'avoir vendu des poisons qu'on appelait *la*
poudre de succession. Ils chargèrent tous ceux qui étaient
venus les consulter; la comtesse de Soissons fut du nombre, ainsi que le maréchal de Luxembourg. Ce dernier avait
vu une fois Lesage, et lui avait demandé des horoscopes ;
il se rendit lui-même à la Bastille. Louvois, qui ne l'aimait
pas, le fit enfermer dans un cachot de six pieds et demi de
long, où il tomba malade. On l'interrogea le second jour,
et on le laissa ensuite cinq semaines entières sans connaître
son procès. Il ne lui fut pas permis d'écrire à Louvois pour
s'en plaindre. Parmi les imputations qui faisaient la base
du procès, Lesage dit que le maréchal avait fait un pacte
avec le diable, afin de marier son fils à la fille du marquis
de Louvois. L'accusé répondit : « Quand Matthieu de Mont-
« morency épousa la veuve de Louis-le-Gros, il ne s'adressa
« point au diable, mais aux états-généraux, qui déclarè-
« rent que, pour acquérir au roi mineur l'appui des Mont-
« morency, il fallait faire ce mariage. » Le procès dura
quatorze mois; il n'y eut de jugement ni pour ni contre
lui. La Voisin, La Vigoureux, son frère et Lesage, furent
brûlés en place de Grève. Cette fois, la justice n'eut pas
tort, car ces quatre misérables avaient épouvanté Paris par
de nombreux empoisonnemens, et la terreur qu'ils avaient
inspirée était si forte, que, malgré leur supplice, il resta
long-temps dans les esprits un penchant à soupçonner des
morts naturelles d'avoir été violentes.

— Enfin, une ordonnance rendue, en juillet 1682, par
Louis XIV, porta un coup fatal à la magie, et limita considérablement la puissance infernale des sorciers. Les im-
posteurs se géminent, les dupes en furent déconcertées.
La science divinatoire fut impitoyablement traitée par cette
ordonnance, qui qualifia les magiciens de corrupteurs de
l'esprit des peuples, d'impies, de sacrilèges, profanant ce
qu'il y a de plus saint, de plus sacré. La magie ne fut plus
justiciable que du mépris public, et s'il y eut de core quelques
condamnations de sorciers, c'est que ces charlatans avaient
commis des crimes réels à l'aide de leurs prétendus sorti-
léges.

Dès que les tribunaux refusèrent de croire aux devins,
le nombre de ces derniers diminua. La persécution fait toujours des prosélytes, la tolérance, au contraire, tue l'enthousiasme.

Ainsi l'ordonnance de juillet 1682, l'une des plus remarquables et des moins remarquées du règne de Louis XIV,
rendit un véritable service à la civilisation, en frappant de
stérilité les anciennes erreurs populaires.

DES VERS A SOIE,

DE LEUR ÉDUCATION ET DE LA FABRICATION DES TISSUS DE SOIE EN CHINE.

(Deuxième article.)

Dans un premier article (1) nous avons exposé sommairement les moyens employés en France pour élever ces insectes précieux qui nous donnent la soie; aujourd'hui nous mettrons en regard de ce mode d'éducation celui que suivent les Chinois depuis bien des siècles, en nous bornant aux faits les plus essentiels. On retrouvera, dans les soins qu'ils apportent à l'exploitation de cette industrie délicate, l'esprit de détails et de patience particulier à ce peuple.

On choisit, pour loger les vers à soie, un terrain sec qui s'élève un peu sur le bord d'un ruisseau, parce que les œufs doivent être souvent lavés dans l'eau courante, loin de tout ce qui a l'apparence de fumier ou d'égout, loin des bestiaux et du bruit; car les odeurs désagréables et le moindre bruit, l'aboiement même d'un chien. ou le cri d'un coq, leur sont funestes, lorsqu'ils sont nouvellement éclos. L'édifice doit être carré et les murs fermés soigneusement pour y entretenir la chaleur. On prend soin de tourner la porte au sud, ou du moins au sud-est, mais jamais au nord, et de la couvrir d'une double natte, dans la crainte des vents coulis. Cependant on ménage une fenêtre de chaque côté pour donner passage à l'air quand les œufs en ont besoin. On les tient toutes deux fermées dans tout autre temps. Elles sont de papier et d'une blancheur transparente, avec des nattes mobiles par derrière pour recevoir dans l'occasion ou pour exclure la lumière, et pour écarter aussi les vents pernicieux, tels que ceux du sud et du sud-ouest, qui ne doivent jamais entrer dans la loge. En ouvrant une fenêtre pour introduire un peu de fraîcheur, on doit apporter beaucoup d'attention à chasser les mouches et les cousins; parce qu'ils laissent toujours dans les cases quelque ordure qui rend l'opération extrêmement difficile; aussi le plus sûr est il de la hâter avant la saison des mouches. Les petits lézards et les rats ont beaucoup d'avidité pour les vers à soie. On emploie des chats pour les détruire. La chambre doit être garnie de neuf ou dix rangées de tablettes. Sur ces tablettes on place des claies de jonc, assez ouvertes pour recevoir d'abord la chaleur, et successivement l'air qu'on y introduit. C'est sur ces claies qu'on fait éclore et qu'on nourrit les vers jusqu'à ce qu'ils soient en état de filer. Comme il est fort important qu'ils puissent éclore, dormir, s'éveiller, se nourrir et jeter leur peau tous ensemble, on ne peut apporter trop de soin à conserver dans la loge une chaleur égale et constante.

On a besoin d'une femme pour l'éducation des vers. Ayant de prendre possession de cet office, elle doit s'être lavée et revêtue d'un habit qui n'ait rien de désagréable dans l'odeur; elle doit avoir passé quelque temps sans manger, et surtout n'avoir pas manié de chicorée sauvage, parce que l'odeur en est très-désagréable aux jeunes vers; son habit doit être d'une étoffe légère et sans doublure, afin qu'elle puisse mieux juger du degré de chaleur, et diminuer ou augmenter le feu dans la loge. Ces insectes ne sauraient être ménagés avec trop de soin; chaque jour est une année pour eux. Il a ses quatre saisons; le matin est leur printemps, le midi leur été, le soir leur automne, et la nuit leur hiver. L'expérience a fait connaître, 1° que les œufs demandent beaucoup de fraîcheur avant d'éclore; 2° qu'étant éclos, et semblables à des fourmis, ils ont besoin de beaucoup de chaleur; 3° que, lorsqu'ils deviennent chenilles, et qu'ils approchent du temps de la mue, ils doivent être entretenus dans une chaleur modérée; 4° qu'après la grande mue, c'est là fraîcheur qui leur convient; 5° que, sur leur déclin et lorsqu'ils approchent de la vieillesse, la chaleur doit leur être communiquée par degrés; 6° que le grand chaud leur est nécessaire lorsqu'ils travaillent à leurs coques.

On ne saurait éloigner avec trop de soin tout ce qui incommode les vers. Ils ont une aversion particulière pour le chanvre, pour les feuilles mouillées, et pour celles qui sont échauffées par le soleil. Lorsqu'ils sont nouvellement

(Fabrication des tissus de soie en Chine.)

éclos, ils sont incommodés par la poussière qui s'élève en nettoyant leur loge, par l'humidité de la terre. par les mouches et les cousins, par l'odeur du poisson grillé, des poils brûlés, du musc, de la fumée; par l'haleine seule, si elle sent le vin, le gingembre, la laitue ou la chicorée.

(1) Voyez pag. 236.

sauvage: par le grand bruit, la malpropreté, les rayons du soleil, la lumière d'une lampe pendant la nuit; par l'air qui passe au travers d'une fente, par un grand vent, ar l'excès du froid et du chaud, surtout par le passage subit de l'un à l'autre. Quant à leur nourriture, les feuilles humides, celles qui ont séché au soleil ou par un trop grand vent, et celles qui ont contracté quelque mauvais goût, sont les causes les plus ordinaires de leurs maladies. Il faut cueillir les feuilles deux ou trois jours d'avance, et les tenir fort nettes dans un lieu exposé à l'air. On ne doit point oublier, pendant les trois premiers jours, de donner aux vers les feuilles les plus tendres, coupées en petits fils, avec un couteau fort tranchant, pour ne les pas briser. On ne doit pas moins observer, en faisant provision de feuilles, de se servir d'un grand panier ou d'un grand filet, afin qu'elles n'y soient pas trop pressées, et qu'elles ne se flétrissent point dans le transport.

Voilà bien des précautions sans doute ; mais peut-on prendre trop de soins pour un animal si précieux ?

Quand vient le moment où ils doivent filer, on les loge dans une espèce de galerie de bois dont le dedans est fort clair. Elle doit être divisée en compartimens, chacun avec sa petite tablette sur laquelle on puisse placer les vers. Ils ne manquent point de se ranger eux-mêmes dans l'ordre qui leur convient. Cette loge doit être assez spacieuse pour le passage d'un homme, et pour y entretenir au milieu un feu

(Dévidage de la soie en Chine.)

modéré, plus nécessaire que jamais contre les inconvéniens de l'humidité. Le feu ne doit point avoir plus de chaleur qu'il n'en faut pour soutenir les vers dans l'ardeur du travail, et pour rendre la soie plus transparente. Les vers doivent être entourés de nattes, à quelque distance, et le sommet de la galerie ou de la machine de bois doit en être aussi couvert, non-seulement por couper le passage à l'air extérieur, mais encore parce que les vers se plaisent dans l'obscurité. Cependant, après trois jours de travail, il faut retirer les nattes depuis une heure jusqu'à trois, pour faire entrer le soleil dans la loge, mais de manière que ses rayons ne tombent pas sur les vers. On les préserve des effets du tonnerre et des éclairs, en les couvrant des mêmes feuilles de papier qui ont servi sur les claies.

Les coques étant achevées dans l'espace de sept jours, on les rassemble en tas, jusqu'au où l'on temps en tire la soie.

On fait toujours suffoquer les insectes avant de dévider la soie. Pour la dévider, on met les cocons dans un papier ou un vase percé de plusieurs trous, et on les expose à la vapeur de l'eau bouillante, de manière qu'ils puissent en être imprégnés. Lorsque les cocons sont dévidés, on mange les chrysalides des vers à soie. (Voyage en Chine de lord Macartney, ambassadeur anglais; traduction de Castera, tome III.)

Les coques ne doivent être mises dans le chaudron qu'autant qu'elles peuvent être aisément dévidées; car les y laisser tremper trop long-temps, ce serait gâter la soie. On prétend qu'en un jour cinq hommes peuvent dévider trente livres de coques, et fournir à deux autres hommes autant de soie qu'ils peuvent en mettre en écheveaux, c'est-à-dire environ dix livres. Un ouvrier chinois file la soie une heure entière sans en rompre un seul fil. Les rouets de ce pays sont fort différens de ceux de l'Europe et beaucoup moins fatigans; deux ou trois branches de bambou et une roue commune en font tous les frais.

Lorsque les vers sont près de filer, si l'on a soin de les mettre sur le dos d'une coupe renversée et de les couvrir de papier, ils fileront un pièce de soie plate, ronde et menue, comme une espèce d'oublie, qui ne sera pas chargée de cette matière visqueuse qo'ils rendent dans les coques, lorsqu'ils y demeurent long-temps renfermés, et qui sera aussi facile à dévider que les coques, sans demander tant de précautions.

Aussitôt que la soie est dévidée, on s'attache immédiatement à la mettre en œuvre; à l'aide d'instrumens fort simples qui se rapprochent plus ou moins de nos métiers à tisser, et dont l'un est représenté dans la première des deux gravures qui accompagnent cet article.

A l'égard de leurs tissus d'or, les Chinois ne tirent point ce métal en fil pour l'entrelacer avec la soie; mais coupant en petites tranches une longue feuille de papier dorée, ils les roulent avec beaucoup d'adresse autour du fil de soie. Quoique ces étoffes aient beaucoup d'éclat dans leur fraîcheur, elles se ternissent sitôt à l'air qu'elles ne peuvent servir à faire des habits. On n'en voit porter qu'aux mandarins et à leurs femmes, qui n'en font pas même beaucoup d'usage.

Les étoffes de soie les plus communes à la Chine sont les gazes unies et à fleurs, qui servent aux Chinois pour leurs habits d'été, les damas de toutes sortes de couleurs, les satins rayés, les satins noirs de Nankin, les gros-taffetas et les brocarts, les pluches, et différentes sortes de velours. Les deux étoffes les plus communes sont une sorte de satin plus fort et moins glacé que celui de l'Europe, et qu'ils appellent fuan-tsé, et un taffetas qui, quoique fort serré, est si souple et si pliant, qu'il ne se coupe jamais. Ce taffetas se lave comme la toile, sans perdre beaucoup du glacé qu'on lui donne en le frottant, toujours dans le même sens, avec de la graisse bien purifiée de marsouin de rivière.

On emploie aussi en Chine une sorte de soie grossière, qu'on trouve en abondance dans les champs et sur les arbres. Elle est produite par de petits vers semblables aux chenilles, qui mangent les feuilles de tous les arbres. Cette soie ne se orme point dans des coques, mais en longs fils qui s'attachent à tous les corps, comme ce fils d'araignée que le vulgaire appelle fils de la sainte Vierge (voyez pag. 260). Cette soie est fort épaisse, dure long-temps; se lave aussi comme de la toile, et se vend parfois aussi cher que les plus belles sortes.

La province du Tché-kiang est celle de la Chine où l'on se livre sur la plus grande échelle à l'éducation des vers à soie et à la fabrication des étoffes faites avec cette matière. Les habitans de cette province, et surtout ceux des villes, sont presque tous vêtus de ces étoffes, qui, comme celles de Nankin et les autres étoffes de coton, se vendent à très bas prix. La soie est si commune en Chine, que tous les soldats en sont vêtus. Jadis elle se vendait au poids de l'or dans cette contrée, comme il est arrivé en Europe au temps où elle était fort rare. On prétend qu'à une époque fort reculée les Chinois employaient dans leurs instrumens de musique des cordes de soie dont ils tiraient des sons d'une grande douceur. (*Relation* de F.-C. Huttner, traduite par Castera) (1).

Les empereurs de la Chine ont fait, disent les historiens de ce pays, tous leurs efforts pour propager l'usage de la soie dans les premières temps de sa découverte. Ils avaient compris l'importance de cette matière pour leurs sujets; et les impératrices donnaient l'exemple aux femmes du pays, en travaillant de leurs propres mains à la fabrication des étoffes de soie dans leurs appartemens.

Dans l'article suivant, nous tracerons l'historique des progrès faits en France dans la fabrication des étoffes de soie, et nous donnerons le nouveau procédé d'assainissement des magnanières dû à M. Darcet.

LES BALS A VIENNE.

Vienne est sans contredit la ville la plus gaie de toute l'Allemagne; à l'époque du carnaval surtout les plaisirs sont à l'ordre du jour et l'on ne voit partout qu'immenses affiches, sur esquelles on peut lire en lettres d'un demi-pied de hauteur l'annonce des concerts et des bals qui se succèdent presque sans interruption. On n'a que l'embarras du choix. A Paris chaque famille donne au moins un bal par hiver, et il n'est pas d'employé à mille écus qui n'offre aussi sa petite soirée. Ici c'est tout différent: les grands seigneurs et les nobles donnent seuls des fêtes chez eux, et l'on n'est reçu dans leurs immenses palais qu'en certifiant d'un nombre respectable de quartiers de noblesse. Les bourgeois, logés plus modestement, et qui ne sont pas d'avis de s'étouffer comme nos Parisiens dans les salons de dix-huit pieds carrés, auxquels il faut d'ailleurs de vastes emplacemens pour leurs fougueuses danses nationales, se contentent de bals publics, ou s'arrangent entre eux pour louer une des nombreuses salles qu'on trouve à chaque pas dans la ville ou dans ses faubourgs. Le jour fixé, les souscripteurs arrivent à l'endroit désigné, dansent et s'amusent comme des Allemands au bal, puis reviennent chez eux sans même soupçonner quels sont les tracas et les ennuis d'un maître de maison.

Quant aux bals publics, n'allez pas croire qu'on entre dans tous comme au théâtre, en payant à la porte; pour être admis dans les mieux famés, il faut être connu ou présenté par une personne en position de répondre de vous; tout homme habillé décemment est reçu sans difficulté dans les bals du second ordre. La *Redoute* et le *Sperl* sont les plus chers et les mieux composés. Ceux d'un or re moins relevé sont l'*Eysium*, le *Casino* et la *Flora*; la petite bourgeoisie s'y donne rendez-vous.

Tous ces lieux de réunion, au reste, diffèrent peu en

(1) F.-C. Huttner a visité la Chine avec l'ambassadeur lord Macartney.

tre eux, je ne parlerai donc que de la *Redoute*, qui de tous est le plus intéressant.

On appelle la *Redoute* deux salles immenses qui font partie du palais impérial. L'empereur a bien voulu les céder à ses fidèles sujets de Vienne qui vont s'y consoler, au prix d'un florin, des impôts qu'ils lui paient sans jamais marchander, et en disant encore *excusez du peu*. Les fêtes qui s'y donnent sont fort brillantes, et la haute aristocratie ne dédaigne pas de venir de temps à autre s'y faire coudoyer par la petite noblesse et la roture.

C'est dans ces longues galeries étincelantes de lumières et de dorures qu'il faut venir admirer la valse allemande, si vive, si passionnée, auprès de laquelle la nôtre fait pitié. C'est là qu'il faut voir ces couples de danseurs que l'œil a peine à suivre, ces jeunes femmes blondes et pâles qui, enlacées à leurs vigoureux et adroits partners glissent et tourbillonnent aussi rapides que l'éclair; pour elles il n'est point de repos tant que dure la valse, car aussitôt qu'un couple s'arrête, la danseuse, surtout si elle est jolie, ne manque jamais d'être aussitôt engagée par un nouveau cavalier pour faire ce qu'on appelle *le tour de salle*, et repart laissant son danseur l'imiter si le cœur lui en dit. Revenue au point d'où elle était partie, elle est quittée et reprise par un autre, et cela continue ainsi jusqu'au dernier coup d'archet de l'orchestre. Ici c'est un usage reçu, et il a cela de bon que les meilleurs danseuses ne sont pas la propriété exclusive d'un seul cavalier, et que le pauvre diable qui n'a pu trouver de partner au commencement de la valse, n'est pas forcé, comme chez nous, de rester spectateur oisif de cet amusement, qui pour un homme d'outre-Rhin est une vraie passion.

Les théâtres ne donnent point de bals masqués à Vienne; ce droit est exclusivement réservé à la *Redoute*: aussi, quand un de ces bals est annoncé, l'affluence y est-elle considérable. Ce jour-là, les distinctions sociales qui sont plus tranchées à Vienne que partout ailleurs, s'oublient pour quelques heures; sous le masque tous les hommes sont égaux, et une noble dame, cachée derrière son domino de satin, écoute en souriant des paroles de galanterie, qu'à visage découvert elle recevrait d'un air de mépris insultant, et pour le quelles elle pourrait bien vous faire châtier *par ses gens*, ainsi que cela se pratiquait parfois en France au temps jadis. Comme chez nous, à l'Opéra, la danse est proscrite de ces bals masqués, il faut se contenter d'être intriguant, intrigué ou simple spectateur; ce dernier rôle est, au reste, beaucoup plus agréable ici qu'à Paris, où l'on n'a guère que de lugubres dominos à passer en revue. A Vienne les dominos ne sont point en faveur. les Viennoises ont peine à se décider à cacher leurs jolies tailles dans ces sacs hideux, à couvrir leurs beaux et soyeux cheveux blonds d'un capuchon, bien plutôt fait pour envelopper le chef tonsuré d'un moine barbu que pour dérober aux regards les gracieux contours d'une tête de femme; aussi préfèrent-elles à celui-là tout autre déguisement. C'est une grande affaire, à l'approche du carnaval, que le choix des costumes pour ces dames: elles y pensent long-temps à l'avance: en quelques jours, elles compulsent plus de livres qu'elles n'en ont ouvert tout le reste de l'année; elles écrivent en France, en Angleterre, en Italie, pour des modèles de costumes et d'étoffes; elles consultent leurs parens, leurs amis, leurs connaissances, et finissent quelquefois par se décider pour la parure d'une paysanne du Tyrol ou des environs de Vienne.

C'est un curieux spectacle que tous ces costumes frais et gracieux que se mêlent et se groupent d'une façon si pittoresque et quelquefois si singulière; là, c'est une sérieuse et blanche vestale qui cause avec un joyeux arlequin bigarré; ici un turc put repousser, en riant aux éclats, une paysanne de la campagne de Rome; plus loin une odalisque couverte de cachemires précieux, étincelante de diamans, qui donne le bras à un lourd postillon wurtembergeois, qui lui fait, en fort bon français, les plus tendres déclarations du monde;

car il-faut que vous sachiez que le français est à la mode ici; tous les gens comme il faut le parlent, et les nobles affectent de ne se point servir de la langue du pays. C'est très-flatteur pour nous, sans doute; mais le langage riche et nerveux qu'ont parlé Schiller et Gœthe, ne mériterait-il pas plus d'égards?

Il y a toujours un assez grand nombre de femmes qui viennent à ces bals masqués en simple toilette de bal et le visage découvert; elles vont se promener à la Redoute comme on va entendre un acte à l'Opéra, ou faire un tour au Prater pour rencontrer quelques visages de connaissance et tuer le temps. C'est un vilain usage que celui-là; on ne devrait laisser entrer les femmes aux bals masqués qu'avec un déguisement; chaque figure qui s'y présente sans masque est une chance de moins pour l'intrigue, une carte de plus de retournée : c'est une piraterie qu'on ne devrait pas tolérer.

Une chose qui m'a frappé, dit un voyageur, c'est l'indifférence polie avec laquelle les hommes publics y sont reçus, la liberté que leur laissent les regards, si impertinemment curieux et investigateurs chez nous. Jamais à Paris un prince du sang, par exemple, ne se hasarderait à aller au bal masqué de l'Opéra en habit de ville, ou, s'il y allait, il serait probablement entouré et inspecté par les badauds de manière à ne trouver qu'un supplice intolérable là où il venait chercher un moment de distraction. Ici, on ne s'occuperait pas plus du lui que du dernier bourgeois de Vienne; il pourrait parler et agir en toute liberté sans qu'on parût remarquer sa présence. A l'un des bals masqués de la Redoute, je rencontrai plusieurs fois dans la foule le second fils de l'empereur et le prince héréditaire de Bavière, personne ne paraissait les reconnaître; le prince de Metternich parcourut les salles pendant près de deux heures, donnant le bras à sa femme, jeune et charmante Hongroise, et suivi de ses filles qu'accompagnaient quelques amis : on ne détournait seulement pas la tête pour les considérer. J'avoue que cette manière d'agir me donna une haute idée du bon sens et de l'esprit des Viennois.

Les bals commencent à dix heures, à minuit on tire une loterie. Les lots sont exposés et coquettement arrangés sur une espèce de buffet dont les rayons à glaces réfléchissent l'éclat d'un nombre considérable de bougies, et le font ressembler à un vaste foyer de lumières. Là sont étalés aux regards, des plateaux d'argent ciselés à l'anglaise, des bracelets, des pendants d'oreille, des bagues de prix, de belles pipes en écume de mer richement montées en argent, des sacs à tabac brodés à Constantinople, dont le velours écarlate ou le drap de cachemire est parsemé de perles fines et de pierres précieuses. De chaque côté du buffet se tient un immense grenadier de la garde impériale; on dirait des statues.

Il y a toujours à la Redoute deux orchestres, un pour chaque salle. Celui du salon principal joue les valses et les galopes les plus nouvelles de Strauss et de Morelly, les deux compositeurs à la mode, qui ne dédaignent pas de diriger eux-mêmes l'exécution de leurs œuvres. L'autre orchestre est une musique militaire, celle des grenadiers de la garde impériale. Elle exécute avec une précision admirable des adagio et des morceaux d'harmonie des grands maîtres allemands; ainsi, on a d'un côté une musique vive, légère, gracieuse, qui excite à la joie; de l'autre de tendres ou sombres mélodies qui saisissent et remuent l'âme puissamment ou inspirent de douces et mélancoliques pensées.

L'idée de rapprocher, de placer dans un même lieu deux sources d'émotions si différentes est, il nous semble, aussi spirituelle qu'ingénieuse, et nous devrions profiter de cet exemple en France.

En général, les Allemands, bien qu'excellens musiciens, sont des chanteurs médiocres; les chœurs allemands sont renommés et avec raison, mais quand il s'agit d'un solo ou d'un duo, leurs chanteurs sont bien loin des Italiens et même des Français, dont les voix sont plus pures, mieux exercées, et partant moins rudes.

AMÉRIQUE ESPAGNOLE.
MŒURS ET COUTUMES DES MEXICAINS.

Un voyageur anglais nous a donné les détails que l'on va lire sur la manière de vivre de la classe aisée au Mexique.

« Je vais essayer de donner une idée de la société dont j'ai fait partie la nuit dernière. Dans le haut d'une chambre et à quelque distance, sur les côtés, les dames étaient assises, au nombre de vingt environ, en ligne serrée et rentrant, pour ainsi dire, dans le mur. Dans le courant de la soirée, si quelque cavalier obtenait la faveur d'une place au milieu d'elles, c'était ordinairement un ami bien intime ou un étranger bien entreprenant. A chacun des angles de l'appartement, il y avait une petite table de pierre, sur laquelle s'élevait un riche flambeau d'argent massif avec une mauvaise chandelle, dont la lumière vacillante donnait à la société une physionomie sinistre. Ce contraste est approprié aux mœurs du pays. Derrière la lumière, dans un globe de verre, apparaissait une figure de la vierge, représentée comme neustra señora de la Guadeloupe, patrone du Mexique, et presque éclipsée par un amas de fleurs artificielles qui n'annonçaient pas un grand talent d'innovation. La rangée de dames s'étendait, d'un côté, jusqu'à la porte, et de l'autre, jusqu'à une table très grande, placée au milieu de la chambre, où se trouvaient confondus le vin et l'eau, les chapeaux des hommes et les schalls des dames; en face de l'une des tables des coins, il y avait une guitare : il arrivait rarement qu'il n'y eût pas quelque amateur capable de jouer un air connu ou accompagner les dames, dont plusieurs chantaient fort bien. Cette musique accidentelle n'interrompait pas la conversation; le son de la guitare est familier à l'oreille des Espagnols et à celles de leurs descendans; il semble que ce soit un stimulant, un accompagnement nécessaire de leurs paroles. A l'extrémité opposée de la pièce, plusieurs hommes étaient réunis autour de la table de jeu de rigueur et jouaient au monté. Le milieu de la chambre paraissait être le domaine des enfans de la maison et de leurs petits amis; les nourrices et les vieux domestiques se promenaient de long en large; parfois ils adressaient la parole aux personnes de la société, et allaient s'asseoir près de la porte. Dans toutes ces contrées, il y a beaucoup de familiarité entre les maîtres et les domestiques; en Angleterre, cet usage n'a lieu dans aucune classe. On entrait dans la pièce où nous étions par un vérandah profond, ou, pour mieux dire, un passage donnant sur la cour et sur un parterre, au centre du carré que formait la maison. Un Européen qui tout à coup, par l'effet d'une puissance magique, se trouverait transporté de son pays au milieu de cette société, serait bien embarrassé de dire ce qu'il va faire. Il entre dans la maison par une porte assez semblable à l'arcade d'une hôtellerie; il tourne dans le vérandah, et là, c'est inutilement qu'il demande sa route aux petits garçons qui jouent à cache-cache autour des colonnes, ou courent, au clair de la lune, parmi les arbustes du carré; ils ne reçoivent pas plus d'informations auprès des jeunes filles : celles-ci, à l'aspect d'un étranger, s'arrêtent et prennent leur grand air sérieux; leurs yeux se fixent sur l'inconnu, mais aucune parole ne s'échappe de leurs lèvres. Cependant il ne perd son courage, il trouve enfin le salon. A son arrivée, tous les hommes se lèvent et restent devant leur siège immobiles, comme des statues; la maîtresse de la maison, ni aucune autre dame, n'a jamais l'idée de se lever pour accueillir un étranger ni pour recevoir ses adieux : voilà donc notre ami persuadé qu'on ne le voit pas avec grand plaisir. Dans son incertitude, il se réduit à un rôle d'observateur, jette les yeux sur le mauvais plancher, sur les murs blanchis à la chaux, sur les poutres, au travers desquelles il peut compter les tuiles, trop heureux si la sombre lueur qui éclaire l'appartement ne contrarie pas son désir curieux. Au premier abord, le costume élégant, les dames, le feu de leur regard et la grace de leur physionomie, lui font croire qu'il se trouve au milieu d'une société respectable. Mais, hélas! ces mêmes dames se mettent à fumer leur cigare, rient aux éclats et accompagnent leurs plaisanteries

(Porteur d'eau méxicain.)

de cris perçans; le voyageur égaré ne sait plus où il en est. Son étonnement redouble à la vue des hommes, les uns en bottes et en manteau, les autres avec leur chapeau sur la tête, et de la société tout entière, qui, au bout du salon, est absorbée dans les plaisirs du jeu, parmi des nuages de fumée de tabac. Si la même puissance magique qui, dans un instant, a fait franchir à notre Anglais le vaste espace des mers, le reporte au lieu d'où il est parti, il ne sera pas facile de lui faire comprendre qu'il s'est trouvé parmi des gens du bon ton, aimables et bien élevés, au milieu de la meilleure compagnie, en un mot, dans le grovenor-square de la ville de Tepic.

Quant aux gens du peuple, leur existence est assez misérable. Les habitans de la race espagnole sont à peu près les mêmes que les habitans de la mère-patrie; mais la plupart des descendans des compagnons de Cortès, toujours sacrifiés par les autorités espagnoles aux individus qui étaient nés en Espagne, ont fini par tomber dans l'abjection et ont perdu cette fermeté et cet orgueil qui caractérisent leur nation. Les indigènes, dont la population va toujours en croissant, et qui sont plus nombreux aujourd'hui qu'ils ne l'étaient avant la conquête, présentent le tableau d'une grande misère, et ne vivent qu'au jour le jour. Ces indigènes ont le teint olivâtre et la taille au-dessus de la moyenne, des membres bien proportionnés, le front étroit, les yeux noirs, les cheveux noirs, épais et luisans, et une barbe clair semée. Exempts, la plupart, d'infirmités corporelles, ils ont les sens exquis, surtout celui de la vue, qu'ils conservent jusque dans l'âge le plus avancé. Un grand nombre d'entr'eux parviennent jusqu'à cent ans. Naturellement sobres, quant aux alimens solides, ils boivent avec excès des liqueurs fortes; aussi sont-ils souvent victimes des épidémies.

Dans certaines parties du Mexique, le costume des gens du peuple est assez pittoresque. Dans celui des portefaix d'Acapulco, par exemple, on remarque un chapeau si large que, comme une ombrelle, il couvre tout leur corps, un tablier d'un cuir jaune et dur, qui est suspendu au cou et descend jusqu'au milieu du corps, des cuissards de la même matière, des pièces semblables appliquées contre les mollets,

et d'immenses bottines non lacées dont les côtés flottent comme des ailes autour de la cheville. Les portefaix des environs de México ont, comme l'indique la gravure jointe à cet article, un costume beaucoup plus simple; ce qu'ils présentent de plus remarquable, c'est leur manière de porter les fardeaux à l'aide de deux courroies appuyées sur le front et sur le haut de la tête.

ÉPHÉMÉRIDES.

4 juin 1814. — Publication de la Charte en France.
7 juin 1815. — Ouverture des chambres législatives en France.
8 juin 1795. — Mort de Louis XVII, dauphin de France.
9 juin 1569. — Établissement de la petite poste à Paris.
11 juin 1809. — Le pape Pie VII excommunie Napoléon.
12 juin 1769. — L'île de Corse est soumise par l'armée française sous les ordres du lieutenant-général, comte de Vaux.
13 juin 1815. — Essai de l'enseignement mutuel en France.
14 juin 1800. — Mort de Dessaix au moment où son corps d'armée décidait la victoire de Marengo.

L'ACANTHOPODE ARGENTÉ.

Le poisson représenté par le dessin qui termine ce numéro, offre cette particularité curieuse, commune du reste à tous ceux que l'on nomme *chœtodons*, d'avoir un nombre infini de dents aussi fines et aussi serrées que les poils d'une brosse. L'acanthopode argenté appartient à cette nombreuse série de poissons que l'on nomme osseux, parce qu'ils ont des arêtes solides, et dans laquelle viennent se ranger le saumon, l'anchois, le hareng, l'exocet et la baudroie dont nous avons étudié les habitudes et la conformation. Ce caractère principal suffirait donc pour empêcher tout rapprochement que seraient tentés de faire quelques lecteurs, à cause de la forme aplatie de leur corps, entre l'acanthopode et les raies. Celles-ci n'ont en effet que de simples cartilages, mais non des arêtes osseuses. Le nom de ce poisson dit assez qu'il brille d'un éclat de l'argent; ses yeux sont d'un rouge de sang. On l'a vu dans les mers de l'Inde et sur les côtes du Sénégal.

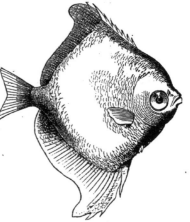

(Acanthopode argenté.)

Paris. — Imprimerie de H. Fournier, rue de Seine-Saint-Germain, 14.

LES CERFS ET LES ANTILOPES.

Antilope.　　　　Cerf.　　　　Biche.

Nous réunissons dans le même article deux familles d'animaux qu'on a long-temps confondus dans une seule, les cerfs et les antilopes, non pour faire entre elles un rapprochement, mais pour bien rappeler à nos lecteurs les différences essentielles qui existent dans leur conformation. Quant aux cerfs, nous nous bornerons à un exposé sommaire de leurs traits principaux, sans entrer dans le détail des mœurs du cerf commun, bien connues sans doute de la plupart de nos lecteurs. Nous réserverons une place plus étendue à l'histoire moins vulgaire des antilopes.

Le cerf commun d'Europe fait partie d'un genre très-nombreux en espèces; on en rencontre dans les quatre parties du monde. Leur caractère est très difficile à bien exprimer, car il ne se manifeste que chez les mâles, et à une certaine époque de l'année. Il consiste dans la présence de *bois* ou cornes solides, qui se développent à une époque déterminée, et tombent lorsque la peau qui les couvrait a été privée des vaisseaux qui servaient à la nourrir. Il est rare que les femelles portent des bois. Les principales espèces sont le cerf, le chevreuil, l'élan, le rhenne, le daim.

Le cerf proprement dit, ou l'élaphe, se trouve naturellement dans les forêts de l'ancien continent. Sa femelle se nomme biche, et le jeune s'appelle faon. Le mâle seul porte les bois ou les cornes : vers six mois, on n'aperçoit encore sur la tête des jeunes que deux bosses ou tubercules; on le nomme alors hère; à un an, ces tubercules se sont fort allongés; quoique simples, ils ont deux à trois décimètres de long. L'animal perd à cette époque la peau qui les recouvrait ; le bois reste quelque temps à nu avant de tomber, et le hère prend le nom de daguet. Quand le faon mâle arrive à la troisième année, il perd les dagues, et le bois qui les remplace présente ordinairement trois ramifications, qu'on nomme andouillers; pendant chacune des années suivantes, les bois, en se développant de nouveau, portent un andouiller de plus jusqu'à sept ans, de sorte que le bois des

vieux cerfs est ordinairement composé de sept ramifications, qui proviennent d'une tige commune nommée merrain. C'est dans le temps du rut que le bois se dépouille; le mâle jette alors un cri particulier, c'est ce qu'on appelle rayer ou bramer. Le mâle et la femelle ne restent point ensemble. Les biches portent à peu près huit mois; on n'a point encore apprivoisé le cerf; il est difficile à dompter. La chair de ces animaux est estimée; leur bois sert dans les arts pour faire des montures de coutelas, de serpettes, et des pommes de cannes; raclé ou réduit en fragmens minces, on en obtient, par l'action de l'eau bouillante, une gélatine très saine et très nourrissante; c'est ce qu'on nomme gelée de cornes de cerf.

Le genre des antilopes comprend aussi un très grand nombre d'espèces, dont la plupart vivent dans les pays chauds, et semblent préférer les lieux arides et montueux. Leurs cornes poussent par la base; elles ne tombent jamais; en dehors, elles sont revêtues d'un étui de substance de cornes, comme dans le genre des bœufs; mais elles n'ont pas, comme ces derniers animaux, ce large repli, pendant sous la peau du cou, qu'on nomme fanon. Les espèces diffèrent beaucoup entre elles par la forme des cornes; tantôt elles se recourbent en arrière, comme dans le bubale, le gnou, le chamois; tantôt elles se dirigent en avant, comme dans le nilghant, le nanguer. Quelquefois les cornes sont droites; tels sont les coudous, le pasan; chez d'autres enfin, comme dans la gazelle commune, ces cornes sont courbées en manière de branches de lyre.

Le muscle qui produit les contractions de la peau est très fort chez les antilopes; aussi froncent-ils la peau et secouent-ils leurs poils, plus raides même que ceux des cerfs, avec beaucoup de force. Il y a une espèce d'horripilation habituelle chez plusieurs espèces, ce qui ne les préserve pourtant pas toujours de l'avidité des hippobosques et autres insectes.

Buffon a été induit en erreur quand il a dit que l'âge des antilopes était indiqué par le nombre des anneaux de leurs cornes.

Les antilopes, comme les autres ruminans à cornes persistantes, se trouvent dans l'ancien continent et le nord du nouveau; mais leur espèce ne vient pas mêlée; elle reste renfermée dans des limites constantes qu'elles paraissent n'avoir jamais franchies. Presque tous les antilopes sont doux et sociables. En général, excepté plusieurs des petites espèces de l'Afrique méridionale, ils vivent en grandes troupes. La vue, l'ouïe et l'odorat, sont chez eux d'une très-grande finesse; par la proportion du volume de la caisse auditive, qui donne assez bien la mesure de l'énergie de l'ouïe, l'oreille paraît avoir chez les antilopes une délicatesse supérieure à celle de tous les autres ruminans. Le nilghau, le chamois et le gnou, qui s'éloignent plus que les autres espèces du type des gazelles, n'ont pas la caisse auditive proportionnellement plus développée que dans les bœufs. L'antilope était connu des anciens, mais sous un autre nom. Dans une lettre non authentique d'Alexandre à Aristote, sur les merveilles de l'Inde, il est question d'antilopes dont les cornes perçaient les boucliers des Macédoniens.

La gazelle ordinaire se trouve principalement en Syrie; elle est de la taille du chevreuil; son poil est ras et plus court que celui du chamois. Les gazelles sont sveltes, vives et légères; leurs jambes sont longues, fines et déliées, et leur couleur est rousse en dessus, blanche en dessous: on voit souvent sous leurs flancs une bande de poils noirs, et leurs oreilles sont marquées en dedans de trois bandes longitudinales blanches.

Répandues, depuis l'Arabie jusqu'au Sénégal, en troupes innombrables, les gazelles sont la pâture ordinaire des lions et des panthères. Quoique timides, elles résistent aux attaques, en formant le cercle et présentant les cornes. On les chasse avec le chien, l'once ou le faucon; on les-prend aussi vivantes, en lâchant parmi elles une gazelle apprivoisée qui porte aux cornes des cordes terminées par des nœuds coulans; les gazelles sauvages s'embarrassent dans ces nœuds par les pieds et par les cornes, et tombent bientôt. Les gazelles maigrissent en hiver; leur chair est assez bonne et tient de celle du chevreuil.

Le nom de gazelle est arabe. Ces animaux sont, par leur douceur, leur grâce et leur beauté, un sujet continuel de comparaisons et d'images poétiques chez les orientaux; en Arabie, pour dire de beaux yeux, on dit des yeux de gazelle. Ces animaux, malgré le développement assez considérable de leur larynx, sont presque toujours muets. Il y en a eu trois à la ménagerie, qui venaient de Barbarie; l'un d'eux, particulièrement observé par Cuvier, poussait seulement un petit cri dans ses accès de gaieté. Cette absence, du moins cette rareté de la voix, est particulière aux antilopes. Ajoutons que la gazelle est d'une extrême propreté.

Dans le temps de sécheresse, des troupes de dix et même de cinquante mille de l'espèce des antilopes, dite antilopes à bourse, arrivent de l'extérieur de l'Afrique dans les environs du camp, escortés de lions, d'hyènes et de léopards. Elles marchent en colonnes dont l'avant-garde est en embonpoint; le corps d'armée est un peu moins bien nourri, et l'arrière-garde maigre, parce que le pâturage disparaît dès les premiers rangs, et que les derniers sont obligés de déterrer les racines; mais, au retour, l'arrière-garde engraisse, parce qu'elle part la première, et l'avant-garde maigrit à son tour. Ainsi rassemblées, rien ne les effraie; elles forment le cercle, et présentent les cornes aux assaillans; elles peuvent même parer les coups de pierres avec les cornes. Elles semblent présager le mauvais temps par des sauts et des bonds plus fréquens qu'à l'ordinaire. Les Hollandais l'appellent aussi spropk-bok ou chèvre-de-parade, à cause de sa beauté.

L'antilope dseren des Mongols présente quelques particularités intéressantes. Plus que les autres gazelles, le dseren évite les lieux couverts. Ses troupes, plus nombreuses en

automne qu'en été, et qui, en hiver, se mêlent aux troupeaux domestiques, parcourent les grandes plaines sablonneuses de l'Asie centrale; elles ne redoutent les montagnes qu'à cause des forêts, car elles gravissent les précipices de celles qui sont nues et arides. En courant, ils font des sauts énormes, en ramenant sous le ventre les jambes de devant, et étendant les autres en arrière. Buffon a eu tort de dire qu'en courant les antilopes s'élançaient par bons toujours égaux. Toutes les espèces vues par le voyageur Pallas sautent en courant comme le dseren. Cet animal, dans l'état sauvage, craint l'eau au point de se laisser tuer ou prendre plutôt que de s'y jeter. S'il y tombe par hasard, ou si, du haut d'une berge escarpée et sans l'avoir vue, il s'y précipite en fuyant, il nage pourtant très bien. L'heureux exemple de ceux qui se sauvent ainsi n'enhardit pas les autres à entrer dans l'eau. Quand leurs troupes sont acculées à un fleuve dans les grandes chasses des Mongols, ils tentent plutôt de se faire jour à travers le demi-cercle de cavalerie et de chiens qui les a cernés. Si on les pousse dans les bois, étourdis par la peur, ils se heurtent contre les arbres, fauve dessus, et blanc dessous; en hiver, elle est grisâtre, et paraît blanche de loin. Le dseren s'apprivoise facilement; il suit même son maître à la nage.

Une autre espèce d'antilope, le saïga, offre ceci de remarquable, que l'ouverture de sa pupille transversale est, comme dans tous les ruminans, rétrécie à son tiers-moyen par quatre languettes floconeuses, dont l'une, inférieure, plus grande, rencontre presque les trois supérieures. On ne retrouve de disposition analogue que dans l'œil des raies, pour préserver la rétine d'un excès de lumière; mais s'ils sont ainsi défendus de la réverbération du sol dans les déserts blanchâtres et salés qu'ils parcourent, ils risquent en plein midi de venir jusque sous la main du chasseur, car ils ne voient pas loin devant eux, et ils sont en outre d'un tempérament si faible, que la moindre blessure les tue. Ces inconvéniens sont compensés par un excellent odorat; ils éventent l'ennemi de plus d'une lieue, sont rarement seuls, et posent des sentinelles quand ils s'arrêtent pour manger, reposer ou dormir. Cette habitude ne se perd pas en domesticité. A la fin de novembre ils sont en rut. Les mâles sentent fortement le musc. Alors ils se battent entre eux et qui restera maître de toutes les femelles de la troupe, que le plus fort défend avec courage contre les loups et les renards. Les femelles mettent bas au mois de mai, le plus souvent un seul petit. Ils vivent et voyagent en grandes troupes, quelquefois de dix mille. Les aigles et les loups sont leurs ennemis les plus dangereux.

Le gnou est le plus anormal des antilopes pour la figure, et les proportions : il a des jambes fines comme celles des cerfs; il est grand comme un âne; la forme de son encolure et de sa croupe lui a donné l'air d'un petit cheval, dont il a la queue et la crinière. (V. p. 512.)

Enfin, nous renverrons aux articles qui ont déjà paru dans notre recueil sur les chamois (pag. 127,143, 1ʳᵉ année) ceux des lecteurs qui voudront connaître les mœurs de cette espèce et les dangers de la guerre que lui font nos chasseurs de montagnes.

LA SICILE.—MESSINE.

La Sicile, cette belle et riche partie du royaume de Naples, est la plus grande des îles de la Méditerranée. Elle a la forme d'un triangle dont les pointes regardent la Grèce, l'Afrique et l'Italie. Les deux côtes du détroit qui la sépare de la Calabre sont le théâtre d'un phénomène analogue à celui du mirage dans les plaines de l'Afrique, et qui ne peut être attribué qu'à l'effet de la réfraction. Au cœur de l'été, quelques instans avant que le soleil sorte du sein des flots, si des rivages de Messine on jette un coup d'œil du côté de Reggio, on aperçoit dans les airs des forêts, des tours et des palais, dont l'ensemble représente Messine, ses montagnes et ses habitations. Sur la côte opposée, l'observateur qui regarde du côté de Messine, voit aussi dans les nues l'image d'une cité semblable à Reggio. Cette illusion, encore mal expliquée, serait moins surprenante si le spectateur apercevait en l'air la ville qui borde l'horizon, au lieu de voir celle près de laquelle il est placé. Ces peuples de la Calabre et de la Sicile, qui ont conservé des Grecs l'amour du merveilleux et des brillantes fictions, ont bâti sur cet effet physique la fable suivante : Une puissante féé (la Fata Morgana) étend son empire sur le détroit de Messine; elle fait apercevoir aux jeunes navigateurs ses palais aériens, afin que, trompés par l'illusion, ils aillent, en croyant s'approcher de Messine et de Reggio, échouer sur la côte où, nouvelle Circé, la fée s'apprête à les enlever.

La Sicile a plus de deux cent trente lieues de côtes et plusieurs ports importans, tels que ceux de Messine, Palerme, Syracuse et Catane, chères aux arts dans les temps anciens, et si puissantes, que la population de la seule ville de Syracuse était presque égale à celle que renferme aujourd'hui l'île tout entière. Elle fut, à l'époque de la plus grande puissance de Napoléon, le seul coin de l'Europe qui restât sous le gouvernement d'un prince de la maison de Bourbon. Elle avait conservé son ancienne organisation féodale et son parlement des trois bras (tre bracci), lorsque le commissaire britannique, sir William Bentinck, détermina le roi, en 1812, à fonder une constitution sur le modèle de celle de l'Angleterre. Elle avait envisagé le bien de tous les habitans de l'île, dit le comte Fedor de Karaczay (1), et limitait les droits d'une classe privilégiée dans le but d'en étendre les devoirs. Cette noble pensée aurait dû la consoler et unir, au lieu de désunir. L'époque des cent jours, le traité de Paris, le renversement de Joachim par les armes autrichiennes, remirent le roi Ferdinand sur le trône de Naples. L'égoïsme des barons siciliens, anciens fendataires, prévalut. Croyant voir revenir le temps de l'ancien parlement des trois bracci, et avec lui les droits de la féodalité, ils contribuèrent à faire renverser le nouveau système, sans se douter qu'ils n'y gagneraient rien; comme de fait la constitution fut annulée par un décret publié à Messine, sans que les privilèges leur fussent rendus. Le 8 décembre 1816, le roi prit le titre de Ferdinand Ier, roi des Deux-Siciles, et déclara la Sicile province du royaume (2). Les Siciliens sont déjà désabusés des illusions qui les ont trompés; mais le réveil est tardif. Puissent-ils mettre à profit leurs erreurs passées pour leur conduite future !

Les Siciliens, après avoir eu, pendant que le trône de Naples était occupé par un Français, un roi qui relevait l'éclat de la noblesse, une cour nombreuse à Palerme, un commerce à l'intérieur assez actif, se virent avec regret gouvernés par le lieutenant d'un vice-roi, et privés de leur numéraire qui, attiré à Naples, devient chaque jour plus rare dans leur île. Nulle industrie manufacturière ne contribue à faire rentrer l'argent que la cour en retire; les objets de luxe, les tissus et d'autres produits, sont d'origine anglaise et française; et pour satisfaire des besoins factices, et cependant impérieux, elle ne peut fournir que des matières premières dont la production n'occupe qu'un petit nombre de bras : ce sont des soies écrues pour la valeur annuelle de 4,000,000 de francs; des vins, parmi lesquels les plus estimés sont ceux de Syracuse et de Marsalla, dont on exporte pour Boston seul plus de 2,000 tonnes, et dont le produit total est d'environ 900,000 francs; pour 9,000,000 francs de céréales, dont la quantité est cependant moins considérable que dans l'antiquité, qui appelait la Sardaigne et la Sicile les greniers du peuple romain; des citrons et des oranges pour 1,800,000 fr.; de l'huile d'olive pour 2,000,000 fr.;

(1) Voyez son *Manuel de voyage en Sicile*, publié en français à Gotha, 1826.

(2) Par un décret de juillet 1824, la Sicile est assujétie aux mêmes lois que les autres états napolitains.

de la soude, dont on fait de grands envois à Marseille; enfin du thon mariné, dont le produit s'élève à plus de 250,000 francs. Là Sicile livre encore au commerce du mercure, du soufre, de l'alun, du nitre et du sel gemme. Mais ces richesses ne font point l'éloge du gouvernement ni du peuple sicilien, elles font plutôt leur honte. Il n'existe pas en Europe une terre plus fertile, et cependant le quart de sa superficie est à peine défriché. Elle renferme dans son sein des trésors : ses mines d'or, d'argent, de fer, de cuivre et de plomb, sont complètement négligées; le gypse dont elle abonde, et qui, converti en plâtre, pourrait être si facilement employé dans les constructions utilisé et comme engrais, ou devenir une branche d'exportation, y reste inapprécié.

La culture, l'industrie et le travail, encouragés en Sicile, pourraient y nourrir, comme au temps des Romains, une population triple de sa population actuelle; mais que d'obstacles à vaincre pour la porter au degré de prospérité dont elle est susceptible ! Il faudrait que la noblesse montrât l'exemple d'une si utile réforme, et, ce qui est plus difficile peut-être, qu'elle en sentît tout le prix. La paresse et la fainéantise en souffriraient sans doute; le nombre des moines diminuerait, et l'on pourrait juger si quelques fabriques, dans un pays qui n'en possède pas, ne remplaceraient point avec avantage quelques-uns des convens, dont le nombre est hors de proportion avec la population. On compte dans l'île 28,000 moines et 18,000 religieuses, en tout 46,000 reclus sur 1,650,000 habitans, c'est-à-dire un reclus sur 53 habitans. Le clergé séculier ne désapprouvera peut-être point un pareil changement, car on le dit enclin à la tolérance : c'est presque comme si l'on disait qu'il est instruit et éclairé; son influence est due peut-être plus à ses lumières qu'à ses richesses considérables; il possède deux tiers des biens-fonds. La noblesse, plus riche encore, possède presque les deux autres tiers des terres. Elle se compose de 120 princes, de 80 ducs, de 140 marquis, de 50 comtes, de 560 barons, et d'un nombre considérable de chevaliers. L'abolition de ses droits a diminué ses revenus; mais ne pourrait-elle pas, à l'exemple de la noblesse russe, accroître ses richesses par l'industrie, fonder des fabriques, encourager l'agriculture? chose si facile dans un pays où la nature a tout fait et semble dire à l'homme : Travaille, et je paierai tes soins au centuple.

La situation de la Sicile, entre l'Europe et l'Afrique, en ferait facilement l'île la plus commerçante de la Méditerranée; mais avant d'en venir là, il serait indispensable de remplacer par de bonnes routes des sentiers incommodes : tant que le chemin qui conduit de Montréale à Alcamo sera la seule chaussée de l'île, les difficultés de communication s'opposeront aux progrès de l'agriculture. Les terres rapportant aux propriétaires moins de 4 pour 100; celui-ci fait les avances des semences au fermier, qui, après lui avoir rendues, paie son fermage en denrées, d'après l'estimation faite dans chaque paroisse. Tandis qu'un hiver éternel règne au sommet de l'Etna, le reste de la Sicile jouit d'un printemps perpétuel. En avril, le thermomètre de Réaumur marque, à l'ombre du milieu du jour, dix-sept degrés; mais lorsque le scirocco souffle, le même thermomètre indique trente-cinq à trente-six degrés. Les autres vents méridionaux, le libecchio, qui vient du sud-ouest, et l'austral, qui vient du midi, participent plus ou moins des qualités malfaisantes du scirocco. Les mois de novembre sont doux. En janvier, on cherche l'ombre avec plaisir; mais en mars, les vents froids obligent souvent les Siciliens à se réchauffer près d'un brasier. Les blés de la Sicile acquièrent une hauteur extraordinaire; leurs épis ne renferment pas moins de soixante grains; leur couleur, dorée en dedans et en dehors, est un des caractères qui les distinguent des nôtres; enfin, nos plus belles moissons n'offriraient aux yeux d'un Sicilien que l'image de la stérilité, tant ses champs présentent celle de l'abondance. L'aloès s'y élève jusqu'à trente pieds. Le cactier raquette (*cactus opuntia*), dont le fruit, en forme de figue, et d'une couleur purpurine est l'aliment de la classe indigente, borde tous les sentiers; le melon d'eau ou la pastèque, au jus rafraîchissant, y acquiert une saveur exquise; le dattier y voit arriver à maturité ses fruits, dont le sucre mielleux est employé dans l'assaisonnement de certains mets, ou qui, séchés au soleil, se servent sur toutes les tables; le grenadier, apporté de Carthage en Italie par les Romains qui lui donnèrent le nom de punica, distille, dans ses baies rougeâtres ce sucre acide et vineux dont la saveur plaît aux peuples méridionaux. La canne à sucre est indigène sur la côte en regard de l'Afrique. On a reconnu le cafier à l'état sauvage dans les bois de cette partie de l'île. Une si grande variété de végétaux, qui n'exclut point ceux de nos climats, prouve tout le parti que pourrait tirer de

(Phare de Messine.)

son sol l'indolent Sicilien. La ville la plus près des côtes de la Calabre, est Messine, fondée, à ce que l'on croit, dix siècles avant notre ère.

Messine porta d'abord le nom de Zanclé, que, suivant Thucydide, la forme ceintrée de son port lui fit donner par les Siculi, d'un mot de leur langue qui signifie faux (1). Trois ou quatre siècles après sa fondation, Anaxilas, chef de la colonie messénienne établie à Reggio, chassa les Zanclæi de leur ville, et s'y établit; elle reçut alors le nom de Messana ou de Messine. Plus tard, elle fut conquise par les Mamertini, peuple de la Campanie. Cette ville, qui fut entièrement détruite par le trop fameux tremblement de terre de 1785, a été rebâtie sur un plan régulier; mais, malgré la franchise de son port, elle n'a pu recouvrer son importance. Avant le désastre, elle renfermait plus de cent mille âmes; aujourd'hui elle en compte environ soixante-dix mille. Elle s'élève en amphithéâtre au pied de ces montagnes qui étendent leurs rameaux sur toute la Sicile, et que nous regardons comme la suite des Apennins; leurs cimes bleuâtres se confondent avec l'azur du ciel. Mille espèces de plantes toujours vertes s'étendent en longs festons sur leurs flancs déchirés par des ravins, et couronnent les palais de Messine. Sous les murs de la cité se pressent, en bouillonnant, les eaux du détroit, où jadis Carybde et Scylla glaçaient d'effroi les navigateurs. Bâtie sur un terrain inégal, elle occupe une étendue de trois cents toises. Un promontoire de rochers et de sables, qui s'avance en demi-cercle sur sa droite, forme une rade spacieuse et sûre. Une vaste citadelle, plusieurs forts, des batteries à fleur d'eau, défendent l'entrée de son port, qui passe pour le plus beau de tous ceux de la Méditerranée. Ses rues sont belles et pavées de larges dalles en lave. Son quai serait d'une grande beauté, si les maisons qui le bordent n'offraient l'aspect d'édifices rasés à la hauteur du premier étage, où l'on voit des colonnes et des pilastres tronqués, comme si l'on avait voulu diminuer leur hauteur dans la crainte des tremblemens de terre. Quatre à cinq places assez grandes, mais irrégulières, se font remarquer par la profusion plutôt que par le bon goût et par le choix des ornemens; toutes sont décorées de fontaines en marbre et de statues en bronze d'une médiocre exécution. Le palais royal est d'une architecture simple et imposante, mais il n'est point achevé. Les églises sont riches, comme toutes celles de l'Italie; les ornemens y sont prodigués sans choix. La cathédrale, bâtie par le comte Roger, est décorée de vingt-six colonnes antiques en granite égyptien, qui, à côté des ornemens gothiques du XIIe siècle, forment le plus bizarre assemblage. L'éducation est fort négligée à Messine : très peu d'individus des classes inférieures savent lire, et la noblesse n'est pas fort instruite. Les établissemens d'instruction se composent d'un collège royal et de six maisons d'éducation gratuite, dont deux sont destinées aux gentilshommes; mais il y a un séminaire pour quatre cents élèves, et quarante-six convens de moines ou de religieuses. La bonne tenue de la banque municipale, du lazaret, du grand hôpital et des trois monts-de-piété, annonce une administration vigilante.

Le soleil de la Sicile répand son active influence jusque sur le moral des habitans; les têtes siciliennes sont volcanisées comme le sol brûlant, comme le climat. Le Sicilien est vif, gai, spirituel, doué d'un génie actif, d'une imagination exaltée, de passions fougueuses, et d'un ardent amour pour son pays; il est hospitalier, généreux, fidèle observa-

(La Calabre.)   (Détroit de Messine.)   (La Sicile. — Le mont Etna.)

teur de ses promesses. S'il commet un assassinat, ce n'est point par cupidité, mais par vengeance; il la considère comme un droit et presque comme un devoir. Plus fier que

(1) Strabon adopte le sentiment de Thucydide (voy. Ch. 3 et 5); mais ce qui prouve l'origine grecque des Siculi, c'est que le mot grec zagelé, qui se prononce zanclé, signifie en effet faux.

sur le territoire napolitain, le bas peuple sicilien n'endurerait pas l'outrage d'un coup de canne; il s'en vengerait par un coup de couteau. Malgré son inertie physique, son activité morale offre tant de ressources, que l'éducation en ferait un peuple peut-être supérieur aux autres peuples européens. Les hommes influens n'ont point laissé établir en Sicile la méthode d'enseignement mutuel; ils regardent l'instruction comme un bien funeste et dangereux ; ils n'ont point encore compris qu'instruire le peuple, ce n'est point l'initier aux sciences, mais aux vérités morales, qui s'allient si facilement avec les vérités religieuses. L'instruction élémentaire, en répandant l'usage de l'écriture, inspire plus facilement l'amour de l'ordre et de l'économie, met le peuple à même de profiter de quelques lectures à sa portée, entretient en lui le sentiment de ses devoirs, et dispose l'agriculteur et l'artisan à s'instruire des meilleurs procédés employés dans leur état. Un changement si grand dans les mœurs populaires est-il donc si dangereux ? Les bastions qui défendent le palais contre les émeutes sont-ils donc des moyens de répression infaillibles et sans danger ? Un peuple instruit dans le respect des lois n'est-il pas plus facile à diriger et à maintenir dans une sage obéissance, que celui qui ne connaît que l'empire de la force et la soumission de la crainte ?

Nous avons vu le Sicilien ardent spectateur des fêtes religieuses. Ce peuple a besoin d'un culte qui parle à ses sens ; il lui faut des fleurs, des parfums, une musique bruyante et des images. En embrassant le christianisme, il n'a fait que transporter dans la religion du Christ le polythéisme de ses ancêtres. Il a conservé de ceux-ci cet amour-propre national qui le porte à se regarder comme supérieur aux autres peuples, et qui entretient entre les principales villes de la Sicile cette jalousie de prééminence qui fait naître mille rivalités : Messine dispute à Palerme le rang de capitale, comme jadis Athènes et Lacédémone revendiquaient la suprématie politique.

Le peuple sicilien a presque la sobriété du Spartiate ; chez lui, l'ivrognerie est regardée comme un vice honteux. Dans les mœurs champêtres, on trouve encore quelques traces des usages grecs : les pâtres aiment à disputer le prix du chant, consistant en quelques objets à leur usage, que distribue celui qu'ils choisissent pour juge ; les paysannes ont conservé de l'habillement grec le long voile et la large ceinture.

Le principal but des réunions dans les villes est ce qu'on appelle en Italie les *conversazioni* : ce sont des assemblées chez des particuliers, ou dans des lieux ouverts à ceux qui, par une souscription, ont acquis le droit de s'y présenter : on y trouve des salons de jeux, et d'autres réservés au seul plaisir de causer. Un usage qui paraîtrait fort singulier en France, c'est qu'une dame en couches ne manque pas de recevoir chez elle la *conversazione* le lendemain même de sa délivrance ; sa chambre devient le salon de réunion de tous ses amis. En Sicile, on ne connaît point les douleurs par lesquelles les femmes achètent le plaisir d'être mères. Cet

(Vue de Messine.)

avantage et la fécondité dont elles jouissent sont de ces bienfaits que la nature répand dans les climats brûlans.

La Sicile a des savans et des écrivains distingués. La littérature est le sujet principal de toutes les conversations ; la poésie est le langage adopté par l'amour et la galanterie ; il n'est pas un soupirant qui n'exprime en vers son douloureux martyre. Les intrigues amoureuses sont les passetemps de toutes les dames. Celles-ci ne sortent jamais à pied ; on ne les voit qu'au spectacle, à la messe ou chez elles. Elles ont un goût prononcé pour la parure, et suivent les modes françaises avec beaucoup de recherche et d'élégance ; elles savent avec art relever la beauté de leurs traits et la vivacité de leurs yeux. Elles sont généralement mieux que les hommes, ce qui est le contraire de ce qui se voit sur le territoire napolitain. Quelques villes sont en réputation pour la beauté du sexe : à Messine, les femmes sont plutôt agréables que belles ; à Palerme, elles sont plutôt belles que jolies ; à Syracuse, on admire la fraîcheur de leur teint ; à Trapani, on retrouve la régularité des profils grecs.

Veut-on avoir la mesure des mœurs publiques de la Sicile : un dédale inextricable de lois, une nuée d'avocats et de gens de robe, y entretiennent plus que partout ailleurs la manie des procès. La justice est vénale, et les magistrats n'en rougissent point ; les agens du gouvernement font la contrebande ; les moines dirigent l'éducation, gouvernent les familles, et ils n'ont point une conduite plus régulière qu'au XVIe siècle.

La corruption avait, jusque dans ces dernière années, encouragé le brigandage en Sicile, comme il l'était sur le territoire de Naples, et quelques parties de l'île passaient pour de véritables coupe-gorges. Le gouvernement est enfin parvenu à assurer la sécurité des voyageurs. Dans chaque district, on nomme un capitaine élu parmi les plus riches propriétaires ; il a mis à sa disposition quatorze cavaliers bien montés, bien payés, et choisis, pour plus de sûreté, parmi les brigands les plus intrépides. Avec ce secours, le capitaine doit pourvoir à la tranquillité publique ; il répond personnellement des vols qui pourraient se commettre. Cette mesure a été couronnée de succès : trois cents hommes environ protègent la circulation dans l'île.

En Sicile et dans toute l'Italie, excepté à Turin, à Parme et à Florence, la manière de désigner les heures est pour les étrangers difficile à comprendre : on compte une heure jusqu'à vingt-quatre, depuis un soir jusqu'à l'autre, et la vingt-quatrième, que l'on nomme *Ave-Maria*, sonne trente minutes après le coucher du soleil. A l'époque de l'équinoxe, ce qu'on appelle midi dans le reste de l'Europe, est la dix-septième heure pour les Italiens ; à sept heures et demie, ils disent qu'il est une heure. L'un des inconvéniens de cet usage, c'est que les horloges des églises se règlent à midi, et qu'il faut les avancer ou les retarder selon que les jours croissent ou décroissent. Un autre embarras pour les Italiens mêmes, c'est que leurs montres faites en pays étranger ont des cadrans qui ne s'accordent point avec leur manière de compter, qu'ils soutiennent cependant être préférable à celle qui est généralement adoptée.

COMMERCE DE L'INDE,
CONSOMMATION DE L'OPIUM DANS TOUTE L'ASIE.

Nous avons dit (page 105) les dispositions des Indiens pour les arts; mais que pouvait l'industrie stationnaire de ce peuple contre les manufactures européennes soutenues par les sciences? Dans cette lutte de l'abrutissement et de l'esclavage contre la civilisation unie à la liberté, les résultats ne pouvaient être incertains ; l'Inde subjuguée par les armes des Européens a été bientôt soumise à leur active industrie; elle a vu s'évanouir peu à peu les principales branches de commerce qui avaient appelé l'étranger sur ses rivages ; les mains de ses habitans, devenues oisives, ne travaillent presque plus ces belles mousselines, ces tulles de coton qui, pendant plusieurs siècles, furent recherchés dans nos contrées. Le coton récolté dans les champs du Bengale alimente les métiers de Londres, et de Manchester, et rapporté dans l'Inde, il sert à l'habillement de sa population; sans doute que ces toiles, ces mousselines n'ont pas la même force, la même solidité que celles qu'on fabrique dans l'Indostan; mais la différence du prix, tout à fait à leur avantage, les a fait préférer par les indigènes eux-mêmes qui ont ainsi laissé échapper de leur mains leur meilleure branche d'industrie; cause de tant de guerres et d'injustes spoliations, elle était le seul dédommagement de la presqu'île asservie; le joug est resté, les avantages ont disparu.

L'Inde possède, outre le coton brut, plusieurs autres productions que l'Europe recherche et n'a pu jusqu'ici remplacer ; une multitude d'usines dirigées par des Anglais tirent un parti très avantageux des plantations d'indigo qui couvrent les bords du Gange et de l'Ougly. Le beau bleu qu'elles fournissent en quantités énormes est consommé par nos manufactures, mais cette abondance même, surpassant quelquefois les besoins annuels du commerce, enrichit et ruine tour à tour les propriétaires des indigoteries. L'année 1829 leur a été fatale; ils ont perdu une grande partie des bénéfices faits pendant les saisons précédentes.

La récolte de l'opium ne donne pas les mêmes inquiétudes ; le monopole en appartient à la compagnie des Indes, qui lui conserve toujours le même prix élevé. Cette marchandise précieuse est le produit du pavot; on l'obtient en faisant, après la chute des fleurs, une légère incision à la partie inférieure de la pomme qui renferme les graines; la liqueur qui en découle est recueillie avec grand soin chaque matin, puis, après avoir subi plusieurs préparations, elle prend la consistance d'un onguent gluant, onctueux, d'une couleur brune rougeâtre, conservant toujours la forte odeur du pavot ; plus la substance est fine au toucher, plus la qualité est supérieure; ainsi préparée elle est mise en boules de la grosseur d'une forte orange ; quarante forment une caisse qui, fermée et scellée du sceau de la compagnie, ne peut être ouverte que par les consommateurs.

L'opium remplace dans toute l'Asie, et même dans la Turquie d'Europe, les liqueurs fortes, dont l'usage est défendu presque partout par la religion. Fumé comme le tabac, il jette dans une ivresse que les songes les plus doux, les plus rians, rendent délicieuse ; l'ambitieux rêve les honneurs, le voluptueux tous les plaisirs qu'il aime; mais le réveil est affreux; les forces sont épuisées, l'affaiblissement de toutes les facultés succède à l'excitation du cerveau, un découragement profond remplace le bonheur idéal évanoui avec l'ivresse; cependant le souvenir en reste et ramène bientôt aux mêmes excès. Le teint hâve, les yeux éteints, le corps décharné et sans force du fumeur d'opium, offrent le hideux spectacle de l'homme plongé dans les derniers excès de l'ivrognerie ; comme lui, il cherche à oublier, dans l'anéantissement de ses facultés, la dégradation où il est tombé, et finit par mourir misérablement.

Les grands droits imposés de tout temps sur cette dangereuse substance ont formé un des principaux revenus des princes et des pachas asiatiques ; la compagnie maîtresse de l'Inde a succédé aux anciens souverains; elle retire de cette branche de commerce des revenus considérables.

On estime à quinze mille le nombre de caisses qui sortent annuellement de l'Inde anglaise, aux prix de six cents piastres (3,150 fr.) chacune ; elle sont vendues au commerce particulier, qui les porte en Chine, où l'opium est non-seulement de contrebande, mais prohibé sous peine de mort. Jamais un vaisseau de la compagnie n'en reçoit à son bord.

Notre intention n'est pas d'énumérer ici toutes les espèces de marchandises que l'Inde fournit à l'Europe et au reste du monde; nous avons voulu seulement faire connaître les principaux objets d'exportation, auxquels j'ajouterai le salpêtre, dont les bâtimens prennent de grandes quantités pour compléter leurs chargemens.

Un Français a envoyé dernièrement de Constantinople, à l'Institut, les renseignemens suivans sur la culture et le commerce de l'opium dans l'un des pachalicks de l'Asie mineure, celui de Kara-Hissar.

La culture du pavot dans le pachalik dont la ville de Kara-Hissar est le chef-lieu, s'étend aussi dans plusieurs provinces voisines ; on commence à la rencontrer dès qu'on a franchi les montagnes de Kedous (de l'ancienne Phrygie Epictète).

La température de ces contrées est assez peu élevée; l'hiver, il n'est pas très rare de voir la neige rester plusieurs mois sur la terre. On y trouve des plantes qui naissent à l'état sauvage dans des contrées moins voisines du tropique, mais qui sont cependant l'indice d'une zone tiède, tels que l'agave, le cactus, etc., plantes qui pullulent en Corse, en Italie, et jusque dans le midi de la France.

Pendant quelques mois, le thermomètre, à la vérité, s'élève jusqu'à vingt-cinq ou trente degrés : cette élévation n'a point d'influence sur la production de l'opium, attendu que la chaleur cesse au mois de juin. Une condition nécessaire pour assurer la qualité des produits et l'abondance de la récolte, c'est l'absence de pluies fortes ou continues pendant la dernière moitié de mai ou en juin, parce que l'eau fait couler l'opium; or une seule pluie, soutenue pendant quelques jours, peut ruiner toute une récolte.

On commence en décembre à travailler la terre par le moyen du hoyau. Lorsque les terres ne sont pas si fortes que celles de Kara-Hissar, on emploie la charrue.

La graine de pavot se sème comme le blé, et, réglant le mouvement de la main par celui du pied, on a soin de semer clair. Aussi une seule graine suffit pour ensemencer seize cents mètres carrés (l'oque vaut deux livres et demie.)

Très peu de jours après que la fleur est tombée, on fend horizontalement la tête du pavot, mais en ayant soin que la coupure ne pénètre pas à l'intérieur de la coque. Il en sort aussitôt une substance blanche qui s'écoule en larmes des bords de la coupure. On laisse le champ en cet état toute la journée et toute la nuit. Le lendemain, avec de larges couteaux, on va recueillir l'opium autour des têtes du pavot; il a déjà acquis une couleur brune qui augmente à mesure qu'il se dessèche.

Une tête de pavot ne donne de l'opium qu'une seule fois, et n'en donne que quelques grains.

Une première sophistication que reçoit l'opium vient des paysans eux-mêmes, qui, en le recueillant, ont le soin de gratter légèrement l'épiderme de la coque pour en augmenter le poids. Déjà, après cette fraude, il y a un douzième de substances étrangères mêlées à l'opium.

Ainsi récolté, il se présente sous forme d'une gelée gluante et grumeleuse; on le dépose dans de petits vases de terre, et on le pile en crachant dans le mortier. M. Texier ayant demandé pourquoi on ne prenait pas la peine d'y jeter de l'eau, les paysans lui répondirent que cela gâterait le produit.

L'opium est ensuite enveloppé dans des feuilles sèches, et c'est dans cet état qu'il est livré au commerce.

La graine des pavots qui ont fourni l'opium est également bonne pour ensemencer l'année suivante. Autrefois, le commerce de l'opium était libre; depuis quatre ans, le gouvernement s'en est réservé le monopole; mais il s'est établi aussitôt une contrebande qui lui enlève à peu près le tiers du produit.

Les produits de l'année sont expédiés à Constantinople, où le gouvernement les vend sur le pied de 180 à 200 piastres l'oque, qui lui revient, tous frais faits, à 80; encore les falsifie-t-il au moyen du bol d'Arménie et d'autres terres.

DU SYSTÈME COMMUNAL EN FRANCE.

(Troisième article.—Voyez page 206.)

Révolte de Laon. — Privilèges communaux concédés par Philippe-Auguste.

L'histoire de la commune de Laon nous paraît contenir le tableau le plus complet de la marche et du développement des garanties municipales. La ville de Laon obéissait à la seigneurie temporelle de son évêque; n'ayant aucune police, elle était le théâtre des plus graves désordres. Les nobles et leurs serviteurs exerçaient toute espèce de violence sur les bourgeois; on levait des taxes à volonté, et la propriété n'était point respectée. Dans l'année 1106, l'évêché de Laon fut obtenu par un prélat normand, nommé Gandri; il avait parmi ses serviteurs un esclave qui devint l'objet de la haine des bons bourgeois; on raconte qu'un jour, dans le propre palais de l'évêque, il creva les yeux à un malheureux habitant de Laon; par son ordre, un autre fut assassiné en plein midi. Tant de violences soulèverent à la fin les habitans; ils songèrent à se conjurer pour constituer une commune; moyennant de grosses sommes de deniers, l'évêque Gandri leur concéda des libertés municipales. Cependant, au bout de quelques mois, il résolut d'abolir la commune; on publia à son de trompe et cri public que les habitans cesseraient d'avoir maison de ville, parloir aux bourgeois et bannière à écusson. Cette publication causa une grande rumeur; toutes les boutiques des marchands et les hôtelleries furent fermées; les bourgeois prirent les armes, et l'on entendit ce cri des conjurés : « Commune! commune! » A ce signal, de nombreuses bandes de bourgeois, armés de lances et d'arbalètes, de massues et de haches, investirent la maison épiscopale; les nobles, qui accouraient de toutes parts pour la défendre, furent massacrés; les bourgeois entrèrent de vive force dans le palais, en criant : Où est-il, le traître d'évêque, où est-il ? On le trouva caché au fond d'un grand tonneau, et à force de coups de hâche, il ne tarda pas à trépasser; son corps fut traîné dans la rue, et chaque bourgeois qui passait par là, lui jetait de la boue et des pierres.

Lorsque l'impulsion fut presque partout donnée, les rois cherchèrent à tourner ce mouvement à leur profit; l'éta-blissement d'une commune dans la terre d'un vassal était une véritable acquisition pour la couronne. Aussi Philippe-Auguste améliora-t-il successivement les institutions des villes; il affranchit les bourgeois, agrandit les privilèges, concéda de larges libertés. C'était là sa politique. Il attirait à lui l'homme des communes pour pouvoir résister à la puissance féodale. Louis VII avait accordé une commune aux habitans de Soissons; mais des difficultés s'étaient élevées par rapport à la juridiction et aux privilèges de l'évêque. « Or, écrivit Philippe-Auguste, on veillera à ce que dans l'enceinte des murs et des tourelles de Soissons chacun prête secours à l'autre; les habitans seront tenus de faire crédit à l'évêque pour le poisson et la viande pendant quinze jours; s'il ne paie pas après ce temps, ils pourront s'en prendre sur ses biens. Les hommes de la commune devront demander à leur seigneur la permission de se marier ; si le seigneur la refuse, ils pourront néanmoins le faire moyennant huit sols d'amende. Les jurés de la commune se saisiront de tout homme qui aura fait injure à un autre; si celui qui a fait le dommage se réfugie sur la terre d'un seigneur, les hommes de la commune doivent s'adresser à ce seigneur et dire: Beau sire, rendez-nous celui qui a fait injure à l'un de nos hommes; et si le seigneur le refuse, la commune pourra lui déclarer la guerre. Si l'évêque veut maintenir dans la ville quelqu'un qui aura forfait à la commune; les habitans pourront l'en expulser. Aucun citoyen ne pourra prêter de l'argent aux ennemis de la commune; les jurés promettront sur l'Évangile de ne jamais déporter personne hors de la cité par haine ou ressentiment. Dans les murs de la ville; aucun citoyen ne pourra être arrêté, si ce n'est de l'ordre des jurés. » — « Notre très cher père, ajoute Philippe-Auguste dans une charte postérieure, a donné une commune aux bourgeois de Château-Neuf, et leur a promis qu'il n'exigerait d'eux aucun argent, soit par rapine, soit par toute autre violence. Nous confirmons ces coutumes, et nous voulons de plus que les bourgeois choisissent dix prud'hommes en chaque année pour gérer les affaires de la commune. » — « Ceux qui demeureront dans la ville de Chaumont seront exempts de toute taille et impôt injuste; il y aura commune en la cité et faubourg, et si quelqu'un, châtelain ou prélat, fait tort aux bourgeois, ils pourront s'en venger en armes. Toutes les dépenses municipales, telles que la garde, les chaînes des ponts-levis, l'entretien des fossés, seront supportées en commun, de manière que les moins riches contribuent le plus faiblement possible et qu'on exige le plus de ceux qui possèdent de grands biens. »

On voit avec quelle sollicitude Philippe-Auguste règle le droit des habitans; en agrandissant la sphère de leurs libertés, il élève une barrière contre la puissance des seigneurs. Lorsque la cité avait obtenu de son seigneur certains privilèges particuliers, le roi en devenait gardien fidèle et le conservateur de droit. C'est ainsi que le duc de Bourgogne, ayant pendu avec le licol d'une mule Gautier-le-Borgne, de Dijon, coupable du crime de fausse monnaie, contrairement aux droits de la commune, qui attribuaient la punition du faux monnayage aux jurés, le sire duc fut obligé, par le roi, de jurer sur l'Évangile qu'il se conformerait dans l'avenir au texte de la charte communale.

Il y avait donc véritable effervescence pour les libertés bourgeoises; partout serfs et manans prenaient les armes pour reconquérir cette indépendance que l'action d'un système violemment oppressif leur avait enlevée; le cri de commune se faisait entendre dans les cités, dans les bourgs, autour des manoirs. Aussi voit-on le pouvoir royal craindre pour sa propre sécurité : il ne favorise plus aussi fortement ce mouvement de liberté; il réprime même les tentations trop violentes d'émancipation. En 1199, Philippe-Auguste cassa la commune d'Étampes, pour les injures et oppressions que les citoyens faisaient endurer aux gens d'église et de guerre; à l'avenir tous les habitans durent contribuer aux tailles, suivant le bon plaisir du roi; toutes choses devaient rentrer dans le même état existant avant la création de la commune.

Ces cas de répression sont cependant très rares; ce n'était qu'avec répugnance qu'ils étaient employés par les rois qui cherchaient alors, par toutes sortes de concessions, à se rendre favorable la population des villes.   A. MAZUY.

L'ÉLECTRICITÉ

On a remarqué depuis long-temps les phénomènes qu'offrent le diamant, le verre, le soufre, l'ambre et plusieurs autres corps, lorsqu'on les frotte, soit avec la main bien sèche, soit avec de la laine, ou enfin avec un morceau de soie.

(Effet de la foudre dans les montagnes.)

Ces corps frottés attirent vers eux le duvet et les petits fragmens de papier ou de paille qu'on leur présente. Pendant long-temps on ne fit cette expérience que sur de petits morceaux de soufre, d'ambre, etc., et on ne vit là qu'un objet de curiosité; mais, plus tard, on les remplaça par des boules de soufre d'une assez grande dimension, par des lames de verre d'une large surface, et alors on put remarquer certaines circonstances qui jusque là avaient été à peine entrevues : une lueur se montrait sur le corps frotté non-seulement dans l'obscurité, mais même en plein jour ; cette lueur était accompagnée de pétillemens, et en approchant le doigt ou un morceau de métal des objets frottés, une étincelle en partait, semblable à un petit éclair. Des physiciens ont attribué ces effets à une matière extrêmement subtile qui se jouerait à la surface des corps, et pourrait passer de l'un à l'autre ; ils lui ont donné le nom d'*électricité*. Ils ont ensuite établi des machines dans lesquelles on peut amasser de grandes quantités d'électricité, qui produisent les effets suivans :

Quand on fait passer rapidement cette matière subtile sur de la poudre, du coton saupoudré de résine, de l'esprit-de-vin et beaucoup d'autres matières inflammables, elles prennent feu à l'instant. Par l'électricité on peut encore rougir et même fondre le fer, percer le bois, le verre, et les réduire en éclats. Des corps d'un certain poids peuvent être attirés et ensuite lancés au loin ; les métaux eux-mêmes peuvent être brûlés et disparaître en fumée.

Or, ce sont là précisément les effets du tonnerre. Aussi les physiciens n'ont-ils pas hésité à admettre que ce terrible phénomène était dû à la matière électrique. Un Américain célèbre, nommé Franklin, ayant le premier voulu s'assurer du fait, lança vers un nuage orageux un cerf-volant armé d'une baguette pointue en métal. Bientôt il vit l'électricité du nuage passer par la pointe métallique, qu'elle rendait toute brillante, et descendre le long de la corde du cerf-volant. Lorsqu'elle fut parvenue à l'extrémité que tenait Franklin, elle agit sur les corps légers qu'on approcha comme l'aurait fait celui d'une machine électrique.

Plus tard, une expérience semblable a été faite en France, en entourant la corde du cerf-volant avec un fil de métal. Comme l'électricité se propage plus facilement par les métaux que par le chanvre, elle descendit du nuage en abondance, et si les physiciens n'avaient pas eu la précaution de fixer l'extrémité de la corde à terre et de se tenir à distance, ils auraient été tués infailliblement par les éclairs qui s'en échappaient avec un bruit semblable à celui d'un coup de pistolet, et qui avaient plus de dix pieds de longueur.

Franklin, d'après ses expériences, imagina de placer sur les maisons des barres de fer terminées en pointes, qui, comme celle dont il avait armé son cerf-volant, soutiraient l'électricité des nuages. Il fit communiquer ces tiges de métal avec une suite de tringles qui descendaient le long des maisons, et conduisaient le tonnerre dans la terre. Ces appareils ont été appelés *paratonnerres*.

Souvent, par un temps orageux et dans l'obscurité, on aperçoit à leur extrémité supérieure une aigrette lumineuse qui n'est autre chose que l'électricité.

Parmi les animaux qui sont couverts de poils, il en est qui laissent dégager beaucoup d'électricité lorsqu'on les frotte avec la main ou de toute autre manière : tels sont le chat et les chiens épagneuls ; à l'instant où la main passe rapidement sur leur dos, on entend un certain pétillement qui, dans l'obscurité, est accompagné d'étincelles. Si on frotte avec une peau de chat une personne placée sur une planche que l'on aura séparée du sol par plusieurs bouteilles de verre, on pourra, en approchant le doigt de sa figure, de ses mains et de toute autre partie de son corps, en tirer des étincelles électriques. Il faudra seulement que les bouteilles soient placées debout.

Au moyen des machines électriques, les physiciens peuvent produire des convulsions chez les animaux morts; on voit ces derniers remuer les membres, ouvrir les yeux, comme s'ils étaient encore doués de la vie. En sens inverse on peut par une décharge électrique paralyser subitement ou même frapper de mort, non seulement de petits oiseaux, mais encore des animaux d'une assez grande taille.

(Antilope Gnou. — Voir la 1re page de ce numéro).

Paris. — Imprimerie de H. Fournier, rue de Seine, 14.

LES BUREAUX D'ABONNEMENT ET DE VENTE SONT :
rue de Seine-Saint-Germain, n° 9.

REIMS. — Premier article.

(Vue du portail de la Cathédrale de Reims..)

La cathédrale de Reims doit non-seulement aux sacres des rois qui ont eu lieu dans son enceinte mais aussi à son caractère architectural et à la richesse de ses ornemens, la célébrité dont elle jouit.

Au lieu qu'elle occupe ont existé jadis deux autres temples beaucoup moins vastes et moins beaux, dont le dernier était flanqué de tours et rempli de créneaux comme une citadelle. L'incendie qui dévora, en 1210, une partie de la ville de Reims, détruisit aussi la cathédrale et sa recon-struction fut entreprise deux ans après ce désastre par le fameux architecte Robert de Coucy. Ce travail colossal de-manda trente ans pour son exécution; et Robert mit l'é-glise dans l'état où nous la voyons maintenant, sauf quel-ques changemens survenus à la croisée et à quelques suppressions de détail qu'on a effectuées lors du sacre de Charles X.

Ce temple dont la façade rappelle celle de Notre-Dame de Paris, à quatre cent quarante pieds environ de longueur, quatre-vingt-treize de largeur et deux cent cinquante pieds de hauteur depuis le pavé de l'église jusqu'au sommet des tours. La croisée est large de cent cinquante pieds et quelques pouces.

Le portail est composé de trois arcades dont la plus large et la plus haute est celle du milieu; et de deux fronteaux chargés de figures. On y a suivi le système pyramidal. L'ouverture de celle du milieu est de quatre-vingt-cinq pieds. Ces arcades sont remplies de statues dont les premières, à partir du sol, ont sept pieds et demi de hauteur. Le portail contient en tout plus de cinq cent trente statues de diverses grandeurs. L'arcade gauche représente la passion; la droite, le jugement dernier, et celle du milieu le couronnement de la Vierge. Entre les tours, au-dessus de la rose, est la représentation du baptême de Clovis, et plus bas, celle du combat de David avec Goliath. Au-dessus de la porte d'entrée, est indiqué un miracle de Saint-Remi. On voit le saint ressusciter un homme qui avait légué ses biens à l'église, et dont les héritiers contestaient la donation; le mort vient rendre témoignage du fait.

Les tours se terminent par une espèce de bonnet carré. Chacune d'elles a vingt-quatre pieds de côté. La plus basse des deux, celle du midi, renferme la fameuse cloche Charlotte, du poids de vingt-trois milliers, dont l'harmonie n'a aucune dissonnance. En 1795 elle a été respectée, ainsi que deux autres, par la révolution, lorsque, pour nous servir de l'expression poétique de l'auteur de Némésis :

Le plomb des vieux châteaux, les toits des cathédrales,
Sous ses ardentes mains se transformaient en balles...

On monte à ces tours par un escalier de deux cent quatre-vingts marches. La toiture de l'église est entièrement couverte de plomb. La charpente colossale de ce bâtiment est regardée généralement comme faite en bois de châtaignier; mais un célèbre naturaliste assure que ce bois n'est autre que celui du chêne à gros glands, dont la structure ressemble assez à celle du châtaignier. La même observation s'appliquerait à la plupart des anciennes églises de France. Au milieu de la croisée est une horloge à deux carillons, l'un pour l'heure, l'autre pour la demi-heure. Le premier chante les airs des hymnes des différens temps de l'année.

A l'extrémité de la toiture opposée aux tours est un clocher haut de près de soixante pieds, sur la flèche duquel est posé un ange en laiton doré haut de six pieds. Autour du clocher sont huit statues gigantesques, qui représentent des personnages marqués du dernier supplice. On croit qu'elles font allusion à la révolte des Rémois contre l'évêque Gervais au XIᵉ siècle, et à leur punition. L'une des figures porte des marques de flétrissure; l'autre tire de l'argent d'une bourse; plusieurs autres, percées de coups, présentent des livres ou rôles d'impositions, qui paraissent être la cause de leur malheur. Il y avait autrefois des figures semblables, nues et en chemise, dans le cœur de la cathédrale.

A la voûte de l'une des deux portes on voit à la partie latérale gauche, sont un grand nombre de petites statues de pêcheurs et de démons, qui regardent d'un œil moqueur le martyre de saint Nicaise et les miracles de saint Rémy. Parmi ces démons, il en était plusieurs qui tenaient des postures fort indécentes, et que les chanoines de l'église firent mutiler peu de temps avant la révolution.

La cathédrale est éclairée par une multitude de fenêtres dont la plupart des vitraux sont peints et par quatre roses. Rien n'égale la magnificence de la rose du portail, de la galerie vitrée située au-dessous, et de la petite rose placée dans l'enfoncement pratiqué au-dessous de celle dont nous venons de parler.

La réunion de ces vitraux produit un effet admirable, surtout lorsque placé au centre de la nef on en considère l'ensemble au moment du coucher du soleil.

L'orgue de l'église est un chef-d'œuvre, il a trois tuyaux de trente-huit pieds de hauteur et compte vingt-quatre jeux. Il était servi anciennement par douze soufflets.

Le peuple de Reims assure que la cuve des fonts baptismaux à servi jadis au baptême de Clovis.

A l'époque de la révolution, la cathédrale de Reims fut menacée d'une ruine complète. On allait la mettre en vente à Châlons lorsqu'un rémois proposa d'y établir un club républicain. Cette idée fut adoptée et sauva ce magnifique monument que des vandales auraient peut être démoli pour en vendre les matériaux ou que du moins ils auraient dégradé.

Napoléon consacra des sommes importantes à la réparation de la cathédrale de Reims; la restauration suivit cet exemple, et quand il fut question de sacrer Charles X, on y fit encore quelques changemens. Quelques-unes des nombreuses statues qui garnissent les murs pouvaient, disait-on, tomber au moment de la décharge des pièces d'artillerie et de l'ébranlement des cloches; on les jeta à terre; l'intérieur de l'église fut blanchi et la voûte fut peinte en bleu avec des fleurs de lis en or, comme cela se pratiquait dans les églises de fondation royale. Ce blanchiment a eu pour effet de faire paraître le temple plus petit en rapprochant les murailles; quant à celui que produit la voûte azurée, il est comme on peut bien le penser, des plus détestables.

Nos lecteurs savent que pour bâtir les grands édifices consacrés au culte, le clergé ajoutait à ses revenus les aumônes qu'il quêtait de toutes parts et le produit des indulgences. Les chanoines de Reims, après avoir fait bâtir deux villages, Maubert Fontaine, et Marlemont, s'occupèrent des moyens de pourvoir aux dépenses du bâtiment de la cathédrale, et résolurent d'y faire contribuer tout le diocèse; ils prièrent Anselme, évêque de Laon, de publier un mandement où il ordonnerait au clergé et au peuple de toutes les paroisses de son diocèse, de recevoir processionnellement les envoyés du chapitre, de chômer comme une fête le jour de leur arrivée, et de faire l'office dans les lieux où ils séjourneraient, sous même qu'il y aurait interdit. L'évêque dont le diocèse était déjà surchargé, se borna à offrir de simples lettres de recommandation.

Les chanoines mécontens eurent recours à l'archevêque, et d'après son ordre envoyèrent leurs quêteurs faire solennellement la collecte dans les paroisses, sans s'embarrasser du refus de l'évêque. Ceux-ci se présentent à Guignicourt, à Proavais, à Neuf-Châtel; mais les curés, certains d'être appuyés par leur évêque, refusent de les recevoir. Cités devant le métropolitain, ils répondent qu'ils n'ont d'autre juge naturel que leur évêque.

L'archevêque de Reims les fait citer par Robert, abbé de la Varoy, et interdit leur évêque, s'ils ne comparaissent sous trois jours. Il va même jusqu'à interdire le curé de Guignicourt et les autres curés.

Ceux-ci appellent d'une sentence si peu canonique au pape Honorius. Le pape délègue trois chanoines pour s'informer des faits, et sur leur rapport, il ordonne à l'archevêque de Sens de lever les censures prononcées contre l'évêque et les curés; il blâme le métropolitain d'avoir agi contre les règles et outrepassé son pouvoir.

Le cloître de la cathédrale était un lieu de franchise, et ceux qui s'y retiraient ne pouvaient être pris par les officiers de l'archevêque, et encore moins par ceux du roi. En 1155, un sergent royal s'étant avisé de prendre un voleur dans la cathédrale, fut pendu à la place du voleur pour avoir violé la franchise.

Au XIVᵉ siècle, dans le temps où les archevêques cherchant à retenir un pouvoir qui leur échappait, luttaient contre l'ascendant des communes, et faisaient trainer en rison les bourgeois trop remuans, on avait imaginé un moyen singulier et facile de réhabiliter la mémoire des prisonniers, quand, venant à mourir en prison, on reconnaissait trop tard leur innocence. Les officiers de l'archevêque rendaient aux parents le corps de l'accusé, ou à son défaut une figure qui le représentait. On publiait alors sa justification; on rendait à sa figure les honneurs qu'on lui aurait rendus à lui-même, jusqu'à ceux de la sépulture ecclésiastique. Comme on le voit, les juges et les officiers de l'archevêque, quand ils avaient commis une injustice, en étaient quittes à bon marché. Aussi leur arrivait-il souvent de satisfaire leur haine particulière, et de laisser périr de misère les citoyens qu'ils avaient incarcérés. Les échevins obtinrent enfin que l'on ne put s'emparer d'un bourgeois sans motiver le crime dont on l'accusait. En 1424, il existait à Reims ainsi qu'à Paris une coutume qui sans doute dura peu. On noyait les condamnés à mort.

Au milieu du xvi° siècle, il y avait à Reims un usage plus bizarre et plus singulier que tous ceux qu'on suivait ailleurs dans les fêtes religieuses. Le mercredi saint après les ténèbres, tout le clergé de la cathédrale allait faire une station dans l'église Saint-Rémi. Précédé de la croix, les chanoines, rangés sur deux files, comme dans les processions ordinaires, traînaient derrière eux un hareng attaché à une corde. Cette cérémonie s'appelait la procession aux harengs. Chaque chanoine s'efforçait de marcher sur le hareng de celui qui le précédait, et n'oubliait rien pour empêcher celui qui le suivait de marcher sur le sien. Le chapitre fit plusieurs réglemens contre ce désordre. On ne put l'arrêter qu'en supprimant la procession.

Le jour de Pâques, après la messe, les chanoines de la cathédrale se rendaient processionnellement dans le cloître, où ils trouvaient sur une table un agneau rôti. Après que le semainier l'avait béni, chacun, au hasard de se brûler, en prenait sa part avec les mains, et la mangeait à l'instant. Pendant ce repas précipité, le bas chœur chantait l'antienne *Hæc dies*. C'est de là qu'est venu l'usage d'appeler *hæc dies* les mets que l'on servait à ses parens et à ses amis, dans le temps de Pâques.

Il ne faut pas croire que personne ne s'opposât à ces usages, tout-à-fait contraires au véritable esprit de l'évangile. « En 1583, un concile provincial de Reims défendit absolument de représenter aux jours de fête de notre seigneur et des saints, sous prétexte de quelque coutume que ce fût, aucun jeu de théâtre, ni aucun badinage ridicule, qui pût souiller l'honneur et la sainteté de la maison de Dieu. Il voulut ensuite que ceux qui les feraient fussent punis par leurs supérieurs. »

Il ne sera peut-être pas inutile de remarquer que les deux villes où l'on trouve le plus de ces usages bouffons sont Reims et Dijon, toutes deux capitales des contrées qui produisent les vins les plus stimulans de France. A Dijon, il y avait une compagnie de la Mère-Folle, dont le sceau était la Folie tenant une marotte à la main.

Dans ces siècles d'ignorance, on voit se joindre à l'indulgence pour les désordres les plus crians, des punitions indécentes et une sévérité excessive pour des manquemens légers. En 1174, le prévôt fit *discipline* (fouetter); en plein chapitre, Rothard, archidiacre, nommé à l'évêché de Châlons et parent du roi de France, parce qu'il s'était trouvé à une cérémonie religieuse sans son habit de chœur. Rothard remercia hautement le prévôt de sa sévérité.

En 1203, un nommé Gérard, prévôt de l'archevêque, avait porté atteinte à l'autorité des chanoines en arrêtant un bourgeois de leur ressort. Le chapitre, pendant la vacance du siège, se vengea cruellement. Il fit le procès au prévôt, qui parut en chemise dans une procession générale, le carcan au cou, nu-pieds, *et reçut la discipline des mains du semainier*. Les flagellations étaient alors fort communes.

A la suite d'une révolte, le chapitre de la cathédrale ayant été obligé de se réfugier à Cormicy, il exigea, quand l'ordre fut rétabli, que les citoyens les plus coupables assistassent trois dimanches de suite à la procession en chemise, nu-pieds, une torche à la main, et fussent disciplinés par le semainier. Un député subit la même punition dans toutes les églises cathédrales suffragantes. Pendant qu'on fustigeait les pénitens, ils étaient obligés de dire : « C'est ainsi que nous réparons l'injure faite à l'église de Reims. » Cet acte et plusieurs autres prouvent assez que le pouvoir du chapitre à Reims était au moins égal à celui de l'archevêque.

Il y eut à Reims, en 1148, un hérétique d'une espèce toute particulière. Il se nommait *Eon*, et en entendant chanter dans l'église : *Per eum qui venturus est judicare vivos et mortuos*, il alla s'imaginer qu'il était cet Eum (*Eon*) qui doit venir juger les vivans et les morts; et, ce qu'il y a de pis, il le persuada à des partisans assez enthousiastes pour braver les lois et les supplices. Il parut devant un concile présidé par le pape Eugène, et composé de onze cents laïques. Eon fut condamné à être renfermé dans une tour attenant à l'archevêché, et qui porta le nom d'*Eon* jusqu'au moment où elle fut détruite par l'archevêque Le Tellier, à la fin du xvii° siècle.

L'OURS.

La famille des ours est ainsi caractérisée : Six incisives à chaque mâchoire, dont l'extérieur de chaque côté diffère des quatre intermédiaires; à la mâchoire supérieure, les dents extérieures sont plus fortes et plus pointues; à l'inférieure, elles sont larges, assez pointues, avec un lobe latéral bien séparé à la base. Deux canines en haut et en bas, fortes, coniques; sept molaires au plus et quatre au moins de chaque côté de chaque mâchoire, dont trois vraies : les fausses molaires sont petites, obtuses, espacées entr'elles; les vraies sont fort larges, à couronne totalement tuberculeuse.

La nourriture de la plupart des ours consiste principalement en racines, en fruits et en herbes, et généralement ce n'est que lorsque la faim les presse qu'ils se jettent sur les animaux et sur l'homme. Néanmoins quelques espèces deviennent carnivores à un certain âge.

Les ours qui vivent de végétaux font un grand dégât dans les forêts de peupliers, de châtaigniers, dont ils aiment beaucoup les fruits; ils recherchent les sorbes, les framboises, les groseilles, le miel surtout, qu'ils mangent avec une grande avidité, en avalant tout à la fois et le miel et les abeilles de la ruche. En Lithuanie, par exemple, on est obligé de préserver de leur voracité, à l'aide d'une enceinte de piquets ou d'une couche de branches épineuses, les nombreuses ruches d'abeilles que l'on pratique dans les troncs d'arbres.

L'ours sait prendre habilement les poissons dans les rivières, dans les étangs et sur les bords de la mer. L'avidité des ours carnassiers a été constatée par beaucoup de voyageurs. — En 1789, le général hongrois de Halten, allant faire en Méhadie une revue de troupes, rencontra dans les montagnes une bande d'ours et de gros chiens, qui s'y étaient établis depuis peu pour dévorer les cadavres qu'on y avait amoncelés en grand nombre, et qui rendaient le passage fort périlleux. — Oléarius raconte, dans son voyage en Moscovie, que, dans la Livonie, un ours gigantesque, après avoir dévoré une masse énorme de harengs secs, blessé nombre d'hommes et de chevaux, se mit à boire une telle quantité de bière nouvelle dans un cellier, qu'il en fut étourdi, et put être facilement assommé par les habitans du lieu.

C'est surtout dans le nord que l'on rencontre de ces ours féroces qui attaquent les chasseurs, les gardiens de troupeaux, les troupes de voyageurs, et les habitans des villages au milieu même de leurs habitations.

Horrebows, dans sa description de l'Islande, prétend que les Islandais, surpris par un ours, échappent à sa poursuite en lui jetant quelque objet, qu'il saisit et examine long-temps s'il n'est pas pressé par la faim. Ce voyageur dit même que l'objet jeté est le plus souvent un gant ployé, que l'ours retourne en tous sens, laissant ainsi à l'Islandais le temps de s'échapper. — Nous ne garantissons pas le fait.

Les ours vivent sur les hautes montagnes ou dans les contrées les plus rapprochées des pôles, soit dans l'ancien, soit dans le nouveau continent.

Les ours, selon les espèces, passent l'hiver presque engourdis dans les cavernes, qu'ils ont choisi pour leur domicile, ou plongés dans la plus profonde léthargie, au milieu des glaces, où ils font leur séjour habituel. Comme tous les animaux dormeurs, ils prennent de l'embonpoint en été, et vivent pendant l'hiver aux dépens de leur graisse. Aussi sont-ils d'une maigreur extrême quand revient le printemps.

Il existe plusieurs espèces d'ours, blancs, noirs, bruns, etc. ; mais nous ne considérons ici que l'ours brun commun d'Europe.

L'OURS COMMUN. — La taille des ours varie comme la

(Ours du nord.)

nuance de leur poil; ordinairement leur longueur est de cinq pieds et quelques pouces. Le poil long, ferme et hérissé, qui le recouvre, le fait paraître informe et laid; mais sous cette épaisse fourrure, vous retrouverez un corps aussi délié que celui de la plupart des quadrupèdes. Sa tête alongée a du rapport avec celle du loup; son cou est peu apparent; ses jambes sont fortes et épaisses, et portent sur le sol par une large base qui permet à l'animal de marcher, comme l'homme, sur deux membres seulement.

Les lieux les plus solitaires, les forêts les plus sombres, les montagnes les plus escarpées, conviennent à l'ours. Il y vit seul, excepté vers la fin de l'automne où les mâles et les femelles se rapprochent un moment pour se quitter ensuite. C'est un spectacle fort singulier que celui que présentent alors ces animaux. Vous les voyez se dresser, s'avancer tous les deux comme des hommes, en marchant droit, et se jeter avec transport dans les bras l'un de l'autre. — On prétend que les ours mâles dévorent les petits quand, par hasard, les femelles ne les dérobent pas avec soin à leur férocité.

Un préjugé, enraciné depuis bien long-temps, fait considérer les oursons comme plus informes encore que leurs pères. Loin de là, ces jeunes animaux ont une figure beaucoup moins disgracieuse que celle qu'ils prennent plus tard. Leur couleur est fauve avec du blanc autour du cou. Pendant un mois, leurs yeux restent fermés. Ils n'ont que huit pouces environ en naissant, mais ils croissent en peu de temps avec une grande promptitude. Comme dans presque toutes les familles d'animaux, l'ours femelle élève ses petits avec beaucoup de tendresse, et les défend contre les assaillans avec un courage indomptable.

Les ours se battent à peu près comme le font les hommes. Ils se lèvent sur leurs pieds de derrière, luttent avec ceux de devant, frappent des poings, et cherchent à étouffer leur adversaire dans leurs bras nerveux. Il n'y a pas long-temps que les journaux faisaient mention d'une lutte dans laquelle un Hercule de l'un de nos départemens s'était imprudemment engagé avec un ours qu'on promenait muselé par les foires. Sans l'assistance du conducteur de l'animal, l'athlète à la blanche peau eût été étouffé par son vigoureux adversaire.

Quand ils ne sont pas attaqués, les ours se jettent rarement sur les hommes, à moins, comme nous l'avons déjà dit, qu'ils ne soient pressés par la faim. Mais quand ils se sentent blessés, ils deviennent ordinairement furieux, et se battent à outrance. Les chasseurs assurent qu'ils se défendent parfois en lançant ou des pierres où tout autre corps lourd qu'ils trouvent sous leur main. Quelques-uns ont prétendu qu'ils se tamponnent leurs plaies avec de la mousse et des herbes.

L'ours est mou et lent dans ses mouvemens quand ni la passion ni la faim ne le tourmentent. Cette gravité dans la démarche a fait supposer à quelques peuplades de la Sibérie que l'ours avait une grande sagesse. Chez elles tout accusé, dit le commodore Billings, est obligé d'aller mordre la tête d'un ours, et s'il est coupable, l'animal ne manque pas de le dévorer. Du reste l'ours est bien servi par la plupart de ses sens. Son odorat est très développé, son ouïe très fine, son toucher délicat; mais sa vue est faible.

On ne saurait douter, puisque le fait est attesté par des voyageurs dignes de foi, que les ours ont plus d'une fois enlevé des enfans et même des femmes, qu'ils ont nourris dans leurs cavernes sans leur faire aucun mal pendant cette captivité peu rassurante. Un exemple semblable a été raconté, il n'y a pas fort long-temps, par les feuilles publiques.

On sait que, depuis René II, les ducs de Lorraine faisaient entretenir un ours, en mémoire des services rendus à leur famille par le canton de Berne, dans les armoiries duquel se trouve cet élégant animal. Or, s'il faut en croire les chroniques de Nancy, il advint un jour qu'un pauvre savoyard, mourant de faim et transi de froid, s'envint chercher un gîte dans la loge du prisonnier des ducs de Lorraine, et l'ours de l'accueillir avec charité, de le réchauffer dans ses bras, de lui abandonner une part de son repas, et de lui laisser une place sur sa paille. Le lendemain et les jours suivans, le jeune Savoyard revint chez son hôte ; et bientôt il ne fut plus question dans toute la ville que des deux amis.

L'ours est, pour les bateleurs, pour quelques paysans venus du nord de l'Europe, ou même des Alpes ou des Pyrénées, une source de bénéfices assez productive dans les campagnes. Mais les exercices variés que fait cet animal, au commandement de son guide, sont un spectacle fort monotone pour les habitans de nos villes, qui se rappellent encore les terribles jeux de Martin et de ses lions. En Lithuanie est un bourg, nommé *Samourgun*, dont les habitans ont formé une espèce d'académie qui a pour objet l'éducation des ours, c'est-à-dire leur apprentissage dans l'art de la danse.

La chasse de l'ours a de l'intérêt, non-seulement pour les chasseurs, qui recherchent les dangers et les vives émotions, mais pour le spéculateur. — Sa graisse se vend, en effet, avec un grand profit. En Europe, on en fait des pommades fort recherchées, en Tartarie, on la mange mêlée à du miel. Un seul ours fournit parfois plus de cent vingt pots de cette graisse. Les jambons d'oursons sont estimés des connaisseurs ; et les Chinois, que nos lecteurs savent être quelque peu gastronomes, prisent beaucoup un certain ragoût dont les pieds de cet animal font la base. — Enfin, la peau des ours est un des meilleurs articles du commerce des pelleteries.

Jadis en Espagne, et maintenant même en Russie et en Amérique, on chassait l'ours à cor et à cri. Les difficultés que présente ce genre de chasse dans les retraites escarpées que choisissent les ours, doit la faire abandonner. On se contente ordinairement de faire des battues dans les forêts, en se faisant parfois accompagner de gros chiens dressés à cette guerre. On lance aussi l'ours avec des chiens, mais il est lent à se lever, et donne souvent le temps aux chiens les plus forts de l'attaquer dans sa retraite. Les Norwégiens ne se servent que de bassets, qui se glissent sous le ventre de l'ours et le mordent dans l'endroit le plus vulnérable.

On chasse le plus ordinairement l'ours à l'*affût*. Il est rare qu'un seul coup l'abatte, tant sa fourrure est épaisse, sa charpente vigoureuse et ses muscles puissans. Aussi faut-il s'armer d'un fusil à deux coups, et, pour plus de sûreté, marcher en compagnie d'un autre chasseur, qui se tient à peu de distance. Un coup de sifflet surprend l'ours, l'arrête, et le fait dresser sur ses pattes de derrière : c'est le moment de l'ajuster sous le ventre, où le poil est moins épais et la peau moins forte. — Rarement, dit-on, un ours, même blessé, se jette sur un chasseur qui a soin de rester immobile.

Les Kamtschadales font la guerre aux ours avec beaucoup d'ardeur. — Ils s'arment d'une lance pour se défendre contre eux dans le cas où, après les avoir blessés d'une balle, ils n'auraient pas le temps de recharger un second coup. — Les combats à la lance sont souvent funestes aux chasseurs de cette contrée. — Les Kamtschadales emploient aussi les trappes ; mais cette chasse est sans attraits pour eux, parce qu'elle est sans périls.

De toutes les manières de prendre les ours, la moins dangereuse est, sans contredit, celle qui consiste à les enivrer avec du miel chargé d'eau-de-vie.

FÉNELON.

Extrait de sa dernière lettre à Louis XIV sur les fautes du gouvernement de ce prince.

En offrant à nos lecteurs une vue des ruines de l'ancienne demeure de Fénelon, nous nous garderons bien de raconter la vie, qu'ils connaissent sans doute et depuis longtemps, du vertueux archevêque de Cambrai. Qui n'a lu les aventures de Télémaque, et, en tête de ce roman de mœurs et de politique, la biographie de son savant et pieux auteur ? Qui n'a vu reproduite sous mille formes, par la gravure, la lithographie et l'art du peintre sur porcelaine, cette scène où Fénelon prodigue, dans son archevêché, des secours aux soldats blessés ?

(Ruines de l'ancienne Métropole de Cambrai.)

Nous ne rappellerons donc pas sa naissance, en 1651, au château de Fénelon, dans le Périgord, les succès qu'il obtint comme prédicateur, et son zèle, tout de persuasion, pour convertir les incrédules à la foi religieuse, ses relations, sa mise en contact au château de Maintenon avec madame de Guyon, cette femme si exaltée dans son mysticisme ; si ardente dans ses chrétiennes affections ; encore moins rédirons-nous la guerre acharnée que lui fit l'intolérant évêque de Meaux, au sujet de ses doctrines sur le pur amour, la condamnation qu'on arracha contre lui à la cour de Rome ; et l'évangélique humilité avec laquelle il se soumit à cette censure.

La place qu'auraient envahie ces détails si souvent rebattus, nous a paru devoir être plus utilement occupée par un extrait d'une lettre; peu connue sans doute de la plupart de nos lecteurs, de Fénelon à Louis XIV. Chargé, comme chacun le sait, de l'éducation du petit-fils de ce roi, le pieux prélat avait dû, par position, s'occuper des affaires politiques et de l'avenir de l'état, malgré sa propension à se renfermer dans son ministère. Le *Télémaque*, où l'on a même voulu voir une satire de la plupart des personnages de la cour, était le résumé de ses études sur la marche des affaires du royaume, et la lettre, dont nous réimprimons un fragment, n'est que le corollaire de ce livre.

Cette lettre, citée par d'Alembert, avait été considérée comme apocryphe, non-seulement par ce philosophe, mais par Voltaire et la plupart des hommes de lettres. Le motif le plus puissant sur lequel reposait ce rejet, était tiré de l'absence de l'original de la lettre attribuée à Fénelon; et, en effet, d'Alembert n'en avait vu qu'une copie.—Or, cet original a été retrouvé par M. Renouard, il y a peu d'années, et il n'y a plus aujourd'hui lieu de douter que la lettre ne soit authentique. — Quant aux idées énoncées dans ce document curieux, nous sommes loin de les adopter toutes, et nous avons exclu à dessein de notre citation des passages relatifs aux conquêtes de Louis XIV, dont le vertueux archevêque ne pouvait apprécier la convenance. Il n'y voyait, lui chrétien, que de coupables envahissemens sur les terres des puissances voisines, et ne tenait aucun compte de ces nécessités politiques auxquelles les états ne peuvent se soustraire, sous peine de périr.

« Vous êtes né, Sire, avec un cœur droit et équitable; mais ceux qui vous ont élevé ne vous ont donné pour science de gouverner que la défiance, la jalousie, l'éloignement de la vertu, la crainte de tout mérite éclatant, le goût des hommes souples et rampans, la hauteur, et l'attention à votre seul intérêt.

« Depuis environ trente ans, vos principaux ministres ont ébranlé et renversé toutes les anciennes maximes de l'État, pour faire monter jusqu'au comble votre autorité, qui était devenue la leur, parce qu'elle était dans leurs mains. On n'a plus parlé de l'État ni des règles; on n'a parlé que du roi et de son bon plaisir. On a poussé vos revenus et vos dépenses à l'infini. On vous a élevé jusqu'au ciel, pour avoir effacé, disait-on, la grandeur de tous vos prédécesseurs ensemble, c'est-à-dire pour avoir appauvri la France entière, afin d'introduire à la cour un luxe monstrueux et incurable. Ils ont voulu vous élever sur les ruines de toutes les conditions de l'État, comme si vous pouviez être grand en ruinant tous vos sujets, sur qui votre grandeur est fondée. Il est vrai que vous avez été jaloux de l'autorité, peut-être même trop, dans les choses extérieures; mais pour le fond, chaque ministre a été le maître dans l'étendue de son administration. Vous avez cru gouverner, parce que vous avez réglé les limites entre ceux qui gouvernaient. Ils ont bien montré au public leur puissance, et on ne l'a que trop sentie : ils ont été durs, hautains, injustes, violens, de mauvaise foi; ils n'ont connu d'autre règle, ni pour l'administration du dedans de l'État, ni pour les négociations etrangères que de menacer, que d'écraser, que d'anéantir tout ce qui leur résistait. Ils ne vous ont parlé que pour écarter de vous tout mérite qui pouvait leur faire ombrage. Ils vous ont accoutumé à recevoir sans cesse des louanges outrées qui vont jusqu'à l'idolatrie, et que vous auriez dû, pour votre honneur, rejeter avec indignation. On a rendu votre nom odieux, et toute la nation française insupportable à tous nos voisins. On n'a conservé aucun ancien allié, parce qu'on a voulu des esclaves. On a causé depuis plus de vingt ans des guerres sanglantes. Par exemple, Sire, on lit entreprendre à Votre Majesté, en 1672, la guerre de Hollande pour votre gloire et pour punir les Hollandais, qui avaient fait quelque raillerie, dans le chagrin où on les avait mis en troublant les règles du commerce établies par le cardinal de Richelieu. Je cite en particulier cette guerre, parce

qu'elle a été la source de toutes les autres. Elle n'a eu pour fondement qu'un motif de gloire et de vengeance, ce qui ne peut jamais rendre une guerre juste.

« Tant de troubles affreux qui ont désolé toute l'Europe depuis plus de vingt ans, tant de sang répandu, tant de scandales commis, tant de provinces saccagées, tant de villes et de villages mis en cendres, sont les funestes suites de cette guerre de 1672, entreprise pour votre gloire et pour la confusion des faiseurs de gazettes et de médailles de Hollande.

« Cependant vos peuples, que vous devriez aimer comme vos enfans, et qui ont été jusqu'ici si passionnés pour vous, meurent de faim. La culture des terres est presque abandonnée; les villes et la campagne se dépeuplent; tous les métiers languissent et ne nourrissent plus les ouvriers. Tout commerce est anéanti. Par conséquent, vous avez détruit la moitié des forces réelles du dedans de votre État, pour faire et pour défendre de vaines conquêtes au dehors. Au lieu de tirer de l'argent de ce pauvre peuple, il faudrait lui faire l'aumône et le nourrir. La France entière n'est plus qu'un grand hôpital désolé et sans provision. Les magistrats sont avilis et épuisés. La noblesse, dont tout le bien est en décret, ne vit que de lettres d'état. Vous êtes importuné de la foule des gens qui demandent et qui murmurent. C'est vous-même, Sire, qui vous êtes attiré tous ces embarras; car, tout le royaume ayant été ruiné, vous avez tout entre vos mains, et personne ne peut plus vivre que de vos dons. Voilà ce grand royaume si florissant sous un roi qu'on nous dépeint tous les jours comme les délices du peuple, et qui le serait en effet si les conseils flatteurs ne l'avaient point empoisonné.

« Le peuple même (il faut tout dire) qui vous a tant aimé, qui a eu tant de confiance en vous, commence à perdre l'amitié, la confiance et même le respect. Vos victoires et vos conquêtes ne le réjouissent plus; il est plein d'aigreur et de désespoir. La sédition s'allume peu à peu de toutes parts. Ils croient que vous n'avez aucune pitié de leurs maux, que vous n'aimez que votre autorité et votre gloire. Si le roi, dit-on, avait un cœur de père pour son peuple, ne mettrait-il pas plutôt sa gloire à leur donner du pain, et à les faire respirer après tant de maux, qu'à garder quelques places de la frontière qui causent la guerre? Quelle réponse à cela, Sire? Les émotions populaires, qui étaient inconnues depuis si long-temps, deviennent fréquentes. Paris même, si près de vous, n'en est pas exempt. Les magistrats sont contraints de tolérer l'insolence des mutins et de faire couler sous main quelque monnoie pour les apaiser. Ainsi on paie ceux qu'il faudrait punir; vous êtes réduit à la honteuse et déplorable extrémité, ou de laisser la sédition impunie, et de l'accroître par cette impunité, ou de faire massacrer avec inhumanité des peuples que vous mettez au désespoir, en leur arrachant, par vos impôts pour cette guerre, le pain qu'ils tâchent de gagner à la sueur de leurs visages.

« Mais, pendant qu'ils manquent de pain, vous manquez vous-même d'argent, et vous ne voulez pas voir l'extrémité où vous êtes réduit. Parce que vous avez toujours été heureux, vous ne pouvez vous imaginer que vous cessiez jamais de l'être. Vous craignez d'ouvrir les yeux; vous craignez qu'on ne vous les ouvre; vous craignez d'être réduit à rabattre quelque chose de votre gloire. Cette gloire, qui endurcit votre cœur, vous est plus chère que la justice, que votre propre repos, que la conservation de vos peuples, qui périssent tous les jours de maladies causées par la famine, enfin que votre salut éternel incompatible avec cette idole de gloire......... »

___

LES HOLLANDAIS
DU CAP DE BONNE-ESPÉRANCE.

« Un lieutenant anglais, sir J.-W.-B. Moodie, vient de publier à Londres les observations qu'il a faites sur l'Amérique méridionale, pendant un séjour de dix années dans cette partie du monde. Nous en citerons quelques extraits, choisissant de préférence ceux où le caractère et les mœurs des races diverses établies au Cap sont dépeintes avec une franchise aisée et spirituelle.

« Les colons hollandais ont la taille élevée, les épaules larges et les membres massifs. Leur disposition à prendre de l'embonpoint est tellement générale, que, dans leurs idées, il ne peut plus y avoir, sans embonpoint; ni santé, ni beauté. Lorsqu'un Hollandais parle d'une femme dont il veut faire l'éloge, il a soin de remarquer qu'elle est *dik en vet*, grosse et grasse.

« A ce compte, Martinus Botha aurait été le plus bel homme, ou du moins le mieux pourvu de toute la colonie. C'était un monstre d'obésité. Durant plusieurs années, il n'avait pu se coucher dans un lit, de peur d'y suffoquer. Sa graisse lui pendait au-dessous du menton sous forme d'un sac énorme, et retombait le long de ses jambes jusque sur ses souliers. Voici dans quelle circonstance je l'ai connu.

« La coutume au Cap est d'enterrer les morts très promptement. Aussi les gens âgés font-ils communément préparer des bières qu'ils gardent dans leurs maisons, soit pour leur propre usage, soit pour celui des voisins dans un cas d'urgence. Cette explication était nécessaire avant d'en venir à la visite que Martinus Botha rendit à la ferme de mon frère.

« Un jour donc il arriva avec deux de ses fils. D'abord ils s'assirent; puis, après avoir avalé une copieuse rasade d'eau-de-vie, le père prit la parole : il se sentait malade, nous dit-il; l'hydropisie dont il était atteint ne le mènerait pas bien loin; il fallait donc songer à se procurer une bière. Mais, ajouta-t-il, aucun voisin n'en possède qui soient proportionnée à ma corpulence, et dans mon embarras, j'ai recours à vous. — C'est vrai, père, ce que vous dites là, ajouta un des deux jeunes gens, dont la figure resta tout impassible.

« Mon frère occupait deux charpentiers à la fabrication de divers meubles qu'il vendait ensuite aux fermiers. Je conduisis notre hôte à leur atelier.

« L'un d'eux, James Learmouth, petit Ecossais à l'œil vif et malin, était tout à son travail, s'accompagnant d'une de ces chansons nationales auxquelles la naïve poésie de Burns et leur rhythme bizarre prêtent une physionomie si caractéristique. C'était, au sein de l'exil, un souvenir de la terre natale. Mais notre arrivée interrompit le chanteur.

« Dès que le corps énorme de Martinus lui eut intercepté le jour en se posant sur le seuil de la porte, James se leva, et, venant à notre rencontre, s'adressa au colon dans un jargon où le hollandais corrompu et le patois écossais étaient curieusement amalgamés.

— Gœn dag (bonjour), Mynheer Botha! Comment vous va aujourd'hui?

— Je viens, répondit Martinus, pour commander une bière.

— Bien sûr, je puis faire cela pour vous obliger; mais à qui la destinez-vous?

— A moi, donc.

— Oui dà! Il faudra la faire de taille alors... Voyons; Couchez-vous là sur ce lit, et je vais prendre votre mesure.

« Tout en parlant, le rusé Ecossais me lança un regard significatif, comme pour me faire entendre que la chose était plus facile à demander qu'à exécuter. Cependant, avec l'assistance de ses fils, le vieux fermier, après s'être assis sur le bord du lit, y fut graduellement couché tout de son long, au grand danger du chef-d'œuvre de James, qui craqua plaintivement sous le poids inusité qu'on lui imposait.

« Les souffrances du pauvre Martinus étaient grandes aussi. N'eût été la dextérité du charpentier à mesurer ses vastes dimensions, il eût étouffé sur la place. Tout le temps qu'il conserva cette position horizontale, sa respiration cessa;

mais dès qu'il se fut relevé et redressé, l'air trouva enfin un passage, et s'exhala avec le bruit que fait un marsouin en venant à la surface de l'eau.

« Quand Martinus fut parvenu à recueillir ses idées, il donna ses dernières instructions à l'ouvrier.

— Ecoute, James, il faut que ma bière soit bien spacieuse, car je gonflerai beaucoup après ma mort. — Il sortit pour regagner son charriot; mais son fils resta, et enjoignit à l'Ecossais de bien ajuster les planches afin de ne point laisser de fentes; — car, observa-t-il avec sang-froid, papa pourrait bien se sauver après sa mort. »

Après cette anecdote caractéristique, vient un tableau qui ne l'est pas moins. Durant une de ses tournées dans la colonie, le lieutenant Moodie arrive dans une ferme hollandaise.

« Après avoir donné au fermier des nouvelles du Cap, nous lui racontâmes plusieurs particularités curieuses sur l'Angleterre. Son admiration en fut excitée au point de toucher à l'incrédulité. Dans ce moment, les autres membres de la famille entrèrent. Ils nous serrèrent la main, les uns après les autres, accompagnant cette cérémonie de leur souhait national : *Gœn avond*; puis ils s'assirent en silence, nous regardant avec des yeux immobiles. Seulement, lorsque mon frère (il avait la parole) leur apprenait quelque chose de neuf et d'intéressant, notre hôte, qui, comme tous ses compatriotes, était un excellent auditeur, s'écriait : *Alamagtig, mynheer, dat is dog wonderlik* (Dieu tout puissant, Monsieur! c'est pourtant merveilleux). Alors aussi les jeunes gens tournaient la tête, s'entreregardant avec étonnement, mais sans que jamais aucun sourire déridât leurs traits.

« Une esclave interrompit cette espèce de conversation. Elle apportait un large baquet d'eau chaude, où elle se mit à laver les pieds de toute l'assemblée, hommes et femmes, chacun à son tour. En même temps, le chef de la famille prit une bouteille et un verre sur des tablettes creusées dans le mur, et se prépara à verser pour mon frère une *soupie* ou une rasade d'eau-de-vie; mais il fut arrêté par une réflexion subite. Sans doute il se rappela quelles étaient les habitudes raffinées de ses hôtes, et, levant le verre à la hauteur de la chandelle, il découvrit, ce qu'il avait sans doute soupçonné, que ce vase n'était pas suffisamment propre. Alors, sans balancer, il le plongea dans le baquet d'eau crasseuse, et l'essuya ensuite avec un coin de sa cravate. Comme on peut le supposer, après cette étrange manifestation de propreté, nous refusâmes à la grande stupéfaction du fermier, son offre et son eau-de-vie. »

Si les Hollandais du Cap n'ont pas transporté dans cette colonie la propreté qui passe pour la vertu de leurs frères d'Europe, du moins sont-ils recommandables par l'hospitalité la plus franche et la plus cordiale.

LA VAPEUR.
§ II. — MACHINES A VAPEUR. (Ier article.)

Nous avons promis de faire comprendre à ceux de nos abonnés qui l'ignorent encore, le jeu des machines à vapeur. Nous venons aujourd'hui tenir notre promesse; mais avant d'aborder avec nous ce sujet, que le lecteur veuille bien relire attentivement le premier article que nous avons publié sur la vapeur (v. p. 451). Il y trouvera les principes sur lesquels est appuyée toute la théorie des admirables machines que nous allons examiner. Ces principes, les voici :

« Les particules de l'eau ont une tendance permanente à s'écarter les unes des autres, et par suite de cette propriété, une masse d'eau tend toujours à passer de l'état liquide à l'état de vapeur, et la vapeur elle-même tend toujours à se dilater en se raréfiant.

« En augmentant ou diminuant la chaleur à laquelle sont soumises l'eau et la vapeur, on accroît ou on amoindrit leur force expansive, et on peut, à l'aide du refroidissement, ramener la vapeur à l'état liquide. »

Bien des essais ont été faits par des physiciens et des ingénieurs avant qu'on ait pu parvenir à construire des appareils où la force de la vapeur fût utilement employée; plus tard nous dirons peut-être l'histoire des perfectionnemens successifs que ces appareils ont éprouvés; avant tout expliquons le mécanisme de l'une des machines qui sont aujourd'hui en usage; cette explication fera comprendre en quoi péchaient les systèmes imparfaits précédemment essayés.

MACHINE A VAPEUR A CONDENSATION ET A DOUBLE EFFET.

Dans la machine que représente la figure jointe à cet article, le lecteur remarquera un corps de pompe AB de forme cylindrique, dans lequel joue un piston P qui peut glisser dans son intérieur en le touchant sur toute sa circonférence. C'est dans ce corps de pompe que vient la vapeur engendrée dans la chaudière (1). La masse de vapeur représentée par des lignes ondulées, ne peut s'échapper dans l'atmosphère parce qu'un couvercle supérieur ferme hermétiquement le corps de pompe, et que la tige T glisse à travers le couvercle sans cesser de remplir le trou par où elle passe; la vapeur presse sur le piston, le fait descendre; avec ce dernier s'abaisse une tige T à laquelle il est attaché; la tige entraîne l'extrémité I du balancier I H, dont l'autre extrémité H soulève en montant la barre MN; cette barre est attachée à une manivelle NR qui se meut en tournant, comme celle qui tient à la meule d'un rémouleur, et enfin cette manivelle communique le mouvement aux rouages de la machine que doit faire marcher le moteur à vapeur que nous décrivons.

Mais jusqu'à présent nous n'avons expliqué que l'abaissement du piston P. Pour le faire remonter, on permet à la vapeur de la chaudière de venir au-dessous de ce piston, et l'on ouvre une communication entre le dessus du corps de pompe et un vase O appelé condenseur, où se trouve de l'eau froide. En vertu de sa force élastique, la vapeur A passe en partie dans ce condenseur, s'y refroidit et s'y liquéfie à mesure qu'elle y parvient, de telle sorte qu'il n'en reste plus enfin au-dessus du piston qu'une très petite

(1) La chaudière n'est pas figurée dans la gravure.

quantité qui n'exerce sur lui qu'une très faible pression La vapeur qu'on vient d'introduire chaude et puissante sous le piston le soulève donc presque sans obstacle. Cette ascension du piston donne à la tige, au balancier et à la barre M, un mouvement contraire à celui que leur avait communiqué l'abaissement du piston; quant à la manivelle NR, elle continue à tourner, comme nous avons dit que fait la manivelle du rémouleur par suite des mouvemens de va et vient de la planchette sur laquelle son pied s'appuie à des intervalles égaux.

Une fois le piston parvenu au plus haut point de sa course, on ouvre un canal qui fait communiquer la vapeur du bas du corps de pompe avec le condenseur O et l'on ferme celui par lequel lui venait la vapeur de la chaudière; en même temps, on met de nouveau en communication la chaudière et le dessus du corps de pompe, et on ferme le canal qui mettait ce dernier en rapport avec le condenseur.

Les choses sont donc remises dans l'état où elles se trouvaient lors du premier abaissement du piston, c'est-à-dire que la vapeur qui l'avait soulevé, va se précipiter dans le condenseur, et n'oppose plus qu'une résistance infiniment faible à celle qui vient de la chaudière, pour presser le piston par-dessus et le faire descendre de nouveau.

Ce manège se répète indéfiniment, et la manivelle RN ne cesse de tourner et d'entraîner avec elle les rouages des machines auxquelles la vapeur donne le mouvement.

Dans cette explication sommaire, nous sommes bien loin d'avoir tout dit; et d'abord hâtons-nous de prévenir le lecteur que les communications alternatives du haut et du bas du corps de pompe avec la chaudière et le condenseur, ne s'opèrent pas par la main d'un ouvrier; c'est la machine elle-même qui les ouvre et les ferme avec une régularité parfaite, ainsi que nous l'expliquerons dans un second article. Nous dirons alors comment le condenseur est constamment approvisionné d'eau froide et débarrassé de cette masse de vapeur liquéfiée qui s'y précipite au sortir du corps de pompe avec la chaudière; nous dirons aussi l'emploi d'une pièce importante du mécanisme, le parallélogramme LK, que l'on doit à Watt, comme tant d'autres parties de la machine à vapeur. Alors nous compléterons l'explication de ce système, que l'on appelle à double effet, à cause de la pression qu'exerce alternativement la vapeur au-dessus et au-dessous du piston pour le faire descendre et remonter.

Paris. — Imprimerie de H. Fournier, rue de Seine, 14.

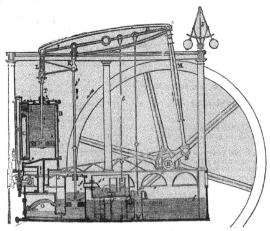

(Machine à vapeur à condensation et à double effet.)

MARINE. — UN VAISSEAU DE LIGNE ANGLAIS.

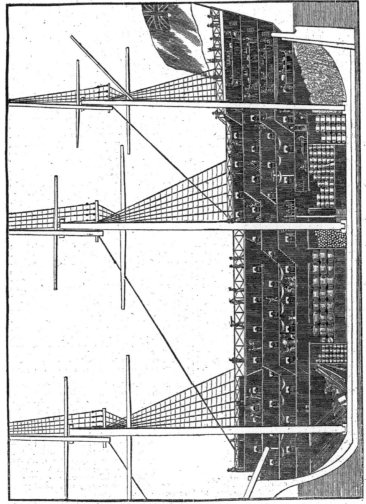

(Coupe verticale d'un vaisseau de ligne anglais.)

Rien n'est majestueux et beau comme un vaisseau de ligne de cent-vingt canons. On ne peut s'empêcher d'être frappé d'étonnement à l'aspect de cette masse énorme qui s'élève au-dessus des eaux, et qui semble s'accroître encore à mesure qu'on s'en approche. Les lignes élégantes que forment les cointures des planches, la triple batterie de canons rangés dans leurs embrasures, les énormes sabords qui ferment leur entrée, les grosses chaînes de fer qui servent à amarrer le vaisseau dans le port, les porte-haubans qui soutiennent les grosses cordes à l'aide desquelles la mâture du vaisseau est solidement tenue, l'ancre d'espérance au centre du vaisseau, debout, adossée au grand-mât; les mâts, les agrès, les voiles déployées au vent, les soldats et les matelots qui vous apparaissent tout petits dans les hauts hastingages; tout cela forme un tableau qui, une fois qu'on l'a vu, ne peut plus s'effacer de la mémoire.

Sans doute, plus d'un de nos lecteurs a vu dans nos ports des vaisseaux de ligne français. Le dessin que nous mettons sous ses yeux, lui permettra de comparer leur distribution à celle des vaisseaux de l'Angleterre. Comme chez nous, les vaisseaux de guerre se divisent en plusieurs classes. Ceux de première classe s'appellent vaisseaux de ligne, parce qu'ils forment la ligne de bataille au moment d'en venir aux mains avec l'ennemi. Les vaisseaux de ligne se divisent en plusieurs catégories; la première catégorie se compose des vaisseaux armés de cent canons et au-dessus, et de huit cent cinquante hommes d'équipage et au-dessus; la deuxième, des vaisseaux armés de quatre-vingt-dix à cent canons, et de six cent cinquante à sept cents hommes d'équipage; la troisième se compose des vaisseaux armés de soixante à quatre-vingts canons, et de six cents à six cent cinquante hommes d'équipage. Les vaisseaux de ligne qui ont moins de quarante-quatre canons, portent le nom de frégate. Ce nom est aussi donné à des vaisseaux qui portent un plus grand nombre de canons; mais cette distinction dépend de la forme et des dispositions adoptées sur le vaisseau.

Là planche que nous donnons représente les dispositions intérieures du vaisseau, les différentes situations des cabines, les divisions des batteries et leurs communications.

Le premier mât qu'on voit à gauche, s'appelle mât de misaine; celui du milieu est le grand mât; celui de droite est le mât d'artimon. Le vaisseau a six divisions. D'abord, le gaillard-d'avant, qui occupe l'étendue des deux côtés du mât de misaine; tout à côté, entre le mât de misaine et le grand-mât, se trouvent les passe-avant; entre lesquels sont les chaloupes; et puis, entre le grand-mât et le mât d'artimon, est le gaillard-d'arrière; à la droite du mât d'artimon est la chambre du capitaine, au-dessus de laquelle est la dunette où l'on aperçoit des gardes-marines. Dans la seconde division du vaisseau, on voit le grand-pont, ou batterie supérieure, dont les canons sont du calibre de 12 ou de 18 au plus; à gauche est l'infirmerie, à côté de la cuisine; et tout-à-fait à droite, au-dessous de la chambre du capitaine, se trouve la chambre réservée à l'amiral. La troisième division se compose du pont du milieu, ou deuxième batterie qui est ordinairement armée de canons du calibre de 14; à droite se trouve la grande chambre où se réunit le conseil. Dans la quatrième division est le pont inférieur, ou première batterie, armée de canons du calibre de 36; on voit là quelques hommes autour d'une table; des hamacs des hommes de l'équipage suspendus aux solives; des pompes auxquelles on voit des matelots travailler. A la cinquième division est l'entrepont où se trouve, entre le grand-mât et le mât de misaine, le poste des chirurgiens, et que l'on reconnaîtra aisément à un homme étendu sur une table. La sixième division est occupée par la cale, qui contient, en commençant par l'arrière, les magasins du bosseman et du maitre-charpentier; tous les cordages de rechange, la sainte-barbe, les réservoirs et les tonneaux à eau, le magasin des boulets, les pompes et les brimbales, les tonneaux renfermant les provisions salées, la soute au biscuit, et enfin le vin, l'eau-de-vie et le rhum. Ces divers magasins sont séparés par de fortes cloisons.

On ne descend jamais dans la sainte-barbe avec de la lumière. A chaque extrémité du magasin à poudre, se trouvent des lanternes garnies de réflecteurs extrèmement polis, et de fortes lentilles qui jettent un très grand jour, de sorte qu'il est très aisé au matelot chargé de ce soin de faire les gargousses, et de prendre les poudres nécessaires au service. Il n'entre pas non plus la moindre parcelle de fer dans la confection de ce magasin. La soute au biscuit présente un étrange contraste avec la sainte-barbe : la propreté et l'ordre qui y règnent, le soin tout particulier avec lequel on y entretient des courans d'air, indiquent l'importance des objets qui y sont enfermés. Dans la plupart des vaisseaux de ligne anglais, la soute au biscuit occupe toute la hauteur de la cale et de l'entre-pont.   BARTHE.

(Nous renvoyons à un prochain article le parallèle entre les vaisseaux anglais et les nôtres.)

COUTUME ANGLAISE. — Les nominations aux charges ecclésiastiques sont entre les mains de la noblesse, du roi et des universités. Il est des familles qui ont, sous le nom d'Advowson, le droit de présenter à plusieurs dignités; ces droits sont inhérens aux propriétés nationales dont ces familles se sont emparées, et il n'est pas rare de voir des femmes, des filles, posséder des advowsons, et nommer aux plus importantes fonctions de l'Eglise. Ces droits se vendent comme d'autres propriétés : on a vendu des advowsons aux enchères publiques; quelquefois c'est une femme qui présente son mari; souvent le propriétaire de l'advowson se présente lui-même pour remplir la charge; c'est plus simple : c'est aussi une dot pour les demoiselles.

Les hauts emplois ecclésiastiques se perpétuent dans les familles nobles, comme les hautes fonctions civiles; mais dans cette branche de services publics, comme dans toutes les autres, les titulaires ne dédaignent pas les modiques revenus de quelque demi-douzaine de fonctions inférieures.

DE L'AIR.

Lorsque nous agitons rapidement la main en la tenant ouverte, ou lorsque nous courons avec vitesse, nous éprouvons sur la peau une sensation qui nous indique la présence d'une matière subtile. Malgré sa résistance, elle se laisse si facilement traverser, qu'au premier abord on croirait qu'elle n'existe pas; mais il arrive alors ce qui se passe dans l'eau lorsque nous nous y mouvons : voyez un nageur; pour avancer, il est obligé de déplacer l'eau, qui revient sur elle-même derrière lui. Cette matière subtile, dans laquelle nous sommes plongés, a reçu le nom d'air. On reconnaît sa présence à ceci : par un beau temps, en l'absence des nuages, la vue peut s'étendre jusqu'au ciel. Cette couleur est ce bleu qui peut faire croire à bien des gens qu'il y a une immense voûte au-dessus de nos têtes. Quand il se forme des nuages, la couche d'air qui existe entre eux et nous est trop faible pour que nous puissions apprécier cette couleur.

L'air ne s'étend qu'à quinze lieues de hauteur environ autour de la terre : au-delà est le vide. Les physiciens ont trouvé le secret de priver entièrement d'air des vases dont l'intérieur est alors dans le même état que l'espace qui s'étend au-delà des limites de l'air jusqu'aux étoiles. Si l'on place dans ces vases privés d'air une chandelle allumée ou tout autre corps enflammé, ils s'éteignent à l'instant; un animal que l'on y introduit est bientôt privé de la vie, par suite de l'absence de l'air qui est nécessaire à sa respiration.

A mesure que l'on s'élève sur les montagnes, l'air devient de plus en plus rare et de plus en plus froid. Aussi, lorsqu'on parvient à une certaine hauteur, on se trouve au milieu des nuages, et dans la région où se forment la pluie, la neige et la grêle.

Toutes les petites particules dont l'air est composé tendent continuellement à s'écarter les unes des autres, et sont comme poussées par des ressorts qui seraient interposés entre elles. De là cette tendance de l'air à pénétrer partout, à s'échapper dans toutes les directions, et à presser tous les corps que ces particules rencontrent.

On se demandera sans doute pourquoi, en vertu de cette force, l'air ne va pas toujours en se raréfiant, et reste renfermé dans un espace de quinze lieues autour de la terre; c'est que, comme tous les corps, il est attiré par elle. Ce poids de l'air peut être démontré en mettant dans une balance une boule creuse en verre, que l'on pèse d'abord pleine d'air, et ensuite après y avoir fait le vide, ainsi que nous l'avons dit précédemment. On trouve dans ce dernier cas que la boule est moins pesante.

La force de ressort de l'air s'exerce sur le corps de l'homme comme sur tous les objets qui y sont plongés; elle le presse avec une force égale au poids d'une colonne d'eau de trente-deux pieds de hauteur qui appuierait sur tous les points de ses membres, de sa tête, de sa poitrine, etc. Il semblerait qu'une masse aussi considérable devrait écraser celle-ci; mais l'air qui pénètre dans son intérieur par la respiration, y exerce une pression opposée à celle du dehors.

Nous avons dit que l'air tendait à pénétrer partout; il s'insinue, en effet, dans l'eau, à laquelle il donne un goût agréable. Lorsqu'on fait chauffer de l'eau, on voit cet air s'élever en bulles, qui occasionent un petit bouillonnement : si on la boit, après l'avoir laissé refroidir, on trouve que son goût est devenu fade, et provoque le vomissement. C'est donc à la présence de l'air dans l'eau qu'il faut attribuer cette saveur, cette fraîcheur, qui sont nécessaires à la digestion.

Si l'on insuffle de l'air dans une vessie, et qu'on en ferme le col hermétiquement, en appuyant sur elle, on sera repoussé comme par un ressort. Aussi a-t-on pu faire des coussins, et des matelas en introduisant de l'air dans des sacs faits avec une toile préparée de manière à ne pas laisser échapper ce fluide.

On a reconnu que c'était par l'air que nous arrivaient les sons. En suspendant, par exemple, une petite cloche dans une boule creuse en verre où l'on a fait le vide, on n'entend plus le bruit de la clochette, lorsqu'on vient à l'agiter avec la boule. Dès qu'on fait rentrer l'air, le son se fait entendre de nouveau. Ainsi, quand deux personnes parlent entre elles, c'est l'air qui transmet la parole, non pas qu'il soit lancé de la bouche de celui qui parle à l'oreille de celui qui écoute, mais parce qu'il se produit une agitation tout-à-fait semblable à celle qui a lieu sur l'eau quand on y jette une pierre. N'avez-vous pas remarqué dans cette circonstance, qu'autour du point où celle-ci est tombée, il se forme des ondulations qui se répandent en cercles à la surface de l'eau, en s'agrandissant toujours?

LE COTON,
SA CULTURE, SON EMPLOI.

Le cotonnier croît dans les pays chauds; il est originaire du Levant et de l'Inde orientale; on l'a transporté en Amérique et même on le cultive dans le sud de l'Europe; c'est un arbuste qui se plaît non loin de la mer, dans les lieux arrosés; il en est de plusieurs espèces; les graines sont renfermées dans les capsules, et portent une aigrette d'un blanc éclatant, qui est le coton dont on fait tant d'usage. Cette matière bourre la capsule; elle est mêlée aux graines qu'elle surmonte. Les Antilles, la Guiane, le Brésil, fournissent la plus grande partie du coton en consommé en Europe. Il y a des espèces d'où l'on tire deux récoltes par an; d'autres qui produisent dès leur première année, et peuvent fructifier entre deux hivers.

Un peu avant la maturité, on cueille les capsules, et on les étale pour les faire sécher : on détache le coton des graines, soit à la main, ce qui est très long, soit en les passant au moulin, qui est formé de deux cylindres cannelés tournant en sens contraire par le moyen de roues et d'une pédale. Comme les surfaces de ces cylindres sont parallèles et voisines, la graine se détache et tombe. On emballe le coton et on le vend.

Le basin, le piqué, la futaine, le drap et le velours de coton, les toiles, etc., sont fabriquées avec le coton pur ou mélangé. Les étoffes du Bengale sont si fines qu'une tabatière peut en contenir plusieurs aunes de long; les calicots, percales,

mousselines, etc., sont des tissus qui ne diffèrent que par la finesse de leurs fils et quelques procédés de fabrication; les bas, bonnets, mèches de lampe et de chandelle, sont faits en coton. On est parvenu à travailler cette substance de mille manières avec une si grande économie, que les cotonnades sont à très bon marché. Voyons comment les filatures font usage des procédés de la mécanique pour exécuter tant de précieux travaux.

C'est principalement à Hargreaves et Arkwright, simples ouvriers anglais, sans instruction, mais créés mécaniciens par la nature, qu'on doit les inventions modernes dont nous retirons tant d'avantage. Le coton des balles est très comprimé et sali par des débris végétaux : on l'ouvre et on l'éparpille sur une claie en cordelette tendue, où on le bat avec des baguettes. Des éplucheurs ôtent, à la main, les corps étrangers, les nœuds, etc.

Quand le fil ne doit pas être très fin, ce travail préparatoire peut être fait plus vite avec des machines nommées batteur éplucheur, et batteur étaleur. On étend le coton sur une toile sans fin, mobile entre deux rouleaux; ce qui livre la matière à des cylindres tournant rapidement dont portent des battoirs; à l'aide de la ventilation, on chasse la poussière et les durillons; le battage ouvre le coton, le dépouille et l'étale sur une toile métallique d'où il sort, roulé en nappe sur un cylindre.

La carde n° 477 réduit ensuite le coton à l'état de ruban. Cette machine est un tambour tournant sur son axe et dont la surface est enveloppée de cardes, à petits clous d'épingles coudés dont la pointe aiguisée est parfaitement nivelée avec l'émeri. Un autre cylindre enveloppe celui-ci et porte aussi des cardes sur la surface concave; ces pointes y sont coudées en sens contraire des premières et en sont très peu écartées. Un appareil nourrisseur amène le coton, qui est saisi entre les deux cardes et passe à l'autre extrémité du diamètre où un troisième cylindre, aussi recouvert de cardes et mobile, enlève le coton; enfin une épingle d'acier, par ses petits mouvemens alternatifs, détache la matière et façonne la nappe continue, en un long ruban.

Vient ensuite l'étirage; le ruban passe entre deux cylindres tournant comme dans les laminoirs; leurs diamètres sont inégaux et c'est un cannelé : puis de là dans un second laminoir qui va deux fois plus vite, et enfin dans un troisième qui court plus vite encore; la matière est étirée et il se fait des compensations qui donnent un beau ruban de grosseur uniforme à fil parallèle; il en résulte un boudin qui tombe dans une lanterne tournante en fer blanc, où il reçoit un premier tord : tel est le boudinoir; il est ensuite livré à la boudineuse, machine qui le roule sur une bobine; la Jenanette ou Mull-Jenny opère le filage : cette machine fait passer le boudin des bobines entre trois paires de cylindres cannelés à diamètres différens et à vitesse croissante, ce qui alonge encore le coton comme ci-devant. Au sortir du troisième de ces laminoirs, les mèches se rendent à une broche tournante pour produire le fil. Il y a trois à quatre cents de ces broches portées ensemble sur un chariot mobile sur quatre roues, allant tantôt en avant, tantôt en arrière, sur des lignes bien parallèles. Une grande roue qu'on fait tourner communique une rotation rapide aux broches et le mouvement de progression au charriot. Le charriot recule à mesure que le fil lui est fourni par les laminoirs; arrivé au bout de sa course, il pousse une détente qui le désengrène, et l'arrête. Au sortir des laminoirs, le fil s'est formé sous un certain degré de torsion qui le soutient : alors le fileur continue à tourner sa roue et complète la torsion, puis ramène le charriot près des cylindres, ce qui en vide le fil sur les broches, et fait partir une autre détente, pour rétablir l'engrenage comme avant, et ainsi de suite. Tous ces effets se succèdent d'eux-mêmes sans que le fileur s'en mêle. On a encore imaginé des métiers continus à filer, dont les broches sont horizontales ou verticales, des bancs à broches en gros et en fin, etc.; mais ces détails ne peuvent trouver place ici.

Au sortir des métiers, le fil est mis en écheveaux sur un dévidoir (1) dont le contour est juste d'un mètre; chaque écheveau contient dix échevrettes de cent fils, en tout 1.000 mètres de longueur; la désignation de leur finesse se fait par un numéro qui indique combien il faut d'écheveaux pour peser une livre ou un demi-kilogramme; ainsi le

(Branché de cotonnier.)

n°. 80 est celui dont quatre-vingts écheveaux, ou quatre-vingt mille mètres de long, pèsent une livre.

On a imaginé une pelotonneuse, machine où le coton se présente de manière à se rouler en boule et à y former un charmant réseau; c'est ainsi que sont faites ces élégantes pelotes de coton que l'on vend à si bon marché. Sans le secours de cette petite machine, le seul pelotonnage, aussi habilement arrangé, coûterait mille fois plus que le coton même, et ne serait jamais aussi bien disposé.

LE CONDOR.

C'est à M. Humboldt que nous devons une description très exacte tant du physique que des mœurs de ce vautour, devant laquelle disparaissent l'exagération et les fables qu'on s'est plu à répandre sur cet oiseau. Ainsi donc, nous allons puiser dans le voyage de ce savant tout ce qui concerne cette espèce, qu'on ne voit que dans quelques collections publiques.

Le jeune condor n'a pas de plumes; son corps, pendant plusieurs mois, n'est couvert que d'un duvet très fin ou d'un poil blanchâtre, frisé, qui ressemble à celui des jeunes chouettes. Ce duvet défigure tellement ce jeune oiseau, que, dans cet état, il paraît presque plus grand que dans l'âge adulte.

Les condors, à l'âge de deux ans, n'ont pas le plumage noir, mais d'un brun fauve; la femelle, jusqu'à cette époque, n'a pas ce collier blanc, formé, au bas du cou, par des plumes plus longues que les autres, collier ou capuchon que les Espagnols nomment gollila. C'est pour n'avoir pas

(1) Le dévidoir est composé d'un axe en fer ou en bois tournant à manivelle sur des supports; l'asple est formé de six bâtons et plus parallèles à l'axe, et soutenus à égale distance par des bras. Le fil s'enveloppe sur l'asple en écheveau de forme polygonale. Lorsqu'on attache le bout à l'un des bâtons, et qu'on fait tourner la manivelle, on adapte ordinairement à l'axe des dévidoirs des filatures un rouage qui fait frapper un coup quand la rotation a accompli un nombre déterminé de tours. On arrête alors l'écheveau, qui a son fil d'une longueur fixée par le contour de l'asple et le nombre des révolutions.

fait attention à ces changemens que l'âge amène, que beaucoup de naturalistes, et même des habitans du Pérou, annoncent qu'il y a deux espèces de condors, des noirs et des bruns (condor negro y condor pardo). Gmelin et l'abbé Molina lui-même (Hist. nat. du Chili) se trompent en disant que la femelle du condor se distingue du mâle, non-seulement par l'absence de la crête nasale, mais aussi par le défaut de collier.

Le vautour des Andes est bien plus étonnant par son audace, par l'énorme forme de son bec, de ses ailes et de ses serres, que par la grandeur de son envergure; il a le bec droit, mais très crochu à la pointe; la mâchoire inférieure beaucoup plus courte que la mâchoire supérieure. Son plumage est blanc par devant, et du reste, d'un blanc grisâtre, et non pas noir, comme le dit Linnæus. La tête et le cou sont nus et couverts d'une peau dure, sèche et ridée; cette peau est rougeâtre, et garnie par-ci par-là de poils bruns ou noirâtres, courts et très raides; le crâne est singulièrement aplati à la sommité, comme dans tous les animaux très féroces.

Cet oiseau plane à une élévation presque six fois plus grande que celle à laquelle se soutiennent les nuages au-dessus de nos plaines.

L'envergure est, selon le père Feuillé, de 11 pieds 4 pouces; suivant Thong, cité dans le Synopsis de Ray, elle est de 12 pieds 2 pouces; dans l'individu que l'on conservait en Angleterre dans le muséum Leverian, elle était de 13 pieds 1 pouce (français). D'anciens voyageurs donnent des mesures bien plus exagérées; le père Abbeville nous assure que le condor est deux fois plus grand que l'aigle le plus colossal; Desmarchais lui donne 18 pieds d'envergure, et ajoute que l'excessive grandeur de ses ailes l'empêche d'entrer dans les forêts, qu'il attaque un homme et enlève un cerf.

Il en est du condor comme des patagons; plus on les a

(Le Condor.)

examinés, plus ils se sont rapetissés. Cependant cet oiseau surpasse de beaucoup la grandeur du vultur Aura, celle du vultur papa, et des autres oiseaux rapaces qu'offre la chaine des Andes.

Il niche dans les endroits les plus solitaires, souvent sur la crête des rochers nus qui avoisinent la limite inférieure de la neige perpétuelle. Cette situation extraordinaire et la grande crête du mâle font paraître l'oiseau beaucoup plus grand qu'il ne l'est effectivement. M. Humboldt avoue lui-même qu'il a été trompé pendant long-temps par les réunions de ces mêmes causes, qu'il a cru le condor d'une taille très gigantesque, et que ce n'est qu'une mesure directe faite sur l'oiseau mort qui a pu le convaincre de l'effet de cette illusion optique.

L'abbé Molina, natif du Chili, connaissait si peu le condor, qu'après avoir indiqué de faux caractères pour distinguer les deux sexes, il finit par assurer le lecteur que le condor ne diffère du vultur barbatus (le gypaète) que par la couleur; il ne parle pas même de la crête de coq.

Le condor, comme le lama, la vigogne, etc., est particulier à la grande chaîne des Andes. La région du globe qu'il paraît préférer est celle qui s'étend à seize cents ou dix-sept cents toises de hauteur; là, ces oiseaux se réunissent trois ou quatre ensemble sur la pointe des rochers; sans se méfier des hommes, ils les laissent approcher jusqu'à deux toises de distance. « Ils n'ont fait mine de nous attaquer, dit M. Humboldt, » et il n'a pas entendu citer l'exemple d'un condor qui ait enlevé un enfant; cependant beaucoup de naturalistes parlent des condors qui tuent des jeunes gens de dix à douze ans. Ces assertions sont aussi fabuleuses que celle du bruit que le vautour des Andes doit faire en volant, et dont Linnæus dit : *Attonitos et surdos fere reddit homines*. Néanmoins, notre célèbre voyageur ne doute pas que certains condors ne soient en état d'ôter la vie à des enfans de dix ans, et même à l'homme adulte. Il est très commun de les voir venir à bout d'un jeune taureau auquel ils arrachent les yeux et la langue.

Si, en général, c'est l'oiseau qui s'éloigne le plus de notre planète, il n'en est pas moins vrai que le fait le fait descendre dans les plaines, surtout lorsque celles-ci sont rapprochées des Cordillères. Cependant on observe que ces oiseaux ne séjournent que peu d'heures dans les basses régions; ils préfèrent la solitude des montagnes à un air raréfié, dans lequel le baromètre ne se soutient qu'à seize pouces; c'est pourquoi, dans la chaîne des Andes du Pérou et de Quito, tant de petits groupes de rochers, tant de plateaux élevés à deux mille quatre cent cinquante toises au-dessus du niveau de la mer, portent les noms de Cuntur Bahun, de Cuntur Potli, de Cuntur Huanana; noms qui, dans la langue des Incas, signifient vedette, juchoir ou ponte des condors.

On a assuré à M. Humboldt que le condor ne fait pas de nid, qu'il dépose ses œufs sur le rocher nu sans les entourer de paille ou de brin de l'aspeletia frailexon, qui est la seule plante qui se rapproche des neiges perpétuelles, et que ses œufs sont tout blancs et ont trois à quatre pouces de longueur. On prétend aussi que la femelle reste avec ses petits pendant l'espace d'une année. Lorsque le condor descend dans la plaine, il préfère se poser à terre, et ne se perche pas sur les branches d'arbres; aussi a-t-il les ongles très droits.

Les condors se jettent non-seulement sur le cerf des Andes, sur le petit lion (puna), ou sur la vigogne et le guanaco, mais même sur la génisse. Ils la poursuivent si long-temps, la blessant de leurs griffes ou de leur bec, que la génisse, étouffée et accablée de fatigue, tend la langue en gémissant; alors le condor saisit cette langue, dont il est très friand; il arrache les yeux à sa proie, qui, étendue par terre, expire lentement. Le condor rassasié reste flegmativement perché sur la cime des rochers. M. Humboldt lui a trouvé, dans cette position, un air de gravité sombre et sinistre. Comme le vultur Aura, on le chasse devant soi sans qu'il veuille s'envoler; au contraire, lorsqu'il est tourmenté par la faim, le condor s'élève à une hauteur prodigieuse, plane dans les airs pour embrasser d'un coup d'œil le vaste pays qui doit lui fournir sa proie. C'est dans les jours surtout où l'air est très serein, que ce savant a observé le condor ou le vultur Aura à des élévations extraordinaires.

Au Pérou, comme à Quito, et dans la province de Popayan, on prend les condors vivans aux lacs; pour cela, on tue une vache ou un cheval; en peu de temps, l'odeur de l'animal mort attire les condors, dont l'odorat est d'une finesse extrême. Ces oiseaux mangent avec une voracité étonnante; ils commencent toujours par les yeux et la langue, leurs mets favoris; puis l'anatomie du cadavre se fait par l'anus, pour parvenir facilement aux intestins. Lorsqu'ils se sont bien rempli le ventre, ils sont trop lourds pour s'envoler; les Indiens, à cette époque, les poursuivent avec des lacs, et les prennent facilement; alors l'oiseau fait des efforts extraordinaires pour s'élever dans les airs; il y réussit lorsque, fatigué par la poursuite, il parvient à vomir abondamment. C'est, sans doute, dans ces efforts que le condor alonge et rétrécit son cou, et approche les serres de son bec. Les Espagnols appellent cette chasse *correr buitres*, et c'est le plus grand amusement des campagnards après la fête des taureaux. Dans d'autres contrées, on met quelquefois des herbes vénéneuses dans le ventre de l'animal qui doit servir d'appât; alors les condors paraissent comme enivrés.

J. LOCKE, PHILOSOPHE ANGLAIS.

Le nom de Locke rappelle un des plus grands progrès que la métaphysique et la philosophie aient faits dans les der-

(Portrait de Locke.)

niers siècles; et cependant sa mission fut moins de révéler de nouveaux principes que d'en approfondir, d'en démontrer, d'en féconder d'anciens.

Né à Wrington, dans le comté de Bristol, le 29 août 1652, il eut pour père un greffier de justice de paix, qui, par le crédit du colonel Alexandre Popham, devint capitaine de l'armée parlementaire. Par la même protection, le jeune Locke fut reçu au collége de Westminster, d'où il passa à l'université d'Oxfort. Là, il prit ses degrés de bachelier, de maître-ès-arts, et obtint un bénéfice dans le collége du Christ. La lecture des écrits de Descartes développa en lui l'esprit philosophique. Faible de complexion, il étudia la médecine plutôt dans son intérêt propre que dans la vue de l'exercer. Aux notions utiles que lui offrirent l'anatomie, l'histoire naturelle, la chimie, il en joignit d'autres d'un ordre tout différent, et qu'il recueillit en accompagnant, comme secrétaire, William Swann à la cour de Berlin. De retour en Angleterre, il revint suivre à Oxfort ses cours de philosophie naturelle.

Locke avait déjà trente-quatre ans lorsqu'il fit la connaissance de lord Ashley : celui-ci l'introduisit dans le grand monde. L'anecdote suivante indique les dispositions qu'y portait le philosophe. Un jour que lord Halifax, Buckingham et plusieurs autres, s'étaient réunis, on apporta des cartes, et le jeu commença sur-le-champ, Locke, ayant regardé quelques instans, prit ses tablettes sur lesquelles il se mit à écrire avec la plus grande attention. L'un des joueurs lui ayant demandé ce qu'il faisait : « Pour répondre, dit-il, à l'honneur de votre société, je m'occupe de consigner sur mes tablettes la substance de tout ce qu'elle dit depuis une heure. « Ce mot fit son effet; on rit, on quitta les cartes, et l'on conversa le reste de la soirée. Instituteur du fils de lord Ashley, le philosophe fut aussi chargé de lui choisir une femme. De cet hymen naquit lord Shaftesbury, l'auteur des *Caractères*, dont Locke dirigea aussi l'éducation, et qui, plus tard, n'épargna pas les critiques aux doctrines de son maître.

Ce fut vers 1670 que Locke, assistant à une discussion très vive élevée entre plusieurs savans d'Oxfort, et s'apercevant que le débat, auquel il ne prit aucune part, n'était au fond qu'une dispute de mots, conçut l'idée de son grand ouvrage ; mais vingt années de méditations, de voyages, de persécutions, devaient s'écouler avant que l'ouvrage fût terminé et mis au jour. Dès l'année 1668, sa réputation l'avait fait admettre dans la société royale de Londres. Les propriétaires de la Caroline lui avaient demandé une constitution pour cette colonie. Lord Ashley, créé comte de Shaftesbury et grand chancelier d'Angleterre (1672), lui confia l'emploi de secrétaire des présentations aux bénéfices, emploi qu'il perdit à la retraite de son protecteur (1675). Locke voyagea en France; lord Shaftesbury, nommé président du conseil, le rappela à Londres (1679); bientôt, dépouillé de son titre, il se retira en Hollande; Locke l'y accompagna, et l'y vit mourir.

Des liaisons que le philosophe contracta sur la terre étrangère, le rendirent suspect à son gouvernement. On l'accusa d'avoir composé des libelles; on lui ôta sa chaire d'Oxfort, qui ne lui fut pas restituée, lors même qu'on eût reconnu son innocence. Un warant, au nom de Charles II, et sous la date du 12 novembre 1684, expulsa du collége royal le sage Locke, à titre de factieux. Sous Jacques II, le célèbre William Penn offrit à Locke de lui faire obtenir sa grâce ; mais Locke répondit que « Comme on n'avait eu aucun motif pour le croire coupable, on n'en avait aucun pour lui pardonner. » Il ne fallut donc pas moins qu'une révolution pour rétablir un philosophe dans ses droits, et le ramener dans sa patrie. Locke revint en Angleterre sur le vaisseau que montait la princesse d'Orange. Il songea d'abord à recouvrer son bénéfice de Christ-Church; mais il réfléchit que la dépossession du titulaire actuel ne serait utile qu'à lui-même, et il aima mieux laisser les choses comme elles étaient.

Une lettre sur la tolérance, écrite en latin, et adressée à Limbroch, fût le premier écrit publié par Locke, qui habitait alors la Hollande. Rendu à l'Angleterre, libre de tant de soins, il publia l'*Essai sur l'Entendement humain*, théorie complète, analyse exacte et ingénieuse de la génération et de la filiation des idées.

Dans le cours de l'année où l'*Essai* où l'*Essai* avait paru, Locke donna l'*Essai sur le gouvernement civil*. Ses *Pensées de morale* avaient paru précédemment.

Désormais la renommée du philosophe brillait de tout son éclat ; diverses places lui furent proposées ; il accepta celle de commissaire aux appels, avec un traitement de deux cents livres sterling. Les monnaies avaient subi en Angleterre une altération d'un tiers : il présenta au gouvernement des considérations sur le moyen d'élever la valeur des espèces et de diminuer le taux des intérêts. Dans un livre intitulé *Christianisme raisonnable*, il essaya de prouver que la religion chrétienne, telle que l'enseigne l'évangile, n'a rien qui choque la raison. Nous avons cité les principales productions de Locke, que les progrès d'un asthme forcèrent en 1700 à se démettre de ses fonctions pour achever ses jours dans le repos et la retraite. Livré tout entier à l'étude de l'écriture sainte, il écrivit encore une paraphrase des épîtres de Saint-Paul. Son ame abondait en sentimens religieux qu'il s'efforçait de communiquer à ses amis. Dans ses derniers momens, il écrivait à Collins, qu'il ne trouvait de consolation que dans le bien qu'il avait fait; que deux choses en ce monde pouvaient seules donner une véritable satisfaction : le témoignage d'une bonne conscience, et l'espoir d'une autre vie. »

Voilà quelles furent la vie et la mort d'un philosophe dont les principes, poussés jusqu'à leurs dernières conséquences, ont paru pouvoir servir d'armes pour renverser toute morale et toute religion.

DE LA GRAVITATION UNIVERSELLE.

Toutes les fois qu'un objet quelconque est éloigné de la surface du sol, et qu'on l'abandonne à lui-même, il revient toujours vers la terre, comme chacun sait, soit qu'après l'avoir soutenu quelque temps, on le lâche subitement, soit qu'on l'ait lancé en l'air. Les physiciens se sont assurés que des mêmes corps, qui, éloignés de la terre, tendent toujours à s'en rapprocher, s'attirent aussi entre eux, et que sans la force qui les tient, pour ainsi dire, cloués à la surface du sol, ils marcheraient les uns vers les autres, et resteraient unis. Non-seulement les pierres, mais les arbres, les animaux, et les hommes en particulier, obéiraient à cette attraction mutuelle.

La terre, en y comprenant tout ce qui existe à sa surface, est-elle-même attirée par le soleil, la lune et les étoiles, de sorte que l'on peut dire que tous les corps dans la nature tendent toujours à se rapprocher. Si cette force d'attraction existait seule, le soleil, la terre, la lune et tous les astres, se précipiteraient les uns vers les autres, et l'univers retomberait dans le chaos d'où il a été tiré par le créateur. Mais le mouvement donné à tous ces corps les maintient écartés, ainsi que nous allons chercher à l'expliquer.

Voyez la pierre lancée dans l'espace. Bien qu'elle soit attirée par le globe, et qu'elle tende à tomber au retour de la main, elle s'éloigne, et va rencontrer le sol d'autant plus loin, qu'elle a été lancée avec plus de force.

De même le boulet de canon chassé par la poudre, malgré son poids énorme, franchit la distance d'une lieue et plus, et ne se rapproche qu'à la longue de la terre, qui l'attire constamment.

Suivez des yeux une bombe au sortir du mortier, et vous la verrez s'élever d'abord, malgré sa pesanteur, parcourir un chemin en ligne courbe, et arriver à terre après un temps d'autant plus long, que la force de la poudre aura été plus grande.

Vous concevez maintenant que si ces bombes ou ces boulets étaient lancés par une force suffisante, ils pourraient ne jamais rencontrer la terre, bien qu'ils tendissent à s'en rapprocher sans cesse. Les physiciens ont démontré qu'il en était ainsi de la lune par rapport à la terre. Lancée par la main du créateur, et attirée constamment par celle-ci, la lune tourne autour d'elle indéfiniment. Il en est de même de la terre par rapport au soleil, autour duquel elle circule constamment, en entraînant la lune dans sa course.

En étendant cette application au reste de l'univers, les hommes se sont dit que toutes ces étoiles qui tapissent le firmament étaient autant de soleils autour desquels tournaient des planètes semblables à la terre, planètes que leur immense éloignement nous empêche seul d'apercevoir,

BABYLONE.

Babylone, comme beaucoup d'autres villes de l'Orient, est, à l'égard de nos cités modernes, dans le rapport dispro-portionnée de la gigantesque Asie avec notre sévère et petite Europe. Aussi, pour ne pas accuser d'exagération ce que les historiens nous rapportent de sa grandeur, faut-il se rappeler le lieu de la scène et songer qu'aujourd'hui même, dans cette vaste partie du monde, il y a telle capi-tale trois fois populeuse comme Paris; si ce que racontent les voyageurs anglais est vrai, Pekin et Nankin peuvent faire comprendre les anciennes villes de Babylone et de Ninive.

On attribue la fondation de Babylone aux premiers des-cendans de Noé; Nemrod l'agrandit environ deux mille ans avant Jésus-Christ; mais elle dut surtout ses embellis-semens à Sémiramis, qui lui donna, vers 1900, un mur d'enceinte de trois cent soixante-cinq stades de circuit pour imiter le nombre des jours de l'année solaire, et à Nabuchodonosor et à sa fille Nitocris de 600 à 562. Elle était située dans une vaste plaine extrêmement fertile et arrosée par l'Euphrate; ce fleuve baigne les frontières de la Syrie, à une de ses branches, en Asie-Mineure, les autres en Arménie, et va se jeter dans le golfe Persique, qui était alors le centre des opérations les plus actives entre l'Asie occidentale, l'Ethiopie et l'intérieur de l'Afrique: Babylone devint l'entrepôt de tout ce commerce.

Cette ville, au rapport d'Hérodote, formait un carré parfait dont chaque côté était de cent vingt stades, c'est-à-dire de six lieues; ses murailles étaient d'une grandeur pro-digieuse, elles avaient cinquante coudées (soixante-quinze pieds) d'épaisseur et deux cents (trois cents pieds) de hauteur, elles étaient bâties de larges briques cimentées de bitume, liqueur épaisse et glutineuse qui sort de terre dans ce pays-là, qui lie plus fortement que le moslier et qui devient beaucoup plus dur que la brique ou la pierre à qui elle sert de ciment.

Ces murailles étaient entourées d'un vaste fossé rempli d'eau et revêtu de briques des deux côtés. La terre qu'on en avait tirée en le creusant avait été employée à faire les briques dont les murailles étaient construites.

Chaque côté de ce grand carré avait vingt-cinq portes d'airain; entre ces portes et aux angles de chaque carré, il y avait plusieurs tours élevées de dix pieds plus haut que les murailles.

Des vingt-cinq portes de chaque côté du carré partaient autant de rues qui aboutissaient aux portes du côté opposé, de sorte qu'il y avait en tout cinquante rues qui se coupaient à angles droits; elles étaient bordées de maisons qui avaient trois ou quatre étages et dont le devant était enrichi de toutes sortes d'embellissemens. Ces maisons n'étaient point contiguës, ayant de chaque côté un vide qui les séparait les unes des autres, comme à Rome, et on avait laissé aussi une grande distance entre elles et les murs de la ville; aussi Babylone était-elle plus grande en apparence qu'en réalité. Près de la moitié de la ville était occupée par des jardins et par des terres qu'on labourait et qu'on ensemen-çait, comme nous l'apprend Quinte-Curce.

En ne donnant avec Fréret à la coudée ancienne que dix-sept pouces une ligne, au lieu de vingt et un pouces, les deux cents coudées qu'Hérodote assigne aux murs de Babylone font seulement deux cent quatre-vingt-quatre pieds et non pas trois cent cinquante, et leur épaisseur n'est plus que de deux cent soixante et onze pieds; sans doute on est encore révolté de cette hauteur prodigieuse, mais Ctésias est d'accord sur ce point avec Hérodote, et il n'y a rien d'altéré dans les textes. Ces murailles étaient donc plus hautes que les tours de l'église Notre-Dame de Paris, qui n'ont que deux cent quatre pieds, mais il faut songer qu'elles faisaient l'étonnement de l'antiquité, qui les mettait au rang des merveilles du monde, et que l'ad-miration qu'elles excitaient devait être produite par quelque chose de bien extraordinaire.

Au reste, l'enceinte de Babylone n'était pas toute bâtie, il y en avait un peu moins de la moitié en terres labou-rabies, et en admettant que Babylone fût quatre fois plus grand que Paris, la partie où il y avait des bâtimens n'était pas tout-à-fait le double de cette dernière ville.

On doit se ressouvenir aussi qu'après la ruine de Ninive, par Nabopolasser, Babylone fut la seule ville de Méso-tamie avant les conquêtes des Macédoniens. Il n'y avait que des villages dans ce beau pays: il fallait donc que les gens de quelque considération eussent des maisons à Baby-lone; c'est pourquoi Aristote dit que c'était moins une ville qu'un peuple entier enfermé dans des murailles, et que cette enceinte ne méritait pas plus le nom de ville que le méritait le Péloponèse, si quelqu'un s'avisait de le fermer de murailles.

L'Euphrate traversait Babylone par le milieu et la par-tageait en deux quartiers; d'immenses travaux qui ren-daient son cours oblique et tortueux diminuaient la force de ses eaux. On l'avait fait passer trois fois par Ardericca, bourgade d'Assyrie, en sorte que *ceux qui se transpor-taient de cette mer-ci à Babylone rencontraient, en des-cendant l'Euphrate, ce bourg trois fois en trois jours.* (Hérodote).

Tous ces travaux, objet de l'admiration des plus habiles connaisseurs, avaient encore plus d'utilité que de magnifi-cence. A l'approche de l'été, le soleil venant à fondre les neiges des montagnes d'Arménie, il en naît une grande crue d'eaux dans les mois de juin, juillet et août, qui, se jetant dans l'Euphrate, lui font franchir ses bords dans cette saison. Pour y remédier, on établit fort au-dessus de la ville deux canaux artificiels pour détourner dans le Tigre ces eaux débordées avant qu'elles fussent parvenues à Baby-lone.

En même temps, afin de mettre le pays plus sûrement encore à l'abri des inondations, Nabuchodonosor et sa fille (vers 600 avant Jésus-Christ) firent construire une prodi-gieuse digue de briques cimentées de bitume des deux côtés du fleuve, pour le retenir dans son lit. Cette digue s'éten-dait depuis la tête des canaux artificiels jusqu'à la ville et un peu au-dessus. En face des rues qui aboutissaient au fleuve, on avait pratiqué de petites portes, la plupart d'ai-rain, par où l'on descendait sur ses bords. Il y en avait autant que de rues de traverse; elles étaient ouvertes le jour et fermées pendant la nuit.

Pour exécuter tous ces ouvrages, il avait fallu détourner le cours de l'Euphrate, on avait donc creusé à l'ouest de Babylone un grand lac qui, selon Hérodote, avait vingt et une lieues en carré et trente-cinq pieds de profondeur, ou selon Mégasthènes soixante et quinze pieds. Le fleuve fut conduit tout entier dans ce vaste lac par le canal Pallacopas, qu'on avait coupé à son bord occidental, et lorsque les travaux furent terminés, on fit rentrer dans son lit or-dinaire. Mais de peur que l'Euphrate, au temps de ses crues, n'inondât la ville par les portes qui y conduisaient, on conserva le lac et le canal. L'eau y était laissée comme dans un réservoir d'où on la tirait par le moyen des écluses pour arroser les terres voisines. Ce lac servait donc en même temps à défendre le pays contre les inondations et à le fertiliser.

Les deux quartiers de la ville étaient réunis par un pont central qui avait six cent trente-quatre pieds de long sur trente de large. Les arches étaient bâties de grosses pierres qu'on avait liées en-semble avec des chaines de fer et du plomb fondu; de chaque côté s'élevaient deux palais qui communiquaient ensemble par une voûte ou *tunnel* qu'on avait construite sous le lit du fleuve pendant qu'il était à sec. On peut se faire une idée de la difficulté de l'entre-prise par les immenses travaux commencés de nos jours en Angleterre pour établir un *pont* sous la Tamise. Le vieux palais des rois de Babylone, situé sur la partie orientale de l'Euprate, avait une lieue et demie de circonférence. Près de là se trouvait le temple de Bélus, dont nous parlerons plus bas. Le nouveau palais, situé vis-à-vis de l'autre, du côté occidental du fleuve, avait trois lieues de circuit. Il était environné d'une triple enceinte de murailles, séparées l'une de l'autre par un espace assez considérable. Ces murailles étaient ornées d'une infinité de sculptures qui représentaient toutes sortes de sujets. On y voyait entre autres une chasse où Sémiramis lançait son javelot contre un léopard, et où Ninus perçait un lion.

Dans ce dernier palais étaient ces jardins suspendus si renommés parmi les Grecs. Ils formaient un carré dont chacun avait quatre cents pieds, et formaient plusieurs terrasses posées en amphithéâtre et dont la plus élevée égalait la hauteur des murs de Babylone. On montait d'une terrasse à l'autre par un escalier large de dix pieds; la masse entière était soutenue par de grandes voûtes bâties l'une sur l'autre, et fortifiée d'une muraille de vingt-deux pieds d'épaisseur qui l'entourait de toutes parts. Sur le sommet de ces voûtes on avait placé de grandes pierres plates de seize pieds de long et de quatre de large. On avait mis par-dessus une couche de roseaux enduits d'une grande quantité de bitume, sur laquelle il y avait deux rangs de briques liés fortement ensemble avec du mortier. Le tout était recouvert de plaques de plomb, et sur cette dernière couche était posée la terre du jardin. Ces plates-formes avaient été ainsi construites afin que l'humidité de la terre ne pénétrât point les voûtes et ne les détériorât pas. La terre qu'on avait jetée était si profonde que les plus grands arbres pouvaient y prendre racine. Aussi toutes les terrasses en étaient-elles couvertes; on y voyait également toutes sortes de plantes et de fleurs propres à embellir un lieu de plaisance. Sur la plus haute terrasse il y avait une pompe, au moyen de laquelle on tirait en haut l'eau du fleuve, et on en arrosait de là tout le jardin. On avait ménagé, dans l'espace qui séparait les voûtes, sur lesquelles était appuyé tout l'édifice, de grandes et magnifiques salles qui étaient fort éclairées et qui avaient une vue fort agréable.

Il nous reste à parler du temple de Bélus, situe près de l'ancien palais. Ce temple, si fameux dans l'antiquité, occupait un espace de quatre stades carrés; l'enceinte avait deux stades de chaque côté. Au milieu de cette place s'élevait une tour ou massif tout de briques, dont la base avait quatre stades de tour, et dont la hauteur était d'un stade. Ce bâtiment, que Strabon nomme une pyramide, était composé de huit tours élevées l'une sur l'autre, et dont le diamètre allait en diminuant jusqu'à la plus haute, sur le sommet de laquelle étaient le temple de Bélus et l'observatoire des astronomes chaldéens. (Voyez la gravure.)

Si ces mesures, données par Hérodote, sont prises en stades itinéraires, le tour de l'enceinte extérieure était de quatre cent seize toises; la base de la tour avait deux cent huit toises de tour; sa hauteur était de cinquante-deux toises, c'est-à-dire de cent huit pieds plus grande que celle des tours de Notre-Dame de Paris, et de beaucoup au-dessous de la hauteur du clocher de la cathédrale de Strasbourg, qui est de quatre cent quarante-cinq pieds, et de la grande pyramide, qui en a quatre cent soixante-huit.

La tour de Bélus était principalement destiné au culte des divinités assyriennes. Les richesses de ce temple étaient immenses; on y voyait une statue en or massif de quarante pieds de haut. Diodore évalue ces richesses à plus de deux cent vingt millions.

Aujourd'hui les décombres de Babylone occupent un canton tout entier aux environs de Hella. Les édifices de cette ville, déjà déserte au 1er siècle de l'ère vulgaire, durent, en s'écroulant, former des collines, que les terres, entassées avec le temps, ont en quelque sorte effacées. On y fouille cependant tous les jours et on en retire une grande quantité de briques portant des inscriptions; les unes en relief datent du siècle des Arabes, les autres en creux appartiennent aux anciens Babyloniens. Ces briques sont encore le sujet de plusieurs discussions savantes. Hella, ville considérable, florissante par ses fabriques et agréablement située dans une forêt de palmiers, semble entièrement bâtie en briques tirées de l'antique Babylone.

SEDILLOT.

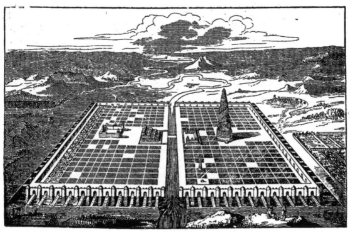

(Babylone.)

Paris — Imprimerie de H. Fournier, rue de Seine-Saint-Germain, 14.

FRANCE. — BORDEAUX. — Premier article.

(Porte de Bordeaux appelée la *Salinière.*)

Sans entrer dans les discussions de supériorité qu'ont tant de fois soutenues, en faveur de leur ville natale, les habitans de Bordeaux, de Lyon et de Marseille, ces trois villes puissantes par le commerce, qui se disputent le premier rang après la capitale, nous reconnaîtrons tout d'abord qu'il est bien peu de cités dans le monde entier qui puissent lutter avec Bordeaux pour la magnificence du premier coup-d'œil, les agrémens du séjour et le large développement de l'industrie. L'histoire de cette ville, et en particulier la biographie succincte de ses grands hommes, la description de ses curiosités, la peinture des mœurs de ses habitans, l'appréciation de son influence politique et commerciale sur la prospérité de la France, demanderaient, pour être exposées avec tout l'intérêt qu'elles réveillent, plus de place que n'en offre ce modeste recueil. Nous consacrerons néanmoins plusieurs articles à ce sujet important que nous pourrons tout au plus aborder aujourd'hui.

L'époque de la fondation de Bordeaux se perd dans la nuit des siècles. On ignore comment cette ville tomba au pouvoir des Romains; on sait seulement que c'était dès lors une cité importante. Elle fut d'abord, comme toutes les villes, un village, dont les maisons étaient de bois et de terre: mais, agrandie par la succession des temps, et surtout grace à son heureuse situation, elle devint, sous les Romains, la capitale de la seconde Aquitaine; ils la firent entièrement démolir pour la reconstruire (an 260 de notre ère) d'après les dessins et l'architecture des cités d'Italie, et l'embellirent de plusieurs beaux édifices. La splendeur antique de Bordeaux disparut avec la présence et par l'invasion des barbares. Vers 911, les ducs de Gascogne étant devenus paisibles possesseurs d'un des plus beaux pays que leur enviaient les autres grands vassaux de la couronne, leurs rivaux, la firent rebâtir, mais dans le goût barbare de leur temps, et y appelèrent de nouveaux habitans.

En 1152, Bordeaux passa sous la domination anglaise par le mariage d'Éléonore de Guyenne avec Henri, duc de Normandie, depuis roi d'Angleterre. Son enceinte s'agrandit sous Henri II et sous Édouard III. Cette ville s'accrût et s'embellit sensiblement, après avoir été entièrement, affranchie du joug étranger sous le règne de Charles VII, en 1451. Toutefois, la véritable splendeur de Bordeaux ne remonte guère au-delà du règne de Louis XVI, époque où M. de Tourny, intendant de la province de Guyenne, étendit immensément son enceinte, et traça le plan des embellissemens qu'on y admire.

Lors de l'établissement de la gabelle, les habitans de Bordeaux, ardemment attachés à leurs priviléges, auxquels le nouvel impôt portait atteinte, prirent les armes, s'emparèrent de l'hôtel-de-ville, mirent en fuite plusieurs magistrats, et massacrèrent le lieutenant du gouverneur, Tristan de Monneins, ainsi que quelques commis de la gabelle; mais bientôt les séditieux furent battus ou pris, et les plus coupables punis du dernier supplice. Tout était calmé, lorsque Henri II, qui commençait à régner, crut devoir punir d'une manière exemplaire tous les habitans de Bordeaux. Il envoya dans cette ville, à la tête d'une forte armée, le connétable Anne de Montmorency, qui, bien que la ville n'opposât aucune résistance, fit pointer le canon sur les murs et y entra comme dans une ville prise d'assaut. Une contribution de 200,000 livres fut imposée aux habitans, qui en outre furent obligés de livrer leurs armes; les cloches furent détruites; les priviléges de la cité abolis, ainsi que le parlement. Toutefois, cette punition ne parut pas suffisante encore au duc de Montmorency; il avait amené avec lui des juges qui, après avoir fait le procès à la ville, condamnèrent de dix en dix maisons, un Bordelais à être pendu, et la plûpart des officiers municipaux à être suppliciés sur la place publique... Après avoir exercé ces actes de barbarie sur les malheureux habitans de Bordeaux, le connétable de Montmorency se déshonora par un trait de férocité qui a couvert à jamais son nom d'ignominie. Un des jurats de Bordeaux, nommé Lestonat, ayant été condamné à perdre la vie en vertu des jugemens précités, la femme de ce magistrat vint se jeter aux pieds du connétable pour lui demander la grace de son mari. Elle était d'une beauté rare,

Montmorency en fut frappé, et lui fit entendre que la grâce qu'elle sollicitait dépendait du sacrifice de son honneur, condition à laquelle cette femme eut la faiblesse de consentir. Le lendemain, au point du jour, le premier objet qui frappa ses yeux fut une potence à laquelle était suspendu le corps de son mari (1)....

· La ville de Bordeaux est dans une situation magnifique et très avantageuse pour le commerce, sur la rive gauche de la Garonne, qui y forme un vaste port. Cette ville présente, à partir du magasin des vivres de la marine aux chantiers de construction, c'est-à-dire en suivant la courbure de la Garonne, qui a plus d'une lieue de développement, un croissant dont la partie orientale comprend la ville, et la partie occidentale le faubourg des Chartrons (remarquable par son étendue, par la beauté de ses édifices et par la richesse de ses habitans, presque tous adonnés au commerce). Quand on y arrive par eau du côté de Blaye, la largeur excessive de la Garonne, sur laquelle se tant de pays différens et en aussi grand nombre, fixés au port, les édifices modernes qui s'élèvent sur les quais, et forment avec le fleuve un arc parfait, présentent le point de vue le plus varié et le plus admirable. L'arrivée à Bordeaux par Saint-André-de-Cubzac et Libourne offre encore un spectacle plus magnifique et plus grand.

Bordeaux se divise en ville ancienne et en quartiers neufs. L'ancienne ville ne présente que des rues généralement étroites et tortueuses, des places irrégulières et resserrées, des maisons assez laides, presque toutes cependant en pierres de taille; mais les quartiers neufs sont d'une grande magnificence. La rue du Chapeau-Rouge, la plus grande et la plus belle rue de Bordeaux, dont la largeur forme une belle place oblongue, depuis le port jusqu'au grand théâtre, s'étend jusqu'à l'extrémité de la ville, qu'elle divise en deux parties égales, l'ancienne au sud, et la nouvelle au nord. Les allées de Tourny, les différentes cours, l'hôtel de la préfecture, la salle de spectacle, le plus bel édifice en ce genre que possède la France, la bourse, le palais royal, la douane, le jardin public, et surtout le beau pont nouvellement construit sur la Garonne, sont des objets dignes d'admiration, qui rivalisent avec les plus beaux établissemens de ce genre situés dans les villes les plus riches de l'Europe.

Le port embrasse presque toute l'étendue demi-circulaire de la rivière, et peut contenir plus de mille navires; il est sûr, commode, et offre un coup d'œil imposant par la quantité de vaisseaux de toutes les grandeurs et de toutes les nations qui y sont continuellement mouillés. En tout temps, des navires de 500 à 600 tonneaux peuvent y arriver; ceux d'un tonnage plus élevé sont souvent obligés de laisser une partie de leur cargaison à Blaye ou à Pouillac. A l'une des extrémités du port se présente le superbe quartier des Chartrons; au centre est la place royale qui règne en fer-à-cheval sur la Garonne, et l'emplacement du château Trompette, maintenant remplacé par un quartier neuf et par de belles promenades; à l'autre extrémité sont les chantiers de construction.

La Garonne est bordée de quais larges, sans parapets, qui descendent par une pente douce jusqu'au bord du fleuve, où les barques peuvent en tout temps être déchargées. Le quai des Chartrons est une des belles chaussées qui existent en France; il est bordé de maisons qui n'ont entre elles aucune uniformité, mais qui n'en présentent pas moins un ensemble aussi agréable qu'imposant par leur élévation et la beauté de leur architecture; on en compte près de trois cents, habitées par de riches négocians, ce qui rend, comme on l'a dit, ce faubourg l'un des plus beaux de l'Europe. Des chais ou celliers occupent une grande partie des Chartrons; il en est qui contiennent cinq ou six cents, et même jusqu'à mille tonneaux de vins. A l'extrémité inférieure du quai est l'ancien bâtiment du moulin

(1) Histoire de Bordeaux, par Dom de Vienne.

des Chartrons, vaste établissement construit pour moudre mille quintaux de grains en vingt-quatre heures, au moyen de vingt-quatre paires de meules mues sans interruption par le flux et le reflux de la Garonne; mais le dépôt journalier des vases ayant obstrué les canaux, il sert aujourd'hui de magasin pour les tabacs et d'entrepôt pour les denrées coloniales.

Parmi les nombreux édifices et établissemens publics de Bordeaux, nous décrirons d'abord le magnifique pont qui porte le nom de cette cité.

Le pont de Bordeaux, qui fait aujourd'hui l'admiration des étrangers, est un monument unique par la difficulté que présentait son exécution. La Garonne, devant Bordeaux, a une profondeur générale de dix-huit, vingt-quatre, et, dans quelques endroits, de trente pieds : deux fois par jour, le flux et le reflux gonflent ses eaux jusqu'à quinze et vingt pieds de hauteur, et ses courans, dans l'un et l'autre sens, ont souvent une vitesse de plus de dix-huit pieds par seconde. Cette rivière coulant en outre sur un fond de sable et de vase facile à déplacer, on douta long-temps de la possibilité d'y établir un pont solide, quoique depuis long-temps on en eût reconnu la nécessité. L'illustre Tourny et le maréchal de Richelieu n'osèrent tenter une aussi vaste entreprise; mais Napoléon, qui ne connaissait pas de travaux d'art impossibles, décréta la construction du pont de Bordeaux, dont les premier travaux furent commencés en 1810. Après la paix de 1815, les travaux furent poussés avec activité par la compagnie qui régissait l'entreprise, et le pont fut achevé le 1er octobre 1821. La dépense s'est élevée à 6,500,000 fr., pour le remboursement desquels le péage a été concédé à la compagnie pour quatre-vingt-dix-neuf ans.

Le pont de Bordeaux est composé de dix-sept arches en maçonnerie de pierre de taille et de brique, reposant sur seize piles et deux culées en pierre. Les sept arches du milieu sont d'égale dimension, et ont près de quatre-vingts pieds de diamètre chacune. L'ouverture de la première et de la dernière arche est de près de soixante-trois pieds; les autres sont de dimensions intermédiaires et décroissantes. Les voûtes ont la forme d'arcs de cercle dont la flèche est égale au tiers de la corde. L'épaisseur des piles est de treize pieds environ; elles sont élevées à une hauteur égale au-dessus des naissances, et couronnées d'un cordon et d'un chaperon. La pierre et la brique sont distribuées sous les voûtes de manière à simuler l'appareil des caissons d'architecture au moyen de lignes transversales et longitudinales. Le tympan, ou l'intervalle entre deux arches, est orné du chiffre royal entouré d'une couronne de chêne, et sculpté sur un fond de briques. Au dessus des arches règne une corniche à modillons d'un style sévère. Deux pavillons décorés de portiques avec colonnes d'ordre dorique sont élevés à chaque extrémité du pont. La largeur de chaque trottoir est de sept pieds et demi, et celle de la chaussée de trente pieds : la largeur totale du pont est de quarante-cinq pieds.

Une pente légère, partant de la cinquième arche de chaque côté, et descendant vers les rives, facilite le raccordement de la chaussée du pont avec les places et les quais aux abords, et favorise l'écoulement des eaux. Mais les dégradations causées par les pluies sont bien plus sûrement écartées ou prévenues par une disposition ingénieuse, et dont aucun édifice connu n'offre le modèle. Cette masse imposante de voûtes contiguës, en apparence si lourde, est allégée intérieurement par une multitude de galeries semblables à des salles de cloîtres qui sont en communication entre elles d'une extrémité à l'autre du pont. On peut en tout temps explorer l'état des arches sous la chaussée, et il est facile de les entretenir et de les réparer sans interrompre la circulation des voitures. Il existe même sous chaque trottoir une galerie continue en forme d'aqueduc, par laquelle on pourrait amener les eaux des coteaux de la rive droite de la Garonne, et les distribuer dans la ville.

La construction du pont de Bordeaux est un modèle d'une grande difficulté vaincue : la profondeur de l'eau, la rapidité des courans, et surtout la mobilité de la rivière, étaient les principaux obstacles à vaincre; ces obstacles ont été surmontés avec un grand talent par le constructeur. Sous ces divers rapports, le pont de Bordeaux ne souffre de rapprochement avec aucun autre ouvrage du même genre.

Afin qu'on puisse se faire une idée exacte de l'étendue de ce monument, nous donnons le tableau de ses dimensions comparées avec celles des principaux ponts de l'Europe :

DÉSIGNATION DES PONTS.	LARGEUR DU PONT entre les CULÉES.	LARGEUR DU PONT entre les PARAPETS.	NOMBRE D'ARCHES.
De Bordeaux, sur la Garonne.	486^m 68^c	14^m 86^c	17
De Waterloo, sur la Tamise. .	377 00	12 80	9
De Tours, sur la Loire.	434 18	14 60	15
De la Guillotière, sur le Rhône	570 00	7 60	18
De Dresde, sur l'Elbe.	441 00	10 45	18

LES FRÈRES MORAVES

CHEZ LES HOTTENTOTS.

Les frères moraves ont plusieurs établissemens de missionnaires dans l'Afrique méridionale. On sait que toutes espèces de propriétés leur sont communes. Ils se réunissent pour les repas, qu'ils prennent ensemble, et travaillent pendant la journée chacun au métier qu'il a choisi. Les métiers choisis de préférence en Afrique sont ceux qui peuvent être le plus utiles dans une société à l'état d'enfance. Le soir on va à l'église. Celui dont le tour de prêcher est venu commente un ou plusieurs passages de la Bible. D'un autre côté, l'instruction des naturels va son train. Outre la surveillance des jardins, les femmes sont chargées d'apprendre aux Hottentotes les travaux d'aiguille, et chaque homme a un certain nombre d'apprentis indigènes auxquels il apprend son métier avec une patience exemplaire. L'excédant de leurs profits sur leurs dépenses est envoyé en Europe pour grossir le fonds commun de la société, et contribuer à l'établissement de nouvelles missions. Peut-on rien imaginer de plus beau que les sentimens de concorde et de philantropie dont ces hommes sont animés?

Leurs mariages présentent une singularité bien bizarre. Ce sont, dans la véritable acception du mot, les résultats d'une espèce de loterie.

La société-mère, qui existe en Allemagne, leur envoie des femmes auxquelles on assigne d'avance tel ou tel mari. Quoique le sort ne les favorise pas toujours, ces excellentes créatures paraissent toutes également satisfaites. Il y en a qui sont échues à un borgne, à un boiteux, à un homme âgé : peu importe, d'autant plus que beaucoup d'entre elles échappent de la sorte aux risques d'un célibat perpétuel. En se rendant à Gnadendael, établissement morave qu'il avait déjà visité, un voyageur rencontra une sœur qui allait rejoindre l'époux dont on lui avait fait cadeau à quelques mille lieues de là. En cheminant avec son nouveau compagnon de voyage, elle l'accabla de questions sur le compte de son futur : était-il grand? était-il brun? était-il bon? était-il intelligent? Enfin tout ce qui peut intéresser une femme dans la personne qui doit partager avec elle les chances heureuses ou mauvaises de la vie. Le voyageur s'étonnait de son ignorance à cet égard, mais la bonne sœur ne faisait qu'en rire et en plaisanter.

JEANNE-D'ARC.

Celle qui avait sauvé la France, et qui expia dans les fers ses merveilleux exploits, était née à Domremy, dans un vallon arrosé par la Meuse, entre Neuf-Château et Vaucouleurs. Son père se nommait Jacques d'Arc, et sa mère Isabelle Romet. Cinq enfans, trois fils et deux filles, étaient issus de leur union. Entre toutes ses compagnes, Jeanne se distinguait par sa beauté, par sa douceur, par une timidité excessive et par une ardente piété. Sérieuse et pensive, elle fuyait les danses et les jeux pour aller prier dans une église. Ne sachant ni lire ni écrire, elle était habile à tous les travaux de son sexe et même à ceux des champs. Comme dans le troupeau que possédait son père, il se trouvait des chevaux, Jeanne apprit de bonne heure un exercice dont elle tira plus tard un si grand parti.

Le spectacle des guerres civiles avait frappé vivement l'âme de cette jeune fille, qui aimait sa patrie autant qu'elle craignait Dieu. Dès l'âge de treize ans, quelque chose d'extraordinaire se manifesta dans tout son être; elle eut des visions, des extases, entendit des voix : l'âge, dit un de ses biographes, n'avait point développé dans Jeanne d'Arc des infirmités périodiques qui caractérisent la faiblesse de son sexe; elle ne les connut jamais, et cette disposition de ses organes mérite d'être remarquée. Ses voix, telle est l'expression même dont elle se servait, lui ordonnèrent d'aller en France et de faire lever le siège d'Orléans. Elle résolut d'obéir : elle se rendit à Vaucouleurs, chez le capitaine Bautricourt, que ses voix lui avaient désigné comme devant faciliter son entreprise, et qui, d'abord, peu convaincu de sa mission, ne lui opposa que des obstacles. Jeanne en triompha. Deux gentilshommes se chargèrent de la conduire auprès du roi. Alors l'héroïne fit couper sa longue chevelure, prit des habits d'homme, demanda et reçut par lettre le pardon de son père et de sa mère pour sa désobéissance envers eux, et se mit en route.

Après un voyage de cent cinquante lieues, dans une saison rigoureuse, à travers un pays coupé par une infinité de rivières, Jeanne arriva à Fierbois, village de Touraine, et de là, se rendit à Chinon, où se trouvait la cour. Elle reconnut Charles VII, qui se cachait dans la foule; elle lui déclara qu'elle venait de la part de Dieu prêter secours à lui et à son royaume. En écartant même de cette entrevue quelques circonstances que l'histoire ne peut admettre, il reste encore dans les discours de Jeanne, dans ses promesses, et surtout dans la simplicité sublime qui les accompagnait, assez de mystère et de grandeur pour légitimer la soudaine confiance du monarque et de ses guerriers. Jeanne était inspirée, on n'en pouvait douter; mais il restait une grande question à décider pour un siècle superstitieux et crédule : cette inspiration venait-elle de Dieu ou du prince des ténèbres? Ni des examens, ni des interrogatoires multipliés, ni même une surveillance continuelle de la jeune fille, fortifiée d'une enquête sur sa vie passée, n'avaient pu suffisamment détruire les incertitudes de Charles VII. Une dernière et décisive épreuve fut ordonnée. Selon les idées du temps, le démon ne pouvait contracter d'alliance avec une vierge; restait donc seulement à vérifier si Jeanne était encore telle. Les matrones assemblées confirmèrent, à cet égard, sa propre déclaration : dès-lors s'évanouit tout soupçon de magie et de sortilège.

Nous pourrions suivre Jeanne d'Arc dans ses victoires et dans l'accomplissement de sa double mission; nous la verrions, trahie par la fortune, tomber au pouvoir de ses ennemis; mais nous nous hâterons de jeter un triste regard sur ce bûcher où vint finir son existence.

Quatre mois suffirent à peine aux préparatifs de l'horrible tragédie méditée par la vengeance des Anglais. Jeanne, renfermée d'abord au château de Beaulieu, changea plusieurs fois de prison. Le duc de Bedfort voulait la faire condamner comme sorcière, pour relever son parti abattu, et pour infamer le roi de France; un conflit de juridiction

s'éleva entre un frère Martin, vicaire-général de l'inquisition, et Cauchon, évêque de Beauvais, expulsé de son siège,
qui tous deux prétendaient la soumettre à leur tribunal.
L'université de Paris écrivit au duc de Bourgogne pour que
la pucelle fût traduite devant un tribunal ecclésiastique,
comme suspecte de magie et de sortilége. C'était servir lâ-
chement les projets de Bedfort; mais il fallait arracher la
victoire des mains de Jean de Luxembourg : avec des menaces et de l'or, on en vint à bout; Jeanne fut livrée à un
détachement de troupes anglaises, qui la conduisit à
Rouen.

Là s'instruisit ce procès monstrueux, éternel monument
de honte et de barbarie (1). Pierre Cauchon et un inquisi-
teur nommé Lemaire, assistés de soixante assesseurs, se
constituèrent juges de l'infortunée Jeanne, qui ne se montra pas moins admirable devant ses bourreaux que devant
les ennemis de son roi. Tout ce que, d'une part, on peut
tenter par la ruse, la perfidie, la bassesse, tout ce que, de
l'autre, on peut opposer de candeur, de bon sens, de haute
éloquence, les juges et l'accusée le firent voir : les répon-
ses de Jeanne, de cette fille simple, si ignorante, étaient
toujours aussi justes, aussi précises, que si, pour les préparer, elle eût eu des lumières et du temps; jamais elle ne
tomba dans la contradiction la plus légère; loin de nier les
prédictions qu'elle avait faites, elle en ajouta de nouvelles :
chose remarquable, elle dit à ses juges qu'avant sept ans,
les Anglais abandonneraient un plus grand gage qu'ils n'a-
vaient fait devant Orléans; et cette prophétie, constatée
par la grosse authentique du procès, s'accomplit à la lettre.
Interrogée sur ce que ses saintes lui avaient dit relativement à l'issue de son procès, elle répondit : « Mes voix me
dient que je serai délivrée par grant victoire; et après me
dient mes voix : « Pran tout en gré; ne chaille (soucie) de
de ton martyre. » Mes voix, c'est à savoir sans faillir, et
appelle ce (cela) martyre pour la peine et adversité que

seuffre en la prison; et ne scay si plus grand senffriray,
mais m'en acte (rapporte) à Notre-Seigneur. »

Vainement on entourait Jeanne de trahison et d'artifices, le procès n'avançait pas; on prit le parti de réduire à
douze chefs le résultat des interrogatoires, et on écrivit à
l'université de Paris pour prononcer sur ces questions générales posées sans aucune spécification d'accusée, de juges
ni de procès; l'université rendit une sentence conforme au
vœu du tribunal de Rouen. Le 24 mai 1431, deux échafauds
ayant été dressés sur la place du cimetière de Saint-Ouen,
l'un pour l'évêque de Beauvais, le vice-inquisiteur, le cardinal d'Angleterre, l'évêque de Noyon, l'évêque de Boulogne et trente-trois assesseurs, l'autre pour Jeanne et Guillaume Erard, chargé de la prêcher, ce dernier prononça
un discours rempli des invectives les plus grossières contre
Charles VII et ses sujets restés fidèles; après quoi, on lut
à Jeanne une cédule d'abjuration, et on la somma d'abjurer. Jeanne déclara d'abord qu'elle n'entendait pas ce mot,
et ensuite qu'elle s'en rapportait à l'Eglise universelle. Enfin, ébranlée par la menace d'être brûlée si elle ne signait
immédiatement l'acte qu'on lui présentait, elle se résigna,
et souscrivit la cédule, qui contenait simplement promesse
de ne plus porter les armes, de laisser croître ses cheveux
et de quitter l'habit d'homme. A cette pièce, lue publiquement, on en substitua une autre, dans laquelle Jeanne s'a-
vouait coupable de tous les crimes.

Cependant la sentence prononcée par l'évêque de Beauvais, et qui condamnait Jeanne, en réparation de ses fautes,
à passer le reste de ses jours au pain de douleur et à l'eau
d'angoisse, irrita violemment les Anglais, qui en voulaient
à sa vie. L'un de ses juges leur dit : « N'ayez cure, nous la
retrouverons bien. » Il tint parole : une nuit, pendant que
Jeanne dormait, on lui enleva les habits de femme qu'elle
avait repris, on mit à la place des vêtemens d'homme,
dont elle fut obligée de se couvrir. Alors, les témoins apos-

(Ruines de la Maison de Jeanne d'Arc.)

tés prennent acte de cette prétendue transgression; le lendemain, le tribunal délibère, pour la forme, et prononce la
sentence qui condamne Jeanne d'Arc, comme relapse, ex-
communiée, rejetée du sein de l'Eglise, et jugée digne par
ses forfaits d'être abandonnée à la justice séculière.

Dès le matin du jour fatal (30 mai), le bûcher s'élève sur

la place du Vieux-Marché; Jeanne y est conduite dans un
chariot qu'entourent des soldats anglais armés de haches,
de glaives et de lances. On lui lit la sentence, et quand les
soldats la saisissent, elle s'écrie en invoquant le Seigneur :
Ah! Rouen, Rouen, seras-tu ma dernière demeure? On
place sur sa tête la mitre de l'inquisition, avec ces mots
écrits : Hérétique, relapse, apostate, idolâtre. En face du
bûcher, figure un tableau chargé de qualifications non

(1) On trouve les pièces originales à la Bibliothèque du Roi.

moins fausses et non moins audacieuses. Prête à monter sur le bûcher, Jeanne demande instamment un crucifix; un Anglais rompt un bâton, le croise; Jeanne le reçoit, le baise, et le place dans son sein; on l'attache à une colonne en plâtre construite exprès, et on allume le feu. Pour ne laisser aucun doute sur la mort de la victime, on avait élevé le bûcher à une hauteur extraordinaire, ce qui rendit le supplice plus lent et plus douloureux. Tant que Jeanne conserva un souffle de vie, on entendit le nom de Jésus sortir du sein des flammes. Après sa mort, le cardinal de Winchester ordonna qu'on rassemblât ses cendres, et qu'on les jetât dans la Seine.

Charles VII, qui ne tenta aucun effort pour délivrer Jeanne, voulut, cinq ans après, que son procès fût revisé et sa mémoire réhabilitée. La gloire de Jeanne n'en avait pas besoin, et Charles VII se trompa s'il crut ainsi sauver la sienne. Les juges qui avaient condamné la Pucelle devinrent un objet d'horreur pour les Français et pour les Anglais eux-mêmes. Louis XI pensa que son père n'avait pas assez fait en cassant leur sentence; il fit instruire leur procès : la plupart d'entre eux étaient morts; mais il en restait deux, qui subirent la peine du talion.

LES SCORPIONS.

Les scorpions vivent exclusivement dans les pays chauds des deux hémisphères, et sont si multipliés dans certains

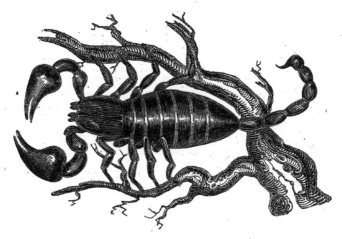

(Le Scorpion de Ceylan.)

cantons, qu'ils sont, pour leurs habitans, un sujet continuel de crainte, et que, suivant même quelques témoignages, on s'est vu forcé de leur abandonner le terrain. La constellation zodiacale du scorpion nous annonce que la connaissance de cet animal remonte à la plus haute antiquité; son effigie est devenue l'expression symbolique du génie malfaisant; sur des pierres gravées antiques, qui nous retracent des traits de la mythologie égyptienne, Anubis est représenté en face du scorpion comme s'il voulait conjurer et anéantir l'influence de ce mauvais principe. Toutes les fables que la superstition et l'ignorance avaient enfantées, pendant un grand nombre de siècles, sur le compte de cet animal, sont exposées dans l'histoire naturelle de Pline. On avait cependant observé qu'il s'accouplait, qu'il était vivipare, que son aiguillon était percé afin de donner passage au venin, et que ce venin était blanc. On avait encore remarqué que les femelles portaient leurs petits; mais l'on supposait qu'il n'y en avait qu'un par mère; qu'il avait échappé, par ruse à la destruction quelle avait faite de sa postérité, et qu'il la vengeait en dévorant l'auteur de ses jours; selon d'autres cette mère était la proie de sa famille; mais il n'en est pas moins vrai que sa voracité était reconnue. On ne peut ranger au nombre de ces fables l'existence de scorpions à double queue, puisque la collection du muséum d'histoire naturelle en possède un de cette sorte. Il est encore possible qu'on ait trouvé des individus dont la queue était composée de sept nœuds, au lieu de six qu'elle a communément.

Les scorpions vivent à terre, se cachent sous des pierres ou d'autres corps, souvent dans les masures ou dans les lieux sombres et frais, et, même dans l'intérieur des maisons; on en a aussi trouvé dans les lits; ils courent vite, en recourbant leur queue, en forme d'arc, sur le dos; ils la dirigent en tout sens, et s'en servent comme d'une arme offensive et défensive; ils saisissent avec leurs serres les cloportes et différens insectes, tels que des scarabés, des charançons, des orthoptères, les piquent avec l'aiguillon de leur queue, en la portant en avant, et les dévorent ensuite, en les faisant passer entre leurs mandibules et leur mâchoire; ils sont friands des œufs d'aranéides et d'insectes, ils attaquent même des aranéides beaucoup plus grosses qu'eux, et paraissent leur faire une guerre particulière.

Ils varient beaucoup par la grandeur; ceux d'Europe n'ont guère plus d'un pouce de long, au lieu que dans l'Inde, il y en a qui ont jusqu'à cinq pouces; on croit qu'ils sont très venimeux, et que la piqûre qu'ils font avec leur aiguillon donne souvent la mort, en introduisant dans la plaie une liqueur empoisonnée.

C'est une erreur de croire que tous ces animaux soient dangereux pour nous; on a la preuve que ceux de la Toscane ne le sont pas, car les paysans de cette contrée les touchent et se laissent piquer par eux, sans en ressentir aucune incommodité. Les essais de Rédi et de Maupertuis prouvent cependant qu'il ne faut pas généraliser. Ces auteurs, qui ont fait plusieurs expériences sur l'effet du venin d'une autre espèce de scorpion, plus grande que la commune, celle que les naturalistes connaissent sous le nom de roussâtre (occitanas), et qui se trouve en Languedoc, à Tunis, en Espagne, etc., ont vu des jeunes pigeons mourir dans des convulsions et des vertiges, cinq heures après avoir été piqués, et d'autres qui n'ont donné aucun signe de douleur des blessures qu'ils avaient reçues. Rédi attribue cette différence à l'épuisement du scorpion, qui, selon lui, semble avoir besoin de reprendre des forces pour empoisonner une seconde fois; ce dont il a vu la preuve dans une nouvelle expérience qu'il a faite après avoir laissé reposer le scorpion pendant une nuit.

Dans ses expériences, Maupertuis fit piquer plusieurs chiens et des poulets, par des scorpions du Languedoc; mais, de tous ces animaux, il ne mourut qu'un seul chien; il avait reçu à la partie du ventre dépourvue de poils, trois ou quatres coups d'aiguillons d'un scorpion qu'on avait irrité; tous les autres chiens, même les poulets, malgré la fureur et les coups multipliés des scorpions récemment pris à la campagne, n'en souffrirent aucunement.

L'auteur de cette dernière expérience dit, qu'une heure après que le chien, victime de l'expérience, fut piqué, il devint très enflé et chancelant; il rendit tout ce qu'il avait dans l'estomac et dans les intestins, et continua, pendant trois heures, de vomir, de temps en temps, une espèce de bave visqueuse; son ventre, qui était fort tendu, diminuait après chaque vomissement, et ensuite s'enflait de nouveau; les alternatives d'enflure et de vomissemens durèrent environ trois heures, au bout desquelles le chien eut des convulsions; il mordit la terre, se traîna sur les pattes de devant, et mourut enfin cinq heures après avoir été piqué.

Le docteur Maccary a eu le courage de faire sur lui-même, et avec la même espèce de scorpion, des expériences qui prouvent que son venin peut produire des accidens assez graves, et qu'il est d'autant plus actif, que l'animal est plus âgé. On assure que plusieurs de nos soldats sont morts en Espagne de la piqûre de ce scorpion; des circonstances accidentelles, comme un état maladif, peuvent augmenter le danger.

La morsure des couleuvres d'étang ou même des champs, dit d'Opsonville (Essais philosophiques sur les mœurs de divers animaux étrangers), telles que celles que nous voyons en Europe, est communément aussi peu dangereuse; en Asie, une légère scarification, et l'application d'un peu de chaux vive ou d'une pièce de cuivre rouillée de vert-de-gris, que l'on fixe sur la plaie, peuvent suffire pour opérer la guérison. Ces deux recettes sont aussi employées contre la piqûre du scorpion (agrab en persan, gargouali en indostan; — blanchâtre, australis, LINN.) qui, dans diverses parties de l'Asie, est presque aussi commun que l'araignée; quelques personnes se servent d'huile, où l'on a rassemblé et laissé digérer plusieurs de ces insectes; d'autres préfèrent écraser sur-le-champ l'animal lui-même, et l'assujétir sur la plaie; l'efficacité de la cautérisation est seule bien démontrée.

Quant au scorpion noir (Afer, LINN.) qui vit dans des fentes de rochers ou des creux d'arbres, et qui, quatre ou cinq fois plus gros que le précédent, peut causer la mort en moins d'une couple d'heures, les seuls remèdes sûrs sont les mêmes que ceux reconnus tels contre les serpens les plus venimeux : l'alkali volatil, des cataplasmes de bouillon blanc et des sudorifiques, sont, en effet, les moyens curatifs que l'on peut employer. Olivier (Voyage en Perse) dit que la piqûre du scorpion qui se nomme crassicauda, et qui est très-commun dans le Levant, n'est jamais dangereuse pour la vie et qu'on dissipe aisément les effets de son venin par des remèdes analogues.

D'après les observations de M. Maccary, les scorpions s'uniraient presque à la manière des crabes. Il est à remarquer que la femelle change de peau avant de mettre bas ses petits; le mâle en fait autant à la même époque.

Nos espèces indigènes produisent, dit-on, deux générations chaque année. On a trouvé, en été, des femelles dont les œufs étaient à terme, et en automne, on en a observé d'autres qui n'avaient que des germes très petits, et dont le développement intégral n'avait lieu qu'au printemps suivant. Ces faits et ceux recueillis par le docteur Maccary paraissent établir qu'il y a effectivement deux générations, l'une en cette dernière saison, et l'autre en été. La femelle fait ses petits à diverses reprises; elle les porte sur son dos pendant les premiers jours, ne sort pas alors de sa retraite, et veille à leur conservation l'espace d'environ un mois, époque à laquelle ils sont assez forts pour s'établir ailleurs et pourvoir à leur subsistance. Ce n'est guère qu'au bout de deux ans qu'ils sont en état de reproduire.

On a dit que le scorpion, lorsqu'on le renferme dans un cercle de charbons allumés, et qu'il se voit hors d'état d'échapper à l'action de la chaleur, se pique lui-même, et se donne ainsi la mort.

Maupertuis, d'après quelques expériences, a combattu cette opinion.

D'autres observations, néanmoins, que M. Léman a faites depuis, et avec beaucoup de soin, viennent à son appui. M. le comte de Sémonville, grand-référendaire de la chambre des pairs, a fait, à cet égard, et en présence d'un grand nombre de personnes, plusieurs expériences dont le résultat confirmerait l'opinion populaire.

Les scorpions, du moins dans quelques circonstances, tuent et dévorent leurs petits à mesure qu'ils naissent. Maupertuis en ayant renfermé ensemble environ une centaine, n'en trouva plus, au bout de peu de jours, que quatorze. Nous avons un exemple récent d'une destruction encore plus considérable; un envoi de plus de quatre cents scorpions que M. Cuvier avait reçus d'Italie, fut réduit, au bout de peu de temps, à quelques individus.

Les scorpions ont le corps alongé et terminé brusquement par une queue longue composée de six nœuds, dont le dernier, plus ou moins ovoïde, finit en pointe arquée et très aiguë; c'est une sorte de dard, sous l'extrémité duquel sont deux petits trous servant d'issue à une liqueur vénéneuse contenue dans un réservoir intérieur.

EXTRAIT D'UN VOYAGE

DANS L'AMÉRIQUE DU SUD.

Il n'y a pas long-temps encore, l'Amérique du sud était si peu connue des Européens, qu'ils se la représentaient généralement comme une contrée dotée de tous les avantages, et aussi agréable à parcourir que favorable à exploiter sous le rapport industriel et agricole tout à la fois. S'il existait encore parmi nos lecteurs quelques personnes chez lesquelles se fût maintenu ce préjugé, l'extrait que nous leur soumettons d'une relation de voyage écrite par un officier anglais, qui faisait, comme volontaire, partie de l'expédition dirigée par Bolivar contre les restes de la puissance espagnole, suffirait, sans doute, pour les détromper. Cet officier apprit aux dépens de sa santé combien sont dangereux les voyages à travers quelques-unes des parties de cette contrée.

Après avoir eu la fièvre jaune à Angostura, l'auteur rejoignit l'armée à Guadualito, petite ville sur les limites des plaines de l'arinas. Le sol y étant sablonneux et couvert d'épines dans plusieurs parties, rendait les marches de l'infanterie très pénibles et très difficiles. Le manque d'eau, car c'était l'été, obligeait souvent la cavalerie à abandonner ses chevaux, et chacun portait sa selle sur son dos, jusqu'à ce qu'il trouvât une nouvelle monture. Le phénomène du mirage se voit souvent dans ces immenses plaines désertes, mais les chevaux et le bétail ne se laissent pas prendre comme les hommes, à ses fausses apparences; ils savent toujours reconnaître, par quelques indications imperceptibles à l'homme, le voisinage de l'eau. Ils soufflent alors avec force dans cette direction, et soudain leur fatigue se change en activité; on n'a plus besoin d'éperons; on ne peut les retenir ni les conduire autre part que là où les guide leur instinct.

Une armée souffrant de la soif offre l'aspect d'une déroute complète à l'approche de l'eau. Il est impossible, dans ces occasions, de faire garder aucune subordination; chacun quitte son rang, et court en avant avec ces yeux hagards qui dénotent les tourmens de la soif. Ce serait la destruction certaine d'une armée, si, l'ennemi étant en possession de l'eau, elle venait à s'en approcher de cette manière. Cette eau est verte assez ordinairement, et les insectes y pullulent; souvent les cadavres des chevaux ou d'autres animaux qui ont eu juste assez de force pour y arriver et y mourir, flottent à la surface; ajoutez à cela, que les bœufs et les mulets de l'armée s'y jettent à la fois, et s'y roulent quand leur soif est apaisée, et on pourra se faire une idée de la boisson réservée au dernier arrivant.

L'auteur décrit ce qu'avaient à souffrir les soldats au passage de certaines rivières où se trouve un poisson nommé *carribi*.

Un grand nombre fut mordu aux jambes et aux cuisses par ce petit poisson. Il n'a jamais plus de trois pouces de long, et sa forme est la même que celle du *goldfish*, auquel il ressemble par la brillante couleur orange de ses écailles. Quoique ces *carribi* soient si petits, ils sont tellement voraces, et se réunissent en quantités si prodigieuses, qu'ils sont très dangereux, et un *Llanero* les redoute plus qu'un *cayman*. Leur bouche est très grande en comparaison de leur corps, et s'ouvre comme un moule à balles. Elle est armée de dents larges et pointues comme celles du requin en miniature, de sorte qu'ils emportent la peau là où ils mordent. Lorsqu'ils attaquent une bête ou un homme, ils leur enlèvent en un instant la chair de dessus les membres, et le goût du sang qui se répand dans l'eau les rassemble par myriades.

On aperçoit bientôt, à travers les ouvertures des montagnes, qui conduisent aux Cordillères, les sommets de neige des Andes; plus on regarde ces barrières élevées, moins on peut concevoir la possibilité de les franchir. Les sentiers étroits qui conduisent aux *Paramos*, courent à travers de sauvages montagnes, entièrement désertes, et couvertes d'immenses forêts qui, plongeant sur la route, empêchent le jour d'y pénétrer.

Les arbres y sont immenses; les nuages s'arrêtent dans leurs branches, et l'eau dégoutte sans cesse de leur feuillage. Les sentiers y étaient si glissans, que les chevaux et les mulets s'y abattaient sans cesse, et le bruit des torrens et des cascades ne contribuait pas peu à nous effrayer. Tant qu'on reste dans ces forêts, on n'y souffre pas du froid; mais dès qu'on les quitte pour entrer dans les *Paramos*, ou chemins dénudés, et sans abri à travers les pics inaccessibles, le vent est froid et pénétrant, et gèle ceux mêmes qui sont bien couverts.

L'aspect sauvage des Andes, du haut de ces montagnes, est magnifique. Quoiqu'elles y paraissent entièrement couvertes de neige, il y en a peu cependant dans les *Paramos*, excepté sous les rochers où elle est à l'abri, car les coups de vent qui soufflent continuellement entre les passes des monts, l'empêchent de s'y loger. Il y a aussi sur les côtés de quelques-uns des pics élevés de ces précipices des rochers nus sur lesquels la neige ne peut s'attacher; mais quand on se trouve à cette hauteur, l'aspect général est celui de montagnes incrustées de glace, et brisées dans beaucoup d'endroits, d'où se précipitent des cascades continuelles. Il n'y a pas de chemins tracés, car le sol y est rocailleux et stérile, et ne présente en fait de végétation que quelques noirs lichens; on ne peut pas cependant s'y égarer, car le chemin est jonché d'ossemens d'hommes et d'animaux qui ont tenté le passage des *Paramos* pendant le mauvais temps. Une multitude de petites croix s'élèvent sur les pierres placées par de pieuses mains, en mémoire de voyageurs qui y ont péri. Des morceaux de harnais, des malles, et différens autres objets qui ont été abandonnés, s'y rencontrent aussi fréquemment. Un sentiment profond de solitude et d'éloignement du monde s'empare alors de votre âme, et s'accroît encore par le silence de mort qui règne autour de vous; aucun bruit ne se fait entendre, si ce n'est le vol du condor, et le murmure monotone et éloigné des cascades. Les nuages passent sans cesse si rapides et si épais, qu'ils cachent entièrement à la vue les montagnes et les forêts les moins élevées; et quelquefois ils obscurcissent tellement le chemin, que le danger de le perdre ou de faire un faux pas fait trembler; souvent il faut se coucher par terre pour échapper à la violence du vent, dont l'impétuosité est excessive. Le ciel, vu de ces hauteurs, est d'un bleu foncé, et semble plus rapproché que vu des vallées; et quoique le disque du soleil soit sans nuage, ses rayons semblent ne pouvoir échauffer, et leur lumière est pâle comme celle de la lune.

Les pauvres soldats de Bolivar périrent en grand nombre dans ce passage. Ceux qui se couchaient de fatigue devenaient bientôt livides, et mouraient dans un état complet de stupeur, comme frappés d'apoplexie. L'extrême raréfaction de l'air à cette hauteur peut avoir contribué à ce fatal résultat. La nuit passée dans ce *Paramo* fut affreuse; on ne pouvait se procurer du bois pour faire du feu, et d'ailleurs, les coups de vent continuels l'auraient éteint. Officiers et soldats s'assirent serrés les uns contre les autres pour se tenir chauds; il en mourut beaucoup.

Notre voyageur quitta Bogota pour rejoindre les armées rassemblées dans les différentes parties de Venezuela.

Après avoir passé Neyva, il fallut descendre de cheval, car le sentier était si étroit, qu'il n'y avait pas de place pour les genoux du cavalier, et comme il y faisait très glissant, on était sûr de se briser les os au moindre faux pas de l'animal. Le feuillage des arbres qui couvrent ce chemin est si épais, qu'on marche presque dans l'obscurité; si l'on rencontre des bœufs ou des mulets chargés, on est obligé de grimper sur les côtés, en se tenant à des plantes ou à des racines, jusqu'à ce que les animaux aient passé. Des Indiens nommés *charquis* portent les fardeaux et les voyageurs dans les passages dangereux. Lorsque c'est un homme, ils le font placer dans un fauteuil attaché à leurs épaules. Le voyageur s'y assoit à son aise, et de manière à éviter toute espèce de mouvement qui pourrait ébranler le porteur et lui faire perdre l'équilibre; aussi les *charquis* se font-ils toujours payer plus cher pour porter un homme que pour un fardeau, alléguant avec raison qu'ils courent plus de danger avec ce qui remue qu'avec ce qui est immobile. Ils ont soin aussi de temps en temps de prier le voyageur à ne pas changer de position; souvent même ils insistent pour qu'il se bande les yeux dans les passages dangereuses. Ils se font payer le double pour transporter une femme. Leur dos est toujours déchiré comme celui des bêtes de somme. Ils sont très sobres dans ces voyages, et malgré leur passion pour les liqueurs, ils les refusent, sachant bien que de leur activité et de leur fermeté dans ces chemins dépendent leur vie et celle des voyageurs.

—

TOMBEAUX DE SAINT-DÉNIS.

Ce n'était pas assez pour la convention nationale d'avoir fait tomber la tête de Louis XVI et celle de la reine sous la hache révolutionnaire, d'avoir ajouté à ce sacrifice celui de tous les Français qui avaient appartenu au parti de la cour, et qui avaient eu l'imprudence de rester au milieu de leurs ennemis; ce n'était pas assez d'avoir fait disparaître jusqu'aux derniers vestiges des institutions monarchiques, et d'avoir humilié et ruiné tout ce qui portait un nom aristocratique, il fallait encore aux hommes exaltés qui gouvernaient le peuple français, par la terreur, l'épouvantable satisfaction d'insulter aux restes des antiques générations des rois de France. Ces hommes auraient voulu effacer jusqu'au souvenir de la royauté, faire, si cela eût été en leur pouvoir, que la France n'eût jamais connu la domination d'un seul; ils voulurent du moins effacer de nos monumens les signes qui rappelaient au peuple son an-

(Vue du caveau de la famille royale.)

cienne soumission, et avant tout, ils vouèrent à la destruction les tombeaux que nos pères avaient élevés à leurs rois.

Le 31 juillet 1795, la Convention rendit un décret qui ordonnait la démolition des monumens élevés dans l'église de Saint-Denis et dans toute l'étendue de la république, soit aux rois des trois races, soit aux membres de leurs familles. — Et le 12 octobre de la même année, ce décret fut mis à exécution par les soins de la municipalité de la ville de Saint-Denis, qui avait changé son nom contre celui de *Franciade*.

La convention n'avait pas simplement prescrit de renverser ces monumens historiques, et de déposer les cercueils dans quelque coin obscur de la basilique, elle avait ordonné que ces cercueils seraient fouillés; que les ossemens des morts et les chairs que le temps n'avait pas encore convertis en poussière, seraient extraits de leur enveloppe de plomb, et que ce métal serait déposé dans les magasins de la république, pour être ajouté à celui dont elle avait dépouillé les temples.

La Convention n'avait eu garde aussi d'oublier les joyaux et les richesses de toutes sortes qu'elle supposait devoir être enfermés dans ces tombes royales. Qu'importait à ces hommes qui se disaient l'expression de la civilisation la plus avancée, les hommes du progrès social, la conservation de quelques ornemens dont les historiens, ou, si mieux vous aimez, les antiquaires, se seraient seuls montrés curieux. La Convention ordonna donc que les bijoux, les couronnes, les sceptres, et toutes les matières d'or et d'argent que l'on trouverait dans ces fouilles impies, fussent fondus et versés dans les coffres de l'Etat.

Et les ordres de la Convention furent exécutés; en quelques journées, la pioche des ouvriers eut ouvert, renversé, brisé, la plupart des antiques cénotaphes si précieux pour l'histoire des arts; la poussière et les ossemens blanchis que quinze siècles avaient respectés, les cadavres à demi-décomposés, les entrailles encore liquides des dernières victimes de la mort, tout cela fut jeté pêle-mêle dans deux immenses fosses creusées dans la cour des Valois; et des fourneaux élevés à la hâte transformèrent en saumons les cercueils de plomb encore humides; et les ornemens d'or et d'argent, qu'on avait trouvés en bien petit nombre, furent transformés en lingots, dont la république fit quelques misérables écus! lâche et mesquine vengeance que les républicains eux-mêmes de notre âge ont déjà jugée, et qui demeurera comme une des plus honteuses taches de la révolution française.

Heureusement pour l'histoire et pour les arts, quelques membres de la Convention demandèrent timidement qu'une commission, dite *des monumens*, fut adjointe à celle qui était chargée de présider à cette œuvre de destruction ; la Convention se laissa dire, sans entrer en fureur, qu'il était peut-être bon de conserver quelques-unes de ces ruines. Le vœu des artistes fut exaucé.

Alexandre Lenoir faisait partie de cette commission conservatrice; il dessina les monumens qu'il ne put arracher à la destruction; il obtint plus tard d'un gouvernement plus éclairé le transport des autres dans ce musée des Augustins, si curieux, si fréquenté par les amis des arts, qu'il avait formé des vieux *monumens français*, et plus tard, ces derniers furent rendus à l'église Saint-Denis et reparés avec le plus grand soin.

Depuis la chute de l'empire français, deux membres de la branche aînée des Bourbons ont été rejoindre leurs ancêtres, Louis XVIII et le duc de Berry. On les a déposés dans la partie de l'église souterraine spécialement destinée à leur famille. Louis XVIII occupe la place où la pioche de la révolution avait trouvé Louis XV, sur la dernière marche de l'escalier qui conduit du chœur de l'église dans ce caveau. Une dalle en ferme l'entrée, et on ne la lève qu'à la mort d'un membre de la famille royale.

Dans un caveau à part sont les restes des deux derniers princes de Condé et de Bourbon. (Voyez la figure).

EXPLICATION

DU PLAN DES CAVEAUX DE LA FAMILLE ROYALE.

1   Cercueil de Louis XVI.
2   —   de Marie-Antoinette.
3   —   de madame Victoire, fille de Louis XV.
4   —   de madame Adelaïde, sa sœur.
5   —   du duc de Berry.
6 et 7 —   de ses enfans.
8   —   de Louis XVIII.
9   —   du prince de Condé.
a Escalier par lequel on descend au caveau en entrant par l'église supérieure.
b Corridor conduisant au caveau.
c Caveau de dépôt.
d Grand caveau ou caveau royal.
e Deux caveaux de dépôt.
F Ancienne porte de profanation, aboutissant à la galerie souterraine aujourd'hui murée et remplacée par une table de marbre noir où sont des inscriptions (1).
g Niche où avaient été déposés les cœurs du Dauphin et de Marie-Joséphine de Saxe, père et mère de Louis XVI.
h Caveau du prince de Condé.
i Entrée de ce caveau par l'église souterraine.

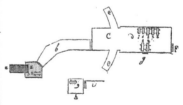

(Plan des caveaux de la famille royale.)

(1) Ces inscriptions consistent en une liste ouverte pour y inscrire les noms des princes qui seront inhumés plus tard dans ce caveau, et qui commence par ces mots : *Ici reposent les dépouilles mortelles de....*

MARINE.

CONDITIONS DE LA STABILITÉ DES NAVIRES. — PRINCIPES DE L'ARRIMAGE,

(Vaisseau de ligne en panne. — Brig marchand.)

Nous le disions dans notre premier article sur les vaisseaux de ligne (voyez page 521); un bon nombre de nos lecteurs connaît sans doute et l'extérieur et la distribution intérieure de ces citadelles mouvantes; aussi notre intention est-elle bien plutôt d'expliquer le mécanisme de leur locomotion, de dire sur quels principes repose la stabilité de ces machines flottantes, quelles lois président à la distribution de l'immense matériel qu'elles recèlent dans leurs flancs, que de nous arrêter à une sèche indication de ce matériel et des subdivisions. — La première fois que vous avez vu un vaisseau s'incliner par l'effet d'un coup de vent subit, s'enfoncer par un de ses flancs dans la mer et relever l'autre au-dessus des vagues; vous avez cru sans doute que le colosse allait chavirer et disparaître dans l'abîme; et, lorsque le coup de vent passé, vous l'avez aperçu se redressant de lui-même, pour s'incliner ensuite de l'autre côté et se balancer quelques temps sur l'onde; vous vous êtes peut-être demandé : Quelle est la force qui a pu soulever et rétablir cette masse énorme dans son premier équilibre? Peut-être, disons-nous, car, au milieu de la foule qui contemplera sans l'analyser le magnifique spectacle que présente un vaisseau de ligne sur une mer agitée, combien y aura-t-il de ces observateurs vraiment curieux

qui ne se bornent pas à jeter un coup d'œil superficiel mais qui veulent étudier le fond des choses? Le poids seul du navire ne suffirait pas pour le redres et; car si vous le supposez placé sur le chantier ou échoué à la côte, et qu'il soit porté sur un de ses flancs, loin de se relever, il tendra par son poids à s'incliner davantage et à s'enfoncer dans le sol. La répulsion de l'eau, ne pourrait non plus produire cet effet, bien qu'elle ait son genre d'élasticité, et qu'au besoin elle renvoie les balles et les boulets comme les meilleurs ressorts; car si le coup de vent n'a pas été violent, le vaisseau n'a pas choqué la mer avec violence; ses flancs ont glissé mollement contre l'onde, l'un pour s'y enfoncer, l'autre pour en sortir; il n'y a pas là matière au développement de l'élasticité de l'eau.

La force qui redresse le navire, c'est son propre poids combiné avec celui de la mer elle-même. Quelques développemens de peu d'étendue feront comprendre ce grand principe de la stabilité des vaisseaux, principe qui s'applique du reste à tous les bâtimens et à tous les corps flottans, à la coquille de noix que l'enfant du pêcheur a transformée en un petit bateau, comme aux vaisseaux des plus grandes dimensions.

Supposez que le navire ait disparu comme par enchantement et que le vide qu'il laisse dans la mer où il plongeait soit rempli par une masse d'eau tout-à-fait semblable à celle de l'océan et d'un volume égal : il est de toute évidence que cette masse liquide environnée d'eau de mer elle-même ne tomberait pas au fond de l'océan ; et cependant, elle est incessamment attirée par la terre. (Voyez Gravitation universelle, page 526.) Donc l'eau de mer environnante doit exercer contre elle une pression qui tend à la faire remonter et fait équilibre à son poids. Remplacez par le vaisseau flottant la masse d'eau isolée que vous lui avez substituée par la pensée, et, cette pression de la mer environnante n'en devra pas moins subsister. Elle luttera alors, non plus contre le poids de cette masse d'eau que votre imagination avait créée, mais contre le poids du navire lui-même, et devra lui être parfaitement égale. Les hommes du métier donnent à cette pression le nom de *poussée*.

Voilà donc deux forces en présence : l'une tend toujours à faire descendre le navire au fond de l'abîme, c'est sa propre pesanteur ; l'autre tend toujours à le soulever et à le lancer au-dessus des eaux, c'est la *poussée* ; mais pour l'équilibre du navire, il ne suffit pas que ces deux forces existent, il faut encore quelles soient combinées dans un ordre qui dépend de la manière dont ce navire est chargé. Telle combinaison le fera chavirer au moindre choc des vagues ou des vents, telle autre le rendra stable, en le rendant plus ou moins bon voilier ; c'est là ce qui nous reste à expliquer.

Toutes les attractions partielles que la terre exerce sur les particules des corps agissent ensemble comme une seule force qui serait concentrée dans un point intérieur de chaque corps, point qu'on appelle centre de gravité. (Voy. pour les développemens et les applications de ce principe le deuxième article que nous publierons bientôt sur la gravitation.) En lui réside pour ainsi dire toute la pesanteur de ce corps ; le vaisseau a donc aussi son centre de gravité ; c'est là qu'est tout son poids. Soutenir ce point, c'est soutenir le vaisseau, le laisser descendre, c'est laisser tomber le vaisseau. — Remarquez en outre, et ce n'est pas là le fait le moins important, que plus vous mettrez de matières lourdes dans le fond du navire, et plus le centre de gravité du navire ainsi chargé descendra.

De même, la poussée de la mer environnante s'exerce constamment en un point fixe de l'espace qu'occupe la partie du navire qui est plongée dans la mer.

Si le navire est chargé convenablement, si sa cale contient assez de corps pesans, tels que des morceaux de fer, etc., le centre de gravité pourra être amené au-dessous du centre de poussée, et alors le navire se relèvera malgré les coups de vent qu'il l'auront incliné. Cette inclinaison ne pourra en effet que faire baisser d'un côté le centre de poussée, et relever de l'autre le centre de gravité ; or, le premier tend toujours à remonter, le second à redescendre ; le navire se relèvera donc.

Dans un pareil état, le navire peut être comparé à un *pendule* formé d'une balle suspendue à un fil que vous avez accroché par son extrémité supérieure, ou encore à une lampe suspendue à la voûte d'une église. La balle et la lampe ont pour appui le point de suspension du fil ou celui de la corde ; le navire est porté de même sur le centre de poussée ; la balle et la lampe sont attirées vers le sol par la force qui est concentrée dans leur centre de gravité ; pareille chose arrive au navire. Écartez la balle et la lampe de la position qu'elles occupaient quand le fil et la corde qui les soutiennent sont verticaux et immobiles, vous les verrez revenir à leur position première, la dépasser, puis y revenir, et osciller ainsi pendant quelque temps ; ainsi fera le navire dans ses balancemens, qui sont, comme vous le voyez, semblables à ceux d'un pendule. Mais bientôt les résistances qu'oppose la mer déplacée à chacun de ces mouvemens de va et vient, finiront par user la force d'oscillation du navire ; elles le ramèneraient au repos si les vents

et les vagues lui permettaient jamais de connaître ce repos, être idéal des mathématiciens.

Nous avons dit la combinaison des centres de poussée et de gravité qui produit l'équilibre stable du navire ; supposez, au contraire, que par suite d'un mauvais chargement du navire, du placement de la partie lourde de son matériel et de sa cargaison, il fût possible d'élever son centre de gravité au-dessus du centre de poussée, le navire serait comme une épée portée sur sa pointe, c'est-à-dire qu'il n'y aurait qu'une situation dans laquelle son centre de gravité serait précisément au-dessus de son centre de poussée, et au moindre dérangement, la masse chavirerait pour ne plus se relever.

Il vous sera tout aussi facile de comprendre quelles conditions devra remplir le chargement du navire pour qu'il soit *fin voilier*. Peut-être avez-vous remarqué que les pendules d'horloges les plus longs, les lampes d'église suspendues aux plus longues cordes, sont ceux qui font les plus grandes et les plus lentes oscillations ; de même, le navire dans lequel le centre de *gravité* sera placé par trop bas et sera trop éloigné du centre de poussée, fera des balancemens trop étendus ; il déplacera, dans ce large mouvement circulaire, une masse d'eau considérable, et dépensera ainsi une grande partie de sa vitesse.

Et d'un autre côté, si l'on charge trop haut le *lest* du navire, si le centre de gravité est trop près du centre de poussée, les oscillations du navire seront trop promptes, et la mâture, qui oscille avec tout le navire, la mâture si délicate, pourra être compromise dans les brusques changemens de ces mouvemens alternatifs.

Ces principes compris, expliquons la disposition du matériel d'un vaisseau de ligne, ou, comme le disent les marins, son *arrimage*.

(*La suite à un numéro prochain.*)

CHASSES
DANS LES PRAIRIES DE L'AMÉRIQUE NORD. —
MŒURS DES INDIENS.

Nous empruntons à W. Irving une description de la vaste étendue de pays qu'on appelle *les Praïries*, et quelques détails sur les excursions qu'y font les tribus indiennes, ainsi que sur les mœurs encore peu connues de ces hommes à demi civilisés.

Dans les régions vantées de l'extrême occident, à plusieurs centaines de milles au-delà du Mississipi, s'étend un vaste espace de pays inhabité dans lequel on ne peut voir ni la hutte d'écorce du blanc, ni le wigwam de l'Indien. Ce sont de grandes et humides plaines parsemées de forêts, de bosquets et de bouquets d'arbres, arrosées par les Arkansas, la Grande-Rivière, la rivière Rouge et leurs affluens. Sur ces déserts fertiles et verdoyans, l'élan, le buffle et le cheval sauvage, errent encore dans toute leur liberté native. Ces plaines sont le pays de chasse des diverses tribus de l'ouest. Là viennent l'Osage, le Creek, le Delaware, et d'autres tribus qui se sont liées à la civilisation, et vivent dans le voisinage des établissemens des blancs. Là vivent aussi les Pawnees, les Comanches et autres tribus farouches et indépendantes, nomades de la prairie, ou habitant la lisière des montagnes Rocheuses.

La région dont j'ai parlé est un terrain contesté entre ces tribus belliqueuses et vindicatives. Aucune d'elles n'oserait élever une habitation permanente sur ce territoire. Leurs chasseurs et leurs guerriers s'y réunissent en corps nombreux durant la saison, y jettent des tentes construites pour un jour avec des branches et des peaux, commettent un massacre rapide parmi les troupeaux innombrables qui paissent au milieu des prairies, et, après s'être chargés de chair de daim ou de buffle, ils se retirent rapidement loin d'un dangereux voisinage. Ces expéditions ont toujours, jusqu'à un certain point, un caractère guerrier ; les chasseurs sont toujours munis d'armes offensives et défensives, et exercés à une vigilance perpétuelle. Rencontrent-ils dans leurs excursions les chasseurs d'une tribu ennemie, de cruelles luttes s'engagent. Ils sont sujets dans leurs campemens à être surpris par des partis de guerre, et les chasseurs dispersés à la poursuite du gibier peuvent être pris et massacrés par des ennemis cachés. Des têtes fracassées et des ossemens de toute sorte, blanchissant dans un ravin obscur, ou près des restes d'un camp de chasse, montrent où le sang a été versé, et annoncent au voyageur les dangers que l'on court dans la région qu'il traverse.

M. Irving nous raconte ensuite son départ du fort Gibbon avec une troupe de chasseurs des prairies; puis vient le récit des divers accidens du voyage; voici comment il décrit le camp : « Les chasseurs bivouaquaient sous de arbres, au fond de la vallée; pour nous, nous plantâmes notre tente sur un petit monticule de rocher près d'un ruisseau. La nuit vint sombre et basse, avec des nuages flottans et plusieurs symptômes de pluie; les feux des chasseurs brillaient dans la vallée, et jetaient de fortes masses de lumière sur les groupes à contenance de brigands (robber-looking) qui faisaient la cuisine, mangeaient et buvaient à l'entour. Pour ajouter à cette scène sauvage, plusieurs Indiens Osages, sortis du village que nous avions traversé, étaient mêlés avec les hommes. Trois d'entre eux vinrent, et s'assirent à notre feu. Ils considéraient en silence tout ce qui les entourait, et ressemblaient assez bien à des figures de bronze monumentales. Nous leur donnâmes de la nourriture et, ce qui leur fit plus de plaisir, du café. Lorsqu'ils eurent soupé, ils s'étendirent côte à côte auprès du feu, et commencèrent un chant bas et nasal, s'accompagnant en frappant leur poitrine avec leurs mains. Leur chant semblait consister en stances régulières, terminées non point par une cadence régulière, mais par l'abrupte interjection, ha! prononcée presque comme un hoquet. Ce chant, nous dit notre interprète, Beatte, avait pour sujet nous, notre arrivée, la manière dont nous les avions traités, et tout ce qu'ils connaissaient de nos plans... Ce mode d'improvisation est commun parmi ces tribus sauvages; et de cette manière, au moyen de quelques faibles inflexions de voix, ils chantent leurs exploits de guerre et de chasse, ou parfois s'abandonnent à leur verve d'humeur comique et satirique, beaucoup plus commune chez les Indiens qu'on ne le croit généralement.

En effet, les Indiens que j'ai eu occasion de voir dans la vie réelle diffèrent beaucoup de ceux que nous décrivent les poètes. Ils ne sont point, comme on nous les représente, taciturnes, inflexibles, sans larmes et sans sourire. Ils sont taciturnes, j'en conviens, avec les blancs, dont ils se méfient et dont ils ignorent le langage; mais les blancs sont taciturnes dans une position pareille. Lorsque les Indiens sont entre eux, il n'y a pas de plus grands jaseurs. Ils passent la moitié de leur temps à parler de leurs aventures de guerre et de chasse, et à raconter des histoires bizarres. Ils sont grands mimes, bouffons parfaits, et s'amusent beaucoup aux dépens des blancs, qui leur supposent un profond respect pour leur grandeur et leur dignité. Ce sont des observateurs curieux; ils notent chaque chose en silence, mais avec soin, échangeant entre eux un coup d'œil ou un mot lorsque quelque chose les frappe, mais réservant leurs commentaires pour le temps où ils sont seuls. C'est alors qu'ils se livrent sans contrainte à la critique, à la satire et à la gaieté. »

Le cheval sauvage, avons-nous dit (voy. pag. 289), dans les prairies de l'Amérique nord, comme dans les pampas du sud, est l'objet des plus grands efforts des chasseurs. Il se prend à peu près de la même manière au nord et au sud. Cette manière consiste, comme le savent nos lecteurs, à surprendre ou à atteindre à la course le cheval sauvage, et à le saisir avec une corde que l'on nomme lasso dans les pampas, et lariat dans les prairies. Ensuite on fatigue le cheval sauvage en le retenant et en le laissant aller tour à tour, à peu près comme le pêcheur qui veut retirer le pois-

son pris à la ligne. Voici un court épisode extrait du même ouvrage de W. Irving, qui peut montrer les fatigues et les accidens de cette espèce de chasse :

Comme Beatte revenait au camp, il rencontra une troupe de six chevaux qui prirent immédiatement la fuite vers la rivière. Il les poursuivit à travers le courant, laissa sa carabine au bord de l'eau, et, lançant son cheval à toute bride, atteignit bientôt les fugitifs. Il essaya d'en prendre un, mais le lariat tomba sur ses oreilles, et il le secoua. Les chevaux descendirent une colline; Beatte les suivit sans relâche, lorsque tout à coup il vit leurs queues flottant en l'air, ce qui indiquait qu'ils se jetaient dans un précipice. Il était trop tard pour s'arrêter. Il ferma les yeux, retint son haleine, et les suivit à tout hasard. La descente était de vingt à trente pieds, mais chevaux et chasseur arrivèrent sans accident sur un terrain sablonneux.

Alors il réussit à saisir avec son lariat un jeune et joli cheval. Comme il galopait à son côté, un arbrisseau qui se trouvait entre Beatte et son prisonnier fit échapper le lariat des mains du chasseur. Il le ressaisit, mais le même accident le lui fit perdre de nouveau. L'ayant enfin repris, dans une région moins couverte, il put fatiguer le jeune cheval avec cette espèce de ligne, jusqu'à ce qu'enfin il s'en rendit maître et le conduisit à l'endroit où il avait déposé sa carabine.

Il rencontra une autre grande difficulté lorsqu'il fallut passer la rivière, dans laquelle les deux chevaux s'embourbèrent. Beatte faillit être enlevé de sa selle par la violence du courant et les efforts de son captif. Après beaucoup de travail et de peine cependant, il vint à bout de traverser le courant, et conduisit sa prise dans le camp.

INFANTERIE.
(Cinquième article.) — (Voy. pag. 292.)

Il se fit sous le règne de Louis XV une amélioration remarquable dans notre système militaire, et nous ne devons pas la passer sous silence; elle est due à M. de Choiseul, homme d'état doué du génie qui conçoit et du caractère qui exécute. Jusqu'à lui, les capitaines exploitaient à leur fantaisie, et comme des métairies qui leur appartenaient, les compagnies qu'ils étaient chargés de recruter. M. de Choiseul leur en ôta l'administration, et les réduisit à de simples appointemens; innovation importante, véritable révolution, qui détruisit dans l'armée les dernières traces du régime féodal, si funeste à la royauté, et fit de tous les soldats les soldats du roi.

Une autre ordonnance du même ministre eut une grande influence; c'est celle qui détruisit, en établissant des conseils d'administration, le despotisme des colonels; dans quelques corps, ce despotisme était devenu intolérable.

Le règne de Louis XV commença sous d'heureux auspices, et, dans la guerre de 1733, à laquelle on se préparait depuis huit ans, la France eut sous les armes plus de deux cent mille hommes, qui, par leurs victoires, nous assurèrent la possession, tant de fois tentée, de la Lorraine, et l'Espagne celle du royaume de Naples. Nous fûmes moins heureux dans la guerre de 1741; elle commença pourtant en Bohème par quelques succès éphémères, que la mauvaise direction donnée à nos armes changea bientôt en revers. L'infanterie française montra, dans cette campagne, à Fontenoy, à Lasfel, sous la conduite du maréchal de Saxe, qu'il ne manque jamais aux soldats français qu'un chef qui sache les enflammer et les conduire; mais, malgré tant de valeur, il ne nous resta de cette guerre que des dettes et la honte de ne pouvoir même pas relever les fortifications de Dunkerque. A la paix d'Aix-la-Chapelle, la force de l'infanterie française fut réduite à cent soixante et quelques mille hommes.

La difficulté des enrôlemens volontaires avait fait recourir le maréchal de Saxe à la formation des milices; nous en eûmes cent dix bataillons, et le maréchal de Saxe sut en tirer un grand parti, en choisissant parmi eux des grena-

(Fusilier sous Louis XV.)

diers provinciaux dont la discipline et le courage servirent de modèle à toute l'armée.

C'est pendant la guerre de 1741 que le prince Dessau, qui s'était occupé constamment des perfectionnemens à introduire dans l'arme de l'infanterie, fit adopter les baguettes de fer, qui rendent le feu plus prompt, et le pas mesuré, qui accélère les manœuvres et y met de l'ensemble. Il fit aussi adopter la formation sur trois rangs, qui était une suite nécessaire de l'emploi du fusil, et qu'on eût dû prendre beaucoup plus tôt. La France et l'Europe ne tardèrent pas à profiter de ces découvertes, qui eurent une grande influence sur la tactique.

SAUTERELLES.

CARACTÈRES DES SAUTERELLES. — LEUR CHANT. — LEUR
VOL — RAVAGES PRODUITS EN FRANCE PAR LES Criquets. — LEUR EMPLOI COMME ALIMENT.

Les entomologistes comprennent sous ce nom un genre d'insectes de l'ordre des orthoptères, dont les caractères sont : un corps alongé; une tête grande et verticale; deux yeux petits, saillans et arrondis, accompagnés de deux ou trois petits yeux lisses, mais peu apparens; un corselet comprimé sur les côtés et sans écusson; des élytres inclinés recouvrant des ailes; des pattes dont les antérieures paraissent prendre naissance sous la tête, et dont les postérieures sont très grandes.

Ce genre, appelé en latin locusta, est le type de la familles des locustaires. La femelle se distingue du mâle par une queue tranchante placée à l'extrémité de l'abdomen, composée de deux lames accolées l'une à l'autre, et vulgairement appelée sabre. C'est au moyen de cet appareil qu'elle dépose ses œufs dans la terre. Les larves qui naissent de ces œufs ne diffèrent de l'insecte parfait que par l'absence des ailes et des élytres; les nymphes en sont au contraire pourvues. Sous ces deux états, la sauterelle jouit des mêmes facultés qu'à l'état parfait, si ce n'est qu'elle ne peut se reproduire.

Les sauterelles mâles font entendre un bruit particulier, improprement appelé chant; il est produit par le frottement des élytres l'un contre l'autre à leur extrémité, qui offre une partie scarieuse et transparente, ressemblant en quelque sorte à un miroir. Cette partie n'existant point chez les femelles, leurs élytres ne produisent aucun bruit.

Les sauterelles, par la disposition de leurs ailes ployées, dans la longueur de leur corps, ne peuvent voler à de grandes distances, mais elles sautent très facilement. Elles se nourrissent de végétaux, et se tiennent habituellement dans les prairies et sur les arbres.

Nous allons citer les principales espèces de ce genre :

La sauterelle très verte (locusta viridissima). C'est la plus grande; elle est longue de deux pouces.

La sauterelle tachetée ou verrussivore (locusta verrussivora): son corps est d'un vert pâle, et ses élytres sont tachés de brun et de blanchâtre; elle atteint rarement la longueur de la précédente, mais elle est quelquefois beaucoup plus grosse. Son surnom de ronge-verrue lui vient de ce qu'en Suède, où elle est très commune, les paysans lui font mordre leurs verrues, persuadés que la liqueur noire qu'elle dégorge détruit ces excroissances.

La sauterelle grise (locusta grisea): son corps est brun, et ses élytres sont tachetés de brun et de cendré; elle est moitié plus petite que la verte.

Nous avons dit que les sauterelles ne pouvaient voler à de grandes distances; cependant qui n'a entendu parler de ces innombrables légions de sauterelles qui désolent des contrées entières? qui n'a lu avec autant d'intérêt que d'étonnement les relations non exagérées des désastres causés par ces nuées d'insectes qui, après avoir traversé l'Arabie et la Tartarie, viennent porter la famine et la peste jusque

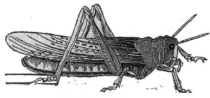

(La Sauterelle d'Orient.)

dans l'Europe méridionale! C'est par une méprise des voyageurs et des historiens que ces ravages ont été reprochés aux pacifiques sauterelles. L'insecte auquel il faut les attribuer appartient au même ordre, mais forme un genre différent sous le nom de criquet. Il en diffère par les caractères suivans :

Sa tête, très développée, supporte des antènes courtes; ses yeux saillans sont de forme ovale, et accompagnés de trois petits yeux lisses placés en triangle sur le sommet de la tête; sa bouche se compose d'une lèvre supérieure et d'une lèvre inférieure grandes et larges, de mandibules fortes et tranchantes, et de mâchoires terminées par toris dents. Son sternum, large et aplati, est très différent de celui des sauterelles; ses élytres sont coriaces, étroits, et aussi larges que les secondes ailes qu'ils recouvrent; celles-ci sont amples, réticulées, pliées en éventail, et colorées tantôt en un beau bleu, tantôt en rouge très vif; les quatre pattes antérieures sont de grandeur moyenne, mais les postérieures acquièrent des dimensions considérables. Les femelles sont remarquables par un organe particulier, placé de chaque côté du corps au-dessus des pattes postérieures, et que M. Latreille compare à l'appareil des cigales, en le considérant comme un véritable instrument acoustique. Cependant il paraît que les sons aigus que font entendre les criquets sont dus au frottement alternatif de la face interne des cuisses postérieures contre la face supérieure des élytres. Les femelles déposent leurs œufs sur les tiges des graminées, en les enveloppant d'une matière écumeuse qui se durcit et les protége; quelquefois aussi elles les enfoncent dans la terre. Les larves et les nymphes de criquets se nourrissent, comme l'insecte parfait, de divers végétaux.

Ce genre est très nombreux en espèces; le plus remarquables sont : le criquet stridule (*acrydium stridulum*), dont les ailes sont d'un beau rouge, et qui est particulier à toute l'Europe; le criquet émigrant (*acrydium migratorium*), appelé vulgairement la sauterelle de passage. Il habite les contrées orientales de l'Asie et de l'Afrique septentrionale.

Le criquet émigrant est un véritable fléau pour les pays qu'il traverse. Ses troupes innombrables produisent, par l'agitation de leurs ailes, un bruit sourd qui répand au loin l'épouvante. Sur la route qu'ils suivent, le soleil est obscurci. Dans leur marche, ralentie par le nombre immense de leurs phalanges, ils ne parcourent qu'un espace d'environ dix lieues par jour; c'est, vers le soir qu'ils s'abattent sur la terre; les arbres se brisent sous leur poids, et en quelques heures, il ne reste plus, sur une étendue de plusieurs lieues, une seule feuille, un seul brin d'herbe; tout est dévoré; la plus belle campagne prend tout à coup l'aspect du plus triste désert. Si, par suite de leurs ravages, la contrée sur laquelle ils se sont arrêtés ne leur offre plus assez de subsistances, leur mort fait naître un nouveau fléau; leurs cadavres putréfiés répandent dans les airs des miasmes pestilentiels qui font naître des maladies épidémiques. dont on a comparé les ravages à ceux de la peste. Ainsi la famine et la mort marchent à la suite de ces légions d'insectes. Leur présence est d'autant plus terrible, qu'il semble que rien ne peut apaiser leur faim dévorante : après avoir détruit les plantes les plus délicates, ils attaquent les feuilles des arbres et même leur écorce. On peut juger, par les expériences de Grundler, de la vitesse avec laquelle ils détruisent les végétaux. Ce naturaliste observa que des brins d'orge de quelques pouces de hauteur disparaissaient sous leurs dents aussi rapidement que s'ils leur étaient entrés tout droit dans le corps. Un seul fait suffira pour donner une idée de leurs ravages et de leur fécondité. En 1613, les environs d'Arles furent assaillis par une nuée de ces santerelles; plus de quinze cents arpens de blé furent entière-

ment moissonnés jusqu'à la racine; ils avaient pénétré dans les granges et dans les greniers; cependant une foule d'oiseaux les avaient attaqués, et travaillaient à leur destruction. L'autorité donna des ordres pour arriver plus promptement à ce but; et malgré tant d'obstacles à leur reproduction, on recueillit plus de trois mille mesures de leurs œufs, qui auraient produit chacune près de deux millions de ces insectes. En 1720 et en 1721, des troupes immenses de criquets ravagèrent la Provence; la dernière époque de leur apparition dans ce pays fut l'année 1849 : pendant cinq semaines, on enterra chaque jour trente-cinq à quarante quintaux de leurs larves.

Ces insectes dévastateurs ont heureusement un grand nombre d'ennemis : les oiseaux, les lézards, les cochons, les renards, et les grenouilles même en dévorent une grande quantité. Ils se font aussi une guerre cruelle, et l'intempérie de l'atmosphère, un coup de vent, une pluie froide, une tempête, en détruisent des millions en un instant. Dans les contrées asiatiques, l'homme mange ces insectes avec plaisir; après les avoir fait sécher et moudre, il en fabrique une sorte de pain, qui dans les mauvaises récoltes est d'une grande utilité. A Bagdad, les criquets se vendent au marché comme les autres denrées; on prétend que cet insecte a le goût de pigeon; un homme peut en manger deux cents dans un repas. Les cuisiniers de l'Orient ont plusieurs manières d'assaisonner ces insectes; il paraît que celle qui en fait un mets délicat consiste à les faire d'abord bouillir dans l'eau, et à les faire frire dans le beurre.

On a attribué les migrations des criquets à différentes causes, et entre autres à la rigueur des femelles qui, pour échapper aux poursuites des mâles, se répandraient jusque dans les régions les plus lointaines; mais le défaut de vivres paraît être la seule cause de leurs excursions, que le vent d'est dirige jusqu'en Europe.

FONDERIE DES MÉTAUX.
CANONS, BOMBES, OBUS.
(Deuxième article.)

Dans notre premier article sur la fabrication des bouches a feu, etc. (voy. pag. 258), nous n'avons pu, vu le défaut d'espace, qu'esquisser rapidement les opérations généralement suivies chez les différens peuples, sans pouvoir exposer les perfec tionnemens qui ont été tentés dans ces derniers temps, soit en France, soit à l'étranger, perfectionnemens, noudevons le dire d'avance, qui n'ont pas tous pour eux la sanction de l'expérience en grand. Mais avant d'entrer dans le détail de ces curieuses recherches, il convient que nous examinions les conditions que doivent remplir les bouches à feu.

La première qualité à donner à la matière dont sont composées ces armes, est une *ténacité* plus que suffisante pour résister à l'effort violent produit par l'explosion de la poudre (1).

(1) On peut juger de la puissance de la poudre par ce seul fait, que, de nos jours, bien souvent des boulets ont été lancés par des

(Coulevrine en fer forgé, abandonnée en 1423 par les Anglais, sur le Mont Saint-Michel qu'ils avaient assiégé pendant huit jours.)

Mais la ténacité ne saurait suffire aux bouches à feu, il leur faut encore la *dureté* pour supporter sans se déformer le choc intérieur des projectiles qu'elles lancent, et ceux que lui renvoient parfois les bouches à feu de l'ennemi; il faut en outre que les matières qui entrent dans la composition de la poudre, et celles bien plus corrosives encore qui se forment par sa combustion, ne puissent *altérer* ou du moins n'altèrent que peu la matière de l'arme; il faut que cette matière soit infusible au degré de chaleur développée par l'explosion de la poudre; il faut aussi que cette matière s'altère peu à l'air, et surtout à l'air humide, sans quoi les dimensions de la pièce changeraient, et avec elles serait diminuée l'exactitude dans le tir. Enfin, et ce n'est pas là la condition la moins importante, il faut que cette matière des bouches à feu puisse être fabriquée à bas prix, et soit assez commune pour fournir à l'énorme approvisionnement que demande de nos jours la défense des états.

Jusqu'ici il a été impossible de réunir toutes ces conditions. On a fait de nombreux essais, on en fait encore, et certes il ne manque à la solution du problème, ni le talent, ni la patience. Nos officiers d'artillerie et nos chimistes, ont fait leurs preuves en ce genre depuis long-temps. Quelles sont donc les difficultés qu'il faut vaincre?

Tout ce que la chimie et les arts nous ont appris des propriétés des corps, nous montre que c'est non-seulement aux métaux qu'il faut recourir pour la fabrication des armes à feu, mais qu'un seul métal ne saurait convenir. Ainsi, le cuivre et le fer forgé ont beaucoup de ténacité, sont peu altérés par les gaz de la poudre brûlée, mais ont peu de dureté; (le fer fondu, qui est loin d'être du fer pur, offre une grande dureté, mais il est rejeté par l'artillerie de terre comme ayant peu de ténacité); le plomb, le zinc, l'étain, n'ont aucune de ces deux propriétés. Et néanmoins, ces trois métaux peuvent entrer, chacun à des proportions diverses, et le dernier surtout, dans la composition de la matière des bouches à feu, en les associant avec d'autres métaux. C'est que les combinaisons que l'on peut opérer entre les diverses substances ont en général des propriétés physiques fort différentes de celles de leurs principes. Le problème est donc ramené à la composition d'un alliage qui soit tout à la fois, et à un degré assez, dur, tenace, infusible, et inaltérable au milieu de l'atmosphère et des gaz de la poudre.

Les matières qui ont jusqu'ici obtenu la préférence, sont les divers *alliages* que produisent le *cuivre* et l'*étain*, combinés dans des proportions diverses, et parmi lesquels se trouve le *bronze*, et enfin le *fer fondu*.

Le fer fondu est employé dans l'artillerie de la marine française, tandis que le bronze est adopté par l'artillerie de terre. D'où vient cette différence? quel est des deux corps celui qui est sous l'empire du préjugé? Si la marine se trouve bien des bouches à feu en fer fondu, pourquoi l'artillerie de terre ne les adopterait-elle pas? Et de même, pourquoi la marine française n'adopterait-elle pas le bronze? On répond, il est vrai, à cette dernière question, que le bronze est trop sonore, trop étourdissant sur un vaisseau; mais la marine russe n'a que des bouches à feu en bronze; et s'il en est parmi nos lecteurs qui se soient trouvés sur les vaisseaux de cette nation au moment de fortes décharges, ils ont pu remarquer que ces canons n'avaient pas une sonorité capable d'incommoder ou de gêner les combattans.

Le principal reproche fait au fer fondu, c'est son peu de ténacité qui force à donner, par compensation, une grande épaisseur aux pièces, et rend leur transport difficile; mais comme la métallurgie a fait de grands progrès dans l'art de

canons de vingt-quatre à près d'une lieue. À une époque plus reculée, sous Louis XI, si l'on pouvait en croire Monstrelet, il y aurait eu à la Bastille un canon qui lançait jusqu'à Charenton, à une lieue et demie environ, un boulet de pierre de cinq cents livres.

préparer le fer fondu, comme on sait aujourd'hui lui donner beaucoup plus de ténacité qu'on ne le faisait jadis, comme, en outre, cette matière pèse beaucoup moins que le bronze, et qu'on peut alors, en leur donnant une épaisseur plus grande, faire des bouches à feu en fer aussi solides que celles de bronze, bien des hommes du métier pensent aujourd'hui que l'emploi du fer fondu serait avantageux dans l'artillerie de terre.

Sans prétendre aujourd'hui juger cette importante question, nous ferons seulement remarquer que l'adoption du fer produirait les avantages suivans : 1° une grande économie dans la fabrication; le fer fondu ne coûte pas en effet le dixième du bronze; 2° la rentrée dans les caisses de l'état des capitaux énormes produits par la vente du bronze qu'absorbe le matériel de l'artillerie; 3° la plus grande facilité de réunir les fonderies de la marine et de l'armée de terre; 4° la possibilité qu'auraient les deux services de se prêter des bouches à feu, suivant le besoin; 5° la plus grande possibilité qu'auraient les deux services de se prêter des bouches à feu, suivant le besoin; 6° l'exemption de l'impôt énorme que la France paie à l'étranger, pour l'acquisition du bronze et de l'étain qu'il nous fournit, circonstance qui rend incertains les approvisionnemens de ces métaux en temps de guerre.

(*La suite à un prochain article.*)

LES FÊTES DE PÂQUES
DANS L'ITALIE MÉRIDIONALE.

Pâques est, dans les pays catholiques, le signal de la fin du long jeûne du carême; et pour cette raison et pour quelques autres motifs dont je parlerai plus bas, cette époque est célébrée comme un temps de réjouissances. Les tristes solennités de la semaine sainte, pendant laquelle on renchérit encore sur l'austérité du carême, donnent aux fêtes de Pâques le charme du plus piquant contraste.

Je n'essaierai pas de décrire toutes les solennités de la semaine sainte, qui sont célébrées à Rome avec une magnificence qu'on ne retrouve nulle part; et je n'ai ni la prétention de dire comment ces classes élevées célèbrent ces fêtes, ni celle de marquer les légères différences qu'on peut observer dans les différentes parties de l'Italie; mes souvenirs actuels portent spécialement sur le royaume de Naples, et se rapportent au peuple, qui, strict observateur des jeûnes de l'église, célèbre ses fêtes avec un zèle qu'on ne retrouve pas dans les hautes classes, dont le catholicisme est généralement moins sévère et moins régulier.

Depuis l'heure de midi, du jeudi de la semaine sainte, il n'est permis à aucune voiture de traverser la ville. Tout le monde, depuis le roi jusqu'à l'homme du peuple, doit marcher à pied. Les soldats en patrouille, les sentinelles à leur poste, doivent porter l'arme renversée. Les cloches se taisent, les marchés sont déserts, les boutiques sont fermées, le silence règne dans la ville, où tout porte, en un mot, les marques de la pénitence et de l'humilité. Le dimanche est à Naples le plus bruyant des jours; mais le jeudi et le vendredi saints, cette populeuse cité est aussi tranquille que l'est une ville de l'Écosse le jour du sabbat. Dans toutes les villes du royaume, aussi bien que dans la capitale, quelques-unes des principales églises offrent le plus triste spectacle. La lumière du jour est sévèrement exclue, et dans le coin le plus sombre de l'église on place un sépulcre dans lequel est l'image de Jésus-Christ mort. Les murs qui entourent le sépulcre sont tendus de noir, et quelques gros cierges jettent une lumière lugubre sur le cadavre, tandis que le reste de l'église est plongé dans une demi-obscurité, qu'accroît encore une fumée bleuâtre de l'encens qui brûle sans cesse. Une musique délicieuse se fait seule entendre, et le *Stabat mater* des Cimarosa, des Pergolèse et des Paosiella porte dans l'ame une religieuse émotion, à laquelle ne peuvent échapper même les êtres les moins heureusement doués du sens musical.

Les églises sont ouvertes l'après-midi du jeudi saint, et sont visitées jusqu'à une heure assez avancée du soir par des personnes de tout rang, mêlées sans distinction et marchant toutes à pied ; commémoration religieuse de l'égalité prêchée par Jésus-Christ. La cour, la noblesse, la bourgeoisie, le peuple ; en un mot, toute la population napolitaine est vêtue de noir, tandis que les paysans, qui alors affluent à Rome, portent leurs plus beaux habits. La strada Toledo, la principale rue de Naples, ordinairement si bruyante, et où semble se tenir une foire perpétuelle, présente pendant ces jours de deuil un aspect totalement différent. Pas une seule roue ne laboure son pavé de lave, pas un seul éclat de rire ne la fait retentir, et à peine y entend-on prononcer quelques mots. Tout est muet, et Naples semblerait une ville condamnée au silence par quelque enchanteur, si de temps à autre on n'entendait sortir des églises une suave harmonie. A la chute du jour le roi et la cour sortent de l'église, et retournent au palais, précédés d'un corps de musique qui les a accompagnés en venant.

Le jour suivant (le vendredi saint), les mêmes cérémonies continuent avec quelques changemens, et le samedi, à midi, les cloches sont mises en branle de nouveau. Les voitures recommencent à marcher, les boutiques sont ouvertes et les marchés se remplissent. Naples redevient aussi bruyante que de coutume, les vêtemens de deuil disparaissent, et de quelque côté qu'on se retourne, on est témoin de préparatifs pour les réjouissances de Pâques. Les marchands de comestibles de toutes sortes ne cessent de vendre ; mais les boutiques des bouchers et des boulangers sont celles qui présentent les scènes les plus curieuses. Dans les premières, les agneaux, les jeunes chevreaux, les moutons et les quartiers de taureau couverts de fleurs, de clinquant et de dorures, sont étalés avec art, tandis que les boutiques des boulangers montrent aux regards des acheteurs d'énormes piles de pains d'une espèce particulière dont on ne fait usage que pendant ce temps. D'autres boutiques sont pleines d'œufs rouges appelés vulgairement œufs de Pâques, en usage dans toutes les contrées catholiques à cette époque de l'année : un voyageur anglais, qui ignorait la coutume de peindre les œufs, arrivant à Naples à cette époque de l'année, écrivit intrépidement dans son voyage, que « les poules de Naples pondaient des œufs rouges au lieu d'œufs blancs. » Singulière méprise, digne en tout point des élégans touristes, qui voyagent uniquement pour obéir à la mode.

Les pains dont nous avons parlé plus haut, appelés cassatielli par les Napolitains, ont une forme particulière. C'est un rond, vide au milieu, et découpé de manière à représenter grossièrement la couronne d'épines de Christ ; cette couronne est semée çà et là d'œufs avec leurs coquilles, et ces œufs cuisent au four en même temps que le pain. J'ignore absolument quelle est la préparation de ces cassatielli ; mais je puis assurer qu'ils sont excellens et remarquablement blancs.

Il y a aussi un plat particulier, qu'on ne sert que dans cette saison, et que l'on prétend imiter encore la couronne d'épines dans sa forme ; il se compose d'un certain nombre de cercles creux, de trois pouces de diamètre à peu près, formés d'une pâte épaisse et frits au feu ardent. Ces cercles symboliques sont appelés zeppoli. Si je ne me trompe, on commence à les servir le mercredi des Cendres, et on continue pendant toute la durée du carême, ce qui ne les empêche pas de reparaître avec toutes les friandises de Pâques. Presque toutes les choses qu'on mange à cette époque, depuis l'agneau pascal jusqu'au pain de ménage, ont un certain rapport avec les mystères du christianisme. Du reste, on peut remarquer la même chose à l'époque de tou

tes les grandes solennités religieuses, pour chacune desquelles les Italiens ont des mets particuliers et symboliques.

Les Napolitains ont conservé tous ces vieux usages, qui se sont graduellement éteints dans les autres contrées de l'Europe, etc. Ils écrivent souvent sur la marge de leurs livres d'église les plats d'obbliga que l'on doit manger dans chaque saison ; on peut donc dire qu'ils mangent à la fois religieusement et chronologiquement. Les classes les plus pauvres se conforment à ces usages autant qu'elles le peuvent, et souvent une pauvre famille se prive une semaine entière d'une partie de sa nourriture pour avoir le plat assigné à la prochaine fête. Le peuple de la capitale, les lazzaroni napolitains, mangeurs de macaroni, et imprévoyans par excellence, font quelquefois de grands sacrifices dans ce but. On en a vu vendre leur seul habit pour acheter des zeppoli et des cassatielli le jour de Pâques.

Quoique Naples contienne une population de quatre cent mille âmes, on s'étonne qu'elle puisse dévorer les montagnes de provisions entassées sur ses places le samedi saint ; mais la fête du dimanche suffit ordinairement à les consommer, et la fête se continue con brio le lundi et le mardi suivans. Le lundi, la ville est excessivement bruyante ; les paysans des environs, hommes, femmes et enfans, y abondent dans des voitures de tout genre, où ils se font emporter avec la plus grande rapidité sur le pavé ; et c'est ici le lieu de remarquer que ces courses dangereuses sont un des plus grands plaisirs des Italiens, qui, pendant ces jours, entrent en foule dans les cabarets, où ils boivent avec excès, bien qu'il soit très rare d'en voir d'ivres.

(Traduit du Penny Magazine.)

ÉCOSSE.
LE PONT DE ROKEBY.

L'Écosse offre peu de vues aussi pittoresques que celle du vallon de Mortham qu'arrose la Greta, rivière dont le cours bruyant justifie bien le nom qui lui a été donné (1). Tout ce paysage, mélange admirable d'arbres et de rochers, est tellement adapté aux idées superstitieuses, qu'on l'avait appelé le Blochula, comme le lieu où les sorcières suédoises tiennent, dit-on, leur sabat. Le vallon, du reste, a sa superstition locale ; les paysans le disent fréquenté par le spectre d'une châtelaine qui fut, assurent-ils, égorgée dans les bois voisins, et dont ils montrent encore les traces sanglantes sur les marches de la tourelle de son antique manoir.

Un vieux pont d'une seule arche est jeté sur la Greta, au lieu où ses eaux s'échappent des sombres bois de Brigal et cherchent la vallée profonde de Mortham.

On trouve à Greta-Bridge un camp romain encore bien conservé, entouré d'un triple fossé ; les quatre portes de ce camp se distinguent encore. Il y avait aussi, dans le voisinage, plusieurs autels romains que le propriétaire actuel du domaine de Rokeby a recueillis dans son château. Il en est un entre autres qui porte cette inscription : Leg. VI. P. F. F., c'est-à-dire, la sixième légion pieuse, victorieuse et fidèle.

Si le poète Spencer, dit Walter Scott dans son poème de Mathilde de Rokeby, eût erré dans ce séjour enchanteur, il l'aurait enbelli des riches couleurs de son imagination ; il eût peint la rivière qui, telle qu'un captif fuyant sa prison, couronne ses vagues d'une brillante écume et exprime son allégresse par son murmure mélodieux ; il eût célébré ces arbres qui semblent reculer sur les coteaux, où çà et là le chêne, géant des forêts, s'arrête solitaire et étend de tous côtés ses rameaux noueux.

A voir les saillies des rochers suspendus sur le torrent, on dirait qu'une montagne s'est partagée soudain, pour ouvrir

(1) Greta vient de Gridan, qui signifie crier.

un passage à l'onde mugissante. A peine si leur base escarpée laisse un étroit sentier au pas des voyageurs. Placés entre les ondes et les rochers, ils entendent gronder le torrent rapide; l'onde irritée se brise sur chaque rocher qu'elle rencontre, et poursuit sa route, couverte d'une blanche écume.

Parmi les rochers qui penchent leurs crêtes superbes sur le sombre lit de la Greta, les uns sont nus et arides,

et les autres couverts d'une verdure ondoyante. Ici des arbres sortent de chaque fente et balancent leurs feuillages touffus; là les rocs anguleux s'élancent jusqu'aux nuages; souvent aussi le lierre les entoure comme d'une cotte de mailles et couronne leurs âpres sommets de sa verte guirlande. Çà et là les rameaux flexibles flottent au milieu des airs, semblables à ces étendards, arborés jadis sur les créneaux des tours féodales, pendant que les barons faisaient

(Le Pont de la Greta.)

retentir les voûtes de leurs châteaux des acclamations de leur joie. Telle est, et plus bruyante encore, la voix mugissante de la Greta; tels sont les échos de son rivage et les bannières verdoyantes qui flottent sur le cours de ses ondes.

Plus loin les rochers s'écartent tout à coup de la rivière,

et on rencontre un bois de sombres ifs qui entrelacent leurs rameaux lugubres avec ceux du noir sapin. Aucun gazon, aucune fleur champêtre n'y console les regards attristés. Ce vallon était évité, pendant les ténèbres, par le serf crédule qui croyait, la nuit, entendre des voix lamentables dans ces sombres sentiers.

Paris. — Imprimerie de H. Fournier, rue de Seine, 14.

LES BUREAUX D'ABONNEMENT ET DE VENTE SONT :
rue de Seine-Saint-Germain, n° 9.

ANGLETERRE. — POSTES AUX LETTRES; POSTES AUX CHEVAUX.

(Vue de l'Hôtel des Postes de Londres.)

L'hôtel des Postes à Londres est digne d'être visité par les voyageurs, non pas pour la beauté de ses bâtimens, mais pour l'immensité des travaux qui s'y exécutent, et pour l'ordre et la simplicité qui président à ces importantes opérations.

Ce lieu est, en effet, le centre d'une correspondance qui s'étend aux confins des deux mondes; les lettres en partent régulièrement pour l'Inde, pour la Chine, pour l'Amérique, pour la Nouvelle-Hollande, pour l'Equateur et pour la zone glaciale. Il n'y a que le peuple anglais qui nous mette en rapport avec tous les autres peuples de la terre, et qui montre son pavillon depuis l'Archipel Ionien jusqu'aux Iles de la mer du Sud.

La multiplicité des rapports auxquels doit satisfaire l'institution des postes en Angleterre, exigeait un ordre parfait dans la distribution du travail. Il faut examiner de près l'organisation des bureaux pour voir comment cette condition a été satisfaite; c'est là l'examen que doit faire le voyageur vraiment curieux, sans se borner, comme le fait la masse des coureurs de grandes routes, à la simple inspection de la façade, où à un rapide coup d'œil jeté dans l'intérieur de l'hôtel.

L'une des circonstances qui frappent le plus l'attention des étrangers qui visitent la première fois l'hôtel des Postes de Londres, est la présence d'une multitude d'inscriptions placées dans toute l'étendue de la vaste enceinte des bureaux, non-seulement sur les issues principales, mais encore sur les moindres subdivisions des bureaux.

Chaque employé y est, pour ainsi dire, désigné d'avance aux regards des personnes dont il doit servir la correspondance, et, grâce à ces nombreuses indications, la foule des négocians, des étrangers, des valets, etc., trouve sans guide et en silence le bureau où elle est promptement expédiée. C'est un spectacle vraiment curieux que celui que présente ce service si vaste et si varié, qui calcule, suivant les probabilités, les retards des vents et toutes les chances défavorables, et vous dit avec justesse, pour la plupart des cas, l'époque du retour de la correspondance que vous envoyez au fond de l'Inde, comme s'il n'était question que d'un billet d'invitation adressé à l'un de vos amis domicilié à quelques rues de distance.

Le revenu des postes en Angleterre ne dépassait pas 20,000,000 fr. au commencement de la révolution française; il est aujourd'hui au-dessus de 60,000,000. L'énormité de cette somme s'explique assez par l'élévation du tarif du transport des lettres et par la taxe des journaux. Dans ce pays, où les vieilles institutions sont si difficiles à déraciner, il sera fort difficile de faire réduire à un chiffre raisonnable une taxe aussi contraire au progrès de l'industrie, et nous dirons aussi à la propagation des lumières. Les employés de l'administration des postes en Angleterre, prélèvent d'énormes bénéfices sur le mouvement de la correspondance et sur celui des feuilles publiques, ont fait une vive opposition à toutes les mesures de réduction qui ont été proposées. Grâce à ces dispositions fâcheuses, au génie fiscal qui caractérise également l'administration française, et à la sotte fierté qui sépare encore ces deux nations jadis rivales, les feuilles publiques et les lettres ne passent d'un pays dans un autre que grevées, au passage des deux frontières, de deux impôts énormes, contre lesquels réclamera efficacement la masse, quand elle sera plus éclairée et pourra mieux examiner les rouages de cet immense système si lourd, si compliqué, qu'on appelle la machine gouvernementale (1).

En rappelant ainsi à nos lecteurs les imperfections de l'institution des postes en Angleterre et en France, nous ne nierons pas que des améliorations ont été ou introduites ou tentées des deux côtés depuis quelque temps. Ainsi l'on a cherché à accélérer le train des dépêches entre Londres et Paris; ainsi le service dans l'intérieur de la France a gagné, dans ces dernières années, sous le rapport de la célérité et de l'exactitude;... et cependant que de réclamations faites chaque jour par les journaux!

Les mail-roaches, destinés en Angleterre au transport des dépêches, sont des voitures à quatre places d'intérieur et six sur l'impériale. Derrière la voiture est assis le gardien, ayant devant lui une espingole et une paire de pistolets. Ces voitures voyagent à raison de dix milles à l'heure (quatre lieues); mais leur peu de largeur (car les Anglais, gens, en général, grands et gros, semblent tenir peu de compte de leurs dimensions personnelles dans les proportions qu'ils donnent à leurs voitures), leur peu de largeur, disons-nous, et la brièveté de leur station, les rendent peu commodes.

Les postes pour le transport des voyageurs et des marchandises sont en Angleterre organisées sur des bases toutes différentes de celles qui régissent ce genre de service dans le reste de l'Europe; elles ne sont pas l'objet d'un privilège exclusif. Au moyen d'une licence, qui ne peut être refusée, les relais sont établis selon le caprice ou la volonté de ceux qui les possèdent. La concurrence qui en résulte ne fait cependant pas baisser le prix des courses, lequel, Londres excepté, est à peu près le même sur toutes les routes, et diffère peu de celui des relais en France. Le nombre des chevaux est toujours de deux ou quatre, sans égard pour celui des voyageurs, ni pour la forme ou la pesanteur des voitures.

Lorsque l'on veut se servir de voitures de poste, les entrepreneurs sont tenus d'en fournir sans accroissement de prix. Ces voitures, qui ont la forme de coupés, sont bien suspendues, fort propres et fort commodes.

L'Angleterre n'a pas, comme la France, une race de chevaux affectés spécialement au service des postes. La plupart des animaux employés à ce service sont des chevaux de carrosse ou de chasse, devenus impropres à l'un ou à l'autre de ces usages, et qui, avant d'être attelés aux fiacres et aux fourgons, usent ainsi ce qui leur reste de force. Leur vitesse répondant en partie à ce que leurs formes élégantes semblent promettre, on parcourt huit à neuf milles (trois lieues et demie environ) par heure, le temps de relayer compris. Armé d'un long cornet, le gardien avertit de loin les conducteurs des voitures qui pourraient arrêter sa marche.

La taille des postillons, toujours choisis parmi les hommes les plus petits, et leur costume, qui ne se compose que d'une veste ronde, d'une culotte courte et de bottes à revers, sont calculés de manière à réduire le plus possible le poids que portent les chevaux.

Les harnais qui passent des voitures de ville à celles de poste, ne subissent aucun changement pour cette dernière destination. Ils sont remarquables par leur excellente tenue.

Les stage-coaches correspondent à une diligence; ce sont des voitures fort élégantes, construites pour transporter quinze ou dix-huit voyageurs, et une charge assez considérable en paquets, mais sur des routes parfaitement unies; cette dernière condition est de rigueur : sans elle, l'élévation des voitures, la répartition de la charge, exclusivement placée sur l'impériale, et la légèreté de la caisse et du train, donneraient lieu, comme en France, à de nombreux accidens.

GUYANE FRANÇAISE.

L'ancienne France équinoxiale, la Guyane française, est celle de nos colonies la moins nuisible à la santé des Européens. On n'y connaît ni les fièvres jaunes qui font tant de ravages aux Antilles, ni les maladies endémiques du Sénégal, et quoi qu'en aient dit presque tous les auteurs qui ont écrit sur ce coin du Nouveau-Monde, les marécages et les savannes noyées n'exercent aucune mauvaise influence. Elles ne vicient pas l'air par les miasmes délétères qu'elles exhalent, selon quelques voyageurs, car les eaux qui les forment ne sont ni stagnantes, ni croupissantes; sur les côtes, les marées les renouvellent sans cesse, et dans l'intérieur, les pluies abondantes augmentent leur volume, elles vont coulant de savannes en savannes.

La chaleur dans cette contrée est très supportable; elle est tempérée par les vents alisés qui viennent du large, et puis, les rivières sinueuses et tortueuses qui l'arrosent et la

(1) Le revenu des postes en France est de 35,361,905 fr.
Le nombre des habitans de 32,560,934.
Le revenu du département de la Seine est de 9,415,776 fr. Et le nombre de ses habitans de 925,108.

coupent dans tous les sens, communiquent aux masses d'air environnantes la fraîcheur de leurs eaux; c'est une remarque assez curieuse que j'ai faite moi-même à plusieurs reprises; les jours où la chaleur était excessive, l'eau de rivière était plus froide; la cause de ce phénomène est facile à deviner.

Je ne veux pas dire, pour cela, qu'un long séjour sous le ciel de Cayenne n'altère en rien la santé des Européens : la vie s'use plus vite partout où des sueurs abondantes et répétées diminuent la masse du sang; d'ailleurs il en est de nous comme des fleurs; un changement trop subit de climat rend plus prompte la décrépitude; nos traits se plombent et se rident, nos yeux perdent de leur éclat et nos cheveux deviennent rares; cependant en s'abstenant des excès de toutes sortes auxquels se livrent malheureusement les Européens récemment arrivés, on peut jouir d'une longue vie, non pas exempte de malaises et d'incommodités, mais au moins d'infirmités. On a eu dans la Guyane française quelques exemples de centenaires, entre autres *Jacques des Sauts*, l'ancien soldat de Louis XIV. J'y ai vu des personnes parvenues à un âge très avancé, et dont la santé eut, même en France, paru peu ordinaire.

D'où sont donc sortis les bruits qui ont circulé dans l'Europe entière, et qui ont fait de ce pays le foyer d'infection du Nouveau-Monde? Pourquoi, par les succès et la prospérité des deux Guyanes voisines, les Français n'ont-ils pas encore fait justice des fausses préventions qu'on avait répandues parmi eux? C'est chose facile à dire, mais il faut chercher la cause du mal en remontant à sa source.

En 1765, le ministère jeta les yeux sur la Guyane française, tant de fois, hélas! bouleversée, et où plusieurs entreprises particulières avaient déjà échoué, faute de capitaux et de prévoyance; il crut qu'il serait profitable à l'état d'en faire un pays tributaire de la France, et d'y jeter une population libre qui pourrait se défendre elle-même et résister aux attaques étrangères. De vils charlatans que l'appât de l'or excitait, s'insinuèrent auprès des ministres trop crédules, captivèrent leur esprit, gagnèrent leur confiance, et parvinrent à se faire nommer les agens de cette colonisation. Ils réunirent en peu de temps treize mille malheureux qu'on avait séduits par tout ce que peuvent suggérer la ruse et la pauvreté, et après une traversée longue et pénible, ils furent débarqués sur une plage déserte, rendue impraticable par les pluies qui tombaient par torrens depuis plusieurs mois, et sur laquelle rien n'avait été préparé pour les recevoir. On construisit à la hâte un grand carbet, couvert de feuilles, et on les y entassa pêle-mêle, avec les provisions salées qui leur étaient destinées. L'inaction que leur imposa l'inondation des terres produisit le découragement; l'humidité dont ils ne pouvaient se garantir sur ces côtes submergées, jointe aux privations auxquelles ils étaient assujétis, fit naître chez eux d'affreuses maladies, exerça un effroyable ravage, et plus tard, ils eurent à ressentir toutes les horreurs de la famine. Quand vint l'été, de treize mille ils étaient réduits à quinze cents, et tous dans un état de souffrance tel qu'il y avait peu à espérer des travaux qu'on leur destinait. Ces malheureux dont toutes les pensées étaient pour cette belle France qu'ils brûlaient de revoir, furent par ordre de l'intendant *Chanvalas* distribués dans les terrains bas où devaient s'étendre leurs cultures. Quelques mois s'écoulèrent en défrichemens. La saison des pluies arriva, l'eau descendit par torrens des montagnes voisines; ils moururent tous victimes des inondations... horrible souvenir!.. forte leçon pour les ministres, que le charlatanisme diplomatique entraîne souvent à de graves erreurs : il fallait une justification pour les chefs de la colonisation, et tout fut rejeté sur l'insalubrité du pays; il était de l'intérêt des ministres désabusés de propager cette erreur; l'ignorance mit à profit ces bruits qu'avait répandus la mauvaise foi et dont la pauvre Guyane s'est toujours ressentie.

Une nouvelle entreprise échoua encore en 1782. On

avait arraché de la France des gens presque tous sans asile et sans pain, par l'espoir d'une grande amélioration de leur sort; pendant la traversée, on leur avait fait voir le pays dans lequel ils allaient s'établir, à travers le prisme de l'illusion, ils s'étaient fait de Cayenne un nouvel Eden; aussitôt après l'arrivée, leur déception avait été grande : rien encore n'avait été préparé pour les recevoir, et par suite du découragement, l'entreprise n'avait eu aucun bon résultat.

On sait que c'est encore à Cayenne que furent, quelques années plus tard, exilés tant d'illustres victimes de la tyrannie directoriale. A Sinamary, sur le rivage, on voit des arbres plantés par les déportés, ainsi que quelques restes de carbets; on aime à rêver pour eux le bonheur en dédommagement des maux qu'ils ont éprouvés dans cette vie, et cette idée fait du bien, après le serrement de cœur qu'on a ressenti en parcourant ces lieux qui rappellent de si tristes souvenirs, et sur lesquels on voit épars quelques débris de crânes et des os fracturés.

Non seulement la mort des colons qu'avaient causée les fautes des chefs, fut rejetée sur la colonie, mais nos géographes, qui adoptèrent cette erreur, la répandirent dans leurs écrits. Plusieurs géographies modernes, presque toutes fruits d'une longue compilation, servent encore à inculquer le faux jugement chez les masses; Cayenne est réputée la plus malsaine de nos colonies, et quand un jeune homme y fait son premier voyage, sa mère ne dort pas qu'elle n'ait de ses nouvelles. On entend assez communément, dans les ports de mer surtout, des familles se plaindre d'y avoir perdu quelques parens; mais nous ne sommes pas immortels; ces hommes morts là bas seraient peut-être morts en France à la même époque aussi bien que dans tout autre lieu de la zone torride; peut-être aussi ont-ils été emportés victimes d'excès de tous genres. Voilà ce qui résulte de mes études faites sur les lieux, de l'entraînement des Européens (des jeunes gens surtout) vers ces excès qui doivent les conduire au tombeau, et qui dans les premiers jours leur ont cependant inspiré une aversion indicible.

Ces premiers jours de l'arrivée sont beaux, et variés par les distractions de toute espèce qu'offrent des lieux tout-à-fait inconnus et une nature grandiose... mais bientôt on s'habitue à toutes ces choses que l'on voit sans cesse, et qui sont toujours les mêmes... le jeune homme surtout, qui en France courait de plaisirs en plaisirs, comme l'oiseau de branche en branche, devient sombre, rêveur, et, malgré tous les prestiges dont les habitans du pays, avides de cette liaison nouvelle, cherchent à l'entourer, il a le cœur gros, l'âme serrée au souvenir de toutes ses jouissances perdues. C'est qu'à la Guyane plus de ces distractions variées qu'offre, dans les villes de la métropole, l'éternelle révolution des beaux-arts, des lettres et de l'industrie; plus de ces grandes réunions de France, où l'observateur trouve un vaste champ d'études; plus de belles prairies étoilées; plus de champs dorés; plus de neige; plus de glace! il ne voit qu'une nature stagnante, si je puis m'exprimer ainsi, une verdure uniforme et éternelle.

D.....

SAMUEL,
PONTIFE ET MAGISTRAT SUPRÊME DU PEUPLE JUIF.

Parmi les belles compositions que l'histoire si poétique du peuple juif a inspirées aux artistes, quelques-uns de nos lecteurs auront peut-être remarqué celle qui est due à J. Singleton, peintre anglais, et que le graveur W. Green a reproduite. Dans ce tableau dont nous offrons aujourd'hui une bien modeste imitation, on voit le prophète Samuel, alors jeune encore, et lévite du grand-prêtre Eli, auprès de ce vieillard auquel il raconte la révélation que lui a faite le Seigneur irrité des désordres de ses fils.

La vie de Samuel présente plusieurs circonstances remarquables qui ont appelé l'attention des adversaires de la foi chrétienne, et de Voltaire entre autres. Nous en joindrons quelques-unes au récit du fait principal que rappelle notre gravure, sans entrer dans la discussion politique et religieuse que peuvent provoquer ces citations et que nous abandonnons à l'esprit attentif de nos lecteurs.

La mère de Samuel avait été long-temps stérile, et gémissait dans la solitude d'une privation qui la rendait l'opprobre des Hébreux. Aussi lorsqu'elle mit au jour Samuel, jura-t-elle de le consacrer au service de son Dieu, et quand elle le présenta au grand-prêtre *Eli*, sa reconnaissance se traduisit-elle par ce magnifique *antique* que nous a conservé l'écriture sainte.

Samuel fut donc placé comme lévite auprès du grand-prêtre; et au milieu de la corruption générale du peuple juif qui sacrifiait aux idoles, ce fut ce jeune enfant que l'esprit divin choisit pour son organe. Une nuit il entend une voix qui appelait *Samuel*, et il court auprès du grand-prêtre, s'imaginant que c'était la voix d'*Eli*. Mais le grand-prêtre le détrompe, et le jeune lévite va de nouveau se livrer au sommeil; la même voix se fait encore entendre, et Samuel retourne auprès du vieillard qui le renvoie de nouveau. *Samuel* crie pour la troisième fois la voix inconnue, et le grand-prêtre, que Samuel réveille pour la troisième fois, croit reconnaître la parole de Dieu, et dit à son lévite : Allez, et si la voix vous appelle, vous répondrez : *Parlez, Seigneur, votre serviteur vous écoute*; et Samuel obéit, et la même voix lui annonça qu'il allait

punir Eli et ses fils à cause du scandale de la conduite de ces derniers.

Le lendemain, au lever du soleil, Samuel alla raconter au grand-prêtre la terrible révélation de la nuit; et la famille d'Eli tout entière fut en butte à la colère du Seigneur, et Samuel fut à son tour établi juge d'Israël.

Samuel ramena le peuple hébreu au culte du Seigneur; et au renversement des idoles succédèrent bientôt des succès miraculeux contre les nations ennemies.

Samuel, parvenu à un âge avancé, se déchargea sur ses deux fils de ses fonctions de juge d'Israël. Mais ses deux fils vendirent la justice, et d'une manière si scandaleuse, que les anciens du peuple vinrent trouver Samuel; et lui dirent : « Voilà que vous êtes devenu vieux, et vos enfans ne marchent pas sur vos traces : Donnez-nous un roi comme en ont toutes les nations, afin qu'il nous juge et qu'il nous condamne. »

Samuel chercha à les dissuader, et leur dit au nom du Seigneur : Voici quels seront les droits du roi qui vous gouvernera : il prendra vos enfans pour conduire ses chariots. Il s'en fera des gens de cheval et les fera courir devant son char. Il en fera des officiers pour commander, les uns mille hommes, les autres cinquante; il prendra les uns pour labourer ses champs et pour recueillir ses blés, les autres pour faire des armes et des chariots.

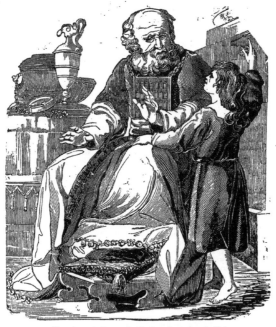

(Samuel annonçant au grand-prêtre les malheurs de sa famille.)

« Il se fera de vos filles des parfumeuses, des cuisinières et des boulangères.

« Il prendra ce qu'il y aura de meilleur dans vos champs,

dans vos vignes et dans vos plants d'oliviers, et il les donnera à ses serviteurs.

« Il vous fera payer la dîme de vos blés et du produit de

vos vignes, pour avoir de quoi donner à ses eunuques et à ses officiers.

« Il prendra vos serviteurs, vos servantes, et les jeunes gens les plus forts, avec vos ânes, et il les fera travailler pour lui. Il prendra aussi la dîme de vos troupeaux, et vous serez ses serviteurs.

« Vous crierez alors contre votre roi que vous aurez élu, et le Seigneur ne vous exaucera point, parce que c'est vous-même qui aurez demandé d'avoir un roi. »

Le peuple ne voulut point écouter les avis de Samuel, et s'obstina de plus en plus à demander un roi qui le jugeât et qui combattît avec lui. Et vers le même temps, le Seigneur conduisit Saül à Ramatha (1). Samuel le logea dans sa maison, et le lendemain il prit une petite fiole d'huile qu'il répandit sur la tête de Saül, et le sacra roi d'Israël. Après cela il fit assembler tout le peuple devant le Seigneur, à Maspath, pour procéder à l'élection du roi, *par le sort*, et Saül fut désigné de cette manière, et tout le peuple cria : *Vive le roi*.

Lorsque Saül eut défait les Amalécites, Samuel alla le trouver pour le reconnaître de nouveau, et pour lui ordonner, de la part du Seigneur, de marcher contre les restes d'Amalec, de les tailler en pièces, et de détruire sans pitié tout ce qui appartenait à ce peuple maudit. Saül n'épargna ni femmes ni enfans; seulement il prit le roi Agag, et l'emmena dans sa tente. Aussitôt Samuel, suivant les ordres du Seigneur, se rendit à Galgala, où Saül offrait un sacrifice d'actions de graces; il lui reprocha son infidélité, et lui déclara qu'il était irrévocablement réprouvé. Il commanda aussi qu'on lui amenât le prince d'Amalec. Quand ce prince fut en sa présence, Samuel lui dit : « Comme votre épée a ravi les enfans à tant de mères, ainsi votre mère parmi les femmes sera sans enfans, » et il le coupa en morceaux devant le Seigneur.

Cette expression *couper en morceaux* correspond sans doute à celle-ci, *fit mettre à mort*, comme cette autre dont les écrivains se servent chaque jour, *mettre en pièces les ennemis*; car il est peu probable que Samuel, courbé par les années, Samuel, prêtre du Seigneur, ait eu la force et la disposition d'esprit nécessaires pour hacher en pièces un homme. Telle est du moins la réponse qu'ont faite l'abbé Guénée et les écrivains chrétiens des temps modernes aux malignes observations de Voltaire.

La conduite de Saül ayant déplu au Seigneur, le prophète alla trouver David, et le sacra au milieu de ses frères. Il mourut peu de temps après, âgé de quatre-vingt dix-huit ans. Après sa mort, Saül alla trouver la pythonisse d'Eudor, pour évoquer l'ombre de ce prophète, et il en reçut cette réponse accablante : « Le Seigneur vous traitera comme je vous l'ai dit de sa part. Il déchirera votre royaume, et l'arrachera de vos mains pour le donner à David, votre gendre. Demain vous serez avec moi, vous et vos fils; et le Seigneur abandonnera aux Philistins le camp d'Israël. »

Ce passage est hérissé de difficultés que les commentateurs ont résolues de différentes manières.

L'histoire raconte que quatorze cents ans après la mort de Samuel, sous l'empereur Arcadius, le corps de ce prophète fut retrouvé et transféré à Constantinople avec des honneurs infinis.

L'ESCARBOT KANGUROU.

L'escarbot représenté par la gravure ci-jointe a été appelé *Kangurou* par quelques naturalistes à cause de la ressemblance qu'ils ont cru trouver entre lui et le Kangurou mammifère.

Les escarbots ne peuvent être confondus avec aucun autre genre d'insectes. Les antennes empêchent de les confondre avec les *lucanes*, les *scarabés*, les *hannetons*, etc.,

(1) Lieu qu'habitait Samuel.

avec lesquels ils ont quelque rapport par la forme des pattes antérieures. La tête rétractile, les antennes coudées, les

(L'Escarbot kangurou.)

mâchoires simples, les antennules presque en masse, et enfin les jambes antérieures dentées, doivent encore les distinguer des dermestes, des anthrènes, des sphéridies, et des byrrhes, avec lesquels ils ont quelques légères ressemblances dans la forme du corps et la manière de vivre.

On trouve les escarbots dans les bouses, les fientes, les restes d'animaux, et dans les tueries, sur le sang qui y est resté desséché; quelques espèces vivent sous l'écorce des arbres morts ou cariés. On les rencontre pendant le printems, l'été et une grande partie du reste de l'année. Quelquefois on les voit courant par terre, sur le sable, dans les chemins. Lorsqu'on veut les toucher, semblables aux dermestes, aux byrrhes, ils collent leurs pattes et leurs antennes contre leur corps, suspendent tout mouvement, comme s'ils étaient morts, et restent dans cette position tant que durent leurs appréhensions. Leurs laves vivent dans la terre, dans les fumiers, et dans les débris des matières animales.

Les escarbots ont deux ailes cachées sous des étuis très durs, plus courts que l'abdomen; deux antennes courtes, coudées, dont le premier article est très long, et les trois derniers en masse ovale, presque solide; une tête petite, enfoncée dans le corselet; la bouche munie d'une lèvre supérieure, de deux mandibules cornées, assez grandes, de deux mâchoires, d'une lèvre inférieure, et de quatre palpes, un peu plus gros au bout; les pieds contractiles, avec les jambes épineuses, et dont les deux premières ordinairement larges et dentées; enfin, les tarses composés de cinq pièces.

L'ALSACE. — LE BAS-RHIN.

Physionomie morale. — Esprit militaire. — Langage. — Costumes.

La population de l'Alsace fut long-temps allemande. Depuis 870 jusqu'en 1648, l'Alsace fut une province de l'empire germanique. Cette longue suite de temps était plus que suffisante pour que ses habitans se façonnassent aux mœurs, aux usages, aux lois, au caractère, au langage de l'autre rive du Rhin; c'est ce qui arriva; et le pli était si bien pris, que, depuis 1648 jusqu'à ce jour, la domination française n'a pu effacer ce caractère germanique. Par les mœurs, les habitudes, le langage, les Alsaciens sont encore aujourd'hui plus Allemands que Français.

Les Alsaciens passent pour être d'un caractère très calme, et difficiles à émouvoir, ce qui donne à leur vie entière une monotone uniformité. Le cultivateur, a-t-on dit, ne laboure pas avec plus de vivacité le matin que le soir; il suit presque toujours le même train dans tout ce qu'il fait. Toutefois, industrieux et ami du travail, il sait profiter de toutes les ressources du sol et du climat, et aucune peine ne lui coûte pour obtenir des résultats avantageux. Les filles et les femmes des campagnes sont élevées, comme les hommes, aux plus rudes travaux de la culture, et partagent avec eux, les jours de fête, leurs plaisirs au cabaret.

Car à côté des travaux, l'Alsacien aime à trouver la joie et les plaisirs; il aime à changer quelquefois sa vie calme et monotone en une vie gaie et souvent bruyante; il est ami de la danse, de la musique, et en général de tous les genres d'amusemens. Un ancien préfet du Bas-Rhin a peint, d'une manière vive et animée, le caractère de ses administrés : « Demandez-leur, dit-il, ce que vous avez droit d'exiger; écartez de votre demande toute idée d'arbitraire; qu'elle porte, s'il est possible, l'empreinte du sentiment et de la confiance, et vous obtiendrez facilement les plus pénibles sacrifices... Au nombre de leurs jouissances chéries, dit-il encore, la danse et la musique tiennent le premier rang, surtout la première, dont le goût semble inné parmi toutes les classes. Si ce que l'on appelle la bonne compagnie danse dans les salons d'hiver, le peuple paraît également infatigable dans toutes les saisons : danser semble un besoin des habitans du Bas-Rhin; il n'est point de village un peu considérable qui n'ait sa musique, point de hameau qui n'ait son ménétrier. » Tout ceci est confirmé par les rédacteurs des annuaires du département du Bas-Rhin; ce qui prouve que le goût des amusemens, de la danse, de la musique, n'a point diminué en Alsace.

On a beaucoup parlé de l'esprit militaire des Alsaciens, et des habitans du Bas-Rhin en particulier; on a souvent cité des traits de courage et de dévouement de cette population. Il était impossible, en effet, que, placée à la frontière, vivant au milieu des places de guerre, et d'une armée pour ainsi dire campée sur son territoire, elle restât étrangère au goût, au génie militaire; nous pourrions recueillir de nombreux témoignages à cet égard; il nous suffirait de présenter la liste des officiers distingués que ce pays a fournis à nos armées depuis 1789.

Nous rapporterons un fait plus positif, que nous puiserons dans le *Journal militaire officiel*. Ce journal contient un état général, par département, des engagemens volontaires contractés en France dans le cours de 1832. Il résulte de cet état qu'il y a eu dans la France entière, c'est-à-dire sur une population de 32,560,934 individus, 11,908 enrôlemens volontaires, c'est-à-dire 10 enrôlemens pour 44,624 individus, ou un enrôlement pour 4,462 individus, tandis que dans le département du Bas-Rhin il y a eu, sur une population de 540,215 individus, 516 enrôlemens volontaires, c'est-à-dire 10 enrôlemens pour 10,469 individus, ou un enrôlement sur 1,046 individus. Il y a donc eu, dans le Bas-Rhin, un peu plus de 4 enrôlemens, quand il y en a eu 1 dans le reste de la France.

Toutefois il ne convient pas de s'arrêter à une seule donnée, et à côté de ce résultat, à l'avantage de l'esprit militaire des Alsaciens, nous en présenterons un autre tout aussi authentique, mais à nature toute différente : c'est de leur combinaison que doit sortir la vérité.

On a formé un tableau où figurent les cas d'exemptions militaires reconnus valables par le jury de visite de l'an VIII (1799), pour les réquisitionnaires et conscrits appartenant aux dix années 1790-1799. Les exemptions totales pour ces dix ans s'élevèrent à 1,187. Or, dans ce nombre, le Bas-Rhin compte pour mutilations volontaires, 428 cas d'exemptions.

La tolérance religieuse est facile, et cesse d'être un mérite chez ceux qui ne professent que l'indifférence; elle est facile encore pour les habitans d'une contrée occupée tout entière par une population attachée à la même croyance, parce que là cette croyance n'est jamais heurtée. Mais le département du Bas-Rhin ne peut être placé dans aucune

de ces deux catégories; les croyances religieuses y sont vivaces encore, et elles s'entrechoquent à chaque pas. Aussi le temps n'est-il pas très éloigné où les discordes religieuses y produisirent les plus affreux désordres. Mais aujourd'hui l'harmonie la plus complète existe entre les sectateurs des différens cultes. Les juifs mêmes, autrefois détestés et quelquefois brûlés vifs, coulent une vie paisible au milieu des catholiques, des luthériens et des réformés. Chacune de ces communions a ses temples, ses ministres, ses écoles, et tout marche comme si le département était tout entier à une même communion.

Le dernier recensement officiel qui a été fait pour déterminer le nombre d'individus appartenant à chaque culte, celui de 1807, a donné les résultats suivans :

	individus.
Catholiques.	319,114
Luthériens.	150,894
Réformés.	27,030
Israélites.	16,155
Anabaptistes et quakers.	903
Total.	514,096

Les individus appartenant aux trois communions chrétiennes ont à peu près la même physionomie morale; là, comme partout ailleurs, chacun reçoit bien une modification du culte auquel il appartient; mais cette modification consiste plutôt dans l'habitude des pratiques religieuses que dans le fond du caractère.

Il n'en est pas de même des juifs : quoique dispersés depuis long-temps parmi les autres habitans du pays, ils ne font point d'alliance avec eux, et cette séparation morale a perpétué sur leur figure les traces de cette physionomie orientale que rien n'a pu altérer. « A l'exception des familles aisées établies dans les villes, la plus grande partie des juifs font un trafic ambulant, dit l'*Annuaire du Bas-Rhin* pour 1809, ou vivent de colportage. Sobres à l'excès, toujours en mouvement, l'appât d'un léger lucre leur fait mépriser la faim et la peine, et ceux mêmes qui ne paraissent point robustes, supportent néanmoins avec constance tous les genres de privations et de fatigues. Leur vie active et réglée les préserve des suites de l'oisiveté et de la débauche, et leur conserve l'usage de leurs forces jusqu'à un âge très avancé.

Les anabaptistes se distinguent aussi des autres habitans du pays, autant par les mœurs et le costume que par le physique; ils n'ont point , à proprement parler, de culte; mais ils se rassemblent dans des maisons, et le plus âgé d'entre eux fait une prière commune. Ils s'occupent principalement de l'éducation du bétail; ils laissent croître leur barbe, et se rapprochent dans la simplicité de leur costume, des quakers anglais. Une propreté extrême règne dans leur ménage; le voyageur qui vient les visiter est reçu avec franchise et cordialité, et la candeur et l'intégrité des mœurs s'allient chez eux à la santé et à la vigueur du corps.

Enfin, on rencontre dans le Bas-Rhin quelques tribus de ces peuples, dont l'existence, au milieu des pays civilisés de l'Europe, est une espèce de problème; je veux parler des Bohémiens ou Egyptiens qu'on trouve dispersés par colonies de quelques familles dans les gorges des cantons de la Petite-Pierre et de Niederbronn.

Le langage des habitans du Bas-Rhin est en général la langue allemande plutôt qu'un allemand corrompu.

Plusieurs fois l'ancienne administration s'efforça d'introduire en Alsace l'usage de la langue française, mais ce fut en vain; jusqu'en 1789, sous ce rapport comme sous plusieurs autres, ce pays présentait tout-à-fait l'aspect d'une province germanique; rien n'avait encore été changé depuis sa réunion à la France. La langue française n'entrait point dans les actes de l'autorité, et la langue allemande était le dialecte officiel de la magistrature de Strasbourg.

Mais la révolution., en changeant les formes de l'administration, a mis les habitans du Bas-Rhin dans la nécessité d'apprendre le français. Les troupes stationnées dans cette contrée, le retour des jeunes soldats du département dans leurs foyers, ont contribué aussi beaucoup à étendre l'usage de la langue nationale. Aujourd'hui presque tous les habitans des villes, les autorités, les négocians, les aubergistes, les maîtres de poste et même une partie des artisans, parlent le français, et il n'est pas de village, quelque petit qu'il soit, où on ne le comprenne.

Dans quelques communes du canton de Villé et de Rosheim, on parle le patois lorrain, dans lequel les uns ont voulu reconnaître une espèce de dialecte roman, corrompu par des mots français et allemands que le temps y a introduits, auquel d'autres ont assigné une origine celtique.

Sous le rapport du costume, l'Alsace, et je dis l'Alsace parce que le costume est à peu près le même dans les deux départemens du Haut et du Bas-Rhin, l'Alsace conserve encore une physionomie toute particulière. « Les femmes alsaciennes, sous un grand chapeau de paille de forme basse, laissent flotter de longues tresses de cheveux, terminées par des nœuds de rubans. Celles dont la tête est découverte ont les cheveux relevés et attachés par plusieurs longues épingles ou flèches d'or; une longue cravate de soie noire fait ordinairement plusieurs fois le tour de leur cou, et retombe sur leur poitrine; un juste-au-corps dessine leur taille. Devant leur sein, elles portent une pièce de carton, se terminant en pointe, couverte d'ornemens et qui est retenue par des nœuds de rubans. Des manches de toile d'une blancheur éclatante couvrent leurs bras; leur ampleur disparaît au poignet, où elles sont terminées par un tour de petits plis. Une jupe de fine serge, ordinairement verte, formant beaucoup de plis par derrière, et bordée d'un large ruban pourpre, tombe jusqu'à la moitié d'une jambe couverte d'un bas de coton très blanc. Leurs souliers, dont les talons sont communément assez hauts, sont serrés par des boucles d'une matière brillante. Les hommes portent en général des chapeaux de paille ou de feutre, mais ceux-ci relevés de manière à former une pointe; leur habit noir, d'une espèce de ratine, chargé de brandebourgs en soie, est sans collet et de forme carrée; il se porte ouvert, et laisse voir une veste rouge à boutons dorés. Leur culotte est de même étoffe, que l'habit, et leur chaussure consiste quelquefois en souliers et guêtres longues, mais le plus souvent en bottes molles qui montent jusqu'au-dessus des genoux. »

Tels sont les traits généraux sous lesquels on peut représenter les habitans du Bas-Rhin, mais quelque généraux qu'ils soient, on sent qu'ils ne conviennent qu'aux habitans des campagnes, et qu'il s ne sont vrais que dans cette limite,.

Quant aux habitans des villes, ou plus régulièrement quant à la classe élevée du département, elle est à peu près, dans le Bas-Rhin, ce qu'elle est dans le reste de la France. Aujourd'hui les communications entre les différentes parties du pays sont telles, qu'il est difficile que les différences qui distinguaient autrefois la population d'une province de la population d'une province voisine, ne disparaissent pas insensiblement. L'unité d'administration, l'activité des publications politiques ou littéraires, les relations commerciales, tout enfin concourt à renverser les barrières qui séparaient nos anciennes provinces. Ces barrières n'existent déjà plus pour les classes élevées, et elles tombent chaque jour devant les classes inférieures.

(Extrait de la France.)

COMBAT D'UN BUFFLE.

Le buffle, si tranquille, si obéissant dans la domesticité, est, au contraire, terrible dans l'état sauvage : la vue de l'homme le rend furieux; ses yeux étincellent; ses na-

seaux semblent lancer du feu; son corps, énorme et sans grâces, déploie dans la poursuite de son ennemi une agilité étonnante; rien ne peut arrêter sa course pour atteindre le chasseur dont le coup, mal dirigé, l'a manqué ou blessé. Il le déchire de ses cornes longues et aiguës, ou si, montant sur un arbre, sa proie peut heureusement lui échapper, l'animal tourne constamment autour, le dévore des yeux, et ne le quitte que lorsque la faim le force à s'éloigner.

Un tagal d'un village indien, travaillant à couper du bois, eut le bonheur d'échapper à un énorme buffle qui vint l'attaquer, et qui, trouvant de l'herb dans le voisinage, ne perdit pas de vue un seul moment le pauvre bûcheron. Celui-ci n'avait pour toute arme que le large couteau que les indigènes portent toujours attaché à leur ceinture, et dont ils savent se servir très adroitement; pressé par la faim, il descend de l'arbre, autour duquel vient le poursuivre encore son ennemi, plus irrité que jamais; enfin, dans un instant où les terribles cornes le serraient de moins près, il parvient à saisir la queue du buffle, s'y cramponne de la main gauche, et frappe à coups redoublés son ennemi avec le couteau dont la droite est armée. L'animal étourdi part comme un trait; mais bientôt, épuisé par la perte du sang qui coule de ses nombreuses et profondes blessures, sa course se ralentit, et il tombe expirant auprès du tagal, couvert lui-même de blessures, de sang et de boue.

Les indigènes parviennent cependant à réduire en esclavage ce fougueux animal, en le faisant tomber dans des fosses couvertes de feuillages, dont il ne sort que quand la faim a épuisé ses forces. Alors, attaché à des buffles domestiques, le nouveau captif est conduit au logis, où il prend peu à peu l'habitude du joug. Mais si la trop grande confiance de son maître, ou un manque de surveillance, lui laissent sans frein revoir la forêt, il reprend son indépendance, et devient plus sauvage qu'auparavant. Rarement le buffle né dans la domesticité cherche la liberté; on prétend même qu'en naissant il porte au cou les traces du collier de travail qui fatigua sa mère. Flétri par ces marques d'esclavage, il devient un objet d'horreur pour les buffles sauvages, auxquels il a abandonné le courage et l'indépendance, pour ne conserver que la force, la résignation et un instinct vraiment surprenant.

ÉPHÉMÉRIDES.

1er juillet, 1688. — Bombardement d'Alger par Louis XIV. — 1670. Bataille de Fleurus. — 1810. Louis-Bonaparte abdique la couronne de Hollande.

2 juillet 1698. — L'armée française débarque en Égypte et s'empare d'Alexandrie.

3 juillet 1315. — Louis X, roi de France, affranchit les serfs de ses domaines.

6 juillet 1809. — Bataille de Wagram. — Le général Miollis enlève le pape Pie VII et le fait transporter à Florence.

7 juillet 1807. — Napoléon dicte à la Russie et à la Prusse le traité de paix de Tilsitt.

9 juillet de l'an 597 avant J.-C. — Une éclipse de soleil interrompt une bataille entre les Mèdes et les Lydiens.

22 juillet 1705. — Acte de réunion des deux royaumes d'Angleterre et d'Écosse.

25 juillet 1593. — Henri IV abjure la religion protestante pour adopter celle de la majorité des Français.

25 juillet 1799. — Bataille d'Aboukir.

L'INDE. — LE GANGE. — PATNA.

Les immenses avantages que les Indiens retirent des fleuves qui traversent leur pays justifient assez les croyances superstitieuses que les prêtres, fondateurs de leur religion, ont attachées à ces fleuves, et au Gange en particulier. Placés sous un ciel brûlant, dévorés par les chaleurs d'un été continuel, lorsqu'un sang enflammé circule dans leurs veines, combien ne doivent-ils pas chérir l'élément qui leur procure une fraîcheur salutaire. Les législateurs des

Indiens ont, comme Moïse et Mahomet, fait des ablutions un précepte religieux, précepte sage auquel se sont rattachés depuis mille contes absurdes, dont nous pourrons donner plus tard à nos lecteurs quelques curieux échantillons.

Le Gange est pour les Indiens le fleuve par excellence, le grand fleuve. Ils affirment qu'il sort du pied de *Visnou*, divinité conservatrice. Le fait est qu'après être sorti des vastes 'montagnes du Tibet et avoir effectué un parcours de deux cent soixante lieues environ dans ces âpres contrées, il se fraie un passage à travers les monts Himmaleh et se précipite dans un vaste bassin qu'il s'est creusé dans le roc, et roule ensuite des eaux paisibles dans les plaines délicieuses de l'Hindoustan. Le reste de son cours, qui est toujours navigable jusqu'à la mer, est de plus de quatre cents lieues. Dans cet immense trajet il fournit à une multitude d'habitans une nourriture facile et entretient par ses inondations la fertilité des terres voisines.

Le Gange reçoit un certain nombre de rivières, dont quelques-unes sont égales au Rhin, et dont plus de dix l'emportent sur la Tamise. Sa largeur, à partir de son arrivée dans les plaines, est d'abord d'un quart de lieue, puis d'un tiers, puis enfin d'une lieue entière; à soixante-quinze lieues de la mer, il se divise en deux branches et forme un *delta* beaucoup plus vaste que celui du Nil. La branche principale du fleuve est trop peu profonde pour pouvoir recevoir de grands vaisseaux; mais les deux branches les plus occidentales forment par leur réunion la rivière de *Haugly* sur laquelle est le célèbre port de *Calcutta*, et qui peut porter tous les bâtimens. Les nombreux canaux que l'on tire des différentes branches du Gange coupent le pays dans tous les sens, et leur navigation est incessamment servie par plus de *trente mille* mariniers.

Des ouragans terribles ont souvent marqué leur passage sur le Gange par d'immenses désastres. Des flottes entières de vaisseaux marchands ont été abîmées tout d'un coup. Ces rafales subites sont surtout dangereuses dans les parties les plus larges du fleuve et ont lieu ordinairement un peu avant la saison des pluies, à partir du mois de mars. D'autres dangers attendent, vers la fin de cette saison, les marins qui cotoient les bords du Gange. Ces bords, composés de terre mouvante, et d'une hauteur considérable en plusieurs endroits; se détachent souvent en masses énormes qui, roulant sur les barques, les renversent ou les font disparaître dans les eaux.

Le dessin qui accompagne cet article est une vue de la ville de Patna. Patna est située sur le Gange, à cent soixante lieues de son embouchure, à cinquante lieues de Bénarès et à cent trente de Calcutta. Elle est la capitale de la province de Behar, située entre le district de Bénarès et le Bengale.

Les nombreuses ruines d'édifices publics et particuliers dispersés dans Patna attestent l'ancienne splendeur dont elle est aujourd'hui déchue; cependant elle est encore vaste et peuplée. Comme elle a été exposée à de fréquentes attaques, elle est fortifiée à la manière indienne, c'est-à-dire qu'elle est entourée par une muraille et défendue par une petite citadelle.

L'excellent opium (voyez page 510 l'article que nous avons publié sur la culture du pavot et la préparation de l'opium dans l'Asie) que fournit la prodigieuse quantité de pavots cultivés aux environs de Patna, et une considérable exploitation de salpêtre, contribuent à l'opulence de cette ville et en font le centre d'un commerce immense. Les différentes manufactures d'ouvrages d'argent, de fer, de menuiserie établies à Patna ne le cèdent presque en rien à celles des Européens.

Ce fut dans Patna que Myr-Quacem, nabab du Bengale, fit massacrer les prisonniers anglais qu'il avait faits dans la guerre de 1764; un renégat nommé Summarou, fut chargé de cette horrible exécution. Les Anglais indignés chassèrent le nabab, et se trouvèrent maîtres paisibles du Behar, du Bengale et d'une partie de l'Orissa. Ils ont fait élever un monument en mémoire de cet effroyable évènement.

(Vue de Patna.)

Paris.— Imprimerie de H. Fournier, rue de Seine-Saint-Germain, 14.

BELGIQUE. — ANVERS.

(La Cathédrale d'Anvers.)

Le siége mémorable soutenu contre les Français par la garnison hollandaise enfermée dans la citadelle d'Anvers, a dans le temps appelé sur cette ville l'attention de tous nos lecteurs, et il en est bien peu qui n'aient encore présens à la mémoire, non seulement la description, répétée par tous les journaux, de la forteresse, et la minutieuse énumération des moyens de défense et d'attaque qui furent employés des deux parts avec tant de valeur et de constance ; mais encore l'histoire des principaux évènemens militaires dont Anvers a été le théâtre depuis le 1er siècle jusqu'à nos jours. Aussi en offrant au public une vue de l'un des plus beaux monumens dont puisse se glorifier Anvers, nous garderonsnous de rappeler les différens siéges qu'elle a eu à soutenir, à diverses époques, contre les Espagnols, les Anglais, les Autrichiens et les Français, et les nombreux changemens de domination qui tour à tour lui ont permis ou interdit de jouer dans le mouvement commercial le rôle important qu'elle doit à sa position.

Placée sur l'Escaut, à dix-sept lieues de la mer, dans un endroit où le fleuve peut recevoir en tout temps les navires du plus fort tonnage, et leur permettre d'exercer leurs évolutions comme au milieu de l'océan, Anvers est pour la Belgique, et une partie de la Hollande, un point obligé de transit, et toutes les fois qu'aucun obstacle ne s'est opposé à la libre admission des vaisseaux et au transport des marchandises dans l'intérieur, par la voie de l'Escaut, Anvers est rapidement monté à la hauteur que lui assigne la nature elle même.

L'origine d'Anvers est peu connue. Les chroniques du pays prétendent qu'elle doit son origine à un géant monstrueux, qui habitait les bords de l'Escaut; on dit qu'il coupait la main droite à tous ceux qui lui refusaient de payer le tribut qu'il fixait pour le passage du fleuve. On dit de même que Brabon, d'où serait venu le mot Brabant, fut assez heureux pour tuer le monstre; il lui fit subir, d'après le dire des Anversois, la peine du talion, en lui coupant la main droite, qu'il jeta dans l'Escaut. L'espèce de forteresse où logeait Antigone (c'était le nom du géant) reçut alors le nom de Handwerpen, du mot hand, main et werpen, jeter. Quoique cette origine paraisse fabuleuse, on n'en a pas moins conservé à Anvers la mémoire du géant Antigone, car on voit dans les armoiries de la ville deux mains et un château triangulaire. Il est certain que cette ville, devenue si opulente depuis, existait dans le IVᵉ siècle de l'ère chrétienne. L'enceinte d'Anvers était insuffisante au XIIᵉ siècle pour le grand nombre d'étrangers qu'attiraient dans cette ville les priviléges que les ducs de Brabant avaient accordés à son commerce. Le duc Jean II agrandit la ville en 1504; son port était libre pour toutes les nations, elle prospéra sous le règne des ducs de Bourgognes. Dans le XVIᵉ siècle, les plus forts siéges étaient de l'Escaut. Anvers était à cette époque la première ville de commerce du monde; elle avait une population de plus de 200 mille habitans, parmi lesquels on comptait 300 peintres et 124 orfèvres. 500 vaisseaux entraient chaque jour dans le port; une marée en amenait souvent 400; 2500 navires étaient habituellement à l'ancre devant la ville. Outre le grand nombre de vaisseaux qui déchargeaient leurs riches cargaisons dans l'intérieur de la ville, il y entrait encore journalièrement plus de 500 voitures chargées de marchandises, venant de la France et de l'Allemagne.

Le commerce de cette ville mettait chaque année 500 millions de florins en circulation. On y percevait annuellement deux millions d'impôts. Sous le règne immortel de Charles-Quint. le commerce d'Anvers possédait des trésors inépuisables; l'empereur, s'étant un jour prêté au vif désir qu'un marchand d'Anvers, nommé Daens, avait de lui donner à dîner, le généreux marchand livra aux flammes, à la fin du repas, un billet de deux millions de florins qu'il avait prêtés à son souverain, en lui disant : « *Je suis trop payé par l'honneur que votre majesté m'a fait aujourd'hui.* » L'empereur lui répliqua : « *Mon ami, les gens de qualité me dépouillent, les gens de lettres m'instruisent, mais les marchands m'enrichissent.* »

L'industrie manufacturière des Anversois égalait à cette époque l'étendue de leurs opérations commerciales; leur velours, leur satin, leur damas, avaient atteint le degré de finesse et la perfection du beau travail de l'Italie. On admirait leurs ouvrages en broderies sur soie, et leur orfèvrerie était la plus belle qu'on connût alors. Anvers était

aussi le centre des beaux-arts, des sciences, de la bonne littérature et de l'urbanité.

Anvers se soumit aux Français le 29 novembre 1792; les Autrichiens la reprirent le 28 mars 1793, et les Français y sont de nouveau entrés le 24 juillet 1794. Ils s'empressèrent alors de faire ouvrir l'Escaut, qui était resté fermé du côté de la Zélande, par le traité de Munster du 30 janvier 1648. Par le traité de paix et d'alliance signé à La Haye, le 11 mai 1795, entre la France et la Hollande, la république des Provinces-Unies, cette dernière puissance consentit à l'ouverture de ce beau fleuve. Anvers fut évacuée par les Français le 3 mai 1814, en vertu d'une convention conclue à Paris entre les alliés et le comte d'Artois. A cette époque, commandait dans cette ville le célèbre ingénieur Carnot, qui eut pour les habitans tous les égards et les ménagemens qu'un état de siége comporte; il conserva ses beaux faubourgs.

Napoléon, lors de son premier voyage à Anvers, apprécia les grands avantages que la position de l'Escaut devait procurer à la marine militaire et marchande. Le 16 août 1804, le préfet maritime du port d'Anvers, Malouet, posa solennellement la première pierre du chantier, dont il ne reste plus aujourd'hui que des vestiges.

Ce chantier se composait de dix-neuf cales pour la construction de vaisseaux de ligne, de frégates, de corvettes, etc., etc.; de locaux spacieux pour les forges, la serrurerie, la taillanderie, la peinture et la sculpture; de magasins pour la mâture. Les anciens bâtimens de l'abbaye de Saint-Michel étaient destinés à l'administration de la marine.

L'empereur a dépensé des sommes immenses pour construire le port d'Anvers, qu'il nommait sa grande fabrique de vaisseaux. Si son plan eût été entièrement exécuté, c'était Tyr dans tout son luxe et sa magnificence. Les deux bassins à flot, situés au nord de la ville, ont coûté treize millions de francs. Après que Napoléon eut fait d'Anvers le principal port maritime de son vaste empire, il fit construire en 1809 des ouvrages de fortifications pour défendre cette place importante; à peine étaient-ils commencés que les Anglais cherchèrent à les détruire, ainsi que les travaux du port, qui étaient en pleine activité.

Anvers possède de beaux édifices, parmi lesquels il faut citer l'hôtel-de-ville, la Bourse, le ci-devant palais Impérial, restauré par Napoléon, et surtout les églises, qui sont grandes, belles, riches, bien entretenues, et ornées d'un grand nombre de tableaux de l'école flamande, et de mausolées en marbre le plus fin.

La grande église, dédiée à la Sainte-Vierge sous le nom de Notre-Dame, est un des plus beaux monumens gothiques du royaume. On croit que sa construction a commencé vers le milieu du XIIIᵉ siècle, et qu'on y a travaillé quatre-vingts ans. Ce superbe édifice a été érigé en cathédrale en 1559, par le pape Paul IV, à la sollicitation de Philippe II; il a 500 pieds de longueur, 230 de largeur et 360 de hauteur; 230 arcades voûtées sont soutenues par 125 colonnes; de chaque côté existe une double nef; il y a vingt-sept ans qu'on y voyait 52 autels en marbre d'Italie. Cent gros chandeliers d'argent massif ornaient, les jours de fête, le principal autel, élevé en 1624, sur les dessins de Rubens. On admirait dans ce temple le magnifique ostensoir en or massif, enrichi de diamans et de pierres fines, présent de François Iᵉʳ, roi de France. Ces richesses ont été enlevées en 1797 par les agens de la république française. Cette église présentait alors le triste spectacle des ruines. M. Herbouville, préfet du département des Deux-Nèthes, la fit restaurer en 1810, par ordre de l'empereur, Le chœur, que Charles-Quint fit construire en 1521, et dont il posa la première pierre, a été démoli en 1798.

La tour de Notre-Dame, en pierres de taille, a 466 pieds de hauteur, quelques pieds de moins que celle de Strasbourg; il faut monter 622 marches pour arriver à la dernière galerie. Cette tour est percée à jour en découpure, et va en diminuant d'étage en étage, avec des galeries disposées les unes au-dessus des autres; sa prodigieuse élévation et la délicatesse avec laquelle elle est travaillée, fixent l'attention des voyageurs. Elle a été commencée en 1522, d'après le plan et les dessins de l'architecte Amellus, et totalement achevée en 1518. La tour qui devait être en parallèle n'a été terminée que jusqu'à la première galerie. En 1540, on y plaça un carillon composé de 60 cloches.

Au bas de la tour, on lit l'épitaphe du célèbre peintre Quintinus Matsys, conçue en ces termes : *Connubialis amor de mulcibre fecit Apellem*. Il avait exercé pendant vingt ans dans cette ville la profession de maréchal ferrant. Epris d'amour pour la fille d'un peintre, le père de la jeune personne déclara qu'il ne la donnerait en mariage qu'à un jeune homme qui exercerait sa profession. Matsys laisse à l'instant tomber le marteau, et prend le pinceau; l'amour l'enflamme, il travaille et ne tarde pas à pouvoir crayonner le portrait de sa maltresse; à force de persévérance, il réussit à faire des tableaux, et épousa son amie. Pour perpétuer le souvenir de l'évènement qui avait rendu Matsys peintre, on plaça cette inscription, qu'on a maintenant peine à lire. Vis-à-vis de la tour, on voit le fameux puits dont la ferrure a été faite au marteau et sans limes par cet artiste que l'amour fit passer de l'enclume au chevalet.

En entrant dans l'église de Notre-Dame par la principale nef, on admire la magnifique coupole éclairée latéralement. Le plafond représente la Sainte Vierge environnée d'une troupe d'anges qui déploient leurs ailes. On monte au chœur, et l'on y contemple le superbe autel en marbre et le tableau de Rubens représentant l'Assomption de Marie. La mère de Dieu est portée dans le sein de l'Eternel par une foule d'anges; quelques-uns voltigent autour d'elle. Le corps de la Sainte Vierge est resplendissant de beauté et de fraîcheur; le tombeau et le linceul que trois femmes en ont retiré sont d'un coloris parfait. Dans cet édifice, l'Elévation de la Croix, la Descente de Croix, la Visitation de la Sainte Vierge et la Purification de l'enfant Jésus, sont des tableaux qu'on ne se lassera jamais de voir.

Le musée d'Anvers est le plus beau du royaume; il renferme cent vingt-sept tableaux des meilleurs maîtres de l'école flamande.

Anvers a produit un grand nombre d'hommes illustres dans tous les genres : c'est la patrie de Denis Calvart, maltre du Guide, de l'Albane et du Dominiquin; de Gaspard Brayer, peintre d'histoire et de portrait; de Pierre-Paul Rubens, qui fut tout à la fois peintre, dessinateur, architecte, littérateur, historien et homme d'état (*voy.*, pag. 100, l'article que nous avons donné sur cet homme illustre); de Van-Dyk, élève de Rubens, et surnommé le roi du portrait; de Jordeans (*voy.* pag. 169); des deux Téniers, etc.

Les environs d'Anvers sont gracieux et fertiles; il n'y a peut-être pas en Europe de ville qui soit entourée de plus de riches campagnes, de beaux villages, de jardins cultivés avec recherche, et de guinguettes élégantes, dont l'origine remonte à l'époque où Anvers était l'entrepôt général de l'Europe, et comptait au-delà de deux cent mille habitans : aujourd'hui elle en a soixante-dix mille tout au plus.

LA HOLLANDE.
(Deuxième article. — Voy. page 111.)

On sait que la plus grande et la plus florissante partie de la Hollande est au-dessous du niveau de la mer au moment de la marée; sa hauteur tient à peu près le milieu entre les deux niveaux de la mer, au moment du flux et à celui du reflux; ainsi le territoire dont nous parlons resterait alternativement inondé et découvert pendant six heures, sans le rempart naturel des dunes, auquel la main de l'homme a joint les digues et les jetées : c'est ainsi que les habitans

ont fortifié les rives du Zuiderzée et de plusieurs autres grandes nappes d'eau. Cependant la Hollande serait bientôt engloutie et redeviendrait ce qu'elle était autrefois, c'est-à-dire un immense marais, si on n'avait pas trouvé le secret d'écarter chaque jour les eaux qui peuvent s'amonceler dans l'intérieur, et qui proviennent de la rosée, des brouillards, de la pluie, des sources et de l'humidité du sol. A cet effet, on utilise de la manière la plus simple et la plus efficace le phénomène de la marée, sur lequel sont basés aujourd'hui la plupart des procédés hydrotechniques en usage dans ce pays.

Les *polder*, c'est-à-dire les prairies au-dessous du niveau de la mer, qui ont besoin d'être dégagées artificiellement, le sont au moyen d'écluses, fonctionnant comme la soupape d'une pompe. Ces écluses s'ouvrent du côté de la mer ou des grands courans d'eau, aussitôt que la pression intérieure se fait sentir, et que l'eau de la mer ou des courans n'exerce aucune pression contraire, c'est-à-dire au moment du reflux. Puis la marée, agissant dans un sens opposé, clot les portes mobiles des écluses : De cette façon, l'eau de la mer ne peut entrer dans les polder, et l'eau qui y est contenue le temps, pendant la marée, de se répandre dans les divers lits et canaux. Une grande partie des polder hollandais ont un lit plus profond que la mer du Nord au moment du reflux; ce sont d'anciens lacs ou marais desséchés, et c'est à l'aide de moulins à vent que leurs eaux s'écoulent dans les canaux, d'où, au moyen d'écluses, elles sont refoulées dans la mer.

Toutes les eaux des provinces maritimes, contenues entre la Meuse, le Leck et l'Yssel, forment une multitude de systèmes d'irrigation et de dessèchement dont le point central est la mer de Harlem, grande mer intérieure, qui, autrefois se joignait à l'Yssel et au Zuiderzée, et était ainsi exposée à l'action du flux et du reflux, mais qui, aujourd'hui, protégée par des écluses, des digues et des chemins de halage, n'a plus rien à redouter de la marée. Grâce à ces écluses, qui s'ouvrent au moment du reflux et se referment aussitôt après, le niveau de la mer de Harlem peut rester le même, et a considérablement diminué. Les contrées ainsi desséchées, telles que le Rheinland, le Delfland, le Schieland, etc. (*Uitwatering*) ont leur gouvernement maritime. Les habitans sont propriétaires des terres voisines; ils élisent un conseil composé des hommes les plus habiles et des grands propriétaires, appelés *Hemradschapi*, et lui délèguent tous leurs pouvoirs pour la direction de leurs intérêts hydrotechniques. Ce conseil veille à la durée et à la solidité des digues et des écluses, et pourvoit sans retard aux améliorations ou aux réparations dont le besoin se fait sentir. Tous les propriétaires fonciers concourent à la dépense. S'il s'agit d'une entreprise importante, le conseil s'adresse à la Direction des eaux, qui forme un ministère à part, et qui centralise tous les *Hemradschapi*. Les mêmes dangers, la même nécessité, réunissent le concours de tous à des travaux qui intéressent si vivement le pays, cette petite contrée qui a fait de si grandes choses. La nécessité les tient toujours en haleine. Ils sont dans la même situation que l'équipage d'un vaisseau dans lequel s'est déclarée une voie d'eau, et qui est obligé de pomper sans relâche, sous peine de couler bas.

INFANTERIE
(Système hydrotecnique. — Les Hemradschapi.)

Lorsque Louis XVI monta sur le trône, l'armée était réduite à cent vingt-sept mille hommes, et il n'y avait aucune uniformité dans nos régimens; les uns avaient quatre bataillons, tandis que d'autres étaient réduits à deux et même à un seul. Le roi appela au ministère de la guerre le comte de Saint-Germain, militaire brave, expérimenté, qui, sous les Clermont, les Contade et les Soubise, avait trouvé le moyen de se créer une belle réputation. Ce ministre

(Piquier sous Louis XVI.)

avait souvent été le témoin et la victime des abus; il voulut régénérer l'armée, et fit en conséquence une nouvelle
organisation qu'il appela nouvelle constitution, et d'après
laquelle l'armée fut composée de cent six régimens, tous
à deux bataillons, excepté le régiment du roi qui en conserva quatre; chaque bataillon était formé de quatre compagnies de cent seize hommes chacune; il y avait en outre
une compagnie de grenadiers et une de chasseurs, par régiment.

Depuis la paix des Pyrénées, en 1660, où nous conser-
vâmes, cent vingt-cinq mille hommes sous les armes, le
pied de paix de la France n'avait pas varié de vingt mille
hommes; accroissement qui n'était pas en proportion avec
les grands changemens survenus en Europe, où deux nations jusqu'alors inconnues, la Russie et la Prusse, avaient
acquis tant de prépondérance; où la maison d'Autriche,
complice avec elles du partage de la Pologne, avait sous les
armes deux cent trente mille hommes, qu'elle porta en
1715 à trois cent soixante quatre mille.

L'organisation simple de M. de Saint-Germain ne dura
pas plus que ses chapeaux à trois cornes, ni que l'habillement économique et commode qu'il avait donné aux troupes
et auquel on est revenu depuis.

L'état militaire de la France offrait en 1790 soixante-dix-
neuf régimens d'infanterie française, et douze d'infanterie
allemande; chaque bataillon était porté à neuf compagnies
dont une de grenadiers. Nous avions en outre douze bataillons de chasseurs; force insuffisante et au-dessous de
toute proportion avec l'infanterie de ligne.

L'ACAJOU A POMMES.
(Cassuvium de Jussieu.)

Le nom d'*acajou* n'a pas été appliqué par les botanistes
à l'arbre qui produit véritablement ce bois d'une nuance
rougeâtre, que les ébénistes emploient dans la fabrication
de presque tous les meubles de luxe. L'acajou des botanistes est un arbre qui s'élève à une médiocre hauteur, et
dont le tronc n'est jamais assez considérable pour fournir
à l'ébénisterie les pièces de bois dont elle a besoin. Il est
désigné, dans la langue savante, par le nom de *cassuvium*.
Les fruits connus sous le nom de *noix* ou *pommes d'acajou*

sont singuliers; ils sont composés de deux parties fort distinctes, un pédoncule, qui est ovoïde arrondi, charnu, et
beaucoup plus gros que le fruit lui-même, et le fruit proprement dit, qui a la grosseur et la forme d'une fève, d'une
couleur grise ardoisée. Dans l'intérieur de ce fruit, on
trouve une graine ou amande ayant à peu près le goût des
fruits de l'amandier, et des cellules remplies d'un fluide
huileux très acre. La chair du pédoncule, quoique un peu
âpre, n'est point désagréable, et on en fait une espèce de
limonade.

Les fruits du cassuvium ont été long-temps apportés des
colonies sous le nom de pommes d'acajou, et ont causé la
confusion que l'on a établie entre le *cassuvium* et l'acajou
des ébénistes. On voit souvent ces fruits, très gros, conservés dans des bouteilles remplies d'esprit de vin, et dont
l'orifice est si étroit, qu'on ne conçoit guère comment ils y
ont été introduits, quand on ne connait pas le procédé
fort simple par lequel on fait mûrir dans un flacon un bour-
geon à fruit introduit après la fécondation de la fleur.

Le bois d'acajou provient de l'anacardier, arbre des Indes, dont on connaît deux espèces, qui atteignent aux dimensions des plus grands chênes.

Plusieurs autres arbres des pays chauds fournissent aussi
dans le commerce, du bois que l'on confond avec l'acajou :
tels sont ceux que les botanistes appellent *cedrella* et *suite-
nia*. Ce nom d'acajou paraît au reste dériver des mots
caju et *cazou*, qui, dans les langues d'origine malaise, désignent le bois de tous les arbres employés à la charpente
ou à la menuiserie.

(Acajou à pommes.)

MER DU JAPON. — L'ILE DE SOUFRE.

Le volcan sulfureux, qui a donné son nom à cette île de
la mer du Japon, est situé au nord-ouest. Lorsque le volcan
est en éruption, ce qui, suivant le capitaine Basil-Hall, arrive fréquemment, on voit des vapeurs blanches s'élancer
du cratère en épaisses colonnes. L'odeur de soufre qu'exhalent ces vapeurs, est alors si forte, qu'elle ne tarde pas
à suffoquer ceux qui se tiennent près du volcan, du côté
opposé au vent. Les flancs des hautes montagnes qui entourent le cratère, sont d'une teinte jaune-pâle parsemée
de grosses taches noires. Le sol est là fort accidenté, raboteux, à cause des épaisses couches de lave qui le couvrent
inégalement dans toutes les directions. Le sommet de ces

montagnes est tapissé par une légère couche de gazon qui contraste avec la nudité et la tristesse de ces lieux, et réjouit, agréablement la vue. Le sol de la partie méridionale de l'île est rouge-foncé, et présente quelques places couvertes de gazon. Là les couches de lave sont plus unies, et le terrain est beaucoup moins accidenté.

(L'île de soufre dans la mer du Japon.)

DU SYSTÈME COMMUNAL EN FRANCE.

(Quatrième article.—Voyez page 286.)

Origine du mot Commune. — Esprit des révolutions communales. — Amiens. — Noyon. — Reims. — Les bourgeois à la bataille de Bouvines. — Organisation royale. — Le roi Saint-Louis. — Philippe de Valois. — Système des prévotés.

Un auteur ecclèsiastique écrivait dans le XIIe siècle : « Commune, c'est un mot nouveau et détestable, et voici ce qu'on entend par ce mot : les gens de basse condition ne paient plus qu'une fois l'an à leur seigneur la rente qu'ils lui doivent. S'ils commettent quelques délits, ils en sont quittes pour une amende. légalement fixée, et quant aux levées d'argent qu'on a coutume d'infliger aux serfs, ils en sont entièrement exempts. » Ainsi, le mot de *commune* exprimait, il y a sept cents ans, un système de garantie, analogue pour l'époque à ce qu'aujourd'hui nous comprenons sous le mot de constitution. Le principe des communes du moyen-âge, celui qui fit braver à leurs fondateurs tous les dangers et toutes les misères, n'était autre que l'esprit de liberté, d'une liberté, il est vrai, toute matérielle, celle d'aller et devenir, de vendre et d'acheter, d'être maître chez soi, de laisser son bien à ses enfans. Dans le premier besoin d'indépendance qui agitait les hommes, c'était la sûreté personnelle, la sécurité de tous les jours, la faculté d'acquérir et de conserver, qui étaient le dernier but des efforts et des vœux; les intelligences ne concevaient alors rien de plus désirable dans la condition humaine.

Les révolutions de nos jours prennent leur source dans un débat entre le peuple et la puissance royale; celles des communes au XIIe siècle, ne pouvaient avoir ce caractère. Il y avait alors peu de villes qui appartinssent immédiatement au roi; la plupart des bourgs étaient la propriété des barons ou des églises, et certaines villes se trouvaient en totalité ou en partie sous la seigneurie de leurs évêques. Quelquefois un seigneur, maître du quartier voisin, disputait au prélat le gouvernement du reste de la ville; quelquefois le roi avait une citadelle où un de ses officiers se cantonnait, pour lever sur les bourgeois de bons deniers en sus de ce que le seigneur et l'évêque exigeaient d'eux.

Heureusement pour la bourgeoisie, ces trois puissances s'entendaient mal entre elles; l'insurrection d'un des quartiers de la ville, trouvait souvent un appui dans le seigneur du quartier voisin. C'est ainsi que la commune d'Auxerre s'établit du consentement du comte, malgré son évêque, et qu'à Amiens, l'évêque se rangea contre le comte, du côté de la bourgeoisie; il est à remarquer que dans le midi de la France, les évêques se montrèrent en général amis des libertés bourgeoises et protecteurs des communes.

Nous avons déjà parlé des communes de Cambrai et de Laon, conquises par la révolte; celle d'Amiens fut concédée sans efforts par l'évêque à la requête des bourgeois, il concourut avec eux à l'érection d'un gouvernement municipal. Ce gouvernement, composé de vingt-quatre échevins, fut installé au milieu des réjouissances populaires, et la nouvelle commune promulgua ses lois dans la forme suivante : « Chacun gardera fidélité à ses échevins, et leur prêtera aide et conseil; si quelqu'un viole les règlemens de la commune, les échevins feront démolir sa maison. Quiconque aura reçu dans sa maison un ennemi de la commune, et aura communiqué avec lui, soit en buvant et mangeant, soit en vendant et achetant, ou lui aura donné aide et conseil contre la commune, sera coupable, et les échevins, s'ils le peuvent, feront démolir sa maison. Quiconque aura tenu des propos injurieux pour la commune, verra encore sa maison rasée et démolie. Nul ne causera vexations ni troubles, soit à ceux qui demeurent dans la commune, soit aux marchands qui viendront à la ville avec leurs denrées; si quelqu'un ose le faire, il sera réputé violateur de la commune, et justice sera faite sur sa personne et sur ses biens. Quiconque aura blessé avec armes un des échevins, perdra le poing ou paiera neuf livres, six pour les fortifications de la ville, et trois pour la rançon de son poing; mais s'il est incapable de payer, il abandonnera son poing à la miséricorde de la commune. Si un membre de la commune a acheté ou vendu quelque objet provenant de pillage, il le perdra et sera tenu de le restituer aux dépouillés. » La constitution établie d'un commun accord entre l'évêque et les bourgeois d'Amiens, fut soumise à l'agrément du comte, lequel ne voulut entendre à rien, et dit qu'il maintiendrait jusqu'au dernier tous les priviléges de son titre.

Dès-lors, il y eut guerre déclarée entre ce parti et celui de la commune. Le roi de France, Louis-le-Gros, prit fait et cause pour les bourgeois ; son entrée dans Amiens ranima les forces populaires ; l'évêque associé de cœur aux intérêts et aux passions de la multitude, prêcha le dimanche des Rameaux, devant le roi t tout le peuple assemblé, un sermon sur les évènemens qui se préparaient ; il prononça de grandes invectives, et tous les anathèmes de l'Ecriture Sainte, contre le comte et ses hommes d'armes. Cette guerre se prolongea cependant, l'espace de deux années, et la commune put alors jouir paisiblement de ses priviléges.

A Noyon, l'évêque, de son propre mouvement, convoqua en assemblée tous les habitans de la ville, clercs, chevaliers et commerçans ; il leur présenta une charte qui constituait le corps des bourgeois en association perpétuelle, sous des magistrats appelés jurés, comme ceux de Cambrai. Ces jurés, au nom de quatre-vingts, se partageaient l'administration civile et les fonctions judiciaires ; tous étaient obligés d'entretenir un valet et un cheval toujours sellé, afin d'être prêts à se rendre, sans aucun retard, partout où les appelaient les devoirs de leurs charges. Ces devoirs n'étaient pas aussi aisés à remplir que ceux des maires et des adjoints de nos villes modernes ; il ne s'agissait pas en temps ordinaire de veiller à la police des rues, et dans les grandes circonstances, de régler le cérémonial d'une fête ou d'une revue, mais de défendre, au péril de ses jours, les droits chaque jour envahis ; il fallait rassembler les bourgeois, se mettre à leur tête, déployer la bannière municipale contre les comtes, et après la victoire, il fallait encore une certaine force d'ame pour ne point se laisser abattre par les sentences d'excommunication si puissantes à cette époque religieuse, et dont le pouvoir épiscopal abusait quelquefois.

La ville de Reims, célèbre, dès les temps les plus reculés, par sa grandeur et son importance, eut aussi sa révolution communale. Ce fut vers l'année 1138, qu'une association politique se forma pour la première fois parmi la bourgeoisie de Reims. Cette association prit le nom de *compagnie*, alors synonyme de celui de commune ; la vacance du siège épiscopal, causée par la mort de l'archevêque, avait facilité ce mouvement ; mais le chapitre et les églises soutinrent les droits du clergé. De là naquirent beaucoup de débats, et une longue guerre civile entre les partisans des libertés bourgeoises et ceux de la seigneurie épiscopale. Les chefs du parti populaire se nommaient Aubri et Simon ; ils se comportèrent toujours avec vaillance, et c'est sous leurs ordres que la multitude conquit ses priviléges d'une manière définitive. Ce ne fut pourtant pas sans peine ; il fallut livrer plus d'un combat sanglant. Au commencement de l'année 1235, les échevins de la commune statuèrent qu'il serait fait un emprunt pour couvrir certaines dépenses municipales. Henri de Braine, archevêque nouvellement élu, prétendit qu'on lui devait une part de l'emprunt, et il en réclama le dixième. Les échevins ne répondant point à sa demande, il la fit publier au prône, dans toutes les paroisses ; à ces menaces, il ajouta quelques préparatifs militaires pour appuyer sa démarche. Dès-lors les bourgeois se réunirent en armes ; au son de la cloche, et ils attaquèrent bravement les archers bien disciplinés du prélat. Le chapitre de Reims n'osait se déclarer ouvertement pour son archevêque ; les chanoines ménageaient dans leurs discours les membres de la commune ; ils se répandaient dans les groupes formés dans les rues ; comme ils avaient en général de la facilité à s'exprimer, on les écoutait avec assez de plaisir, et quand un orateur populaire avait dit de nombreuses injures contre l'archevêque, ils prenaient aussitôt la parole : « Prenez garde, mes amis, disaient-ils aux assistans, vos priviléges ne sont pas aussi clairs que vous le pensez ; peut-être vous trompez-vous sur vos intérêts. » Bref un beau matin, ils affirmèrent, au milieu d'un nombreux rassemblement, que la ville n'avait pas le droit de commune.

Il résulta de cet aveu une révolte terrible qui ne fut calmée que par l'intervention du roi saint Louis.

De pareils faits suffisent pour expliquer l'existence orageuse des communes, et l'ardeur avec laquelle les populations se jetaient dans la guerre civile. Nous comprenons difficilement, dans notre siècle de civilisation, ces mouvemens armés de la bourgeoisie ; nous sommes habitués à voir dans le nom de bourgeois, l'opposé du nom de soldat ; mais dans ces premiers temps d'indépendance, le bourgeois maniait l'arbalète et la pique aussi bien que les comtes et barons, et, plus d'une fois, il les fit trembler sous leurs lourdes armures de fer.

Quelles prouesses ne firent pas les bourgeois à la bataille de Bouvines ? Vous eussiez vu tous les gens de la commune d'Amiens rangés sous leur bannière, sur laquelle était peinte la tête de monsieur saint Martin ? Et puis les gras bourgeois de Beauvais, ceux de Compiègne et de Nevers, de Chartres et de Péronne ! Les barons riaient sous leurs casques de l'air peu guerroyant de ces hommes sans cotte de maille ni boucliers, armés d'arbalètes et de massues ; mais ils virent bien au fort de la bataille qu'il ne fallait pas s'en moquer, car les bourgeois frappèrent dru comme chevaliers expérimentés. Dans cette mémorable journée de Bouvines, ils rendirent d'éminens services à Philippe-Auguste ; ils se portèrent partout où le danger était menaçant ; lorsque la victoire parut douteuse, ce fut les bourgeois qui coururent au secours de l'étendard royal, et les récits contemporains sont remplis des grandes prouessses des bourgeois de Noyon, de Montdidier, de Soissons, de Corbeil, d'Amiens et de Beauvais ; ils firent grand nombre de prisonniers, tous barons et chevaliers de bonne origine.

Nous avons fait connaitre les concessions diverses faites par Philippe-Auguste au système communal ; il attirait ainsi dans ses intérêts les habitans des villes. Quelquefois il eut peur de cette explosion de liberté, et alors il réprima avec force les tentatives trop violentes. A Nimes, les bourgeois se soulevèrent contre leurs propres magistrats, ils expulsèrent leurs consuls, parce que, disaient-ils, ils étaient trop dévoués à l'évêque. Philippe-Auguste cassa les priviléges de la ville ; ce n'était pourtant là un accident. Le caractère dominant du règne de Philippe-Auguste, c'est la protection royale accordée aux gens des communes, et leur organisation municipale par l'élection ; l'administration des cités prend une forme plus générale et plus régulière ; Philippe-Auguste adresse des lettres circulaires aux échevins et aux jurés sur la manière d'arrêter les clercs lorsqu'ils auront mérité quelques poursuites de la part de la commune. Il y avait ainsi progrès dans la marche du pouvoir municipal, en faveur de la royauté ; le monarque s'en déclarait le protecteur.

Nous arrivons maintenant au règne de saint Louis, si riche par ses grandes institutions. Ici se manifeste un véritable mouvement de centralisation. L'ordonnance rendue par saint Louis en l'année 1256 sur l'administration municipale des bonnes villes est du plus haut intérêt. Le roi se considérait comme le défenseur naturel des communes. « Il ordonna que tous les consuls, jurés, nonces ou échevins de France seraient élus par les habitans rassemblés en la maison de ville, tous dans un même jour, le lendemain de la fête de saint Simon et saint Jude. Aux octaves de la Saint-Martin, tous ces magistrats devaient se rendre à Paris auprès de S. M. afin de rendre compte de leurs recettes et de leurs dépenses ; il fallait désormais une autorisation royale aux bonnes villes pour prêter sommes de deniers ou marchandises à leurs voisins ; le receveur de la ville devait avoir grand soin des deniers d'icelle, et les garder soigneusement dans une caisse, construite et bâtie pour ce faire. »

C'était là, comme on voit, une première ordonnance de centralisation et de comptabilité municipale. Dans ce premier mouvement de la révolution communale, les rois virent une force nouvelle qui leur prêtait appui contre la féodalité; ils tendirent la main à qui leur donnait aide. Mais la bourgeoisie, prenant une trop haute importance par rapport aux droits de la couronne, les rois durent veiller tout à la fois à régler l'esprit bourgeois, à tempérer cette force nouvelle et à la diriger surtout dans l'intérêt de leur pouvoir.

Ce qui distingue le règne de saint Louis, c'est la substitution du système des prévôts à la commune pure et simple, c'est-à-dire l'organisation royale remplaçant la primitive institution populaire. Le prévôt était l'homme du roi, son officier délégué, il surveillait tout le mouvement et l'organisation communale; le prévôt était une espèce de préfet, chargé de la police et de la direction de la cité en faveur de la couronne. Le règne de saint Louis fut peu favorable aux libertés des communes; le roi ayant besoin de grandes sommes d'argent pour ses entreprises de la Terre-Sainte, pour ces immenses croisades qui s'organisaient contre les infidèles, les taxes dans les villes se multiplièrent à l'infini. Ce qui les rendait plus onéreuses encore, c'étaient les exemptions multipliées que les chartes royales accordaient par des motifs de piété ou de bienveillance; si une commune avait bien mérité du roi dans une guerre, si elle possédait des reliques vénérées, le roi s'empressait de lui accorder des lettres d'exemption d'impôts, et ces priviléges, loin de soulager la masse du peuple, la chargeaient davantage; il fallait que les imposés payassent pour ceux qui ne l'étaient pas. La grande ordonnance de saint Louis, qui fixa la base pour la répartition de l'impôt, est ainsi conçue : « On élira trente ou quarante hommes au plus, par les conseils des bourgeois, selon la grandeur et la fortune des villes, et ceux-ci en éliront douze parmi eux, lesquels jureront que bien et justement ils lèveront l'impôt sans épargner aucun habitant, soit par amour, par haine ou par crainte; et puis quatre hommes seront choisis pour imposer les douze eux-mêmes. » Et pendant ce temps saint Louis exemptait de tout impôt les villes de La Rochelle, de Bourges, de Verneuil et de Saint-Denis.

Sous Philippe de Valois, le système des prévôts est en pleine vigueur; on lit dans une ordonnance de l'année 1331, relative à la ville de Laon : « Il y aura à Laon un prévôt de la cité, qui y exercera pour le roi la justice sur tous les habitans. Les sommes dont les citoyens de Laon auront besoin pour la défense de leurs pâturages et de leurs franchises, pour la conservation des puits, des fontaines, sont levées par six personnes que le prévôt fera élire par le peuple. Le prévôt aura le maniement des deniers et la direction de toutes les affaires municipales. » Quelle ne fut pas la douleur de ce peuple, jouissant naguère de l'indépendance, élisant ses jurés et échevins, administrant lui-même les affaires de la commune, de se voir dominé par un prévôt, homme le plus souvent inconnu à la cité, et que le roi envoyait de sa capitale? Et à Reims, un arrêt du parlement consacra d'une manière formelle les prétentions du pouvoir royal, et on fit publier par la ville cette sentence : « La garde et le gouvernement de la cité appartiennent au roi seul, et à ceux qu'il lui plaira d'y commettre. » Les révoltes commençaient à devenir chose difficile; le roi envoyait ses hommes d'armes partout où le tumulte éclatait; cependant quelques insurrections éclatèrent encore jusqu'au règne de Louis XI, époque où le système communal subit un changement complet.

A. MAZUY.

LES ALBINOS.

Les Albinos ont le caractère efféminé, la peau d'un blanc mat, les yeux faibles, avec la prunelle plus ou moins rouge, et les cheveux d'un jaune pâle, ou complètement cotonneux, soit pour la teinte, soit pour la consistance. Ils sont communs, ou du moins plus remarqués chez les es-

pèces d'hommes a derme foncé. On n'en cite point chez les Arabes; mais nous en avons vu parmi les Européens, notamment un de Varsovie; il était né d'un Polonais et d'une Allemande, et un autre dans un village de Suède où l'on nous assura que sa mère et sa grand'mère étaient en tout semblables à lui.

Les Albinos observés à Java par des voyageurs, y forment, dit-on, quelques pauvres peuplades errantes dans les bois, et proscrites sous le nom de Chaerelas. Labillardière cite une fille albinos qui appartenait également à la race des Malais, et qu'il aperçut sur une des îles des Amis; ceux de Ceylan, nommés Bedas ou Bedos, méprisés du reste des habitans, paraissent appartenir à l'espèce des Hindous Il en existe parmi les Papous. On en a vu chez les Hyperboréens, mais il y sont très rares. Nous avons observé à Mascareigne une assez jolie esclave de seize ans, qu'on eût dit cependant en avoir trente, qui avait été achetée à Madagascar, et qui était Albinos de l'espèce éthiopique; elle avait eu deux enfans, l'un d'un blanc, et l'autre d'un nègre. Tous les deux étaient de véritables métis ayant les traits de leur père, mais la couleur blafarde et la blancheur des cheveux de la mère; leurs yeux, faibles, n'étaient cependant pas rouges, mais châtain très-clair. On trouve, dit-on, fréquemment des individus pareils dans les bois de la Grande Île où la seule colonie qui nous reste dans les mers de l'Inde s'alimente d'esclaves. Les habitans de l'île de France prétendent en avoir acheté quelquefois pour leur sauver la vie, les naturels les tuant comme des créatures abjectes, quand ils ne trouvent pas promptement à se défaire de ceux qu'ils prennent à la chasse; nous ne garantissons pas ce fait. On rencontre des Albinos chez la plupart des Éthiopiens du continent. Enfin les plus célèbres sont les Dariens de l'Amérique, vivant dans l'isthme qui unit les deux parties du Nouveau-Monde. On trouve, résultat d'un vice d'organisation transmis, semblent perdre les caractères de l'espèce dont ils sortirent, pour en prendre de propres à leur infirmité, et qui donnent à tous une physionomie commune d'une extrémité de la terre à l'autre.

DE LA RAGE.

On donne le nom de rage à l'ensemble des phénomènes qui résultent, chez l'homme, de la morsure des animaux enragés. Elle a souvent été désignée sous le nom d'hydrophobie (qui signifie horreur de l'eau) ; mais cette aversion pour les liquides se manifestant dans diverses affections nerveuses, le mot hydrophobie doit plutôt désigner un des symptômes de la rage que la rage elle-même.

Cette maladie est susceptible de se développer spontanément dans le chien, le loup, le chat et le renard, qui peuvent la transmettre ensuite aux autres quadrupèdes ou à l'homme; mais il n'est pas prouvé qu'elle survienne sans morsure dans les animaux des autres espèces, ni que ceux-ci puissent, lorsqu'ils ont été mordus, la communiquer à d'autres individus.

Quelques médecins ont regardé la rage comme étant, dans tous les cas, l'effet d'une imagination fortement frappée; mais l'opinion générale attribue cette redoutable maladie à l'action d'un virus particulier déposé dans la plaie faite par morsure; soit que le virus agisse en déterminant une irritation toute fixée dans l'endroit de la blessure et qui donne ensuite lieu à une névrose générale, soit qu'au bout d'un temps indéterminé, le virus lui-même, absorbé et mêlé au sang, produise une infection générale.

Si nous ne nous abusons pas dans nos espérances et dans nos vœux, on pourrait, au moyen d'un avis au peuple, souvent répété, et de la manière la plus persuasive, établir une harmonie salutaire entre les soins, que le blessé peut se donner lui-même dans les premiers instans, et ceux qu'il peut recevoir ensuite de l'art; cette harmonie prouverait, par ses triomphes, que la médecine est la véritable science de l'homme autant que l'exercice de toutes les vertus.

La rage est une maladie aiguë, caractérisée par des accès de fureur, des envies de mordre souvent, accompagnée de l'horreur de l'eau et des boissons, et quelquefois de convulsions à l'aspect des corps brillans et lumineux.

Cette maladie survient spontanément à quelques animaux; l'homme et plusieurs autres animaux n'en sont atta qués que par la morsure d'un animal déjà malade, par le contact ou l'introduction de sa bave dans une blessure ou sur une partie recouverte d'une peau très fine.

Le chien, le loup, le renard, sont les plus sujets à cette maladie, et elle leur survient principalement en été, en hiver, surtout à l'époque de leur chaleur.

Lorsque la rage survient à un chien, il est d'abord triste, abattu, il reste assis dans un coin, grogne souvent, sans cause apparente, surtout contre les étrangers, il cherche à les mordre; le plus ordinairement il refuse les alimens, la boisson, ou en prend une petite quantité. Après deux ou trois jours de cet état, les symptômes augmentent, l'animal quitte tout à coup la maison de son maître, fuit de tous côtés, mais sa démarche est incertaine, mal assurée, le poil est hérissé, l'œil hagard, fixe, brillant, la tête est basse, la gueule béante, pleine d'une bave écumeuse, la langue est pendante, la queue serrée (comme il est exprimé dans la figure); alors il éprouve des accès de fureur qui reviennent par intervalles; il se jette sur les animaux qu'il rencontre; les mord, et continue ensuite son chemin : A ce degré de la maladie, l'animal ne prend ordinairement aucun aliment, et évite la boisson. Quelquefois cependant on le voit manger, boire et même traverser les rivières : ainsi c'est par le rapprochement, le concours de tous ces signes que l'on peut bien juger de la nature de la maladie, et en général on doit se méfier de toute morsure faite par un animal qui n'a pas été provoqué.

Il est donc du devoir de tout bon citoyen de veiller attentivement sur l'état des animaux qui sont dans sa maison, et dès les premiers signes de la maladie d'un chien, il doit pour la sûreté de sa propre famille, pour la tranquillité publique, ou le sacrifier sur-le-champ, ou l'enfermer dans une cour, dans un endroit isolé d'où il ne puisse s'échapper.

Lorsqu'un loup est enragé, il quitte les bois, court dans les campagnes, se jette avec fureur sur tous les animaux qu'il rencontre, attaque même les hommes, et n'est effrayé ni de leur nombre, ni du bruit de leurs armes.

Si un loup est vagabond, si un chien malade s'est échappé et court les champs, la police du lieu doit charger quelques hommes courageux et prudens de poursuivre l'animal jusqu'à ce qu'ils aient pu l'arrêter ou le tuer : Les hommes chargés de ce soin, doivent être armés d'un sabre, d'un fusil, et ne pas s'écarter beaucoup les uns des autres.

Lorsqu'un homme a été mordu par un animal enragé le premier soin doit être de laver sur-le-champ la blessure, de la presser en différens sens pour exprimer le sang et entraîner la bave que la dent de l'animal y a déposée. On peut pour cet objet employer l'eau d'une fontaine, d'un ruisseau que l'on rencontre; mais les lotions sont bien plus efficaces si l'on emploie l'eau chaude, si on y fait fondre du savon, du sel; l'eau de chaux, l'eau de lessive, sont aussi très efficaces : on peut aussi employer l'urine chaude.

Après cette lotion première qui doit être faite avec beaucoup de soin et continuée au moins dix minutes, il faut brûler la partie mordue, soit en y appliquant un fer rouge, soit en y appliquant un caustique tel que l'eau forte ou une autre substance de cette nature; mais quel que soit le moyen que l'on emploie, il faut que la brûlure comprenne toute l'étendue de la morsure, qu'elle en suive exactement le trajet, la direction, et pour bien faire cette opération importante, il faut observer 1° que dans le nombre des dents qui garnissent la mâchoire de l'animal, il y en a de chaque côté deux longues aiguës, recourbées; 2° que l'animal furieux les enfonce avec force; 3° que les chairs serrées par les mâchoires cèdent à la force qui les presse, et qu'ainsi les morsures sont souvent obliques et plus profondes qu'elles ne le paraissent.

Quels que soient le nombre, la grandeur, la situation des morsures, il faut apporter à toutes la même attention.

La suite du traitement doit consister dans des pansemens simples, avec quelques onguens propres à faciliter, à en-

(Chien enragé.)

tretenir la suppuration, à hâter la chute des parties qui ont été brûlées. Il importe aussi d'écarter du blessé tout objet de crainte, d'inquiétude, et de lui faire sentir que le traitement est très efficace, puisqu'il détruit le venin dans la partie où il avait été porté. On doit employer le même traitement pour le bétail qui a été mordu par un animal enragé : cependant si la morsure était bornée à la queue, à l'oreille, à une partie de peu d'importance pour la vie, il est plus simple, plus court de couper sur-le-champ la partie au-delà de la morsure. ACHILLE COMTE.

Paris. — Imprimerie de H. Fournier, rue de Seine, 14.

ANCIENS MONUMENS DE LA FRANCE. — LA MAISON DE FRANÇOIS Ier. — LES CHAMPS-ÉLYSÉES.

(Vue de la Maison dite de François Ier.)

En lisant au bas de la gravure qui accompagne cet article, *Maison de François Ier aux Champs Élysées*, ceux de nos lecteurs qui n'ont pas visité Paris doivent être tentés de croire que le quartier où l'on a transporté ce curieux monument est l'un des plus riches et des plus beaux de la grande ville. Et parmi les habitans de cette immense cité, combien en est-il qui n'ont jamais porté leurs pas dans cette région et partageront la même erreur. Les journaux ont tant parlé il y a quelques années des magnifiques projets de certains spéculateurs qui voulaient peupler de maisons de luxe la partie des Champs-Élysées qui est au sud-ouest de Paris, on a si long-temps répété que ce lieu, jadis occupé par de maigres cultures et par quelques pauvres bicoques était déjà transformé en un riant séjour embelli par les constructions les plus gracieuses et les jardins les plus gais, que cette assertion a été reproduite dans plus d'une description de Paris, et que tous les jours des étrangers se font conduire dans la ville imaginaire de François Ier.

Il en a été de ces grands projets de constructions aux Champs-Élysées comme de tant d'autres qu'enfanta la fièvre des spéculations, lorsque après quelques années de paix, Paris regorgea un moment de capitaux oisifs.

L'état florissant de nos finances et le calme dont jouissait la France sous la restauration, avaient fait croire à la foule des spéculateurs, si imprévoyante, si prompte à se bercer d'illusions comme à se laisser abattre, que la population de Paris allait recevoir un rapide accroissement et qu'il fallait se hâter de bâtir de nouveaux palais pour les riches de la moderne Babylone.

Et aussitôt le terrain fut divisé, les rues tracées, quelques pans de murailles et de grilles élevés par-ci par-là, simulacres tentateurs d'un commencement de constructions; on acheva même quelques douzaines de maisons, on éleva au centre de la ville nouvelle une fontaine monumentale qui devait répandre dans toutes les rues une eau

fraîche et limpide; mais ce qui mit encore mieux en évidence la confiance des spéculateurs, ce fut le transport d'une partie de la maison dite de François Ier qu'on fit venir de Moret pour la placer dans le nouveau quartier, sur le bord de cette route de Versailles sans cesse sillonnée par une infinité de voitures.

Le résultat de cette gigantesque opération était facile à prévoir. Les plus avisés se hâtèrent de revendre à d'autres spéculateurs; on termina à grand peine les quelques maisons commencées, et le quartier de François Ier était déjà abandonné lorsque la révolution de 1830 vint porter le dernier coup aux grandes entreprises, et ajourner indéfiniment le succès de celle-ci.

Aujourd'hui vous trouveriez à peine quelques rares locataires dans ces bâtimens isolés; l'herbe pousse déjà sur les murs des enclos abandonnés; les chardons envahissent les alentours de la maison déserte de François Ier, et on recommence à livrer à la culture et au pâturage une partie de ces terrains achetés si cher et qui devaient tant produire.

Cette immense déconfiture nous rappelle une autre entreprise non moins malheureuse pour ses actionnaires, mais qui du moins a produit quelque chose de complet. Nous voulons parler du pont suspendu en chaînes de fer qu'on a jeté sur la Seine, non loin de la maison de François Ier. On sait qu'un autre pont suspendu avait été construit peu de temps auparavant, à quelque distance de là, vis-à-vis l'hôtel des Invalides; ce pont magnifique, qui ne portait sur aucun appui placé dans le lit de la rivière, manqua, on s'en souvient, par le défaut de solidité d'un des points d'attache de la chaîne, mais il n'eût pas été plus productif que celui qu'on lui a substitué. Pour qu'il y ait des passagers, il faut un but de voyage; or, le quartier de François Ier est désert et ne conduit à aucun centre de population.

Quant à la maison apportée à si grands frais de Moret,

46

elle servait de rendez-vous de chasse dans la forêt de Fontainebleau, et avait été ornée de sculptures par le célèbre Jean Goujon (1). La façade, dont nous donnons un dessin fort exact, était une des faces intérieures de la cour de la maison de Moret qui, par conséquent, était beaucoup plus vaste que le bâtiment nouveau, et avait une tout autre distribution.

USAGES DE LA COUR D'AUTRICHE.
CÉRÉMONIE DU LAVEMENT DES PIEDS.

L'un des correspondans d'un des journaux politiques de Paris lui adressait, il y a quelques temps, la lettre que l'on va lire sur la cérémonie du lavement des pieds à Vienne, cérémonie que nous avons vu se renouveler pendant quinze ans au château des Tuileries, et qui rappelle d'une manière si touchante ces divins enseignemens de charité et d'humilité par lesquels le fils de Marie a changé la face du monde.

« Je viens d'assister à une cérémonie assez curieuse qui a lieu tous les ans le jeudi saint; c'est la cérémonie du lavement des pieds, instituée en mémoire de la cène. Vingt-quatre vieillards pauvres, douze hommes et douze femmes, sont choisis et désignés long-temps à l'avance; quoi qu'il en soit; et bien que cette cérémonie ait perdu en partie le caractère religieux qui l'a fait instituer dans l'origine, elle n'en demeure pas moins une œuvre bonne et utile, et mérite d'être conservée.

« C'est ordinairement l'empereur et l'impératrice en personne qui servent à table les vingt-quatre convives, et leur lavent les pieds à l'imitation de Jésus-Christ qui, après la cène, lava les pieds des douze apôtres; aussi cette cérémonie se fait-elle avec beaucoup d'éclat et de pompe. Malheureusement cette fois l'empereur était malade et ne put y prendre part; son frère, l'archiduc François, fut désigné par lui pour le remplacer, et comme l'impératrice ne pouvait paraître sans l'empereur, la table des douze femmes fut supprimée.

« A onze heures du matin; je me rendis au palais impérial, et je pénétrai à travers plusieurs salons encombrés de gardes et d'officiers jusqu'à la grande salle de bal où j'aperçus les apprêts de la cérémonie. Cette salle forme un immense carré entouré de gradins en amphithéâtre qui, à cause du deuil que porte la cour, étaient décorés en noir; le plafond, qui a bien 50 ou 60 pieds d'élévation, est soutenu par 24 belles colonnes de marbre jaune; elles se détachaient d'une façon singulière dans la demi-obscurité qui régnait, les fenêtres ne laissant arriver qu'un jour insuffisant dans ce vaste salon dont l'apparence lugubre était encore augmentée par des tentures noires et la triste uniformité du costume des spectateurs qui tous étaient en deuil.

« A droite de la porte d'entrée s'élevait une estrade recouverte d'un tapis noir; elle supportait la table étroite et longue sur laquelle étaient rangés les douze couverts; des fleurs et des branches de verdure jonchaient la nappe et décoraient les verres et les petites cruches à bière de faïence verte, qui se trouvaient devant chaque couvert. L'intervalle resté libre au milieu du salon était occupée par une foule d'officiers supérieurs de toutes armes et par la garde allemande et hongroise.

« Bientôt les douze vieillards firent leur entrée, marchant à la file l'un de l'autre, le plus âgé en tête; chacun d'eux était escorté et soutenu par sa femme et ses enfans ou ses plus proches parens; ils se dirigèrent vers l'estrade, montèrent non sans quelque difficulté les deux ou trois marches qui y conduisaient, et se mirent à table. Le plus âgé des convives avait 102 ans, le plus jeune 82, et ils formaient à eux douze un total de 1,041 années. Ils étaient

(1) Voyez page 83, première année.

tous habillés de même; leur costume, qui leur avait été fourni par l'empereur, se composait d'une espèce de soutane noire, d'une culotte et de bas de laine de même couleur, d'une grande pèlerine blanche qui leur couvrait les épaules et retombait jusqu'à la moitié du dos, et enfin d'un chapeau à larges bords pareil à ceux de nos paysans tourangeaux. Leur barbe blanche, qu'ils avaient laissé croître par ordre depuis une quinzaine de jours, les rendait passablement hideux en augmentant encore la laideur qui malheureusement est presque inséparable d'une vieillesse avancée.

« C'était vraiment un spectacle étrange que de voir ces douze vieillards à cheveux blancs, au visage rendu impassible par la vieillesse, qui regardaient d'un œil hébété plutôt que curieux tout ce luxe impérial qu'ils voyaient pour la première fois; qui recevaient, assis et le chapeau sur la tête, sans presque les comprendre, les honneurs que leur rendaient des princes et des généraux debout et découverts devant eux. Ils avaient été transportés d'un seul coup, sans transition, de la misère au sein des jouissances et du luxe; hier ils tendaient la main, aujourd'hui ils avaient un empereur pour maître-d'hôtel et pour valet de chambre: c'était passer d'une obscurité complète à la plus éclatante lumière: aussi leurs nerfs usés n'avaient pu soutenir ce changement si subit, et ils étaient là chancelans, étourdis et comme insensibles. Quelles singulières idées ont dû éclore dans ces douze vieilles têtes, si toutefois elles avaient conservé intacte en cet instant la faculté de penser !

« Tout à coup la foule des officiers qui remplissaient le milieu du salon s'agita, toutes les têtes se tournèrent vers la porte d'entrée, l'huissier venait de frapper le parquet de sa canne noire pour annoncer l'approche de l'archiduc François. Il entra précédé des pages de l'empereur, et entouré de ses aides-de-camp; son oncle l'archiduc Louis l'accompagnait.

« L'archiduc François paraît âgé d'une trentaine d'années; son extérieur n'a rien de remarquable; il est petit et maigre; sa figure, sans être régulièrement belle, est gaie et ouverte; il paraissait d'abord assez mal à son aise, mais il ne tarda pas à surmonter l'embarras momentané qu'il éprouvait, et s'acquitta avec assez de grâce et d'amabilité de cette fatigante et ennuyeuse corvée. Son oncle, au contraire, était sombre, sérieux, ennuyé, et sembla ne l'aider qu'avec répugnance pendant toute la cérémonie.

« Les deux princes n'avaient pas pris en cette occasion le costume de deuil ordinaire des archiducs d'Autriche, costume déjà antique, et dans lequel on remarquait jadis une barbe en drap noir, qui cachait une partie du visage et retombait sur la poitrine. Ils portaient un habit noir à la française, la culotte et les bas de soie de même couleur; leurs manchettes de dentelle, au lieu d'entourer le poignet, étaient attachées sur le parement même de l'habit, comme celle des pages; ils n'avaient d'autre décoration que l'ordre du Saint-Esprit.

« Ils traversèrent le salon en saluant légèrement de la tête à droite et à gauche les groupes d'officiers, et montèrent sur l'estrade. Aussitôt douze pages apportèrent sur des plateaux en bois le premier service, que les archiducs placèrent devant les convives; à peine le dernier plat fut-il déposé sur la table, que douze gardes s'avancèrent, et recurent des mains des deux princes les mets encore intacts, qu'ils enlevèrent. Le second et le troisième service, ainsi que le dessert, furent servis et desservis de la même manière et dans un instant. Bien entendu que chaque vieillard emporta, en s'en allant, les quinze plats, fort appétissans, ma foi, qui composaient son dîner, la vaisselle comprise, qui, du reste, était en faïence.

« Ce simulacre de dîner terminé, la table fut enlevée, et un assez nombreux clergé envahit le salon, précédé de la croix, et entouré de pages portant des cierges allumés. Les prêtres s'approchèrent de l'estrade, et entonnèrent des chants d'église, pendant lesquels on mit à nu une des jambes de chacun des douze représentans des apôtres; puis l'archiduc François, muni d'une ample serviette, s'agenouilla devant le plus âgé des vieillards, et un prêtre, qui tenait d'une main une cuvette et de l'autre un pot à l'eau en vermeil, versa quelques gouttes d'eau sur le pied du patient; le prince l'essuya, et passa au second, puis au troisième, et ainsi de suite jusqu'au dernier.

« Cela fait, on présenta à l'archiduc douze petites bourses blanches qui contenaient chacune trente pièces de menue monnaie; ils les distribua aux douze vieillards. C'était le dernier épisode de cette cérémonie. La canne de l'huissier retentit de nouveau sur le parquet, pour annoncer le départ des archiducs, qui se retirèrent accompagnés des officiers et de la plus grande partie des spectateurs.

« Les douze vieillards se disposèrent aussi à quitter le palais impérial; ils furent escortés jusqu'aux portes par un nombre égal de gardes allemands, qui les prirent charitablement sous le bras pour les aider à marcher. Ils partirent, et, de tant de grandeur, il ne leur resta qu'un souvenir, l'expectative d'un bon dîner, et l'obligation de recommencer le lendemain leur vie de mendians. »

INFANTERIE.

(Septième article.) (1)

Sans doute il n'est aucun de nos lecteurs, même des plus jeunes, qui n'ait appris par les livres ou les récits des contemporains de la révolution, quel enthousiasme animait les soldats improvisés de la république. Hors d'état, la plupart, de juger la grande question de la révolution française, et d'apprécier le plus ou moins de convenance de telle forme de gouvernement, mal instruits, non seulement de la situation des peuples voisins, mais encore de celle de leur propre pays, leur but principal était la défense du territoire, et ce sentiment politique n'excluait pas une sainte horreur pour le régime de dénonciations, d'assassinats politiques et de confiscations qui dépeuplait et ruinait alors la France à l'intérieur.

Tous les anciens officiers avaient émigré ou avaient été renvoyés; ils étaient remplacés par les sous-officiers et par une foule de jeunes gens qui suppléaient par l'intelligence et le courage au défaut d'expérience. On sait que, dans les premiers momens, les troupes de la république se ressentirent de ce défaut d'habitude de la guerre et de cet état incomplet d'organisation. Plus d'une défaite partielle, plus d'une inexplicable panique vinrent bouleverser les armées françaises et répandirent l'épouvante dans tout le pays. Mais après ce malheureux apprentissage, ce ne fut, pour ainsi dire, qu'une suite de victoires et de faits d'armes héroïques. Parmi les causes qui inspirèrent le plus de résolution à la masse de la population, il faut consigner cette maladroite proclamation du duc de Brunswick, général en chef des troupes autrichiennes et prussiennes, proclamation vainement improvisée par le malheureux Louis XVI, et dans laquelle étaient ces imprudentes menaces :

« Tous les Français seront individuellement responsables s'ils ne s'opposent pas aux attentats des révolutionnaires contre le roi et sa famille; toutes les autorités constituées et tous les citoyens seront punis de mort; toutes les villes et villages seront frappés d'exécution militaire et de pillage en cas de résistance et de désordre. »

Les chefs du parti révolutionnaire mirent à profit l'irritation que produisit à Paris et dans les provinces cet incroyable manifeste. Les princes de la maison de Bourbon adressèrent peu de temps après une tout autre déclaration au peuple, mais il n'était plus temps. Le duc de Bruns-

wick avait compromis la cause de la monarchie; l'appel aux armes était le prélude du régime de la terreur.

La nécessité fit adopter alors une nouvelle manière de combattre. Comme, dans le premier moment, l'instruction n'était pas assez générale pour qu'on pût, sans danger, faire de grandes manœuvres devant l'ennemi, on se couvrit de nuées de tirailleurs, qui permettaient aux masses de se former et de se mouvoir. Ce genre de combat, dans lequel l'intelligence individuelle peut se développer, convenait à notre nation, et nous en retirâmes de grands avantages.

Le ministre Servan fut un de ceux qui secondèrent le plus l'impulsion guerrière donnée à la nation. Pendant son court ministère les bataillons de volontaires se formèrent de toutes parts, et neuf armées promptement organisées, présentèrent aux puissances étrangères deux cent vingt mille combattans. Ces forces s'accrurent avec tant de rapidité qu'à la fin de décembre 1795 la république avait, d'après des états certains, six cent quatre-vingt-dix mille hommes sous les armes, et un effectif de huit cent soixante-et-onze mille hommes, et qu'en 1794 ce nombre s'éleva à sept cent trente-deux mille hommes présens, parmi lesquels quatre-vingt-seize mille cinq cents de cavalerie; l'effectif était alors d'un million vingt-six mille neuf cent cinquante hommes. Ces forces étaient réparties en quatorze armées.

L'infanterie se composait alors de régimens de ligne, de bataillons de volontaires, de compagnies franches, et il y avait des légions formées de plusieurs armes.

Le désordre était partout; il était urgent de régulariser l'organisation de l'armée et le service de chacun des corps; un décret du mois de janvier 1794 ordonna l'embrigadement des troupes, c'est-à-dire la fusion d'un bataillon de ligne dans deux bataillons de volontaires; et au 15 nivôse an VII, la république qui occupait à la fois les États romains, l'Helvétie, l'Italie, la Hollande, et dont les frontières étaient portées jusqu'au Rhin, avait cent dix demi-brigades d'infanterie de ligne, trente d'infanterie légère, deux bataillons de pontonniers et quatre de sapeurs, auxquels se joignaient vingt-cinq régimens de grosse cavalerie, vingt de dragons, vingt-cinq de chasseurs, douze de hussards, huit d'artillerie à pied et huit d'artillerie à cheval.

Un mélange heureux des différentes armes se trouvait aussi dans la formation des divisions, composées d'infanterie de ligne, d'infanterie légère, de cavalerie et d'artillerie; elles avaient dans leur isolement tous les moyens de vaincre et de profiter, et pouvaient former, sans qu'on y apportât aucun changement, d'excellentes avant-gardes et de formidables arrière-gardes.

La force des compagnies et leur nombre par bataillon ont, comme le savent nos lecteurs, éprouvé en France des variations infinies; dans les anciennes ordonnances de formation, on voit des compagnies formées de vingt-cinq, trente, trente-cinq, quarante et jusqu'à deux cents hommes (1).

Le nombre des officiers, sous-officiers et caporaux attachés à une compagnie a varié comme celui des soldats. En 1784, il y avait par compagnie un capitaine en premier, un capitaine en second, quatre lieutenans et sous-lieutenans, et même un sous-lieutenant de remplacement. Ce nombre d'officiers outrepassait évidemment les besoins réels du commandement.

En 1791, les compagnies étaient de cinquante hommes, avec deux sergens et quatre caporaux; les bataillons avaient neuf compagnies, et les régimens deux bataillons. Ce cadre de 1791 était beaucoup trop resserré pour suffire à l'instruction et à la surveillance du nombre d'hommes qu'il fallait y ajouter en temps de guerre. En 1795, les compagnies furent de quatre-vingts hommes avec trois sergens et six caporaux; les bataillons avaient neuf compagnies, et les demi-brigades trois bataillons.

(1) Voyez page 355.

(1) Voyez page 356.

L'année 1791 avait vu paraître un nouveau réglement sur les manœuvres de l'infanterie. Les anciennes troupes de ligne eurent beaucoup de peine à oublier leurs anciennes ha-

(Fusilier de 1789.)

bitudes et à se familiariser avec les changemens qu'on venait d'introduire; mais les bataillons de volontaires se formèrent en très peu de temps, et leur incorporation dans les régimens de ligne changea la face de l'armée. Les anciens soldats furent entraînés par un noble sentiment de rivalité, et se firent promptement aux nouvelles manœuvres.

LES ÉGLISES DE LONDRES.

SAINTE-MARY-LE-BOW.

Nous empruntons à l'auteur de *Une année de Londres*, les observations suivantes sur les églises anglaises en général et sur celle de Mary-le-Bow en particulier. Cette critique peu maligne, mais juste au fond, à d'autant plus choqué dans le temps les lecteurs anglais que l'église de Mary-le-Bow est considérée à Londres comme un des temples modèles pour l'harmonie parfaite de sa décoration intérieure et de sa distribution avec son caractère religieux. Pour nous, Français, qui sommes habitués au caractère grandiose et sévère de nos vieilles cathédrales, le jugement que l'on va lire ne nous paraîtra pas pécher par excès de sévérité.

L'auteur suppose que son *Cicerone* l'ait introduit dans l'église de Mary-le-Bow sans lui apprendre la destination de cet édifice. Le premier coup d'œil qu'il jette dans l'intérieur le lui fait prendre pour une salle de spectacle.

« Un parterre et deux rangs de loges, ou pour mieux dire, deux grandes et belles galeries parfaitement décorées et régnant tout autour de la salle, me confirmaient dans mon opinion en offrant à mes regards une assemblée brillante composée surtout de dames qui semblaient se disputer le prix de l'élégance. Deux bancs circulaires régnaient le long des murs au rez-de-chaussée; de là jusqu'à l'endroit où la compagnie était assise, régnait un espace vide assez considérable, une espèce de passage semblable à celui qu'on voit derrière les loges dans quelques-uns de nos petits spectacles, et où peuvent rester debout ceux des spectateurs qui n'ont pas trouvé de place dans l'intérieur. C'était là

que je m'étais mis afin de pouvoir circuler et de mieux examiner.

« Je ne tardai pas à apercevoir au bout de la salle une très belle chaire ornée de velours cramoisi bordé de franges d'or et je reconnus alors que j'étais dans une église. C'était celle que l'on appelle *Mary-le-Bow*, par corruption de *Marie-la-Bonne*.

« Cette église, dont la construction n'est pas ancienne, rivalise en splendeur et en richesse avec les salles de Covent-Garden et de Drury-Lane.

D'un autre côté du temple sont deux autres chaires placées à des hauteurs différentes l'une devant l'autre. C'est si l'on veut une chaire à deux étages. Le ministre qui fait les prières se place dans la partie supérieure, et celui qui lui répond se trouve dans celle de dessous. La première dont j'ai parlé est destinée au prédicateur. En face de la principale porte d'entrée est un grand tableau en transparant représentant l'ange qui annonce aux bergers la naissance du Sauveur, ornement très rare dans les églises d'Angleterre. Au surplus je ne sais pourquoi j'appelle ce tableau un ornement, car il fait tache dans cette jolie église, et quoiqu'il soit de M. West, c'est-à-dire du peintre le plus renommée de l'école anglaise actuelle (1), je ne me souviens pas d'avoir vu une plus mauvaise croute dans aucune église de village de France. Les pauvres bergers durent véritablement être frappés de terreur, si l'ange qui leur apparut avait les traits et la pose de celui qu'on voit sur ce tableau et qui est le portrait fidèle d'un brigand de mélodramme.

« Cette église est très belle sans doute, mais d'un genre de beauté peu convenable à une église consacrée au culte de la Divinité et qui n'inspire ni recueillement ni idées religieuses.

« Une chose m'a frappé dans toutes les églises protestantes que j'ai vues à Londres. Je n'y ai presque jamais trouvé que ce qu'on appelle du beau monde. Le peuple va fort peu dans les églises, parce qu'il serait difficile qu'il y

(Église de Ste.-Mary-le-Bow.)

allât. Remarquez que tout l'intérieur des églises est divisé en compartimens, qu'on nomme en France des bancs et

(1) Ceci était écrit en 1819.

ici des *pews*. Ces places se louent fort cher. On paie dans l'église de *Mary-le-Bow*, une guinée, tous les trois mois, pour une seule place dans une de ces *pews*. Voilà donc une dépense annuelle de vingt-quatre guinées ou de six cents francs pour une famille composée de six personnes, chose très commune en Angleterre. Encore est-il des *pews* qui se louent plus cher suivant qu'on est mieux placé pour voir et être vu. Vous concevez qu'un artisan ne peut acheter à ce prix-là le sermon de son ministre.

« Aussi rencontre-t-on peu d'artisans dans les églises, et ceux qui les fréquentent sont ils conduits par un véritable esprit de dévotion. Ils sont obligés de se tenir de bout dans l'espace étroit qui sert de passage autour des murs pour arriver aux *pews*. Un grand nombre d'entre eux se réfugient dans les chapelles des méthodistes, des anabaptistes, des frères moraves, et des autres sectes si multipliées à Londres et qui accueillent avec plaisir les néophytes de tous les rangs. Aussi le ministre actuel de *Mary-le-Bow*, habile prédicateur, homme instruit et éclairé, ne voulut-il accepter la place qu'on lui offrit pendant qu'on bâtissait l'église, qu'à condition qu'on y laisserait pour le pauvre peuple un espace plus vaste et plus commode que de coutume. C'est pour cela qu'on y a placé des bancs le long des murs et que de là jusques aux *pews*, on a laissé vacant un espace plus considérable que dans les autres églises. Mais quoique toutes les distinctions humaines s'anéantissent devant la divinité, jamais on ne verra en Angleterre les rangs confondus dans les temples, comme ils le sont dans les pays catholiques. L'orgueil anglais s'offenserait de ce mélange. »

L'IGUANE.

Comme les caméléons, les iguanes ont la faculté de changer de couleur lorsqu'on les irrite, et selon l'état de l'atmosphère. Ils renflent aussi leur goitre, dressent leurs crêtes, s'agitent avec grace et sont des plus agiles. Tous sont propres aux contrées chaudes des tropiques, et vivent d'insectes, de larves, ou même de petits oiseaux qu'ils poursuivent et saisissent fort adroitement dans les branchages sur lesquels ils habitent le plus communément. Pressés par le besoin ils descendent cependant à terre pour y manger quelques racines. Leur langue est charnue, fourchée au sommet, et ils la tirent et l'agitent à la manière des lézards. La plupart acquièrent une assez grande taille, et leur chair, qui passe pour fort délicate, est très recherchée sur les bonnes tables de l'Amérique intertropicale.

L'iguane ordinaire se trouve en grande quantité à la Guyane, et jusque dans les principales Antilles, où la délicatesse de sa chair le fait tellement rechercher des chasseurs, que l'espèce en paraît diminuer sensiblement. Il est fort difficile à tuer, ayant la vie fort dure; le plomb

(L'Iguane.)

même du fusil glisse souvent sur sa peau flexible, dure et couverte d'écailles serrées; c'est au lacet qu'on l'attrape, on lui attache alors la gueule et les pattes pour qu'il ne puisse ni mordre, ni égratigner, et ainsi captif, on le porte au marché; il faut pour le faire mourir, lui enfoncer une épine ou quelque instrument piquant dans les narines. On a attribué à l'usage des mets qu'on en obtient l'origine de certaines maladies au Nouveau-Monde; il faut renvoyer un tel conte avec celui des poissons appelés toxicophores. Les couleurs de cet animal varient du gris au bleu, mais la plupart des individus ont brillamment diaprés de vert, de bleu, de jaune et de brun. Leur taille ordinaire est de trois pieds; on en trouve de cinq; la queue entre pour moitié au moins dans la longueur. Ils agitent souvent leur langue, avons-nous dit, en tous sens, quoiqu'elle ne soit pas extensible, surtout lorsque étant en colère ils gonflent leur gorge, dressent les écailles de leur longue crête, et font briller leurs yeux comme des charbons ardens. Ils font alors entendre un sifflement sourd tout particulier. Peu défians, courageux même, ils attendent souvent l'homme et se défendent; et néanmoins ils s'apprivoisent. On prétend que des colons en nourrissent dans leurs jardins, où on les prend au besoin. La médecine employait autrefois une sorte de bézoard, ou calcul qui se trouve dans la tête de l'iguane ordinaire selon les uns, et dans l'estomac selon d'autres. On a justement renoncé à de tels remèdes. La femelle pond un grand nombre d'œufs de la grosseur de ceux du pigeon; elle les dépose sur le sable, où l'homme, qui en est très friand, les lui enlève. Ces œufs ne durcissent jamais complètement par la cuisson et n'ont presque pas de blanc.

LA VALACHIE. — BUKAREST. — LES BOYARDS.

La Valachie, cette riche contrée que l'habileté russe a presque enlevée à la Turquie, mérite, par son importance politique et par l'influence qu'y exerce l'esprit français, d'attirer l'attention de nos lecteurs.

Les principales villes de la Valachie sont Bukarest, Craïova et Turgovitz, qui était autrefois la capitale et la résidence des Voïvodes. Il y a un peu plus d'un siècle que le prince Bessaraba transporta le siége du gouvernement à Bukarest, qui, dès-lors, devint la capitale. Cette ville, arrosée par la rivière Dumbowitza, est située dans un fond, ce qui en rend les rues très sales et l'air qu'on y respire très malsain. Elles étaient, il y a peu de temps, recouvertes de grands madriers placés transversalement, et on les désignait alors sous le nom de ponts, qu'elles ont conservé, quoique les principales d'entre elles soient maintenant pavées de fragmens de roches que l'on fait venir des montagnes.

Les maisons de la ville proprement dite n'ont ordinairement qu'un étage; et leurs murs de briques ont un mètre d'épaisseur. Ce genre de construction est nécessité par la crainte continuelle où l'on est des tremblemens de terre, dont la fréquence et l'intensité ont été quelquefois fatales à ceux qui négligeaient ces précautions. On se sert généralement de petites lattes de sapin pour couvrir les maisons; cependant quelques-unes d'entre elles sont couvertes en tuiles ou même de plaques en fer étamé.

Les nombreux faubourgs qui entourent la ville sont de véritables villages, dont ils offrent l'apparence par leur construction.

Aucun monument national ou historique ne se voit à Bukarest. Les traces d'une chaussée construite par les Romains, appelée voie Trajanne, qui conduisait du Danube en Transylvanie, et la chapelle construite à la Courté-d'Argis par Rado Negro, sont les seuls monumens qui rappellent quelques évènemens dont la Valachie fut le théâtre.

Par un beau jour, le panorama de Bukarest est d'un effet puissant, et produit sur les Européens une impression profonde, qui réveille en eux les souvenirs de féerie, qu'ils ont de l'orient; leurs yeux sont éblouis de l'éclat que jettent ses deux cents églises surmontées de leurs dômes métalliques; les contes des *Mille et une nuits* se retracent à leur mémoire; ils ne respirent plus qu'un air parfumé de sandal et d'aloès; ils s'avancent vers la ville enchantée, où bientôt la plus désolante des réalités remplace leurs illusions poétiques.

La population de Bukarest ne s'élève pas à plus de quatre-vingt-dix mille habitans, en partie grecs, arméniens et juifs, dont la variété des costumes présente un coup d'œil assez pittoresque.

Les nobles, connus sous le nom de boïards, jouissent de revenus assez considérables provenant de leurs propriétés, et ont leurs maisons situées au milieu d'une vaste cour, autour de laquelle existe un petit village habité par les domestiques et les esclaves remplissant les différentes fonctions de cuisiniers, boulangers, etc., palefreniers. L'extérieur et l'intérieur de ces maisons sont blanchis à la chaux, et l'ameublement des appartemens est en partie dans le goût oriental, en partie composé de meubles européens. Le costume national des boïards ne diffère pas de celui des Turcs aisés de Constantinople; seulement ils remplacent le turban par un énorme bonnet de forme presque sphérique, en fourrure d'Astracan, et qu'ils nomment calpacks. Ils laissent croître leur barbe de grandeur naturelle, et en ont un soin extrême. Quelques-uns se font raser la tête par mesure de propreté. Les jeunes gens des deux sexes ont adopté le costume européen : des tailleurs alle-

mands et français habillent les hommes, et les femmes ont recours aux talens d'une modiste française, qui s'est établie récemment à Bukarest. D'autres boïards ont jugé plus convenable de n'abandonner qu'en partie leur habillement; aussi n'est-il pas rare d'en voir qui, sous leur robe, portent nos pantalons et notre chaussure; mais dans ce cas-là, ils rasent leur barbe, et se coiffent d'une casquette. Cet ensemble présente un aspect ridicule et même grotesque auprès du costume oriental, qui est plein de dignité.

La plupart des chefs des grandes familles font partie de l'administration du pays, et les loisirs que leur laisse leur emploi, ils les consacrent à la méditation et à la conversation. Ils ne sortent jamais à pied, et ont plusieurs équipages, soit pour faire leurs visites, soit pour jouir de la promenade, qui a lieu dans une des principales rues de la ville, et que l'on pousse quelquefois à une certaine distance hors des barrières.

Il y a à Bukarest plus de trois mille voitures particulières et deux cents voitures publiques.

Les Boïards qui ont conservé les anciennes habitudes, se couchent toujours après leurs repas, c'est-à-dire deux fois par jour; ils se lèvent à neuf heures, et se rendent immédiatement à leur poste, d'où il reviennent vers les deux heures pour se mettre à table. L'après-dîner est consacré au sommeil, et la soirée et une partie de la nuit au jeu. Entre leurs repas, ils font un fréquent usage du café qu'on leur sert tout sucré avec le marc; ils le font toujours précéder d'une cuillerée de confiture et d'un verre d'eau, et suivre de la pipe qu'ils ne quittent presque jamais. Cette cérémonie se renouvelle pour chaque étranger qui visite le maître de la maison.

Leur table est servie avec une profusion extraordinaire, et une partie des mets est arrangée à l'européenne, tandis que l'autre, qui l'est à la mode turque, inspire du dégoût et même de la répugnance aux étrangers. De plus, la saleté avec laquelle le chef, qui est ordinairement un Grec, et surtout ses aides qui sont esclaves, procèdent à leurs préparations ordinaires est très propre à les maintenir dans leurs dispositions.

Après le repas, les boïards ont l'habitude de se savonner la barbe sans quitter leur place; d'une main un domestique leur tient un bassin sous le menton, tandis que de l'autre il leur verse de l'eau avec une aiguière.

A l'exception de quelques jeunes gens qui ont étudié en Europe, les Boïards ont peu d'instruction, malgré les dispositions naturelles qu'ils montrent pour toute espèce d'études. Ils s'adonnent à l'étude des langues, et particulièrement à celle du grec moderne, qui était la langue de la cour au temps où le sultan plaçait un Grec du Fanar à la tête de l'administration du pays. Ils parlent cette langue plus purement que la plupart des peuples qui habitent la Grèce, et dont les dialectes n'ont presque plus de rapport avec la langue de Démosthènes.

Le français est maintenant très répandu parmi eux, et c'est la langue dont on se sert habituellement dans la bonne société. Ils en parlent souvent plusieurs autres encore, avec une extrême facilité, ce qui peut s'expliquer par la faculté de rendre toute espèce de sons que leur donne la multiplicité des lettres de leur alphabet qui contient six consonnes et deux voyelles de plus que le nôtre.

Ils rachètent leur manque d'instruction par les manières affables que leur donne la fréquentation du monde, et surtout par une facilité d'élocution fort remarquable. L'action oratoire qui accompagne leur discours est toujours parfaitement appropriée au sujet qu'ils traitent, et ils savent peindre sur leur visage le sentiment qu'ils croient propre à exciter les sympathies des auditeurs. Malheureusement avec l'art de persuader, ils ont conservé des Grecs de Constantinople le goût de l'intrigue; aussi les relations qu'ont entre elles les grandes familles rivales sont toujours empreintes de ce caractère politique et astucieux qui distingue leurs anciens maîtres.

Plusieurs troupes de comédiens ambulans ont tenté de se fixer à Bukarest, mais le succès qu'ils ne devaient qu'à la nouveauté a toujours été de courte durée pour eux. Outre les bals particuliers qui pendant l'hiver sont assez fréquens, deux autres bals sont ouverts au public chaque semaine.

Le nom de l'un d'eux appelé bal noble, indique le genre de personnes qui le composent, tandis que toutes les classes de la société peuvent pénétrer dans l'autre sous le masque. La danse nationale (espèce de ronde) y a été remplacée par une danse polonaise appelée Mazurka qui elle-même a bientôt fait place à nos quadrilles, à nos galops et à nos valses.   Du...

DESCENTE DANS LA MINE DE HOUILLE
DE LITTRY PRÈS BAYEUX (CALVADOS).

Littry n'offre rien de remarquable à l'extérieur, rien de saillant dans la physionomie; ce qui offre seulement quelque intérêt, c'est la mine de houille.

En creusant un fossé dans cet endroit, on remarqua une substance noirâtre qu'on prit pour des traces d'une mine de fer; plus tard on reconnut que c'était de la houille. De là des fouilles, et l'exploitation qui s'y trouve aujourd'hui.

Il y a trois ouvertures, que l'on appelle fosses, par lesquelles on y descend. Elles sont au nombre de trois, d'abord pour faciliter l'exploitation, ensuite afin que, si l'une d'elles venait à se fermer par une voie d'eau, les ouvriers puissent sortir du lieu de leurs travaux.

C'est par la fosse Sainte-Barbe que je suis descendu; à l'œil de cette fosse est une machine à vapeur de la force de vingt chevaux. Sa destination est de monter le charbon de terre dans de grands seaux, et de vider la mine de l'eau qui s'y trouve et qui sert ensuite à alimenter cette même machine.

Pour arriver à la houille par cette fosse, on est obligé de parcourir trois cent quarante-huit pieds; son ouverture est de quatre pieds carrés, et, dans toute sa longueur, sont des planches placées verticalement pour empêcher l'éboulement de terres. C'est par cette ouverture que montent et descendent les seaux; mais les mineurs descendent par une petite ouverture, qui est pratiquée dans une des trois pieds de la grande, au moyen d'échelles, de vingt-cinq pieds en vingt-cinq pieds il se trouve un plancher qui s'abat, afin que si l'ouvrier tombe il ne fasse qu'une chute de vingt-cinq pieds, ce qui déjà est très raisonnable.

Maintenant que j'ai exposé la disposition des lieux, je vais parler de mon voyage souterrain.

D'abord on me fit changer de vêtemens; au pantalon de casimir succéda le pantalon de grosse toile blanche; une ample veste de même étoffe remplaça le frac pincé et boutonné jusqu'au menton; puis l'on me mit sur la tête un vieux chapeau auquel, en guise de plumet, on ajouta une chandelle allumée. Après cette toilette préliminaire, on m'invita à me placer dans la voiture de transport; c'est une espèce de cuve attachée par trois chaînes à la corde qui tient à la machine à vapeur; c'est ainsi que descend toujours le commis-inspecteur qui m'accompagnait. Mon compagnon de voyage était vêtu comme moi; seulement, outre son plumet flamboyant, il avait une lanterne et un chandelier. Ce chandelier mérite d'être décrit; c'est un morceau de fer aigu par un bout, pour qu'on puisse l'enfoncer dans les murailles, et, par l'autre bout, percé d'un trou pour recevoir la chandelle. Tout mineur est pourvu d'un pareil instrument.

Les premiers dix pieds que je descendis, j'éprouvai une espèce d'hallucination, mais qui fut de courte durée. A peu près à moitié de notre course perpendiculaire nous reçûmes une forte aspersion; elle était causée par une fissure que les eaux avaient faite aux planches qui soutiennent les terres. Le commis héla les hommes d'en haut, et l'on nous fit remonter jusqu'à la hauteur de la fente; alors, avec un ciseau, il fit une autre fente à côté de la première, mais qui ne traversait pas l'épaisseur de la planche, et qui, rapprochant les fibres du bois, nous mit à l'abri d'une seconde douche. Après cette réparation nous continuâmes à sec notre descente, qui dura cinq minutes, déduction faite du temps employé à boucher la voie d'eau. Lorsque nous fûmes arrivés à l'endroit où sont les travaux, on attira notre embarcation avec des crocs, et nous pûmes mettre pied à terre.

L'obscurité presque complète qui avait régné pendant notre voyage me fit trouver bien vive la clarté que procuraient les chandelles, placées à quelque distance les unes des autres, dans les divers embranchemens de la mine.

Nous fûmes reçus par un second commis, qui reste dans la mine pour surveiller les travaux, tandis que celui qui m'accompagnait n'y descend que pour quelques momens. Là, on m'arma d'une béquille dont je ne compris pas d'abord l'utilité, attendu qu'elle n'avait pas plus d'un pied et demi de longueur; mais, plus tard, elle me fut d'un grand secours. Nous marchâmes, sans rencontrer personne, soixante ou quatre-vingts pas, suivis d'un enfant de dix ou onze ans, qui portait une chandelle et de la poudre que le commis distribue lui-même aux mineurs pour faire sauter les fragmens de charbon de terre. La voie dans laquelle nous marchions était, comme toutes les autres, bordée de parois faites d'une espèce de pierre que l'on trouve dans la mine. Cette pierre ressemble beaucoup à du bois pétrifié; elle se trouve immédiatement sur la houille; sur les parois sont des poutres placées transversalement pour servir de plancher, mais on a grand soin de remplacer ces ais quand ils commencent à menacer ruine, et cette opération présente de très grands dangers, car il arrive souvent que, pendant qu'on est occupé à remplacer l'ancienne charpente, il se fait de forts éboulemens.

Bientôt nous rencontrâmes des enfans attelés à de petits traîneaux, sur lesquels étaient des baquets qui contenaient à peu près deux pieds cubes de charbon de terre; les enfans occupés à ce travail sont âgés de quinze ans; d'autres, plus jeunes, parcourent les longues voies de la mine avec un vase de bois plein d'eau pour humecter les planches qui sont sur le sol, afin de faciliter l'action des traîneaux. Tout mineur travaillant dans la mine n'a qu'un simple caleçon pour vêtement. Les uns sont occupés à faire des murs; d'autres creusent; quelques-uns font sauter la mine. Voici comment se fait cette dernière opération.

On fait, dans la houille, à l'aide d'un long ciseau, un trou de deux ou trois pieds de profondeur, ouvrage qui me parut très pénible, car les ouvriers qui le faisaient suaient tellement, que de leur corps s'élevait une vapeur épaisse; quand ce trou est achevé, on y introduit de la poudre à canon. Pour cela, on a un tube en cuivre, que les mineurs nomment une épinglette, et qui est de la longueur du trou; dans le bout opposé au pétard qui est mis dans le fond du trou, l'on met un peu de poudre, que l'on allume avec une mèche assez longue pour donner le temps à l'ouvrier de se retirer. Le feu, prenant à la poudre qui est dans un des bouts, se communique à l'autre, en parcourant l'intérieur de l'épinglette, et la mine saute. La détonation n'est pas aussi forte que je l'aurais cru; ce n'est qu'un bruit mat.

Les mineurs qui travaillent dans la mine y restent douze heures; ils y descendent le soir à six heures, pour en ressortir le lendemain matin, à la même heure; d'autres les remplacent, et restent également douze heures, depuis six heures du matin jusqu'à six heures du soir. Tous sont grands et forts; mais ils ont le teint de la plus grande pâleur (1).

(1) Les mines de Littry emploient plus de quatre cents ouvriers.

Après être restés deux heures dans la mine, mon cicérone et moi nous remontâmes par le même moyen qu'on avait employé pour nous descendre, nous mîmes sept minutes à remonter et nous trouvâmes en haut de l'eau chaude pour nous laver, et du feu pour sécher nos vêtemens. J'oubliais de dire à quoi sert la béquille dont on m'avait armé en arrivant dans la mine : la voûte est tellement surbaissée à certains endroits, qu'on est quelquefois obligé de marcher l'espace de plus de deux cents pas entièrement courbé, et c'est alors que l'on retrouve avec plaisir la petite béquille pour s'appuyer.

Dans la mine on est obligé de nourrir des chats, pour détruire les souris qui y sont en grande abondance, et qui, sans cela, dévoreraient les alimens qu'emportent les mineurs; ces chats n'y vivent, au plus, que trois ou quatre ans.

De distance en distance sont aussi des portes qui servent à intercepter les courans, et à les renvoyer du côté des travailleurs qui, sans cette précaution, seraient souvent privés d'air et menacés de l'asphyxie.

(*Extrait de la Revue de Rouen*).

et produisent annuellement plus de deux cent mille quintaux métriques de houille. Ces mines sont devenues célèbres depuis qu'un de nos plus savans géologues, M. Cordier, de l'Institut, les a choisies, il y a une dizaine d'années, pour le théâtre d'expériences destinées à mettre hors de doute l'existence de la chaleur centrale, et à faire connaître les lois que suit l'augmentation de la chaleur souterraine. Ces expériences, pour lesquelles cet académicien s'entoura de toutes les précautions imaginables, furent complétées dans les houillères de Carmeaux (Tarn), et de Décise (Nièvre). Elles sont consignées dans le Mémoire qu'il lut à l'Institut, en 1827, sous le titre de *Essai sur la température de l'intérieur de la terre.*

DE LA CULTURE DES CÉRÉALES.

Il reste beaucoup à faire encore en France pour l'amélioration de l'agriculture, soit relativement à la culture proprement dite du sol, soit relativement à l'emploi des meilleures espèces de grains. Un célèbre agronome anglais, Arthur Young après avoir parcouru la France, il y a quarante ans, soutenait que la presque totalité des terres du royaume étaient propres au froment; et il se plaignait que les meilleurs de nos terrains fussent seuls bien exploités.

Sur 55,600,000 hectares qui forment à peu près la surface de la France; il y a, d'après les derniers travaux du cadastre, 50 millions d'hectares cultivables qui sont partagés en 125 millions de parcelles; ce qui donne, terme moyen, les deux cinquièmes d'un hectare pour chacune d'elles. Sur ces 50 millions d'hectares cultivables, il faut en compter 45,600,000 environ qui sont ensemencés en céréales, et dans la proportion suivante : froment, 4,666,400 hectares; seigle, 2,619,400; méteil, 887,200; orge, 1,180,000; maïs, millet, sarrasin, menus grains, légumes secs, 1,751,450; avoine, 2,478,500. On a calculé que cette étendue de terrains cultivés a produit, en 1817, 135 millions environ d'hectolitres de grains et de légumes secs, en outre des 48 millions d'hectolitres de pommes de terre et du million d'hectolitres de châtaignes que l'on a récoltés cette année.

La récolte annuelle des grains en France surpasse toujours la masse des besoins du pays, qui est de 105 millions d'hectolitres pour la nourriture des habitans, à raison de trois hectolitres 1/2 environ, ou une livre 1/2 de pain, par individu et par jour. C'est là la ration du soldat.

Nous rappellerons, à cette occasion, à nos lecteurs qu'il existe deux classes bien différentes de fromens. L'une plus ancienne en France et mieux connue, se trouve surtout dans le nord de l'Europe et dans les terres humides; ce sont les *fromens de grains tendres* et à chaume creux; l'autre bien préférable nous vient d'Afrique et abonde aujourd'hui dans les départemens méridionaux; ce sont les *fromens à grains durs.* Les blés que la Russie nous envoie sont de cette espèce. Le grain de ces blés durs pèse davantage que celui des blés tendres, rend plus de farine, absorbe plus d'eau dans le pétrissage et produit dès lors plus de pain.

Le froment tient le premier rang parmi les céréales, son grain est celui qui renferme la farine la plus nourrissante, la plus agréable au goût, et la plus propre à la panification.

LA MOISSON.

Les bureaux d'abonnement et de vente sont rue de Seine-Saint-Germain, n° 9.

Paris. — Imprimerie de H. Fournier, rue de Seine-Saint-Germain, 14.

BAVIÈRE. — RATISBONNE.

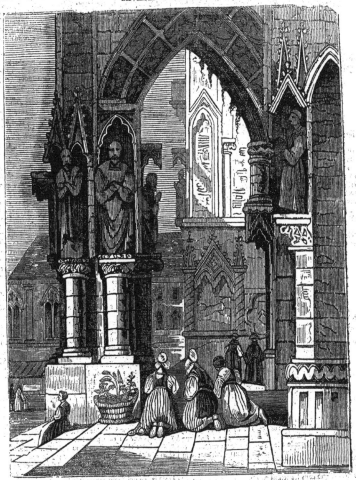

(Vue du porche de la cathédrale de Ratisbonne.)

Le premier souvenir que réveille dans l'esprit des jeunes lecteurs de notre époque le nom de Ratisbonne est probablement celui de la célèbre bataille que se livrèrent pendant cinq jours les Français et les Autrichiens sous les murs de cette ville , bataille dans laquelle Napoléon fut légèrement atteint au talon droit par une balle amortie. Cet évènement a fourni à un peintre de l'empire le sujet d'un grand tableau que la gravure et la lithographie ont reproduit à l'infini. Dans cette composition, l'empereur est re-

présenté, un pied dans l'étrier, tenant d'une main les rênes et comme impatient de remonter sur son cheval, tandis que les chirurgiens s'empressent de panser sa blessure. C'était au mois d'avril 1809, après la victoire d'Eckmuhl. L'armée française s'était avancée pour s'emparer de Ratisbonne; les Autrichiens se présentèrent pour couvrir cette place, mais ils furent mis en pièces et la ville fut attaquée et prise d'assaut. La victoire fut cruelle cette fois; tout ce qui fit résistance fut passé au fil de l'épée, et le nombre

47

Paris. — Imprimerie de H. Fournier, rue de Seine-Saint-Germain, 14.

des prisonniers s'éleva à huit mille. Ratisbonne souffrit beaucoup de cette lutte; un nombre considérable de maisons furent incendiées, et la perte s'éleva à plus de 1,500,000 florins. Un monument élevé l'année précédente à la mémoire du grand Copernic, mort en 1650 à Ratisbonne, échappa comme par miracle à la destruction; de toute cette grêle de boulets qui renversaient les édifices, pas un ne l'atteignit; ils semblaient, disaient les habitans de Ratisbonne, respecter la mémoire du célèbre astronome qui a eu la gloire de donner son nom au système du monde que l'on suit de nos jours (1).

Ce fait de la blessure de Napoléon est bien loin, au reste, de mériter la première place parmi ceux que présente l'histoire de Ratisbonne. Nous pourrions en effet rappeler le supplice de ces deux ecclésiastiques qui avaient osé blâmer la sentence du concile de Constance contre Jean Huss; ils expirèrent sur le bûcher leur hardiesse; mais cent vingt-quatre ans plus tard, en 1542, la population de Ratisbonne, séparée en grande partie de l'église romaine, les mettait solennellement au rang des martyrs.— Nous pourrions mentionner aussi la naissance dans les murs de cette ville d'un des hommes les plus remarquables du XVIe siècle, Don Juan d'Autriche, fils de Charles-Quint, qui gagna contre les Turcs la bataille de Lépante, qui maintint les Pays-Bas sous l'empire de l'Espagne, et mourut empoisonné par les ordres de son frère Philippe II, parce que ce tyran soupçonneux craignait qu'il ne se déclarât souverain de la Flandre.

Nombre de citations historiques qui offrent un vif intérêt, pourraient grossir cette liste; mais, resserrés par les limites étroites de ce recueil, nous nous bornerons à rappeler à nos lecteurs que Ratisbonne fut, depuis 1662, le siège de la diète de l'Empire, et que lorsque le grand-duché de Francfort fut fondé, cette ville fut comprise, ainsi que son territoire, dans les états de la Bavière.

Parmi les plus importantes constructions de Ratisbonne, il faut mentionner le fameux pont de quinze arches sur le Danube, qui a 1,091 pieds de longueur, le beau château du prince de la Tour et Taxis, l'hôtel-de-ville dans lequel s'assemblait la diète Germanique, et l'église cathédrale, dont la construction remonte à la première année du XVe siècle.

Ratisbonne offre aux voyageurs curieux de nombreux établissemens d'instruction, de belles collections scientifiques, une riche galerie de tableaux et de précieuses bibliothèques.

Comme beaucoup de villes d'Allemagne, Ratisbonne a des rues étroites et tortueuses, mais propres et bien pavées. Les maisons y sont fort élevées et construites dans le goût allemand. Avant le milieu du XVIIe siècle, cette ville était presque entièrement bâtie en bois; aussi avant cette époque elle avait été sept fois sur le point d'être réduite en cendres. Ratisbonne compte aujourd'hui près de trente mille habitans et est entourée de murailles, sans fortifications.

De l'autre côté du fleuve est la Ville de la Cour (Stadt-am-Hoff), qu'on pourrait considérer comme un faubourg de Ratisbonne à laquelle elle est unie par un pont. Stadt-am-Hoff, renferme quinze cents habitans environs; elle doit à la destruction presque complète qu'elle éprouva en 1809, d'avoir été rebâtie avec beaucoup plus d'élégance et de solidité que dans les temps passés.

LES PLONGEURS.

Le privilége dont ont joui les voyageurs, de publier des faits dont l'exactitude ne pouvait être vérifiée que par un petit nombre de personnes, leur a souvent permis d'être

(1) Ce système dans lequel la terre roule avec les autres planètes autour du soleil, en tournant sur elle-même, autour d'un axe fixe, est celui que soutint plus tard Galilée. (Voy. p. 203).

peu sévères dans le choix de ceux qu'ils livraient à là curiosité publique. De là sans doute est venu le proverbe *a beau mentir qui vient de loin.*

Des recherches faites dans le but de préciser le temps qu'un homme peut rester sous l'eau et s'y livrer à quelque travail, m'avaient inspiré ces réflexions. Le fait est qu'en compulsant les récits des voyageurs, on est étonné du peu d'accord qui existe entre eux sur un point en apparence aussi facile à vérifier. Aussi, sans s'arrêter à l'histoire rapportée par une vieille chronique d'un anachorète du Brésil, qui restait, disait-on, trois quarts d'heure sous l'eau en lisant son Bréviaire, nous citerons José d'Acosta, Vésale, Pison, Cardanus, Radzivil, qui parlent de quatre heures, d'un jour, et même de quatre jours.

Au dire de Chardin, les pêcheurs de perles sont quelquefois jusqu'à un demi-quart d'heure sous l'eau, faisant paraître une force inconcevable dans ce pénible travail. Des assertions aussi différentes prouvent, comme le dit Haller dans sa grande Physiologie, qu'elles sont dues à des voyageurs qui ont mal observé ou qui ont été induits en erreur par des hommes ignorans, et on ne doit, par conséquent, y attacher aucune importance.

La stérilité de mes recherches dans les récits exagérés des anciens voyageurs, me décide à consulter les modernes, dans l'espérance d'y trouver quelque chose de plus satisfaisant. Voici ce que dit Percival, narrateur anglais, d'un voyage à Ceylan, au sujet de la pêche des perles et du temps que ceux qui la font peuvent rester sous l'eau. « La baie de Condatchy est le rendez-vous le plus central pour les bâteaux qui sont employés à la pêche des perles. Ils se rassemblent en février, et la pêche se termine en avril.

« Les plongeurs vont à une profondeur qui varie de 20 à 30 pieds; habitués dès l'enfance à cet exercice, le temps ordinaire pendant lequel ils séjournent sous l'eau est de deux minutes, et l'on m'a indiqué des plongeurs qui restaient plus long-temps. Lorsqu'ils sortent de l'eau, ils rendent quelquefois le sang par la bouche, par les oreilles et par les narines. Ils peuvent aller dans l'eau quarante ou cinquante fois par jour. Quelques-uns se frottent le corps avec de l'huile, et se bouchent le nez et les oreilles pour empêcher l'eau d'y pénétrer. D'autres n'usent d'aucune précaution. Tous, en général, font précéder leur immersion de quelques jongleries qu'ils regardent comme propres à les préserver des dangers auxquels ils vont s'exposer. »

Les faits rapportés par Percival se rapprochent beaucoup de ceux que, dans ces dernières années, j'ai pu observer sur les plongeurs de l'archipel du Levant, et prouvent que le temps pendant lequel on peut rester sous l'eau est bien moins long qu'on ne l'avait avancé.

Quand je vins dans les mers de la Grèce, j'avais lieu de penser que les populations qui en habitent le littoral, devaient être adonnées à tous les exercices de la natation. Dès la plus haute antiquité, en effet, l'habileté des plongeurs grecs avait été renommée. Hérodote rapporte que Scyllias de Syconné, le plus habile plongeur de son temps, voulant passer du côté des Grecs, plongea dans la mer aux Aphètes et ne sortit de l'eau qu'à l'Artémise. Il fit ainsi quatre-vingts stades en nageant; mais, comme le fait observer judicieusement le traducteur de ce célèbre historien, il s'agit sans doute de petits stades à cinquante toises le stade, ce qui ferait encore une lieue et demie et un peu plus de demi-quart, trajet déjà considérable pour un nageur à fleur d'eau, et qu'il est impossible de faire sous l'eau.

Dans la guerre du Péloponèse, les plongeurs grecs eurent encore l'occasion de signaler leur habileté. Thucydide dit que, pendant le siège de Sphactine, par les Athéniens, les plongeurs apportaient des provisions à Pylos. Ils y parvenaient en s'introduisant jusque dans le port en na, cant entre deux eaux et traînant leurs provisions derrière eux, à l'aide d'une corde, des outres remplies d'alimens. Le même historien rapporte également qu'au siège de Syracuse les plongeurs athéniens s'enfoncèrent dans l'eau pour aller scier les pieux que les

Syracusains avaient plantés, pour empêcher l'approche des navires.

Enfin Anacharsis, pendant son séjour à Délos, vit souvent les plongeurs si renommés de cette île se précipiter dans la mer, s'établir dans ses abîmes et se reposer sur sa surface.

A une époque plus rapprochée de nous, le voyageur Thévenot cite les habitans de l'île de Nicaria, l'une des Sporades, comme s'adonnant fort à nager, à tirer les éponges du fond de la mer et même les débris des vaisseaux qui se perdent. Il prétend que dans cette île on ne marie pas les garçons qu'ils ne sachent aller au moins à huit brasses sous l'eau et en apporter quelques preuves. « Quand, dit-il, un personnage des plus riches de l'île veut marier sa fille, il indique le jour où elle sera donnée au meilleur nageur. Ce jour-là, les garçons se dépouillent devant tout le monde, la fille y étant présente, et se jettent dans l'eau. Celui qui reste le plus long-temps sans reparaître est celui qui épouse la fille. » Quelque bizarre que puisse paraître une semblable coutume, elle n'en prouve pas moins la haute importance que ces insulaires donnent à la natation.

Pendant les longues stations que je fis, il y a quelques années, sur la rade de Navarin, j'ai pu me convaincre que les Grecs modernes sont aussi habiles dans l'art de nager que leurs ancêtres, et que sous ce rapport ils n'ont pas dégénéré. Tant que les Turcs étaient restés maîtres de la Morée, ils s'étaient peu occupés du soin de débarrasser la rade des nombreuses carcasses de navires que la journée du 20 octobre 1827 y avait laissées. Peu de temps après l'arrivée de l'expédition française, on organisa un service de sauvetage, et une compagnie de plongeurs grecs eut le privilége d'exploiter ces débris de la flotte turco-égyptienne.

Toutes les fois qu'ils parvenaient à tirer de l'eau un canon de bronze, une ancre ou tout autre objet d'une valeur un peu forte, ils étaient tenu d'en rendre compte au commandant de la rade: l'objet était estimé et vendu à des marchands de Marseille ; un tiers de la valeur était abandonné aux pêcheurs, les deux autres tiers appartenaient aux marins de l'escadre. Trouvant ainsi une occasion merveilleuse pour établir ce que les livres n'avaient pu m'apprendre d'une manière précise, je consacrai plusieurs séances à examiner le travail de ces industriels sous-marins. Presque tous ceux que j'ai vus venaient de l'Archipel, plusieurs étaient nés à Calymnio. Doués pour la plupart d'une constitution robuste, ils ont en général le système musculaire très développé : leur peau, de couleur brun-rouge, offre sous ce rapport quelque ressemblance avec celle des Caraïbes.

Dès leur jeune âge, on les habitue à plonger et à rester long-temps sous l'eau. Je les ai vus élinguer des canons, des ancres, arracher des feuilles de cuivre sur des carcasses coulées par un fonds de cent à cent vingt pieds. A une semblable profondeur, ils pénétraient dans l'intérieur des navires submergés et en rapportaient les objets d'un petit volume, tels que des pistolets, des yatagans. Un d'eux revint avec un volume de l'Alcoran, richement relié et encore renfermé dans un étui en drap. Un autre se présenta avec une pipe ou chibouque ayant encore son bout d'ambre.

Voici maintenant comment ils se disposent à plonger. D'abord ils s'accroupissent pendant quelques instans sur le bord du canot qui les apporte au-dessus du lieu où ils ont des recherches à faire. Puis, dans cette position, appuyant leurs coudes sur les genoux, de manière à donner aux muscles dilatateurs de la poitrine un point fixe sur l'humérus, ils font de fréquentes et courtes inspirations qu'ils répètent un grand nombre de fois, des signes de croix multipliés interrompent ces mouvemens inspiratoires, et entrent aussi dans leurs dispositions préliminaires ; au moment où ils vont plonger, ils font une dernière et profonde inspiration, et se jettent dans l'eau la tête la première. Si l'objet de leurs recherches est à une grande profondeur, ils passent le pouce de leur main droite dans une boucle faite à l'extrémité d'une petite corde. Cette corde doit servir à ceux qui sont dans le canot à faciliter le retour du plongeur à la surface de l'eau quand il est vivement pressé par le besoin de respirer. Elle sert également de conducteur aux autres cordes qu'on emploie pour hisser les objets d'un grand poids. En général, ces hommes ne plongent que dans l'été. Quant à la durée de leur submersion, voici trois séries successives de temps que j'ai notées dans le courant de 1829. J'avais eu le soin de me munir d'une montre à secondes et de compter scrupuleusement celles que chaque plongeur restait sous l'eau. Les objets qu'ils allaient chercher étaient à cent pieds de profondeur. La température de l'air extérieur à 24° R.

1re série.		2e série.		5e série.	
1er plongeur	86"	1er plongeur	63"	1er plongeur	80"
2e Id.	69"	2e Id.	74"	2e Id.	63"
5e Id.	66"	5e Id.	90"	5e Id.	95"
4e Id.	84"	4e Id.	98"	4e Id.	90"
		5e Id.	84"	5e Id.	60"

Ce qui donne, comme on le voit, une moyenne de 76 secondes par homme, temps déjà beaucoup plus court que celui indiqué par Percival.

Lorsque ces travailleurs sortent de l'eau, ils ont presque toujours la face fortement injectée. Souvent ils sont pris d'hémorragies nasales très abondantes. Dans quelques cas on les a vus rendre du sang par les yeux et par les oreilles. Dès qu'ils sont hors de l'eau, ils s'enveloppent dans de grosses capotes de laine et attendent ainsi que leur tour de plonger revienne. Ils peuvent impunément répéter cet exercice trois ou quatre fois dans une heure. Malgré mes questions, je n'ai pu savoir d'eux si, dans un âge avancé, ils étaient plus souvent que d'autres hommes atteints de lésions organiques de l'appareil circulatoire, ainsi que peuvent le faire présumer des suspensions aussi répétées de l'acte respiratoire et par suite la stase du sang dans le système afférent du poumon.

Ainsi donc, nous pouvons regarder le terme de deux minutes, le plus restreint de ceux indiqués par les voyageurs, comme déjà fort long, et croire que bien des plongeurs habiles ne sauraient l'atteindre. Voici, pour terminer, une anecdote malheureuse qui vient à l'appui de cette assertion : Bridonne, auteur d'un voyage en Sicile, a vanté la force étonnante d'un plongeur napolitain surnommé Pesce. On raconta, au sujet de cet homme, des choses extraordinaires. Un roi de Sicile, Frédéric, fut curieux de le voir manœuvrer. Pour exciter davantage l'émulation du plongeur, le prince fit jeter, près du gouffre de Carybde, un vase d'or d'une grande valeur. Pesce recueillit ses forces, calcula qu'il lui fallait au plus deux minutes pour descendre au fond des eaux et remonter à leur surface. Il se jeta à la mer plein d'espérance ; mais, le malheureux, on ne le revit jamais !....

Lefèvre, chirurg. de marine.
(Extrait du *Journal hebdomadaire de médecine*.)

LES MINES DU MEXIQUE.

Il ne faudrait pas descendre jusqu'aux dernières classes du peuple pour trouver nombre de gens qui s'imaginent encore que la majeure partie de l'or et de l'argent nous est fournie par le Pérou.

Cette erreur populaire, qui était une vérité à une époque déjà reculée, paraîtra bien pardonnable à la masse des lecteurs qui ont une idée peu nette de la différence qui existe entre les diverses parties de l'Amérique espagnole, et qui prennent bien souvent le Pérou pour le Mexique et le Mexique pour le Pérou. Sans doute cette observation ne saurait s'appliquer aux lecteurs du *Magasin Universel*, tout au plus ignorent-ils le chiffre précis qui mesure la rithesse des mines du Mexique ; la notice suivante pourra leur en donner une idée.

On trouva dans le Mexique plus de cinq cents endroits célèbres par les exploitations de métaux précieux tirés des

(Vue d'une mine d'argent de l'Amérique du Sud.)

lieux environnans ; il est probable que les endroits appelés dans la langue du pays *réals*, renferment plus de trois mille mines. Ces mines sont divisées en trente-six districts ou arrondissemens, auxquels sont préposés autant de conseils de mines.

Le Mexique fournit annuellement à l'Europe et à l'Asie par les ports de Vera-Cruz et d'Acapulco, deux millions cinq cent mille marcs d'argent. Les trois districts de Guanaxato, de Zacatecas et de Catace (dans l'intendance de *San-Luis de Potosi*), fournissent à eux seuls plus de la moitié de cette somme. Un seul filon, celui de Guanaxato, donne près du quart de l'argent mexicain, et la sixième partie du produit de l'Amérique entière. Ces filons embrassent, le premier deux cent vingt lieues carrées, celui de Catace, sept cent cinquante et le troisième, sept cent trente (en calculant les surfaces depuis les mines Iralées jusqu'à la plus grande distance du chef-lieu du district). Le district de Guanaxato, le plus méridional de ce groupe, est autant remarquable par sa richesse actuelle que par les travaux gigantesques qu'il a fallu entreprendre dans les entrailles des mines.

La mine de Valenciana, située dans le district de Guanaxato, s'enfonce à la profondeur de mille six cent quarante pieds, et s'étend horizontalement à quarante-un mille six cents pieds ; aussi emploie-t-elle environ mille mineurs. Cette mine offre l'exemple unique d'une mine qui, depuis cinquante ans, n'a jamais rapporté à ses propriétaires moins

de deux à trois millions de profit par an ; depuis 1804, son produit s'est même élevé à plus de douze millions.

La partie des montagnes mexicaines qui produit aujourd'hui le plus d'argent, est contenue entre les parallèles qui sont distans de l'Equateur de 21° à 24° 1/2 ; ainsi l'on voit que, dans le Pérou et dans la Nouvelle-Espagne, les richesses métalliques se trouvent placées dans les deux hémisphères presque à égale distance de l'Equateur.

Le produit des mines de la Nouvelle-Espagne est de vingt-trois millions de piastres (une piastre vaut cinq francs environ), ce qui est plus du double de ce que donnent les autres colonies espagnoles et le Brésil réunis ; car le produit annuel des mines du Nouveau-Monde est de moins de quarante-quatre millions.

Le produit des mines d'argent du Mexique est loin d'avoir atteint son maximum. Des espaces immenses de terrains renferment des richesses métalliques qui n'ont pas encore été attaquées. La Nouvelle-Espagne, mieux administrée, pourra donner à elle seule les cent millions de francs en argent que fournit l'Amérique entière.

Un avantage très notable pour le Mexique résulte de la différence de la situation de ses mines et de celles du Pérou. Au Pérou, les mines d'argent les plus considérables se trouvent à d'immenses élévations, très près de ces régions que couvrent des neiges perpétuelles. Pour les exploiter, il faut amener de loin, hommes, vivres et bestiaux. Au Mexique, au contraire, les filons d'argent les plus riches, comme ceux de Guanaxato, de Zacatecas, de Tasco, etc., se trouvent à des hauteurs moyennes de huit cent soixante-quinze à mille cinquante mètres au-dessus de l'Océan. Ces mines sont entourées de champs labourés, de villages et de villes ; des forêts couronnent les collines voisines ; ainsi tout y facilite l'exploitation des richesses souterraines ; abondance du combustible, nourriture facile et agrémens de la vie pour les ouvriers lorsqu'ils sortent des profondeurs de la mine.

COLONIES AGRICOLES DE LA SUÈDE.

Nous empruntons à l'ouvrage publié par M. le vicomte Alban de Villeneuve Bargemont, ancien conseiller d'état, sous le titre suivant : *Economie Politique Chrétienne*, l'article que l'on va lire sur les colonies militaires de la Suède. Cet ouvrage, plein de faits curieux et instructifs, vient d'obtenir le prix promis par l'Académie française à l'ouvrage le plus utile aux bonnes mœurs (1).

« Le royaume de Suède possède des colonies agricoles et militaires tout à la fois, qui ont puissamment contribué au développement de l'agriculture comme à celui de la puissance nationale du pays.

« Ces colonies furent fondées, vers 1180, par Charles XI, ce prince ayant fait rentrer dans le domaine de l'état une masse considérable de biens-fonds usurpés par la noblesse, résolut de les employer à constituer, d'une manière permanente, l'armée nationale qui n'avait été recrutée jusqu'alors que d'une manière irrégulière. Il distribua tous les domaines ainsi réunis, en fiefs militaires de diverses grandeurs, dont les uns furent assignés aux officiers de tout grade et de toute arme, et les autres aux troupes de cavalerie. Le produit de ces terres devait tenir lieu de solde aux officiers et aux cavaliers chargés de les faire valoir. — Ensuite, afin de pourvoir à la levée des troupes en général et à l'entretien des soldats d'infanterie, Charles XI conclut avec les provinces des contrats d'après lesquels les propriétaires de biens fonciers, autres que les terres nobles, fussent répartis en petites associations, dont chacune devait fournir un homme pour être soldat à vie, ou le remplacer en cas de mort ou d'infirmités. Sous cette condition, les propriétaires et leurs enfans furent affranchis du service mili-

(1) Trois volumes in-8° très forts, avec tableaux, cartes, plans, etc., prix 24 francs ; chez Paulin, rue de Seine, n° 33.

laire. Les associations diffèrent de nature, selon qu'elles étaient destinées à fournir des soldats de cavalerie ou d'infanterie.

Les premières étaient tenues seulement de pourvoir constamment d'un cheval le cavalier cultivateur établi sur un terrain assigné par la couronne.

Les secondes étaient obligées de fournir à chaque soldat d'infanterie une chaumière et une portion de terre suffisante pour qu'il pût trouver son existence en la faisant valoir par son travail.

En outre l'habillement des cavaliers et des fantassins était à la charge des associations qui les engageaient.

Ce système de colonisation militaire permit à Charles XI de porter à 60,000 hommes l'armée suédoise qui n'était que de 14,000 sous Gustave-le-Grand. C'est à lui que Charles XII dut ces excellens soldats qui, dirigés par son génie, accomplirent tant de prodiges non-seulement sur les champs de bataille, mais encore dans les admirables travaux entrepris pour la colonisation du royaume.

Les colonies militaires de la Suède ont subsisté avec succès jusqu'à ce jour d'après les mêmes principes, et n'ont subi que de légères modifications dans les bases de leurs institutions. La répartition des propriétaires, et leurs associations chargées de la levée et de l'entretien des soldats est aujourd'hui réglée d'après l'étendue du territoire et non d'après le nombre des personnes. De plus, la possession des terres nobles ayant été, en 1789, rendue légale pour toutes les classes de citoyens, l'exemption du recrutement est devenue un privilège attaché à une certaine classe de terres et non de personnes. Mais en cas de guerre ces terres privilégiées sont forcées de pourvoir à une levée extraordinaire.

Dès que l'association a trouvé un homme de bonne volonté qui consent à consacrer sa vie entière au service militaire, le gouvernement s'empare de sa personne et se charge de son équipement et l'astreint à habiter la propriété qui lui est assignée, où il peut habiter avec sa femme et ses enfans, s'il est marié, et qu'il fait valoir convenablement. Quelquefois, quand le produit du terrain est reconnu insuffisant pour assurer sa subsistance, l'association qui l'a engagé lui accorde une légère indemnité, soit en grain, soit en argent.

Le gouvernement accorde de son côté un supplément aux officiers dont les terres assignées primitivement à leur grade ont diminué de valeur par suite des temps. On s'est attaché à grouper les habitations des soldats autour de celles des officiers, de sorte que les cantonnemens d'un régiment constitue une véritable colonie militaire. Les villages que forment les réunions de fiefs militaires se distinguent aisément des autres, tant par la tournure militaire des habitans que par les numéros apposés aux chaumières, et qui désigne le numéro d'ordre de chaque habitant dans sa compagnie.

Six régimens de cavalerie divisés en trois brigades et deux inspections générales, et vingt-six régimens d'infanterie divisés en neuf brigades et quatre inspections générales, sont ainsi répartis sur toute la surface de la Suède. Ils portent le nom des provinces où il sont cantonnés. Depuis les lieutenant-généraux, qui sont chargés de l'inspection, jusqu'au dernier soldat, tous vivent du produit de leurs concessions de terre ou des indemnités provinciales, et nul n'est soldé par l'état. Pendant onze mois de l'année, les troupes restent dans leurs foyers seulement, les régimens d'infanterie sont employés successivement à des travaux extraordinaires, au creusage des canaux ou à la construction des routes, et alors ils reçoivent une solde extraordinaire. Bien loin de murmurer de ce genre de travaux, comme il arrive dans les autres armées, le soldat suédois, accoutumé à manier la bêche et la pioche, regarde l'exécution de ces entreprises nationales comme un grand avantage. Aussi plusieurs régimens ont reçu annuellement des

sommes très considérables, notamment pour avoir creusé le canal de Gotha.

Tous les dimanches les officiers et sous-officiers exercent les soldats qui sont immédiatement sous leurs ordres; le mois de juin est consacré aux exercices généraux. Les compagnies s'exercent d'abord séparément, puis se réunissent en régimens. Au bout d'un mois tout est fini, et ce court espace de temps suffit pour donner à ces troupes colonisées une tenue excellente et un aplomb parfait. La cavalerie surtout est remarquable, et l'emporte sur celle de plusieurs autres nations de l'Europe chez qui elle est constamment sous les armes; il est vrai que les officiers vivant au milieu de leurs soldats, et n'ayant pas les distractions nuisibles qu'offre la garnison, sont à même de les surveiller toute l'année et d'agir puissamment sur leur conduite morale. Tous les trois ans il y a une revue faite par les officiers-généraux.

Dans ce système si parfaitement conçu, toutes les mesures ont coopéré au bien-être réciproque des diverses classes. Ainsi l'ordre des paysans s'est vu affranchir d'une espèce de milice rigoureuse qui pouvait lui enlever les enfans, en obtenant la faculté de fournir des remplaçans de bonne volonté; le soldat placé sous les drapaux à vix sol sort susceptible de s'améliorer en raison de son aptitude au travail; l'officier a pu se donner une existence aisée et honorable. La patrie enfin a procuré à ses défenseurs l'aptitude aux travaux les plus utiles en eux-mêmes, et les plus propres à la régularité de conduite et à l'esprit national, moyens dont le concours est si puissant pour faire le bon soldat.

On sait que la France vient d'imiter l'exemple de la Suède.

TURENNE.

(Vue de la maison où naquit Turenne, près de Sédan.)

En offrant à nos lecteurs une vue de la maison où naquit Turenne, notre intention ne saurait être d'énumérer les principales circonstances de sa vie si bien connue même des enfans. Nous nous bornerons à citer quelques phrases bien caractéristiques du général Lamarque sur les fils du duc de Bouillon.

« On a souvent voulu comparer Condé et Turenne; on a eu tort. Condé était né général, Turenne l'était devenu. Le premier se dirigeait par ses inspirations que Bossuet appelait ses illuminations; le second, par la réflexion et les leçons fécondes de l'expérience.

« Condé ne fit pas faire un pas à l'art militaire; et Turenne, par une nouvelle formation des troupes, par l'emploi plus raisonné de l'infanterie, le porta à un haut degré de perfection. Ses plans de campagne, ses marches, sont admirables, et dans ses batailles nous trouvons toujours des dispositions variées, et habilement appliquées au terrain. Nous prendrons pour exemple la célèbre bataille des Dunes :

« Les Espagnols, fiers de marcher sous les ordres de Condé et de Hocquincourt, s'avançaient pour faire lever le siége de Dunkerque. Turenne sort de ses retranchemens à la tête de quinze mille hommes, dont six mille de cavalerie; il les range sur deux lignes, et se ménage une réserve de dix escadrons; sa gauche s'appuie à la mer, sa droite, au canal de Furnes; il marche lentement, dans le plus grand ordre; et quand la brigade anglaise qui combattait avec nous, attaque le point culminant des Dunes où les Espagnols étaient en face, le général français, qui a tout prévu, profite habilement de la descente de la marée, qui laisse un vaste terrain découvert sur la droite des Espagnols, pour y jeter sa réserve et les déborder; il se place ensuite entre deux lignes et les met dans un désordre qui décide du gain de la bataille. »

DU SYSTÈME COMMUNAL EN FRANCE.

(Cinquième article.) — (Voy. pag. 311.)

Système des prévôtés. — Soissons. — Importance de la bourgeoisie. — Résistance aux prescriptions royales. — Révolte de Montpellier. — Sa répression. — Statuts d'Avignon. — Création d'échevins à Dijon.

La ville de Laon que nous avons vu conquérir si bruyamment ses droits de commune, la libre élection, par le peuple rassemblé sur la place publique, de ses jurés et échevins, fut une des premières à subir le régime des prévôtés royales. Il en est de même de Soissons; l'existence de cette commune, malgré la haute réputation de sa charte municipale, fut peu tranquille et assez malheureuse; son histoire n'est qu'une longue querelle entre les magistrats bourgeois et l'évêque. Celui-ci était toujours en réclamation auprès du roi et menaçait de cesser la célébration des offices, car, disait-il, la commune usurpe ma juridiction, elle me conteste le droit de justice qui m'appartient de toute ancienneté. Quelquefois c'étaient des malfaiteurs arrêtés par les officiers de la commune sur un terrain appartenant au clergé, d'autres fois encore c'étaient des clercs turbulens emprisonnés dans la maison de ville contre les priviléges de leur ordre. Tantôt les bourgeois avaient injurié le sacristain ou le bedeau; tantôt ils avaient refusé de les secourir contre ceux qui les maltraitent, ils n'avaient point voulu sonner la cloche ni crier : Haye ! haye ! comme il était d'usage lorsque quelques mouvemens de rue venaient troubler le repos de la bonne cité. Sur toutes ces plaintes portées devant le parlement de Paris, le clergé eut gain de cause, et la ville fut condamnée à payer, non-seulement de grosses amendes au roi et à l'évêque, mais encore tous les frais des procès intentés contre elle. Ces frais et ces amendes s'accumulèrent tellement, que la ville se trouva chargée d'une dette si forte, qu'elle fut hors d'état de payer sans ruiner les bourgeois par des impôts énormes. Dans cette extrémité, les habitans,

ne sachant plus que faire, proposèrent au roi Charles-le-Bel, de lui vendre leur commune et de se soumettre au régime prévôtal, à condition que la dette publique deviendrait à la charge du roi.

Cette proposition devait plaire au monarque, qui recherchait alors, par toutes sortes de moyens, à dominer l'esprit bourgeois et les priviléges des cités; un traité fut conclu, le roi y disait : « Faisons savoir à tous présens et à venir, que, ayant reçu de la commune de Soissons une longue supplication des bourgeois et habitans d'icelle, tendant pour certaines causes à ce qu'ils fussent ci-après gouvernés en notre nom, par un prévôt que nous y établirons désormais, sans qu'ils aient jurés ni échevins en la commune; nous les avons reçus et recevons dès maintenant par la teneur de ces lettres, et les gouvernerons dorénavant par un prévôt que nous députerons; et voulons que le prévôt qui par nous sera député gouverne en prévôté les habitans, et maintenons néanmoins les libertés et franchises qu'ils avaient au temps de la commune. »

Ce passage de l'état de commune au système des prévôtés, n'eut pas lieu sans regret; les bourgeois de Soissons jetaient quelquefois un regard en arrière sur le temps où ils avaient une existence par eux-mêmes, des élections, des assemblées publiques; sans doute, ils n'avaient plus à supporter le poids de leur dette; mais ils sentirent l'humiliation d'avoir perdu leurs vieilles lois et leurs anciennes libertés. Aussi dix ans s'étaient à peine écoulés qu'ils entamèrent avec Philippe de Valois, successeur de Charles-le-Bel, des négociations pour obtenir qu'on leur rendît les priviléges dont eux-mêmes s'étaient dépouillés. Des députés de la ville se rendirent à Paris dans un accoutrement de peu d'apparence, et en présence du roi, ils firent une longue harangue bien lamentable : « Sire, dirent-ils, il n'y a plus de corps de ville en la belle cité de Soissons; personne n'y prend soin des affaires publiques; toutes choses y sont négligées, et c'est misérable à l'œil de voir comme tous les édifices périssent petit à petit et s'en vont en poussière; n'est-ce pas pitoyable qu'une si noble et antique cité soit privée de tout ce que lui avaient laissé ses pères, bannière, maison de ville, élections et cloche pour rassembler les bourgeois? » Philippe de Valois écouta favorablement ces doléances; mais pouvait-il consentir au rétablissement de la commune telle qu'elle avait existé aux Xᵉ et XIIᵉ siècle ? N'aurait-il pas détruit ses droits, diminuer son pouvoir ? Il maintint donc dans la ville de Soissons le prévôt nommé par lui; seulement il permit aux bourgeois d'élire chaque année quatre personnes qui, sous le titre d'échevins, assisteraient le prévôt pour rendre la justice et administrer les affaires municipales.

Il était alors dans l'intérêt de la royauté de ménager les bourgeois, qui commençaient fortement à murmurer des vexations que leur faisaient subir les délégués royaux. Les bourgeois, gens économes, étaient parvenus à amasser force deniers, et sous le règne du roi Jean (1550-1564), ils formaient la classe la plus riche du royaume. Lorsqu'un subside était demandé, on ne pouvait le requérir des seigneurs féodaux, car ils refusaient en prétextant qu'ils ne devaient que le service militaire. Le moyen le plus simple pour avoir de l'argent, c'était d'imposer la bourgeoisie.

Cette habitude de demander de l'argent aux bourgeois créa leur influence dans les affaires publiques; il était impossible qu'ils donnassent long-temps leurs deniers, sans examiner à quel objet ils étaient employés. La force militaire elle-même avait passé dans les villes; en toutes les batailles, les vaillans archers des communes s'étaient montrés les égaux de la chevalerie; ils étaient un puissant secours à la royauté. Aussi voit-on les bourgeois jouir d'une haute importance politique au commencement du règne de Charles V, le fils et le successeur du roi Jean. Et d'ailleurs dans les grandes cités, chacun se tenait sur un pied de défense respectable; les maisons étaient surmontées de hautes tours; des meurtrières longues et resserrées permettaient de soutenir un siégé au seuil de chaque porte ; les rues étroites, coupées par des bornes auxquelles des chaînes étaient attachées, défendaient aux hommes d'armes du roi de les parcourir impunément. Les chevaliers préféraient dix fois combattre en rase campagne, que d'avoir à lutter contre des populations ainsi retranchées.

Dès lors, les bourgeois, s'apercevant de l'accroissement rapide de leur puissance, se montrèrent moins soumis aux ordres, quelquefois arbitraires, du seigneur-roi ; plusieurs fois, sous les règnes de Charles V et de Charles VI, ils refusèrent obéissance aux injonctions du prévôt royal. Le mercredi de l'Avent, en l'année 1364, on publia à son de trompe, dans toutes les villes du domaine de la couronne, une ordonnance ainsi conçue : « Prévôts et échevins, nous vous mandons que hâtivement et sans délai, vous fassiez crier que toutes sortes de gens qui n'ont six mille livres de rentes, n'usent et ne puissent user dans leurs logis, de vaisselle d'or ou d'argent, pour boire ni pour manger, et trente jours après cette criée, tous ceux qui ont de ladite vaisselle, la porteront à la monnaie, car nous en avons grand besoin pour faire de l'argent, au profit commun de notre royaume. »

L'objet de cette ordonnance était de faire rentrer dans les coffres royaux de fortes masses d'argent ; elle enlevait aux bons bourgeois économes les deniers qu'ils avaient amassés avec tant de peines et sueur, et qu'ils préféraient à toute chose, même à leur vie. Quels ne furent pas les murmures du peuple ? il commençait à s'agiter, chacun prenait son arquebuse sur l'épaule pour défendre ses droits, lorsque une seconde ordonnance décida complètement la bourgeoisie à paraître armée sur la place publique.

Il s'agissait de certains réglemens sur le luxe ; les prévôts parcoururent les rues avec des trompettes et des tambours, et proclamèrent les dispositions suivantes : « Nul bourgeois ni bourgeoise n'aura voiture, et ne pourront porter fourrures, or, ni pierres précieuses. Nulle demoiselle, si elle n'est châtelaine, n'aura qu'une paire de robes par an. Nul ne devra avoir au grand manger (dîner) que deux mets et un potage au lard ; et au petit manger (souper) qu'un mets et un entre-mets. Toutefois, au déjeuner, il pourra donner un potage et deux mets ou trois mets sans potage ; on ne mettra dans les escuelles qu'une sorte de viande, laquelle sera comptée pour un mets. Nos officiers et sergens sont tenus de faire garder, icelle ordonnance, et tous les contrevenans paieront cinquante livres ; celui qui la connaissance duquel la forfaiture viendra, et qui la dira, aura le tiers de l'amende. »

Les bourgeois marmotèrent beaucoup en écoutant cette vilaine et minutieuse ordonnance, qui pénétrait dans leur vie intérieure, et ressemblait si bien à un acte d'inquisition ; en s'en retournant dans leur logis, ils jurèrent mutuellement de ne pas obéir, et de résister aux prescriptions étroites et toutes domestiques de l'autorité royale. Ce qu'ils firent en effet, à Paris surtout, où chaque bourgeois, fortifié dans sa maison, ne permit jamais aux sergens du roi de faire les recherches nécessaires à l'exécution de la volonté royale.

Toutes les villes n'étaient pas fortes comme la grande cité de Paris ; aussi à Montpellier, il y eut une grande mesure de sévérité prise contre la commune. En 1570 environ, le duc d'Anjou ordonna la levée d'un impôt sur chaque habitans ; les bourgeois n'y voulurent pas consentir ; ils se levèrent en masse, au son de la campane (cloche municipale), égorgèrent les officiers de monseigneur d'Anjou, et il y en eut bien quatre-vingts de tués et jetés dans les puits, dont on n'entendit plus parler. Le duc d'Anjou, tout rouge de colère lorsqu'on lui rapporta cette nouvelle, rassembla en toute hâte une innombrable troupe de chevaliers, et après un assez long siège, il finit par se rendre maître de la cité rebelle. Or, ce qui advint aux habitans est chose bien lamentable et digne de compassion. Le jour

de l'entrée du duc d'Anjou, on vit les clercs, bourgeois, universitaires, s'avancer en procession, chantant le *Mise-rere* ; puis venaient les enfans des bourgeois qui poussaient le cri de *misericorde* ; les magistrats municipaux s'étaient dépouillés de leurs insignes ; ils portaient au comte le battant de la *campane* qui avait appelé les habitans aux armes. La cité fut condamnée à perdre consuls, nonces, maison commune, scel et cloche ; six cents citoyens furent destinés, savoir : deux cents à avoir la tête tranchée ; deux cents à être pendus ; et deux cents à une perpétuelle servitude ; il fut fondé une chapelle expiatoire pour y déposer la cloche avec laquelle on avait sonné le tocsin. Ces mesures sanglantes effrayèrent un grand nombre de villes, et favorisaient ainsi les actes illégaux de la royauté.

Avignon pourtant résista avec avantage à la chevalerie du roi de France ; ce fut un spectacle étonnant de voir avec quel courage les bourgeois combattirent pour le maintien de leurs franchises et libertés. Rien n'était plus large que la liberté d'Avignon aux XIIIe et XIVe siècles ; les consuls, nonces, procureurs syndics, étaient tous élus par le peuple ; la milice municipale seule garnissait les remparts et les plus hautes tourelles ; les magistrats élus traitaient d'égal à égal avec les comtes de Provence ; elle consentait à protéger leurs officiers, comme les comtes à leur tour juraient de défendre les priviléges de la cité. Le conseil de la ville se composait de quarante-huit conseillers, hommes prudens et sages, élus la veille de la Nativité de Notre Seigneur Jésus-Christ par l'universalité des habitans ; ces conseillers ainsi élus, nommaient les trois consuls qui devaient administrer les affaires communes : « Après avoir préalablement, disent les statuts, juré sur les saints évangiles de Dieu qu'ils éliront pour consuls des personnes aimant Dieu, l'église, les libertés et droits de la ville. Lesdits consuls, une fois nommés, seront tenus de se faire faire une robe de velours, pour l'honneur de la ville, laquelle ils porteront aux grandes solennités. Les consuls jureront de fidèlement garder et défendre tous les droits et biens de la ville ; ils garderont le sceau d'Avignon, fermé à trois serrures et trois clefs, et chacun d'eux en gardera une ; et s'il arrive que l'un deux s'absente de la ville, il sera tenu de remettre la clef à ses collègues et compagnons. »

Dijon était administrée par vingt échevins, depuis l'année 1253, époque où Hugues IV, duc de Bourgogne, concéda aux habitans une charte de priviléges. Cependant quelquefois les ducs abusèrent des libertés locales. En 1586, des différends s'élevèrent entre le duc de Bourgogne, Philippe-le-Hardi, et les échevins de la ville ; le procès fut conduit à la cour de parlement à Paris, laquelle cour reconnut par un arrêt solennel les priviléges de la cité, Philippe se soumit à cet arrêt, et se montra par la suite strict observateur des libertés de la bonne ville ; à ce point, qu'ayant rendu une ordonnance pour changer la manière des publications, qui avaient lieu à son de cor, et qui se feraient dorénavant à son de trompette : « Toutefois, ajouta-t-il, selon le bon plaisir des habitans, et sans que cela puisse préjudicier ou porter atteinte aux priviléges vieils ou nouveaux de la ville. »

Nous arrivons maintenant au règne de Louis XI, de ce prince grand administrateur ; et ici nous aurons à faire connaître la révolution importante que les communes éprouvèrent son règne, révolution, à notre avis, mal comprise, encore imparfaitement connue, et que nous apprécierons dans son ensemble et dans ses résultats.

A. MAZUY.

POLYNÉSIE. — TAITI.
LES MISSIONNAIRES ANGLAIS (1).

Nous avons dit dans un premier article les mœurs et la croyance des habitans de l'île de Taïti avant l'arrivée des

(1) Voyez page 89.

missionnaires anglais. Il nous reste à dire le rôle que ceux-ci ont joué dans cette contrée. Ce rôle a été moins civilisateur et moins moral qu'on ne l'avait d'abord espéré.

Les officiers du navire *la Coquille*, destiné à une expédition scientifique, sous le commandement du savant M. Duperrey, et après eux le capitaine Kotzebue, ont jugé avec sévérité les missionnaires anglicans. Ce dernier les a accusés de traiter avec une rigueur excessive, non-seulement les hommes coupables de vols légers, mais encore les jeunes femmes de Taïti, quand elles succombaient aux moindres faiblesses si communes dans cette île. Selon lui, l'amour de la vertu retient bien moins que la crainte les naturels dans le devoir.

Les missionnaires ont exercé une grande influence sur l'esprit de quelques-uns des rois de Taïti, et sont parvenus à faire établir une apparence de représentation nationale (1), et un code de lois tout à leur avantage. Craignant que les Européens ne vinssent contrarier leur influence, ils ont fait décréter qu'aucun étranger ne pourrait venir à terre sans une permission du gouvernement.

Celui des rois de Taïti qui a le plus fait pour la propagation de la religion chrétienne, Pomare Ier, traduisait lui-même l'Ecriture-Sainte en langage taïtien. Malheureusement, dans ses dernières années, il s'était adonné à l'ivrognerie. Il se délassait de ce travail par de fréquentes libations de rham, et quand il se sentait à moitié ivre, il disait avec une grande naïveté : « O Pomare, Pomare, ton cochon est maintenant plus en état de régner que toi ! »

L'une des choses qui avaient le plus ravi Pomare Ier, c'était l'établissement d'une imprimerie fondée par les missionnaires.

Les missionnaires ont eu le talent de diviser le peuple de l'aristocratie de l'île et de s'appuyer sur le premier pour

(1) Le dessinateur de *la Coquille* assista un jour à l'une des assemblées nationales de Taïti. Il y vint quatre mille votans. On y délibéra sur les impôts.

abaisser la seconde, surtout la famille royale, quand elle n'était pas à leur dévotion. Voici un trait qui peut donner une idée de leur adresse. Pendant la minorité d'un des descendans de Pomare Ier, une princesse du sang royal, chargée de la régence, se montra peu disposée à se laisser guider par les missionnaires; et devint l'objet de leur jalousie. Elle avait été en grande pompe rendre visite au chef d'un territoire voisin; pendant son séjour dans cette résidence, elle fit scier et mettre en œuvre le tronc d'un arbre dont les gens de sa suite avaient besoin, sans en demander la permission au propriétaire de l'arbre, et sans l'indemniser. A l'instigation des missionnaires, ce dernier va porter plainte au juge; la régente est citée à comparaître devant lui; on lui montre la loi nouvelle qui punit le vol; elle déclare en vain qu'elle est au-dessus des lois, et veut racheter son délit par une indemnité pécuniaire. Le juge lui présente le code en la défiant de trouver un article qui fasse exception en sa faveur, et la régente consternée se trouve trop heureuse de voir le plaignant se désister de sa demande. A partir de ce jour, l'esprit de la loi faite par les missionnaires passa dans les mœurs des Taïtiens; l'aristocratie locale était humiliée et vaincue, et le pouvoir était plus que jamais aux mains des missionnaires.

L'un des derniers navigateurs qui aient visité Taïti est le capitaine Waldegrave. Il a trouvé les habitans de l'île peu habitués encore au nouveau régime politique. L'influence des missionnaires sur le peuple n'allait pas jusqu'à empêcher la famille royale de vivre dans une scandaleuse dissolution imitée par tous ceux qui l'entouraient. Et pendant ce temps les missionnaires se livraient avec avidité aux spéculations industrielles, faisaient dans l'île le monopole du bétail et de plusieurs autres denrées, et descendaient même jusqu'à se faire les courtiers et les fournisseurs des navires. Il paraît que, malgré les changemens qu'ils ont introduits dans la législation et l'administration de Taïti, l'industrie y a fait très peu de progrès, et même que les naturels ont perdu quelques-uns de leurs arts primitifs.

(Anciennes idoles des insulaires de la Polynésie.)

Paris. — Imprimerie de H. Fournier, rue de Seine, 14.

MARINE. — ARRIMAGE.

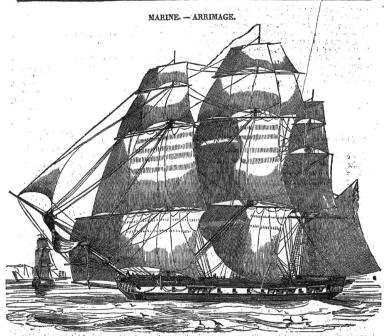

(Corvette.)

Nous avons expliqué, dans un précédent article (1), les deux principes de physique sur lesquels repose la stabilité du navire. Nous avons vu que le poids total de la coque, des mâts, des voiles, des munitions, de tout le matériel, etc., était comme concentré en un seul point qu'on appelle le *centre de gravité*. Nous avons vu aussi que le navire était, malgré le poids qui le sollicite à descendre au fond de l'abîme, soutenu par une pression que l'eau dans laquelle il plonge exerce contre lui, et qui tend toujours à le faire remonter. Cette pression, qu'on appelle la *poussée*, est aussi, a-t-on dit, concentrée en un seul point sur lequel le navire est comme porté. Pour que le navire ne vienne pas à chavirer, il faut que le centre de gravité soit plus bas que le centre de poussée ; et néanmoins il ne faut pas que le premier soit placé par trop bas si l'on veut qu'il soit fin voilier ; voilà ce qui a été expliqué ; et ce que nos lecteurs feront peut-être bien de relire pour mieux comprendre les détails succincts que nous allons donner sur l'arrimage.

Puisque le centre de gravité descend d'autant plus que les parties les plus pesantes de la cargaison sont plus bas placées ; il faut mettre à fond de cale, les vieux canons, les bombes, les boulets de rebut. On emploie même des morceaux de fonte de fer auxquels on donne le nom de saumons et qui pèsent de 50 à 200 livres, pour former le lest habituel du navire. L'arrimeur les répartit également à droite et à gauche de la ligne milieu du navire, en avant comme en arrière, pour que celui-ci ne penche d'aucun côté et ne s'incline pas par une de ses extrémités.

(1) Voyez page 337.

TOME II. — Août 1835.

Dans le cas particulier où quelques défauts de construction quelques changemens de forme survenus naturellement, auraient donné au vaisseau ce qu'on appelle un faux côté, c'est-à-dire un peu plus de pesanteur d'un côté que de l'autre, il faudrait contrebalancer cette inégalité en mettant un peu plus de lest du côté opposé.

Cette première charge est distribuée par l'arrimeur de manière à former une sorte de plancher bien horizontal sur lequel on établit solidement les caisses en fer et les pièces qui doivent contenir la provision d'eau ; les pièces de vin, les gargousses de poudre dans des caissons, et les barils de poudre ; les futailles qui contiennent les provisions de l'équipage, etc. ; pour plus de commodité, on embarque les pièces vides, et on y fait descendre les liquides au moyen *de manches* ou tuyaux en cuir ou en toile ; on ne fait d'exception que pour les vins fins de la cave du capitaine et ceux de la table des officiers auxquels nuirait le transvasement. Les caisses sont préservées de leur contact mutuel par des rondins de bois ou des coins d'arrimage ; le bois de corde est placé partout où il se trouve des vides, et sert ainsi à consolider l'ensemble ; à mesure qu'il y a des pièces de vidées, on les remplit d'eau de mer, afin de ne pas changer sensiblement la distribution du poids et l'équilibre total.

On a eu quelquefois de malheureux exemples du dérangement du lest, et des autres objets dont se compose la charge du vaisseau ; ce grave inconvénient ne pouvant qu'augmenter de plus en plus lorsque le navire est en mer exige que le navire relâche le plus tôt possible ; non seulement ce dérangement peut détériorer les diverses parties du matériel et les provisions, mais, encore il gène la marche du navire et peut même en compromettre l'existence. On comprend combien, sous ce rapport, sont précieuses les caisses en fer qui reçoivent l'eau; leur forme donne en effet à leur ensemble plus de solidité que n'en saurait avoir celui des futailles; elles ont en outre l'immense avantage de conserver l'eau bien plus long-temps, de n'être point suscep tibles de coulage et de ne pas laisser entre elles ces énormes vides par lesquels les futailles étaient séparées.

(*La suite, à un prochain numéro.*)

LES CHALES DE L'INDE ET DE LA FRANCE.

Il n'y a plus aujourd'hui à justifier l'orthographe du mot châle qui est devenue à peu près générale, et qui d'ailleurs a été adoptée comme la seule raisonnable et la seule française par la commission du Dictionnaire de l'Académie, ainsi que son travail le prouvera bientôt. De temps immémorial, ce mot désigne dans les langues orientales, une étoffe ouvragée, destinée, soit à être roulée en turban ou en ceinture pour l'habillement des deux sexes, soit à servir de tenture ou de tapis dans les habitations des grands en Europe; elle constitue aussi, depuis un quart de siècle environ, une pièce importante du vêtement, mais seulement des femmes. La principale fabrication des châles de l'Inde est à Sirinagor dans toute la vallée de Cachemire, que traverse le Djélem, l'antique Lydaspe. L'Europe a long-temps ignoré ce produit, qui par les modes anciennes devait y être sans emploi. Mais à peine fut il connu en France que l'imitation s'en empara; c'était au commencement du siècle, et dans un moment où le costume des femmes subissait une grande métamorphose: le châle remplaça le mantelet. En peu de temps, il y eut des châles de toutes les façons; le coton, la soie et la laine, furent les premières matières qui entrèrent dans leur composition : on n'en possédait pas alors de plus précieuses à y consacrer. Les dessins étaient, par leur simplicité, en rapport avec le peu de valeur des matières employées, et d'ailleurs les châles de cachemire de ce temps étaient fort simples eux-mêmes; les Bellangé, les Renouard, les Colin, les Lagorée; donnèrent le jour à une industrie dont le modeste berceau ne pronostiquait assurément pas la brillante destinée. Ces maîtres de l'art ne tardèrent point à se lasser de travailler sur des matières communes; les investigations de M. Bellangé lui apprirent qu'il existait, dans le commerce un duvet léger, blanc, soyeux, dont la chapellerie avait l'emploi; il s'assura depuis aussi que, de plus, il était éminemment textile. Dès lors le châle cachemire français fut trouvé, et grâce à cet habile fabricant, «Paris prit rang parmi les villes manufacturières du royaume.» Ce n'est pas à dire que ce châle fut déjà fabriqué à la manière de ceux de l'Inde; il s'en fallait de beaucoup, alors; mais il l'était avec une matière identique, du moins pour le résultat, à celle dont les Indiens faisaient usage.

Cette matière, pour laquelle nous sommes tributaires de la Russie, et qui nous vient par la foire de Nijnei-Nowogorod, est le duvet interposé entre les poils des chèvres de Kirghiz, peuples nomades qui errent dans les steppes voisines d'Astracan et de Gourieff, et dont la principale richesse provient des nombreux troupeaux qu'ils élèvent. Ces chèvres sont précisément celles qui ont été importées en France. Il y a quinze ans, qui n'y ont jamais donné qu'un très rare duvet, et qu'une grande et incroyable mystification a réussi trop long-temps à faire passer pour venir immédiatement du Thibet, quoique le Thibet soit encore plus par-delà Astracan, qu'Astracan par-delà Saint-Omer.

Depuis le brillant succès de la fabrication française, on a disserté sur la question de savoir si dans l'Inde, la matière

des châles est la toison de la chèvre, du chameau, ou du mouton, c'est-à-dire si c'est un duvet ou une laine. En 1823, les opinions précédemment émises sur ce sujet par tous les voyageurs dans l'Inde ont été résumées avec im-partialité dans un ouvrage intitulé : *Histoire des Châles*, et le résultat a été pour la chèvre, du moins quant au nombre des votes, mais pour le mouton quant à leur poids. Depuis lors, de nouveaux voyageurs, hommes spéciaux cependant, tels que Moorcroft, le lieutenant Gérard, Jacquemont, et d'autres encore dont les travaux sont indiqués dans les Mémoires de la société asiatique de Calcutta, n'ont fait qu'ajouter à l'incertitude, et aujourd'hui, comme alors, l'opinion est encore indécise entre les deux opinions; seulement, et si l'on raisonne par analogie, il est permis de croire que les châles de l'Inde sont ou peuvent être faits avec le duvet de la chèvre, puisque les châles de fabrique française sont faits avec le duvet de la chèvre aussi. Aujourd'hui, comme à l'origine des châles, il s'en fait de toutes les façons et de toutes les étoffes: imprimés, damassés, brodés, brochés, etc. ; mais nous continuerons de raisonner ici sur ceux dont l'imitation se rapproche le plus du cachemire de l'Inde. Ceux-là sont de deux sortes : les uns sont faits au lancé, soit à la tire, soit au métier impropre-ment dit Jacquart, et qui devrait au contraire s'appeler Vaucanson, du nom de son véritable inventeur. Les autres sont brodés par un travail analogue à la tapisserie à cause de la présence de la chaîne, mais analogue en résultat au travail qui donne la dentelle. On nomme ce travail espoulinage à cause des petites navettes ou espoulins que les ouvriers emploient. L'envers n'en est point découpé. Les châles du premier genre sont proprement les cachemires français. Ils sont découpés à l'envers après la fabrication, sans que ce découpage, du moins dans les bonnes fabriques, nuise sensiblement à la solidité. La quantité qui s'en fait est très considérable; les étrangers les recherchent avec un grand empressement. Ceux de la seconde sorte, à la première vue, ressemblent tout-à-fait aux châles de cachemire même; tout-à-fait n'est pas le mot, car à l'examen, ils leur sont de tons points inférieurs; on les vend presque toujours sous le nom de châles de l'Inde, et comme s'ils en venaient réellement. Nul voyageur en Asie n'a décrit le métier sur lequel les Indiens exécutent leurs châles, parce qu'aucun d'eux n'étant manufacturier, n'a eu intérêt d'observer une fabrication cependant si importante; et n'a pensé qu'il rendrait service à l'art de le tisser en l'observant. Nous nous sommes assurés de ce fait singulier par des recherches d'autant plus scrupuleuses, qu'elles avaient notre intérêt pour motif. Une preuve que le silence des écrivains est absolu sur ce sujet ; c'est que plusieurs fabricans français ayant en la louable idée de travailler les châles à la manière de l'Inde, chacun y est arrivé par un procédé qui lui est particulier, et dont il fait ordinairement mystère. Il semble que s'il avait existé, au contraire, les moindres données dans le livre d'un voyageur, quelqu'un de ces fabricans eu en connaissance. Les sociétés savantes auraient eu plusieurs fois l'occasion de les élever et de se produire successivement ; tous les fabricans auraient été guidés d'après les notions fournies par ce voyageur, et il y aurait eu alors une sorte d'uniformité dans le travail particulier de chaque fabricant, une sorte d'uniformité qui aurait décelé une commune origine. Un silence aussi général fait croire que dans l'Inde la fabrication des châles est cachée aux étrangers; quelques-uns ont pu voir tisser de belles étoffes unies et fines ; mais aucun ne s'est jamais prévalu de l'avantage d'avoir vu faire des châles façonnés; le grand écueil de cette fabrication en France est la cherté de la main-d'œuvre. Cependant, si elle avait pas pour ennemi le silence en faveur duquel s'exerce le débit des châles de l'Inde fait à Paris serait considérable; un plus grand nombre de fabricans s'adonnerait à en produire; la concurrence forcerait à rechercher des procédés économiques, et la main-d'œuvre baisserait à mesure que les ouvriers deviendraient plus expéditifs. Enfin, la France cesserait d'être tributaire en cela de l'Asie, parce qu'elle regagnerait par le bénéfice de tous les gains intermédiaires que procure le trafic des châles indiens, une grande partie de ce que les façons plus élevées de l'Europe donnent de désavantage sur celles des produits de l'Asie; mais, dira-t-on, la nécessité d'avoir des dessins indiens pour soutenir notre goût à la hauteur de ce que le besoin de produire sans cesse du nouveau exige, nous forcerait toujours à recourir aux châles de l'Inde comme modèles. — C'est là une question à décider.

Admettons qu'un jour on puisse établir, dans l'exécution du système des douanes, une surveillance telle qu'il n'entrât plus un seul châle de cachemire chez nous; croiton que la fabrication des deux genres de châles français, le broché et l'espouliné, cesserait pour cela dans nos ateliers? nous ne le pensons pas. Il n'est personne qui ne reconnaisse la fixité des Indiens dans les usages et les mœurs de leur nation. Pour ne parler que des manufactures de ce peuple éternel, on ne saurait douter que, participant de l'immutabilité de son caractère, elles n'aient dès l'origine, fourni à des besoins qui étaient toujours les mêmes, des produits qui étaient constamment semblables; affranchies d'une mode capricieuse et fantasque, assurées par conséquent d'un débit qu'aucun changement de goût ne peut interrompre, elles poursuivent avec sécurité des travaux dont le salaire est certain. Là nul essai à faire, nulle expérience à tenter dans les étoffes; ce sont toujours les mêmes dessins, les mêmes couleurs, les mêmes matières; dans les vêtemens, toujours les mêmes formes; toutefois un motif inconnu, mais très certainement bien puissant, a fait déroger les Indiens à leur antique routine. On ne peut affirmer si, pour leur usage personnel, ils ont renoncé aux châles à vieux dessins; ce qu'il y a de certain, c'est que les nouveaux diffèrent de ceux d'autrefois. Tout porte à penser que c'est la mode si mobile et si impérieuse de l'Europe qui a imposé ses goûts et dicté ses arrêts à l'Asie. A sa voix, les larges bordures ont insensiblement succédé aux étroites, les hautes palmes aux basses, les tons chauds aux tons éteints. Enfin, la simplicité a été remplacée par la richesse. Ce qui tendrait à faire croire que ces dessins nouveaux, et jusqu'ici inusités dans l'Inde, sont, sinon fournis immédiatement, du moins indiqués par le goût européen, c'est que le fabricant indien leur donne des dimensions qui croissent à proportion du penchant des femmes, non de l'Asie, mais de l'Europe, pour les choses extraordinaires. Avant de consommer la vente d'un châle ayant du reste tous les genres de mérites qui constituent la perfection, il faut de toute nécessité, ou dire à une femme que le châle qu'elle marchande est fait à Paris, et presque toujours elle le repousse avec dédain, ou le lui vendre comme s'il était de l'Inde; mais dans ce dernier cas, elle ne tarde pas à apprendre par ceux qui ont intérêt à ce que cet admirable industrie ne devienne pas nationale, que son châle est français, et alors elle jette les hauts cris, va partout se disant trompée, et n'a de cesse qu'elle ne se soit fait reprendre son châle par le vendeur pour en racheter un autre qui sera de l'Inde, il est vrai, mais aussi qui sera vieux, sale et rapetassé. La vente du châle broché, dit cachemire français, n'a pas ces inconvéniens; la condition inhérente à sa nature, celle d'être découpé à l'envers l'empêchera toujours de passer pour indien; il est donc acheté pour ce qu'il est, et le débit n'en est jamais entravé par aucune difficulté, par aucun de ces vices réhibitoires qu'il est étrange de voir invoquer contre la plus belle fabrication du monde. Grâce aux perfectionnemens des procédés par lesquels le cachemire français est fabriqué, on lui a donné une profusion de dessins qui ont élevé peut-être trop le prix. Il y a peu de chose à dire des châles sous le rapport *technologique*. Le châle français, type de tous les autres, est le produit des mêmes outils qui font les autres étoffes brochées au lancé, et qui sont décrits dans les ouvrages spéciaux. Quels que soient les outils que l'on emploie, l'ouvrage se fait à l'envers, et l'ouvrier ne le voit pas. Les sujets sortent de l'idée d'un dessinateur ou sont copiés sur un châle indien; ils sont peints en couleurs vives, mais transparentes, sur un papier réglé; c'est ce que l'on nomme mise en carte. A cette opération succède celle de la lecture ou lissage de la carte peinte, opération compliquée, ingénieuse, on pourrait presque dire merveilleuse, qui a pour but de mettre la carte en contact avec le métier; en effet, le dessin abandonné après le lissage et le métier sans le dessin, sont des objets inertes, des corps privés de l'âme; mais lorsque, après le lissage, un métier équipé et un dessin sont mis en rapport par l'action nommée accrochage, l'ouvrier tisserand survient, enfin, qui, par une série de mouvemens des pieds et des mains, à peu près mécaniques, produit le châle et donne en quelque sorte la vie à la pensée du dessinateur. Si nous disons que le travail de l'ouvrier en châle est à peu près mécanique, c'est parce qu'il est soumis à un calcul de coups de navettes si précis, que, bien que l'ouvrier travaille à l'envers, il donne forcément aux diverses parties du dessin, et à l'ensemble de l'ouvrage des dimensions (en hauteur seulement, car la largeur est invariable), que le maître et le dessinateur ont voulues.

Toutefois, il faut être juste, il y a des ouvriers habiles, et qui, doués de beaucoup d'intelligence, la font servir, par la mise en pratique d'une foule de détails minutieux, au perfectionnement de l'ouvrage, et se rendent dignes par là d'être associés avec le dessinateur dans le mérite d'un châle bien fait; le dessin d'un châle broché est produit par des fils de trame de couleurs variées, et dont les nombres dépassent quelquefois quinze ou seize, entassés par le battant, dans la même course. Le châle, lorsqu'il sort des mains de l'ouvrier, est d'une épaisseur considérable. Son poids dans certains cas s'élève à cinq kilog.; il faut donc le soumettre à l'action d'un découpage, afin qu'il ne pèse pas plus qu'un châle de l'Inde, de grandeur et de disposition à peu près semblables.

On découpe à la main sur un métier mobile ou à la mécanique. L'excédant dont on a besoin de se débarrasser est enlevé jusqu'à ce que les *forces*, instrument à tondre, atteignent presque l'étoffe même; on pourrait croire que ces fils de trame qui, dans le découpage, perdent leur continuité par une multitude de solutions, deviennent susceptibles de se détacher du châle et de tomber, ce qui ferait dire d'un châle qu'il est débroché; cependant, il n'en est rien, tant ils sont solidement engagés dans le tissu par le pas de liage, c'est-à-dire par le jeu des lames, et l'effort du battant combinés.

Après ce découpage, le châle passe dans les mains de l'apprêteur qui le lave, le fait sécher tendu, le presse à chaud, et le rend enfin quand il l'a mis en état d'entrer dans la consommation.

FABRICATION DU PAPIER.

FRAGMENS DE L'ANCIENNE LÉGISLATION. — MARQUES DU PAPIER.

Nous nous hâtons de détromper le lecteur auquel ce titre *Fabrication du Papier*, a fait espérer peut-être des détails sur l'art précieux sans lequel la découverte de l'imprimerie eut été à peu près perdue; non, notre intention n'est pas d'expliquer aujourd'hui les progrès successifs de cette industrie, ni l'état où elle a été amenée de nos jours. Les machines admirables qui font avec tant de régularité et de vitesse ce que des ouvriers indisciplinables et coûteux faisaient jadis si lentement et d'une manière si peu suivie, méritent sans doute d'être connues de nos lecteurs, mais on fait maintenant même des tentatives pour simplifier leur jeu et améliorer leurs produits, et nous attendrons le résultat de ces essais pour traiter ce sujet intéressant! Nous

nous bornons, pour aujourd'hui, à faire connaître par des extraits la législation qui régissait jadis la fabrication des papiers, à présent si libre et si progressive. Nous n'avons

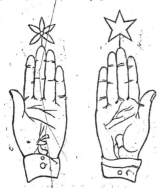

à porter aucun jugement sur cette législation gênante des maîtrises ; cette question a été déjà jugée d'une manière générale dans un article spécial. (Voir p. 205.)

Dans les extraits que l'on va lire, à côté des articles les plus sages qui avaient pour objet évident la perfection de

l'art, nous en avons placé d'autres qui ne se recommandent que par leur singularité même et que nous serions fort embarrassés de justifier.

On lit dans un arrêt de 1739 : « Sa Majesté fait très expresses inhibitions et défenses de fabriquer aucuns papiers ou cartons dans les moulins, dont les piles ou autres machines et pourrissoirs qui seraient à découvert, et exposés aux injures de l'air et à la poussière, à peine de trois mille livres d'amende contre les propriétaires des moulins qui les auraient donnés à loyer dans cet état, et de mille livres d'amende contre les maîtres fabricans.

« Les maîtres fabricans seront tenus de mettre sur le milieu d'un des côtés de chaque feuille des différentes sortes de papiers qu'ils fabriqueront, la marque ordinaire pour désigner chaque sorte de papier ; et sur le milieu de l'autre côté de ladite feuille, en caractère de quatre à six lignes de hauteur, la première lettre du nom et le surnom entier de chaque fabricant.... à peine de confiscation des papiers, de mille livres d'amende, et d'être déchus pour toujours de la fabrication et du commerce des papiers.

Les objets représentés par ces marques ont donné leur nom aux diverses sortes de papier. Telles étaient les mar-

ques que nous joignons à cet article et auxquelles le lecteur reconnaîtra les sortes de papier qu'on a appelées *petit à la main* (papier à procureur, du format des timbres à 35 cent.), *pots* de différentes espèces, *grand cornet* (format plus allongé que celui de l'écu), *petit cornet*, etc.

« Les veuves des maîtres fabricans, qui, après le décès de leur mari, voudront continuer à fabriquer des papiers, seront tenus de mettre le mot *veuve* en entier, avant la première lettre du nom et le surnom de leur mari.

« La rame de toutes sortes de papiers sera composée de vingt mains, chaque main de vingt-cinq feuilles, non compris les feuilles d'enveloppe. (Cet usage s'est conservé.)

« Fait Sa Majesté défenses auxdits maîtres de fabriquer et vendre des papiers, d'autres sortes et qualités, ni d'autres largeurs, hauteurs et poids que ceux fixés par le tarif attaché sur le contre-scel du présent arrêt. (Suit le détail de ces sortes de papiers.)

« Permet Sa Majesté auxdits maîtres fabricans de faire des papiers des sortes, largeurs, hauteurs et poids qui seront demandés par les étrangers, à la charge d'en obtenir la permission du sieur intendant et commissaire départi dans la province ou généralité dans l'étendue de laquelle leurs moulins seront situés....

« . . . . Aucuns ne pourront être fabricans de papier à l'avenir, qu'après avoir fait apprentissage, et satisfait aux autres formalités prescrites par le présent arrêté pour parvenir à la maîtrise.

« Tous les maîtres fabricans d'un même arrondissement s'assembleront dans chaque chef-lieu de la manufacture et y nommeront deux ou quatre *gardes*.

« Lesdits gardes feront au moins quatre visites par an, et des visites particulières toutes les fois qu'ils le jugeront à propos, tant dans les moulins que dans les magasins à papier des villes et campagnes....

« Ordonne Sa Majesté que les rames des papiers dont la confiscation aura été ordonnée (par suite de la non-conformité de ces papiers avec les arrêts royaux), seront percées d'un poinçon dans le milieu et remises dans le moulin à papier ; et que des prix auxquels elles seront estimées comme matière, il en appartienne moitié aux gardes, et l'autre moitié à l'hôpital le plus prochain du lieu où les jugemens auront été rendus.

« Nul ne pourra être admis à faire apprentissage qu'il n'ait au moins douze ans accomplis, etc... Le temps de l'apprentissage sera de quatre années, après lesquelles l'apprenti devra servir pendant quatre autres années chez les maîtres en qualité de compagnon.

« L'aspirant à la maîtrise sera tenu de faire, en présence des gardes et des autres fabricans, son chef-d'œuvre, qui consistera dans les différentes opérations de la fabrique

du papier, et il sera interrogé sur la qualité des différentes sortes de papiers qui lui seront présentées à cet effet.

« Au cas que les veuves des maîtres fabricans se remarient avec quelqu'un qui ne soit pas maître fabricant, elles seront déchues du droit et priviléges de leur mari; dans tous les cas elles ne pourront faire d'apprentis.

« Fait pareillement Sa Majesté défense à tous artisans d'acheter pour revendre aucuns vieux linges ou drilles servant à la fabrication du papier, et à tous colporteurs d'en acheter dans la distance d'une demi-lieue de chaque moulin à papier, sous quelque prétexte que ce soit.

« Fait aussi Sa Majesté défense à tous maîtres fabricans de vendre, et à toutes personnes d'acheter, sous quelque prétexte que ce soit, aucune matière réduite en pâte, propre à fabriquer du papier, à peine de confiscation et de mille livres d'amende, tant contre le vendeur que contre l'acheteur. »

En 1727 il fut ordonné par le Roi que les fabricans de papier d'Auvergne, leurs fils et leurs ouvriers, seraient exempts de la collecte des tailles, du logement des gens de guerre et de la milice.

Les ouvriers des manufactures de papier du royaume se lièrent par une association générale pour arrêter ou favoriser, à leur gré, l'exploitation des papeteries, et par là se rendirent maîtres du succès ou de la ruine des fabricans. Par les réglemens de cette association, les ouvriers s'étaient arrogé le droit de condamner à des amendes les maîtres dont ils croyaient avoir à se plaindre, et ceux des ouvriers qui ne se soumettaient pas aux arrêts de l'association. Ces désordres firent plus d'une fois abandonner des fabriques par les ouvriers, soit qu'ils fussent en révolte ouverte contre le fabricant et qu'ils eussent agi de leur propre mouvement, soit qu'ils eussent reçu une injonction de l'association.

Le Roi fut obligé, en 1777, de sévir contre les coupables et les condamna à de fortes amendes. Depuis la révolution, les ouvriers papetiers ont voulu plus d'une fois

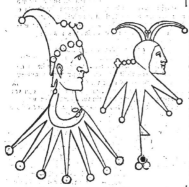

reconstituer leur association, et ces folles tentatives ont tourné contre eux; car si elles ont eu pour effet de suspendre momentanément les travaux de telle ou telle fabrique et de causer de grands préjudices aux fabricans, d'un autre côté les ouvriers ont eux-mêmes pâti de cette stagnation, et les fabricans ont cherché un moyen de se soustraire à cette tyrannie.

Ce moyen c'est l'emploi des machines qui remplacent les ouvriers dans la fabrication, le collage et le séchage des feuilles de papier. La France possède déjà bon nombre de ces machines, et à l'heure où nous écrivons on en monte

 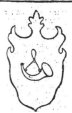

de nouvelles dans plusieurs départemens. Ces machines, que le talent des ingénieurs civils améliore de jour en jour, sont cependant loin d'être parvenues à leur dernier degré de perfection, et le mauvais usage qu'en font bien des fabricans commence à jeter un peu de discrédit sur les papiers dits mécaniques. Ce discrédit disparaîtra avec le temps, les machines à papier seront très nombreuses avant qu'il soit peu, et la concurrence forcera leurs propriétaires à bien faire.

CATHERINE DE MÉDICIS.

(Premier article.)

PRÉJUGÉS HISTORIQUES.

C'est une grande erreur historique d'imputer à des caractères des faits qui se rattachent à des opinions et à la force des choses. Quand on est chef de parti, on n'est pas maître de soi; ce ne sont pas les caractères qui dominent, mais les passions de l'époque. On a mal jugé Catherine de Médicis, parce qu'on l'a trop souvent séparée des doctrines auxquelles la reine appartenait. Il faut voir Catherine aux prises avec les nécessités de son temps, en face de deux partis armés, cherchant à amener des transactions, des trèves, obéissant toujours à la loi du plus fort. Elle s'était vouée de cœur et d'âme au parti modéré, et pourtant elle se jeta dans les excès des protestans et des catholiques; et tout cela pour ménager son pouvoir. Les résultats de la conduite habile de Catherine furent immenses. Elle sauva l'autorité royale menacée; tutrice de ses trois fils, François II, Charles IX et Henri III, elle leur assura la couronne au milieu des tiraillemens des partis. Elle fut admirable de précautions dans les crises violentes : tête laborieuse, active, elle faisait tout par elle-même, et nous publierons quelques fragmens de sa correspondance, témoignages authentiques de cette capacité d'affaires que la reine ne démentit jamais. Son habitude fut de ne brusquer aucun parti, de saisir tous les caractères par leurs vices et leurs faiblesses. Italienne, elle avait appris à ne jamais désespérer de rien, à faire servir toutes les causes à sa fortune, à ne tenir aucun compte de la parole humaine.

Catherine de Médicis était née à Florence. Fille de Laurent de Médicis, de cette noble famille de l'Italie, elle fut fiancée au duc d'Orléans, second fils de François Ier. Ses premiers pas dans la vie n'eurent rien de remarquable; elle était belle, vive, dissipée, et ainsi parfaitement en rapport avec la cour galante du roi son beau-père. François Ier mourut, en laissant pour héritier de la belle couronne de France ce même duc d'Orléans, époux de Catherine. Il porta le sceptre sous le nom de Henri II. On connaît la fin malheureuse de ce prince : au milieu d'un tournoi brillant, délassement favori du XVIe siècle, il voulut mesurer sa lance avec le comte de Montgomery, renommé par son adresse : il reçut une blessure profonde à l'œil gauche; au bout de trois jours il n'était plus.

C'est à cette époque que commence la vie active de Catherine. Henri II laissait trois enfans en bas âge; et cependant le royaume avait besoin d'une main vigoureuse dans l'administration. L'Europe était agitée par les récentes prédications de Luther; là rude parole de Calvin pénétrait au sein de la France, et y trouvait du retentissement. Le jeune François II ne fit que passer sur le trône; son règne de trois ans fut marqué par la persécution et le supplice des nouveaux hérétiques. Catherine de Médicis, régente, avait cherché, dès l'origine de la prédication réformatrice, à concilier les deux croyances. Il existe une lettre écrite de sa main au pape Pie IV, dans laquelle elle s'exprimait ainsi : « Considérez, Très-Saint-Père, combien est grand le nombre de ceux qui se sont séparés de l'Église romaine; il est impossible de les réduire ni par les nobles, ni par les armes; des nobles, des magistrats attirent la foule par leur exemple. Heureusement, dans cet éloignement pour Rome, il ne s'est élevé aucune opinion monstrueuse; toutes reconnaissent les douze symboles des apôtres; que si on pouvait les accorder, ce serait le meilleur moyen de rattacher les Églises grecque et romaine; il faut aussi éviter que, par une obstination malheureuse, on ne sépare encore ceux qui tiennent à la religion catholique. — Et ici Catherine faisait des propositions singulières : — Je vous proposerai donc, Très-Saint-Père, de supprimer le culte des images, de ne plus conférer désormais le baptême que par l'eau et la parole; la communion sera donnée sous deux espèces; on chantera les psaumes en langue française à ceux qui viendront pour s'approcher de la sainte table; enfin on abolira la fête du Saint-Sacrement, parce que cette fête est de tous les jours et de tous les temps. » Une telle lettre ne sentait-elle pas l'hérésie, et quelles ne durent pas être les frayeurs du pape de voir à la régente de France animée de pareils sentimens?

La guerre civile désolait alors le royaume. Quand on examine la position des partis en armes, la violence des opinions, on est convaincu qu'il n'y avait nul moyen de conciliation et de rapprochement. La société, tout fervente alors dans les idées religieuses, voyait deux grands partis en division sur des intérêts et des croyances qui se rattachaient aux sentimens de la vie. Le catholicisme était le fondement de la société; les hommes qui partageaient cette foi considéraient comme des rebelles tous ceux qui se séparaient de l'unité religieuse. De là, sans doute, les journées sanglantes de la Saint-Barthélemy; elles ne furent que le résultat de cette conviction, que tout moyen de se délivrer d'un danger menaçant était bon et justifiable aux yeux de Dieu et des hommes. On a fait trop de cas des caractères dans les horribles tableaux des guerres de religion au xvie siècle; on a attribué à l'action individuelle des évènemens qui résultaient de l'entraînement général.

Nous chercherons donc hardiment à effacer quelques-uns des jugemens portés sur Catherine de Médicis. Il faut faire la part des opinions contemporaines, des mœurs cruelles de l'époque, des ressentimens populaires et des frénésies de guerre civile, qui chaque année signalaient l'existence de deux croyances incompatibles alors. Catherine de Médicis, active, vigilante, fut toujours préoccupée par des idées de transaction. Au milieu des batailles, on la voit cherchant à négocier des trêves, à amener des suspensions d'armes. Elle entreprend des voyages à travers les provinces, afin d'apaiser les fermens de discorde qui de toutes parts éclataient; partout où passait Catherine, elle préparait autant qu'il était possible le rapprochement des opinions, l'exécution pleine et entière des édits de pacification, sorte de traités qui arrivaient ordinairement après la lassitude des combats. Sur la moindre plainte, sur le soupçon le plus vague, Catherine rendait justice; aussi le duc de Montpensier écrivait-il au roi, en 1567 : « Sire, vous entendrez par ce porteur comme, Dieu merci, le voyage de la reine-mère continue à se faire si heureusement, que Votre Majesté ne le saurait mieux désirer, car partout où nous passons la paix s'établit selon votre intention et le désir de la royne, votre dite dame et mère. » Catherine de Médicis avait une tête à négociations, c'était le penchant de la race

italienne. En 1585, la ligue des princes catholiques était dans toute sa force; partout les populations fermentaient. La reine-mère se rend en toute hâte au camp des confédérés; elle écrivait à son fils : « Monsieur mon fils, j'espère que mon neveu le duc de Guise viendra lundi; je crois savoir les intentions des princes; je désire vous faire entendre et représenter que du point de la religion ils sont tellement préoccupés, qu'ils ne veulent rien négocier que par ce point-là. Je vous demanderai votre intention à ce sujet. Eh! vous dirais-je, Monsieur mon fils, que je me suis bien portée cette nuit! grâce au ciel! je me suis un peu levée pour faire faire mon lit; la douleur que j'avais hier au côté s'est un peu calmée; mais j'ai une douleur à un pied, et l'autre est si faible, que je ne me pourrais soutenir; aussi je ne me tiendrai guère debout. M. de Mayenne a fort bonne volonté pour nous; son arquebuse est pleine de bonne volonté pour le pays. » Cette femme souffrante, maladive, s'adressait à tous les ligueurs modérés, au duc de Nevers comme au duc de Mayenne, qui représentaient alors la partie conciliante de la sainte ligue. Elle obtint enfin la paix après des sueurs infinies, des humiliations de toute espèce, et au mois de juillet, elle en signa le traité dans la ville de Nemours.

L'autorité que la reine-mère aimait tant à exercer ne devait se trouver que dans un système de temporisation que la paix seule pouvait lui donner. Catherine de Médicis est la plus grande négociatrice de son temps. En 1570, c'est encore elle qui prépara la paix de Saint-Germain si favorable aux huguenots, et cependant deux ans plus tard, la Saint-Barthélemy éclata. Plusieurs historiens ont avancé que la pacification de Saint-Germain ne fut qu'un piége tendu afin de préparer en silence les journées sanglantes de la Saint-Barthélemy. Comme preuve du contraire, il existe des lettres du pape Pie V et du roi d'Espagne Philippe II, ces deux expressions du catholicisme, qui se soulagent en reproches sur la paix méditée entre Catherine et les huguenots. Le projet de se délivrer des huguenots par un massacre pouvait bien confusément se présenter à la pensée; mais si la paix de Saint-Germain n'avait été conçue que dans cet objet, il est impossible que le pape et le roi d'Espagne n'en fussent pas prévenus, ou qu'ils n'eussent pas l'instinct du but secret de la paix. Les deux partis en armes n'en pouvaient plus; il y avait lassitude dans les camps; on jetait de part et d'autre les armes pour un indispensable repos. Catherine profita de cette disposition des esprits; elle racontait au roi son fils les malheurs de la guerre, et qui menaçait son autorité. C'est alors sans doute qu'elle eut cette conférence secrète avec Charles IX, dans laquelle, déployant toutes les forces des catholiques, elle conseilla à son fils de se débarrasser des principaux huguenots qui entravaient le plein exercice de l'autorité royale, car le lendemain des massacres Catherine aimait à répéter : « Je n'ai à me reprocher que la tuerie de six personnes. » D'après son idée, comme elle l'avouait dans ses confidences, elle n'eut voulu que la perte des grandes têtes du parti. Ce projet, empreint d'une froide cruauté, était-il possible en face de toute une population armée? Et qu'on remarque bien que nous ne justifions rien, nous expliquons les évènemens par l'histoire; il faut juger un temps d'après ses mœurs, ses besoins et ses émotions. Voici la lettre que

Catherine de Médicis écrivait au roi d'Espagne, le 29 août 1572, quatre jours après la Saint-Barthélemy : « Monsieur mon fils, je ne fais nul doute que vous ne ressentiez comme nous-même le bonheur que Dieu nous a fait de donner le moyen au roi mon fils de se débarrasser de ses sujets rebelles à Dieu. Nous nous assurons que vous en louerez Dieu avec nous pour le bien qui en adviendra à toute la chrétienté, ce qui bientôt se connaîtra et s'en ressentira le fruit. Je donne charge à notre ambassadeur auprès de vous de vous conter comment le tout s'est passé, et la juste occasion que monsieur mon fils a eue de ce faire. »

Lorsque Charles IX mourut en 1574, Henri III, son frère et son successeur, occupait alors le trône de Pologne, dont il avait été élu roi par la diète de Varsovie ; le gouvernement fut donc confié à Catherine de Médicis en attendant le retour de son fils. Catherine, la tête toute remplie de son pouvoir, prépara la régence ; elle chercha surtout à éviter, par des mesures promptes et complètes, le renouvellement des tristes guerres religieuses ; elle écrivit à tous les gouverneurs de provinces qu'ils aient à faire reconnaître l'autorité du nouveau roi ; « et le roi monsieur mon fils reconnaîtra vos mérites et bonne volonté ; vous vous aiderez de la force que vous avez en main contre tous ceux qui oublieraient l'obéissance à laquelle ils sont tenus, de manière qu'ils soient punis et châtiés comme ils méritent. » On connaît le règne malheureux de Henri III ; il ne fut qu'une suite de guerres entre les catholiques organisés en ligue et les huguenots conduits par le roi de Navarre, qui depuis prit le nom de Henri IV. Catherine de Médicis, effrayée de la puissance du duc de Guise, à la tête des populations liguées, se tourne alors vers les calvinistes ; elle tente un rapprochement entre le roi son fils et le jeune roi de Navarre. Lorsque le conseil royal proposait l'abolition de tous les traités de paix favorables aux huguenots, Catherine prit la parole avec feu, elle combattit énergiquement une proposition aussi désespérée qui allait de nouveau embraser le royaume. « Je suis catholique, s'écriait-elle, et j'ai aussi bonne conscience que nul autre peut avoir ; j'ai beaucoup de fois hasardé ma personne contre les huguenots, et j'espère aller en paradis. Mais je ne veux pas m'autoriser parmi les catholiques pour détruire ce royaume, mon dessein est de le conserver ; en le perdant la religion sera perdue. Je ne désire point voir mettre l'État en tel hasard, non plus la personne du roi. S'il y en a d'autres qui ne se soucient pas de la perte de cet état, pourvu qu'ils puissent dire : « J'ai bien maintenu la religion catholique, » je n'ai rien à leur dire, mais je ne veux leur ressembler. Je conseille au roi de conserver l'État et sa personne aussi, et Dieu, j'espère, le favorisera en sorte qu'il réunira un jour les deux religions en une. » Cet avis ne fut point suivi ; et ici commence ce long enchaînement de guerres acharnées, cette lutte de la puissance de la maison de Guise contre l'autorité royale, triste combat qui amena l'assassinat du duc de Guise à Blois et le meurtre de Henri III à Saint-Cloud.

A. M.

GOETHE.

Goëthe (Jean Wolfgang), chef et créateur de l'école littéraire allemande, naquit le 28 août 1749, à Francfort-sur-le-Mein, d'une famille considérable de cette ville ; son père, jurisconsulte distingué, et qui possédait d'ailleurs des connaissances fort étendues dans les lettres et dans les beaux-arts, se chargea de diriger lui-même sa première éducation. Il avait résolu d'en faire un jurisconsulte, et Goëthe nous apprend, dans ses mémoires, que les décisions de son père étaient irrévocables ; aussi, sans consulter les dispositions et le goût de son élève, dès qu'il le crut en état de quitter la maison paternelle, il l'envoya étudier la jurisprudence, d'abord à Leipsick et ensuite à Strasbourg. Ce fut dans cette dernière ville que le jeune Goëthe

fut reçu docteur en droit. De là, selon les instructions de son père, il se rendit à Wetzlar pour se former à l'application pratique des principes de la jurisprudence. Mais la tendance de son esprit était complètement opposée à celle que cette carrière aurait exigée, et d'après ce qu'il rapporte, on peut regarder les efforts qu'il fit pour la parcourir, comme un véritable dévouement filial.

A Leipsick, à Strasbourg, et à Wetzlar même, le droit fut toujours la moindre chose dont Goëthe s'occupa, et il ne lui fallut pas moins que la prodigieuse facilité dont il était doué pour parvenir à prendre ses degrés dans cette science.

Goëthe était un de ces hommes qui se créent eux-mêmes, de ces esprits rebelles à toute direction, qui veulent se mouvoir librement et spontanément, qui sont avides de science, mais qui ne peuvent l'acquérir que dans le temps et de la manière qui leur conviennent, se réservant en outre de décider souverainement de l'usage qu'ils en feront. C'est ainsi que, dès son enfance, Goëthe apprit plusieurs langues et s'éleva à plusieurs sujets d'études qui étaient en dehors du plan d'éducation qui lui avait été tracé par son père, et peut-être même en opposition avec ce plan; c'est ainsi que plus tard, et sans être encore affranchi de la direction paternelle, il étudia l'histoire, la métaphysique, la géologie, l'anatomie, la physiologie et la chimie. L'alchimie elle-même se trouva comprise dans ses investigations volontaires. Mais s'il se sentit un moment entraîné vers cette science chimérique, ce n'était point par l'espoir des résultats matériels que s'en promettent ses adeptes vulgaires, mais bien par le rapport qu'il croyait découvrir entre cet ordre de recherches et ses idées mystiques, ou plutôt poétiques, sur les puissances occultes de l'univers ; la religion et l'alchimie se confondant ainsi dans son esprit.

Du reste, Goëthe n'apprit jamais rien comme on le lui enseignait ; les leçons qu'on lui donnait étaient bien plus pour lui une occasion d'apprendre qu'un moyen direct d'instruction. Plusieurs des hommes avec lesquels il se trouva en rapport, et entre autres le célèbre Herder, exercèrent bien sans doute quelque influence sur son esprit, mais ce ne fut jamais celle qu'ils se proposèrent d'exercer. Les hommes agissaient sur lui comme les livres, comme les leçons, comme les objets extérieurs, c'est-à-dire principalement comme occasions, comme stimulans, et plutôt comme réveillant les facultés de son esprit, plutôt enfin comme leur donnant une nouvelle activité, que comme leur imprimant une direction.

Goëthe annonça de bonne heure ce qu'il devait être un jour. Étant encore enfant, il composait des contes, de petits drames, de petites poésies, qui étaient accueillis avec transport par ses compagnons d'étude et de jeu, qui se plaisaient à reconnaître sa supériorité. Ces productions prématurées ne tiennent pas toujours les promesses qu'elles semblent faire ; il arrive souvent qu'elles ne sont dues qu'à une éducation forcée, à une fausse direction, et ne prouvent guère autre chose que la vanité puérile de l'instituteur ; mais à côté de ces signes équivoques qui se manifestaient dans Goëthe, s'en montraient d'autres qui n'avaient pu se produire que spontanément, et qui découvraient toute la puissance du génie, ce don des accens devaient un jour émouvoir si profondément l'Allemagne et répandre tant d'éclat sur cette nation. Des sentimens éminemment poétiques, et qui laissent tôt caractérise tous les grands poètes, tous les grands artistes, la religion, l'amour, s'emparèrent de l'âme de Goëthe, et le portèrent à un état de contemplation intérieure, dans un âge où les sensations physiques et les impressions fugitives qu'elles produisent forment à peu près, pour l'ordinaire, tout le mouvement de la vie.

Aux époques où l'esprit humain tend à un renouvellement moral, il arrive un moment où les anciennes croyances, les anciennes affections, se trouvent renversées ou ébranlées, sans se trouver remplacées encore par des affections ou des croyances nouvelles. Goëthe, au milieu de la grande crise morale du XVIIIe siècle et des ruines qu'elle

(Médaille de Goëthe.)

avait déjà entassées, fut conduit au dégoût de la vie. Dans le présent il ne voyait que le néant, dans l'avenir qu'incertitude. Le suicide devint donc pour lui, pendant quelque temps, un sujet habituel de méditation ; il retourna cette idée dans tous les sens, et après s'être dit que la destruction de soi-même pouvait devenir une action légitime et même noble, il en arriva au point d'essayer plusieurs fois d'attenter à ses jours. WERTHER ne fut que le récit de ce qu'il avait éprouvé dans cette lutte intérieure. Mme de Staël a dit, avec raison, que ce livre a causé plus de suicides que la plus belle femme du monde. Cette comparaison ne nous paraît point heureuse : la plus belle femme du monde ne peut jamais agir que comme une cause accidentelle et individuelle, tandis que Werther, expression d'un état de choses général, devait par cette raison même produire une impression funeste plus ou moins vive, mais toujours profonde, sur tous les esprits. *Cet écrit, comme le dit Goëthe lui-même, manifestait les rêves pénibles d'une jeunesse malade; c'était l'expression, l'écho, d'un sentiment universel.* Ce peu de mots suffit pour faire comprendre son influence.

Dans un drame intitulé *Faust*, Goëthe a représenté, tel qu'il l'avait réfléchi en lui, l'état moral dont le spectacle l'avait conduit aux idées sombres exprimées dans Werther. Il existe en Allemagne une tradition populaire dont le héros est un docteur *Faust* qui fit alliance avec le diable, et qui, bien entendu, porta la peine de ce pacte sacrilége. Ce *Faust*, et surtout le diable, sont les personnages principaux du drame dont nous venons de parler, qui d'ailleurs n'a rien de commun avec le conte auquel il emprunte ses deux singulières figures. Il nous suffira de citer quel-

ques-uns des passages où Mme de Staël rend compte des impressions que *Faust* a faites sur son esprit.

« C'est le cauchemar de l'esprit que cette pièce de *Faust*, dit-elle, mais un cauchemar qui en double la force. On y trouve la révélation diabolique de l'incrédulité, de celle qui s'applique à tout ce qu'il peut y avoir de bon dans le monde.... il y a dans Méphistophélès (c'est le nom du diable) une ironie infernale, qui porte sur la création tout entière, et juge l'univers comme un mauvais livre, dont le diable se fait le censeur... Aucune croyance, aucune opinion ne reste fixe dans la tête après avoir entendu Méphistophélès, et l'on s'examine soi-même pour savoir s'il y a quelque chose de vrai dans ce monde, ou si l'on ne pense que pour se moquer de tous ceux qui croient penser. Voilà en effet toute la pièce de *Faust*; c'est la personnification, la mise en action du doute et de l'incrédulité dans tout ce que cet état de l'esprit peut avoir de sinistre et de flétrissant, dans tout ce qu'il peut enfanter de désordre, dans tout ce qu'il peut produire d'angoisses chez ceux qui en sont atteints. »

Goëthe a traité à peu près tous les genres de littérature ; il a composé des romans, des poèmes, des pièces de théâtre, des poésies de toutes sortes, depuis l'ode et la cantate jusqu'à l'épigramme et la chanson. Goëthe a fini ses jours à Weimar, le 22 mars 1832; ses restes ont été déposés auprès de ceux de Schiller.

ÉPHÉMÉRIDES.

1er août 1793. — Établissement du système décimal des poids et mesures en France. — 1798. Bataille navale d'Aboukir, dont les conséquences furent si fatales à l'expédition d'Égypte. — 1821. Mort de Mistriss Inchbald, auteur de la charmante composition intitulée *Simple histoire.*

7 août 1830. — Révision de la Charte française, substitution de la branche cadette des Bourbons à la branche aînée.

8 août 1548. — Le roi Henri II ordonne que l'effigie du monarque régnant en France sera dorénavant empreinte sur la monnaie au lieu de la croix trop facile à contrefaire.

11 août 1804. — L'empereur François II prend le titre d'empereur héréditaire d'Autriche au lieu du titre désormais ridicule d'empereur romain.

12 août 1793. — La Convention déclare l'arrestation provisoire des *suspects*. Cette dénomination embrassait les émigrés rentrés, les ci-devant nobles et leurs parens, les Français soupçonnés de sentiments peu favorables à la république, etc., etc.

(Une vue d'Écosse. — Voyez, page 218, un article sur les beautés de l'Écosse.)

Paris. — Imprimerie de H. Fournier, rue de Seine, 14.

ALLEMAGNE. — COLOGNE.

(Une vue de Cologne.)

Nous voilà dans la ville à laquelle la piété des peuples de l'occident de l'Europe a donné le nom de *Rome germanique*, Cologne, la ville des miracles, des légendes, des saints martyrs, des cathédrales, bâties par le diable, la ville des trois mages, la ville tout étincelante de châsses ornées de pierreries, de tombeaux incrustés de diamans ; la ville des longs pélerinages, la ville sainte en un mot : sainte, si les pratiques religieuses sont la sainteté, sainte par ses souvenirs, mais très profane par ses mœurs d'autrefois et ses mœurs d'aujourd'hui.

Le voyageur qui se rappelle les chroniques si curieuses de Cologne, éprouve un vif saisissement quand il voit poindre à l'horizon les mâts de ses vaisseaux, les flèches de ses clochers, les crêtes de ses tours, et il éprouve à cette vue l'espèce d'émotion mêlée de curiosité et de piété que devaient sentir les pélerins du moyen-âge, quand, faisant une pause avant d'entrer dans la ville, appuyés sur leur bâton de voyage, ils contemplaient avec recueillement les murs de la Rome germanique.

Lorsqu'après un long et dangereux voyage à travers des chemins rudes et peu sûrs, peut-être après avoir été détroussés deux ou trois fois par les brigands du Rhin, et après avoir mendié le pain du pauvre aux portes crénelées des abbayes, ils apercevaient les clochers de Cologne, ces clochers si hospitaliers pour le pélerin et pour le pauvre, ils éprouvaient un pieux saisissement de cœur et n'étaient pas étonnés de ces rues sales, étroites, ténébreuses, qui se pressent sur les bords du Rhin, de ces maisons qui montent les unes sur les autres, pour se disputer un petit havre pour leurs pêcheries et pour toutes leurs industries fluviatiles. Le voyageur d'aujourd'hui, qui n'a plus la piété que les pélerins avaient, et qui a des termes de comparaison que les pélerins n'avaient pas, ne peut pas entrer dans Cologne sans avoir des nausées, et s'associe très volontiers à cette opinion générale, que si Cologne est la plus sainte ville de l'Allemagne, elle en est en même temps la plus laide et la plus déplaisante.

Cologne s'étend sous la forme d'un demi-cercle le long

d'une espèce de petite baie que creuse le Rhin sur sa rive gauche. L'étendue de ce demi-cercle est d'environ une lieue. La position était belle et dut appeler de bonne heure le commerce, et avant le commerce, la guerre qui pose les premières pierres de toutes les villes. Aussi, à peine arrivés en Germanie, les Romains y bâtirent-ils un camp retranché qui devint bientôt une ville et, plus tard, prit le nom de *colonie Agrippine*, parce qu'Agrippine, la femme de l'imbécille empereur Claude, mère de Néron, y était née. Cologne dut à ce haut patronage de l'ambitieuse princesse de recevoir de grands embellissemens. Chose singulière, Agrippine, la mère de Néron, y est née ; et Marie de Médicis, la femme de Henri IV, celle qui ne témoigna ni surprise ni affliction de l'assassinat de son époux, celle qui accabla le peuple d'impôts pour engraisser le maréchal d'Ancre, celle qui fut chassée par Richelieu, Marie de Médicis y est morte ! (*Voyez page 84.*)

On sait par quelle suite de fautes, Marie de Médicis en fut réduite à aller mourir à Cologne, exilée, fugitive et misérable.

La pauvre reine, après avoir vécu à Cologne du produit de quelques diamans dans la maison où est né Rubens, et dans une chambre dont on montre encore les boiseries richement sculptées, alla finir ses jours dans un couvent, dépourvue de tout, et n'ayant pour se soutenir dans ses derniers jours, que la charité des religieuses. Etranges rapprochemens ! cette reine qui vivait obscure dans une chambre de la maison natale de Rubens, était la fière Marie de Médicis faisant venir Rubens d'Anvers pour lui confier l'embellissement de son palais du Luxembourg, et lui inspirant cette prodigieuse histoire allégorique dont les pages sont le plus bel ornement de notre musée !

Cologne continua d'être la capitale de la Gaule rhénane jusqu'en l'an 462, époque où les Francs Ripuaires l'enlevèrent aux Romains et la soumirent à leur domination. Clovis y fut proclamé roi des Francs ; Pépin fut duc de Cologne avant d'être roi comme Clovis, dans le dixième siècle ; l'empereur Othon - le - Grand l'arracha aux Francs, la réunit à l'empire d'Allemagne, et après lui avoir accordé diverses franchises, il en donna le commandement temporel et spirituel à Bruno, son frère, lequel en était archevêque. Des luttes obscures entre la bourgeoisie et les archevêques de Cologne, sont les seuls incidens de cette partie de son histoire. La bourgeoisie était jalouse de ses franchises ; et, ses richesses lui donnant de l'audace, elle cherchait à enlever à l'archevêque au moins le pouvoir municipal. De là des combats de rues toujours sanglans, lors même qu'ils étaient sans résultat, et une turbulence qui d'ailleurs était commune à beaucoup d'autres villes, à cette époque, et notamment à Strasbourg.

Cologne a de beaux restes de son histoire comme colonie romaine. Jusqu'à l'occupation des Français, en 1794, la ville avait conservé des coutumes et des mœurs de Rome. Il y avait des familles patriciennes, les magistrats en robe consulaire, et des huissiers décorés du titre de *licteurs*.

Durant tout le moyen-âge, Cologne eut une grande existance. Elle fut à la tête de la gue anséatique, et put mettre sur pied jusqu'à trente mille hommes capables de porter les armes. Les richesses et la piété de ses habitans entretenaient soixante-neuf couvens, dont onze ne recevaient que des dames nobles, dix-neuf églises et quarante-neuf chapelles. Les arts, les sciences, que le commerce attire et vivifie, florissaient à Cologne, et y répandaient ces jouissances délicates qui contrastaient si étrangement avec les restes de barbarie qui se perpétuaient surtout dans les habitudes militaires.

Cologne perdit peu à peu la plus grande partie des avantages dont elle avait joui durant la brillante époque du moyen-âge. En l'année 1425, le jour de la Saint-Barthélemy, tous les Juifs furent chassés de Cologne. Quelques années après, les tisseurs de drap ayant causé une émeute dans la ville, les magistrats firent stupidement brûler dix-

sept cents métiers, et enrichirent l'industrie des villes voisines de l'émigration des ouvriers qu'on frappait ainsi dans la source de leur travail. En 1648, tous les protestans furent expulsés.

Ces expulsions, en ruinant le commerce et en réduisant l'industrie, entraînaient la diminution lente et progressive de la population. Quand les Français s'emparèrent de Cologne en 1794, ils y trouvèrent douze mille mendians cantonnés dans un quartier particulier de la ville, population inféodée à la pauvreté oisive et nourrie, où les fils apprenaient de leur père les pratiques du métier et ces infirmités simulées que les mendians de profession ont dans la rue et qu'ils quittent au cabaret. Jusqu'à cette époque, il venait se joindre à cette population de mendians des vagabonds venus de tous les pays, les uns avec des reliques volées dans quelque cimetière, les autres avec des châsses contenant des figures en cire qui avaient touché de saints tombeaux, pèlerins le matin, et le soir volant les gens attardés dans les rues qui n'étaient éclairées par aucune lanterne ou réverbère.

Même à présent que Cologne, après avoir subi pour son avantage la présence armée et civilisatrice des Français, a repris sous le gouvernement prussien cette demi-prospérité que procure une bonne police, les fautes des trois derniers siècles semblent peser encore sur elle, et l'on peut dire que la Cologne d'aujourd'hui se perd dans la vaste enceinte de la Cologne d'autrefois.

Cologne n'est pas une ville agréable, et dont on aime à se souvenir ; j'entends en ce qui regarde les mœurs et le caractère de ses habitans. Figurez-vous tous les travers, tout l'égoïsme, toute la vanité d'un petit état marchand, où l'on n'aime point les arts et où l'on n'est avide que d'argent ; des passions bâtardes d'arrière-boutique, des rivalités de comptoir, très peu de cette bonhomie allemande et de cet instinct naturel pour les lettres et les arts qui se trouvent jusque dans le moindre village d'Allemagne. Au reste, des estaminets en plus grand nombre qu'en aucune autre ville ; des tavernes toujours pleines de buveurs : dès que le jour baisse, on voit le négociant quitter son comptoir, l'artisan son atelier, le manœuvre son travail, pour se rendre dans les cabarets à vin ou à bière. C'est une des distractions les plus recherchées de la *ville jadis sainte*.

(*La suite à un prochain numéro.*)

RICHESSE MINÉRALE DE L'ESPAGNE.

L'Espagne était déjà célèbre dans l'antiquité par l'abondance des richesses minérales que produisait le sol. Pline qui, en exceptant l'Italie, regardait cette contrée comme la plus belle province de l'empire romain, rapporte en plusieurs points de son histoire naturelle, que de son temps on y exploitait un grand nombre de mines de plomb, d'étain, de fer, de cuivre, d'argent, d'or et de mercure. L'activité de cette industrie diminua pendant les troubles qui suivirent la chute de l'empire. Les Maures, qui ne se sont jamais appliqués sérieusement à l'exploitation des mines, et qui rarement même ont employé la pierre de taille pour la construction de leurs édifices, ne lui donnèrent pas une forte impulsion ; toutefois, ils gardèrent en activité un assez grand nombre d'exploitations dans l'ouest de la Péninsule. Mais l'industrie minérale fut presque entièrement anéantie, quand les Maures furent expulsés de cette partie de l'Europe. L'Espagne porte encore les fruits amers de l'énergie avec laquelle leurs vainqueurs détruisirent tout ce qui avait été créé pour la civilisation de l'Orient ; les souvenirs de cette terrible catastrophe sont encore vivans parmi le peuple, et lorsque le voyageur demande à quelle époque ont été élevés les monumens dont il rencontre fréquemment les ruines, et par quelles mains ont été creusés les souterrains dans lesquels s'exploitaient autrefois toutes sortes de métaux, la tradition lui répond toujours que ces choses se sont faites dans le temps des Maures ; constamment elle rattache à la catastrophe la plus violente et la plus moderne les traces des révolutions qui, à diverses époques, ont désolé la Péninsule.

La découverte du Nouveau-Monde, à la fin du xve siècle, vint porter le dernier coup à l'art des mines en Espagne, dans le but de favoriser en Amérique une industrie qui était pour eux la source de grands revenus, les rois d'Espagne interdirent par des peines sévères l'exploitation des mines de la Péninsule, se réservant à cet égard un privilége exclusif, qu'ils concédèrent quelquefois à bail à des particuliers. Sous cette administration imparfaite, quelques mines, favorisées par des chances extraordinaires, donnèrent à leurs exploitans de grandes richesses ; mais la prospérité de ces entreprises, où les travaux étaient dirigés exclusivement dans l'intérêt du présent, ne fut jamais de longue durée : les mines de mercure d'Almaden, dont les produits étaient absolument nécessaires aux exploitations de métaux précieux dans la Nouvelle-Espagne, restèrent presque seules en activité, et envoyaient chaque année à Mexico cinq à six mille quintaux de mercure.

Vers le milieu du dernier siècle, l'exploitation de la mine des Huancavelica dans le Pérou, qui fournissait précédemment le mercure nécessaire au traitement des minerais argentifères de ce pays, ayant été interrompue par suite d'un éboulement, le besoin de ce métal se fit alors fortement sentir et donna une nouvelle activité aux mines d'Almaden, dont la production annuelle fut portée à dix-huit mille quintaux. Toutefois, divers accidens causés par les vices de l'exploitation, la guerre qui, au commencement de ce siècle, dévasta la Péninsule pendant cinq années ; plus tard, enfin, la lutte d'où sortit l'indépendance des colonies américaines, et qui suspendit pendant plusieurs années l'exploitation des mines du Mexique et du Pérou, amenèrent diverses vicissitudes dans l'état de cette exploitation.

En 1820, à l'exception d'Almaden, des mines de fer de la Biscaye et de quelques autres localités des provinces libres, l'exploitation des métaux était dans une décadence complète. Dans le nord de l'Espagne, l'industrie particulière, presque exclusivement appliquée au travail du fer, était protégée contre les prétentions de la couronne par des priviléges particuliers ; dans les autres provinces, un petit nombre de forges catalanes et de taillanderies placées dans la dépendance de majorats et de communautés religieuses, fournissaient à l'agriculture et à de grossières industries les produits que l'Espagne ne tirait pas au commerce extérieur ; quelques usines élevées par le gouvernement languissaient sur le sol le plus riche en métaux, malgré les avantages qu'assurait à leurs produits un monopole absolu.

C'est dans cet état de choses que survinrent les évènemens politiques de 1820. Les réglemens qui entravaient d'une manière si fâcheuse pour l'Espagne l'essor de l'industrie en faveur des colonies américaines, qui d'ailleurs étaient déjà en révolte ouverte pour se soustraire au joug de la métropole, étaient devenus tout-à-fait intolérables dans certaines localités ; ils tombèrent immédiatement en désuétude à l'avénement d'une administration nouvelle ayant pour mission de réformer les anciens abus, et un réglement provisoire transporta à cette époque dans le domaine commun le droit d'exploiter les richesses minérales. De nouveaux changemens politiques furent heureusement impuissans pour enlever à l'Espagne cette conquête de l'industrie, et une loi des mines, rendue le 4 juillet 1825, sur le rapport de don Fausto Elhuyar, assit l'industrie minérale de l'Espagne sur les principales bases adoptées dans la législation française.

Ces dispositions libérales ne tardèrent pas à porter leurs fruits ; et, dans le royaume de Grenade en particulier, les efforts de l'industrie privée produisirent dans le cours de trois années des résultats sans exemple. La population de la contrée montueuse des Alpujarres, qui, depuis l'expulsion des Maures, vivait dans une misère et une démoralisation profondes, sortit tout à coup de son apathie, en apprenant qu'un monopole odieux avait enfin cessé, et se porta avec ardeur vers l'exploitation des mines de plomb, si abondantes dans le pays. Le succès dépassa les espérances les plus exagérées : un petit nombre de mois suffisait souvent pour créer des fortunes à de pauvres paysans que le hasard favorisait ; les exploitans se multiplièrent à l'infini, et dès 1826, plus de 5,500 mines avaient été mises en exploitation dans les sierras de Lador et de Lujar. Vers le milieu de l'année 1833, 4,000 puits avaient déjà été creusés dans la seule sierra de Lador.

Avant 1820 les usines royales, qui seules avaient le privilége de fondre les minerais qu'elles achetaient au prix que le gouvernement voulait bien fixer, ne produisaient annuellement que 50 à 40,000 quintaux de plomb (1,870,000 kil.) En 1825, c'est-à-dire trois ans après les premières entreprises, la production s'élevait déjà à 500,000 quintaux (25,400,000 kilog.). En 1827, époque de la plus grande prospérité de la fabrique, la production de ce métal a été portée à la quantité énorme de 800,000 quintaux (37,400,000 kilog.). Depuis 1827 les exploitans n'ayant pu continuer à renoncer à tout bénéfice, la production s'est trouvée en équilibre avec la demande de métal, et est restée à peu près stationnaire.

Aux environs d'Oviedo, dans les Asturies, de puissantes mines de houille, qui malheureusement ne sont encore liées avec la côte que par des communications très difficiles, exportent pour les établissemens métallurgiques de la côte de l'Andalousie, des produits qui, de jour en jour, deviennent plus abondans. Dans la même province, mais dans une situation plus favorable, près de la rivière d'Aviles, une compagnie commence aujourd'hui à exploiter les mêmes formations houillières. Ces mines, dont la galerie principale débouche sur le rivage de la mer, seront à exporter leur combustible : nul doute que celui-ci n'arrive bientôt dans les bassins de la Garonne, de la Charente et de la Loire, et que l'exploitation d'Aviles ne soit appelée à une haute prospérité. Dans une autre partie de l'Espagne, le petit bassin houiller de Villa-Nueva-del-Rio, situé à huit lieues au-dessus de Séville, est exploité avec une activité croissante, et fournit un bon combustible aux bateaux à vapeur qui parcourent maintenant en douze heures le trajet de Séville à Cadix.

Le développement subit de l'industrie minérale dans le royaume de Grenade fut pour le gouvernement un haut enseignement ; il comprit que l'intérêt de l'état était de combattre une ignorance qui avait fait méconnaître pendant si long-temps une source aussi puissante de richesses. Toutes sortes d'encouragemens furent donnés à l'art des mines ; deux écoles furent créées, l'une à Madrid, l'autre à Almaden ; plusieurs élèves furent envoyés à l'école de Freyberg en Saxe, avec mission d'étudier l'état de l'art des mines dans cette partie de l'Allemagne ; sans doute la nouvelle direction imprimée aujourd'hui à la politique de l'Espagne ne privera pas plus long-temps ses élèves mineurs des lumières qu'ils peuvent recueillir dans d'autres écoles ni moins célèbres ni moins hospitalières.

Par les soins de M. Erlozza, habile ingénieur, les riches minerais de fer des environs de Marbella et du Pidrozzo (Andalousie), sont aujourd'hui traités dans de belles usines par les procédés de fabrication les plus récens, qu'il a su heureusement approprier aux circonstances locales. Des perfectionnemens se font en ce moment, par ses conseils, aux usines à fer de la Galice, et ceux-ci s'étendront sans doute, de proche en proche, dans les diverses localités du nord de l'Espagne.

Pendant la courte période qu'on vient de signaler, l'exploitation des autres substances minérales a également reçu une nouvelle impulsion. La production du mercure dans la contrée d'Almaden a encore augmenté ; l'exploitation des anciennes mines de cuivre de Rio-Tinto, négligée pendant que les cuivres de la côte occidentale de l'Amérique du Sud arrivaient librement à Cadix, a été poussée avec activité depuis la révolte des colonies. Les puissans dépôts de calamine d'Alcaraz, dans la partie orientale de la Manche, sont exploités aujourd'hui avec un grand succès. Les mines de plomb de Linarès, dans le royaume de Léon, et de Faleste, en Catalogne, ont donné de notables produits, malgré la concurrence redoutable de la sierra de Lador. On a commencé à tirer parti des minerais de cuivre qui se trouvent à Linarès, dans le voisinage de la sierra de Lador et dans plusieurs autres localités.

INFANTERIE.
(Septième article. — Voy. page 363.)

Le grand Frédéric changea en Europe le système des grands mouvemens d'armée. Il est le seul qui, après César, se soit écarté de la route ordinaire. Gustave-Adolphe, roi de Suède, n'avait fait qu'ébaucher les principes de la grande stratégie. Frédéric-le-Grand acheva l'œuvre de ce prince, et fut à son tour imité par les généraux français; le danger fit adopter, dès 1792, cette tactique improvisée qui, par sa rapidité et son étonnante audace, fournit aux armées de la république les succès brillans qui sauvèrent la patrie et étonnèrent l'Europe.

Pichegru et Jourdan, abandonnant une marche devenue incertaine, développèrent de grands talens militaires; ils étendirent leurs lignes, que nos anciens généraux resserraient comme un principe de guerre adopté et que la prudence commandait. Ces deux généraux, s'affranchissant d'une vieille tactique, en conçurent une nouvelle qui leur réussit, du moment qu'ils purent se passer de l'uniformité et de la lenteur des anciens mouvemens. L'arme blanche et la redoutable baïonnette secondèrent puissamment le système adopté; l'activité et le génie des généraux firent le reste.

Il est donc évident que l'art de varier les manœuvres d'une grande armée s'accrut, lorsque nos généraux

(Fusilier de l'empire.)

surent s'en servir en le perfectionnant; l'audace et l'infatigable activité des officiers secondèrent ces vues, que l'intrépidité et l'enthousiasme des soldats rendirent encore plus efficaces.

Frédéric avait pour système d'étendre ses lignes, de manière à pouvoir, sans obstacle, diriger au secours d'un corps d'armée menacé, des troupes détachées d'une autre armée, qui restaient alors sur la défensive. Ces secours arrivant avec la promptitude de l'éclair étonnaient l'ennemi, et déjà il était à moitié vaincu; ses chefs déconcertés se trouvaient obligés de changer le plan de leurs opérations.

Bonaparte, prompt à tout saisir, ne manqua pas d'employer dans la suite un pareil système, qui à lui seul lui aurait valu une haute renommée, et fut la base de sa puissance. Il abandonna les affaires de postes et surprit par ses marches rapides les ennemis qu'il eut à combattre. Ce que François Ier, Louis XII, Charles VIII, les généraux de Louis XIV, et ceux de Louis XV en 1746, ne purent faire dans les gorges et les sommités du Piémont, Bonaparte l'entreprit en 1796, et il y réussit.

L'impétuosité et le génie bouillant du soldat facilitèrent les opérations combinées que commandait le nouveau système de leurs chefs. Il est à observer que dans cette première campagne de Bonaparte, la cavalerie et l'artillerie n'étaient pas en proportion de l'infanterie.

La brillante conquête de la Hollande; les passages du Rhin, du Pô, de la Piave et du Tagliamento; les Alpes, les Apennins et le mont Saint-Bernard franchis; les batailles de Fleurus, de Loano, des Pyramides, d'Héliopolis, de Marengo, d'Austerlitz, d'Iéna, de Wagram, de Lutzen, justifièrent et convertirent en principe la tactique mise en usage. Jamais, depuis les beaux jours de la Grèce et de Rome, on n'avait vu d'aussi prompts, d'aussi grands mouvemens stratégiques, des marches aussi rapides, ni des opérations aussi habilement combinées.

On a vu qu'en 1791, on réduisit les compagnies à neuf par bataillon. Le nombre de bataillons par régiment variait également de deux à six. Cette disposition se maintint jusqu'à l'organisation de 1808. A cette époque les régimens eurent tous cinq bataillons, non compris un bataillon de dépôt, et les compagnies furent réduites à six par bataillon, savoir : une de grenadiers ou de carabiniers, quatre de fusiliers ou de chasseurs, et une de voltigeurs. Les mouvemens durent, en conséquence, s'exécuter d'après le nouveau système d'organisation. Les bataillons étaient placés sur deux rangs en temps de paix, et sur trois rangs en temps de guerre, ou pour les exercices.

Lorsqu'en 1808 on augmenta le nombre des bataillons, la force des compagnies dut nécessairement être diminuée. Une ligne trop prolongée aurait empêché la voix du commandant-général d'être entendue, et aurait nui à l'exécution et à l'ensemble des mouvemens qui, sur un champ de bataille, doivent être faits avec promptitude. Chaque compagnie ne fut plus composée que de quatre sergens, huit caporaux et trente-sept hommes.

On ne changea rien, en 1811, au nombre des compagnies par bataillon; mais il n'y eut plus que trois bataillons par régiment. Alors la force des compagnies fut fixée à quatre-vingt-quatre hommes, dont quatre sergens, huit caporaux et soixante-douze soldats.

LES UNIVERSITÉS ANGLAISES.
CAMBRIDGE.

Les collèges de Cambridge, comme ceux d'Oxford, ne sont pas, comme les collèges de France, destinés à ce que nous appelons l'instruction secondaire. Les jeunes gens qui y sont admis ont presque tous l'âge auquel on a, chez nous, terminé ses classes, et on pourrait plutôt les assimiler aux étudians de nos facultés. Il y a néanmoins cette différence, entre nos étudians et ceux des collèges anglais, que les premiers sont censés connaître les langues grecque et latine quand ils entrent dans les facultés, et que si ces deux langues sont encore étudiées dans une seule d'entre elles, c'est sous le point de vue littéraire et critique, et non plus comme enseignement grammatical; dans toutes les autres facultés il est question, non plus de langues mortes, mais de médecine, de droit, de sciences mathématiques et physiques, etc., de telle sorte que le grec et le latin n'occupent dans tout l'ensemble qu'une très modeste place. Dans les colléges anglais, au contraire, le grec et le latin sont le fondement, l'objet principal des études, et pour dire toute la vérité, le grec et le latin eux-mêmes y comptent peu de zélés disciples.

Un jeune homme est-il destiné aux emplois ecclésiastiques, aspire-t-il aux bénéfices ou à un emploi dans les universités, il va à Cambridge ou à Oxford; y puise-t-il de vastes connaissances? telle n'est pas la question; le titre

(Vue du collége du Roi et de la chapelle de Cambridge)

honorifique de *fellow*, qu'il obtient au bout d'un certain nombre d'années, voilà son bien : avec ce titre il se fera pourvoir d'une place lucrative, où le plus souvent il n'aura besoin de faire preuve ni d'érudition ni de capacité (1).

Les étudians de chaque grade ont un costume particulier, ordinairement noir, composé d'une robe et d'un bonnet carré, avec un gland de soie au milieu. A Oxford, les jeunes gens de la noblesse relèvent ce bonnet par un galon en or, tandis qu'à Cambridge ils portent le chapeau.

(1) Voyez page 218, l'article que nous avons publié sur le clergé anglais.

Soumis à une discipline qui ne garantit que l'ordre général, et qui ressemble beaucoup plus à celle de notre Hôtel des Invalides qu'à la règle des colléges de France; les étudians anglais peuvent en toute liberté se livrer au travail ou au repos; aussi, pour un homme érudit qui s'y formera dans le silence et l'isolement, vous y rencontrerez mille amis de la bonne chère et du *far niente*.

Si les usages des colléges anglais n'ont pas été changés depuis quelques années, chacun des étudians va lui-même commander son dîner, et désigner par rang d'ancienneté les mets dont le tarif est fixé par les administrateurs. Mais à cet ordinaire, déjà fort confortable, il se joint fréquemment un extra, dont les vins et les liqueurs ne sont pas le moindre ornement, surtout quand un étranger est invité par quelque étudiant dans son appartement privé.

Chose remarquable, ce sont des jeunes gens pauvres, élevés gratuitement par les collèges, qui font à table fonctions de domestiques, sonnent la cloche, et font même les commissions de leurs condisciples dont ils portent le costume et ont du reste toutes les manières. On évalue à 5,000 francs, terme moyen, la dépense annuelle que font dans les collèges, les étudians même les plus pauvres; les plus riches déboursent quatre ou cinq fois autant.

Nous sommes loin d'avoir indiqué tout ce que présente de curieux l'organisation des universités anglaises; nous consacrerons à ce sujet un second article; terminons celui-ci par quelques mots sur la ville de Cambridge. Cambridge est située au milieu d'un pays horrible, mais les vieux arbres qui la dominent et ses vastes édifices, lui donnent un aspect pittoresque que relève encore le contraste de cette cité avec les lieux qui l'environnent.

L'université de Cambridge se compose de seize collèges, au premier rang desquels figure celui de la Trinité, dans lequel on montre avec orgueil aux voyageurs une statue en marbre de Newton par Roubillac, sculpteur fort estimé des Anglais; cette statue qui rappelle la manière de Van-Dyke, se fait remarquer surtout par la délicatesse du travail, par le fini des draperies qui imitent d'une manière fort heureuse le tissu, les ombres et les jours de la soie; c'est là du reste son principal mérite. En fait de beaux-arts, de sculpture et de peinture, comme d'architecture, nos lecteurs savent qu'il faut se défier des jugemens portés par les Anglais; c'est dans le même esprit qu'ils mettent de très grand sang-froid la chapelle du collège du Roi, au premier rang parmi les monumens les plus beaux de tous les pays.

L'INDE. — OUDIPORE.

BEAUTÉ D'OUDIPORE. — MISÉRABLE ÉTAT DE SES HABITANS. — HÉROÏSME DES FEMMES; SUPERSTITIONS; ANCIENS SACRIFICES HUMAINS; SUTTEE.

Si les régions centrales de l'Inde avaient été connues au temps du docteur Johnson, on pourrait croire que l'auteur de *Rasselas* a pris l'idée de sa *Vallée Heureuse* dans la description de l'un des districts les plus intéressans du Rajpout.

La ville d'Oudipore, chef-lieu de la principauté, s'élève au milieu d'une riche campagne que cerne de toutes parts un amphithéâtre de rochers. Ils forment autour d'elle une impénétrable barrière, où, sur un seul point, s'ouvre un défilé tellement étroit et tortueux que deux chariots ne peuvent y passer de front. Au-delà le pays est stérile et nu. Puis, quand le voyageur se trouve engagé dans la montagne, il marche entre deux parois de pierre dont la cime s'élance, abrupte, vers le ciel. Rien n'attire, rien ne distrait sa vue. Tout à coup, au détour de la ravine, une perspective inattendue frappe les regards. C'est à droite un lac dont le globe d'argent s'épanouit comme une fleur au milieu des bosquets où verdit la végétation la plus luxuriante. De petites villes et des villages parsèment la vallée de leurs riantes constructions. Partout l'abondance et partout la vie. Alors la route suit quelque temps les ondulations d'un territoire mollement accidenté, puis vient aboutir aux portes de la capitale qui semble sourire de loin aux visiteurs empressés d'en admirer les merveilles.

Oudipore est baignée par une seconde nappe d'eau, mais plus petite que la première, non moins fraîche, non moins ravissante. La ville s'y mire, orgueilleuse et coquette, avec toute la pompe de son architecture orientale, avec ses pagodes, ses minarets et ses tours du marbre le plus pur qui resplendissent au soleil, semblables à des perles gigantesques suspendues dans les airs. Le palais du *rama*, construit également en marbre, est bâti sur la hauteur. On dirait plutôt une citadelle fortifiée qu'une résidence royale. Le dessin général en est lourd, quoiqu'il offre de beaux détails. A tout prendre cependant l'aspect de l'ensemble est imposant. Immédiatement au-dessous des terrasses naturelles sur le sommet desquelles il est hissé, repose le lac qui semble avoir été créé tout exprès pour servir de retraite à la reine des fées et des génies. Des îles verdoyantes surgissent de son sein comme autant de boutons d'émeraude. Chacune porte un pavillon de marbre, sculpté à jour avec une rare élégance, et dans une région plus élevée, flottent les dômes majestueux du palmier qui couronnent le paysage. La peinture et la poésie ne peuvent atteindre au luxe éblouissant de ce magique tableau. Tout y concourt. Les oiseaux, les insectes, les fleurs, revêtent en cette contrée des couleurs d'une richesse incomparable. Les rochers même semblent taillés dans une substance précieuse. C'est un quartz, brillant et poli, qui, sous les rayons du soleil des tropiques, reluit d'un éclat que l'œil humain peut à peine supporter.

Mais la beauté d'Oudipore n'est qu'à la surface. Le bonheur n'habite point cette vallée qui semble pourtant si bien faite pour un pareil hôte. Malgré ses fortifications dont la nature même la pourvue, elle est à diverses reprises devenue la proie des conquérans. Opprimée depuis des siècles, sa population gémit dans la misère.

La race d'Oudipore, ou Mewar, est la plus ancienne de toutes les races de l'Hindoustan. Elle se vante de descendre en ligne directe du soleil. La lutte qu'elle a soutenue contre les envahisseurs mahométans fut longue et opiniâtre. Pendant toute sa durée, elle se montra digne du haut renom de valeur que lui avaient légué ses ancêtres. Il n'y a certainement rien dans les traditions européennes, qui réponde mieux que les récits contenus dans les chroniques de Chitore, son ancienne capitale, à l'idée que nous pouvons nous faire d'une époque de chevalerie héroïque et romanesque. Quand Chitore tomba entre les mains de ses vainqueurs, ils n'y trouvèrent guère d'autres habitans que des cadavres. Les hommes étaient morts sur les remparts de la ville, et les femmes s'étaient précipitées dans les flammes plutôt que d'accepter l'esclavage sous des maîtres étrangers.

On montre encore une caverne où la princesse Pudmani se renferma avec treize mille femmes à l'approche d'Alla-ô-Deen. Une immense provision de combustible avait été d'avance préparée. On y mit le feu après avoir fermé l'ouverture de la caverne, et ces patriotes dévouées périrent toutes, suffoquées, dans ce gigantesque terrier.

Il faut lire, dans la belle histoire du Rajast'han publiée par le colonel Tod, d'autres exemples de sublime héroïsme. C'est que les femmes rajpoutes sont placées dans une situation bien plus favorable que le reste de leur sexe dans l'Hindoustan. Récemment elles ont obéi aux coutumes introduites chez ces peuples par les mahométans, et par conséquent elles évitent avec soin les regards des hommes. Malgré cela, toutefois, si elles n'exercent pas une influence plus grande que les autres femmes hindoues, du moins leur est-il loisible de manifester cette influence avec une publicité qui révolterait ailleurs une population plus fidèle aux vieux préjugés. Il y a des princesses rajpoutes qui ont gouverné ouvertement comme régentes. Quelques-unes ont laissé des noms qui ne sont pas sans gloire. Voici, entre autres, une circonstance qui se rapporte à une certaine *ranie* (princesse) de Jeypore.

Le prince régnant mourut sans laisser d'héritier mâle. Sa femme favorite prétendit qu'elle était enceinte et trouva moyen de faire entrer par contrebande dans le *zenana* (gynécée) un enfant que l'on dit avoir été celui d'une malheureuse chargée du balayage intérieur dans le palais. Avant que la fraude eût été même soupçonnée, elle parvint à réunir les principaux nobles de la cour dans un repas où ils mangèrent les mêmes mets que le jeune garçon. Aussi, lorsque plus tard ils acquirent la conviction qu'un héritier du souverain leur avait été imposé à tort, ils n'osèrent rendre cette nouvelle publique, par crainte de perdre leur caste pour avoir partagé le riz du faussaire. Cependant le bruit s'en répandit malgré eux, et la *ranie* ne maintint son protégé sur le trône qu'à force d'intrigues et de violences.

La population de ce pays offre dans son caractère un mélange de vices et de vertus entre lesquels il serait difficile d'établir la balance. Les Européens qui ont tour à tour résidé au milieu d'elle, la représentent sous des traits bien différens selon les rapports hostiles ou amicaux qu'ils ont pu entretenir avec les indigènes qui, d'après les uns sont des espèces de démons, et d'après les autres des anges de douceur. On s'accorde toutefois à leur reconnaître des notions exaltées et chevaleresques de dévouement.

Ainsi, leur moyen favori pour venger ou punir une injure est le sacrifice volontaire de la vie. La partie lésée croit en immolant un de ses proches que le sang de la victime retombera sur la tête de l'agresseur. Chez ceux qu'animent des sentimens moins nobles et moins purs, on choisit pour cet usage un des membres inutiles de la famille; mais on cite dans le Rajast'han des cas où les meilleurs et les plus nobles se sont résignés à mourir plutôt que de permettre un acte d'oppression auquel ils ne pouvaient opposer d'autre résistance. Nous en choisissons un mémorable exemple.

La défense d'une certaine partie de la frontière est confiée à la loyauté d'une famille résidant près de la rivière qui sépare les états du souverain d'Oudipore de ceux de quelque autre prince. Toutes les fois que le chef ennemi persiste à traverser la rivière, malgré les instances où les efforts de cette famille, un de ses descendans est tenu de se tuer, dans la persuasion que sa mort pèsera comme une malédiction sur la personne de l'envahisseur. A aucune époque, ces héros indiens n'ont négligé d'accomplir un devoir qui repose sur la notion la plus fantastique qu'on se soit jamais formée au sujet de l'honneur.

Du reste, les sacrifices de ce genre n'ont pas toujours été volontaires à Oudipore. Il était autrefois d'usage d'arroser la tombe du souverain d'un déluge de sang humain. Malheur à l'étranger qu'on surprenait à parcourir le pays. Il était immolé de préférence quoiqu'on ne se fît pas faute de compléter le nombre des victimes avec des indigènes quand cela devenait nécessaire pour rendre aux mânes du défunt un hommage proportionné à ses mérites. L'abolition de cet usage cruel n'est que très récent, puisqu'il est dû à l'influence des Anglais. Cependant il avait déjà perdu son caractère d'antique férocité. Car il est bon de savoir qu'antérieurement le temple de la déesse Kali, à Jeypore, l'un des plus vénérés du pays, voyait chaque jour exécuter sur ses autels le meurtre d'une créature humaine. Avec le temps, on diminua, il est vrai, la dose des victimes. On n'en donna plus qu'une par semaine à l'implacable divinité; puis une par mois seulement. Enfin, grâce à l'intervention des résidens européens, les chèvres ont été substituées aux hommes dans ce culte sanguinaire.

On ne s'étonnera pas que dans un pareil pays les *suttee* aient été fort communs; même ils le sont encore aujourd'hui. A la mort de Bheem-Singh, le dernier *rana* d'Oudipore, quatre femmes, ni plus ni moins, s'offrirent pour être brûlées sur son bûcher funéraire.

Une vieille esclave leur donna l'exemple. Quoiqu'elle n'eût jamais été élevée à la dignité d'épouse, cependant elle exerçait dans le *zenana* une autorité presque sans rivale. Mais, à la mort du maître, elle pensa que l'occasion s'offrait plus belle que jamais de terminer sa vie d'une manière glorieuse. Dès lors, aussitôt que la nouvelle lui fut annoncée, elle délia ses cheveux, selon l'usage, et jeta par-dessus sa tête une jarre pleine d'eau. C'est une déclaration après laquelle il serait honteux de se rétracter.

Deux de ses compagnes, quoique jeunes, belles, et de haute naissance, étaient restées inaperçues dans la foule des femmes que possédait le *rana*. Aussi n'est-ce point l'amour qui les décida au sacrifice de leur vie, mais l'une et l'autre paraissaient lassées de l'existence monotone et recluse qu'elles menaient. La plus ambitieuse se laissa séduire en même temps par le désir d'exciter un instant l'attention générale. Imbue des superstitions du pays, elle déclara positivement qu'elle avait souvenance parfaite d'avoir existé déjà sous une autre forme, qu'elle s'était brûlée une première fois sur le bûcher d'un ancien époux, et qu'elle reviendrait encore habiter au milieu du peuple d'Oudipore. Mais elle eut soin d'ajouter qu'elle choisirait pour sa troisième apparition le corps d'une pauvre femme, le bonheur, ainsi qu'elle le proclama bien haut, étant plus commun dans les chaumières que dans les palais.

La quatrième victime avait été la femme favorite du *rana*. C'était une personne de mérite distingué et de grandes vertus. La superstition ni la douleur n'influèrent sur sa décision, qu'elle prit uniquement par dégoût pour le sort qui lui était réservé dans le cas où elle aurait survécu à son époux. En effet, non-seulement il est interdit aux femmes hindoues de contracter un nouveau mariage, mais il leur est prescrit d'observer durant une année le jeûne le plus absolu. Leur maigreur doit attester en public les regrets qu'elles sont tenues d'éprouver de force ou de gré. D'ailleurs la favorite de Bheem-Singh avait, durant la vie de son époux, dirigé d'une manière presque absolue les affaires de l'état. Le vieux prince était incapable et faible. Elle avait tenu les rênes du gouvernement à sa place, le pays s'en était bien trouvé, et maintenant il fallait les quitter pour les passer aux mains de Jaun-Singh, successeur du *rana*. Celui-ci seul, du reste, pouvait la sauver.

C'est l'usage. L'héritier d'une noble maison a le droit d'arracher au bûcher l'une des femmes de son père en la saluant du titre de *raje-baee*, et en la plaçant ainsi à la tête du *zenana*. Mais un acte d'humanité de ce genre coûte fort cher. La *raje-baee* perçoit un revenu annuel de plusieurs milliers de roupies. Ainsi, soit avarice, soit jalousie, Jaun-Singh abandonna l'infortunée au suicide solennel qu'elle s'était réservé. Ajoutons que, sans le zèle du résident anglais pour arrêter cette manie de sacrifice, Bheem Singh aurait emporté avec lui dans l'autre monde toute une centurie d'épouses fanatiques.

(*Traduit de l'Asiatic-journal.*)

LE CARDINAL DE RICHELIEU.

Documens inédits.

La vie politique du cardinal de Richelieu, vie si active, si pleine d'évènemens graves, ne peut être ignorée de personne; le plus mince biographe a enregistré avec un soin minutieux les faits et gestes de ce premier ministre de Louis XIII, et nous-mêmes, dans un précédent article (voyez page 72), nous avons tracé rapidement les principaux traits de cette grande figure historique. Notre intention n'est pas de revenir sur un travail déjà accompli; ce que nous voulons faire connaître, c'est la vie privée du jeune Richelieu, alors que, relégué dans le diocèse de Luçon, il se plaignait de la légèreté de sa bourse et de la modicité de son traitement à Mme de Bourges, sa confidente et son amie d'enfance. Cette partie de l'existence de Richelieu est complètement inconnue; on a négligé jusqu'à ce jour le jeune prélat sans moyens, pour ne voir que le cardinal puissant et redoutable à la tête du gouvernement de la France.

Nos lecteurs savent que Herman-Jean du Plessis était né le 5 septembre 1585. Il était fils de François du Plessis, seigneur de Richelieu; pauvre cadet de race, car François laissait trois garçons et des filles, Herman avait été destiné dans sa jeunesse pour l'état des armes; mais son second frère, nommé évêque de Luçon, ayant quitté la mitre et les honneurs de l'église, le jeune Richelieu pendit l'épée du guerrier dans la salle d'armes du château de son père, et se mit à étudier la théologie; à vingt ans il était docteur et à vingt-deux ans il fut sacré évêque du diocèse de Luçon, en remplacement de son frère.

C'est de cet évêché que sont datées quelques-unes de ses lettres encore inédites, et dans lesquelles il déplore ses misères, soit qu'il veuille faire un achat, soit qu'il parle de sa vaisselle, de sa table ou de ses vêtemens. Au mois de septembre 1609, il écrivait à Mme de Bourges : « Madame, je songe sur ma foi tous les jours à marier ma nièce, mais il ne se trouve ni gentilshommes ni autres qui aient de l'argent ni du drap. Nous sommes tous *gueux* en ce pays, et moi le premier, dont je suis bien fâché, mais il y faut apporter remède si on peut. Je suis bien votre serviteur, mais si inutile que je n'ose me prévaloir de ce titre. » Quelques jours après il ajoutait : « Je suis ici, aimé, me veut-on faire croire, de tout le monde; mais je ne puis que vous en dire encore, car tous les commencemens sont beaux, comme vous savez. Je ne manquerai pas d'occupations, je vous assure, car tout y est tellement ruiné qu'il faut de l'exercice pour le remettre. Je suis extrêmement mal logé, car je n'ai aucun lieu où je puisse faire du feu, à cause de la fumée; vous jugez bien que je n'ai pas besoin d'un grand hiver. Je vous puis assurer que j'ai le plus vilain évêché de France, le plus crotté et le plus désagréable, mais je vous laisse à penser quel est l'évêque! Il n'y a ici aucun lieu pour se promener, ni jardins, ni allées, ni quoi que ce soit, de façon que j'ai ma maison pour prison. Madame, je vous prie me faire faire un manchon couvert de velours noir, car il fait froid en ces quartiers. Je n'ai pas besoin d'un grand hiver, ma bourse étant fort faible. Donnez-moi de bons conseils, vous m'obligerez fort, car je suis bien irrésolu, principalement pour un logis, appréhendant fort la quantité de meubles qu'il faut, et d'un autre côté, tenant de votre humeur, c'est-à-dire étant un peu glorieux, je voudrais bien, étant plus à mon aise, paraître davantage. C'est grande pitié que la pauvre noblesse! mais il n'y a remède : contre fortune bon cœur. »

En l'année 1613, il écrivait encore : « Je vous prie m'envoyer une belle haquenée, mais belle tout-à-fait, s'il se peut. Je voudrais bien aussi que vous pussiez m'envoyer deux petites pièces d'orfèvrerie de cent écus les deux, pour joindre à deux montres et quelques autres petites pièces que je veux donner. Il vaut mieux ne rien donner que de donner un maigre présent; celui que je veux faire ne sera pas grand, mais pour le moins consistera-t-il en diverses pièces. »

Enfin, dans une lettre postérieure, il parle longuement de sa misère, pauvreté et dénuement : « Cependant, ajoute-t-il, je vous prie de me mander ce que me coûteraient deux douzaines de plats d'argent de belle grandeur, comme on les fait. Je voudrais bien qu'il y eût moyen de les avoir pour 500 écus, car mes forces ne sont pas grandes. Je suis *gueux*, comme vous savez, de façon que je ne puis faire fort l'opulent, mais toutefois, lorsque j'aurai des plats d'argent, ma noblesse sera fort relevée. Je vous rends mille graces de la peine que vous avez eue de vendre ma tapisserie; par là vous connaîtrez la misère d'un pauvre moine qui est réduit à la vente de ses meubles et à la vie rustique, ne faisant pas si tôt état de quitter ce séjour pour prendre celui de la ville. »

Tels sont les fragmens qu'il nous reste de cette précieuse correspondance du jeune évêque de Luçon. Nous savons toutefois de quelle façon Richelieu s'y prit pour sortir de sa position secondaire. Il mourut en 1642, surchargé d'honneurs, de titres et de pouvoir, en butte à la haine des huguenots qu'il avait domptés à la Rochelle et aux sarcasmes des débris de la féodalité qu'il avait humiliée en brisant ses résistances. Il mourut, disons-nous, cardinal, duc et pair, premier ministre, et il existe un document curieux que l'on peut rapprocher de ces lettres dans lesquelles il se lamente avec tant de persévérance sur sa misère, répétant sans cesse qu'il est *gueux*. C'est un état de sa fortune fait le 1er janvier 1642. A cette époque il possédait les domaines de Richelieu, de Faye, Mirebeau, Ruel, Beaufort, la principauté de Mortagne, la baronnie de Barbezieux, et plusieurs autres seigneuries, dont les revenus, joints aux sommes qu'il touchait de ses bénéfices de Saint-Pierre de Châlons, de Ham, de Saint-Riquier, de Saint-Lucien de Beauvais, de Marmoutiers, de Cluny, de Citeaux, de Saint-Martin-des-Champs et de Saint-Arnould de Metz, formaient une rente annuelle de 584,977 livres 10 sous 8 deniers. On voit toute la distance qui séparait l'évêque pauvre et nécessiteux du cardinal, homme d'état, opulent et plein de faste.

(Vue de Pompéi. — Voyez page 2, POMPÉI ET HERCULANUM.)

MER DES INDES. — CEYLAN.

(La pêche des perles dans la baie de Coudatchi.)

: Déjà (voyez page 117) nous avons expliqué le sujet de la gravure qui accompagne cet article. Les détails que nous avons donnés sur la pêche des perles dans la baie de Condatchy, près la côte nord-ouest de l'île de Ceylan, sont assez étendus pour qu'il ne soit plus besoin d'y revenir. Nous nous bornerons aujourd'hui à donner un aperçu de l'état physique de Ceylan ; de sa population et des changemens de domination qu'a éprouvés ce beau pays si long-temps convoité par l'Angleterre. L'île de Ceylan est située dans la mer des Indes, au sud-est de la presqu'île occidentale dont elle est séparée par ce golfe de Mannaar tellement embarrassé d'écueils, d'îlots et de bas-fonds

que l'on ne peut y naviguer qu'avec de très petits bâtimens. Son étendue est de 4,800 lieues carrées. Sa figure peut être comparée à celle d'un jambon.

Vue de la mer, Ceylan séduit par la fraîcheur de sa verdure et son air de fertilité. Des montagnes hautes, escarpées et couvertes de forêts épaisses, dont les intervalles sont remplis de broussailles impénétrables, s'élèvent dans l'intérieur de l'île et couvrent la partie méridionale. La plus haute de ces montagnes s'aperçoit de quarante-cinq lieues en mer. Son sommet élevé de 5,545 pieds au-dessus de l'Océan offre un plateau de peu d'étendue au milieu duquel on voit une pierre qui porte l'empreinte d'un pied gigan-

50

tesque. Les Européens ignorans affirment, les uns que c'est le pied d'Adam, les autres que c'est celui de St-Thomas. Les insulaires de leur côté croient y reconnaître l'empreinte de leur dieu *Bouddha*, et ses sectateurs y accourent en pélerinage.

Quoique Ceylan soit dans le même hémisphère que nous, les plus grandes chaleurs y règnent en janvier en avril, et c'est pendant le solstice d'été que l'on y jouit de la plus grande fraîcheur. Du reste, le climat en est tempéré et ses côtes ne sont pas soumises à ces chaleurs étouffantes qui se font sentir sur le continent voisin.

Ceux de nos lecteurs qui n'ont jamais visité les contrées voisines de l'Equateur, ne pourront se faire une idée de la richesse de la végétation de Ceylan. Presque tous les fruits de l'Inde et des régions équinoxiales y croissent en abondance et y sont exquis. Les ananas, les oranges, les melons, viennent sans culture dans les bois. Le bananier, le jaquier, le tamarinier, le manguier, ne s'élèvent pas avec moins de facilité. Le cocotier et divers palmiers, entre autres le talipot dont la feuille est d'une dimension gigantesque, ajoutent à la variété du coup d'œil; et tout à côté vous trouvez le poivre, le bétel, le piment, la canne à sucre et le cannellier; le cannellier qui à lui seul enrichirait Ceylan, tant son écorce est recherchée par le commerce de l'Europe et par celui de l'Asie.

Les forêts de Ceylan servent de retraite à une infinité d'animaux innocens ou carnassiers, tels que les daims, les cerfs, les gazelles, les sangliers, les léopards, les chacals, les ours, les singes, etc. De tous ces animaux les plus curieux, sans contredit, sont les éléphans. Plus forts, plus intelligens et en même temps plus dociles que ceux des autres pays, ils ont sur eux une telle supériorité, dit l'insulaire de Ceylan, que ceux-ci les saluent quand ils les rencontrent. On en prend quelquefois près de deux cents dans une seule année; on les mène presque tous au continent indien.

De même, que tous les pays chauds, Ceylan fourmille de reptiles et d'insectes. Les serpens y vivent en grand nombre et sont un véritable fléau pour les hommes. Des crocodiles infestent les rivières; les sangsues et les fourmis sont très incommodes, et les araignées venimeuses fort redoutables. En revanche, les abeilles remplissent le creux des arbres d'un miel excellent, et les eaux de la mer, des lacs et des rivières, nourrissent beaucoup de bons poissons; nous avons déjà mentionné la pêcherie de perles qui se fait tous les deux ans, dans la baie de Condatchy.

La population de Ceylan se divise en deux grandes familles; 1° celle des anciens habitans de l'île qui paraissent appartenir à la race des nègres, vivent dans les montagnes et dans les forêts; on les appelle *Vadasses*; 2° celle des Chingulais ou *Sélanais* qui ressemblent beaucoup aux Hindous et sont venus à une époque fort reculée s'établir à Ceylan. Cette dernière race domine dans l'île.

Les *Sélanais* sont de petite taille, agiles, délicats, propres, sobres, polis, on peut même dire doux, mais au fond très vindicatifs. Ils sont divisés en plusieurs castes comme les peuples de l'Inde. Il y a la caste des guerriers, celle des prêtres, celle des marchands cultivateurs et bergers, et enfin celle des artisans (1).

Les femmes des *Sélanais* sont bien faites et souvent jolies; elles se frottent le corps d'huile de coco et ont surtout soin d'en oindre leurs cheveux. Leur tête nue est ainsi que leur bras, leur cou et leurs oreilles, surchargée d'ornemens. Ces femmes servent leurs maris à table, et mangent ensuite avec leurs enfans. Du reste, elles jouissent d'une grande liberté, trop grande même, disent les voyageurs qui ont trouvé chez ce peuple une excessive facilité de mœurs. La polygamie est permise aux Sélanais par leur religion.

Adorateurs d'un seul Dieu, créateur et souverain maître

(1) Voy. page. 105.

du ciel et de la terre, les Sélanais croient en même temps à *Bouddha sauveur des hommes*. Leurs prêtres suivent un cours régulier d'études, pratiquent une règle austère, et dirigent aussi bien qu'ils le peuvent l'instruction morale du peuple. Les nations de la presqu'île du Gange qui professent la même religion, regardent Ceylan comme le pays où leur croyance s'est conservée la plus pure; aussi ont-elles souvent envoyé consulter les prêtres de cette île et leur demander des livres concernant leur religion.

Ces livres ne sont pas imprimés. Car les Sélanais écrivent avec des poinçons de fer sur des morceaux de feuilles de talipot préparées exprès et beaucoup plus durables que notre papier. Ce peuple a des livres de théologie, de poésie, d'histoire, de médecine et d'astronomie. Leur style est comme celui des orientaux, très figuré, souvent pompeux et obscur. Toute leur poésie se chante et leurs instrumens sont fort grossiers. Les grands personnages ont l'habitude de se faire endormir par le chant de poésies accompagnées du son monotone et sourd d'une sorte de tambourin.

À la mort d'un Sélanais, son corps est enveloppé d'une natte ou linceuil de toile; comme chez nous, un prêtre accompagne le convoi composé des parens et des amis du défunt et récite des prières; l'inhumation a lieu dans des cimetières éloignés des habitations.

Aux Sélanais se joignent, sur les côtes de Ceylan, des Malais, des Hindous, et notamment des Malabares, des Portugais presque aussi bruns que les Sélanais et des Hollandais. Les Portugais et les Hollandais professent à peu près seuls le christianisme; il y a bien des Sélanais chrétiens, mais ils sont en petit nombre.

La discorde qui régnait entre les petits princes qui se partageaient la souveraineté des diverses parties de l'île de Ceylan, permit aux Portugais de s'établir sur la côte, il y a un peu plus de trois cents ans. Ils fournirent à un de ces princes des secours contre les pirateries des Arabes, moyennant un tribu en cannelle. Il est superflu d'ajouter que les Portugais apportèrent dans leurs relations avec les Insulaires l'esprit de rapacité et le fanatique intolérance qu'ils ont montré partout à cette époque.

Au commencement du XVII° siècle, les Hollandais se lièrent de même avec un autre prince de Ceylan, et parvinrent, vers le milieu de ce siècle, à déloger les Portugais de leurs possessions. Les Hollandais, non moins avides que leurs prédécesseurs, mais moins intoléras et plus commodes dans leurs relations, voulurent aussi s'emparer de l'île entière, mais ils échouèrent devant les difficultés que présentaient les forêts presque impénétrables, les défilés étroits et les montagnes de Ceylan, et tout ce qu'ils purent faire, ce fut de se rendre maîtres des côtes.

L'Angleterre ne pouvait voir sans y jeter un œil d'envie, une si belle contrée que rendait surtout précieuse le port de *Trinquemale*, l'un des plus vastes du monde et le seul qui puisse offrir aux vaisseaux qui naviguent dans le golfe du Bengale un refuge assuré contre les tempêtes qui désolent ces mers à l'époque de la *mousson* du nord-ouest. Aussi, en 1782, lors de la guerre de l'indépendance américaine, les Anglais s'emparèrent-ils de Trinquemale. L'amiral français Suffren les en chassa peu de temps après, et Ceylan resta au pouvoir des Hollandais jusqu'en 1796. Une expédition anglaise fit alors la conquête de leurs possessions, et cette occupation fut garantie, en 1802, par le traité d'Amiens.

Les Anglais n'étaient pas encore maîtres de l'île tout entière; il leur restait à envahir la partie de Ceylan qu'on appelait le royaume de Candi. Après plus d'une tentative infructueuse, ils parvinrent enfin, en 1805, à se concilier une grande partie des Candiens qu'opprimait un tyran soupçonneux. Ce peuple malheureux préféra la domination anglaise, éclairée et pacifique, au despotisme d'un roi cruel et stupide, et le drapeau de la Grande-Bretagne fut planté sur le territoire de Candi. L'expédition anglaise arriva juste à tems pour arracher l'autocrate déchu des mains de ses sujets, qui voulaient l'exterminer. Il fut déporté, et, depuis cette époque, l'autorité de l'Angleterre s'est maintenue à Ceylan malgré quelques tentatives. d'insurrection faites par une partie des habitans de l'île.

CULTURE DE LA VIGNE.

(Premier article).

Bientôt dans une grande partie de la France commenceront les travaux de la vendange et de la fabrication des vins, travaux que rendent doublement intéressans et la gaieté qui les accompagne, et les avantages immenses que l'industrie vinicole rapporte à notre pays.

Heureusement situés pour exploiter la culture de la vigne, loin du ciel ardent de la zône équatoriale et des glaces du nord, nous recueillons chez nous les vins les plus délicats et les plus recherchés. Vainement l'Autriche s'enorgueillira-t-elle des quelques bouteilles de tokai que lui fournit si parcimonieusement un pauvre coteau de la Hongrie, vainement le Portugal, l'Espagne, l'Italie, la Grèce, l'Afrique, réclameront-ils la priorité pour les vins de Porto, de Malaga, d'Alicante, de Rota, de Xérès, de Grenache, de Lacryma Christi, de Malvoisie, de Chypre, de Madère; ce sont là sans aucun doute des boissons généreuses et d'un goût délicieux, mais presque toutes seront plutôt classées parmi les liqueurs que parmi les boissons proprement dites, et d'un autre côté, elles ne sauraient, quant à l'importance commerciale, entrer en comparaison avec les vins français.

Pour le produit de ses vignobles, la France obtient par échange, non-seulement l'or de l'étranger, ce qui ne l'enrichirait pas beaucoup, mais des matières premières et des objets manufacturés nécessaires aux travaux de ses usines ou réclamés par le luxe des classes aisées. Ainsi le Suédois, le Russe et l'Anglais, nous donnent pour nos vins de Bordeaux et de Champagne, ces bois du nord, ces fers, ces machines, qui dans les mains de nos constructeurs maritimes, de nos fabricans et de nos agriculteurs servent ensuite à créer de nouvelles richesses.

Loin de nous la pensée de vouloir transformer ce modeste recueil en un journal d'*économie politique*, mais puisque l'approche de la vendange nous amène insensiblement à cette grande question de l'industrie vinicole de la France et de ses échanges avec l'étranger, qu'on nous permette de regretter, avec la masse des consommateurs de tous les pays, qu'on maintienne encore par les tarifs exagérés de douanes, ces hautes barrières qui séparent les peuples et nuisent tout à la fois au progrès industriel de la société, à l'accroissement du bien-être des individus et à la civilisation.

Une immense partie de la population du midi de la France ne demande qu'à vendre aux peuples du Nord et à l'Angleterre, les vins qu'elle n'a pu placer dans le pays même le propriétaire de forêts et de mines de la Suède ou de la Russie, l'industriel Anglais ne désirent pas moins donner en échange, et leurs bois et leurs métaux, mais la législation française impose un droit élevé sur ces matières à leur entrée sur notre territoire et dès-lors en hausse le prix; le pouvoir en Suède, en Russie, en Angleterre, frappe de son côté, d'un droit semblable, les vins de France, et de cet échange de rivalités, de mesures fiscales, résulte pour les masses, si non une impossibilité d'échanger, du moins une grande peine à se mouvoir et une grande lenteur dans les transactions commerciales. Ajoutons pour être complétement vrais, que ces entraves sont demandées et maintenues par quelques industriels du nord de la France qui fabriquent eux aussi des fers, mais à un prix bien plus élevé que l'Angleterre et la Suède, et ne veulent

pas laisser pénétrer librement en France ceux que nous offrent ces deux pays.

L'énorme consommation qui se fait à l'étranger des vins de Champagne et de Bordeaux, peut donner une idée de ce que deviendrait ce commerce d'exportation si les restrictions des douanes étaient moins sévères. Il ne se fait pas un dîner à Saint-Pétersbourg, à Moscou et dans toutes les maisons riches de la Russie, où le champagne ne soit servi en profusion; il est, comme notre langue, nationalisé parmi l'aristocratie russe. Au reste, nous dirons avec l'un des plus habiles ministres qu'ait eus la France sous la restauration, « le pire qui nous puisse arriver c'est d'être réduits à boire notre vin nous-mêmes. »

Vouloir décrire ici, même en abrégé, la série des opérations que demandent la culture de la vigne et la fabrication du raisin, serait chose impossible, et cependant il y a dans ces deux genres de travaux bien des détails curieux que sont peut-être loin de connaître le plus grand nombre de nos lecteurs. Nous nous bornerons, vu le défaut d'espace, à faire un choix parmi ces détails.

Le produit des vignes de la France est de 761,270,000 fr. environ. L'étendue de pays qu'elles couvrent peut s'évaluer à 800,000 hectares.

C'est dans la bande comprise entre es deux cercles parallèles écartés de l'Equateur de 22 dégrés au midi et 52 au nord, que l'on récolte les vins de bonne qualité. Là se trouvent la France, l'Espagne, le Portugal, l'Italie, la Syrie, l'Autriche, la Corinthie, la Hongrie, la Transylvanie et la Grèce. En dehors de cette zône, on ne cite que Chypre, Madère, les Canaries, les Açores et le cap de Bonne-Espérance.

La vigne peut se reproduire par graines comme par boutures. Le premier moyen, beaucoup plus lent que le second et bien rarement suivi, donne des variétés de raisins qui résistent bien aux gelées.

Une branche de vigne qu'on aura fait passer à travers un pot rempli de terre, et que l'on coupera plus tard audessous du pot donnera l'année suivante des raisins très mûrs. Ces raisins se servent ainsi sur pieds dans les repas de luxe.

Fontainebleau et Thomery, village situé à deux lieues de cette ville, fournissaient, comme l'on sait, à Paris le raisin de table le plus renommé. Ces deux localités sont entourées de bois qui abritent les vignes contre les coups de vent et le froid. Thomery n'existait pas il y a quarante ans; aujourd'hui il compte plus de mille habitans. Quand la position de Thomery et l'industrie de ses habitans, eurent fait sa réputation, la mode vint qui décupla son importance. Elle fait payer aujourd'hui aux gens du beau monde et aux Anglais, un louis, pour un panier très peu volumineux de chasselas et de poires de Thomery.

On sait que l'une des branches les plus lucratives du commerce des denrées à Paris, est celle qui exploite les fruits conservés bien au-delà de la saison qui les a vu naître. Parmi les moyens que l'on emploie pour les raisins, nous citerons les suivans : On enferme dans des caisses de chêne plombées intérieurement des couches alternatives de raisin et de mousses; puis on suspend ces caisses bien fermées dans un puits profond où on les maintient un peu au-dessus de l'eau. Les raisins se conservent ainsi jusques en février.

Un procédé beaucoup plus simple consiste à disposer les grappes écartées les unes des autres, et sans être essuyées, sur des claies garnies de paille de blé. Ces claies sont exposées au soleil, puis les grappes retournées et les claies renfermées dans la fruiterie.

On peut aussi conserver le raisin dans un tonneau, en l'alternant par couches avec du millet desséché, de la mousse sèche et divers autres substances qui empêchent le contact des grains entre eux et s'opposent aux variations brusques de température.

Le raisin bien mûr et surtout le chasselas de Fontainebleau sont, on le sait, un des fruits que les médecins recommandent avec le plus de succès aux malades dont l'estomac et la poitrine accusent un peu de faiblesse. Les raisins qui ont une saveur par trop forte, comme certains muscats du Midi, ne sauraient être prescrits avec le même avantage. Des arrêts du parlement ont long-temps interdit

(Vendangeur tyrolien.)

la culture de plusieurs espèces de muscats à cause de quelques accidens causés par une petite quantité de levure qui y reste quand la fermentation n'est pas entièrement achevée. On évite l'effet pernicieux de cette matière purgative, en ne consommant que des vins muscats très clairs.

Nous reviendrons bientôt sur ce sujet à peine entamé et nous étudierons les principales circonstances de la fabrication des vins et notamment de ceux de Champagne. D'ici lors, nous ne saurions mieux faire que de renvoyer nos lecteurs aux ouvrages publiés sur cette matière et notamment au cours de *chimie élémentaire et industrielle à l'usage des gens du monde*, par M. Payen (1), ouvrage qui contient un grand nombre de faits et de vues neuves qu'on chercherait en vain dans les autres livres.

HYGIÈNE. — DES BAINS.

Les bains (2), soit qu'on les considère sous le rapport de la salubrité, soit qu'on les envisage comme servant à la propreté et aux jouissances corporelles, ont été recherchés par les hommes de tous les temps et de tous les pays. L'histoire nous montre l'emploi fréquent que les Égyptiens, les Grecs et les Romains en faisaient autrefois; et si nous nous

(1) Deux vol. in-8, avec planches, prix : 15 fr. Paris, chez Thomine, libraire, rue de la Harpe, n° 88.

(2) Voyez *des Bains chez les Anciens* page 35.

en rapportons aux relations des voyageurs modernes, nous verrons qu'à l'époque actuelle, les peuples des pays froids, tels que les Russes, les Finlandais, les Norwégiens, et autres, ne diffèrent pas des Turcs, des Égyptiens modernes, des Persans, des Indous, sous le rapport du goût prononcé qu'ils ont pour les bains. Ce goût n'est-il pas partagé par les peuples des pays tempérés, comme le prouve ce qui se pratique à cet égard en Italie, en Allemagne, en France et en Angleterre?

Tous les médecins, et en particulier ceux qui s'adonnent d'une manière spéciale à l'étude des maladies de la peau, remarquent avec satisfaction que la diminution de la gravité et de la fréquence de ces affections dégoûtantes marche depuis trente ans, chez notre population pauvre et ouvrière, dans une proportion qui se trouve en raison de la diminution du prix des bains, et par conséquent des moyens d'en faire usage.

Non-seulement les bains agissent par eux-mêmes dans ces sortes de maladies, mais ils ont de plus un effet secondaire et indirect qui n'est pas moins avantageux. N'est-il pas évident qu'ils amènent nécessairement une plus grande propreté dans le linge de corps, et par suite dans tous les objets qui nous touchent et qui nous entourent? Un individu dont le corps est net, pourra-t-il se revêtir d'un vêtement qui le souillera de nouveau? Celui qui est propre sur lui, souffrira-t-il la malpropreté dans l'intérieur de son ménage? Et par suite inévitable, la propreté du logis n'amènera-t-elle pas la propreté de toutes les autres parties de la maison et de ce qui l'entoure? Avantage inappréciable, non-seulement pour quelques familles d'une population, mais pour la population tout entière.

Il est donc du devoir de l'administration de favoriser, autant que possible, la multiplicité des bains et les moyens d'en faire usage. Pour cela une des premières conditions à remplir, est d'amener partout une grande abondance d'eau, et de la donner au plus bas prix possible.

L'histoire nous apprend qu'à Rome, l'inspection des bains était une des principales fonctions des édiles, et qu'ils avaient soin de maintenir le prix à un taux si minime que tout le peuple pouvait en jouir; elle nous montre encore que les fêtes publiques les bains donnés gratuitement étaient mis au rang des largesses du gouvernement, comme les distributions de comestibles et les représentations théâtrales le sont encore parmi nous en pareilles circonstances.

Nous venons de dire que pour multiplier les bains et propager leur usage parmi le peuple, il suffirait de mettre l'eau à la portée des habitans des villes, et de la leur donner au plus bas prix possible. Pour mettre en évidence cette proposition, il suffit de citer ce qui s'est passé à Paris, à partir de 1780 jusqu'à nos jours.

En 1780, tous les établissemens de bains publics, existant dans Paris, ne contenaient ensemble que deux cent cinquante baignoires.

En 1789, le nombre de ces baignoires s'était élevé à trois cents; et il resta à peu près le même pendant tout le temps de la révolution et de l'empire.

En 1815, il s'éleva rapidement à cinq cents.

De 1817 à 1831, il s'est formé dans Paris trente-sept établissemens nouveaux, contenant onze cents baignoires.

Enfin en 1832, on comptait à Paris soixante-dix-huit maisons de bains, renfermant deux mille trois cent soixante-quatorze baignoires en place.

C'est à partir de la même époque (1817) que les bains portatifs ou à domicile se sont établis dans Paris, et se sont à l'instant multipliés d'une manière remarquable.

En comptant les bains sur bateaux, qui ne figurent pas dans ces calculs, et qui emploient plus de trois cent trente baignoires, on voit que, dans l'espace de quarante ans, le nombre des baignoires nécessaires aux besoins journaliers de la population de Paris a plus que décuplé, puisqu'il est aujourd'hui de trois mille sept cent soixante-dix-huit.

LES SYLVIES.

Les sylvies, tel est le nom général par lequel les natu-ralistes indiquent un grand nombre d'oiseaux insectivores, chanteurs pour la plupart, qui réunissent des caractères physiques communs (1), et parmi lesquels se trouvent le rossignol, le roitelet, le rouge-gorge, la babillarde, le pouil-lot, etc.

Ce sont les sylvies qui, dans les plus beaux jours de l'an-née, prêtent aux bosquets comme aux forêts ce charme inexprimable que ne sauraient remplacer tous les prodiges de l'art musical. Loin de mettre fin à ces doux concerts, la nuit ne fait souvent qué les rendre plus animés.

Presque toutes les sylvies sont des oiseaux voyageurs qui s'avancent vers l'équateur ou s'en éloignent suivant les sai-sons, de manière à se placer toujours dans une région où la température soit douce et l'air pur.

Amis d'une entière liberté, les sylvies se font difficile-ment à l'esclavage; et, quand on les enferme dans une cage, leurs chants prennent un caractère de monotonie que l'on ne retrouve pas dans celui de l'oiseau libre; aussi périssent-ils long-temps avant leur époque naturelle de ca-ducité.

Les sylvies ont des habitudes diverses dans la construc-tion de leur nid, et ces habitudes se perpétuent dans les espèces; les unes le placent entre les branches les plus basses d'une épaisse fourrée, d'autres sur les arbres de moyenne élévation; des trous de murailles, de rochers, de vieux arbres, conviennent à d'autres espèces; enfin, celles qui sont constamment à la poursuite des insectes aquatiques, préparent leur nid sur le bord des eaux, presque au milieu

(Sylvie pouillot.)

des roseaux, entre les broussailles qui en sont les plus voi-sines.

(1) Ces caractères sont : bec droit, pelé, plus élevé que large à sa base; mandibule supérieure souvent échancrée à sa pointe, l'inférieure droite; narines placées à la base du bec, latérales, ovoïdes, à moitié fermées par une membrane; trois doigts devant; l'extérieur soudé, vers la base, à l'intermédiaire qui est moins long que le tarse; un doigt derrière muni d'un ongle assez court et arqué; première rémige très courte, presque nulle, seconde égale à la troisième ou presque aussi longue qu'elle; rémiges dé-passant de beaucoup les rectrices.

La ponte, pour la plupart des espèces, est de quatre à cinq œufs; quelques-unes la portent jusqu'à six, sept, huit et même onze. L'incubation ordinaire de quatorze à seize jours est prolongée un peu au-delà chez quelques espèces, mais dans toutes elle est accompagnée des soins les plus constans qu'égaient les chants continuels du mâle, qui ne quitte pas le voisinage de la couveuse et lui apporte sa nour-riture; l'un et l'autre dégorgent d'abord la pâtée aux nou-veaux-nés, puis leur apportent à l'envi d'abord des larves et enfin de petits insectes.

ALLEMAGNE. — COLOGNE.

(Suite. — Voyez page 385.)

Cologne a tous les caractères d'une ville épiscopale : à côté d'un grand nombre d'églises encore debout, vous voyez les ruines d'un grand nombre d'églises abattues. Quant à ces couvens dont elle était couverte, quant à ces monastères qui renfermaient le dixième de sa population, ils ont pres-que tous péri, soit qu'on les ait fait disparaître, pour bâ-tir, à la place, des constructions appliquées à des intérêts et à un ordre d'idées différens, soit qu'on ait fait servir ceux qui ont été laissés debout à des usages tout-à-fait profanes, comme cela est arrivé à une foule de bâtimens religieux du moyen-âge. Tout cela donne à Cologne un air de so-litude et d'abandon qui fait rêver; le catholicisme em-plissait cette vaste enceinte; depuis qu'il s'est retiré, il l'a presque laissée vide. L'industrie et le commerce, avec leurs mille intérêts et leurs mille mains, avec leur nom-breuse population manufacturière, avec cette vie et ce mou-vement qu'ils attirent et entretiennent là où ils fleurissent, l'industrie et le commerce, il faut bien le dire, n'ont pas pu remplir la place que le catholicisme a laissée vide. C'est là un caractère que Cologne a en commun avec toutes les grandes villes ecclésiastiques; mais dans aucune ville ce caractère n'est plus frappant qu'à Cologne.

Si la cathédrale de Cologne était finie, ce serait la plus belle de toutes les églises gothiques de la chrétienté. Ce serait, comme on l'a dit très spirituellement, le Saint-Pierre du christianisme septentrional. Jamais l'art, dit gothique, n'est allé plus loin. Achevez en pensée cette magnifique ébauche, relevez les échafauds, faites-y monter des mil-liers d'ouvriers animés par une pensée de foi, faites-y suc-céder tour-à-tour deux, trois générations, car qui sait com-bien il eût fallu de vies d'hommes pour terminer un tel ou-vrage! exhaussez ces deux tours, cachez la grue dans les nuages, et vous aurez le plus grand monument qu'ait élevé la main d'homme, monument capable d'inspirer aux hommes du moyen-âge l'orgueil de ceux qui bâtissaient la Babel, monument qui peut-être n'a pas été fini pour em-pêcher ce monstrueux orgueil.

La cathédrale de Cologne n'est achevée qu'à demi. Des deux tours du portail qui devaient avoir cinq cents pieds chacune, une seule s'élève à deux cent cinquante pieds; l'autre s'est arrêtée à vingt pieds de terre. La nef n'a que la moitié de sa hauteur; le chœur seul est fini. Toutes ces constructions inachevées sont couvertes d'un toit provisoire qui dure depuis trois cents ans. La grue elle-même, qui avait été hissée au haut de la tour pour y faire monter les pierres, est restée là, à la place où elle était il y a trois cents ans, recouverte aussi d'un hangard spécial en ardoise qui la protège contre l'injure de l'air. Involontairement, l'idée qui se présente à l'esprit, est que cette imperfection fatale est l'ouvrage d'un pouvoir surnaturel et, vous com-prenez que le peuple de Cologne ait pu faire honneur de cette imperfection aux maléfices du diable. C'est là en effet la morale de la légende populaire sur l'inachèvement de la cathédrale de Cologne.

L'archevêque Conrad de Hochstedten, voulant faire bâtir une cathédrale qui effaçât toutes les églises de l'Allemagne et de la France, demanda un plan au plus célèbre archi-

tecte de Cologne. Le nom de cet architecte est resté inconnu ; n'allez pas croire que ce soit par un sort commun
à presque tous les architectes qui couvrirent l'Europe du
moyen-âge de monumens gothiques ; il y a une autre cause
que vous verrez. C'était en 1248, que l'archevêque Conrad
eut ce dessein, et deux cents ans plus tard, en 1449, on
travaillait encore à la cathédrale.

« Un jour donc que l'architecte à qui s'était adressé
l'archevêque Conrad, se promenait sur le bord du Rhin,
rêvant à ce plan, il arriva, toujours rêvant, jusqu'à l'endroit qu'on appelle *la porte des Francs* ; et où se trouvent
encore aujourd'hui quelques statues mutilées. C'est là qu'il
s'assit. Il tenait à la main une baguette et dessinait sur le
sable des plans de cathédrale, puis les effaçait, puis recom-
mençait à en dessiner d'autres. Le soleil allait bientôt se
coucher ; les eaux du Rhin réfléchissaient ses derniers
rayons.—Ah ! disait l'artiste, en regardant ce coucher de
soleil, une cathédrale dont les tours élancées vers le ciel gar-
deraient encore l'éclat du jour quand le fleuve et la ville seraient déjà dans la nuit, ah ! cela serait beau ! Et il recom-
mençait ses dessins sur le sable.

« Non loin de lui était assis un petit vieillard qui semblait l'observer avec attention. Une fois, l'artiste ayant
cru trouver le plan qu'il cherchait, et s'étant écrié : Oui,
c'est cela ! » le petit vieillard murmura tous bas : Oui, c'est
cela, c'est la cathédrale de Strasbourg. » Il avait raison.
L'artiste s'était cru inspiré ; il n'avait eu que de la mémoire. Il effaça donc ce plan et se mit à en dessiner d'autres.
Chaque fois qu'il se trouvait content, chaque fois qu'il avait
fait un plan qui lui semblait répondre à son idée, le petit
vieillard murmurait en ricanant : « Mayence, Amiens,
où quelque autre ville fameuse par sa cathédrale. —Parbleu,
mon maître ; » s'écria l'artiste fatigué de ses ricanemens,
« vous qui savez si bien blâmer les autres, je voudrais vous
voir à l'œuvre. —Le vieillard ne répondit rien et se contenta de ricaner encore. Cela piqua l'artiste.

« Voyons ! essayez donc. » Et il lui présenta la baguette
qu'il avait à la main.

« Le vieillard le regarda d'une façon singulière ; puis,
prenant la baguette, il commença à tracer sur le sable
quelques lignes, mais cela avec un tel air d'intelligence et
de profond savoir, que l'artiste s'écria aussitôt :

« Oh ! je vois que vous connaissez notre art ! Êtes-vous
de Cologne ?

— « Non, » répondit sèchement le vieillard, et il rendait
la baguette à l'artiste.

— « Pourquoi ne continuez-vous pas ? » dit celui-ci ; « de
grâce, achevez.

— « Non, vous me prendriez mon plan de cathédrale et
vous en auriez tout l'honneur. »

— « Écoute, vieillard, nous sommes seuls ; » (Et, de fait
le nuage, en ce moment, était descendu, la nuit devenait de
plus en plus sombre). Je te donne dix écus d'or si tu veux
achever ce plan devant moi.

— « Dix écus d'or à moi ! » Et le vieillard, en disant ces
mots, tira de dessous son manteau une bourse énorme qu'il
fit sauter en l'air, au bruit qu'elle fit, c'était pleine d'or.
L'artiste s'éloigna de quelques pas, puis revenant d'un air
sombre et agité, il saisit le vieillard par le bras, et, tirant
en même temps un poignard : « Achève-le, » dit-il, « ou
tu mourras !

— « De la violence ! contre moi ! » Et le vieillard, se
débarrassant de son adversaire avec une force et une agilité surprenantes, le saisit lui-même à son tour, l'étendit
à terre, et levant aussi un poignard « Eh bien ! dit-il à
l'artiste consterné, « eh bien ! maintenant que tu sais que
ni l'or ni la violence ne peuvent rien sur moi, chaque fois que
j'ai ébauché devant toi, tu peux l'avoir, tu peux en retirer
l'honneur, »

— « Comment ? » cria l'artiste.

— « Engage-moi ton âme pour l'éternité. »

« L'artiste poussa un grand cri et fit le signe de la croix.
Le diable aussitôt disparut.

« En reprenant ses sens, l'artiste se trouva étendu sur
le sable. Il se releva et revint à son logis, où la vieille
femme qui le servait et qui avait été sa nourrice lui demanda pourquoi il revenait si tard. Mais l'artiste ne l'é-
coutait pas. Elle lui servit à souper ; il ne mangea point.
Il se coucha ; ses rêves furent remplis d'apparitions, et
dans ces apparitions toujours se représentait à sa vue ce
vieillard et les lignes admirables du plan qu'il avait commencé de tracer. Cette cathédrale qui devait surpasser toutes
les autres, ce chef-d'œuvre qu'il rêvait, il existait, il y en
avait un plan ! Le lendemain, il se mit à dessiner des tours
des portails, des nefs ; rien ne le pouvait satisfaire. Le
plan du vieillard, ce plan merveilleux, c'était la seule
chose qui pût le contenter.

« Il alla à l'église des Saints-Apôtres et essaya des prières,
Vains efforts ! Cette église est petite, basse, étroite. Que
serait-ce auprès de l'église mystérieuse du vieillard ? Le
soir il se retrouva, sans savoir comment il y était venu, sur
le rivage du Rhin ! Même silence, même solitude que la
veille. Il s'avança jusqu'à la porte des Francs. Le vieillard
était debout, tenant à la main une baguette avec laquelle
il semblait dessiner sur la muraille. Chaque ligne qu'il
traçait était un trait de feu, et toutes ces lignes enflammées
se croisaient, s'entrelaçaient de mille manières, et pourtant, au milieu de cette confusion apparente, laissaient
voir des formes de tours, de clochers et d'aiguilles gothiques
qui, après avoir brillé un instant, s'effaçaient dans l'obscurité. Parfois, ces lignes ardentes semblaient s'arranger pour
faire un plan régulier ; parfois, l'artiste croyait qu'il allait
voir resplendir le plan de la cathédrale merveilleuse ;
mais tout-à-coup l'image se troublait sans que l'œil pût rien
y reconnaître.

« Eh bien ! veux-tu mon plan ? » dit le vieillard à l'artiste. Celui-ci soupira profondément. « Le veux-tu ? Parle ! »
Et en disant ces mots il dessina sur la muraille, en traits
de feu, l'image d'un portail qu'il effaça aussitôt.

— « Je ferai ce que tu veux. » dit l'artiste hors de lui.

— « A demain donc, à minuit ! »

« Le lendemain l'artiste se réveilla l'esprit vif et joyeux.
Il avait tout oublié, excepté qu'il allait avoir enfin le plan
de cette cathédrale invisible qu'il rêvait depuis si long-
temps. Il se mit à sa fenêtre ; il faisait le plus beau temps
du monde. Le Rhin s'étendait en forme de croissant avec
ses eaux qui brillaient aux rayons du soleil, et sur ses bords
Cologne semblait descendre et glisser doucement de la colline sur le rivage, et du rivage, dans les flots où se baignait le pied de ses remparts. « Voyons, se disait l'artiste,
où placerai-je ma cathédrale ? » Et il cherchait de ses yeux
quelque endroit convenable. Comme il était ainsi occupé
de ces pensées d'orgueil et de joie, il vit sa vieille nourrice sortir de sa maison ; elle était vêtue de noir. « Où vas-
tu donc, ma bonne,» cria l'artiste, « où vas-tu donc ainsi
vêtue de noir ? — Je vais aux Saints-Apôtres, à une messe
de délivrance pour une ame du purgatoire. » Et elle s'é-
loigna.

« Une messe de délivrance ! » Et aussitôt, fermant sa fenêtre et se jetant sur son lit, et fondant en larmes : « Une
messe de délivrance ! » s'écria-t-il. « Mais moi, il n'y aura
ni messes ni prières qui me puissent délivrer ! Damné,
damné à jamais ! damné parce que je l'ai voulu ! » C'est
dans cet état que se trouva sa nourrice quand elle revint
de l'église. Elle lui demanda ce qu'il avait ; et comme
d'abord il ne lui répondait pas, elle se mit à le prier avec
tant de tendresse et de larmes, que l'artiste ne pouvant
plus résister, lui conta ce qu'il avait promis. La vieille
femme restait immobile à ce récit. Vendre son ame au démon !
cela était-il possible ? Il ne se souvenait donc plus des
promesses de son baptême, et des prières qu'elle lui avait
enseignées autrefois ! Il fallait aller de suite se confesser. »

« L'artiste sanglotait. Tantôt l'image de la cathédrale

merveilleuse, passant devant ses yeux, fascinait son esprit, et tantôt l'idée de sa damnation éternelle se réveillait si vive et si poignante qu'il tressaillait sur son lit. La nourrice, ne sachant que faire, résolut d'aller consulter son confesseur. Elle lui conta l'affaire. Le prêtre se mit à réfléchir « Une cathédrale qui ferait de Cologne la merveille de l'Allemagne et de la France!—Mais mon père.....
— Une cathédrale où l'on viendrait de tous côtés en pélerinage! »—Après avoir bien pensé et médité : « Ma bonne, dit le prêtre, en lui donnant un reliquaire d'argent, voici une relique des onze mille vierges. Donnez-la à votre maitre; qu'il la prenne avec lui en allant à son rendez-vous: Qu'il tâche d'enlever au diable le plan de cette merveilleuse église, avant d'avoir signé aucun engagement, puisqu'il montre cette relique. »

Il était onze heures et demie quand l'artiste quitta sa demeure, laissant sa nourrice en prières, et lui-même ayant prié pendant une bonne partie de la soirée. Il avait sous son manteau la relique qui devait lui servir de sauvegarde. Il trouva le diable à l'endroit convenu. Ce soir-là il n'avait pas pris de déguisement.

— « Ne crains rien, dit-il à l'architecte qui tremblait, ne crains rien et approche. » L'architecte approcha..

— « Voilà le plan de la cathédrale et voilà l'engagement que tu dois signer. »

L'artiste sentit que c'était de ce moment que dépendait son salut: Il fit une prière mentale pour se recommander à Dieu, puis saisissant d'une main le plan merveilleux, et de l'autre tenant la sainte relique : « Au nom du Père et du Fils et du Saint-Esprit, s'écria-t-il, et par la vertu de cette sainte relique, retire-toi, Satan ! retire-toi ! » Et, en disant ces mots, il redoublait ses signes de croix.

Le diable resta un instant immobile. — « C'est un prêtre qui t'a conseillé, dit-il à l'artiste, c'est une ruse d'église. Il demeura encore quelques instans, semblant chercher s'il ne pourrait pas reprendre son plan ou se jeter sur l'artiste et le frapper de mort. Mais celui-ci se tenait sur ses gardes tenant son plan contre sa poitrine et se couvrant de la sainte relique comme d'un bouclier. « Je suis vaincu, cria Satan, mais je saurai me venger malgré tes prêtres et tes reliques. Cette église que tu m'as volée, elle ne s'achèvera pas. Et quant à toi, j'effacerai ton nom de la mémoire des hommes. Tu ne seras point damné, architecte de la cathédrale de Cologne, mais tu seras oublié et inconnu. » Et à ces mots le diable disparut.

Ces dernières paroles avait fait une singulière impression sur l'artiste. Oublié et inconnu ! Il revint chez lui triste, quoique maître du plan merveilleux. Cependant il fit dire le lendemain une messe d'actions de grâces. Ensuite on commença les travaux de la cathédrale. L'artiste, en la voyant chaque jour s'élever davantage, espérait que les prédictions du démon seraient trompées, et, quant à son nom, il se promettait de le faire graver sur une plaque de cuivre scellée dans le portail. Vaine espérance ! Bientôt les dissensions entre l'archevêque et les bourgeois de Cologne interrompirent les travaux. L'artiste mourut subitement et avec des circonstances qui firent croire que le Diable avait hâté sa mort. Depuis ce temps, c'est en vain que l'on a essayé à diverses reprises d'achever la cathédrale de Cologne; et c'est en vain aussi que les savans d'Allemagne ont fait des recherches pour découvrir le nom de l'architecte. La cathédrale est restée imparfaite et ce nom inconnu.

Le gouvernement prussien, dit-on, le projet de terminer la cathédrale de Cologne. Projet bien louable assurément, surtout de la part d'un gouvernement luthérien; mais hélas! quel architecte, autre que le diable, pourrait dire combien de millions coûterait l'achèvement de cet édifice? C'est déjà beaucoup de l'entretenir; cela seul forme un article assez considérable au budget prussien. Que serait-ce donc, s'il fallait mettre en mouvement le ban et l'arrière-ban, j'allais dire la *landwehr* des ouvriers de Co-

logne, pour porter cette tour de cent cinquante pieds à trois cent cinquante pieds de plus, et cette autre tour de vingt pieds à cinq cents pieds. Hélas! le diable du dix-neuvième siècle, c'est, il faut l'appeler par son nom, la manque d'argent.

La chose la plus curieuse, comme pourrait dire un profane, la chose la plus sainte, comme pourrait dire un croyant, de la cathédrale de Cologne, c'est le tombeau de trois rois mages.

C'est d'ailleurs moins un tombeau qu'une châsse magnifiquement ornée et d'un éclat éblouissant. Quand on entre dans la petite chapelle où est déposé cette châsse, et qu'à la clarté mystérieuse de la lampe qui éclaire seul ce jour la chapelle, on voit sous trois couronnes de pierres précieuses et de joyaux étincelans, trois crânes, hideux comme sont tous les crânes, on se sent pris, malgré soi, du désir de croire qu'en effet ces trois têtes ont appartenu aux trois rois d'Orient, que de grandes dames chrétiennes ont légué leurs diamans à la châsse des trois rois, et ont voulu que ces bijoux, qui leur avaient donné tant de fol orgueil pendant leur vie, purifiés par ce saint et dernier usage, leur fussent comptés au jour du jugement comme de bonnes actions!

Ce précieux monument date de 1470. Après avoir été pendant six siècles l'objet de tant de vénération, les guerres de la révolution française, en menaçant de venir violer son pieux asile, forcèrent les religieux du chapitre de Cologne à l'emporter avec eux à Aremberg, en Westphalie, où ils s'étoient eux-mêmes réfugiés. En 1804, la châsse des rois Mages fut rendue à la ville de Cologne; mais en quel état? Les sculptures avaient été dégradées et quelques-unes détruites dans le transport. Les inscriptions en lettres d'or, sur un fond bleu, avaient été effacées; les corniches et les bordures tout incrustées de pierreries avaient été dépouillées; partie s'était perdue, partie avait été sans doute volée. Parmi les choses perdues, étaient les trois couronnes, il fallut pourvoir à toutes ces pertes. La foi n'y étant plus, ou du moins le nombre des fidèles ne pouvant guère suffire aux frais d'une restitution complète, il fallut remplacer le vrai par le faux, l'or par le similor, et les diamans par les grains de verre. Parmi ces faux bijoux, il en brille quelques-uns de vrais qui ont été donnés par de riches habitans de Cologne. Pour qui ne saurait pas l'histoire de cette châsse, l'illusion est complète.

Il faut dire, à notre honte, que les Français ont laissé dans la cathédrale de Cologne de déplorables marques de leur passage. Tous ses monumens ont été plus ou moins dégradés : un seul n'a pas été touché; c'est le tombeau où repose une femme qui a été reine de France, Marie de Médicis.

Non loin de Cologne, est une montagne appelée *Montagne de la Croix*, au sommet de laquelle s'élève une chapelle où l'on va en pélerinage. Le dernier électeur de Cologne y avait fait poser un escalier de marbre d'Italie; mais la foule qui se rendait à la chapelle pendant le carême n'osant point poser les pieds sur cet escalier vénéré, le montait sur les genoux et le descendait en se laissant glisser. C'est cet escalier que Napoléon voulait faire démolir pour en envoyer les degrés à Paris.

La cause de ce respect de la population pour l'escalier de Kreutzberg, c'est que trois gouttes du sang de notre Seigneur y ont été incrustées. Ces trois gouttes coulèrent, dit-on, de la tête du Christ, quand on lui mit la couronne d'épines, et elles tombèrent sur les marches devant le banc de la justice de Pilate. Les morceaux de pierre qui reçurent ces gouttes sacrées, ont été enlevés et enchâssés dans trois des marches de l'escalier, où on peut les voir couverts de minces plaques en or. Ces reliques sont un don de l'un des archevêques de Cologne, lequel y ajouta une bulle du pape qu'on voit encore affichée près de l'entrée de la chapelle, et qui avertit tous les pèlerins, « qu'ils ne peuvent poser le pied sur ces marches consacrées, sans commettre un sacrilége; que cela n'est"permis qu'à un chevalier que son armure empêcherait de s'agenouiller; mais que l'acte de les monter à genoux assure une indulgence plénière pendant une année? »

Cette chapelle est remarquable par la singulière propriété dont jouissent les caveaux souterrains de conserver pendant des siècles et presque intacts les cadavres des religieux qui y sont ensevelis.

Pour voir les sépulcres où sont enterrés ou plutôt conservés ces morts, on conduit les voyageurs au pied du maître-autel, où se trouve une trappe qui communique à un petit escalier noir et étroit. C'est par cet escalier que l'on descend dans ces souterrains funèbres où les cadavres conservent une dérisoire ressemblance avec les formes de la vie. Le long de ces murs sans écho, qui étouffent et absorbent pour ainsi dire l'air et le son, sont rangés, de chaque côté des cercueils ouverts, sur lesquels la pierre n'a jamais été scellée. Chacun de ces cercueils contient le corps desséché et rétréci d'un moine encore revêtu de sa robe et de son capuchon.

Les dates des inhumations des moines sont comprises entre le quinzième et le dix-huitième siècle; et le plus ancien est dans le même état que le plus récent. Les cercueils de plusieurs tombent en poussière, de sorte que le bois n'échappe pas à la pourriture qui respecte ces cadavres. Dans quelques-uns la chair est encore presque entière, et la poitrine en particulier a conservé toute sa forme. Dans l'intérieur de cette enveloppe qui sonne creux sous le doigt, vous voyez par des trous, que la curiosité des profanes a élargis, quelque chose qui ressemble à de l'amadou; ce sont les poumons et les cœurs par où ces cadavres ont respiré et senti. Dans d'autres, la figure a retenu l'empreinte convulsive de l'agonie, et quelque chose qui ressemble au rire; d'autres ont les traits calmes; car il y a de la physionomie jusque sur ces masques que la vie a quittés depuis des siècles. Quelques-uns, chose singulière, sont plus déformés; et, si ce n'est pas une image trop révoltante, plus à l'état de squelettes que de momies. Il en est de même des vêtemens; quelques-uns sont intacts, résistent au toucher, et sont seulement devenus jaunes de blancs qu'ils étaient le jour où on en fit des linceuls pour ces morts; d'autres au contraire tombent en lambeaux; vous diriez du vieux linge brûlé qui a conservé l'apparence d'un tissu, mais que le moindre souffle dissipe. Les souliers sont merveilleusement conservés.

On dirait que ces saints hommes ont été tous surpris par la mort le même jour, au moment où ils sommeillaient sur les grabats de leurs cellules souterraines.

Le dernier qui fut enterré dans cette crypte souterraine ce fut, dit-on, celui des moines qui remplissait les fonctions de jardinier de la communauté. Sa tête est encore couronnée de fleurs, et ces fleurs conservent leur forme générale; mais les feuilles flétries sont tombées de chaque côté parmi des cheveux qu'aucune sève ne nourrit plus sur cette tête desséchée.

LA CORSE.

PROGRÈS MORAL. — INSTITUTION DES VOLTIGEURS.

En apprenant que l'homme qui avait tenté d'assassiner Louis-Philippe était né dans l'île de Corse, quelques-uns de ces écrivains qui semblent ne tenir aucun compte des immenses changemens survenus dans les mœurs depuis quarante ans, se sont hâtés d'exhaler leur indignation contre la nature incorrigible, disaient-ils, de ce peuple chez qui l'assassinat est presque en honneur. Ces déclamations pouvaient tout au plus se tolérer dans le siècle passé; c'est tout simplement aujourd'hui un anachronisme. Sans doute, les mœurs corses, ou si vous voulez mieux, les mœurs italiennes, n'ont pu s'identifier complètement avec celles de la majorité des Français; sans doute l'influence de notre exemple et de notre législation n'a pu empêcher que,

dans ces dernières années, des familles corses n'aient continué la terrible guerre que leur avaient léguée leurs ancêtres, et que plus d'un de ces enfans impétueux du *Monte Vivo* n'ait osé se faire justice par lui-même des prétendues vexations de l'autorité on de je ne sais quelle offense d'un voisin; mais ces crimes sont rares comparés à ceux que l'on songeait à peine à mentionner il y a cinquante ans, et l'ordre légal fait aujourd'hui de rapides progrès en Corse. L'emploi de la force armée mise à la disposition de l'autorité; les exemples judiciaires, ont fait quelque bien, et les paroles de paix et de persuasion employées par l'un des derniers gouverneurs a fait mille fois plus.

On aurait en vain attendu des troupes de ligne et même de la gendarmerie française l'arrestation des criminels signalés par la justice. Retranchés dans leurs forêts et au milieu des rochers les plus inaccessibles, protégés par l'esprit du pays, infatigables, rapides, intrépides, les Corses prévenus d'un crime défiaient le plus souvent les hommes trop lourds et trop mous de la ligne ou de la gendarmerie de la métropole. Pour les poursuivre et faire la guerre de buissons et de rochers, pour lutter corps à corps avec eux, il fallait d'autres Corses, il fallait des hommes de leur trempe, faits à la même vie, familiarisés comme eux avec les ressources du pays, et trouvant dans les familles mêmes quelque appui, grâce à leur origine corse et à leur parenté; et voilà ce qu'on a fait quand on a créé le corps

LE CASTEAU.　　　　　　　COUSSEREAU

(Voltigeur corse.)

des voltigeurs corses. Un équipement léger et en rapport avec le genre de vie de cette maréchaussée de nouvelle espèce a ajouté aux avantages de cette sage institution.

Mais, comme nous le disions tout à l'heure, c'était beaucoup sans donte de donner à l'autorité une force bien organisée, mais ce n'était pas assez; et c'est là le meilleur éloge que l'on puisse faire de la population corse actuelle que de constater que les sages conseils de l'autorité ont plus fait sur elle que les baïonnettes et tout l'appareil de la justice.

— Il n'y a pas long-temps que plusieurs familles, ennemies depuis des siècles, donnaient à toute la Corse l'exemple inappréciable d'une réconciliation solennelle et d'une abjuration de leurs préjugés de sang. Les prêtres recueillaient au pied des autels ces religieuses déclarations; les notaires enregistraient ces traités de paix, et ces familles, ennemies la veille, formaient dans les rues de longues processions plus gaies et plus vivantes que les cortèges des épousées de village.

Paris. — Imprimerie de H. Fournier, rue de Seine-Saint-Germain, 14.

LA FONTAINE.

(L'Ane et le Cheval. — *La Fontaine*, livre VI.)

Les principales circonstances de la vie de l'immortel fabuliste dont la France s'honore, sont relatées dans presque toutes les éditions qui ont été données de ses œuvres, et il est si peu de Français qui n'aient dès leur première éducation appris par cœur le recueil de ses fables, qu'il semble tout-à-fait déplacé de revenir ici sur un sujet aussi usé. Mais pour avoir été rédité par tant d'éditeurs, qui se sont copiés les uns les autres, la biographie de Jean La Fontaine n'en est pas moins entachée de plus d'une grossière erreur. Un des hommes les plus érudits de nos jours, M. Walckenaer a, seul, donné de la vie de ce grand poète une histoire exacte dans laquelle nous choisirons quelques-uns des faits qui peuvent trouver place dans notre recueil; quelques-uns, disons-nous, car il y a dans cette vie si simple en apparence et au fond si mondaine, une foule de circonstances que, sur le déclin de sa vie, La Fontaine lui-même aurait voulu vouer à l'oubli.

Ainsi, l'on a dit et répété que La Fontaine n'avait pris du goût pour les vers qu'à l'âge de vingt-six ans, et que le secret de son génie lui fut tout à coup révélé par la lecture d'une ode de Malherbe; et il est au contraire bien démontré que bien avant cette époque il avait composé de petits vers dans le genre de ceux de Marot et de Voiture. La Fontaine le dit lui-même dans une pièce adressée au duc de Bouillon, au sujet d'une condamnation qu'il avait encourue pour s'être laissé donner, dans quelques actes notariés, le titre d'*Écuyer* qui supposait un premier degré de noblesse.

> « Que me fait-il de vivre innocemment :
> « D'être sans faste et cultiver les muses?
> « Hélas! qu'un jour elles seront confuses,
> « Quand on viendra leur dire en soupirant :
> « Ce nourrisson que vous chérissiez tant,
> « Qui préférait à la pompe des villes,
> « Vos antres cois, vos chants simples et doux,
> « Qui dès l'enfance a vécu parmi vous,
> « Est succombé sous une injuste peine. »

Nous rappellerons aussi à ceux de nos lecteurs qui tiennent à ce genre de détails, que les plus anciens biographes

de La Fontaine, comme les plus modernes ont confondu avec la duchesse douairière d'Orléans ou Marguerite de Lorraine, femme de l'oncle de Louis XIV, qui fut l'une de ses protectrices, et le nomma son gentilhomme servant, Henriette d'Angleterre, femme du frère de ce monarque.

Il ne sera pas non plus sans intérêt de détruire ce préjugé accrédité par La Bruyère, du contraste qui existait; dit-il, entre les écrits si faciles, si enjoués de La Fontaine, et son caractère que l'on a dépeint comme distrait, lourd, rêveur et silencieux. Il n'était ainsi que dans les sociétés où il s'ennuyait, et partout où il se plaisait, c'était l'homme le plus gai et le plus aimable.

Les biographes de La Fontaine, nous ne dirons pas tous, mais un grand nombre du moins, ont mal apprécié le changement qui s'opéra chez lui sur ses vieux jours. Ce ne fut pas pour céder aux obsessions de l'abbé Pouget qu'il abjura les erreurs de sa vie passée et condamna les écrits de sa muse plus que légère; sa conversion fut réfléchie, grave, durable. Nous pourrions en donner comme preuves cette traduction des psaumes qu'il avait entreprise dans un esprit de foi, ces privations qu'il s'était imposées, ce cilice dont il s'était revêtu. L'extrait suivant d'une lettre qu'il écrivait à un de ses vieux amis fait assez connaître les sentimens qui l'animaient.

« Le meilleur de tes amis n'a plus à compter sur quinze jours de vie. Voilà deux mois que je ne sors point, si ce n'est pour aller un peu à l'Académie, afin que cela m'amuse. Hier, comme j'en revenais, il me prit, au milieu de la rue du Chantre, une si grande faiblesse, que je crus véritablement mourir. O mon cher! mourir n'est rien; mais songes-tu que je vais comparaître devant Dieu? Tu sais comme j'ai vécu. Avant que tu reçoives ce billet, les portes de l'éternité seront peut-être ouvertes pour moi. »

Il mourut plein de cette religieuse charité bien supérieure à la pitié fondée sur l'intérêt, qu'il recommandait dans la fable que rappelle la gravure placée en tête de cet article.

> « En ce monde il se faut l'un l'autre secourir :
> « Si ton voisin vient à mourir,
> « C'est sur toi que le fardeau tombe. »

HYGIÈNE. — DES BOISSONS.

L'eau est la boisson la plus générale; elle fait la base de toutes celles qui sont composées, soit par l'art, soit par la nature; on pourrait dire que, dans ces dernières circonstances, elle ne fait que subir des modifications.

Nous ne pouvons parler ici ni des qualités que doit avoir l'eau potable, ni des moyens de les lui procurer, lorsque, par une cause quelconque, elle s'en trouve privée; nous la supposons douce, agréable à boire, et reconnue, par l'expérience, bonne aux différens usages de la vie.

Les propriétés désaltérantes de l'eau varient suivant la température à laquelle elle est amenée; on peut dire, en général que plus elle se rapprochera de la température du corps de l'homme, moins elle sera bonne pour étancher la soif, et qu'on sera obligé alors d'en boire des quantités considérables pour arriver à ce résultat; il faut donc tâcher, chaque fois que cela est possible, de l'éloigner de cette température du corps; car autant est nécessaire à la santé l'introduction, dans l'estomac, d'une quantité de liquide proportionnée aux pertes éprouvées par le corps, autant devient nuisible une surabondance, dont l'effet est d'arrêter la digestion, de favoriser la sueur et d'énerver les forces intellectuelles et physiques.

On se trouvera donc beaucoup mieux de préférer à l'eau tiède de l'eau aussi chaude que la bouche peut la supporter. Qui n'a pas eu occasion, dans les grandes chaleurs, de reconnaître l'effet puissant de quelques cuillerées de potage pour étancher à l'instant une soif que plusieurs verres de liquides ordinaires n'avaient fait qu'allumer? il y a ici, sur les organes où siége la sensation de la soif, une véritable action chimique ou électrique.

Mais quel que soit l'avantage des boissons chaudes pour étancher la soif, elles sont loin de valoir les boissons fraîches ou froides. Étendons-nous un instant sur cette proposition si connue et si simple, qu'elle pourrait paraître triviale.

L'eau fraîche a l'avantage de plaire et d'agir efficacement sous un petit volume; elle doit alors ses propriétés au changement qu'elle détermine dans l'état et la sensibilité des organes, et sous plusieurs rapports, ses avantages sont immenses.

Mais à côté des avantages que nous présentent les boissons froides, elles ont, dans quelques circonstances, des inconvéniens graves que nous allons indiquer en ne négligeant pas les moyens de les éviter.

Lorsque les boissons très froides sont versées subitement et en abondance dans l'estomac, au moment où le corps échauffé, soit par un exercice violent, soit par la chaleur atmosphérique, est couvert de sueur, elles frappent subitement de froid les organes qu'elles touchent, et par là déterminent un saisissement qui amène quelquefois une perturbation dont les résultats varient suivant une foule de circonstances, mais dont l'effet le plus constant est une altération profonde des organes de la poitrine et du bas-ventre.

Une chose digne de remarque, bien qu'inexplicable, c'est qu'il faut des circonstances particulières pour que cet effet fâcheux des boissons froides ait lieu d'une manière générale; nous disons d'une manière générale, parce qu'il n'est pas d'années qu'on n'ait quelque occasion d'en observer chez des individus isolés, mais en si petit nombre, qu'ils ne fixent pas l'attention, tandis qu'ils prennent quelquefois le caractère épidémique.

Une des maladies les plus généralement produites par les boissons froides, est le choléra-morbus (celui qui est particulier à notre pays, bien différent de celui qui nous vient de l'Inde). Nous l'avons vu souvent, dans notre jeunesse, se développer chez les faucheurs et les moissonneurs, et dans tous les étés, les glaces en déterminent, à Paris, chez quelques individus. Il y a près de dix ans que des milliers de personnes en furent affectées dans cette ville,

et cela dans l'espace de quelques semaines. Pourquoi ce singulier phénomène ne s'est-il pas renouvelé depuis sous cette forme épidémique?

Il est un moyen bien simple d'obvier à cet inconvénient d'un liquide chargé de sueur et l'excitation générale portée à un haut degré, ne pas verser à la fois, dans l'estomac, une grande quantité d'eau froide; mais l'y introduire successivement en la conservant et l'agitant dans la bouche dont elle prend la température, et qu'elle tempère par son action spéciale sur la langue et les parties environnantes.

De toutes les boissons connues, l'eau pure n'est pas celle qui étanche le mieux la soif; elle remplit bien mieux cet objet lorsqu'on l'acidule d'une manière quelconque, avec le vinaigre, avec les acides citrique, tartrique, carbonique, et autres acides semblables ou simplement avec le jus de certains fruits; de là viennent les grands avantages présentés sous ce rapport, par les vins blancs acidulés et mousseux, par le cidre, le poiré, et surtout par la bierre légère et mousseuse; ces qualités, résultat de la fermentation alcoolique, sont connues de tous les peuples depuis l'origine des sociétés; tous ont trouvé le moyen, par l'emploi de substances diverses, de modifier leurs boissons, et de leur procurer quelques-unes des qualités dont nous venons de parler.

Non-seulement l'eau froide et acidulée diminue la soif bien plus facilement que l'eau pure; elle agit encore comme tonique, non-seulement de l'estomac, mais de l'organisme tout entier; de là les grands avantages qu'elle procure chaque fois qu'il faut résister à l'influence débilitante de travaux pénibles, exécutés à l'ardeur d'un soleil brûlant, d'une atmosphère lourde et orageuse, dans des étuves sèches et humides, ou mieux devant des foyers de certaines usines, par exemple, les forges et les verreries.

La manière d'introduire, dans l'économie, la quantité de liquide qui lui est nécessaire, n'est pas tout-à-fait indifférente pour prévenir la soif qui survient à la suite de travaux exécutés en plein air, aux rayons du soleil; des observations nombreuses nous prouvent que le besoin de boisson se fera sentir d'autant plus tard, que les alimens auront été pris plus trempés; en d'autres termes, qu'il est bien plus avantageux d'avaler les alimens saturés de liquides, si on peut s'exprimer ainsi, que de les manger secs, et de boire ensuite à la fin du repas; dans ce dernier cas l'absorption du liquide est faite à l'instant; tandis que lorsqu'il est intimement uni à la masse alimentaire, cette masse ne le lâche que successivement, à mesure que se fait la digestion et que le réclament les besoins de l'économie.

Dans les temps froids, dans les pays humides et marécageux, dans les travaux qui se font sous terre ou qui nécessitent que le corps, en conservant quelques parties du corps, restent dans l'eau pendant un temps plus ou moins long, et surtout lorsqu'on n'a à sa disposition que des ouvriers phlegmatiques, il faut substituer aux boissons, précédemment indiquées, les boissons toniques et spiritueuses, comme les bierres fortes, les vins épais et généreux, les infusions qui excitent la transpiration, comme celles de thé, de menthe, de sauge, d'oranger, et auxquelles on ajoute une certaine quantité d'alcool. On sait que les habitans du nord de l'Europe se trouvent très bien d'avaler de la bierre chaude dans laquelle on délaie quelques jaunes d'œufs; ils font également un grand usage de potages préparés avec de la bierre. Au rapport de ceux qui ont parcouru ces pays, il n'est pas de boisson et de nourriture meilleures pour résister à l'influence débilitante du froid.

Quant aux alcooliques purs, on ne peut les employer que pour tromper ou pallier la soif; il suffit alors de s'en gargariser; si on les avalait ils ajouteraient à l'ardeur et au malaise intolérable que cette soif détermine : la menthe, le nitrate et le sulfate de potasse, quelques autres sels, et jusqu'à la pyrètre jouissent de la même propriété.

LES REPTILES.

C'est une vérité maintenant hors du domaine de toute contestation, que tous les êtres qui partagent avec nous les bienfaits de l'existence n'ont pas toujours existé à la surface du globe; tandis qu'il fut des créatures qui en ont disparu.

Divers modes d'animalité se sont successivement développés et supplantés. Les reptiles, quels qu'ils soient, n'apparurent pas les premiers : avant eux, il y eut des crustacés, des polypiers, des mollusques, des conchifères, et probablement les poissons; mais ils durent précéder les mammifères, et furent peut-être l'essai par lequel la nature passa des formes propres aux créatures des eaux à celles qui devaient caractériser les vertébrés de la terre. Beaucoup de reptiles vivaient sur cette terre, que l'homme n'y aspirait point encore à la domination.

La Genèse introduit les reptiles en deux fois dans ce pompeux ensemble de l'univers. C'est à la cinquième époque que l'Éternel commande aux eaux de produire en toute abondance des reptiles qui aient vie, avec des oiseaux qui volent vers l'étendue des cieux. Puis Dieu dit : « Que la terre produise des animaux selon leur espèce; les reptiles et les bêtes de la terre, et il fut ainsi du sixième jour. » Il est essentiel de noter que les reptiles des eaux précèdent ici ceux de la terre d'un de ces laps de temps dont la durée ne doit pas être présumée sur la qualification que lui ont donnée d'infidèles traducteurs de la parole inspirée. A peine les îles et les continents, encore tout bourbeux, se distinguent-ils des mers, « qu'aux grandes baleines et à tous les animaux se mouvant, lesquels les eaux produisent en abondance, selon leur espèce » (ce sont les paroles du texte sacré), viennent se mêler les reptiles aquatiques de nature amphibie, auxquels les nouveaux rivages offrent une patrie convenable. Aussi, dans les dépôts où les traces de la création de la cinquième époque se sont accumulées, ce sont les ossemens de gigantesques reptiles, évidemment aquatiques, qu'on retrouve en abondance. Leurs formes étaient les plus bizarres; il fallait à leur masse des vases profondes, à travers lesquelles ils se pussent ébattre; le sol alors délayé que nous fertilisons depuis qu'il s'est assaini, est demeuré dépositaire de leurs empreintes; ils périrent sans doute à mesure que l'humidité leur manqua sur un globe en évaporation, et que la fureur des tempêtes les venait jeter contre des côtes abruptes ou sur des plages désormais trop durcies pour qu'ils s'y pussent enfoncer. Alors disparurent ces prodigieux gavials, ces immenses monosaures, ces ichthyosaures, encore plus grands, au corps de lézard, aux nageoires de tortues marines, au cou de serpent, dont les formes, les proportions réaliseraient celles du dragon mythologique, si des ailes en eussent complété la singularité. Cependant telles ailes n'étaient pas alors plus étrangères aux formes de reptiles qu'elles ne le sont dans le monde actuel à divers mammifères. Le ptérodactyle, maintenant perdu, et dont on a pris d'abord l'empreinte pour celle d'un oiseau, n'était qu'un reptile puissamment ailé, pourvu d'organes qui lui permettaient de rivaliser dans les airs avec les chauves-souris. Ces reptiles volans, qui, dans l'apparition des êtres créés, précédèrent les oiseaux, ne furent-ils pas la première nuance par où la nature passa des formes caractéristiques propres à la natation, à la rep-

tation, ainsi qu'à la marche, à celles qui caractérisent les tribus essentiellement volatiles; tandis qu'à l'autre extrémité de l'échelle, les manchots, les macareux et les pingouins liaient les poissons aux oiseaux par une autre combinaison organique. Ce ne fut donc que lorsque la croûte du globe fut bien consolidée, et devenue suffisamment solide par le dessèchement qui la tirait de son état marécageux, que se développa cette autre série de reptiles dont l'Éternel commanda l'apparition au commencement de ce grand jour dont la naissance de l'homme est le dernier chef-d'œuvre.

Créatures d'essais, s'il est permis de s'exprimer ainsi, et formées, comme on le verra tout à l'heure, sur divers modèles, en des âges différens de la création, les reptiles devaient porter dans leur ensemble certains caractères disparates communs à d'autres séries d'animaux très différentes, comme pour en établir la liaison : aussi voyons-nous que, malgré les analogies qui ne permettent pas d'éloigner les uns des autres, dans une méthode naturelle, les reptiles qui sont demeurés nos contemporains, il n'existe guère entre ceux-ci de ces grands caractères communs qu'on voit dominer l'ensemble des autres classes, et les asservir pour ainsi dire à des types assez bornés dans leur physionomie générale. Ainsi, quand la plupart des reptiles sont ovipares, il en est qui produisent leurs petits vivans. Les uns ont quatre pattes comme la généralité des mammifères; d'autres deux seulement, quand les serpens n'en ont pas du tout. Ceux-ci ont le corps couvert, d'écailles; ceux-là d'une boîte ou de boucliers osseux; les batraciens l'ont nu, avec la surface de la peau muqueuse. La plupart ont une queue, d'autres en manquent absolument. Ils vivent, on sans cesse dans l'eau, ou seulement dans leur premier âge, ou à certaines époques de leur développement, ou bien ils fuient l'humidité, se plaisant dans les expositions les plus sèches. Quand la moindre lumière fatigue la protée et que l'ombre est favorable à beaucoup d'espèces, les rayons du plus ardent soleil semblent ranimer divers lézards. Il en est qui marchent, rampent, sautent ou qui nagent; il en est aussi qui voltigent à l'aide d'espèces d'ailes. On en connaît de fort venimeux et de parfaitement innocens; de féroces et de familiers; de carnivores et d'herbivores; d'agiles et de lourds; d'élégans et d'horriblement laids; d'ongulés et de totalement privés d'ongles; de munis de dents et d'autres qui en sont tout-à-fait privés; de bons à manger, et d'autres qui ont la chair détestable. Enfin les uns naissent sous des formes qui ne font que se développer en grandissant, sans s'altérer beaucoup; d'autres, sans qu'ils cessent jamais d'être des reptiles, sont sujets à des mues ou changemens de peau, comme on en voit chez les chenilles; tandis qu'il en existe qui passent par des métamorphoses aussi complètes que celles des insectes, étant pour ainsi dire poissons durant une partie de leur existence. Le squelette varie particulièrement d'une manière étrange.

« C'est surtout dans la production des reptiles, dit le grand Cuvier, que la nature semble s'être jouée à imaginer les formes les plus bizarres, et à modifier, dans tous les cas possibles, le plan général qu'elle a suivi pour les animaux vertébrés. L'absence de plumes et de poils est la particularité qui les singularise peut-être le mieux; et c'est d'après cette considération que M. Blainville proposait de substituer le nom de nudipellifères à celui de reptiles : il n'en est pas non plus qui couvent leurs œufs, ou témoignent le moindre intérêt à leur progéniture. Privés de mamelles, et conséquemment de lait, les reptiles ont, comme les poissons, le sang froid, quoique rouge, et ceci tient à la manière dont s'exerce chez eux la respiration. « Ces animaux, dit encore M. Cuvier, ont le cœur disposé de manière à ce qu'à chaque contraction il n'envoie dans les poumons qu'une partie du sang qu'il a reçu des diverses parties du corps; et que le reste de ce fluide retourne aux parties sans avoir été respiré; il en résulte que l'action de l'oxigène sur le sang est moindre que chez les mammifères, et surtout que dans les oiseaux. Comme c'est la respiration qui donne de la chaleur au sang, et à la fibre la susceptibilité de l'énervation, outre qu'ils ont le sang froid, les reptiles n'ont pas la force musculaire très développée; aussi n'exercent-ils que des mouvemens de reptation ou de natation; et quoique plusieurs sautent et courent vite dans certaines circonstances, leurs habitudes sont généralement paresseuses, leur digestion lente, leurs sensations obtuses; et dans les pays froids ou seulement tempérés, ils s'engourdissent presque tous durant l'hiver; leur cerveau, proportionnément très petit, ne paraît pas être aussi nécessaire qu'il l'est chez les mammifères ou chez les oiseaux, à l'exercice des facultés animales et vitales; les reptiles continuant d'agir durant un temps assez considérable quand on le leur enlève. On connaît l'expérience de M. Redi, qui, ayant extrait cet organe chez une tortue de terre, celle-ci vécut encore pendant six mois, sans avoir éprouvé d'autre accident que la perte de la vue. On sait aussi que des grenouilles, à qui l'on avait coupé la tête durant leur union, n'ont pas cessé de poursuivre l'acte commencé, en couvrant jusqu'à la fin d'un liquide fécondant les œufs qu'émettaient leurs femelles; enfin des salamandres, auxquelles on avait fait la même opération, ou coupé les pattes, ont reproduit promptement ces parties pourtant si importantes, comme les lézards et les orvets reproduisent leur queue quand celle-ci vient à leur être enlevée par quelque accident. Comme il n'est, pour ainsi dire, pas de formes qui soient communes à tous les reptiles, et que les habitudes varient considérablement, non-seulement selon les ordres, les familles et les genres, mais encore selon les espèces, elles sont en général solitaires, tristes et suspectes. Aussi les reptiles inspirent en général

(Serpent à sonnettes saisissant un écureuil.)

une horreur profonde, d'ailleurs motivée par le venin dont plusieurs sont munis. Partout on les redoute; mais cette terreur qu'ils inspirent, et qui leur attire une guerre acharnée de la part des hommes, leur valut quelquefois des autels, comme nous le dirons plus tard en parlant des crocodiles, et de certaines espèces de serpens.

Le nombre des espèces de reptiles augmente vers l'équateur, où l'élévation de la température supplée, pour ces animaux, à la chaleur qui ne leur vient point de la circulation : ils y sont d'ailleurs incomparablement plus grands et plus agiles; ceux qui ont du venin l'y possèdent dans toute l'énergie propre à ce singulier moyen de nuire. C'est jusque vers les tropiques, même un peu au-delà, et non loin de la ligne, que se voient les crocodiles, les tupinambis et les boas, véritables géans entre les races rampantes; là sont aussi les cérastées et les najais, qui sont les plus redoutables des vipères; c'est toujours dans les zônes chaudes, soit à la surface des terrains arides, soit dans la bourbe des marécages, soit enfin dans l'étendue des mers tièdes, qu'on rencontre les plus grands des chéloniens; il paraît qu'il n'existe de ceux-ci ni d'eau douce ni de terre au-dessus du 46e degré nord. Quant aux reptiles fossiles, nous nous bornerons à remarquer que c'est entre les chéloniens ou tortues, les crocodiles, les sauriens et les batraciens, qu'on a découvert les plus reconnaissables. Ce qu'on avait regardé comme des serpens pétrifiés au temps où l'anatomie comparée n'était pas une science, s'est trouvé n'être que des empreintes de poissons anguiformes ou de cornes d'ammon. Il n'y a de constaté en fait de restes d'ophidiens, que quelques vertèbres isolées qui se sont rencontrées dans les brèches osseuses des bords de la Méditerranée, avec des restes d'animaux dont les analogues vivent encore à la surface du sol qui sert de tombeau à leurs devanciers. Les couches les plus anciennes qui nous offrent des débris de reptiles, appartiennent à ces formations de calcaire compact que plusieurs géologues ont appelé jurassique, ou calcaire à caverne; la formation des schistes métallifères en présente aussi. La craie surtout en contient de parfaitement caractérisés; le calcaire à cavités n'a guère offert encore que quelques restes de tortues; mais il y en a fréquemment dans les gypses des environs de Paris. Les côtes de la Manche et de l'Angleterre, où on les recherche depuis quelque temps avec zèle, ont fourni les espèces les plus remarquables, qu'on crut d'abord être propres à cette localité, mais qu'on commence à retrouver dans plusieurs autres lieux de l'Europe. Plusieurs sites de la Belgique, le plateau calcaire de Maestricht, entre autres, et les schistes d'OEningen, en Suède, en conservent des espèces très curieuses : les ptérodactyles, reptiles ailés, dont on ne trouve plus d'espèces vivantes, sont la plupart de ce dernier site, où ils furent découverts.

FRANKLIN.

Il y a cinquante-sept ans environ, un député de ces colonies anglaises de l'Amérique du nord qui venaient de secouer le joug de la Grande-Bretagne, arrivait à Versailles pour solliciter de Louis XVI l'appui de la France. Cet homme attirait la curiosité de la cour et du public par la réputation que lui avaient faite ses découvertes brillantes sur l'électricité de l'atmosphère, et par la simplicité de ses manières et de son extérieur qui contrastaient étrangement avec les dehors du grand monde de cette époque; cet homme était Benjamin Franklin.

L'accueil fait par les savans français à l'inventeur des paratonnerres contribua puissamment au succès du député de la Nouvelle-Angleterre. La haute société en France subissait alors, beaucoup plus qu'aujourd'hui, l'influence des hommes marquans dans les sciences et dans les lettres; et la physique, cette fois, vint en aide à la politique révolutionnaire.

Le sentiment de rivalité qui animait la cour de France contre l'Angleterre, et l'intervention de la reine qui prenait beaucoup de goût aux conversations de Franklin, contribuèrent bien plus puissamment encore à la conclusion du traité à laquelle l'habileté du négociateur ne fut pas non plus inutile. Louis XVI éprouvait, disent les mémoires contemporains, une répugnance personnelle pour Franklin, à l'image duquel il prodiguait, a-t-on prétendu, un outrage qu'il nous est impossible d'admettre; mais la direction de ses idées politiques le poussait à saisir cette occasion d'abaisser l'orgueil anglais et de favoriser le développement d'une puissance maritime rivale; et le 6 février 1788,

(Médaille de Franklin.)

Franklin signa le traité d'amitié, d'alliance et de commerce entre la France et les États-Unis.

Tous nos lecteurs savent sans doute les secours que la France prêta aux Américains, les sacrifices personnels que fit le marquis de Lafayette et le succès qui récompensa la persévérance de cette nation. Cinq ans après la conclusion du traité d'alliance avec la France, Franklin, qui dans l'intervalle était resté parmi nous, eut le bonheur de voir terminer la guerre entre l'Angleterre et sa patrie, et le 21 janvier 1785, il signa le traité définitif qui proclamait l'indépendance des États-Unis.

Deux ans plus tard, Franklin rentra en triomphe à Philadelphie, où les suffrages de ses concitoyens le portèrent deux fois à la présidence de leur assemblée provinciale. Puis l'âge et les souffrances le forcèrent à se retirer des affaires, et à attendre dans la retraite la fin d'une vie si pleine et si utile à son pays.

Nous n'avons voulu que rappeler brièvement à nos lecteurs les circonstances principales de la vie politique de cet homme célèbre, pensant bien qu'ils connaissent assez sa vie racontée par tant d'auteurs, pour qu'il soit superflu de la leur raconter de nouveau. Nous reviendrons plus tard sur Benjamin Franklin, mais pour voir en lui le physicien, le partisan des découvertes industrielles. Ce sont là des titres de gloire que nous ne mettons pas sur la même ligne que les titres politiques, mais que nous aimons beaucoup mieux à discuter.

COLONIES AGRICOLES EN RUSSIE.

L'immensité du territoire de la Russie, la dissémination de sa population rare et généralement misérable, l'étendue et le nombre de ses contrées désertes, et enfin les besoins d'étendre les progrès de la civilisation dans un empire presque naissant, ont fait recourir de bonne heure cette nation au système de colonisation intérieure.

Dès son avénement au trône, Catherine II fit publier un manifeste qui invitait tous les étrangers à venir s'établir en Russie, où on leur promettait de grands avantages; elle créa une chancellerie spécialement chargée de protéger ces étrangers et de les faire transporter à leur destination respective. Cette chancellerie recevait annuellement 800,000 francs qui devaient être employés à procurer aux colons des semences, du bétail, des instrumens aratoires, etc., et à monter des fabriques; elle s'informait, en outre, de tous les lieux déserts, y formait de nouveaux établissemens et correspondait sur ces différens objets avec ses ministres dans les cours étrangères.

Un second manifeste précisa plus particulièrement les avantages et les conditions favorables accordés aux colons étrangers. Cet acte a servi de base aux colonies qui se sont formées dans la suite. Il porte, entre autres dispositions : que tous les étrangers peuvent venir choisir les lieux qui leur conviennent, et s'établir en Russie; qu'il sera pourvu aux moyens de leur faire entreprendre le voyage, et qu'après avoir prêté le serment de fidélité, il recevront sur-le-champ des secours pour les aider dans leurs entreprises; qu'ils seront exempts de toutes impositions pendant cinq, dix ou trente ans, suivant leur degré d'utilité dans la colonie; enfin qu'il sera accordé à ceux qui voudront se livrer à l'agriculture, exercer quelque profession ou établir des fabriques, une étendue suffisante de terrain et les avances nécessaires à leur établissement (le trésor prêtant sans intérêt l'argent nécessaire à la construction des maisons, à l'achat du bétail, des instrumens, outils et matériaux, sous la seule condition d'être remboursé en dix ans et en trois termes). Ces avantages, auxquels s'en joignaient encore beaucoup d'autres non moins précieux, attirèrent en Russie une foule d'étrangers, surtout d'Allemands. Les colonies les plus nombreuses et les plus remarquables se fondèrent dans le gouvernement de Saratof, principalement sur les rives du Volga et de la Medvéditsa.

Les colons de Saratof s'appliquèrent surtout à l'agriculture et à l'éducation des bestiaux. Il s'est élevé parmi eux quelques manufactures florissantes, entre autres celles de Sarepta, petite ville fondée par les frères Moraves.

En 1790, on portait la population des quatre-vingt-une colonies du gouvernement de Saratof à 5,624 familles et à 50,952 individus.

Les colonies du gouvernement de Saint-Pétersbourg sont en général agricoles; celles du gouvernement de Tchernigof comprennent 5,000 colons divisés en cinq villages.

Le gouvernement de Kherson renferme dix villages habités par 5,814 colons.

Il existe dans le gouvernement de la Tauride quarante colonies peuplées de 1419 familles ou 7,589 habitans presque tous livrés à l'agriculture. C'est dans le même gouvernement que l'on a fondé des colonies juives, au nombre de neuf, et composant une population de 986 familles, et de 6,508 habitans. On a eu beaucoup de peine à les habituer aux travaux agricoles; mais aujourd'hui il paraît qu'ils en ont contracté le goût, et que quelques-uns y sont devenus habiles.

Différentes colonies se trouvent dans les cercles de Pruth, de Kakoul, d'Ismaël, Boudjak; leur population réunie s'élève à environ 28,258 individus.

Le comité des colonies du midi de la Russie, en a sous sa direction 2/58; qui contiennent 17,678 familles, formant une population de 97,615 habitans; il est encore arrivé 269 familles en 1828.

On peut citer, comme ayant généralement réussi et prospéré, les grandes et nombreuses colonies fondées par Catherine II, dans les vastes états qui lui étaient soumis au commencement de son règne, et notamment celles qu'elle a établies dans la partie de la Pologne, qui lui échut par le partage de cette antique et belliqueuse nation, colonies pour lesquelles elle s'efforça d'imiter les exemples de Frédéric II. On doit d'autant plus apprécier le succès de toutes ces colonies, qu'elles différaient essentiellement entre elles par la diversité des habitans dont elles furent peuplées et du sol qu'il fallait défricher.

Les colonies grecques, établies dans la Crimée depuis sa conquête, ont aussi prospéré d'une manière remarquable sous le gouvernement de M. le duc de Richelieu. Il en est de même des colonies militaires, formées partiellement par de nombreux et nouveaux corps de cosaques dans les diverses contrées qu'ils habitent.

Encouragés par ces exemples, l'empereur Alexandre Ier avait donné un vaste développement au système des colonies militaires. Il en avait fondé, dans le gouvernement de Nowogorod, d'assez étendues pour recevoir 100,000 colons; des sommes énormes furent consacrées à cet objet (1).

Pour peupler les contrées désertes, où l'on voulait placer les colons militaires, on y transporta des paysans russes esclaves qui furent répartis, par ménages, dans des habitations construites à grands frais, et disposées de manière à recevoir au plus trois militaires dans chacune d'elles.

L'organisation, le régime, étaient militaires : Sur trois bataillons, il y en avait deux soumis aux exercices de la troupe réglée; le troisième, de réserve, était composé de colons; ceux-ci avaient le droit de nommer leurs maires et les membres du corps municipal.

On avait espéré qu'il résulterait, des rapports établis entre les militaires et des ménages de paysans, des alliances, des mariages, et une communauté d'intérêts et d'efforts qui tourneraient à l'avantage de l'état. Il n'en fut point ainsi. Les exigences et la brutalité des soldats portaient journellement dans l'esprit des colons des germes de mécontentement et d'irritation. Les réunions des paysans pour l'élection de leurs officiers municipaux firent naître et fermenter des idées de liberté et d'indépendance qui devinrent un sentiment général et prépondérant chez des hommes réunis, armés et exaspérés; enfin, ils se concertèrent pour marcher inopinément en armes, au nombre de 40,000, sur la ville de Pétersbourg, où la sécurité était si grande qu'on n'avait à opposer à leur marche que quelques bataillons qui pouvaient même se joindre à eux. Il ne leur manqua peut-être, pour réussir, qu'un homme capable de diriger une telle entreprise.

L'imminence des dangers détermina un concours de moyens assez énergiques pour rompre l'impétuosité de ce torrent redoutable. Dès-lors la destruction des colonies militaires d'infanterie de Nowogorod fut résolue.

D'autres colonies militaires de cavalerie avaient été fondées, vers le même temps, dans les contrées fertiles situées entre les rives du Don et celles du Boug, qui forment une espèce de parallélogramme de soixante lieues de côté. Mais ces colonies, établies sur un système tout-à-fait différent, qui se rapprochait de l'organisation adoptée en Suède pour les colonies de cavalerie militaire, ont été non moins favorables à l'agriculture et à la population qu'à l'accroissement de la force nationale de l'état.

Des colonies essentiellement agricoles avaient été en outre formées dans les steppes de la Bessarabie où l'on avait transporté à grands frais des étrangers, la plupart Allemands; mais la nature ingrate du sol a mis obstacle à la prospérité de ces institutions qui sont à peu près abandonnées.

Du reste, les résultats généraux des colonies intérieures de la Russie ont répondu à l'attente de leurs fondateurs; grâce surtout aux mesures prises par Catherine II, à l'exemple du grand Frédéric, pour empêcher l'émigration des paysans cultivateurs dans les villes, la population des campagnes se maintient forte, morale et laborieuse; à l'aide de son système de colonisation, la Russie voit accroître le nombre de ses habitans de 620,000 chaque année. Elle peut donc posséder, dans l'espace d'un demi-siècle une population de cent millions d'individus, et se trouver un jour appelée aux plus hautes destinées en Europe et en Asie. (*Le Vicomte A. de Villeneuve-Bargemont.*)

DE LA PORCELAINE. — §. Ier.

Presque tout le monde croit savoir ce qu'on doit entendre par ce nom; il est vrai qu'on l'applique, avec assez d'exactitude, en France, en Allemagne et en Chine, à des poteries de même nature qui ont les caractères de la vraie porcelaine : mais il n'en a pas toujours été ainsi, et son appli-

(1) On évalue la dépense à plusieurs centaines de millions.

cation a été considérablement détournée en Italie, en Angleterre, même en France et en Allemagne. Or, comme nous ne devons parler ici que de la porcelaine, et n'en dire que ce qui est essentiel, il importe de savoir clairement de quel objet on va tracer l'histoire.

Le nom de porcelaine, pris dans sa plus large acception, ne doit cependant être donné qu'aux poteries qui ont une pâte translucide, c'est-à-dire qui laisse passer la lumière plus ou moins abondamment, sans permettre de distinguer la forme des objets qu'on voudrait voir à travers. Cette propriété entraîne nécessairement la finesse de la pâte, mais c'est une pâte et non un verre : sa cassure plus ou moins grenue, sans jamais être luisante ou vitreuse le démontre; enfin cette pâte est assez dure pour ne pas se laisser entamer par l'acier.

Ces premières propriétés distinguent la porcelaine, produit céramique, dont la masse terreuse a pu être ramollie par le feu, mais qui n'a point été fondue entièrement; elles la distinguent, dis-je, du verre, matière qui a été complètement fondue, lors même qu'il a perdu sa transparence et qu'il est devenu translucide, et même opaque, soit par l'introduction d'une matière qui n'a pu se fondre avec lui, soit parce qu'il a été tenu longtemps à une température ramollissante qui lui a donné une texture presque cristalline.

La translucidité des porcelaines, acquise toujours, quelle qu'en soit l'espèce, par une cuisson à une température élevée et ordinairement supérieure à celle du verre, distingue ces belles poteries des grès-cérames, durs et même plus durs qu'elles, mais opaques, et des faïences, poteries, qui sont toujours opaques, quelle que soit la finesse de leur pâte.

Le vernis dont les porcelaines sont souvent recouvertes ne peut pas servir pour caractériser ces poteries, si, pour nous conformer aux idées admises, qu'on ne peut pas et qu'il n'est même pas toujours nécessaire de réformer en technologie, on veut comprendre dans la même classe les porcelaines nommées dures et celles que, par opposition, on appelle tendres; ce vernis, toujours brillant et, dur en comparaison de celui de la faïence, est tantôt entièrement terreux, et tantôt métallifère, renfermant du plomb et même de l'étain.

C'est en ne considérant que la finesse et la dureté de la pâte, qu'on a donné quelquefois le nom de porcelaine à de véritables grès : telles sont les prétendues porcelaines de Bœttiger, auquel on a attribué la découverte de cet art et son introduction en Saxe. C'est en ne considérant que la beauté du vernis et de l'émail, qu'on a donné quelquefois, en Toscane, le nom de porcelaine à de véritables faïences, et que l'on fait remonter ainsi l'introduction de cet art en Europe à une époque beaucoup trop reculée. Enfin, c'est en ne considérant que la translucidité, sans avoir égard aux autres caractères, qu'on a mal à propos appliqué le nom de porcelaine au verre dévitrifié par Réaumur.

Histoire de la porcelaine.—L'art céramique est de la plus haute antiquité, c'est un fait généralement reconnu; mais ses produits ont offert pendant long-temps, et jusque dans les temps modernes, un état de simplicité et d'imperfection peu éloigné de la nature grossière de ses premières ébauches; ceux mêmes de ces produits qui sont les plus estimés sous le rapport de l'histoire et des arts du dessin, appartiennent tous à la classe des poteries grossières. C'est une circonstance assez remarquable que les poteries, qu'on a nommées faïence, et qui ont présenté la qualité caractéristique d'être recouvertes d'un vernis brillant, n'aient paru en Europe que vers la fin du quatorzième siècle; par conséquent, cet art, depuis son origine, qui se confond avec celle des sociétés, jusque vers l'époque que nous venons de citer, semble avoir été dans un état de stagnation d'autant plus étonnant que d'autres arts beaucoup plus difficiles avaient fait des progrès sensibles. A peine remarque-t-on quelques différences de perfection entre les poteries rouges romaines, dont on trouve les débris enfouis de toutes parts dans les pays où les Romains ont porté leurs arts, et les poteries grecques les plus anciennes, vulgairement nommées étrusques. Ainsi dans les trente-cinq premiers siècles du monde, l'art de la poterie semble n'avoir pas fait un pas remarquable, tandis que dans les cinq derniers siècles, on a vu successivement paraître les faïences communes, les faïences fines, les beaux grès et la porcelaine européenne.

Il n'en était pas de même dans ces empires de l'Asie orientale, séparés par une multitude de barrières de la civilisation occidentale. La porcelaine, ce dernier degré de perfection des arts céramiques, y fleurissait déjà depuis un temps qu'on dit immémorial, puisqu'on fait remonter l'existence de cette poterie à plus de deux mille ans avant l'ère chrétienne, par conséquent deux ou trois siècles avant le temps où les Grecs fabriquèrent leurs plus anciens vases; mais sans admettre ni rejeter une antiquité si haute et si douteuse, ce qui demanderait une discussion dans laquelle nous ne pouvons pas entrer, il nous suffit de faire remarquer qu'on a des dates certaines qui font remonter au treizième siècle l'introduction de la porcelaine asiatique en Europe, et qu'on possède dans les collections de porcelaines de Chine des pièces d'une fabrication très parfaite qui portent une date correspondante à 1471, et plusieurs autres du même siècle. On attribue à l'année 1277, époque de l'invasion de la Chine par les Mongols, la construction de la tour de porcelaine (voy. pag. 92), c'est-à-dire d'une tour dont le revêtement est en plaques de porcelaine; ainsi la porcelaine était déjà connue depuis long-temps à la Chine et au Japon quand on découvrit la faïence en Europe, et elle y était connue au moins depuis six cents ans quand on arriva à faire en Saxe de la vraie porcelaine. Cette perfection de la porcelaine, déjà si ancienne à la Chine et au Japon quand elle naissait en Europe, est, selon nous, un des faits les plus remarquables de l'avancement des arts chimiques dans ces pays.

On dit que l'on a fait de la porcelaine en Égypte; mais les petites figures auxquelles on donne ce nom n'appartiennent à la vraie porcelaine ni par la composition de leur pâte, ni par celle de leur vernis, ni par leur mode de fabrication. Je chercherai à en donner des preuves ailleurs; je ne connais donc de vraie porcelaine antérieure aux porcelaines européennes que celle qui vient de la Chine et du Japon.

Cette belle poterie arriva pendant long-temps de l'Asie Orientale en Europe, sans qu'on se mît beaucoup en peine d'en introduire la fabrication, puisque ce fut vers 1500 que les Portugais l'apportèrent, et que ce ne fut que vers 1706, que Bœttiger fabriqua à Meissen, en Saxe, un grès rouge qui avait quelque analogie avec la porcelaine. Un autre chimiste, Tschirnhausen, perfectionna cette pâte, et en 1710, il introduisit la composition de la vraie porcelaine, de celle qui a été fabriquée, jusqu'à ces derniers temps, dans la manufacture royale de Meissen, près Dresde.

La France n'avait encore rien fait dans ce genre de poterie, devenu déjà célèbre dans presque toute l'Allemagne, devenu, pour plusieurs souverains, un objet de spéculation, et en même temps un objet de splendeur et de munificence. Cependant depuis 1727, et même, selon d'autres, depuis 1695, on y faisait une poterie translucide, blanche, à couverte brillante, qu'on appelait de la porcelaine, et qui appartenait bien effectivement aux caractères de sa pâte, à cette classe de poterie: c'était de la porcelaine tendre; et, si on a bien saisi les différences qu'il y a entre la composition de cette porcelaine et celle de la porcelaine dure, on verra qu'il avait fallu plus de recherches, j'ose dire plus de génie, pour composer cette porcelaine artificielle par des moyens très compliqués, que pour obtenir la porcelaine dure résultant du simple mélange de deux matières naturelles. Aussi, après avoir fabriqué de la porcelaine tendre pendant soixante ans à Saint-

Cloud, à Chantilly, Orléans, Villeroi, enfin à Vincennes et à Sèvres (car on peut la faire partout), ce n'est que du moment où on eut découvert le kaolin dans les environs de Limoges, qu'on put faire et qu'on fit de la porcelaine dure, de la vraie porcelaine.

On vient de voir que la fabrication de la porcelaine tendre en France est presque contemporaine, si elle n'est antérieure, à celle de la porcelaine dure en Saxe; mais ce ne fut que lorsque cette fabrication fut établie à Vincennes, et peu après à Sèvres, en 1756, d'abord sous la protection, et ensuite en 1760, entièrement pour le compte du roi, qu'elle fit des ouvrages d'une beauté et d'une perfection qui la rendirent célèbre dans toute l'Europe. Hellot, chimiste-métallurgiste célèbre de cette époque, appelé dès 1746 à Vincennes, contribua beaucoup au progrès de cet art.

En 1761, un Strasbourgeois nommé Hanong, qui avait travaillé dans la fabrique de Frankenthal, apporta à Sèvres le secret de la porcelaine dure; mais comme il ne pouvait fabriquer qu'avec du kaolin de Passau, sa communication fut infructueuse, jusqu'au moment où l'on fit la découverte du kaolin de Limoges. Elle est due comme la plupart de ces sortes de découvertes, à un heureux concours du hasard et de la science.

Mme Darnet, femme d'un chirurgien de Saint-Yrieix, croyant trouver dans l'onctuosité du kaolin mouillé une matière savonneuse propre au blanchissage, le fit voir à son mari, qui soupçonnant que ce pouvait être une précieuse argile à poterie, courut à Bordeaux la montrer à Villaris, pharmacien de cette ville: celui-ci se rendit à Saint-Yrieix, envoya à Macquer l'argile blanche, que ce chimiste reconnut pour du beau kaolin; et la fabrication de la porcelaine dure fut en peu de temps établie à Sèvres par ses soins. Elle était en pleine activité en 1774.

GUYANE FRANÇAISE.

LES COLONS FRANÇAIS ET LES INDIENS.

Dès les premiers temps de l'établissement des Français dans la Guyane, on a essayé de réduire les Indiens à l'esclavage, on a voulu exploiter les richesses qu'on pouvait tirer de ce vaste pays aux dépens des peuplades indigènes qui couvraient entièrement ses côtes; aussi ont-elles fui les blancs, abandonné leurs villages, pour s'enfoncer dans l'intérieur, et maintenant nous, Français, qui aurions dû porter la civilisation dans un pays qui aurait tant rapporté à la France, nous n'avons plus de communications qu'avec quelques Indiens, qui s'enfuiraient indubitablement si on essayait d'attenter à leur bien le plus cher, la liberté, et qui vivent tout-à-fait en sauvages, sans qu'on avise au moyen de leur porter la civilisation.

Sous ce rapport, il est évident qu'on ne doit rien attendre des colons: comment pourraient-ils l'étendre et la propager chez les peuplades voisines de leurs habitations, puisque leurs nègres vivent tous, sous leurs yeux, dans un état d'abrutissement tel, par toutes les souffrances qu'ils ont endurées, qu'ils semblent avoir tout perdu de leurs facultés intellectuelles. C'est une des raisons qui ont le plus contribué à éloigner les Indiens des parages habités; les nègres, loin de les séduire par leur existence et leur bien-être, dans les fréquentes relations qu'ils avaient avec eux et que les maîtres auraient voulu faire tourner à leur avantage, leur dépeignaient ce qu'ils avaient continuellement à souffrir avec tant de force et de chaleur qu'ils ont craint pour eux notre domination et qu'ils nous ont fui avec horreur.

Quand un explorateur, un naturaliste ou un voyageur s'avance dans l'intérieur, il est presque toujours bien reçu, s'il ne manifeste aucune crainte, aucune défiance en les approchant. Dans nos yeux, ils lisent ce qui se passe en nous; si nous hésitons et tremblons, ils nous refusent l'hospitalité qu'ils nous destinaient, et nous privent du bon accueil qu'ils nous préparaient. Il faut entrer dans leurs earbets, leur sourire , et regarder à peine leurs femmes et leurs filles, prendre de leurs mains la calebasse qu'ils nous présentent, ne marquer aucune répugnance en la vidant, et leur donner en reconnaissance quelques flacons de liqueur de cannes, car ils sont avides de spiritueux; alors nous devenons leurs *bannarés* (amis); ils nous pressent les mains, nous conduisent, nous escortent, nous aident à nous procurer ces beaux oiseaux qui abondent dans les forêts, pour orner nos collections, et nous protégent contre toute attaque; dans l'intérieur, chez les peuplades éloignées, il faut surtout de la bonne foi dans les relations, si on veut leur asistance, car leurs pères leur ont légué leur haine et leur aversion pour les blancs.

TRANSPORT DES LIQUIDES
AU MOYEN DES OUTRES.

On emploie encore des *outres* pour le transport des liquides dans les départemens montagneux du centre et du midi de la France; en Italie, en Espagne, dans le Levant, dans l'Inde, et généralement dans les pays chauds.

En France, on fabrique des outres dans les départemens du Puy-de-Dôme, du Cantal, de la Lozère, de l'Aveyron, de la Creuse, des Pyrénées, de l'Isère, du Var, des Alpes.

Les outres sont ou faites de plusieurs morceaux cousus ensemble ou formés avec la peau d'un seul animal.

Pour les outres cousues, on préfère les peaux de vaches, parce qu'on prétend qu'elles sont plus spongieuses et plus susceptibles de dilatation. Celles des bœufs, assurent les fabricans, n'ont pas les mêmes qualités. Ces outres cousues se font spécialement au Puy. Quant à la préparation des peaux, disons succinctement que les bouchers les étendent sur des perches, aussitôt après avoir écorché l'animal, pour éviter les plis, qu'on les laisse ramollir dans une eau de chaux vieille pendant huit jours, puis qu'on les coupe et les étend après quoi, elles sont remises pendant un mois dans un bain de chaux neuf, lavées, écharnées et dépilées, étendues d'abord sur une perche au soleil, puis matin et soir sur un terrain bien sec, en évitant avec soin l'humidité qui les rétrécirait et dilaterait leurs pores. Enfin, ces peaux sont ramollies à l'eau et cousues à points doubles et serrés comme les courroies des cordonniers.

Les outres d'une seule pièce ne se font ordinairement, en France du moins, qu'avec les peaux de boucs. On préfère, à cause de leur grande taille, les boucs de l'Auvergne.

Anciennement, on arrachait, parties par parties, le corps de l'animal *vivant* de sa peau, au moyen d'une fente pratiquée le long de l'une des jambes de derrière, depuis l'anus jusqu'au jarret, qu'on avait préalablement coupé. Le pauvre animal était, pendant cette cruelle opération, suspendu par la tête et les jambes de devant, et on ne lui coupait le cou qu'à la fin de l'opération. Nos pères s'imaginaient que la peau devenait ainsi bien meilleure que si on l'eût enlevée sur l'animal mort.

Aujourd'hui, on tue les boucs d'avance, en les égorgeant; puis on enlève la tête, et par cette ouverture, on extrait, comme l'on peut, toutes les parties du corps, en suspendant l'animal par les jambes de derrière. On opère avec autant de célérité que possible pour rendre la peau plus ferme, et, ordinairement, elle est encore chaude quand le travail est achevé; puis, les jambes sont coupées. L'ouverture du cou sert à l'introduction des liquides, l'une de celles des jambes à la dégustation. Quelques fabricans ont imaginé, au lieu de fermer l'ouverture principale avec une corde, ce qui produit des plis et cause des fuites, d'y adapter une rondelle en bois creusée à la gorge et de la ficeler sur cette rondelle. Une ouverture centrale fermée par un bouchon tient lieu de bonde et permet de ne jamais déficeler les jambes. L'anus est cousu avec le plus grand soin.

Pour préparer les peaux des outres de cette seconde sorte, on les sale après les avoir retournées, puis on tond le poil avec précaution pour ne pas enlever la fleur. Enfin, pour s'opposer à l'usure qui résulterait du frottement contre les dos des animaux porteurs, on les imbibe de miel mélangé avec de la farine de seigle.

Et après tous ces préparatifs, les outres conservent encore une odeur quelles communiquent aux liquides. Elles ont l'avantage d'être plus légères que les tonneaux, dont le poids est d'ailleurs augmenté par celui des bâts sur lesquels on les pose.

Nous renverrons au *Dictionnaire Technologique*, publié par Thomine, ceux de nos lecteurs qui désireraient des détails plus étendus sur ce sujet.

(Porteurs d'eau indiens conduisant leurs bœufs chargés d'outres.)

Paris. — Imprimerie de H. Fournier, rue de Seine, 14.

ALLEMAGNE.

LES EAUX MINÉRALES DES BORDS DU RHIN. — LE DUCHÉ DE NASSAU.

(Vue de Braubach sur le Rhin.)

Les beaux jours n'ont pas encore disparu, et la foule des touristes désœuvrés qui ont abandonné leurs pénates pour courir les pays étrangers, sillonne encore les grandes routes, se dépouillant à chaque relai de quelques écus et de quelques préjugés de localité. Parmi ces agens nomades de la civilisation, apôtres très innocens d'une révolution involontaire, la classe la plus nombreuse, peut-être, est celle des gens qui vont chercher aux eaux ou la santé ou le plaisir.

Cette mode est pour l'Allemagne surtout la source d'une immense revenu. Le flot d'Anglais, de Français, de Russes, qu'attirent chaque année ses eaux minérales, ne paie pas seulement de son or les aubergistes, les postillons et les *cicerone polyglottes* : ce n'est là que le plus léger de l'impôt qu'il faut payer au pays; les roubles, les guinées et les louis d'or disparaissent bien plus vite encore dans les parties de plaisir et dans les mille tentations qui vous at-

tendent à côté de la source hygiénique. Tel va chercher la santé aux eaux de Bade, d'Ems, de Wiesbaden, etc. qui en revient plus malade et, qui pis est, ruiné.

Il est peu de pays cependant dont l'aspect enchanteur invite mieux que l'Allemagne à parcourir leurs fertiles et séduisantes campagnes, et à fuir les salons où s'entassent les joueurs et autour d'eux la foule des touristes de grandes routes. Les bords du Rhin surtout offrent au voyageur et à l'amateur d'eaux minérales une série, variée à l'infini, de paysages plus séduisans les uns que les autres, tantôt gracieux et paisibles, tantôt sévères et pleins de mouvement, et malgré tant de beautés naturelles, vous verrez sur les bords du Rhin bien moins de gens qui courent le pays que d'oisifs qui encombrent les établissemens publics.

Telles sont les réflexions qui se représentaient dernièrement à notre esprit en parcourant le petit duché de Nassau, le plus remarquable peut-être des pays que baigne le Rhin et qui compte parmi ses richesses les eaux d'Ems, de Wiesbaden, de Schlagenbad, etc., etc.

Parmi les hôtels qui reçoivent les nombreux étrangers qui affluent à Ems, il en est un qui doit être cité tant pour ses gigantesques dimensions et sa bizarre structure qu'à cause de la qualité de son propriétaire. La Kurhaus, tel est le nom de cet énorme bâtiment où vous rencontrerez souvent près de trois cents voyageurs installés chacun dans leurs chambres, et qui pourrait en loger davantage. Le duc de Nassau lui-même est le maître de ce caravansérail, et tire de la location de ses nombreux appartemens un fort honnête revenu. Un agent du duc est toujours là pour recevoir l'argent des hôtes passagers de son altesse, et sur la porte de chaque chambre est écrit le prix du loyer pour un jour. C'est sans doute un étrange spectacle que celui qu'offre un prince qui par lui-même exploite des locations de détail et fait l'office d'un aubergiste. Ailleurs, il est vrai, on voit des princes, et de plus haut placés, louer des boutiques, mais ce genre d'exploitation n'en est pas plus noble et plus convenable.

Le duc de Nassau ne néglige pas, du reste, les petits moyens qui peuvent tout à la fois augmenter sa popularité et accroître l'affluence des étrangers. Ainsi, quand il habite dans une des propriétés qu'il possède aux environs de Wiesbaden, il vient souvent le dimanche dîner à la table d'hôte de la Kursaal, le premier des établissemens publics de cette ville. Là, dans une pièce de près de deux cents pieds de long, décorée de colonnes et de statues de marbre, s'étendent de longues files de dîneurs, dont le nombre s'élève bien souvent à près de trois cents. C'est pour le restaurateur de la Kursaal une source de revenu, car les jours où l'on espère voir son altesse, les tables peuvent à peine contenir les hôtes grandement flattés de l'honneur que veut bien leur faire le prince de Nassau.

Comme à Bade, à Wiesbaden, et dans presque tous les rendez-vous d'amateurs d'eaux minérales, vous trouverez à Ems de nombreux cercles de jeu. Il y a seulement cette différence entre cette dernière résidence et les autres, que le beau monde n'y fréquente guère les salles de jeu des établissemens publics. C'est dans les maisons particulières qu'il se livre à ce terrible passe-temps; à la Kurhaus vous trouverez tout au plus une trentaine de joueurs de fort maigre apparence rangés autour d'une table de rouge et noir; à Bade au contraire, dans une superbe pièce de cent pieds de long, vous verrez autour d'une table de roulette une foule d'hommes et même de dames de haut rang confondus avec des aventuriers, et, tout à côté, une ancienne église de jésuites, transformée en une salle de jeu, vous offrira une réunion plus nombreuse encore et plus mêlée de fripons et de dupes cloués pendant des journées entières devant un tapis de rouge et noir.

Mais pour fuir le scandale d'une représentation publique, les joueurs d'Ems n'en sont pas moins livrés à tout ce que cette passion a de plus immoral et de plus poignant. On prétend même que les corsaires aux belles manières, aux faux airs du grand monde, y exercent avec plus d'effronterie peut-être que partout ailleurs, leur lucrative industrie aux dépens des naïfs touristes de tous les pays.

Parmi les vues les plus remarquables du territoire du duché de Nassau, nous avons choisi, pour l'offrir à nos lecteurs, l'une de celles que présentent les environs de Braubach, petit bourg voisin d'Ems. Des tours de trop ancienne date pour qu'on ait le plus léger indice de leur origine, mais célèbres par des légendes et des mystères innombrables attirent en ce lieu l'attention du voyageur. Le Rhin qui coule aux pieds du bourg présente un spectacle magnifique, et, pour compléter le paysage, la citadelle féodale de Marksberg, le dernier des châteaux forts de la noblesse du Rhin, le seul que possède le duc de Nassau, s'élève majestueux au faîte des rochers qui dominent le jardin de l'hôtel où descendent à Braubach tous les voyageurs de distinction.

Le chemin qui conduit à la porte du Marksberg est assez raide et assez étroit pour demander toute la force et la sûreté de pas des ânes et des mulets sur le dos desquels s'aventurent les hardies voyageuses qui ne se sentent pas la force de tenter à pied l'ascension de la montagne. L'inspection du château est curieuse en ce qu'elle donne une idée exacte des anciens repaires de la féodalité; il ne lui manque ni les escaliers taillés dans le roc, ni les cachots humides creusés sous terre, ni les sombres tourelles aux étroites fenêtres dans lesquelles végètent encore des prisonniers d'état, ni la salle obscure des exécutions rendue plus lugubre encore par les sanglans appareils des supplices que l'on y conserve depuis des siècles.

ÉPHÉMÉRIDES.

1er septembre 1785. — Bonaparte est nommé lieutenant d'artillerie. — 1804. Un astronome de Berlin découvre la comète appelée Junon. — 1830. Commencement de la révolution Belge. Entrée du prince d'Orange à Bruxelles.

2 septembre. — 1715. Le parlement casse le testament par lequel Louis XIV instituait le conseil de régence pendant la minorité de son petit-fils, et confère au duc d'Orléans des pouvoirs plus étendus. — 1792. Massacre des prisons. Le nombre des victimes égorgées à Paris seulement, est évalué à plus de huit mille.

7 septembre. — 1807. Les Anglais bombardent Copenhague et s'emparent de la flotte danoise malgré la neutralité du Danemarck. — 1812. Bataille meurtrière et peu décisive de la Moscowa.

16 septembre. — 1824. Mort de Louis XVIII, roi de France.

21 septembre. — 1792. Clôture de l'assemblée législative, ouverture de la Convention nationale et institution de la république en France.

23 septembre 1339. — Gênes se soumet à l'autorité d'un doge.

24 septembre 1541. — Mort de Paracelse, médecin, alchimiste et astrologue.

26 septembre 1503. — D'Albuquerque prend possession des établissemens portugais dans les Indes, en qualité de vice-roi. — 1815. L'Autriche, la Prusse et la Russie, s'unissent par le traité de la sainte-alliance, auquel adhérèrent plus tard l'Angleterre et la France.

27 septembre 1736. — Mort de Duguay-Trouin, marin français. — 1808. Entrevue de l'empereur Napoléon et de l'empereur Alexandre à Erfurt. — Entrée du roi Charles X à Paris.

29 septembre 1820. — Naissance du duc de Bordeaux.

FIN DU TOME DEUXIÈME.

NOTA. — Voyez au verso du faux titre qui fait partie de cette livraison et doit se placer en tête de ce volume, l'Avis relatif à la publication de la troisième année du MAGASIN UNIVERSEL. — On trouvera dans les premiers cahiers de troisième volume les suites des articles publiés dans le deuxième, sur les Communes de France, la Vapeur, Bernadotte, et sur plusieurs autres sujets que le défaut d'espace ne nous a pas permis d'achever.

ERRATUM. — Page 557, au lieu de : Vaisseau en panne ; lisez : Vaisseau à l'ancre.

Lightning Source UK Ltd.
Milton Keynes UK
UKHW012234110219
337137UK00006B/1117/P

9 780265 500378